法天使
fatianshi.cn

中国合同库

政府和社会资本合作(PPP)·上

优质文本·条文批注·风险提示

卓 识 贾向明 王金平 主编

电子版合同入口
随书赠送88元充值卡

法律出版社
LAW PRESS·CHINA

政府和社会资本合作(PPP)

编委会

卓 识

中国财政科学研究院 PPP 研究所科研转化中心主任

国家发改委中产委 PPP 咨询与研究中心专家

中国财政学会公私合作（PPP）研究专业委员会专家委员

中国 PPP 项目金牌咨询工程师（2015 年度、2016 年度）

北京市、河南省等多省市专家库专家及评审组长

北京延庆、河南汝州、山东滕州、中建三局、中能建、汉能集团等政府和企事业单位的 PPP 常年专项顾问。先后受邀为黑龙江省住建厅、湖南省财政厅、陕西省委组织部、西安市财政局、中国注册会计师协会、北大光华管理学院、浙江大学管理学院、新疆建设兵团农七师、中铁投资集团、华澳信托、浙江建工集团、四川路桥集团、北京市延庆区政府、禹州市人民政府、周口市川汇区财政局等 170 余个政府及企事业单位进行过专题的培训或讲座、并受邀出席国家发改委培训中心、住建部（管廊征求意见稿）、全国城建培训中心、国家行政学院、中国公路学会、人民大学土地与特色小镇研究、湖南省水利厅、北京市财政局等数十家政府和单位举办的座谈或调研工作。先后为 100 余个政府及 BT/BOT/ROT/TOT/PPP 项目提供咨询或顾问服务。

贾向明

北京市中咨律师事务所高级合伙人

在PPP领域经验丰富，于2016年、2017年连续两年荣获PPP项目金牌律师称号，其所承办的濮阳县城区集中供暖项目、濮阳县新高中项目、濮阳县人民医院新院区建设项目、潢川县城市污水处理项目入选财政部第二批 PPP 示范项目名单。

贾律师擅长解决PPP项目前期投融资安排、运营风险控制、投资回报保障、整体交易结构设计、商业谈判等核心问题，因在资本市场领域积累了丰富经验（正在服务的上市公司有上海电力、吉电股份、东方能源、露天煤业、远达环保、钢研高纳、安泰科技），亦可为PPP项目提供与资本市场有关的专业服务。曾多次前往各地政府机关、部门、社会资本方处培训、授课，与政府机关，尤其是国务院国资委、发改委、财政部、住建部保持着良好的沟通、合作关系。

王金平

北京大成（南昌）律师事务所高级合伙人

大成南昌PPP法律研究中心执行主任，江西省财政厅PPP中心法律专家，其在PPP领域具有丰富的实战经验，王律师擅长PPP项目股权架构、项目土地合理开发利用、PPP 全生命周期法律风险防范等问题。为江西省国土资源厅、中建五局江西分公司、江西省特色小镇运营有限公司、江西省共青城私募基金园、南昌市科技局等公司常年法律顾问，同时在资本市场为前程能源、掌中无限、鸿景高新、中赣新能、赣通通信等企业提供专业服务。主持和参与特色小镇、轨道交通、园区开发等多个重PPP项目。

胡锦光

中国人民大学法学院副院长、教授、博士生导师，中国人民大学宪政与行政法治研究中心主任

徐孟洲

中国人民大学金融法研究所副所长、教授、博导

杨立新

中国人民大学法学院教授、博士生导师，中国人民大学民商事法律科学研究中心主任

姚　红

原全国人大法工委民法室主任

余凌云

清华大学法学院副院长、教授、博士生导师，清华大学法学院公法研究中心主任

财税类专家顾问（按姓氏拼音排序）

罗建钢

财政部财政科学研究院研究员、经济学博士，财科院政府与社会资本合作（PPP）研究所副所长

罗永泰

天津财经大学管理学首席教授，博士生导师，管理学博士，天津财经大学工商管理研究中心主任，天津市政府参政

彭　程

财政部财政科学研究院政府与社会资本合作（PPP）研究所所长

彭　沙

财政部驻湖南省财政监察专员办事处副处长

王淑荣

财政部预算评审中心（退休）

吴亚平

国家发改委投资研究所体制政策室主任、研究员

徐保满

南开大学金融系房地产金融研究中心主任、博士

鄢晓发

财政部财政科学研究院副研究员、经济学博士

张　鹏

财政部财政科学研究院研究员、经济学博士

赵艳华

天津财经大学副教授、工商管理研究中心副主任

咨询类专家顾问（按姓氏拼音排序）

毕志清

北京大岳咨询有限责任公司高级合伙人、财政部和发改委双库专家

范群英

天职工程咨询股份有限公司总裁助理、发改委专家库专家

郑敬波

北京金准咨询有限责任公司副总经理、财政部和发改委双库专家

法治社会离不开合同。

英国历史学家梅因的《古代法》中有一句法律人耳熟能详的名言：我们可以说，所有进步社会的运动，到此处为止，是一个“从身份到契约”的运动。确实，在现代社会中，方方面面都离不开契约与契约精神。除市场交易外，大到国家治理、国际条约，小到婚姻家庭、交通出行各个领域，无所不在契约或契约精神的笼罩之下。可以说，一个现代人，无时无刻能与合同脱离干系。

在具体生活层面，我们也不难发现合同与社会经济之间的密切关系。从普通人很少见到正式合同，到越来越多的签订书面合同，到合同越来越厚、条款越来越多，与之相应地，是经济交易越来越活跃、交易金额越来越大，经济越来越发达。如果作这么一个判断：“合同的质量与数量，与一个社会的经济水平成正比”，这应该是基本成立的。

希望中国合同库成为标准。

合同需要标准。国际贸易术语（Trade Terms of International trade），就可以理解为是一套合同条款的标准术语。有了这套术语，交易各方在谈判以及拟定条款时，就可以大大节省时间，减少争议。

经济生活中的大量交易，完全可以使用比较标准的、完备的合同范本。这些合同范本符合一般交易惯例，条款相对完善、规范，能减少不必要的合同纠纷。

当然，交易往往都有自己的特殊性。即使如此，以标准合同为基础，合同各方在彼此关心的重点条款上谈判、修订，而对一般性问题采纳标准合同的条款，这也能大大节省合同各方的精力。

在运输领域，集装箱标准的推出，大大提升了运输效率、降低了物流成本，整个社会都为之受益。而如果在社会各行各业的交易、合作中，都能大力推行标准合同，无疑也将大大降低交易成本，促进交易的进行，减少争议。这其中的社会意义是巨大的。这也是工商等政府部门不断推出政府示范文本的目的。而现在，“中国合同库”这一项目，更是利用互联网技术，将合同示范文本这一工作往前推进了一大步。

标准之所以能成为标准，既需要社会各界的推动与接受，也需要标准本身能不断完善、符合需求。我在此希望中国合同库的主办方能持之以恒的推动合同库的建设、完善与推广，使之成为名副其实的“中国合同库”。

此为序。

中国社会科学院学部委员、教授、博士生导师

在互联网、大数据时代，应思考法律服务如何与技术结合，推动法律智慧的融合与共享。在倡导律师专业化建设、倡导律师“工匠精神”的同时，应注重用技术手段，帮助律师提升法律服务的效率。

《中国合同库》系列图书，可以看作这方面的有益尝试。不同于一般的合同范本书，它充分利用了互联网开放、迭代、互动的特色：每个合同范本，对应一个二维码，读者扫描识别二维码，就可以获得合同范本的电子版；而合同范本的作者，可以实时更新电子版，以确保内容的与时俱进。如此一来，这套书不再是一般意义的纸质读物，而是与电子数据协同互动的新型出版形态。

一直以来，高品质的合同范本和法律文书，是一种有价值但流通不畅的资源。律师与律师之间，团队与团队之间，律所与律所之间，缺乏知识资源的互通和共享。另外，高质量的文件模板几乎可以说是律师的核心竞争力之一，甚至是行业壁垒之一，每一份好的文件模板都倾注了律师的智慧和心血。《中国合同库》聚合各领域专业法律人，把这些优质的模板进行逐字逐句地修改、整合，进而分享，真正体现了互联网时代的共享精神。

不久前，中华全国律师协会刚刚与法律出版社签署战略合作协议，现在欣喜地看到法律出版社偕同法天使推出这项具有创新精神的出版计划，在此表示由衷祝贺！

是为序。

中华全国律师协会会长

金杜律师事务所管委会主席

2017年7月21日，国务院法制办公室、国家发展和改革委员会、财政部联合起草的《基础设施和公共服务领域政府和社会资本合作条例》（征求意见稿）对外发布，在我国政府和社会资本合作（PPP）领域掀起促进合作更加规范化、高效化、法制化的新浪潮。携近百起PPP项目服务的宝贵经验，法云咨询集团和中咨律所，在法云集团联合法律出版社及法天使的组织安排下，与其他富有PPP实践经验的法律专家合作完成了本书的编撰工作。

“按合同办事”是PPP模式的精神实质。PPP项目参与方陆续签订PPP项目合同、股东协议和一系列配套合同，正确表达意愿、合理分配风险、依约履行义务、有效主张权利。其中，PPP项目合同是整个PPP项目合同体系的基础和核心。规范PPP模式的运行，提高公共服务供给的质量和效率，保障公共利益和社会资本方的合法权益，少不了PPP项目合同的“身影”。因此，我们产生了编著本书的想法，希望借此为相关从业人员提供PPP项目合同运用方面的工具。

本书收录范围广泛，编排结构合理，呈现内容专业：在梳理中咨律所和法云咨询集团多年PPP实践经验的基础上，为读者提供二十种基础设施和公共服务领域的PPP项目合同，每种合同均没有使用场景说明法律要点提示以及关键条款批注；同时组织专家评审，将专家评审意见融入本书的修改完善中。相信本书不仅是PPP项目从业人员的得力工具，而且也有助于学习研究PPP项目，推动PPP模式更加规范、科学地发展。

目　录

CONTENTS

第一章　概　　述

本章分别就PPP简介、PPP项目常见风险及分配原则、PPP项目系列合同简介三方面内容作简要概述，为下文分类别介绍PPP项目合同做知识结构方面的铺垫。

第一节　PPP简介

PPP 是英文 Public（政府）、Private（社会资本）和 Partnership（合作）的缩写。“PPP”一词最早由英国经济学界于 1997 年在联合国可持续发展项目管理（SPM）会议上提出。

一、PPP 的定义和分类

财政部《PPP 项目合同指南（试行）》指出，PPP 从行为性质上属于政府向社会资本采购公共服务的民事法律行为，构成民事主体之间的民事法律关系。国务院法制办公室、国家发展和改革委员会、财政部联合起草的《基础设施和公共服务领域政府和社会资本合作条例》（征求意见稿）进一步规定，PPP 指政府采用竞争性方式选择社会资本方，双方订立协议明确各自的权利和义务，由社会资本方负责基础设施和公共服务项目的投资、建设、运营，并通过使用者付费、政府付费、政府提供补助等方式获得合理收益的活动。其中，社会资本方是依法设立，具有投资、建设、运营能力的企业。

PPP 模式的核心是在公共服务领域引入市场机制，在实现社会福利、提高基础设施服务质量的同时也给企业带来合理的投资回报，同时增强公共基础设施可持续运行的效率和能力。因此，PPP 并非只是一种项目融资模式或项目管理模式，而是与传统的政府提供模式相对应的一种替代性的公共基础设施和相关服务的交付方式。

PPP 分为广义 PPP 和狭义 PPP 两种。广义 PPP 包括 BOT（建设—运营—移交）、ROT（改建—运营—移交）、BOOT（建设—拥有—运营—移交）等运作模式。常见的 PPP 运作模式如下表所示。

常见PPP运作模式

融资职能	设计职能	建造职能	运营维护职能	运作模式
政府	政府	政府	社会资本	委托运营（O&M）
政府	社会资本	社会资本	社会资本	设计—建造—租赁（DBL） 建造—移交—租赁（BTL） 建造—移交—运营（BTO）
社会资本	政府	政府	社会资本	转让—运营—移交（TOT）
社会资本	政府	社会资本	政府	建设—移交（BT）
社会资本	社会资本	社会资本	社会资本	建设—运营—移交（BOT） 建设—拥有—运营（BOO） 建设—拥有—运营—移交（BOOT） 设计—建造—融资—运营（DBFO） 设计—建造—维护—运营（DBMO） 改建—运营—移交（ROT）

狭义PPP指政府与社会资本方组成特殊目的机构（SPV），引入社会资本，共同设计开发，共同承担风险，全过程、长期、信息对称地开展合作，期满后将开发成果移交政府。狭义的PPP与BOT原理相似，都是由“使用者付费”，但更强调公共部门与私人部门的全过程合作。与广义PPP相比，狭义PPP的主要特点是：虽然政府和社会资本方均全程参与项目，但是政府着重参与项目中后期的建设、管理和运营过程，社会资本方侧重于项目的前期科研、立项等工作。

PPP项目收入来源主要分三类：一是完全依靠使用者付费；二是政府支付服务费用；三是前两种方式的结合。依据不同的回报模式，PPP项目可分为经营性项目、准经营性项目和非经营性项目。其中，经营性项目指具有明确的收费基础，并且经营收费能完全覆盖投资成本和合理回报的项目；准经营性项目指经营收费不足以覆盖投资成本、需政府补贴部分资金或资源的项目；非经营性项目指缺乏“使用者付费”基础，主要依靠“政府付费”回收投资成本的项目。

二、PPP 的适用现状

在 PPP 项目的适用领域方面，国家发展和改革委员会在 2014 年发布的《国家发展改革委关于开展政府和社会资本合作的指导意见》（发改投资〔2014〕2724 号）指出：

PPP 模式主要适用于政府负有提供责任又适宜市场化运作的公共服务、基础设施类项目。燃气、供电、供水、供热、污水及垃圾处理等市政设施，公路、铁路、机场、城市轨道交通等交通设施，医疗、旅游、教育培训、健康养老等公共服务项目，以及水利、资源环境和生态保护等项目均可推行 PPP 模式。各地的新建市政工程以及新型城镇化试点项目，应优先考虑采用 PPP 模式建设。

截至 2016 年 12 月 31 日，我国项目总体情况：入库 PPP 项目共计 11260 个，投资额 13.5 万亿元；已签约落地 1351 个，投资额 2.2 万亿元，落地率 31.6%。贵州拥有的 PPP 项目最多，高达 1719 个，其次为山东，PPP 项目数也超过了 1000 个，西藏是至今为止唯一还没有 PPP 项目的省区。市政工程项目最多，高达 3705 个；其次为交通运输项目，为 1270 个；项目数量排在后列的为林业、社会保障、农业。

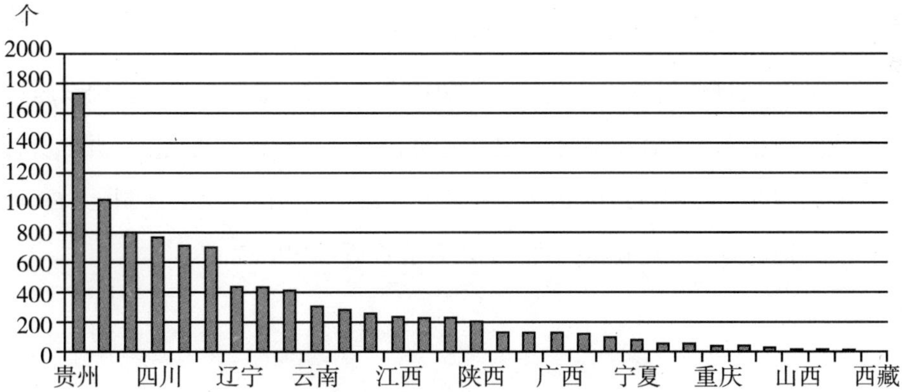

截至2016年7月30日全国各省PPP项目数

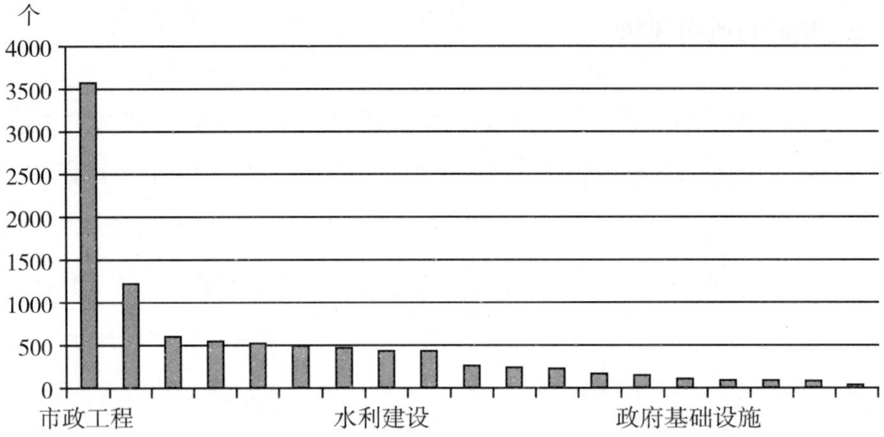

截至2016年7月30日全国各行业PPP项目数量

2016 年 10 月 13 日，财政部、教育部等 20 个部委联合发文，公布了第三批示范项目，共计 516 个，投资总额达 1.17 万亿元，涉及 34 个省、市、自治区和中央部委。18 个一级行业中，项目数居前四位的行业为：市政工程、交通运输、生态建设和环境保护、城镇综合开发，占比分别为 43%、12%、9%、6%，合计占比达 70%。18 个一级行业中，投资额居前四位的行业为：交通运输、市政工程、城镇综合开发、生态建设和环境保护，占比分别为 43%、27%、10%、7%，合计占比达 87%。

在上述 PPP 项目适用现状的基础上，2017 年 7 月 21 日发布的《基础设施和公共服务领域政府和社会资本合作条例》（征求意见稿）明确指出，在我国，并非所有的基础设施和公共服务项目都可适用 PPP 模式，国务院有关部门将会陆续制定 PPP 项目指导目录，明确特定的基础设施和公共服务项目能否适用 PPP 模式。

三、PPP 的运作程序

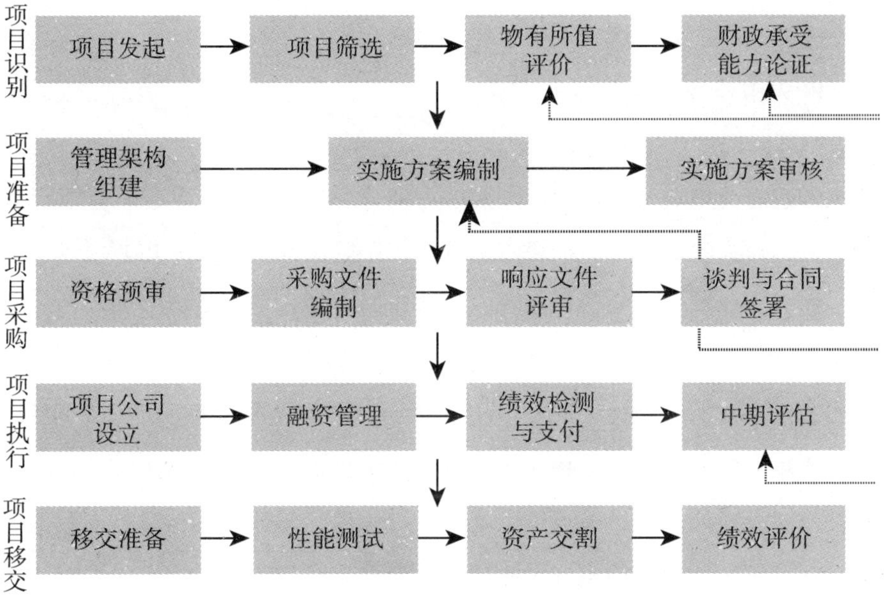

PPP运作程序图

（一）PPP 项目识别

1. 项目发起

政府和社会资本合作项目由政府或社会资本发起，以政府发起为主。

社会资本发起。社会资本应以项目建议书的方式推荐潜在的政府和社会资本合作项目。

政府发起。政府和社会资本合作中心应负责向交通、住建、环保、能源、教育、医疗、体育健身和文化设施等行业主管部门征集潜在项目。亦可从国民经济和社会发展规划及行业专项规划中的新建、改建项目或存量公共资产中遴选潜在项目。

2. 项目筛选

财政部门（政府和社会资本合作中心）会同行业主管部门，对潜在政府和社会资本合作项目进行评估筛选，确定备选项目。财政部门（政府和社会资本合作中心）应根据筛选结果制定项目年度和中期开发计划。

对于列入年度开发计划的项目，项目发起方应按财政部门（政府和社会资本合作中心）的要求提交相关资料。新建、改建项目应提交可行性研究报告、项目产出说明和初步实施方案；存量项目应提交存量公共资产的历史资料、项目产出说明和初步实施方案。

（二）PPP 项目准备

1. 组建管理架构

按照地方政府的相关要求，明确相应的行业管理部门、事业单位、行业运营公司或其他相关机构作为政府授权的项目实施机构，在授权范围内负责 PPP 项目的前期评估论证、实施方案编制、合作伙伴选择、项目合同签订、项目组织实施以及合作期满移交等工作。

考虑到 PPP 运作的专业性，通常情况下需要聘请 PPP 咨询服务机构。项目组织实施通常会建立项目领导小组和工作小组，领导小组负责重大问题的决策、政府高层沟通、总体工作的指导等，工作小组负责项目公司的具体开展，以 PPP 咨询服务机构为主要组成。项目实施结构需要制订工作计划，包含工作阶段、具体工作内容、实施主体、预计完成时间等内容。

2. 尽职调查

项目实施机构拟定调研提纲，应至少从法律和政策、经济和财务、项目自身三个方面把握，主要包括：

（1）政府项目的批文和授权书，国家、省和地方对项目的关于土地、税收等方面的优惠政策，特许经营和收费的相关规定等；

（2）社会经济发展现状及总体发展规划，与项目有关的市政基础设施建设情况，建设规划、现有管理体制、现有收费情况及结算和调整机制等；

（3）项目可行性研究报告，环境影响评价报告，初步设计、已形成的相关资产，配套设施的建设情况、项目用地的征地情况等。

根据项目基本情况、行业现状、发展规划等，与潜在投资人进行联系沟通，获得潜在投资人的投资意愿信息，并对各类投资人的投资偏好、资金实力、运营能力、项目诉求等因素进行分析研究，与潜在合适的投资人进行沟通，组织调研及考察。

3. 编制实施方案

通过前期的调查研究及分析论证，完成项目招商实施方案编制。方案主要内容有：

（1）项目概况。主要包括基本情况、经济技术指标和项目公司股权情况等。

（2）风险分配。按照分配优化、收益对等和风险可控等原则，综合考虑政府风险管理能力、项目回报机制和市场风险管理能力等要素分配。

（3）PPP 运作模式。PPP 运作模式主要包括委托运营、管理合同、建设—运营—移交、建设—拥有—运营、转让—运营—移交和改建—运营—移交等。选择适合的模式至关重要！

（4）交易结构。主要包括项目投融资结构、回报机制和相关配套安排。项目投融资结构主要说明项目资本性支出的资金来源、性质和用途，项目资产的形成和转移等。项目回报机制主要说明社会资本取得投资回报的资金来源，包括使用者付费、可行性缺口补助和政府付费等支付方式。

（5）合同体系。主要包括项目合同、股东合同、融资合同、工程承包合同、运营服务合同、原料供应合同、产品采购合同和保险合同等。项目合同是其中最核心的法律文件。

（6）监管架构。主要包括授权关系和监管方式。授权关系主要是政府对项目实施机构的授权，以及政府直接或通过项目实施机构对社会资本的授权；监管方式主要包括履约管理、行政监管和公众监督等。

（7）采购方式。包括公开招标、竞争性谈判、邀请招标、竞争性磋商和单一来源采购。项目实施机构应根据项目采购需求特点，依法选择适当采购方式。

（三）PPP 项目采购

1. 项目预审

项目实施机构应根据项目需要准备资格预审文件，发布资格预审公告，邀请社会资本和与其合作的金融机构参与资格预审，验证项目能否获得社会资本响应和实现充分竞争，并将资格预审的评审报告提交财政部门（政府和社会资本合作中心）备案。

关注法天使

项目有 3 家以上社会资本通过资格预审的，项目实施机构可以继续开展采购文件准备工作；项目通过资格预审的社会资本不足3家的，项目实施机构应在实施方案调整后重新组织资格预审；项目经重新资格预审合格社会资本仍不足3家的，可依法调整实施方案选择的采购方式。

资格预审公告应包括项目授权主体、项目实施机构和项目名称、采购需求、对社会资本的资格要求、是否允许联合体参与采购活动、拟确定参与竞争的合格社会资本的家数和确定方法，以及社会资本提交资格预审申请文件的时间和地点。提交资格预审申请文件的时间自公告发布之日起不得少于15个工作日。

2. 文件编制

文件应包括采购邀请、竞争者须知（包括密封、签署、盖章要求等）、竞争者应提供的资格、资信及业绩证明文件、采购方式、政府对项目实施机构的授权、实施方案的批复和项目相关审批文件、采购程序、响应文件编制要求、提交响应文件截止时间、开启时间及地点、强制担保的保证金交纳数额和形式、评审方法、评审标准、政府采购政策要求、项目合同草案及其他法律文本等。

3. 文件评审

项目PPP运作需建立方案评审小组。评审小组由项目实施机构代表和评审专家共5人以上单数组成，其中评审专家人数不得少于评审小组成员总数的2/3。评审专家可以由项目实施机构自行选定，但评审专家中应至少包含1名财务专家和1名法律专家。项目实施机构代表不得以评审专家身份参加项目的评审。

4. 谈判与合同签署

项目实施机构应成立专门的采购结果确认谈判工作组。按照候选社会资本的排名，依次与候选社会资本及与其合作的金融机构就合同中可变的细节问题进行合同签署前的确认谈判，率先达成一致的即为中选者。确认谈判不得涉及合同中不可谈判的核心条款，不得与排序在前但已终止谈判的社会资本进行再次谈判。

确认谈判完成后，项目实施机构应与中选社会资本签署确认谈判备忘录，并将采购结果和根据采购文件、响应文件、补遗文件和确认谈判备忘录拟定的合同文本进行公示，公示期不得少于5个工作日。

公示期满无异议的项目合同，应在政府审核同意后，由项目实施机构与中选社会资本签署。需要为项目设立专门项目公司的，待项目公司成立后，由项目公司与项目实施机构重新签署项目合同，或签署关于承继项目合同的补充合同。

（四）PPP 项目执行

1. 设立项目公司

社会资本可依法设立项目公司。政府可指定相关机构依法参股项目公司。项目实施机构和财政部门（政府和社会资本合作中心）应监督社会资本按照采购文件和项目合同约定，按时足额出资设立项目公司。

2. 项目融资管理

项目融资由社会资本或项目公司负责。社会资本或项目公司应及时开展融资方案设计、机构接洽、合同签订和融资交割等工作。财政部门（政府和社会资本合作中心）和项目实施机构应做好监督管理工作，防止企业债务向政府转移。

3. 绩效监测与支付

社会资本项目实施机构应根据项目合同约定，监督社会资本或项目公司履行合同义务，定期监测项目产出绩效指标，编制季报和年报，并报财政部门（政府和社会资本合作中心）备案。

项目合同中涉及的政府支付义务，财政部门应结合中长期财政规划统筹考虑，纳入同级政府预算，按照预算管理相关规定执行。项目实施机构应根据项目合同约定的产出说明，按照实际绩效直接或通知财政部门向社会资本或项目公司及时足额支付。

4. 中期评估

项目实施机构应每 3~5 年对项目进行中期评估，重点分析项目运行状况和项目合同的合规性、适应性和合理性；及时评估已发现问题的风险，制定应对措施，并报财政部门（政府和社会资本合作中心）备案。

（五）PPP 项目移交

项目移交时，项目实施机构或政府指定的其他机构代表政府收回项目合同约定的项目资产。项目合同中应明确约定移交形式、补偿方式、移交内容和移交标准。移交形式包括期满终止移交和提前终止移交；补偿方式包括无偿移交和有偿移交；移交内容包括项目资产、人员、文档和知识产权等；移交标准包括设备完好率和最短可使用年限等指标。

项目实施机构或政府指定的其他机构应组建项目移交工作组，根据项目合同约定与社会资本或项目公司确认移交情形和补偿方式，制定资产评估和性能测试方案。

社会资本或项目公司应将满足性能测试要求的项目资产、知识产权和技术法律文件，连同资产清单移交项目实施机构或政府指定的其他机构，办妥法律过户和管理权移交手续。社会资本或项目公司应配合做好项目运营平稳过渡相关工作。

项目移交完成后，财政部门（政府和社会资本合作中心）应组织有关部门对项目产出、成本效益、监管成效、可持续性、政府和社会资本合作模式应用等进行绩效评价，并按相关规定公开评价结果。

第二节 PPP项目常见风险及分配原则

一、市场风险

（一）服务中断或停运

一般基础设施项目都会涉及国计民生和公众利益，服务中断一天甚至几个小时都会造成严重的社会问题，更不要说长期停运。对于投资人而言，中断或停运只是技术和财务风险，但是对政府而言是政治和社会风险。所以，当政府把原先由自己完全控制的公用事业交给市场主体，必须有措施使经营者能够连续正常普遍服务，避免中断或停运的风险。

（二）质量或排放不达标

例如在供水、排水项目中，如质量不达标，造成污染，将危及公众利益，引起公众不满，进而造成社会问题，成为政府的风险。在原有的体制下，水业企业是政府的下属机构，人权和财权受政府控制，处理起来简单，可以直接罢免国有公司负责人。但试行特许经营后，特别是在政府不控股的情况下，则无法按照原体制下的控制和处理方式。因此，政府要学会用不同于原体制的风险控制方式，确保特许经营项目的服务达到标准。

（三）项目公司融资失败停止建设

在国家投资（包括中央政府投资、国债、地方政府投资、外国政府和国际金融机构贷款）的情况下，当项目建设过程中资金不够时，政府会想办法通过各种途径筹款，追加投资完成项目。引入市场机制后，项目投资主体同样会出现建设超支或资金不足的情况，如投资人筹资无路，银行不给贷款，导致项目进行至一半搁浅，但这两种情况处理的方式是不一样的。国家投资时，政府有义务也有途径借钱，但特许经营后政府没有义务也不应当为项目公司融资，同时政府还有责任要求项目公司按时建成和运营，把项目建好。所以，政府和投资人都需要确保项目的融资来源可靠、可持续。

（四）服务费支付不足

在原体制下，政府要求自己所辖公用事业单位免费服务，或者国有企事业单位欠费是常有的是，解决起来也很简单，可能开个协调会，让财政挂账，内部解决。但面对特许经营项目公司，当服务费支付不足时，该公司不仅有权起诉，还有理由停止服务，这样就会把问题弄得很大，直接影响对公众的服务和社会稳定。所以，政府和投资人需要预先设定合适的机制，妥善应对欠费问题，避免酿成大的风险。

（五）价格低于成本

在原体制下，公用事业单位可能会存在亏损，但基于公共利益的需要，仍旧要正常经营。但对于社会投资主体，如果价格低于成本，根本不会有人真正来投资。在长达几十年运营期内，成本会上升，如果限制调价，项目公司会无法支撑下去，项目的运营和服务也会中断。

（六）价格及公众承受力

现在多数地方公用事业服务价格和成本是倒挂的。如果政府想把价格和成本理顺，需要考虑公众的承受力。法律规定公用事业服务价格调价要开听证会，当公众意见反对时，无法进行调价。此外，国家宏观经济部门为了控制通货膨胀率，也会暂时限制调整公共服务产品价格。出现诸如此类情况时，政府财政有没有力量给予一种过渡性的补贴和支撑，这对政府和投资人都是一个风险点。

（七）建设延误和运营管理混乱

各地发展公用事业项目的时间表一般都会很紧，往往要求在某年某月甚至某日前新项目必须建成投产，否则可能会影响当地经济发展，甚至引起社会问题。在政府自己负责公用事业项目工程时，会采取各种手段来保证项目如期完成，或者即便未完工也可以暂时先投产。若社会投资主体出现延误的话，这些手段则不能随意使用，因为政府不能替投资人去完成项目，也不能强迫项目未完工就运营服务，否则政府将替投资人承担相关责任。因此，应当怎样控制延误的风险，怎样避免运营管理混乱，政府和投资人均需要预先设定好控制机制和解决方案。

（八）不可抗力造成项目停建或停运

不可抗力是指合同一方无法控制，在签订合同前无法合理防范，情况发生时，又无法回避或克服的事件或情况，如自然灾害或事故、战争、禁运等。例如，湖南某电厂于20世纪90年代中期由原国家计委批准立项，西方某跨国能源投资公司为中标人，项目所在地省政府与该公司签订了特许权协议，项目前期进展良好。但此时某些西方大国（包括中标公司所在国）轰炸我驻南斯拉夫大使馆，对中国主权形成了严重的实质上的侵犯。国际政治形势的突变，使得投标人在国际上或中国的融资都变得不可能。项目公司因此最终没能在延长的融资期限内完成融资任务，省政府按照特许权协议规定收回了项目并没收了中标人的投标保函，之后也没有再重新招标，从而导致了外商在本项目的彻底失败。在江苏某污水处理厂项目关于投资回报率的重新谈判中，也因遇到“非典”中断了项目公司和政府的谈判。

（九）国有化或政府回购

虽说现在引进市场机制，与国有化的趋势正相反，但并不排除在未来几十年期间某个时间点上因为某个局势的出现可能需要将某些项目重新国有化，西方国家和发展中国家都发生过这种情况；或者在必要时政府对特许经营项目进行回购，国内有些特许经营项目在招标时就设定了政府回购的条件。对于这种风险，有远见的投资人以及贷款银行都会有所考虑，同样，政府也要考虑合理的风险解决方案，否则没人敢来投资。

（十）投资人转让项目公司股权

根据公司法，公司股东有权转让自己的股权。对特许经营项目，投资人若要转让项目公司股权，对政府有相当大的风险。首先，公用事业特许经营项目需要连续稳定经营，股东经常更换对公司经营管理可能产生不利影响。其次，特许经营项目需要专业运营者，如果不限制股权转让，可能找来一批利用项目投机的炒家。最后，特许经营权具有双重的专属性，特许经营权在形式上是授权给项目公司的，但是在实质上是授给经过严格准入程序和甄选的特定投资人的。所以法律上特别规定，特许经营权不能转让。而政府为了控制上述风险，有必要限制项目公司的股东，特别是其中具有运营管理资质和经验并承担相关责任的主要股东随意转让股权，退出项目。但是，对于其他非主导股东，应当考虑合理的退出机制，这样有利于投资人组成联合体参加特许经营项目，发挥优势互补，对提高投资人的实力和质量有好处，最终也会对项目、政府和公众有好处，兼顾了政府和投资人的利益。

（十一）贷款银行要求实现债权

公用事业基础设施项目投资额大，回收期长，回报低但收益稳定。对于这类项目，投资人一般采用投入少量股本金，主要资金向银行借贷的方式安排融资结构。银行对项目的贷款将形成抵押或质押债券。银行是否有权利向对待普通的抵押、质押贷款项目那样，在还贷出现问题时行使抵押权人的权利，把项目拿去拍卖抵债，这对政府和投资人都是个新课题。因为公用事业项目关系一方百姓的生计，当地政府会阻止银行实现抵押权，致使银行债权人的利益得不到保护。这个风险不解决，银行不会给贷款，项目也就做不成。所以，政府和投资人需要对贷款安排和银行的债权制定合理解决方案，以便化解贷款银行的风险，保证项目可以获得贷款。

（十二）项目唯一性

项目唯一性的风险是指政府或其他投资人新建或改建其他项目，导致对该项目形成实质性的商业竞争而产生的风险。项目唯一性风险出现后往往会带来市场需求变化风险、市场收益风险、信用风险等一系列的后续风险，对项目的影响是非常大的。如杭州湾跨海大桥项目开工未满两年，在相隔仅 50 公里左右的绍兴市上虞沽渚的绍兴杭州湾大桥已在加紧准备当中，其中一个原因可能是因为当地政府对桥的高资金回报率不满，致使项目面临唯一性风险和收益不足风险。鑫远闽江四桥也有类似的遭遇，福州市政府曾承诺，保证在 9 年之内从南面进出福州市的车辆全部通过收费站，如果因特殊情况不能保证收费，政府出资偿还外商的投资，同时保证每年 18% 的补偿。但是 2004 年 5 月 16 日，福州市二环路三期正式通车，大批车辆绕过闽江四桥收费站，公司收入急剧下降，投资收回无望，而政府又不予兑现回购经营权的承诺，只得走上仲裁庭。该项目中，投资者遭遇了项目唯一性风险及其后续的市场收益不足风险和政府信用风险。福建泉州刺桐大桥项目和京通高速公路的情况也与此类似，都出现了项目唯一性风险，并导致了市场收益不足。

二、法律风险

主要是指由于采纳新颁布、修订或重新诠释法律、规定而导致项目的合法性、市场需求、产品 / 服务收费、合同协议的有效性等元素发生变化，从而对项目的正常建设和运营带来损害，甚至直接导致项目的中止和失败的风险。PPP 项目涉及的法律法规比较多，加之我国 PPP 项目还处在起步阶段，相应的法律法规不够健全，很容易出现这方面的风险。例如，江苏某污水处理厂采用 BOT 融资模式，原计划于 2002 年开工，但由于 2002 年 9 月《国务院办公厅关于妥善处理现有保证外方投资固定回报项目有关问题的通知》的颁布，项目公司被迫与政府重新就投资回报率进行谈判。上海的大场水厂和延安东路隧道也遇到了同样的问题，均被政府回购。

三、财务风险

财务风险关系到项目投融资的可行性及投资回报。常见的财务风险包括：政府投入、投资人股本金和流动资金、建设费用超支、外汇兑换、银行贷款、处理费和处理价格等。

四、技术风险

技术风险关系到服务产品的时效、数量、质量和标准。常见的技术风险包括：技术标准、设计标准、材料和设备选型、建设质量和工期等。

五、风险分配的原则及标准

按照国际惯例，风险的分配应坚持以下原则：

1. 承担风险的一方应该对该风险具有控制力；

2. 承担风险的一方能够将该风险合理转移（如通过购买相应保险）；

3. 承担风险的一方对于控制该风险有更大的经济利益或动机；

4. 由该方承担该风险最有效率；

5. 如果风险最终发生，承担风险的一方不应将由此产生的费用和损失转移给合同相对方。

根据上述原则，我们认为，需要政府承担的风险包括：（1）土地获取风险；（2）项目审批风险；（3）政治不可抗力。

需要项目公司承担的风险包括：（1）如期完成项目融资的风险；（2）项目设计、建设和运营维护相关风险，如完工风险、供应风险、技术风险、运营风险以及移交资产不达标的风险等；（3）项目审批风险（根据项目具体情形不同，可能由政府方承担，也可能由项目公司承担；（4）获得项目相关保险。

需要双方承担的风险：自然不可抗力，包括台风、冰雹、地震、海啸、洪水、火山爆发、山体滑坡等自然灾害；有时也可包括战争、武装冲突、罢工、骚乱、暴动、疫情等社会异常事件。

第三节　PPP项目系列合同简介

在 PPP 项目中，项目参与方通过签订一系列合同来确立和调整彼此之间的权利义务关系，构成 PPP 项目的基本合同体系。依据生效的系列合同管理 PPP 项目是重要而且是必要的，可以体现依法治国、依法行政理念，并且由于 PPP 项目合作周期长（一般 20~30 年），需要事先约定法律风险的分配和承担、项目利益归属和纠纷解决机制等内容，确保合同双方正常履约。

不同项目的合同体系不尽相同。PPP 项目的基本合同体系如下图所示，通常包括 PPP 项目合同、股东协议和配套合同，其中配套合同有融资合同、保险合同、工程承包合同、运营服务合同、原料供应合同以及产品或服务购买合同等。其中，PPP 项目合同是整个 PPP 项目合同体系的基础和核心。在 PPP 项目合同体系中，各个合同之间并非完全独立，而是紧密衔接、相互贯通的，合同之间存在一定的“传导关系”。

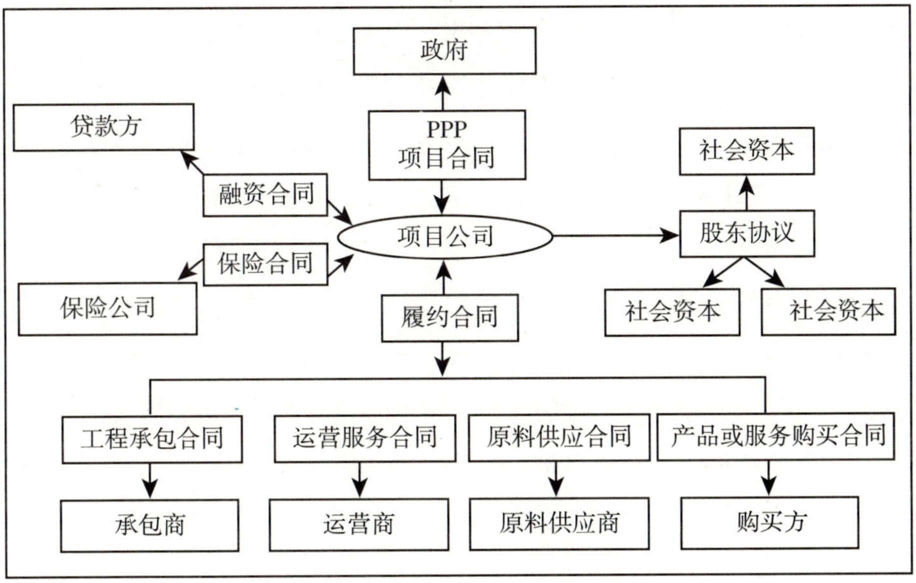

PPP 项目合同体系图

在合同签订阶段，PPP 项目合同的具体条款不仅会直接影响项目公司股东之间的协议内容，而且会影响项目公司与融资方的融资合同以及与保险公司的保险合同等其他合同的内容。

在合同履行阶段，合同关系的传导方向可能发生逆转。如分包合同的履行出现问题，会影响到总承包合同的履行，进而影响 PPP 项目合同的履行。

一、PPP 项目合同

PPP 项目合同是项目实施机构与中选社会资本签订（若需要成立专门项目公司的，由项目实施机构与项目公司签订）的，约定项目合作主要内容和双方基本权利义务的协议。其目的是在项目实施机构与社会资本之间合理分配项目风险，明确双方的权利义务关系，保障双方能够依据合同约定合理主张权利、履行义务，确保项目全生命周期内的顺利实施。

PPP 项目合同是其他合同产生的基础，也是整个 PPP 项目合同体系的核心。在项目公司尚未成立的初期阶段，政府与社会资本签订意向书、备忘录或者框架协议，明确双方的合作意向，约定双方的关键权利义务。项目公司成立后，政府方与项目公司签署正式 PPP 项目合同，明确项目初期协议的存续问题。《PPP 项目合同指南（试行）》规定，根据项目行业、付费机制、运作方式等具体情况的不同，PPP 项目合同可能会千差万别，但一般来讲会包括以下核心条款：引言、定义和解释；项目的范围和期限；前提条件；项目的融资；项目用地；项目的建设；项目的运营；项目的维护；股权变更限制；付费机制；履约担保；政府承诺；保险；守法义务及法律变更；不可抗力；政府方的监督和介入；违约、提前终止及终止后处理机制；项目的移交；适用法律及争议解决；合同附件；等等。在上述指南内容基础上，《基础设施和公共服务领域政府和社会资本合作条例》（征求意见稿）第 15 条增加规定：PPP 项目合同中还应载明项目公司的注册资本、股权结构、股权变更限制以及社会资本方对项目协议履行的担保责任等事项。

二、股东协议

股东协议由项目公司的股东签订，用以在股东之间建立长期的、有约束力的合约关系。股东协议通常包括以下主要条款：前提条件、项目公司的设立和融资、项目公司的经营范围、股东权利、履行 PPP 项目合同的股东承诺、股东的商业计划、股权转让、股东会、董事会、监事会组成及其职权范围、股息分配、违约、终止及终止后处理机制、不可抗力、适用法律和争议解决等。

在股东构成方面，项目公司的股东可能会包括希望参与项目建设、运营的承包商、原料供应商、运营商、融资方等主体。在某些情况下，为了更直接地参与项目的重大决策、掌握项目实施情况，政府也可能通过直接参股的方式成为项目公司的股东（但政府通常并不控股和直接参与经营管理）。在这种情形下，政府与其他股东相同，享有作为股东的基本权益，同时也需履行股东的相关义务，并承担项目风险。

在股东权利方面，鉴于有限公司与股份公司股东的权利义务不同，为了明确项目公司股东权利，需要首先确定目的公司的形式。公司法规定了公司可以有两种形式——有限公司和股份公司。双方的差别主要体现在：（1）股东人数：有限公司不能超过 50 人，而设立股份公司发起人为 2 人到 200 人，其中半数以上须在中国境内有住所。（2）股权转让：有限公司股权对外转让，须取得其他股东过半数同意，其他股东不同意的应购买该转让股权，同等条件下其他股东有优先购买权；股份公司股东转让股权一般无需取得其他股东同意，法定和章程规定的特殊股东转让股权除外。

PPP 条例第 26 条规定："在合作项目建设期内，社会资本方不得转让其持有的项目公司股权。合作项目运营期内，在不影响公共服务提供的稳定性和持续性的前提下，经政府实施机构报本级人民政府同意，社会资本方可以转让其持有的项目公司股权。"依据上述条款，无论项目公司采取何种形式，社会资本方转股均受到限制。但是由于目前上述条例尚未正式生效实施，为巩固双方的合作关系，建议在目的公司形式的选择上考虑有限责任公司形式，防止部分股东为逃避责任通过股权转让方式"逃走"。

在股东分红权和表决权方面，由于上文建议在PPP条例生效实施之前，项目公司选择有限责任公司形式，故在此仅简要介绍《中华人民共和国公司法》规定的有限责任公司股东的分红权和表决权。《中华人民共和国公司法》第34条规定："股东按照实缴的出资比例分取红利；公司新增资本时，股东有权优先按照实缴的出资比例认缴出资。但是，全体股东约定不按照出资比例分取红利或者不按照出资比例优先认缴出资的除外。"《中华人民共和国公司法》第42条规定："股东会会议由股东按照出资比例行使表决权；但是，公司章程另有规定的除外。"

三、配套合同

（一）融资合同

从广义上讲，融资合同可能包括项目公司与融资方签订的项目贷款合同、担保人就项目贷款与融资方签订的担保合同、政府与融资方和项目公司签订的直接介入协议等多个合同。其中，项目贷款合同是最主要的融资合同。项目贷款合同一般包括以下条款：陈述与保证、前提条件、偿还贷款、担保与保障、抵销、违约、适用法律与争议解决等。同时，出于贷款安全性的考虑，贷款方往往要求项目公司以其财产或其他权益作为抵押或质押，或由其母公司提供某种形式的担保或由政府作出某种承诺，这些融资保障措施通常会在担保合同、直接介入协议以及PPP项目合同中具体体现。对于BOT项目，项目公司可以用运营期间的应收账款、不动产收益权等向银行进行质押贷款。

（二）产品或服务购买合同

在PPP项目中，项目公司的主要投资收益来源于项目提供的产品或服务的销售收入，因此保证项目产品或服务有稳定的销售对象，对于项目公司而言十分重要。根据PPP项目付费机制的不同，项目产品或服务的购买者可能是政府，也可能是最终使用者。以政府付费的供电项目为例，政府的电力主管部门或国有电力公司通常会事先与项目公司签订电力购买协议，约定双方的购电和供电义务。此外，在一些产品购买合同中，还会包括"照付不议"条款和"或取或付"条款。

1.“照付不议”条款指项目公司与产品的购买者约定一个最低采购量，只要项目公司按照该最低采购量供应产品，无论购买者是否需要采购该产品均应按照该最低采购量支付相应价款。

在PPP项目的实务领域，需要注意照付不议与固定回报的区别。特许经营项目中，出现过地方政府为盲目招商引资，不切实际地给投资方企业过高的承诺和固定回报的现象，给政府和企业造成巨额债务。政府解决此类问题，在1998年陆续出台了相关法规，开始清理固定回报项目，由此也造成了不少的纠纷，甚至对簿公堂。例如，长春汇津污水处理有限公司固定回报纠纷案（详细情况见后文），就是因为长春市政府为清理固定回报引起的法律纠纷。

根据《国务院办公厅关于妥善处理现有保证外方投资固定回报项目有关问题的通知》（国发〔1998〕31号）的规定，固定回报应解读为：在合作方式上违反收益共享、风险共担的原则；在回报源上超出了项目本身的收入范围；在回报方式上承诺产品价格或收费水平。固定回报的实质是用项目融资或股权融资的形式，变相实现固定利率的商业贷款的行为。应当指出，在PPP项目中，承诺诸如“最低水量”“最低电量”的条款并不符合固定回报项目的实质内容。“照付不议”条款是企业取得投资回报的基础，也是降低风险的手段。例如在污水处理BOT项目中，由于项目的投资规模大、建设运营时间长和运营成本变动大，投资者必须要确保合理的控制和处理市场风险、相关各方的信用风险、法律风险、建设风险、运营风险、技术风险和融资风险等。因此，“照付不议”条款只是帮助投资者降低了部分投资风险，项目公司即使获得了“照付不议”的承诺，也不等于项目必能获得成功，投资者必定能获得固定的投资收益。这和商业贷款是有本质区别的。

需要强调的是，采取按合作者投资总额的一定比例给予社会投资者固定回报的方式合作，属于变相实现固定利率的商业贷款的行为，视为固定回报；而对于非经营性项目，如全额采取财政补贴方式合作，并不视为固定回报。

2.“或取或付”就是指在项目公司有能力且有意愿提供产品时，回购方无论是否实际购买，均需按视同已经购买来支付费用。这个基本准则在实践中是通过签订“产品回购协议”的形式来实现的。

产品回购协议对于投资者具有极其重要的意义，它是投资者降低风险，减小融资成本的重要和关键保障。与此同时，为了均衡政府方与社会资本方的风险分配，除设定或取或付机制外，还可以约定政府享有特定服务的定价调价权。

值得注意的是，《基础设施和公共服务领域政府和社会资本合作条例》（征求意见稿）第 18 条明确指出：“合作项目协议中不得约定由政府回购社会资本方投资本金或者承担社会资本方投资本金的损失，不得约定社会资本方的最低收益以及由政府为合作项目融资提供担保。”虽然该条例尚未正式施行，但是具有一定的参考意义。

如果约定社会资本方的最低收益，从政府角度来讲，政府方将承担较高的风险。例如，由香港某公司投资兴建的沈阳某水厂 BOT 项目，约定的投资回报率为：第 2~4 年 18.5%；第 5~14 年 21%；第 15~20 年 11%。其中，购买价格和购买量都是预先固定的，外商的投资等于不承担任何风险。后来，沈阳市不得不要求更改合同，经过数论艰苦谈判，2000 年年底，香港某公司不得不与它达成“谅解”。从长远的角度来考虑，需要签订一个公平的条约，合理分担风险，政府信用也会得到保证。

从社会资本方角度考虑，即使政府约定社会资本方最低收益，社会资本方也可能承担市场风险。例如，我国台湾地区某公司 1994 年与福建省政府达成特许权协议按照 BOT 的方式投资 32 亿美元，建设福建某电厂并与福建省电力部门达成购电合同。但是由于项目的紧迫性该项目是先报项目审批再进行市场调查。1999 年年底 1 号机组并网时，福建省的电力市场供求关系已发生了巨大的变化，项目公司不得不主动提出降低原定的 0.5 元 / 度的电价。可见，政府和投资者双方由于急于达成项目一致，市场预测往往向过分乐观的方向偏离，或者投资者过分依赖于政府的承销承诺，而忽略了理性的市场预测，导致对项目未来市场增长的错误估计。所以，社会资本方切勿抛开理性的市场预测盲目追求政府的最低收益承诺。

实际中，政府可以用安慰函代替固定回报率。投资回报率取决于投资者所承担的风险以及该项目可能带来的经济效益。如果政府担保固定回报率，将使投资者失去降低成本、提高效率的积极性和动力。广西来宾 B 电厂项目引进了竞争机制，投标人就电价进行竞争，政府不与投标人进行讨价还价。中标人的融资依据是有政府安慰信支持的或取或付合同产生的未来现金流而不是以往项目中经常使用的政府担保收益。

（三）工程承包合同

项目公司一般只作为融资主体和项目运营管理者存在，本身不一定具备自行设计、采购、建设项目的条件，因此可能会将部分或全部设计、采购、建设工作委托给工程承包商，与之签订工程承包合同。项目公司可以与单一承包商签订总承包合同，也可以分别与不同承包商签订合同。承包商的选择要遵循相关法律法规的规定。建筑工程承包合同，应安排好工程款的支付进度，并将施工风险适度转移到承包商身上，同时处理好与总包或分包商的关系。

由于工程承包合同的履行情况往往直接影响 PPP 项目合同的履行，进而影响项目的贷款偿还和收益情况。因此，为了有效转移项目建设期间的风险，项目公司通常会与承包商签订一个固定价格、固定工期的“交钥匙”合同，将工程费用超支、工期延误、工程质量不合格等风险全部转移给承包商。此外，工程承包合同中通常还会包括履约担保和违约金条款，进一步约束承包商妥善履行合同义务。

（四）采购合同

有些 PPP 项目在运营阶段对原料的需求量很大、原料成本在整个项目运营成本中占比较大，同时受价格波动、市场供给不足等影响，无法保证项目所需的原料能够随时在公开市场上以平稳价格获取，继而可能会影响整个项目的持续稳定运营，如燃煤电厂项目中的煤炭。因此，为了防控原料供应风险，项目公司通常会与原料的主要供应商签订长期原料供应合同，并且约定一个相对稳定的原料价格。

在原料供应合同中，一般会包括以下条款：交货地点和供货期限、供货要求和价格、质量标准和验收、结算和支付、合同双方的权利义务、违约责任、不可抗力、争议解决等。除上述一般性条款外，原料供应合同通常还会包括“照供不误”条款，即要求供应商以稳定的价格、稳定的质量品质为项目提供长期、稳定的原料。

如 PPP 项目所需原料需要从国外进口，除需应对市场风险，还需要合理安排国际贸易价格、进出口代理、外汇支付等一系列问题和合同。

（五）运营维护合同

由于PPP项目的期限通常较长，项目的运营维护存在较大的管理风险，可能发生因项目公司或运营商管理不善导致项目亏损的情形。因此，项目公司应优先选择资信状况良好、管理经验丰富的运营商，并通过在运营服务合同中预先约定风险分配机制或者投保相关保险来转移风险，确保项目平稳运营并获得稳定收益。个案中，运营维护事务的外包可能需要事先取得政府的同意。但是，PPP 项目合同中约定的项目公司的运营和维护义务并不因项目公司将全部或部分运营维护事务分包给其他运营商实施而豁免或解除。

如项目公司将运营工作外包，则该协议中应约定运营成本的控制以及运营维护标准及风险承担。

（六）担保合同

最为常见的融资担保模式是项目公司将项目资产抵押给银行或将特许经营期内的收益权质押给银行。从保障公共利益的角度出发，无论以项目资产还是权益进行担保，政府主管部门的监督都是必要的。

（七）保险合同

由于 PPP 项目通常资金规模大、生命周期长，负责项目实施的项目公司及其他相关参与方通常需要对项目融资、建设、运营等不同阶段的不同类型的风险分别进行投保。通常可能涉及的保险种类包括货物运输险、工程一切险、针对设计或其他专业服务的职业保障险、针对间接损失的保险、第三者责任险等。

从政府监控的角度出发，为了避免在承包商分别投保的情况下出现所选承包人实力有限，出险不能及时索赔的问题，同时为便于对投保范围、保险条件等内容进行监督管理，政府方会特别注意强调建设阶段的主要保险必须由投资方或项目公司负责，并将投保列为特许权协议的生效要件。

（八）其他合同

在 PPP 项目中还可能会涉及其他的合同，如项目公司与专业中介机构签署的投资、法律、技术、财务、税务等方面的咨询服务合同。

第二章　旧城改造工程PPP项目合同

使用场景：

1. 采用 BOT（build-operate-transfer，建设—运营—移交）运作模式的项目，可参考本项目合同中有关政府方和社会资本方权利义务分配的内容。

2. 采用准经营性模式的项目或政府可行性缺口补助模式的项目，可参考本项目合同中有关付费机制的内容。

3. 属于国家重点扶持的基础设施和公共服务建设项目，可参考本项目合同中有关融资的内容。

法律要点：

1.PPP 项目不同付费模式下，政府承担的运营补贴责任是否相同?

依据《政府和社会资本合作项目财政承受能力论证指引》（财金〔2015〕21 号）有关规定，运营补贴支出责任是指在项目运营期间，政府承担的直接付费责任。不同付费模式下，政府承担的运营补贴支出责任不同。政府付费模式下，政府承担全部运营补贴支出责任；可行性缺口补助模式下，政府承担部分运营补贴支出责任；使用者付费模式下，政府不承担运营补贴支出责任。

运营补贴支出应当根据项目建设成本、运营成本及利润水平合理确定，并按照不同付费模式分别测算。

（1）对政府付费模式的项目，在项目运营补贴期间，政府承担全部直接付费责任。政府每年直接付费数额包括：社会资本方承担的年均建设成本（折算成各年度现值）、年度运营成本和合理利润。计算公式为：

$$\text{当年运营补贴支出数额}=\frac{\text{项目全部建设成本}\times(1+\text{合理利润率})\times(1+\text{年度折现率})n}{\text{财政运营补贴周期（年）}}+\text{年度运营成本}\times(1+\text{合理利润率})$$

（2）对可行性缺口补助模式的项目，在项目运营补贴期间，政府承担部分直接付费责任。政府每年直接付费数额包括：社会资本方承担的年均建设成本（折算成各年度现值）、年度运营成本和合理利润，再减去每年使用者付费的数额。计算公式为：

D10891

$$\text{当年运营补贴支出数额}=\frac{\text{项目全部建设成本}\times(1+\text{合理利润率})\times(1+\text{年度折现率})^{n}}{\text{财政运营补贴周期（年）}}+\text{年度运营成本}\times(1+\text{合理利润率})-\text{当年使用者付费数额}$$

n 代表折现年数。财政运营补贴周期指财政提供运营补贴的年数。

年度折现率应考虑财政补贴支出发生年份，并参照同期地方政府债券收益率合理确定。合理利润率应以商业银行中长期贷款利率水平为基准，充分考虑可用性付费、使用量付费、绩效付费的不同情景，结合风险等因素确定。在计算运营补贴支出时，应当充分考虑合理利润率变化对运营补贴支出的影响。

2. 政府可行性缺口补助与固定回报有何区别？

2015 年 4 月，为有序推进政府和社会资本合作项目实施，保障政府切实履行合同义务，有效防范和控制财政风险，财政部发布《政府和社会资本合作项目财政承受能力论证指引》（财金〔2015〕21 号）。依据上述指引第 16 条至第 18 条规定：对可行性缺口补助模式的项目，在项目运营补贴期间，政府承担部分直接付费责任。政府每年直接付费数额包括：社会资本方承担的年均建设成本（折算成各年度现值）、年度运营成本和合理利润，再减去每年使用者付费的数额。计算公式为：

$$\text{当年运营补贴支出数额}=\frac{\text{项目全部建设成本}\times(1+\text{合理利润率})\times(1+\text{年度折现率})^{n}}{\text{财政运营补贴周期（年）}}+\text{年度运营成本}\times(1+\text{合理利润率})-\text{当年使用者付费数额}$$

其中，合理利润率应以商业银行中长期贷款利率水平为基准，充分考虑可用性付费、使用量付费、绩效付费的不同情景，结合风险等因素确定。

根据《国务院办公厅关于妥善处理现有保证外方投资固定回报项目有关问题的通知》（国发〔1998〕31 号）的规定，固定回报应解读为：在合作方式上违反收益共享、风险共担的原则；在回报源上超出了项目本身的收入范围；在回报方式上承诺产品价格或收费水平。固定回报的实质是用项目融资或股权融资的形式，变相实现固定利率的商业贷款的行为。

对于准经营性项目，政府采取可行性缺口补助。只要合理利润率以商业银行中长期贷款利率水平为基准，并充分考虑可用性付费、使用量付费、绩效付费的不同情景，结合风险等因素确定，那么该项目在回报源上便没有超出项目本身的收入范围。此外，本项目在回报方式上没有承诺产品价格或收费水平，并不能将其认定为固定回报。

需要强调的是，采取按合作者投资总额的一定比例给予社会投资者固定回报的方式合作，属于变相实现固定利率的商业贷款的行为，视为固定回报。

3. 棚改股权融资模式有哪些？

PPP 模式下的棚改融资模式为股权融资，这是棚户区改造一项重要融资模式，指承担棚户区改造任务的项目公司，通过出让企业部分所有权、项目所有权以及质押股票等形式，引进新的股东和资金的融资方式。股权融资所获得的资金，项目公司无须还本付息，但要向新股东即出资人分享企业利润。

股权融资模式有直接上市融资、间接上市融资（借壳上市）和上市再融资三类。由于上市融资对企业要求高、融资周期长而且成功率低，因此比较典型的是上市再融资模式。再融资是指由已经上市的公司承担棚户区改造项目时，通过再次发行股票筹集资金的行为，主要有配股发行和增发发行方式。其中增发新股又分为定向增发新股和公开增发新股两大类，定向增发也称“非公开发行股票”，只向特定对象发行股票，发行对象不超过 10 名。定向增发审核程序简单、发行成本低、信息披露要求低、发行人资格要求低。定向增发属于私募性质。棚户区改造项目的股权融资模式发展比较缓慢。

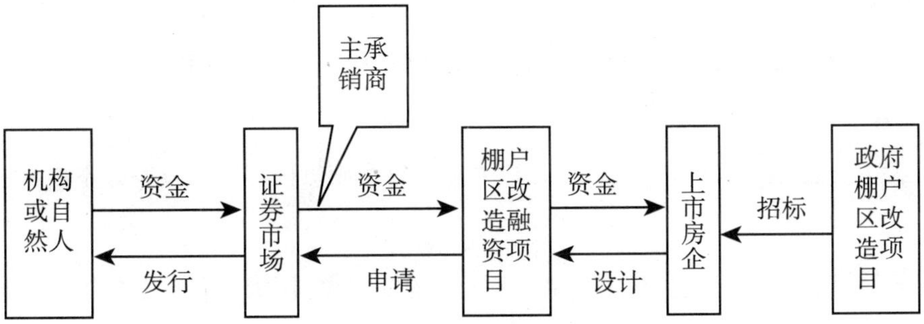

上市房企棚户区改造项目再融资流程图

D10891

关注法天使

上市公司再融资模式的优点是除手续费、发行费等中间费用外，没有其他成本，没有还本付息压力。上市公司再融资模式的缺点是融资机构资质要求高，必须是上市企业；对融资项目自身要求高，必须是有一定收益，且能自我平衡的棚户区改造项目。

* 住房与城乡建设部网站，棚户区改造项目融资模式简介［2015-8-25］（2015-6-5）,http ：//www.mohurd.gov.cn/zxydt/201506/t20150605_221091.html

文本正文：http://www.fatianshi.cn/D10891

引　言

本合同于______年______月______日由以下双方签署合同：

甲方：______________________________

住所：______________________________

负责人：______________________________

乙方：______________________________

住所：______________________________

法定代表人：______________________________

1. 甲方已就____________项目（以下简称本项目）采用 PPP 模式建设方案取得___________人民政府同意实施批复；

2.____________人民政府已授权甲方作为本项目实施机构，与乙方签订本项目 PPP 合同；

3. 甲方通过____________方式确定本项目中标社会资本方，授予其本合同项下投资建设运营本项目的特许经营权；

4. 乙方系中标社会资本方为具体实施本项目的投资、融资、建设、管理、运营、维护、移交等而与政府方出资代表____________（以下简称甲方）依法共同设立的项目公司；

5. 本 PPP 项目物有所值评价及财政承受能力报告都已通过论证及验证；

6. 本项目已纳入____________PPP 项目库。

为此，甲、乙双方为明确各自在本项目下的权利和义务，现根据《中华人民共和国合同法》等相关法律法规、规范性文件及相关政策的规定，本着平等自愿、互利互惠、诚实信用、友好协商等原则，自愿达成如下合同条款：

第一章　总　　则

第 1 条　定义和解释

1.1　定义

在本合同中如使用本条所定义的词语，应具有本条所赋予的含义。

1.1.1　本合同：指由双方为本项目签署的 PPP 项目合同，包括全部附件，以及日后可能签署的任何项目合同之补充修改合同和附件，每一部分都应视为本合同的一部分。

1.1.2　本项目：指____________PPP 项目。

1.1.3　本工程：指____________工程。

1.1.4　政府和社会资本合作：指政府为增强公共产品和服务供给能力、提高供给效率，通过特许经营、购买服务、股权合作等方式，与社会资本建立的利益共享、风险分担及长期合作关系。即 Public-Private-Partnership，也称 PPP。

1.1.5　特许经营权：指政府授予项目公司在一定时间和范围内对某项公用产品或服务进行排他性经营的权利。

1.1.6　可行性缺口补助：指因项目经营性收益无法覆盖乙方投资、运营成本及合理回报时，则由甲方（此处指甲方代表的市政府）在项目运营期内按照本合同的约定支付补贴。

1.1.7　甲方系指经____________人民政府批准，为本项目的发起人及项目实施机构，在____________人民政府授权下，代表____________人民政府以自己名义与本项目的项目公司（乙方）签订 PPP 合同的合法代表。

1.1.8　乙方系本项目中标社会资本方与政府方合作代表__________共同合作设立并存续的有限责任公司。

＊条文批注：项目公司股东可以包括城投公司。

城投公司是政府所属融资平台公司的简称，虽然具有政府背景，但是可以作为社会资本方参与 PPP 项目。

《PPP 项目合同指南（试行）》指出："项目公司是社会资本为实施 PPP 项目而专门成立的公司，通常独立于社会资本而运营。根据项目公司股东国籍的不同，项目公司可能是内资企业，也可能是外商投资企业。"指南没有明确规定城投公司不可以以内资企业身份成为社会资本方。在此基础上，PPP 条例第 6 条明确规定："国家保障各种所有制形式的社会资本方依法平等参与采用政府和社会资本合作模式的基础设施和公共服务项目（以下简称合作项目）。任何单位和个人不得排斥或者限制非公有制社会资本方依法参与合作项目。"可见，PPP 条例允许公有制社会资本方参与 PPP 项目。

根据《国务院关于加强地方政府融资平台公司管理有关问题的通知》（国发〔2010〕19 号）规定："地方政府融资平台公司是指由地方政府及其部门和机构等通过财政拨款或注入土地、股权等资产设立，承担政府投资项目融资功能，并拥有独立法人资格的经济实体。"因此，上述投资平台企业属于地方政府融资平台公司。

财政部印发的《政府和社会资本合作模式操作指南（试行）》（财金〔2014〕113 号）明确规定："本指南所称社会资本是指已建立现代企业制度的境内外企业法人，但不包括本级政府所属融资平台公司及其他控股国有企业。"从文句理解，第一，参与合作的社会资本必须为企业法人，排除了合伙企业、个人独资企业、不具有法人资格的中外合作经营企业等企业形式；第二，将参与合作的那一级政府所属的融资平台公司和其他控股国有企业排除在社会资本之外，但对上一级政府的融资平台公司和其他控股国有企业，特别是对下一级政府的融资平台公司和其他控股国有企业未做限定。

综上所述，城投公司可以作为社会资本方对设区的市及其下级地方政府以 PPP 合作模式进行项目建设。

* 条文批注：项目公司的形式为有限责任公司。

公司法规定了公司可以有两种形式——有限公司和股份公司。双方的差别主要体现在：（1）股东人数：有限公司不能超过 50 人，而设立股份公司发起人为 2 人到 200 人，其中半数以上须在中国境内有住所。（2）股权转让：有限公司股权对外转让，须取得其他股东过半数同意，其他股东不同意的应购买该转让股权，同等条件下其他股东有优先购买权；股份公司股东转让股权一般无需取得其他股东同意，法定和章程规定的特殊股东转让股权除外。

《PPP 项目合同指南（试行）》就股权变更明确了锁定期、兜底条款等内容。《基础设施的公共服务领域政府和社会资本合作条例》（征求意见稿）第 26 条规定："在合作项目建设期内，社会资本方不得转让其持有的项目公司股权。合作项目运营期内，在不影响公共服务提供的稳定性和持续性的前提下，经政府实施机构报本级人民政府同意，社会资本方可以转让其持有的项目公司股权。"依据上述条款，无论项目公司采取何种形式，社会资本方转股均受到限制。但是由于目前上述条例尚未正式生效实施，为巩固双方的合作关系，建议在目的公司形式的选择上考虑有限责任公司形式，防止部分股东为逃避责任通过股权转让方式"逃走"。

1.1.9 中标社会资本方系指其投标已被甲方所接受，作为项目投资、融资、建设、管理、运营、维护、移交主体的单位。

1.1.10 承包人系指与乙方签订施工合同承担本项目全部或部分工程施工任务的施工单位。

1.1.11 施工合同系指乙方为建设本项目而同承包人签订的合同。

1.1.12 项目文件：指包括但不限于下列文件：

（1）本合同及附件；

（2）融资文件；

（3）与项目有关的其他文件。

1.1.13 项目资产：指与项目有关的所有资产，包括但不限于：

（1）本项目建设范围内工程形成的建筑物、构筑物，及与工程配套使用的所有设施等；

D10891

（2）与本项目有关的经营权等所有权益；

（3）所有文件资料。

1.1.14 政府行为：指政府部门的国有化、征收及征用等行为。

1.1.15 融资文件：指与项目或其任何一部分的建设和运营相关的贷款合同、担保合同和其他文件，但不包括股东作出的出资承诺或履约保函。

1.1.16 生效日期：指按照本合同的规定，甲方和乙方正式签署本合同并发生法律效力的日期。

1.1.17 运营期投资回报率：运营期上一年度中国人民银行最后一次调整后的五年期以上贷款基准利率 ×（1+ 中标浮动率）。中标上浮率为中标社会资本方在本项目竞争性磋商的运营期投资回报中标浮动率，即 10%。

1.1.18 工程建安费用下浮率：中标社会资本方在投标文件中报出的工程建安造价下浮率，即 6%。

1.1.19 运营收益：项目经营收入扣除____________和项目公司投入的前期费用（包括土地出让金、拆迁费用等）、按 PPP 合同确定的建安费用、运营成本以及按投资回报率计算的资金利息、税金、规费等费用后的项目收益。

1.1.20 已完成投资：根据已完成的合格工程量与合同约定计价口径计算的工程建安费用（按中标工程费用下浮率下浮）以及已支付的项目前期费和其他费用。

1.1.21 设计变更：指在本合同项下的某单项工程在实际施工过程中出现了与签订该单项工程合同时的预计条件不一致的情况，而需要改变原定施工范围内的某些工作内容。如工程量、合同价款、工期、质量要求、位置、标高尺寸及施工方法等方面的变化，且此变化控制在一定的变量范围之内。

1.2 解释

本合同中的标题仅为阅读方便所设，不应影响条文的解释。以下的规定适用于对本合同进行解释，除非其上下文明确显示其不适用。

在本合同中：

（1）合同或文件包括经修订、更新、补充或替代后的该合同或文件；

（2）“元”指人民币元；

（3）条款或附件：指本合同的条款或附件；

（4）一方、双方：指本合同的一方或双方，并且包括经允许的替代该方的人或该方的受让人；

（5）除非本合同另有明确约定，“包括”指包括但不限于；除本合同另有明确约定，“以上”“以下”“以内”“内”均含本数，“超过”“以外”不含本数；

（6）除非本合同另有约定，提及的一方或双方均为本合同的一方或双方，并包括其各自合法的继任者或受让人；

（7）本合同中的标题不应视为对本合同的当然解释，本合同的各个组成部分都具有同样的法律效力及同等的重要性；

（8）本合同并不限制或以其他方式影响甲方及其他政府部门行使其法定行政职权。在本合同有效期内，如果本合同项下的有关约定届时被纳入相关法律规范属于甲方或其他政府部门的行政职权，则适用该等法律规定。

第 2 条　双方关系

本合同双方系平等民事主体之间的合同关系，甲方应当维护和支持乙方的合法经营活动。本合同并不限制或以其他方式影响甲方行使其他法定权力，但是基于本合同的民事性质，甲方行使任何权力不得直接或间接影响或干预乙方的合同权利和市场行为。

甲方和乙方声明如下：

（1）任何一方均有权签署本合同并按本合同履行义务。

本合同构成甲方和乙方的有效、合法、有约束力的权利和义务，对双方均具有强制法律约束力。

（2）双方均应当保证在本合同签署之前和本项目履行过程中，依法各自取得所有的政府批准、许可、执照、证书并保持其合法有效。

（3）甲方和乙方并不构成的合营或合伙关系，也不能免除各方依法或依本合同应履行的职责和义务。

（4）甲方是本项目发起人，保证本项目已纳入____________PPP 项目库，已经取得____________人民政府的书面授权（详见本合同附件）及其他必要的同意和批准。根据____________人民政府的授权和法律、法规规

D10891

定及本合同的约定，负责本项目的前期立项审批、土地征迁的工作，并按合同约定履行承担可行性补助支付，接受合格项目等权利义务；

* 条文批注：在立项环节，政府应给予强有力支持。

对于任何公共基础设施 PPP 项目，特别是在没有全国 PPP 法律的中国，政府的支持尤为重要。如在北京国家体育场项目中，北京市政府协助项目公司取得项目建设、运营、维护项目资产及临时设施所必需的一切批准；保证项目公司于建设开工前就项目设施场地获得排他性的划拨土地使用权；协助项目公司就建设项目资产所需进口的设备、材料取得按规定可以取得的进口关税的批准。特许经营期内，北京市政府对于新的竞争性场馆的开发项目或对某一现有竞争性场馆进行改扩建的项目原则上也将不予批准。

政府承担项目审批风险和土地获取风险。

按照国际惯例，风险的分配应坚持以下原则：

1. 承担风险的一方应该对该风险具有控制力；

2. 承担风险的一方能够将该风险合理转移（例如通过购买相应保险）；

3. 承担风险的一方对于控制该风险有更大的经济利益或动机；

4. 由该方承担该风险最有效率；

5. 如果风险最终发生，承担风险的一方不应将由此产生的费用和损失转移给合同相对方。

依据上述风险分配原则，我们认为，需要政府承担的风险包括：土地获取风险、项目审批风险和政治不可抗力。在政治不可抗力方面，尚未正式施行的《基础设施和公共服务领域政府和社会资本合作条例》（征求意见稿）第 20 条规定："合作项目协议的履行，不受行政区划调整、政府换届、政府有关部门机构或者职能调整以及负责人变更的影响。"这一规定明确了政治不可抗力的应对方式，具有较强的参考意义。

（5）乙方根据法律规定和本合同的约定，行使本项目的投资、融资、建设、管理、运营、维护、移交等职责并承担法律法规规定的责任。

第二章　项目概况、合作方式及期限

第 3 条　项目概况

3.1　项目名称：_____________PPP 项目。

3.2　项目内容及范围：甲方授予乙方____________建设工程 PPP 项目经营权，具体包括本项目约定范围的投资、融资、建设、管理、运营、维护、移交。

3.3　本项目建设内容包括：____

3.4　投资额：____

第 4 条　合作方式

4.1　在项目合作期内，由乙方负责项目的投资和建设，项目建成后，乙方将建成资产移交甲方。甲方拥有项目土地使用权，乙方按合同享有本项目经营权，负责项目范围内运营。运营期内，乙方在合同约定的项目范围内按约定享有房地产的经营性收益。当该经营性收益不足以弥补乙方运营成本、投资成本及合理回报时，由甲方按本合同规定方式给予相应可行性缺口补助。合作期满乙方将项目经营权等所有项目未移交资产无偿、完整地移交给甲方。

* 条文批注：合同明确本项目采取 BOT 运作模式。

选择适合的 PPP 运作模式至关重要！合同明确本项目采取 BOT（建设一运营一移交）运作模式，是常规的 PPP 运作模式。在该模式下，项目的融资、设计、建造、运营维护均由项目公司负责。

本项目属于准经营性项目。

PPP 项目收入来源主要分三类：一是完全依靠使用者付费；二是政府支付服务费用；三是前两种方式的结合。依据不同的回报模式，PPP 项目可分为经营性项目、准经营性项目和非经营性项目。其中，经营性项目指具有明确的收费基础，并且经营收费能完全覆盖投资成本和合理回报的项目；准经营性项目指经营收费不足以覆盖投资成本、需政府补贴部分资金或资源的项目；非经营性项目指缺乏“使用者付费”基础、主要依靠“政府付费”回收投资成本的项目。

4.2　本合同中建设、运营内容已有特殊约定的，按约定。

第 5 条　合作期限

本项目合作期限包含建设期和运营期，合同总建设期加运营期共______年。自本合同生效之日次日起进入建设期，项目竣工质量验收合格、取得房屋竣工验收联合备案且具备交付条件之日，建设期结束，次日开始项目运营期。即项目合作期限自合同生效之日起满______年。

D10891

*条文批注：项目的建设期和运营期分开。

按照法律规定，特许经营期限不超过30年。

从投资方考虑，投资方可与政府协商将项目的建设与经营分为两个阶段，分开约定建设工期与运营期限，将特许经营期界定为项目自正式运营日起至特许经营期或其延长期限届满之日止的特许期间，特许经营期为30年。有的项目直接将政府给予投资方的特许经营期成为收费期，同时对建设期限另行作出约定，从而更加清晰的划分了PPP项目的各个阶段。

财政部印发的《政府和社会资本合作模式操作指南（试行）》（财金〔2014〕113号）第29条规定："项目实施机构应每3~5年对项目进行中期评估，重点分析项目运行状况和项目合同的合规性、适应性和合理性；及时评估已发现问题的风险，制定应对措施，并报财政部门（政府和社会资本合作中心）备案。"因此，在特许经营期限内对项目进行监督和评估，不仅是政府方的权利，也是其法定义务。

第6条　前提条件

本合同签订后，在同时具备以下条件时，本合同生效：

1. 中标社会资本方在本合同签订之日起______日内向甲方提交银行开具的建设期履约保函，保函总金额为______万元，按项目对应数额开具；

2. 乙方在本合同签订之日起______日内向甲方或甲方指定机构交付本合同第16条约定的________迁建工程项目征地拆迁、各子项目前期费用等费用______万元。

3. 甲方提供____________为本项目出具的财政可承受能力评估报告且保证本项目已纳入____________PPP项目库。

第三章　项目的融资及资金监督管理

第7条　融资责任

由乙方承担本项目所需资金的对外融资责任，所得资金全部用于本项目建设，并承担偿债责任。

*条文批注：专款专用。

关于专款专用问题，《PPP 项目合同指南（试行）》融资章节没有提及相关内容。然而，尚未施行的《基础设施和公共服务领域政府和社会资本合作条例》（征求意见稿）第 19 条规定：PPP 项目取得的融资款项不得用于实施合作项目以外的用途，并且禁止以融资款项为他人债务提供担保。

可争取政策性银行信贷支持。

合同约定本项目采取 BOT 运行模式，在 BOT 运行模式下，社会资本方承担融资责任。一般情况下，保障性安居工程项目属于国家重点扶植的基础设施项目。社会资本方据此可申请政策性银行的金融服务，争取特殊信贷支持。

除保障性安居工程项目外，水利、污水处理等项目一般也属于国家重点扶植的基础设施项目。

政策性银行参与 PPP 项目，可以发挥中长期融资优势，为项目提供投资、贷款、债券、租赁、证券等综合金融服务，并联合其他银行、保险公司等金融机构以银团贷款、委托贷款等方式，拓宽 PPP 项目的融资渠道，如进行特殊信贷支持，如长期优惠利率贷款等。

第 8 条　融资质押

为本项目融资之目的，乙方可以将其在本项目合同项下的各项权益用于质押，但应将相应融资方案报甲方及____________PPP 管理办公室备案。

*条文批注：权利质押问题。

在项目融资环节，需要防范的风险是：

公用事业基础设施项目投资额大，回收期长，回报低但收益稳定。对于这类项目，投资人一般采用投入少量股本金，主要资金向银行借贷的方式安排融资结构。银行对项目的贷款将形成抵押或质押债券。银行是否有权利向对待普通的抵押、质押贷款项目那样，在还贷出现问题时行使抵押权人的权利，把项目拿去拍卖抵债，这对政府和投资人都是个新课题。因为公用事业项目关系一方百姓的升级，当地政府会阻止银行实现抵押权，致使银行债权人的利益得不到保护。这个风险不解决，银行不会给贷款，项目也就难以落地。所以，政府和投资人需要对贷款安排和银行的债券制定合理解决方案，以便化解贷款银行的风险，确保项目可以获得贷款。

D10891

＊条文批注：可采取资产证券化方式融资。

具有未来稳定现金流的资产就可能被证券化，很多基础设施类的PPP项目，如供热、供水、供电、污水处理、公共交通、高速公路等具有稳定的现金流，是良好的证券化基础资产，企业资产证券化采取备案制后，大大简化了证券化项目设立和发行手续，交易所的挂牌转让和协议式回购也提高了产品的流动性，证券公司（包括基金子公司）可以通过成立资产支持专项计划，对有稳定现金流的PPP项目进行证券化，运用现金流分层等结构性金融技术，发行不同期限和信用等级的资产支持证券，为PPP项目融资。

2015年1月，中国证券投资基金业协会发布《资产证券化业务基础资产负面清单指引》，对不适宜采用资产证券化业务形式、或者不符合资产证券化业务监管要求的基础资产进行列明。该指引明确将以地方政府为直接或间接债务人的基础资产列入负面清单。这为PPP项目的资产证券化提供了政策可能。

《资产证券化业务基础资产负面清单》明确指出：待开发或在建占比超过10%的居民住宅等不动产或相关不动产收益权不得使用资产证券化方式，但是当地政府证明已列入国家保障房计划并已开工建设的项目除外。据此，保障性安居工程类PPP项目可采取资产证券化融资方式。

第9条　融资文件的备案

9.1　乙方应于融资文件生效日期或之前向甲方提交融资文件，并向甲方备案。

9.2　未经甲方事先书面批准，乙方不得在任何方面修改或补充、或终止、替换已经向甲方依据本合同备案的融资文件。

9.3　甲方对融资文件备案或融资文件的修改或变更的批准并不免除乙方在本合同项下的任何义务或责任。

第10条　融资的政府文件

乙方以PPP合同及相关资料向金融机构进行融资时，根据乙方的融资需要，甲方应出具实施本项目的合法性、合规性等证明材料，主要有本项目立项批复、PPP实施方案批复、____________财政局对项目实施方案所做的物有所值和财政承受能力评估报告、本项目已纳入____________PPP项目库证明。

第11条　融资计划

11.1　乙方应在公司成立后______日内向甲方提交本项目融资方案及资金安排计

划。本项目资本金及其余建设资金应按计划分期足额到位，乙方应在每期项目建设资金到位后______日内将有关财务凭证报甲方或甲方指定机构审查。

11.2　乙方应采取有效措施防止资金筹措不力，造成项目建设资金链中断。

上述情况发生后______日内，乙方应积极采取行动予以纠正。

第 12 条　资金专户

乙方应设立项目资金专户，与银行签订资金监管协议，确保资金专款专用。所得资金必须全部用于本项目建设，不得挪用、挤占。乙方不得拖欠各参建方工程款，由此造成的损失和责任由乙方承担。

第 13 条　资金监督

甲方有权对资金到位进度、使用流向等进行核查、监督。

* 条文批注：政府方可采取法定的监督措施。

《PPP 项目合同指南（试行）》规定，常见的政府方监督权包括：（一）项目实施期间的知情权。（1）建设期——审阅项目计划和进度报告。（2）运营维护期——审阅运营维护手册和有关项目运营情况的报告。（二）进场检查和测试。在 PPP 项目合同中，有时也会规定在特定情形或一定限制条件下，政府方有权进入项目现场进行检查和测试。政府方行使进场检查和测试权不得影响项目的正常实施，并且受制于一些特定的条件，例如，需要遵守一般的安全保卫规定，并且不得影响项目的正常建设和运营；履行双方约定的合理通知义务后才可入场；仅在检查建设进度、监督项目公司履约情况等特定目的下才有权进入场地；等等。（三）对承包商和分包商选择的监控。（四）参股项目公司。

在上述规定基础上，《基础设施和公共服务领域政府和社会资本合作条例》（征求意见稿）第 30 条概括出政府有关部门实施监督检查，有权采取下列措施：

a. 进入合作项目现场进行检查、检验、监测；

b. 查阅、复制有关文件、资料；

c. 要求有关人员就有关问题作出说明。

第 14 条　财务管理的一般要求

14.1　乙方应建立健全财务管理制度，严格执行国家规定的各项财务开支范围和标准，如实反映企业财务状况，依法缴纳税费，并接受有关机关的检查监督，保证中标社会资本方权益不受侵犯。

D10891

14.2　乙方应与资金监管银行签订资金管理协议，严格按照资金管理协议的约定管理、使用建设资金，接受监管银行资金监管，确保项目资金专款专用。

14.3　乙方应定期向甲方提交下列文件：

a. 年度基本建设支出预算、财务结算等财务报告；

b. 在各季度第 1 个月结束之前提交上一个季度的乙方现金收支季度总结报表；

c. 在每年______月______日之前提交上一年度的企业财务报表（包括财务报表说明、资产负债表、现金流量表、利润及利润分配表、会计报表附注及其他财务资料）及由独立于乙方的有资格的会计事务所出具的年度审计报告。

14.4　乙方还应按甲方的要求随时提交关于乙方财务状况的信息资料。

> * 条文批注：社会资本方有配合政府监督的义务。
>
> 为配合政府监督，《PPP 项目合同指南（试行）》指出："在 PPP 项目合同中通常会规定项目公司有义务定期向政府提供有关项目实施的报告和信息，以便政府方及时了解项目的进展情况。"在此基础上，依据 PPP 条例第 31 条至第 32 条规定，社会资本方应当履行如下配合义务：
>
> 按照规定向政府有关部门提供有关合作项目投资、建设、运营方面的数据、资料等信息；妥善保管合作项目投资、建设、运营等方面的有关资料，并在合作项目期限届满或者提前终止时向政府有关部门移交。

第四章　项 目 用 地

第 15 条　建设用地取得方式

15.1　本项目____________项目所涉土地，由____________城投通过竞拍摘牌取得出让土地使用权，提供给乙方用作本项目建设使用，____________工程项目用地由政府方以划拨方式提供本项目建设用地。

15.2　项目使用权证登记在______城投或甲方指定单位名下。在本合同约定期限内，乙方有权按照合同约定在该建设用地上进行建设、运营、管理及收益。

第 16 条　征迁工作

甲方负责项目用地的土地征收补偿、拆迁、人员安置等工作，负责处理因征地拆迁、安置补偿等发生的纠纷。

在本合同签订后需支付的工程建设及其他相关费用列入本项目范围，作为项目工程建设其他费用由乙方承担支付，纳入建设项目总投资。根据实际支付情况，乙方按照甲方书面通知，在______个工作日内付清。

第 17 条　土地抵押融资限制

乙方未经甲方同意，不得将本项目土地使用权设定抵押，用于融资。

> * 条文批注：土地使用权抵押问题。
>
> 《PPP 项目合同指南（试行）》中指出："由于土地是为专门实施特定的 PPP 项目而划拨或出让给项目公司的，因此在 PPP 项目合同中通常还会明确规定，未经政府批准，项目公司不得将该项目涉及的土地使用权转让给第三方或用于该项目以外的其他用途。除 PPP 项目合同中的限制外，项目公司的土地使用权还要受土地使用权出让合同或者土地使用权划拨批准文件的约束，并且要遵守《中华人民共和国土地管理法》等相关法律法规的规定。"
>
> 《基础设施和公共服务领域政府和社会资本合作条例》（征求意见稿）第 47 条规定："社会资本方或者项目公司将合作项目的土地使用权为他人债务提供担保；有下列情形之一的，由政府有关部门责令限期改正，处 20 万元以上 50 万元以下的罚款；有违法所得的，没收违法所得；构成犯罪的，依法追究刑事责任。"可见，土地使用权不得为他人债务提供担保，但是没有规定不得用于本项目的担保。因此，土地使用权在理论上可以用于本项目的抵押。PPP 项目合同可以约定土地使用权用于本项目抵押的审批程序。

第 18 条　土地出让金及房产经营

鉴于本项目建设项目出让用地由____________城投通过竞拍摘牌，甲乙双方一致同意如下约定：

（1）本项目所涉房产的销售收入、租金收入首先应用于承担____________城投缴付的土地出让金、拆迁费用等土地成本费用。

（2）本项目所涉新建房产，乙方应自竣工质量验收合格通过后 15 日内开具全额增值税专用发票给甲方指定单位（如政策允许开具建筑业增值税

D10891

专用发票的，应开具建筑业增值税专用发票）。金额按乙方实际的工程投资额（含建设期利息）计，作为长期应付款的依据。鉴于竣工质量验收合格通过后15日内尚不能确定工程实际投资额，为此暂以________市财政局或审计局审核预算数的80%确定开票金额，待__________市财政局（或____________市审计局）审核确定金额后15日内再就差额开具增值税专用发票。甲方指定单位无须直接支付该款项。乙方获得按合同约定的政府可行性缺口补助或运营收益分配时，在发票金额额度内可视作收到发票项下款项。

（3）因项目可经营房产的土地使用权在____________城投名下，故项目所涉房产的经营（包括销售、出租等）均以________城投名义进行。所得全部收入均应计入甲方________市财政局共同指定专用账户。____________市财政局统筹安排，结合可行性缺口补助，由甲方（或____________城投）按本合同的约定按时、足额支付运营收益给乙方。

（4）因本项目房产主要为拆迁安置房、保障房，因此本项目建成房产首先用于拆迁安置需要。

（5）为办理房产经营（包括销售、出租）相关手续而交纳的各项行政性收费、事业性收费、服务性收费、管理成本，以及安置和分配后为住户办理《国有土地使用证》《房屋所有权证》时发生的一切费用和税费由奉化城投承担另行支付。乙方做好相应配合工作。

（6）乙方由于开具了上述第（2）项中规定的增值税发票或运营期相应增值税发票，其实际负担的税负（除企业所得税外）超过了按__________市财政局（或__________市审计局）审核确定的建安造价应负担的税负，则超过部分于每次征收后的次年三月底以财政补助款形式补贴给乙方。

第五章　项 目 建 设

第19条　建设责任

19.1　乙方承担项目工程所需所有投资并应当要求施工承包人依照项目设计文件的要求，并严格遵守建筑法、环境保护法、产品质量法等相关法律法规规定以及国家、地方及行业强制性标准的要求，组织本项目的建设，并承担工程建设中应承担的费用和风险。

19.2　在本项目建设范围内，中标社会资本方本身具备施工资质的，乙方可直接发包给中标社会资本方进行施工建设。中标社会资本方无资质的工程部分，乙方应在甲方的监督下按照法律法规通过招标方式确定施工单位，由中标施工单位进行施工建设。乙方应根据建设工程施工合同（示范文本）与施工单位签订施工合同。项目所涉列入政府采购目录范围内的材料设备（包括电梯、太阳能、空调、智能化等工程），按《中华人民共和国政府采购法》和____________财政局政府采购管理工作规程及相关规定执行。采保费承担在采购招标文件中按法律规定明确。供水、供电、供气、有线电视、电信、网络等配套工程及合同中的专业工程，根据____________相关规定执行，按乙方实际支付规费计入项目建设总投资。乙方应接受政府行业管理部门的监督管理。

19.3　乙方应按照经甲方确认的施工图组织施工工作。

第 20 条　建设标准

本项目工程施工须严格按照国家、省、部委颁发的施工、验收标准及设计文件要求组织实施，使整个项目全部工程达到工程质量一次性验收合格，并通过政府各职能部门联合验收、办理房屋竣工验收联合备案，具备交付标准。

* 条文批注：社会资本方应确保项目建设符合建设标准。

由于本项目采取 BOT 运行模式，因此由社会资本方负责项目的建设工作。需要指出的是，由社会资本方确保建设符合建设标准，不仅是合同约定的义务，也是法定义务。

《PPP 项目合同指南（试行）》指出：“项目的建设应当依照项目设计文件的要求进行，并且严格遵守建筑法、环境保护法、产品质量法等相关法律法规的规定以及国家、地方及行业强制性标准的要求。项目建设所依据的相关设计文件和技术标准通常会作为 PPP 项目合同的附件。”在此基础上，尚未正式施行的《基础设施和公共服务领域政府和社会资本合作条例》（征求意见稿）第 47 条第 2 款规定了相关惩罚措施：社会资本方在合作项目实施中违反法律、行政法规、规章、技术规范、强制性标准的，由政府有关部门责令限期改正，处20万元以上50万元以下的罚款；有违法所得的，没收违法所得；构成犯罪的，依法追究刑事责任。

D10891

第 21 条　项目监理

监理由乙方招标确定，并承担费用支付，列入本项目总投资。甲方对监理工作有权监管。监理招标方案须经甲方审批，监理费用支付须经甲方签字并报项目公司同意。

第 22 条　项目跟踪审计

22.1　甲方依法委托跟踪审计单位对项目工程进行跟踪审计、结算审价及竣工财务决算审计，乙方应予以配合。相关审计费用由甲方或甲方指定机构承担。

22.2　本项目乙方最终的工程建设投资总金额由____________财政局或审计局审定为准。

第 23 条　项目手续

乙方负责办理项目施工许可证等各项行政审批、证照（除房产经营相关手续外），甲方应提供必要的协助。

第 24 条　建设期限

24.1　自本合同生效之日次日起进入项目建设期，本项目各子项目开工日期以本项目工程监理签发的各子项开工令或甲方的开工通知日期为准。乙方应于项目开工前制定提交项目总进度计划、年度计划，每年年末再提交下一年年度计划，并于每月 25 日向甲方提交工程建设进度报告。

24.2　如出现下列情况，上述工程施工工期将顺延：

（1）发生不可抗力事件；

（2）施工中发现地下文使工程建设延误；

（3）因甲方原因造成工程建设延误；

（4）甲方提供的设计文件延迟致使开工前应达到的施工条件不具备而造成的开工日期延误；

（5）经设计调整、变更导致工程量增加，经____________财政局或审计局审核后相应调整预算的工程。

24.3　工期延长申请。

当发生会导致工程节点顺延或延迟的事件时，乙方应按以下程序向甲方提出延期申请：

（1）乙方应在知道或应当知道延期事件发生后______日内，向甲方递交延期意向通知书，并说明发生延期事件的事由；乙方未在前述______日内发出延期意向通知书的，丧失要求追加延长工期的权利；

（2）乙方应在发出延长意向通知书后______日内，向甲方正式递交延期报告；延期报告应详细说明延期理由和延长的工期，以及并附必要的记录和证明材料；

（3）延期事件具有持续影响的，乙方应按合理时间间隔继续递交延期通知，说明持续影响的实际情和记录，列出累计的追加付款金额和（或）工期延长天数；

（4）在延期事件影响结束后______日内，乙方应向甲方递交最终延期报告，说明最终要求延长的工期，以及乙方已采取或建议采取的解决或减少延迟及其影响的措施并附必要的记录和证明材料。

24.4 甲方应按照以下程序答复工期延长申请。

甲方应在收到最终延期报告或有关延期的进一步证明材料后的______日内向乙方出具延期处理结果。甲方逾期答复的，则视为认可乙方的延期申请。甲方不同意延期的，双方可按照本合同第______条约定处理。

24.5 乙方应在各子项开工前向甲方报批按投标时所承诺的目标编写的项目施工计划安排。该计划应包括详细的实施方案与计划、施工计划安排以及预计的工期，要有明确的阶段性目标控制点及相应的保证措施。

第 25 条 质量控制及安全生产

25.1 乙方在开始建设工程之前，须建立一套完整的质量控制方案交甲方备案后执行，并作为甲方监督管理和验收依据之一。

25.2 施工的一般要求：

（1）乙方必须在本合同规定的时间内完成项目的施工。

（2）乙方应为项目施工建立健全质量保证体系、安全保证体系。必须确保工程质量符合批准的施工图设计文件、国家现行的工程施工技术规范和技术标准，必须确保施工安全、杜绝重大责任事故。事故造成的人员、财产损害赔偿由乙方会同承包人妥善处理，与甲方无涉。

（3）乙方应按照经政府相关部门审查和批准的项目的建设规模、设计标准、施工规范、施工图、施工计划完成施工，并承担费用和风险。

（4）乙方应积极配合政府各相关部门对项目的工程建设进行监督检查。

（5）未经甲方同意，乙方不得泄露、公布、发布、转让与项目有关的技术秘密或商业秘密。

（6）建设安全文明施工标准：严格遵守《中华人民共和国安全生产法》和《建设工程安全生产管理条例》等安全生产法律、法规的规定，加强对本项目建设施工安全生产的监督管理，项目建设施工安全等级达到奉化市建筑安全文明施工标化工地要求，并杜绝重大安全责任事故的发生。

25.3　文明施工和安全生产。

在本项目施工期间，乙方应当采取有效措施文明施工，同时严格执行国家有关安全生产的法律、法规及规章制度，并履行以下义务：

（1）防治因施工产生的环境破坏和污染；

（2）落实施工区域内的安全措施及消防安全措施；

（3）按规定处置建筑垃圾和工程渣土；

（4）保护施工区域内的各种管线；

（5）处理因本项目工程施工引起的其他问题。

25.4　乙方对承包人的责任：

（1）乙方应按照工程进度，及时向承包人支付工程款，严禁承包人垫资施工；按照规定的期限及时退还保证金、办理工程结算。

（2）乙方应加强对承包人工程款使用情况的监督检查管理，督促承包人不得拖欠分包人的工程款和农民工工资。

（3）乙方应加强对承包人使用农民工的管理，对不签订劳动合同、非法使用农民工、拖延和克扣农民工工资，以及其他违反国家对农民工相应保障规定的，应予以纠正。承包人拒不纠正的，应及时将有关情况报有关部门调查处理。

（4）乙方雇佣承包人不应解除乙方对本合同项下的任何义务，乙方应对承包人及其雇员的行为或过失而造成的本合同项下损失承担责任，并承担由于承包人及其雇员的行为或过失所造成的本合同项下的一切损失和赔偿。

（5）乙方与承包人签订合同应符合本合同的规定，且包含使乙方能够履行本合同项下义务所必需的本合同的条款或具有同等效力的规定。

（6）乙方应按实际工程量的______% 支付工程进度款，至工程竣工质量验收合格通过时，应付至工程预算总额的______%。建设期内乙方应付未付款达到______万元的，甲方有权解除合同和本项目 PPP 协议。

第 26 条　工程变更

26.1　工程变更：在本项目建设期间，因下述原因引起的工程项目的增减属于工程变更，包括但不限于：

（1）工程项目的增减；

（2）项目范围的变更；

（3）设计变更及因设计深度不够引起的工程项目或工程量的变更；

（4）环境、文物保护的影响；

（5）现场表面下遇见到的隐蔽状况；

（6）其他合理的原因。

26.2　除非甲方提出设计变更要求，乙方不应对已批准的工程施工图、招标图设计、技术标准等进行任何更改或修改。但是当乙方在遵守关于变更设计规定且不增加工程造价的前提下，在各单项工程建设期内的任何时候，乙方发现某些变更可以：

（1）在不降低原设计的质量要求的前提下，将加快建设速度；

（2）在不降低原设计的质量要求的前提下，能降低该单项工程的建设、维护成本；

（3）提高该单项工程的质量。

在符合以上条件和情形下，乙方可提出变更申请。

26.3　工程变更须经甲方、设计单位、监理单位、乙方共同签复（有盖章和签字手续），方可作为工程变更依据，否则不作为工程变更结算依据。

26.4　工程变更费用的计价标准、建安工程费用下浮率与合同计算口径保持一致，经审计后确定。计算因不可抗力引起的工程变更投资额时应当扣除保险赔偿款。最终以____________财政局或审计局审定为准。

D10891

26.5 工程变更的程序。

第 27 条 主材等调价

____

第 28 条 设备、材料采购

28.1 乙方负责项目设备、材料的采购及供应商的选择。乙方采购的材料等须符合设计和相关标准、规范的要求，所有材料的进场需提交质保单和检验报告，并按规范要求抽样复验合格后方能使用。

28.2 无信息价的材料或重要材料等，乙方应报甲方书面同意后再进行采购，甲方、监理派员全过程监督参与选点、看样、审价、订货。未经甲方看样、审价且未经甲方签证的材料、设备价均不得作为结算依据。必要时，重要设备采购应当邀请市政府有关部门共同参与。

28.3 列入政府采购目录范围内的材料设备（包括电梯、太阳能、空调、智能化等），按《中华人民共和国政府采购法》和____________市财政局政府采购管理工作规程及相关规定执行。

第六章 验收及保修

第 29 条 验收要求

本项目工程按照本合同第 20 条建设标准进行验收，即本项目工程施工须严格按照国家、省、部委颁发的施工、验收标准及设计文件要求组织实施，使整个项目全部工程达到工程质量一次性验收合格，并通过政府各职能部门联合验收、办理房屋竣工验收联合备案，具备交付标准。

第 30 条 验收阶段

____

第 31 条 竣工验收依据

本合同项目竣工验收标准包括但不限于：

（1）竣工验收应根据国家、省、市区颁布的法律法规、规范、标准、条例以及设计文件、本合同、工程承包合同所约定的规范、标准、条件、程序的规定进行，并取得施工、监理、设计、勘察的评估报告以及有关政府部门备案的专项工程竣工验收合格证明文件。

（2）与项目相关的资料或文件齐备。乙方应按照适用法律的规定，在组织项目工程竣工验收时，工程资料具备报送甲方及相关部门归档的条件。每种资料至少向应提交的单位提交 4 份纸质文件（至少一份原件）和一份电子文件（原件扫描件）。

第 32 条　验收程序

32.1　本项目按照施工图全部内容和设计变更的要求施工完工，且乙方编制好相关图表及施工资料，并组织预验。

32.2　在项目具备竣工验收的条件后，乙方向甲方提出竣工验收申请。

32.3　如部分工程因受不可抗力影响或非乙方原因暂未能完成，且该未完成的部分工程不影响项目主体工程的正常使用、运作，在承包人可提供承诺在保修期内完成该部分工程的书面保证的前提下，如具备竣工验收条件，甲方可考虑对已完工的工程进行验收。

32.4　甲方应于收到竣工验收申请后的______日内作出书面意见并派员参与竣工验收工作，逾期未提出书面意见、派员验收，视为竣工验收合格。如甲方认为项目不具备竣工验收条件，应当说明理由，否则视为同意竣工验收申请。

32.5　竣工验收由乙方组织，竣工验收小组由甲方、乙方、设计人、勘察人、监理人及施工单位组成，竣工验收在工程质量相关监督机构监督下进行。组织竣工验收通过并签署竣工验收证明文件之日为竣工验收合格日。

32.6　竣工验收合格后，乙方应组织规划、消防等政府职能部门联合验收，并办理房屋竣工验收联合备案。甲方给予配合。

第 33 条　重新验收

33.1　竣工验收过程中，甲方认为工程存在缺陷的可书面通知乙方予以纠正，乙方应当采取所有必要的改正措施予以补救，但由此发生的费用由乙方自行承担不计入总投资，并应至少提前 7 日向甲方发出书面通知，对未能通过验收部分再次组织竣工验收，连续两次验收不合格且竣工拖期已超过合同约定的竣工节点 90 日的，甲方有权提前终止本合同。

D10891

33.2　乙方拒绝采取改正措施或没有在两个月内改正的，甲方有权提前终止本合同。

因上述第33.1、33.2条情形甲方提前终止合同的，甲方有权委托第三方采取措施予以补救，修复费用及修复期间的损失由乙方承担（修复费用按奉化市财政局或审计局审定），从履约担保中提取，履约担保不足的由乙方承担。工程修复合格后按合格工程投资额（由奉化市财政局或审计局审核）扣减修复费用、合同违约金及甲方损失后，按实计算。支付方式按本合同第96.2条执行。

第34条　检验争端

34.1　如甲方与乙方之间对本章约定的检验结果产生争议，应本着友好协商的原则依照国家颁布的统一标准或____________省的有关规定解决此种争议。

34.2　双方经协商，对检验的结果仍存有争议的，共同委托一个具有相应资质的检测机构进行检测。经检测鉴定后，按下述约定处理：

（1）责任方为乙方时，所需的鉴定费用及因此增加的费用由乙方承担，竣工日期不予延长；

（2）责任方为甲方时，所需的鉴定费用及因此增加的费用由甲方承担，竣工日期相应顺延；

（3）双方均有责任时，根据责任大小协商分担费用，并按竣工验收计划的延误情况协商确定竣工日期的延迟时间。

34.3　如双方对检测机构的鉴定结果有争议，按照本合同第97条约定解决。

第35条　竣工验收备案

项目竣工验收合格后，甲方应协助乙方于竣工验收合格之日起______日内办理工程竣工验收备案手续以满足《房屋建筑和市政基础设施工程竣工验收规定》（建质〔2013〕171号）等适用法律对项目工程申请竣工验收备案的要求。

第36条　保修期

36.1　本项目工程的保修期自工程竣工验收通过日次日起开始，按国家法律法规、行业标准等规定执行。

36.2　根据《中华人民共和国建筑法》《建设工程管理条例》《房屋建筑工程质量

保修办法》等国家法律、法规有关规定结合具体工程约定质量保修期如下：

（1）基础设施工程、房屋建筑的地基基础工程和主体结构工程，为设计文件规定的该工程合理使用年限；

（2）屋面防水工程、有防水要求的卫生间、房间和外墙面、人行地道的防渗漏，为______年；

（3）供热与供冷系统、为______个采暖期、供冷期；

（4）附属工程（包括绿化、道路、排水等配套工程）为______年；

（5）电气工程、给排水工程、设备安装工程和装修工程为______年；

（6）绿化种植自通过验收合格之日起，养护______年，养护期内更换的植物按重新补种后养护______年；

（7）其他项目的保修期限由甲方与乙方约定：______年。

合同履行期间国家或地方法律法规、部门规章等对保修期有调整的，按保修期长的规定执行。

36.3　建设工程在保修范围内和保修期限内发生质量问题的，乙方应当履行保修义务，并对造成的甲方损失承担赔偿责任。

36.4　在甲方通知后______日内未修复的，甲方可另行委托第三方修复，修复费用由乙方承担，并承担相应违约责任。

第七章　项目的运营

第 37 条　运营期起始及期限

37.1　本项目各子项竣工质量验收合格，通过政府各职能部门联合验收取得联合备案且具备交付条件后次日起进入运营期。同时，本项目所有各子项工程资产随即移交甲方指定机构。移交资产包括：

（1）项目工程的建筑物和构筑物及使用权；

（2）与该工程配套使用的所有设施；

（3）本项目工程所有设计、建设、质保、保险单、竣工验收资料等所有工程资料。

D10891

37.2　项目运营期为______年减去建设期（自合同生效之日至项目竣工质量验收合格、取得房屋竣工验收联合备案且具备交付条件之日）的剩余期限。各子项分别计算。项目运营期为____________（自合同生效之日起算）减建设期后剩余期限。即项目建设期加运营期应在合同生效之日起的______年合作期限内。

根据实际情况，甲方保留缩短运营期的权利，但必须按照社会资本方的中标投资回报率按实结算投资回报。

第 38 条　运营范围

38.1　本项目运营范围包括____________项目范围内的房地产销售、租赁、物业管理等。其中物业管理按相关法律法规规定执行。

38.2　本项目运营范围中的____________工程项目，因其项目性质的特殊性，其运营应按国家法律法规及部门规章规定执行。

38.3　因____________项目的建设用地系____________城投竞拍摘牌所得，因此上述项目所涉房产的经营（包括销售、出租等）均以____________城投名义进行，由乙方负责项目运营，并按合同约定享有运营收益。

38.4　根据项目实施需要，乙方可委托甲方认可的机构开展具体运营工作。

第 39 条　运营服务一般要求

39.1　运营期内，乙方应严格按法律法规、国家和地方规范性文件及本合同约定的运营维护标准进行运营，确保项目设施始终处于良好营运状态并能够以安全、连续和稳定的方式提供符合本项目要求的服务；

39.2　乙方应按照中标社会资本方投标文件中的方案；

39.3　乙方应按照甲方要求，提交运营成本资料；

39.4　甲方可合理要求提供有关乙方财务状况的其他资料；

39.5　乙方应对运营、维护项目的情况进行详细记录，甲方有权对其运营维护情况进行检查并查阅和复制上述记录，并承诺予以保密；

39.6　甲方有权派出监督员或者指定代表进入项目场地，以监督项目设施的运营和维护。

第 40 条　甲方介入运营或维护

如果甲方认为乙方未能按照本合同的约定运营或维护项目，且乙方在收到甲方通知后的______日或双方另行商定的合理期限内未能就上述情况进行补救的，则甲方有权自行或者委托第三方介入项目运营和维护工作，费用和风险均由乙方承担。甲方有权在向乙方提供详细的费用和支出记录后，从履约保函项下提取该款项或财政缺口补助款中扣除)。

＊条文批注：政府介入权。

特别情况下，如项目公司出现从事非法违规活动、严重损害公共利益等情形，政府有权介入到项目公司中，甚至接管公司。

财政部《关于印发〈政府和社会资本合作模式操作指南（试行）〉的通知》（财金〔2014〕113 号）第 27 条规定："社会资本或项目公司违反项目合同约定，威胁公共产品和服务持续稳定安全供给，或危及国家安全和重大公共利益的，政府有权临时接管项目，直至启动项目提前终止程序。政府可指定合格机构实施临时接管。临时接管项目所产生的一切费用，将根据项目合同约定，由违约方单独承担或由各责任方分担。社会资本或项目公司应承担的临时接管费用，可以从其应获终止补偿中扣减。"

第 41 条　运营维护承包商

乙方可将本项目委托给其他第三方进行运营维护，但应事先报经甲方同意。

乙方应保证所选择的运营维护承包商在合作期内完全有能力按本合同约定及谨慎运营惯例运营本项目，使本项目处于良好的运营状态并能够安全稳定地提供服务。

第 42 条　委托甲方认可机构运营维护

乙方可委托甲方认可机构负责项目的日常管理和维护，由甲方直接支付运营维护费，运营维护费用另行约定，并按此计算运营期运营成本。

第 43 条　运营维护费调价机制

运营维护费将根据运营维护期间的通货膨胀情况（主要是指人工、自来水、维修费、电费、税费等），设定相应的调价周期及触发机制；

D10891

常规调价，即在运营期内以______年为一个周期，若前述调整因素中的一项或多项成本变动幅度综合超过______%的，则乙方可向甲方申请启动调价程序，由甲方组织相关政府部门审核通过后调价；

临时调价，即在每个调价周期内因前述调整因素中的一项或多项成本变动幅度超过________%的变动，则乙方可以向甲方申请启动临时调价程序，临时调价后下个常规调价启动年份顺延至该次临时调价的______年后。甲方亦可在符合调价程序启动条件的情况下自行启动调价程序。

第 44 条　运营维护

运营期内，乙方委托甲方认可运营机构应依照法律法规和本合同的约定对项目进行运营维护管理，并获得运营维护费。

其中，公共部分物业维护的原则为：

（1）提供全天候的安保服务，确保维护人员、财产和建筑物的安全；

（2）按时完成规定的环境保洁服务，提供整洁、卫生、安全、美观的环境。

第 45 条　配套服务用房的管理

项目范围内配套的管理用房未经甲方同意不得出租经营。

第八章　股权变更限制

第 46 条　禁止退出

本项目通过竣工验收且乙方付清项目工程款前，中标社会资本方不得采用任何方式退出，除非转让为法律所要求，由司法机关裁定和执行。

如社会资本方在乙方股权被司法机构查封冻结时，社会资本方应在查封冻结后的______日内，采取相关措施，使司法机关解除对其股权的查封冻结。逾期视为乙方违约。甲方给予乙方______日的宽限期，如自股权被查封冻结满______日仍未解除的，甲方有权解除 PPP 合同。乙方应承担违约责任，违约金为______万元（甲方同时解除本项目 PPP 协议）。

* 条文批注：应设置必要的股权变更限制。

如果项目合同对股权变更没有限制，那么社会资本方会以转让股权的方式逃避履行项目相关义务，不仅项目建设质量、项目完工日期、项目运维工作等内容得不到保障，而且项目准备阶段的遴选社会资本方程序将形同虚设。

政府方为避免做“无用功”，在 PPP 项目合同中约定股权变更限制条款是必要的，既可以保证基础设施和公共服务项目按照事先计划运行，也可以保证参与项目的社会资本方的资质，从而有效维护公共利益。

第 47 条　股权转让前提

本项目通过竣工验收且乙方付清项目工程款后，经甲方事先书面同意，中标社会资本方可转让其在乙方中的全部或部分股权。中标社会资本方应当事先向甲方和乙方发出书面通知，合理叙述拟进行的股权转让细节，包括但不限于拟转让股权的数额、受让方拟支付的对价以及受让方基本信息。受让方须接受本合同的全部约定。

第 48 条　政府出资代表的股权转让

若因政策需要，乙方中的政府出资代表方向其他国有企业转让其持有的乙方全部或部分股权的，中标社会资本方应同意并确认放弃相应的优先购买权。

第 49 条　中标社会资本方股权转让限制的乙方公司章程明示

乙方章程中应作出适当规定，以确保中标社会资本方的所有股权证明上具有适当的文字说明，使预期的受让方了解这些权益的转让存在限制性条件。乙方章程的确定和修改应获得全体股东一致同意。

第 50 条　经营权转让限制

未经甲方同意，中标社会资本方或乙方均不得以转让本项目或本合同项下权利义务等形式，转让其因本合同所取得的本项目经营权。经甲方同意的为本项目融资而作质押和收益权转让除外。中标社会资本方未经甲方同意，不得将其股权质押给他人。

第九章　付费机制

第 51 条　付费机制

本项目属准经营性项目，采用可行性缺口补助的回报机制。本项目的运

D10891

营收入主要为＿＿＿＿＿＿等收入。在运营期内，根据经＿＿＿＿＿＿财政局或审计局审核的建设投资额、中标社会资本方中标投资回报浮动率、约定的运营期及投资回报支付方式测定运营期的投资回报。当实际运营收益不足以弥补乙方的投资回报时，甲方就差额部分给予缺口补助。

当乙方通过优化运行方案，房产的经营（包括销售、出租等）收入扣除甲方和乙方投入的土地成本（土地出让金、征地拆迁费用）及其他前期费用、按 PPP 合同确定的建安投资、设备及工器具购置费、运营成本以及按投资回报率计算的资金利息、税金、规费等费用后的项目运营收益，作为运营收益。

运营期任一年度如运营收益超出测定的投资回报的，应将该部分超额收益首先偿还以上所有年度财政可行性补助，如有结余计入下一个年度运营收益，并按实计算下一年度的运营收益，及可行性缺口补助。

整个运营期在清偿所有年度财政可行性补助后的余额按甲方或其指定机构和社会资本方＿＿＿%：＿＿＿% 进行分配，社会资本获得的项目分配收入上限为 PPP 项目投资额的＿＿＿%。

第 52 条　项目建设投资额的审定

52.1　甲方已支付的本项目前期费用不纳入本项目范围。本合同签订后，本项目的相关前期费用由乙方承担（除本合同另有约定外），列入本项目 PPP 建设投资额。

52.2　项目 PPP 建设投资额 = 设备及工器具购置费 + 建安工程费 + 乙方承担的工程建设其他费用 + 征地拆迁及项目前期费用）+ 建设期利息。

乙方承担的工程建设其他费用指纳入本次 PPP 项目范围且经甲方认可、由乙方实际支付的工程项目前期费用（包括建设用地费、可行性研究费、研究试验费、勘查设计费、监理费、环境影响评价费、节能评估费、审查费、劳动安全卫生评价费、场地准备及临时设施费、引进技术和引进设备其他费、联合试运转费、特种设备安全监督检验费、市政公用设施建设及绿化补偿费、专利及专有技术使用费、生产准备及开办费。）以及乙方支付的工程规费等。本合同有其他约定的按约定执行。

52.3　工程结算原则：以＿＿＿＿＿＿财政局审核的工程预算造价结合中标浮动率为基础，按照下列计价依据、工程变更原则，结合工程实际情况，根据施工合同、PPP

合同、竞争性磋商招标文件及响应文件以及相关政策，经双方核对并经__________财政局或审计局审定后确定。

52.4 建安工程费计价及计算原则根据关于政府投资项目相关的政策文件规定，以政府方、中选社会资本方双方确认的施工范围和施工图纸为依据，按照现行工程计价定额、相关配套文件为依据共同确定施工图预算价。施工图预算价须经_________财政局审核通过后作为基数，并按社会资本中标浮动率（______%）浮动后所得的最终造价为建安工程费。

52.4.1　各子项目施工图预算价的确定

52.4.1.1　计价依据、规则：根据有关政策法规、省市有关补充定额及文件等。

52.4.1.2　取费：各子项目按照不同专业工程类别取费，凡弹性区间费率均按中值计取。其中提前竣工增加费、优质工程增加费、特殊地区增加费等均不计取；企业管理费、利润按照不同专业工程类别取费；规费计价执行__________文件；本工程采用一般计税法，税金按一般纳税人计取；危险作业意外伤害保险按各地市相关规定计取；民工工伤保险费费率按各地市相关规定计取。

52.4.1.3　信息价：人工价格、材料价格按《__________建设工程造价信息（综合版）》项目开工前一个月月刊计取，其中材料价格依次参考综合版奉化专栏，综合版市区栏，《__________造价信息》；苗木信息价按《__________建设工程造价信息（园林苗木专刊）》项目开工当月月刊计取；以上均缺项时参考市场价。

* 条文批注：如遇定额缺失项目由甲方签证确定计入建安造价。专业预算定额的选用以设计采用的设计规范为依据确定，如无法确定，则以________财政局或审计局审核认定为准。

52.4.2　主要材料、人工价格调整

建设期内，主要材料以各子项目施工合同工期前______月份材料信息价算术平均值计算。材料信息价及其参照顺序：《_________建设工程造价信息（综合版）》，《_________建设工程造价信息（综合版）》，《______造价信息》。以上主要材料价格信息价刊物中未发布的由乙方于采购前______日提出申

D10891

报，经甲方或其授权单位或代表经市场询价确认后签证确定；《__________建设工程造价信息》和《价格信息》等不作为材料价格计取的依据。其余材料价格按______财政局审核预算编制标准包干。

主要材料指：钢材（包括钢管、钢筋、型钢）、铝型材、商品砼（含沥青混凝土）、预拌砂浆、水泥、电线、电缆、砌体材料、砂、石、苗木。

建设期内，人工价格以项目施工合同工期前______% 月份《____________建设工程造价信息》算术平均值计算。

在根据上述原则确定的建安造价基础上，执行中标浮动率确定最终建安造价，其中无价材料签证价不作浮动。

52.4.3　工程变更估价原则

52.4.3.1　关于变更单价的约定：

（1）经____________财政局审核的预算书中有相同项目的，按照相同项日单价认定。

（2）经____________财政局审核的预算书中无相同项目，但有类似项目的，参照类似项目单价（若有二个及以上类似项目且单价不一致的，参照单价较低的类似项目单价）。

（3）当实际工程量与经____________财政局审核的预算书中列明的该项工程量出现偏差时，该部分单价可按下列方式调整：

合价金额占合同总价______% 及以上的分部分项清单项目，其工程量增加或减少超过本项目工程数量______% 及以上时，或合价金额占合同总价不到______% 的分部分项清单项目，但其工程量增加或减少超过本项目工程数量______% 及以上时，其增加部分工程量或减少后剩余部分工程量的相应单价应予调整。

（4）经____________财政局审核的预算书中无相同项目及类似项目单价的，应由乙方根据变更工程资料、计量规则和计价办法、工程造价管理机构发布的信息价格和中标下浮率提出变更工程项目的单价，并应报甲方确认后调整。

（5）经____________市财政局审核的预算书中无相同项目及类似项目单价的，且工程造价管理机构发布的信息价格缺价的，应由承包人根据变更工程资料、计量规则、计价办法和通过市场调查等取得有合法依据的市场价格提出变更工程项目的单价，并应包甲方确认后调整。

（6）施工中出现施工图纸或设计变更与工程量清单项目特征描述不符的，发承包双方应按新的项目特征确定相应工程量清单项目，按本条款第（1）～（5）项的规定重新确定相应工程量清单或预算书项目的综合单价，并调整合同价款。

52.4.3.2　关于变更措施项目费的约定：

非乙方原因的工程变更，造成施工组织设计或施工方案变更，以及分部分项工程量变化，引起措施项目数量、内容发生变化，应调整措施项目费。其中采用综合单价计价的措施项目，根据发承包双方确认的工程量和根据第 52.4.3.1 项约定原则计算的单价提出措施费；采用以“项”计价的措施项目，根据经____________财政局或审计局审核的预算书中的措施项目和金额计算，结算时不做调整。

（1）原措施费中已有的措施项目，按原措施费的组价方法调整。

（2）原措施费没有的措施项目，乙方根据实际措施项目内容、规定的工程

取费类别、现行计价依据并按中标下浮率浮动（______%）后提出措施费。

52.5　本项目财政预算审核中明确的材料推荐品牌，施工期间按参考品牌或同等档次及以上品牌中选用，若选用同等档次及以上品牌须经甲方审核确定。

52.6　项目设备及工器具购置费、工程建设其他费用等由____________财政局或审计局按合同或实际发生审定为准。不作下浮。

52.7　项目所涉列入政府采购目录范围内的材料设备（包括电梯、太阳能、空调、智能化等工程），按《政府采购法》和____________财政局政府采购管理工作规程及相关规定执行，采保费承担在采购招标文件中按法律规定明确。

52.8　项目 PPP 建设投资费用最终以____________财政局或审计局审核结果为准。

第 53 条　项目决（结）算

项目竣工质量验收合格后，乙方须在 2 个月内向____________政府有关部门报送完整决（结）算资料，____________政府有关部门将在收到乙方完整的竣工决（结）算资料后按程序进行决（结）算审核。如乙方延期送交决（结）算资料的，则甲方可顺延运营收益及可行性缺口补助结算支付时间。

第 54 条　建设期利息计算

54.1　本项目投资计息的“建设期”指合同生效之日次日起工程全部

竣工质量验收合格后，取得联合备案且具备交付条件之日止。

各子项可分别计算建设期利息。按实际发生时间计息。

54.2 建设期利息 = 工程建安费用利息 + 工程其他费用利息 + 项目征地拆迁费用利息。

54.3 工程建安费用利息按实际投入工程计量款计（具体工程量以监理计量，跟踪审计为准），按______计量，在____________的最后一天起算。建设期利率按运营期投资回报率执行。

54.4 所涉政府采购的材料、设备、专业配套工程按合同实际支付款项计，工程其他费用（指纳入本次 PPP 项目范围、由乙方支付的工程项目前期费用、乙方支付的工程规费等）利息按实际付款金额计，上述款项从付款次日起计算。

54.5 项目征地拆迁费用按款项到达甲方或甲方指定机构账户次日起计息。

54.6 建设期利息计至工程全部竣工质量验收合格后，取得联合备案且具备交付条件之日止。

54.7 建设期利率按运营期投资回报利率执行。建设期利息单利计息，不计复利。

第 55 条 可行性缺口补助

55.1 纳入本 PPP 项目总投资约______万元，合作期限______年（建设期加运营期），项目工程全部竣工质量验收合格后，取得联合备案且具备交付条件次日即为运营期开始。政府从进入运营期开始，根据乙方经营收益状况决定是否对乙方进行可行性缺口补助。

55.2 可行性缺口补助总额 = 经审计的各项建设投资额 ×（1+ 投资回报率）- 运营收益。

投资回报总额按经____________市财政局或审计局审核确定的建设投资额，运营期投资回报利率（五年期基准利率上浮______%）及运营期测定，采用每______月支付一次的平均等额本息计算。自运营期开始，按每______个月结算一次，测定当期可得投资回报额。运营收益也按______个月结算一次。如当期运营收益小于测定的当期投资回报额。甲方就差额部分给予可行性缺口补助。

各子项分别结算运营收益和可行性缺口补助。合作期如获政府的项目补贴也计入乙方运营收益。

55.3　运营期投资回报率：运营期上一年度中国人民银行最后一次调整后的五年期以上贷款基准利率 ×（1+ 中标浮动率）。中标浮动率为中标社会资本方在本项目竞争性磋商的运营期投资回报中标浮动率，即______%。

若合同履行期间中国人民银行不再发布五年期以上贷款基准利率，运营期投资回报率则按照届时国家对该等投资回报率出台的相关规定或类似标准确定（或按工、农、中、建四大银行五年期以上贷款基准利率平均利率确定）。

第 56 条　投资回报的弥补

56.1　当运营期每期房产运营收益可以弥补按本合同第 55 条测定的当期投资款及回报时，甲方无须向乙方支付可行性缺口补助。

56.2　运营期房产运营收入应首先用于承担甲方支付的项目用地土地成本（土地出让金、拆迁费用等）甲方支付的前期费用等。当项目公司通过优化运行方案，项目收入扣除甲方和项目公司投入的土地成本（包括土地出让金、拆迁费用等）及其他前期费用、按 PPP 合同确定的建安费用、设备及工器具购置费、运营成本以及按投资回报率计算的资金利息、税金、规费等费用后的项目收益，作为运营收益分配。

56.3　运营收益及或有政府可行性缺口补助的支付方式为：第一期自运营期开始满______个月的次日。之后满______个月支付一次。至运营期满。按实结算。各子项分别结算、支付运营收益和可行性缺口补助。如第一期支付时，尚未完成实际投资额审核的，暂按经__________财政局审核通过工程预算的______% 计算。在完成审核后的下一期支付时进行调整，并结算差额。通过运营收益及或有政府可行性缺口补助弥补投资回报。

56.4　运营期任一年度如运营收益超出测定的投资回报的，应将该部分超额收益首先偿还以上所有年度财政可行性补助，如有结余计入下一个年度运营收益，并按实计算下一年度的运营收益，及可行性缺口补助。整个运营期在清偿所有年度财政可行性补助的余额按甲方或其指定机构和社会资本方______%：______%进行分配，社会资本获得的项目分配收益上限为 PPP 项目投资额的______%。

D10891

第十章　项 目 移 交

第 57 条　运营期结束的移交

运营期结束，在乙方按本合同约定足额获得运营收益及可行性缺口补助后，乙方应无条件无偿向甲方移交项目未移交的所有资产、资料、权益等，项目合作期满时，甲方有权依照届时有效的法律法规选择经营者，如乙方在上述合作期限内履约记录良好，则在符合届时法律的条件下享有同等条件优先权。如乙方未中选，乙方应将项目资产、项目经营权等无偿移交甲方。移交应在运营期结束后______日内移交完毕。

乙方应保证在合作期满时清偿其所有债务，解除在项目相关权益上设置的任何担保。在合作期满后，合作期内产生的或有债务由社会资本方实际承担。

中标社会资本方实际收回在乙方的全部实缴出资额后，将其在乙方的全部股权无偿转让给甲方指定机构，在移交日后的______个工作日内办理股权变更登记手续。

第 58 条　移交标准

58.1　本项目运营期满，乙方应将本项目无偿移交给甲方，并保证本项目的设备、设施完好，并处于良好的运行状况。

* 条文批注：项目移交的国内通行做法。

在特许经营期满后，固定资产无偿转让给政府，也存在政府为此一次性支付一笔金额的情况；若属此种情形，则当前的惯例是资产依剩余价值或账面价值转让（依项目公司审计账簿内记载的资产价值转让），而不对资产进行评估。但也有约定按照届时评估价值进行移交的情况，但此种方式会使将来的移交成本产生不确定性，对政府方风险较大。

项目移交会产生税务问题。

无论采取无偿转让还是一次性支付转让金，由于会产生两次征税，关键的法律问题在于不动产的转让及转让涉及的税款。双方当事人在签订项目协议时，都要对转让资产的价值作出规定，同时要考虑经营期满资产转让引起的交易成本。因为即使资产无偿转让，转让给特许权人带来的税务仍然会被定价并通过提供服务或收取固定费用的方式转移给政府，因此政府必须仔细考虑固定资产的转让架构以达到经济上的最优。

58.2　项目场地在移交时应不存在任何环境问题和环境遗留问题。本项目设施在向甲方移交时应不存在任何留置权、债权、抵押、担保物权或任何种类的其他请求权，否则，甲方有权拒绝接受项目移交，并向乙方追究违约责任的权利。

第 59 条　移交委员会和移交程序

59.1　合作期届满______个月前，甲方和乙方应成立移交委员会，由乙方______名代表和甲方______名代表组成。移交委员会应定期会谈，必要时经双方同意可随时会谈，以便于商定项目设施移交的详尽程序及将移交的设备、设施、物品和备品备件的详细清单等。

＊条文批注：移交委员会负责移交各项事宜。

在实践操作中，在移交前的半年间，双方应成立移交小组，负责移交过程中的各项事宜。投资方应免费培训特许方指定的人员，以便在项目移交后特许方人员能够保证项目正常运转。各方必须签署移交备忘录，对移交工作留存完全的记录。

59.2　在移交日，甲方应在甲方和乙方代表在场时对本项目进行移交验收。如果本项目移交时存在因工程施工导致的缺陷以致影响本项目功能性使用的，则甲方有权通知乙方自费进行整改。如果乙方在收到甲方通知后______日内不能或拒绝修正缺陷，甲方有权自己或请第三方修正上述缺陷。在这种情况下，甲方有权在向乙方提供详细的费用和支出记录后，从履约保函或履约保证金项下提取该款项。

＊条文批注：移交补偿的有关规定。

《政府和社会资本合作模式操作指南（试行）》（财金〔2014〕113 号）规定："项目实施机构或政府指定的其他机构应组建项目移交工作组，根据项目合同约定与社会资本或项目公司确认移交情形和补偿方式，制定资产评估和性能测试方案。项目移交工作组应委托具有相关资质的资产评估机构，按照项目合同约定的评估方式，对移交资产进行资产评估，作为确定补偿金额的依据。项目移交工作组应严格按照性能测试方案和移交标准对移交资产进行性能测试。性能测试结果不达标的，移交工作组应要求社会资本或项目公司进行恢复性修理、更新重置或提取移交维修保函。"

D10891

> 作为补充和完善，尚未正式施行的《基础设施和公共服务领域政府和社会资本合作条例》（征求意见稿）第28条规定："合作项目期限届满按照约定需要进行项目资产移交的，政府实施机构应当根据法律、行政法规和合作项目协议约定，对设施、设备和其他财产的状况进行检查评估。因社会资本方原因致使设施、设备和其他财产的价值非正常减损或者使用寿命减少的，应当根据合作项目协议约定，相应扣减社会资本方的收益或者由社会资本方以其他方式补偿。"

59.3　除本合同另有规定外，双方在完成项目移交程序前，均应继续履行其本合同项下的义务。

第60条　移交范围

60.1　乙方向甲方的移交。包括：

（1）项目特许经营权；

（2）本项目相关所有工程实体及设施的资料（含工程竣工资料等全部的养护资料和检测、评定资料、投融资资料，资产清册，维修操作手册、质量保修书等有关资料等）。

60.2　乙方向甲方移交项目特许经营权时，应确保移交的特许经营权不存在任何担保权益，亦不得存在任何种类和性质的索赔权。

60.3　其他权益的转让

60.4　移交时，乙方应将所有承包商和供应商提供的尚未期满的质量保证无偿转让给甲方，并且将所有保险单、暂保单和保险单批单无偿转让给甲方并配合完成转让手续。

60.5　乙方应允许甲方无偿使用本项目运营维护所必须的乙方享有知识产权的技术和技术诀窍。如果该等技术和技术诀窍为第三方所有的，则乙方应当协助甲方按照实际使用费用取得这些技术和技术诀窍的使用权。但甲方应对该等技术和技术诀窍保密。

第61条　质量保证期

61.1　乙方保证在移交日后______个月届满日期间，免费修复由原材料、工艺以及乙方施工、运营或管理缺陷或合作期内乙方的任何违约造成的项目设施任何部分出现的任何缺陷或损坏（正常损耗除外）。

61.2　移交后或乙方解散以后，由中标社会资本方承担设计文件要求的主体结构合理使用年限内的建设单位责任。

第 62 条　合同期限及相关合同

62.1　乙方在与第三方签订运营维护合同、设备合同及其他合同时，应努力使得该等合同的有效期届满日不超过本项目合作期限届满日。

62.2　如在移交日前，乙方需签订运营维护合同、设备合同及其他合同，且该等合同在本项目合作期届满后仍为有效的，则乙方应在该等合同签订前报经甲方书面同意。未经甲方同意的，由乙方承担全部责任。

第 63 条　移走乙方及中标社会资本方相关的物品

除非双方另有合同，乙方应于移交日之后______日内，自费从场地移走仅限于乙方员工（包括中标社会资本方）的个人用品以及与本项目运营和维护无关的物品，不包括移交清单所列的项目设备、备品备件、技术资料或者项目设施营运和维护的必需品。超过______日，甲方可自行处置不承担任何责任。

第 64 条　风险转移

项目移交后所有的经营与运营维护风险均由甲方承担，但乙方应承担移交日前项目设施的全部或部分损失或损坏的风险，除非损失或损坏是由甲方的违约或不可抗力所致。

第 65 条　移交费用和批准

乙方及甲方应负责各自的因向甲方移交和转让发生的费用和支出。甲方应自费获得所有的批准或使之生效，并采取其他可能为移交和转让所必需的行动。如果乙方未按第 60 条规定的范围和内容进行移交，甲方为此发生支出或遭受损失，甲方有权在向乙方提供详细的费用和支出记录后，有权提取履约保函或履约保证金项下的相应金额。

第 66 条　本合同移交后的效力

项目移交后乙方在本合同项下的权利和义务即应终止，双方于移交日之前发生及未付的债务以及本合同另有规定的除外。甲方应接管项目的运营及本合同明示或默示的，因本合同产生的，于合同终止后仍然有效的其

D10891

他权利和义务。

第十一章　履约担保

第 67 条　建设期履约保函

67.1　中标社会资本方应于本合同签订后______日内向甲方提交银行开具的本项目建设期履约保函，作为其履行整个建设期义务的保证。建设期履约保函金额为人民币______万元（项目合计值），项目应开具相应的履约保函。担保期至项目全部完成竣工综合验收通过之日。社会资本方投标保证金在社会资本方提交建设期履约保函、且乙方向甲方或甲方指定机构交付本合同第 16 条约定的工程项目征地拆迁、项目前期费用等费用______万元后退还。

67.2　在乙方未有违反本合同、承担违约赔偿的情况下，该保函在工程竣工质量验收通过后退还或失效。

第 68 条　运营维护保证金

乙方应于建设期履约保函担保期届满______日内向甲方交付本项目的运营维护保证金或银行保函，运营维护保证金或银行保函的金额为人民币______万元，担保期至乙方提交移交维修保证金时止。若由甲方指定的运行机构运营，则由该运营机构提交运营维护保证金或银行保函，甲方应予以认可。

第 69 条　移交维修保证金

69.1　乙方应于政府方向其支付最后一笔可行性缺口补助______个月之前，向甲方提供人民币______万元现金的移交维修保证金或银行保函，作为其履行在本合同下的义务和其他违约赔偿义务的担保。运营维护保证金可转为移交维修保证金。

69.2　甲方在移交办理结束之日起______日内退还移交维修保证金余额。

> * 条文批注：维修保函实践。
>
> 由于维修和检查的费用不会太大，因此政府通常在特许权开始之初要求特许权人提交一份经营和维护保函，就经营和维护费用及期满时的维修（或升级）费用进行约定。如果经营和维护保函的金额不能涵盖经营和维护成本，政府就会要求特许劝人提高保函的金额，以便支付移交时或缺陷责任期限内发现的缺陷。

第 70 条　履约保函格式

履约保函的格式由乙方自行拟定，但应为不可撤销、见索即付的银行保函，且递交的时点、保函金额等应符合本条所述相关约定。保函收益人应为甲方。

第 71 条　提交履约保函或保证金

71.1　如果社会资本方未按照本合同的约定递交建设期履约保函并保持其有效的，甲方有权提取投标保证金中的金额，并有权解除本合同。

71.2　如果乙方未按照本合同的约定递交运营维护保证金（或银行保函）或移交维修保证金（或银行保函）的，甲方有权扣留应支付的可行性缺口补助的相应金额，直至乙方按照本合同的约定交付保证金（或银行保函）为止，并有权提前终止本合同。

第 72 条　恢复履约保函及保证金的金额

72.1　乙方违反本合同约定的义务承担违约、赔偿责任时，甲方有权在履约保函或保证金额度内先行扣除，本合同继续履行的，乙方应及时补充履约保函或保证金额度。本合同因乙方违约而解除的，甲方有权就履约保函或保证金不足部分继续向乙方追索。

72.2　如果甲方在项目合作期内根据本合同的有关规定提取履约保函或保证金项下的款项，乙方应确保在甲方提取后的______个工作日内，将履约保函或保证金的数额恢复到本合同约定的数额，且应向甲方提供履约保函或保证金已足额恢复的证据。甲方提取履约保函或保证金的权利不影响甲方在本合同项下的其他权利，并且不应解除乙方不履行本项目义务而对甲方所负的任何进一步的责任和义务。

72.3　未在前述期限内补足或恢复履约保函或保证金相应金额的，甲方有权发出催告，乙方应在催告发出之日起______日内予以补足；乙方在前述期限内仍未补足的，则甲方有权提取履约保函或保证金项下的余额或扣留应支付的可行性缺口补助的相应金额，直至乙方完全补足或恢复保函或保证金金额或达到本合同约定的保函或保证金最高额为止，并有权提前终止本合同。

72.4　若由甲方指定的第三方运营机构运营，则上述条款除建设期履约保函外，其他保函适用于第三方运营机构。

72.5　社会资本方提交建设期保函也适用本条规定。

D10891

第 73 条　不当提取保函

如果甲方提取乙方提交的履约保函或保证金中的相应金额之后确定甲方属不当提取，甲方应及时向乙方退还提取的款项，并支付该款项自提取之日至退还之日的利息，利息按中国人民银行公布的同期金融机构人民币贷款基准利率计算。

第十二章　政府承诺及双方权利义务

第 74 条　政府承诺

74.1　甲方是依据中国法律正式成立的政府法人，具有签署和履行本合同条款和条件的法人资格、权利和能力，已获得市政府的批准代表市政府签署本 PPP 合同。

74.2　在本合同生效日前代表甲方签署本合同的个人已获得了签订本合同所必需的授权，有权签署本合同。

74.3　完成本合同约定的前期工作。

74.4　甲方将可行性缺口补助纳入当地中（长）期财政规划。

> * 条文批注：政府通常在项目初始识别阶段启动财政规划工作。
>
> 在 PPP 项目的初始识别阶段，财政部门（政府和社会资本合作中心）会同行业主管部门，对潜在政府和社会资本合作项目进行评估筛选，确定备选项目。财政部门（政府和社会资本合作中心）应根据筛选结果制定项目年度和中期开发计划。
>
> 对于列入年度开发计划的项目，项目发起方应按财政部门（政府和社会资本合作中心）的要求提交相关资料。新建、改建项目应提交可行性研究报告、项目产出说明和初步实施方案；存量项目应提交存量公共资产的历史资料、项目产出说明和初步实施方案。
>
> 目前仅为财政预算，中长期的财政规划涉及五年期以上的人大决议，但人大任期的合法性问题导致人大决议的合法性适用问题。

第 75 条　甲方权利义务

75.1　甲方负责本项目的项目选址、立项、可行性研究等有关本合同项下项目批复工作，确定本项目建设规模、建设内容、建设标准等。

75.2　甲方应及时向乙方提供地质勘测资料、施工设计图纸及与本工程项目有关的其他文件资料。

75.3　在本项目合同签署之前，负责提供____________市财政局为本项目出具的财政可承受能力评估报告及本项目纳入____________PPP 项目库证明。

75.4　协助乙方为符合条件的施工企业办理本项目建设施工许可证等相关手续。负责项目接口管理的协调工作。

75.5　协助乙方组织落实相关部门及时办理本项目的竣工验收工作。

75.6　按本合同约定接受本项目。

75.7　甲方负责本项目的动拆迁等前期工作以及公用管线的搬迁工作等，及时向乙方交付工程建设用地，协助处理解决乙方在工程建设中有关困难与问题，保证工程顺利利进行。甲方负责因项目前期工作所引起的任何纠纷、诉讼、赔偿以及事后的行政管理及其他有关事务。

75.8　本工程项目施工前，由甲方负责召集水、电、煤等公用管线单位对各公用管线位置、保护措施等进行交底及办理相关交底手续。在项目建设过程中，协助乙方协调与项目设施场地周边所涉及的有关单位的关系。

75.9　为保本项目的顺利实施，甲方有权定期或不定期地检查乙方的财务情况，乙方应积极配合，接受甲方因为检查而提出的意见，并立即纠正，将纠正结果报甲方备案。

75.10　按本合同约定支付可行性缺口补助，确保甲方按本合同约定支付运营收益。

75.11　如果乙方严重违反相关协议、合同约定的融资、建设义务，甲方有权解除合同，提前介入。乙方应给予充分配合并移交与项目建设管理有关的所有资产、资料。

75.12　本合同约定的其他权利和义务。

D10891

＊条文批注：政府方法律责任。

《PPP 项目合同指南（试行）》没有逐条列举政府方的法律责任。作为补充，《基础设施和公共服务领域政府和社会资本合作条例》（征求意见稿）在第 44 条至第 45 条规定了政府方的法律责任：

有关主管部门、政府实施机构违反本条例规定，有下列情形之一的，由本级政府责令限期改正；情节严重的，对负有责任的领导人员和直接责任人员依法给予处分：

a. 拟订合作项目实施方案未征求潜在社会资本方意见；

b. 未对采用政府和社会资本合作模式的必要性、合理性组织开展评估或者未提请同级财政部门进行财政承受能力评估；

c. 未向社会公布合作项目实施方案；

d. 未通过竞争性方式选择社会资本方或者未向社会公示其选定的社会资本方；

e. 未按照规定与选定的社会资本方签订合作项目协议；

f. 在项目合作协议中约定由政府回购社会资本方投资本金或者承担社会资本方投资本金的损失，或者约定保证社会资本方的最低收益以及由政府为合作项目融资提供担保；

g. 未按照规定对社会资本方移交的设施、设备和其他财产状况进行检查评估。

政府及其有关部门有下列情形之一的，由其上一级机关责令改正；情节严重的，对负有责任的领导人员和直接责任人员依法给予处分：

a. 不履行合作协议中的相关政府承诺和保障；

b. 未将合作项目协议中约定的财政支出事项足额纳入年度预算，或者未按照合作项目协议约定及时支付资金；

c. 未定期对合作项目建设、运营等情况进行监测分析和绩效评价；

d. 未按照规定建立合作项目档案；

e. 未按照本条例的规定公开合作项目相关信息。

第 76 条　乙方权利义务

76.1　乙方具有本合同约定的本项目投资、融资、建设、管理、运营权。乙方在投融资、建设、运营管理中享有注册地提供的优惠政策。

76.2　乙方负责实施本项目投资、融资、建设、运营，由乙方与甲方签订本合同，并享有按合同规定的方式、时间获得可行性缺口补助的权利，获得甲方按本合同约定支付的运营收益。

76.3　乙方应配备足够数量的具有建设、管理、和施工经验的管理人员和技术人员，负责工程建设全过程管理、组织、协调，以确保工程质量符合国家的有关技术标准和要求，对工程进度、质量、投资、安全和文明施工负责。

76.4　乙方应严格按计划工期要求对项目建设进度实施控制，确保工程施工按期完成。

76.5　乙方负责承担保修期内工程质量保修责任。

76.6　乙方应遵守与项目建设有关的法律及法规以及有关健康和安全法规。

76.7　乙方应接受甲方对本项目的投资、融资、招标投标活动和建设施工各方面的监督和检查。

76.8　乙方应接受甲方按有关法律及法规规定对本项目进行的审计。

76.9　乙方应按照合同的规定筹措项目建设所必需的项目资本金外的全部资金。乙方应当按照本合同及相关规定管理和使用项目建设资金，做到专款专用，专户储存；按照工程进度，及时支付工程款；按照规定的期限及时退还保证金、办理工程结算；不得拖欠工程款和挤占挪用建设资金，包括施工企业农民工工资，如有拖欠，承担全部经济、法律责任。

76.10　乙方应当对项目的工程质量和财产、人员安全负责。乙方应按照国家有关规定落实质量和安全生产责任制，施工中应加强对承包人的监督和管理，确保项目的工程质量和财产、人员安全。并承担全部经济法律责任。

76.11　乙方应采取措施保护在项目施工过程中可能发掘出的文物、古迹等，相应费用由甲方承担。

76.12　乙方应严格执行有关环境保护和土地管理的规定，采取有效措施保护环境和节约用地。在实施本项目的过程中因乙方原因造成的环境污染和水土流失而造成人身伤亡、财产损失、罚款、经济赔偿、诉讼及其他一切责任，均由乙方负责。

76.13　乙方应按本合同第 18 条规定缴纳税费。

D10891

76.14　乙方应为项目的施工管理的需要，向保险公司投保各种必需的保险，包括但不限于具体险种包括但不限于建筑工程一切险，第三者责任险、雇主责任险等，并自行承担保险费。上述保险的保险单副本应报甲方核备。未办理保险所造成的损失由乙方自行承担。

76.15　乙方应依法通过招投标方式选择重要设备、材料供应单位，并与中标人签订合同，不得附加不合理、不公正条款，不得签订虚假合同。

76.16　本项目完成后，乙方负责申请本项目的竣工验收。

76.17　享受和履行本合同、协议所确认的其他权利义务。

* 条文批注：项目公司法律责任。

《PPP项目合同指南（试行）》没有逐条列举项目公司的法律责任，作为补充和完善，《基础设施和公共服务领域政府和社会资本合作条例》（征求意见稿）在第47条规定了项目公司的法律责任：

社会资本方或者项目公司有下列情形之一的，由政府有关部门责令限期改正，处20万元以上50万元以下的罚款；有违法所得的，没收违法所得；构成犯罪的，依法追究刑事责任：

a. 项目公司从事与实施合作项目无关的经营活动；

b. 在合作项目实施中违反法律、行政法规、规章、技术规范、强制性标准；

c. 将合作项目的设施、土地使用权、项目收益权和融资款项用于实施合作项目以外的用途，或者以上述资产为他人债务提供担保；

d. 合作项目争议解决期间，擅自中断公共服务的提供；

e. 未妥善保管合作项目投资、建设、运营等方面的有关资料或者未按照规定向政府有关部门移交有关资料。

对前款规定的情形，有关法律、行政法规对其行政处罚另有规定的，依照其规定。

第十三章　绩效考核

第77条　考核模式及范围

本项目绩效考核模式实行政府补贴（政府可行性缺口补助）与项目建设、运营维护、移交绩效考核挂钩。

本项目的绩效考核体系包含三个方面，分别为建设期绩效考核指标、运营维护绩效考核指标，以及移交绩效考核指标。

第 78 条　建设期绩效考核

本项目甲方支付可行性缺口补助的前提为项目竣工质量验收合格，取得联合备案且符合交付条件，最终确定的可行性缺口补助付费金额需根据本合同中运营收益和投资回报计算而定。下表所述指标要求在未达成时，甲方根据本合同违约责任的相关约定提取乙方提交的建设期履约保函中的相应金额。

建设期绩效考核指标

指标类别	指标要求
质量	需符合建筑工程施工质量验收统一标准（GB 50300—2013）、建筑装饰装修工程施工质量验收规范（GB 50210—2001）、建筑给水排水及采暖工程施工质量验收规范（GB 50242—2002）、通风与空调工程施工质量验收规范（GB 50243—2002）、建筑电气工程施工质量验收规范（GB 50303—2002）、并做到工程质量一次性验收合格。通过各职能部门的联合验收，取得联合备案，具备交付条件。
工期	开工日：以总监理工程师的开工令为准。项目施工工期按合同约定执行。
环境保护	参照中华人民共和国环境影响评价法、建设项目环境保护管理条例等。
安全生产	参照建筑施工安全检查标准（JGJ 59—99）、施工企业安全生产评价标准（JGJ/T 77--2003）等施工安全技术规范。
资金到位	征地拆迁费用按合同约定交付，建设资金到位，符合工程进度要求。
合同规定的其他违约条款	不出现合同约定的违约情况。

注：若国家、省、市出台具体考核办法或新的相关规定，则上表中与之不一致的或未作约定的或约定不明的，以国家、省、市出台标准为准进行调整并执行。

D10891

第 79 条　运营维护期绩效考核

79.1　项目运营维护主要内容为销售、出租、动力、电梯、绿化等，在运营维护期内，甲方通过常规考核和临时考核的方法对乙方服务绩效水平进行考核，并将考核结果与运营维护费支付挂钩。

79.2　具体房产销售去化率根据房屋建设情况，在具备销售条件时______个工作日内双方另行约定。运营维护费金额在运营期开始前______个工作日协商确定。

79.3　常规考核每____进行一次，在乙方向甲方提交季度运维情况报告后____日内进行，并应在______日内完成。甲方需提前______小时通知乙方开始考核的时间，乙方在甲方的监督下，在规定的考核现场对运营效果以及物业等的表面状况进行物理检查。

79.4　常规考核范围以建筑单体进行考核，每季度需变化考核范围，年度累计考核范围需达到整个项目区范围的______%。

79.5　常规考核结果应与运维绩效付费的支付挂钩，对于运维服务绩效未能达到绩效标准要求的，甲方将按公式减付运维绩效付费（实际付费 = 常规考核打分 ÷100× 季度基准运维绩效付费金额）。

79.6　甲方可以随时自行考核乙方的运维服务绩效，如发现缺陷则需在______小时内以书面形式通知乙方。乙方在接到甲方的书面通知后，应在绩效考核要求的时间内修复缺陷。

79.7　考核发现的缺陷会导致项目运营效果下降以及物业管理不到位导致可用性破坏、提供公共服务受到严重影响，或存在重大安全隐患的，甲方有权在运营期保证金中扣减相关费用，以维持项目的正常运营。

79.8　乙方按本合同约定，委托甲方指定单位运营，本条款绩效考核适用于该指定单位。

第 80 条　移交绩效考核

80.1　履行义务的实际履行情况进行考核。

80.2　移交分两部分，初期移交在运营期开始，乙方应按合同约定将本项目所有工程资产随即移交甲方指定机构。移交资产包括：

（1）项目工程的建筑物和构筑物及使用权；

（2）与该工程配套使用的所有设施；

（3）本项目工程所有设项目移交绩效考核主要针对合同约定的移交内容、移交标准及乙方应计、建设、质保、保险单、竣工验收资料等所有工程资料。

如乙方未按期移交的（非乙方原因），甲方有权停止运营收益分配及支付可行性缺口补助。

80.3　后期移交为运营期结束时的移交。乙方在足额收到运营收益及可行性缺口补助后应按合同约定应将项目资产、项目经营权等无偿移交甲方。乙方应保证已清偿其所有债务，解除在项目相关权益上设置的任何担保，全部撤离项目现场，中标社会资本方实际收回在乙方的实缴出资额后，将其在乙方的全部股权无偿转让给甲方指定机构，在移交日后的______个工作日内办理股权变更登记手续及所有移交手续。

80.4　甲方有权委托有资质的第三方社会机构对项目整体（包括债权债务）进行评估审计。移交应在运营期结束后______日内移交完毕。

80.5　如乙方未能按合同约定办理相关资产移交、撤离及股权转让等手续的，甲方有权提取移交保证金金额作为乙方违约金。

第十四章　保　　险

第 81 条　投保及险种

乙方在项目合作期内，应足额投保以下险种并保持保单有效：

（1）建设期：建筑安装工程一切险附加第三者责任险。

（2）运营期：财产险一切险、第三者责任险、机器损坏险。

乙方委托甲方指定机构负责运营的，运营期相关保险由该指定机构负责投保。

＊条文批注：通常投保的险种。

由于 PPP 项目通常资金规模大、生命周期长，负责项目实施的项目公司及其他相关参与方通常需要对项目融资、建设、运营等不同阶段的不同类型的风险分别进行投保。通常可能涉及的保险种类包括货物运输险、工程一切险、针对设计或其他专业服务的职业保障险、针对间接损失的保险、第三者责任险等。

D10891

*条文批注：通常由项目公司负责投保。

从政府监控的角度出发，为了避免在承包商分别投保的情况下出现所选承包人实力有限，出险不能及时索赔的问题，同时为便于对投保范围、保险条件等内容进行监督管理，政府方会特别注意强调建设阶段的主要保险必须由投资方或项目公司负责，并将投保列为特许权协议的生效要件。

第 82 条　投保报备

乙方购买保险后，应当向甲方提供保险单副本、保单支付单据复印件和保险单生效的证明。乙方投保的险种和数额的变更应向甲方备案。如果乙方未足额购买或维持上述保险始终有效，则甲方有权直接提取履约保函用于购买保险。

第 83 条　保险理赔

乙方收到的保险理赔款项，应用于保单约定的损失、损害的修复、购置、重建和赔偿。

第十五章　法 律 变 更

第 84 条　法律变更定义

本合同所指的“法律变更”是指生效日期之后实施新的适用法律、行政法规、部门规章，对在生效日期之前的适用法律、行政法规、部门规章进行任何修改、废除或重新释。

第 85 条　法律变更的影响和对策

85.1　在发生法律变更使乙方不能全部或部分履行其本合同项下的义务时，乙方应对该影响或情况进行评估，并向甲方提出报告［报告应列明该等法律变更对乙方履行本合同项下义务（包括建设期和运营期）产生的影响］，甲方应对该报告出具审核意见（该意见不得被不合理拒绝或延迟给予，如果拒绝则应提供合理理由），经甲方审核同意后，乙方可在法律变更对该项义务的履行产生影响的期间内根据甲方合理做出的审核意见中止或免除履行受法律变更影响而不能履行的相关义务，并执行审核意见中确定的其他内容。

85.2　在发生法律变更使甲方不能全部或部分履行其本合同项下的义务时，由甲方和乙方对法律变更的影响进行协商，经双方协商一致后，甲方可在法律变更对其义务的履行产生影响的期间内根据双方协商一致的意见中止或免除履行受法律变更影响而不能履行的相关义务，并执行双方协商一致的意见中所确定的其他内容。

85.3　在合作期内，因法律变更导致乙方建设成本或运营成本增加的，甲方应对乙方进行一般补偿，应能使乙方恢复至法律变更未发生时乙方所应保持或达到的实质性相同或相近的经济地位（实质性相同或相近的经济地位应从乙方的收益、成本、所受到的损失、损害和责任方面予以考虑）。

＊条文批注：法律变更的风险不应由项目公司独自承担。

在江苏省一个污水处理 BOT 项目中，项目公司过多地承受法律变更的风险，因此当 2002 年颁布《国务院办公厅关于妥善处理现有保证外放投资固定回报项目有关问题的通知》时，项目公司不得不与政府对特许权协议进行重新谈判，并独自承担由此引发的贷款落实延误的后果。所以，在 PPP 模式中，法律变更的风险不能尽量多的转给私营部门，不能认为承担更多的风险就可以获得更多的回报，从而把承担风险看成是获得高额回报的机会，否则将会产生关于风险分担的误解。

政府方不可控的法律变更风险应被视为政治不可抗力。

对于超出政府方可控范围的法律变更，如由国家或上级政府统一颁行的法律等，应视为不可抗力，按照不可抗力的机制进行处理。在某些 PPP 项目合同中，也有可能将此类法律变更直接定义为政治不可抗力，并约定由政府方承担该项风险。

第十六章　不可抗力

第 86 条　不可抗力事件

86.1　不可抗力是指甲方和乙方在订立合同时不可预见，在合作期内不可避免发生并不能克服的自然灾害和社会性突发事件。

86.2　不可抗力应包括下列事件：

（1）地震、海啸、火山爆发、泥石流、龙卷风；

D10891

（2）战争、入侵、武装冲突或外敌行为、封锁、暴乱、恐怖行为；

（3）流行病、饥荒或瘟疫。

第 87 条　不可抗力事件的认定和评估

不可抗力事件发生后，甲方和乙方应及时认真统计所造成的损失，收集不可抗力的证据。甲方和乙方对是否属于不可抗力及其损失意见达成一致，由甲方和乙方商定确定损失金额。发生争议时，应按照本合同解决争议方式执行。

第 88 条　不可抗力事件发生期间各方权利和义务

88.1　合同一方当事人遇到不可抗力件，使其履行义务受阻碍时应立即通知

合同另一方当事人，书面说明不可抗力受阻碍的详细情况并提供必要的证明，且应在力所能及的条件下迅速采取措施，尽力减少损失；另一方全力协助并采取措施。

88.2　如不可抗力持续发生，合同一方当事人应及时向合同另一方当事人提交中间告，说明不可抗力和履行合同受阻的情况并于不可抗力事件结束后______日内提交最终报告及有关资料。

第 89 条　损失承担原则

89.1　发生不可抗力时，双方应各自承担由于不可抗力对其造成的损失。

89.2　延迟履行期间发生的不可抗力合同一方当事人延迟履行，在延迟履行期间发生不可抗力，不免除其责任。

89.3　避免和减少不可抗力损失不可抗力发生后，甲方和乙方均应采取措施尽量避免和减少损失的扩大，任何一方没有采取有效措施导致损失扩的应对扩大的损失承担责任。

89.4　不可抗力造成的终止

当不可抗力事件阻止一方履行其义务的时间持续______日以上时，双方应协商决定继续履行本合同的条件或者终止本合同。如果自不可抗力发生后______日之内双方不能就继续履行的条件或终止本合同达成一致意见，任何一方有权给予另一方书面通知后立即终止本合同。

不可抗力一经结束，尽快恢复履行义务。

89.5　因不可抗力导致工程或基础设施损坏的风险责任，双方另行协商。

第十七章　政府方的监督和介入

第 90 条　监督

90.1　政府质监、安监、审计等部门的监督

（1）政府质监、审计部门有权随时对项目的施工质量、施工管理和资金使用进行监督和检查。

（2）政府质监、审计部门监督和检查的相关费用应由甲方按照有关规定负责承担。

（3）为开展相应的对项目施工情况的监督和检查，乙方应按要求为政府质监、审计部门的代表提供协助和必要的设备（包括临时的办公设备）。

（4）政府质监、审计部门未对施工工程的任何部分进行监督或抽检，并不意味着甲方放弃了本合同项下的权利，同时也不意味着乙方可以解除合同项下的任何义务。

90.2　甲方有权按照本合同的约定对项目实施予以监督检查。

第 91 条　甲方的介入

91.1　在乙方未违约情形下，项目实施过程中出现以下情形的，甲方拥有介入项目的权利：

（1）存在危及人身健康安全、财产安全或环境安全的风险；

（2）发生紧急情况，且政府合理认为该紧急情况将会导致人员伤亡、严重财产损失或造成环境污染，并且会影响项目的正常实施。

91.2　在乙方违约情形下的介入

（1）乙方出现放弃或视为放弃情形的，则甲方有权指定第三方取代乙方承担项目建设，以便实现完工。

（2）甲方介入建设后，乙方应与甲方及其指定第三方合作，向其提供所有合理的协助，以确保项目的建设和完工。

（3）甲方介入项目的建设，不应被视为根据本合同承担了乙方的义务。

（4）乙方须允许甲方或其委托的第三方为此目的而出入项目场地。

91.3　因乙方违约情形下的甲方介入，所发生的费用由乙方承担。如甲方的介入依然无法补救乙方的违约，甲方有权提前终止合同。

D10891

第十八章　违约、提前终止及终止后处理机制

第 92 条　违约责任

92.1　本合同签订后，各方均应严格按约履行义务，如有违反，应承担违约责任，并赔偿守约方由此造成的经济损失。乙方违约时，属于社会资本方责任的，该违约责任的承担不能损害甲方利益，该违约责任也视为社会资本方的违约（社会资本方应对甲方的损失部分予以补偿）。反之，乙方违约时，属于甲方责任的，该违约责任的承担不能损害社会资本方利益，该违约责任也视为甲方的违约（甲方应对社会资本方的损失部分予以补偿）。

92.2　甲方责任：

（1）在社会资本方提交建设期保函后超过______个月，因甲方原因，本项目仍未能实际施工的，甲方应按保函金额的______% 额度、以人民银行同期同档贷款基准利率给予乙方补贴，自满______个月后的第一天起算。

（2）甲方未按照本合同的有关规定，向乙方支付本合同约定的相应的可行性缺口补助或甲方未按本合同约定支付的运营收益的，则乙方有权向甲方发出催告，如甲方在催告通知出具后的______日内仍未能支付的，则甲方除应支付应付未付的金额外，还应每日按照应付未付金额的______% 另行向乙方支付滞纳金，滞纳金累计不超过项目总投资的______%。

（3）非因乙方或中标社会资本方原因而造成本项目不能在建设期内完工的，乙方不承担违约责任。如逾期不足____________，建设期相应顺延，计算建设期利息时，必须计入逾期时间。非因乙方或中标社会资本的方原因造成工期延误超过______的，由甲方和乙方届时协商可行性缺口补助的支付及延误补偿。

（4）监理人签发开工令后，因甲方原因延期开工在______日以内的，甲方按建设投资额的_________承担违约金并承担乙方由此产生的损失；延期开工超过______日的，甲方须承担违约金______万元，同时乙方可以提前解除本合同。

（5）本合同约定的其他情形。

92.3　乙方责任：

（1）乙方逾期提交建设期履约保函超过______日的，应承担违约金______万元，本合同自动解除。

乙方逾期支付工程项目征地拆迁费用及前期费用______万元。

按__________承担违约金，超过______日的，应承担违约金______万元，本合同自动解除。

（2）监理人签发开工令后，因乙方原因延期开工在______日以内的，乙方按建设投资额的_________承担违约金并承担甲方由此产生的损失；延期开工超过______日的，乙方须承担违约金______万元，同时甲方可以提前解除本合同。

（3）因乙方未及时支付施工企业工程款、材料款，包括农民工工资等，造成甲方损失的，应全额赔偿。甲方亦可在履约保证金中先行扣除。

（4）竣工验收通过时，乙方有延误工期的，应承担工期延误违约金，工期延误违约金的计算按合同建安造价的____________按实计算，且累计不超过合同建安造价的__________。

（5）本项目竣工验收确定的工程质量未达到本合同约定的质量标准，乙方应按合同建安造价的______% 承担违约金。超过______日仍未整改达到合格标准，甲方有权提前终止合同，并将工程委托第三方修复。乙方应承担甲方由此产生的损失和工程的整改费用直至工程达到合格标准。

（6）乙方未按时移交工程或未在合同解除后______日内撤离项目施工现场的，按合同建安造价的__________计算违约金（按实计算至日）。

（7）因乙方原因，合同提前解除的，乙方应承担违约金（合同其他条款中没有约定的，按______万元计）并赔偿甲方由此产生的损失。

（8）如果乙方发生以下任一行为，则视为其放弃了项目的施工，甲方有权解除合同：

书面通知甲方已经终止项目的施工，并且不再重新开始施工；

在开工日后______日内不能在场地内开始工程施工；

在不可抗力结束后______日内不能重新开始施工；

在完工日前，乙方擅自停止工程施工，或指示承包人从场地上撤走全部或关键的人员和设备。

但如果上述延误或停工是由于不可抗力的发生或甲方违反本合同所致，则不能视为乙方放弃施工。

（9）乙方逾期不承担保修期修复责任的，按甲方委托第三方修复的实际费用______% 承担违约金。

（10）本合同约定的其他情形。

92.4　甲方有权按本合同约定的违约金计算方式提取履约保函项下金额。

第 93 条　提前终止

93.1　在合作期内，由双方协商一致可提前终止本合同，此种情形下的终止及对应终止补偿金的计算问题等，由双方届时协商一致解决。

93.2　因甲方或乙方任一方违反本合同约定义务，构成根本性违约，守约方有权按照本合同约定，提前终止合同，并追究违约方违约责任。

93.3　甲方出现以下情形之一时，乙方有权终止合同：

（1）项目开工后，因甲方原因，累计延误工期超过______日（含______日）的；甲方逾期支付可行性缺口补助累计超过______日的；

（2）合同签订后，因甲方原因______日内未开工；

（3）本项目资产被____________及以上政府部门没收、征收、征用或国有化，且乙方认为并合理证明其正常经营受到不利影响，乙方有权发出终止意向通知。

93.4　乙方出现以下情形之一的，甲方有权提前终止本合同：

（1）乙方未按期支付履约保证金，超过______日；

（2）监理人签发开工令后，乙方延期开工在______日以上（含______日）的；

（3）开工后，在工程建设中有以下情形之一的：

a. 项目因乙方融资、质量、进度原因使工程实际进度比计划落后______个月及以上的；

b. 开工后未按期到位建设资金，或乙方未按工程建设投资额的______% 支付工程进度款，或应付未付款欠款达到______万元的；

c. 质量明显达不到要求的，经催告累计达到三次又不改正的；

d. 出现放弃施工情形的。

（4）乙方被依法吊销营业执照、责令停业、清算或破产；

（5）乙方违反本合同约定出租、质押、转让项目经营权或擅自进行股权转让的（除甲方指定的第三方经营机构经营外）；

（6）乙方未履行本合同项下的其他重要义务构成对本合同的实质性违约，并且在收到甲方说明其违约并要求补救的书面通知后______日内仍未能补救该实质性违约；

（7）因中标社会资本方违反本项目《PPP 协议》，导致甲方解除《PPP 协议》的，本合同同时解除；

合同约定的乙方其他违约情形。

93.5　甲方或乙方依合同约定提前解除合同后，乙方必须于______日内撤离现场。逾期撤离的，按合同建安造价的______计算违约金（按实计算至日）。

93.6　因法律变更导致项目可行性受到严重不利影响的提前终止如果因法律变更导致本合同履行的可行性受到严重不利影响，双方应就如何继续履行本合同进行协商。如果双方无法在______日内或双方同意的更长时间内就如何继续履行本合同达成一致意见，乙方有权就该等不利影响进行评估，并向甲方提交评估报告。甲方应于收到乙方的评估报告之日起______日内或双方同意的更长时间内给予同意或提出反对意见，未作答复或不予同意但未提出合理理由的，视为甲方同意。在甲方同意或视为同意提前终止的情况下，乙方有权发出终止通知，终止合作期，发出终止通知之日即为提前终止日。合作期终止后，双方应按照第十章约定的程序完成移交。

第 94 条　终止意向通知和终止通知

94.1　终止意向通知

发出的任何终止意向通知应表述引起发出该通知的事件的详细的情况。在终止意向通知发出之后，双方应在______日或双方同意的更长的期间内协商采取避免本项目合作期终止的措施。在协商期内，双方应继续履行各自在本合同项下的除争议事项外的义务。

D10891

如果双方就将要采取的措施达成一致意见，并且 / 或者双方在协商期或双方同意的更长时间内纠正了违约事件，终止意向通知即自动失效。

94.2 终止通知

在协商期届满或双方同意的更长时间内之时，如果双方未达成一致；或导致发出终止意向通知的违约事件未得到纠正，则发出终止意向通知的一方可以向另一方就此发出终止通知，本合同在终止通知送达对方之日终止。

第 95 条 临时接管

95.1 在本合同所述乙方严重违约事件发生并持续时，乙方应继续履行本合同的规定，若乙方不继续履行本合同或该等事项对乙方根据本合同建设、运营和维护项目设施的能力产生严重不利影响，则甲方有权，但在任何情况下无义务临时接管本项目，替代乙方接管项目设施的建设和运营。在此情况下，乙方应承诺与甲方或其指定机构合作。

95.2 在甲方或其指定机构接管期间，甲方及其指定机构临时接管所产生的一切费用和风险由乙方承担。甲方有权在向乙方提供详细的费用和支出记录后，从履约保函项下提取该款项。甲方无义务向乙方支付任何服务费，直至乙方按照本合同接替或承担项目设施的运营。

95.3 甲方有权在任何时候退出项目设施的运营，在此情况下乙方应全面负责项目设施运营，直到任何一方发出终止通知。

* 条文批注：政府方在项目提前终止时的保障供给责任。

在 PPP 项目协议提前终止的情况下，《PPP 项目合同指南（试行）》没有在提前终止机制章节明确规定政府方的保障供给责任。作为完善，尚未正式施行的《基础设施和公共服务领域政府和社会资本合作条例》（征求意见稿）第 37 条规定："政府有关部门应当采取有效措施，保证公共服务的正常提供；必要时，经本级人民政府同意，可以临时接管合作项目。社会资本方应当予以必要的配合。"如果对该项目继续采用政府和社会资本合作模式，依据《基础设施和公共服务领域政府和社会资本合作条例》（征求意见稿）第 29 条规定，应当依照该条例的规定重新选择社会资本方。

第 96 条　提前终止的后果

96.1　本合同终止后，双方在本合同项下不再有进一步的义务；本合同的终止不影响本合同中争议解决条款和任何在本合同终止后仍然有效的其他条款的效力。

96.2　终止后的补偿

（1）提前终止的情形：

a. 双方协商一致的提前终止；

b. 法律变更或政府行为导致的提前终止；

c. 不可抗力导致的提前终止；

d. 一方违约导致的提前终止。

（2）提前终止的回购方式：

a. 若项目合同提前终止，甲方按合同约定支付乙方合理补偿金（提前终止时甲方对于乙方的补偿须以乙方还清其届时之所有负债为前提）。

b. 因乙方违约，甲方提出提前解除合同的，已完工工程属合格工程的，在乙方承担合同约定违约金及甲方损失后，按实际投资额结算（需经奉化市财政局或审计局审核），已完工工程不合格的又没有在______个月内改正的，则应即刻将工程移交给甲方，由甲方另行选定施工单位修复该工程，修复费用及修复期间的损失由乙方承担（修复费用按奉化市财政局或审计局审定），修复合格后，按合格工程投资额（由奉化市财政局或审计局审核）扣减修复费用、合同违约金及甲方损失后，按实计算。支付方式均按合同约定每个月支付一次以等额本息方式支付（在审定后满______个月第一期支付，按运营期及投资回报率计算利息）。

c. 因甲方违约，乙方解除合同的，甲方按乙方实际工程投资额（经奉化市财政局或审计局审核为准）支付价款，该款在审核报告出具后的______日内支付，并按合同规定承担违约金。

d. 补偿金可参考下表确定：

D10891

条款号	本合同提前终止之情形	终止补偿金
1	甲方发出的终止（乙方违约）	建设期终止时，为 A_1–B+E
		运营期终止时，为 A_2–B+E
2	乙方发出的终止（甲方违约）	建设期终止时，为 A_1+B+E
		运营期终止时，为 A_3+B+E
3	法律变更或政府行为	建设期终止时，为 A_1+B+E
		运营期终止时，为 A_3+B+E
4	不可抗力	（A_4–C–D）÷2（协商解决）

A_1 经____________市财政局审定的乙方实际投资；

A_2 为审计价减已回收投资部分；

A_3 为审计价减已回收投资部分；

A_4 为经审计的乙方账面资产净值；

B 合同约定违约金、守约方损失；

C 为发生不可抗力情形时，根据本协议及相关保险合同约定，乙方（含贷款方）实际获得的保险赔款；

D 为发生不可抗力情形时，因乙方投保不足，导致所获保险赔款无法使项目设施恢复到出险前的正常状态和价值的恢复性建设费用缺额部分（如有）；

E 为终止后根据本合同的约定，乙方应向甲方移交运营维护所需的零部件、备品备件和其他物品的合理评估值。

若属甲方发出的终止情形之一的，按照对应公式计算终止补偿金即“A_1-B+E”或者“A_2-B+E”的值为负数；或者不可抗力情形下补偿金计算为负值的，则乙方应向甲方支付本条所述负数的绝对值。

＊条文批注：违约金数额不得超过损失的 30%。

虽然法律对约定违约金的比例没有规定，但是根据《中华人民共和国合同法》第 114 条、《最高人民法院关于适用〈中华人民共和国合同法〉若干问题的解释（二）》第 29 条规定：约定的违约金低于造成的损失，当事人可以请求法院予以增加；约定的违约金过分高于造成的损失，当事人可以请求法院适当减少。当事人约定的违约金超过损失的 30%，可以认定为“过分高于造成的损失。”在违约方认定“违约金过分高于损失”时，非违约方需承担证明责任。因此，并不建议以约定违约金要求违约方承担违约责任。

96.3　提前终止后的退出

提前终止后，乙方应在______日内与甲方或甲方指定的主体完成工程建设或运营交接并撤离现场。因违约导致的终止产生的接管费用由违约方支付；若双方均无过错，提前终止产生的接管费用由双方各自承担。

第十九章　适用法律及争议解决

第 97 条　争议解决

因履行本合同所产生的争议适用中华人民共和国法律。双方应尽可能通过友好协商解决争议。协商不成，任何一方均可向____________仲裁委员会提起仲裁，按照该会的仲裁规则进行仲裁。

第 98 条　无争议部分继续履行

发生争议期间，各方对合同无争议部分应当继续履行，除法律规定或另有约定外，任何一方不得以发生争议为由，停止项目运营。

第二十章　保　　密

第 99 条　保密义务

双方当事人应当就本合同的内容、双方之间的协商及从对方取得的文件资料、知悉的商业信息等（以下简称保密信息）保密，除非本合同明示许可，双方当事人不得为除本项目所必需以外的目的使用或各任何实

D10891

体或第三方批露上述保密信息的任何部分，但为了获得相关的政府许可或执照和已经获得预告书面许可的情况除外；双方当事人应采取一切必要措施防止第三方获得信息或以任何方式使用保密信息。

第 100 条　资料运用

从对方取得的文件资料只用于执行本合同的目的，并将其按保密件处理，交第三方使用或向第三方批露也仅系执行本合同需要。

第 101 条　保密期限及人员

本保密条款在本合同终止后______年内仍然有效，双方应当把相应的保密责任贯彻至雇员及第三方，只要他们与执行本项目有关。

第二十一章　合 同 生 效

第 102 条　合同生效

本合同自双方法定代表人或授权代表签字并加盖公章后成立，本合同自双方代表签字、盖公章后成立，符合本合同第 6 条约定后生效。未尽事项，双方另行协商。

第二十二章　其　　他

第 103 条　有效性

本合同任何条款的无效不影响其他条款的有效性。

第 104 条　通知

对本合同履行过程中的通知、申请等应以书面形式作出。派人送达的，应当有签收人签名或单位签章；用挂号信、特快专递、电报传真、电子邮件方式送达的，按照下列地址送达：

甲方：____

联系人：____

地址：____

邮编：____________________　　传真：____________________

Email：____

乙方：____

联系人：____

地址：____

邮编：____________________　　传真：____________________

Email：____

一方若须改变上述地址和联系方式的，应于变更后______日内书面通知对方。未通知的，视为未变更。

第 105 条　份数

合同一式______份，甲、乙双方各执______份。

第 106 条　附件

本合同的附件与本合同具有同等法律效力，如附件与本合同正文之间的条款出现矛盾冲突，以本合同约定的内容为准。如有补充协议或承诺函的，优先于本合同约定。

1. 立项批复
2. 初步设计的批复
3. ____________市/区/县人民政府同意本项目采用 PPP 模式建设的批复
4. 物有所值评价报告
5. 财政承受能力评估报告
6. 本项目纳入 PPP 项目库证明
7. 实施方案
8. 项目政府采购磋商文件
9. 中标社会资本方响应文件
10. 施工图
11. 履约保函
12. PPP 协议

第三章　公路PPP项目合同

使用场景：

1. 新建项目，可参考本项目合同中有关政府方与社会资本方的分工。

2. 投资量较大的交通类等项目可参考本项目合同约定的融资模式。

3. 拟采用捆绑经营项目可参考本项目合同约定的收入机制。

法律要点：

1. 法律对于社会资本融资占总投资的比例是否存在限制？

随着相关法律法规以及国家政策的不断更新，对于 PPP 项目运作过程中的法律障碍也逐渐减少。如在 2006 年北京地铁四号线 PPP 运作案例中对于特别经营许可公司的组建必须符合当时适用法律的要求。即如果特许公司是内资企业，根据《国务院关于固定资产投资项目试行资本金制度的通知》（国发〔1996〕35 号文件）规定，资本金比例应不低于总投资的 35%；如果特许公司是外商投资企业，遵守《国家工商行政管理局关于中外合资经营企业注册资本与投资总额比例的暂行规定》的规定，中方投资者占有的权益不应小于 51%，而今均不存在此种法律障碍，法律对于社会资本融资占总投资的比例不存在限制。

2.PPP 模式与 EPC 模式是否冲突？

EPC（Engineering-Procurement-Construction）模式即设计采购施工模式，强调和充分发挥设计在整个工程建设过程中的主导作用，有利于工程项目建设整体方案的不断优化；有效克服设计、采购、施工相互制约和相互脱节的矛盾，有利于设计、采购、施工各阶段工作的合理衔接，有效地实现项目的进度、成本和质量控制符合约定，确保获得较好的投资效益；建设工程质量责任主体明确，有利于追究工程质量责任和确定工程质量责任的承担人。PPP 模式下，明确政府方和社会资本方在设计、采购、施工环节的分工，可以发挥 PPP 模式和 EPC 模式两种模式的优势，实现优势互补。

D10892

合作合同文本说明

一、本合同是根据以下法律法规相关要求制定的：

1.《中华人民共和国民法通则》《中华人民共和国合同法》《中华人民共和国预算法》《中华人民共和国政府采购法》《中华人民共和国公司法》《中华人民共和国担保法》《中华人民共和国保险法》《中华人民共和国行政许可法》《中华人民共和国行政处罚法》《中华人民共和国行政复议法》《中华人民共和国民事诉讼法》《中华人民共和国仲裁法》《中华人民共和国行政诉讼法》《中华人民共和国会计法》《中华人民共和国土地管理法》《中华人民共和国建筑法》《中华人民共和国公路法》等；

2. 国务院《国务院关于加强地方政府性债务管理的意见》（国发〔2014〕43号）、国务院《国务院关于创新重点领域投融资机制鼓励社会投资的指导意见》（国发〔2014〕60号）《关于推进和完善服务项目政府采购有关问题的通知》（财库〔2014〕37号）《关于政府和社会资本合作示范项目实施有关问题的通知》（财金〔2014〕112号）《关于规范政府和社会资本合作合同管理工作的通知》（财金〔2014〕156号）《政府和社会资本合作项目政府采购管理办法》（财库〔2014〕215号）《国家发改委关于开展政府和社会资本合作的指导意见》（发改投资〔2014〕2724号）《关于推广运用政府和社会资本合作模式有关问题的通知》（财金〔2014〕76号）《政府与社会资本合作模式操作指南》（财金〔2014〕113号）《关于印发〈地方政府存量债务纳入预算管理清理甄别办法〉的通知》（财预〔2014〕351号）《关于印发2015年政府采购工作要点的通知》（财办库〔2015〕27号）《国务院办公厅转发财政部发展改革委人民银行关于在公共服务领域推广政府和社会资本合作模式指导意见的通知》（国办发〔2015〕42号）等。

二、本合同主要用于采用PPP（Public-private Partnership）模式建设的公路工程项目。

*条文批注：交通类项目适宜采用 PPP 模式。

政府与社会资本方拟建设交通类项目适宜采用 PPP 模式，因其符合“为提供公共产品和服务”。公共产品需具备为公共利益之目的，在行政主体的管理之下，具有“非竞争性”和“非排他性”。同时，公共产品需有实际上被公共使用之事实。显然，交通类项目属于公共产品。

三、为了更好的完成公路工程 PPP 项目的建设和运营维护，按照相关法律、法规、标准和规范的要求，甲、乙双方签署《公路工程 PPP 项目合作合同》（以下简称本合同），本合同作为公路工程 PPP 项目合同文件。

甲、乙双方分别为：

甲方：（政府方）____________（以下简称甲方）

注册地址：____

机构代码：____

法定代表人：____

乙方：（社会资本方）____________（以下简称乙方）

注册地址：____

注册登记号：________________________　　法定代表人：______________________

经甲、乙双方友好协商，一致达成本合同，本合同于______年______月______日在中国签署。

特别说明：

（1）本合同由甲、乙双方共同签署，双方确认并承受本合同项下的全部权利和义务。

（2）甲方获得政府授权签署本合同。

（3）项目公司成立后，由甲方、乙方与项目公司签订补充协议，承继项目公司在本协议下的所有权利、义务。

D10892

＊条文批注：补充文件可丰富合同生效条件

一般情况下，PPP 项目合同条款并不会在合同签署时全部生效，其中部分特定条款的生效会有一定的前提条件。只有前提条件被满足的情况下，如完成融资交割、获得项目相关审批、保险生效、项目事实的相关其他主要合同已签订等，PPP项目合同的全部条款才会生效。具体条件双方应紧密协商，就项目合同某项内容作出补充和修改，确保万无一失。

第一章　定义及解释

1.1　术语定义

在本合同中，下述术语具有下列含义：

“本项目”	
“合作合同”	是指政府方与社会资本方依法就本 PPP 项目合作所订立的合同
“本合同”	指甲方与乙方之间签订的本 PPP 合作合同，包括本合同的所有附件（含招标和投标文件）以及日后可能签订的任何本合同之补充修改合同和附件，上述每一文件均被视为并入本合同
“甲方”“政府方”	本合同的“甲方”即指“政府方”，是政府或政府授权机构作为项目 PPP 合作合同的一方签约主体，本合同的“甲方”指“＿＿＿＿＿＿”
“政府投资方”	本合同的“政府投资方”即指，系项目公司股东，代表政府的投资方
“中标人”“乙方”“社会资本方”	本合同的“中标人”“乙方”即指项目的社会资本方，是与甲方签署 PPP 项目合作合同的社会资本，具体为“＿＿＿＿＿＿”
“项目公司”	由政府和社会资本共同出资，依法设立的自主运营维护、自负盈亏的、专门负责“公路工程 PPP 项目”投资、融资、建设、运营、管理、维护及移交等事项运作的具有独立法人资格的经营实体

续表

“投资运营权”	按照相关法律、法规的规定和根据政府方授权批准，甲方授予项目公司在项目合作期内独家的权利，包括： a. 投资、融资、建设、运营、管理和维护本项目； b. 获得政府方的付费； c. 本项目在运营期满时按本协议约定方式移交政府或政府指定机构。 投资运营权期限暂定为从项目公司成立之日起至项目移交完成之日止
“法律变更”	指： 1. 在本合同签署之后，中国任何政府部门颁布、修改、废除或重新解释的任何适用法律；或 2. 政府以上的任何立法、行政机关在本合同签署日之后修改任何批准的重要条件或增加任何重要的额外条件。并且，上述任何一种情况导致： a. 适用于乙方或由乙方承担的税收、税收优惠或关税发生任何变化；或 b. 对项目的设计、投资、融资、建设、运营维护和移交的要求发生的任何变化
“工作日”	指中国法定休息日和节假日以外的公历日
“谨慎运行惯例”	指在中国的大部分公路运营维护者为类似于本项目的项目所采用或接受的惯例、方法和做法以及采用的国际惯例和方法
“开工日期”	本项目施工单位收到的施工许可所确定的日期为本项目的开工日期
“开始运营日”	指本合同第 8.1.1 条所确定之日期
“履约担保”	指乙方或项目公司按照本合同第九章条款规定向甲方提供的担保
“批准”	指根据本合同的规定，乙方为项目进行融资、建设、运营、维护和 / 或移交而需从政府部门获得的许可、执照、同意、授权或批准
“融资交割”	当下述条件具备时，视为完成融资交割：已签署并向贷款人递交所有融资文件，包括融资文件要求的获得首笔资金的每一前提条件得到满足或被贷款人放弃

续表

“融资文件”	指与项目的融资或再融资相关的贷款合同、保函、外汇套期保值合同和其他文件，但不包括： 1. 与股权投资人的认购书或股权出资相关的任何文件，或 2. 与提供本合同第九章约定的履约担保相关的文件
“锁定期”	是指限制乙方转让其所直接或间接持有的项目公司股权的期间。本合同约定的锁定期为本合同的有效期内
“生效日期”	本合同第 20.5 条中约定的合同生效日期
“适用法律”	指中国法律、法规、规章和政府部门颁布的所有技术标准、技术规范以及所有其他适用的强制性要求，包括： （一）全国人民代表大会及常务委员会制定的法律； （二）全国人民代表大会常务委员会制定的法律解释（“法律解释”）； （三）国务院制定的行政法规，各省、自治区、直辖市人民代表大会及其常务委员会制定的地方性法规、自治条例、单行条例（“行政法规”）； （四）国务院各部、委员会、中国人民银行、审计署和具有行政管理职能的直属机构制定的部门规章（“部门规章”）； （五）省、自治区、直辖市和较大的市的人民政府制定的地方政府规章（“地方政府规章”）。 （六）各级政府和政府部门出台的一些政策性文件，虽然并不属于《立法法》规定的严格意义上的法律范畴，但也具有一定的强制性效力
“项目总投资”	工程建设费用（投入）。 其中项目总投资的起算时间及金额按照甲方确认的项目公司实际融资到位的时间和金额为准（包括股权、债权融资）
“工程建设费用”	工程建设费用含建安费和其他费用，按照审计局审定的工程竣工决算的金额作为计算依据
“运营维护费用”	主要是本项目提供的可用性服务，确保设施、设备有效运行发生的日常维护费用。具体费用根据实际发生的额度并经甲方批准的为准

续表

"政府支付总额"	
"政府支付净额"	
"政府每年支付净额"	
"综合年化融资成本"	综合年化融资成本是指本项目公司债务性融资（注册资本以外的资金）所需支付的综合年化资金成本。其中资金成本包括融资费用和资金使用费，如贷款利息、手续费等。计算公式为：在一个会计年度内，各单笔债务性融资产品的年化资金成本率乘以其本金所占权重之和
"运营维护期"	指自开始运营日起至项目合作期限最后一日止的期间
" 合作期限 "	指自本合同签订之日起算至第年止的期间
" 建设期 "	是指本项目自开工日期起至项目建成开始运营日止的期间
"违约"	指本合同签约任何一方未能履行其在本合同项下的任何义务，而且这种违约不能归咎于另一方违反本合同的作为或不作为或不可抗力等
"不可抗力"	指具有第 15.1 条所规定的含义
"运营维护年"	指运营维护期内任一公历年度期间，第一个运营维护年应自正式开始进入运营维护日起算至次年与该正式运营维护日相同日历日的前一日结束，以后每个运营维护公历年度依此类推。最后一个运营维护年的结束应在合同期满的最后一日结束
"移交"	是指在本合同合作期限届满后，项目公司将项目全部固定资产，包括后期项目运营的相关设备和设施，按照正常运行的技术状态，无条件的移交给甲方，移交时资产状况不得附加于资产有关的担保、租赁等债务关系
"移交日"	指合作期结束后的第一个工作日，或经双方书面同意的移交项目设施的其他日期
"政府部门"	指（a）中国国务院及其下属的部、委、局、署、行，中国的任何立法、司法或军事当局，或具有中央政府行政管理功能的其他行政实体；（b）本项目所在区域的任何地方立法、行政、司法部门
"融资方"	指为项目公司提供除注册资本之外的所需资金的一方，通常有政策性银行、商业银行以及非银行金融机构等

1.2 其他

在本合同中：

1.2.1 “元”指“人民币元”，为中华人民共和国法定货币；

1.2.2 除本合同上下文另有规定外，“一方”或“各方”应为本合同的一方或各方；本合同、或融资文件的各方均包括其他各自的继任者和获准的受让人；

1.2.3 所指的日、星期、月、和年均指公历的日、星期、月、和年，星期六、星期日、法定节假日和其他休息日均应计入；若规定支付任何款项之日不是工作日，则应在该等日期后的第一个工作日支付；

1.2.4 除上下文另有规定，“包括”一词在任何时候应被视为与“但不限于”连用；

1.2.5 所指的“维护”应始终解释为包括修理和更新，除非上下文另有规定；

1.2.6 所指的合同是指有关的合同和合同附件，并且在任何情况下均指对该合同不时所作的补充、修改或替代；

1.2.7 本合同将取代甲、乙双方所有在本合同签字前达成的合同、谅解、安排、陈述、保证、任何形式或任何性质的承诺，不论是口头的、书面的，还是明示的或暗示的；

1.2.8 本合同任何条款不合法、无效或不能执行，或者被任何有管辖权的法院宣布为不合法、无效或不能执行，则其他条款仍然有效和可执行，且甲、乙双方应商定对不合法、无效或不能执行的条款进行修改或更换，使之合法、有效并可执行，并且这些修改或更改均不应改变本合同作为一个整体所本应赋予它的含义；

1.2.9 在本合同中，无论何处及由任何人发出或颁发任何通知、同意、批准、证明或决定，除另有说明外，均指其书面形式，书面形式指电传、传真、电子数据交换和电子邮件等可有形表现所载内容的形式；

1.2.10 标题仅为方便使用。

第二章 合同主体及风险分配

2.1 政府方主体

2.1.1 政府方主体资格

a. 甲方作为本项目实施机构，全面负责对项目进行审核、管理及代表政府签署本合同。

b. 甲方在本合同项下全部权利、义务可由政府另行书面指定其他部门或机构承继，但需书面通知乙方及项目公司。

2.1.2　政府方主体的权利

a. 根据法律法规、本合同的约定和政府管理的相关职能规定，在整个项目合作期内对项目公司进行监管，对项目公司的融资进度、项目投资进度、征地拆迁进度、工程变更、工程安全、运营维护管理状况以及项目移交的具体工作等进行监管；

b. 对本项目的建设规划、地勘、设计、项目预算审核的全面控制权；

c. 根据法律法规、行政规章和本合同的约定，对项目公司的经营管理状况进行监管。自行或委托具有相应资质的第三方机构对项目公司进行监管，并依法查处项目公司的违规行为；

d. 对项目公司在整个项目合作期内的安全征地拆迁和安全防范措施进行监管，并在可能严重影响公众利益的情况下，有权依法对项目区域内基础设施进行临时接管；

e. 法律法规、行政规章授予政府方的其他权利；

f. 在项目合作期内，当项目公司具有以下之一行为时，应及时将相关书面说明文件及材料报政府方备案：

（a）项目公司及其控股股东的股权结构变更、股权质押；

（b）对外转让、抵押、处置项目区域内的设施和资产；

（c）项目公司的名称、地址、法定代表人变更。

2.1.3　政府方主体的义务

a. 除适用法律另有规定或发生投资运营权利提前收回的情况外，政府方应保持项目公司的投资运营权在整个项目合作期内始终有效，维护投资运营权的完整性和独占性，项目合作期内不以任何方式减少投资运营的内容或妨碍投资运营权的行使；

b. 积极协助项目公司向政府有关部门争取相关的财政、税收优惠政策。协助项目公司完成与各级政府及相关职能部门的沟通、协调及报批等工作，包括协助项目公司获得项目立项、征地拆迁、安置补偿等批文及许可等；

c. 主持项目公司组建的相关事宜；负责项目绩效考核、监督管理，进行监管时应当遵守《中华人民共和国行政许可法》和其他法律、法规，以及本合同的规定；

d. 协助项目公司获得新建项目及其配套工程建设用地；按照合同的相关约定及时足额出资；项目公司中社会资本方为本项目进行融资时，政府方应根据法律规定予以必要协助；

e. 项目合作期内，如遇国家法律、法规及相关政策发生重大变化，对本合同的履行造成实质性影响，政府方应积极与项目公司协商解决方案，并采取合理措施避免各方的损失扩大；

f. 法律法规、行政规章规定政府方的其他义务。

2.2 社会资本方主体

2.2.1 社会资本方主体资格

乙方作为项目公司的控股股东，依据本合同条款之声明，拥有完整的履行本合同权利和义务的主体资格，在项目合作期内，乙方需始终保持其主体资格和应维持的资格条件。

2.2.2 社会资本方主体的权利

除本合同其他条款规定的权利外，乙方在本合同有效期内的权利包括：

a. 对项目公司的经营情况进行监管的权利；

b. 参与项目公司经营管理中重大决策的权利；

c. 按约定享有项目公司利润的权利；

d. 按约定获得政府支持的权利；

e. 乙方依法具备施工资质的，在符合国家法律法规前提下，由其承担项目施工总承包任务；

f. 有权依法对项目公司进行清算；

g. 甲方严重违约时，有权提前终止本项目合作及本合同；

h. 法律、法规规定及本合同约定的其他权利。

2.2.3 社会资本方主体的义务

除本合同其他条款规定的义务外，乙方在本合同有效期内的一般义务包括：

a. 协助办理成立项目公司所需要的有关手续的义务；

b. 按约定提供项目资金的义务；

c. 协助项目公司进行融资的义务；

d. 协助项目公司与政府协商的义务；

e. 协助项目公司完成项目审批的义务；

f. 保证其向项目公司委派的董事遵守本合同及公司章程的相关规定，忠实履行其职责的义务；

g. 承担社会责任的义务；

h. 按照《股东协议》承担违约责任的义务；

i. 本合同及补充合同中约定的其他义务。

2.3　项目公司主体

2.3.1　项目公司主体资格

项目公司为政府投资方与乙方共同出资组建的，负责本项目的投资、融资、建设、管理和运维及移交工作的主体，在项目合作期内，项目公司应当始终维持其主体资格。

项目公司注册资本，其中政府投资方出资万元，占项目公司股权的；乙方出资万元，占项目公司股权的。政府投资方与乙方于本合同签订之日起日内完成项目公司的设立工作，双方作为项目公司股东的权利、义务及项目公司的设立、经营、管理等事项，由政府投资方及乙方在本合同签订后日内另行签订《公路工程 PPP 项目股东协议》（以下简称《股东协议》）予以明确。

2.3.2　项目公司的权利

a. 项目公司有权根据法律、法规和行政规章的规定及本合同的约定，负责本项目的投融资、建设运营和管理等相关工作，包括：

a）在项目合作期内，项目公司被授予对本项目的投资经营权。

b）通过对项目的投资、运营维护，从政府方获取服务费，以回收投资并获得合理利润的权利。

b. 为本项目融资之目的，经甲方书面同意，项目公司根据适用法律法规的规定，在银行的贷款融资可根据本合同的收入作为合格的应收账款进行质押担保；

c. 拥有充分的自主运营权，有权自主决定投资运营项目中的一切事项，但法律、法规、行政规章有特别规定或本合同另有约定的除外；

* 条文批注：捆绑经营策略可增强项目对社会资本方的吸引性。

所谓“捆绑经营”，即为了保证项目的财务可行性，中标人组建的项目公司除了取得所建基础设施的建设经营权外，还将取得服务区经营、广告开发等其他业务经营权。捆绑经营拓宽了项目的收入来源，从而增强了项目对社会资本方的吸引性。

d. 法律、法规规定以及本合同约定的其他权利。

2.3.3　项目公司的义务

a. 根据适用法律的规定，办理进行本项目建设、开发所需的行政许可和审批手续；

b. 项目合作期内，如遇国家法律、法规及相关政策发生重大变化，对本合同的履行造成实质性影响，项目公司应积极与政府方协商解决方案，并采取合理措施避免各方的损失扩大；

c. 完成项目范围内的融资、投资、建设、运营及管理维护工作；按照合同的约定及时足额出资；

d. 根据约定的建设进度开工建设并按时完工；

e. 将中长期经营计划、年度工作报告和董事会决议及时报政府方备案；

f. 在合作期限内，当项目公司出现股权结构变更，项目公司的名称、地址、法定代表人变更等行为时，应当及时将相关书面说明文件及材料报甲方备案；

g. 项目公司在运营维护期内，对本项目的基础设施维护承担不可避免的义务，如移交时应达到指定状态的修复要求，或定期更新等义务；

h. 法律、法规规定以及本合同约定的其他义务。

2.4　风险分配

2.4.1　甲方承担的风险

a. 法律风险

b. 政策风险

2.4.2 乙方承担的风险

a. 经济风险

b. 建设风险

c. 融资风险

d. 项目管理风险

2.4.3 双方共担的风险：不可抗力风险由双方按本合同的约定合理共担

＊条文批注：本项目为新建项目。

依据上述条款，本项目不存在存量项目的改建扩建内容，属于新建项目。所以投资人无须对之前完成的规划、设计进行合法性审查，如是否经过有权机关的审查，用地规划许可证与规划意见书的内容是否一致。同时无须查证用地规划或工程规划许可的内容对规划意见书的变更事项，包括查证是否经过核发规划意见书的发证机关的许可。

项目应有规范文本明确政府方和社会资本方的权利义务。

青岛海湾大桥项目之所以取得成功，主要原因之一为协议文本规范。该项目采用签署特许经营协议的方式向投资人授予特许经营权，对大桥投资、建设、运营和移交等主要内容都进行了明确约定，开创了国内跨海桥梁BOT招商项目的先河。此前国内不少路桥招商项目对协议文本不够重视，按照一般招商类项目的惯例与投资人签署投资框架协议就了事，对特许权、特许期、协议终止、补偿、抵押、转让等项目细节均没有做出详细规定，导致协议双方在执行过程陷入推诿扯皮的状态，很多项目进展并不顺利。而该项目在项目协议编制过程中，项目的咨询顾问与业主单位一起，对招标文件的内容进行了深入的讨论，特许经营协议几经修改，合同文本的编制遵循国际惯例，参考国内外类似项目的经验并充分考虑到资本市场的要求和政府利益，对项目风险进行了恰当的分配，形成了公平合理的协议文件。由于政府方和投资人所面对的都是自己熟悉或可以控制的风险，既充分保护了政府的利益，也大大增强了投标人的信心，这可以说是本项目招商成功的基石。在随后合同执行过程中，双方各司其责，未出现实质性分歧，海湾大桥工程项目得以顺利实现融资和建设完工，说明特许经营协议是经得起实践检验的。

D10892

第三章　项目的概况和期限

3.1　项目概况（略）

3.2　目期限（略）

3.3　项目期限结束（略）

第四章　前 提 条 件

4.1　甲方声明

甲方在此向乙方声明，在本合同生效日期：

4.1.1　甲方已向相关政府管理部门报告，本项目已获 PPP 模式审批；

4.1.2　甲方已获政府授权管理本项目，已经获得签署本合同所需的全部授权和所有批准，并可以履行其在本合同项下的各项义务；

4.1.3　如果甲方在此所作的声明被证实在作出时存在实质方面的不属实，并且该不属实声明严重影响本合同项下项目的顺利进行，乙方有权终止本合同；

4.1.4　甲方保证指定政府投资方与乙方在依法成立的项目公司（法人），注册资本人民币，其中政府投资方出资万元，占项目公司股权的；并保证政府投资方设立项目公司的所有资金来源是合法的。

4.2　乙方声明

乙方在此向甲方声明，在本合同生效日期：

4.2.1　乙方为通过公开招投标依法依规选择的社会投资方，是符合本项目资格要求的、在中国大陆正式注册成立的公司，其具有签署和履行本合同、其他项目合同和融资文件的法人资格和权利；其已经取得了与签署和履行本合同有关的一切内部、外部的授权和许可，签订和履行本合同的义务、条款和条件不会导致乙方违反法律法规、行政决定、生效判决和仲裁裁决的强制性规定，违反其与第三方合同的条款、条件和承诺，也不会引致任何利益冲突；

4.2.2　在任何中国法院、行政机关或仲裁机构不存在针对或影响乙方的、可能对其履行和完成其在本合同项下义务的能力产生不利影响的未决诉讼、起诉或程序；

4.2.3　乙方保证在签订本合作合同后个工作日内与政府投资方在依法成立项目公司，项目公司注册资本，乙方出资万元，占项目公司股权的，乙方控股，并保证乙方设立公司的所有资金来源是合法的。

4.2.4　乙方保证其向甲方提供的信息是真实、准确和完整的；乙方保证声明中所述的内容和承诺均真实有效，并对乙方声明中失实和未能实现其承诺的部分内容承担赔偿责任；

4.2.5　乙方已经为本合同的履行准备了足够的资金、人员、技术和设备等，从而确保本合同项下义务的履行；如乙方未能投入完成本项目边界范围内建设的足够资金，从而导致影响工程建设的，则乙方应保证对项目追加投资；

4.2.6　乙方就本条款项下的各项承诺、声明和保证不属实或存在错误，对甲方依本合同享有权利或乙方依本合同履行义务造成严重的实质性影响时，甲方有权终止本合同，并追究乙方违约责任，本合同各附件也随之自动终止，双方另行约定的除外；

4.2.7　乙方于项目公司设立时在任何法院、行政机关或仲裁机构不存在针对或影响项目公司的、可能对其履行和完成其在本合同中约定义务的能力产生不利影响的未决诉讼或仲裁；

4.2.8　在合作合同期内，未经甲方书面批准，政府投资方与乙方成立的项目公司的股权结构和注册资本不会变动；

4.2.9　乙方有能力以注册资本、项目融资或其他方式获得的资金履行本合同，并保证用于履行本合同项下义务的资金来源均为合法。

4.3　项目公司声明

4.3.1　项目公司需完成融资交割，即项目公司已为项目建设融资的目的签署并向融资方提交所有融资文件，并且融资文件要求的就本项目获得资金的所有前提条件得到满足或被豁免时，项目方可实施；

4.3.2　项目公司需在已根据本合同中相关保险的规定购买保险，且保单已经生效，并向甲方提交了保单的复印件后，项目方可实施；

4.3.3　项目公司需在根据本合同中有关规定签订工程总承包合同及其他主要分包合同，并且向甲方提交了有关合同的原件备案后，项目方可实施。

D10892

4.4 不限制法定权利

本合同不限制甲方的法定权力，甲方有权根据法律、法规和本合同的约定对本合同项下业务进行监管。

4.5 前提条件豁免

上述前提条件可以被豁免，但只有负责满足该前提条件的一方的相对方拥有该豁免权利。

4.6 未满足前提条件的后果

4.6.1 合同终止。

如果双方约定的上述任一前提条件在规定的时间内未满足，并且另一方也未同意豁免或延长期限，则该合同方有权终止本合同。

4.6.2 合同终止的效力和后果。

a. 合同项下的权利和义务将终止。

如果由于未满足前提条件而导致合同终止，除合同中明确规定的在合同终止后仍属有效的条款外，其他权利义务将终止。

b. 经济赔偿。

如因合同一方未能在规定的时间内满足其应当满足的前提条件而导致合同终止的，另一方有权根据《中华人民共和国合同法》的规定，向其主张一定的经济赔偿。

第五章 项目融资

5.1 融资责任

项目公司为项目投资、融资、建设、运营、管理、维护及移交等事项运作主体，项目公司负责项目的融资。

项目公司进行与本项目有关的融资时须以书面方式通知甲方，并获得甲方书面同意，方可实施。如甲方发现项目公司或乙方有违法、违规或违反本合同规定的融资行为，甲方有权采取措施予以制止。

＊条文批注：法律对于社会资本融资占总投资的比例不存在限制。

随着相关法律法规以及国家政策的不断更新，对于 PPP 项目运作过程中的法律障碍也逐渐减少。如在 2006 年北京地铁四号线 PPP 运作案例中对于特别经营许可公司的组建必须符合当时适用法律的要求。即如果特许公司是内资企业，根据《国务院关于固定资产投资项目试行资本金制度的通知》（国发〔1996〕35 号文件）规定，资本金比例应不低于总投资的 35%；如果特许公司是外商投资企业，遵守《国家工商行政管理局关于中外合资经营企业注册资本与投资总额比例的暂行规定》的规定，中方投资者占有的权益不应小于 51%，而今均不存在此种法律障碍，法律对于社会资本融资占总投资的比例不存在限制。

5.2　融资方权利的限制

项目公司在融资时应与融资方在融资合同书订明下列事项：

5.2.1　融资方不得有以下行为：

（1）阻止项目公司根据本合同的要求以无偿的方式向甲方或甲方指定单位移交项目资料、设备、设施、知识产权等项目相关资产、权益；

（2）未经甲方同意处分项目资产、权益等。

5.2.2　融资方对项目公司包括帐户在内的任何资产采取任何形式的限制或保全措施前应提前______日书面通知甲方，并在申请实施前书面通知甲方；

5.2.3　对于项目公司在履行融资合同中的任何缺失或违约责任，均应告知甲方。

5.2.4　项目公司对外进行融资时，甲方应当给予适当的协助并提供相关文件。甲方同意积极配合乙方及 / 或项目公司进行融资，基于融资方的合理要求，甲方同意配合提供本项目融资所需的政府方文件，包括通过中长期预算文件、财政支付承诺函，以使得项目具备融资条件，但不得超出法律法规规定的范围。

5.3　融资成本

5.3.1　本项目所指的融资成本，均指项目公司债务性融资（注册资本以外的资金）所需支付的资金成本。

D10892

5.3.2　乙方作为项目融资、建设、运营维护责任主体，应根据甲方的融资要求和计划进行融资，合理安排融资节奏、控制融资成本，并按照资金到账时间表完成融资。

资金到账时间表（略）。

5.4　融资责任与融资担保责任

5.4.1　融资责任

当项目公司注册资本金无法满足本项目投资需求时，由乙方负责引进资金，并承担项目融资成本及相关风险。项目公司注册资本金和项目融资根据《股东协议》及建设期的投资进度需求按计划到位。为了确保本项目融资顺利完成，根据金融机构的要求，如需要为项目公司提供相应的增信措施的，由乙方提供增信。除将本项目的可用性服务费和绩效运营维护费纳入财政预算外，甲方不再为本项目提供任何额外增信或担保措施。

5.5　融资风险

项目公司因融资、还本付息等过程中发生的与融资有关的任何风险，均由乙方承担。甲方、政府投资方如因此遭受了任何损失，由乙方向甲方、政府投资方承担损失的赔偿责任。

5.6　融资的使用

乙方保证融资取得的资金只用于本项目。项目公司应接受甲方对其账户资金的监管，并与甲方、银行三方签订共管协议。

5.7　融资方案

5.8　综合年化融资成本

综合年化融资成本以实际发生为准，最高不得超过______%，超出部分由乙方自行承担，不得以任何形式列支于项目公司成本费用中。

第六章　项 目 用 地

6.1　土地使用权归属

____。

6.2　项目用地的使用

乙方及项目公司应依本合同的约定及相关法律的规定，善意使用及管理项目建设用地。如因乙方及项目公司违反适用法律、本合同和其他有关法律文件的要求使用土地给第三人造成损害，乙方应当承担相应的责任。

6.3　甲方的权利

甲方有权出入项目建设场地，但应保证不影响项目的正常建设和运营。甲方及其他政府部门为依法行使行政监管职权而采取的行政措施不受上述限制。

6.4　相关工作分配

项目用地的审批、征地拆迁等工作由甲方负责，场地平整等施工准备工作由项目公司负责。

> *条文批注：土地费用的负担。
>
> 通常来讲，即使由政府方负责取得土地权利以及完成相关土地征用和平整工作，也可以要求项目公司支付一定的相关费用。具体项目公司应当承担哪些费用和承担多少，需要根据费用的性质、项目公司的承担能力、项目的投资回报等进行综合评估。例如，实践中项目公司和政府方可能会约定一个暂定价，项目公司在暂定价的范围内承担土地使用权取得的费用，如实际费用超过该暂定价，对于超出的部分双方可以协商约定由政府方承担或由双方分担。

第七章　项 目 建 设

7.1　前期工作

7.1.1　政府方前期工作内容：

甲方作为本项目实施单位，代表政府方采购社会资本方、与中标社会资本和项目公司签署 PPP 合作合同及行使监督、绩效考核等职能，其前期工作内容主要包括：

a. 完成本项目前期规划、立项、设计、编制工程可行性研究报告、省市评审中心评审、省交通运输厅会签、地质灾害评估、压覆矿产评估、编制环评报告、水土保持、项目用地相关手续报批等文件制作及各项行政报

D10892

批工作；

b. 取得政府相关授权；

c. 统筹政府其他单位完成全部前期工作；

d. 向政府提交的有关本项目的申请、要求和文件，在符合适用法律或本合同规定的情况下，政府给予（仅限于政府根据适用法律和本合同有行政管理审批权 / 有权批准的事项）或尽力协助获得所需的批准（含未完成的审批和融资及建设所必须的证明文件等），并在法律允许的情况下加快批准程序。

7.1.2 项目公司提供的前期工作

甲方和甲方指定单位已经依法完成设计、勘察、测绘、其他必要的前期合作单位的招标或采购等前期工作，项目公司应当认可并承接。

7.1.3 乙方提供的前期工作

a. 为顺利开展项目公司前期工作，提前做好融资计划、准备必要资金；

b. 除上述前期工作外，乙方应依照适用法律、法规、行政规章、规范、标准等，按本合同投资、融资计划，实施其他各项前期工作，确保本项目按计划开工。

7.1.4 前期工作产生的相应费用经甲、乙双方审核确认后由项目公司承担。已经发生的费用，由项目公司在双方确认后______日内支付给甲方或甲方指定单位；暂未发生的费用，由项目公司按前期工作的实际进度支付。

7.2 项目设计

7.2.1 项目方案及施工图设计

项目公司按照已经批准的施工图设计执行。

7.2.2 设计变更

如发生以下情形，本项目工程的设计可以进行修改：

（1）甲方为了加快建设速度、降低建设、运营和维护成本、提高本项目的质量之目的而主张设计变更的，需书面告知项目公司。

（2）甲方基于公共利益需要或在项目公司施工过程中发现设计错误而需对设计进行改动的，甲方应书面通知项目公司，项目公司应在收到甲方书面通知后 7 日内提交书面报告。

（3）对由于设计文件的缺陷导致不能完全涵盖和反映本工程的全部工作而引起的设计变更，项目公司应于______日内向甲方提交书面变更说明，甲方应于收到项目公司提交的书面变更说明______个工作日内确认，经甲方同意并由设计单位提供完整的施工图和说明后，由项目公司组织实施。

（4）由于不可抗力情形的出现确需对本项目的设计文件进行变更的，按照本合同第十五章的约定处理。

7.2.3　设计变更的费用及工期

除因乙方、项目公司的过错导致的设计变更外，相关设计、规划发生变更、出现设计缺陷，或工程性质、等级上的变更或因地质报告与实际情况发生偏差导致的对设计、施工方案必须发生的重大变更经各方认可后，引起造价的增减，以竣工后县审计局确认的最终价为准。项目建设进度日期是否相应顺延，由双方协商确定。

7.2.4　设计变更的程序

设计变更程序应按照适用的法律、程序和权限办理，任何违背规定程序和权限的变更，甲方均不予认可。

7.2.5　项目设计责任

项目公司应在收到甲方或甲方指定单位移交的设计文件之日起 7 日内出具书面确认意见，项目公司对设计文件有异议的应当在此期间向甲方提出书面异议，逾期未出具书面异议的，视为项目公司对设计文件已经认可，此后因设计文件产生的所有法律责任由项目公司承担。

＊条文批注：合同明确新建项目中政府方与社会资本方的分工。

对于新建项目，设计通常分为可行性研究、初步设计（或初始设计）和施工图设计（或施工设计）三个阶段；对于工业项目（包括工艺装置设施）以及复杂的基础设施项目，通常还要在上述初步设计和施工图设计阶段之间增加一个扩初设计（或技术设计）阶段。其中可行性研究报告、项目产出说明由政府或社会资本方完成；初步设计和施工图设计由项目公司完成。

D10892

关注法天使

7.3 项目建设

7.3.1 项目建设要求

____。

7.3.2 计划建设时间要求

____。

7.3.3 项目建设责任

项目公司负责按照本合同约定的要求和时间完成项目的建设并进行运营维护。乙方具备满足本项目建设施工资质要求，依法对本项目实施自建。项目公司与乙方签订项目施工总承包合同。该责任不因项目建设已部分或全部由项目公司承包给施工单位或承包商实施而豁免或解除。

＊条文批注：合同明确设计施工责任方。

合同明确了设计施工的责任由项目公司承担，政府方不因审查或其他工作而承担相关责任。

7.3.4 甲方对项目建设的监督和介入

为了能够及时了解项目建设情况，确保项目能够按时开始运营维护并满足本合同约定的全部要求，甲方对项目建设进行以下必要的监督或介入：

（1）定期获取有关项目计划和进度报告及其他相关资料；

（2）在不影响项目正常施工的前提下进场检查和测试；

（3）对施工承包商的选择进行有限的监控；

（4）在特定情形下，介入项目的建设工作等。

7.4 项目工程建设、进度、质量管理及安全要求

7.4.1 工程建设管理

7.4.1.1 项目公司为项目建设单位。

7.4.1.2 甲方通过合法程序选择有相应资质的监理公司进行项目工程施工全过程的监理。项目公司应与监理单位签订《监理合同》，由监理机构负责工程监理。

7.4.2 工程进度管理

7.4.2.1　项目公司应严格依据本合同约定工期实施项目建设。

7.4.2.2　进度报告。项目建设期内，项目公司应按月向甲方提交工程建设进度报告，详细说明项目工程进度情况和对甲方合理要求的其他事项的处理情况。

7.4.2.3　建设期内，如果甲方、项目公司任意一方合理地预计本项目下一个关键工期将延误，该方应及时通知另一方并合理地详细描述以下情况：

a. 预计无法达到的关键工期；

b. 预计延误的原因，包括对声明为不可抗力事件的情况的描述；

c. 所预计的可能超出关键工期的天数和其他可合理预见的对项目不利的影响；

d. 该方已经采取或建议采取的解决或减少延误及其影响的措施。

甲方、项目公司，如果一方未向另一方发出上述通知，该方应承担另一方因此而可能直接发生的任何费用。发出上述通知不应解除各方在本合同项下的任何义务。

7.4.2.4　如果出现根据本合同相关规定由甲方同意的重大工程变更或出现不可抗力事件，影响到本项目关键工期的实现及导致项目工程量变更，项目公司需在上述事件出现后个工作内通知甲方，项目公司在与甲方协商并经甲方书面同意后，可对相应关键工期及工程量进行调整。

7.4.2.5　如违约造成关键工期延误，则按本合同相关规定处理。

7.4.3　施工组织与环境保护

7.4.3.1　项目公司应要求承包商提交经工程监理方审定的现场施工组织计划。该施工组织计划应包括详细的施工进度表、关键路线图、人员组织、技术力量和施工机械的配备情况等。同时项目公司应将施工组织计划报甲方备案。

7.4.3.2　项目施工期间，项目公司应根据适用法律所规定的环保标准，采取措施，避免或最大限度地减少对周边设施和周围环境的损害。

7.4.4　安全生产

7.4.4.1　项目公司应建立健全安全生产制度，落实安全措施，完善安全应急预案，实行安全责任法人负责制，并应编制应急管理方案，对可能发生的项目新增改扩建需求，对可能发生的、妨碍性的因素进行辨识，编制重大危害因素清单，对重大危害因素提出对策，明确应急指挥机构及职

D10892

责，落实应急处置程序及处置措施。项目公司应当将应急管理方案提交甲方备案。

7.4.4.2　甲方有权定期和不定期对本项目安全生产情况进行检查。

7.5　采购

项目公司对承包商及设备的采购应当依法、依规进行，采购合同应提交甲方审核，在甲方审核通过之后方可签订采购合同，并向甲方提交一份合同原件备案。

＊条文批注：公开招标可充分引入竞争。

公开招标方式不仅适用于工程监理单位的选择，而且适用于社会资本方的选择。

在特许经营项目招商运作中，选择有实力的、有经验的战略投资人非常关键。如青岛海湾大桥项目投资额巨大，工程难度高，有实力参与特许经营投标的投资人比较少，即使采用“一对一”谈判方式来选择投资人也无可厚非。但在实际运作中，青岛政府采用了公开招标的方式，竞争的压力促使投资人降低了对投资回报的要求，确保项目进一步降低政府的财政负担。2011 年 5 月 25 日至 31 日，青岛市物价局向社会公开征求《青岛海湾大桥、青岛胶州湾海底隧道车辆通行收费标准定价初步方案》意见后，引起社会各界广泛关注，物价局对收到的意见和建议进行了分类汇总，并会同有关单位认真研究吸收社会各界提出的意见建议，最终确定海湾大桥七座以下汽车每车 50 元 / 次，走海底隧道每车 30 元 / 次，比同类项目杭州湾的收费水平每车 80 元 / 次低很多。

政府为确保招商成功，除将环胶州湾高速公路捆绑入本项目进行招商，还将大桥陆域附近部分宗地列为可选的招商条件以平衡投资收益，经过竞争，中标人放弃对相关土地的要求，政府的利益得到保障。

7.6　项目建设进度要求

按照约定的项目工期内完成项目施工、建设，工期不得延误。

7.7　项目交竣工验收

项目建设完工后，项目公司应当依法组织交竣工验收，并通知甲方派代表参加。

7.8　不可免除

甲方未监督检验建设工程的任何部分或未书面通知乙方不符合本合同规定的任何

工程、材料或设备不应视为放弃其在本合同下的任何权利，也不能免除乙方在本合同下的任何义务。

> ＊条文批注：项目公司的建设责任不因工程分包而豁免。
>
> 在 PPP 项目中，通常由项目公司负责按照合同约定的要求和时间完成项目的建设并开始运营，该责任不因项目建设已部分或全部由项目公司分包给施工单位或承包商实施而豁免或解除。

第八章　项目的运营与维护

8.1　开始运营维护

8.1.1　开始运营维护的条件。

1. 一般条件。

当项目达到以下全部条件时，可以开始交付运营维护：

（1）项目的建设已经交工验收合格；

（2）项目运营维护所需的审批手续已经完成；

（3）其他需要满足项目开始运营维护条件的测试和要求已经完成或具备；

（4）甲方同意开始正式运营。

2. 项目开始运营的时间要求

本项目自交工验收次日起开始运营维护，开始运营当日为开始运营日。

8.1.2　因项目公司原因导致无法按期开始运营维护的后果。

如果项目公司因自身原因没有按照合同约定的时间和要求开始运营维护，将承担如下后果：

a. 无法按时获得付费，实际运营维护期缩短。

b. 项目终止。如果项目公司延误开始运营日超过______日，甲方有权终止本合同。

8.1.3　因甲方原因导致无法按期开始运营维护的后果。

包括甲方违约以及在本合同中约定的由甲方承担的风险，甲方应根据情况按以下情况处理：

D10892

因甲方原因导致项目公司无法按期开始运营维护的，项目公司有权主张延迟开始运营维护日并向甲方索赔额外费用，包括支付对在建或已完工程的保管费用、项目公司管理费、增加的财务成本及其他实际发生的费用。

8.1.4　因中性原因导致无法按期开始运营维护的后果。

指因不可抗力及其他双方约定由双方共同承担风险的原因导致甲方或项目公司不能按期开始运营维护的，受到该中性原因影响的一方或双方均可以免除违约责任（如违约金、赔偿等），也可以根据该中性原因的影响期间申请延迟开始运营维护日。

8.2　运营维护期间的权利与义务

8.2.1　项目运营维护的内容。

本项目的运营维护指项目红线范围内全部道路及设施的清扫保洁及养护、定期巡查检查、小修、中修，以及按照国家规定的经甲方确认的一次合理周期的大修。在质保期内因乙方承建而产生的工程质量问题导致大修的费用由乙方承担。

8.2.2　项目运营维护的标准和要求。

本项目运营维护范围及标准按照中华人民共和国交通运输部 / 住建部发布的以下标准及规范执行（不限于下表所列标准及规范）：

序号	规范名称	部门
1	《公路养护技术规范》（JTG H10—2009）	交通运输部
2	《公路水泥混凝土路面养护技术规范》（JTJ 073.1—2001）	交通运输部
3	《公路沥青混凝土路面养护技术规范》（JTJ 073.2—2001）	交通运输部
4	《公路工程质量检验评定标准（土建工程）》JTG F80/1—2012	交通运输部
5	《公路养护安全作业规程》（JTG H30—2004）	交通运输部
6	《公路隧道养护规范》（JTG H12—2015）	交通运输部
7	《公路桥涵养护规范》（JTG H11—2004）	交通运输部
8	《城市道路养护技术规范》（CJJ 36—2006）	住建部
9	《城市桥梁养护技术规范》（CJJ 99—2003）	住建部

注：运营维护期间，国家、政府及相关行业主管部门颁布新的法律、法规等，则依据新规定执行。

8.2.3　运营维护责任划分。

项目的运营维护由项目公司负责，甲方予以配合与协助。本项目最终运营与维护范围应以项目公司提交并由甲方确认的《运营维护手册》为准。

8.2.4　运营维护责任的分担。

项目的运营维护原则上由项目公司负责，项目公司应当依法选定有资质的第三方负责项目的运营维护，并经甲方同意或优先考虑甲方认可的有资质的第三方负责项目的运营维护。

8.3　甲方对项目运营维护的监督和介入

甲方对于项目运营维护享有以下监督和介入权：

1. 在不影响项目正常运营维护的情况下入场检查；

2. 定期获得有关项目运营维护情况的报告及其他相关资料（如运营维护计划、经审计的财务报告、事故报告等）；

3. 审阅项目公司拟定的运营维护方案并提出意见；

4. 委托第三方机构开展项目中期评估和后评价；

5. 在特定情形下，介入项目的运营维护工作等。

8.4　公众监督

为保障公众知情权，接受社会监督，项目公司应依法公开披露项目产出标准、运营绩效等相关信息［除法律明文规定可以不予公开的信息外（如涉及国家安全和利益的国家秘密）］。

8.5　项目运营维护义务和责任

8.5.1　项目运营维护责任。

项目公司负责根据合同约定及运营维护方案和手册的要求对项目进行运营、维护和修理，该责任不因项目公司将部分或全部运营、维护事务分包给其他运营维护商实施而豁免或解除。

8.5.2　运营维护方案和手册。

8.5.2.1　运营维护方案。

乙方在本合同生效后、开始运营日之前编制项目运营维护方案并提交

D10892

甲方审核。运营维护方案在双方共同确定后，项目公司对其作出重大变更的，均须再次提交甲方审核。

维护方案中应对项目运营维护期间计划内的运营、维护、修理和更换的时间和费用，并对上述运营、维护、修理和更换可能对项目运营维护产生的影响等内容进行说明。

8.5.2.2　运营维护手册。

除维护方案外，乙方还需要依据包括但不限于本合同 8.2.2 款所列之规范编制详细的《运营维护手册》，《运营维护手册》须载明生产运营维护、日常维护以及工程设备检修的内容、程序和频率等，并在开始运营维护之前报送甲方审核，项目公司对《运营维护手册》作出重大变更，须再次提交甲方审核。在双方共同确定《运营维护手册》后，《运营维护手册》作为本合同的附件。

若运营维护期间，国家及相关行业主管部门颁布新的法律、法规等，则以依据新规定执行。

第九章　履约担保

9.1　履约担保的含义和方式

为了确保乙方或项目公司能够按照约定履行义务，甲方要求乙方或项目公司就其履行义务提供一定的履约担保。任一履约保证金或履约保函被提取任意金额后，提供担保的一方应在本合同约定期限内（一般为五个工作日）将担保金额恢复至原始金额。

9.2　履约担保

9.2.1　履约担保由乙方承担，用于担保项目公司能够依照本合同的约定融资、建设、运营及移交。

9.2.2　履约担保金额为____。

9.2.3　履约担保形式：采取银行向甲方出具见索即付银行保函的形式。

9.2.4　由乙方于收到《中标通知》后______工作日内向甲方提供履约担保。

9.2.5　运营维护担保的______万元保证金在项目运营维护期内不予返还，项目公司在运营维护期无违约行为的，运营维护担保自运营维护期结束之日次日起转为移交维修担保。保证金在项目移交后 12 个月届满之日起______个工作日内无息返还。

第十章　股权变更限制

10.1　股权变更的形式

10.1.1　直接或间接转让股权。

将项目公司的股权变更均纳入股权变更的限制范围。

10.2　股权变更的限制

10.2.1　锁定期。

10.2.1.1　锁定期的含义。

锁定期，是指限制乙方转让其所直接或间接持有的项目公司股权的期间。在锁定期内，未经甲方批准，项目公司不得发生上文定义的任何股权变更的情形。

10.2.1.2　锁定期的期限

乙方确保在本合同生效日起至项目合作期限届满之日止，未经政府书面同意，不得转让（包括向项目公司其他股东和 / 或任何股东关联公司和 / 或任何第三方）其持有的项目公司的全部或部分股权。

10.2.1.3　例外情形

在锁定期内，如果发生以下特殊的情形，可以允许发生股权变更：

（1）项目贷款人为履行本项目融资项下的担保而涉及的股权结构变更；

（2）将项目公司的股权转让给乙方的关联公司；

（3）政府投资方转让其在项目公司股权的不受上述股权变更限制；

（4）甲、乙双方充分协商且经甲方书面同意后。

10.2.2　其他限制。

（1）经政府书面同意，项目公司股东可以转让其持有的项目公司中全部或部分股权，但股东转让条件应符合当时政府的要求，包括：受让方应满足本合同约定的对社会资本方要求的资质要求、技术能力、财务信用、运营经验等基本条件，并以书面形式明确继承原股东在项目公司项下的权利及义务；

（2）其他甲方认为需要限制的情况。

符合 10.2.1.3 规定情形且需要发生股权变更的，应当得到甲方的书面同意意见后，才可实施股权变更的相关手续。

10.2.3 违反股权变更限制的后果。

未经甲方书面同意，乙方擅自变更股权的，甲方有权向其发出书面纠正通知，其应在收到书面通知后立即停止办理股权变更事宜，如此时公司股权已变更，则应在收到书面通知后日内将公司股权恢复至本次变更前的状态。若乙方股权未恢复到位，视为乙方违约，甲方可视情形解除本合同，乙方承担相应责任。

第十一章 绩效考核及付费机制

11.1 付费形式

本项目的付费方式为政府付费：

11.1.1 项目公司应当按照《运营维护手册》的要求运营本项目，获取政府付费。

11.1.2 本项目由政府向项目公司购买项目可用性服务（符合验收标准的公共服务）以及为维持项目可用性所需的运营维护服务（符合绩效要求的公共服务），政府方将根据 PPP 项目合作合同的约定按期支付可用性服务费以及运营维护绩效服务费。政府须将政府付费的资金纳入财政预算，保障资金来源。

项目公司未按《运营维护手册》运营项目、经甲方考核未达到《运营维护手册》要求，甲方应付的可用性服务费和运维绩效服务费根据考核评分结果进行支付。

11.1.3 因项目公司或乙方的原因致使项目公司投资、成本费用增加的（如工程质量问题造成的、工程量增加的等），由乙方承担，甲方概不负责，不由甲方以任何形式的财政付费进行补足。

11.2 甲方付费的标准

11.2.1 政府支付总额：________________________________。

11.2.2 政府支付净额：________________________________。

11.2.3 每年按绩效付费________________________________。

11.2.4 因乙方或项目公司的原因导致增加的建设或运营维护成本，甲方不负责，由乙方承担。

11.2.5　项目预期投资回报率为______%，实际投资回报率为年实际回报额与投资本金余额的比率。

11.3　付费时间

11.4　甲方付费的抗辩权

如项目公司债务性融资还本付息出现逾期，且连续逾期超过______日或累计逾期超过______日的，甲方有权停止向项目公司付费。为减少项目运作的损失，甲方可在应付项目公司的费用限度内代为偿还项目公司应还债务性融资的本金或利息，甲方的代付行为视为其向项目公司直接支付费用。

11.5　绩效考核

11.5.1　建设绩效考核

本项目可用性服务费的支付以本项目全部竣工验收通过为前提，最终确定的可用性服务费金额需要根据本合同中对工程费用的相关机制约定计算。甲方有权对本项目建设进行考核，下列指标要求未达成时，甲方可根据本合同相关约定扣除相应的政府付费金额：

a. 质量，需符合国家对于一级公路相关规范及标准，如《城镇道路工程施工与质量验收规范》（CJJ1—2008）、《城市道路照明工程施工及验收规程》（CJJ89—2012）等，并做到一次性验收合格。

b. 工期，（a）开工日，以监理工程师的施工许可为准；（b）竣工验收日，自前述实际开工时间起不超过 3 年。

c. 环境保护，参照《公路建设项目环境影响评价规范》（JTGB03—2006）等。

d. 安全生产，参照《建筑施工安全检查标准》（JGJ59—2011）和《公路工程施工安全技术规范》（JTGF9—2015）等。

注：若国家、省、市出台具体考核办法或新的规定，则上述与之不一致的或未作约定的或约定不明的，以国家、省、市出台标准为准进行调整并执行。

11.5.2　运营维护绩效考核

D10892

11.6 项目公司股东回报机制

11.6.1 政府方股东回报机制

本项目政府出资方不参与项目公司利润分配。

11.6.2 社会资本方股东回报机制

第十二章 政 府 承 诺

12.1 付费

按照本合同约定的时间付费。

12.2 施工支持

按照一定的时间和要求，提供项目建设的必要设施、保证安全的施工环境等。

12.3 办理有关政府审批手续

根据法律法规的有关规定、项目具体情况，协助项目公司获得有关的政府审批。

12.4 其他承诺

其他需要政府给出的承诺。

第十三章 保 险

13.1 保险义务

13.1.1 项目公司承担购买和维持保险义务，包括：

1. 在本项目合作期限内，购买并维持项目合同约定的保险，确保其有效且达到合同约定的最低保险金额；

2. 督促保险人或保险人的代理人在投保或续保后尽快向政府提供保险凭证，以证明项目公司已按合同规定取得保单并支付保费；

3. 如果项目公司没有购买或维持合同约定的某项保险，则政府可以投保该项保险，并从履约担保中扣抵其所支付的保费或要求项目公司偿还该项保费；

4. 向保险人或保险代理人提供完整、真实的项目可披露信息；

5. 在任何时候不得作出或允许任何其他人作出任何可能导致保险全部或部分失效、

可撤销、中止或受损害的行为；

6. 当发生任何可能影响保险或其项下的任何权利主张的情况或事件时，项目公司应立即书面通知甲方；

7. 尽一切合理努力协助政府或其他被保险人及时就保险提出索赔或理赔等。

13.1.2　保单要求。

甲方要求保单满足以下要求：

1. 项目公司应当以甲方及甲方指定的机构作为被保险人进行投保；

2. 保险人同意放弃对甲方行使一些关键性权利，如代位权、抵扣权以及多家保险公司共同分摊保险赔偿的权利等；

3. 在取消保单、不续展保单或对保单做重大修改等事项发生时提前向甲方发出书面通知。

13.1.3　保险条款变更。

未经甲方同意，不得对保险合同的重要条款（包括但不限于保险范围、责任限制以及免赔范围等）做出实质性变更。

13.2　保险种类

甲方要求的保险险种包括但不限于：建筑工程一切险、安装工程一切险、第三者责任险、雇主责任险、资产财产险、业务中断险和其他通常的、合理的或本项目融资或适用法律要求的强制性保险。项目公司需按施工报建要求购买以上保险。

第十四章　守法义务及法律变更

14.1　“法律”和“法律变更”的定义

具体详见合同定义。

14.2　守法义务

规定甲、乙双方及项目公司在实施 PPP 项目的过程中应遵守上述广义“法律”的规定。

14.3　法律变更的后果

14.3.1　甲方可控的法律变更的后果。

D10892

对于此类法律变更，可认定为甲方可控的法律变更，具体后果可能包括：

1. 在建设期间，如果因发生甲方可控的法律变更导致项目发生额外费用或工期延误，项目公司有权向甲方索赔额外费用或要求延长工期；

2. 在运营期间，如果因发生甲方可控的法律变更导致项目公司运营成本费用增加，项目公司有权向甲方索赔额外费用或申请延长项目合作期限；

3. 如果因发生甲方可控的法律变更导致合同无法继续履行，则构成“政府违约事件”，项目公司可以通过违约条款及提前终止机制等进行救济。

14.3.2　甲方不可控的法律变更的后果。

对于超出甲方可控范围的法律变更，如由国家或上级政府统一颁行的法律等，应视为不可抗力，按照不可抗力的机制进行处理。

第十五章　不可抗力

15.1　不可抗力的定义和种类

15.1.1　定义：本合同所称的不可抗力，是指合同一方无法预见、控制、且经合理努力仍无法避免或克服的、导致其无法履行合同项下义务的情形，包括但不限于：台风、地震、洪水等自然灾害；战争、罢工、骚乱等社会异常现象；征收征用等政府行为；以及双方不能合理预见和控制的任何其他情形。

15.1.2　分类

1. 政治不可抗力。

政治不可抗力事件通常包括非因签约甲方原因导致的、且不在其控制下的征收征用、法律变更（“政府不可控的法律变更”）、未获审批等政府行为引起的不可抗力事件。政治不可抗力事件为甲方应承担的风险，甲方应承担如下法律后果：

（1）发生政治不可抗力事件，项目公司有权要求延长工期、获得额外补偿或延长项目合作期限；

（2）如因政治不可抗力事件导致项目提前终止，项目公司还可获得比其他不可抗力事件更多的回购补偿，甚至可能包括利润损失。

2. 自然不可抗力。

主要是指台风、冰雹、地震、海啸、洪水、火山爆发、山体滑坡等自然灾害；有时也可包括战争、武装冲突、罢工、骚乱、暴动、疫情等社会异常事件。这类不可抗力则通常按照一般不可抗力的法律后果处理。

（1）免予履行。

发生不可抗力并导致一方完全或部分无法履行其合同义务时，根据不可抗力的影响可全部或部分免除该方在合同项下的相应义务。

（2）延长期限。

如果不可抗力发生在建设期或运营期，则项目公司有权根据该不可抗力的影响期间申请延长建设期或运营期。

（3）免除违约责任。

在不可抗力事件持续期间（或双方另外约定的期间），受影响方无须为其中止履约或履约延误承担违约责任。

（4）费用补偿。

对于不可抗力发生所产生的额外费用，原则上由各方自行承担，政府不会给予项目公司额外的费用补偿。

（5）解除合同。

如果不可抗力发生持续超过 6 个月，任何一方均有权提出解除合同。

第十六章 甲方的监督和介入

16.1 甲方的监督权

甲方监督权包括：

16.1.1 项目实施期间的知情权。

（1）建设期——审阅项目计划和进度报告。

（2）运营维护期——审阅运营维护手册和有关项目运营情况的报告。

16.1.2 进场检查和测试。

在特定情形和一定限制条件下，甲方有权进入项目现场进行检查和

D10892

测试。

甲方行使进场检查和测试权不得影响项目的正常实施，并且受制于一些特定的条件，例如，需要遵守一般的安全保卫规定，并且不得影响项目的正常建设和运营；履行双方约定的合理通知义务后才可入场；仅在检查建设进度、监督项目公司履约情况等特定目的下才有权进入场地等。

16.1.3　对承包商的监督。

（1）对建设承包商、运营维护承包商进行监管，监管承包商是否有转包、违法分包等情形。

（2）在项目依法分包的情况下，项目公司应当将分包商有关信息（包括营业执照、相应的资质证书及其他为履行分包合同所需的证明、文件等）以书面形式提交给甲方，由甲方在收到书面文件十日内确定该分包商的是否符合资质要求，如不符合，项目公司应当依法重新选择分包商。

（3）项目公司在签订工程承包合同、运营维护合同、分包合同前应事先报告甲方，并将合同提交甲方审核，在甲方审核通过后方可签订合同。

16.1.4　参股项目公司。

有关甲方股东的权利义务详见项目公司的《股东协议》。

16.2　甲方的介入权

16.2.1　项目公司未违约情形下的介入：

1. 项目公司未违约情况下甲入介入的情形：

a. 存在危及人身健康或安全、财产安全或环境安全的风险；

b. 介入项目以解除或行使政府的法定责任；

c. 发生紧急情况，且政府合理认为该紧急情况将会导致人员伤亡、严重财产损失或造成环境污染，并且会影响项目的正常实施。

如果发生上述情形，甲方可以选择介入项目的实施，但甲方在介入项目之前应当提前通知项目公司，并且应当遵守本合同中关于行使介入权的要求。

2. 甲方介入的法律后果。

（1）在甲方介入的范围内，如果项目公司的任何义务或工作无法履行，这些义务或工作将被豁免；

（2）因甲方介入引发的所有额外费用均由政府承担。

16.2.2 项目公司违约情形下的介入：

项目合作期内，如项目公司出现以下违约行为，甲方有权实施临时接管，直至启动项目提前终止程序：

a. 因融资或项目管理等问题导致工期延误一定期限的；

b. 擅自转让、出租、质押投资运营权的；

c. 擅自将项目财产进行处置或者抵押的；

d. 因管理不善，发生重大质量、生产安全事故的；

e. 其他威胁公共产品和服务持续稳定安全供给的；

f. 危及国家安全和重大公共利益的。

如果甲方在行使监督权时发现项目公司违约，甲方认为有可能需要介入的，通常应在介入前书面通知项目公司并给予其一定期限自行补救；如果项目公司在约定的期限内仍无法补救，甲方才有权行使其介入权。

甲方在项目公司违约情形下介入的法律后果如下：

1. 甲方可指定合格机构实施临时接管，甲方或甲方指定合格机构将代项目公司履行其违约所涉及的部分义务；

2. 临时接管项目所产生的一切费用，将根据本合同约定，由违约方单独承担或由各责任方分担。项目公司应承担的临时接管费用，可以从其应获终止补偿中扣减；

3. 如果甲方的介入仍然无法补救项目公司的违约，甲方仍有权提前终止本合同。

第十七章 违约、提前终止及终止后处理机制

17.1 违约事件

17.1.1 基本规定

1. 在本合同履行过程中发生违约事件，未违约的合同相对方应及时通知违约方，并要求违约方在限期内进行补救。

D10892

2. 如果政府、融资方和项目公司三方签署了直接介入合同的情形下，

项目公司违约事件发生且在限期内无法补救时，允许融资方或其指定的第三方进行补救。

3. 任意一方违约给守约方造成损失的，违约方应当支付守约方违约金万元，当该违约金不足以弥补守约方的损失的，违约方还应当补足损失。

17.1.2　甲方违约事件：

1. 未按合同约定向项目公司提供补助达到一定期限或金额的；

2. 违反合同约定转让本合同项下义务；

3. 发生甲方可控的对项目设施或项目公司股权、资产的征收或征用的（是指因政府方导致的或在政府方控制下的征收或征用，如非因政府方原因且不在政府方控制下的征收征用，则可以视为政治不可抗力）；

4. 发生甲方可控的法律变更导致本合同无法继续履行的；

5. 其他违反本合同项下义务，并导致项目公司无法履行合同的情形。

17.1.3　项目公司违约事件，包括：

1. 项目公司破产或资不抵债的；

2. 项目公司未在约定时间内实现约定的建设进度或项目完工、竣工验收、开始试运营或开始运营，且逾期超过一定期限的；

3. 项目公司未按照规定的要求和标准提供产品或服务，情节严重或造成严重后果的；

4. 乙方未按本合同要求完成融资责任，实现项目所需资金的筹措；

5. 项目公司违反本合同约定的股权变更限制的；

6. 未按本合同约定为本项目或相关资产购买保险的；

7. 擅自转让或者以承包经营、挂靠等方式变相转让经营权的；

8. 擅自将本项目设施及其配套设施进行处置或者抵押的；

9. 擅自将投资运营权予以质押的；

10. 擅自停业、歇业、严重影响到社会公共利益和安全的。

17.1.4　乙方的违约事件及赔偿，包括：

1. 乙方未满足第 4.2 条约定前提条件的；

2. 因乙方原因致使项目公司经营不善、项目运作不良或者项目公司出现资不抵债、破产情况的。

17.2　提前终止

17.2.1　导致项目提前终止的事由包括：

a. 双方协商一致的提前终止；

b. 法律变更或政府行为导致的提前终止；

c. 不可抗力导致的提前终止；

d. 一方违约，另一方依据本合同约定提出提前终止。

17.2.2　提前终止补偿

本合同提前终止，政府或指定机构应按照本合同的相关规定接收项目公司的资产，并按如下情形进行补偿：

a. 项目公司或乙方违约导致的提前终止，由项目公司或乙方向甲方或其他甲方指定单位支付补偿，补偿金额为本合同融资文件下（且全部用于本项目的前提下）未付贷款人的总金额；

b. 政府违约导致的提前终止，由甲方向乙方支付补偿，补偿金额为移交资产账面净值（包括未转成固定资产的在建工程）与合同提前终止后各年度的预期净利润之和；

c. 自然不可抗力导致的提前终止，甲乙双方分别获得的补偿金额为资产账面净值（包括未转成固定资产的在建工程）加上项目公司遵守合同保险条款就有权获得的保险赔款后的 50%；

d. 政治不可抗力导致的提前终止，政府投资方与乙方按各自在项目公司的股权比例获得补偿，补偿金额为项目公司资产账面净值（包括未转成固定资产的在建工程）。

第十八章　项目的移交

18.1　移交范围

18.1.1　项目投融资、建设形成的资产（除土地使用权外）在项目合作期内可由项目公司占有并使用，并负责管理维护。在移交日，项目公司应解除和清偿本项目中任何种类或者性质的债务、质押、抵押、留置权、

D10892

环境污染及其他请求权。将本项目新建一级公路、配套设施、维护专用车辆、工具、场地等项目资产，以及文档、知识产权与所有权等无偿地移交给政府或其指定机构。

18.1.2 移交范围内的所有资产、权益应得到维护并处于良好运行状态。

项目移交时，应由项目公司各方责任主体组建项目移交工作组，委托具有相关资质的资产评估机构，对移交资产进行资产评估和性能测试。对性能测试结果不达标的，移交工作组应要求社会资本方进行恢复性修理、更新重置或提取移交维修履约保证金。

18.2 移交的条件和标准

18.2.1 移交标准

18.2.1.1 包括以下两类条件和标准：

（一）权利方面的条件和标准：项目设施、土地及所涉及的任何资产不存在权利瑕疵，其上未设置任何担保及其他第三人的权利。但在提前终止导致移交的情形下，如移交时尚有未清偿的项目贷款，就该未清偿贷款所设置的担保除外。

（二）技术方面的条件和标准：项目设施应符合双方约定的技术、安全和环保标准，并处于良好的运营状况，移交后乙方按法律、法规的要求提供保修及维修服务。

> * 条文批注：移交时资产应保持可供使用的状态。
>
> 无论使用寿命如何规定，政府通常要求移交给政府或下一个特许权人（或政府制定的第三方）的资产应当保持可供使用的状态。特许合同可以规定，在移交前一年至两年就开始移交检查和更新程序，可以专门制定针对机械设备的移交维修和维护计划、或者针对土木工程的补救计划。鉴于维修和检查技术性非常强，所以在此只能从法律和合同的角度建议投资人对此内容详细予以规定，不要笼统地设定一个设备完好率，否则执行起来很困难。

本项目移交给甲方或其指定机构时，项目公司应确保新建公路及其配套设施应具有如下性能标准和能力：

标的	状态	使用情况	指标名称	性能标准
车道	良好	正常	坑槽 / 壅包	直径不大于 15cm，深度 / 高度不超过 3cm
	良好	正常	裂缝	不超过 2mm 宽
	良好	正常	车辙	车辙深不超过 3cm
	良好	正常	啃边	无松散或损坏与路面高差不得大于 5mm，路面宽度不少于设计宽度的 95%
	良好	正常	泛油	每个泛油带深度不得大于 2cm
	良好	正常	塌陷	塌陷不得超过 3cm 深
人行道	良好	正常	坑槽	坑槽直径
	良好	正常	板体相邻不平顺	板体高差不超过 10mm
	良好	正常	拱起	拱起处高差不超过 50mm
	良好	正常	缺失	没有缺失或破损的预制板或路缘石
路肩和排水	良好	正常	路肩与路面高差	路肩不得高过路面，最多不得低于 3cm
	良好	正常	宽度	每公里路段路肩宽度不得小于设计宽度
	良好	正常	斜坡和护栏	路肩需完好无损且未受侵蚀，护栏完好无缺失，斜坡崩塌体积不大 $3m^3$
	良好	正常	挡墙	挡墙牢固无破损，排水孔干净
	良好	正常	排水管	交叉段堵塞不超过 10%，无结构性损毁并且用坚土或材料所包覆
	良好	正常	水沟	交叉段堵塞不超过 10%，无结构性损毁并且用坚土或材料所包覆
桥梁	良好	正常	桥面、伸缩接缝、翼墙、护坡	干净并且无结构性损伤，桥面板干净，面板材质完整且已固定，桥墩、桥柱未受到侵蚀
	良好	正常	金属结构	未腐蚀
	良好	正常	水道	桥梁及桥梁上游水道 100m 无障碍物
	良好	正常	排水系统	状况良好，功能齐全
	良好	正常	间隙	符合设计要求
涵洞	良好	正常	清洁	交叉段堵塞不超过 10%
	良好	正常	结构性损伤	没有明显的损坏，没有侵蚀

注：移交时，若国家、政府及相关行业主管部门颁布新的法律、法规对以上标准进行调整、修改、补充的，以调整、修改、补充后的为准。

18.2.1.2　移交前2年，项目公司应对本项目的移交范围内的资产、权益是否处于良好技术状态进行检查并予以维修。移交前6个月，双方共同聘请专业质量监督部门对项目公司是否符合良好技术状态出具鉴定意见，以作为移交的依据。如不符合标准，项目公司应予以维修直至达标。如因此逾期移交的，每逾期1日，项目公司应支付______万元的违约金，如逾期超90天以上，人民政府有权强行收回本项目。项目公司除支付违约金外，还应承担因维修而造成的经济损失。

18.3　移交工作计划

18.3.1　自运营维护期满前6个月开始至移交时，项目公司应保持对本项目进行正常维修、养护，以保证所移交的公路及其相关的配套设施保持良好的运营和技术状况。

18.3.2　本项目合作期满24个月前，甲方和项目公司组织成立移交委员会。移交委员会定期进行会谈，必要时经双方同意可随时会谈，以便于商定项目设施移交的详尽程序和最后恢复性大修的验收和将移交的建筑、设备、物品和备品配件等移交物件的详细清单，移交委员会应在项目移交前向甲方出具移交工作计划。

18.3.3　如果甲方在移交时认为本项目工程设施状况不符合双方事先商定或约定的有关技术标准，则项目公司需开展必要的维修和更新。甲方应当于移交日前安排好有关机构进行接收，在认可项目公司所移交公路及配套设施符合移交标准时方可移交。办理有关移交手续后，项目公司不再承担因运营维护本项目范围内的道路、设施、设备所产生的责任。

18.4　恢复性大修计划

项目公司在与甲方或其指定机构协商并取得同意的情况下，在移交日12个月前对本工程进行一次计划中的恢复性的全面大修，以确保项目设施在移交时能够良好的运作。此项检修应于移交日之前6个月完成。项目公司应对市政公路及其相关配套设施等所有建筑、设备进行必要的整修，使之运行情况良好，性能、工艺参数要求满足现行的国家标准。经甲方或其指定机构验收后，按届时的项目设施清单交付。

18.5　时间安排

（1）恢复性大修开始时间：约定移交日期前12个月；

（2）恢复性大修验收时间：约定移交日期前 6 个月。

18.6　大修完成后项目资产应达到的标准

在项目大修完成后，政府方与项目公司联合聘请具有资质的中介机构对项目技术状况进行检测，并经相关质量监督机构认定后，作为移交依据。如不能达到合同商定或约定的标准，由项目公司负责整改维修直至达到商定或约定的标准；如拒绝维修的，由政府方自行或委托第三方进行大修，动用移交维修担保中的履约保证金进行维修，以补偿最后的恢复性大修的费用。

18.7　移交验收程序

18.7.1　项目的正式移交日期是项目经营期期满之日。项目公司至少在项目经营期结束前 150 日提交其移交清单，包括：建（构）筑物及有关工程设施、设备、备品配件、工具、器材、车辆、电脑软件、档案资料、文字资料、权益等；

18.7.2　项目公司至少在移交前 6 个月，向甲方指定机构提交项目公司移交工作组成员及其负责人的姓名及其他与移交有关的安排；

在收到关于接收工作组及负责人的姓名通知后，项目公司与甲方共同研究和制定移交工作的执行计划；

在移交日期前日完成有关本项目移交内容的清点和复核工作后，项目公司将与之签署“预移交清单备忘录”；在移交之日，项目公司同甲方或其授权方正式办理移交手续，签署移交备忘录。

18.7.3　乙方在移交结束后______日内须自行负责移交范围以外的、自有的一切物品运输工作。若项目公司在上述时间内未能转移这些物品，甲方在通知乙方后，有权将该物品予以提存，乙方承担搬移、运输和保管的合理费用和风险。

18.7.4　移交手续的办理

乙方负责在移交日起______日内，将需移交至甲方的资产办理好过户手续，登记到甲方或甲方指定的机构名下。

18.7.5　移交费用（含税费）承担。

1. 由项目公司承担移交手续的相关费用；

2. 如果因为一方违约事件导致项目终止而需要提前移交，由违约方来

D10892

承担移交费用。

18.8 转让

18.8.1 项目相关合同的转让

移交日项目相关合同仍需继续履行的，项目公司办理好相关合同签订手续，把项目相关合同的权利义务概括转移给甲方或甲方指定的机构。

18.8.2 技术的转让

项目的运管需要使用第三方的技术的，项目公司应当把项目的运营维护所需要的所有技术，全部移交给甲方或者甲方指定的机构。并确保政府或政府指定的其他机构不会因使用这些技术而遭受任何侵权索赔。如果有关技术为第三方所有，项目公司应在与第三方签署技术授权合同时即与第三方明确约定，同意项目公司在项目移交时将技术授权合同转让给甲方或甲方指定的其他机构。

同时，如果这些技术的使用权在移交日前已期满，项目公司有义务协助政府取得这些技术的使用权。

18.9 风险转移

在移交日前，由项目公司承担项目设施的全部或部分损失或损坏的风险，除非该损失或损坏是由甲方的过错或违约所致；在移交日及其后，由甲方承担项目设施的全部或部分损失或损坏的风险。

第十九章 适用法律及争议解决

19.1 适用法律

适用我国法律并按照我国法律进行解释。

19.2 争议解决

19.2.1 协商

凡因执行本合同所发生的或与合同有关的一切争议，在签署合同的任何一方发出争议通知指明争议事项后，双方应首先通过友好协商解决。协商条款的编写应包括基本协商原则、协商程序、参与协商人员及约定的协商期限。若在约定期限内无法通过协商方式解决问题，则采用仲裁方式处理争议。

19.2.2 仲裁

协商不能解决的争议，合同任何一方有权将争议提交仲裁委员会，按照申请仲裁时该会现行有效的仲裁规则进行仲裁。仲裁裁决为终局裁决，对各方均有约束力。

19.3 争议期间的合同履行

在发生争议期间，各方对于合同无争议部分应当继续履行，除法律规定或另有约定外，任何一方不得以发生争议为由，停止项目运营。

第二十章 其 他

20.1 通知

本合同项下的通知，通过专人递交、快递、邮寄、传真或电子邮件按下述地址送至或发至对方：

甲方：________________

地址：________________

邮编：________________

收件人：________________

传真：________________

乙方：________________

地址：________________

邮编：________________

收件人：________________

传真：________________

一方的收件人地址、电传传真号码或电子邮箱若有变更应及时以书面形式通知另一方。下述情况应视为已送达：（1）如用信件进行任何通信，在由专人递交、快递或邮寄方式（挂号、要求回执）发送至上述地址时；和（2）如用传真或电子邮件形式，在准确发送至上述传真号码或电子邮箱时。

D10892

20.2 合同构成及优先次序

20.2.1 合同的构成

组成本合同的文件如下：

（1）本合同正文及全部附件；

（2）中标通知书；

（3）采购文件及补充通知、答疑、澄清；

（4）投标文件及投标文件的澄清、投标承诺书；

（5）技术规范及有关技术资料；

（6）政府方提供的图纸及设计文件变更；

（7）甲、乙双方约定的组成本合同的其他文件；

（8）甲、乙双方在履行本合同过程中形成的、经双方书面确认的会议纪要、备忘录、变更和洽商等书面形式的文件。

上述合同组成文件在本合同签署时如未完成或产生的，则自其完成或产生时即自动成为本合同的组成部分。

20.2.2 合同解释的优先次序

20.2.1 款所约定的本合同各组成部分形成一个整体，互为补充和解释；其内容若有歧义，以第 20.2.1 款所列顺序在前者为准，甲、乙双方另有书面约定的除外。

20.3 保密

甲、乙双方同意，合同各方及其雇员、承包商、顾问、代理商均应对本合同其他各方与本合同的谈判、签订、履行有关的一切商业信息、技术信息、财务信息及其他相关文件、资料、信息、材料等保密信息承担保密义务，不将该述信息透露给任何第三方或公开使用该述信息。

20.4 合同文字

本合同以中文订立，正本一式陆份，甲方肆份，乙方贰份。

本合同由甲、乙双方各自正式授权的代表签署。双方愿受本合同的法律约束。

20.5 合同生效

本合同自双方签字盖章之日起生效。

20.6　合同附件

本合同包括以下附件：

附件 1 政府对项目实施机构的授权；

附件 2 实施方案的批复；

附件 3 项目施工许可批复；

附件 4 县人大决议（合同签订前提供）。

（签署页）

甲方（签章）：______________________________

授权代表：______________________________

签订日期：______________________________

乙方（签章）：______________________________

授权代表：______________________________

签订日期：______________________________

D10892

第四章　市政道路PPP项目合同

使用场景：

通过公开招投标方式选定的社会资本方权利义务可参照本合同的相关约定

法律要点：

BOT 不同变异模式的比较。

企业资本或私人资本在介入基础设施项目的运作过程中，由于基础设施种类、投融资回报方式、项目财产权利形态的不同，BOT 方式出现了不同的变异模式，如 BOOT（建设—拥有—经营—转让）形式、BTO（建设—转让—经营）形式，BOO（建设—拥有—经营）形式、DBOT（设计—建设—融资—经营）形式、BLT（建设—租赁—移交）形式等。

（1）BOOT 模式

BOOT（Build-Own Operate-Transfer），即建设—拥有—经营—转让，是私人合伙或某国际财团融资建设基础产业项目，项目建成后，在规定的期限内拥有所有权并进行经营，期满后将项目移交给政府。BOOT 方式中，私人既有经营权，也有所有权。采取 BOOT 方式，从项目建成到移交给政府这一段时间一般比采取 BOT 方式长一些。

（2）BOO 模式

BOO（Build-Own-Operate），即建设—拥有—经营、承包商根据政府赋予的特许权，建设并经营某项产业项目，但是并不将此项基础产业项目移交给公共部门。在 BOO 项目中，项目公司有权不受任何时间限制地拥有并经营项目设施。

（3）BTO 模式

BTO（Build-Transfer-Operate），即建设—转让—经营。对于关系到国家安全的产业如通信业，为了保证国家信息的安全性，项目建成后，并不交由外国投资者经营，而是将所有权转让给东道国政府，由东道国经营通信的垄断公司经营，或与项目开发商共同经营项目。

（4）DBOT 模式

DBTO（Design-Build-Finance-Operate），即设计—建设—融资—经营。这种方式是从项目设计开始就特许给某一私人部门进行，直到项目经营期

D10893

收回投资，取得投资收益。但项目公司只有经营权没有所有权。

（5）BLT 模式

BLT（Build-Lease-Transfer），即建设—租赁—移交。其具体是指政府出让项目建设权，在项目运营期内政府成为项目的租赁人，私营部门成为项目的承租人，租赁期满结束后，所有资产再移交给政府公共部门的一种融资方式。

合同文本说明

鉴于：

1.____________政府常务会议审定，同意____________道路基础设施建设 PPP 项目（以下简称本项目）以 PPP 模式实施，授权____________（以下简称甲方）作为本项目实施机构，代表政府方签订本合同，授权____________作为本项目的政府方（出资）代表。

2. 甲方通过公开招标方式选择____________作为本项目中标社会资本方。

3. 社会资本方按照《____________道路基础设施建设 PPP 项目股东协议》与____________出资设立项目公司（以下简称乙方），乙方与甲方签订本合同。

4. 本项目采用 PPP 模式实施，本项目为新建项目，采用 DBOT（设计—建设—运营—移交）运作方式。

5. 本合同是根据以下法律法规及政策文件相关要求制定的：

（1）《中华人民共和国民法通则》《中华人民共和国合同法》《中华人民共和国预算法》《中华人民共和国政府采购法》《中华人民共和国公司法》《中华人民共和国担保法》《中华人民共和国保险法》《中华人民共和国行政许可法》《中华人民共和国行政处罚法》《中华人民共和国行政复议法》《中华人民共和国民事诉讼法》《中华人民共和国仲裁法》《中华人民共和国行政诉讼法》《中华人民共和国会计法》《中华人民共和国土地管理法》《中华人民共和国建筑法》《中华人民共和国公路法》等；

（2）《国务院关于加强地方政府性债务管理的意见》（国发〔2014〕43 号）《关于规范政府和社会资本合作合同管理工作的通知》（财金〔2014〕156 号）《政府和社会资本合作项目政府采购管理办法》（财库〔2014〕215 号）《关于推广运用政府和社会资本合作模式有关问题的通知》（财金〔2014〕76 号）《政府与社会资本合作模式操作指南》（财金〔2014〕113 号）《国务院办公厅转发财政部发展改革委人民银行关于在公共服务领域推广政府和社会资本合作模式指导意见的通知》（国办发〔2015〕42 号）《财政部关于〈在公共服务领域深入推进政府和社会资本合作工作〉的通知》（财金〔2016〕90 号）《政府与社会资本合作项目财政管理暂行管理办法》（财金〔2016〕92 号）等。

甲、乙双方分别为：

甲方（政府方）____________（以下简称甲方）

注册地址：____

法定代表人：____

乙方：____________（以下简称乙方）

注册地址：____

法定代表人：____

甲、乙双方遵循自愿、平等、诚实信用的原则，经友好协商，一致达成本合同，本合同于______年______月______日在____________签署。

第一章　定义及解释

第 1 条　术语定义

1.1　定义

在本合同中，下述术语具有下列含义：

D10893

"本项目"	
"子项目"	
"本合同"	指甲方与乙方之间签订的本合同，包括本合同的所有附件以及日后可能签订的任何本合同之补充修改合同和附件，上述每一文件均被视为并入本合同
"股东协议"	即__________与中选社会资本方签订的《__________道路基础设施建设 PPP 股东协议》，用以约定__________及中选社会资本方针对项目公司的出资方式、治理结构、决策机制、收益分配等事项
"甲方""政府方"	本合同的"甲方"即指"政府方"，是政府或政府授权机构作为 PPP 项目合同的一方签约主体，本合同的"甲方"指"__________"
"中标人""社会资本方"	本合同的"中标人""社会资本方"即指项目的中选社会资本方
乙方、"项目公司"	由__________公司作为政府出资代表与中标社会资本共同出资，依法设立的自主运营维护、自负盈亏的、专门负责本项目投资、融资、建设、运营、管理、维护及移交等事项运作的具有独立法人资格的经营实体
"PPP"	即"政府和社会资本合作模式"，指政府为增强公共产品和服务供给能力、提高供给效率，通过特许经营、购买服务、股权合作等方式，与社会资本建立的利益共享、风险分担及长期合作关系
"特许经营权"	按照相关法律、法规的规定和根据政府方授权批准，甲方授予乙方在项目合作期内独家的权利，包括： 1. 投资、融资、建设、运营、管理和维护本项目； 2. 获得政府方的付费； 3. 本项目在运营期满时按本协议约定方式移交政府或政府指定机构
"法律变更"	指：1. 在本合同签署之后，中国任何政府部门颁布、修改、废除或重新解释的任何适用法律、法规、规章等； 2.__________人民政府以上的任何立法、行政机关在本合同签署日之后修改任何批准的重要条件或增加任何重要的额外条件。 并且，上述任何一种情况导致对项目的设计、投资、融资、建设、运营维护和移交的要求发生的任何变化
"工作日"	指中国法定休息日和节假日以外的公历日

续表

“谨慎运行惯例”	指在中国的大部分道路建设维护者为类似于本项目的项目所采用或接受的惯例、方法和做法以及采用的国际惯例和方法
“开工日期”	本项目总监理工程师发出的第一个子项目开工令之日
“开始运营日”	指本合同第 33 条约定的开始运营日期
“履约担保”	具有本合同第 40 条规定的含义
“批准”	指根据本合同的规定，乙方为项目进行融资、建设、运营、维护、移交而需从政府部门获得的许可、同意、授权或批准
“融资交割”	当下述条件具备时视为完成融资交割：已签署并向甲方递交所有融资文件，包括融资文件要求的获得首笔资金的每一前提条件得到满足或被豁免
“融资文件”	指与项目的融资或再融资相关的贷款合同、保函、外汇套期保值合同和其他文件，但不包括： 1. 与股权投资人的认购书或股权出资相关的任何文件； 2. 与提供本合同第十章约定的履约担保相关的文件
“资金提供方”	指为乙方提供除项目资本金之外的所需资金的一方，通常有政策性银行、商业银行以及非银行金融机构等
“锁定期”	是指限制社会资本转让其所直接或间接持有的项目公司股权的期间
“政府部门”	指 1. 中国国务院及其下属的部、委、局、署、行，中国的任何立法、司法或军事当局，或具有中央政府行政管理功能的其他行政实体； 2. 本项目所在区域的任何地方立法、行政、司法部门
“适用法律”	指中国法律、法规、规章和政府部门颁布的所有技术标准、技术规范以及所有其他适用的强制性要求，包括： 1. 全国人民代表大会及常务委员会制定的法律； 2. 全国人民代表大会常务委员会制定的法律解释（“法律解释”）； 3. 国务院制定的行政法规，各省、自治区、直辖市人民代表大会及其常务委员会制定的地方性法规、自治条例、单行条例（“行政法规”）； 4. 国务院各部、委员会、中国人民银行、审计署和具有行政管理职能的直属机构制定的部门规章（“部门规章”）； 5. 省、自治区、直辖市和较大的市的人民政府制定的地方政府规章（“地方政府规章”）； 6. 各级政府和政府部门出台的一些政策性文件，虽然并不属于《立法法》规定的严格意义上的法律范畴，但也具有一定的强制性效力

续表

“项目总投资”	本项目总投资构成为工程费用、工程建设其他费用、建设期利息，项目总投资约为______万元。具体投资总额以项目公司实际投入并经财政预决算（投资）评审中心审定为准，接受政府审计职能部门审计监督
“政府补贴”	= 可用性服务费 + 运维绩效服务费 – 经营收入
“可用性服务费”	指乙方为本项目建设符合适用法律以及本合同规定的竣工验收标准的公共资产之目的投入的资本性总支出而需要获得的服务收入，项目投资资金以经财政预决算（投资）评审中心审定为准，接受政府审计职能部门审计监督
“运维绩效服务费”	乙方为维持本项目可用性之目的提供的符合本合同规定的绩效标准的运营维护服务而需要获得的服务收入
“合作期限”	指自总监理工程师发出的第一个子项目开工令之日起算至______年止的期间
“建设期”	以总监理工程师发出的第一个子项目开工令之日开始计算，至最后一个子项目竣工验收之日止
“运营维护期”	指自开始运营日起至项目合作期限最后一日止的期间
“违约”	指本合同签约任何一方未能履行其在本合同项下的任何义务，而且这种违约不能归咎于另一方违反本合同的作为或不作为或不可抗力等
“不可抗力”	指具有本合同第 61 条所规定的含义
“运营年”	指运营维护期内任一公历年度期间，第一个运营年应自正式开始进入运营日起算至次年与该正式运营日相同日历日的前一日结束，以后每个运营公历年度依此类推。最后一个运营年的结束应在合同期满的最后一日结束
“移交”	是指在本合同合作期限届满后，乙方将项目全部设施，包括后期项目运营的相关设备和设施，按照正常运行的技术状态无条件移交给甲方，移交时设施状况不得附加于资产有关的担保、租赁等债务关系
“移交日”	指合作期结束后的第一个工作日，或经甲乙双方书面同意的移交项目设施的其他日期
“生效日期”	本合同第 83 条约定的合同生效日期

1.2　其他

在本合同中：

1.2.1　“元”指“人民币元”，为中华人民共和国法定货币；

1.2.2　除本合同另有规定外，“一方”或“各方”应为本合同的一方或各方；本合同或融资文件的各方均包括其他各自的继任者和获准的受让人；

1.2.3　所指的日、星期、月和年均指公历的日、星期、月和年，法定节假日和星期六、星期日等其他休息日均应计入；若规定支付任何款项之日为非工作日，则应顺延至该非工作日后的第一个工作日支付；

1.2.4　除本合同另有规定外，“包括”一词在任何时候应被视为与“但不限于”连用；

1.2.5　所指的“维护”应始终解释为包括修理和更新，除非合同另有规定；

1.2.6　所指的合同是指有关的合同和合同附件，并且在任何情况下均指对该合同不时所作的补充、修改或替代；

1.2.7　本合同将取代甲、乙双方所有在本合同签字前达成的合同、谅解、安排、陈述、保证、任何形式或任何性质的承诺，不论是口头的、书面的，还是明示的或暗示的；

1.2.8　本合同任何条款不合法、无效或不能执行，或者被任何有管辖权的法院宣布为不合法、无效或不能执行，则其他条款仍然有效和可执行，且甲、乙双方应商定对不合法、无效或不能执行的条款进行修改或更换，使之合法、有效并可执行，并且这些修改或更改均不应改变本合同作为一个整体所本应赋予它的含义；

1.2.9　在本合同中，无论何处及由任何人发出或颁发任何通知、同意、批准、证明或决定，除另有说明外，均指其书面形式，书面形式指电传、传真、电子数据交换和电子邮件等可有形表现所载内容的形式；

1.2.10　标题仅为方便使用。

第二章　合同主体及风险分配

第 2 条　合同主体

2.1　甲方主体

____。

D10893

2.2　乙方主体

____。

第 3 条　风险分配

3.1　风险分配原则

本项目的风险分配遵循以下原则：

（1）承担风险的一方应该对该风险具有控制力。

（2）承担风险的一方能够将该风险合理转移（如通过购买相应保险）。

（3）承担风险的一方对于控制该风险有更大的经济利益或动机。

（4）由该方承担该风险最有效率。

（5）如果风险最终发生，承担风险的一方不应将由此产生的费用或损失转移给合同相对方。

3.2　甲乙双方的风险分配

根据本项目采购文件确定本项目甲乙双方的风险分配。

第三章　甲乙双方声明与权利义务

第 4 条　甲乙双方声明

4.1　甲方声明

甲方在此向乙方声明，在本合同生效日期：

4.1.1　甲方已经取得____________政府的书面授权及其他必要的同意和批准，代表政府方签订本合同，具有向乙方授予特许经营权的权利；甲方已取得____________政府同意本项目以 PPP 模式实施的批文，本项目已通过物有所值评价和财政承受能力论证，并纳入财政部政府和社会资本合作中心综合信息平台库。

4.1.2　甲方已与政府相关部门就本项目所必需的相关支持政策达成一致；

4.1.3　本合同一经签订，即对甲方具有完全的法律约束力，签订和履行本合同的义务、条款和条件不会导致甲方违反法律、法规强制性规定，行政规章、行政决定、生效裁判和仲裁裁决的硬性规定，违反其与第三方合同的条款、条件和承诺，也不会导致任何利益冲突；

4.1.4　如果甲方在此所作的声明被证实在作出时存在实质方面的不属实，并且该等不属实声明严重影响本合同项下项目的顺利进行，乙方有权终止本合同。

4.2　乙方声明

乙方在此向甲方声明，在本合同生效日期：

4.2.1　乙方是一家根据中华人民共和国法律合法成立和有效存续的公司，根据中国法律、法规、行政规章取得营业执照、营业许可和其他政府批准，根据中国法律、法规、行政规章、公司章程开展营业；

4.2.2　乙方是依照中国法律在中国注册成立的独立法人，具有签署和履行本合同的法人资格。乙方已根据法律法规和公司章程的规定取得从事本合同项下活动的同意与批准；

4.2.3　本合同一经签订，即对乙方具有完全的法律约束力，签订和履行本合同的义务、条款和条件不会导致乙方违反法律、法规强制性规定，行政规章、行政决定、生效裁判和仲裁裁决的硬性规定，也不会导致乙方违反公司章程的约定和董事会决议，违反其与第三方合同的条款、条件和承诺，也不会导致任何利益冲突；

4.2.4　乙方具有从事本项目下投资、融资、勘察设计、建设、运营维护的能力；

4.2.5　乙方有能力以注册资本、项目融资或其他方式获得的资金履行项目合同；

4.2.6　乙方将遵守国家法律、法规、行政规章的规定，履行本合同项下义务，接受政府方对本项目实施的各类监管；

4.2.7　如果乙方在此所作的声明被证实在作出时存在实质方面的不属实，并且该等不属实声明严重影响本合同项下项目的顺利进行，甲方有权终止本合同。

第 5 条　甲乙双方的权利与义务

5.1　甲方的权利与义务

5.1.1　甲方的权利

1. 在遵守、符合法律要求的前提下，甲方有权对乙方履行本合同项下的义务进行监督和检查，但甲方并不因其承担有关监督、检查工作而承担任何责任，并不解除或减轻乙方应承担的任何义务或责任；

D10893

2. 对乙方在整个合同期内对建设项目及其配套工程建设、运营维护等进行监管，包括对乙方的注册资本到位情况、资金使用情况、工程进度情况、工程质量情况、项目实施与本合同执行情况、融资及还款情况、运营维护情况等方面进行检查、监督。审计部门对项目进行专项审计、调查，相应的费用由乙方承担，计入投资成本。审计、调查周期由甲方合理确定，乙方有义务对审计检查工作给予充分配合，提供必要的所需查看的各种文件资料，并对其提供资料的真实性、完整性、合法性负责；

3. 审计部门有权对本项目工程建设过程进行跟踪审计，竣工结算以______财政预决算（投资）评审中心出具的评审报告为准，并接受______审计局的审计监督，审计费用计入项目投资成本；

4. 甲方有权定期对乙方的财务状况、对本项目建设期和运营期的总投资成本和运营维护成本进行审计；

5. 在其质量、安全等问题可能严重影响公众利益的情况下及根据本合同约定，有权对项目进行临时接管，甲方或其指定机构介入本项目或暂代乙方运营维护项目设施；

6. 有权根据法律规定和项目合同对项目提供的服务进行监管；

7. 甲方有权要求乙方定期报告项目涉及建设、运营的有关信息，包括财务信息、资金使用、股东会决议、董事会决议、财务报告、对外签订的重大合同等；

8. 在乙方违反本合同有关规定的情况下，甲方有权根据本合同要求乙方纠正违约、向乙方收取违约金、提取保函、提前终止或采取本合同规定的其他措施；

9. 根据本合同约定，甲方负责项目绩效考核、中期评估，并根据绩效考核结果支付相应费用。甲方有权委托第三方中介机构，对乙方的建设、运营维护情况以及移交进行绩效评价，并有权定期将绩效评价结果向社会公示，接受公众监督；

10. 乙方就本条款项下的各项承诺、声明和保证不属实或存在错误，对甲方依本合同享有权利或乙方依本合同履行义务造成严重的实质性影响时，甲方有权终止本合同，并追究乙方的违约责任，本合同各附件也随之自动终止，甲乙双方另行约定的除外；

11. 甲方有权委派一名财务管理人员到项目公司，具体权利内容及行使程序在乙方的财务制度中明确；

12. 甲方有权委派一名工程管理人员到项目公司，监管项目的建设实施；

13. 甲方有权享有本合同或法律及相关政策规定的其他权利。

5.1.2　甲方的义务

1. 除法律或本合同有特殊规定外，甲方应保证乙方的权利在整个项目合同期内始终有效，维护本项目特许经营权的完整性和独占性，项目合同期内不得将本项目特许经营权授予第三方或超出本合同约定行使终止权，或者以任何方式减少特许经营权的内容或妨碍特许经营权的行使；

2. 乙方为本项目进行融资时，甲方在法律法规及相关政策文件允许前提下予以协助；

3. 就本项目涉及的有关审批事项，协助乙方完成与政府相关部门的沟通、协调等工作；

4. 向乙方提供本项目用地；

5. 甲方根据建设进度负责完成本项目征地拆迁工作，协助提供施工期间所需的通水、通电及本项目相关的配套设施安排；

6. 甲方应配合乙方协调与当地群众的关系，为工程建设创造良好的外部环境；

7. 按照本合同的约定向乙方支付相应的政府补贴；

8. 将本项目政府补贴纳入中长期财政规划。列入政府年度预算草案，报本级人民代表大会审议；

9. 本合同及法律、法规规定的其他义务。

5.2　乙方的权利与义务

5.2.1　乙方的权利

除本合同其他条款规定的权利外，乙方在本合同有效期内的权利包括：

1. 有权根据法律、法规和行政规章的规定，负责本项目的投融资、勘察设计、建设、运营和维护等相关工作，包括：

（1）在项目合作期内，获得本项目的特许经营权；

（2）通过对项目的投融资、勘察设计、建设、运营、维护，从政府方获取服务费，以回收投资并获得合理利润的权利；

D10893

（3）拥有充分的自主运营权，有权自主决定特许经营范围内的一切事项，但法律、法规、行政规章有特别规定或本合同另有约定的除外。

2. 在征得甲方书面同意的情况下，有权为项目融资目的将项目收益权进行质押。

* 条文批注：本项目采取 DBOT 运行模式。

DBOT 是英文 Design—Build—Operate—Transfer（设计—建设—经营—转让）的缩写，是政府在公共及基础设施建设领域引进多元化投资主体尤其是民间投资的一种模式。这种开发模式是从项目设计开始，政府就特许给某一机构开展，直到项目经营期收回投资，取得投资收益，但项目公司只有经营权，没有所有权。Dbot 是 Bot 项目的“变种”。相比于 Bot，在 Dbot 模式下，项目公司有更大的空间对投资回报前景进行展望和设计。

5.2.2　乙方的义务

1. 完成项目审批的义务。根据法律法规、行政规章及地方政府规范性文件规定的应由该方主体承担申报义务除外；

2. 完成项目的初步设计、施工图设计及相关审批；

3. 乙方已经为本合同的履行准备了足够的资金、人员、技术和设备等，从而确保本合同项下义务的履行；

4. 完成融资交割，并根据本合同约定的融资计划，完成项目融资义务；

5. 根据本合同中约定，提交履约保函，及购买相应保险并提交保险合同或保单原件；

6. 乙方需根据本合同中有关规定签订设计施工总承包合同及其他主要分包合同、采购合同，并将承包合同、分包合同、采购合同以及其他所签署的与本项目有关的合同，必须报请甲方审核并经甲方书面同意后实施，并将合同原件报甲方备案；

7. 根据法律的规定，办理本项目建设开发所需的行政许可和审批手续；

8. 根据本合同约定的建设进度开工建设并按时完工，各子项目预算包干合同签订后方可开工；

9. 各子项目全过程均接受______审计局的审计监督；

10. 根据本合同约定的建设标准确保本项目符合相应标准；

11. 将中长期经营计划、年度工作报告和董事会决议及时报甲方备案；

12. 在运营维护期内确保项目设施可用性且符合运营维护标准要求，移交时应达到指定状态的修复要求，或定期更新等义务；

13. 项目运营期结束后，按本合同约定向甲方或政府指定方移交项目设施、相关资料等；

14. 在项目合作期内，当乙方具有以下之一行为时，需报甲方书面同意方可变更，并必须及时将相关书面说明文件及材料报甲方备案：

（1）乙方的注册资本；

（2）乙方及其控股股东的股权结构变更、股权质押；

（3）对外转让、抵押、处置项目区域内的设施和资产；

（4）乙方的名称、地址、法定代表人变更。

15. 对本项目有重大影响的事项，包括但不限于与本项目有关的法律变更、第三方侵权影响项目实际工程进度、融资问题、工程建设条件变化、涉及到纠纷诉讼等及时通知甲方；

16. 按照本合同约定及相关法律法规规定，符合项目建设安全标准和承担环境保护的责任；

17. 乙方采购本项目设备及______信息发布价之外的材料，应向甲方提交询价申请及采购计划，经甲方书面同意的，按采购计划执行；

18. 乙方应保证本项目持续且符合本合同约定要求的运营，非经甲方同意，乙方不得擅自暂停本项目运营；

19. 项目合作期限内，根据本合同约定或甲方要求将建设期、运营维护期相关的项目资料、文件，包括施工合同、施工组织计划、工程进度计划、材料设备采购合同及其他与本项目有关的文件、资料等提交给甲方，并确保所提供上述文件、资料等的真实性和完整性；

20. 乙方随时接受项目所在地质量安全监督机构的监督、检查；

D10893

21. 本合同及法律、法规规定的其他义务。

5.3 甲乙双方共同的权利与义务

5.3.1 甲乙双方在合作期间形成的合同、会议等文件资料，双方均应当予以保密；按照法律规定应当予以公布、披露的除外。

5.3.2 甲乙双方应相互合作以达到本合同的目的，并应善意地行使和履行其在本合同项下的权利和义务。当合理地预计该事件或情形将对任何一方履行其合同项下的义务或实施项目的能力造成重大不利影响，合理地预计另一方不能获悉该事件或情形的，应当及时通知对方，对方亦不得以该等通知信息有误追究另一方的任何责任。

第四章 项目概况和期限

第 6 条 项目概况（略）

6.1 项目建设内容

6.2 项目资产权属

6.3 项目投资规模

6.4 项目资金来源

第 7 条 项目期限（略）

7.1 项目合作期限

7.2 项目合作期限终止

第五章 特 许 经 营

第 8 条 特许经营权

8.1 甲方依照法定的程序使乙方获得特许经营权。甲乙双方均应接受特许经营权和本合同的约束，承担相应的权利和义务。特许经营权期限与本项目合作期限一致，包括建设期和运营期。

8.2 特许经营权基本权益

8.2.1 投资、融资、勘察设计、建设本项目的权利。

8.2.2 运营、维护、管理本项目，获得本项目经营收益的权利。

8.2.3　获得本项目政府补贴的权利。

第 9 条　乙方的特许经营权

9.1　特许经营权专属于乙方所有。除本合同另有约定或经甲方书面同意外，合作期内乙方不得将本项目的特许经营权进行担保、转让或设置任何其他法律负担。

9.2　未经甲方同意，乙方不得有对本项目资产、土地以及其他配套设施、设备对外担保、转让、出租等设定第三方权利的行为。

第六章　项 目 融 资

第 10 条　融资来源

10.1　本项目融资资金债务资金约为______万元，占总投资的______，由乙方完成融资。

10.2　首期项目资本金为项目资本金比例的______，在项目公司成立后______日内完成出资，项目资本金出资时间根据项目建设进度进行。

10.3　项目建设应按融资方案，根据配比，必须先使用项目资本金。

10.4　乙方融资资金利息为融资成本，建设期融资成本计入本项目总投资。建设期融资利息按______计算。

第 11 条　融资责任

11.1　乙方为本项目融资主体。

11.2　乙方在本合同签订后的______日内，自行完成本项目的融资交割，并将融资文件的复印件交给甲方。

11.3　在本合同签订后，甲方向乙方提交征地拆迁工作总计划表，乙方应向甲方提交融资方案，融资方案应根据甲方的融资要求和计划进行编制，与建设进度计划相匹配，并经甲方书面同意后实施。经甲方书面同意，融资方案中的融资计划和要求可以进行调整。

11.4　乙方负责与本项目有关的融资时须以书面方式通知甲方，并获得甲方书面同意，方可实施。如甲方发现乙方有违法、违规或违反本合同规定的融资行为，甲方有权采取措施予以制止。

*条文批注：项目融资相关规定。

财政部2014年113号文规定："项目融资由社会资本或项目公司负责。社会资本或项目公司应及时开展融资方案设计、机构接洽、合同签订和融资交割等工作。财政部门（政府和社会资本合作中心）和项目实施机构应做好监督管理工作，防止企业债务向政府转移。"而且，"社会资本或项目公司未按照项目合同约定完成融资的，政府可提取履约保函直至终止项目合同；遇系统性金融风险或不可抗力的，政府、社会资本或项目公司可根据项目合同约定协商修订合同中相关融资条款。"

融资方在提供融资时最为关注的核心权利包括：

1. 融资方的主债权和担保债权。

2. 融资方的介入权。

关于融资方的介入权，财政部113号文规定："当项目出现重大经营或财务风险，威胁或侵害债权人利益时，债权人可依据与政府、社会资本或项目公司签订的直接介入协议或条款，要求社会资本或项目公司改善管理等。在直接介入协议或条款约定期限内，重大风险已解除的，债权人应停止介入。"

第12条　资金提供方的权利限制

乙方在融资时应与资金提供方在融资合同书订明下列事项：

12.1　资金提供方的行为不得违反法律法规的相关规定；

12.2　资金提供方对乙方包括帐户在内的任何资产采取任何形式的限制或保全措施前应提前______日书面通知甲方，并在申请实施前书面通知甲方；

12.3　对于乙方在履行融资合同中的任何缺失或违约责任，均应告知甲方；

第13条　融资成本

13.1　本项目所指的融资成本，均指项目公司债务性融资（项目资本金以外的资金）所需支付的资金成本。

13.2　本项目建设期利息的贷款利率为资金到位时中国人民银行五年期及以上长期贷款基准利率，乙方融资利率如果超过______，由乙方自行承担超过部分利率支出。

13.3　建设期利息计息以______计算。结息日以竣工验收日为准（因甲方原因导致工期延期的除外)。

13.4　乙方作为项目融资、建设、运营维护责任主体，应根据融资方案进行融资，合理安排融资节奏、控制融资成本，并按照资金到账时间表完成融资。如融资计划发生变更，需报经甲方同意。

第 14 条　融资风险

乙方承担甲方原因以外的因融资、还本付息等过程中发生的与融资有关的任何风险。甲方如因此遭受了任何损失，由乙方向甲方承担损失的赔偿责任。

第 15 条　乙方融资的权利与义务

15.1　经甲方书面同意，有权以项目收益权质押进行融资。

15.2　严禁在项目建设期内抽回、侵占、挪用项目资本金和其他建设资金，若乙方违反本款规定，致使本项目难以实施的，造成的损失全部由乙方承担。

15.3　乙方应当根据项目进度需求进行分期融资，每期融资前应获得甲方书面同意，未获甲方书面同意的，该部分融资产生的建设期利息不计入项目总投资，乙方提交融资申请后，甲方须于 15 日内作出书面答复。

15.4　乙方负责建设资金的筹措，当本项目在实施过程中出现工程建设正常的工程、结构变更等导致工程费用增加时仍由乙方融资建设。超出的部分乙方不能顺利完成项目融资的，乙方应采取贷款、补充提供担保等方式确保融资及时足额到位。

15.5　乙方须将所签订的融资文件复印件报甲方备案。

第 16 条　资金管理

16.1　在本合同签署生效后，乙方所有收入支出必须通过相关账户反映，甲方有权查询了解相关账户资金余额及使用情况。

16.2　乙方财务进行独立核算。

16.3　乙方应根据本合同规定的工程进度计划按时向专用账户拨付项目建设资金，该资金不得用于与本项目无关的经济活动。

16.4　乙方须在施工合同中明确农民工工资专项账户的设定，按照____________规定建立保障资金，并接受甲方监督。

D10893

第七章 项目用地

第 17 条 土地权利的取得

17.1 土地权利的取得

甲方依法提供本项目在合作期限内的建设用地。

17.2 取得土地使用权或其它相关权利的费用

17.2.1 甲方负责本项目的征地、拆迁、安置工作，由此产生的土地取得费用、征地补偿费用、拆迁安置费用以及临时使用土地补偿费用、土地报批费用等计入项目前期费用，甲方已支付的费用，由乙方据实支付给甲方。前述费用，甲方可以选择自行承担。

17.2.2 乙方必须按甲方要求按期足额提供征地拆迁费用，逾期提供的，甲方提供建设用地期限予以顺延，项目全部直接经济损失由乙方承担，双方及时解决相关事宜。

17.2.3 甲方应提供协助并确保乙方能为本项目之目的合法、独占性地使用和合法出入场地。

第 18 条 对土地使用权的限制

18.1 乙方仅能为本项目之目的使用本章 17.1 款下的土地，不得将该土地的全部或部分用于本合同项下经营之外的其他任何目的和用途。

18.2 未经甲方书面同意，乙方不得变更土地用途，不得将本项目用地对外转让、出租、出借、抵押及在其上设置任何其他方权利，不得用于本项目建设之外的任何目的。

18.3 乙方应当根据适用法律的要求和与有关政府部门签订的与本合同项下土地使用有关的法律文件的要求，合理使用本合同项下的土地。如因乙方违反适用法律或本合同及其他相关法律的要求使用土地，给第三人造成损害，乙方应当赔偿给第三人造成的损失。

18.4 甲方有权出入项目建设场地，但应保证不影响项目的正常建设和运营。甲方及其他政府部门为依法行使行政监管职权而采取的行政措施不受上述限制。

18.5 本项目合作期限届满后，由甲方或____________政府指定机构无偿收回本项目用地。

第19条 相关工作分配

19.1 项目用地的审批、征地拆迁等工作由甲方负责，配套建设及施工准备工作由乙方负责。甲方根据工程建设进度计划完成征地拆迁。

19.2 因甲方原因导致未及时完成征地拆迁工作的，项目工期顺延，乙方不承担工期延误的违约责任，双方及时协商解决相关事宜。如征拆延误，双方另行协商对具体子项目纳入后期建设。

第八章 项目建设

第20条 项目前期工作

20.1 甲方提供的前期工作

20.1.1 完成本项目前期规划、立项、编制工程可行性研究报告等文件，协助乙方各项行政报批工作；

20.1.2 完成本项目一期建设的初步设计、施工图设计；

20.1.3 选择本项目监理单位；

20.1.4 甲方根据建设进度负责完成本项目征地拆迁工作，协助提供施工期间通水、通电等与本项目相关的配套设施安排；

20.1.5 甲方和甲方指定单位已经完成的与本项目有关的前期工作，乙方应当认可并承接。

20.2 乙方提供的前期工作

20.2.1 为顺利开展项目公司前期工作，提前做好融资计划、准备必要资金；

20.2.2 完成本项目除一期以外的勘察、初步设计、施工图设计工作，并办理政府相关部门审批；

20.2.3 除上述前期工作外，乙方应依照适用法律、法规、行政规章、规范、标准等，按本合同投融资计划，实施其他各项前期工作，确保本项目按计划开工。

20.3 前期工作费用由乙方承担，乙方支付首批前期费用时间为项目公司注册成立后30日内，根据甲方提供的票据一次性支付至甲方，如根据所签订合同内容按阶段付费的，乙方应按付费阶段支付相应费用。

D10893

前述费用，甲方可以选择自行承担。乙方承担的前期工作费用计入项目总投资。

第 21 条　项目设计

21.1　乙方完成本项目的设计文件，包括初步设计和施工图设计工作。

21.1.1　乙方应根据甲方对项目设计的要求（由第三方专业机构与甲方专业人员确定的建设标准）进行项目设计，对本项目施工图设计的进度和质量负责，将设计文件报经甲方审核。乙方应根据甲方委托的第三方专业机构对设计文件进行评审的意见及甲方提出的意见，进行设计文件的修改和完善，经甲方审核同意后，再报相关职能部门审批后确定初步设计文件和施工图文件。

21.1.2　乙方应将本项目的初步设计文件和施工图设计文件报甲方审查，甲方在收到乙方设计文件______个工作日内进行审查。但是，甲方对乙方所提交设计文件的提出意见和审批，不免除乙方因设计文件本身缺陷所造成的损失和责任。

21.1.3　经甲方审核同意后的设计文件，再报相关行政主管部门审批确定初步设计文件和施工图设计文件。并且施工图预算以经____________财政预决算（投资）评审中心出具的评审报告为准，并接受审计局的审计监督。初步设计、施工图设计、施工图预算编制未经行政主管部门批准、审定的，乙方不能进行项目的施工。

21.1.4　设计标准：符合可行性研究报告、本项目行业技术规范和技术要求。

21.1.5　设计责任：乙方对其完成的设计文件承担责任。乙方对初步设计文件承担全部责任，并保证其设计文件的完整性与准确性。乙方对施工图设计文件承担全部责任，并保证其设计文件的完整性与准确性。如果由于初步设计、施工图设计问题给项目造成损失的，则由乙方承担责任和损失。

21.1.6　乙方不得擅自修改设计标准和工程规模。如乙方擅自修改设计标准和工程规模的，就增加部分的投资由乙方自行承担，并且甲方有权要求乙方按照原甲方批准设计进行整改，整改不了的，甲方有权解除合同，并要求乙方承担违约责任。

21.2　设计变更

如发生以下情形，本项目工程的设计可以进行修改：

21.2.1　甲方为了加快建设速度、降低建设、运营和维护成本、提高本项目的质量之目的而主张设计变更的。乙方为了加快建设速度、降低建设、运营和维护成本、提高本项目的质量之目的向甲方申请设计变更的，必须经甲方书面同意后实施。甲方在收到乙方申请之日起七个工作日内给予回复，如甲方逾期未回复的，则视为甲方不同意设计变更。

21.2.2　甲方基于公共利益需要，或在乙方施工过程中发现设计错误而需对设计进行改动的，甲方应书面通知乙方，乙方应在收到甲方书面通知后 7 个工作日内提交书面报告。

21.2.3　对由于设计文件的缺陷导致不能完全涵盖和反映本工程的全部工作而引起的设计变更，乙方应于 7 日内向甲方提交书面变更说明，甲方应于收到乙方提交的书面变更说明 7 个工作日内确认，经甲方同意并由设计单位提供完整的施工图和说明后，由乙方组织实施。设计缺陷产生的损失和责任全部由乙方承担。

21.2.4　由于不可抗力情形的出现确需对本项目的设计文件进行变更的，按照本合同第十六章的约定处理。

21.3　设计变更的费用及工期

因乙方原因导致的设计变更责任全由乙方承担；因国家设计规范、验收标准、城市规划发生变更引起的设计缺陷、工程性质、等级上的变化或因实际地质情况与满足国家标准的地质报告发生偏差，导致设计、施工方案必须发生的重大变更需经甲方认可后实施，变更引起造价的增减，经甲方认可后才能进入工程结算。金额以竣工后财政预决算（投资）评审中心按照 30.2.4 项第 3 点审定确认的最终价为准，并接受审计局的审计监督。项目建设进度日期是否相应顺延，由双方协商确定。

21.4　设计变更的程序

设计变更程序应按照本合同第 21.2 款约定以及适用的法律、程序和权限办理，任何违背本合同约定及法律相关规定、权限的变更，甲方均不予认可。

第 22 条　项目建设质量要求

22.1　项目工程质量等级为竣工验收合格，应符合批复的可研报告、施工图设计要求，并且工程质量及施工应符合国家、地方相关法律、法规

D10893

的规定以及工程建设标准的强制性条文的规定，符合市政道路及市政工程的施工标准，符合本项目及国家相关质量验收标准。

22.2 若甲方有足够的证据证明，乙方建设工程或其他任何部分与本合同所规定的或其他相关部门所规定的质量要求严重不符，甲方有权立即通知乙方，乙方应按照要求进行整改。若乙方在收到甲方通知后5日内未进行整改，则甲方有权自己进行或委托第三方进行必要的纠正，一切风险与费用由乙方承担。在这种情况下，乙方须允许甲方或其委托的第三方为此目的而出入项目场地。若乙方拒绝甲方或其委托的第三方进入项目场地进行纠正工作，或未能按照甲方的要求偿还甲方为此而付出的费用，则甲方有权从建设期履约保函项下提取相应金额。

* 条文批注：履约保函常见分类。

保函是常见的履约担保方式。保函既包括项目公司向政府提供的保函，也包括项目承包商、分包商或供应商为担保其合同义务履行而向项目公司或直接向政府提供的保函。保函常见分类有：

1. 建设期的履约保函；
2. 运营维护期的履约保函或维护保函；
3. 移交维修保函；
4. 投标保函；
5. 担保合同前提条件成就的履约保函。

第23条　计划建设时间要求

23.1 乙方应按照约定的项目工期内完成项目施工、建设，建设工期原则上不可顺延，如需顺延的，甲方书面同意后建设工期方可顺延。

23.2 开工时间：以本项目总监理工程师发出的开工令为准。

第24条　项目建设责任

24.1 由乙方承担因甲方原因以外产生的本项目建设中的风险。

24.2 乙方负责按照本合同约定的要求和时间完成项目的建设并进行运营维护。

若中标社会资本方满足本项目设计建设施工资质要求，可依法对本项目自行设计、自行自建的，乙方与中标的社会资本方签订项目设计施工总承包合同。

24.3　乙方与中标社会资本方签订的设计施工总承包合同参照国家相关设计施工总承包合同范本，其中专用条款内容由乙方与中标社会资本方另行协商确定。

24.4　各子项目需发包时，必须经甲方书面审核同意后实施；本项目建设工程施工合同需经甲方书面审核同意后方可签订，并应与本合同约定内容保持一致。

24.5　乙方不因项目已建设部分或全部承包给施工单位或承包商实施，而豁免或解除本合同约定建设管理责任。

第 25 条　项目工程建设、进度及安全要求

25.1　工程建设管理

25.1.1　乙方为项目建设单位。

25.1.2　甲方通过合法程序选择有相应资质的监理公司进行项目工程施工全过程的监理。甲、乙双方应与监理单位签订《监理合同》，由监理机构负责工程监理，费用由甲方支付，乙方承担，计入项目总投资。

25.1.3　乙方认可甲方为本项目建设所选监理单位，并按《监理合同》中的约定履行全部权利、义务与责任。

25.1.4　如监理单位在监理过程中违反《监理合同》约定或法律法规规定，符合合同终止或解除条件的，甲方行使合同解除权，《监理合同》终止后，甲方根据本项规定另行选择监理单位。

25.2　工程进度管理

25.2.1　乙方应严格依据本合同约定工期实施项目建设。

25.2.2　进度报告。项目建设期内，乙方应按月向甲方提交工程建设进度报告，详细说明工程进度情况和对甲方合理要求的其他事项的处理情况。

25.2.3　建设期内，如果甲方、乙方任意一方合理地预计本项目下一个关键工期将延误，该方应及时通知另一方并合理地详细描述以下情况：

1. 预计无法达到的关键工期；

2. 预计延误的原因，包括对声明为不可抗力事件的情况的描述；

D10893

3. 所预计的可能超出关键工期的天数和其他可合理预见的对项目不利的影响；

4. 该方已经采取或建议采取解决措施或减少延误及其影响的措施。

25.2.4 如果出现根据本合同相关规定由甲方同意的重大工程变更或出现不可抗力事件，影响到本项目关键工期的实现及导致项目工程量变更，乙方需在上述事件出现后 5 日内通知甲方，乙方在与甲方协商并经甲方书面同意后，可对相应关键工期及工程量进行调整。

25.2.5 如违约造成关键工期延误，则按本合同相关规定处理。

25.3 施工组织与环境保护

25.3.1 乙方应要求承包商提交经工程监理方审定的现场施工组织计划。该施工组织计划应包括详细的施工进度表、关键路线图、人员组织、技术力量和施工机械的配备情况等。同时乙方应将施工组织计划报甲方备案。

25.3.2 项目施工期间，乙方应要求承包商根据适用法律所规定的环保标准，采取措施，避免或最大限度地减少对周边设施和周围环境的损害。

25.4 安全生产

25.4.1 乙方应建立健全安全生产制度，落实安全措施，完善安全应急预案，实行安全责任法人负责制，并应编制应急管理方案，对可能发生的项目新增改扩建需求，对可能发生的、妨碍性的因素进行辨识，编制重大危害因素清单，对重大危害因素提出对策，明确应急指挥机构及职责，落实应急处置程序及处置措施。乙方应当将应急管理方案提交甲方备案。

25.4.2 甲方有权定期和不定期对本项目安全生产情况进行检查。

第 26 条 工程变更

26.1 工程变更是指在建设过程中对合同中约定的工程进度、范围和标准的变更。

26.2 甲方可以书面的方式要求乙方进行工程变更。

26.3 在建设期内，以下列条件之一为前提，乙方提出工程变更通过向监理机构向甲方提交变更申请，并应提供下述相应的证明材料：

（1）加快工程进度；

（2）提高工程标准；

（3）节约建设投资；

（4）其他不可抗力因素。

26.4　在建设期内，若发生法律变更需要对项目工程进行工程变更，则乙方应在得知法律变更事项后 5 日内向监理机构提出工程变更要求，并由监理机构向甲方申请工程变更。

26.5　变更程序

26.5.1　变更程序应符合国家相关设计施工总承包合同范本相关规定。

26.5.2　任何涉及工程进度、范围及标准的变更必须报监理机构和甲方同意。

第 27 条　甲方对项目建设的监督和介入

为了能够及时了解项目建设情况，确保项目能够按时开始运营维护并满足本合同约定的全部要求，甲方对项目建设进行以下必要的监督或介入：

27.1　定期获取有关项目计划和进度报告及其他相关资料。

27.2　乙方对承包商、分包商及设备的采购应当依法、依规进行，前述合同应提交甲方审核，在甲方审核通过之后方可签订合同，并向甲方提交一份合同原件备案。

27.3　在不影响项目正常施工的前提下进场检查和测试，甲方有权参加或检查或委托第三方进行参加或检查乙方以及分包商的质量控制过程及方法，以确保工程的质量要求。

27.4　在特定情形下，介入项目的建设工作等。

第 28 条　项目质保期

项目质保期内，不计因质量原因导致的维护维修成本，质量保证金为工程总造价的______%；竣工验收后第一年，政府方不支付园林养护相关费用。质保期内出现质量缺陷时，乙方有责任要求承揽方维修并承担相关费用。

第 29 条　项目竣工验收

29.1　本项目工程满足下列条件方可进行竣工验收：

（1）满足甲方对工程建设的技术标准和使用功能要求；

（2）完成设计文件和工程合同约定的各项内容；

D10893

（3）承包商提交工程竣工报告；

（4）监理机构提交工程质量合格的评估报告；

（5）符合勘察、设计要求，并提交工程勘察、设计报告；

（6）为工程建立了完整的技术档案和施工管理资料，并取得城建档案馆初验证；

（7）工程使用的重要建筑材料、建筑构配件和设备均经过进场试验并备有试验报告；

（8）承包商签署的工程质量保修书；

（9）规划行政主管部门已对工程是否符合规划设计要求进行检查，并出具认可文件；

（10）具有公安、消防和环境保护等部门出具的认可文件或准许使用文件；

（11）质量监督等部门要求改正的问题全部处理完毕；

（12）经甲方委托的第三方检测机构对工程的所有平行检测、管道检测合格。

29.2　项目建设完工后，乙方应当依法组织竣工验收，并通知甲方派代表参加。

29.2.1　在乙方完成工程竣工验收手续后的10日内，应书面通知甲方完成竣工验收手续的时间并提交有关竣工验收的文件。

29.2.2　在甲方收到上述通知后的30个工作日内，将会同相关政府部门对乙方工程进行工程验收。

29.2.3　在工程验收后的15个工作日内，甲方可向乙方发出书面通知，详细列明需要纠正的工程中建设工程、材料或设备的所有缺陷。甲方可对缺陷通知中所列的缺陷再次进行工程验收。

29.3　如因乙方原因导致工程存在某一方面的瑕疵致使工程未通过竣工验收，乙方应当根据有关验收部门的意见及时采取措施予以整改或完善，并再次申请进行相关验收，直到通过该等验收为止，相关费用由乙方自行承担，不得计入项目总投资。

29.4　甲方认可工程验收结果的，应在工程验收日后的15个工作日内签发验收证书，证明工程建设实际完工已经实现，并标明实现的日期。

29.5　即使甲方验收并接受了乙方工程中的全部或任何部分的建设工程、材料、设备，签发了验收证书，乙方对工程中的设计和建设缺陷或延迟所承担的义务或责任不得解除。

29.6　项目工程验收合格后，乙方应及时向甲方和财政预决算（投资）评审中心提供完整的工程结算及相关资料、档案。在乙方提交资料齐全的情况下，财政预决算（投资）评审中心应根据相关规定完成评审，出具评审报告并接受审计局的审计监督。

第 30 条　工程计价控制

30.1　工程量控制

30.1.1　严格履行第 26 条约定的工程变更条件和变更程序。

30.1.2　签证程序必须遵循“先审批，后实施”的原则，如发生现场签证，乙方需报请监理单位，经监理单位审核报甲方，由甲方审批申报单后实施。现场签证事项完成后 7 日内，乙方必须将包括计量计价内容的现场签证表报监理单位和甲方审批。

30.1.3　工程量最终以甲方、乙方、监理方三方签认并经　财政预决算（投资）评审中心审核认定的数量为准。

30.2　工程费用计价控制

第 31 条　不可免除

甲方未监督检验建设工程的任何部分或未书面通知乙方不符合本合同规定的任何工程、材料或设备不应视为放弃其在本合同下的任何权利，也不能免除乙方在本合同下的任何义务。

第九章　项目的运营与维护

第 32 条　试运营

第 33 条　开始运营维护

第 34 条　运营维护内容

第 35 条　甲方对项目运营维护的监督和介入

第 36 条　项目运营维护义务和责任

第 37 条　运营维护的放弃

第 38 条　运营维护期间的暂停服务

D10893

第39条　运维承包商

39.1　乙方在报经甲方书面同意后，可委托第三方负责本项目的运营和维护。

39.2　甲方对运维承包商的认可并不解除乙方在本合同项下的任何义务。乙方对于运维承包商或由其有关人员的任何作为或不作为对甲方承担完全的责任。

39.3　运维合同应包含使运维承包商能够履行本合同项下的义务所必需的条款或规定。

第十章　履约担保

第40条　履约担保概述

40.1　履约担保的含义

为了确保乙方能够按照约定履行义务，甲方要求乙方就其履行义务提供一定的履约担保。任一履约保证金或履约保函被提取任意金额后，提供担保的一方应在本合同约定期限内内将担保金额恢复至原始金额。

40.2　履约担保形式

本项目履约担保采取银行向甲方出具见索即付银行保函的形式。

40.3　履约担保承担主体

履约担保由乙方承担，用于担保乙方能够依照本合同的约定融资、设计、建设、运营及移交。

第41条　履约保函的组成

本项目的履约保函由建设期履约保函、运营维护期履约保函、移交期履约保函组成。

41.1　建设期履约保函

41.1.1　保函内容：项目建设期履约担保用于担保乙方在建设期能够按照合同约定的标准进行建设，能够按时完工，竣工验收合格并正式运营开始。有效期从本合同生效之日起到项目开始运营之日止。

41.1.2　保函额度：

41.1.3　保函提交：建设期履约保函由乙方于本合同生效之日10个工作日内向甲

方提交以甲方为受益人的履约保函。

41.2　运营维护期履约保函

41.2.1　保函内容：运营维护期的履约担保，主要用以担保乙方在运营维护期内按照项目合同的约定履行运营维护义务。该保函的有效期自项目正式运营日起到项目运营维护期满后终止。

41.2.2　保函额度。

41.2.3　保函提交：自本项目完成竣工验收之日起 10 个工作日内，乙方须向甲方提交以甲方作为受益人的运营维护期履约保函。

41.3　移交期履约保函

41.3.1　保函内容：移交维修保函主要保证期满移交完毕后项目质量，包括：确保项目设施能够良好的运转、主要设备移交符合标准、全套项目文档及知识产权移交、人员培训保证项目良好运营、项目设施不存在隐蔽性缺陷。该保函的有效期自项目运营维护期期满之日起，至期满移交后 12 个月。

41.3.2　保函额度。

41.3.3　保函提交：项目运营期满终止日前 12 个月的前 10 个工作日内乙方须向甲方提交以甲方作为受益人的移交期履约保函。

第 42 条　履约保函的提取

在履约保函有效期内，如果乙方未根据本合同的条款和条件履行乙方的全部或部分义务，甲方有权经书面通知后兑取履约保函的全部或部分金额。

甲方行使兑取履约保函的权利不损害甲方在本合同项下的其他权利，并且不应解除乙方在本合同项下的义务。

第 43 条　恢复履约保函的金额

若甲方根据本合同的规定提取履约保函项下的金额，乙方应在履约保函被提取之日起的 5 个工作日内将履约保函补充至第 41 条中约定的数额，并向甲方出示其已经恢复履约保函金额的证明材料。

第 44 条　履约保函费用

履约保函的利息和费用由乙方自行承担。

D10893

第 45 条　履约保函的解除

在履约保函有效期届满之日，在兑取完由该份履约保函担保的所有款项，并清偿完该份履约保函有效期届满之日前乙方根据本合同的规定应支付的所有款项后，甲方应解除该份履约保函。

第十一章　股 权 变 更

第 46 条　股权变更

46.1　股权变更形式

46.1.1　直接或间接转让股权。

46.1.2　乙方的股权变更均纳入股权变更的限制范围。

46.2　股权变更限制

46.2.1　锁定期

锁定期是指限制社会资本方转让其所直接或间接持有的乙方股权的期间。在锁定期内，未经甲方书面同意，乙方不得发生上文定义的任何股权变更的情形。

在本项目建设期和最后一个子项目竣工验收后 2 年内，未经甲方的书面同意，任何一方都不得擅自转让（包括向合作另一方和 / 或其关联法人和 / 或任何第三方）其在乙方中的全部或部分股权。其中，国有产权的转让，需符合国有产权转让相关的制度规定及程序。

46.2.2　锁定期限制的例外

为本项目融资便利，引入金融机构投资方，经甲方、乙方双方确认且需要发生股权变更的，应当得到甲方的书面同意意见后，方可实施股权变更的相关手续。

46.2.3　本项目竣工验收 2 年以后，经社会资本方申请，经甲方事先书面同意，社会资本方可以转让其持有的乙方全部或部分股权。但受让方须具备有效承接本项目运营管理的能力，且须承继转让方的全部义务。乙方其他股东在同等条件下具有优先受让权。

46.2.4　权益处置限制

未经甲方事先书面同意，社会资本方股东均不得在其持有的乙方的全部或部分股权或与股权相关的任何权益上，设置任何抵押、质押或其他第三方权利，或以任何其他形式处置其持有乙方的全部或者部分股权或任何其他权益。

为便于甲方对乙方进行财务监管，乙方应每季度依照现行会计制度和准则编制财务报表，财务报表至少应包括独立核算的资产负债表、损益表以及现金流量表。乙方在每一会计年度的前三个月，编制上一年度的资产负债表，报甲方备案。

46.3　违反股权变更限制的后果

未经甲方书面同意，乙方股权发生变更的，甲方有权向乙方发出书面纠正通知，其应在收到书面通知后立即停止办理股权变更事宜，如此时乙方股权已发生变更，则应在收到书面通知后30日内将乙方股权恢复至本次变更前的状态。若乙方股权未恢复到位，视为乙方违约，甲方可视情形解除本合同，乙方承担相应责任。

第十二章　付费机制

第47条　项目总投资的确定

47.1　本项目项目总投资包括工程费用、工程建设其他费用和建设期利息。本项目的总投资为各子项目投资总和，各子项目投资按各子项目分别进行确定。项目期初各子项目建设工程费用以甲方委托专业的第三方机构进行编制，经财政预决算（投资）评审中心审核、确认的施工图预算包干总造价作为依据，接受审计局审计监督。

本项目的最终项目总投资以财政预决算（投资）评审中心出具的评审报告为准，并接受审计局的审计监督。

第48条　不计入项目总投资的费用

48.1　本项目下列费用不计入项目总投资：

48.1.1　工程质保期内，修复缺陷产生的费用；

48.1.2　合作期内因安全事故引起的赔偿；

48.1.3　乙方与第三方的法律纠纷引起的违约或赔偿；

48.1.4　由乙方自身过错引起的赔偿；

48.1.5　由乙方原因导致建设期延迟产生的建设期利息；

48.1.6　超过本项目审计认定金额部分产生的审计费用；

48.1.7 其他由乙方自身原因引起的其他费用。

48.2 本条不计入项目总投资的费用由社会资本方承担。

第 49 条 付费形式

49.1 本项目付费的方式主要为政府付费，由甲方向乙方购买项目可用性服务以及为维持项目正常运转所需要的运营维护服务，甲方需向乙方支付可用性服务费和运维绩效服务费。

乙方在运营期间收到的与本项目有关的各类财政性资金 / 补贴视为甲方的财政补贴，抵扣相应的政府付费。

49.2 本项目由政府承担的付费部分，列入合作期内政府年度财政预算支出。

49.3 因乙方的原因（如工程质量问题造成的、工程量增加的等）致使乙方投资、成本费用增加的，由乙方承担，甲方概不负责，不由甲方以任何形式的财政付费进行补足。

49.4 最后一笔政府付费在项目移交后 60 个工作日内支付。

第 50 条 付费的标准

运营维护期间，甲方须每年对乙方运营维护服务成果进行绩效考核后，并按考核结果进行付费，绩效考核由甲方联合政府相关部门以《运营维护手册》为标准进行综合评分。

第 51 条 付费时间

____。

第 52 条 甲方付费的抗辩权

如乙方债务性融资还本付息出现逾期，且连续逾期超过______日或累计逾期超过______日的，甲方有权停止向乙方付费。

第 53 条 投资成本增加的付费计算

53.1 因乙方的原因导致增加的建设或运营维护成本，甲方不负责，由乙方承担。

53.2 因甲方原因导致增加建设或运营维护成本的以下情形，由甲方对乙方进行补偿。

53.3 补偿形式。

甲方就出现 53.2 款情况，选择采取如下四种补偿方式的一种或几种，对乙方进行补偿：

1. 一次性补偿（货币形式补偿）；

2. 调整运营维护服务费；

3. 延长运营期；

4. 或者以上三种方式的组合。

第 54 条　定价机制

54.1　定价机制

本项目属于公共服务产品，具体的单项收费由相关定价部门进行定价。但考虑到通货膨胀、人力费用成本、材料费用上涨等因素，当成本上涨一定的幅度，乙方可向甲方申请调价，并报相关定价部门进行核定。

54.2　调价机制

54.2.1　本项目可用性服务费在对应的服务购买期内一般不作调整，以经甲方审定确认的项目投资额作为实际支付的计算基数。本项目可用性服务费的支付前提为子项目竣工验收通过。

54.2.2　关于养护费用和维护标准按照____________当年最新标准执行。

第十三章　绩效考核

第 55 条　绩效考核机制

绩效考核机制主要是从项目全生命周期考虑，本项目包含可落地的可用性绩效考核指标和运维绩效考核指标。具体绩效考核标准由甲乙双方共同制定，并由甲方审批通过后执行。

第 56 条　可用性绩效考核

甲方在项目竣工验收合格后进行可用性绩效考核。可用性考核指标及要求，详见下表：（略）

第 57 条　运营维护期绩效考核

57.1　根据基础设施项目运营管理特征，结合本项目实际情况，设置如下运营维护期绩效考核指标标准（详见附件9）。

57.2　本项目运营维护期内考核指标主要分为三个板块：全部达标方能获得 100% 基准运营维护绩效付费及可用性绩效考核付费，不达标的按照绩效考核标准减付相应的政府付费。

57.3　运营维护期内，甲方可以通过常规考核和临时考核以及综合考核的方式对项目公司服务绩效水平进行考核。

57.3.1　常规考核：常规考核每年进行 2~4 次。常规考核结果与运营维护绩效付费的支付挂钩。

57.3.2　综合考核：综合考核一年一次，付费以全年综合考评结果为依据一年支付一次。若综合绩效考核得分≥ 85 分时

（实际付费 = 可用性服务费 + 基准运营维护绩效付费金额）。

当绩效考核评分小于 85 分大于等于 75 分时

（实际付费 = 可用性服务费 ×（1–x%）+ 综合绩效考核得分 ÷100 基准运营维护绩效付费金额）。

当绩效考核评分小于 75 分大于等于 65 分时

（实际付费 = 可用性服务费（1–y%）+ 综合绩效考核得分 ÷100× 基准运营维护绩效付费金额）。

x、y 的比例由双方届时协商

如绩效考核低于 65 分，甲方有权介入本项目，所产生的费用全部由项目公司承担。甲方有权暂停支付该年的政府付费。

对于乙方怠慢或延误修复缺陷的，甲方可提取项目公司提交的运营维护保函中的相应金额。

57.3.3　临时考核：甲方可以随时自行考核乙方的运营维护绩效，如发现缺陷，则需在 24 小时内以书面形式通知乙方。乙方在接到甲方书面通知后，应在绩效考核要求的时间内修复缺陷。

临时考核结果可以不作为项目公司违约情形处理，但临时考核发现的缺陷会导致道路可用性破坏、交通秩序受到严重影响，或存在重大交通安全隐患等情况除外。

无论何种情况，乙方应及时修复缺陷，否则甲方可按照第 42 条的规定提取乙方提交的运营维护保函中的相应金额。

第十四章　保　　险

第 58 条　保险义务

58.1　甲方要求的保险险种包括但不限于：

建筑工程一切险、安装工程一切险、第三者责任险、雇主责任险、资产财产险和其它通常的、合理的或本项目融资或适用法律要求的强制性保险。乙方需按要求购买以上相关保险。

58.2　乙方承担购买和维持保险义务，包括：

58.2.1　在本项目合作期限内，购买并维持项目合同约定的保险，确保其有效且达到合同约定的最低保险金额；

58.2.2　督促保险人或保险人的代理人在投保或续保后尽快向甲方提供保险凭证，以证明乙方已按合同规定取得保单并支付保费；

58.2.3　如果乙方没有购买或维持合同约定的某项保险，则甲方可以投保该项保险，并从履约担保中扣抵其所支付的保费或要求乙方偿还该项保费；

58.2.4　向保险人或保险代理人提供完整、真实的项目可披露信息；

58.2.5　在任何时候不得作出或允许任何其他人作出任何可能导致保险全部或部分失效、可撤销、中止或受损害的行为；

58.2.6　当发生任何可能影响保险或其项下的任何权利主张的情况或事件时，乙方应立即书面通知甲方；

58.2.7　尽一切合理努力协助政府或其他被保险人及时就保险提出索赔或理赔等。

58.3　保单要求

甲方要求保单满足以下要求：

58.3.1　乙方应当以甲方及甲方指定的机构或其他相应权利人作为被保险人进行投保，保险赔偿金到位后及时支付到相应损失项；

58.3.2　保险人同意放弃对甲方行使一些关键性权利，比如代位权、抵扣权以及多家保险公司共同分摊保险赔偿的权利等；

58.3.3　在取消保单、不续展保单或对保单做重大修改等事项发生时提前向甲方发出书面通知。

58.4　保险条款变更

未经甲方书面同意，不得对保险合同的重要条款（包括但不限于保险范围、责任限制以及免赔范围等）做出实质性变更。

第十五章　守法义务及法律变更

第 59 条　守法义务

59.1 “法律”和“法律变更”的定义

具体详见合同定义。

59.2　守法义务是指规定甲、乙双方在实施本项目的过程中应遵守上述广义“法律”的义务。

第 60 条　法律变更

60.1　甲方可控的法律变更的后果

60.1.1　甲方可控的法律变更是指在本合同生效后由____________人民政府或____________人大所作出的政策文件对本项目实施产生影响的变更。

60.1.2　对于此类法律变更，可认定为甲方可控的法律变更，具体后果可能包括：

1. 在建设期间，如果因发生甲方可控的法律变更导致项目发生额外费用或工期延误，乙方有权向甲方索赔额外费用或要求延长工期；

2. 在运营期间，如果因发生甲方可控的法律变更导致乙方运营成本费用增加，乙方有权向甲方索赔额外费用或申请延长项目合作期限；

3. 如因发生甲方可控的法律变更导致合同无法继续履行，则构成“政府违约事件”，乙方可以通过违约条款及提前终止机制等进行救济。

60.2　甲方不可控的法律变更的后果

对于超出甲方可控范围的法律变更，如由国家或上级政府统一颁行的法律等，应视为不可抗力，按照不可抗力的机制进行处理。

第十六章　不可抗力

第 61 条　不可抗力

61.1　不可抗力概述

本合同所称的不可抗力，是指合同一方无法预见、控制、且经合理努力仍无法避免或克服的、导致其无法履行合同项下义务的情形。包括但不限于：台风、地震、洪水等自然灾害；战争、社会罢工、骚乱等社会异常现象；征收征用等政府行为；以及双方不能合理预见和控制的任何其他情形。不可抗力分为以下政治不可抗力和自然不可抗力：

61.1.1　政治不可抗力

政治不可抗力事件通常包括非因签约甲方原因导致的、且不在其控制下的征收征用、法律变更（“政府不可控的法律变更”）、未获审批等政府行为引起的不可抗力事件。

61.1.2　自然不可抗力。

主要是指台风、冰雹、地震、海啸、洪水、火山爆发、山体滑坡等自然灾害；有时也可包括战争、武装冲突、罢工、骚乱、暴动、疫情等社会异常事件。这类不可抗力则通常按照一般不可抗力的法律后果处理。

61.2　不可抗力的处理

61.2.1　免予履行

发生不可抗力并导致一方完全或部分无法履行其合同义务时，根据不可抗力的影响可全部或部分免除该方在合同项下的相应义务。

61.2.2　延长期限

如果不可抗力发生在建设期或运营期，则乙方有权根据该不可抗力的影响期间申请延长建设期或运营期。

61.2.3　免除违约责任

在不可抗力事件持续期间（或双方另外约定的期间），受影响方无需为其中止履约或履约延误承担违约责任。

61.2.4　费用补偿

对于不可抗力发生所产生的额外费用，原则上由各方自行承担，除合同有约定的外，甲方不会给予乙方额外的费用补偿。

61.2.5 解除合同

如果不可抗力发生持续超过 6 个月，任何一方均有权提出解除合同。

第十七章 甲方的监督和介入

第 62 条 甲方的监督权

甲方监督权包括：

62.1 项目实施期间的知情权。

62.1.1 建设期——审阅项目计划和进度报告。

62.1.2 运营维护期——审阅运营维护手册和有关项目运营情况的报告。

62.2 进场检查和测试。

62.2.1 在特定情形和一定限制条件下，甲方有权进入项目现场进行检查和测试。

62.2.2 甲方行使进场检查和测试权不得影响项目的正常实施，并且受制于一些特定的条件，例如，需要遵守一般的安全保卫规定，并且不得影响项目的正常建设和运营；履行双方约定的合理通知义务后才可入场；仅在检查建设进度、监督乙方履约情况等特定目的下才有权进入场地等。

62.3 对承包商的监督。

62.3.1 对建设承包商、运营维护承包商进行监管，监管承包商是否有转包、违法分包等情形。

62.3.2 在项目依法分包的情况下，乙方应当将分包商有关信息（包括营业执照、相应的资质证书及其他为履行分包合同所需的证明、文件等）以书面形式提交给甲方，由甲方在收到书面文件 10 个工作日内确定该分包商是否符合资质要求，如不符合，乙方应当依法予以纠正或重新选择分包商，否则将由乙方承担相应的法律责任及违约责任。

62.3.3 乙方在签订工程承包合同、运营维护合同、分包合同前应事先告知甲方，并将合同提交甲方审核，经甲方审核通过后，方可签订合同。

第 63 条 甲方的介入权

63.1 乙方未违约情形下的介入：

63.1.1 乙方未违约情况下甲入介入的情形：

1. 存在危及人身健康或安全、财产安全或环境安全的风险；

2. 介入项目以解除或行使政府的法定责任；

3. 发生紧急情况，且政府合理认为该紧急情况将会导致人员伤亡、严重财产损失或造成环境污染，并且会影响项目的正常实施。

如果发生上述情形，甲方可以选择介入项目的实施，但甲方在介入项目之前应当提前通知乙方，并且应当遵守本合同中关于行使介入权的要求。

63.1.2 甲方介入的法律后果。

在甲方介入的范围内，乙方应配合或协助甲方完成相应的工作和义务，除法定情形出现，否则不免除（豁免）乙方的相应义务或工作的履行。

63.2 乙方违约情形下的介入：

63.2.1 乙方违约导致甲方介入的情形

项目合作期内，如乙方出现以下违约行为，甲方有权实施临时接管，直至启动项目提前终止程序：

1. 因融资或项目管理等问题导致工期延误一定期限的；

2. 擅自转让、出租、质押投资运营权的；

3. 擅自将项目财产进行处置或者抵押的；

4. 因管理不善，发生重大质量、生产安全事故的；

5. 其他威胁公共产品和服务持续稳定安全供给的；

6. 危及国家安全和重大公共利益的。

如果甲方在行使监督权时发现有乙方违约，甲方认为有可能需要介入的，通常应在介入前书面通知乙方并给予其一定期限自行补救；如果乙方在约定的期限内仍无法补救，甲方才有权行使其介入权。

63.2.2 甲方在乙方违约情形下介入的法律后果如下：

1. 甲方可指定合格机构实施临时接管，甲方或甲方指定合格机构将代乙方履行其违约所涉及的部分义务；

2. 临时接管项目所产生的一切费用，由乙方承担；乙方应承担的临时接管费用，可以从其应获提前终止补偿中扣减。

3. 如单次临时接管持续不间断超过 90 日，甲方有权提前终止本合同。

第十八章　违约、提前终止及终止后处理机制

第 64 条　违约事件

64.1　违约行为认定

64.1.1　除法律、法规规定或本合同另有约定外，甲方及乙方中的任何一方违反本合同的任何约定的行为均属违约。

64.1.2　本合同对违约行为有明确约定的，按相关约定认定违约行为。对任何本条款中未约定的违约事项的认定，均适用国家有关法律、法规及项目所在地地方性法规解释与处理。

64.2　甲方违约事件

64.2.1　未按合同约定向乙方支付政府补贴，乙方应向甲方发出催告通知。在甲方收到催告通知 60 天内，且不超过催告当年的 12 月 31 日，甲方仍未支付的，则甲方除应支付未支付的政府补贴外，还应从宽限期（催告通知 60 天内，且不超过催告当年的 12 月 31 日）届满之日起每日按照应付未付金额的____________另行向乙方支付违约金。

64.3　乙方违约事件

64.3.1　由于乙方自身原因，项目未在约定时间内完工的，每延误一日，按______元 / 日支付违约金；

64.3.2　乙方因施工造成环境污染，以政府方相关环保部门接到的有效投诉处理为准，被政府相关环保部门行政处罚的，由乙方承担全部损失责任外，按______元 / 次承担违约金。但在绩效考核的可用性服务费中，不再重复扣减；

64.3.3　乙方在施工过程中造成经安全生产监督管理部门认定的安全事故，由乙方承担全部损失责任外，按______元 / 次承担违约金，但在绩效考核的可用性服务费中，不再重复扣减；

64.3.4　由于乙方自身原因，项目停止运营的，每停一日，按 元 / 日支付违约金；

64.3.5　由于乙方自身原因，未按规定的要求和标准提供产品或服务；

64.3.6　乙方未按合同约定购买项目保险的；

64.3.7　乙方利用本项目进行欺诈等违法活动的；

64.3.8　乙方未按本合同约定及时足额提交建设期履约保函和运营维护保函的；

64.3.9　乙方未按本合同约定及时完成项目融资；

64.3.10　乙方未经甲方同意擅自转让、抵押、质押、处置本项目资产；

64.3.11　乙方的其他侵害甲方利益的违约情形。

64.4　违约责任的承担：

64.4.1　本合同违约责任及违约责任承担方式有明确约定的，按相关约定履行。

64.4.2　本合同没有明确约定的，违约方应当向守约方支付违约金。违约金的计算方式为：

直接经济损失 ×（1+10%）

64.4.3　若合同一方的违约行为导致本项目无法正常实施或合同目的无法实现的，合同另一方有权解除本合同，并有权要求违约方按第 64.4.2 条支付违约金。

64.4.4　按本合同约定任何一方向另一方承担违约责任，均不免除违约方对第三方的其他责任，也不免除对此有管辖权的相关部门依照国家或当地的法律、法规对违约方进行的行政处罚或依法要求其承担的其他法律责任。

第 65 条　违约责任承担方式

65.1　如甲方对违约金没有异议的，应在乙方通知中明确的期间内向乙方的指定账户支付上述违约金，如甲方对违约金有异议的，甲方和乙方应按照本合同第二十章约定解决争议。

65.2　如乙方对违约金没有异议的，应在甲方通知中明确的合理期限内向甲方指定账户支付上述违约金，如乙方未按时支付，甲方可以从履约保函中提取该等违约金。如乙方对违约金有异议的，甲方和乙方应按照本合同第二十章约定解决争议。

第 66 条　提前终止

66.1　提前终止事件

有下列情形之一发生的，本合同提前终止，具体包括：

66.1.1　发生不可抗力事件，导致合同履行不能。

66.1.2　合同甲方、乙方严重违约，导致合同目的无法实现。

1. 乙方严重违约事件

下述每一条款所述事件，如果不是由于不可抗力或甲方违约所致，如果有允许的纠正期限而在该期限内未能纠正，即构成乙方严重违约事件，甲方有权立即发出终止意向通知：

（1）乙方的任何声明被证明在做出之时实质不属实，使乙方履行本合同的能力受到严重的不利影响；

（2）乙方因自身原因未在计划时间建设完成项目，超过 6 个月以上的，政府方可以提出提前终止该项目；

（3）未经甲方事先书面同意，乙方连续 5 日或任意一个运营年累计 10 日中止对项目设施的运营；

（4）未经甲方书面同意，乙方出租、转让、抵押或质押特许经营权、项目设施等，且无法恢复原状的；

（5）乙方擅自停业、歇业或未对项目设施进行定期维护、更新改造，而造成重大安全责任事故，严重影响社会公众利益；

（6）乙方未按本合同的约定完成融资交割或融资，且影响合同目的实现的；

（7）乙方根据适用法律进行清算或不能清偿到期债务；

（8）乙方被吊销企业法人营业执照；

（9）乙方未履行本合同项下的义务构成对本合同的违约（上述第（1）项至第（7）项所述情形除外），并且在收到甲方说明其违约并要求补救的书面通知后 60 日内仍未能补救该违约行为；

（10）乙方明确放弃纠正第 64.3 款违约事件；

（11）法律规定的乙方其他严重违约事件。

2. 甲方严重违约事件

下述每一条款所述事件，如果不是由于乙方的违约或由于不可抗力所致，如果有允许的纠正期限而在该期限内未能纠正，即构成甲方严重违约事件，乙方有权立即发出终止意向通知：

（1）甲方的任何声明被证明在做出时在实质方面不正确或不属实，使甲方履行本合同的能力受到严重的不利影响；

（2）甲方未能有效维护乙方特许权的独占性，对乙方的特许权造成严重妨碍；

（3）甲方未履行本合同项下的义务构成对本合同的实质性违约（上述第（1）、（2）项所述情形除外），并且在收到乙方说明其违约并要求补救的书面通知后 60 日内仍未能补救该实质性违约；

（4）在未征得乙方同意条件下，甲方超过 120 个工作日仍未足额付清当期政府补贴；

66.1.3　甲、乙双方就提前终止本合同协商一致。

66.1.4　法律规定或甲、乙双方约定的其他事由。

66.2　提前终止程序

发生提前终止事件时，任何有提前终止意向的一方须向另一方发出终止通知，表述违约事件或不可抗力等的详细情况并给出必要的协商期，协商期最长不超过 90 个工作日。在协商期届满之时，如果甲方与乙方没有达成一致，则提前终止自动生效。

66.3　提前终止补偿

如因以下约定事项而提前终止，甲方应按下表进行补偿：

本合同提前终止之情形	终止补偿金
乙方违约	建设期内终止时，为 A_1–B+E
	运维期内终止时，为 A_2+E
甲方违约	建设期内终止时，为 A_1+B+E
	运维期内终止时，为 A_2+E
不可抗力	（A_3–C–D）/2
法律变更	A_3/2

A_1 为项目已完成投资额，以政府审计确认的结算金额为准（含征地拆迁投入）；

A_2 为乙方尚未收回的可用性付费的现值［以同期湖南省政府一般债券

D10893

票面利率（三年期）为折现率］；

A_3 为经审计的项目公司账面资产净值；

B 为违约责任补偿金，取值为人民币______万元；

C 为发生不可抗力情形时，根据项目合同及相关保险合同约定，乙方（含贷款方）实际获得的保险赔款；

D 为发生不可抗力情形时，因乙方投保不足，导致所获保险赔款无法使项目设施恢复到出险前的正常状态和价值的恢复性建设费用缺额部分（如有）；

E 为终止后根据本合同的约定，乙方应向甲方移交运营维护所需的零部件、备品备件和化学品的合理评估值；

如发生提前终止，甲方须根据合同规定年内分期分批次向项目公司支付补偿金，具体分批次的支付比例及时间进度安排由双方协商，政府方确定。

若甲方不同意进行补偿或对补偿形式或数额有异议或在约定的期限内未予以答复的，双方应及时组织协商，协商期为自乙方发出补偿通知之日起 3 个月。上述协商期结束后 3 个月内，双方仍不能就补偿达成一致的，则按照第二十章约定处理。

乙方应于提前终止生效日______日内，将项目设施全部移交给甲方，甲方收回乙方的特许经营权；移交内容包括但不限于项目前期工作、设计施工、竣工验收（如有）等相关档案资料文本原件一并移交。

第十九章　项目的移交

第 67 条　项目移交

本项目涉及的建设内容及相关配套设施自总监理工程师发出的第一个子项目开工令之日起至第______年移交。

第 68 条　移交范围

68.1　在移交日，乙方应解除和清偿涉及本项目的任何种类或者性质的债务、质押、抵押、留置权、环境污染及其他请求权。将本项目工具、文档、知识产权（若能依法移交给甲方的）等所有权，以及本项目场地、新建设施（是指计入项目总投资和运维成本的全部设施）等无偿移交给政府或其指定机构。

68.2 移交范围内的所有设施（计入项目总投资和运维成本的全部新建设施，下同）、权益应得到维护并处于良好运行状态。项目移交时，应由项目公司各方责任主体组建项目移交工作组，相关部门对移交设施的性能和价值进行核实。恢复性大修后，对性能测试结果不达标的，移交工作组应要求乙方进行恢复性修理、更新重置或提取移交维修保函相应金额。

第 69 条 移交的条件和标准

包括以下两类条件和标准：

69.1 权利方面的条件和标准：项目设施、土地及所涉及的任何资产不存在权利瑕疵，其上未设置任何担保及其他第三人的权利。但在提前终止导致移交的情形下，如移交时尚有未清偿的项目贷款，就该未清偿贷款所设置的担保除外。

69.2 技术方面的条件和标准：项目设施应符合双方约定的技术、安全和环保标准，并处于良好的运营状况，移交后乙方按法律、法规以及相关政策的要求提供保修及维修服务。

第 70 条 移交工作计划

70.1 移交程序

70.1.1 项目的正式移交日期是项目运营期期满之日。乙方至少在项目运营期结束前 150 日提交其移交清单，包括但不限于：建（构）筑物及有关工程设施、设备、备品配件、工具、器材、车辆、电脑软件、档案资料、文字资料、权益等。

70.1.2 乙方至少在移交前 6 个月，向甲方指定机构提交乙方移交工作组成员及其负责人的姓名及其他与移交有关的安排。在收到关于接收工作组及负责人的姓名通知后，甲乙双方共同研究和制定移交工作的执行计划。

70.1.3 在移交日期前 150 日完成有关本项目移交内容的清点和复核工作后，甲乙双方签署“预移交清单备忘录”。在移交之日，乙方与甲方或其授权方正式办理移交手续，签署移交备忘录。

70.2 恢复性大修

70.2.1 乙方在与甲方协商并取得同意的情况下，在移交日前 12 个月对本项目进行一次计划中的恢复性的全面大修，以确保项目设施在移交时

D10893

能够良好的运转。此大修不迟于移交日之前 6 个月完成。

70.2.2　恢复性大修开始时间：约定移交日期前 12 个月；恢复性大修验收时间：约定移交日期前 6 个月。

70.2.3　通过最后恢复性大修，乙方应确保项目设施的所有道路、设备等运行情况良好，性能、工艺参数要求满足现行的国家标准。

70.2.4　移交前 6 个月，双方共同聘请专业质量监督部门对项目公司是否符合良好技术状态出具鉴定意见，以作为移交的依据。如不符合标准，乙方应予以维修直至达标。

70.2.5　如乙方拒绝维修的，由甲方自行或委托第三方进行大修，提取移交维修保函相应金额进行维修，以补偿最后的恢复性大修的费用。

70.2.6　恢复性大修的费用计入运维成本。若恢复性大修中未满足国家相关标准及木合同约定的，乙方须继续完成恢复性大修，并自行承担相关费用。

70.3　人员和人员培训

不迟于移交日前 6 个月，乙方向甲方或政府指定机构提交一份当时乙方雇佣的雇员名单，包括每个雇员的资格、职位、收入和福利待遇等的详细资料。乙方同时将书面说明在移交日之后哪些雇员将可供甲方或政府指定机构聘用。

70.4　缺陷责任期

70.4.1　移交后项目设施的缺陷责任期为移交日后 12 个月。缺陷责任期内，乙方须按国家规定履行保修义务（因接受移交的单位使用不当造成的损坏除外），修复项目设施的任何部分在项目合作期限内出现的任何缺陷或损坏，并提供满足正常运营维护所需要的咨询服务。

70.4.2　甲方或政府指定机构发现任何上述缺陷或损坏后应及时通知乙方。在任何情况下，甲方或政府指定机构必须最迟于缺陷责任期结束前通知乙方。收到该通知后，乙方应尽快修正缺陷或损坏，并可向相关责任主体追偿。

70.4.3　如果乙方在收到甲方上述通知后合理的时间内不能或拒绝修正缺陷，甲方有权自行或请第三方修正上述缺陷。在这种情况下，乙方应为此向甲方支付合理且必要的费用，否则甲方有权从移交履约保函中兑取相应金额以补偿该等费用。

70.5　移走乙方的其他无关物品

除非双方另有约定，乙方应于移交日起 30 日内，自费从本项目场地移走乙方雇员的个人用品以及与本项目的运营、维护和管理无关的物品。若乙方在上述时间内未能移走这些物品，甲方在通知乙方后，有权将该物品予以提存，乙方承担搬移、运输和保管的合理费用和风险。

第 71 条　移交效力

71.1　自移交日起，乙方在本合同项下的特许权即行终止。

71.2　自移交日起，本项目的设施和其他相关权益均无偿转移给甲方或政府指定接收机构。

71.3　自移交日起，由甲方或政府指定接收机构全面负责本项目的运营和维护。

71.4　双方在本合同项下未履行完毕的其他权利和义务应当继续履行。

第 72 条　移交费用

72.1　乙方及甲方或政府指定机构负责各自的因为移交发生的费用和支出。甲方或政府指定机构应自费获得所有的批准并使之生效，并采取其他可能为移交所必需的措施。因移交项目设施产生的税金根据税法规定由纳税义务人承担。

72.2　如乙方在移交期限届满后，仍未按本合同约定办理项目移交的，按逾期天数向甲方支付违约金，并且甲方或政府有权收回项目设施，收回项目设施不免除乙方按本合同第十九章约定的移交义务，以及应承担因维修而造成的经济损失。甲方通知乙方后，甲方有权在移交期履约保函中扣除相应金额，不足部分再向乙方追偿。

第二十章　适用法律及争议解决

第 73 条　适用法律

适用我国法律并按照我国法律进行解释。

第 74 条　争议解决

74.1　协商

凡因执行本合同所发生的或与合同有关的一切争议，在签署合同的任何一方发出争议通知指明争议事项后，双方应首先通过友好协商解决。协

D10893

商条款的编写应包括基本协商原则、协商程序、参与协商人员及约定的协商期限。

74.2 诉讼

协商不能解决的争议，合同任何一方有权在项目所在地法院提起诉讼。

第 75 条 争议期间的合同履行

在发生争议期间，各方对于合同无争议部分应当继续履行，除法律规定或另有约定外，任何一方不得以发生争议为由，停止项目运营。

第二十一章 其 他

第 76 条 通知

本合同项下的通知，通过专人递交、快递、邮寄、传真或电子邮件按下述地址送至或发至对方：

甲方：________________

地址：________________

邮编：________________

收件人：________________

传真：________________

乙方：(相关信息请签约时由乙方负责填充)

地址：________________

邮编：________________

收件人：________________

传真：________________

一方的收件人地址、电传传真号码或电子邮箱若有变更应及时以书面形式通知另一方。下述情况应视为已送达：

1. 如用信件进行任何通信，在由专人递交、快递或邮寄方式（挂号、要求回执）发送至上述地址时；

2. 如用传真或电子邮件形式，在准确发送至上述传真号码或电子邮箱时。

第 77 条　合同构成及优先次序

77.1　合同的构成

组成本合同的文件如下：

1. 本合同正文及全部附件；

2. 中标通知书；

3. 采购文件及补充通知、答疑、澄清；

4. 投标文件及投标文件的澄清、投标承诺书；

5. 技术规范及有关技术资料；

6. 政府方提供的图纸及设计文件变更；

7. 甲、乙双方约定的组成本合同的其他文件；

上述合同组成文件在本合同签署时如未完成或产生的，则自其完成或产生时即自动成为本合同的组成部分。上述文件未约定或有冲突的，以甲、乙双方在履行本合同过程中形成的、经双方书面确认的会议纪要、备忘录、变更和洽商等书面形式的文件为准。

77.2　合同解释的优先次序

第 77.1 款所约定的本合同各组成部分形成一个整体，互为补充和解释；其内容若有歧义，以第 77.1 款所列顺序在前者为准，甲、乙双方另有书面约定的除外。

第 78 条　合同变更与修订

本合同需修订的，按照本合同约定的条件，合同双方可根据社会经济环境、公共产品和服务的需求量及结构等条件的变化，提出修订项目合同申请，待甲方审核同意后执行。

本合同任何修改、补充或变更只有以书面形式并由甲、乙双方授权代表签字方可生效并具约束力。

第 79 条　保密

甲、乙双方同意，合同各方及其雇员、承包商、顾问、代理商均应对本合同及其他各方与本合同的谈判、签订、履行有关的一切商业信息、技术信息、财务信息及其他相关文件、资料、信息、材料等承担保密义务，不得将上述信息透露给任何第三方或公开使用上述信息。

第 80 条　信息披露

为维护公共利益、促进依法行政、提高项目透明度，合同各方有义务按照法律法规和项目合同约定，在约定的时间内向对方或社会披露相关信息。

第 81 条　廉政和反腐

本合同各方应恪守廉洁从政、廉洁从业和防范腐败的责任。

第 82 条　合同文字

本合同以中文订立，正本一式捌份，甲方肆份，乙方肆份，具有同等法律效力。本合同由甲、乙双方各自正式授权的代表签署。双方愿受本合同的法律约束。

第 83 条　合同生效

当本合同满足以下条件时生效：

83.1　本合同经______政府审批。

83.2　完成本项目融资交割。

83.3　本合同自双方签字盖章之日起生效。

甲方：（盖章）____

法定代表人或授权代表（签字）：____________________________

签订日期：______ 年 ______ 月 ______ 日

乙方：____

法定代表人或授权代表（签字）：____________________________

签订日期：______ 年 ______ 月 ______ 日

见证方：____

法定代表人或授权代表（签字）：____________________________

签订日期：______ 年 ______ 月 ______ 日

第五章　公园建设工程PPP项目合同

使用场景：

1. 本合同可适用于公园绿化等项目，包括永久性景区建设和作为景观配套的生产性生态林种植用地建设，如地形整理、绿化园林景观、树木种植、游客中心、景观及配套设施等工程。一般而言，生态林树木种植区内的基础设施在PPP项目建设范围，但生态林树木种植不包括在PPP项目合作范围。

2. 采用BT（建设—移交）模式的PPP项目可参考本项目合同有关约定。

法律要点：

1. 可采用BT模式的合法项目类型有哪些？

在财政部、国家发展和改革委员会、中国人民银行、中国银行业监督管理委员会在2012年12月24日联合下发的《关于制止地方政府违法违规融资行为的通知》（财预〔2012〕463号）中指出，些地方政府违规采用回购（BT）方式举债建设公益性项目。为制止某些地方政府的上述违规行为，上述通知要求“切实规范地方政府以回购方式举借政府性债务行为”。

通知指出：“除法律和国务院另有规定外，地方各级政府及所属机关事业单位、社会团体等不得以委托单位建设并承担逐年回购（BT）责任等方式举借政府性债务。对符合法律或国务院规定可以举借政府性债务的公共租赁住房、公路等项目，确需采取代建制并由财政性资金逐年回购（BT）的，必须根据项目建设规划、偿债能力等，合理确定建设规模，落实分年资金偿还计划。”

依照上述文件内容，政府对可以举借政府性债务的、确需采取代建制并由财政性资金逐年回购的公共租赁住房、公路等项目，可以合法采用BT模式。

2.BT模式下，社会资本方与专业运营商的区别是什么？

依据财政部《PPP合同指南（试行）》，专业运营商在PPP项目运作过程中扮演一定的角色：

根据不同PPP项目运作方式的特点，项目公司有时会将项目部分的运营和维护事务交给专业运营商负责。但根据项目性质、风险分配以及运营商资质能力等不同，专业运营商在不同项目中所承担的工作范围和风险也会不同。

D10894

在一些采用政府付费机制的项目中，项目公司不承担需求风险或仅承担有限需求风险的，可能会将大部分的运营事务交由专业运营商负责；而在一些采用使用者付费机制的项目中，由于存在较大需求风险，项目公司可能仅仅会将部分非核心的日常运营管理事务交由专业运营商负责。

BT 模式下，项目建设完成后便启动移交程序，项目公司无须负责经营事务。因此，社会资本方不必承担运营商的角色。

文本正文：http://www.fatianshi.cn/D10894

公园建设工程 PPP 项目合同

第一章　总　　则

1. 本项目通过谈判程序确定 ____________ 公司为本次合作的合作相对方。合作相对方单独或与合作相对方引入的战略投资机构共同出资设立具有独立法人资格的合作公司，由合作公司与建设单位共同出资建设本项目，合作相对方对本协议约定合作公司的出资义务承担连带责任。本项目建设内容以建设单位提供的设计施工图和工程量清单为准。建设单位执行合作事务，承担勘探、设计、监理等机构的委托，按照本协议约定承担出资部分建设资金和监理费，并以其名义建设、管理本项目。

建设单位、合作公司共同作为发包方与 ____________ 公司签署《建设工程施工合同》，确定由 ____________ 公司进行本项目工程施工。本项目工程建安费以 ____________ 省园林工程定额及 ____________ 省和市或其相关部门的配套文件为依据，税前下浮 ______% 后经市审计局审定的为准。本项目由合作公司代建设单位支付的勘察和设计费以及经建设单位定价的材料设备苗木价格不下浮。建设单位与合作公司以本项目建安费预算及工程量清单为依据，按本协议约定的建设单位按建安费预算总额的 ______%、合作公司按建安费预算总额的 ______% 出资比例及《建设工程施工合同》约定的进度款支付比例分别向施工方支付工程进度款。

合作双方同意，如工程没有变更，因材料、人力资源价格上涨、管理成本上升等导致建设单位与合作公司建安费超出预算额的部分，建设单位与合作公司按本协议约定的建设单位按建安费预算总额的 ______%、合作公司按建安费预算总额的 ______% 出资比例补充投资。如本项目因工程变更及或经合作相对方同意的增加工程致建设单位与合作公司的投资额超出建安费预算额的，投资额超出合作公司承担 ______ 亿元出资的部分，由合作公司与建设单位按各 50% 的比例补充投资。合作相对方对合作公司投资及补充投资义务承担连带责任。

自本项目工程竣工验收合格或施工方应建设单位书面要求交付已完工工程之日（以先到时间为准，下同），合作相对方退出合作，待本项目结算审计完毕后，建设单位向合作相对方收购合作公司全部股权。合作相对方退出合作后至合作公司股权转让至建设单位前，合作公司需保持合法存续状态，且不得进行任何经营、投资行为。合作相对方退出合作后，本项目所有投资建成的资产归建设单位所有。建设单位按本协议约定向合作相对方支付收购款，公园景区的收入作为建设单位支付收购款的来源之一。

在本项目建设过程中，合作公司因融资需要可以引入战略投资机构，建设单位允许该战略投资机构持有合作公司部分股权。除建设单位指定的收购方和本项目建设期间合作相对方引入的战略投资机构之外，合作相对方不得以任何形式或理由向建设单位以外的第三人转让合作公司股权及转让转让合作公司资产。合作公司和合作相对方不得将合作公司资产或股权进行质押或其他任何形式的担保。

*条文批注：项目采取 BT 模式。

在公用事业领域，BT 是英文 Build（建设）和 Transfer（移交）的缩写形式，可以用于缓解基础设施建设面临的建设资金短缺问题。

在传统的基础设施建设中，政府是出资人，也是建设、维护的具体实施人。而在 BT 模式下，政府并非直接的出资人、建设者，而是将基础设施的出资建设任务交由项目公司负责。项目公司将经验收合格的竣工项目移交给政府，政府按约定的回购期限分期向其支付回购款。

通常在工程项目 BT 回购协议中，双方约定“自项目竣工验收后 ______ 年内，由甲方分期支付回购资金，即 ______ 年 ______ 月前甲方完成项目回购款支付。”

2. 本协议中合作相对方、施工方的相关要求及责任根据本协议所约定

D10894

的事项划分。

第二章　定义与释义

第 1 条　定义

在本协议中，下述表述具有下列含义：

（1）本协议：指建设单位与合作相对方就市公园项目工程签订的《PPP 合作协议》，包括附件以及日后可能签订的任何《PPP 合作协议》之补充协议和附件，上述每一文件均被视为并入本协议。

（2）本项目：指本协议下所涉及的市公园项目工程和生态林种植工程中基础设施工程的投资、建设、管理。本项目实施不包括公园项目中生态林的种植，生态林的种植由建设单位与 ____________ 公司另行协商并签订合同。

（3）当事人：指建设单位和本协议相关方，包括合作相对方、合作公司和施工方。

（4）建设单位：按照立项文件确定的本项目建设主体单位，其全称是____________。

（5）合作相对方：指经过谈判程序被建设单位选定的本项目工程 PPP 合作的相对方，在本协议中即为 ____________ 公司，合作相对方按约定出资设立与建设单位共同投资建设本项目的具有独立法人资格的合作公司，同意建设单位以其名义建设、管理本项目，项目建成后同意建设单位收购合作公司全部股权并有权获得收购款的当事人。

（6）合作公司：指由合作相对方单独或其与战略投资机构共同出资设立的具有独立法人资格的、与建设单位共同实施本项目的有限责任公司。以建安费预算额为限、按本协议约定的比例向施工方支付工程进度款，在建设单位与合作公司的投资额达到建安费预算额后，与建设单位按本协议约定承担投资额不足支付建安费用部分的补充投资义务、向施工方支付工程进度款的当事人。

（7）施工方：经谈判确定的负责本项目施工及保修等义务的当事人，本协议中即为 ____________ 公司。

（8）监理人：受建设单位委托，负责本项目监理工作的法人机构。

（9）债权人：为合作公司提供贷款、融资或再融资的所有当事人或实体，包括其各自的继承人及受让人。

（10）建设单位投资额：指建设单位按本协议约定，按本项目建安费预算的 15% 承担的建设资金。

（11）建设单位补充投资额：建设单位与合作公司的投资额达到建安费预算额后，如因材料、人力资源价格上涨、管理成本上升等导致建安费超出预算额的部分，建设单位按 ______% 的比例补充投资；如因工程变更及或经合作相对方同意的增加工程导致投资额超出合作公司承担 ______ 亿元出资的部分，由建设单位按 50% 的比例补充投资。建设单位因合作相对方拒绝承担本项目增加工程补充出资时所承担的工程建设资金。

（12）合作公司投资额：指合作公司按本协议约定，按本项目建安费预算的 ______% 承担的建设资金，及合作公司根据建设单位书面通知承担的本项目勘察、设计费。

（13）合作公司补充投资额：指在建设单位与合作公司的投资额达到建安费预算额后，如因材料、人力资源价格上涨、管理成本上升等导致建安费超出预算额的部分，合作公司按 ______% 的比例补充投资；如因工程变更及或经合作相对方同意的增加工程导致投资额超出合作公司承担 ______ 亿元出资的部分，由合作公司按 50% 的比例补充投资。如因增加工程导致合作公司补充投资的，增加工程须经合作相对方书面同意，否则合作公司有权拒绝补充投资。

（14）合作公司实际累计出资额：指合作公司向本项目投入的资金，包括合作公司投资额及合作公司补充投资额。本协议约定，除合作相对方一致同意，否则合作公司因本项目工程建设承担的出资不超过 ______ 亿元。

（15）固定回报：指合作相对方退出合作后可获得的回报。固定回报以经市审计局审定的合作公司实际累计出资额为基数，结合本协议所载明的年回报率计算。

（16）年回报率：指经谈判后确定的、计算年固定回报的比例，本协议约定年回报率为 ______%。

（17）收购款：指建设单位或其指定的第三方收购合作公司全部股权时，合作相对方根据本协议可获得的合作公司实际累计出资额、固定回报、建设期利息及收购期利息。

D10894

（18）分期工程：双方约定本项目工程根据规划分为若干期工程分别实施，每期工程即为本协议分期工程。本项目分期工程分别实施，分别回购。

（19）建安费：指在本项目工程竣工验收合格或施工方应建设单位书面要求交付已完工工程（以先到时间为准）后，按本协议约定结算方法税前下浮______% 后经市审计局最终审定的本项目建筑安装费。

（20）勘察及设计费：指合作公司根据建设单位书面通知，向建设单位或其指定收款单位支付的本项目勘察和设计费用。但建设单位要求合作公司支付的勘察及设计费须以建设单位根据《工程勘察设计收费管理规定》（计价格〔2002〕10 号）与勘察、设计单位签订的勘察、设计委托合同为准。

（21）分期工程建设期利息：每计量月分期工程的建安费由建设单位计量，以合作公司承担的分期工程建安费用为计算分期工程建设期利息的基数，自合作公司支付之日起，计至该分期工程的建设期届满之日止，每年计算出由合作公司承担建设费用应得的利息。

（22）建设期利息：各分期工程建设期利息之和。

（23）勘察、设计费建设期利息：以合作公司按照建设单位要求支付的勘察设计费为基数，自合作公司支付之日起计至本项目计划工期届满之日或建设单位付款之日（以先到时间为准）止的利息之和。

（24）收购期利息：收购期利息以经市审计局审定的合作公司实际累计出资额为基数，按协议约定的计算方法而得到的利息。

（25）竣工验收：本项目符合竣工验收条件后，施工方向建设单位提出竣工验收申请，经建设单位确认后由其组织设计、监理、施工、管养、质量监督机构、建设行政主管部门等相关单位对本项目进行竣工验收。若本项目工程因建设单位未完善审批程序等原因无法组织竣工验收，则建设单位参照工程竣工验收的程序并按本项目工程质量标准组织验收，通过验收后即视为工程验收合格。

（26）分期工程验收：分期工程完工后，施工方书面向建设单位提出验收申请后，由建设单位组织按照分期工程质量标准，并参照工程竣工验收程序实施的工程验收行为。

（27）工程交付之日：工程交付必须在本项目工程按照验收规范及程序验收合格后______个工作日内双方履行交接手续之日。若建设单位要求提前使用的，则开始使用之日即为工程交付日。

（28）合作期：指本项目建设单位与合作相对方的合作期限，即本项目工程计划工期。如因工期延长，则合作期限顺延至工程通过竣工验收或交付使用之日。

（29）收购期：指本项目工程竣工验收合格或施工方应建设单位书面要求交付已完工工程之日起至建设单位支付最后一笔收购款之日止的期间，本项目收购期为______年。

（30）自然季度：本协议下每公历年分为四个自然季度，第一个自然季度为 1 月、2 月、3 月；第二个自然季度为 4 月、5 月、6 月；第三个自然季度为 7 月、8 月、9 月；第四个自然季度为 10 月、11 月、12 月。

（31）不可抗力：指协议当事人均不能预见、不能避免、不能克服的任何事件，本协议项下的不可抗力具体包含以下内容：

①战争、敌视或战争行为（无论是否宣战），侵略、外敌入侵以及内战；

②叛乱、变革、暴动、兵变、国民军或政府的篡权、阴谋、骚乱、内乱、恐怖行动；

③由政府或实际权力机构或统治者进行的或命令进行的没收充公、国有化、动员、征用等或由地方或国家政府机构采取的其他成与未成的行动；

④罢工、故意毁坏、封闭工厂、禁运、进口限制、港口拥塞、缺乏正常的公共运输和通信的手段、工业争端、船只失事、电力供应短缺或限制、流行病、检疫、瘟疫；

⑤地震、滑坡、火山爆发、火灾、洪涝灾害或潮汐、台风或旋风、飓风、风暴、闪电、或其他险恶的气候条件、原子核及压力波，或其他自然灾难。

（32）法律变更：指在本协议生效日期后，中国任何政府部门颁布、修改、废除或重新解释任何适用法律、法规、政策，导致：

①项目融资、设计、建设和移交要求发生变化；

②环境保护法律的变化增加工程的投资成本。

D10894

（33）融资文件：指与项目建设融资相关的贷款协议、担保协议、保函、外汇套期保值协议和其他文件，但不包括与股权投资者的认股书或股权出资相关的任何文件。

（34）工作日：指中国法定节假日以外的公历日。

（35）批准：指根据本协议的规定为项目进行融资、设计、建设以及 / 或移交而需从政府部门获得的许可、执照、同意、授权或批准。

（36）适用法律：指所有适用的中国法律、法规、规章和政府部门颁布的所有技术标准、技术规范以及所有其他适用的强制性要求。

（37）违约：指本协议签约任何一方未能履行其在本协议项下的任何义务，而且这种违约不能归咎于另一方违反本协议的作为或不作为或不可抗力等。

（38）政府部门：指国务院、江苏省、市人民政府及其管辖部门。

第 2 条　释义

2.1　在本协议中，除非另有明确规定，下述词语的释义如下：

（1）“日”“月”“年”均指公历的日、月、年，本协议如对“日”无特殊声明，均为公历日；

（2）“当事一方”按适用情况分别指建设单位、合作相对方、施工方、合作公司；包括其各自承继人和允许的被让与人或受让人；

（3）除非上下文另有所指，“元”指人民币的元。

（4）“包括”指包括但不限于。

（5）“通知”指书面形式的通知，书面形式包括：公文、公函、快递信件、电报、传真、电子数据。

（6）任何条款、段、附表或附件指本协议的条款、段、附表或附件。

（7）除特别约定外，本协议中的“n”均指代自然数 1，2，3，…，n。

2.2　与本项目有关的其他合同及协议，如融资协议、建设工程施工合同、工程监理合同、设备及材料供应合同等均应以本协议的条款为基础。如其他合同及协议与本协议有冲突，均应以本协议为准。

2.3　本协议内涉及的利率计算方式均指单利。

2.4　本协议内标题仅供参考之便而设。

第三章　项目合作模式

第 1 条　项目概况

____________公园坐落于____________。

本项目分为____________工程等若干个分期工程组织施工，每个分期工程的划分、施工内容及范围以建设单位提供的设计施工图和工程量清单为依据，由建设单位与合作相对方共同确定。

第 2 条　项目合作内容

2.1　合作相对方出资设立具有独立法人资格的合作公司，由合作公司与建设单位共同具体实施本项目。合作公司承担本项目出资以 ______ 亿元为上限，合作相对方对合作公司承担出资义务承担连带责任。建设单位执行合作事务，自行委托勘探、设计及监理等机构，按照本协议约定承担出资部分建设资金和监理费，并以其名义建设、管理本项目。

本项目工程建安费以____________省园林工程定额及____________省和市或其相关部门的配套文件为依据，税前下浮 ______% 后经市审计局审定的为准。本项目由合作公司代建设单位支付的勘察和设计费以及经建设单位定价的材料设备苗木价格不下浮。

建设单位、合作公司与 ______ 公司共同签署《建设工程施工合同》，确定由 ______ 公司承担本项目施工任务。建设单位与合作公司以经合作双方共同确认的施工方已完工程量计算建安费、按本协议约定的建设单位 ______%、合作公司 ______% 比例分别向施工方支付工程进度款。建设单位与合作公司的投资额达到建安费预算额后，若本项目工程因材料、人力资源价格上涨、管理成本上升等导致建设单位与合作公司建安费超出预算额的部分，合作公司按 ______% 的比例补充投资，建设单位按 ______% 的比例补充投资；如因工程变更及或经合作相对方同意的增加工程导致投资额超出合作公司承担的 ______ 亿元的出资部分，由建设单位与合作公司各按 50% 的比例补充投资。合作相对方对合作公司补充出资义务

D10894

承担连带责任。

> * 条文批注：依据谈判方式确定社会资本方的项目可依情形变更项目内容。
>
> 依据《政府和社会资本合作项目政府采购管理办法》第 4 条规定，PPP 项目采购方式包括公开招标、邀请招标、竞争性谈判、竞争性磋商和单一来源采购。项目实施机构应当根据 PPP 项目的采购需求特点，依法选择适当的采购方式。
>
> 公开招标主要适用于采购需求中核心边界条件和技术经济参数明确、完整、符合国家法律法规及政府采购政策，且采购过程中不作更改的项目。采用竞争性谈判或者竞争性磋商采购方式的，项目采购文件除上款规定的内容外，还应当明确评审小组根据与社会资本谈判情况可能实质性变动的内容，包括采购需求中的技术、服务要求以及项目合同草案条款。

本协议明确，施工方没有违约，且未经合作相对方同意，建设单位将本项日工程或其单项工程委托给其他施工单位施工，则合作公司中止承担投资义务。若建设单位在 ______ 日内无法就解决另行委托施工与合作相对方达成协议，则本协议终止。

自项目工程竣工验收合格或施工方向建设单位交付已完工工程之日（以先到时间为准），合作相对方退出合作。本项目建安费结算审计完毕，待建设单位支付最后一笔收购款后，合作相对方向建设单位转让合作公司全部股权。合作相对方退出合作后至合作公司股权转让至建设单位前，合作公司需保持合法存续状态且不得进行任何经营、投资行为。合作相对方退出合作后，本项目之项目设施归建设单位所有。建设单位按分期工程根据本协议约定分 ______ 年向合作相对方支付分期工程收购款。

合作公司股权转让至建设单位前，合作公司需保持合法存续状态且不得进行本项目合作范围以外的任何经营、投资行为，合作公司不得为本项目建设以外的目的对外借贷、融资，不得处置本项目资产，不得将本项目资产或 / 和合作公司股权进行转让、抵押或其他任何形式的担保。

2.2　本项目分期工程的建设期按计划工期，分期工程建设期分别自本项目监理单位发出分期工程开工通知之日起计。分期工程收购期为 ______ 年，自本项目分期工程通过验收或施工方应建设单位书面要求交付已完工分期工程之日（以先到时间为准，下同）起算。

第 3 条　合作公司的组建及义务

3.1　本项目要求合作相对方自签订本协议之日起 ______ 日内完成合作公司组织机构的组建，合作公司性质为有限责任公司，合作公司认缴注册资本不低于人民币 ______ 万元，首次实缴注册资本不低于 ______ 万元，其余在 ______ 个月内分期注入完毕。建设单位或其委托单位有权对设立合作公司进行监督。

3.2　合作公司的注册应符合相关法律、法规的要求。合作公司的注册资本只能用于本项目工程建设，且随时接受建设单位或其委托单位的监督检查。

3.3　合作公司可自行对外融资，建设单位或其委托单位有权要求合作公司按照约定及时足额出资。

3.4　合作公司应设置与拟建工程规模相适应的组织机构，配备技术、财务、管理人员。

3.5　合作相对方应在合作公司成立后，督促合作公司形成决议，向建设单位出具履行本协议规定的由合作公司承担的责任和义务的确认函。

3.6　合作公司不按本协议规定履行义务以及由此引起的全部责任由合作相对方承担。

合作相对方承诺对合作公司按本协议约定的合作公司出资义务承担连带责任。

3.7　合作公司的主要管理人员应由合作相对方委派，且必须满足本项目建设管理的要求。

3.8　合作公司与聘用人员签订劳动合同时，必须注明双方的劳动关系在合作公司的股权被全部转让至建设单位之日前十天自动终止，且合作相对方承担因此产生的终止劳动关系补偿。合作公司聘用人员的工资及福利支出不计入本项目收购款。

3.9　合作公司不得从事本项目以外的投资与经营，合作公司不得为本项目建设以外的目的对外借贷、融资，不得处置本项目资产，不得将本项目资产进行转让、抵押或其他任何形式的担保。

第 4 条　合作事务的执行

4.1　建设单位为合作事务执行方，享有本项目建设、管理权。

D10894

4.2 建设单位承担本项目下的所有前期工作，包括：项目立项、工程地质勘察、设计文件编制、编制项目预算与监理选择等方面工作，上述工作的费用由建设单位承担。但本项目勘察和设计费用由合作公司代建设单位支付，合作公司承担后，纳入合作公司出资总额。如合作公司终止投资本项目，且勘察和设计费尚未支付完毕，则合作公司不再代建设单位支付未支付的勘察及设计费，已支付的勘察和设计费纳入本项目收购款总额予以回购。

4.3 项目建设过程中的工程造价、监理等中介机构的委托均由建设单位负责，费用由建设单位承担。

4.4 建设单位与合作相对方应按本协议约定履行义务，否则违约方须承担由此引起的全部责任。

第四章 合 作 内 容

第 1 条 土地

建设单位根据项目分期工程施工进度向施工方一次性提供分期工程建设用地，且本项目工程施工所需的临水、临电及通道由建设单位接通至本项目工程施工建设用地边缘（下同）。本协议签订后 ______ 日内建设单位向施工方提供 ______ 工程全部建设用地，在 ____________ 程计划工期结束前 ______ 个月向施工方提供二期分期工程的建设用地，后续分期工程建设用地在前期分期工程完工前一个月或更早时间提供给施工方。

若因建设单位提供用地时间延迟，则本项目工程及各分期工程工期顺延。

若建设单位无法提供分期工程建设用地，且逾期提供建设用地超过 ______ 天时，建设单位应当对无法提供建设用地的工程按甩项处理，否则合作公司有权终止该分期工程后续工程投资，且不视为合作公司违约。

第 2 条 资金投放

2.1 合作公司设立后可自行融资，但须在每月实际工程量审核确定后 ______ 日内按本协议约定承担进度款比例及《建设工程施工合同》约定进度款支付比例向施工方支付工程进度款。建设单位同样应根据本项目建设的工程进度备足资金并按时向施工方作出支付。

因材料、人力资源价格上涨、管理成本上升等导致建安费超出预算额的，超出部分合作公司仍承担 ______% 的补充投资。如因工程变更或经合作相对方书面同意后增加工程，导致建设单位与合作公司的投资额超出合作公司承担 ______ 亿元出资的，超出部分由双方按各 50% 的比例补充投资。

2.2　在完成全部工程量清单工程之前，合作公司银行账户上每月 ______ 日保留不少于人民币 ______ 万元资金作为流动资金，但本项目非合作相对方、合作公司、施工方原因导致停止施工期间，合作公司账户流动资金不受限制。

2.3　建设单位与合作公司以建安费预算额为限、按本协议约定的比例分别向施工方支付工程进度款。补充投资按本协议约定履行。

2.4　合作公司向分期工程投入建设资金前，各分期工程须已完成工程预算书编制，出具工程量清单，且合作相对方和建设单位共同确认分期工程预算。如合作相对方与建设单位未就分期工程中单位工程预算达成一致，则合作公司暂停对该单位工程投资，施工方暂停对该单位工程施工。

第 3 条　融资

3.1　合作公司可以自行融资，或以建设单位提供的收购款支付保障条件等对外融资，用于本项目建设，但不得以本项目在建工程抵押融资。

3.2　在项目工程竣工验收前，合作相对方可集约包括本项目在内的多个项目发行公司债券，但合作相对方须在集约本项目发行债券前向建设单位提交相关材料并征得建设单位的书面同意。

3.3　合作相对方可以利用自有资金或其他合法融资渠道，筹集本项目中合作相对方对合作公司的出资，并于约定时间前将出资划转至合作公司银行账户中。

3.4　合作相对方不得将本项目资产对外设立任何形式的担保或再担保。

第 4 条　工程资金监管

为了促进本项目的顺利实施，管好用好建设资金，提高资金使用效率，不发生挪用、转移资金的现象，确保项目资金专款专用，特制定如下监管措施：

（1）合作公司应开设本项目合作公司专用银行账户，本项目所有收入支出必须通过本专用银行账户反映，并开通网上银行业务。合作相对方未经建设单位同意，不得以任何方式使用合作公司银行账户的资金用于其他项目用途。

建设单位有权随时监督合作公司专用银行账户的收入支出情况，有权在发现合作公司违反本协议约定使用合作公司专用银行账户资金时要求合作公司在5日内予以纠正。

（2）建设单位与合作公司共同审核施工方提供的合同（协议）、月建安费计量和发票（收据）等资料是否用于本项目工程建设，对该项目以外的款项，建设单位有权拒绝支付。

（3）建设单位、合作公司按照建设单位、合作公司与施工方签订的施工合同有关条款约定，及时向施工方支付工程进度款，不得无故拖欠。建设单位和合作公司中任何一方无故逾期支付工程进度款超过 ______ 天时，守约一方有权要求中止本协议，至违约方纠正违约行为。逾期支付超过 ______ 天且累计拖欠额达违约一方按约定应支付分期工程进度款的 ______% 时，守约方有权解除本协议。

（4）施工方向建设单位及合作公司申报进度月报表，经建设单位与合作公司共同审批后，建设单位与合作公司按投资比例向施工方支付工程进度款。合作公司以补充投资资金支付的工程进度款须经建设单位和合作公司共同审批后，再由合作公司进行支付，否则合作公司支付的该进度款不计入补充投资额。

第5条　施工

5.1　建设单位提供分期工程设计施工图、工程量清单，并就单价和总价与合作相对方及施工方商定，且签订施工合同后，施工方应在收到建设单位发出的进场通知书后 ______ 个工作日内，按施工进度计划表组织施工队伍进场。

如果出现不可抗力情况或取得建设单位的同意，施工方应在不可抗力情况结束后 ______ 个工作日内，或在取得建设单位同意后 ______ 个工作日内，修订施工进度计划表，并在上述期限内上报建设单位。

5.2　合作相对方应自行或敦促施工方按照建设单位提供的施工图纸及《建设工程施工合同》约定的进度组织施工，建设单位会同合作公司负责工程施工的管理工作，包括设计图会审、交底、建设进度监控、质量安全监督、重大技术变更等，确保本项目按质按期顺利完成。

5.3　建设单位与合作公司共同确认每月建安费后，须根据《建设工程施工合同》向施工方支付建设费用。

第 6 条　工程质量

本工程需达到工程质量标准见附件。

第 7 条　工程结算

工程结算方式见附件。

第 8 条　交付及视为交付

8.1　工程竣工验收合格或建设单位书面要求施工方交付已完工分期工程之日，施工方应将验收合格的工程或者建设单位要求移交的分期工程交付给建设单位。在合作公司股权转让给建设单位时，合作公司应将债务、税金及利息清偿完毕，否则，建设单位有权拒绝或终止支付收购款，直至该义务完全履行之日止。

8.2　建设单位在项目工程未经验收或验收未通过之前不得使用。建设单位使用上述未经验收或未通过验收的项目工程，视为接收该工程，自建设单位接收本项目之日起开始进入收购期。

第五章　退出及收购

第 1 条　收购

自项目工程竣工验收合格或施工方向建设单位交付已完工本项目全部工程之日，合作相对方退出合作，待本项目结算审计完毕后，建设单位向合作相对方收购合作公司全部股权。合作相对方退出合作后至合作公司股权转让至建设单位前，合作公司需保持合法存续状态且不得进行任何经营、投资行为。合作相对方退出合作后，本项目之项目设施归建设单位所有。分期工程交付给建设单位后，建设单位按分期工程并按本协议分 ______ 年向合作相对方支付分期工程收购款。

第 2 条　收购款的计算

2.1　收购款

收购款＝合作公司实际累计出资额＋投资回报＋建设期利息＋回购期利息

D10894

（1）固定回报。

固定回报指合作相对方退出合作后，建设单位按以下计算方法计算并向合作相对方支付的约定回报。

首期固定回报 = 合作公司累计出资额 ×3%，之后每期应支付的固定回报 =（合作公司实际累计出资额－建设单位累计已支付收购款）×3%。

合作公司实际累计出资额 = 合作公司投资额 + 合作公司补充投资额

（2）建设期利息。

建设期利息为各分期工程建设期利息及勘察设计费建设期利息之和。

分期工程建设期利息以由合作公司按月支付的分期工程建安费用及中国人民银行公布的一年至三年（含三年）期同期银行贷款基准年利率计算，计至分期工程约定建设期届满之日的利息之和。若分期工程计划工期不足一年的，以中国人民银行公布的同期同档贷款利率计算建设期利息。勘察、设计费建设期利息以合作公司代建设单位支付的勘察设计费用及中国人民银行公布的一年至三年（含三年）期同期银行贷款基准年利率计算，计至本项目计划工期届满之日（建设单位付款之日）的利息之和。

因建设单位原因导致计划工期不超过一年的分期工程建设期延长并超过一年，则按照中国人民银行公布的一年至三年（含三年）期同期贷款利率计算建设期利息。若因建设单位原因导致本项目工期超过三年，则按中国人民银行公布的三年至五年（含五年）同期贷款利率计算勘察设计费建设期利息。若因合作相对方、合作公司的原因导致建设期延长，则延长期间不计算建设期利息。

分期工程建设期利息的计息期为该分期工程的合同建设期。若因建设单位原因导致建设期延长或者缩短，则按实际建设期及对应分期工程约定中国人民银行公布的同期银行贷款基准年利率计息。若因合作相对方、施工方原因导致建设期延长，则按分期工程合同建设期计息。经建设单位确认后的分期工程建安费利息和勘察设计费建设期利息于每年 1 月 15 日前予以支付，如最后一期建设期利息支付时间迟于最后一期收购款支付时间，则该建设期利息随最后一期收购款支付。

（3）回购期利息。

回购期利息＝利息计算基数 × 利率 × 计息期间

利息计算基数＝合作公司实际累计出资额－建设单位累计支付的收购款

利率以中国人民银行公布的一年至三年期银行贷款基准年利率为准。

计息期间为建设单位实际占用利息计算基数的期间。

＊条文批注：非经营项目投资的主要回报方式。

依据上述条款，在本项目中，社会资本方投资的主要回报是投资回报＋建设期利息＋回购期利息。除这一回报模式外，为收取非经营项目投资回报，可以将非经营性项目与其他经营性项目或非经营性项目或者相关资源开发权加以捆绑，通过“以丰补欠”的方式实现项目的整体资金平衡和风险控制。准确的来说，政府可以赋予社会资本方与项目相关的土地和物业的开发权。即“地铁物业”“商品房用地配套保障房”“交通项目搭配沿线土地开发”模式。

《PPP 项目合同指南（试行）》指出：“在付费机制项下，通常还要根据相关法律法规规定、结合项目自身特点，设路合理的定价和调价机制，以明确项目定价的依据、标准，调价的条件、方法和程序，以及是否需要设路唯一性条款和超额利润限制机制等内容。”

作为对上述内容的完善，《基础设施和公共服务领域政府和社会资本合作条例》（征求意见稿）第 17 条规定：“合作项目协议中应当约定，社会资本方的收益根据合作项目运营的绩效进行相应调整。由使用者付费或者政府提供补助的合作项目，合作项目协议应当载明价格的确定和调整机制；依法实行政府定价或者政府指导价的项目，按照政府定价或者政府指导价执行。”如果条例在定稿实施时没有变更上述第 17 条规定，那么无论是经营性项目、准经营性项目亦或是非经营性项目，PPP 项目合同中均应写明社会资本方的收益随着项目运营的绩效而波动，并且载明经营收费价格、政府补助价格的确定和调整机制，依法实行政府定价或者政府指导价的项目除外。

2.2　合作相对方因收取收购款所发生的各种税费应由合作相对方承担，包含在固定回报当中，不单独计取。

2.3　本协议约定合作相对方通过其设立的合作公司与建设单位共同出资建设本项目，并由建设单位或其指定的第三方收购合作公司股权方式实

D10894

现项目回购，合作相对方也据此收回投资及获得收益。如因建设单位指定第三方为国有公司，合作相对方为非国有控股的上市公司，按照国有企业并购非国有企业资产的相关规定，建设单位或其下属子公司在收购合作公司股权时须对合作公司股权价值进行评估。三方特别约定，合作公司股权评估价值作为建设单位或其下属子公司收购合作公司股权的程序，其结果作为合作公司股权转让的参考，建设单位或其下属子公司须按本协议约定的收购款向合作相对方支付。

第 3 条　收购款的支付

3.1　收购款按分期工程分别结算和支付，即分期工程验收合格后，建设单位按照合作公司实际累计投入分期工程的建安费，分 ______ 年支付分期工程收购款。

分期工程首期收购款为合作公司实际累计投入分期工程的建安费的 ______%，加上当期建设单位应支付的收购期利息。分期工程首期收购款于本项目分期工程完工或施工方应建设单位书面通知交付分期工程之日（以先到时间为准，下同）起的一个月内支付。

分期工程第二期收购款为合作公司累计投入分期工程的建安费的 ______%，加上当期建设单位应支付的收购期利息。分期工程第二期收购款于本项目分期工程验收合格或交付分期工程之日届满一年的次日起 ______ 个工作日内支付。

分期工程第三期收购款为合作公司实际累计投入分期工程的建安费的 ______%，加上当期建设单位应支付的收购期利息。分期工程第三期收购款于本项目分期工程验收合格或交付分期工程之日届满两年的次日起 ______ 个工作日内支付。

包含在收购款中的建设期利息及投资回报按本协议特别约定由建设单位另行支付。

建设单位支付以上每期收购款时，建设单位须应合作相对方书面要求将收购款支付至合作相对方或其指定单位银行账户。

3.2　鉴于本项目分期工程进入收购期之日起至建安费审核确定之日存在时间差，故在本项目分期工程进入收购期之日起至建安费审核确定之日止，建设单位以经其与合作公司共同确认合作公司承担的分期工程投资额、补充投资额，并以合作公司承担分期工程的出资额为基数计算分期工程的收购期利息，按本协议约定的收购款计付办法向合作相对方预付分期工程收购款，差额在合作公司实际累计出资额审计确定后最近的一期分期工程收购款中调整。

建设单位或其委托收购本项目分期工程并支付分期工程收购款的第三方不得以合作公司股权尚未转让为由延迟支付构成收购款的分期工程收购款。

3.3　本项目工程分期建设，建设单位与合作相对方特别约定，若建设单位逾期对已完工且验收合格的分期工程按本协议约定计算并支付收购款，逾期 ______ 天内，合作相对方有权要求建设单位或其指定的收购方纠正违约行为。逾期超过 30 天的，则合作相对方有权退出本项目合作，合作公司要求施工方终止施工。

3.4　建设单位逾期支付分期工程收购款，每逾期一天，按应付收购款金额的万分之五支付违约金。如违约金不足以补偿合作公司损失的，不足补偿的损失部分由建设单位承担。

3.5　若因合作相对方及合作公司出资不到位、出资不及时导致分期工程停工或延期，每延期一天合作相对方及合作公司按应付出资款金额的万分之五向建设单位支付违约金。如违约金不足以补偿建设单位的损失，不足补偿的损失部分由合作相对方承担。

3.6　鉴于 ______ 公司根据《____________ 销售合同》及该合同《补充协议》约定代建设单位支付 ______ 元苗木采购款，若建设单位未按《____________ 销售合同》及该合同《补充协议》及时向东台公司偿还代支付的苗木采购款，则合作公司有权中止本项目投资。若建设单位逾期支付该款项达 ______ 天，则合作相对方有权终止本协议。

第 4 条　其他费用

建设单位还须支付因建设单位不按照本协议约定履行义务，合作相对方可以取得的损失赔偿总和，减去因合作相对方、合作公司及 / 或施工方违反约定义务而由建设单位从收购款中直接扣减的违约金或损失。如产生此项费用，则于支付最后一期收购款时一并支付。

第 5 条　支付程序

5.1　收购款的支付程序：建设单位将分期工程收购款支付给合作相对

方，必须按本协议所确定的时间和金额到达合作相对方书面指定收款的银行账户，并以建设单位委托银行开具的转出凭证为准。

5.2　合作相对方每次收取建设单位支付的股权转让款时，应向建设单位出具收款凭证。

第 6 条　因本项目建设产生的对外债务

6.1　施工方因本项目建设而产生的债权债务关系与本合作无关。

6.2　在建设单位收购合作公司股权时，合作相对方应督促合作公司清偿合作公司全部债务，否则建设单位不予收购合作公司股权，其产生的损失由合作相对方承担。若建设单位在支付最后一笔收购款时发现合作公司在股权转让前仍有未清偿的其他债务，则该债务由合作相对方承担，建设单位有权要求合作相对方在收到书面通知之日起 ______ 日内清偿完毕。否则，建设单位中止支付收购款。

第 7 条　收购款支付的保障

7.1　本协议签订后，合作公司开始投资本项目 ______ 分期工程前，建设单位须委托市资产经营有限公司为 ______ 工程收购款支付提供连带责任保证。

7.2　建设单位承诺在 ______ 年底前取得 ______ 区内不少于 ______ 亩土地的合法建设用地手续，且建设单位能以该地块的建设用地使用权向合作相对方提供担保，若担保物价值不足，合作相对方有权要求建设单位追加担保措施，并根据合作相对方要求更换收购款支付的保障条件。建设单位未能提供或逾期提供建设用地使用权担保的，征得合作相对方同意后，建设单位可以另行提供担保，否则合作公司有权中止投资本项目。在该 ______ 区获得合法建设用地手续前，仍由建设单位委托市水利资产经营有限公司为本项目分期工程收购款支付提供连带责任保证。

建设单位可在征得合作相对方同意后置换担保方式。

合作相对方同意建设单位分期办理担保登记手续，并在收购期内根据收购款支付情况分期解除担保，具体另行签订担保协议予以明确。

* 条文批注：回购风险是社会资本方承担的主要风险。

回购期的长短直接影响 BT 模式的适用效果。如果回购期太短，那么 BT 模式不能为政府缓解建设资金短缺的问题；相反的，如果回购期太长，则会降低社会资本方的投资热情。例如 2014 年 7 月 4 日，浙江省发展和改革委员会、浙江省财政厅印发的《关于进一步加强浙江省政府性投资项目融资建设管理指导意见》要求“BT 模式融资建设项目在投入运行后，回购期限一般不得超过五年。”

在 BT 模式下，运营获利的环节并不存在，从而运营阶段可能产生的风险得以规避。社会资本方在 BT 模式下承担的主要风险在于回购风险，从政府的角度来说，按照约定支付回购期内的分期回购费用，是政府应当履行的义务。

第 8 条　收购款的合理排除

合作相对方、合作公司及施工方在本项目施工过程中对第三方造成的人身和财产损害所致的赔偿不计入本项目收购款。

第六章　权利与义务

第 1 条　合作相对方的权利

1.1　合作相对方拥有与建设单位合作建设本项目的权利，有权在本项目工程通过竣工验收或施工方应建设单位书面要求交付已完工工程后退出合作，要求建设单位按约定收购合作公司全部股权并支付收购款的权利。

1.2　本项目开始实施后，因建设单位原因导致无法实施时，合作相对方有权要求建设单位按项目现状计算合作公司实际累计出资额，按现状回购及支付收购款。

1.3　如果本协议生效后中国法律法规发生了不利于合作相对方权利实现或义务履行的变动，合作相对方有权要求建设单位对本协议相应条款进行调整或变更，以使合作相对方与其在这类变动未发生时所处地位基本相同。

1.4　一旦合作相对方退出合作，合作相对方不得就项目工程主张权利，但有向建设单位主张支付收购款的权利。

1.5　建设单位投资额及合作公司投资额全数投入建设后，不足以支

D10894

付实际建安费的部分，合作相对方有权要求建设单位按约定的比例补充投资。合作相对方如不同意建设单位增加工程，则合作公司有权拒绝就增加工程承担补充出资。

1.6　施工方按照分期工程设计施工图完成该分期工程施工后向建设单位提出验收申请，建设单位收到施工资料齐全的验收申请后 ______ 个工作日内无正当理由未组织分期工程验收的，合作公司有权要求施工方中止后续工程施工，且不视为合作公司和施工方违约。若建设单位收到验收申请后 ______ 个工作日内未组织分期工程验收，合作相对方有权终止本协议，建设单位对已完工分期工程按照本协议约定进行结算、收购并支付收购款。

1.7　终止本协议时，合作相对方有权要求建设单位对已完工分期工程按照本协议约定进行结算、收购并支付收购款。

1.8　享有本协议规定的合作相对方享有的其他权利。

第 2 条　合作相对方的义务

2.1　合作相对方应在签订本协议之日起 ______ 日内，出资成立具有独立法人资格的合作公司具体实施本项目，合作公司认缴注册资本不低于 ______ 万元，首期实缴注册资本不低于 ______ 万元。合作公司应在月进度审核实际工程量后 ______ 个工作日确保有足够资金支付工程进度款，在完成全部工程量清单的工程内容前，合作公司账户上每月 ______ 日有不少于 ______ 万元用于本项目的建设资金，但本项目非合作相对方、合作公司、施工方原因导致停止施工期间，合作公司账户流动资金不受限制。

2.2　合作相对方负责其自身或本项目融资的原因引致的经济与法律责任，合作相对方须承担因融资或资金到位不及时等导致的工期延误及或其他损失。

2.3　因材料、人力资源价格上涨、管理成本上升等导致建安费超出预算额或因工程变更、设计变更、价格调整导致建安费增加时，合作相对方应督促合作公司在符合本协议约定承担补充出资义务时继续按照变更后的建安费数额和约定的出资比例补充投资。

2.4　当本项目建设完成或施工方应建设单位要求移交本项目工程后，合作相对方无条件、不可撤销地一次性退出合作。项目竣工验收或施工方应建设单位书面要求交付已完工工程后，合作公司股权转让至建设单位前，合作相对方不得利用合作公司进行任何经营、投资行为。

2.5 合作相对方不得以任何形式和理由以合作公司股权做任何形式的担保。除建设单位指定的收购方和本项目建设期间合作相对方引入的战略投资机构之外，合作相对方不得以任何形式或理由向建设单位以外的第三人转让合作公司股权及转让转让合作公司资产。

2.6 合作相对方对合作公司按本协议约定的出资承担连带责任。

2.7 合作相对方承诺以江苏省和市人民政府及其相关单位关于定额的配套文件为依据，作为建设单位及合作公司应付的工程款及分期进度款。

2.8 合作相对方应督促合作公司、施工方承担施工过程中的综合治理工作，防范并处理生产安全事故。

2.9 本协议规定的合作相对方其他方面的义务。

第 3 条 建设单位的权利

3.1 建设单位享有将本项目以 PPP 公私合作的方式选择合作相对方进行合作建设的权利，并委托合作相对方出资设立的合作公司共同具体实施本项目。

3.2 建设单位拥有完整的建设单位职权，包括投资、建设、监督施工、跟进工程质量进度等权利。

3.3 建设单位有权要求合作相对方督促合作公司按建安费预算总额的 ______% 投资比例及时投资及按本协议及时补充投资的权利。在本项目工程完工前合作公司的资金只能用于本项目建设，建设单位有权要求合作公司或合作相对方纠正违反本协议的行为。

3.4 建设单位享有要求合作公司及施工方按本协议的约定完成本项目的权利，并在合作公司及施工方违反约定时要求合作相对方承担连带责任的权利。

3.5 建设单位享有要求合作相对方承担合作期间发生的因合作相对方、合作公司、施工方原因引致的法律责任。

3.6 建设单位享有提前支付收购款的权力。建设单位提前支付收购款时，收购期利息和投资回报计至提前支付之日止。

D10894

3.7　如果本协议生效后中国法律法规发生了不利于建设单位权利实现或义务履行的变动，建设单位有权要求合作相对方对本协议相应条款进行调整或变更，以使建设单位与其在这类变动未发生时所处地位基本相同。

3.8　本协议约定的建设单位享有的其他权利。

第 4 条　建设单位的义务

4.1　建设单位应根据项目工程进度、按照投资比例向施工方支付工程进度款。

4.2　在投资建设的工程经竣工验收合格或施工方应建设单位书面要求交付已完工工程后，建设单位同意合作相对方一次性退出合作，本合作进入收购期。建设单位应按协议约定收购合作公司全部股权并按期足额向合作相对方支付收购款。

4.3　须申报本项目工程融资建设所需的审批或许可，并承担因申报或审批程序及结果不完善所产生的责任，包括行政机关对合作相对方、合作公司或施工方的处罚，但因合作相对方、合作公司及施工单位原因造成除外；协助施工方获取承担项目施工所需的一切必要的政府文件。

4.4　建设单位负责工程的所有前期工作，包括完成地质勘察、提供施工设计图、委托监理人等。

4.5　建设单位负责项目前期工作因建设单位原因所引起的任何纠纷、诉讼、赔偿以及事后的行政管理及其他有关事务。

4.6　项目建设过程中的工程造价、监理等中介机构的委托均由建设单位负责，费用由建设单位提供。由此引起的任何纠纷、诉讼、赔偿以及事后的行政管理及其他有关事务均有建设单位负责。

4.7　如建设单位在合作相对方拒绝建设单位增加工程时坚持增加工程，增加工程所需费用全部由建设单位自行承担增加工程的建设费用。建设单位须承担因其资金不足导致的工期延误或其他损失，分期工程建设期届满后，合作相对方有权要求建设单位按分期工程对已完工部分进行结算并按本协议约定支付收购款。

4.8　工程在交付给建设单位之日起，建设单位将承担项目在交付后的经济与法律责任，包括对外的仲裁、诉讼、赔偿与第三者责任，但如果该等责任是由合作公司或施工方的原因造成的，则该等经济与法律责任由合作相对方承担，如因此而给建设单位造成损失的，则由合作相对方负责赔偿。

第 5 条　权利的享有和义务的承担

5.1　任何一方当事人在行使权利的同时应保障对方享有和行使权利，如因一方当事人的原因阻碍对方当事人权利的行使，则阻碍方应向对方承担相应的违约责任。当各方权利冲突时，应适用公平原则衡平各方的权利和义务。

5.2　任何一方当事人应严格履行本协议规定的义务和责任，如未能按本协议的约定完成本协议规定义务，则对方有权要求其限期完成，同时有权要求其承担违约责任。

第七章　文件、资料和保密

第 1 条　文件、资料的备案

建设单位应对与工程有关的一切合同、协议、文件、资料等进行备案管理，包括但不限于：建设工程施工合同、采购合同、建筑安装工程合同等。

第 2 条　文件、资料内容的一致

建设单位、合作公司、合作相对方、施工方应确保一切项目文件、融资文件和与项目有关的各种保单同本协议各项规定保持一致。

第 3 条　保密义务

建设单位、合作公司、合作相对方对本协议下的任何文件、资料及专利等知识产权负有保密的义务。任何一方不得在未得到另一方事先书面核准情况下向第三方或公众泄漏，但法律规定或有权机构要求者除外。本规定在本协议解除后仍应有效。

第八章　禁止性规定

第 1 条　权利转让

合作相对方在未征得建设单位事先书面同意的情况下，不得将其在本协议中所约定的合作权利和义务转让给第三人。

合作公司在未征得建设单位事先书面同意的情况下，不得允许施工方将工程转包给第三方。

D10894

第 2 条　物权担保

合作相对方和或合作公司在未取得建设单位事先书面同意的情况下，无权将本项目下的在建工程、材料、建筑物、构筑物及土地等资产对外抵押或用作其他任何形式的担保。

第 3 条　违反

如合作相对方或合作公司在未取得建设单位的书面同意的情况下，违反本条禁止性规定，则建设单位有权解除本协议，且合作相对方应赔偿建设单位相应的损失。

第九章　协议的中止或解除

第 1 条　协议中止

1.1　建设单位中止协议

建设单位有证据证明合作相对方及 / 或合作公司存在下列情形之一的，并影响本协议履行的，可以中止履行本协议：

（1）经营状况严重恶化；

（2）转移财产、抽逃资金、逃避债务；

（3）丧失商业信誉，如有不按时支付员工工资、不按时缴纳税款、不能如期支付工程款等情形之一的；

（4）有丧失或者可能丧失履行本协议的能力，特别是合作公司没有按工程进度要求向施工方支付工程进度款；

（5）有不履行本协议的任何恶意行为；

（6）本协议规定的其他可以中止协议的情形。

1.2　合作相对方中止协议

合作相对方有证据证明建设单位存在下列情形之一的，可以中止履行本协议并要求施工方中止施工：

（1）不正当地阻止本项目进行；

（2）未能完成本协议下规定的义务和责任，从而实质性的阻碍施工方完成本项目；

（3）建设单位未按照本协议约定交付分期工程建设用地时间，且逾期 ______ 个工作日后仍无法承诺交付建设用地时间的；

（4）建设单位未收购合作公司全部股权，或未按约定预付分期工程收购款，且在催告函要求的合理期间内仍不能履行义务的。

第 2 条　协议解除

2.1　发生第 1.1 项及第 1.2 项下所述情形，守约方应当书面通知对方中止履行本协议，通知中应包含对方存在的违约事实、限期整改以及对方应采取的纠正措施等。违约方在收到中止履行协议书后，应在 ______ 日内或通知中给定的长于 ______ 日的时间内恢复履行能力，如违约方未在上述期限内尚未恢复履行能力的，则守约方有权解除协议。

2.2　如未履行上述中止及解除程序，任何一方不得单方面解除本协议。

2.3　守约方根据第 1.1 项的约定中止并根据第 2.1 款解除本协议的，建设单位按该分期工程已完成工程量及由市审计局审定的合作公司实际累计出资额支付收购款，在此种情况下，该分期工程固定回报不予支付。如因此给建设单位造成损失的，合作相对方及合作公司还应赔偿建设单位的损失。

守约方根据第 1.2 项的约定中止并根据第 2.1 款最终解除本协议的，建设单位按该分期工程实际工程量，经市审计局审核后，根据本协议的规定予以支付收购款。在此种情况下，除有特别约定外，建设单位该分期工程违约部分的固定回报按双倍予以计付。

2.4　如违约方在第 2.1 项确定的期限内完成整改，守约方没有发生损失的，则不再追究违约方的违约责任。如因合作相对方或合作公司违约，则所造成的建设期延误不得顺延，如因建设单位违约致建设期延误，则工期顺延。

2.5　如因合作公司资金短缺的原因导致项目不能如期实施，单次持续停工超 ______ 天或累计停工超 ______ 天的，建设单位有权单方终止协议，并按终止时已完成工程量进行结算。建设单位以经市审计局审定的该分期工程合作公司实际累计出资额的 ______% 为基数计算并按本协议约定支付收购款。

2.6　如因建设单位资金短缺的原因导致项目不能如期实施，单次持续停工超 ______ 天或合计停工超 ______ 天的，合作相对方有权单方终止协议，并按终止时已完成工程量进行结算。建设单位以经市审计局审定的该

D10894

分期工程合作公司实际累计出资额的 ______% 为基数计算并按本协议支付收购款。

2.7　如因建设单位未能按约定交付分期工程建设用地实质影响施工方正常工程进度，且在合作公司催告后 ______ 日内建设单位仍无法交付的，合作相对方有权单方终止协议，并按终止时已完成工程量进行结算。建设单位以经市审计局审定的该分期工程合作公司实际累计出资额的 ______% 为基数计算并按本协议支付收购款。

2.8　以上第 2.3、2.5、2.6、2.7 款为分期工程违约责任，其他未违约的分期工程仍按本协议约定的履行。

第十章　不 可 抗 力

第 1 条　不可抗力及通报程序

由于不可抗力的原因，致使三方中的任何一方不能履行本协议的任何条款，应在该原因发生后的 ______ 个工作日内立即将情况书面通知对方，并在下一个 ______ 个工作日内向对方提交不能履行或需要延期履行、部分履行本协议的有效文件。此项证明文件应由该原因发生地区的权威机构出具。在取得有关证明以后，由三方协商一致决定是否允许延期履行、部分履行或者不履行其协议义务，并可根据情况，部分或全部免于承担违约责任。

第 2 条　例外情况

涉及到融资利率变动等问题不属于合作相对方主张变更本协议的事由。

第 3 条　可选择的终止、退出及支付

如果某一不可抗力事件发生且持续了 ______ 天，则尽管延长了建设期，建设单位、合作相对方任何一方仍可向对方发出终止合同的通知，并在该通知发出 ______ 天后生效；若在 ______ 天的期限结束时，不可抗力仍在持续，合同自动终止。

合作相对方须仍一次性退出本项目合作，建设单位按实际计算合作公司实际累计出资额，计付收购款。

将临时工程和施工方的设备撤离现场并运回施工方设备基地的合理费用（或运回

其他目的地的费用，但不能超过运回基地之费用），由合作相对方自行负责。

第十一章　违约责任

如果本协议三方中的任何一方未按照本协议的约定履行义务，则构成违约，违约方应赔偿对方因其违约行为而受到的全部损失，除非本协议另有约定。

本协议一方就另一方的任何违约行为给予的任何宽限或延缓行使根据法律或本协议规定享有的权利，不被视为该方对自身权利的放弃。

第十二章　争议解决

第 1 条　友好解决

如果三方在解释和履行本协议的过程中发生任何争端、争议、或索赔，则三方应首先通过友好协商的方式解决。

第 2 条　提起诉讼

2.1　如三方不能按第 1 条友好协商方式解决争议，则任何一方可向__________仲裁委员会申请仲裁。

2.2　仲裁期间的履约

三方在将争端、争议或索赔提交__________仲裁委员会仲裁直至裁决书生效之前，均应继续履行各自根据本协议规定承担的除有争议部分的一切义务，但不影响根据该生效裁定书进行最后调整。

2.3　继续有效

本协议争议解决方式所载各项规定在本协议解除后应继续有效。

第十三章　生　　效

本协议三方在本协议上签字盖章后，自__________向合作相对方提供连带责任保证合同生效时生效。

D10894

第十四章　协议文件的组成与解释顺序

第 1 条　协议文件

本协议包括其附件、技术文件等附属文件均是本协议的组成部分。

第 2 条　协议文件解释顺序

2.1　与本协议有关的文件解释顺序如下：

（1）本协议及其补充协议（如有）；

（2）成交通知书；

（3）标准、规范及有关技术文件；

（4）图纸；

（5）标价的工程量清单；

（6）其他；

三方有关项目的洽商、变更等书面协议或文件视为本合同的组成部分。

2.2　整体理解

本协议构成三方间达成的关于本项目的整体理解。

第 3 条　修正

对本协议的任何修正、增补或改动，只有在形成文字并经当事方经授权的代表签署或盖章后方为有效和具有约束力，任何对本协议及其附件的手写修改都应由当事三方签字代表手签及加盖单位公章。

第 4 条　可分性

如果本协议的任何或若干部分经本协议认定的裁决部门最终确认为无效，其他部分仍应保持有效和可予以实施。

第十五章　其　　他

第 1 条　通知情形

三方中的任何一方在发生下列情形，应及时书面通知对方：

（1）经营机制发生变化，如实行合并（兼并），分立，撤销，股份制改造等：

（2）涉及重大经济纠纷诉讼；

（3）破产、歇业、解散、被停业、被吊销营业执照、被撤销；

（4）住所、法定代表人、电话发生变更。

发生上述情形应在发生之前的 ______ 个工作日内书面通知对方，其余情形在事后 ______ 个工作日内书面通知对方。

上述情形的发生，涉及本协议项下的权利义务责任，按照国家法规进行变更和转让。

第 2 条 履约保证

本协议签订后，合作相对方在分期工程开工前，按合作双方确定分期工程预算的 ______% 向建设单位提交履约担保，其中 ______% 为现金担保，______% 为银行保函。

建设单位不得 ____________ 合作相对方提交的履约保证金。

分期工程完工后，合作相对方无违约行为，建设单位无息退还履约保证金及银行保函。如合作相对方违约则履约担保抵充违约金及建设单位损失，违约金及损失赔偿不以 ______% 履约担保为限。

> ＊条文批注：履约保证金的数额限额。
>
> PPP 项目的履约保证金的数额不得超过 PPP 项目初始投资总额或者资产评估值的 10%，无固定资产投资或者投资额不大的服务型 PPP 项目，履约保证金的数额不得超过平均 6 个月服务收入额。

第 3 条 协议文本

本协议一式 ______ 份，三方各执 ______ 份，均具有同等法律效力。

第十六章 通　　知

本协议项下书面通知、来往的文件信函以及其他信息的传递都应以送达如下条款约定的联系人为准：

第 1 条 送达人

1.1 建设单位

D10894

联系单位：____________________

联系人：____________________

地址：____________________

电话：____________________

1.2　合作相对方

联系单位：____________________

联系人：____________________

地址：____________________

电话：____________________

第 2 条　联系方式的变更

以上联系人和地点如有变动，应在变动之日起 ______ 个工作日内及时告知对方。如一方没有及时履行告知义务，由此给对方造成的损失由违约方承担。

第 3 条　送达方式

中国邮政特快（EMS）传递邮寄或直接送达。

第 4 条　送达日期

中国邮政特快传递邮寄回执发出邮戳日期或直接送达回执签收日期。

鉴于此，建设单位与合作相对方确认，三方对签署本协议已全部完成各自内部的法定正式批准程序，并且授权以下代表签署本协议，共同遵守之。

本协议附件：

1.____________ 关于同意 ____________ 直接发包公园项目的批复

2.____________ 政府关于 ______ 区土地使用权归属的文件或批复

3.____________ 发展改革委员会关于公园建设立项的批复

4.____________ 规划局关于公园项目的规划意见

5. 区红线图

6. 公园红线图

7. 工程结算办法

8. 项目工程质量标准

甲方：（盖章）____

法定代表人或授权代表（签字）：________________________________

签订日期：______ 年 ______ 月 ______ 日

乙方：____

法定代表人或授权代表（签字）：________________________________

签订日期：______ 年 ______ 月 ______ 日

见证方：____

法定代表人或授权代表（签字）：________________________________

签订日期：______ 年 ______ 月 ______ 日

D10894

第六章　城市生活垃圾焚烧发电工程PPP项目合同

使用场景：

1. 采用 BOT（build-operate-transfer，建设—运营—移交）运作模式的项目，可参考本项目合同中有关政府方和社会资本方权利义务分配的约定。

2. 采用准经营性模式的项目或政府可行性缺口补助模式的项目，可参考本项目合同中有关付费机制的内容。

3. 社会资本方为联合体的 PPP 项目，可参考本项目合同中有关社会资本方权利义务的内容。

法律要点：

1. 联合体作为社会资本方的优势是什么？

单个公司存在不同方面的局限性。如在项目专业领域的国际知名公司、国内上市公司，相比于边远地区、欠发达地区和中小规模的项目，它们更愿意关注发达地区和中心城市的大型项目。再如，本地的民营企业，虽然在本地项目上具有天时地利人和的价格优势，但是其经验和投资实力有限。不同的是，如果不同的公司联合起来，那么互相可以取长补短，形成联合优势。如一个资金实力雄厚的企业与一个运营管理经验丰富的企业成为联合体，既能解决资金投入问题，又能有效安全运营项目，对政府和投资方均是较好的选择。

2. 联合体作为社会资本方的主要风险是什么？

如果一个建筑工程公司或设备供应商参加联合体并且在其中处于主导地位，则项目的稳定性和安全性将存在很大隐患。因为建设工程公司和设备供应公司的兴趣在于承揽工程项目和销售设备材料，对长期运营管理项目既无经营又无兴趣。在投标时，由于缺乏相关项目的建设运营经营，可能报价过低，致使项目入不敷出，无法持续经营，只好将项目转让。

文本正文：http://www.fatianshi.cn/D10895

D10895

引　言

本项目合同由下述双方于______年______月______日在________签署：

甲方：____________城市管理和行政执法局

地址：____

法定代表人：____

乙方：____________有限公司和____________有限公司联合体

联合体牵头人：____________有限公司

地址：____

法定代表人：____

联合体合作人：____________有限公司

地址：____

法定代表人：____

委托代理人：____

（联合体合作协议见附件 7）

鉴于：

1. 因____________经济发展和城镇化进程加快，城市及乡镇生活垃圾产生量不断扩大，现有____________生活垃圾填埋场即将达到设计库容，填埋工艺已不能适应循环低碳、现代文明城市发展的需要。为实现“无害化、减量化、资源化“处理生活垃圾，保护区域生态环境，加强基础设施建设，促进地方经济更快发展，____________人民政府决定采用 PPP 方式建设____________城市生活垃圾焚烧发电项目，具体运作模式 BOT（建设—运营—移交）模式，本项目日处理规模为______吨 / 天，主要工艺为机械炉排炉垃圾焚烧工艺。

2.____________城市管理和行政执法局委托____________有限公司对本项目进行公开招标，确定____________有限公司和____________有限公司联合体为本项目的中选社会资本方，确定其有与政府出资代表联合成立项目公司和被授予在本项目项下先期签署 PPP 项目合同的权利和义务。

3.__________有限公司和__________有限公司联合体根据中国法律与____________有限公司组建项目公司；在项目公司成立后，甲方同意项目公司全面承继____________有限公司和____________有限公司联合体在本合同的权利和义务，双方在项目公司成立后 7 个工作日内签署关于承继本合同的补充协议。

4.____________人民政府授权____________城市管理和行政执法局与社会资本方签署 PPP 项目合作合同（特许经营协议），待项目公司成立后，再与项目公司签订本合同的承继合同。

5.____________人民政府授予项目公司特许经营权，特许经营期为______年（含建设期）。

6. 项目公司按照本合同的条款和条件投资、设计、建设、运营、维护本项目，提供垃圾处理服务，特许经营期满后，项目公司将项目所有资产，无偿、完好移交给____________人民政府或其指定机构。项目公司通过在本合同规定的特许经营期内获得焚烧发电收入和垃圾处理政府补贴的权利。接受____________人民政府的监督。

7. 为保证本合同的全面履行，项目公司对本项目的设计、施工、工程质量、设备的科技含量、选购、安装、调试、正式运营等承担法律责任。

为此，双方经充分协商，在平等互利的基础上达成合同如下：

第一章　定义和解释

第 1 条　定义

除非本合同另有规定，或根据上下文应另作解释，否则，下列术语和用语在本合同中使用时具有如下含义：

中国：指中华人民共和国，仅为本协议之目的，不包括香港特别行政区、澳门特别行政区和台湾地区。

法律：所有适用的中华人民共和国法律、法规、规章、地方性法规、司法解释、政府部门颁布的标准、规范或其他适用的强制性要求、有法律约束力的规范性文件等。

法律变更：指在生效日后，中国立法机关或任何政府部门颁布、修改、废除或重新解释任何适用法律，导致：

（1）适用于项目公司或由项目公司承担的税收（除所得税外）或关税发生变化；

（2）其他双方合意且在本合同条款中许可的变化。

本项目：指____________城市生活垃圾焚烧发电项目。

本合同：指____________人民政府授权____________城市管理和行政执法局（甲方）与社会资本方或项目公司（乙方）之间签订的____________城市生活垃圾焚烧发电 PPP 项目合同，包括全部附件，以及日后可能签署的任何此合同的补充修改合同和附件，每一部分都应视为此合同的一部分。

政府方：指____________人民政府。

甲方：____________城市管理和行政执法局。

乙方：____________有限公司和____________有限公司联合体。

项目公司：社会资本方与政府出资代表共同组建的为本项目的规划、设计、投资、建设、运营、移交而设立的企业法人。

特许经营权：政府方授予项目公司在特许经营期限和经营区域范围内设计、融资、建设、运营、维护垃圾焚烧发电项目，并获得焚烧发电收入和垃圾处理政府补贴的权利。

特许经营期：指项目建设期及运营期构成的特许经营期限，特许经营期自项目公司成立并签署本合同之日起计算。

生活垃圾：指日常生活或者为日常生活提供服务的活动所产生的固体废弃物以及法律法规所规定的视为生活垃圾的固体废物。

垃圾保底量：指____________人民政府承诺给予项目公司结算垃圾处理补贴的日最低垃圾量。

批准：为了使项目公司能够履行在本合同项下的义务和行使在本合同项下的权利，项目公司必须或希望从____________人民政府依法获得的为项目公司的投资、设计、建设、运营和移交所需要的任何许可、执照、同意、授权、免除或批准。

贷款人：融资文件中的贷款人或项目资金提供人。

融资交割：指当下述条件均具备时，视为完成融资交割：

（1）项目公司的股东已根据双方约定完成注册资本金的到位工作；

（2）项目公司已为项目融资的目的与贷款人签署并向贷款人递交所有融资文件，包括融资文件要求的获得首笔资金的每一前提条件均被满足或被贷款人放弃。

融资文件：指依适用法律批准的与项目的融资或再融资相关的贷款协议、票据、契约、担保协议、保函、外汇套期保值协议和其他文件，但不包括：

（1）与股权投资者的认股书或股权出资相关的任何文件；

（2）与提供履约保证金和维护保函相关的文件。

项目建设：指本项目的生活垃圾焚烧发电厂及其相关设施和设备的设计、采购、施工、安装、完工、测试和调试。

建设期：自项目公司签署本合同之日起至开始运营日止的期间。

建设合同：指由项目公司和建设承包商之间达成的，且由政府方或其他政府主管部门审核和备案的有关本项目的设计、施工、安装、工程监理和材料与设备采购的一个或多个协议。

建设承包商：指由项目公司按照招投标法等相关法律法规选择、确定，且由政府方或其他政府主管部门备案的根据建设合同和本协议履行建设工程的一个或多个承包商及其各自的继承人和许可受让人。

开始运行日：指本项目通过政府部门组织的试运行完成批准日的同一日。

运营期：指开始运营日至特许经营期结束的时间段。

性能测试：指本项目完工后至初步验收合格日期间，所进行的包括设备单机调试、系统调试、整套启动、72+24 满负荷试运转等。

违约：指一方不履行其任何本合同项下的义务，并且不是由于另一方的作为或不作为违反任何本项目协议项下的义务，也不是由于不可抗力或另一方承担风险的事件造成的。

环境污染：指本项目对于地上、地下或周围的空气、土地或水的污染，且该等污染违背或不符合有关环境的适用法律或国际惯例。

建设履约担保：社会资本方按照第十章规定提供的、为担保其履行在本合同项下的建设等义务的担保。

移交维修保函：项目公司按照第十章规定提供的、为担保其履行在本合同项下的移交、缺陷质量保证等义务的担保函。

生效日：本合同由甲方和社会资本方盖章并由双方法定代表人或授权

D10895

代表人签字之日。

工作日：除中国法定休息日和法定节日或假日以外的、各机构普遍工作的任何日期。

终止日：本合同终止或提前终止的日期。

移交日：指项目合作期届满之日后的第一个营业日（适用于本合同期满终止）或经双方书面同意的移交项目设施的其他日期。

第 2 条 解释

除上下文另有要求外，本合同采用下列规则进行解释：

2.1 本合同标题仅为参考所设，不影响本合同条文的解释。

2.2 本合同“一方”指甲方或项目公司（或社会资本方），包括经允许的替代该方的人或该方的受让人；本合同“双方”指甲方和项目公司（或社会资本方），包括经允许的替代该方的人或该方的受让人。

2.3 本合同中的“年”“月”“日”指公历年、月、日，其中一年以 365 天计，一个月以 30 天计。本合同中所使用的任何期间的起点均指相应事件发生之日的下一日。如果任何时间的起算是以某一期间届满为条件，则起算点应为该期间届满之日的下一日。任何期间的到期日为该期间届满之日的当日。

2.4 本合同中的“包括”是指“包括但不限于”。

2.5 任何合同或文件包括经修订、更新、补充或替代后的该合同或文件；任何条、节、款、附表或附件均指本合同的条、节、款、附表或附件。

2.6 本合同结算货币为人民币。

第二章 声明和保证

第 1 条 社会资本方的声明和保证

____________有限公司和____________有限公司联合体在此声明和保证，在生效日：

1.1 联合体双方是分别根据中国法律、香港法律合法成立和有效存续的公司，按照相关法律法规、公司章程开展营业，具有签署和履行本合同、融资文件的资格和能力。

1.2 已经取得了与签署和履行本合同有关的全部授权和许可，本合同一经签署，即对本联合体具有完全的法律约束力，签署和履行本合同的义务、条款和条件不会导致本联合体违反法律法规、行政决定、生效判决和仲裁裁决的强制性规定，不会导致本联合体违反与第三方合同的条款、条件和承诺，也不会引致任何利益冲突。

1.3 本联合体已经为本合同的履行准备了足够的资金、人员和设备，将从财务、设备、技术力量等一切可能与本合同的履行有关的方面确保本合同项下的义务的履行，并保证履行的合规性。

1.4 本合同不限制政府方的法定权力，政府方有权根据法律、法规和本合同的约定对本合同项下的特许经营进行监管。

1.5 本联合体将与政府出资方代表按照招标文件规定与要求共同成立由本联合体控股的项目公司，并保证资本金分三批到位：

第一批：项目公司成立之日后 7 个工作日内到位 20%；

第二批：项目公司成立之日后 3 个月内到位 30%；

第三批：项目公司成立之日后 3 个月末到第 6 个月底到位 50%；

根据项目工程进展情况，可以灵活调整，但不得影响项目进展。

1.6 如果本联合体在第 2 章第 1 条款下所作的声明被证明在作出之时在实质方面不属实，甲方有权根据第十四章条款规定提前终止本合同。

1.7 明白甲方或政府其他部门对向本联合体提供的材料、信息或数据的准确性、完整性或适宜性并未作出任何承诺和保证；本联合体在签署本合同之前，已为自身的利益进行了必要的调查及检查，包括但不限于对项目场地进行细致而全面的检查、评估，充分知悉了项目的现状和风险。

第 2 条 甲方的声明和保证

甲方在此声明，在生效日：

2.1 已经取得了与签署和履行本合同有关的全部授权和许可。本合同一经签署，即对甲方具有完全的法律约束力，签署和履行本合同的条款、条件和义务不会导致甲方违反法律法规、行政决定的强制性规定，违反其与第三方合同的条款、条件和承诺，也不会引致任何利益冲突。

2.2　本合同不限制甲方的法定权力，甲方有权根据法律、法规和本合同的约定对本合同项下的特许经营进行监管。

2.3　政府方授权____________有限公司作为本项目的政府出资方代表，与________有限公司与____________有限公司联合体共同成立项目公司。

2.4　如果甲方在第 2 章第 2 条款下所作的声明被证明在作出之时在实质方面不属实，社会资本方或项目公司有权根据第十四章条款提前终止本合同。

第 3 条　项目公司的声明和保证

项目公司在此声明和保证，在项目公司签署本合同之日：

3.1　本项目公司依法成立，依法取得营业执照、营业许可和其他政府批准，根据法律法规、公司章程开展营业，具有签署和履行本合同、融资文件的资格和能力。

3.2　甲方授予项目公司拥有本项目独家特许经营权，在补充签署本合同后全面承继____________有限公司与____________有限公司联合体在本合同项下的权利和义务，是独立实施和承担本项目投资、规划、设计、建设、运营维护、管理和移交而依法设立的企业法人。

3.3　项目公司已经为本合同的履行准备了足够的资金、人员和设备，将从财务、设备、技术力量等一切可能与本合同的履行有关的方面确保本合同项下各项义务的履行，并保证履行的合规性。

3.4　项目公司于设立时在任何法院、行政机关或仲裁机构不存在针对或影响项目公司的、可能对其履行和完成其在本协议中约定义务的能力产生不利影响的未决诉讼、起诉或程序。

3.5　项目公司对项目有独立运作的权利，但不影响政府方对项目有审批权、监督权和特殊情况处置权。

3.6　项目公司按甲方要求及时配合做好国家专项资金的申报。

3.7　保证依法纳税。

3.8　保护环境，尽量减少本项目设施的建设或运营维护而造成环境污染，在项目设施的建设、运营维护期间根据本合同和行业技术要求及国家的有关规定，采取一切合理措施来避免或尽量减少对项目周围设施、建筑物和居民区的干扰。

3.9　遵守法律、本合同技术规范和要求及国家规定的所有健康和安全标准，建立、健全和完善安全生产制度及安全运营保障体系，确保项目设施安全运营，防止责任事故的发生。

第三章　项目的范围和期限

第 1 条　项目的范围及内容

本项目为投资建设日处理生活垃圾______吨的生活垃圾焚烧发电厂，具体建设内容包括：生活垃圾焚烧、烟气净化、灰渣处理、渗滤液处理、余热发电等主体工程建设及设备购置；配套基础设施建设及相关工作。本项目范围以项目公司提出的并经____________人民政府批准的本项目《规划红线图》、初步设计、施工图设计及其相关建设批准文件为准。

第 2 条　项目运作方式

本项目采用建设—运营—移交（Build-Operate-Transfer，BOT）运作方式。项目公司负责____________城市生活垃圾焚烧发电项目的设计、投资、建设、运营及维护，运营期内，项目公司向政府方提供垃圾处理服务，政府方向项目公司支付垃圾处理补贴，特许经营期满后将本项目的所有资产完好、无偿地移交给____________人民政府或其指定机构。

第 3 条　特许经营权

3.1　政府方按照有关法律法规规定授予项目公司在特许经营期内独家享有投资、建设、运营和维护本项目，并按照本合同的约定提供垃圾处理服务，并获得焚烧发电收入和垃圾处理政府补贴的权利。

3.2　除依据本合同第十四章约定的提前终止外，项目公司的特许经营权在整个特许经营期内始终持续有效。

3.3　依照本合同的规定，项目公司应在特许经营期内，自行承担费用、责任和风险，负责本项目的投资、建设、运营和维护，并于特许经营期满（或提前终止）时将项目所有资产无偿、完好地移交给____________人民政府或其指定的机构。

D10895

3.4　在特许经营期内，非经政府方书面批准同意，并仅限于本项目的融资担保所需，项目公司不得擅自就本特许经营权及相关权益向任何第三方进行转让、出租、抵押、质押或其他任何处置。

第 4 条　特许经营期限

4.1　本项目特许经营期限为______年（含建设期）。项目特许经营期自项目公司签署本合同之日起至第______年期满结束。

4.2　在法律允许的范围内，在本项目合作期限内发生下列事由导致项目公司损失的，项目公司可以请求延长本项目合作期限。

（1）因甲方违约导致项目公司需延期履行其义务；

（2）因发生甲方应承担的风险导致项目公司延误履行其义务；

（3）经双方合意且在本合同中约定的其他事由。

4.3　期限的延长申请

（1）延长项目特许经营期需经双方书面确认；

（2）项目公司在所列事件发生后，希望延长项目特许经营期的，应在事件发生后 30 天内向甲方递交要求延长项目特许经营期的申请，以便甲方进行核查；否则甲方不同意延长项目公司的项目特许经营期。

4.4　期限的延长申请

（1）延长项目特许经营期需经双方书面确认；

（2）项目公司在第 4.2 款所列事件发生后，希望延长项目特许经营期的，应在事件发生后 30 天内向甲方递交要求延长项目特许经营期的申请，以便甲方进行核查；否则甲方不同意延长项目公司的项目特许经营期。

4.5　发生下列情形，本项目合作期限结束：

（1）项目合作期限届满；

（2）项目提前终止。

第 5 条　特许经营权范围

本合同特许经营范围的界定针对一期项目，若实施二期项目时再签订补充协议对特许经营范围进行界定。

本工程服务范围为____________及周边地区，日处理垃圾能力为______t，年处理能力约为______万 t。后期考虑到服务区域人口的继续增长和城乡统筹并相应留有一定的富余，预留二期建设场地。在特许经营期内，如果甲方要求项目公司处理上述服务范围以外的生活垃圾，在项目具备处理能力的前提下，项目公司应予以处理，甲方应按本协议第 2.4 款约定的垃圾处理补贴结算方式向项目公司支付费用。项目公司不得擅自接收未经政府方同意的其他县、市的生活垃圾。

* 条文批注：应设置灵活的特许经营调整机制。

项目投资体量大，特许经营期限长，运营效益受到多方面因素的影响，科学、灵活的调整机制才是成功实施项目的关键。

第四章 前提条件

第 1 条 前提条件

1.1 需要甲方负责满足的前提条件：

（1）由____________人民政府组建____________城市生活垃圾焚烧发电 PPP 项目建设指挥部，具体负责____________城市生活垃圾焚烧发电 PPP 项目建设的组织和协调。对社会资本方或项目公司的合理诉求提供支持；

（2）甲方应为项目核准和工程建设等相应工作提供便利；

（3）如在特许经营期内，本项目设施已不能满足服务范围内日生活垃圾处理量要求、需扩大生产规模的，原则上由本项目公司进行二期扩建；

（4）对非可归责于项目公司，且甲方有能力解决的事项，甲方或政府指定的机构负责协调，如协助项目公司及时获得项目公司无法获得的相关的批准或事项；

（5）按照合同约定将本项目的政府付费列入分年度财政预算。

1.2 需要项目公司负责满足的前提条件：

（1）项目公司已为本项目建设融资目的签署并向贷款人提交所有融资文件，并且融资文件要求的就本项目获得资金的所有前提条件得到满足或者豁免；

D10895

（2）项目公司已根据本项目合同中第十一章有关保险的规定及时购买保险，且保单已经生效，并向甲方提交了保单的复印件。

第 2 条　前提条件豁免

2.1　上述前提条件可以被豁免，但只有负责满足该前提条件的一方的相对方拥有豁免权利。

2.2　如果双方约定的上述任一前提条件在规定的时间内未满足，并且另一合同方也未同意豁免或延长期限，则该合同方有权终止本项目合同。

第 3 条　未满足前提条件的后果

3.1　如果由于未满足前提条件而导致合同终止，除合同中明确规定的在合同终止后仍属有效的条款外，其他权利义务将终止。

3.2　如因合同一方未能在规定的时间内满足其应当满足的前提条件而导致合同终止的，合同另一方有权向其主张一定的经济赔偿，但经济赔偿的额度应当与合同另一方因此所遭受的损失相匹配，并符合我国合同法关于损害赔偿的规定。

3.3　如果项目公司未能按照约定的时间和要求达成前提条件，且甲方未同意豁免该前提条件时，甲方有权提取保证金项下的金额。

第五章　项目的投融资

第 1 条　项目的投资

1.1　投资规模及其构成

城市生活垃圾焚烧发电项目总投资为______万元，其中征地拆迁安置费用______万元，由社会资本方投入，在社会资本方______万元资金全部到位一年以后，政府以购买服务费用形式分______年等额还本，单利计息；其余______万元由项目公司投入。项目资本金比例不低于项目公司负责的投资______万元的__________。__________有限公司代表__________人民政府在项目公司中持股比例为__________。__________有限公司与__________有限公司联合体持股比例为__________。

1.2　项目资本金

出资方式__________有限公司出资__________，出资方式为实物出资，专指红线外水、电、路建设投入。____________有限公司与____________有限公司联合体认定政府方以上投入占项目公司股权的____________。____________有限公司与____________有限公司联合体出资____________，以现金方式出资。

1.3　项目资本金按项目建设进度要求及时到位。

第 2 条　项目的融资

2.1　项目融资方案

（1）政府配套投入征地拆迁安置费用______万元，由社会资本方向政府方提供。分三批支付给政府方：

第一批：本合同生效后 7 个工作日内到位 40%，计______万元；

第二批：本合同生效后 3 个月内到位 30%，计______万元；

第三批：本合同生效后 3 个月末到第 6 个月底到位 30%，计______万元。在本合同签订后，根据征地拆迁进展情况可灵活调整。该借款全部到位后，加权平均满 1 年以后还本付息，分 5 年等额还本，单利计息。计算方法如下：

第 1 年政府购买服务费用 =______+（______+ 第一笔资金 ×______× 第一笔资金到位时间距离全部资金到位时间间隔 /365+ 第二笔资金 ×______× 第二笔资金到位时间距离全部资金到位时间间隔 /365）×（万元）

第 2 年政府购买服务费用 =______+______×______=（万元）

第 3 年政府购买服务费用 =______+______×______=______万元）

第 4 年政府购买服务费用 =______+______×______=（万元）

第 5 年政府购买服务费用 =______+______×______=（万元）

支付方式：年底支付本金，按季度支付利息。

（2）项目公司通过融资方式获得其余建设资金。

2.2　项目公司的融资权利

（1）在特许经营期内，项目公司拥有特许经营权和收益权；项目公司不得自行处置或抵押、质押项目资产。经甲方书面同意，可用于本项目融资目的特许经营期限内融资抵押、质押等担保；

* 条文批注：为融资目的可进行收益权质押。

在权利质押方面，PPP 项目合同明确规定了可以为融资目的进行收益权质押。通过权利质押程序，不仅社会资本方可以获得融资，而且商业银行可以凭借金融、会计、法律等方面的专业优势，为 PPP 项目参与方提供合同订立、现金流评估和项目运营等咨询服务。

（2）项目公司应保证在特许经营期满时解除在本项目上设置的任何担保。在特许经营期满后不论项目公司是否继续经营本项目，其债权债务均由项目公司享有和承担（政府同意接收的除外）；

（3）在保证甲方的权益不受损害和障碍的情况下，贷款人可以行使主债权或担保债权，但应保障项目的持续正常运营；

（4）项目公司可根据项目建设期限和运营期分期融入资金。

2.3　项目公司的融资义务

（1）项目公司必须保证项目资金的合理投入和使用，资金的到位时间应满足本合同项下项目顺利进行的需要；

（2）项目公司不能顺利完成项目融资，社会资本方应采取股东贷款、补充提供担保或其他有效方式以确保项目公司的融资足额、及时到位；

（3）项目公司和 / 或社会资本方无法满足本项目融资的金额和 / 或时间上的要求，甲方有权提前终止本合同。

* 条文批注：PPP 项目一般融资程序图示。

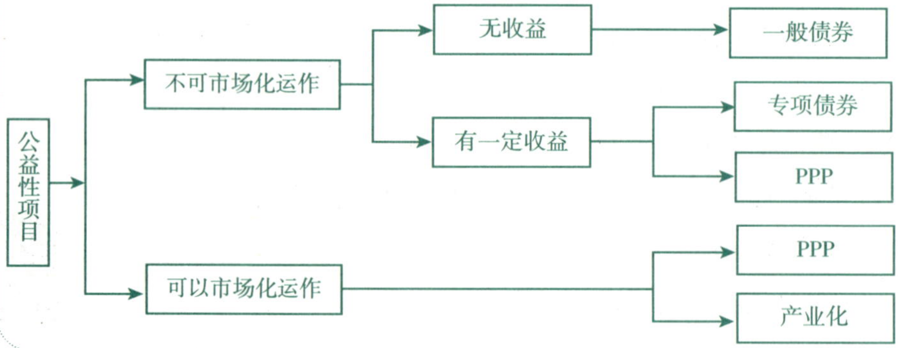

2.4　融资文件必具条款

项目公司应确保贷款协议中有包含贷款人承诺的下述条款：

（1）只要本合同（含附件）有效，贷款人不得采取任何行动影响、干扰、损害或终止甲方在本合同项下的权利；或以其他方式对本合同造成不利影响；

（2）贷款人通过书面形式将项目公司在贷款协议下的违约通知甲方；

（3）给予甲方在收到上述违约通知后 90 天内纠正项目公司此类违约的权利；

（4）在上述纠正期间不行使对违约的任何权利或采取补救措施；

（5）纠正期满时，项目公司违约事件持续的，贷款人行使权利应以不妨碍和不损害甲方在本合同下的权利和项目正常运营为前提。如在纠正期内，触发贷款人直接介入的重大风险解除的或者提供贷款方能接受的补充担保措施后，贷款人应停止介入。

2.5　贷款人的介入权

在项目特许经营期内，如果项目公司发生第 14 章第 2.1 款所述事件，政府方发出提前终止通知，政府方接管项目设施的运营。项目公司应保证与政府方合作，并应让贷款人在融资文件中作出具有同样内容的承诺，但同时政府方或其指定机构也应保障贷款人与项目公司协议之持续有效。

当项目公司发生违约事件且项目公司无法在约定期限内补救时，贷款人可以自行或委托经政府方认可的第三方进行补救，或请求政府方认可的合格机构接管本项目。但此介入不应影响政府方和贷款人对项目的权益。

2.6　融资要求

（1）项目公司利用本项目的特许经营权对外进行融资时，甲方应当给予适当协助并提供相关文件；

（2）本项目自项目公司签订本合同之日起 180 个工作日完成融资交割；

（3）项目公司自完成融资交割之日起 15 个工作日内，应向甲方书面确认融资交割完成，并提交所有已签署的融资文件的复印件，以及甲方合理要求的证明融资交割已完成的任何其他文件；

（4）如融资交割未能按期实现，项目公司可以向甲方申请宽限期，该宽限期以经甲方书面同意的时间为准；

D10895

（5）同意融资交割的宽限期并不解除项目公司在本合同项下义务。

第六章　项目的建设

第 1 条　建设用地

1.1　土地权利的取得

（1）政府方以划拨方式向项目公司提供本项目建设用地的土地使用权（120 亩）及相关进入场地的道路使用权，并根据项目建设需要为项目公司提供临时用地。本项目的用地审批手续及土地使用权证由政府方负责办理，费用由政府方承担；

（2）上述土地如涉及征地、拆迁和安置，由政府方负责完成该土地的征用、补偿、拆迁、人员安置等工作。建设场地平整由乙方负责。

1.2　取得土地使用权或其他相关权利的费用

（1）本项目在取得土地使用权或其他相关权利的过程中涉及的费用包括征地补偿费用（包括土地补偿费、安置补助费、地上附着物和青苗补偿费等）以及临时使用土地补偿费等；

（2）上述取得土地使用权或其他相关权利的费用中，征地补偿费用由政府方承担，临时使用土地补偿费由项目公司承担。

1.3　土地使用的权利及限制

（1）项目公司有权在项目合作期限内独占性地使用第 1.1 款取得的土地进行以实施本项目为目的的活动；

（2）未经____________人民政府批准，项目公司不得将本项目涉及的土地使用权转让给第三方或用于本项目以外的其他用途；

（3）项目公司应当根据适用法律的要求和与有关政府部门签订的与取得本合同项下土地使用权有关的法律文件的要求合理使用本合同项下的土地使用权，如因项目公司违反适用法律和 / 或本合同和 / 或其他有关法律文件的要求使用土地给第三人造成损害，项目公司应当赔偿给第三人造成的损失；

（4）甲方或政府方有权出入本项目设施场地；

（5）甲方或政府方行使上述出入权需要满足下列条件和限制：

1）仅在双方约定的特定目的下才有权进入场地；

2）履行双方约定的合理通知义务后才可入场；

3）需要遵守一般的安全保卫规定，并不得影响项目的正常建设和运营。

第 2 条　建设责任

2.1　项目公司的建设责任

项目公司应自行承担项目建设的所有费用和风险，按要求完成所有建设工程：

（1）项目公司承担本项目工程建设投资（工程总投资中扣除征地拆迁安置费用的投资）指：总投资估算______万元中，除征地拆迁安置费用的其余全部投资。包括：项目论证工作、PPP 项目咨询服务工作、项目核准的全部前期工作等方面产生的费用，以及指挥部办公设施购置费用，在项目公司成立后 15 个工作日内，甲方向项目公司递交费用清单，经甲乙双方认定后，项目公司在 5 个工作日内一次性支付给甲方；

（2）项目公司负责电力系统方案的编制、评审、办理审批等工作；负责建设工程规划许可证办理；负责红线内工程勘察、设计及建设；

（3）项目公司应尽最大努力申请并及时获得从事建设工程所需要的政府部门的各种批准，并使其保持有效，承担所有获得上述批准所需要的费用和支出；

（4）项目公司应根据下列规定实施建设工程：

①适用法律；

②本合同下对项目建设的其他所有要求；

（5）中标社会投资人不具备生活垃圾焚烧发电厂建设所需的工程设计、施工、设备生产或者提供的资格和能力的，由项目公司作为采购人按照相关法律法规选择承包商，包括但不限于设计承包商、施工承包商、设备供应商和运营维护承包商，选择不应解除项目公司在本合同项下的任何义务。项目公司对于其承包商或其聘用的人员的任何作为或不作为对甲方承担全部责任；

（6）项目公司按本合同约定建设期限完成相应的工程建设。

＊条文批注：项目公司的建设责任不因分包而豁免。

在PPP项目中，通常由项目公司负责按照合同约定的要求和时间完成项目的建设并开始运营，该责任不因项目建设已部分或全部由项目公司分包给施工单位或承包商实施而豁免或解除。《PPP项目合同指南（试行）》指出："在PPP项目中，通常由项目公司负责按照合同约定的要求和时间完成项目的建设并开始运营，该责任不因项目建设已部分或全部由项目公司分包给施工单位或承包商实施而豁免或解除。"作为补充，尚未正式施行的《基础设施和公共服务领域政府和社会资本合作条例》（征求意见稿）第24条规定："实施合作项目所需的建设工程、设备和原材料等货物以及相关服务，社会资本方依法能够自行建设、生产或者提供，且在选择社会资本方时已经作为评审因素予以充分考虑的，可以由社会资本方自行建设、生产或者提供。"

2.2　甲方的建设责任

（1）在建设期内协调项目公司与政府相关部门或机构的关系；

（2）根据第四章条款的规定完成前提条件；

（3）在建设期内，提供项目公司项目施工所需的土地；

（4）协助项目公司组织近期工程竣工验收和编制竣工验收资料等；

（5）甲方或政府方负责完成的工作：

一是PPP项目的前期工作，包括矿产资源压覆情况证明、垃圾成分分析、项目建议书、PPP项目实施方案、物有所值分析、财政承受能力论证。

二是项目范围内征地拆迁安置工作。

三是红线外进场道路、通水、通电等基础设施建设。进场道路指项目用地红线与项目用地外界连接的一条主要道路。

通水指将自来水提供到项目用地红线边缘，用水价格执行"居民生活用水价格类别"，当实现无外排水时，免征污水处理费；通电指将项目生产生活用电供到项目用地红线边缘，不含发电输出系统建设。

四是有关项目核准（立项）的相关工作，包括可行性研究、环境影响评价、节能评估、地质灾害危险性评价、职业病危害预评价、社会稳定风险评估、占用林地审批、建设项目用地审批、选址意见书、建设用地规划许可证、水土保持方案等文本编制工作。

（6）甲方负责协调城市供水、排水、燃气、热力、供电、通信、消防等依附于本项目的各种管线、杆线等设施的建设计划，匹配本项目建设进度。

第 3 条　建设要求

3.1　项目建设标准

（1）设计标准

生活垃圾设计处理规模：______吨 / 天。

正常年上网电量：约______万千瓦时。

项目设计使用寿命：______年。

设计工艺：机械炉排炉垃圾焚烧工艺。

设备选型：______t/d 垃圾焚烧炉______台，汽轮发电机组为______MW 凝汽式机组______套。

设计规范：《生活垃圾焚烧处理工程技术规范》（CJJ 90—2009）《生活垃圾焚烧污染控制标准》（GB 18485—2014）《大气污染物综合排放标准》（GB 16297—1996）《建筑抗震设计规范》（GB 50011—2010）《生活垃圾焚烧处理工程项目建设标准》（建标 142—2010）《小型火力发电厂设计规范》（GB 50049—2011）及其他应遵循的国家或行业标准、规范。

（2）施工标准

根据适用法律法规和基本建设程序、批准的初步设计和施工图设计、所有适用的施工标准和规范及本合同的其他要求进行项目施工建设。本项目施工质量达到合格标准。并执行《建设工程质量管理条例》《生活垃圾焚烧处理工程项目建设标准》（建标 142-2010）、《生活垃圾焚烧处理工程技术规范》（CJJ90-2009）、《____________省建设工程竣工规划验收制度》等文件规定。

（3）验收标准

本项目验收严格按照环保部《建设项目竣工环境保护验收技术规范 生活垃圾焚烧工程》《生活垃圾焚烧处理工程技术规范》（CJJ 90—2009）、《__________________省建设工程竣工规划验收制度》（___________建

D10895

规______号）等文件执行。

3.2　建设时间要求

（1）本项目计划建设期限为______年。

（2）工程建设如果因下列情况受阻，建设期可相应顺延：

①不可抗力事件（见第十二章）；

②发现文物使工程建设的实施延误；

③由甲方原因导致的延期；

④法律规定或其他政府部门原因导致的延误；

⑤本合同规定的其他事项。

（3）当3.2款第（2）项的事件发生后，项目公司要求延长建设期，应在前述事件发生后7个工作日之内向甲方提出书面报告，报告应包含以下内容：

①事件的种类；

②预计延误的日期；

③项目公司采取的减少延误的合理措施；

④项目公司要求延长的日期。

甲方应在收到项目公司的书面报告后10个工作日内予以回复，逾期未提出书面意见的，视为同意项目公司的延期要求。

（4）由于甲方或政府方的原因导致运营期开始日期的延误如果由于甲方或政府方的违约造成运营期开始日期的任何延误，项目公司应：

①提出进度计划日期作适当延长；

②有权获得延误的经济补偿，使项目公司基本上恢复到该延误没有发生时相同的经济状况。

③有权获得延长项目合作期限，相应延长的项目合作期限应不少于被延误的商业运营期。

（5）项目公司导致的竣工延误如果因项目公司的原因导致开始运营日的延误，则项目公司应就发生的任何延误向甲方支付违约金，违约金额见14.1.1项。甲方可以从建设履约保证金中兑取，直至建设履约保证金全部兑取完。如果建设履约保证金累计被兑取完毕或者违约金金额累计达到建设履约保证金金额，甲方有权立即发出终止意向通知书。

（6）进度报告项目公司每月应向甲方提交工程建设进度月报，该月报应反映已完成的和在建的建设工程进度和质量、预计完成工程的时间，如果进度和质量发生问题，应提出挽回的措施和计划。

3.3 建设管理

（1）工程的施工、监理、质量管理、安全管理、环境保护、竣工验收等应符合相关法律和强制性标准，且应符合本合同规定的所有要求；

（2）在不影响履行本合同项下义务的情况下，甲方有权在工作时间内对项目公司或承包商履约情况进行检查，以保证项目公司工程的任何部分均符合本合同的要求。项目公司须对此项检查予以配合；

（3）项目公司成立后的 30 个工作日内，须建立一套完整的建设管理方案交甲方审查确认后执行，建设管理方案中应明确政府出资方代表方与社会资本方双方股东对于建设管理的责任、权利及相应管理流程。甲方在收到方案后的 15 个工作日内，应提出审查意见：甲方在收到项目公司的方案后的 15 个工作日内没有提出审查意见则视为认可该方案。如甲方的审查意见要求项目公司进行修改，则项目公司应当在收到甲方通知后的 15 个工作日内修正该方案并将其重新提交给甲方审查确认后方可执行。

3.4　项目的勘察、设计、施工承包和设备采购

（1）项目公司应依法选择和确定本项目的勘察、设计、施工承包商。本项目对勘察、设计、施工承包商资质要求为：勘察单位要求为综合类或专业类（岩土工程）甲级工程勘察资质。设计单位需具备以下三类资质之一：具备工程设计综合甲级资质；具备市政公用行业（环境卫生工程）工程设计甲级资质及同时具备电力行业（火力发电）工程设计乙级以上（含乙级）资质；具备环境工程（固体废物处理处置工程）设计专项甲级资质及同时具备电力行业（火力发电）工程设计乙级以上（含乙级）资质。土建工程施工单位需具备电力工程施工总承包壹级及以上资质或房屋建筑工程施工总承包壹级及以上资质。安装工程承包单位应具备

D10895

电力施工总承包一级及以上资质。如果社会资本方具备以上勘察、设计、施工及设备安装资质中的一项或几项资质，可自行承担相应工作，由项目公司与社会资本方订立承包合同；不具备上述资质中的一项或几项，则应在招标前报经政府审批同意后，可以采取不同的招标方式选择承包商。

（2）项目公司应负责依法购置本项目工程建设所需要的一切临时性或永久性的设施、材料及其他物品，本项目工程建设所需的一切设备、材料的采购、供应、进口应当按照法律实施并符合国家的规范和标准及本合同的约定；

（3）项目公司应确保与施工承包商、材料设备供应商签订的合同符合本合同和法律的规定，承包合同和供应合同应按照本合同约定提交甲方审核和备案。

第 4 条　项目的设计

4.1　本项目的设计范围包括初步设计、施工图设计两个阶段。

4.2　由项目公司负责本项目初步设计和施工图设计编制组织工作。

4.3　本项目设计要求如下：

（1）应符合国家法律法规的要求；

（2）项目公司应按照《中华人民共和国环境保护法》规定，落实污染防治设施的“三同时”制度，保证本项目建设和运行的污染物符合国家环保标准（粉尘和二噁英两项指标执行欧盟 2000/76/EU 标准），并承担相应的法律责任；

（3）本项目设计和建设必须符合《生活垃圾焚烧处理工程技术规范》（CJJ 90—2009）和《城市生活垃圾焚烧处理工程项目建设标准》（建标 142—2011 年）及相关要求。

4.4　政府方享有在项目公司负责的设计工作完成前审查设计文件并提出意见的权利，包括：

（1）政府方有权审查由项目公司制作的任何设计文件（特别是初步设计以及施工图设计），项目公司有义务将上述文件提交政府方审查；

（2）政府方应当在设计文件完成前审查设计文件。如果设计文件中存在任何不符合合同约定的内容，政府方可以要求项目公司对不符合合同的部分进行修正，有关修正的风险、费用由项目公司承担；如果政府方在上述约定期限内未提出审查意见，约定审查期限届满后项目公司即可实施项目设计方案并开始项目建设；

（3）如项目公司对政府方提出的意见存在异议，可以提交争议解决程序处理。

政府方的上述审查不能减轻或免除项目公司依法履行相关设计审批程序的义务。

4.5　由项目公司对其所作出的设计承担全部责任。该责任不因该设计已由项目公司分包给其他设计单位或已经政府方审查而被豁免或解除。

4.6　设计优化与变更

（1）甲方未对优化设计文件或技术规范或其任何改动提出异议不应视为甲方放弃其本合同项下的权利。

（2）在不限制前款权利的前提下，项目公司应按照施工图进行施工。

（3）如果在施工过程中需要对施工图设计进行变更的，则项目公司应书面提出变更理由，并取得甲方和设计部门的书面批准。

（4）如项目公司提出设计变更未经甲方审批确认而造成本项目建设费用（含设计费用）增加，由项目公司承担。如因甲方提出设计变更造成本项目建设费用（含设计费用）增加，由甲方承担。

第 5 条　项目的施工

5.1　施工质量管理

（1）项目公司应保证工程质量达到适用法律及本合同约定的设计要求。

（2）项目公司应保证参与项目的承包商、设备材料供应商在招投标中已明确项目的质量要求并提交保证。

（3）在工程开始施工后，项目公司应严格执行各项质量保证和质量控制计划。甲方有权参加或检查项目公司以及分包商的质量控制过程及方法，以确保工程质量要求。

（4）项目公司不因项目承包商、设备材料供应商对项目的质量承诺和实施而减免项目公司的责任。

（5）若甲方有足够的证据证明项目公司建设工程或其他任何部分与本合同所规定的或其他相关部门所规定的质量或安全要求严重不符，甲方有权立即通知项目公司，项目公司应按照要求进行整改。若项目公司在收到甲方通知后 5 个工作日内未进行整改，则甲方有权自己进行或委托第三方进行必要的纠正，一切风险与费用由项目公司承担。在这种情况下，项目公司须允许

D10895

甲方或其委托的承包商为此目的而出入项目场地。若项目公司拒绝甲方或其委托的第三进入项目场地进行纠正工作，或未能按照甲方的要求偿还甲方为此而付出的成本与费用，则甲方有权从建设期履约保证金项下提取相应金额。

5.2 施工进度管理

（1）项目公司应严格按照本合同所规定的时间进行施工，于每月5日前向甲方提交工程进度报告，详细说明如下事项：

①工程进度实际完成的百分比与计划完成的百分比比较；

②工程投资完成情况；

③存在的问题及处理意见，包含与进度计划的差异、原因分析及正在采取的纠正措施。

（2）工程延误

①如果项目公司合理预计工程不能达到本合同所要求的进度日期，应立即通知甲方，并对延误的原因、预计的可能超出进度日期的天数和其他可合理预见的对建设工程不利的影响、已采取或建议采取的解决或减少延误及其影响的措施等内容向甲方进行合理详细的描述。

②项目公司发出上述通知并不能免除其在本合同中的任何义务。如果项目公司提出或实施的补救措施不能解决逾期的问题，甲方可要求项目公司采取甲方认为必要的其他措施以达到进度计划的要求。

③如果一方未向另一方发出上述通知，该方应承担另一方因其未发出此通知而可能遭致的任何直接损失和费用。

5.3 安全保障管理

（1）项目公司对项目导致的安全事故承担全部责任，并应当在出现安全事故1小时内按照有关规定向____________人民政府安全生产监督部门和负有安全监督管理职责的有关部门报告。

（2）项目公司应针对自然灾害、重特大事故、环境公害及人为破坏等突发情况建立相应的应急预案和相应的组织、指挥、设备等保障体系，并保证在出现重大意外事件时其保障体系能够正常启动。且应急预案应同时考虑附属的地下地上工程（包括但不限于地下各类管线爆管等）。发生重大或紧急事故时，能随时启动响应机制，配合相关责任或实施主体，完成相应抢修、抢险责任等。

5.4　建设监理

（1）项目公司在依法遴选本项目监理单位之前，应将相应的资格预审文件（如适用）、招标文件或采购文件等报经甲方事先书面同意确认后发售。项目公司在和监理单位签署监理合同之前，需报经甲方确认。否则甲方有权视情形提取建设期履约保证金项下的相应金额。

（2）项目公司应当根据适用法律的要求选择有相应资质的监理公司进行项目工程施工全过程的监理。

（3）监理单位应及时向甲方和项目公司分别提交监理计划和定期的工程进度报告和监理月报。

第 6 条　试运行与竣工

6.1　试运行

（1）项目公司应当在建设期限要求的时间内完成工程建设，组织项目初步完工验收；

（2）在项目初步完工验收结束后，项目公司应立即向甲方发出开始试运行的书面通知，告知预计的开始试运行的日期，并提交能够说明项目已具备开始试运行条件的书面材料；

（3）甲方应自接到开始试运行申请之日后 5 个工作日内书面通知项目公司是否同意开始试运行，如果不同意须同时书面陈述理由。如果 5 个工作日内甲方未发出同意或不同意的通知，视为甲方同意项目公司开始试运行；

（4）自申请之日起进入试运行阶段，项目公司应在 90 天内完成试运行工作；

（5）由于非项目公司原因造成试运行期的延误，由项目公司书面向甲方提出，经过甲方确认，可以延长，具体时间可由双方协商而定；

（6）在试运行期内，项目公司根据项目运营情况，可随时向环保部门申请进行环保专项验收，提交“环保验收申请”，同时，提供有资质的环

D10895

境保护检测机构出具的《监测报告》；环保部门在接到“环保验收申请”后组织验收，验收合格后按照国家相关规定的要求出具项目环保专项验收报告书。

6.2　正式运营

如果排放的烟气、渗滤液及飞灰、炉渣处置等经环境保护监测站按照适用法律和规范的要求连续监测达到相关标准，项目公司可向甲方提出书面申请，开始正式运营。

6.3　竣工验收

（1）项目公司应按照适用法律编制竣工资料，在试运行完成后适当的时间组织并通过工程竣工验收；

（2）项目公司应当在有关验收开始前至少 7 个工作日向甲方发出书面通知，告知验收项目和验收开始的时间。甲方在收到上述通知后，应派代表参加有关验收；

（3）如因项目工程存在某一方面的瑕疵导致项目工程未通过验收，项目公司应当根据有关部门的验收意见及时采取措施予以整改或完善，并再次组织相关验收，直到通过该等验收为止。

第 7 条　其他

7.1　交付图纸、文件和技术资料

（1）项目公司应在签订、取得或完成下列文件后 15 日内，将下列有关文件复印件报甲方及有关主管部门（以下涉及的合同均指封页和签字盖章页）：

①本项目拟执行的施工、验收规范清单；

②施工许可证；

③工程施工合同和工程建设计划；

④监理合同和监理计划；

⑤主要设备的采购合同。

（2）在竣工日之后 3 个月内，项目公司应向甲方提交下列资料：

①项目设施的全套施工和竣工图纸、竣工验收记录；

②所有设备以下资料复印件（安装记录、测试记录、质量监督和验收记录）；

③甲方合理要求的与项目有关的其他技术文件或资料。

7.2 对考古、地质及历史物品的保护

如果项目公司在项目设施建设、运营和维护过程中，发现考古文物、化石、古墓遗址及具有考古学、地质学和历史意义的任何物品，项目公司应及时通知甲方，并采取适当的保护措施，如果上述发现导致建设工程延误，应按第 3.2 条第（3）执行，或双方协商延长特许经营期。

第七章 项目运营与维护

第 1 条 开始运营

1.1 试运行的前提条件和技术标准

前提条件：部分前期投入使用的单位工程须通过单位工程投入使用验收，工程整体投入使用的须通过工程初步验收。

技术标准：烟气排放标准执行《生活垃圾焚烧污染控制标准》（GB 18485—2014）；恶臭气体满足《恶臭污染物排放标准》（GB 14554—93）；渗滤液、飞灰、炉渣处置应满足《生活垃圾填埋场污染控制标准》（GB 16889）；炉渣进入水泥窑处置的，应满足《水泥窑协同处置固体废物污染控制标准》（GB 30485）。

1.2 本项目试运行的期限：______个月。

1.3 试运行期间的责任安排：项目公司承担试运行期间的生产、安全责任。

1.4 试运行的费用和收入处理：项目公司承担试运行期间的运营成本，试运行的收入归项目公司所有。

1.5 开始运营的前提条件

（1）项目建设已经基本完工（除一些不影响运营的部分），并且已经达到满足项目目的的水平；

（2）已按照本合同约定的标准和计划完成项目试运行；

（3）项目运营所需的审批手续已经完成（包括项目相关的备案审批和竣工验收手续）；

（4）其他需要满足项目开始运营条件的测试和要求已经完成或具备。

D10895

1.6　开始运营时间和确认方式

甲方应自接到开始运营申请之日起5个工作日内通知项目公司是否同意开始运营。如不同意须同时陈述理由。如果不同意的原因是由甲方或政府方造成的，甲方或政府方应在30日内解决。如30日内仍未解决，甲方应及时通知项目公司，项目公司收到通知的第2日视为开始运营日。

1.7　因项目公司原因导致无法按期开始运营的后果

（1）项目公司不能获得垃圾处理补贴、运营期缩短；

（2）项目公司需向甲方支付逾期违约金，违约金按第1.1款计算；

（3）如果项目延误开始运营日期严重延误，甲方有权根据本合同约定提出终止本项目；

（4）甲方依据第十章条款约定的履约担保机制获得赔偿。

1.8　因甲方或政府方原因导致无法按期开始运营的，项目公司有权主张延迟开始运营日并向甲方索赔额外费用。

1.9　因中性原因导致无法按期开始运营的后果

（1）此处的中性原因是指不可抗力及其他双方约定由双方共同承担风险的原因。

（2）因中性原因导致项目公司不能按期开始运营的，受到该中性原因影响的一方或双方均可以免除违约责任，或根据该中性原因的影响期间申请延迟开始运营日。

第2条　运营标准和要求

2.1　项目运营的标准二噁英、粉尘的排放必须达到欧盟标准，其他污染物执行国家标准，如在合同期内，有关标准如有变化，按新标准执行。

2.2　运营要求在满足以上基本服务标准以外，还应满足如下要求：

（1）在整个运营期内，项目公司应根据本合同的规定，自行承担费用、责任和风险，管理、运营和维护垃圾处理设施，确保垃圾处理持续保证设计处理能力（除试运行期和检修期外）；

（2）从正式运营日起，除根据第7.3款经甲方批准的暂停外，项目公司应每日24小时，每年365日（闰年366日）连续接收与处理垃圾。在因工程施工及设施检修等原因需停止垃圾处理服务时，应经甲方批准并提前24小时通知甲方；因发生灾害或突发事件，不能提前通知的，应在2个小时内通知甲方，并告知异常情况和提供有关数据以及项目公司为此收集到的有关调查详情；

（3）每一运营日，项目公司应按照环保法律法规和规定对项目排放进行在线监测和人工检测，并做好记录。在线监测和人工检测，按照国家及______省相关部门目前对垃圾处理厂的监管要求执行，并出具排放检测结果报告：

①项目公司应如实记录每次检测的所有结果，并按照要求向甲方提供检测结果报表及其电子文档；

②任何一次检测的任何排放指标超标，项目公司应在 2 小时内通知甲方；

③检测报告应包括所有有关测试结果以及就超标情况所作的其他有关调查结果，项目公司对超标情况可能持续的期限所作的预测，以及引起此等状况的原因，还应包括项目公司所采取的补救措施的详细描述。

（4）本项目的运营由项目公司负责。政府方需配套建设垃圾中转站并购置垃圾转运车辆；

（5）项目运营后，所产生的炉渣由项目公司进行综合利用。飞灰由项目公司在厂内螯合、固化运送至政府指定填埋场，政府提供场地并负责处理，项目公司承担费用；

（6）项目公司应确保在整个运营期内，始终根据下列规定和要求运营并维护垃圾处理设施：

①适用法律；

②运营手册以及与垃圾处理设施有关的设备制造商提供的一切有关手册、指导和建议；

③谨慎运营惯例。

（7）项目公司应于每年年末提交下一运营年度维护计划，将其下一年度的重大维护和更新计划书面通知甲方；

（8）项目公司应采取一切合理有效的措施，最大限度地预防和减少对周围自然环境、周边设施、建筑物、住宅区的干扰和损害，积极履行相关环境保护义务。

2.3　对新标准的执行

若有关生活垃圾焚烧污染控制标准的国家标准、行业标准以及

____________省、____________市的标准发生变化时，则项目公司运营的垃圾处理设施应执行该等新标准。如前述标准有冲突，则以较严格标准为准。由此产生的资本性投入和/或运营成本增加，由双方重新核定，并按相关约定调整垃圾处理补贴。

第3条　暂停服务

3.1　计划内的暂停服务

（1）在每一运营年开始前30日，项目公司应向甲方申报该年度的计划内暂停服务的时间表。每一运营年度内的计划内暂停服务时间不得超过32日。甲方应在该运营年开始前7个工作日作出批准或不批准的决定。项目公司应根据甲方的意见修改计划内暂停服务时间表，直至取得甲方批准；

（2）项目公司根据上述计划内暂停服务时间表实施暂停服务时，应提前15日向甲方提交暂停服务书面申请和预定的暂停服务起止时间，并向环保部门备案。如项目公司所申请的计划内暂停服务起止时间与经批准的计划内暂停服务时间表一致，甲方应当批准项目公司的暂停服务申请；

（3）如项目公司因本项目运营和维护之目的，需要修改经甲方批准的计划内暂停服务时间表，项目公司应当在向环保部门备案后，提前30日向甲方提交暂停服务的书面申请和预定的暂停服务起止时间。如项目公司申请的暂停服务计划不影响公共利益，且经环保部门同意，甲方应当批准项目公司的暂停服务申请，但项目公司应采纳甲方有关暂停服务的建议或意见；

（4）项目公司提交的计划内暂停服务申请书应包括以下内容：暂停服务的范围和理由；暂停服务的时间；计划内暂停服务期间预计能够接收的垃圾量；恢复服务的大约时间。

3.2　计划外暂停服务

（1）如果有计划外暂停服务，项目公司应在暂停服务发生后2小时内立即通知甲方，解释暂停服务的原因、报告暂停服务可能持续的时间并提出更正暂停服务的建议。项目公司应尽其最大努力在发现或通知服务暂停后24小时内恢复正常服务；

（2）如果暂停服务时间预期超过 24 小时，则项目公司应考虑甲方关于处理暂停服务的建议或意见；

（3）如果必要的更改措施预期需要超过 48 小时，项目公司应通知甲方，并应尽最大努力使得计划外暂停服务的影响减到最小。

第 4 条　政府方对项目运营的监督和介入

4.1　政府方对项目运营的监督和介入权利主要包括：

（1）在不影响项目正常运营的情况下入场检查；

（2）定期获取有关项目运营情况的报告及其他相关资料（包括运营维护计划、经审计的财务报告、事故报告等）；

（3）审阅项目公司拟定的运营方案并提出意见；

（4）委托第三方机构开展项目中期评估和后期评价；

（5）在特定情况下，介入项目的运营工作。

4.2　政府方有行使一票否决的权利

政府方有对项目公司下列重大事项行使一票否决权的权利：

（1）项目公司股权变动；

（2）项目公司重大资产转移处分；

（3）涉及公共利益和公共安全的事项。在项目公司章程中应明确约定对以上事项进行决策时，需经股东会全体股东或董事会全体董事一致通过。

第 5 条　项目维护义务和责任

5.1　项目维护责任

由项目公司负责根据合同约定及维护方案和手册的要求对项目设施进行维护和修理，该责任不因项目公司将部分或全部维护事务分包给其他运营维护商实施而豁免或解除。项目维护费用由项目公司承担。

D10895

＊条文批注：由项目公司负责维护事务的优势。

项目公司负责项目运作维护，将使其有更大动力通过降低成本提高自身收益水平，克服政府提供方式下预算体制缺陷导致的成本管理问题，从整体上降低项目全生命周期成本。此外，在PPP模式下，在法律规定和公共利益考虑的前提下，每个可识别风险均能够独立地分配给能够以最小成本、最有效管理的一方承担，从而实现了风险最优分配以及项目价值的提升。

项目维护范围主要包括：

（1）设施、设备的使用与维护保养应按照设施、设备的操作规程和维修保养规定执行；

（2）根据不同机电设备要求，应定期添加或更换润滑剂，更换出的润滑剂应按规定妥善处置；

（3）对构筑物、建筑物的结构及各种闸阀、护栏、爬梯、管道、井盖、盖板、支架、走道桥、照明设备和防雷电设施等应定期进行检查、维修及防腐处理，应保持其完好；

（4）对各种设备连接件应经常检查和紧固，并应定期更换易损件；

（5）对各类机械设备进行检修时，必须保证其同轴度、静平衡或动平衡等技术要求；

（6）对高（低）压电气设备、电缆及其设施应定期检查和检测，并应保证其性能完好；

（7）对电缆桥架、控制柜（箱）应定期检查并清洁，发现安全隐患应及时处理，并应做好电缆沟雨水及地下渗水的排除工作；

（8）对各类仪器、仪表的检查和校验，应定期进行；

（9）各种设施、设备的日常维护保养和大、中、小修，应按要求进行；

（10）设施、设备维修前，应做好必要的检查，并制定维修方案及安全保障措施，设施、设备修复后，应及时组织验收，合格后方可交付使用；

（11）构筑物、建筑物及自控系统等避雷、防爆装置的测试、维修方法及其周期应符合国家现行标准的有关规定。

5.2　维护方案和手册

（1）维护方案项目公司在合同生效后、开始运营日之前编制项目维护方案并提交甲方审核，甲方有权对该方案提出意见。在双方共同确定维护方案后，项目公司作出任何重大变更，均须提交甲方审核。

（2）维护手册项目公司须编制本项目维护手册，载明生产运营、日常维护及设备检修的内容、程序和频率等，并在开始运营之前报送甲方审查。

5.3　计划外的维护

如果发生意外事故或其他紧急情况，需要进行维护方案之外的维护或修复工作，项目公司应立即通知甲方，解释其原因，并尽最大努力在最短的时间内完成修复工作。对于计划外的维护事项，责任的划分与计划外暂停服务基本一致，即

（1）如因项目公司原因造成，由项目公司承担责任并赔偿相关损失；

（2）如因甲方或政府方原因造成，由甲方承担责任，项目公司有权向甲方索赔因此造成的费用和损失并申请延展项目期限；

（3）如因不可抗力及其他双方约定由双方共同承担风险的原因造成，双方共同分担该风险，均不承担对对方的任何违约责任。

＊条文批注：项目维护一般流程。

编制维护方案，提交政府方审核，由政府方提出意见。对于某些 PPP 项目、特别是技术难度较大的项目，除维护方案外，有时还需要编制详细的维护手册，进一步明确日常维护和设备检修的内容、程序及频率等。

如果发生意外事故或其他紧急情况，需要进行维护方案之外的维护或修复工作，项目公司应立即通知政府方，解释其原因，并尽最大努力在最短的时间内完成修复工作。《PPP 项目合同指南（试行）》指出："如果发生意外事故或其他紧急情况，需要进行维护方案之外的维护或修复工作，项目公司应立即通知政府方，解释其原因，并尽最大努力在最短的时间内完成修复工作。对于计划外的维护事项，责任的划分与计划外暂停服务基本一致，即

D10895

1. 如因项目公司原因造成，由项目公司承担责任并赔偿相关损失；

2. 如因政府方原因造成，由政府方承担责任，项目公司有权向政府方索赔因此造成的费用和损失并申请延展项目期限；

3. 如因不可抗力及其他双方约定由双方共同承担风险的原因造成，双方共同分担该风险，均不承担对对方的任何违约责任。”

《基础设施和公共服务领域政府和社会资本合作条例》（征求意见稿）第 25 条在程序上细化规定：“确需变更项目协议内容的，应当由协议双方协商一致，并公示变更事由及内容，经本级人民政府批准后签订补充协议；变更内容涉及财政支出事项变动、价格调整的，应当先经相关部门审核同意并履行规定程序。”

第八章　合同的转让和股权变更限制

第 1 条　项目公司的转让

1.1　除第 1 条第 1.3 款规定外，未经甲方事先书面同意，项目公司的股权结构不得发生变化，项目公司在任何情况下不得转让或以其他方式转移本合同下的权利和义务，包括采取承包、托管、联营、租赁经营、信托等任何方式导致项目公司对本项目的实际控制权发生转移。

1.2　除第 1 条第 1.3 款规定外，未经甲方事先书面同意，项目公司不得转让、出租、抵押、质押或提供其他担保：

（1）其在本合同或与本项目有关的其他合同项下的权利和权益；或

（2）项目公司用于项目的设施或资产。

1.3　项目融资行为导致的转让，为项目融资目的，项目公司应有权：

（1）经甲方事先书面同意，出于本项目融资目的，项目公司可将本合同项下的预期收益等作为本项目的融资质押等担保，项目公司设置该担保权益不应损害甲方的权利或利益。

（2）根据融资文件的规定将其在本合同项下的权利和权益转让给贷款人。

第 2 条　股权变更的含义与范围

股权变更的范围包括：

（1）直接或间接转让股权；

（2）并购、增发等其他方式导致的股权变更；

（3）股份相关权益的变更：股份上附着的表决权以及带有一定表决权的特殊债权的变更；

（4）兜底规定：其他任何可能导致股权变更的事项。

第 3 条　股权变更的限制

3.1 锁定期

（1）锁定期，是指限制社会资本方转让其所直接或间接持有的项目公司股权的期间。在该期间内，未经政府方批准，项目公司及其母公司不得发生上文定义的任何股权变更的情形；

（2）锁定期期限为自项目公司成立之日起，至项目开始运营日后的 2 年；

（3）在锁定期内，如果发生以下特殊的情形，可以允许发生股权变更：将项目公司的股权转让给社会资本方的关联公司，且关联公司具备合同约定的技术能力、财务信用、运营经验等基本履约能力及资格。

3.2　其他限制

股权受让方须具备相应的履约能力及资格，并继承转让方相应的权利义务。

项目公司的股权转让协议须经甲方审定并明确受让方应同意受本合同和公司章程的约束。项目公司应在其章程中作出适当的规定，以确保项目公司的所有股权证明上具有适当的文字说明，使预期的购买人了解这些权益的转让存在限制性条件，且使有关部门对那些不符合上述限制的股权转让不予受理和登记。项目公司章程的确定和修改应报甲方认可。

3.3　违反股权变更限制的后果

一旦发生违反股权变更限制的情形，将直接认定为项目公司的违约行为，情节严重的，甲方将有权因该违约而提前终止项目合同。

D10895

* 条文批注：股权变更限制。

基于公用事业的公共服务特性，政府必须考虑如果将公用事业企业的全部国有股权转让出去，是否可能出现政府失控的局面。所以，为了避免项目实质主体发生重大变化，往往由政府方对项目公司股权变更设置限制性条件。例如，在PPP项目合同中规定，在一定的期间内，项目公司的股权变更及其各级控股母公司的控股股权变更均须经过政府的事前书面批准。

一般情况下，股权转让取决于该 PPP 项目与市场的吻合程度，即供求关系。市场对本 PPP 项目投资的兴趣有多高，潜在投资人有多少，其专业背景和资金实力如何，一般将决定转让的格局和成败。

一旦发生违反股权变更限制的情形，将直接认定为项目公司的违约行为，情节严重的，政府方将有权因该违约而提前终止项目合同。

第九章　付费机制

第 1 条　垃圾供应及计量

1.1　垃圾的供应

（1）甲方负责向项目公司提供生活垃圾，并将生活垃圾运输至本项目厂内的垃圾池内；

（2）垃圾供应开始日应为项目公司已根据本合同完成本项目的相关建设工作并按计划进行设备调试之日；

（3）自试运行开始日起至特许经营期届满为止，除计划暂停服务、不可抗力，甲方负责向项目公司每天提供生活垃圾。项目公司不得擅自接收处理未经政府方同意的其他县、市的生活垃圾。在保证____________生活垃圾的正常处理的情况下，在本项目生产能力允许的范围内，经____________人民政府同意，项目公司有义务处理其他县市（____________人民政府行政管辖区域外）生活垃圾，垃圾处理补贴结算方式和结算单价与本合同约定的一致；

* 条文批注：可行性缺口补助模式下，政府提供运营补贴。

《政府和社会资本合作项目财政承受能力论证指引》第 11 条规定："运营补贴支出责任是指在项目运营期间，政府承担的直接付费责任。不同付费模式下，政府承担的运营补贴支出责任不同。政府付费模式下，政府承担全部运营补贴支出责任；可行性缺口补助模式下，政府承担部分运营补贴支出责任；使用者付费模式下，政府不承担运营补贴支出责任。"

（4）项目公司有权拒绝处理非生活垃圾。甲方有义务在垃圾收集清运时防止非生活垃圾进入垃圾焚烧发电厂。

1.2　垃圾运输

（1）甲方负责在项目试运行开始的一个月前将有关垃圾运输车辆的资料清单（包括车辆型号、车牌号、额定载重、空车重量等）送交项目公司备案；

（2）垃圾运输车辆的资料如有修改、更新，甲方应及时书面通知项目公司；

（3）项目公司有权拒绝清单之外的运输车辆进厂。特殊情况，由双方协商解决；

（4）垃圾运输的交接点为项目公司厂内的垃圾池，项目公司接收后，负责垃圾的管理。

1.3　垃圾处理量的计量

（1）甲方交付给项目公司的垃圾应采用设于本项目厂内的电子地磅作为垃圾的计量工具。该电子地磅须经法定校验机构校核合格，并按其规定定期校验，双方共同参与垃圾的计量管理，具体管理实施细则另行商定；

（2）甲方交付给项目公司的垃圾将按车进行计量，每车垃圾的重量 = 进厂车称重 - 出厂空车称重；

（3）电子地磅设有日累计、月累计、年累计几种方式。每月底（遇节假日顺延），由本合同双方共同整理当月的垃圾累计月报表，作为政府方支付月垃圾处理补贴的依据，月报表一式三份，甲方二份，项目公司一份。

D10895

第 2 条　服务价格确定与调整

2.1　付费机制

本项目采用可行性缺口财政补贴付费机制。

2.2　定价机制

（1）垃圾处理补贴结算单价按社会资本方垃圾处理补贴中标注的单价和每降低百万投资垃圾处理补贴单价下降额计算。项目竣工验收后，由____________人民政府投资评审部门与审计部门对实际投资进行审计，如果实际投资等于或高于投资基准价，垃圾处理补贴结算单价按中标价结算；如果实际投资低于此投资基准价，垃圾处理补贴结算单价在中标价基础上下降，按下列公式计算：

垃圾处理补贴结算单价 = 垃圾处理补贴单价中标价 –[（投资基准价 – 实际投资）（万元）÷100]× 每降低百万投资垃圾处理补贴单价下降额

社会资本方垃圾处理补贴单价中标价为______元 / 吨，当实际投资低于______万时，每降低百万投资垃圾处理补贴单价下降额为______元 / 吨。该垃圾处理补贴结算单价包括了项目公司的建设运营成本及合理收益。

（2）项目实际投资的核定

①遵循国家、地方有关法律、法规、规章及规范；

②按《关于增值税条件下计费程序和计费标准的规定》（______号）、《____________建筑工程消耗量标准》及其关联文件计价；

③材料价的确定：材料价以开工当期____________市信息价（内有____________市的材料价按____________市价，没有的材料价按当地厂商实际报价由项目公司和甲方共同核定）为标准；施工期内材料信息价超出标准____________，超出部分予以调整；

④人工费按____________省适期颁布的人工工资计取，若施工期内有人工单价的文件调整，则相应予以调整；

⑤劳保基金按____________市当地规定缴纳金额计取；

⑥政府方入股部分（红线外水电路建设投入）不再核定，按____________股份所对应的金额计算。

2.3 调价机制

（1）垃圾处理补贴单价调价公式垃圾处理补贴单价调价公式见附件 3。

（2）价格调整启动机制。

本项目价格调整启动机制为定期调价。

定期调价是指项目公司根据调价因子的变动情况，定期（以 1 个运营年）按调价公式计算出新的垃圾处理补贴单价，向政府申请调价，与政府协商一致或经政府审批后，按调整后的垃圾处理补贴单价结算。

2.4 垃圾处理补贴结算

垃圾处理补贴按月结算。

（1）试运行期间的垃圾处理补贴：

垃圾处理补贴＝实际垃圾处理量 × 垃圾处理补贴结算单价

（2）正常运行期间垃圾处理补贴：

①当月实际日平均垃圾处理量不超过保底量时，垃圾处理补贴按保底量结算，垃圾处理补贴计算如下：

当月垃圾处理补贴 = 保底量 × 当月运行天数 × 垃圾处理补贴结算单价

②当月实际日平均垃圾处理量超过设计量时，垃圾处理补贴按实际处理量结算，但应扣除超过设计量部分垃圾处理所对应的固定资产折旧费、无形资产和其他资产摊销费以及财务费用之和的一定比例，此比例按垃圾处理补贴单价的___________计算，则当月结算垃圾处理补贴计算如下：

当月垃圾处理补贴 = 当月实际处理垃圾量 × 垃圾处理补贴单价 –（当月日均实际处理垃圾量 – 设计量）× 当月运行天数 × 垃圾处理补贴单价 ×___________

本项目保底量如下：投产后前四年保底量分别为______吨、______吨、________吨、______吨，以后各年保底量为______吨。

如垃圾焚烧发电项目进行第二期扩建，从二期扩建运营开始，则不按比例扣除此费用。

（3）暂停服务期间的垃圾处理补贴暂停服务期间的垃圾处理补贴按该期间实际处理垃圾计算。

D10895

（4）第 4.3 款第（1）项规定的情形期间的垃圾处理补贴：

垃圾处理补贴＝保底量 × 垃圾处理补贴结算单价

2.5　强迫停运和降低处理能力

项目运营过程中如果发生下列紧急情况，甲方可以要求停止向项目公司提供垃圾或减少垃圾供应量：

＊条文批注：应开展原料实际供应情况预测工作。

在使用者付费项目当中，费用收取与原料实际供应情况预测是项目实施的前提条件。社会资本方需要与当地政府相关部门充分沟通付费相关政策，并需要第三方专业公司提供原料实际供应情况相关预测数据。

（1）由于项目公司设施的质量和处置过程的可靠性、安全性方面存在问题，以致对“三废”排放达不到有关标准而对周边环境造成不良影响；

（2）对人员或财产构成紧急的实质性损害或威胁；

（3）甲方对垃圾清运配套设施任何部分进行建设、安装、维护、修理、更换、拆卸、勘测、检查或测试而必须停止或减少向项目公司提供垃圾。

＊条文批注：盈利稳定的 PPP 项目模式图示。

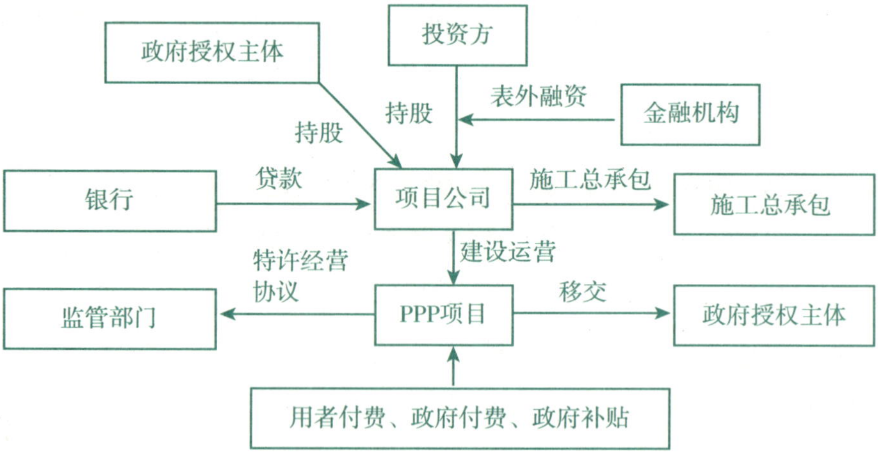

第 3 条　服务价格支付

3.1　支付的先决条件

（1）项目公司须根据本合同的条款和条件完成下述事项：

①按照第十章的规定提交履约保证金；

②按照规定取得甲方同意开始试运行的书面通知。

（2）项目公司须根据本合同的条款和条件，向甲方提交如下文件：

①项目公司设立的全套法律文件的复印件，包括企业营业执照、税务登记证等；

②与本项目相关的所有融资文件的复印件；

③所有保险单的复印件。

3.2　支付方式与期限

双方约定支付垃圾处理补贴方式为：按月支付。项目公司应在每运营月结束后 3 个工作日内，按照约定的支付方法及金额，向甲方开具账单（付款通知）；同时应提供所有相应的证明记录和资料以便甲方能够核实上述计算。甲方应在 10 个工作日内审定应支付金额，报财政部门，由财政部门支付。乙方应在收到甲方的每次付款后 3 个工作日内开具发票，确认收款。

因财政部门执行例行审计或预算审核上报等情况未能按时支付垃圾处理补贴的，应及时书面通知项目公司，否则从逾期当日起，每日按同期中国人民银行规定的一年期贷款基准利率计算应付垃圾处理补贴违约金。违约金每月结算一次，支付方式与垃圾处理补贴相同。

3.3　支付争议

如果甲方对项目公司结账票据显示的金额有异议，应在收到结账票据之日后 10 个工作日内通知社会资本方或项目公司，并同时支付无异议的金额。争议额应按本合同中的争议解决程序的规定解决。

如果通过争议解决程序确认未支付的款项应由甲方支付给社会资本方或项目公司，则甲方除向社会资本方或项目公司如数支付本金外，还应支付该未付款项自应支付之日起至实际付款之日止，按照央行发布的同期一年期基准贷款利率计息。

D10895

如果结算票据显示的或要求的任何金额或部分金额已支付，但事后产生争议，且后来根据争议解决条款确定为属于不当支付，则社会资本方或项目公司应退还不当支付部分，并支付该款从收款日起至退款日止按央行发布的同期一年期基准贷款利率计算的利息。

3.4 货币本

合同结算货币均为人民币。

第 4 条 超额收益分享

上级对该项目的各种补助、奖励及贴息资金，归政府方所有，由政府方统筹安排，用于支付或冲抵该项目垃圾处理补贴。但经政府方同意，项目公司可通过其他渠道，申请非普惠性资金，该类资金由项目公司直接所有，按相关政策使用。

如果本项目运营过程中取得其他超额收益（如开发沼气或其他废物利用等），则甲方可按股权比例分享超额收益。

第十章 履 约 担 保

第 1 条 建设履约保证金

1.1 建设期履约保证金的提供

作为项目公司履行本合同的担保（包括建设期本合同项下义务的履行），在本合同签署前，社会资本方应向政府方提交履约保证金。履约保证金通过银行转账方式转到政府方指定账户，履约保证金金额为______万元整（小写：______万元）。履约保证金按工程进度退还，当工程量完成______时，退还履约保证金______万元，当工程量完成______时，退还履约保证金______万元，在项目竣工验收合格后退还履约保证金______万元给社会资本方。

1.2 恢复建设期履约保证金的数额

如果甲方在项目合作期内根据本合同的有关规定经书面通知后提取建设期履约保证金项下的款项，社会资本方应确保在甲方提取后的 10 个工作日内，将建设期履约保证金的数额恢复到本合同前款约定的数额，且应向甲方提供建设期履约保证金已足额恢复的证明。甲方提取建设期履约保证金的权利不影响甲方在本合同项下的其他权利，并且不应解除项目公司不履行维护本项目义务而对甲方所负的任何进一步的责任和义务。

社会资本方未在前述期限内补足或恢复建设期履约保证金相应金额的，甲方有权发出催告，社会资本方应在 30 日内予以补足；社会资本方在前述期限内仍未补足的，则甲方有权提取建设期履约保证金项下的余额，并有权提前终止本合同。

第 2 条　移交维修保函

2.1　移交维修保函的提供

项目公司应于合作期限届满之日 12 个月之前，向甲方提交按照附件 4 的格式出具的移交维修保函，以保证项目公司按照本合同的条款和条件履行本合同项下的各项义务。该维修保函应由甲方可接受的中国境内的金融机构出具。

本项目移交维修保函金额暂定为______万元，至特许经营期满______年时，根据当时的垃圾处理补贴单价相对项目竣工验收后确定的初始补贴结算单价的上涨幅度计算移交维修保函数额。计算公式如下：

移交维修保函数额 =______×（特许经营期第______年末垃圾处理补贴结算单价 / 项目竣工验收后确定的初始补贴结算单价）（万元）

移交维修保函应在期满终止日 12 个月之前提交，担保至期满移交后 6 个月届满。

2.2　恢复移交维修保函的数额

如果甲方在移交维修保函担保期内根据本合同的有关规定经书面通知后提取移交维修保函项下的款项，项目公司应确保甲方提取后的 10 个工作日内，将移交维修保函的数额恢复到本合同前款约定的数额，且应向甲方提供移交维修保函已足额恢复的证明。甲方提取移交维修保函的权利不影响甲方在本合同项下的其他权利，并且不应解除项目公司不履行维护本项目义务而对甲方所负的任何进一步的责任和义务。

项目公司未在前述期限内补足或恢复移交维修保函相应金额的，甲方有权发出催告，项目公司应在 30 日内予以补足；项目公司在前述期限内仍未补足的，则甲方有权提取移交维修保函项下的余额，并有权提前终止本合同，收回本合同项下的经营权。

第 3 条　其他

若项目公司未按照本合同约定提交上述履约保证金及移交维修保函，则构成项目公司违约，甲方有权终止本合同。

如果甲方提取项目公司提交的建设期履约保证金以及移交维修保函中的相应金额之后确定甲方属不当提取，甲方应及时向项目公司退还提取的款项，并支付该款项自提取之日至退还之日的利息，利息按央行公布的同期金融机构人民币贷款基准利率计算。

第十一章　保　　险

第 1 条　投保人

1.1　项目公司承担购买和维持保险的相关义务，确保其有效且达到合同约定的最低保险金额。

1.2　项目公司应将保险单复印件提交给甲方，并在收到续保书及续保凭据后也应将相关复印件提交甲方备案。

1.3　如果项目公司不购买或维持本合同所要求的保险，则甲方有权购买该保险，并且有权根据本合同从履约保证金中兑取需支付的保险费金额。

> * 条文批注：保险一般由项目公司负责。
>
> 在项目的保险安排中，从政府监控的角度出发，为了避免在承包商分别投保的情况下出现所选承包人实力有限，出险不能及时理赔的情况，要特别注意强调建设阶段的主要保险必须由投资方或项目公司负责。

第 2 条　担保种类

特许经营期内，项目公司必须按合理和符合行业惯例的原则，以合理价格和商业上可接受的条款，自费购买和维持保险，包括按照中国法律要求的任何强制性保险。项目公司所投险种包括但不限于：

（1）货物运输保险；

（2）建筑工程一切险；

（3）安装工程一切险；

（4）第三者责任险；

（5）财产一切险及其业务中断险；

（6）机器故障损坏险及其业务中断险；

（7）其他通常的、合理的或为本项目融资或适用法律要求的强制性保险。

第 3 条　保单要求

合同双方关于保险的执行应按照附件 5 之要求实施。

第十二章　不可抗力

第 1 条　不可抗力事件

1.1　定义

“不可抗力事件”指完全地或部分地阻碍了或不可避免地延误了任何一方履行其在本合同下的义务的任何事件、状态或情况或各种事件、状态或情况的组合，但以受影响方的直接或间接的合理控制范围之外的，而且受影响方在签订本合同时不能合理预见、做出合理努力也无法避免的事件、状态和情况为限。下述 1.2 事件和情况如果符合上述要求，应属不可抗力事件：

1.2　种类

（1）雷电、地震、火山爆发、滑坡、水灾、暴雨、海啸、台风、龙卷风或旱灾；

（2）流行病、瘟疫；

（3）战争行为、入侵、武装冲突或外敌行为、封锁或军事力量的使用，暴乱或恐怖行为；

（4）全国性、地区性、城市性或行业性罢工；

（5）国家法律政策的变更，如对垃圾处理设施的国有化等；

（6）国家政府部门实行的任何进口限制或配额限制。

1.3　不视为不可抗力

（1）在下述情况下，项目公司不得声称受到不可抗力影响而中止履行本合同或作为其不履行本合同项下义务的借口：

①建设工程承包商或任何分包商迟延履行其合同义务；

②项目公司的任何材料、设备、机器或零件的迟延交付或潜在的缺陷；

③项目公司的材料、设备、机器发生故障或正常磨损；

④项目公司员工的任何行为。

（2）在下述情况下，甲方不得声称受到不可抗力影响而中止履行本合同或作为其不履行本合同下义务的借口：

①甲方做出违背本合同规定且导致甲方无法向垃圾焚烧发电厂提供生活垃圾的行为；

②甲方在违反国家政策及相关法律规定的情况下实行的封锁、禁运。

* 条文批注：明确不可抗力与情势变更的处理。

在 PPP 项目合同中，应注意明确列举不可抗力事件的范围，并对不可抗力的通知、处理进行约定。尤其要区分政治不可抗力和自然不可抗力，对风险分配加以说明。

同时，《最高人民法院关于适用〈中华人民共和国合同法〉若干问题的解释（二）》第 26 条对情势变更作出了规定："合同成立以后客观情况发生了当事人在订立合同时无法预见的、非不可抗力造成的不属于商业风险的重大变化，继续履行合同对于一方当事人明显不公平或者不能实现合同目的，当事人请求人民法院变更或者解除合同的，人民法院应当根据公平原则，并结合案件的实际情况确定是否变更或者解除。"其中，不属于商业风险的重大变化包括但不限于："货币贬值、经济环境的变化，包括影响公司生产经营的各种客观因素包括成本增加或技术发展等。"政府与社会资本方可以依据此原则依据实际情况通过变更、解除合同平衡双方之间的利益。

第 2 条　发生不可抗力时补救的义务

如果任何一方因不可抗力事件全部或部分地阻碍其履行本合同项下的义务，该方应：

（1）按国家相关规定以书面形式及时向对方通告事件或情况的发生，对事件或情况的预计持续时间及对其在本合同下履行义务的可能影响做出估计；

（2）做出一切合理努力以继续履行其在本合同下的义务；

（3）尽快采取行动纠正或补救造成免予履行义务的事件或情况；

（4）一切合理努力以减轻或限制对对方造成的损害。

第 3 条　不可抗力发生后的处理

不可抗力事件发生后，双方应本着诚信平等的原则，立即就此等不可抗力事件进行协商。

（1）主张因不可抗力阻碍其全部或部分履行其在本合同项下义务的一方应当提交由政府有关部门或公证机构提交的证明不可抗力发生、不可抗力的程度和不可抗力所持续时间的书面材料；

（2）除非因不可抗力事件造成本合同项下的特许经营无法继续，任何一方均不可以不可抗力事件为由要求主张本合同终止，双方应在不可抗力事件结束后继续履行本合同；

（3）因不可抗力事件造成本合同项下的特许经营无法继续，任何一方均可以不可抗力事件为由要求主张终止本合同，但提出终止合同申请的一方须以书面形式详细说明不可抗力事件在何种程度上导致本合同项下的特许经营无法继续。

第 4 条　法律后果

4.1　免责

当本合同生效日之后发生的不可抗力情况全部地或部分地阻碍一方履行其在本合同的义务时，可在不可抗力影响的范围内，全部或部分免除该方在本合同项下的相应义务，并不承担违约责任。

4.2　支出和时间表的修改

发生不可抗力的情况时，本合同双方独自承担各自由于不可抗力事件造成的支出。如果声称遭受不可抗力的一方履行了相关的通知程序，本合同中规定的履行某项义务的期限应根据不可抗力对履行该项义务产生影响的相同时间顺延。

4.3　不可抗力期间的垃圾处理补贴

（1）发生第 1.2 款第（5）、（6）项下的不可抗力事件，致使项目公司无法处理垃圾或垃圾处理能力受影响，从而使实际处理量低于保底量，则甲方应按保底量向项目公司支付垃圾处理补贴，并且在项目公司运营受到不可抗力影响的限度内免除项目公司垃圾处理量不足和 / 或环保标准不达标违约金；

（2）发生第 1.2 款第（1）、（2）、（3）、（4）项下的不可抗力事件，致使项目公司无法焚烧处理垃圾或处理能力受影响，则在该不可抗力事件持续期间，甲方应按照实际垃圾处理量向项目公司支付垃圾处理补贴，并且在项目公司运营受到不可抗力影响的限度内免除项目公司垃圾处理量不足的违约金和 / 或排放标准不达标的违约金。

4.4 不可抗力造成的终止

如果任何不可抗力阻止一方履行其义务的时间自该不可抗力发生时起超过 90 日，双方应协商决定继续履行本合同的条件或同意终止本合同。如果自不可抗力发生后 180 日之内双方不能就继续履行的条件或终止本合同达成一致意见，任何一方有权给予另一方书面通知后终止本合同。

第十三章 政府方的监督和介入

第 1 条 政府方的监督

1.1 监管依据

（1）甲方或政府方指定的其他部门或机构依照本合同对项目公司设计、投资、融资、建设、运营和维护本项目的全过程、环节和结果实施监督。

（2）尽管有上述第 1.1 款第（1）项的规定，甲方或政府方指定的其他部门或机构仍须按照有关法律法规以及行业规章对项目公司实施监督。

1.2 监管实施方

（1）甲方或政府其他部门依法对项目公司实施监督。

（2）甲方或政府其他部门对项目公司的监督不应影响项目公司的正常生产运营。

（3）甲方或政府其他部门对项目公司及本项目特许经营期内所监督的行为依法负责。由于监管错误造成项目公司损失的，监管部门应负责做好善后处理。

1.3 甲方或政府其他部门对工程承包商的监督和检查

（1）项目公司应在签署、取得或完成（视情况而定）下列文件后 10 日内，将下列有关施工文件的复印件报送政府方指定其他部门或机构备案：

①经建设行政主管部门批准的建设工程施工许可证；

②采购方案（如有）；

③选择承包商的招标文件（如有）；

④同承包商签订的工程建设承包合同和详细的工程建设计划。

（2）施工现场的监督和检查

①甲方或政府其他部门有权在不影响建设进度的情况下对项目工程的施工情况进行检查，项目公司应当派代表陪同。若项目公司未能派代表参加，甲方或政府其他部门仍可以对项目的建设情况进行监督和检查；

②项目公司应当提供或责成承包商提供甲方或政府其他部门进入垃圾焚烧发电厂场地的便利条件，并对甲方或政府其他部门与实施本合同项下监督和检查有关的合理要求予以必要协助；

③甲方或政府其他部门对项目建设工程的监督和检查不影响也不能替代其他政府部门依法对项目建设工程的监督和检查；

④甲方或政府其他部门应当自行承担进入项目工程施工场地进行监督和检查的全部费用。

（3）有关检查的资料

①项目公司应当提供或责成建设承包商提供甲方或政府其他部门进行检查所需的，与特定的检查目的相关的所有方案、设计、文件和资料的复印件；

②对保密或专有资料的任何检查应遵照第十九章第 1 条的保密规定。

1.4　建设期甲方或政府方指定的其他部门或机构对项目公司的监督

（1）在项目实施过程中，本项目设备的选用、主要工艺、构筑物和建筑物的选用以及设备、管材的选用应均不低于设计文件规定的标准，并报甲方或政府方指定的其他部门或机构备案。

（2）在项目建设阶段，甲方或政府方指定的其他部门或机构有权在完工日之前的任何时间以书面方式通知项目公司不符合本合同规定的任何工程、材料或设备，并说明不合格的理由，并有权要求项目公司在合理期限

D10895

内改正工程缺陷或更换合格的材料和设备。

（3）如果项目公司认为甲方或政府方指定其他部门或机构的书面通知存在错误，其有权予以说明，并提供相关证据。如项目公司不能证明甲方或政府方指定其他部门或机构的书面通知存在错误，项目公司应在甲方或政府方指定其他部门或机构要求的合理期限内改正工程缺陷或更换合格的材料和设备，并承担相关费用。

1.5　运营期甲方或政府方指定的其他部门或机构的核实和抽查

（1）甲方或政府方指定的其他部门或机构有权指定代表在任何时候对项目公司的检测程序、结果、设备和仪器进行现场检查和检测。

（2）甲方或政府方指定的其他部门或机构有权随时亲自或委托一家具有正式资格的环境检测机构在采样点按规定自行采取样本，进行抽查。甲方或政府方指定其他部门或机构抽查采样时须有项目公司人员在场。经通知后，项目公司人员拒不到场的，不影响抽查结果的有效性。

（3）甲方或政府方指定的其他部门或机构核实或抽查的结果与项目公司自检结果不一致时，以甲方或政府方指定的其他部门或机构的检测结果为准。如果项目公司对此有异议，以双方共同委托经双方认可的有资质的独立第三方专业检测机构的计量结果为准。

（4）甲方或政府方指定的其他部门或机构或受其委托的检验机构进行上述核实、抽查或检查的费用应由甲方或政府方指定的其他部门或机构承担，但是如果核实、抽查或检查的结果表明项目公司的检测程序不符合规定、检测设备超出允许的误差或其检测结果不真实，则项目公司应负担该费用。同时项目公司应立即纠正其不符合要求的检测程序，和/或调整检测设备。对核实或抽查结果表明项目公司违反了本合同中规定的义务的，按本合同规定的违约责任规定处理。

第2条　政府方的介入

2.1　项目公司未违约情形下的介入

（1）政府方可以介入的情形。为了保证项目公司履行合同不会受到不必要的干预，只有在特定的情形下，甲方或政府方指定的其他部门或机构才拥有介入的权利。具体的情形包括：

①存在危及人身健康或安全、财产安全或环境安全的风险；

②介入项目以解除或行使甲方或政府方指定的其他部门或机构的法定责任；

③发生紧急情况，且甲方或政府方指定的其他部门或机构合理认为该紧急情况将会导致人员伤亡、严重财产损失或造成环境污染，并且会影响项目的正常实施。

如果发生上述情形，甲方或政府方指定的其他部门或机构可以选择介入项目的实施，但在介入项目之前必须按本合同中约定的通知程序提前通知项目公司，并且应当遵守合同中关于行使介入权的要求。

＊条文批注：政府方享有特殊情况下的介入权。

特别情况下，如项目公司出现从事非法违规活动、严重损害公共利益等情形，政府有权介入到项目公司中，甚至接管公司。

《财政部关于〈印发政府和社会资本合作模式操作指南（试行）〉的通知》（财金〔2014〕113 号）第 27 条规定："社会资本或项目公司违反项目合同约定，威胁公共产品和服务持续稳定安全供给，或危及国家安全和重大公共利益的，政府有权临时接管项目，直至启动项目提前终止程序。政府可指定合格机构实施临时接管。临时接管项目所产生的一切费用，将根据项目合同约定，由违约方单独承担或由各责任方分担。社会资本或项目公司应承担的临时接管费用，可以从其应获终止补偿中扣减。"相似的，尚未正式施行的《基础设施和公共服务领域政府和社会资本合作条例》（征求意见稿）第 36 条规定："政府有关部门、社会资本方应当按照有关规定，制定合作项目突发事件应急预案；突发事件发生后，立即启动应急预案，采取相应的防护措施，组织抢修。"

（2）政府方介入的法律后果

在项目公司未违约的情形下，发生了上述甲方或政府方指定的其他部门或机构可以介入的情形，甲方或政府方指定的其他部门或机构如果选择介入项目，需要按照合同约定提前通知项目公司其介入的计划以及介入的程度。该介入的法律后果如下：

①在甲方或政府方指定其他部门或机构介入的范围内，如果项目公司的任何义务或工作无法履行，这些义务或工作将被豁免；

②在甲方或政府方指定其他部门或机构介入的期间内，如果项目公司

D10895

继续提供有关垃圾处理服务，甲方仍应当按照合同的约定支付垃圾处理补贴；

③因甲方或政府方指定的其他部门或机构介入引发的所有额外费用均由甲方或政府方指定的其他部门或机构承担。

2.2　项目公司违约情形下的介入

（1）如果甲方或政府方指定的其他部门或机构在行使监督权时发现项目公司违约，甲方或政府方指定的其他部门或机构认为有可能需要介入的，应在介入前按照本合同的约定书面通知项目公司并给予其一定期限自行补救（如果项目公司违约涉及公共利益，政府方则可以无需通知项目公司而直接介入）；如果项目公司在约定的期限内仍无法补救，甲方或政府方指定的其他部门或机构才有权行使其介入权。

（2）政府方介入的法律后果

①甲方或其指定第三人将代项目公司履行其违约所涉及的部分义务；

②在项目公司为上述代为履行事项提供必要协助的前提下，在甲方或政府方指定的其他部门或机构介入的期间内，仍应当按照合同约定就不受违约影响部分的服务和/或产品支付费用和/或提供补助；

③任何因甲方或政府方指定的其他部门或机构介入产生的额外费用均由项目公司承担，该部分费用可从政府支付的垃圾处理补贴中扣减或者由项目公司另行支付；

④如果甲方或政府方指定其他部门或机构的介入仍然无法补救项目公司的违约，甲方仍有权根据提前终止机制终止项目合同。

第3条　中期评估

3.1　在本项目开始运营后的每第5个年度（含运营开始的当年度在内）或启动下期建设前，甲方将组织专家对项目公司的项目运营情况进行中期评估。项目公司应予以积极配合，并提供甲方及有关专家合理要求的资料。甲方将通过中期评估，研究和了解项目实施、项目合同执行等的情况，及时发现和纠正项目公司在运营过程中出现的问题。特殊情况下，甲方可以组织和实施年度评估。

3.2　如果经中期评估发现项目公司违反其在本合同下运营和维护项目设施的义务，或者项目公司不再具备履行项目合同的能力，则甲方可就此向项目公司发出书面通知，并要求项目公司在要求的合理期限内整改，整改期限不超过一年。

第十四章　违约、提前终止及终止后处理机制

第 1 条　违约与赔偿

1.1　项目公司违约与赔偿

（1）项目公司违约事件包括以下情形：

①项目公司未按照第六章第 3.2 款之规定，但因甲方或政府方原因造成或第十二章第 1 条规定的除外；

②项目公司未按照规定的要求和标准提供产品或服务，未按照规定处理和排放本项目产生的烟气、渗滤液、飞灰、炉渣，导致排放不达标；

③项目公司破产或资不抵债的；

④项目公司违反本合同第八章第 3 条约定的股权变更限制的；

⑤项目公司未按本合同约定为本项目或相关资产购买保险的。

（2）项目公司延误的违约金：

①由于项目公司的原因导致正式运营日延误，项目公司必须逐日向甲方支付按照以下标准规定的违约金：

a. 第一个延误 30 日内，每日支付______万元；

b. 第二个延误 30 日内，每日支付______万元；

c. 第三个延误 30 日内，每日支付______万元；

d. 此后延误每日支付______万元。

②经通知后，项目公司若对违约金的数额和支付方式没有异议的，应在通知中明确的期间内向甲方的指定账户支付上述违约金，若项目公司未按时支付，甲方可以从履约保证金中提款，直至履约保证金已全部提取完。在履约保证金被提取完毕后，甲方有权提前终止本合同。若项目公司对违约金的数额及支付方式有异议的，双方应按照本合同第十六章的规定解决争议；

③甲方获得第十四章第 1.1 款第（2）项规定的违约金的权利不应影响其在第十四章第 2.1 款下终止本合同的权利。

D10895

（3）项目公司放弃项目的违约金。

项目公司放弃或被视为放弃项目的建设，甲方不退还社会资本方提交的履约保证金。

（4）违反环保排放标准的处罚在运营期内的任一运营月，如果某一运营日项目公司的垃圾焚烧处理后烟气、废水、固体废弃物排放不符合相关环保标准，则项目公司应按环保部门要求计算并支付罚款。

（5）项目公司运营期间违约金的支付。

项目公司应根据第十四章第 1.1 款第（2）项计算应支付的违约金金额，并在根据第九章第 2.4 款向甲方开具账单时将该金额从垃圾处理补贴总额中扣减。若某月的垃圾处理补贴总额不足以抵扣违约金，则项目公司应将不足部分支付到甲方指定账户。违约金每月结算一次。

1.2　甲方违约与赔偿

（1）甲方违约事件包括以下情形：

①甲方未按本合同规定提供垃圾，也未按本合同规定支付政府购买服务费用和垃圾处理补贴；

②违反本合同约定转让本项目合同项下的义务；

③发生因甲方导致的或在政府方控制下的对项目设施或项目公司股份的征收和征用的；

④发生甲方或政府方可控的法律变更导致本项目合同无法继续履行的；

⑤其他违反本项目合同项下义务，并导致项目公司无法继续履行合同的情形。

（2）甲方违约的违约金计算

若甲方未按时支付政府购买服务费用和垃圾处理补贴，须按逾期天数计付违约金。每逾期一日，违约金按应付未付金额的万分之五计算。

1.3　违约的法律后果

（1）如对违约金金额有争议，应根据第十六章有关规定解决。

（2）受限于本合同的其他规定，每一方应有权获得因违约方违约而使该方遭受的任何损失、支出和费用的赔偿，该项赔偿由违约方支付。该项赔偿不应超过违约方在签订本合同时已经预见或应当预见到的因违反本合同可能造成的损失。

1.4　违约的损失

（1）由于另一方违约而遭受损失或可能会遭受损失的一方应采取合理行动减轻或最大程度地减少另一方违约引起的损失。

（2）如果一方未能采取此类措施，违约方可以请求从赔偿金额中扣除应能够减轻或减少的损失金额。

（3）受损害的未违约方应有权从违约方获得因试图减轻和减少损失而发生的任何合理费用。

（4）如果损失部分地是由于未违约方的作为或不作为造成的，或部分地产生于应由未违约方承担风险的另一事件，赔偿的数额应扣除这些因素造成的损失。

（5）除本合同另有规定外，各方均不应对由于或根据本合同产生的或与其相关的任何索赔为对方的任何间接、特殊或附带损失或惩罚性损害赔偿负责。

1.5　社会资本方违约

（1）如果社会资本方未按第五章第 2.1 款第（1）项要求及时向政府方提供征地拆迁资金______万元，则构成违约。

（2）当发生第十四章第 1.4 款第（1）项违约事件时，社会资本方必须逐日向甲方支付违约金，每逾期一日，违约金按应付但未付金额的万分之五计算。

第 2 条　提前终止

2.1　由甲方主张的提前终止

下述每一条款所述事件，如果不是由于不可抗力或甲方违约及第三方所致，如果有允许的纠正期限而在该期限内未能纠正，甲方有权立即发出提前终止意向通知。

（1）项目公司未能根据第十章有关规定提交、替换和恢复履约保证金；

（2）非特殊情况下，未经甲方事先书面同意，项目公司无故连续 7 日实质性中止本项目的运营，但发生进厂垃圾中含有大量不宜焚烧的有毒物质或含有大量对垃圾焚烧处理系统产生明显不利影响的物质的情况除外；

（3）项目公司根据中国法律进行清算或不能清偿到期债务；

（4）项目公司在第二章第 3 条中的任何声明被证明在做出时在实质方

面不属实，使项目公司履行本合同的能力受到严重的不利影响；

（5）项目公司擅自转让、出租特许经营权的；

（6）项目公司擅自将所经营的财产进行处置或者抵押的；

（7）项目公司因经营管理不善，发生重大质量、生产安全事故的；

（8）项目公司未履行本合同项下的义务构成对本合同的实质性违约，并且在收到甲方说明其违约并要求补救的书面通知后60日内仍未能补救该实质性违约。

2.2　项目公司主张的提前终止

下述每一条款所述事件，如果不是由于项目公司的违约或由于不可抗力所致，如果有允许的纠正期限而在该期限内未能纠正，项目公司有权立即发出提前终止意向通知：

（1）甲方在第二章第2条中的任何声明被证明在做出时在实质方面不属实，使甲方履行本合同的能力受到严重的不利影响；

（2）甲方未履行本合同项下的义务构成对本合同的实质性违约，并且在收到项目公司说明其违约并要求补救的书面通知后60日内仍未能补救该实质性违约。

2.3　不可抗力导致的提前终止

任何一方有权根据第十二章第4.4款的规定向另一方发出提前终止通知。

第3条　提前终止后处理机制

3.1　提前终止程序

（1）提前终止意向通知

①按照第十四章第2.1款或第十四章第2.2款发出的任何提前终止意向通知应表述引起发出该通知的项目公司违约事件或甲方违约事件的合理详细的情况；

②在提前终止意向通知发出之后，双方应在20日之内或双方同意的更长时间内（以下简称协商期）协商避免本合同终止的措施；

③如果项目公司和甲方就将要采取的措施达成一致意见，并且/或者项目公司或甲方在协商期纠正了项目公司违约事件或甲方违约事件，提前终止意向通知应立即自动失效。

（2）提前终止通知

①在协商期满之后，除非：

a. 双方另外达成一致；

b. 导致发出提前终止意向通知的项目公司违约事件或甲方违约事件得到纠正。

否则发出提前终止意向通知的一方有权发出提前终止通知，另一方收到提前终止通知后的次日即为提前移交日（以下简称提前移交日）。

②任何一方有权根据第十二章第 4.4 款的规定向另一方发出提前终止通知。

3.2　提前终止后的提前移交

（1）移交范围

本合同任何一方根据第十四章第 3.1 款的规定发出提前终止通知后，项目公司应根据第十四章第 3.2 款第（2）项规定的程序向政府方或其指定的其他机构或部门提前移交按照第十五章第 2.6 款要求移交第十五章第 1 条项下的项目设施、相关文件资料和与项目设施相关的所有权利和权益。

如根据第十二章第 3 条因不可抗力导致本合同提前终止，则第十五章第 1 条中所列的各项应按照在提前终止通知发出时的状态被移交。

（2）提前移交程序

①项目公司应于提前移交日向______人民政府或______人民政府指定的其他机构或部门移交本项目的实际控制权和运营权。

②自提前移交日起 3 日内，______人民政府或______人民政府指定机构和项目公司应共同就委托一家独立的技术机构（以下简称共同委任机构）达成一致，如果双方不能在上述的 3 日内就此达成一致，每一方均有权委任一个独立的技术机构（项目公司将委托一个独立的技术机构，______人民政府或______人民政府指定机构将委托一个独立的技术机构）（以下简称两个委任机构）。共同委任机构或两个委任机构（视具体情况而定）应在提前移交日后第 4 日起对本项目的当前状态进行一次检查和记录，以确定并尽可能地完整记录项目设施在当时的运营状态及相关技术数据。共同委任机构或两个委任机构（视具体情况而定）应在提前移交日后 15 日之内完成上述检查和记录（以下简称提前移交报告）。双方委托

的技术机构应共同参加该等检查及准备提前移交报告，某一委任机构未参加该等检查及提前移交报告的准备，另一委任机构有权独立完成该等检查和提交提前移交报告，该等提前移交报告的效力不受影响。双方同意，提前移交报告和项目公司在运营期内向甲方根据项目合同提交的报表（在运营期内被证明有误的报表除外），以及由上述共同委任机构或两个委任机构（视具体情况而定）确认的由项目公司在运营期备制的运营记录应作为在提前终止日后一年内确定本项目可能出现的缺陷的责任方的依据。共同委任机构的费用应由双方平均分担，或如适用，每方应承担各自所委任的独立技术机构的费用。______人民政府或______人民政府指定机构应确保共同委任机构或两个委任机构（视具体情况而定）能够为上述检查、记录和制作提前移交报告之目的自由进入本垃圾焚烧处理厂。

③______人民政府或______人民政府指定机构和项目公司应于会计师事务所出具评估验证报告后 30 日内按第十四章第 5.1 款确定提前终止补偿金额。______人民政府或______人民政府指定机构应在提前移交日后 120 日内支付按照第十四章第 5.1 款确定的提前终止补偿金额的______。项目公司收到该等金额之日为提前终止补偿金额首次支付之日（以下简称首付日）。在首付日，根据前述第十四章第 3.2 款第（1）项公司对本项目的所有权和所有权益中不需要办理过户或其他法定手续的部分，即时全部转给______人民政府或其指定机构。

④根据第十四章第 3.2 款第（2）项、第（3）项支付款项后，第十五章第 3.1 款、第十五章第 3.2 款、第十五章第 3.3 款、第十五章第 5.4 款及第十一章所列条款应相应地适用，______人民政府或其指定机构应就此提供必要的协助。______人民政府或其指定机构应在合理的时间内就第十五章第 3.1 款做出决定，并且应在提前移交日之后在合理的时间内向项目公司提出关于合同转移的相应要求。项目公司应就此提供必要的协助。

⑤在第十四章第 3.2 款第（2）项、第（4）项所规定的程序进行的同时，项目公司应与______人民政府或其指定机构办理为移交本项目的所有权和所有权益的其他部分所必需的产权过户或其他法定手续。上述所有的过户和 / 或其他法定手续全部完成之日，即为本合同的交割日。

⑥______人民政府或其指定机构应在交割日之后的 30 日内一次性支付余下的______的

提前终止补偿金额。项目公司收到该笔款项之日，即为提前终止日。

3.3　提前移交需提交新的履约保证金

在本合同因第十四章第 2.1 款和 / 或第十四章第 2.2 款和 / 或第十四章第 2.3 款的规定而被提前终止的情况下，项目公司应通过按第十章条款的规定向政府方提交一份有效期至提前终止日后 12 个月届满的新履约保证金，以确保履约保证金在提前终止日后 12 个月内继续保持有效。在此期间，以前述第十四章第 3.2 款第（2）项下所规定的提前移交报告为依据，第十五章第 5.1 款项下有关项目公司履行修复缺陷或损坏（不包括不可抗力事件造成的缺陷或损坏）义务以及______人民政府或其指定机构相关权利的规定应适用。甲方应在提前终止日后 12 个月届满后的第一个工作日解除履约保证金并退还履约保证金的剩余金额。

3.4　责任限制

本合同依据本第十四章条款终止后，除向项目公司支付第十四章第 5 款规定的补偿金额（如适用）外，甲方不应就上述终止或导致上述终止的任何事件向项目公司承担任何义务。

第 4 条　提前终止的一般后果

4.1　自任何一方发出提前终止意向通知起，至提前移交日前一日，双方应继续履行本合同项下的权利和义务。

4.2　自提前移交日起，政府方或指定机构应立即自行承担费用负责本项目的运营、维护和管理，并按照第十四章第 3.2 款与项目公司进行项目的提前移交。

4.3　自提前移交日起，项目公司在本合同项下的特许经营权即行终止，项目公司不再承担本项目的运营、维护的成本和费用，不再提供本合同项下的垃圾处理服务，亦不能再向甲方取得自提前移交日起的垃圾处理补贴。但项目公司仍应履行必要的协助义务，确保本项目的运营水平不低于提前移交日前普遍的运营水平。

4.4　本合同的提前终止不影响本合同第十四章第 3.2 款、第十八章和第十九章第 1 条的效力，本合同终止后，双方应继续履行在提前移交日前双方在本合同项下未履行完毕的所有义务。

D10895

第 5 条　提前终止后的补偿

5.1　若本合同根据第十四章提前终止，甲方应根据下表的规定补偿项目公司。

其中：

A 为本合同提前移交日与融资文件有关的欠付贷款人的所有未付本金、累积利息、代理费。

B 为本合同提前移交日本项目资产（除本条款规定的 D 项以外的）账面净值。计算公式为：B= 项目工程建设投资（含前期工作费用）× 特许经营期剩余年限 ÷（特许经营期 – 建设期）。

C 为项目公司在以下期间中之较短期间内净预期利润的现值：

①______年；

②特许经营期的剩余期间。

D 指提前终止后根据第十五章第 1 条规定，项目公司应向____________人民政府或____________人民政府指定的其他机构或部门移交的零部件、备品备件和化学品的评估值。

E 指就相关不可抗力事件发生时，如果项目公司遵守本合同第十一章下义务就有权获得的全部保险付款。

F 指社会资本方在项目终止之前投资项目的资金总和。

G 指因项目提前终止所产生的第三方费用或其他费用（如支付承包商的违约金、雇员的补偿金等）；

5.2　对第 5.1 款所规定补偿的每一构成的计算必须经甲方和项目公司接受的一家具有资产评估资质的会计师事务所的验证，甲方和项目公司应在发出提前终止通知后 30 日内共同确定该会计师事务所。

第十五章　项目的移交

第 1 条　移交范围

在移交日，项目公司应向政府方或其指定的其他机构或部门无偿、完好移交项目公司对本项目的所有权和所有权益，包括：

（1）本项目设施及其所占用场地；

（2）与本项目设施相关的所有设备、机器、装置、零部件、备品备件、化学品以及其他动产；

（3）运营和维护项目设施所要求的所有技术和技术信息；

（4）所有尚未到期的保证、保险和其他合同的利益；

（5）与项目设施有关的所有的手册、图纸、文件和资料；

（6）为转移项目设施的所有权所需的文件；

（7）甲方或其指定的接收机构合理要求的其他物品与资料。

上述移交不应附带任何负债、抵押、优先权或违约、侵权责任。所有负债、抵押、优先权或违约、侵权责任应由项目公司全部清偿、赔偿或解除，并提供相应的证明材料。

第 2 条　移交程序

2.1　移交工作小组

特许经营期结束 24 个月前，甲方和项目公司应成立移交工作小组，由项目公司 3 名授权代表（包括至少一名接收人的代表）和政府方 3 名授权代表组成。移交工作小组应在双方同意的时间举行会谈并商定项目移交的详尽程序、最后恢复性大修计划及移交验收计划和将按照第十五章第 1 条的移交范围制定的详细移交清单。

2.2　移交前恢复性大修

（1）在移交日之前不早于 18 个月，项目公司应对项目设施进行一次大修，但此大修应不迟于移交日之前 6 个月完成。大修的具体时间和内容应于移交日前 22 个月时由移交工作小组核准。

（2）通过最后恢复性大修，项目公司应确保本项目关键性设备的整体完好率达到 100%、其他设备的整体完好率达到 95%、本项目构筑物不存在重大破损，可以保证项目设施的正常运行。

（3）如果项目公司不能或不愿进行最后恢复性大修，视作项目公司违约，甲方有权提取移交履约保函的资金进行最后恢复性大修。

2.3 零配件和备品备件

（1）在移交日，项目公司应向政府方或其指定机构无偿移交并满足3个月使用的消耗性备品备件和事故抢修的备品备件。所有零配件、备品备件应至少具有与项目公司于交付设备时从设备制造厂商取得的备件相同的质量和标准并符合相同的技术规格要求。项目公司应向政府方或其指定机构提交生产、销售项目设施所需全部零配件、备品备件的厂商名单及具体价格。

（2）如项目公司未提交足够3个月使用的消耗性备品备件和事故抢修的备品备件，甲方有权提取移交维修保函项下的款项购买该等备品备件。

2.4 人员和人员培训

在移交日前6个月，项目公司应提交一份项目公司当时雇佣的职员名单，包括每个职员的资格、职位、工资和福利等详细资料。项目公司同时将说明自移交日起哪些职员可供政府方或其指定的机构或部门聘用。

移交日前，项目公司有义务免费为政府方指定的员工在与本项目的运营相关的岗位进行不少于3个月的技术培训。移交之日前，政府方或其指定机构和项目公司将组织对上述指定人员进行考核，以确定项目公司的培训目标是否完成。

2.5 移交费用

项目公司及政府方或其指定的其他机构或部门负责各自因移交而发生的费用支出。

2.6 移交日项目设施状况

在移交日，项目公司应确保本项目关键性设备的整体完好率达到100%、其他设备的整体完好率达到95%、本项目构筑物不存在重大破损，可以保证本项目设施设备正常运行。

* 条文批注：项目移交技术方面的条件和标准。

《PPP项目合同指南（试行）》指出：项目设施应符合双方约定的技术、安全和环保标准，并处于良好的运营状况。在一些PPP项目合同中，会对“良好运营状况”的标准做进一步明确，例如在不再维修情况下，项目可以正常运营3年等。

第 3 条　转让

3.1　合同转移

（1）移交时，项目公司应将与本项目有关的所有未履行完毕的施工合同、工程监理合同、设备采购合同、安装合同等合同转让给政府方或其指定机构，由政府方或其指定机构承接项目公司在该等合同项下的全部权益，但因法律规定、合同性质或特别约定无法转移的合同除外。

（2）如项目公司未履行完毕其在该等合同项下的付款义务，项目公司应继续履行。在任何情况下，该等付款义务不由政府方或其指定机构承担。

（3）如项目公司未履行完毕其在该等合同项下的其他义务，项目公司应继续履行。如需政府方或其指定机构为项目公司履行该等义务提供必要的协助的，由此导致政府方或其指定机构增加开支、费用的，该等费用全部由项目公司承担。

（4）如项目公司未能或未在合理的时间内履行本第十五章第 3.1 款下的义务，甲方有权提取移交维修保函项下的款项代替项目公司履行该等义务。

3.2　承包商保证的转让

在移交时，项目公司应将所有承包商、制造商和供应商提供的尚未期满的担保及保证，全部无偿转让给政府方或其指定机构。

3.3　技术转让

项目公司应在移交日将届时使用的运营和维护本项目所需要的所有技术和技术信息，全部无偿移交给政府方或其指定机构，并确保政府方或其指定机构不会因使用这些技术或技术信息而遭受侵权索赔。

第 4 条　移交效力

4.1　自移交日起，项目公司在本合同项下的特许经营权即行终止，项目公司无权取得自移交日起的垃圾处理补贴。

4.2　自移交日起，本项目的所有权和其他相关权益均转移给政府方或其指定的其他机构或部门。

4.3　自移交日起，由政府方或其指定的其他机构或部门全面负责本项目的运营和维护。

D10895

4.4　双方在本合同项下未履行完毕的其他权利和义务应当继续履行。

第5条　其他

5.1　缺陷责任期及质量保证

无论是本合同提前终止所导致的移交还是特许经营期届满时的项目移交，项目公司对所移交的______城市生活垃圾焚烧发电项目承担缺陷责任保证的期间为移交日起的12个月。在缺陷责任期内，项目公司负有对本项目的土建工程和机器设备进行保修的义务，但因政府方或其指定的接受移交的机构或单位故意破坏或使用不当造成的损坏和正常磨损除外。

5.2　风险转移

项目公司承担移交日前本项目的全部或部分设施、设备损失或损坏的风险，除非该等损失或损坏是由政府方或其指定的机构、部门或人员的过错所致。自移交日起，本项目的全部或部分设施、设备损失或损坏的风险由政府方或其指定的其他机构或部门承担，但本合同另有约定的除外。

5.3　移走项目公司的物品

除非双方另有合同，项目公司应于移交日起60日内，自费从项目场地移走项目公司雇员的个人用品以及与本项目的运营、维护和管理无关的物品。若项目公司在上述时间内未能移走这些物品，甲方在通知项目公司后，有权将该物品予以提存，项目公司承担搬移、运输和保管的合理费用和风险。

5.4　如果项目公司未能履行第十五章第1条和第十五章第5.1款规定的义务，甲方有权提取移交履约保函资金。

第十六章　争议的解决

第1条　适用法律

本项目在管辖法律的选择上应坚持属地原则，即本合同应适用于我国法律并按照我国法律进行解释。

第2条　友好协商

2.1　本合同生效日后30日内，甲方和项目公司双方应各委派代表组成协商委员会，该委员会负责人由甲方、项目公司双方委派的人员轮流担任。任何一方均可在任何时间经通知另一方后更换协商委员会成员。该委员会的任何决定应得到委员会多数成员的同意。

2.2　协商委员会负责按照本合同的规定解决有关项目运营及设施维护的争议，这些事项包括但不限于：

（1）讨论由于不可抗力发生而影响配套设施的相关事宜；

（2）协商为处理特殊或突发性的事件而制订的应急计划；

（3）协商解决本合同条款下的争议；

（4）双方同意的其他事项。

2.3　若双方在本合同的任何问题上产生任何争议，则经任何一方要求，协商委员会应及时会晤，并尽力通过友好协商解决，协商委员会的一致决议，经双方书面认可后，对各方均有约束力。但当事人在协商过程中所说的话或提供的书面文件不得用于之后的法律程序。

2.4　双方发生争议后，应首先提交协商委员会友好协商解决。若在提出上述要求后 20 天内该争议未能通过友好协商解决，则应适用本合同第十六章第 3 条的规定。

第 3 条　诉讼

若双方未能通过友好协商解决有关争议、分歧、索赔或与本合同有关的任何相关问题，则任何一方均有权向项目所在地人民法院提出诉讼。

第 4 条　争议期间的合同履行

在发生争议期间，双方对于合同无争议的部分应当继续履行，除法律规定或另有约定外，任何一方不得以发生争议为由停止项目运营。

第十七章　政 府 承 诺

第 1 条　补助

（1）甲方按第九章第 2.4 款支付项目公司垃圾处理补贴；

（2）____________人民政府将垃圾处理补贴纳入每年的财政预算，甲方将在其权限内协助项目公司获得上级政府有关垃圾焚烧发电的优惠待遇

D10895

和 / 或优惠政策。

第 2 条　协助获取项目相关土地权利

（1）项目公司通过划拨方式获得本项目的土地使用权，本项目用地约______亩（按红线范围最终确定），政府方应确保项目公司在整个特许经营期内取得本项目的土地使用权。

（2）如本项目特许经营期限依照本合同规定顺延，顺延期间，本项目下资产、设施、设备归____________人民政府所有，项目公司只享有经营权。合同双方另行商定垃圾处理补贴单价。

（3）如该场地因有关行政主管部门认为不适宜建设垃圾焚烧发电厂而不予批准，____________人民政府要负责另行选址建设。

> ＊条文批注：应清晰梳理项目前期工作的界面。
>
> 在新建项目中，应清晰梳理项目前期工作的界面。为保项目建设不存在实质性障碍，政府应特别重视如下几点：
>
> 1. 项目选址是否与城市规划相符；
> 2. 项目是否满足环保要求；
> 3. 项目用地取得是否存在障碍；
> 4. 项目建设是否存在潜在社会风险。

第 3 条　提供相关配套设施

（1）政府方为本项目的垃圾收运建设能满足垃圾收运的相关配套设施；

（2）对项目公司发电入网事宜给予方便，由政府方配合项目公司与____________市供电部门进行协商。

第 4 条　办理有关政府审批手续

（1）对双方为本合同、服务协议和 / 或其他协议实施之目的而应由甲方取得的审批文件和 / 或授权，甲方应积极申请取得或协助项目公司取得；对项目公司为本合同、服务协议和 / 或其他协议实施之目的所签订的、需其批准的其他协议、合同等，甲方不应无理拒绝，应给予及时批准。

（2）应项目公司的要求，甲方应协助项目公司解决其在建设过程中遇到的其他相关问题和困难，但该条规定并不对本协议项下的双方责任与权利构成任何直接或间接的影响。

第十八章　守法义务及法律变更

第 1 条　守法义务

项目公司在实施本项目的过程中有义务遵守我国的法律法规。如《中华人民共和国民法通则》《中华人民共和国合同法》《中华人民共和国预算法》《中华人民共和国政府采购法》《中华人民共和国公司法》《中华人民共和国担保法》《中华人民共和国保险法》《中华人民共和国行政许可法》《中华人民共和国行政处罚法》《中华人民共和国行政复议法》《中华人民共和国民事诉讼法》《中华人民共和国仲裁法》《中华人民共和国土地管理法》《中华人民共和国建筑法》《中华人民共和国环境保护法》等。

第 2 条　政府方可控的法律变更的后果

（1）在建设期间，因发生______人民政府可控的法律变更导致项目发生额外费用或开始运营日延误，项目公司有权向甲方索赔额外费用或要求延长工期；

（2）在运营期间，因发生______人民政府可控的法律变更导致项目公司运营成本费用增加，项目公司有权向甲方索赔额外费用或申请延长项目合作期限；

（3）因发生______人民政府可控的法律变更导致合同无法继续履行，则构成“政府违约事件”，项目公司可以通过违约条款及提前终止机制等进行救济。

第 3 条　政府方不可控的法律变更的后果

在项目特许经营期内发生______人民政府不可控的法律变更，则视为不可抗力事件，其处理程序按第十二章相关条款执行。

第十九章　其 他 条 款

第 1 条　保密条款

1.1　双方对本合同及相关文件负有保密责任，但甲方为充分满足公共监督要求的情况除外。

1.2 甲方不得将项目公司提供的财务报表和技术资料等内容向第三方公

D10895

布，但为满足公共监督要求而必须公布的信息以及在本合同终止时向接替的项目设施运营方披露该类信息（并且该等运营方应承担与甲方相同的保密义务）除外。各方在第十九章第 1 条项下的义务在特许经营期和本合同终止之日起三年内持续有效。

第 2 条　不限制甲方法定权力

本合同不限制甲方行使其法定权力。

第 3 条　文字

本合同以中文订立。

第 4 条　修正

本合同的任何修改须经双方法定代表人或其授权代表书面签署并加盖公章后方能生效。

第 5 条　通知

5.1　根据本合同向合同任何一方发出的任何通知应书面发出，可通过专人交至、通过挂号信或特快专递寄往或通过传真发往对方。

5.2　根据本合同向本合同任何一方发出的所有通知或其他通信，应在递交时（如果是由专人递交或邮寄的）或在收到时（如果是传真发出的）视为正式送达或作出。

5.3　在收件地非工作日或非工作时间收到的通知或其他通信，应视为在该地的下一个工作日送达。

第 6 条　合同文件构成与优先顺序

6.1　本合同包括附件，每一份附件都应被视为本合同的一部分。

6.2　本合同构成双方对项目的完全理解，取代双方以前所有的有关项目的书面和口头陈述、协议或安排。

6.3　双方约定合同文件的地位和优先顺序如下：本合同及附件；谈判备忘录；招标文件（含补充通知及澄清答疑文件）；中标人的投标文件等。

第 7 条　开始生效

7.1　本合同自生效日起开始生效；

7.2　本合同由双方法定代表人或各自正式授权的代表在本合同的文首注明的日期

签署，双方愿受本合同约束。

第 8 条　合同份数

正本一式______份，甲方______份、社会资本方______份、项目公司______份，均具有同等法律效力。

第二十章　合同附件

附件 1：政府批文

附件 2：调价公式

附件 3：移交维修保函格式

附件 4：保险方案

附件 5：融资方案

附件 6：运营方案

附件 7：联合体合作协议

甲方：(盖章)____

法定代表人或授权代表（签字）：____________________________

签订日期：______ 年 ______ 月 ______ 日

乙方：____

法定代表人或授权代表（签字）：____________________________

签订日期：______ 年 ______ 月 ______ 日

见证方：____

法定代表人或授权代表（签字）：____________________________

签订日期：______ 年 ______ 月 ______ 日

D10895

第七章　基本农田建设工程PPP项目合同

使用场景：

1. 采用 BOT 方式运行的项目可参考本项目合同有关政府方和社会资本方的权利义务约定。

2. 采用使用者付费模式的 PPP 项目可参考本项目合同有关社会资本方投资和收益内容。

法律要点：

PPP 模式是否有助于推进农业标准化种植?

在农业领域项目采用 PPP 模式，资本介入会推动标准化种植的进程和产业化的速度。而标准化种植和科学化生产管理方式，会在农产品安全程度上有所提高，同时提高消费者对农产品的信心。

文本正文：http://www.fatianshi.cn/D10896

基本农田建设工程 PPP 项目合同

引　言

本合同由下列甲乙双方于______年______月______日在______签订：

甲方：____

乙方：____

鉴于：

1. 为进一步创新投融资机制、鼓励和引导社会资本进入高标准农田建设领域、优化农业资源配置、发挥政府和社会资本各自优势、促进农业基础设施长期稳定发挥效益、实现精准扶贫，依据____________的批复意见，经___________政府常务会议讨论通过，决定采取政府和社会资本合作（PPP）模式实施____________PPP 项目（以下简称本项目）；

2. 政府授权甲方作为本项目实施机构，负责项目 PPP 合同的签订、实施与监督。本合同对甲方权利义务的任何约定，均不得排除、妨碍甲方依法履行其监管职责；

D10896

3. 经__________政府批准，本项目采用__________方式择优确定社会资本方。经综合评审，【中标社会资本名称】成为本项目的中标人，与__________共同在__________组建项目公司，负责投资、建设、运营和移交本项目。其中：甲方__________持有项目公司_____%股权，【中标社会资本名称】持有项目公司_____%股权；

4._____年_____月_____日，乙方取得名称为（注册公司名称）的项目公司企业法人营业执照；

5. 经乙方股东会履行内部合规程序，决议一致同意乙方签订本PPP合同；

6. 本项目采用_____的运作方式，项目回报机制为_____。

为此，甲乙双方达成一致，共同签订《__________PPP项目合同》（以下简称本合同），以兹共同信守。

第一章　总　　则

第1条　定义和解释

1.1　定义

以下定义适用本合同：

本合同：指由甲乙双方签订的《__________PPP项目合同》，包括全部附件以及日后可能签订的任何项目合同之补充修改协议和附件，每一部分都应视为本合同的一部分。

本项目：______________________________

甲方：______________________________

政府方出资代表：______________________________

政府：______________________________

乙方/项目公司：指政府方出资代表和（社会资本名称）为本合同实施之目的，依照中华人民共和国法律在_____市设立的自主运营、自负盈亏的具有独立法人资格的经营实体。

建设投资：指为建设本项目所需投入的全部资金，其金额以项目竣工后财政评审确认的项目竣工决算结果为准。

建设期补助：指内____________政府为本项目建设所拨付的建设补助资金。本合同中有时也称为政府补助或建设补助。

乙方投入资金：指本项目实际建设投资与政府补助资金之间的差额，是乙方负责筹措的、为建设本项目投入的实际资金，其金额依据项目竣工决算报告和政府补助据实核算，作为计算基数。

谨慎运营惯例：指可以合理期望的对同一项业务在相同或类似情况下熟练和有经验的承包商或操作者的技能、勤勉、谨慎和预见能力的惯例标准。就本项目而言，谨慎工程和运营惯例应包括但不限于采取合理的步骤，以确使：

1. 在满足正常条件下及合理预测的非正常条件下项目拥有所需要的充足材料、资源和供应品；

2. 拥有足够数量、充足经验并经过适当培训的工作人员，以恰当有效地按照相应的手册和技术规范运营本项目并能够处理紧急情况；

3. 由有知识并受过培训和有经验的人员进行预防性日常和非日常维护和修理，以确使本项目长期、可靠和安全地运营。

合作期：本项目合作期______年，自监理工程师发出本项目开工令起，至项目竣工验收合格日届满______年止，包括建设期______年和运营期______年。

生效日：指甲乙双方盖章并由双方法定代表人或授权代表人签字之日。

项目文件：指包括但不限于下列文件：

1. 本合同及附件；

2. 投融资文件；

3. 招标及投标文件；

4. 与项目有关的其他文件。

项目设施：指本项目设计范围内与项目相关的设施。

项目资产：指与本项目有关的所有资产，包括但不限于：

1. 为实现本项目所有功能所需的全部主体工程及附属设施；

2. 本项目项下乙方拥有所有权的知识产权；

3. 项目文件项下的合同性权利；

D10896

4. 运营和维护记录、质量保证计划等文件。

中国：指中华人民共和国，仅为本合同之目的，不包括香港特别行政区、澳门特别行政区和我国台湾地区。

法律：指所有适用的中华人民共和国法律、法规、规章、地方性法规、司法解释、政府部门颁布的标准、规范或其他适用的强制性要求、有法律强制约束力的规范性文件等。

法律变更：指在合同生效日后颁布、修订、废止或重新解释或执行的任何适用法律导致甲方或乙方在本合同项下的权利义务发生实质性变化。

政府行为：指甲方的任何上级政府部门（省级及以上）的国有化、征收及征用等行为。

批准：指为了使乙方能够履行其在本合同项下的义务和行使其在本合同项下的权利，乙方必须或希望从政府机关依法获得的为项目公司的投资、优化设计、建设、运营和移交所需要的任何许可、执照、同意、授权、免除或批准。

贷款人：指融资文件中的贷款人或项目资金提供人。

融资文件：指与项目或其任何一部分的建设和运营相关的贷款协议、担保协议、保函和其他文件，但不包括股东作出的出资承诺或出资、建设履约保函、运营维护保函以及移交维修保函。

融资交割：指乙方已为项目建设融资的目的签订并向融资方提交所有融资文件，并且融资文件要求的就本项目获得资金所有前提条件得到满足或被豁免。

建设履约保函：指乙方为担保其履行在本合同项下的建设等义务的担保函。

运营维护保函：指乙方为担保其履行在本合同项下的运营管护等义务的担保函。

移交履约保函：指乙方为担保其履行在本合同项下的项目移交等义务的担保函。

建设期：指自监理工程师发出开工指令起至竣工验收通过之日止的期间。

开工日：指项目工程开始施工之日。

运营日：指本合同第 21.2 款约定的日期。

争议解决程序：指本合同第 32 条中提及的解决争议的程序。

政府部门：

（1）中国国务院及其下属的部、委、局、署、行，中国的任何司法或军事当局，或具有中央政府行政管理功能的其他行政实体；

（2）省、市、区、县各级地方政府及其职能部门。

生效日：指本合同甲乙双方盖章并由双方法定代表人或授权委托人签字之日。

工作日：指除中国法定休息日和法定节日或假日以外的、各机构普遍工作的任何日期。

终止日：指本合同提前终止的日期。

移交日期：指合作期届满之日后的第一个营业日（适用于本合同期满终止），或经双方书面同意移交项目设施的其他日期。

本合同中的标题仅为阅读方便所设，不应影响条文的解释。以下的约定同样适用于对本合同进行解释，除非其上下文明确显示其不适用。

在本合同中：

（1）合同或文件包括经修订、更新、补充或替代后的该合同或文件；

（2）人民币指中华人民共和国法定货币；

（3）条款或附件：指本合同的条款和附件；

（4）除非本合同另有规定外，“一方”或“双方”或“各方”均为本合同的一方或双方或各方，并包括其各自合法的继任者和获准的受让人；

（5）所指的日、星期、月份和年，均指公历日、星期、月份和年；

（6）除本合同另有规定外，本合同中使用的“天”、“日”均指日历日；

（7）除本合同上下文另有规定，“包括”一词在本合同中含有“但不少于”，“以上”“以下”“以内”“内”均含本数，“超过”“以外”不含本数；

（8）本合同并不限制或以其他方式影响甲方及其他政府部门行使其法定行政职权。在本合同有效期内，如果本合同项下的有关约定届时被纳入相关法律规范属于甲方或其他政府部门的行政职权，适用该等法律规定；

（9）维护 / 维修应始终解释为包括修理和更换，除非上下文另有规定。

第 2 条　合作关系

2.1　政府和社会资本合作（PPP）模式

本项目采用____________的方式运作。即：

D10896

____。

2.2　建设内容

____。

2.3　合作期限

2.3.1　合作期

除根据本合同提前终止外，项目合作期为______年，自监理工程师发出项目开工令之日起至该开工日届满______之日止。合作期包括建设期______年，运营期______年。

2.3.2　合作期的延长

（1）如发生下列事件，项目合作期可适当延长：

a. 因本合同约定的可归责于甲方的原因导致的完工延误情形出现的；

b. 由于法律变更或政府行为导致乙方在本项目合作期内受到影响并使乙方遭受实质性的损失的。

（2）乙方在 2.3.2a 描述的事件发生之后，希望延长本项目合作期的，应在事件发生后______天内向甲方递交要求延长合作期的详细申请，以便甲方可以及时对该申请的情况进行核查；否则甲方不同意延长本项目合作期。

（3）延长本项目合作期均需经双方书面确认。

2.4　资产权益及抵押

____

2.5　股权转让限制

项目公司的股东应确保在 PPP 项目合同生效日期之日起至竣工验收完成后__________，任何原始股东都不应转让其在项目公司中的全部或部分股权，除非应法律要求或报经政府预先批准。

自项目竣工验收完成______之后，经政府事先书面同意，项目公司的股东可以转让其在项目公司中的全部或部分股权，但受让方应满足本合同约定的技术能力、财务信用、运营经验等基本条件，并以书面形式明确承继原股东方在项目公司项下的权利及义务。

第 3 条　声明和保证

3.1　甲方的声明和保证

甲方在此声明，在生效日：

（1）本项目已经获得＿＿＿＿＿＿人民政府的同意。

（2）甲方已经获得＿＿＿＿＿＿政府的授权以签订和履行本合同，甲方完全有权签订本合同，并有能力履行本合同项下的义务。

（3）本合同一经签订，即对甲方具有完全的法律约束力，签订和履行本合同不会导致甲方违反对其具有约束力的任何法律和合同性文件的规定，或者与之有利益冲突。

（4）不存在任何与本项目有关的由甲方作为一方签署、并可能对本项目或乙方产生重大不利影响的合同、合同和任何未决或即将进行的诉讼。

（5）甲方将在其权限内，最大限度地向政府部门争取合理的优惠待遇，并将其授予乙方；甲方将尽其努力协助乙方获得上级政府有关本项目的优惠政策以及其他政府补贴。

（6）为确保本合同的实施，而应由甲方取得的审批文件和授权，甲方保证积极申请取得；乙方为本合同实施之目的所签署的、提交的需甲方批准的合同或协议、申请等，甲方在合理时限内给予及时批复。

（7）本合同不限制甲方的法定权力，甲方有权根据法律和本合同的约定，对本合同项下的建设、经营、移交等活动进行监督、考核。

3.2　乙方的声明和保证

乙方在此声明：

（1）乙方为一家由（中标社会资本和实施机构）为本合同实施之目的，依照中华人民共和国法律在＿＿＿＿＿＿设立的项目公司。

乙方将有权根据其批准文件、工商登记文件、章程性文件从事本项目投融资、建设、运营、管理和维护，并履行其作为本合同一方的每一项承诺下的所有义务。

（2）乙方已取得了与签订和履行本合同有关的一切内部、外部的授权和许可，并有能力履行本合同项下的义务。

（3）本合同一经签订，即对乙方具有完全的法律约束力，签订和履行本合同不会导致乙方违反对其具有约束力的任何法律和合同性文件的规

D10896

定，或者与之有利益冲突。

（4）乙方在其成立后至签署本合同前，不存在任何与本项目有关的由乙方作为一方签署、并可能对本项目或甲方产生重大不利影响的合同、协议和（或）任何未决或即将进行的诉讼。

（5）乙方具有足够的资金支持本项目或已满足本合同、融资文件项下融资交割的所有先决条件（只能在本合同生效日或之后方能满足的条件除外）；而每一项尚未满足的条件，能够在本合同生效后或项目建设开工日前得到满足。

（6）乙方具备相应的财务能力、营运能力、人力资源、技术支持和经验，实施本项目并履行其在本合同下的每一项义务。

（7）本合同不限制甲方的法定权力，甲方有权根据法律和本合同的约定对本合同项下的特许经营进行监督。

3.3 对虚假声明和保证的赔偿责任

在不影响本合同其他条款规定的情况下，如果任一方在本章所作的声明和保证被证明在做出之时在实质方面不正确，另一方有权就其因此所受的任何损害获得赔偿。

该等损害指任何一方在谈判、准备和终止本合同时产生的所有费用及开支，但赔偿数额不应与本合同规定的提前终止补偿金额重复计算。

第 4 条 合同生效前提条件

4.1 本合同生效的前提条件

（1）项目需要融资的，应完成融资交割。融资交割应在本合同草签之日后 30 个工作日内完成；

> * 条文批注：项目融资相关规定。
>
> 财政部《政府和社会资本合作模式操作指南（试行）》（财金〔2014〕113 号）规定：“项目融资由社会资本或项目公司负责。社会资本或项目公司应及时开展融资方案设计、机构接洽、合同签订和融资交割等工作。财政部门（政府和社会资本合作中心）和项目实施机构应做好监督管理工作，防止企业债务向政府转移。”而且，“社会资本或项目公司未按照项目合同约定完成融资的，政府可提取履约保函直至终止项目合同；遇系统性金融风险或不可抗力的，政府、社会资本或项目公司可根据项目合同约定协商修订合同中相关融资条款。”

融资方在提供融资时最为关注的核心权利包括：

1. 融资方的主债权和担保债权。

2. 融资方的介入权。

关于融资方的介入权，《政府和社会资本合作模式操作指南（试行）》（财金〔2014〕113 号）规定："当项目出现重大经营或财务风险，威胁或侵害债权人利益时，债权人可依据与政府、社会资本或项目公司签订的直接介入协议或条款，要求社会资本或项目公司改善管理等。在直接介入协议或条款约定期限内，重大风险已解除的，债权人应停止介入。"

（2）乙方已提交建设期履约保函；

* 条文批注：履约保函常见分类。

保函是常见的履约担保方式。保函既包括项目公司向政府提供的保函，也包括项目承包商、分包商或供应商为担保其合同义务履行而向项目公司或直接向政府提供的保函。保函常见分类有：

1. 建设期的履约保函；

2. 运营维护期的履约保函或维护保函；

3. 移交维修保函；

4. 投标保函；

5. 担保合同前提条件成就的履约保函。

（3）本合同双方均履行了经政府审核并同意及乙方应履行的对内对外批准及审批事项。

4.2 未满足前提条件的后果

（1）合同终止

如上述第 4.1 款任一前提条件在规定的时间内未满足，则甲方有权终止项目合同。因未满足前提条件而导致合同终止，除合同中明确约定的在合同终止后仍属有效的条款外，其他权利义务将终止。

（2）提取保函

如乙方未能按照约定的时间和要求达成前提条件，且甲方未同意豁免该前提条件时，甲方有权提取投标保函项下的金额。

D10896

第 5 条　合作履约担保

5.1　建设期履约保函

（1）建设期履约保函的提供。乙方最晚应于本合同签订之日后______个工作日内且在投标保函退还之前，向甲方提供符合下列要求的建设期履约保函，作为其履行在本合同下的建设义务和其他违约赔偿义务的担保：

1）符合本合同附件《建设期履约保函》规定的格式或甲方同意的其他格式；

2）由甲方可接受的一家金融机构出具；

3）金额为人民币______万元整（小写：￥______）。

（2）建设期履约保函的解除。建设期履约保函在乙方提交运营期维护保函之日到期，甲方应在到期日后______个工作日内退还建设期履约保函。

5.2　恢复建设期履约保函的数额

如果甲方在项目合作期内根据本合同的有关规定提取建设期履约保函项下的款项，乙方应确保在甲方提取后的______个工作日内，将建设期履约保函的数额恢复到本合同前款约定的数额，且应向甲方提供建设期履约保函已足额恢复的证据。甲方提取建设期履约保函的权利不影响甲方在本合同项下的其他权利，并且不应解除乙方不履行维护本项目义务而对甲方所负的任何进一步的责任和义务。

乙方未在前述期限内补足或恢复建设期履约保函相应金额的，甲方有权发出催告，乙方应在______日内予以补足；乙方在前述期限内仍未补足的，则甲方有权提取建设期履约保函项下的余额，并有权提前终止本合同。

如乙方未提交建设期履约保函，则构成乙方违约，甲方有权终止本合同。

5.3　运营期维护保函

乙方应在项目运营日起______个工作日内向甲方出具运营期维护保函，其格式应为附件《运营期维护保函》规定的见索即付的银行保函或为甲方接受的其他格式的银行保函，作为其履行整个运营期义务的保证。金额为人民币______万元整（小写：￥______），担保期至合作期满日。

5.4　恢复运营期维护保函的数额

如果甲方在项目运营期内根据本合同的有关规定提取运营期维护保函项下的款项，

乙方应确保在甲方提取后的______个工作日内，将运营期维护保函的数额恢复到本合同第 5.3 条规定的数额，且应向甲方提供运营期维护保函已足额恢复的证据。

乙方未在前述期限内补足或恢复运营期履约保函相应金额的，甲方有权发出催告，乙方应在______日内予以补足；乙方在前述期限内仍未补足的，则甲方有权提取运营期履约保函项下的余额，并有权提前终止本合同。

5.5　移交履约保函

（1）移交履约保函的提供。乙方应在项目合作期限届满日______之前，向甲方提供符合下列要求的移交维修保函，作为其履行在本合同下的移交维修义务以及质量保证义务的担保：

①符合本合同附件《移交履约保函》规定的格式或甲方同意的其他格式；

②由甲方可接受的一家金融机构出具；

③金额为人民币______万元整（小写：￥______）。

（2）移交履约保函的解除。移交维修保函在合作期限满移交完成后______个月之内解除。

5.6　恢复移交履约保函的数额

如果甲方在移交履约保函担保期内根据本合同的有关规定提取该保函项下的款项，乙方应确保在甲方提取后的______个工作日内，将移交履约保函的数额恢复到本合同第 5.5 条规定的数额，且应向甲方提供保函已足额恢复的证据。

甲方提取移交履约保函的权利不影响甲方在本合同项下的其他权利，并且不应解除乙方不履行维护本项目义务而对甲方所负的任何进一步的责任和义务。

第二章　双方权利和义务

第 6 条　甲方的权利和义务

6.1　基本权利界定

（1）甲方在遵守法律法规、政府管理的相关职能规定及本合同约定的前提下，有权对乙方履行本合同项下的义务进行监督和检查，甲方的有关监督、检查工作并不解除或减轻乙方应承担的任何义务或责任。

D10896

（2）在甲方上级部门调整建设任务、国家或地方颁布新的标准、规范时，甲方有权对本项目合作或建设范围、管护标准等进行变更，但此等变更应事先通知乙方且乙方可以获得合理的工期、费用补偿。

（3）甲方有权要求乙方报告政府建设补助资金使用、投融资、建设、运营服务等相关信息，有权委托中介机构对乙方的财务状况、安全质量管理、服务状况进行审计和评估并向社会公示结果，以利于公众监督。

（4）在乙方出现违约的情况下，甲方有权根据本合同约定获得赔偿，有权按本合同约定提取项目保函。

（5）在发生本合同约定的乙方严重违约或发生紧急事件时，甲方有权（但不得被要求）介入，暂代项目公司运营和维护项目设施。

（6）甲方有权会同财政、物价等相关部门，参与并监督农田灌溉水价标准的确定和价格调整活动，有权对运营成本进行审计、审核。

（7）乙方如出现下列行为之一者，甲方有权责令其限期改正，或依法采取有效措施督促其履行义务；逾期不改正的，有权终止本合同，收回本项目经营权；

转让、出租、质押经营权或擅自处置、抵押项目设施、设备的；

擅自停业、歇业，影响到社会公共利益和公共安全的；

因乙方资金链断裂，不能如期完工的；

因经营管理不善，造成重大质量、安全责任事故，严重影响公众利益的；

被相关部门依法注销、关停的；

违反获得经营权时所做的承诺，情节严重的；

法律法规禁止的其他行为。

（8）甲方有权享有本合同和适用法律规定的其他权利。

6.2　基本义务界定

（1）甲方应始终遵守所有的适用法律和本合同的规定。

（2）甲方应保持乙方的权利在整个项目合同期内始终有效，维护乙方服务权的完整性和独占性。

（3）甲方协助乙方及时获得相关的许可或批准，根据国家农业产业政策及地方相关规定，协助乙方获得履行本合同所应享有的税收减免和其他优惠政策。

（4）项目设施用地甲方负责协调，在项目运营期无偿提供给乙方使用，包括机井房、泵房等。

（5）甲方负责落实政府建设投资补助按时足额到位。

（6）甲方应协助乙方获得运营和维护项目设施所需的所有公用设施条件的供应，包括电、水、道路和通信等。

（7）甲方积极引导和动员农村基层组织进行土地流转，动员农业经营者使用项目管网进行节水灌溉，宣传教育群众自觉保护工程设施，对人为破坏工程设施的行为依法进行处理。

（8）为项目公司运营管理和拓展增值服务提供良好的政策支持和协调服务。

第 7 条　乙方的基本权利和义务

7.1　基本权利界定

（1）乙方有权利依照本合同的约定投资、建设、运营及维护本项目，有权及时获得政府方建设补助以及按水量向用水的农业经营者收取农田灌溉服务费。

（2）在甲方出现违约的情况下，乙方有权根据本合同约定获得赔偿。

（3）在项目运营期，乙方有权开展____________等拓展增值服务，提高项目范围内的农业现代化水平，甲方应予以支持和协调。

（4）本合同约定和适用法律规定的其他权利。

7.2　基本义务界定

（1）承担项目投融资、优化设计、建设、运营及维护的费用和风险，负责项目的投融资、优化设计、建设、运营、维护和移交工作。

（2）乙方按照工程建设计划、设计文件要求的标准及本合同的约定完成相应的投资建设，施工期间尽职履行环境、地质、文物保护及安全生产等义务，承担社会责任。

（3）接受甲方或其委托的中介机构、行业或职能监管部门以及社会公众的监督管理，并有义务协助配合监管事宜，如属聘请第三方机构进行监管的，由此产生的第三方机构的监管服务费用由甲方承担。

（4）按照本合同约定提交建设期履约保函、运营维护保函及移交保函。

（5）乙方应尽最大努力申请并及时获得从事建设工程及项目运营所需要的政府部门的各类批准，按时完成项目建设工作，及时维护更换项目设施，保证项目运营服务质量。

（6）项目合作期内，乙方应按适用法律和谨慎运营原则购买和维持本项目有关的保险。

（7）未经甲方提前书面同意，乙方不得出售、转让、出租、抵押项目资产，不得向工程范围以外地区供水。

第三章　投 资 计 划

第 8 条　项目投资

8.1　投资规模及认定依据

依据设计文件，本项目建设工程费用约______万元。项目最终实际建设投资，以财政部门竣工决算审计金额为准。

8.2　建设资金来源

8.2.1　政府补助资金

（1）政府补助资金包括____________建设补助资金，补助资金总额约为______万元，政府方实际补助金额根据实际建设面积和上级主管部门批准的补助标准确定；

（2）政府方补助资金将主要用于本项目基础部分的投入，该部分概算金额约______万元；

（3）政府方补助资金在支付基础部分建设费用、政府方发生的工程建设其他费用、不可预见费用后的节余资金，将优先冲减社会资本投资；

（4）政府投资部分建设补助，采用里程碑付款方式分______期支付，约定如下：

____；

（5）政府方建设补助的节余资金，在项目竣工决算完成后______日内，支付给项目公司，冲减社会资本方投资，以冲减后的乙方实际投资作为核算的依据。

8.2.2　乙方投入资金

（1）乙方建设资金将主要用于本项目控制系统和地面配套部分，该部分概算金额约______万元，由乙方自行筹措；

（2）乙方注册资本金、股权比例应符合本项目《合营协议》的要求；

（3）注册资本金之外的债务资金，由【中标社会资本方】负责融资，政府方及项目实施机构不承担融资责任及担保责任；

（4）乙方建设资金投入应满足工程施工进度需要，按约及时支付工程建设款项。

第 9 条　投资控制责任

9.1　工程费用控制

9.1.1　本项目工程费用以财政评审确认的施工图预算为最高上限（暂定为______万元），乙方为费用控制主体。乙方在确保工程质量、进度以及安全前提下，合理控制工程费用，不得突破财政评审预算金额。

9.1.2　项目竣工后，工程费用以财政评审确认的竣工决（结）算金额为准。如审定的工程费用超过最高上限，由乙方自行承担超支责任，超出部分不纳入测算依据，但因以下原因导致超支的除外：

甲方提出的工程变更和现场签证；

甲方原因造成的工期延误而产生的额外费用；

国家法律和本合同约定的其他情形。

9.1.3　工程费用按《财政部、国土资源部关于印发土地开发整理项目预算定额标准的通知》（财综〔2011〕118 号）的费用构成划分，包括工程施工费和设备购置费两部分。

9.2　其他费用和不可预见费用控制

其他费用和不可预见费用由甲方负责控制，竣工决算时以实际发生金额为准，其各项费用支出应符合国家及地方的相关规定。

第 10 条　建设资金监管

乙方应在____________银行为本项目设立专用的工程建设资金管理专用账户，甲方有权查看账户资金金额及使用情况，乙方应给予配合；

乙方的注册资本金、融资所得资金以及政府方建设补助，专门用于本项目的投资、建设及管护等。

D10896

乙方应根据本合同规定的工程进度计划按时向工程建设资金专户拨付项目建设资金，该资金不得用于与本项目无关的支出。

乙方对工程相关单位的工程进度款支付，须按相关工程合同的约定执行，不得违约拖欠，承担维护工程建设期内的社会安定责任。对支付情况，甲方有权核实；对不按时支付的，甲方将从其履约保函中代为支付，情节严重的，甲方有权终止本合同。

第四章　项目前期工作和费用承担

第 11 条　项目前期工作和费用承担

11.1　前期工作

甲方委托相关专业单位完成项目规划、项目建议书、项目可行性研究报告、环境影响评价、项目相关咨询服务、项目设计及审查等前期工作。

在开工日前，甲方负责协调相关部门完成项目建设所必需的的通路、通水、通电等施工设施的建设，乙方应予以积极配合。

乙方有权无偿使用本项目前期工作成果，甲方协调相应的工作完成单位予以配合。

11.2　前期工作费用承担

甲方负责完成的前期工作费用由甲方承担，在项目建设补助资金中列支，计入本项目工程建设投资。

由乙方负责完成的可归属于工程建设投资的其他前期费用由乙方承担，计入本项目工程建设投资。

第五章　工 程 建 设

第 12 条　建设要求

12.1　建设责任

乙方应按以下要求完成本项目所有建设工程，并自行承担建设风险：

（1）本项目建设工程费用暂定为人民币______万元整（小写：______万元）。乙方承担相应的投资控制责任，自行承担政府建设补助与实际投资差额部分资金的融资和投入。

（2）乙方应尽最大努力申请并及时获得从事建设工程所需要的政府部门的各种批准，并使其保持有效，承担所有获得上述批准所需要的费用和支出。

（3）在开工日或之前开始工程建设。

（4）根据下列规定实施建设工程：

适用法律；

甲方提供的初步设计和施工图设计；

本合同下对项目建设的其他所有要求。

（5）本项目主体工程，由乙方自行完成，严禁转包，且不得进行违法分包，如确需专业分包的，需报经甲方事先书面确认；

（6）在施工过程中注意安全以保护生命、健康、财产和环境，避免安全事故；

（7）在施工期间采取一切合理措施减少对公众、居民和商业的干扰和不便。

12.2　建设期限

本项目建设期限不超过______年，自监理工程师发出的开工令起，至项目工程竣工验收合格日或者甲方书面确认的其他日期止。

第 13 条　工程承发包

13.1　施工承包人的确定

【中标社会资本方】为本项目工程总承包方，在其资质范围内的施工及货物采购可不再招标，在其资质范围以外的施工及货物采购，应政府职能部门监督下，由项目公司依法通过招标确定，并报实施机构备案，接受甲方和政府其他有关部门的监督。

13.2　施工承包合同

项目公司应与【中标社会资本方】签订施工总承包合同，合同应符合《中华人民共和国标准设计施工总承包招标文件（2012 年版）》《水利水电工程标准施工招标文件技术标准和要求（合同技术条款）（2009 年版）》的标准和要求。在发包人与承包人正式签订之前如遇变更，需按最新标准执行。

13.3　项目分包

项目工程的承包商不得将项目工程的主体部分对外分包。

D10896

13.4 设备与材料采购

设备与材料的采购应按照《水利工程建设项目招投标管理规定》（水利部2002年14号令）执行。

第14条 工程监理、协调和管理

14.1 工程监理

本项目按《中华人民共和国建筑法》等相关法律规定实行建筑工程监理制度。

甲方根据适用法律的规定，选择有相应资质的工程监理单位，监理费用计入项目总投资，由项目公司承担。监理单位按照适用法律对工程的进度、质量、安全、文明施工、变更等方面进行监理。

14.2 工程协调和管理

乙方应全面负责本工程的协调和管理工作，包括

（1）协调为项目工程服务的、甲方已确定的设计、勘察及关联合同单位等。

（2）项目工程范围内涉及各有关单位及政府部门外部协调工作。

甲方对乙方的协调和管理工作给予必要的协助。

第15条 甲方监督

15.1 介入权

本项目重大公共安全问题，甲方有权聘请第三方专业机构，在甲方的授权下监督项目公司对PPP合同体系的执行情况，并向甲方汇报，乙方应予以支持配合，并积极消除安全隐患。

15.2 甲方的检查权

（1）甲方有权随时检查乙方的建设是否符合本合同的要求。

（2）甲方有权进入项目场地，检查乙方对施工现场的管理情况，但此种检查不应影响乙方正常施工。

（3）若发现任何部分不符合要求，甲方有权通知乙方，指出缺陷或不符合规定之处。

（4）甲方是否监督、检验本项目建设工程均不能减免乙方在本合同下的任何义务、责任。

第 16 条　质量管理

16.1　质量保证和质量控制

在开工日之前，乙方应制定工程建设质量保证措施和质量控制计划，并将其报甲方备案。乙方应在整个建设期依照国家相关质量标准要求，执行质量保证措施和质量控制计划。

16.2　甲方对质量控制的监督和检查

（1）甲方或其指定机构有权在不影响建设进度的前提下对项目工程的建设情况进行监督和检查，该等监督和检查应在乙方代表参加的情况下进行。甲方或其指定机构应提前______小时通知乙方有关监督和检查的事宜，若通知后，乙方未能派代表参加，不影响上述监督和检查的效力。

（2）乙方应当提供甲方或其指定机构进入工程建设场地的便利条件，并对甲方或其指定机构与实施本合同项下监督和检查有关的合理要求予以必要协助。

（3）甲方或其指定机构对工程建设的监督和检查不影响也不能替代其他政府部门依法对工程建设的监督和检查。

（4）甲方或其指定机构应当自行承担进入工程建设场地进行监督和检查的全部费用。

16.3　有关检查的资料

（1）乙方应当提供甲方或其指定机构进行检查所需的与特定的检查目的相关的所有方案、设计、文件和资料的复印件。

（2）对保密或专有资料的任何检查应遵照本合同关于保密的规定。

16.4　不符合质量和 / 或安全要求

如果项目工程或其任何部分严重不符合有关的质量和 / 或安全要求，甲方可以就此事宜书面通知乙方，要求其在合理时间纠正缺陷；乙方应遵照执行，尽快采取补救措施，并对由此引起的任何增加的费用和延误负责。

如果乙方在收到甲方上述通知后______日内不能或拒绝纠正缺陷，甲方有权自行或聘请第三方纠正上述缺陷。在这种情况下，乙方应为此向甲方支付合理且必要的修理费用。如乙方拒绝甲方或其委托的第三方进入项

D10896

目场地进行纠正工作，或者未能按照甲方的要求支付相应的修理费用，甲方有权兑取履约保函相应款项。

16.5 工程设备、材料和工艺

拟提供的全部工程设备和材料，以及准备进行的所有工作，均应按照本合同规定的方法制造、加工与实施。

乙方应负责采购、运输、接收、支付、装卸以及安全储存为完成项目工程所需的全部工程设备、材料及其他物品。乙方应在制造、加工、安装、实施期间，对按本合同规定所提供的全部工程设备和材料的原料与工艺，进行检查、审核与检验，并对制造进度进行审查。

如果从检查、审核或检验的结果看，任何工程设备、材料或工艺存在缺陷或不符合本合同的其他规定，乙方应立即修复上述缺陷并保证使该工程设备、材料或工艺符合本合同规定。

第 17 条 进度管理

17.1 进度计划

乙方应按期（月、季、年）向甲方提交详细的施工进度计划，其中应列出计划实施工程的程序、关键性时间节点、工期目标、工期保障措施等。施工进度计划经甲方同意后执行。若工程实际进度与进度计划不符，甲方可要求乙方以实现如期完工为前提合理安排施工计划并修改进度计划。

17.2 进度报告

乙方应严格按照本合同所规定的时间进行施工，每月______日前向甲方提交上月工程进度报告，详细说明如下事项：

（1）工程进度实际完成的百分比与计划完成的百分比的比较；

（2）工程投资完成情况；

（3）存在的问题及处理意见，包含与进度计划的差异、原因分析及正在采取的纠正措施。

17.3 预计进度延误的通知

在任何时候，如果一方合理地预计由该方负责完成的任何事项将导致项目进度不能如期完成，该方应及时通知另一方并合理地详细描述以下情况：

（1）明确何种事项将导致项目进度无法如期完成；

（2）预计进度延误的原因，包括对任何声明为不可抗力的情况的描述；

（3）所预计的可能超出进度日期的日数和其他可合理预见的对项目不利的影响；

（4）该方已经采取或建议采取的解决或减少延误及其影响的措施。

如果一方未向另一方发出上述通知，该方应承担另一方因其未发出此通知而可能遭致的任何直接损失和费用。发出上述通知不应解除各方在本合同项下的任何义务，包括该方根据本合同应当承担的违约责任。

17.4　进度顺延或修改

17.4.1　顺延或修改的情形

如果出现下述情况，有关建设进度将被顺延或修改：

（1）不可抗力事件；

（2）项目建设过程中，在建设场地范围内发现有古墓、古建筑或化石等具有考古、地质研究价值的物品；

（3）由于政府部门在受理乙方或甲方报批申请后违反适用法律的规定审批迟延而造成延误；

（4）由于任何一方违约而造成延误。

17.4.2　进度顺延或修改的程序

如同时满足了以下前提，一方可以在上述条款的事件发生后，要求延长进度日期：

（1）该方（下称第一方）在实际发生延误的______个工作日内向另一方（下称第二方）提出书面的延期要求及原因，说明对相应的进度日期可能造成的影响；

（2）进度日期实际已经被延误；

（3）第一方已采取所有合理的措施减少延误。

第一方明确书面告知第二方延期要求及原因，如果第二方在收到书面要求后______个工作日内对要求的延期未书面表示异议，则第二方将被视为对要求的延期已表示同意。第二方对延期要求的同意不解除第一方违约情况下其根据本合同第______条款应当承担的违约责任。

D10896

如果建设进度因本条款延长，则约定的 PPP 合作期应顺延。

第 18 条　文明施工、环境保护及文物保护

18.1　乙方应遵守现场作业过程中所涉及的所有适用法律。从开工日起至完工日止，乙方应提供：

（1）工程的围栏、照明、防护及看守；

（2）为邻近地区的所有者和占有者、公众和其他人员，提供便利和保护所必须的临时道路、人行道、防护及围栏。

18.2　乙方应负责项目工程现场内的治安工作，负责阻止与项目工程无关的人员进入现场。

18.3　乙方应将其作业限制在工程用地范围内，应采取一切必要的预防措施以保证施工人员与设备处在现场和此类附加区域之内。

18.4　在建设期内，乙方应使现场避免出现一切不必要的障碍物，存放并妥善处置乙方的任何设备、材料等并设置护栏、围挡物及警示标识。乙方应及时从现场清除、运走任何残物、垃圾或不再需要的临时工程。

18.5　在签发完工证书前，乙方应立即从现场与工程中清除并运走乙方的所有设备、剩余材料、残物、垃圾，并拆除临时工程运走所有拆除物料。乙方应保证现场与工程符合相关规范要求并达到甲方满意的清洁和安全状态。

18.6　乙方应依据《中华人民共和国环境保护法》《中华人民共和国水污染防治法》《中华人民共和国大气污染防治法》等相关环境保护法律法规规定，规范施工防控污染发生。乙方应采取一切合理步骤，保护现场内外的环境，并避免由其施工作业引起的污染、噪音以及其他后果对公众和财产造成的损害和妨碍。乙方应保证在施工期间，现场的气体散发、地面排水及排污不能超过适用法律规定的标准，现场清洁符合环境卫生管理的有关规定。发现污染事故，及时报请主管部门并采取措施及时消除、控制污染，保护环境，乙方为防治控制、消除环境污染采取措施发生的费用计入项目总投资中。

18.7　甲方或其指定机构将对乙方施工过程中的安全生产管理和文明施工进行不定期检查，若发现乙方不符合要求，乙方应及时进行整改。

18.8　乙方应采取必要措施保障社会车辆和人员经过施工现场的交通疏解。

18.9　在建设期内，在工程现场发现所有化石、硬币、有价值的物品或文物、建筑结构以及具有地质或考古价值的其他遗迹或物品，乙方应采取合理的预防措施防止其职员、劳工或其他人员移动或损坏任何此类物品，并及时通知甲方，并报请文化管理、文物管理及其他相关管理部门，由此发生的费用由甲方按照第______条款的规定进行一般补偿。

第 19 条　工程变更

19.1　变更条件

19.1.1　工程变更是指设计变更和在建设过程中对本合同中约定的工程进度、范围和标准的变更，甲乙双方均有权提出。

19.1.2　甲方可以发布工程变更令的方式要求乙方进行工程变更。

19.1.3　在建设期内，以下列条件之一为前提，乙方可以向甲方和监理机构提出工程变更申请，并应同时提供相应的证明材料：

（1）缩短工程进度；

（2）提高工程标准；

（3）节约建设工程费用。

19.1.4　在建设期内，若发生法律法规、政策性文件、计价文件等变更需要对项目工程进行工程变更，则乙方应在得知变更事项后______日内向甲方和监理机构提出工程变更申请。

19.1.5　如果施工组织方案和施工设计方案不符合本合同规定的设计文件，乙方对此进行的矫正不应构成工程变更。

19.2　变更程序

19.2.1　变更程序应按适用法律要求进行。

19.2.2　任何变更必须经政府方相关部门、甲方及监理机构等同意后方可实施，费用调整计入项目总投资。

19.3　设计优化

19.3.1　乙方应本着审慎的原则对甲方提供的设计文件进行审查。在不改变设计主要内容的情况下，以第 19.1.3 条款为前提，乙方可以对设计进行优化。由乙方提出的设计优化方案构成重大变更时，应按第______条款执行。

19.3.2　乙方应对本项目优化设计中出现的任何缺陷负全部责任。甲方未对优化设计文件提出异议不应视为甲方放弃其本合同项下的权利。甲方不因进行审批而对本项目的工程建设质量或工程进度承担任何责任。

第 20 条　职员与劳动者

20.1　乙方人员的变动

（1）项目公司的主要管理人员应按本合同签订时提供甲方所聘用的人员到位，原则上不得变动；特殊情况下需变动时，应提前______日事先获得甲方的批准和对替代人员的认可。

（2）在项目进行过程中，若项目公司的主要管理人员不能满足履行本合同条件的要求，甲方可建议乙方更换或增加人员。

20.2　工资标准与劳动条件

乙方应按照适用法律要求雇佣职员和劳动者，依法为劳动者缴纳社会保险、建设期意外伤害险、所付的工资标准、缴纳的社会保险及遵守的劳动条件应不低于____________市同行业标准和条件。

20.3　劳动法

乙方应遵守适用法律规定，按时向职员和劳动者支付合理报酬，以及保障他们享有适用法律规定的所有权利，并应要求其全体雇员遵守项目公司规章制度及安全工作有关的所有适用法律。

20.4　为员工提供必要的设施

乙方应为其（及其分包商的）职员和劳工提供并维护所有必须的食宿及福利设施，乙方不得允许其任何职员和劳动者在构成工程部分的建筑物、构筑物内保留任何临时或永久的居住场所。

20.5　健康与安全

乙方应采取预防措施以保证其职员和劳动者的健康与安全，与卫生部门合作并按其要求，自始至终在住地和现场确保配备医务人员、急救设施以及救护服务。还应作出适当安排，提供所有必要的福利及卫生条件，并防止传染病的发生，并应在现场指派一名职员负责现场上所有人员的安全并防止事故的发生。该人员应能胜任此项工作，并有权发布疫情指示、及时向有关部门报告及采取预防事故发生的保护措施。

20.6　工作时间乙方应遵守劳动法有关职工工作时间的规定。

20.7　拖欠农民工工资

乙方应及时足额支付农民工工资，若未按时支付造成群体上访，甲方有权兑取履约保函直接支付农民工工资。

第 21 条　竣工验收

21.1　竣工验收

21.1.1　竣工验收标准

竣工验收应根据本合同、工程承包合同所约定的规范、标准、程序及相关建设行政主管部门的规定进行，严格遵守、适用法律的规定，并取得经甲方、建设监理单位及有关政府部门签发的书面工程验收报告。

21.1.2　竣工验收程序

本项目竣工验收程序需按照国家及地方关于土地整理项目竣工验收及竣工验收备案的相关管理规定执行。

21.2　商业运营日

本项目竣工验收备案日的次日为商业运营日，项目自此进入商业运营期。

第 22 条　建设的延迟、放弃和甲方介入

22.1　延迟

延迟是指乙方自身违约、甲方违约、不可抗力、法律变更或设计变更和经济签证等事件导致的建设工程不能如期开工或完工。

22.1.1　乙方在获悉可能导致项目在竣工验收备案日前不能完工的任何事件发生时，应于______个工作日内以书面方式向甲方发出延迟通知，通知内容包括但不限于：

D10896

（1）延迟事件发生的原因、时间、过程；

（2）延迟或延迟事件的责任者；

（3）预计延迟时间；

（4）对本合同的任何违约或预期违约；

（5）乙方关于减轻和纠正延迟或延迟事件影响的计划。

乙方在发出延迟通知后，应定期（至少应每星期）就相关情况向甲方提供事件的最新进展报告。

除了因甲方变更、法律变更、不可抗力和甲方违约的情况外，乙方无权从甲方获得因延迟而产生的任何责任的免除或补偿。

22.2 放弃

乙方以书面形式表示放弃任何子项目建设或运营，即为放弃本项目建设或运营。

22.3 视为放弃

除不可抗力或甲方违约的情况外，如果乙方出现下列情况，则本项目的建设应视为已被放弃：

（1）书面通知甲方其已终止建设工程，且不打算重新开始施工；

（2）由于乙方原因未能在项目开工日之后______日内开始项目的建设；

（3）由于乙方原因未能在任何不可抗力事件结束后______天内恢复建设工程施工；

（4）乙方出于任何其他原因在项目商业运营日前停止工程建设（含测试），直接或通过分包商撤走场地全部或大部分的工作人员。

22.4 甲方介入完成建设

22.4.1 甲方介入的条件

乙方出现下列情况之一的，则甲方有权指定第三方取代乙方承担项目的任何必要的建设，以便实现完工。

（1）书面表示放弃项目；

（2）被视为放弃项目建设。

22.4.2 甲方介入建设后，乙方应与甲方及其指定第三方合作，向其提供所有合理的协助，并让贷款人在其融资文件中作出具有相同效果的承诺，以确保项目的建设和完工。

22.4.3　甲方介入项目的建设，不应被视为根据本合同受让了项目资产或承担了乙方的义务。

22.4.4　除本合同另有规定外，甲方及其指定第三方介入建设所产生的一切费用和风险由乙方承担。甲方有权在向乙方提供详细的费用和支出记录后，从本项目的建设期履约保函项下提取该部分款项。如果乙方已采取了切实可行的措施或提供了有效担保，甲方应撤出项目的建设。乙方应在此时恢复承担全部责任，直至任何一方发出终止通知为止。

第六章　运营和管养

第 23 条　运营和管养要求

23.1　乙方的主要责任

在整个运营期内，乙方应自行承担费用和风险，运营、管理和维护项目设施。

23.2　在项目的商业运营日后______年内，应建立运营和维护质量保证和质量控制的具体措施和制度交甲方确认后执行。

23.3　乙方应确保在整个合作期内，始终根据下列规定运营并维护项目设施：

（1）适用法律和规范性文件；

（2）本合同的规定；

（3）维护手册以及与项目设施有关的设备的制造商提供的一切有关手册、指导和建议；

23.4　谨慎工程和运营惯例

（1）乙方应确保项目设施始终处于良好营运状态并能够以安全、连续和稳定的方式提供符合适用法律和本合同要求的服务。

（2）乙方应按照甲方要求，每月提交运营成本资料以及甲方可合理要求提供的有关乙方财务状况的其他资料。

23.5　运营、维护和修理记录

乙方应确保：

（1）对运营、维护和修理项目的情况进行详细记录；

D10896

（2）准许甲方在给予合理通知后于正常工作时间对其运营维护情况进行检查并查阅和复制上述记录。

甲方承诺若乙方的上述记录可能包含商业秘密的，其应尽合理努力予以保密。

23.6　监督与检查

甲方有权派出监督员或者指定任何代表在任何时候进入项目场地，以监察项目设施的运营和维护。但是，甲方监督员或其指定代表进入项目场地或乙方的办公场所不应不适当地干涉乙方对项目的正常运营和维护工作。

应甲方的要求，乙方应在______日内提供：

（1）自项目的商业运营日起，在每个季度结束后的______个工作日内提交一份关于项目运营和维护的报告；

（2）甲方认为必要的任何其他运营和维护资料和信息。

23.7　甲方介入运营或维护

如果甲方认为：乙方未能按照本合同的规定运营或维护项目，且乙方在收到甲方通知后的______个工作日或双方另行商定的合理期限内未能就上述情况进行补救的，则甲方有权自行或者委托第三方介入项目运营和维护工作，费用和风险均由乙方承担。甲方有权在向乙方提供详细的费用和支出记录后，从运营维护保函项下提取该款项。

23.8　对项目进行变动

在运营期内，乙方征得甲方书面同意后可以对项目进行更新改造，改造的费用由乙方承担。甲方提出的更新改造，乙方应予以执行，费用由甲方承担。

23.9　运营维护承包商

乙方应直接负责本项目的运营与维护，并自行承担项目的所有费用和风险。乙方应保证在合作期内完全有能力按谨慎工程和运营惯例运营本项目，使本项目处于良好的运营状态并能够安全稳定地进行运营维护。

23.10　运营维护保函

乙方应按本合同第5.3款和第5.4款规定提供运营维护保函，及时恢复运营维护保函金额（如有），并保持运营维护保函始终有效。

第 24 条　运营绩效考核运维绩效指标详见本合同附件 4 的约定。

如果本合同对部分运营维护期绩效考核指标未作约定或约定不明或相关约定和国家、地方相关规范不一致的，则应执行相应的规范，如相应规范有更新的，则应立即执行新的规范。对应的管护单位及对应的人员的资质及要求等亦应符合适用法律规定的从业要求。

第七章　收入和价格

第 25 条　项目运营收入

本项目回报机制为“使用者付费”，乙方的运营收入主要是向农业经营者收取的农田灌溉服务费。同时，乙方可以通过提供____________等增值服务，减少农业经营者田间作业管理成本，拓展项目公司运营范围，增加项目公司收入。

乙方应自行承担农业灌溉水量需求量变化、水费拖延交纳或无法收取等商业风险；

乙方自行承担运营成本，按规定交纳各项税、费；

乙方“自主经营、自负盈亏”，甲方不参与项目公司收益分成；

甲方在其职责范围内为乙方经营提供良好的政策支持和协调服务。

第 26 条　调整机制

____。

第八章　项 目 移 交

第 27 条　项目移交

27.1　移交范围

在移交日期，乙方应向接收人无偿移交：

（1）乙方在本项下的项目设施或项目资产的所有权利和利益；

（2）甲方可以合理要求的且此前乙方未曾按照本合同规定交付的本项目的运营、维护、修理记录、移交记录和其他资料，以使其能够直接或通过其指定机构继续本项目的运营。向接收人移交本项目项下的项目设施或项目资产时，应解除和清偿完毕乙方设置的所有债务、抵押、质押、留置、担保物

D10896

权，以及源自本项目的建设、运营和维护的由乙方引起的环境污染及其他性质的请求权。

27.2　移交验收

在本项目移交日期之前，甲方应在接收人和乙方代表在场时对本项目进行移交验收。乙方应确保本项目最后一次绩效考核评分达到______分及以上，设备的完好率达______%，系统正常运行率达______% 以上绿化工程中，此为乙方通过移交验收的标准。

如发现存在缺陷的，未能达到本款所述移交标准的，则乙方应及时修复，以满足本款所述的运维绩效考核指标总评分达到______分的要求。如任一方对是否达到移交标准有异议的，则由移交委员会聘请第三方机构进行评定，第三方机构的聘请费用由提出异议的一方承担。

如果未能达到验收标准（含异议情形下，经第三方机构认定未能达到验收标准的），且乙方不能自前次验收日起______日或双方同意的更长时间内修正任何上述缺陷，则甲方可以自行修正，由乙方承担风险和费用。甲方应有权从移交维修保函中支取费用以补偿修正上述缺陷的支出，但是需将发生的支出详细记录提交给乙方。

> * 条文批注：应重视项目移交时的维修和检查工作。
>
> 无论使用寿命如何规定，政府通常要求移交给政府或下一个特许权人（或政府制定的第三方）的资产应当保持可供使用的状态。特许合同可以规定，在移交前一至两年就开始移交检查和更新程序，可以专门制定针对机械设备的移交维修和维护计划、或者针对土木工程的补救计划。鉴于维修和检查技术性非常强，所以在此只能从法律和合同的角度建议投资人对此内容详细予以规定，不要笼统地设定一个设备完好率，否则执行起来很困难。

27.3　备品备件

27.3.1　移交的备品备件

在本项目的移交日期，乙方应向接收人无偿移交本项目在______个月内正常需要的消耗性备件和事故修理备品备件。

27.3.2　移交程序

（1）移交委员会应在本项目的移交日期______个月前会谈并商定移交项目资产清单（包括备品备件的详细清单）和移交程序。

（2）乙方应提供移交必要的文件、记录、报告等数据，作为移交时双方的参考。

（3）除本合同另有规定外，双方在完成项目资产移交程序前，均应继续履行其本合同项下的义务。

27.4　保证期

27.4.1　移交日期项目的状况

在移交日期，乙方应保证需移交的本项目：

（1）处于良好的运营状况，得到良好维护，正常损耗除外；

（2）符合本合同所规定的安全和环境标准；

（3）符合本合同中所规定的移交标准。

27.4.2　质量保证期

乙方进一步保证在移交日期后______个月届满日期间，修复由原材料、工艺、施工、运营或管理缺陷或合作期内乙方的任何违约造成的项目设施任何部分出现的任何缺陷或损坏（正常磨损除外）、环境污染责任。

甲方发现任何上述缺陷或损坏及 / 或环境污染责任后应及时通知乙方。在任何情况下，上述通知最迟应在本项目的______个月的质量保证期结束前送达。收到该通知后，乙方应尽快自费修正缺陷。如果乙方在收到甲方通知后______日内不能或拒绝修正缺陷，甲方有权自己或请第三方修正上述缺陷。在这种情况下，乙方应支付合理且必要的修理费用，而且甲方有权提取移交保函中相应金额以补偿此项费用。

除非因乙方严重不当行为，根据第 27.4.2 款乙方对甲方的责任应限于移交保函项下的金额。

27.4.3　未能修复缺陷或损害的赔偿

如果为符合本合同规定的标准所需进行的对本项目设施缺陷、损害或环境污染任的修复无法实施或不合理地增加负担或过于昂贵，则甲方有权因本项目的性能指标降低而获得补偿。甲方有权提取移交保函获得上述赔偿。

27.5　移交保函

乙方应按本合同第5.5款规定提供符合要求的移交保函。

27.6　保险和承包商保证的转让

在本项目移交时，乙方应将本项目项下所有承包商和供应商提供的尚未期满的担保及保证无偿转让给接收人，并且将所有保险单、暂保单和保险单批单转让给接收人。接收人应支付或退还上述移交之后保险期间的保险费。

27.7　技术转让

乙方应在移交日期将届时使用的运营和维护本项目所必须的乙方享有所有权的所有技术和技术诀窍，无偿移交给甲方或其指定的接收人，并确保甲方或其指定的接收人不因此遭受损失。如果该等技术和技术诀窍为第三方所有的，则乙方应当协助甲方或其指定的接收人按照实际使用费用取得这些技术和技术诀窍的使用权。

27.8　人员及培训

本项目合作期结束的______个月之前，乙方应提交一份当时乙方员工名单，包括每位员工的资格、职位和收入的细节。甲方有权选择在移交日之后优先继续聘用全部或部分员工。

甲方或其指定机构需要在移交日之前派驻人员到项目设施所在地进行培训或学习的，应在移交日______个月之前向乙方说明情况及拟派驻人员名单，乙方免费负责为上述人员提供培训，使之达到熟练操作和管理要求。作为移交的一部分，甲方和乙方应联合考试，以确定被指定人员经过培训合格，可以接管本项目的独立运营和维护。本项目移交后，乙方有义务免费提供不低于______个月的技术支持。

27.9　合同期限及相关

乙方在与第三方签订运营维护合同、设备合同及其他合同时，应努力使得该等合同的有效期届满日不超过本项目合作期限届满日。

如在本项目移交日前，乙方需签订运营维护合同、设备合同及其他合同，且该等合同在本项目合作期届满后仍为有效的，则乙方应在该等合同签订前报经甲方同意。未经甲方同意的，由乙方承担相应责任。

27.10　移走乙方相关的物品

除非双方另有协议，乙方应于移交日期之后______天内，自费从场地移走仅限于乙方员工的个人用品以及与本项目运营和维护无关的物品，不包括移交清单所列的项目设备、备品备件、技术资料或者项目设施营运和维护的必需物品。如果乙方在上述时间内没有移走这些物品，甲方在通知乙方之后，可以移走并将物品转运至适当的地点以便安全保管。乙方应承担搬移、运输和保管的合理费用和风险。

27.11　风险转移

乙方应承担移交日期前项目设施的全部或部分损失或损坏的风险，除非损失或损坏是由甲方的违约或不可抗力所致。

27.12　移交费用和批准

乙方及甲方应负责各自的因向接收人移交和转让发生的费用和支出。甲方应自费获得所有的批准或使之生效，并采取其他可能为移交和转让所必需的行动，并且应支付与移交和转让有关的所有印花税、税收、收费和类似的费用。如果乙方未按第二十条规定的范围和内容进行移交，甲方为此发生支出或遭受损失，甲方有权从本项目的运营维护保函及移交保函中扣除。

27.13　移交委员会和移交程序

本项目的合作期届满______个月前，甲方和乙方应成立移交委员会，由乙方______名代表和甲方______名代表（包括至少一名接收人的代表）组成。移交委员会应定期会谈，必要时经双方同意可随时会谈，以便于商定项目设施移交的详尽程序及将移交的建筑、设备、设施、物品和备品备件的详细清单等。

在会谈中，乙方应提交负责移交的代表名单，甲方应告知乙方其负责接收移交的代表名单。移交委员会应在移交之前的第______个月开会以准备移交仪式。

27.14　本合同移交后的效力

自本项目移交日期开始，乙方在本合同项下对本项目的权利和义务即应终止，本合同另有规定的除外，并且双方于移交日之前发生及未付的债务除外。接收人应接管本项目的运营及本合同明示或默示的，因本合同产生的，于协议终止后仍然有效的任何其他权利和义务。

D10896

第九章　违约和终止

第28条　不可抗力引起的终止履行

28.1　不可抗力事件

任何一方由于出现不可抗力事件使该方无法全部或部分履行其本合同项下的义务时，该方应有权中止履行本合同项下的义务。

不可抗力应包括但不限于下列事件：

（1）地震、海啸、火山爆发、泥石流、台风、暴雨（雪）、台风、龙卷风、水灾等自然灾害；

（2）战争、骚乱、暴动、恐怖袭击，但纯属项目公司或其分包人派遣与雇用的人员由于本项目施工或运营原因引起者除外；

（3）核反应、辐射或放射性污染；

（4）非甲方或项目公司责任造成的爆炸、火灾；

（5）瘟疫；

（6）双方认可的不可抗力的其他情形。

28.2　适用于乙方的例外情况

乙方无权将下述情况视作不可抗力事件而终止履行本合同或不完全履行本合同项下义务：

（1）乙方的承包商或其他与乙方建立合同关系的第三方在履行合同方面发生延误；

（2）项目设施的故障或正常磨损。

28.3　适用于甲方的例外情况甲方无权将下述情况视作不可抗力事件而终止履行或不完全履行本合同项下义务：

人民政府对项目设施或其任何部分实行的没收、充公或国有化。

28.4　通知

声称受到不可抗力影响的一方应在知道不可抗力之后______个工作日内书面通知另一方，详细描述不可抗力的发生情况和可能导致的后果，并根据对方要求提供证明。

28.5　损失承担

原则发生不可抗力时，双方应各自承担由于不可抗力对其造成的损失。

28.6　减少损失的责任和协商

受到不可抗力影响的一方应努力减少不可抗力的影响。双方应协商采取合理的补救措施尽量减少不可抗力给各方带来的损失。

声称不可抗力的一方在不可抗力消除之后应尽快恢复履行本合同项下的义务。

28.7　不可抗力造成的终止

当不可抗力事件阻止一方履行其义务的时间持续______日以上时，双方应协商决定继续履行本合同的条件或者终止本合同。如果自不可抗力发生后______日之内双方不能就继续履行的条件或终止本合同达成一致意见，任何一方有权给予另一方书面通知后立即终止本合同。

第 29 条　违约及赔偿

除本合同已有规定外，双方的违约及赔偿按以下规定执行：

29.1　甲方违约及赔偿

政府建设补助支付的违约

甲方未按照本合同第 8.2.1 款的有关规定，向乙方支付相应的政府建设补助，则乙方有权向甲方发出催告，如甲方在催告通知出具后的______日内仍未能支付的，则甲方除应支付相应的建设补助外，还应每日按照应付未付金额的______另行向乙方支付滞纳金。

29.2　乙方违约及赔偿

（1）延迟开工、竣工因可归责于乙方的原因导致任一子项目不能在本合同规定的开工日或之前开工、竣工验收备案日前完工的，每逾期一日，乙方应向甲方支付______元的违约赔偿金，如因乙方原因拖期超过______日，则甲方有权提出提前终止合同。甲方有权直接提取建设期履约保函项下的相应金额；如属于导致项目协议提前终止的，则甲方有权直接提取建设期履约保函项下的全部金额。但不可抗力和甲方的责任造成的延迟除外。

（2）运维绩效不达标时，甲方有权根据附件 4 约定绩效考核办法对乙方进行考核并提出整改意见，如乙方未在规定的时间内整改或整改的效果

D10896

未能达到本合同约定的标准的，则甲方有权视情形提取运营维护保函或移交保函项下的相应金额。

29.3 不减免和影响的事项违约方对违约责任的承担并不能减免其在本合同下的其他任何义务。

双方获得上述违约赔偿的权利不影响其在本合同项下的终止权。

29.4 减轻损失的措施

由于另一方违约而遭受损失或可能会遭受损失的一方应采取合理措施防止损失扩大或减少损失。如果一方未能采取此类措施，违约方可以请求从赔偿金额中扣除应能减少的损失金额。受损害的一方应有权从另一方获得因试图减轻和减少损失而发生的任何费用，但不应超过未采取合理措施时造成的损失金额。

29.5 部分由于受损害方造成的损失

如果损失部分是由于受损害方的作为或不作为造成的，或部分损失应由受损害方承担的，赔偿的数额中应扣除该部分损失。

第 30 条 终止和终止补偿

30.1 甲方发出的终止

下述任一事件发生时，甲方有权立即发出终止意向通知：

（1）乙方在本合同的承诺被证明在做出时存在虚假或未兑现，严重影响其履约能力；

（2）乙方未能根据本合同约定提交建设期履约保函、本项目运营维护保函或移交保函并保持其有效（含按本合同约定恢复建设期履约保函和移交保函的金额）的；

（3）乙方出现本合同约定的放弃建设或视为放弃建设情形的；或者因乙方出现第 29.2 款第（1）项约定的导致提前终止情形的；

（4）乙方被依法吊销营业执照、责令停业、清算或破产；

（5）贷款人开始行使其担保协议项下的担保权利并可能造成项目无法正常运营的；

（6）除报经甲方同意的计划内维修外，未经甲方事先书面同意，乙方擅自停止对项目的运营的（如属紧急情况的除外，但应在发生的同时口头告知甲方，并应在发生后______日内书面报告甲方）；

（7）未经甲方同意，乙方擅自出租、质押、转让项目经营权或擅自进行股权转让的等。

30.2　乙方发出的终止

下述任一事件发生时，乙方有权立即发出终止意向通知：

（1）甲方在本合同第 3 条的承诺及其他任何声明和保证被证明是虚假的或未兑现，使乙方履行本合同的能力受到严重不利影响；

（2）甲方无正当理由在逾期______个月（自应付日起算）后仍未支付建设补助。

30.3　法律变更或政府行为

如果在本合同生效后，因法律变更及政府行为导致乙方部分或全部不能履行本合同项下主要义务，而这种变化和影响又不以甲方的意志为转移，甲乙双方应尽力就继续履行本合同进行协商，若不能达成一致，则一方可向另一方发出终止意向通知。

30.4　协商一致终止

在合作期内，由各方协商一致可提前终止本合同，此种情形下的终止及对应终止补偿金的计算问题等，由各方届时协商一致。

30.5　终止意向通知和终止通知

30.5.1　终止意向通知

按照第 30.1 款或第 30.2 款或第 30.3 款发出的任何终止意向通知均应同时向贷款人发出一份复印件。在终止意向通知发出之后，双方应在______日内协商避免本合同终止的措施。

如果乙方和甲方就将要采取的措施达成一致意见，或者乙方或甲方（视情况而定）在相应的协商期或双方可能同意的更长的时间内纠正了违约事件，终止意向通知即自动失效。

30.5.2　终止通知

在协商期届满之时，有下列情形之一的，则发出终止意向通知的一方可以向另一方和贷款人就此发出终止通知，本合同在终止通知送达对方之日终止。

D10896

（1）双方未达成一致；

（2）导致发出终止意向通知的违约事件未得到纠正。

30.6　甲方的权利

30.6.1　对设施的运营权利

（1）在项目合作期内，如果乙方发生第30.1款所述事件，甲方发出终止意向通知之后，甲方或其指定机构有权，但在任何情况下无义务替代乙方接管项目设施的运营，以使项目设施继续运营或完成任何必要的修理以保证项目设施继续运营。乙方保证与甲方或其指定机构合作，并应让贷款人在融资文件中作出具有同样内容的承诺。

（2）任何情况下，甲方选择运营项目设施不应被视为所有权的转让或承担乙方作为项目设施所有权人的义务。

（3）在甲方或其指定机构运营项目设施期间，乙方无义务支付在甲方及其指定机构接管项目设施的运营之日以后发生的运营费用。甲方无义务向乙方支付任何服务费，直至乙方按照本合同接替或承担项目设施的运营。

（4）甲方应有权在任何时候退出项目设施的运营，在此情况下乙方应全面负责项目设施运营，直到任何一方发出终止通知。

30.6.2　终止本合同的权利：

如果在第30.1款所述事件发生之后，甲方已发出终止意向通知，并且乙方违约事件在协商期期满之日前未得以补救，则甲方应有权在上述日期之后的任何时间发出终止通知终止本合同。

30.7　终止的后果

本合同终止后，双方在本合同项下不再有进一步的义务，但到期应付的款项除外；

本合同的终止不影响本合同中争议解决条款和任何在本合同终止后仍然有效的其他条款的效力。

30.8　终止后的补偿

若本合同提前终止，则除非本合同另有约定，甲方将按照如下标准向乙方支付补偿金（提前终止时，甲方对于乙方的补偿须以乙方还清其届时之所有负债为前提）：

提前终止补偿情形及补偿表

条款号	本合同提前终止之情形	终止补偿金
1	30.1 甲方发出的终止	建设期终止时，为 A_1–B+E
		运营期终止时，为 A_2–B+E
2	30.2 乙方发出的终止	建设期终止时，为 A_1+B+E
		运营期终止时，为 A_3+B+E
3	30.3 法律变更或政府行为	建设期终止时，为 A_1+45%B+E
		运营期终止时，为 A_3+45%B+E
4	22.1 不可抗力	（A_4–C–D）/2

A_1 为乙方尚未收回的投资（以经甲乙双方认可的第三方专业机构的评估金额为准）；

A_2 为竣工验收决算财政评审价扣减建设补助金额 × 乙方尚未收回的投资比例；

A_3 为乙方尚未收回的投资的现值（按______% 的折现率）；

A_4 为经甲乙双方认可的第三方专业机构评估的乙方账面资产净值；

B 取值为人民币______万元（小写：RMB______元）；

如属乙方违约甲方发出的终止情形的，则甲方有权自本项目提前终止日起算______年内分期分批次向乙方支付补偿金，具体分批次的支付比例及时间进度安排由甲方确定。

30.8.1 为发生不可抗力情形时，根据本合同及相关保险合同约定，乙方（含贷款方）实际获得的保险赔款；

30.8.2 为发生不可抗力情形时，因乙方投保不足，导致所获保险赔款无法使项目设施恢复到出险前的正常状态和价值的恢复性建设费用缺额部分（如有）；

30.8.3 为终止后根据本合同的约定，乙方应向甲方移交运营维护所需的零部件、备品备件和化学品的合理评估值。

若属甲方发出的终止情形之一的，按照对应公式计算终止补偿金即“A_1-B+E”或者“A_2-B+E”的值为负数；或者不可抗力情形下补偿金计算

D10896

为负值的，则乙方应向甲方支付本条所述负数的绝对值。

30.9　继续有效

30.10　第 30 条的规定在本合同终止后应仍然有效。

第十章　协调和争议的解决

第 31 条　项目协调委员会

31.1　项目协调委员会

生效日后______天之内，双方应成立一个由______名乙方代表和______名甲方代表组成的项目协调委员会。任何一方均可在通知另一方后更换项目协调委员会成员。该委员会的所有决定均应得到委员会全体成员的一致通过。

31.2　协调事项

项目协调委员会应负责按照第 32.1 款的规定解决本合同下或与本合同引起的终止履行有关的争议。协调事项包括但不限于：

（1）协调双方在项目设施的建设及运营方面的计划和程序；

（2）在发生不可抗力影响项目运营时讨论应采取的步骤；

（3）影响项目设施安全的事项；

（4）为解决本合同项下的争议任命财务专家和专家小组；

（5）其他双方同意的事项。

第 32 条　争议的解决

32.1　协商

因解释或履行本合同过程中产生的任何争议由项目协调委员会进行协商解决。项目协调委员会的一致决议对双方均有约束力。项目协调委员会在______日内无法协商解决，则应适用第 32.2 款的规定。

32.2　争议解决

如果争议未能根据第 32.1 款解决，双方均有权将争议提交项目所在地人民法院解决。

32.3　争议解决期间的继续履行

在争议提交项目协调委员会或法院解决期间，各方应继续履行其在本合同项下的各项义务并继续享有其在本合同项下的所有权利，而不影响以后根据上述裁决进行最终调整。

32.4　继续有效

第 32 条规定的争议解决条款在本合同终止后继续有效。

第十一章　协议的转让和相关合同

第 33 条　协议的转让

33.1　甲方的转让

（1）甲方可将本合同下的全部或部分权利或义务转让给______人民政府指定的政府部门或机构。

（2）除第 33.1 款（1）项外，未经乙方事先书面同意，甲方不得转让其本合同项下全部或部分的权利或义务。

33.2　乙方的转让

33.2.1　除第 33.2.2 项规定外，下列事项未经甲方事先书面同意，乙方不得转让、出租、质押或提供其他担保：

（1）其在本合同或与本项目有关的其他协议项下的权利和权益；

（2）乙方用于项目的项目设施或资产。

33.2.2　项目融资行为导致的转让。为项目融资目的，乙方应有权：

（1）经甲方事先书面同意，以融资为目的，在项目相关权益设置质押或其他担保权。

（2）根据融资文件的规定将其在本合同和与项目有关的其他协议项下的权利和权益转让给贷款人。

D10896

第十二章　其　　他

第 34 条　合同解释规则

34.1　合同文件构成

本合同包括附件 1 至附件 4，每一份附件都应被视为本合同的一部分。

34.2　完整的协议

本合同构成双方对项目的完全理解，取代双方以前所有的有关项目的书面和口头陈述、协议或安排。

34.3　合同的解释顺序

双方约定协议文件的地位和优先顺序如下：本合同及附件；谈判备忘录；招标文件（含补充通知及澄清答疑文件）；中标人的投标文件等。

34.4　合同修改

本合同任何修改、补充或变更只有以书面形式并由双方法定代表人或授权代表签字并盖章方可生效并具约束力。

34.5　合同延期

本项目 PPP 合作期届满后，确有必要延长的，按照有关规定经充分评估论证，双方协商一致，且经政府批准后，可以延长。

34.6　可分割性

如果本合同中任何条款不合法、无效或不能执行，或者被任何有管辖权的仲裁庭或法院宣布为不合法、无效或不能执行，则其他条款仍然有效和可执行；并且双方应商定对不合法、无效或不能执行的条款进行修改或更换，使之合法、有效并可执行，并且这些修改或更改应尽可能恰如其分地平衡双方之间的利益、权利和义务。

第 35 条　保密

各方对本合同及相关文件均负有保密责任，但甲方为充分满足公共监督要求的情况除外。

甲方不得将乙方提供的财务报表和技术资料等内容向第三方公布，但为满足公共监督要求而必须公布的信息除外。

第 36 条　合作义务和预先警告通知

双方应相互合作以达到本合同的目的，并应善意地行使和履行其在本合同项下的权利和义务。在此前提下，双方同意：

当一方要求取得另一方的同意或批准时，被要求方不可以无理拒绝或迟延给予该等同意或批准；并且如果任何一方获悉任何以下事件或情形：

（1）合理地预计该事件或情形将对任何一方履行其本合同项下的义务或实施项目的能力造成重大不利影响；并且

（2）合理地预计另一方不能获悉该事件或情形；

该方应尽快将该事件或情形通知另一方。

第 37 条　其他条款

37.1　通知

37.1.1　地址

本合同项下的通知、同意或其他通信联系必须以中文书写，并通过专人递交、公认的国际快递、挂号或传真按下述地址，或各方通知的其他地址或传真号码。

	甲方	乙方
地址		
收件人		
电话		
传真		

37.1.2　地址改变的及时通知

如果甲方或乙方更改第 37.1.1 款所述的任何具体内容，更改方必须在新的内容启用前以书面形式通知对方。

37.2　协议文字和文本

本合同以中文订立，正本一式______份。甲方执______份，乙方执

______份。

37.3　生效

本合同自双方法定代表人或各自正式授权的代表正式签署并加盖公章之日起开始生效。

合同附件

附件 1：建设期履约保函

附件 2：运营期维护保函

附件 3：移交履约保函

附件 4：绩效考核评分办法及考核评分实施细则

甲方：______________________________

法定代表人授权代表：______________________________

______年______月______日

乙方：______________________________

法定代表人授权代表：______________________________

______年______月______日

附件1：建设履约保函

建设履约保函格式

不可撤销的银行保函编号：____________

日期：____________

受益人：（以下简称甲方）____________

地址：____________

邮政编码：____________

申请人：（以下简称乙方）____________

地址：____________

邮政编码：____________

鉴于申请人________与甲方于_____年_____月_____日签订了关于________PPP项目（以下简称项目）合同及其附件。根据该合同之规定，乙方负责成立项目公司并按照受益人要求投资建设本项目，乙方应向甲方提供由其认可的银行保函，以担保项目公司在建设期内全面、正确地履行项目投资和建设等义务。

我行同意为项目公司出具上述担保函，并特此确认：若因乙方违反《项目合同》及其附件中所确定的义务，我行作为担保人并代表项目公司向甲方负责，担保金额为人民币______万元（RMB：￥______）。我行无条件地、不可撤销地承诺，在收到甲方首次书面要求即付的______个营业日内，我行将无条件地代乙方向甲方支付上述金额限度内的任何一笔或数笔款项，并且甲方无须出具证明或陈述要求支付款项的原因或理由。

我行放弃要求甲方在向我方提出付款要求之前首先向乙方提出付款等所有事项的抗辩权利。

我行承诺并保证，甲方与乙方之间可能对《项目合同》及其附件或任何其他文件的条款所作的任何更改或补充，都不免除我方在本担保项下应承担的担保责任。我行在此放弃对此类更改、补充或修改要求给予通知的

D10896

权利。

本保函自签署之日______年______日起至______年______月______日（乙方提交运营维护保函之日）止始终有效。如果本合同提前终止，建设履约保函应在终止日后______个月内保持有效。

我行承诺为出具本担保函而须办理的有关法律手续已经齐备，我行放弃以其他任何理由主张该担保函无效的抗辩权利。

本保函中使用的所有术语具有《项目合同》中规定的含义。

银行 / 金融机构名称：____

银行 / 金融机构盖章：____

法定代表人或负责人签字：____

日期：____

附件2：运营期履约保函

运营维护保函格式

不可撤销的银行保函编号：____________

日期：____________

受益人：____________（以下简称甲方）________________________

地址：____

邮政编码：____

申请人：（以下简称乙方）____

地址：____

鉴于申请人__________与甲方于_____年_____月_____日签订了关于__________PPP项目（以下简称项目）合同及其附件并承诺履行其中的责任和义务。根据该合同之规定，乙方应提供经甲方认可的银行保函，以保函所述金额担保乙方履行《项目合同》项下运营维护本项目的义务。

我行同意为乙方出具上述担保函，并特此确认，若因项目公司违反《项目合同》

及其附件中所确定的义务，我们作为担保人并代表项目公司向甲方负责，运营维护保函金额为人民币______万元（RMB：￥______），担保期至乙方提交移交维修保函提交日。我行无条件、不可撤销地承诺，在收到甲方首次书面要求即付的______个营业日内，我行将无条件地按甲方书面通知中载明的金额及账号支付上述金额限度内的任何一笔或数笔款项，并且甲方无须出具证明或陈述要求支付款项的原因或理由。

我行放弃要求甲方在向我方提出付款要求之前首先向乙方提出付款等所有事项的抗辩权利。

我行承诺并保证，甲方与乙方之间可能对《项目合同》或任何其他文件的条款所作的任何更改或补充，都不免除我行在本担保项下应承担的担保责任。我行在此放弃对此类更改、补充或修改要求给予通知的权利。

本保函自______年______月______日起至______年______月______日（合作期期满后的______个月届满之日）为止始终有效。如果本合同提前终止，运营维护保函应在终止日后______个月内保持有效。

我行承诺为出具本担保函而须办理的有关法律手续已经齐备，我行放弃以其他任何理由主张该担保函无效的抗辩权利。

本保函中使用的所有术语具有《项目合同》及其附件中规定的含义。

银行 / 金融机构名称：______________________________

法定代表人或负责人签字：______________________________

日期：______________________________

附件3：移交履约保函

移交履约保函格式

不可撤销的银行保函编号：____________

日期：____________

受益人：____________（以下简称甲方）

地址：______________________________

D10896

邮政编码：________________________________

申请人：__________（以下简称乙方）

地址：________________________________

鉴于申请人__________与甲方于_____年_____月_____日签订了关于__________PPP 项目（以下简称项目）合同及其附件并承诺履行其中的责任和义务。根据该合同之规定，乙方应提供经甲方认可的银行保函，以保函所述金额担保乙方履行《项目合同》项下移交本项目的义务。

我行同意为乙方出具上述担保函，并特此确认，若因项目公司违反《项目合同》及其附件中所确定的义务，我们作为担保人并代表项目公司向甲方负责，移交履约保函金额为人民币_____万元（RMB：￥_____），担保期至合作期届满移交日后_____个月。我行无条件、不可撤销地承诺，在收到甲方首次书面要求即付的_____个营业日内，我行将无条件地按甲方书面通知中载明的金额及账号支付上述金额限度内的任何一笔或数笔款项，并且甲方无须出具证明或陈述要求支付款项的原因或理由。

我行放弃要求甲方在向我方提出付款要求之前首先向乙方提出付款等所有事项的抗辩权利。

我行承诺并保证，甲方与乙方之间可能对《项目合同》或任何其他文件的条款所作的任何更改或补充，都不免除我行在本担保项下应承担的担保责任。我行在此放弃对此类更改、补充或修改要求给予通知的权利。

本保函自_____年_____月_____日起至_____年_____月_____日（合作期届满移交日后的_____个月）为止始终有效。

我行承诺为出具本担保函而须办理的有关法律手续已经齐备，我行放弃以其他任何理由主张该担保函无效的抗辩权利。

本保函中使用的所有术语具有《项目合同》及其附件中规定的含义。

银行 / 金融机构名称：________________________________

法定代表人或负责人签字：____________________________

日期：________________________________

附件4：PPP项目灌溉系统管护绩效考核办法

一、绩效考核主体及考核对象（略）

二、考核内容（略）

三、考评方法及标准（略）

四、整改责任

1. 对绩效考核中发现的问题，甲方以书面形式通知乙方，乙方在收到甲方通知后的______个工作日内进行整改；如乙方未能在期限内整改或整改效果达不到绩效考核要求的，则甲方有权自行或者委托第三方介入项目运营和维护工作，费用和风险均由乙方承担。甲方有权在向乙方提供详细的费用和支出记录后，从运营维护保函项下提取该款项。

2. 乙方连续____________或累计______次绩效考核小于______分的，甲方有权提前终止合作，并提取运营期保函的全部金额。

五、其他

本绩效考核指标未作约定或约定不明或相关约定和国家、地方及行业相关规范不一致的，则应执行相应的规范，如相应规范有更新的，则应立即执行新的规范。

绩效考核评分表

检查项目	总评分	实际评分	检查内容	评分标准及说明
合计	100			

第八章　片区开发工程PPP项目合同

使用场景：

1. 采取政府付费模式的 PPP 项目可参考本合同项目收益有关内容。

2. 片区开发工程 PPP 项目可参考本合同注释有关内容，区分经营性和公益性两部分采取不同的投融资方式。

法律要点：

1. 片区开发类项目的一般前置程序有哪些?

一般情况下，项目需由当地人民政府批准采用政府和社会资本合作（PPP）模式运作；项目实施方案需获得政府批准，需经过物有所值评价以及财政承受力论证。甲方需获得政府授权作为项目的实施机构。

2. 是否可以约定以认缴出资比例行使表决权?

约定以认缴出资，而非实缴出资比例，比例行使表决权，可以在不影响项目公司实际运作的情况下，缓解政府与社会资本方双方筹集资金的压力。此外，由于项目合同已规定资金实缴期限，资金及时到位也得到了一定保证。再者，这一约定不与《中华人民共和国公司法》相冲突。2014 年《中华人民共和国公司法》第 42 条规定：“有限责任公司股东会会议由股东按照出资比例行使表决权。”没有限定实缴出资比例或是认缴出资比例，故双方在项目合同自行约定以认缴出资比例行使表决权并不与《中华人民共和国公司法》相冲突。

文本正文：http://www.fatianshi.cn/D10897

片区开发工程 PPP 项目合同

前　　言

1．____________政府授权甲方____________为____________PPP 项目实施机构。

2．乙方为甲方通过公开招标方式选择的项目合作伙伴。根据招标文件的要求，中标合作方须与甲方共同出资成立项目公司。项目公司经甲方转授权成为______PPP 项目的投资、建设、维护主体。

D10897

＊条文批注：公开招标的优势。

公开招标的程序公开，使有与政府合作意向的潜在被采购人相互竞争。此时，在某种程度上讲，政府处于“买方市场”。在政府的“买方市场”中，投资人作为卖方获取暴利的可能性显著降低，其收益将被控制在合理范围内。另外，政府可以“坐收渔翁之利”：运用 PPP 模式，使政府性债务显著降低的同时，促进了公用事业的发展。

3. 为响应国务院鼓励社会资本通过特许经营等方式参与城市基础设施建设，大力推广政府与社会资本合作模式的文件要求，根据《关于创新重点领域投融资机制鼓励社会投资的指导意见》（国发〔2014〕60 号）《关于开展政府和社会资本指导意见》（发改投资〔2014〕2724 号）《关于推广运用政府和社会资本合作模式有关问题的通知》（财金〔2014〕76 号）《关于印发〈政府和社会资本合作模式操作指南（试行）〉的通知》（财金〔2014〕113 号）《关于规范政府和社会资本合作合同管理工作的通知》（财金〔2014〕156 号）及相关法律法规的规定，经甲乙双方平等协商一致，达成本合同，以兹共同遵守执行。

第一章　定义与解释

第 1 条　定义

凡经定义的术语，在项目合同文本中的内涵和外延应与其定义保持一致。

需要定义和解释的术语通常包括但不限于：

本合同：指由甲方与乙方签署的 PPP 项目合同，包括全部附件，以及日后可能签署的任何补充修改合同和附件，每一部分都应视为本合同的一部分。

本项目：指____________PPP 项目。

合作期限：指约定的本合同合作期限，以特许经营期限为准，即为______年。特许经营期限提前终止的，合作期限相应提前终止。

项目公司：指根据招标文件要求和本合同约定，甲乙双方为完成本项目投资、建设、维护而共同出资成立的股份有限公司或有限责任公司。

特许经营权转授：指甲方依据其与____________签署的《PPP 项目特许经营权协

议》（以下简称《特许经营权协议》）约定，将其取得关于本项目的部分或全部特许经营权转授给项目公司。

特许经营权期限：指甲方依据其与＿＿＿＿＿＿签署的《特许经营权协议》约定的特许经营期限，该特许经营期限为＿＿＿年。

建设期：指项目公司经有关部门的批准得到本项目的开工许可之日起至本项目工程竣工验收合格之日止，此期限为本项目的建设期。

项目范围：＿＿＿＿＿＿＿＿＿＿＿＿＿＿＿＿＿＿＿＿＿＿＿＿＿＿＿＿＿＿。

本项目合作内容：合作期限内，项目公司负责本项目的投资、融资、勘察、设计、建设、维护等。合作期限届满或提前终止，由项目公司无条件向甲方无偿移交项目资产。

项目收益：指项目公司根据本合同约定取得的项目收益（包括政府补贴）。

移交：指与本项目有关的所有资产、设施及档案资料等，在合作期限届满或经＿＿＿（或其指定机构）、甲方、项目公司协商一致合作期限提前终止，由项目公司将项目资产无偿、无条件移交给甲方。

年、季度、月、日：指公历的年、季度、月、日。

货币：本合同中的货币均为人民币（元）。

附件：指与本合同有关的所有附属文件。

批准：根据本合同的规定，项目公司为项目融资、建设、维护、移交等事宜而需从政府部门获得的许可、同意、授权或批准。

融资文件：指本项目的融资或再融资相关的贷款协议等文件。

违约：指本合同签约方未能履行其在本合同项下的义务而导致的合同违约。

档案文件资料：指本项目在计划、立项、设计、建设、调试、运营（维护）及移交过程中形成的应当归档保存的文件，包括但不限于竣工资料、备忘录、会议纪要、信函、图纸、表格、计算书、说明书、录音录像、计算机软件等一切文字、图表、图纸及音像资料。

第 2 条　解释

本合同中的标题仅为阅读方便所设，不应影响条文的解释。以下的规定同样适用于对本合同进行解释，除非其上下文明确显示其不适用。

1. 协议或文件包括经修订、更新、补充或替代后的该协议或文件；

2.“元”指人民币元；

3. 条款或附件：指本合同的条款或附件；

4. 一方、各方：指本合同的一方或双方或各方，并且包括经允许的替代该方的人或该方的受让人；

5. 除非本合同另有明确约定，“包括”指包括但不限于；除本合同另有明确约定，“以上”“以下”“以内”“内”均含本数，“超过”“以外”不含本数；

6. 本合同并不限制或以其他方式影响甲方及其他政府部门行使其法定职权。在本合同有效期内，如果本合同项下的有关约定届时被纳入相关法律规范属于甲方或其他政府部门的职权，适用该等法律规定；

7. 要求在某一非工作日付款：指该付款应在该日后的第一个工作日支付；

8. 本合同中的标题不应视为对本合同的当然解释，本合同的各个组成部分都具有同样的法律效力及同等的重要性。

第二章　项目公司

甲、乙双方确认并同意，双方共同出资成立项目公司用于运作本项目，经特许经营权转授成为本项目的投资、融资、勘察、设计、建设、维护主体，并获得项目收益。

项目公司成立，甲方、乙方与项目公司签订补充合同，由项目公司确认本合同项下的全部权利义务及承继乙方在本合同项下的全部或部分权利义务。

项目公司设立的目的是运用 PPP 模式以项目公司为主体进行投融资建设，加快____________基础设施开发建设及公共服务建设进程，并获得相应的经济效益和社会效益。

本协议签订后______个工作日内，甲、乙双方即到公司登记机关办理公司设立登记事宜。

项目公司的经营范围为城市基础设施及公共服务建设项目开发、投资、维护及管理。

项目公司的注册资本为在公司登记机关登记的全体股东认缴的出资额，注册资本为人民币______万元整（小写：￥______万元），均为货币出资，股东须于项目公司成立之日起______个工作日内按照各自应缴份额实缴完毕，其中：

甲方认缴出资额为人民币______万元整（小写：￥______万元），占注册资本的______%。

乙方认缴出资额为人民币______万元整（小写：￥______万元），占注册资本的______%。

项目公司负责本项目的投资、建设及后期的维护，并在合作期限内获得项目收益。

项目公司弥补亏损和提取公积金后，所余税后利润按以下比例分红：

甲方：____________；乙方：____________。

经甲、乙双方协商，股东会会议按照股东认缴出资比例行使表决权。

项目公司存续期限暂定为______年。其成立日期为项目公司营业执照签发之日。

经股东会同意，项目公司可以在存续期限届满______个月前向原审批机构申请延长存续期限。

项目公司股东向股东以外的人转让股权的，须经其他股东同意，其他股东在同等条件下享有优先购买权。

本项目全部建设完成并经验收合格，项目公司付清项目工程款，并于合租期限届满前，项目公司股东可通过股权转让方式退出项目公司。

项目公司股东通过股权转让方式退出项目公司的，期股权转让价款为其认缴资本对应的数额。

项目公司治理结构与本合同关于项目公司约定的未尽事宜遵照公司章程约定。

第三章　项目用地

本项目由甲方向项目公司提供项目用地及相关进入场地的道路使用权，并根据项目建设需要为项目公司提供临时现场办公用地。

项目用地审批手续由甲方负责办理，项目公司予以配合。

上述土地如涉及土地征收、房屋拆迁和安置，由甲方负责完成该土地的征收补偿、拆迁、人员安置等工作，并向项目公司提供满足开工条件的用地作为项目用地。

*条文批注：土地一级开发工作由政府方负责。

政府方负责土地一级开发工作，不可违反规划对资源环境随意开发，甚至对严禁开发的生态脆弱地区进行开发。因为过度开发可能造成地下水漏斗区、土壤重金属污染区难以短时间内得到恢复。

未经甲方、____________区管委会或政府部门批准，项目公司不得将本项目涉及的土地用于本项目以外的其他用途。

为了保证对本项目的开展拥有足够的监督权，甲方有权出入项目设施场地，但须满足一下条件和限制：

仅为检查项目建设进度、监督项目公司履行本项目合同项下义务等才有权进入场地；

须遵守一般的安全保卫规定，并不得影响项目的正常建设和运营维护。

甲方及其他政府部门为依法行使其行政监管职权而采取的行政措施不受上述条款的限制。

合作期限届满或提前终止时，项目公司应无条件向甲方无偿移交项目用地。

第四章　投资计划及融资方案

项目公司负责本项目的投资及融资安排，并承担偿债责任。

本项目工程建设总投资约为人民币______万元。

本项目工程建设总投资以甲方核定数额为预算编制依据，工程款结算以______财政局审定的最终竣工结算为准。

若项目公司对本项目总投资承担投资控制责任，本项目因设计变更或施工方案改变而增加的项目投资须由甲方、____________财政局、项目公司、施工单位、甲方招标确定的监理单位五方签证确认后，方可纳入项目结算。

项目公司可向银行申请贷款并承担偿债责任。

若项目公司资本金和银行贷款不能覆盖项目实际支出，则剩余资金由乙方负责融资并通过股东贷款等方式支付给项目公司用于本项目建设。

项目公司合作期限内获得的项目收益优先用于偿还银行贷款，剩余部分可用于偿还乙方股东贷款（如有）。

> * 条文批注：可将项目分为公益性和经营性两部分采取不同的投融资方式。
>
> 例如，香港迪士尼乐园项目将项目分为公益性和经营性两部分，分别采取不同的投融资方式。公益性部分，即香港迪斯尼的土地开拓，周围地铁、运输网等基础设施，完全由香港政府投资建设，建成后由香港迪士尼以使用权出资和租赁两种方式供专区食品和纪念品销售商使用。经营性部分，即迪斯尼乐园的 141 亿港元建设，由香港迪士尼投资建设并经营管理，通过设计合理的风险分配与收益调节机制，建立适度市场竞争机制。这样，通过公益性资产租赁方式，实现了公益性资产和经营性资产在同一项目上的管理整体性，达到令港人满意的投资结构和令迪斯尼满意的实际利益结构。

第五章　项 目 建 设

第 1 条　项目设计

1.1　本项目由甲方负责完成项目可行性研究报告及项目产出说明的编制工作。

1.2　本项目有项目公司负责项目初步设计和施工图设计工作。

1.3　项目涉及文件（包括项目初步设计、施工图设计等）应符合以下要求：

（1）符合项目所在地区和行业的强制性技术标准。

（2）符合建设工程祥光法律法规的规定，包括建筑法、环境法、产品质量法等。

1.4　项目公司应将项目设计文件（初步设计及施工图设计）提交甲方审查，甲方应在______个工作日内审查完毕项目设计文件并提出意见。

如果设计文件中存在任何不符合本合同约定的内容，甲方可以要求项目公司对不符合本合同的部分进行修正，有关修正的风险、费用由项目公司承担。

如项目公司对甲方提出的意见存在异议，可提交争议解决程序处理。

如甲方在上述约定期限内未提出审查意见，约定审查期限届满后项目公司即可实施项目设计方案并开始项目建设。

1.5　由项目公司对其所作出的设计承担全部责任。该责任不因该设计已由项目公司分包给卡塔设计单位或已经政府方审查而被豁免或解除。

甲方的上述审查不能减轻或免除项目公司依法履行相关设计审批程序的义务。

第 2 条　项目建设

2.1　项目公司应当依照项目设计文件的要求，并严格遵守《中华人民共和国建筑法》、《中华人民共和国环境保护法》、《中华人民共和国产品质量法》等相关法律法规的规定以及国家、地方及行业强制性标准的要求，组织本项目的建设，并承担工程建设中应承担的费用和风险。

2.2　本项目的工程施工须严格按照国家、省、部委颁发的施工及验收标准组织实施，使整个工程达到合格标准。

2.3　本项目建设工期为______天，项目公司保证于______年______月______日前使本项目达到可正常使用的标准。如出现下列情况，建设工期将顺延或修改调整：

发生不可抗力事件；

施工中发现地下文物使工程建设的实施延误；

因甲方违约而造成项目公司项目建设的延误；

甲方提供的设计基础资料延迟致使开工前应达到的施工条件不具备而造成的开工日期延误；

因政府主管部门审查延迟且经甲方全力协调无效所造成的延误。

2.4　发生不可抗力时间导致建设期延误的，按以下约定处理：

当不可抗力事件发生后，一方应在实际发生延误的______个工作日之内，向另一方提出书面的延期要求，并说明该延期是已采取所有合理的措施后所无法避免的。

收到延期要求的一方应积极同提出要求的一方就延期事项进行协商，并达成书面意见。如提出书面要求的一方在______个工作日之内没有收到另一方对延期表示异议的书面意见，将视为另一方对延期的要求已表示同意。

2.5　项目建设期间，甲方通过公开招投标的方式选取的监理公司对项目建设施行全程监督。

2.6　甲方有权对项目建设进行如下监督和介入，项目公司应积极予以配合和支持：

定期获取有关项目计划和进度报告及其他相关资料；

在不影响项目正常施工的前提下进场检查和测试；

对建设承包商的选择进行有限的监控。

若检查工作中涉及专有资料的保密问题，应按照相应的保密条款执行。

2.7　项目公司应定期向甲方提交工程建设进度月报，该月报应反映已完成的和在建的建设工程京都和质量、预计工程完工时间，如进度和质量发生问题，应提出挽回的措施和计划。

2.8　如工程建设不符合本合同的质量或安全要求，甲方委托的监理公司可就此向项目公司提出警告。如项目公司在甲方委托的监理公司发出通知后的合理时间内不能或拒绝修正缺陷的，甲方有权责令项目公司停止施工并进行整改，直到安全得到保证、缺陷得到修补、质量得到控制方可回复施工。停工造成的损失由项目公司承担。

2.9　无论甲方是否监督、检查建设工程的任何部分，都不视为放弃其在本合同中的任何权利，也不能免除项目公司在本合同中的任何义务。

第 3 条　竣工验收

3.0　在取得竣工验收备案凭证后______个工作日内，项目公司应向甲方提交下列资料：

____；

____；

____；

____；

____。

3.1　项目公司在建设和维护项目过程中，如发现考古文物、化石、古墓遗址及具有考古学、地质学及历史意义的任何物品的，应及时通知甲方并采取适当保护措施；如上述发现导致建设工程的延误的，应按第 45 条执行。

3.2　当项目建设达到竣工验收条件时，项目公司应至少提前______个工作日内书面通知项目公司并陈述不合格理由。项目公司应采取所有必要的改正措施补救不合格情况，并应至少提前______个工作日向甲方发出书面通知，再次组织竣工验收。

如果甲方在收到申请后未参加竣工验收，竣工验收可在甲方缺席的情况下按预定的时间进行，甲方承认该竣工验收的合法性。

3.3　如竣工验收部分或全部不合格，甲方应在______个工作日内书面通知项目公司并陈述不合格理由。项目公司应采取所有必要的改正措施补救不合格情况，并应至少提前______个工作日向甲方发出书面通知，再次组织竣工验收。项目公司应对验收不合格而导致的费用增加和工期延误承担全部责任。

* 条文批注：可将片区开发建设与交通建设相结合。

项目公司在建设时应注重与地铁等交通极其附属商铺建设的有效连接，争取将信息闭环转化成商业利益，实现片区开发与交通建设紧密联系在一起形成共赢，另外，片区开发又支撑了交通本身的营运。

第六章　项目维护

本项目建设完成并通过验收后，由项目公司负责对本项目进行维护。维护的范围包括清洁、绿化保养、路灯维修等。

项目公司根据本合同约定及项目维护方案的要求对项目设施进行维护和修理。该责任不因项目公司将部分或全部维护事务分包给其他运营维护商实施而豁免或解除。

为更好地保障项目的维护质量，项目公司自本合同生效之日起至项目建成验收合格前编制项目维护方案并提交甲方审核，甲方有权对该方案提出意见。

在双方共同确定项目维护方案后，如项目公司作出重大变更的，均须提交甲方同意。

除本合同约定由甲方向项目公司支付维修费用外，项目维护费用由项目公司自行承担。

如发生意外事故或其他紧急情况，需要进行维护方案之外的维护或修复工作，项目公司应立即通知甲方，解释其原因，并尽最大努力在最短的时间内完成修复工作。

对于计划外的维护事项，按以下约定处理：

如因项目公司造成的，由项目公司承担责任并赔偿相关损失；

如因甲方或____________区管委会造成的，由甲方或____________区管委会承担责任，项目公司有权向甲方或____________区管委会索赔因此造成的费用和损失；

如因不可抗力及其他双方约定由双方共同承担风险的原因造成的，双方共同分担该风险，均不承担对对方的任何违约责任。

甲方有权对项目维护行使如下监督和介入权：

在不影响项目正常运营和维护的情形下入场检查；

定期获得有关项目维护情况的报告及其他相关资料；

审阅项目公司拟定的维护方案并提供意见；

在特定情形下，介入项目的维护工作。

> *条文批注：项目公司可按市场化模式运营。
>
> 项目公司可按市场化模式运营。首先，重视投资风险及收益成本的控制，通过完善的系统化管理实现投资风险的控制及收益成本控制。其次，注重运营方式创新，创造商业价值。如通过其信息系统及 IT 部门实时监控运营效率及运营成本，将各类管理信息（人力资源管理、财务管理、供应链管理、维护管理、项目管理、收益管理、市场和客户关系管理、物业管理、运输和客运管理等）系统打通，形成信息顺畅流通的统一系统。最后，注重与周边项目运营的联合共赢。

第七章　项目移交

第 1 条　移交工作组工作

1.1　合作期限届满前______个月，由甲方或____________区管委会指定的其他机构组成项目移交工作组，具体负责和办理项目移交工作。

1.2　项目移交工作组成员共______名，其中甲方指定的其他机构派出成员______名；项目公司派出成员______名。成员条件：____________。

1.3　项目移交工作负责商定设施移交的详尽程序，确定移交方式等。

D10897

1.4 在合作期限届满或者经____________区管委会、甲方、项目公司协商一致合作期限提前终止之日即移交日，项目公司应无条件向甲方无偿移交项目资产：

项目设施；

项目建设用地及其他相关权利；

与项目设施相关的设备、机器、零部件、备品备件以及其他动产；

项目实施相关人员；

运营维护项目设施所要求的技术和技术信息；

与项目设施有关的手册、图纸、文件和资料（书面文件和电子文档）；

移交项目所需的其他文件。

1.5 项目移交时应符合以下条件及标准：

权利方面的条件和标准：项目设施、项目建设用地及所涉及的任何资产不存在权利瑕疵，其上未设置任何担保及其他权利。

技术方面的条件和标准：项目设施应符合本合同约定的技术、安全和环保标准，并处于良好的运营状况。

1.6 项目资产移交前，项目移交工作组对项目的资产状况进行评估并对项目状况能否达到合同约定的移交条件和标准进行测试。

1.7 经评估和测试，项目状况不符合约定的移交条件和标准的，甲方有权要求乙方出具移交维修保函，并要求项目公司对项目设施进行相应的整改、修复，以确保项目在移交时满足约定要求。

1.8 项目移交相关的资产过户和合同转让等手续由项目公司负责，且相关费用由项目公司承担，但因一方违约件事件导致项目终止而需要提前移交的，由违约方承担移交费用。

1.9 项目移交时，项目公司在项目建设和维护阶段签订的一系列重要合同需继续履行的，项目公司将项目所涉及阶段签订的一系列重要合同需继续履行的，项目公司将项目所涉合同转让给甲方、____________区管委会或其指定的其他机构，甲方、____________区管委会或其指定的其他机构有权根据项目所涉合同对于项目继续运营维护的重要性，决定是否进行合同转让。

在项目移交时，项目公司有义务将所有承包商、制造商和供应商所提供的尚未期满的担保及保证在可转让的范围内分别无偿转让给甲方，并促成供应商以同样的优惠价格供应设备，在移交时，甲方有权选择是否接受合同延续和承担由此发生的一切责任。

第 2 条 移交内容及责任

2.1 项目公司应在移交时将项目维护所需要的所有技术，全部移交给甲方、______区管委会或其指定的其他机构，且保证这些机构不会因使用这些技术而遭受任何侵权索赔。

如有这些技术的使用权在移交日前已期满，项目公司有义务协助甲方取得这些技术的使用权。

* 条文批注：知识产权的移交。

项目合同一般情况下会规定维持知识产权之有效性的义务，或者要求特许权人自知识产权提供方除获得一个承诺，即授予的知识产权在原特许经营期满后继续有效；项目公司控股权的改变不影响上述承诺，以在特许经营期满后继续使用该知识产权。

2.2 在项目移交日前，由项目公司承担项目设施的全部或部分损失或损坏的风险，除非该损失或损坏是由甲方的过错或违约所致：在移交日及其后，由甲方承担项目设施的全部或部分损失或损坏的风险。

2.3 项目公司应在移交日之日起______个月的保证期内，承担本项目设施质量缺陷的保修责任（因接受移交的单位使用不当造成的损坏除外），乙方在收到甲方维修通知后，应及时进行无偿维修。

2.4 除本合同第七章 2.3 款规定外，项目公司在本合同项下的权利和义务随移交的完成而终止，甲方应接管本项目的运营管理及享有本项目的一切权利和义务。

第八章 项目收益及维护费用

1.1 合作期限内，项目公司根据本合同与《特许经营权转授协议》的约定取得项目收益。

1.2　特许经营期内，各单项工程完工后，并经招标人或______区管委会指定的其他机构与项目公司办理项目移交工作，移交合格后，至项目移交日起享受项目收益，机房根据第九章1.3项约定开始以每半年支付一次的方式向项目公司支付已交付使用项目产品的项目收益，但每半年的项目收益最高不超过人民币______万元。

项目公司完成整个项目建设并验收合格的，在剩余合作期限内，甲方以每半年支付一次的方式向项目公司支付项目收益，直至项目收益达到约定的项目总收益为止。

1.3　已交付使用的项目产品的每年项目收益计算方式：______________________。

1.4　项目收益由甲方负责支付，不足部分由____________区管委会通过财政补贴的方式予以补足。

1.5　项目收益按如下约定支付：

1.5.1　第______年起，每半年甲方向项目公司支付已交付使用的项目产品的项目收益。

1.5.2　甲方支付不足的部分，____________区管委会于甲方向项目公司支付项目收益之日起______个月内以财政补贴的方式补足给项目公司。

1.6　本合同所称法律变更指自本合同生效后颁布的各级人民代表大会或其常务委员会或有关政府部门对任何法律的施行、修订、废止或对其解释或执行的任何变动。

1.7　本项目建设期间，如发生甲方或____________区管委会可控的法律变更导致项目发生额外费用或工期延误，项目公司有权向甲方或____________区管委会索赔额外费用或要求延长工期。

1.8　项目维护期间，如因发生甲方或____________区管委会可控的法律变更导致项目公司维护成本费用增加，项目公司有权向甲方或____________区管委会索赔额外费用。

1.9　如因发生甲方或____________区管委会可控的法律变更导致合同无法继续履行，项目公司可通过违约条款及提前终止机制等进行补救。

2.0　对于超出甲方或____________区管委会可控范围的法律变更，如国家或上级政府统一颁布的法律等，应视为不可抗力，按照不可抗力的机制进行处理。

* 条文批注：政府付费模式图示。

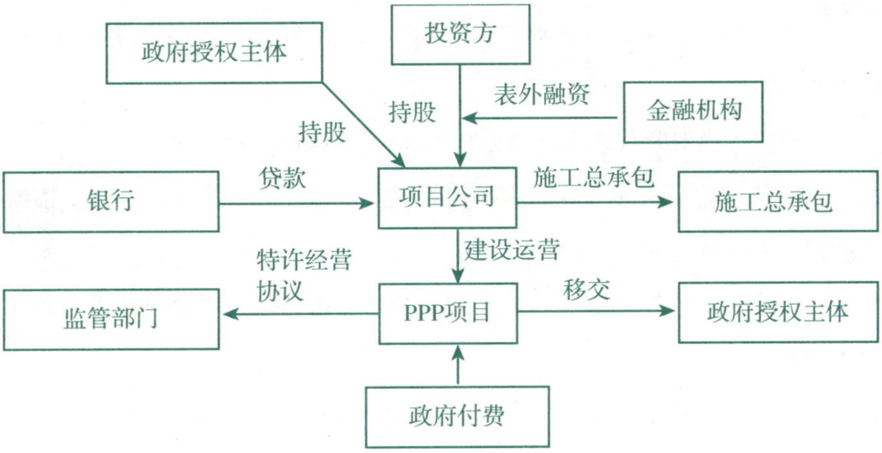

第九章　项目会计账目与审计

项目公司对本项目的会计账目及审计按以下原则执行：

（1）会计年度采用公历年制，即每年 1 月 1 日起至 12 月 31 日止为一个会计年度；

（2）一切记账凭证、单据、报表、账簿均用中文书写，以人民币为记账本位币；

（3）采用借贷记账法，按权责发生制原则记账，月终、季终及年终用中文编制报表；

（4）财务审计应聘请注册的有相应资质的会计师事务所审查稽核公司年度会计报表和全年账目，并出具审计报告；

（5）应当按照国家规定接受财务审计，设计合同调价及甲方对乙方的补偿时，甲方有权委托审计部门对账目进行审计；

（6）会计核算应符合国家会计制度。

第十章　保　　险

1.1　项目公司承担如下保险义务：

（1）在合作期限内，购买并维持本合同约定的保险，确保其有效；

D10897

（2）督促保险人或保险人的代理人在投保或续保后尽快向甲方提供保险凭证，以证明项目公司已按合同规定取得保单并支付保费；

（3）如项目公司没有购买或维持本合同约定的某项保险，则甲方可以投保该项保险，并从履约保函项下扣抵其所支付的保费或要求特殊目的偿还该项保费；

（4）向保险人或保险代理人提供完整、真实的项目可披露信息；

（5）在任何时候不得作出或允许任何其他人作出任何可能导致保险全部或部分失效、可撤销、中止或受损害的行为；

（6）当发生任何可能影响保险或其项下的任何权利主张的情况或事件时，应立即书面通知甲方；

（7）尽一切合理努力协助甲方或其他被保险人及时就保险提出索赔或理赔。

1.2　项目公司应购买以下保险：

（1）货物运输保险；

（2）建筑工程一切险；

（3）安装工程一切险；

（4）第三者责任险；

（5）施工机具综合保险；

（6）雇主责任险；

（7）其他。

1.3　保单应符合以下要求：

（1）保险人同意放弃对甲方形式代位权、抵扣权以及多家保险公司共同分摊保险赔偿的权利；

（2）在取消保单、不续展保单或对保单做出重大更改等事项发生时提前向甲方发出书面通知。

1.4　未经甲方同意，不得对保险合同的重要条款（包括但不限于保险范围、责任限制以及免赔范围等）做出实质性变更。

第十一章　不 可 抗 力

1.1　本合同所称不可抗力，是指合同一方无法预见、控制、且经合理努力仍无法避免或克服的、导致其无法履行合同项下义务的情形，包括但不限于：

自然不可抗力，包括台风、地震、洪水等自然灾害及战争、罢工、骚乱等社会异常现象；

政治不可抗力，包括非因甲方或____________区管委会原因导致的、且不在其控制下的征收征用、法律变更等政府行为引起的不可抗力事件；

双方不能合理预见和控制的其他情形。

1.2　发生自然不可抗力事件时，按以下约定处理：

本合同履行过程中，发生不可抗力并导致一方完全或部分无法履行其合同义务时，根据不可抗力的影响可全部或部分免除该方在本合同项下的相应义务；

如不可抗力发生在建设期或维护期，则项目公司有权根据该不可抗力的影响期间申请延长建设期或维护期。

1.3　发生政治不可抗力事件时，按以下约定处理：

项目公司有权要求延长工期、获得额外补偿或延长项目合作期限；

如因政治不可抗力事件导致项目提前终止，项目公司可获得相应的补偿，具体补偿数额由甲方与项目公司另行书面约定；

不可抗力条款启动后，在不可抗力事件持续期间，受影响方无需为其终止履约或履约延误承担违约责任。

1.4　发生其他不可抗力情形的，根据事件性质参照自然或政治不可抗力事件的约定进行处理。

1.5　不可抗力的影响持续期间，甲方或____________区管委会仍然有义务履行全部或部分付款义务。

1.6　如不可抗力发生持续超过______个月的，任何一方均有权提出解除本合同。

1.7　对于不可抗力发生所产生的额外费用，由各方自行承担。

D10897

第十二章　终止、变更和转让

1.1　下述每一条款所述事件，如非由于甲方的违约或由于不可抗力所致，且在允许的纠正期限而项目公司在该期限内未能纠正，即构成项目公司违约事件，甲方有权立即发出终止意向通知：

（1）项目公司擅自转让、出租特许经营权的；

（2）项目公司因管理不善，发生特别重大的事故的；

（3）项目公司擅自停业、歇业，严重影响到社会公共利益的；

（4）根据中国法律，项目公司进行清算或资不抵债的；

（5）项目公司为履行本合同项下的其他义务，构成对本合同的实质性违约，并且在收到甲方说明其违约要求补救的书面通知______个工作日内仍未能补救该实质违约的。

1.2　下述每一条款所述事件，如非由于项目公司的违约或由于不可抗力所致，如果有允许的纠正期限而在该期限内未能纠正，即构成甲方违约事件，项目公司有权立即发出终止意向通知：

（1）支付主体未能按照约定及时向乙方支付项目收益或政府补贴，甲方在接到乙方请求协助解决的申请后不作为，致使项目公司发生严重经营困难；

（2）甲方未履行其在本合同项下的任何其他义务构成对本合同的实质性违约。并且在收到乙方说明其违约并要求补救的书面通知后的______个工作日内未能补救该实质性违约的。

1.3　按照合同第十二章 1.1 条和第十二章 1.2 条发出的任何终止意向通知应表述违约事件的详细情况并给出必要的协商期限。

1.4　在终止意向通知发出之后，双方应在协商期内为避免本合同终止采取措施，如果双方就将要采取的措施达成一致意见，并且在相应的协商期内纠正了违约事件，终止意向通知应立即自动失效。

1.5　在协商期届满之时，除非甲方与项目公司另外达成一致或导致发生终止意向通知的违约事件得到纠正，发出终止意向通知的一方有权发出通知。

1.6　如果本合同提前终止，则自任何一方发出终止通知起，至甲方与项目公司商定的前提终止日止，甲方与项目公司应继续履行本合同项下的权利和义务。

> ＊条文批注：第三方补救。
>
> 《PPP 项目合同指南（试行）》指出：在 PPP 项目合同规定中了融资方介入权或者政府、融资方和项目公司三方签署了直接介入协议的情形下，项目公司违约事件发生且在限期内无法补救时，还会允许融资方或其指定的第三方进行补救。

1.7　本合同终止后，甲方与项目公司在本合同项下不再有进一步的义务，但根据本合同到期或终止之前发生的而在本合同到期或终止之日尚未支付的付款义务除外。本合同的终止不影响本合同中争议解决条款和任何在合同终止后仍然有效的其他条款。

1.8　本合同生效后，如甲方根据合同第十二章 1.1 条而终止本合同，则甲方有权收回项目公司对该项目的相关权益。项目公司依照本合同约定承担违约责任。

1.9　本合同生效后，如果项目公司根据本合同第十二章 1.2 条终止本合同，则项目公司有权要求甲方收回该项目的相关权益。甲方依照本合同约定承担违约责任。

2.0　项目公司应于提前终止日立即向甲方移交本项目资产、设施（包含附属设施）的使用和运营管理权。甲方和项目公司应于______日内确定终止补偿金额。甲方应在确定终止补偿金额后______日内将终止补偿金额全部支付给项目公司。项目公司在收到最后一笔终止补偿金当日，将项目设施的全部权益全部移交给甲方。

2.1　因政府机构改革造成甲方获得授权内容的变更，甲方应重新申请去得到政府的授权，继续完全承担在本合同项下义务的履行。

2.2　未经甲方事先书面同意，项目公司不得出让、转让、抵押、质押本项目的资产、设施，也不得在上述资产、权利和利益设置任何担保权益或者以其他方式处置这些资产、设施的权利或利益。

第十三章　违约赔偿

1.1　任何一方有权获得因另一方违约而使该方遭受的任何损失、支出和费用（包括但不限于评估费、诉讼费、律师费）的赔偿，该项赔偿由违约方支付。

1.2　由于一方违约遭受损失的另一方应采取合理行动减轻损失。如果一方未能采取此类措施，违约方可以请求从赔偿金额中扣除应能够减轻或减少的损失金额。受损害的一方应有权从另一方获得其为减轻损失而采取行动所发生的合理费用。

1.3　如果造成损失的部分原因是由于受损害方的作为或不作为造成的，赔偿的数额应扣除这些因素应承担的损失。

第十四章　争议解决

1.1　本合同任何修改、补充或变更须以书面形式并由双方有权代表签字或盖章且加盖公章（或合同章）方可生效并具有约束力。

1.2　如本合同任何条款不合法、无效或不能执行，或者裁判为不合法、无效或不能执行，不影响其他条款效力有履行的，其他条款仍有效和可执行；

1.3　双方应对不合法、无效或不能执行的条款进行修改，使之合法、有效并可执行，并且这些修改应尽可能平衡双方之间的利益。

1.4　有关合同、补充合同等的签订、履行、变更、解除、解释、管辖及其争议纠纷解决等事由，均适用于中华人民共和国的相关法律、行政法规的有关规定和要求。

1.5　因本合同产生的任何争议，双方应通过友好协商解决；自争议纠纷发生之日起______日内无法协商解决的，任何一方均可向本项目所在地有管辖权的人民法院提起诉讼。

在争议纠纷解决期间，除争议纠纷事项外，双方应继续履行本合同所规定的其他各项义务。

第十五章　其　　他

1.1　任何一方或其雇员、承包商、顾问或代理人获得的所有资料和文件（包括财务、技术或其他方面，但不包括于项目进展有关的非敏感信息），如尚未公布即应保密，未经另一方事先书面同意，在双方约定的事件内不得向第三方透露或公开，但是法律要求公开的信息除外。本承诺在合同终止后长期有效。

1.2　双方应相互合作以达到本合同的目的，并应善意地行使和履行各自在本合同项下的权利和义务，并在此前提下，双方同意：

（1）除本合同另有规定外，当一方要求取得另一方同意时，被要求方应在______天或其他合理所需的时间内给予同意或批准，而不可以无理拒绝或迟延给予该等同意或批准；

（2）如果任何一方获悉的任何事件或情形属于：

①经该方合理预计将对任何一方履行其本合同项下的义务或实施项目的能力造成重大不利影响的事件或情形；

②合理预计另一方不可能获悉该事件或情形，则该方应尽快将该事件或情形通知另一方。

1.3　项目公司应增强安全意识，遵守现行的劳动保护法规，尊重职工的权利和严格执行安全法规及有关标准。

1.4　项目公司应确保融资文件、股东之间的任何合同、乙方章程、本合同项下的保险单以及由乙方签订的与本项目有关的任何其他合同都能符合本合同的规定且都能够履行本合同。

1.5　双方的所有联系均应通过派人送达、挂号信函等书面方式送达对方以下地址及联系人：

甲方联系人：______________________________

通讯地址：______________________________

乙方联系人：______________________________

通信地址：______________________________

如果其中一方的通讯地址或联系人发生变更的，应于______个工作日内以书面形式通知对方，另一方收到通知后，通知变更即生效。

1.6　本合同未尽事宜，经双方协商一致并达成书面补充合同，补充合同与本合同具有同等法律效力。

补充合同与本合同不一致或冲突的，以补充合同约定为准。

D10897

1.7　本合同自双方有权代表签字或盖章且加盖公章（或合同章）之日起生效。

1.8　本合同壹式______份，甲乙双方各执______份，均具有同等法律效力。

1.9　合同由甲乙双方于______年______月______日在__________市__________区/县签订。

2.0　以下附件均构成本合同不可分割的组成部分，包括：

附件 1：授权文件

附件 2：规划图

甲方：（盖章）______________________________

法定代表人或授权代表（签字）：______________________________

签订日期：______年______月______日

乙方：______________________________

法定代表人或授权代表（签字）：______________________________

签订日期：______年______月______日

见证方：______________________________

法定代表人或授权代表（签字）：______________________________

签订日期：______年______月______日

第九章　河流流域治理工程PPP项目合同

使用场景：

1. 采取政府付费模式的项目可参考本合同中有关社会资本方遴选、政府方与社会资本方权利义务的约定。

2. 使用竞争性磋商方式选定社会资本方的 PPP 项目可参考本合同有关合作事宜的约定。

法律要点：

竞争性磋商的适用程序是什么？

依据《中华人民共和国政府采购法》第 38 条相关规定，采用竞争性磋商方式采购的，应当遵循下列程序：

1. 成立谈判小组。谈判小组由采购人的代表和有关专家共 3 人以上的单数组成，其中专家的人数不得少于成员总数的 2/3。

2. 制定谈判文件。谈判文件应当明确谈判程序、谈判内容、合同草案的条款以及评定成交的标准等事项。

3. 确定邀请参加谈判的供应商名单。谈判小组从符合相应资格条件的供应商名单中确定不少于 3 家的供应商参加谈判，并向其提供谈判文件。需要指出的是，提交最后报价的供应商不得少于 3 家，符合“市场竞争不充分的科研项目，以及需要扶持的科技成果转化项目”可以为 2 家。

4. 谈判。谈判小组所有成员集中与单一供应商分别进行谈判。在谈判中，谈判的任何一方不得透露与谈判有关的其他供应商的技术资料、价格和其他信息。谈判文件有实质性变动的，谈判小组应当以书面形式通知所有参加谈判的供应商。

5. 确定成交供应商。谈判结束后，谈判小组应当要求所有参加谈判的供应商在规定时间内进行最后报价，采购人从谈判小组提出的成交候选人中根据符合采购需求、质量和服务相等且报价最低的原则确定成交供应商，并将结果通知所有参加谈判的未成交的供应商。

D10898

前　言

1.____________市人民政府经物有所值论证及财政可承受力评估，决定采用PPP方式（Public-Private-Partnership）建设____________流域治理项目（以下简称本项目），并通过《____________市人民政府协调会议纪要》（______号）（详见附件1）授权____________市（以下简称甲方）作为本项目实施机构，并授权乙1方______作为本项目的政府方出资代表。

2. 甲方通过竞争性磋商的方式选择乙2方作为本项目中标社会资本方，并通过与乙方签署本协议的方式授予其在本项目项下的经营权。待乙方按照合资协议（详见附件3）和公司章程（详见附件4）的约定在____________市投资设立项目公司后，由项目公司通过补签协议，全面承继乙方在本协议项下的权利和义务。

3. 项目公司是乙方为实施设计、融资、建设、运营、管理、移交项目而依法设立的企业法人。

为实施本项目，以及明确后续的运营管理相关事项，各方本着平等、自愿和互利的原则，根据《中华人民共和国合同法》《关于推广运用政府和社会资本合作模式有关问题的通知》（财金〔2014〕76号）以及《关于印发〈政府和社会资本合作模式操作指南（试行）〉的通知》（财金〔2014〕113号）等相关法律法规的规定，经共同协商一致，订立本协议，以兹共同信守。

第一章　总　　则

第1条　定义和解释

1.1　定义

以下定义适用于本协议：

本协议	指由甲方与乙方签署的项目协议，包括全部附件，以及日后可能签署的任何项目协议之补充修改协议和附件，每一部分都应视为本协议的一部分
本项目	指____________市____________流域治理 PPP 项目
甲方	指____________
乙 1 方	指____________
乙 2 方	指甲方通过竞争性磋商方式选定的本项目的社会资本方，就本协议而言，指____________有限公司
项目公司	指乙方为实施设计、融资、建设、运营、管理、移交本项目而按照本协议约定设立的企业法人
经营权	指政府授予项目公司在一定时间和范围内对某项公用产品或服务进行独占性经营的权利。本协议所指经营权是指投资、优化设计（或有）、建设、运营、维护及移交项目资产的权利以及获取由此产生的收益的权利
合作期	指从本协议生效日起 10 年的期间（含建设期）
项目文件	指包括但不限于下列文件： 本协议及附件； 融资文件； 与项目有关的其他文件
项目设施	指本项目红线范围内与项目相关的设施
项目资产	指与项目有关的所有资产，包括但不限于： 为实施流域治理服务所需的包括但不限于建筑物、构筑物、设备、设施、围墙、绿化作物等； 本项目项下乙方拥有所有权的知识产权； 项目文件项下的合同性权利； 运营和维护记录、质量保证计划等文件
中国	指中华人民共和国，仅为本协议之目的，不包括香港特别行政区、澳门特别行政区和我国台湾地区
法律	指所有适用的中华人民共和国法律、法规、规章、地方性法规、司法解释、政府部门颁布的标准、规范或其他适用的强制性要求、有法律约束力的规范性文件等
法律变更	指在生效日后颁布、修订、废止或重新解释的任何适用法律导致甲方或乙方在本协议项下的权利义务发生实质性变化

续表

政府行为	指甲方的任何上级政府部门（省级及以上）的国有化、征收及征用等行为
批准	指为了使乙方能够履行其在本协议项下的义务和行使其在本协议项下的权利，乙方必须或希望从政府机关依法获得的为项目公司的投资、优化设计、建设、运营和移交所需要的任何许可、执照、同意、授权、免除或批准
贷款人	指融资文件中的贷款人或项目资金提供人
融资文件	指与项目或其任何一部分的建设和运营相关的贷款协议、担保协议、保函和其他文件，但不包括股东作出的出资承诺或出资、建设履约保函、运营维护保函以及移交维修保函
建设履约保函	指乙方按照第 5.3 款的规定提供的、为担保其履行在本协议项下的建设等义务的担保函
运营维护保函	指乙方按照第 17 条的规定提交的、为担保其履行在本协议项下的运营维护等义务的担保函
移交维修保函	指乙方按照第 20.5 款的规定提交的、为担保其履行在本协议项下移交、质量保证等义务的担保函
建设期	指自本协议生效日起至竣工验收通过之日止的期间
开工日	指项目工程开始施工之日，具体日期见本协议第 8.2 款
商业运营日	指本协议第 14.3 款约定的日期
谨慎工程和运营惯例	指可以合理期望的对同一项业务在相同或类似情况下熟练和有经验的承包商或操作者的技能、勤勉、谨慎和预见能力的惯例标准。 就本项目而言，谨慎工程和运营惯例应包括但不限于采取合理的步骤，以确使： （a）在满足正常条件下及合理预测的非正常条件下项目拥有所需要的充足材料、资源和供应品； （b）拥有足够数量、充足经验并经过适当培训的工作人员，以恰当有效地按照相应的手册和技术规范运营本项目并能够处理紧急情况； （c）由有知识并受过培训和有经验的人员进行预防性日常和非日常维护和修理，以确使本项目长期、可靠和安全地运营
争议解决程序	指本协议第 25 条中提及的解决争议的程序

续表

政府部门	指： 1. 中国国务院及其下属的部、委、局、署、行，中国的任何司法或军事当局，或具有中央政府行政管理功能的其他行政实体； 2. 省、市、区、县各级地方政府及其职能部门
终止通知	指双方按照本协议第 23.5 款向对方发出的通知
终止意向通知	指双方按照本协议第 23.5 款向对方发出的通知
生效日	指本协议甲乙双方盖章并由双方法定代表人或授权委托人签字之日
工作日	指除中国法定休息日和法定节日或假日以外的、各机构普遍工作的任何日期
终止日	指本协议提前终止的日期
移交日期	指合作期届满之日后的第一个营业日（适用于本协议期满终止），或经双方书面同意的移交项目设施的其他日期

1.2　解释

本协议中的标题仅为阅读方便所设，不应影响条文的解释。以下的规定同样适用于对本协议进行解释，除非其上下文明确显示其不适用。

在本协议中：

（1）协议或文件包括经修订、更新、补充或替代后的该协议或文件；

（2）“元”指人民币元；

（3）条款或附件：指本协议的条款或附件；

（4）除非本协议另有明确约定，“包括”指包括但不限于；除本协议另有明确约定，“以上”“以下”“以内”或“内”均含本数，“超过”“以外”不含本数；

（5）除非本协议另有约定，提及的一方或双方或各方均为本协议的一方或双方或各方，并包括其各自合法的继任者或受让人；

（6）所指的日、月和年均指公历的日、月和年，其中一年以 365 天计，一个月以 30 天计；

（7）本协议中的标题不应视为对本协议的当然解释，本协议的各个组

D10898

成部分都具有同样的法律效力及同等的重要性；

（8）本协议并不限制或以其他方式影响甲方及其他政府部门行使其法定行政职权。在本协议有效期内，如果本协议项下的有关约定届时被纳入相关法律规范属于甲方或其他政府部门的行政职权，适用该等法律规定；

（9）要求在某一非工作日付款：指该付款应在该日后的第一个工作日支付。

第 2 条　双方的基本权利和义务

2.1　甲方的基本权利和义务

（1）甲方在合作期内的基本权利：

①本项目建设期内投资建设形成的各项资产，以及运营期内因更新重置或升级改造投资形成的资产，在合作期内均归甲方所有。

②按本协议约定提取建设履约保函或运营维护保函或移交维修保函项下的款项的权利；

③对乙方投资、建设、运营、维护及移交本项目进行全程实时监管的权利；如发现与本议存在不相符合的，有权责成乙方限期予以纠正；

④组织委托中介机构，对乙方的投资建设、经营、管理、安全、质量、服务状况等进行定期评估，并有权定期将评估结果向社会公示，接受公众监督；

⑤甲方在建设期内有对乙方的建设施工情况进行监督检查的权利，包括但不限于在建设期内甲方可以聘请中介机构对项目进行专项审计检查，相应的费用由甲方负担，检查周期由甲方合理确定，审计检查范围主要包括对乙方的注册资本的到位情况、资金使用情况、项目进度情况、项目质量情况、项目实施与本协议执行情况等方面，乙方有义务对审计检查工作给予充分配合，提供必要的完整的所需查看的各种文件资料，并对提供资料的真实性负责；

⑥在项目竣工验收完成后，甲方有权委托政府审计机构或中介机构对乙方的建设费用进行审计的权利；

⑦对乙方是否遵守本协议的监督检查权及对建设、运营维护的介入权。

（2）甲方在合作期内的基本义务：

①协助乙方进行用于且仅限于本项目的融资活动；

②负责协调政府部门审批本项目的项目建议书、工程可行性研究报告、土地使用、环境保护等相关文件，确保本项目设计、投融资、建设及运营维护等工作的正常开展；

③负责协调将本项目所需水、电、通信线路从施工场地外部接通至乙方指定地点；

④协调城市供水、排水、燃气、热力、供电、通信、消防等依附于本项目的各种管线、杆线等设施的建设计划，匹配本项目建设进度及年度计划安排等；

⑤负责协调政府部门开展本项目范围的征地拆迁和补偿工作，保证项目正常开工。在本项目合作期内，甲方应将项目用地以零租金方式提供给乙方使用；

⑥按照本协议的约定及时、足额地向乙方支付流域治理服务费；且甲方应协调市财政局将本项目的流域治理服务费纳入跨年度的财政预算；

＊条文批注：政府付费模式下的财政管理规范。

财政部、国家发展改革委员会和中国人民银行共同发布的《关于在公共服务领域推广政府和社会资本合作模式的指导意见》指出：应建立完善公共服务成本财政管理和会计制度，创新资源组合开发模式，针对政府付费支付机制，将项目涉及的运营补贴、经营收费权和其他支付对价等，按照国家统一的会计制度进行核算，纳入年度预算、中期财政规划，在政府财务报告中进行反映和管理，并向本级人大或其常委会报告。

⑦负责协调政府部门同期开展本项目范围以外上游郊野段的水环境综合整治工作，确保本项目上游来水符合约定的水质标准；

⑧在项目建设过程中，协助乙方协调与项目场地周边所涉及的有关单位的关系。

2.2　乙方的基本权利和义务

（1）乙方在合作期内的基本权利：

①享有投资、建设、运营和维护本项目的权利；

②在合作期内对项目资产享有使用权；

③要求甲方按照本协议的约定支付流域治理服务费；

D10898

④如果因可归责于其他第三方的原因导致乙方履约不能的，则乙方有权和甲方就有关事宜进行沟通，如确属其他第三方原因，且乙方已为避免此种情形作最大努力，则甲方有权酌情考虑对应绩效考核指标的达成率。

⑤若本项目未来成功纳入财政部PPP示范项目名单，预计可获得部分中央财政资金支持。鉴于中央财政补贴金额和拨付进度等暂时无法确定，甲乙双方同意上述中央财政补贴资金将用于本项目建设与运营，不纳入项目公司的回报计算依据，具体事宜届时由各方友好协商确定。中央财政对补贴资金有使用限制的，从其规定。

（2）乙方在合作期内的基本义务：

①负责本项目合作期内的设计、投融资、建设及运营维护等的一系列工作，承担相应风险，并按照相关规定履行相应的报建手续；

②乙方对项目设施报废等消灭所有权之处分权的行使，以不影响本项目的正常运营及本协议规定的移交之要求为前提。未经甲方提前书面同意，乙方不得对项目资产行使出售、转让、出租、抵押等转移所有权的行为或可能转移所有权之处分权的行为，亦不得在项目资产上设定其他权利限制；

③在运营期内严格按法律及本协议规定进行运营，持续、安全、稳定地提供服务，并确保项目达到本协议约定的标准；

④接受甲方及其依法聘请的专业第三方机构在建设期的监督管理，并有义务配合建设期监管的相关事宜，由此产生的专业第三方机构的监管服务费用由甲方承担；

⑤按本协议规定向政府支付前期工作费用及其他除本协议明确约定应由政府承担之外的所有费用；

⑥按照本协议约定提交建设履约保函、运营维护保函及移交维修保函；

⑦乙方应尽最大努力申请并及时获得从事建设工程所需要的政府部门的各种批准；

⑧在不可预见的自然灾害等极端环境下，积极配合甲方做好项目范围内及相关范围的防灾减灾等相关工作，不得以本项目对抗关乎公共利益或公共安全的事项；当然该种情形下配合如影响乙方绩效考核的，则甲方应按照乙方已履行完毕对应的绩效指标来对待，且不应视为乙方违约；

⑨如未来甲方利用本项目申请国家专项资金的，乙方应尽最大努力提供协助。

第 3 条　承诺和确认

3.1　甲方的承诺

（1）在本协议生效日前已获得了签订本协议所必需的授权，有权签署本协议；

（2）完成本协议第 5.1 款规定的前期工作；

如果甲方的承诺被证明在做出时存在不实或不能兑现，则乙方有权根据第 22.1 款要求甲方赔偿，并有权根据第 23.2 款的规定终止本协议。

3.2　乙方的承诺

（1）乙方是依据中国法律正式成立的企业法人，具有签署和履行本协议条款和条件的法人资格、权利和能力。

（2）乙方应确保本项目建设资金按照本项目建设进度以及融资匹配资金的要求，足额、及时到位。

（3）如果乙方的承诺被证明在做出时存在不实或不能兑现，则甲方有权根据本协议第 22.2 款要求乙方赔偿，并有权根据本协议第 23.1 款规定终止本协议。

3.3　乙方确认

（1）甲方或其他任何政府部门对向乙方提供的材料、信息或数据的准确性、完整性或适宜性，未作出任何承诺和保证；

（2）在签署本协议之前，乙方已为自身的利益进行了必要的调查及检查，包括但不限于对项目场地进行细致而全面的检查、评估，充分知悉了项目的现状和风险；

（3）在签署本协议时，乙方只是参考但并未依赖由甲方或其他任何政府部门作出或提供的任何材料、信息或数据。

第二章　项目经营权

第 4 条　经营权

4.1　经营权的授予

（1）本项目经营权包括：在合作期内设计、融资、建设、运营、管理和维护本项目设施；根据适用法律和本协议规定，提供流域治理服务，并按照本项目协议体系的约定获取政府付费；及根据适用法律和本协议规定，

D10898

在本项目设施范围内直接或间接从事广告、旅游等非流域治理业务并获得收益（由于目前该收益无法确定，双方在此同意该等收益由双方共享，具体分成事宜另行友好协商确定）。

（2）甲方通过与乙方签订本协议，将本项目的经营权授予乙方。

（3）项目合作期______年（含建设期），自本协议生效日起计算。

4.2　合作期的延长

（1）如发生下列事件，项目合作期可适当延长：

①因本协议约定的可归责于甲方的原因导致的完工延误情形出现的；

②由于法律变更或政府行为导致乙方在项目合作期内受到影响并使乙方遭受实质性的损失的。

（2）乙方在4.2（1）描述的事件发生之后，希望延长项目合作期的，应在事件发生后30天内向甲方递交要求延长合作期的详细申请，以便甲方可以及时对该申请的情况进行核查；否则甲方不同意延长乙方的项目合作期。

（3）延长项目合作期需经双方书面确认。

4.3　经营权的担保及转让

经甲方事先书面同意，出于本项目融资的目的，乙方可将本协议项下的预期收益作为本项目的融资质押等担保，乙方设置该担保权益不应损害甲方的权利或利益；若未来项目公司不能顺利完成项目融资的，乙2方应采取股东贷款、补充提供担保等方式以确保项目公司的融资足额到位；

除本项目的融资外，乙方不得为其他目的对本项目的资产、设施和设备以及收费权进行转让或设置担保权益；

除本协议另有规定外，未经甲方同意，乙方在项目合作期内不得将本项目经营权出租或以任何形式转让、承包给第三人。

4.4　项目合作期满后的处理

本项目合作期限届满时，甲方有权依照届时有效的法律法规选择经营者，如乙方在上述合作期限内履约记录良好，则在同等条件下享有优先权。

合作期满时，且在符合届时法律法规规定前提下，则各方可就项目经营事宜与政府或政府指定的其他机构协商，如未能达成新的协议，或如需采取竞争性程序而乙方未获中选资格的，乙方应将项目资产无偿移交甲方。

乙方应保证在合作期满时清偿其所有债务，解除在项目相关权益上设置的任何担保，在合作期满后不论是否继续经营本项目，其债权债务均由乙方享有和承担，与甲方无关。

第三章　前期工作及建设履约保函

第 5 条　前期工作和建设履约保函

5.1　前期工作

在开工日或先于开工日，下列各项前期工程约定如下：

（1）甲方完成项目场地必需的（非全部项目场地）征地拆迁工作；

（2）甲方协助乙方完成项目建设所必需的、到达项目场地规划红线的道路、通水、通电等配套基础设施；

（3）乙方负责完成其他前期工作，包括但不限于规划选址、环境影响评价及报批、立项及可研报批、测勘、初步设计及审查、施工图审查。

5.2　前期工作费用

本条前述前期费用均纳入本项目投资总额。乙方应在项目公司成立后 30 日内，以现金的方式一次性向政府支付由其先行垫付的前期费用，具体金额以双方均认可的实际发生额为准。

5.3　建设履约保函

（1）建设履约保函的提供。乙方应于本协议生效日后 30 日内，向甲方提供符合下列要求的建设履约保函，作为其履行在本协议下的建设义务和其他违约赔偿义务的担保：

①符合本协议附件 5《建设履约保函》规定的格式或甲方同意的其他格式；

②由甲方可接受的一家金融机构出具；

③金额为______元整（小写：______）。

（2）建设履约保函的解除。建设履约保函在乙方根据本协议第 27 条

D10898

提交运营维护保函之日到期，甲方应在到期日后五（5）个工作日内解除建设履约保函。

* 条文批注：保函不得由政府方提供。

依据《国务院关于加强地方政府融资平台公司管理有关问题的通知》（国发〔2010〕19号）规定，为加强地方政府性债务管理、防范财政金融风险，地方各级政府及所属机关事业单位、社会团体，要继续严格按照《中华人民共和国担保法》等有关法律法规规定，不得出具担保函、承诺函、安慰函等直接或变相担保协议，不得以机关事业单位及社会团体的国有资产为其他单位或企业融资进行抵押或质押，不得为其他单位或企业融资承诺偿债责任，不得为其他单位或企业的回购（BT）协议提供担保，不得从事其他违法违规担保承诺行为。

5.4　恢复建设履约保函的数额

如果甲方在项目合作期内根据本协议的有关规定提取了建设履约保函，乙方应确保在甲方提取后的10个工作日内，将建设履约保函的数额恢复到本协议前款约定的数额，且应向甲方提供建设履约保函已足额恢复的证据。甲方提取建设履约保函的权利不影响甲方在本合同项下的其他权利，并且不应解除乙方不履行维护本项目义务而对甲方所负的任何进一步的责任和义务。

乙方未在前述期限内补足或恢复建设履约保函相应金额的，甲方有权发出催告，乙方应在30日内予以补足；乙方在前述期限内仍未补足的，则甲方有权提取建设履约保函项下的余额，并有权提前终止本协议，收回本协议项下的经营权。

5.5　不支付前期工作费用和 / 或提供建设履约保函

如乙方未按第5.2款支付前期工作费用和 / 或未按第5.3款提交建设履约保函，则构成乙方违约，甲方有权终止本协议。

第四章　双方的一般责任

第 6 条　甲方的一般责任

6.1　法律变更

（1）重要的法律变更

除本协议另有明确约定外，在项目合作期内的任何连续______年期间，由于一项或多项法律变更使乙方对项目的固定资产投资累计增加等于或超过______万元整（小写：______）；或在项目合作期内任何一年期间，一项或多项法律变更造成乙方经常性支出的累计增加数额等于或超过______万元整（小写：______），并且上述增加未因对乙方有利的其他法律变更或流域治理服务费调价而得到补偿，则本协议第 6.1 款（3）项的规定可适用。

＊条文批注：法律的含义。

全国人民代表大会及常务委员会制定的法律（狭义的“法律”）；

全国人民代表大会常务委员会制定的法律解释（“法律解释”）；

国务院制定的行政法规，各省、自治区、直辖市人民代表大会及其常务委员会制定的地方性法规、自治条例、单行条例（“行政法规”）；

国务院各部、委员会、中国人民银行、审计署和具有行政管理职能的直属机构制定的部门规章（“部门规章”）；

省、自治区、直辖市和较大的市的人民政府制定的地方政府规章（“地方政府规章”）。

在司法实践中，由各级政府和政府部门出台的一些政策性文件，虽然并不属于《中华人民共和国立法法》规定的严格意义上的法律范畴，但也具有一定的强制性效力。因此此类规范性文件通常也会包含在 PPP 项目合同中“法律”的范围内。

（2）通知和减少影响

如果乙方希望获得本协议第 6.1（3）项规定的补偿，乙方应在知道第 6.1（1）项规定的法律变更后书面通知甲方。

乙方应在作出投资或发生开支之前给予甲方合理机会减少法律变更对其造成的影响。

D10898

（3）取得补偿的权利

在第6.1（1）项所描述的情况下，乙方有权要求甲方给予补偿，以使其达到未发生这些法律变更的情况下基本相同的经济状况。

（4）法律变更影响履约

如果因法律变更使乙方无法履行其本协议项下的义务，包括因法律变更使乙方履行其在本协议项下的重要义务按照适用法律成为不合规，乙方应有权按23.3款规定的程序终止履行其在本协议项下的义务。

＊条文批注：法律变更的风险不应由社会资本方过多地承担。

在我国法律中，对于“法律变更”并没有明文的规定。在PPP项目合同中，法律变更通常会被定义为在PPP项目合同生效日之后颁布的各级人民代表大会或其常务委员会或有关政府部门对任何法律的施行、修订、废止或对其解释或执行的任何变动。

在江苏省一个污水处理BOT项目中，项目公司过多地承受法律变更的风险，因此当2002年颁布《国务院办公厅关于妥善处理现有保证外放投资固定回报项目有关问题的通知》时，项目公司不得与政府对特许权协议进行重新谈判，并独自承担由此引发的贷款落实延误的后果。所以，在PPP模式中，法律变更的风险不能尽量多的转给私营部门，不能认为承担更多的风险就可以获得更多的回报，从而把承担风险看成是获得高额回报的机会，否则将会产生关于风险分担的误解。

6.2　获得和保持批准

（1）在乙方提出请求后，甲方应协助乙方从其他政府部门获得、保持和延续项目建设和运营所需的相关批准。

（2）甲方按照本条的规定给予协助不应免除乙方在本协议项下第7.6款应当获得所需批准的义务。

6.3　不当提取保函

如果甲方提取乙方提交的建设履约保函、运营维护保函以及移交维修保函中的相应金额之后确定甲方属不当提取，甲方应及时向乙方退还提取的款项，并支付该款项自提取之日至退还之日的利息，利息按央行公布的同期金融机构人民币贷款基准利率计算。

6.4　工期延迟

若由甲方或者其他政府部门的原因导致的工期延迟将相应顺延项目合作期，并由甲方给予乙方一定补偿，届时由双方协商补偿办法或金额，详见本协议第 15.1 款。

第 7 条　乙方的一般责任

7.1　股东和股权转让的限制

（1）股东和股权转让的限制

乙方应在本协议生效后 30 日内在____________市注册成立项目公司，项目公司的注册资本金为人民币贰亿元，初始股东为____________投资集团有限责任公司和［本项目中标的社会资本方］，其中乙 1 方认缴的出资额为贰仟万，持股比例为 10%；乙 2 方认缴的出资额为壹亿捌仟万，持股比例为 90%。出资方式为货币，乙方应根据适用法律及当地有关部门的规定依法缴纳注册资本金。各方股东可以分期分批出资，但出资时间及次数以满足本项目的实际建设、运营需要以及法律规定为原则。非经甲方书面同意，项目公司的经营范围不得超出本协议约定的内容。

乙方承诺其在本项目验收完成后 2 年内不得转让其持有的项目公司的全部或部分股权，除非转让为法律所要求，由司法机关裁定和执行（如上述行为的起因涉及乙方过错，则认定为乙方违约，甲方有权视情形提取建设履约保函或运营维护保函项下的违约金额，直至提前终止本协议）。

自竣工验收完成后 2 年之后，经市政府书面同意，乙方可以转让其在项目公司中的全部或部分股权，但受让方应满足本协议约定的技术能力、财务信用、运营经验等基本条件，并已经以书面形式明示，在其成为项目公司股东后，督促并确保项目公司继续承担本协议项下的义务。

（2）对章程的要求

乙方应在其章程中作出适当的规定，以确保乙方的所有股权证明上具有适当的文字说明，使预期的购买人了解这些权益的转让存在限制性条件，且使有关部门对那些不符合上述限制的股权转让不予受理和登记。乙方章程的确定和修改应报甲方认可。

D10898

7.2 遵守适用法律

乙方应始终遵守所有适用法律，应经常及时获取所有适用于本项目已颁布实施的法律，乙方应被视为始终了解这些法律。

7.3 法律变更

（1）重要的法律变更

除非本协议另有明确约定，在项目合作期内的任何一个连续______年期间，一项或多项法律变更，使乙方对项目的固定资产投资的累计减少数额等于或超过______万元整（小写：______）或在项目合作期内的任何一年内，一项或多项法律变更，使乙方的经常性支出的累计减少数额等于或超过______万元整（小写：______），并且上述减少未因其他法律变更而相应抵消，甲方可以书面形式通知乙方要求根据第7.3（2）项对本协议项下的计费依据进行调整。

（2）重要法律变更的调整

第7.3（1）项提及的调整应采用降低相对应服务费或减少届时应付的任何费用的形式，其结果应使乙方保持如没有发生法律变更的情况下基本相同的经济状况。

7.4 安全保障

乙方应遵守法律及本协议技术规范和要求及国家规定的所有健康和安全标准，建立、健全和完善安全生产制度及安全运行保障体系，确保项目设施安全运行，防止责任事故的发生。在合作期内，乙方应对其自身原因导致的安全事故承担全部责任，并应当在出现安全责任事故1小时内按照有关规定向__________市人民政府安全生产监督管理部门和负有安全监督管理职责的有关部门报告。

乙方应针对自然灾害、重特大事故、环境公害及人为破坏等突发情况建立相应的应急预案和相应的组织、指挥、设备等保障体系，并保证在出现重大意外事件时其保障体系能够正常启动。

乙方制定的应急预案应征求甲方的意见并报经市政府同意后实施。

7.5 环境保护

乙方不应因项目设施的建设或运营维护而造成环境污染。

乙方在项目设施的建设、运营维护期间应根据本协议技术要求及国家的有关规定，采取一切合理措施来避免或尽量减少对项目周围设施、建筑物和居民区的干扰。

7.6　批准

乙方应尽最大努力自费取得和保持项目建设、运营维护所要求的所有批准，并应促使每一建设承包商和运营维护承包商（如适用）取得并保持需要的一切此类批准。

7.7　项目文件的协调

乙方应使融资文件、乙方章程、本协议项下的保险单以及其他由乙方签订的与项目有关的任何其他协议符合本协议的规定。

7.8　税收

乙方应依照法律缴纳相应税金。

7.9　保险

乙方在充分评估本项目投资和运营风险后，应根据中国的保险法等相关法律和行政法规的规定，并结合本项目的实际情况，购买项目建设和运营期间的保险险种。在合理的商业条件下，应遵照可保风险均应投保的原则进行投保。其购买保险后，应将保险合同复印件交甲方备案。

乙方所投险种包括但不限于：

①建筑安装工程一切险；

②财产险（厂房、设备、设施及附属建筑物）；

③第三者责任险（运营期间）。

以上各种险种的保险均必须足额投保。

在合作期内，乙方应自费购买上述约定的保险，并始终使保险单保持有效。未经甲方书面同意，乙方投保的险种和数额不得随意变更。如果并非乙方的疏忽或故意行为，而无法投保某种特别险种，不视为乙方违约。

在法律许可和承保人能提供的服务范围内，乙方有权在和保险公司之间签署的保险合同中，将贷款方列为第一受益人。

保险单的附加条款中必须规定：未提前 30 天书面通知甲方，保险人不得取消、延展或对保险单作重大变更。

乙方应责成保险人向甲方提供保险证明书以证实其已获得上述所列保

D10898

险单及附加条款。如果乙方未购买或维持上述保险始终有效，则甲方有权根据本协议从对乙方应付款项中扣除其应付的保险金（或者直接提取建设履约保函或运营维护保函或移交维修保函项下的相应金额）。

乙方应向甲方及时通报保险人的报告通知（如危险整改通知）并提交相应的副本，如果乙方未及时提供通知而造成保险单失效，应承担违约责任。

7.10　对承包商的责任

（1）乙方的承包商

乙方依法选择承包商，包括但不限于建设承包商、建设监理人、设备供应商和运营维护承包商，不应解除乙方在本协议项下的任何义务。乙方对于其承包商或其聘用的人员的任何作为或不作为对甲方承担全部的责任。

（2）与承包商的合同

乙方应确保与承包商签订的合同符合本协议的规定，承包合同和设备供应合同应按照本协议约定提交甲方备案。

7.11　监理及相关

本项目建设监理机构由甲方依照相关适用法律的规定选定，产生的相关费用由甲方承担。

7.12　资金使用监管

各方在此确认，在本协议签署生效后，各方应建立项目建设资金共管账户，乙方应保证专用资金账户余额满足本项目进度需要，甲方有权随时查询了解专用资金账户的资金余额和使用情况。任何一方无权单独支出共管账户的任何款项。

7.13　财务报表

乙方每年均应委托经甲方认可的会计师事务所对其进行年度财务审计，审计应在年度结束后的4个月内完成，乙方应在审计完成后10个工作日内向甲方提交经注册会计师审核签字的审计报告。

7.14　融资文件必须具备的条款

乙方应确保贷款协议中包含有贷款人承诺的下述条款：

（1）只要本协议（含附件）有效，贷款人不得采取任何行动影响、干扰、损害或终止甲方在本协议项下的权利；或以其他方式对本协议造成不利影响；

（2）当乙方违反贷款协议或乙方出现重大经营或财务风险，威胁或侵害债权人利益时，贷款方可以代位行使项目公司股东权利和经营管理权利，要求项目公司改善管理、增加投入，或请求甲方认可的合格机构接管本项目；

（3）贷款人通过书面方式将乙方在贷款协议下的违约通知甲方；

（4）贷给予甲方在收到上述违约通知后 90 天内纠正乙方此类违约的权利；

（5）贷在上述纠正期间不行使贷款人对违约的任何权利或补救；

（6）贷纠正期满时，乙方违约事件持续的，贷款人行使权利应以不妨碍和损害甲方在本协议下的权利和项目的正常运营为前提。如在纠正期内，触发贷款方直接介入的重大风险解除的或者提供贷款方能接受的补充担保措施后，贷款方应停止介入。

7.15　培训

在甲方保证严格履行本协议规定的保密义务的情况下，乙方对甲方在监督与评估乙方时需要掌握的或者在项目移交后运营与维护本项目所需要掌握的工艺原理、技术诀窍和其他技术信息资料，应给予提供，并对甲方的有关管理人员每年组织必要的高水准的免费培训。

第五章　项目建设

第 8 条　建设要求

8.1　建设责任

乙方应自行承担项目建设的所有费用和风险，按以下要求完成所有建设工程：

（1）贷本项目各项工程由乙方自行修改、完善初步设计，总投资额由乙方在初步设计概算中提出，最终以____________市发改委批复的项目初步设计概算为准，若此金额与投资人概算的金额不同，届时将按照投资人报价时的财务模型、内部收益率、年运营成本等，仅对项目投资总额进行变动，重新测算每年的流域治理服务费。

（2）贷本项目建设投资中，以总投资______亿元为控制数（含征地拆迁费等前期费用部分）。如经政府有关部门审计的实际总投资超过控制数的部分，由乙方自行承担，不纳入流域治理服务费的计算依据。

D10898

（3）贷本协议所述的前期费用（含前期报建及征地拆迁费用等），由乙方应在项目公司成立后______日内，以货币的方式一次性向甲方支付，甲方向乙方提供合法的行政事业单位收据；本款所述前期工作费用为暂估金额，若未来市政府或甲方要求乙方承担的前期工作费用超出该等暂估金额的，则相应调整流域治理服务费的计费依据。

（4）贷乙方应尽最大努力申请并及时获得从事建设工程所需要的政府部门的各种批准，并使其保持有效，承担所有获得上述批准所需要的费用和支出；

（5）贷在开工日或之前开始建设工程。

（6）贷根据下列规定实施建设工程：

①适用法律；

②经有关政府部门批准的初步设计和施工图设计；

③本协议下对项目建设的其他所有要求。

（7）贷在施工过程中注意安全以保护生命、健康、财产和环境，避免安全事故；

（8）贷在施工期间采取一切合理措施减少对公众、居民和商业的干扰和不便。

8.2 建设期限

（1）本项目主要进度日期如下：

开工时间：不迟于______年______月______日开工建设（实际开工时间以本项目监理工程师发出的开工令为准）。

（2）工程进度如果因下列情况受阻，本项目合作期可相应顺延：

①不可抗力事件；

②因甲方原因导致的延期；

③法律规定或其他政府部门的原因导致的延误；

④本协议规定的其他事项。

（3）当第8.2（2）项的事件发生后，乙方要求延长合作期，应在前述事件发生后______个工作日内向甲方提出书面报告，报告应包括以下内容：

①事件的种类；

②预计延误的日期；

③乙方采取的减少延误的合理措施；

④乙方要求延长的日期。

（4）甲方应在收到乙方的书面报告后______个工作日内予以回复，逾期未提出书面意见的，视为同意乙方的延期要求。

（5）乙方在建设期内应向甲方提交每月建设工程进度报告，该报告应合理、详细的说明已完成的和进行中的建设工程情况以及甲方合理要求的其他相关事项。

* 条文批注：建设期间政府方可控的法律变更导致工期延误的责任应由政府方承担。

在建设期间，如果因发生政府方可控的法律变更导致项目工期延误（或发生额外费用），项目公司有权向政府方要求延长工期（或索赔额外费用），如果是采用政府付费机制的项目，还可以要求认定“视为已开始运营”。

8.3　质量保证与质量控制

（1）乙方工程的施工、监理、质量管理、安全管理、竣工验收等应符合相关法律和强制性标准，且应符合本协议规定的所有要求。

（2）乙方应依法选择和确定本项目主体工程的承包商。

（3）乙方在开始建设工程之前，须建立一套完整的质量保证和质量控制方案交甲方审查确认后执行，并作为验收依据之一。甲方在收到该质量保证与质量控制方案后的______个工作日内，应提出审查意见；甲方在收到乙方的方案后的______个工作日内没有提出审查意见则视为认可该方案。如甲方的审查意见要求乙方进行修改的，则乙方应当在收到甲方通知后的______个工作日内修正该方案并将其重新提交给甲方审查确认后方可执行。

（4）在不影响乙方履行本协议项下义务的情况下，甲方有权在工作时间内对乙方或承包商履约情况进行检查，以保证乙方工程的任何部分均符合本协议的要求。乙方须对此项检查予以协助。

（5）若甲方有足够的证据证明乙方建设工程或其他任何部分与本协议所规定的或其他相关部门所规定的质量或安全要求严重不符，甲方有权立

D10898

即通知乙方，乙方应按照要求进行整改。若乙方在收到甲方通知后______个工作日内未进行整改，则甲方有权自己进行或委托第三方进行必要的纠正，一切风险与费用由乙方承担。在这种情况下，乙方须允许甲方或其委托的承包商为此目的而出入项目场地。若乙方拒绝甲方或其委托的第三方进入项目场地进行纠正工作，或未能按照甲方的要求偿还甲方为此而付出的成本与费用，则甲方有权从建设履约保函项下提取相应金额。

（6）除本协议另有规定外，对乙方提交的质量保证与质量控制方案，甲方的任何作为或不作为，均不会：

①减轻或影响乙方遵守本协议或法律所要求的与质量保证有关的义务或责任；

②被视为甲方应对质量保证与质量控制方案承担任何责任。

8.4　设备与材料采购

乙方应负责依法购置本项目工程建设所需要的一切临时性或永久性的设备、材料及其他物品，本项目工程建设所需的一切设备、材料的采购、供应、进口应当按照法律实施并符合国家的规范和标准及本协议的约定。

> * 条文批注：政府对项目建设可采取的监督方式。
>
> 在政府付费的过程中，由于政府不是最终用户，政府天然地有降低采购成本的冲动，而企业天然趋利，极有可能出现的情况是：在政府缺乏监管的前提下，企业通过降低服务质量或者减少必须的公共利益投入（比如污染控制、员工安全健康保障）来增加收益。为了保障公共利益，政府需加强对项目的监管，建立项目信息公开制度，并利用社会力量加强对项目的监督。

第 9 条　土地使用

9.1　场地范围

甲方应依法提供本项目工程区红线范围图，具体参见附件 6，并以政府有关部门批准的测量数据为准。

9.2　土地使用权

甲方享有本项目土地使用权，办证所涉全部税费亦由甲方予以承担。

在本项目合作期内，甲方承诺将该等项目用地以零租金方式无偿提供给乙方使用。

本项目建设用地在乙方正式开工建设前，甲方应确保已完成所需建设用地的拆迁、补偿和安置等工作，保证该等项目用地不存在抵押、查封或存在权属争议等情况。

9.3　土地使用权的限制

场地是乙方为本项目建设之用，未经甲方书面同意，乙方不得将项目所用土地用于本项目之外的任何目的。

> *条文批注：土地权利。
>
> PPP 项目合同中通常会约定，项目公司有权在项目期限内独占性地使用特定土地进行以实施项目为目的的活动。根据我国《中华人民共和国土地管理法》规定，出让国有土地使用权可以依法转让、出租、抵押和继承；划拨国有土地使用权在依法报批并补缴土地使用权出让金后，可以转让、出租、抵押。

9.4　土地的适用性和土地的状况

乙方已察看并检查了项目场地，充分了解了该宗土地及其周围的状况，包括前期工作所包含的地下土壤状况、通道和设施关联物等情况，自愿接受该宗土地的现状（包括地下地质条件）以及所有缺陷，甲方未就土地状况向乙方做出任何声明和保证。

9.5　有关土地状况的资料

乙方对甲方提供的有关项目场地或其周围的状况的文件、材料或任何其他资料中可能含有的任何错误、不正确、遗漏均已充分知悉，甲方对此不承担任何责任或义务。

9.6　甲方对项目场地的出入权

甲方以及有关政府部门有权：

经合理通知而出入项目场地；

有权为了解建设进度或检查乙方履行本协议项下的其他义务的目的行使此项出入权；

本协议规定的其他出入的权利。

第 10 条　设计

10.1　设计工作

乙方应依法选择具备相应资质及经验的设计单位负责本项目的初步设

D10898

计、施工图设计以及所有的专项设计和技术论证。

10.2　设计文件的变更

在不改变本协议体系约定的产出说明的原则下，乙方可以对设计文件提出变更，但应遵守本协议的规定报经审核和批准。

10.3　设计变更文件的审核和批准

乙方应向甲方和其他政府主管部门提交其设计变更的所有必要的支持和证明文件，从而使甲方能够合理的出具书面意见。

在未得到本协议规定的甲方同意及适用法律要求的对设计文件的变更文件的批准前，乙方不得将此变更文件用于本项目施工。

10.4　根据适用法律的批准

除本协议另有约定外，乙方应根据适用法律的规定将设计文件提交市政府主管部门审核、审批和备案。

在市政府主管部门审阅设计文件期间，乙方应对市政府主管部门提出的疑问进行澄清和解释。

市政府主管部门应在适用法律规定的期限内（如适用法律无相关规定，则甲方应促使市政府主管部门在合理期限内）完成上述审核、审批和备案。经市政府主管部门批复的初步设计不可变更（工程地质原因和政府方原因需要的变更除外）。

10.5　设计责任

乙方应对本项目设计工作承担全部责任，包括对设计文件中的任何缺陷负全部责任。甲方和 / 或市政府主管部门未对设计文件提出异议不应被视为甲方放弃其在本协议项下的权利，或以任何方式解除乙方在本协议项下的责任或义务。甲方和 / 或市政府主管部门不因进行审核、审批和备案而对本项目的工程建设质量承担任何责任。

第 11 条　建设

11.1　工程质量

乙方应保证土建工程和设备安装工程质量到达到适用法律及本协议约定的设计要求。

在工程开始施工后，乙方应严格执行各项质量保证和质量控制计划。甲方有权参加或检查乙方以及分包商的质量控制过程及方法，以确保工程的质量要求。

11.2　工程进度

乙方应严格按照本协议所规定的时间进行施工，于每月 5 日前向甲方提交工程进度报告，详细说明如下事项：

①工程进度实际完成的百分比与计划完成的百分比的比较；

②工程投资完成情况；

③存在的问题及处理意见，包含与进度计划的差异、原因分析及正在采取的纠正措施。

11.3　甲方对工程的监督检查

（1）甲方有权随时检查乙方的建设是否符合本协议的要求。

（2）若发现任何部分不符合要求，甲方有权通知乙方，指出缺陷或不符合规定之处。

（3）若乙方对甲方根据上述第（2）款所发出的通知有异议，则须于接到甲方通知后的 5 个工作日内将其异议通知甲方，否则应提出整改方案和措施报甲方批准后对工程进行整改。甲方与乙方须尽合理努力以求解决此项事宜。若在此后 5 个工作日内，该事宜不能得到解决，则依据争议解决程序就该事宜作出裁决。

（4）甲方是否监督、检验本项目建设工程均不能减免乙方在本协议下的任何义务、责任。

第 12 条　甲方要求的变动

12.1　甲方的变动通知

甲方认为需要对项目建设进行变动，应书面通知乙方。

12.2　乙方对变动的回复

乙方在收到甲方要求变动的通知后的 10 个工作日（或甲方同意的延长期限）内，须就变动向甲方作出书面答复。如果乙方未按规定的时间回复，则视为乙方已接受了变动。

12.3　甲方的答复

在收到乙方对变动的回复后 10 个工作日内，甲方须：

①以书面方式确认乙方对变动的回复中所包含的事项，在此情况下，第 12.5 款将适用；

②或者以书面形式表明不同意乙方对变动的回复，并列明不同意的具体事由，在此情况下，该变动将依照争议解决程序的规定进行裁决。

12.4　甲方对变动通知的确认

依照争议解决程序对变动的争议事项作出裁决后的 20 个工作日内，甲方须依据裁决内容以书面方式：

①要求乙方执行变动；

②或撤回变动通知。

12.5　变动的实施

在变动被确认之后：

（1）本协议被视为在当日作出了修改，且甲方与乙方须遵守它们在修改后的本协议项下所应承担的义务；

（2）乙方须按甲方变动通知所要求的方式或裁决结果，实施该项变动；

（3）除本协议另有明确约定外，甲方的变动引起的成本变化，由双方另行商定。

12.6　批准

（1）乙方应根据勤勉尽责的原则准备、并向政府部门（或其他有关机构）提交适当的申请及其他相关文件，尽力获得实施变动所必需的任何批准；

（2）如果乙方遵守了其在上述第（1）款项下的义务，但乙方的申请被政府有关部门拒绝，甲方要求变动的通知应视为已被放弃。

12.7　减轻损失的义务

（1）双方应始终尽一切合理的努力，以减轻或降低因变动而花费的支出和发生的损失。

（2）因变动所致的延误。因甲方要求的变动而导致项目工期的迟延，依本协议 15.1（3）项处理。

第 13 条　乙方要求的变动

13.1　乙方的变动通知

乙方在开工日后，认为需要对项目建设进行变动，应书面通知甲方并经其同意后方可实施，否则不得变动。

13.2　甲方的回复

甲方在收到乙方要求变动的通知后的 10 个工作日内，须就变动向乙方作出书面回复，否则视为同意。

13.3　批准

根据法律规定，变动应经过批准的，乙方应负责办理报批手续并自行承担所有的相关费用。

13.4　乙方要求的变动的实施

（1）当甲方书面同意乙方要求的变动时，本协议应视为在当日作出了修改，双方须遵守其各自在修改后的本协议项下的义务；

（2）乙方要求的变动引起成本增加的，则由乙方自行承担；如乙方要求的变动使得本项目成本降低的，则甲方有权就该等成本的降低相应调减流域治理服务费的计费依据。

第 14 条　验收

14.1　调试与试运行

（1）本项目土建工程质量验收和设备安装测试由乙方组织，甲方、______市质检部门及本项目监理单位参与。该等工作完成后，乙方应提前 10 个工作日向甲方发出通知，告知各组项目调试时间，甲方应当派员参加乙方按照本协议和适用法律及标准组织的调试，并在调试合格后 10 个工作日内以书面形式通知乙方确认调试合格。

（2）若调试不合格，乙方应当采取所有必要的改正措施予以补救，并提前 10 个工作日向甲方发出书面通知再次组织调试，甲方应当派员参加项目公司按照本协议和适用法律及标准组织的调试，并在调试合格后 10 个工作日内以书面形式通知乙方确认调试合格。由于乙方再次组织调试而导致的建设费用的增加和工期的延误由乙方承担责任。

（3）在甲方接到通知但未派员参与调试的情形下，乙方对各组项目的调试可在甲方缺席的情形下进行。乙方应当在完成各组项目调试后3个工作日内向甲方提交调试报告，甲方应在收到乙方提交的调试报告后10个工作日内根据所有适用的技术标准对调试报告予以审核。若甲方确认调试合格则应在前述期间内以书面形式通知乙方确认调试合格；若甲方确认调试不合格则应在前述期间内向乙方发出调试不合格并附具说明理由的书面通知，乙方应当按照本协议第14.1（1）项的约定重新组织调试。

（4）若甲方未在本协议第14.1（1）项、第14.1（2）项和第14.1（3）项所述10个工作日内向乙方出具任何书面形式的通知，则10个工作日届满之日即视为调试合格。

（5）本项目经甲方书面确认调试合格或视为调试合格后，乙方应依法向环保主管部门提出试运行申请，并同时书面通知甲方。乙方应在收到环保主管部门同意试运行的书面通知后3个工作日内组织实施试运行。项目公司应自试运行之日起3个月内向环保主管部门申请进行环保验收。如届时尚不具备环保验收的条件，则应向环保主管部门提出延期申请，同时报甲方备案。

14.2　完工投运确认

若经甲方与乙方共同委托的具有资质的监测机构监测数据表明本项目检测断面水质自试运行之日起连续3个月均能达到本协议的要求，则甲方应在前述条件满足之日起5个工作日内向乙方签发完工投运确认书，若前述期限内甲方未向乙方出具任何书面形式的通知，则5个工作日届满即视为本项目完工投运，前述监测机构之费用由乙方予以承担。

14.3　商业运营日

乙方取得甲方完工投运之日的次日为商业运营日，本项目自此进入商业运营期。

自商业运营日起，甲方按照附件7的约定及时、足额支付流域治理服务费。

14.4　竣工验收

乙方应按照适用法律及本协议的要求组织本项目竣工验收以及在竣工验收合格后完成竣工验收备案。

＊条文批注：验收不合格情形的处理。

财政部、发展改革委和中国人民银行联合发布的《关于在公共服务领域推广政府和社会资本合作模式的指导意见》指出：按照合同约定，对项目建设情况和公共服务质量进行验收，逾期未完成或不符合标准的，社会资本要限期完工或整改，并采取补救措施或赔偿损失。

第 15 条 建设的延迟、放弃和甲方介入

15.1 延迟

延迟是指乙方违约、甲方违约、不可抗力、法律变更或变动等事件导致建设工程不能如期开工或完工。

（1）乙方在获悉可能导致项目在开工日前不能开工的任何事件发生时，应于 3 个工作日内以书面方式向甲方发出延迟通知，通知内容包括但不限于：

①延迟事件发生的原因、时间、过程；

②延迟或延迟事件的责任者；

③预计延迟时间；

④对本协议的任何违约或预期违约；

⑤乙方关于减轻和纠正延迟或延迟事件影响的计划。

（2）乙方在发出延迟通知后，应定期（至少应每星期）就相关情况向甲方提供事件的最新进展报告。

（3）非乙方原因导致的延迟将相应顺延项目合作期，若延误由甲方或其他政府部门造成则甲方还应给予乙方一定补偿，届时由双方协商补偿办法或金额。

15.2 放弃

乙方以书面形式表示放弃本项目建设或运营。

15.3 视为放弃

除不可抗力或甲方违约的情况外，如果乙方出现下列情况，则本项目的建设应视为已被放弃：

书面通知甲方其已终止任一建设工程，且不打算重新开始施工；

D10898

由于乙方原因未能在开工日期之后30天内开始项目的建设；

由于乙方原因未能在任何不可抗力事件结束后30天内恢复建设工程施工；

乙方出于任何其他原因在商业运营日前停止工程建设，直接或通过分包商撤走场地全部或大部分的工作人员。

15.4 甲方介入完成建设

（1）甲方介入的条件

乙方出现下列情况之一的，则甲方有权指定第三方取代乙方承担项目的任何必要的建设，以便实现完工。

①书面表示放弃项目；

②被视为放弃项目建设。

（2）甲方介入建设后，乙方应与甲方及其指定第三方合作，向其提供所有合理的协助，并让贷款人在其融资文件中作出具有相同效果的承诺，以确保项目的建设和完工。

（3）甲方介入项目的建设，不应被视为根据本协议承担了乙方的义务。

（4）除本协议另有规定外，甲方及其指定第三方介入建设所产生的一切费用和风险由乙方承担。甲方有权在向乙方提供详细的费用和支出记录后，从建设履约保函项下提取该部分款项。

（5）如果乙方已采取了切实可行的措施或提供了有效担保，甲方应撤出项目的建设。乙方应在此时恢复承担全部责任，直至任何一方发出终止通知为止。

第六章　项目的运营和维护

第16条　运营和维护要求

16.1 乙方的主要责任

（1）在整个合作期内，乙方应自行承担费用和风险，管理、运营和维护项目设施。

（2）在商业运营日前，应建立运营和维护质量保证和质量控制的具体措施和制度交甲方确认后执行。

（3）乙方应确保在整个合作期内，始终根据下列规定运营并维护项目设施：

①适用法律和规范性文件；

②本协议附件 7 的规定；

③维护手册以及与项目设施有关的设备的制造商提供的一切有关手册、指导和建议；

④谨慎工程和运营惯例。

（4）乙方应确保项目设施始终处于良好营运状态并能够以安全、连续和稳定的方式提供符合适用法律和本协议要求的服务。

（5）乙方应按照甲方要求，每月提交运营成本资料以及甲方可合理要求提供的有关乙方财务状况的其他资料。

＊条文批注：政府不应过多介入运营维护工作。

为加快转变政府职能，实现政企分开、政事分开，应由项目公司承担公共服务涉及的运营维护责任，政府作为监督者和合作者，应减少对微观事务的直接参与，加强绩效考核，帮助解决政府职能错位、越位和缺位的问题，深化投融资体制改革，推进国家治理体系和治理能力现代化。

16.2　运营、维护和修理记录

（1）乙方应确保：

①对运营、维护和修理项目的情况进行详细记录；

②准许甲方在给予合理通知后于正常工作时间对其运营维护情况进行检查并查阅和复制上述记录。

（2）甲方承诺若乙方的上述记录可能包含商业秘密的，其应尽合理努力予以保密。

16.3　监督与检查

（1）甲方有权派出监督员或者指定任何代表在任何时候进入项目场地，以监察项目设施的运营和维护。但是，甲方监督员或其指定代表进入项目场地或乙方的办公场所不应不适当地干涉乙方对项目的正常运营和维护工作。

（2）应甲方的要求，乙方应在 10 日内提供：

D10898

①自商业运营日起，在每个季度结束后的10个工作日内提交的一份关于项目运营和维护的报告；

②甲方认为必要的任何其他运营和维护资料和信息。

16.4　临时接管

（1）乙方在本项目建设期或运营期内有下列行为之一的，甲方有权责令其限期改正，逾期不改的，甲方有权对本项目实施临时接管：

①擅自停业、歇业，严重影响社会公共利益和公共安全的；

②擅自处分项目资产的，导致本项目不能正常运营的；

③因乙方自身管理不善发生重大质量、生产安全事故的，导致本项目不能正常运营的；

④因乙方自身经营管理不善等原因，造成财务状况严重恶化，导致本项目不能正常运营的；

⑤乙方法人主体资格终止或撤销。

（2）乙方应无条件服从甲方或甲方指定机构接收或接管本项目的所有指令、命令，且乙方应当在甲方或甲方指定机构临时接管前善意履行看守职责，并应保证在甲方或甲方指定机构对本项目实施临时接管期间向甲方提供正常运营本项目所需的资料。

16.5　项目设施的大修

（1）除非本协议体系另有约定，在本项目合作期内，乙方应根据年度经营计划中之生产维护及大修更新计划以及检修与维护手册的规定，对项目设施定期进行大修，并承担因此发生的所有费用。

（2）乙方应在计划检修之前30日报甲方具体检修的时间安排。

（3）大修项目包括但不限于：

①项目设施制造厂商维修手册中提出的标准项目；

②消除项目设施实际存在的重大缺陷；

③有关检修、探测、检测及易损易耗件的更换等；

④其他必需的项目。

16.6　项目设施的重置

（1）合作期间，项目设施的重置由乙方自行承担费用并负责实施，重置资产所有权归属甲方所有，报废资产归属乙方所有。未经甲方提前书面同意，除合理资产报废事项外，乙方不得对重置资产行使出售、转让、出租、抵押等转移所有权或可能转移所有权之处分权，亦不得在重置资产上设定其他权利限制。

（2）乙方为该等重置所采购的设备应符合本项目对届时产出的标准要求。乙方在实施该等重置前，应提前 30 日将拟采购设备的规格、型号、价格和性能等情况报甲方备案。

（3）重置后，乙方应对相应的技术文件进行存档并妥善保管。

16.7　技术改造与扩建

（1）若未来非因乙方原因导致本项目监测断面水质长期超标或适用法律中对新标准的执行或依据甲方要求而需要对项目设施进行的必要技术改造或者扩建，届时甲乙双方将根据乙方的投资额以及运营成本的变动协商调整流域治理服务费，或由甲方通过乙方认可的其他形式予以补贴。

（2）本协议第 16.7（1）项约定需技术改造与扩建之情形下，乙方应根据经相关审批机构审核的初步设计及施工图设计负责技术改造的投资、建设及后续运营，乙方具体投资额以双方共同聘请的审计机构对技术改造工程审计后的竣工决算金额为准。

（3）本协议第 16.7（1）项所述改造方案确定的改造或扩建期限内，甲方应按改造前产出执行标准对乙方予以考核以及支付相应的流域治理服务费。乙方应尽最大努力确保改造期间对流域治理服务的影响降到最低。

（4）依据本协议第 16.7（1）项的约定实施技术改造或扩建后形成的资产，在本项目合作期内其所有权归属甲方所有，对该等资产的使用受本协议第 2.1（1）项的约束。

16.8　运营维护承包商

乙方如需选择第三方运营维护承包商负责项目的运营维护的，应按照经甲方事先书面认可的遴选方式、资格条件、业绩要求等，依法选择一家具有丰富经验的专业运营商，并应将有关结果报甲方备案。

甲方对运营维护承包商的认可并不解除乙方在本协议项下的任何义务。乙方对于运营维护承包商或由其有关人员的任何作为或不作为对甲方

D10898

承担完全的责任。

运营维护合同应包含使运营维护承包商能够履行本协议项下的义务所必需的条款或规定。

或者，乙方直接负责本项目的运营与维护，并自行承担项目的所有费用和风险。乙方应保证在合作期内完全有能力按谨慎工程和运营惯例运营本项目，使本项目处于良好的运营状态并能够安全稳定地进行运营维护。

第 17 条　运营维护保函

17.1　出具运营维护保函

乙方应在项目商业运营日起 10 个日内向甲方出具运营维护保函，其格式应为附件 9 规定的见索即付的银行保函或为甲方接受的其他格式的保函，作为其履行整个运营期义务的保证。运营维护保函金额为人民币______（小写：______元），担保期至移交维修保函提交日。

17.2　恢复运营维护保函的数额

如果甲方在项目合作期内根据本协议的有关规定提取运营维护保函项下的款项，乙方应确保在甲方提取后的 10 个工作日内，将运营维护保函的数额恢复到本协议第 17.1 款规定的数额，且应向甲方提供运营维护保函已足额恢复的证据。甲方提取运营维护保函的权利不影响甲方在本合同项下的其他权利，并且不应解除乙方不履行维护本项目义务而对甲方所负的任何进一步的责任和义务。

17.3　运营维护保函的延续

乙方可以根据其意愿提供一份期限少于第 17.1 款提及的整个期限的运营维护保函。在这种情况下，在运营维护保函到期前的 30 天之前，乙方应使这份运营维护保函通过另一份运营维护保函得以延续或更换。

17.4　未恢复、延续或未更换

（1）如果乙方没有遵守第 17.2 款或第 17.3 款的规定，并且乙方在收到甲方要求其履行义务的书面通知后 7 个工作日内未予以纠正，甲方有权：

①提取届时有效的运营维护保函下的全部款项；

②扣留在本协议下由甲方或其指定机构应支付给乙方的任何款项，直至乙方完全

履行其在第 17.2 款或第 17.3 款项下的义务或直至所扣留的金额和在 17.4（1）项下提取的数额总共达到本协议 17.1 款规定的保函最高额为止。

（2）甲方应保证按第 17.4 款提取或扣留的所有款项，用于承担运营维护保函担保的相同义务，并且应在下述两个日期中的较早的一个日期将该等款项未使用的余额交予乙方：

①乙方完全履行其在第 17.2 款或第 17.3 款项下的义务之日；

②提交移交维修保函之次日，如果本协议提前终止，则在终止日后的第 3 个月届满之日。

第七章　项目绩效指标及付费

第 18 条　产出说明

乙方应保证所提供的服务达到本协议附件 7 所列明的产出标准。

第 19 条　流域治理服务费

19.1　当期流域治理服务费的组成

当期流域治理服务费 = 年度流域治理服务费 /4× 根据考评确认的支付比例

年度流域治理服务费：根据乙方在最终响应文件中的报价确定，该等报价或根据本协议第 8.1（1）项、第 8.1（2）项、第 8.1（3）项做出相应调整。

当期流域治理服务费按考评后应支付的比例的确认：根据本协议附件 7 的考评结果，100 分 ≥ 总分 ≥ 90 分，支付比例为 100%；90 分 > 总分 ≥ 80 分，支付比例为 90%；80 分 > 总分 ≥ 70 分，支付比例为 80%；70 分 > 总分 ≥ 60 分，支付比例为 70%；总分 <60 分的，甲方当期可以不予支付，待下一期考评总分 ≥ 60 分后一并支付，上期未支付部分的支付比例为 65%。

19.2　流域治理服务费的支付

自本项目运营日起，甲方应按照本协议及附件 7 的约定予以考核，按季度支付流域治理服务费。

19.3　调价公式

流域治理服务费中的运营维护部分将依据本协议附件 9 规定的调价公

式予以调整。

第八章　项目移交

第 20 条　项目移交

20.1　移交范围

在移交日期，乙方应向接收人无偿移交：

①项目设施或项目资产的所有权利和利益；

②本项目 3 个月内正常需要的消耗性备件和事故修理备品备件。

甲方可以合理要求的且此前乙方未曾按照本协议规定交付的运营、维护、修理记录、移交记录和其他资料，以使其能够直接或通过其指定机构继续本项目的运营。

向接收人移交项目设施或项目资产时，应解除和清偿完毕乙方设置的所有债务、抵押、质押、留置、担保物权，以及源自本项目的建设、运营和维护的由乙方引起的环境污染及其他性质的请求权。

* 条文批注：可约定环境许可证的期限。

项目公司申请获得的与环境有关的许可证一般会在特许经营期满之日即告过期，但也可能有效期长于特许经营期，或者其在获得延期后导致其有效期长于特许经营期。因此，项目协议中可以约定，若属于此种情形，特许权人应在清算项目公司时将所有许可和执照转让给新的项目公司，或在出售项目公司的股权时保证此类许可和执照不因特许经营期满而终止。

项目公司的持续性责任。

项目公司有时可能会因违反了环境许可证或执照，导致特许经营期满时出现未履行的义务，此类义务可能源于法律规定、法院或其他政府部门的行为。在这种情况下，除为解决与第三方或雇员的争议可能引起的费用之外，上文谈到的运营和维护保函应覆盖此类责任。

可约定特许权人在项目移交时的合理支持义务。

鉴于特许经营期满后出现的移交，特许权人往往要求运营商放弃禁止转让供应合同的权利。同时，也会规定特许权人有义务给予合理支持，以确保运营商能与政府或下一个特许权人达成协议以在移交过程中及移交完成后继续运营设备。

20.2　最后恢复性大修和移交验收

20.2.1　最后恢复性大修

（1）在移交日期之前不早于______个月，乙方应对本项目设施进行一次最后恢复性大修，确保本项目设备的整体完好率达到______%，但此大修应不迟于移交日期______个月之前完成。大修的具体时间和内容应于移交日期前______个月时由移交委员会核准。

（2）最后恢复性大修应包括：

①消除实际存在的缺陷；

②检修、探伤、检测等；

③甲方合理要求的其他检修项目。

（3）乙方有义务将甲方合理提出的检修项目列入其最后恢复性大修计划。

（4）如果乙方不能根据第 20.2.1 款进行最后恢复性大修，甲方可以自行或委托第三方进行大修，由乙方承担费用和风险。甲方应有权提取移交维修保函，以补偿最后恢复性大修的费用。在此情况下，应向乙方提供所发生的支出详细记录。

20.2.2　移交验收

在最后恢复性大修后并在移交日期之前，甲方应在接收人和乙方代表在场时对本项目进行移交验收。如发现存在缺陷的，则乙方应及时修复，如果乙方不能自前次验收日起 30 日或双方同意的更长时间内修正任何上述缺陷，则甲方可以自行修正，由乙方承担风险和费用。甲方应有权从移交维修保函中支取费用以补偿修正上述缺陷的支出，但是需将发生的支出详细记录提交给乙方。

20.3　移交程序

移交委员会应在移交日期 12 个月前会谈并商定移交项目资产清单（包括备品备件的详细清单）和移交程序。

乙方应提供移交必要的文件、记录、报告等数据，作为移交时双方的参考。

除本协议另有规定外，双方在完成项目资产移交程序前，均应继续履行其本协议项下的义务。

20.4　保证期

20.4.1　移交日期本项目的状况

在移交日期，乙方应保证本项目：

①设备整体完好率达到______%；

②符合本协议所规定的安全和环境标准；

③符合本协议中所规定的移交标准。

20.4.2　缺陷责任期

乙方进一步保证在移交日期后______个月届满日期间，修复由原材料、工艺、施工、运营或管理缺陷或合作期内乙方的任何违约造成的项目设施任何部分出现的任何缺陷或损坏（正常磨损除外），及 / 或环境污染责任。

甲方发现任何上述缺陷或损坏及 / 或环境污染责任后应及时通知乙方。在任何情况下，上述通知最迟应在 12 个月的保证期结束前送达。收到该通知后，乙方应尽快自费修正缺陷。如果乙方在收到甲方通知后 30 日内不能或拒绝修正缺陷，甲方有权自己或请第三方修正上述缺陷。在这种情况下，乙方应支付合理且必要的修理费用，而且甲方有权提取移交维修保函中相应金额以补偿此项费用。

除非因乙方严重不当行为，根据第 20.4.2 款乙方对甲方的责任应限于移交维修保函项下的金额。

> * 条文批注：通常实践的缺陷责任期间。
>
> 目前国内的实践中政府常常在特许经营期之外就修复的资产再约定一个缺陷责任期间（如一年期）。

20.4.3　未能修复缺陷或损害的赔偿

如果为符合本协议规定的标准所需进行的对本项目设施缺陷或损害及 / 或环境污染责任的修复无法实施或不合理地增加负担或过于昂贵，则甲方有权因本项目的性能指标降低而获得补偿。甲方有权提取移交维修保函获得上述赔偿。

20.5　移交维修保函

20.5.1　移交维修保函的提供

（1）移交维修保函的提供。乙方应于合作期限届满日 12 月之前，向甲方提供符合下列要求的移交维修保函，作为其履行在本协议下的移交维修义务以及质量保证义务的担保：

①符合本协议附件 10《移交维修保函》规定的格式或甲方同意的其他格式；

②由甲方可接受的一家金融机构出具；

③金额为______元整（小写：______）。

（2）移交维修保函的解除。移交维修保函在缺陷责任期结束之日止。

20.5.2　恢复移交维修保函的数额

如果甲方在移交维修保函担保期限内根据本协议的有关规定提取移交维修保函项下的款项，乙方应确保在甲方提取后的 10 个工作日内，将移交维修保函的数额恢复到本协议前款约定的数额，且应向甲方提供移交维修保函已足额恢复的证据。甲方提取移交维修保函的权利不影响甲方在本合同项下的其他权利，并且不应解除乙方不履行维护本项目义务而对甲方所负的任何进一步的责任和义务。

乙方未在前述期限内补足或恢复移交维修保函相应金额的，甲方有权发出催告，乙方应在 30 日内予以补足；乙方在前述期限内仍未补足的，则甲方有权提取移交维修保函项下的余额，并有权提前终止本协议，收回本协议项下的经营权。

20.6　保险和承包商保证的转让

在移交时，乙方应将所有承包商和供应商提供的尚未期满的担保及保证无偿转让给接收人，并且将所有保险单、暂保单和保险单批单转让给接收人。接收人应支付或退还上述移交之后保险期间的保险费。

20.7　技术转让

乙方应在移交日期将届时使用的运营和维护本项目所必须的乙方享有所有权的所有技术和技术诀窍，无偿移交给甲方或其指定的接收人，并确保甲方或其指定的接收人不因此遭受损失。如果该等技术和技术诀窍为第三方所有的，则乙方应当协助甲方或其指定的接收人按照实际使用费用取得这些技术和技术诀窍的使用权。

D10898

20.8　人员及培训

合作期结束的6个月之前，乙方应提交一份当时乙方员工的名单，包括每位员工的资格、职位和收入的细节。甲方有权选择在移交日之后优先继续聘用全部或部分员工。

甲方或其指定机构需要在移交日之前派驻人员到项目设施所在地进行培训或学习的，应在移交日6个月之前向乙方说明情况及拟派驻人员名单，乙方免费负责为上述人员提供培训，使之达到熟练操作和管理要求。作为移交的一部分，甲方和乙方应联合考试，以确定被指定人员经过培训合格，可以接管本项目的独立运营和维护。移交后，乙方有义务免费提供不低于6个月的技术支持。

20.9　合同期限及相关

乙方在与第三方签订运营维护合同、设备合同及其他合同时，应努力使得该等合同的有效期届满日不超过本项目合作期限届满日。

如在移交日前，乙方需签订运营维护合同、设备合同及其他合同，且该等合同在本项目合作期届满后仍为有效的，则乙方应在该等合同签订前报经甲方同意。未经甲方同意的，由乙方承担相应责任。

20.10　移走乙方相关的物品

除非双方另有协议，乙方应于移交日期之后60天内，自费从场地移走仅限于乙方员工的个人用品以及与本项目运营和维护无关的物品，不包括移交清单所列的项目设备、备品备件、技术资料或者项目设施营运和维护的必需物品。如果乙方在上述时间内没有移走这些物品，甲方在通知乙方之后，可以移走并将物品转运至适当的地点以便安全保管。乙方应承担搬移、运输和保管的合理费用和风险。

20.11　风险转移

乙方应承担移交日期前项目设施的全部或部分损失或损坏的风险，除非损失或损坏是由甲方的违约或不可抗力所致。

20.12　移交费用和批准

双方应负责各自的因向接收人移交和转让发生的费用和支出。甲方应自费获得所有的批准或使之生效，并采取其他可能为移交和转让所必需的行动，并且应支付与移交和转让有关的所有印花税、税收、收费和类似的费用。如果乙方未按第 20 条规定的范围和内容进行移交，甲方为此发生支出或遭受损失，甲方有权从运营维护保函及移交维修保函中扣除。

20.13　移交委员会和移交程序

合作期届满 24 个月前，甲方和乙方应成立移交委员会，由乙方 3 名代表和甲方 3 名代表（包括至少一名接收人的代表）组成。移交委员会应定期会谈，必要时经双方同意可随时会谈，以便于商定项目设施移交的详尽程序及最后恢复性大修、最后恢复性大修后的验收和将移交的建筑、设备、设施、物品和备品备件的详细清单等。

在会谈中，乙方应提交负责移交的代表名单，甲方应告知乙方其负责接收移交的代表名单。移交委员会应在移交之前的第 3 个月开会以准备移交仪式。

20.14　本协议移交后的效力

自移交日期开始，乙方在本协议项下的权利和义务即应终止，本协议另有规定的除外，并且双方于移交日之前发生及未付的债务除外。接收人应接管项目的运营及本协议明示或默示的，因本协议产生的，于协议终止后仍然有效的任何其他权利和义务。

第九章　违约和终止

第 21 条　不可抗力

21.1　不可抗力引起的终止履行

（1）不可抗力事件

任何一方由于出现不可抗力事件使该方无法全部或部分履行其本协议项下的义务时，该方应有权终止履行本协议项下的义务。

不可抗力应包括但不限于下列事件：

①雷电、干旱、火灾、地震、火山爆发、山崩、滑坡、水灾、暴风雨、海啸、台风或龙卷风；

②流行病、饥荒或瘟疫；

③战争行为（无论是否宣战）、入侵、武装冲突或外敌行为、封锁或军

事力量的使用、禁运、暴乱或民众骚乱、恐怖行为、军事演习或政变；

④化学或放射性污染或核辐射。

（2）适用于乙方的例外情况

乙方无权将下述情况视作不可抗力事件而终止履行本协议或不完全履行本协议项下义务：

①乙方的承包商或其他与乙方建立合同关系的第三方在履行合同方面发生延误；

②项目设施的故障或正常磨损。

（3）适用于甲方的例外情况

甲方无权将下述情况视作不可抗力事件而终止履行或不完全履行本协议项下义务：市人民政府对项目设施或其任何部分实行的没收、充公或国有化。

（4）通知

声称受到不可抗力影响的一方应在知道不可抗力之后10个工作日内书面通知另一方，详细描述不可抗力的发生情况和可能导致的后果，并根据对方要求提供证明。

（5）损失承担原则

发生不可抗力时，双方应各自承担由于不可抗力对其造成的损失。

（6）减少损失的责任和协商

受到不可抗力影响的一方应努力减少不可抗力的影响。双方应协商采取合理的补救措施尽量减少不可抗力给各方带来的损失。

声称不可抗力的一方在不可抗力消除之后应尽快恢复履行本协议项下的义务。

（7）不可抗力造成的终止

当不可抗力事件阻止一方履行其义务的时间持续90天以上时，双方应协商决定继续履行本协议的条件或者终止本协议。如果自不可抗力发生后180天之内双方不能就继续履行的条件或终止本协议达成一致意见，任何一方有权给予另一方书面通知后立即终止本协议。

＊条文批注：项目提前终止的主要原因。

导致项目提前终止的原因主要有：政府主动终止、政府违约、特许权人违约以及双方当事人不可控制的其他原因（如不可抗力、法律变更等）。

提前终止与期满终止的主要区别。

提前终止与期满终止最大的区别在于产权移交的条件。在项目提前终止的情况下，存在一个评估机制。同时，提前终止往往造成财务上因终止理由不同导致的赔付金额不同。

第 22 条　违约及赔偿

除本协议已有规定外，双方的违约及赔偿按以下规定执行：

22.1　甲方违约及赔偿

（1）延迟开工

由于甲方原因导致的开工延迟将相应顺延项目合作期，并由甲方给予乙方一定补偿，届时由双方协商补偿办法或金额。

（2）流域治理服务费支付的违约

甲方未按照本协议的有关规定，向乙方支付相应的服务费，则乙方有权向甲方发出催告，如甲方在催告通知出具后的 30 日内仍未能支付的，则甲方除应支付应付未付流域治理服务费外，还应每日按照应付未付金额的 0.05% 另行向乙方支付滞纳金。

22.2　乙方违约及赔偿

（1）延迟开工

乙方不能在本协议规定的开工日或之前开工的，每逾期一日，乙方应向甲方支付______万（______）元的违约赔偿金，如因乙方原因拖期超过 50 日，则甲方有权提出提前终止合同。但不可抗力和甲方的责任造成的延迟除外。

（2）运维绩效不达标

甲方除有权根据附件 7 约定的绩效指标支付相应的流域治理服务费外，如乙方未在规定的时间内改正或改正的效果未能达到本协议约定的标准的，则甲方有权视情形提取运营维护保函或移交维修保函项下的相应金额。

D10898

22.3　不减免和影响的事项

违约方对违约责任的承担并不能减免其在本协议下的其他任何义务。

双方获得上述违约赔偿的权利不影响其在本协议项下的终止权。

22.4　减轻损失的措施

由于另一方违约而遭受损失或可能会遭受损失的一方应采取合理措施防止损失扩大或减少损失。如果一方未能采取此类措施，违约方可以请求从赔偿金额中扣除应能减少的损失金额。受损害的一方应有权从另一方获得因试图减轻和减少损失而发生的任何费用。

22.5　部分由于受损害方造成的损失

如果部分损失是由于受损害方的作为或不作为造成的，或部分损失应由受损害方承担的，赔偿的数额中应扣除该部分损失。

第 23 条　终止和终止补偿

23.1　甲方发出的终止

下述任一事件发生时，甲方有权立即发出终止意向通知：

（1）乙方在本协议第 3.2 款的承诺被证明在做出时存在虚假或未兑现，严重影响其履约能力的情形；

（2）乙方未能根据本协议约定提交建设履约保函、运营维护保函或移交维修保函并保持其有效的；

（3）乙方出现本协议第 15.2 款及第 15.3 款约定的放弃建设或视为放弃建设情形的；或者因乙方出现第 22.2 款第（1）项约定的导致提前终止情形的；

（4）乙方被依法吊销营业执照、责令停业、清算或破产；

（5）贷款人开始行使其担保协议项下的担保权利并可能造成项目无法正常运营；

（6）除报经甲方同意的计划内维修外，未经甲方事先书面同意，乙方擅自停止对项目的运营的（如属紧急情况的除外，但应在发生的同时口头告知甲方，并应在发生后 1 天内书面报告甲方）；

（7）未经甲方同意，乙方擅自出租、质押、转让项目经营权或擅自进行股权转让的等。

23.2　乙方发出的终止

下述任一事件发生时，乙方有权立即发出终止意向通知：

（1）甲方在本协议第 3.1 款的承诺及其他任何声明和保证被证明是虚假的或未兑现，使乙方履行本协议的能力受到严重不利影响；

（2）甲方无正当理由在逾期 6 个月（自应付日起算）后仍未支付流域治理服务费。

＊条文批注：项目公司单方解除协议的维持义务。

《市政公用事业特许经营管理办法》要求，如果是获得特许经营权的企业在协议有效期内单方提出解除协议的，在得到主管部门同意解除协议前，获得特许经营权的企业必须保证正常的经营和服务。

23.3　法律变更或政府行为

如果在本协议生效后，因法律变更及政府行为导致乙方部分或全部不能履行本协议项下主要义务，而这种变化和影响又不以甲方的意志为转移，甲乙双方应尽力就继续履行本协议进行协商，若不能达成一致，则一方可向另一方发出终止意向通知。

23.4　协商一致终止

在合作期内，由各方协商一致可提前终止本协议，此种情形下的终止及对应终止补偿金的计算问题等，由各方届时协商一致。

23.5　终止意向通知和终止通知

（1）终止意向通知

按照第 23.1 或 23.2 或 23.3 款发出的任何终止意向通知均应同时向贷款人发出一份复印件。在终止意向通知发出之后，双方应在 30 天内协商避免本协议终止的措施。

如果乙方和甲方就将要采取的措施达成一致意见，或者乙方或甲方（视情况而定）在相应的协商期或双方可能同意的更长的时间内纠正了违约事件，终止意向通知即自动失效。

（2）终止通知

在协商期届满之时，如果双方未达成一致，或导致发出终止意向通知

D10898

的违约事件未得到纠正，则发出终止意向通知的一方可以向另一方和贷款人就此发出终止通知，本协议在终止通知送达对方之日终止。

23.6 甲方的权利

（1）对设施的运营权利

在项目合作期内，如果乙方发生第23.1款所述事件，甲方发出终止意向通知之后，甲方或其指定机构有权，但在任何情况下无义务替代乙方接管项目设施的运营，以使项目设施继续运营或完成任何必要的修理以保证项目设施继续运营。乙方保证与甲方或其指定机构合作，并应让贷款人在融资文件中作出具有同样内容的承诺。

任何情况下，甲方选择运营项目设施不应被视为所有权的转让或承担乙方作为项目设施所有权人的义务。

在甲方或其指定机构运营项目设施期间，乙方无义务支付在甲方及其指定机构接管项目设施的运营之日以后发生的运营费用。甲方无义务向乙方支付任何服务费，直至乙方按照本协议接替或承担项目设施的运营。

甲方应有权在任何时候退出项目设施的运营，在此情况下乙方应全面负责项目设施运营，直到任何一方发出终止通知。

（2）终止本协议的权利

如果在第23.1款所述事件发生之后，甲方已发出终止意向通知，并且乙方违约事件在协商期期满之日前未得以补救，则甲方应有权在上述日期之后的任何时间发出终止通知终止本协议。

23.7 终止的后果

本协议终止后，双方在本协议项下不再有进一步的义务，但到期应付的款项除外；本协议的终止不影响本协议中争议解决条款和任何在本协议终止后仍然有效的其他条款的效力。

23.8 建设期终止补偿

在项目建设期本协议提前终止的情形下，双方应在合同终止之日起15日内依据投资文件、财务文件、施工文件等资料共同确定前期手续、工程设备、材料、投资人的设备和工程实物的价值，以及到终止合同日期为止乙方应得到的所有款项，甲方同意在终止之日起 30 日内将上述款项结算完毕，乙方办理项目清场手续，退出施工现场。

如因甲方违约导致终止协议，除应考虑项目公司的成本及相关费用、投资收益等因素外，还应包括由于项目公司提前终止采购、施工和劳动合同等增加的费用。

如因乙方违约导致终止协议，项目公司应得到的款项仅包括其在本项目中投入的甲方尚未支付的成本及相关费用的 85%。

23.9　运营期终止补偿

在项目运营期本协议提前终止的情形下，甲方当且仅在如下情形时支付项目公司合理补偿金，补偿金具体按下表确定：

提前终止补偿情形及补偿表

项次	本协议提前终止之情形	终止补偿金
一	政府方违约事件导致的终止	A+B+E
二	乙方违约事件导致的终止	A–B+E
三	不可抗力事件导致的终止	A’+1/2（A–A’–C–D）+E
四	法律变更或政府行为导致的终止	A+35%B+E

提前终止时甲方对于乙方的补偿须以项目公司还清其届时之所有负债为前提。其中：

A= 本项目经审计的投资总额 × 剩余运营年限 ÷ 本项目运营期限。

A’= 发生不可抗力事件后对项目设施的评估值。

B= 人民币贰仟万（20,000,000）元整。

C= 发生不可抗力情形时，根据项目协议及相关保险合同，项目公司实际获得的保险赔款。

D= 发生不可抗力情形时，因项目公司投保不足，导致所获保险赔款无法使项目设施恢复到出险前的正常状态和价值的恢复性建设费用缺额部分（如有）。

E= 终止后项目公司应向甲方或其他机构移交运营维护所需的零部件、备品备件和化学品的合理评估值。

D10898

需要说明的是：若因项目公司违约导致本项目提前终止，按照对应公式计算终止补偿金即“A-B+E”的值为负数，则项目公司应向甲方支付本条所述负数的绝对值。

23.10 继续有效

第 23 条的规定在本协议终止后应仍然有效。

第十章 协调和争议的解决

第 24 条 项目协调委员会

24.1 项目协调委员会

生效日后 30 天之内，双方应成立一个由 3 名乙方代表和 3 名甲方代表组成的项目协调委员会。任何一方均可在通知另一方后更换项目协调委员会成员。该委员会的所有决定均应得到委员会全体成员的一致通过。

24.2 协调事项

项目协调委员会应负责按照第 25.1 款的规定解决本协议下或与本协议引起的终止履行有关的争议。协调事项包括但不限于：

（1）协调双方在项目设施的建设及运营方面的计划和程序；

（2）在发生不可抗力影响项目运营时讨论应采取的步骤；

（3）影响项目设施安全的事项；

（4）为解决本协议项下的争议任命财务专家和专家小组；

（5）其他双方同意的事项。

第 25 条 争议的解决

25.1 协商

因解释或履行本协议过程中产生的任何争议由项目协调委员会进行协商解决。项目协调委员会的一致决议对双方均有约束力。项目协调委员会在 20 天内无法协商解决，则应适用第 25.2 款的规定。

25.2 争议解决

如果争议未能根据第 25.1 款解决，双方均有权将争议提交____________市人民法院解决。

25.3　争议解决期间的继续履行

在争议提交项目协调委员会或法院解决期间，各方应继续履行其在本协议项下的各项义务并继续享有其在本协议项下的所有权利，而不影响以后根据上述裁决进行最终调整。

25.4　继续有效

第 25 条规定的争议解决条款在本协议终止后继续有效。

第十一章　协议的转让和相关合同

第 26 条　协议的转让

26.1　甲方的转让

（1）甲方可将本协议下的全部或部分权利或义务转让给＿＿＿＿＿＿市人民政府指定的政府机构或部门。

（2）除第 26.1 款第（1）项外，未经乙方事先书面同意，甲方不得转让其本协议项下全部或部分的权利或义务。

26.2 乙方的转让

（1）除第 26.2 款第（2）项规定外，未经甲方事先书面同意，乙方不得转让、出租、质押或提供其他担保：

①其在本协议或与本项目有关的其他协议项下的权利和权益；或

②乙方用于项目的项目设施或资产。

（2）项目融资行为导致的转让。为项目融资目的，乙方应有权：

①按本协议第 4.3 款的规定，以融资为目的，在项目相关权益设置质押或其他担保权。

②根据融资文件的规定将其在本协议和与项目有关的其他协议项下的权利和权益转让给贷款人。

D10898

第十二章　其　　他

第 27 条　解释规则

27.1　合同文件构成及优先顺序

（1）本协议包括附件 1 至附件 10，每一份附件都应被视为本协议的一部分。

本协议构成双方对项目的完全理解，取代双方以前所有的有关项目的书面和口头陈述、协议或安排。

（2）双方约定协议文件的地位和优先顺序如下：本协议及附件；谈判备忘录；招标文件（含补充文件及澄清答疑文件）；中选人的响应文件等。

27.2　修改

（1）未经双方书面同意，不对本协议进行重大修改或变更。

（2）本协议任何修改、补充或变更必须经双方协商一致并签字盖章后方具有法律约束力。如果根据届时有效的相关法律或法规的规定而需要政府有关部门审查批准的，则自政府有关部门审查批准之日起对甲乙双方产生约束力。

（3）本协议履行期间，双方可根据届时有效的相关法律或法规的规定，对本协议的某一部分进行修改、补充或变更；双方确认的对本协议的有效的修改、补充或变更的书面文件或书面材料，均与本协议具有同等法律效力。如其内容与本协议存在冲突或矛盾的部分，以修改、补充或变更的内容为准。

（4）如果本协议的任何条款不合法、无效或不能执行，则

①并不影响其他条款的效力和执行；

②双方应商定对不合法、无效或不能执行的条款进行修改，使之合法、有效并可执行；修改或更改应尽可能平衡双方之间的利益。

第 28 条　文件权利及保密

28.1　对文件的权利

（1）甲方的文件

由甲方向乙方提供的文件和计算机程序及其他一切文件，或者主要在这些文件和计算机程序的基础上制作的文件和程序，应属于甲方的财产。这一规定适用于上述文

件和计算机的程序的所有复制件。这些文件、计算机程序或其复制件只能由乙方用于项目之目的。除非甲方和乙方另有协议，否则这类文件、计算机程序或复制件应在项目合作期结束之际归还甲方。

（2）乙方的文件

由乙方向甲方提供的文件和计算机程序及其他文件，应属于乙方的财产。这些文件、计算机程序或其复制件只能由甲方用于项目之目的。

（3）遵守规定

双方应确保各自接触到这些文件、计算机程序及其复制件的有关人员遵守第 28.1 款的规定和第 28.2 款的保密规定。

28.2　保密

任何一方或其员工、承包商、顾问获得的所有资料和文件（无论是财务、技术或其他方面），未经另一方事先书面同意，在项目合作期最后一天之后的 5 年期间不得向第三方透露或公开，但是法律要求的除外。

第 29 条　其他条款

29.1　日常事务代表

（1）在本项目合作期内，双方应各自指派一名日常事务代表，代表各方与对方进行日常事务的联系和沟通。

（2）各方应将自己的日常事务代表书面通知对方，若需变更，则应提前 30 天将继任人书面通知对方，否则视为未变更。

29.2　通知

（1）本协议项下的通知应以中文书写，并通过特快专递、邮寄或传真方式按下述地址送至或发至各方：

甲方：____________市城市内河管理处

地址：____

邮编：____

收件人：____

传真：____

D10898

乙 1 方：____________________

地址：____________________

邮编：____________________

收件人：____________________

传真：____________________

乙 2 方：____________________

地址：____________________

邮编：____________________

收件人：____________________

传真：____________________

（2）下述情况应视为已送达：

若采用专人递交或邮寄方式（挂号、要求回执），在送寄至上述地址时；

如采用传真形式，在准确发送至上述传真号码，并收到对方的确认函时。

如果一方的地址或收件人更改时，应在新地址或新收件人启用 5 日前以上述通知方式通知另一方，否则应仍以原地址和收件人为准。

29.3　适用法律

本协议适用中国法律。

29.4　协议文字

本协议以中文书就。协议正本一式玖份，各执贰份，其余叁份交予有关部门登记备案。各份协议书具有同等法律效力。

本协议由双方各自法定代表人或正式授权的代表在其签名下注明的日期签署。双方愿受本协议的法律约束。

29.5　协议生效

本协议自各方签字盖章之日及乙方董事会、股东会审议通过后正式生效。

签署页（本页无正文）

甲方：______________________

法定代表人或授权代表：______________________

日期：______________________

乙 1 方：______________________

法定代表人或授权代表：______________________

日期：______________________

乙 2 方：______________________

法定代表人或授权代表：______________________

日期：______________________

第十三章　项目协议附件

> ＊条文批注：常见合同附件。
> 1. 项目场地范围；
> 2. 项目所需审批；
> 3. 技术附件；
> 4. 商务附件；
> 5. 履约担保格式；
> 6. 移交条件。
> 根据不同类型的项目，附件内容也不相同。

附件1：《______市人民政府协调会议纪要》

说明：本附件仅为明确______市政府已授权______市城市内河管理处作为本项目采购人之用，其他内容均以采购文件正文为准。

D10898

附件2：市政府授权____________作为政府方出资代表的文件

附件3：项目公司合资协议

____________投资集团有限责任公司

与____________

关于

设立____________公司

之

合资协议

______年______月

目　录

前　言

本协议由以下双方于________年________月在____________市共同订立。甲方、乙方单独称为一方或各方，合称为双方。

甲方：____________投资集团有限公司，一家根据中国法律成立并有效存续的国有企业。

注册地址：____

法定代表人：____

职务：____

乙方：____

注册地址：____

法定代表人：____

职务：____

鉴于：

______________市人民政府经物有所值论证及财政可承受力评估，决定采用 PPP 方式（Public-Private-Partnership）建设____________市______________流域治理项目（以下简称本项目），并通过《____________市人民政府协调会议纪要》（【______】号）授权____________市城市内河管理处作为本项目实施机构，并授权____________投资集团有限责任公司作为本项目的政府方出资代表。

____________市城市内河管理处通过竞争性磋商的方式选定乙方作为

D10898

本项目合作伙伴后，甲乙双方在____________市共同设立项目公司，由项目公司具体负责本项目的投资、融资、建设及运营维护。其中甲方将以货币出资，占项目公司 10% 的股权；乙方以货币的方式出资，占项目公司 90% 的股权。

根据《中华人民共和国公司法》《中华人民共和国合同法》等相关法律法规，本着平等互利、诚实守信的原则，双方经友好协商一致，就共同经营管理项目公司订立本协议如下：

第一章　定义和解释

1.1　定义

除非本协议另有规定，否则下列各术语应有如下之含义；本协议未作特别定义的术语，和项目协议中的术语具有同样的含义：

“项目公司” 指双方根据《中华人民共和国公司法》《中华人民共和国中外合资经营企业法》等相关中国法律规定以及本协议的约定在____________市合法注册成立的有限责任公司。

“项目协议”指____________市内河管理处和本协议甲方与乙方于_______年_______月_______日签署的《____________市______________PPP项目项目协议》。

“高级管理人员”指本协议第 8.2 条所指的管理人员。

“公司章程”指在本协议签订的同时由甲乙双方共同签订的项目公司章程，包括双方今后对其的修改。

“合资期限”指本协议第 3.4 条所规定的项目公司经营期限。

“登记管理机构”指中华人民共和国国家工商行政管理总局或其授权的地方工商行政管理局。

“行业主管部门”指根据等相关中国法律的规定，有权对其辖区范围内的流域治理行业进行管理的主管部门。就本协议而言，指_____________市城市内河管理处。

“关联交易”指项目公司与关联方之间的买卖、租赁、投资、借款等交易行为。就本协议任何一方而言，如控制该方、受该方控制以及与该方共同受某一第三方控制的公司或任何其他实体称为其关联方。所谓一个实体对另一实体的“控制”是指一方直接或间接地控制另一个实体决策机构（股东会、股东大会和 / 或董事会，视情况而定）之决策权。

1.2　解释

本协议以下用语作如下解释：

“元”指“人民币元”，为中华人民共和国法定货币单位；

除本协议上下文另有规定外，“一方”或“各方”应为本协议的一方或各方，并包括其他各自的继任者和获准的受让人；

所指的日、月和年均指公历的日、月和年；

“工作日”是指除星期六、星期日、中国法定节假日之外的日期；

除上下文另有规定，“包括”一词在任何时候应被视为与“但不限于”连用；

“以上”“以下”“以内”或“内”均含本数，“超过”不含本数；

本协议是指双方共同签署的《____________市____________流域治理 PPP 项目项目协议》及其附件，以及日后可能签署的任何对本协议之补充 / 修改合同或附件。

第二章　承诺与保证

2.1　双方的承诺和保证

双方承诺其系依据其所在地相关法律规定注册并合法存续的公司制企业法人，其公司章程不与本协议的内容相冲突。

双方为签署本协议已经依据适用法律及公司章程之规定完成所有必要的内部行动，其有权签署本协议并履行本协议项下的义务；

代表双方签署本协议的个人已经获得签署本协议所需的必要的权利或授权；

本协议的签署和履行将不违反适用法律的规定，亦不违反对其具有约束力的任何合同性文件的规定或对其有约束力的其他任何协议或安排；

任一方在签署本协议时，除已经向对方充分披露的信息以外，不存在任何对其签署本协议和实施本项目产生重大不利影响的诉讼、仲裁或其他争议（包括将要发生或可能发生的诉讼、仲裁或其他争议）。

2.2　承诺与保证不属实的后果

如果任何一方在此所作的承诺和保证被证实存在实质方面的不属实，

并且该等不属实严重影响本协议项下权利和义务的履行，对方有权要求其采取补救措施，变更本协议相关条款的内容，追究违约责任直至终止本协议。

第三章　项目公司设立

3.1　项目公司的成立

在本协议生效日后30日内，在____________市注册设立项目公司。登记管理机构向项目公司签发营业执照的日期即为项目公司成立之日。

项目公司是中国法人，其一切活动必须遵守中国适用法律的规定。

3.2　项目公司的名称及法定地址

3.2.1　项目公司的名称为：

____________（暂定名），最终以工商部门登记注册的为准；

3.2.2　项目公司的法定地址为：____________

3.3　项目公司组织形式

项目公司的组织形式为有限责任公司。项目公司以自身的全部资产为限承担项目公司的债务及责任。自项目公司成立日起各方以各自认缴的注册资本为限对项目公司承担责任，并分担风险及亏损；双方按其实缴的注册资本的比例分享利润。

3.4　项目公司经营范围

____________（暂定），最终以工商部门登记注册的为准。

3.5　合资期限及延长

除本协议约定的提前终止或延期外，项目公司的经营期限为自领取营业执照之日起至项目公司经营期届满。

在不违反届时适用法律规定、项目协议及本协议的前提下，经一方提议，并经股东会全体一致表决通过的，可以适当延长项目公司的经营期。

第四章　投资总额与注册资本

4.1　投资总额

项目公司的投资总额暂为______元整。

4.2　注册资本和股权比例

4.2.1　项目公司的注册资本为______元整。

项目公司可将本项目预期收益作为仅用于本项目的融资质押等担保，若未来项目公司不能顺利完成项目融资的，乙方应采取股东贷款、补充提供担保等方式以确保项目公司的融资足额到位。

4.2.2　甲方和乙方认缴的项目公司的注册资本分别如下：

甲方认缴的注册资本为______元整，占项目公司注册资本总额的______%；

乙方认缴的注册资本为______元整，占项目公司注册资本总额的______%。

4.3　出资方式

甲乙双方均以货币方式出资，出资时间及次数以满足本项目的实际建设、融资需求以及法律规定为原则。

4.4　股权转让

甲乙双方在此承诺，在本协议生效之日起至本项目竣工验收完成后 2 年之内（含），不转让其持有的项目公司的全部或部分股权，除非转让为适用法律所要求，由司法机关裁定和执行。

自竣工验收完成后 2 年之后，经市政府事先书面同意，甲乙双方可以转让其在项目公司中的全部或部分股权，但受让方应满足履行本协议要求的技术能力、财务信用、运营经验等基本条件，并已经以书面形式明示，在其成为项目公司股东后，督促并确保项目公司继续承担本协议项下的义务。

尽管有上述规定，各方可以自由将其持有的项目公司的股权全部或者部分转让给其关联方，并需及时告知另一方。在此前提下，其他方特此同意对该方转让给其关联方的股权放弃行使优先购买权并同意协助办理有关股权转让所有的手续。受让方需同意受本协议和公司章程的约束。

第五章　股　东　会

5.1　股东会的组成

项目公司设股东会，股东会由全体股东组成，股东会是公司的最高权

D10898

力机构。

5.2　股东会的职权

股东会行使下列职权：

（1）决定公司的经营方针和投资计划；

（2）选举和更换董事，决定有关董事的报酬事项；

（3）选举和更换由股东代表出任的监事，决定有关监事的报酬事项；

（4）审议批准公司的年度财务预算方案，决算方案；

（5）审议批准公司的利润分配方案和弥补亏损方案；

（6）对公司增加或者减少注册资本作出决议；

（7）对公司拥有的土地使用权进行任何形式的处置行为；

（8）对发行公司债券作出决议；

（9）对股东转让股权作出决议；

（10）对公司合并、分立、变更公司组织形式、解散和清算等事项作出决议；

（11）经营期限的延长；

（12）制定和修改公司章程；

（13）决定公司的融资限额及负债规模、对外重大担保事宜；

（14）其他各股东一致同意应由股东会表决的事项。

股东会会议由股东按实缴出资比例行使表决权。

上述第（2）～（3）至（6）～（12）项，需经过代表100%表决权的股东同意方生效；其他事项，需经过代表4/5以上表决权的股东同意即生效。

第六章　董　事　会

6.1　董事会的组成

6.1.1　董事会的成立

项目公司营业执照签发之日，为项目公司董事会成立之日。

6.1.2　董事会构成

董事会由5名董事组成，设董事长1名。4名董事由乙方提名，1名由甲方提名，董事长由乙方提名，并报经董事会选举产生。

6.1.3　任期

董事每届任期 3 年，可连任。第一届董事的任期自董事会成立之日起算。如果在任董事的职位因其退休、辞职、生病、伤残、丧失工作能力或死亡等而空缺，则由原委派方委派新董事继任其余下的任期。

任何一方均可经提前 10 日书面通知对方和董事会撤换由其委派的任何董事会成员。

无论委派还是撤换董事，该方均应书面通知另一方，并向登记管理机构备案。

6.2　董事会的职权

6.2.1　董事会对股东会负责，依法行使下列职权：

（1）负责召集股东会，并向股东会报告工作；

（2）执行股东会的决议；

（3）决定公司的董事长；

（4）拟定公司的经营方针和投资计划；

（5）制订公司年度财务预算方案、决算方案；

（6）制定利润分配方案和弥补亏损方案；

（7）制定增加或者减少注册资本方案；

（8）拟定公司合并、分立、变更公司组织形式、解散方案；

（9）聘任或解聘公司总经理，根据总经理提名，聘任或者解聘公司副总经理，财务总监等高级管理人员，决定其报酬；

（10）决定公司内部管理机构的设置；

（11）决定公司的基本管理制度；

（12）决定公司的员工薪酬、福利及奖励制度；

（13）审议批准与公司股东发生的关联交易；

（14）对公司聘用、解聘会计师事务所作出决议；

（15）决定公司除应由股东会作出决议之外的其他一般担保事项；

（16）决定项目公司的具体组织机构及对应人员职责、管理模式；

D10898

（17）项目公司的资金的使用、管理规则；

（18）其他股东会授予的职责或者委托管理协议约定应由董事会决定的事项。

董事会会议实行一人一票的表决制度。董事会行使职权时需要董事会表决的，第（7）~（8）项决议事项需经全体董事表决同意通过后生效。其他由董事会拟定或决定的事项经过全体董事 4/5（包括本数）以上董事同意通过即生效。

6.2.2 甲方委派的董事对影响公共利益或公共安全的事项享有一票否决权。

6.2.3 总经理、财务总监列席董事会会议。在董事会会议过程中，经任何 1 名董事提出要求，总经理或财务总监应当对其所作出的任何决定或行为向董事会作出解释并解答任何董事就此提出的问题。

6.3　董事长的职权

6.3.1　董事长是项目公司的法定代表人，其职权如下：

（1）召集、主持董事会会议；

（2）检查董事会决议实施情况；

（3）定期或不定期地听取公司高级管理人员工作报告，对执行情况提出意见及建议，对公司高级管理人员违反董事会决议的做法，有权下令制止；

（4）签署项目公司高级管理人员的聘任、解聘文件；

（5）经董事会授权，对外代表公司处理有关问题，对内代表董事会签署有关文件；

（6）经董事会授权，项目公司发生不可抗力或突发事件时，对公司事务行使特别裁决和处置权。

6.3.2　董事长因故不能履行职责时，应由其他董事代为履行职责，但中国法律规定必须由董事长行使的职权除外。

董事长应在董事会规定的授权范围内行使其权力。未经董事会授权，不得用合同约束项目公司或代表项目公司采取其他行动。

6.4　董事会会议

6.4.1　项目公司董事会会议至少每半年召开一次，由董事长负责召集并主持会议。董事长不能召集时，由其他董事负责召集并主持董事会会议。经 1/3 以上的董事提议，董事长应当召开董事会临时会议。

召开项目公司董事会会议的通知应包括会议时间和地点、议事日程等，且应当在会议召开的 15 日前以书面形式发给全体董事和监事。

项目公司董事会会议应当有 3 名或以上的董事出席方能有效举行，否则无效。每名董事享有一票表决权，如果该名董事同时受其他董事委托作为授权代表的，则该名董事同时享有作为授权代表的相应的投票表决权。

6.4.2　授权代表

双方有义务确保其委派的董事出席项目公司董事会会议。如董事在接到正式通知后不能出席董事会会议，则可授权委托一名董事或其他第三人（授权代表不必是公司董事）代为出席并投票表决，授权代表不具有转委托的权利。授权书应以书面形式作出并应由作出授权的董事签字，该等授权书的原件应以挂号邮件寄给或由专人递送或由该等授权代表面交项目公司。

该等授权代表在该次董事会会议中的投票在所有情形下均将被视为作出该等授权的董事的投票。授权书可以适用于一次特定的董事会会议，也可以适用于不超过 12 个月的一段特定期间内举行的所有董事会会议。委托董事撤销授权代表需事先书面通知项目公司。

委托董事辞去或丧失董事资格时，其所委托的授权代表亦同时终止和解除作为授权代表的身份和职责。

6.4.3　如果一方所委派的董事无正当理由不出席项目公司董事会会议也不委派授权代表出席会议，致使项目公司董事会无法有效召开的，项目公司将延迟召开该次董事会并书面催告该董事，经项目公司催告后仍未出席的，则视为该董事已出席本次董事会会议，且对本次董事会所表决事项投弃权票。

一方所委派的某位董事在一年内 2 次不参加董事会会议（包括董事会临时会议），也不委托授权代表出席会议的，则另一方有权要求该方更换该董事，委派方应在合理期限内予以更换，并委派新任董事。

6.4.4　董事会书面决议

除非本协议和公司章程另有规定，经全体董事会成员（不包括其授权

D10898

代表）事先一致书面同意，董事会可以不召开会议而采取董事会书面决议方式决定事项。

董事会书面决议应由全体董事（不包括其授权代表）各自在就该项决议事项的书面决议案（包括在该书面决议案的多个副本或影印本）上签署并：

写明对每一项决议案是投赞成票、反对票或弃权票；及

写明其签署日期，并且第一个签署的董事及最后一个签署的董事的签署日期相隔不超过30日，方为有效。

6.4.5　董事会决议应以中文写就，并由出席会议的董事签字确认（若为董事会书面决议案，则只需提交经全体董事签署后的书面决议案）。董事会决议（包括董事会书面决议案）一式八份，其中四份交由项目公司归档保存，其余两份分发给本协议的双方。

6.4.6　董事会应指定相关人员以中文完整和准确地记录所有董事会会议上所作出的决定、决议以及所处理的事项。出席会议的任何董事（或授权代表）若对会议记录有任何异议，应立即将该等异议提交董事长，董事长经与其他出席会议的董事磋商后，决定是否对该等会议记录作必要修订。出席会议的全体董事（或授权代表）应在收到无异议的董事会会议记录后的10日内签署并返还该等会议记录。上述会议记录的正本须加载项目公司董事会的会议记录册内，其存放于项目公司的法定地址。

6.4.7　召开项目公司董事会会议有关的全部合理费用由项目公司承担。

第七章　监　事　会

7.1　监事会的宗旨

监事会是项目公司的监督机构，依法行使监督权，确保项目公司依法经营，维护股东利益。

7.2　监事会的组成

监事会应由3名监事组成，由甲乙双方各委派1名，另设1名职工代表监事，职工代表监事由公司职工通过职工代表大会、职工大会或者其他形式选举产生。监事任

期每届为 3 年。

监事会主席应由监事会全体监事的过半数选举产生。监事会主席召集和主持监事会会议。

监事会每年度至少召开一次会议，2 名监事可以联名提议召开临时监事会会议。监事会会议有效召开的人数为 2 名监事。监事会的所有决议应当经全体监事的半数以上通过方为有效，并应以书面形式作出，全体出席会议的监事或代表应当在决议上签名。

7.3　监事会职权

监事会应拥有如下职权：

（1）检查项目公司的财务；

（2）对董事和高级管理人员执行项目公司职务的行为是否符合中国法律或者项目公司章程进行监督；

（3）当董事或高级管理人员的行为损害项目公司利益时，要求该董事或高级管理人员予以纠正；

（4）列席董事会会议；

（5）《中华人民共和国公司法》及其实施条例、细则或办法等明确规定的其他职权。

第八章　经营管理机构

8.1　管理机构

项目公司实行董事会领导下的总经理负责制，由总经理负责项目公司的日常经营管理。

8.2　高级管理人员

8.2.1　高级管理人员构成

项目公司设总经理 1 名，副总经理 2 名（甲乙双方各委派 1 名）。总经理由乙方提名，董事会聘任，其他高级管理人员按照相关的权限和程序报批后，由董事会聘任或解聘。

项目公司设财务总监 1 名，由乙方提名，报经董事会通过后聘请。甲方有权提名一位财务副经理，经董事会通过后聘请。甲方提名的财务副经理参与对项目公司的预算、会计核算及财务管理等基本管理制度的拟定，并表达意见（根据实际情况可上报董事会审议），及享有对项目公司财务支出及会计账簿、运营相关财务数据的知晓权与查阅权。该名财务副经理可根据实际情况，将发现的问题上报董事会审议。

8.2.2　总经理、副总经理，财务总监、财务副经理每届任期 3 年，可以连任。

8.2.3　高级管理人员职权

总经理对董事会负责，执行董事会各项决议，组织及领导项目公司的日常营运管理工作。包括但不限于下列职权：

（1）履行合资合同、公司章程中规定的相关职权及组织实施董事会决议；

（2）拟定项目公司的主要规章制度、组织架构、管理体系等，提交董事会批准；

（3）组织起草项目公司的发展战略、中长期发展规划、年度经营计划、年度预算、年度利润分配方案、投资建议、资产收购或处置方案、项目公司合并、分立、重组以及清算计划、分支机构的设立、撤销等，提交董事会考虑及审批；

（4）聘任和解聘除董事会决定聘任和解聘外的其他人员；

（5）依照董事会或董事长的授权处理对外关系、签署经济合同和其他公司文件；

（6）拟定公司的薪酬方案并报董事会批准；

（7）批准员工培训计划；

（8）拟订项目公司职能部门的设置、职能划分方案；

（9）其他依照公司章程规定由总经理负责的事项。

副总经理在总经理的领导下分工协作，对总经理负责，但总经理处理重要问题时，应当同分管副总经理协商。总经理因故不能行使其职权时，可临时授权分管副总经理代为行使总经理的职权。总经理未明确授权且不能行使其职权时，由分管副总经理代为行使相应职权。

第九章　财务、会计、审计及税务

9.1　财务及会计

9.1.1　项目公司财务总监会同总经理领导公司的财务管理工作。财务总监在开展项目公司财务管理工作中应与总经理协商。

9.1.2　项目公司会计年度采用日历年制，自公历每年 1 月 1 日起至 12 月 31 日止为一个会计年度。项目公司的第一个会计年度自营业执照签发之日起，于当年度的 12 月 31 日结束；项目公司的最后一个会计年度自项目公司终止年度的 1 月 1 日起至项目公司终止之日结束。

9.1.3　项目公司应当根据中国法律的相关规定和有关企业会计制度和财务管理规定制定其会计政策和准则，并依法妥善保存其财务和会计数据、报表和其他信息。

9.1.4　在至少提前 2 个工作日给予书面通知项目公司的前提下，本协议任何一方均有权要求检查和复印项目公司的会计记录及作账凭证。

本协议的任何一方有权依法要求查阅会计账簿，但应向公司提出书面请求，并说明目的，项目公司依法予以配合。

每一方还可以在合理要求的范围内获得有关项目公司财务和运营状况的其他资料。

9.1.5　项目公司应至少每月或按中国法律要求向各方提供根据中国通行的会计准则和相关的中国法律规定而编制的财务报告，以便各方能够根据该等财务报告不断了解项目公司的运作状况，该等财务报告至少应包括：每月的资产负债表、损益表和现金流量表；税收及财务情况。

9.2　审计

9.2.1　项目公司的年度审计由董事会委托一家在中国注册的有资质的会计师事务所对项目公司的财务账册和记录以及年度财务报告进行审计，由财务总监会同总经理将年度审计报告提交董事会。

9.2.2　项目公司应建立内部审计制度，对专项事务进行审计。

9.3　税务

项目公司应根据税收相关的中国法律规定进行纳税，但在履行了相关的法定手续后，可享有国家和地方税务机关向项目公司批准的减税、免税等税收优惠政策。

9.4　利润分配

项目公司分配当年税后利润时，应当提取利润的 10% 作为公司法定公积金。公司法定公积金累计额达到公司注册资本 50% 以上的，可以不再提取。

公司弥补亏损和提取公积金后所余税后利润，由股东按照各自持有的实缴股权比例分配。

9.5　统计报表

项目公司按照《中华人民共和国统计法》及有关规定，向城建委、统计主管部门等有关部门填报统计报表。

项目公司将前款所约定的统计报表以及按照项目公司统计制度填制的统计报表报送甲乙双方。

第十章　解散和清算

10.1　解散情形

项目公司有下列情形之一的，可以解散：

（1）本协议规定的营业期限届满或者公司章程规定的其他解散事由出现时；

（2）股东会决议解散；

（3）公司合并或者分立需要解散；

（4）依法被吊销营业执照、责令关闭或者被撤销；

（5）人民法院依法予以解散。

10.2　股东请求解散

项目公司经营管理发生严重困难，继续存续会使股东利益受到重大损失，通过其他途径不能解决的，持有公司全部股东表决权 10% 以上的股东，可以请求人民法院解散公司。

10.3　清算组的成立

公司因本协议第 10.1 款规定解散的，应当在解散事由出现之日起 15 日内成立清算组，清算组由甲方委派的 1 名代表与乙方委派的 3 名代表组成。逾期不成立清算组进行清算的，债权人可以申请人民法院指定有关人员组成清算组进行清算。

10.4　清算组的职权

清算组在清算期间行使下列职权：

（1）清理公司财产，分别编制资产负债表和财产清单；

（2）通知、公告债权人；

（3）处理与清算有关的公司未了结的业务；

（4）清缴所欠税款以及清算过程中产生的税款；

（5）清理债权、债务；

（6）处理公司清偿债务后的剩余财产；

（7）代表公司参与民事诉讼活动。

10.5　清算

10.5.1　清算组应当自成立之日起 10 日内通知债权人，并于 60 日内在报纸上公告。债权人应当自接到通知书之日起 30 日内，未接到通知书的自公告之日起 45 日内，向清算组申报其债权。

10.5.2　债权人申报其债权，应当说明债权的有关事项，并提供证明材料。清算组应当对债权进行登记。在申报债权期间，清算组不得对债权人进行清偿。

10.5.3　清算组在清理公司财产、编制资产负债表和财产清单后，应当制定清算方案，并报股东会或者人民法院确认。

10.5.4　公司财产用于优先支付清算费用后，清算组应按下列顺序清偿债务：

（1）职工工资、社会保险费用和法定补偿金；

（2）缴纳所欠税款；

（3）清偿公司债务。

清偿债务后的剩余财产，公司按照届时各股东实缴出资比例分配。

10.5.5　清算组在清理公司财产、编制资产负债表和财产清单后，发现公司财产不足以清偿债务的，应当依法向人民法院申请宣告破产。

10.5.6　公司经人民法院裁定宣告破产后，清算组应当将清算事务移交给人民法院。

10.5.7　清算期间，公司存续，但不得开展与清算无关的经营活动。

D10898

公司财产在未按公司章程第66条的规定清偿前，不得分配给股东。

10.5.8　公司清算结束后，清算组应当制作清算报告，报股东会或者人民法院确认，并报送公司登记机关，申请注销公司登记，公告公司终止。

10.5.9　清算组成员应当忠于职守，依法履行清算义务。清算组成员不得利用职权收受贿赂或者其他非法收入，不得侵占公司财产。清算组成员因故意或者重大过失给公司或者债权人造成损失的，应当承担赔偿责任。

10.5.10　公司被依法宣告破产的，依照有关企业破产的法律实施破产清算。

第十一章　违约责任

11.1　违约责任的处理原则

除本协议另有规定外，一方发生违反本协议的行为而使非违约方遭受任何损害、损失、增加支出或承担额外责任，守约方有权获得赔偿，该项赔偿由违约方支付。上述赔偿不应超过违约方在签订本协议时预见或应当预见到的损害、损失、支出或责任。

11.2　减少损害

非违约方必须采取合理措施减轻或最大限度地减少违反本协议引起的损失，并有权从违约方获得为谋求减轻和减少损失而发生的任何合理费用。如果非违约方未能采取上款所述措施，违约方可以请求从赔偿金额中扣除本应能够减轻或减少的损失金额。

11.3　扣减金额

如果损失是部分由于非违约方的作为或不作为造成的，或产生于应由非违约方承担风险的另一事件，则应从赔偿的数额中扣除这些因素造成的损失。

第十二章　保　　密

12.1　双方承诺，任一方在本协议签署前及签署后，无论何种原因从另一方或项目公司收到保密信息，均必须在合资期限内（及延长后的合资期限内）和本协议终止之日起3年内履行及承担保密责任。

12.2　保密信息包括但不限于如下信息：

（1）经营计划或经营方案；

（2）客户信息；

（3）技术诀窍；

（4）商业数据；

（5）其他双方在履行本协议过程中所获悉的信息。

任一方未履行及承担保密责任所引起的损失，由披露信息的一方向对方进行经济赔偿。

12.3　保密信息不包括如下信息：

（1）在本协议签署之日已经进入公众领域的信息；

（2）因订立本协议之外的原因而为公众知悉的信息；

（3）一方从无保密义务的第三方正当接收的信息；

（4）应适用法律要求而披露的信息；

（5）双方书面同意不属于保密的或者可以披露的任何信息。

第十三章　争议的解决

13.1　本协议及其所有附件的订立、效力、解释、履行和争议的解决均受中国法律管辖。

13.2　因履行或解释本协议而发生的或与本协议有关的一切争议，双方首先应通过友好协商或调解的办法予以妥善解决。如一方在向另一方发出确认争议已发生的通知后 30 天内，双方未能通过协商或调解的方式解决争议的，则任何一方有权向____________市人民法院提起诉讼。

双方承诺，在诉讼过程中，除双方正在进行诉讼的争议事项外，双方应继续履行本协议项下各自相应的其他责任和义务。

第十四章　合同生效及变更

14.1　本协议自双方签署之日生效。

14.2　对本协议及其附件的修改，必须由甲乙双方订立书面合同。

D10898

第十五章　其　　他

15.1　本协议项下的通知，通过专人递交、快递、邮寄、传真或电子邮件按下述地址送至或发至对方：

（1）甲方：____________________

地址：____________________

邮编：____________________

收件人：____________________

传真：____________________

电子邮箱：____________________

（2）乙方：____________________

地址：____________________

邮编：____________________

收件人：____________________

传真：____________________

电子邮箱：____________________

15.2　本协议以中文订立。

15.3　本协议所有条款的标题仅为便于阅读之用，不发生任何法律效力。

15.4　本协议一式八份，双方各执三份，其余两份交与有关部门登记备案。

本协议由以下双方在____________市共同签署，以兹证明。

甲方：____________________

法定代表人：____________________

或

授权代表：____________________

2015 年______月______日

乙方：____

法定代表人：____

或

授权代表：____

2015 年______月______日

附件4：项目公司章程（略）

附件5：建设履约保函（格式）

建设履约保函格式

不可撤销的银行保函编号：____________

日期：____________

受益人：____________市城市内河管理处（以下简称甲方）

地址：____

邮政编码：____

申请人：____________（以下简称乙方）

地址：____

邮政编码：____

鉴于申请人____________（以下简称乙方）与甲方于 2015 年______月______日签订了关于____________市____________流域治理 PPP 项目（以下简称项目）《项目协议》及其附件。根据该协议之规定，乙方负责成立项目公司并按照受益人要求投资建设本项目，乙方应向甲方提供由其认可的银行保函，以担保项目公司在经营期内全面、正确地履行项目投资和建设等义务。

我行同意为项目公司出具上述担保函，并特此确认：若因乙方违反《项目协议》及其附件中所确定的义务，我行作为担保人并代表项目公司向甲方负责，担保金额为壹仟万元人民币（人民币 10,000,000 元）。我行

D10898

无条件地、不可撤销地承诺，在收到甲方首次书面要求即付的 5 个营业日内，我行将无条件地代乙方向甲方支付上述金额限度内的任何一笔或数笔款项，并且甲方无须出具证明或陈述要求支付款项的原因或理由。

我行放弃要求甲方在向我方提出付款要求之前首先向乙方提出付款等所有事项的抗辩权利。

我行承诺并保证，甲方与乙方之间可能对《项目协议》及其附件或任何其他文件的条款所作的任何更改或补充，都不免除我方在本担保项下应承担的担保责任。我行在此放弃对此类更改、补充或修改要求给予通知的权利。

本保函自签署之日______年______月______日起至______年______月______日（乙方提交运营维护保函之日）止始终有效。如果本协议提前终止，建设履约保函应在终止日后 6 个月内保持有效。

我行承诺为出具本担保函而须办理的有关法律手续已经齐备，我行放弃以其他任何理由主张该担保函无效的抗辩权利。

本保函中使用的所有术语具有《项目协议》中规定的含义。

银行 / 金融机构名称：______________________________

银行 / 金融机构盖章______________________________

法定代表人或负责人签字：______________________________

日期：______________________________

附件6：工程区红线范围图（略）

说明：见采购文件附件提供给响应人附件清单第“8”项。

附件7：产出说明及绩效考核

一、产出说明

1. 水质标准

（1）监控断面及监控点设置

本项目在那考河干流及支流共设 4 个监控断面、4 个监控点（示意图如下），分别用于考核河道治理效果及污水厂运行状况。

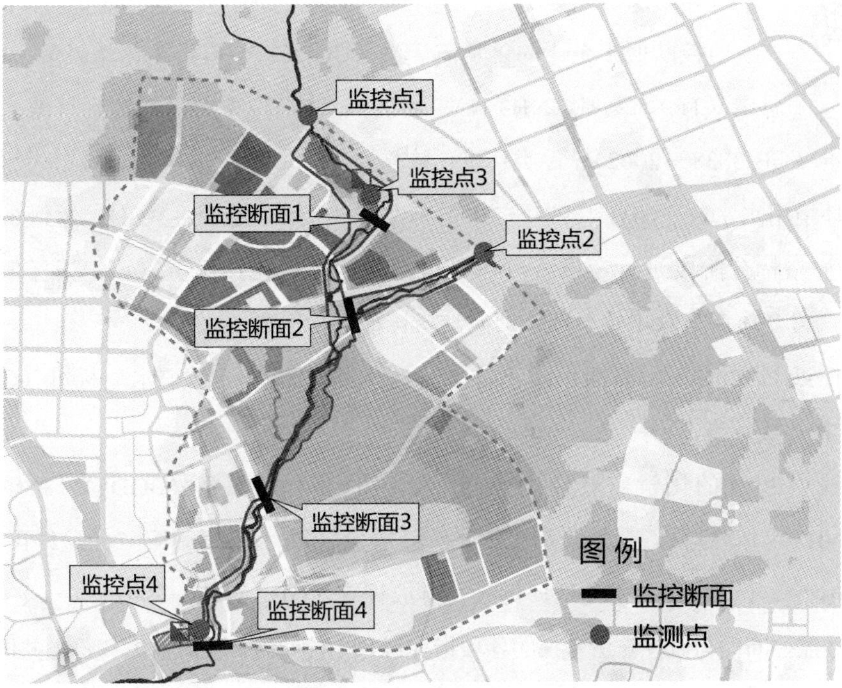

水质监控断面图

监控断面 1：位于前端污水处理厂下游约 100 米的那考河主河道内，用于监控那考河植物园段上游的水质情况。

监控断面 2：位于那考河支流末端，用于监控那考河支流水质。

监控断面 3：位于那考河主河道植物园湖附近河段，用于监控那考河植物园段中游水质状况。

监控断面 4：位于那考河主河道工程区下游出口附近，用于监控工程区出口水质。

监控点 1、2：分别位于那考河主河道和支流工程区入境断面，用于监测主河道及支流入境断面水质。

监控点 3、4：分别位于上、下游两处污水处理厂尾水排放口，用于监测污水处理厂排入河道的尾水水质。

除此之外，用于河道运营管理的在线监控点由乙方自行提出布设，但

D10898

在线监控布点必须含那考河主河道工程区下游出口处。

（2）水质考核标准

监控断面 1 至 4 的化学需氧量（CODCr）、五日生化需氧量（BOD5）、总磷（TP）、氨氮（NH3-N）、溶解氧（DO）等指标需达到《地表水环境质量标准（GB 3838—2002）》Ⅳ类标准；悬浮物（SS）指标需达到《城市污水再生利用景观环境用水水质（GBT 18921—2002）》水景类要求；透明度（SD）达到 0.5m；总氮（TN）指标分阶段进行考核，自项目运营期始至合作期第五年止，指标值不大于 10mg/L，自合作期第六年始至合作期满，指标值不大于 5mg/L。

监控点 1、2 的入境断面水质不低于《污水排入城镇下水道水质标准（CJ-343—2010）》B 等级标准。

监控点 3、4 的化学需氧量（CODCr）、五日生化需氧量（BOD5）、总磷（TP）、氨氮（NH3-N）等指标需达到《地表水环境质量标准（GB 3838—2002）》Ⅳ类标准；其他指标不低于《城镇污水处理厂污染物排放标准（GB 18918—2002）》一级 A 标准。

上述监控断面与监控点所考核的各项指标每月抽检两次，由政府方和乙方共同委托环保监测中心，按照相关规定进行取样检测，期间发生的相关费用计入本项目运营成本。

2. 水量标准

为保障河道生态基流量，监控断面 2、3、4 最小流量不得低于同点位、同水文期多年平均径流量的 60%。截流的污水经处理后，回灌河道的水量不小于处理污水量的 80%。

3. 防洪标准

河道行洪按 50 年一遇洪水标准，抽排按雨洪同期最大 24 小时 20 年一遇排涝标准设计。

二、绩效考核指标

考核总分数 $F=(\Sigma W_i \times S_i) \times 100$，其中 $Wi=W_1 \times W_2 \times W_3$

序号 i	类别	权重 W_1	项目	权重 W_2	子项	权重 W_3	权重系数 W_i	考核评分 S_i	备注
1	设施运营维护状况	30%	上游污水处理厂	15%	COD_{Cr}	10%	0.45%	达标率	入境断面（监测点 1、2）COD_{Cr}、BOD_5、TN、TP、NH_3-N 超过《污水排入城镇下水道水质标准（CJ-343—2010）》B 等级标准，且超标水量超过上游污水处理厂事故水池容量时适用免责条款，超标时段相关水质指标不扣减考核评分
2					BOD_5	10%	0.45%	达标率	
3					TN	15%	0.68%	达标率	
4					TP	20%	0.90%	达标率	
5					NH_3-N	20%	0.90%	达标率	
6					SS	10%	0.45%	达标率	
7					pH 值	5%	0.23%	达标率	
8					粪大肠菌群数	10%	0.45%	达标率	
9			下游污水处理厂	15%	COD_{Cr}	10%	0.45%	达标率	
10					BOD_5	10%	0.45%	达标率	
11					TN	15%	0.68%	达标率	
12					TP	20%	0.90%	达标率	
13					NH_3-N	20%	0.90%	达标率	
14					SS	10%	0.45%	达标率	
15					pH 值	5%	0.23%	达标率	
16					粪大肠菌群数	10%	0.45%	达标率	
17			配套设施设备	40%	截污管道	10%	1.20%	完好率	完好率评判标准根据实际设施设备清单另行制定。每季度抽检一次，记录设备设施堵塞、故障、破损情况，并限期整改。运行情况包括设备、设施的运行状况和实际运行时间
18					雨水滞蓄设施	20%	2.40%	完好率、运行情况	
19					提升泵站	10%	1.20%	完好率、运行情况	
20					监测系统	10%	1.20%	完好率	

D10898

续表

序号 i	类别	权重 W_1	项目	权重 W_2	子项	权重 W_3	权重系数 W_i	考核评分 S_i	备注
21					曝气设施	10%	1.20%	完好率、运行情况	
22					堤岸护坡	10%	1.20%	完好率	
23					河道闸坝	10%	1.20%	完好率	
24					照明设施	10%	1.20%	完好率	
25					游憩设施	10%	1.20%	完好率	
26			植物抚育养护	15%	水生植被	40%	1.80%	存活率	根据苗木清单，每季度按照《城市绿化养护规范及验收要求》（广西壮族自治区地方标准DB45-T449-2007）进行检查，记录存在的问题并限期整改
27					陆生植被	40%	1.80%	存活率	
28					修剪收割	20%	0.90%	评分制	
29			日常保洁管理	15%	河道卫生	50%	2.25%	评分制	评分标准另行制定，每周抽检3处，取季度平均值
30					沿岸卫生	50%	2.25%	评分制	
31	监控断面日常监测	40%	监控断面1	10%	CODCr	5%	0.20%	达标率	入境断面（监测点1、2）COD_{Cr}、BOD_5、TN、TP、NH3-N超过《污水排入城镇下水道水质标准（CJ-343-2010）》B等级标准，且超标水量超过上游污水处理厂事故水池容量时适用免责条款， 超标时段 相关水质指标不扣减考核评分
32					BOD5	5%	0.20%	达标率	
33					TN	15%	0.60%	达标率	
34					TP	15%	0.60%	达标率	
35					NH3-N	15%	0.60%	达标率	
36					DO	15%	0.60%	达标率	
37					SS	5%	0.20%	达标率	
38					SD	10%	0.40%	达标率	
39					流量	15%	0.60%	达标率	
40					COD_{Cr}	5%	0.30%	达标率	

续表

序号 i	类别	权重 W_1	项目	权重 W_2	子项	权重 W_3	权重系数 W_i	考核评分 S_i	备注
41					BOD5	5%	0.30%	达标率	
42					TN	15%	0.90%	达标率	
43					TP	15%	0.90%	达标率	
44					NH3-N	15%	0.90%	达标率	
45					DO	15%	0.90%	达标率	
46					SS	5%	0.30%	达标率	
47					SD	10%	0.60%	达标率	
48					流量	15%	0.90%	达标率	
49			监控断面3	25%	CODCr	5%	0.50%	达标率	
50					BOD5	5%	0.50%	达标率	
51					TN	15%	1.50%	达标率	
52					TP	15%	1.50%	达标率	
53					NH3-N	15%	1.50%	达标率	
54					DO	15%	1.50%	达标率	
55					SS	5%	0.50%	达标率	
56					SD	10%	1.00%	达标率	
57					流量	15%	1.50%	达标率	
58			监控断面4	50%	CODCr	5%	1.00%	达标率	
59					BOD5	5%	1.00%	达标率	
60					TN	15%	3.00%	达标率	

D10898

续表

序号 i	类别	权重 W_1	项目	权重 W_2	子项	权重 W_3	权重系数 W_i	考核评分 S_i	备注
61					TP	15%	3.00%	达标率	
62					NH_3-N	15%	3.00%	达标率	
63					DO	15%	3.00%	达标率	
64					SS	5%	1.00%	达标率	
65					SD	10%	2.00%	达标率	
66					流量	15%	3.00%	达标率	
67	监控断面第三方监测	30%	监控断面1	10%	COD_{Cr}	5%	0.15%	达标率	入境断面（监测点1、2）COD_{Cr}、BOD_5、TN、TP、NH3-N 超过《污水排入城镇下水道水质标准（CJ-343—2010）》B 等级标准，且超标水量超过上游污水处理厂事故水池容量时适用免责条款，超标时段相关水质指标不扣减考核评分
68					BOD_5	5%	0.15%	达标率	
69					TN	15%	0.45%	达标率	
70					TP	15%	0.45%	达标率	
71					NH_3-N	15%	0.45%	达标率	
72					DO	15%	0.45%	达标率	
73					SS	5%	0.15%	达标率	
74					SD	10%	0.30%	达标率	
75					流量	15%	0.45%	达标率	
76			监控断面2		COD_{Cr}	5%	0.23%	达标率	
77					BOD_5	5%	0.23%	达标率	
78					TN	15%	0.68%	达标率	
79					TP	15%	0.68%	达标率	
80					NH_3-N	15%	0.68%	达标率	

续表

序号 i	类别	权重 W_1	项目	权重 W_2	子项	权重 W_3	权重系数 W_i	考核评分 S_i	备注
81					DO	15%	0.68%	达标率	
82					SS	5%	0.23%	达标率	
83					SD	10%	0.45%	达标率	
84					流量	15%	0.68%	达标率	
85			监控断面 3	25%	COD_{Cr}	5%	0.38%	达标率	
86					BOD_5	5%	0.38%	达标率	
87					TN	15%	1.13%	达标率	
88					TP	15%	1.13%	达标率	
89					NH_3-N	15%	1.13%	达标率	
90					DO	15%	1.13%	达标率	
91					SS	5%	0.38%	达标率	
92					SD	10%	0.75%	达标率	
93					流量	15%	1.13%	达标率	
94			监控断面 4	50%	COD_{Cr}	5%	0.75%	达标率	
95					BOD_5	5%	0.75%	达标率	
96					TN	15%	2.25%	达标率	
97					TP	15%	2.25%	达标率	
98					NH_3-N	15%	2.25%	达标率	
99					DO	15%	2.25%	达标率	
100					SS	5%	0.75%	达标率	
101					SD	10%	1.50%	达标率	
102					流量	15%	2.25%	达标率	

D10898

附件8：运营维护保函（格式）

运营维护保函格式

不可撤销的银行保函编号：____________

日期：____________

受益人：____________市城市内河管理处（以下简称甲方）

地址：____________________________________

邮政编码：____________________________________

申请人：____________（以下简称乙方）

地址：____________________________________

鉴于申请人____________（以下简称乙方）与甲方于2015年______月______日签订了关于____________市____________流域治理PPP项目（以下简称项目）《项目协议》及其附件并承诺履行其中的责任和义务。根据该协议之规定，乙方应提供经甲方认可的银行保函，以保函所述金额担保乙方履行《项目协议》项下运营维护本项目的义务。

我行同意为乙方出具上述担保函，并特此确认，若因项目公司违反《项目协议》及其附件中所确定的义务，我们作为担保人并代表项目公司向甲方负责，运营维护保函金额为人民币伍佰万（小写：5,000,000）元，担保期至乙方提交移交维修保函提交日。我行无条件、不可撤销地承诺，在收到甲方首次书面要求即付的5个营业日内，我行将无条件地按甲方书面通知中载明的金额及账号支付上述金额限度内的任何一笔或数笔款项，并且甲方无须出具证明或陈述要求支付款项的原因或理由。

我行放弃要求甲方在向我方提出付款要求之前首先向乙方提出付款等所有事项的抗辩权利。

我行承诺并保证，甲方与乙方之间可能对《项目协议》或任何其他文件的条款所作的任何更改或补充，都不免除我行在本担保项下应承担的担保责任。我行在此放弃对此类更改、补充或修改要求给予通知的权利。

本保函自______年______月______日起至______年______月______日（乙方提交移交维修保函之日）为止始终有效。如果本协议提前终止，运营维护保函应在终止日后 6 个月内保持有效。

如果在本保函到期的 60 天前，我行或乙方未向甲方提供一份替换的维护保函，则甲方届时有权支取本保函项下的全部余额。

我行承诺为出具本担保函而须办理的有关法律手续已经齐备，我行放弃以其他任何理由主张该担保函无效的抗辩权利。

本保函中使用的所有术语具有《项目协议》及其附件中规定的含义。

银行 / 金融机构名称：__________________

法定代表人或负责人签字：__________________

日期：__________________

附件9：调价公式

流域治理服务费的运营维护部分将根据运营维护期间的通货膨胀情况进行调整，调价周期为三年，本项目进入商业运营日所在的当年不予计算，自第一个完整财务年度（指自商业运营期所在年度的下一年的 1 月 1 日至 12 月 31 日）开始起算，每三个财务年度调整一次。具体调价公式如下：

年运维绩效服务费调价公式如下：

P3n=P0×CPI3n−1×CPI3n−2×CPI3n−3×10-6（n=1，2，3）

其中：

P0 为乙方在响应文件中报出的流域治理服务费的运营维护部分；

P3n 为第 3n 年起适用的流域治理服务费的运营维护部分（每三年调价一次）；

CPI3n-1 为第 3n 年由____________市统计局公布的第 3n-1 年度____________市居民消费物价指数。

D10898

附件10：移交维修保函（格式）

移交维修保函格式

不可撤销的银行保函编号：____________

日期：____________

受益人：____________市城市内河管理处（以下简称甲方）

地址：____

邮政编码：____

申请人：____________（以下简称乙方）

地址：____

鉴于申请人____________有限公司（以下简称乙方）与甲方于2015年______月______日签订了关于____________市____________流域治理PPP项目协议（以下简称本项目）及其附件并承诺履行其中的责任和义务。根据该协议之规定，乙方应提供经甲方认可的银行保函，以保函所述金额担保乙方履行《项目协议》项下移交维修本项目的义务。

我行同意为乙方出具上述担保函，并特此确认，若因项目公司违反《项目协议》及其附件中所确定的义务，我们作为担保人并代表项目公司向甲方负责，缺陷责任期内的担保金额为人民币伍佰万元（小写：5，000，000）。我行无条件、不可撤销地承诺，在收到甲方首次书面要求即付的5个营业日内，我行将无条件地按甲方书面通知中载明的金额及账号支付上述金额限度内的任何一笔或数笔款项，并且甲方无须出具证明或陈述要求支付款项的原因或理由。

我行放弃要求甲方在向我方提出付款要求之前首先向乙方提出付款等所有事项的抗辩权利。

我行承诺并保证，甲方与乙方之间可能对《项目协议》或任何其他文件的条款所作的任何更改或补充，都不免除我行在本担保项下应承担的担保责任。我行在此放弃对此类更改、补充或修改要求给予通知的权利。

本保函自______年______月______日起至______年______月______日（合作期期

满后的 12 个月届满之日）为止始终有效。如果本协议提前终止，移交维修保函应在终止日后 6 个月内保持有效。

如果在本保函到期的 60 天前，我行或乙方未向甲方提供一份替换的维护保函，则甲方届时有权支取本保函下的全部余额。

我行承诺为出具本担保函而须办理的有关法律手续已经齐备，我行放弃以其他任何理由主张该担保函无效的抗辩权利。

本保函中使用的所有术语具有《项目协议》及其附件中规定的含义。

银行 / 金融机构名称：______________________________

法定代表人或负责人签字：______________________________

日期：______________________________

D10898

第十章　污水处理工程PPP项目合同

使用场景：

运用 TOT（Transfer-Operate-Transfer，移交—经营—移交）方式的 PPP 项目可参考本合同有关约定。

法律要点：

1.TOT 指什么 PPP 模式?

TOT 是英文 Transfer-Operate-Transfer 的缩写，即移交—经营—移交。TOT 方式是国际上较为流行的一种项目融资方式，通常是指政府部门或国有企业将建设好的项目的一定期限的产权或经营权，有偿转让给投资人，由其进行运营管理；投资人在约定的期限内通过经营收回全部投资并得到合理的回报，双方合约期满之后，投资人再将该项目交还政府部门或原企业的一种融资方式。

2.TOT 方式的运作程序是什么?

（1）制定 TOT 方案并报批。转让方须先根据国家有关 . 规定编制 TOT 项目建议书，征求行业主管部门同意后，按现行规定报有关部门批准。国有企业或国有基础设施管理人只有获得国有资产管理部门批准或授权才能实施 TOT 方式。

（2）项目发起人（同时又是投产项目的所有者）设立 SPV 或 SPC（Special Purpose Vehicle，or Special PurposeCorporation），发起人把完工项目的所有权和新建项目的所有权均转让给 SPV，以确保有专门机构对两个项目的管理、转让、建造负有全权，并对出现的问题加以协调。SPV 常常是政府设立或政府参与设立的具有特许权的机构。

（3）TOT 项目招标。按照国家规定，需要进行招标的项目，须采用招标方式选择 TOT 项目的受让方，其程序与 BOT 方式大体相同，包括招标准备、资格预审、准备招标文件、评标等。

（4）SPV 与投资者洽谈以达成转让投产运行项目在未来一定期限内全部或部分经营权的协议，并取得资金。

（5）转让方利用获得资金，用以建设新项目。

（6）新项目投入使用。

（7）项目期满后，收回转让的项目。转让期满，资产应在无债务、未

D10899

设定担保、设施状况完好的情况下移交给原转让方。当然，在有些情况下是先收回转让项目然后新项目才投入使用的。

3.TOT 方式是否有助于化解地方政府融资平台债务风险?

依据项目是否已经建成，PPP 项目可以分为增量项目和存量项目。其中，存量项目转化成增量项目。

2014 年 12 月 4 日，财政部公布首批 30 个政府和社会资本合作模式（简称 PPP）示范项目，其中，新建项目 8 个，地方融资平台公司存量项目 22 个，即存量项目占主要部分。针对 22 个存量项目，鼓励以 TOT（转让—运营—移交）等方式转型为 PPP 项目，积极引入社会资本参与存量项目的改造和运营，切实有效化解地方政府融资平台债务风险。

TOT 融资是 BOT 融资方式的新发展，也是企业进行收购与兼并所采取的一种特殊形式。从某种程度上讲，TOT 具备我国企业在并购过程中出现的一些特点，因此可以理解为基础设施企业或资产的收购与兼并。TOT（移交—经营—移交）模式的 流程大致是：首先进行经营权转让，即把存量部分资产的经营权置换给投资者，双方约定一定的转让期限；其次，在此期限内，经营权受让方全权享有经营设施及资源所带来的收益；最后，期满后，再由经营权受让方移交给经营权转让方。它是相对于增量部分资源转让即 BOT（建设—经营—移交）而言的，都是融资的方式和手段之一。

文本正文：http://www.fatianshi.cn/D10899

前　言

本合同于______年______月______日由下列双方在____________市签订：

甲方：____________市住房和城乡建设委员会，系按照中华人民共和国法律正式组织和存续的____________市人民政府的污水处理行业主管部门，其住所为____________，法定代表人为____________；

乙方：【中标社会资本】，系按照其注册地法律设立、登记、注册及运作的有限责任公司，其住所为____________，法定代表人 / 授权代表为____________待中标社会资本与____________水务集团有限公司成立项目公司，并由项目公司与甲方签署本合同的补充协议后，乙方即指项目公司。

鉴于：

为推动城市基础设施和公用事业投融资体制的创新，同时引进先进管理和技术、提高城市基础设施和公用事业的服务理念和服务效率，____________市人民政府决定实施______________市_____________污水处理厂 PPP 项目，以 TOT 的运作方式转让______________市_____________污水处理厂经营权，从而引入社会资本参与_____________市___________污水处理厂的运营、维护和污水处理服务；

根据本合同附件一《____________市人民政府关于____________市____________污水处理厂政府与社会资本合作运作方案的批复》，____________市人民政府授权甲方负责____________市____________污水处理厂 PPP 项目的具体实施，甲方通过公开招标的方式确定乙方为本项目的中标人；

中标社会资本应按照适用法律规定及本合同的约定，与____________水务集团有限公司在____________市行政区域范围内共同出资成立项目公司，项目公司注册后，通过与甲方签署补充协议的方式继承中标社会资本在本合同项下的权利和义务。

甲方经南京市人民政府授权，与乙方本着平等、自愿和互利的原则，根据《中华人民共和国合同法》《政府与社会资本合作模式操作指南（试行）》《政府采购法》等相关法律规定，及甲方招标文件、乙方投标文件等的约定，经共同协商一致，特订立本合同。

第一章　定义与解释

第 1 条　定义

为本合同之目的，除非本合同另有约定，下列名词或术语在本合同下具有下列含义：

D10899

本合同	指由甲乙双方共同签署的《____________PPP 项目合同》及其附件，以及日后可能签署的任何前述合同之补充 / 修改协议和附件
____________市污水处理厂	除非另有约定，本合同所指____________市____________污水处理厂 / 污水处理厂为____________市____________污水处理厂一、二期工程
本项目	指____________市____________污水处理厂 PPP 项目，包括项目设施的运营、维护及提供污水处理服务
项目公司	即中标社会资本按照适用法律规定及本合同的约定，与水务集团在____________市行政区域范围内共同出资成立的有限责任公司
项目设施	指依据本合同第 7 条约定的项目资产
前提条件	指本合同第 4.1 条约定的内容
公用水务	指____________公用水务有限公司
合作期限	指依据本合同第 3.3 条约定的期限
违约	指本合同一方未能履行其在本合同项下的任何义务或履行义务不符合本合同约定
移交	指公用水务按照本合同及《经营权转让协议》的约定将项目设施及其经营权移交给乙方
移交日	指《经营权转让协议》中移交日的定义
工作日	指除双休日和中国法定节假日之外的日期
政府部门	指中央及各级地方人民政府及其职能部门，中国的任何司法或军事当局，或具有各级政府行政管理功能的其他行政实体，以及前述部门授权行使职权的机构
投标文件	中标社会资本参与本项目投标竞争提交给甲方的投标文件

续表

谨慎运营惯例	指在中国的大部分污水处理厂投资运营商为建设运营类似于本项目的项目所采用或接受的惯例、方法和做法以及采用的国际惯例和方法
关联方	与一方有关时，指该方直接或间接拥有 50%或以上股权的法律实体，或直接或间接拥有该方 50%或以上股权的法律实体，或与该方同样均被一共同的第三方直接或间接拥有 50%或以上股权的法律实体
法律变更	指在本合同生效后，任何适用法律的实施、颁布、修改、废除或对其解释或执行的任何变动等，该等变更将对合同各方在本合同项下的权利义务或经济利益造成重大不利影响
中国	指中华人民共和国大陆地区；仅为本合同之目的，未包括香港特别行政区、澳门特别行政区和台湾地区
适用法律	指所有适用的中国法律、法规、规章和各级政府和政府部门颁布的政策性文件、技术标准、技术规范以及所有其他适用的强制性要求；为本合同之目的，不包括香港特别行政区、澳门特别行政区和台湾地区的法律、法规和判例
履约担保	指乙方依据本合同第 11 条的约定提交的担保其履行本合同、《污水处理服务协议》、《经营权转让协议》项下的履约保证金或履约保函。若乙方提交的为履约保函的，则该等保函需同时为国内知名银行开具的、无追索的、不可撤销的保函
反向移交	指本项目合作期限结束或本合同提前终止后，由乙方按照本合同的约定将项目设施及其经营权移交给政府或其指定机构
反向移交日	合作期限结束时，指合作期限结束之次日；本合同提前终止时，指反向移交备忘录签署之日

续表

政府行为	指南京市上级政府部门的国有化、征收及征用等政府行为。如南京市政府部门贯彻执行上级政府部门决定、命令等行为，亦属于本处所指的政府行为
不可抗力	指本合同第 14 条的定义
培训	指乙方免费为甲方或其指定机构培训技术、管理等人员，确保本项目合作期限结束时，甲方或其指定机构在反向移交后能继续维持本项目正常运营
档案资料	本项目施工、检查、试验、运营等过程中形成的应当归档保存的所有文件，包括所涉及的合同、协议、备忘录、会议纪要、信函、图纸、表格、计算书、说明书、录音录像、计算机软件及其他资料等

第 2 条　解释

“日”“月”“年”均指公历的日、月、年；

“元”指人民币元；

“包括”指包括但不限于；

“一方”“双方”指本合同的一方或双方，并且包括经允许的替代该方的人或该方的受让人；

本合同中的标题仅为参考所设，不应视为对合同条款的解释；

任何合同或文件包括经修订、更新、补充或替代后的该合同或文件；

本合同的各个组成部分都具有同等的法律效力。

第二章　声明与保证

第 3 条　甲方的声明与保证

甲方在此向乙方声明并保证：

（1）甲方已充分理解本合同背景和目的，并承诺按合同相关约定执行本合同；

（2）甲方为依据中华人民共和国法律成立的法人，甲方已获得了本合同附件一

__________市人民政府批复，依法有权签署本合同并完全有能力承担和履行本合同项下的各项义务；

（3）代表甲方签署本合同的合同签署人已经获得签署本合同所需的必要的权力或授权；

（4）本合同的签署和履行不违反甲方的授权文件和其组织规则中的任何内容或与之相冲突，也不违反其应当遵守的任何适用法律或对其具有约束力的合同性文件或安排，或与之相冲突；

（5）甲方在签署本合同时，除已经向乙方充分披露的信息以外，不存在任何对甲方签署及履行本合同产生重大不利影响的诉讼、仲裁或其他争议（包括将要发生或可能发生的诉讼、仲裁或其他争议）；

（6）在本合同合作期限内，如发生内部机构调整或者职能转变整导致甲方不再作为本项目的主管部门，则应由届时主管部门享有并承担本合同项下的所有权利和义务。

第 4 条　乙方的声明与保证

乙方在此向甲方声明并保证：

（1）乙方已充分理解本合同背景和目的，并承诺按合同相关约定执行本合同；

（2）乙方为依据注册地法律成立的法人或法人联合体，乙方已经依据适用法律及公司章程的规定完成了签署本合同所需的全部必要内部行动，依法有权签署本合同并完全有能力承担和履行本合同项下的各项义务；

（3）代表乙方签署本合同的合同签署人已经获得签署本合同所需的必要授权；

（4）乙方若为法人联合体，在项目公司通过与甲方签署补充协议的方式继承乙方在本合同项下的权利和义务前，联合体各方应对本合同项下的义务向甲方承担连带责任；

（5）本合同的签署和履行不违反乙方的授权文件和其组织规则中的任何内容或与之相冲突，也不违反其应当遵守的任何适用法律或对其具有约束力的合同性文件或安排，或与之相冲突；

（6）乙方在签署本合同时，除已经向甲方充分披露的信息以外，不存在任何对乙方签署及履行本合同产生重大不利影响的诉讼、仲裁或其他争议（包括将要发生或可能发生的诉讼、仲裁或其他争议）。

D10899

第 5 条　各方的声明与保证

自签署本合同时至合作期限结束或本合同提前终止时，各项声明与保证均为真实、准确、完整，并在任何方面没有误导性。

第 6 条　违反声明与保证

任何一方在此所作的声明和保证被违反或者被证实是不真实、不准确或具有误导性的，均应被视为构成本合同项下的违约行为，对方有权要求其赔偿损失、采取补救措施，与其协商变更本合同相关条款的内容，直至终止本合同。

第三章　PPP项目的范围和期限

第 7 条　项目概况

本项目污水处理厂位于____________，目前设计能力____________万立方米 / 日，其中一期工程于______年______月建成投运，规模______万立方米 / 日，采用 A2O 工艺；二期工程于______年底改扩建完成，扩建后日处理能力增至______万立方米，同时一、二期工程进行了一级 A 提标改造，出水水质达到国家《城镇污水处理厂污染物排放标准》一级 A 标准。

第 8 条　项目范围

甲、乙双方就本项目的合作范围为：乙方在合作期限内负责项目设施的运营、维护并提供污水处理服务以取得相应收益，合作期限结束后乙方将项目设施及其经营权无偿移交给政府或其指定机构。

甲方承诺与乙方就本项目的合作范围在合作期限内是独家的、排他的，甲方在合作期限内不会就本项目的合作范围内的全部或部分内容与其他任何一方合作。

未经甲方事先书面同意，在合作期限内，乙方不得从事本项目经营范围以外的其他任何经营活动，且不得为任何第三方提供污水处理服务。

第 9 条　项目合作期限

本项目合作期限为______年，合作期限自项目设施移交日起算。

本合同履行过程中，由于非可归责于乙方的原因造成合作期限中断，在乙方提交必要书面材料并经甲方书面认可后，本项目合作期限相应予以顺延。

＊条文批注：应注意转让基础设施价格问题。

（1）由于项目公司接受的是已建基础设施，避免了建设时期和试生产时期的大量风险，而由政府方承担这些风险。因此，经营权的转让价应合理提高，作为对承担风险的“对价”。

（2）由于TOT项目多为基础设施项目，其价格高低必然会对社会经济造成较大影响。而由于外方承担风险较低，花费费用少，因此，项目产品价格应按国内标准合理制订，要与社会经济承受能力相适应。

第四章　前提条件

第10条　履行本合同的前提条件

本合同生效后，双方应开始履行为完成下列前提条件而要求履行的本合同的相关约定，在完成下列所有前提条件或获双方一致同意免除后，双方才有义务履行本合同的其他内容：

（1）所有与实施本项目有关的审批机关的批准或确认等都已获得或完成；

（2）项目公司依照适用法律及本合同第九章约定设立并领取营业执照；

（3）项目公司股东依据项目公司合资协议和章程的规定缴清注册资本；

（4）甲方已与项目公司签署了由项目公司继承乙方在本合同项下权利和义务的补充合同；

（5）甲方已对项目公司签发与附件三所附版本一致的《特许经营授权书》；

（6）甲方已与项目公司签订与附件四所附版本一致的《污水处理服务协议》；

（7）公用水务已与项目公司签订与附件五所附版本一致的《经营权转让协议》；

（8）项目公司已为本项目融资的目的签署并向融资方提交所有融资文件，并且融资文件要求的就本项目获得资金的所有前提条件得到满足或被豁免；

（9）项目公司已根据本合同第十二章的约定购买保险，且保单已生效；

（10）项目公司与公用水务已按《经营权转让协议》的规定完成项目设施及其经营权的移交并就项目设施签署书面交接文件。

D10899

第 11 条　前提条件的期限

甲、乙双方应促使本合同第四章所述的前提条件于______年______月______日之前实现；

双方应在最后期限前合理地尽力尽快促使上述各前提条件的实现。任何一方若在任何时间知道可能导致上述任何前提条件不能实现的情况，应立即将有关详情以书面形式通知另一方，双方应紧密配合促使有关前提条件早日实现。

第 12 条　前提条件的放弃

双方可在最后期限前以协商同意放弃任何一项前提条件，无论该放弃是全部的或部分的，有条件的或无条件的，上述放弃均应以书面形式做出，但不会影响双方在本合同下的任何其他权利。

第 13 条　前提条件未实现

若以上任何前提条件未能在______年______月______日之前全部实现，除非双方以书面形式同意免除未实现的前提条件或延长未实现前提条件的期限，否则任何一方有权依据本合同第十六章终止本合同，且不影响该方在本合同项下的其他补救手段。

第五章　项 目 融 资

第 14 条　乙方的融资责任

乙方应自行负责本项目的融资，融资金额应足以保证支付本项目特许经营权费，并满足项目合作范围的要求。

第 15 条　融资担保

经甲方书面同意，乙方可通过在本项目的污水处理服务费收费权或其他权益上设置抵质押以获得本项目投资、运营及维护之目的融资，相关贷款、借款协议应及时提交甲方备案。

第 16 条　融资及担保的限制

除因本项目的投资、运营及维护之目的外，乙方不得因任何其他目的进行融资；

乙方不得为他人提供担保，如有特殊情况，乙方须报甲方批准并取得其书面同意，并将相关担保文件及时交甲方备案。

第 17 条　甲方对融资的支持

甲方应协调政府相关部门，在合法的前提下，为乙方的融资提供相关的便利和支持，必要时出具相关文件和证明。

＊条文批注：TOT 方式的融资优势。

和其他融资方式相比，TOT 项目融资方式有其独特的优势，这些优势主要体现在：

（1）与 BOT 项目融资方式比较。BOT 项目融资是“建设—经营—移交”模式的简称。TOT 项目融资方式与之相比，省去了建设环节，使项目经营者免去了建设阶段风险，使项目接手后就有收益。另外，由于项目收益已步入正常运转阶段，使项目经营者通过把经营收益权向金融机构提供质押担保方式再融资，也变得容易多了。

（2）与向银行和其他金融机构借款融资方式比较。银行和其他金融机构向项目法人贷款其实质是一种借贷合同关系。虽然也有一些担保措施，但由于金融机构不能直接参与项目经营，只有通过间接手段监督资金安全使用。在社会信用体系还没有完全建立起来的阶段，贷款者要承担比较大的风险。由于贷款者“惜贷”心理作用，项目经营者想要通过金融机构筹集资金，其烦琐的手续和复杂的人事关系常常使人止步。TOT 项目融资，出资者直接参与项目经营，由于利益驱动，其经营风险自然会控制在其所能承受的范围内。

（3）与合资、合作融资方式比较。合资、合作牵涉两个以上的利益主体。由于双方站在不同利益者角度，合资、合作形式一般都存在一段“磨合期”，决策程序相对也比较长，最后利润分配也是按协议或按各方实际出资比例分配。实行 TOT 项目融资，其经营主体一般只有一个，合同期内经营风险和经营利益全部由经营者承担，这样，在企业内部决策效率和内部指挥协调工作相对容易开展得多了。

（4）与内部承包或实物租赁融资方式比较。承包或租赁虽然也是把项目经营权在一定时期让渡出去，但与 TOT 项目融资相比，仍有许多不同之处。经营承包一般主体为自然人，项目对外法人地位不变，项目所有权权力完整保留。租赁行为虽然经营者拥有自己独立的对外民事权力，但资产所有权权力乃由出租者行使，租赁费用一般按合同约定分批支付或一年支付一次。

TOT项目融资是两个法人主体之间契约行为，经营者在合同期内，

D10899

仍有独立的民事权力和义务，按合同约定，经营者还可拥有部分财产所有者的权力。经营者取得财产经营权的费用也一次性支付。

（5）与融资租赁方式比较。融资租赁是指出租者根据承租人对供应商和设备的选定，购买其设备交承租人使用，承租人支付租金的行为。融资租赁方式涉及购买和租赁两个不同合同，合同主体也涉及到出租人、供应商、承租人三方。其运作实质是“以融物形式达到融资的目的”。TOT 项目融资方式，合同主体只有财产所有人和其他社会经营主体两者。经营者既是出资者，又是项目经营者。所有者暂时让渡所有权和经营权，其目的是通过项目融资，筹集到更多的建设资金投入到城市基础设施建设。TOT 项目融资方式，省去了设备采购和建设安装环节，其采购设备调试风险和建设安装风险已由项目所有者承担。合同约定的标的交付后，经营者即可进入正常经营阶段，获取经营收益。

（6）与道路两厢或其他土地开发权作为补偿方式比较。以开发权作为补偿项目其本身一般不具备创收经营权，项目具有纯公益性质。TOT 项目融资，其项目本身必须是经营性资产，有比较固定的收益。与取得其他开发权融资方式比较，省去了建设环节风险和政策不确定性因素风险，其运作方式对项目所有者和经营者都有益处。

第六章　项 目 用 地

第 18 条　土地使用方式

在合作期限内，乙方无偿使用本项目用地，但若随政策调整导致本项目土地使用方式发生改变并产生相关费用，应由乙方负责承担，具体补偿方式双方另行协商。

第 19 条　土地使用限制

乙方应仅为本项目之目的使用项目用地，乙方不得以转让、出租等方式处置项目土地使用权，亦不能在项目土地使用权上设置任何权利负担和其他权利限制，包括任何种类的抵押、质押等担保权益或其他权利、主张或利益。

第 20 条　临时用地

如本项目实施过程中，涉及临时用地，则由甲方协助乙方办理相关手续，但临时用地所涉费用由乙方承担。

* 条文批注：投资人应对存量项目的用地规划进行合法性审查。

投资人要对存量项目之前完成的规划、设计进行合法性审查，如是否经过有权机关的审查，用地规划许可证与规划意见书的内容是否一致。如用地规划或工程规划许可的内容对规划意见书进行了变更，则要查证一下是否经过核发规划意见书的发证机关的许可。

第七章　经营权转让

第 21 条　经营权转让的范围

纳入本项目的项目设施为附件六《污水处理厂平面布局图》所示范围内的，为实施本项目所需的处理规模为 20 万立方米 / 日、一级 A 出水标准的进出水、生化处理以及相关设备、仪表、自控等污水处理设施和其他与生产经营相关的必要设施，同时包括与处理规模 35 万立方米 / 日的污水处理厂（南京市城东污水处理厂一、二、三期）配套的污泥处理构筑物以及相关设备、仪表、自控等设施。详见附件七《污水处理厂项目设施清单》。

项目设施还包括乙方在合作期限内为运营及维护污水处理厂所有大修及重置的设备和设施、建筑物、构筑物等。

第 22 条　项目设施的权属

本次污水处理厂经营权转让，项目设施的所有权不发生变更，归公用水务所有，若在本合同合作期限内，公用水务按照相关法律法规或政府批文将项目设施的所有权划转或转让给第三方，乙方仍有权依据本合同运营、维护项目设施并提供污水处理服务以取得相应收益。

第 23 条　项目设施的使用限制

乙方应仅为本项目之目的使用项目设施，不得以出售、转让、出租等

D10899

方式处置项目设施，亦不能在项目设施上设置任何权利负担和其他权利限制，包括任何种类的抵押、质押等担保权益或其他权利、主张或利益。

* 条文批注：特许经营权转让时应加强国有资产评估。

受让方买断某项资产的全部或部分经营权时，必须进行资产评估。转让资产如果估价过低，会造成国有资产流失；估价过高则可能影响受让方的积极性和投资热情。因此，要正确处理好资产转让和资产评估的关系。聘请的评估机构应具有相应资质，在评估时最好与转让方和其聘请的融资顾问及时沟通，评估结果应报国有资产管理部门批准。

第八章　运营与维护

第 24 条　经营计划与财务报告

本项目合作期限内，乙方应当编制年度经营计划及中长期经营计划报甲方及水务集团备案，且需于每个运营年 12 月 31 日前向甲方提交下一年度的运营计划。年度经营计划包括但不限于项目设施的生产维护及大修更新计划、运营维护资金计划等，中长期经营计划在作出后的 10 个工作日内，报送甲方备案。

本项目合作期限内，乙方应当于每个运营年 12 月 31 日前向甲方及水务集团提交本年度经营情况报告并保证报告内容真实、准确。经营情况报告的内容包括但不限于本年度经营计划的执行情况、运营资产清单、设施运营状况等。

本项目合作期限内，乙方应当于每个会计年度结束后 3 个月内向甲方及水务集团提交经审计的年度财务会计报表，包括资产负债表、损益表、现金流量表，成本分析报告以及甲方要求提供的资料。

本项目合作期限内，乙方应在任何股东会决议和董事会决议作出后 10 个工作日内，报送甲方备案。

第 25 条　项目设施的运营

除非本合同或《污水处理服务协议》有特别约定，在整个合作期限内，乙方应始终根据下列原则或规定运营项目设施，使本项目处于良好的运营状态并能够安全稳定地处理污水：

（1）本项目适用的法律；

（2）乙方检修与维护手册以及本项目相关设备制造商提供的说明手册的指导；

（3）谨慎运营惯例；

（4）本合同或《污水处理服务协议》的约定；

（5）投标文件中“技术与运营方案”。

除非本合同或《污水处理服务协议》有特别的约定，乙方对本项目设施的运营应当：

（1）确保项目设施每日正常运转；

（2）污水处理厂发生人员安全事故，以及系统运行发生设施、设备重大事故时，乙方应当及时采取措施并向甲方及相关政府部门报告并报甲方及水务集团备案。

乙方应当根据设施、设备的情况确定设施设备定期检修、维护和大修的标准和程序，编制并不断完善项目设施检修与维护手册，有计划地对设施设备进行必要和及时的维护，使其处于良好的运营状态并能够安全稳定地按照规定的出水水质标准等处理污水，并实现各项考核指标的稳定达标。乙方须将检修与维护手册在项目设施移交日前及以后进行实质性修改后 10 个工作日内提交甲方及水务集团备案。

甲方有权依据国内行业惯例和乙方的年度经营情况报告及年度经营计划，以不影响乙方运营为前提，对乙方的项目设施维护情况进行检查，并在检查后 7 个工作日内对维护瑕疵提出整改意见。若乙方在所述意见通知的合理期限内怠于整改，则甲方有权委托第三方主体予以实施该等整改，相关整改费用由乙方承担，甲方有权直接从应支付的污水处理服务费中进行相应扣除。

第 26 条　项目设施的大修

除非本合同有特别的约定，在整个合作期限内，乙方应当按照本合同的约定对项目设施进行大修，并承担因此发生的所有费用。

乙方应当在计划检修前 30 日报甲方及水务集团具体的检修时间安排。

在合作期限内，乙方应根据年度经营计划中的维护及大修更新计划及检修和维护手册的规定，对项目设施定期进行大修。大修项目包括但不限于：

D10899

（1）本项目设施制造厂商维修手册中提出的标准项目；

（2）消除项目设施实际存在的重大缺陷；

（3）有关检修、探测、检测及易损、易耗件的更换；

（4）其他必需的项目。

乙方在本项目合作期限内依据上述第 26 条约定进行大修的项目设施，属于本合同项下的项目设施，其所有权归项目设施权属方所有，乙方对该等项目设施的使用限制，适用本合同第 23 条的约定。

大修后，乙方应当对相应的技术文件进行存档保管并同时报甲方及水务集团备案。

第 27 条　项目设施的重置

在合作期限间，乙方应对项目设施进行重置并承担相应的费用。

乙方为该等重置所采购的设备应当符合污水处理厂对届时的污水处理容量和处理标准的要求。乙方在实施该等重置前，应当提前 30 日将拟采购设备的规格、型号、价格和性能等情况报甲方及水务集团审核同意。

乙方在本项目合作期限内依据上述第 1 款约定进行重置的项目设施，属于本合同项下的项目设施，其所有权归项目设施权属方所有，乙方对该等项目设施的使用限制，适用本合同第 23 条的约定。

重置后，乙方应当对相应的技术文件进行存档保管并同时报甲方及水务集团备案。

＊条文批注：应考虑重置设施的效益。

由于重置设施规模大，耗费资金多，因此一定要避免以前建设中曾经出现的“贪洋求大”、效益低、半途而废等情况。首先，在目前 TOT 融资方式经验不足的情况下，要做好试点工作，并及时总结经验，从小到大，从单项到综合项目逐步展开。其次，在建设前一定要进行全面、详细的评估、论证，要充分估计到 TOT 的负面效应，提出相关预防措施。对于事关国家建设全局的重大项目，要慎之又慎，切忌草率决定，仓促上马。中央有关部门应从国民经济全局的角度出发，严格审核、审批，防止一哄而起，盲目引进外资，防止重复建设。

第 28 条　项目设施的改造及补偿

未来若甲方因法律变更或政府有关规定的调整或者因对新标准的执行，需要对项目设施进行改造的，甲、乙双方应就相关投资方案进行协商：

（1）如所增加的投资成本由甲方或政府指定的机构承担，且乙方由此增加了运营成本，由甲乙双方协商对届时执行的污水处理费单价进行调整或者采用其他双方认可的方式进行补偿；

（2）如所增加的投资成本由乙方承担，乙方由此增加的投资费用及运营成本的补偿方案由双方共同协商，补偿方式包括：

①申请临时调整污水处理服务单价的方式获得相应补偿；

②延长合作期限；

③投资支出由政府通过财政补贴的方式予以直接补偿；运营成本的增加由甲、乙双方协商对届时执行的污水处理费单价进行调整；

④采用其他双方认可的方式进行补偿。

依据上述第 1 款的约定实行改造后形成的资产，在合作期限内均归项目设施权属方所有，乙方对该等资产的使用限制，适用本合同第 23 条的约定。

第 29 条　大修和重置费用的监管

乙方应在银行开户设立一个由甲乙双方共同监管的维修资金账户，自第二个运营年度开始，乙方应于每个运营年度的 1 月 31 日前，将上一个运营年度中未发生的大修和重置费用存入上述维修资金账户。

存入维修资金账户的金额，经甲方书面批准，乙方可提取用于补足以后任一个运营年度里对项目设施大修和重置所需的实际投入与投标文件中大修和重置费用的使用计划间的差额。

第 30 条　运营协调委员会

移交日后 30 天之内，双方应成立一个由 3 名乙方代表和 3 名甲方代表组成的项目协调委员会。任何一方均可在通知另一方后更换项目协调委员会成员。该委员会的所有决定均应得到委员会全体成员的一致通过。

D10899

本合同履行中所产生的任何问题或争议应及时递交运营协调委会，通过友好协商，寻求共同接受的解决方法。若运营协调委员会在合理期限内未能达成解决方案，则适用本合同第 55 条争议解决的约定。

第 31 条　履行义务

项目公司应服从社会公共利益，根据市政府及甲方的要求配合履行本项目涉及的社会公益性事业所应尽的义务。

第九章　项目公司的成立及股权转让的限制

第 32 条　项目公司成立

本合同签署之后，乙方应与＿＿＿＿＿＿水务集团有限公司共同签署与本合同附件二所附版本一致的《项目公司合资协议》和《项目公司章程》，并于本合同签署之后的 20 日内与南京水务集团有限公司依据上述《项目公司合资协议》和《项目公司章程》在南京市行政区域范围内共同出资成立注册资本不低于初始投资总额百分之 30% 的有限责任公司【中外合资版：注册资本不低于初始投资总额 1/3】。

项目公司注册资本金应在项目公司成立日（营业执照签发之日）之后的 3 个工作日内一次性缴清，且在注册资本金缴清后的 3 个工作日内，项目公司应通过与甲方签署补充协议的方式继承乙方在本合同项下的权利与义务。

第 33 条　股权变更的限制

股权变更包括项目公司的股权结构变更及项目公司的实际控股股东的变更，股权变更可能是将股权转让给其他方，或是收购其他公司的股权或者增发新股等方式。项目公司的实际控股股东系指直接或间接持有项目公司股权比例达到绝对控股或相对控股的股东，其中绝对控股指所占股权比例达到 50% 或以上；相对控股指所占股权比例虽不足 50%，但是股东中持股比例最高并具有实际控制权的股东。

在本项目合作期限内，上述股权变更或可能导致股权变更的情形，均须向甲方报告并获得甲方书面同意后方可实行。项目公司应向甲方提交股权变更的书面申请材料［阐明变更原因、变更方式、拟转让的股权比例（如有）、意向受让方（如有）情况等书面材料］以及项目公司或股权变更所涉及母公司股东会同意该等股权转让的书面决议。

除上述股权变更或可能导致股权变更的情形应获得甲方书面同意外，在项目合作期限内，如中标社会资本各级控股母公司的控股股东发生变更，中标社会资本也应在该等变更发生前及时向甲方报备。控股母公司和控股股东指持有下级子公司股权比例达到 50% 或以上或持有股权比例虽不足 50%，但是股东中持股比例最高并具有实际控制权的股东。

从乙方签署本合同之日起的 5 年内，中标社会资本在项目公司的股权及中标社会资本的实际控股股东不得发生变化，除非这种转让是项目公司为履行本协议项下的担保且被人民法院或仲裁机构强制执行或为中国法律所要求，或是法院、法庭或具有适当管辖权的政府部门所命令的转让。中标社会资本的实际控股股东系指直接或间接持有中标社会资本股权比例达到绝对控股或相对控股的股东，其中绝对控股指所占股权比例达到 50% 或以上；相对控股指所占股权比例虽不足 50%，但是股东中持股比例最高并具有实际控制权的股东。

尽管有上述约定，上述股权变更的限制不应限制项目公司的股东将其所持有的项目公司的股权转让给其关联方，也不得限制中标社会资本的实际控股股东将股权转让给其关联方，但中标社会资本的关联方应具备资格预审文件及招标文件中对转让方的资格条件及要求，且项目公司仍应按照本条第 2 款的约定向甲方提交申请，受让方还应以书面形式明示，在其成为项目公司股东或中标社会资本的实际控股股东后，督促并确保项目公司继续承担本协议项下的义务，否则甲方有权予以否决。

第十章 履约担保

第 34 条 特许经营权费付款保证金

本合同签署之后的 10 日内，中标社会资本应向甲方支付付款保证金，以保证项目公司依据《特许经营授权书》的要求向＿＿＿＿＿＿市财政局支付特许经营权费。

付款保证金担保至项目公司向南京市财政局支付全部特许经营权费后届满，如项目公司在此期间未发生违约情形的，甲方应在项目公司向南京市财政局付清全部特许经营权费之日起 10 个工作日内，无息退还付款保证金给中标社会资本。

第 35 条　运营维护保函

自本项目合作期限开始后的每个运营年度的前第 1 个月内（合作期第一年为移交日期一个月内），乙方应向甲方提交运营维护保函作为合作期限的运营维护担保，该等运营维护保函的担保有效期为一年，以保证乙方在此期间依据本合同要求履行运营和维护义务。如发生运营维护保函被提取事项的，乙方应在提取后 10 日内予以补足或重新提交同等金额的运营维护保函。如乙方未能予以及时补足，且在经甲方 2 次催告仍未能补足的，甲方有权提前终止本合同。

乙方按照上述第 1 款提交的最后一期的运营维护保函担保至反向移交日届满，如乙方在此期间未发生违约情形的，甲方应在本项目反向移交日后的 10 个工作日内，解除乙方在本合同项下提交的运营维护保函的相应数额。

第 36 条　移交维修保函

在本项目反向移交日前，乙方应向甲方提交移交维修保函作为移交维修担保，该移交维修保函的担保有效期为 12 个月，如发生移交维修保函被提取事项的，乙方应在提取后 10 日内予以补足或重新提交同等金额的履约担保；

移交维修保函担保至反向移交日起 12 个月届满，如乙方在此期间未发生违约情形的，甲方应在本项目反向移交日起 12 个月届满后的 10 个工作日内，解除乙方在本合同项下提交的移交维修保函的相应数额。

第 37 条　提取履约担保不当

如果甲方发生扣除或提取乙方提交之履约担保的行为后，乙方通过本合同争议解决机制确定甲方无权扣除或提取的，则甲方应退还已扣除或提取的金额，并应支付自扣除之日至退还之日的利息，该利息参照届时中国人民银行同期存款利率予以执行。

第十一章　保　　险

第 38 条　保险义务

在整个项目合作期限内，乙方应购买并维持本合同第 39 条所要求的保险，确保其持续有效。

乙方应督促保险公司或其代理人在投保或续保后尽快向甲方提供保险凭证，以证明乙方已按本合约取得保单并支付保费。

乙方在任何时候不得作出或允许任何其他人作出任何可能导致保险全部或部分失效、可撤销、中止或受损害的行为。

当发生任何可能影响保险或其项下的任何权利主张的情况或事件时，乙方应立即书面通知甲方。

未经甲方同意，乙方不得取消保单、不续展保单或对保单作重大修改，重大修改包括对保险范围、责任限制以及免赔范围等做出的实质性变更。

如果乙方不购买或维持本合同所要求的保险，甲方有权代为购买，购买费用从应付乙方的污水处理服务费或从运营维护担保中提取。

第 39 条　需购买的险种

乙方在充分评估项目投资和运营风险后，根据适用法律的规定，并结合项目的实际情况，决定项目合作期限需要购买的保险险种。在合理的商业条件下，应遵照可保风险均应投保的原则进行投保。在合作期内，乙方至少应当自费足额投保下述险种：

（1）财产一切险（厂房、设备、设施及附属建筑物）

保险金额：根据项目设施价值及保险机构的规定足额缴纳。

保险期间：以年为单位，可续延。

被保险人：公用水务。

（2）公众责任险

保险金额：根据项目设施价值及保险机构的规定足额缴纳。

保险期间：以年为单位，可续延。

被保险人：项目公司。

（3）其他合理险种。

第十二章　守法义务及法律变更和政府行为

第 40 条　守法义务

甲、乙双方履行本合同应遵守适用法律的规定。

D10899

（1）法律变更和政府行为

法律变更指在本合同生效后，任何适用法律的实施、颁布、修改、废除或对其解释或执行的任何变动等，该等变更将对合同各方在本合同项下的权利义务或经济利益造成重大不利影响。

政府行为指南京市上级政府部门的国有化、征收及征用等政府行为。如__________政府部门贯彻执行上级政府部门决定、命令等的行为，亦属于本处所指的政府行为。

发生法律变更和政府行为时，甲、乙双方应迅速协商并做出必要的调整，以恢复各方在本合同项下权利义务的履行及经济利益，如双方经协商未能就调整方案达成一致或无法通过调整恢复各方在本合同项下权利义务及经济利益，则任一方有权根据本合同第 49 条的约定终止本合同。

（2）不视为法律变更及政府行为的情形

南京市政府或其部门或南京市政府下级政府颁布的适用法律的变更或政府行为不视为本合同项下的法律变更和政府行为，如发生该等法律变更或政府行为应构成“甲方违约事件”，乙方可以通过违约条款及提前终止机制等进行救济。

第十三章　不 可 抗 力

第 41 条　不可抗力事件

不可抗力指任何一方无法预见、控制、经合理努力仍无法避免或克服的、导致其无法履行合同项下的义务的情形，包括但不限于台风、地震、洪水等自然灾害，战争、罢工、骚乱等社会异常现象，以及各方不能合理预见和控制的任何其他情形。

法律变更或政府行为不视为本合同项下的不可抗力事件。

第 42 条　不可抗力事件发生期间各方权利和义务

本合同任何一方由于不可抗力不能履行全部或部分本合同义务的，根据不可抗力的影响，免除全部或部分违约责任，但应在条件允许下采取一切必要措施以减少因不可抗力造成的损失。任何一方在违约行为之后发生不可抗力情形的，不免除该方违约责任。

发生不可抗力的一方在不可抗力影响消除后应当继续履行本合同。

第 43 条　不可抗力事件的处理

声称受到不可抗力事件影响的一方必须在不可抗力事件发生后或在通信条件已恢复后立即通知另一方，并在 15 日内以书面形式通知本合同另一方并提供关于不可抗力事件的详情及其因受不可抗力事件影响不能或不能充分、及时、适当履行本合同项下义务的详细说明，并提供不可抗力发生地权威机构（如有）就不可抗力事件的发生出具的证明文件。如果不存在前述权威机关或该机构不出具证明，则该方应提供其他证明不可抗力发生的证据。受到不可抗力事件影响的一方未能履行前述通知及提供证明文件义务的，不得主张免于承担违约责任。

发生不可抗力事件时，各方需承担各自就不可抗力所支出的必要费用。

如不可抗力事件全部或部分阻止任一方履行其在本合同项下义务的时间连续超过 30 日或在 365 日内累计超过 60 日，双方必须在达到上述连续或者累计期间之日起 60 日内协商决定是否继续履行本合同。如果双方不能就继续履行本合同达成一致，则任一方有权根据本合同第 49 条约定终止本合同。

发生不可抗力时，乙方仍应尽最大努力保证污水处理服务的持续。

第十四章　甲方的监督与临时接管

第 44 条　甲方的监督权

甲方有权充分了解乙方履行本合同的情况并对乙方履行本合同的情况进行监督和检查，但甲方的监督权应依据本合同的约定行使，除非合同另有约定，甲方行使监督权，不能影响本项目的正常实施。

第 45 条　中期评估

中期评估为每三至五年一次，从项目设施移交日起算。

中期评估由甲方发起，组织乙方及相关行政主管部门有关专家或者第三方机构组成评估小组对双方的履约情况进行评估。

D10899

评估小组在评估结束后15日内向甲方提交评估报告，内容包括：项目运行状况、本合同和《污水处理服务协议》的合规性、适应性和合理性、对已发现问题的风险评估、应对措施等。中期评估报告应同时报财政部门备案。

对于评估小组提出的本合同和《污水处理服务协议》的修改或完善建议，甲方有权决定是否予以采纳，若予以采纳，则由甲方与乙方届时协商确定相关条款的修改或完善，该等修改或完善与本合同及《污水处理服务协议》具有同等法律效力。

第46条　甲方临时接管的权利

（1）乙方违约情形下的临时接管

乙方在本项目合作期限内有下列行为之一的，甲方有权责令其限期改正，逾期不改的，甲方或政府指定的其他机构有权对本项目实施临时接管：

①擅自以出售、转让、出租、抵押等方式处置项目设施，或在项目设施上设置其他权利限制的，导致本项目不能正常运营的；

②擅自停业、歇业，严重影响社会公共利益和公共安全的；

③因管理不善发生重大质量、生产安全事故的，导致本项目不能正常运营的；

④因经营管理不善等原因，造成财务状况严重恶化，导致本项目不能正常运营的；

⑤存在重大安全隐患且拒不整改，危及或者可能危及公共利益、公共安全的；

⑥乙方法人主体资格终止或被撤销的；

⑦法律、法规、规章规定的其他情形。

（2）乙方未违约情形下的临时接管

虽然乙方不存在本合同项下的违约行为，但如发生如下情形，甲方或政府指定的其他机构有权对本项目实施临时接管：

①存在严重危及人身健康安全、财产安全或环境安全的重大风险；

②发生紧急情况，甲方合理认为该紧急情况会导致人员伤亡、严重财产损失或造成环境污染；

③法律、法规、规章规定的其他情形。

乙方应无条件服从甲方或政府指定机构接收或接管本项目的所有指令、命令，临时接管期间甲方或政府指定的其他机构负责在接管范围内组织正常运营维护工作，乙方应当在甲方或政府指定机构临时接管前善意履行看守职责，并继续履行污水处理服务义务，维持正常的经营服务，并应保证在甲方或政府指定机构对本项目实施临时接管期间向甲方提供正常运营本项目所需的备品配件及资料。

甲方或政府指定的其他机构依据上述第 46 条第（1）款实施的临时接管，临时接管所产生的一切费用由乙方予以承担；甲方或政府指定的其他机构依据上述第 46 条第（2）款实施的临时接管，临时接管所产生的额外费用由甲方予以承担，临时接管期间的相应收入依然归属乙方所有。

如临时接管的情形持续 2 个月未结束，则任何一方有权依据本合同第 49 条提前终止本合同。

第 47 条　监督员

甲方可以委派监督员，对乙方的运营状况进行监督。

监督员有权随时进入乙方进行监督检查，乙方不得以任何理由干涉阻挠。

监督员负责了解乙方的正常生产、经营情况；查阅乙方的各类生产运营资料；监督本合同规定的经营指标的执行情况；甲方所发出的整改意见的落实情况；根据甲方的要求，定期述职。

第十五章　违约、提前终止及终止后处理机制

第 48 条　违约与赔偿

除本合同明确约定的违约金外，其余情形下的违约与赔偿依据如下原则予以确定：

（1）除本合同另有规定外，当一方发生违反本合同的行为而使非违约方遭受任何损害、损失、增加支出或承担额外责任，非违约方有权获得赔偿，该项赔偿由违约方支付。上述赔偿不应超过违约方在签订本合同时预见或应当预见到的损害、损失、支出或责任。

（2）非违约方必须采取合理措施减轻或最大程度地减少违约方违反本合同引起的损失，并有权从违约方获得为谋求减轻和减少损失而发生的任何合理费用。如果非违约方未能采取前述措施，违约方可以请求从赔偿金

D10899

额中扣除本应能够减轻或减少的损失金额。

（3）如果损失是部分由于非违约方的违约行为造成的，或产生于应由非违约方承担风险的另一事件，则应从赔偿的数额中扣除这些因素造成的损失。

第 49 条　提前终止的情形

（1）《经营权转让协议》或《污水处理服务协议》提前终止。

（2）《特许经营权授权书》中的特许经营授权提前终止或撤销。

（3）因本合同第 10 条所约定的前提条件未实现导致本合同的提前终止。

（4）因本合同第 40 条所约定的法律变更或政府行为导致的本合同的提前终止。

（5）因本合同第 41 条所约定的不可抗力导致的本合同的提前终止。

（6）因本合同第 46 条所约定的临时接管导致的本合同的提前终止。

（7）甲方违约导致本合同提前终止：

①甲方在本合同中所作的声明与保证被证明在提供时有重大错误，使甲方履行本合同项下义务的能力或实现本项目商业目的之预期受到根本性不利影响；

②甲方违反本合同第 8 条的约定，就本项目的合作范围内的全部或部分内容与其他任何一方合作的；

③甲方严重违反本合同的约定对乙方在本合同项下之权利造成严重损害。

（8）乙方违约导致本合同提前终止：

①乙方在本合同中所作的声明与保证被证明在提供时有重大错误或不属实，使甲方履行本合同项下义务的能力或实现本项目商业目的之预期受到根本性不利影响；

②乙方未能根据本合同第十章约定维持履约担保项下的相应金额的；

③乙方违反本合同第 33 条有关股权转让限制的规定；

④乙方其他严重违反本合同约定，并可能危及本项目正常运营的行为。

（9）甲乙双方协商一致提前终止本合同。

第 50 条　终止意向的通知

因上述第（1）～（6）款约定事件的发生而可能导致本合同提前终止时，任一方可于该等事件发生后 15 个工作日内向另一方发出终止意向通知，若该等事件的发生是由于一方违约造成的，则仅守约方有权依据该条款发出终止意向通知；因上述第（7）款约定之甲方违约和第（9）款约定之乙方违约而可能导致本合同提前终止时，守约方可于对方违约事件发生后 15 个工作日内向其发出终止意向通知。

在前述终止意向通知发出之后，各方应通过友好协商以避免本合同终止的措施，协商期间不超过 30 日。

如果甲乙双方在 30 日内就将要采取的措施达成一致意见，或不可抗力之情形消失，则终止意向通知应立即自动失效。

第 51 条　终止通知

在上述第 50 条第（2）款所述之协商期届满且终止意向通知未能依据第 50 条第（3）款失效，则发出终止意向通知的一方可以向另一方就此发出终止通知。

甲、乙双方就本合同提前终止协商达成一致，一方有权向另一方发出终止通知。

终止通知发出之日起本合同立即终止（“提前终止日”），本合同终止后，不影响本合同反向移交条款及争议解决条款等的效力。

第 52 条　提前终止补偿金的计算

除非本合同另有约定，若本合同提前终止，甲方根据提前终止事件发生的不同原因支付乙方合理补偿金，补偿金具体按下表确定：

项次	本合同提前终止之情形	终止补偿金
一	甲方违约	
二	乙方违约	
三	不可抗力	
四	法律变更或政府行为	

上述约定支付相应终止补偿金所产生的流转税和所得税由违约方予以承担；如为不可抗力事件或法律变更或政府行为的原因造成的提前终止，相应流转税和所得税各方承担各自部分。

本合同因第 50 条约定事件终止的，应根据该等事件发生的原因依据上述第 52 条第 1 款约定计算提前终止补偿金。若《经营权转让协议》提前终

D10899

止是由于可归责于公用水务的原因导致的，则在且仅在计算提前终止补偿金时，将该等事件的原因视为甲方违约行为的原因。

本合同提前终止时，甲方支付给乙方金额应将提前终止补偿金与本合同提前终止前一方由于其此前的违约行为应对另一方承担的赔偿责任共同计算予以确定，前述赔偿责任包括在本合同、《污水处理服务协议》、《经营权转让协议》等中的赔偿责任。

尽管有以上约定，若本合同提前终止是因为：①第 10 条所约定的前提条件未实现，且前提条件未实现是由于甲方（或公用水务）或乙方的违约行为而导致的；或②乙方未能根据《特许经营权授权书》的约定支付第二笔特许经营权费而导致甲方收回特许经营权，则在该等提前终止情形下，违约方（如公用水务为违约方，则由甲方代为支付）应向另一方支付违约金 / 补偿金，且甲方应要求____________市财政局将乙方已支付的特许经营权费（如有）无息返还给乙方，而在这种情况下，甲方无须根据上述第 52 条第 1 款的规定向乙方支付终止补偿金，本条关于终止补偿金的条款不予适用。

第十六章　反 向 移 交

第 53 条　期满时的反向移交

本项目合作期限届满，乙方将项目设施无偿返还给政府或其指定机构，即期满时的反向移交。

本项目合作期限期满 12 个月前，甲方与乙方应组建反向移交委员会，由反向移交委员会制定本项目反向移交方案，乙方应对甲方指定的人员予以培训，以便其在本项目反向移交后能够承担本项目的技术、运营及管理工作。

上述第 2 款约定的项目反向移交方案应包括恢复性大修计划及验收标准，乙方于合作期限最后一年内须按照该等计划对项目设施进行恢复性大修，且该等大修须于反向移交日 6 个月前完成。若乙方怠于履行或不完全履行前述义务，则甲方有权指定第三方代为实施，所涉费用从合作期限的履约保函中予以提取，不足部分甲方有权向乙方追偿。

本项目的期满反向移交依照以下程序进行：

①本项目的期满反向移交日是本项目合作期限届满之日。乙方至少应在本项目合作期限结束前 6 个月提交详细的反向移交清单，反向移交清单应包括但不限于项目设施、设备、工具、器材、计算机软件、监测报表及文字资料，以及与污水处理服务相关的其他物品及资料；

②乙方最迟应在反向移交日前 2 个月向甲方提交反向移交通知，该等通知应包括乙方反向移交代表的姓名及其他反向移交相关的事项；

③甲方应在收到乙方反向移交通知后 10 个工作日内以书面形式确认其通知，并将政府接收代表的姓名通知乙方；

④甲方与乙方应在反向移交日前 7 日完成有关本项目反向移交内容的清点和复核工作，并就反向移交补偿事宜达成一致，共同签署预反向移交备忘录；

⑤在反向移交日，甲方与乙方将正式签署反向移交备忘录，同时政府或其指定机构的管理人员将正式负责运营本项目；

⑥反向移交备忘录的签署，意味着乙方基于本合同项下的合作享有的权利和其他利益被依法终止。

本项目反向移交应包括以下内容：

①本项目设施，且项目设施之上不得附有任何第三方之担保权或其他请求权；

②本项目反向移交日后 3 个月内污水处理厂正常运营需要的消耗性备品备件、事故抢修的备品备件和化学药品；

③与本项目运营有关的手册、制度；

④维持本项目后续正常管理、运营所必须的财务账目和凭证等本项目文件资料；

⑤本项目合作期限间所产生的记录、档案资料等。

反向移交时，乙方须将项目设施上可能存有之向其他第三方之请求权全部移交给政府或其指定机构，乙方应积极配合政府或其指定机构行使请求权，以及在乙方所签署之相关消耗性备品备件及化学药品采购协议有效期内且该等协议另一方同意之前提下，根据甲方届时的要求将该等协议项下之权利义务转移给政府或其指定机构或应甲方之要求予以解除。

乙方应于本项目反向移交日将其届时使用的运营污水处理厂所需之所

有技术和技术诀窍（包括乙方所有之或其他主体授权乙方使用之），全部无偿移交给政府或其指定机构，并确保政府或其指定机构不因使用该等技术和技术诀窍而受第三方追索，政府或其指定机构不得将该等技术和技术诀窍用于除本项目以外的其他商业用途。

反向移交手续完成后，乙方的主要技术人员应留厂 1 个月培训政府或其指定机构相关人员。

乙方应保证反向移交之项目设施在反向移交后 1 年内均应处于可正常使用状态。

甲方在本项目反向移交后 1 年内发现项目设施因材料、工艺或设计缺陷或合作期限内乙方的任何违约造成的项目设施任何部分出现任何缺陷或损坏，均应及时通知乙方。乙方收到通知后，应在甲方规定的时间内对该等缺陷或损坏进行修复，否则甲方有权提取履约保函的相应部分。

如果项目设施的缺陷或损坏严重，当出现下述情形时，甲方有权就项目设施性能的降低获得补偿，该等金额的确定由各方共同认可之第三方检测机构予以核定，甲方据此提取履约保函中相应金额（包括聘请检测机构之费用）用以支付该等补偿款：

①通过更换或修复仍无法达到适用法律和反向移交方案确定的标准；

②通过更换或修复可以达到适用法律和反向移交方案确定的标准，但该等更换或修复的成本过高且被证明是不经济的。

第 54 条　提前终止的反向移交

本合同提前终止时，乙方应将上述第 53 条第 5 款所约定的反向移交内容参照第 53 条第 4 款约定的程序全部移交给政府或其指定机构，上述第 53 条第 6 款至第 53 条第 9 款的约定同样适用。

甲方应于反向移交备忘录签署日后 60 日或各方另行约定的更长时间内，向乙方支付相应提前终止补偿金。

* 条文批注：应明确约定转移经营权项目的维修改造。

为防止受让方竭泽而渔，在移交回政府方时是一个千疮百孔的烂摊子，可以采用一种过渡期的办法。在过渡期内，双方共同管理、共同营运项目，收入按一定比例分享，以利于我方对项目运行的监督管理。此外，还应鼓励受让方对项目进行技术改造、设备更新和必要的其他扩建改造。

第十七章　争议解决及法律适用

第 55 条　争议的解决

本合同的签署及履行中所产生的任何争议，甲乙各方应首先通过友好协商解决。凡因本合同引起的或与本合同有关的任何争议，均应提交____________市仲裁委员会进行仲裁。

在争议解决期间，除争议事项外，各方应继续履行本合同所约定的其他各项义务，不得以发生争议为由单方面终止或中断本合同义务的履行。乙方应确保本项目污水处理服务的持续性。

第 56 条　法律的适用

本合同订立、效力、解释、履行及争议解决均受中华人民共和国相关法律的保护和管辖。

第十八章　其　　他

第 57 条　环境保护

乙方在任何情况下都应该履行与本合同有关的环境保护的规定和遵守国家有关环境保护的适用法律。

乙方在项目设施的合作期限间应采取一切合理措施来避免或尽量减少对项目设施周围建筑物和居民区的干扰。

乙方对于以下任何一种情形不承担责任，若因此对乙方造成损失的，则有权向引发环境污染及安全隐患的主体进行追偿：

（1）本合同生效日期前已经存在的或潜在的环境责任；

D10899

（2）因第三方的作为或不作为引起的环境责任；

（3）甲方原因导致的环境污染及安全隐患。

第 58 条　保密条款

甲、乙双方应对在本合同签订或履行期间直接或间接从对方收到的所有商务和技术信息、各方之间相互的联系及提供的条件作为保密信息对待，除法律要求以及向各方的专业顾问、相关政府职能部门提供外，不得在获得对方书面同意前将该等保密信息泄露给其他方或用于本合同外的其他目的。但任何一方在取得另一方同意的情况下发布含有有关本项目进展的非敏感信息的新闻稿不受前述限制。

第 59 条　税收优惠

乙方可根据国家及地方税收政策规定享受相应的优惠，甲方应积极配合乙方申请相应的税收优惠政策。

第 60 条　通知

甲乙各方的所有联系均应通过派人送达、挂号信函、电报等书面方式送达对方，并且由各方指定部门或机构予以签收。

若甲方或乙方地址发生变更，应在 2 日内以书面形式通知另一签约方，另一方收到通知后，这种变更即生效。

第 61 条　合同的文字

本合同采用中文书写，任何对本合同的解释以中文为准。

本合同一式八份，甲方与乙方各执四份，且每份合同具有同等效力。

第 62 条　合同的生效

本合同经各方法定代表人 / 授权代表签字且加盖法人印章后生效。

第 63 条　合同的补充

本合同的未尽事宜，各方友好协商并签订补充协议。

补充协议与本合同具有同等效力。

> ＊条文批注：应进一步改善 TOT 方式的投资法律环境。
>
> 尽管 TOT 涉及环节较少，但如作为一种利用外资的新形式，仍必然要求有完善的法律环境的保证。政府应通过立法规范 TOT 相关主体的行为，明确各方权利义务，保证转让项目的有偿使用和特许经营权的稳定性，保障投资者合法权益，尽量减少投资的法律风险。因此，有必要依据我国国情和国际惯例，制定出一套适合于 TOT 方式的法律法规，为 TOT 在我国的有效利用创造良好的法律环境。

【签署页】

本合同由以下双方于______年______月______日在______省______市签署，以兹为证：

甲方：（盖章）

法定代表人 / 授权代表：____

乙方：____________公司（盖章）

法定代表人 / 授权____

第十一章　备用水源工程PPP项目合同

使用场景：

使用 BOT 运行方式的 PPP 项目可参考本合同有关政府方和社会资本方的权利义务约定。

法律要点：

1. 终止补偿与经济赔偿的区别是什么？

经济赔偿是惩罚性质的，终止补偿是救济性质的。

适用经济赔偿的条件是：项目公司与政府方约定的前提条件在规定时间内未满足（如通常由项目公司负责满足的融资交割未完成、保险未生效、项目实施相关的其他主要合同未签订，项目未获得相关审批等），并且另一合同方也未同意豁免或延长期限，使该合同方获得了终止项目合同的权利并进而行使了终止项目合同的权利。项目公司和政府方均有可能引发项目合同终止的情形发生。

而适用终止补偿机制的条件为：社会资本或项目公司违反项目合同约定，威胁公共产品和服务持续稳定安全供给，或危及国家安全和重大公共利益的。社会资本或项目公司会“触动”适用终止补偿机制的前提“按钮”，政府方则不会。

2. 通常的争议解决方式有哪些？

根据《政府和社会资本合作模式操作指南（试行）》的规定：“在项目实施过程中，按照项目合同约定，项目实施机构、社会资本或项目公司可就发生争议且无法协商达成一致的事项，依法申请仲裁或提起民事诉讼。”而“政府相关职能部门应根据国家相关法律法规对项目履行行政监管职责，重点关注公共产品和服务质量、价格和收费机制、安全生产、环境保护和劳动者权益等。社会资本或项目公司对政府职能部门的行政监管处理决定不服的，可依法申请行政复议或提起行政诉讼。”

从上述规定可知，财政部就实际争议按照法律关系的性质，允许相关各方采取民事诉讼、仲裁或行政诉讼的方式解决争议。

作为补充和完善，尚未正式施行的《基础设施和公共服务领域政府和社会资本合作条例》（征求意见稿）第 38 条至第 41 条区分不同的争议类别提出了相应的争议解决方式：

D10900

（1）因合作项目协议履行发生争议的，协议双方应当协商解决；协商达成一致的，应当签订补充协议。

（2）因合作项目协议中的专业技术问题发生争议的，协议双方可以共同聘请有关专家或者专业技术机构提出专业意见。

（3）因合作项目协议履行发生的争议，可以依法申请仲裁或者向人民法院提起诉讼。

（4）对政府有关部门作出的与合作项目的实施和监督管理有关的具体行政行为，社会资本方认为侵犯其合法权益的，有陈述、申辩的权利，并可以依法提起行政复议或者行政诉讼。

前　　言

鉴于：

1.____________人民政府决定采用 PPP 方式（Public-Private-Partnership）建设运营____________PPP 项目。

2. 甲方通过____________的方式，选择乙方作为本项目社会资本合作方，并通过与乙方签署本合同的方式约定本项目的投资、建设、运营、移交等事宜。

3.（实施机构）____________指定的（政府代表方）____________乙方按照合资协议和项目公司章程的约定在（项目地）____________设立有限责任公司性质的项目公司，实施本项目的融资、投资、建设、运营、移交。

4. 项目公司成立后，由甲方与项目公司通过补签协议，项目公司全面承继乙方在本合同项下的权利和义务。为此：

为实施本项目，甲、乙双方本着平等、自愿和互利的原则，根据《中华人民共和国合同法》《国务院办公厅转发财政部发展改革委人民银行关于在公共服务领域推广政府和社会资本合作模式指导意见的通知》（国办发〔2015〕42 号）《关于推广运用政府和社会资本合作模式有关问题的通知》（财金〔2014〕76 号）以及《关于印发政府和社会资本合作模式操作指南（试行）的通知》（财金〔2014〕113 号）等法律、法规、规章以及__________省关于推进 PPP 项目相关政策性文件的规定，经协商一致，订立本合同，以兹共同信守。

第一章　总　　则

第 1 条　定义和解释

1.1　定义

以下定义适用于本合同：

本合同：指由甲方与乙方签署的 PPP 项目合同，包括全部附件，以及日后可能签署的任何 PPP 项目合同之补充修改协议和附件，每一部分都应视为本合同的一部分。

本项目：____________PPP 项目。

甲方：____

乙方：____

项目公司：指甲方指定的出资人和乙方按照合资协议和公司章程的约定在______设立的有限责任公司性质的公司，负责实施本项目的融资、投资、建设、运营、移交。

项目文件：指包括但不限于下列文件：

（1）本合同及附件；

（2）融资文件；

（3）与项目有关的其他文件。

项目设施：指本项目红线范围内与项目相关的设施。

项目资产：指与项目有关的所有资产，包括但不限于：

（1）为实施本项目所需的包括但不限于建筑物、构筑物、设备、设施、围墙、绿化作物等；

（2）实施本项目形成的包括但不限于建筑物、构筑物、设备、设施、围墙、绿化作物等；

（3）本项目项下项目公司拥有所有权和知识产权；

（4）项目文件项下的合同性权利；

D10900

（5）运营资料、质量保证计划等文件；

（6）土地使用权。

中国：指中华人民共和国，仅为本合同之目的，不包括香港特别行政区、澳门特别行政区和台湾地区。

法律：指所有适用的中华人民共和国法律、法规、规章、地方性法规、司法解释、政府部门颁布的标准、规范或其他适用的强制性要求、有法律约束力的规范性文件等。

法律变更：指在生效日后颁布、修订、废止或重新解释的任何适用法律导致甲方或乙方在本合同项下的权利义务发生实质性变化。

政府行为：指甲方的任何上级政府部门（县级及以上）的国有化、征收及征用等行为。

批准：指为了使乙方能够履行其在本合同项下的义务和行使其在本合同项下的权利，乙方必须或希望从政府机关依法获得的为项目公司的投资、建设、运营和移交所需要的任何许可、执照、同意、授权、免除或批准。

贷款人：指融资文件中的贷款人或项目资金提供人。

融资文件：指与项目或其任何一部分的建设和运营相关的贷款协议、担保协议、保函和其他文件，但不包括股东作出的出资承诺或出资。

乙方履约保函：指乙方提交的、为担保其履行在本合同项下的建设、运营维护、移交等义务的担保函。

合作期：指包括本项目建设期和运营期在内的、甲方和乙方合作的期间______年。

建设期：指本项目自开工日起至竣工验收通过之日止的期间（______年）。

运营期：指本项目自竣工验收次日起至运营结束的期间（______年）。

开工日：指本项目开始施工之日，具体日期见本合同第 11.2 款。

项目运营日：指本合同第 17.2 款约定的日期。

谨慎工程和运营惯例：指可以合理期望的对同一项业务在相同或类似情况下熟练和有经验的承包商或操作者的技能、勤勉、谨慎和预见能力的惯例标准。就本项目而言，谨慎工程和运营惯例应包括但不限于采取合理的步骤，以确保：

（1）在满足正常条件下及合理预测的非正常条件下项目拥有所需要的充足材料、

资源和供应品；

（2）拥有足够数量、充足经验并经过适当培训的工作人员，以恰当有效地按照相应的手册和技术规范运营本项目并能够处理紧急情况；

（3）由有知识并受过培训和有经验的人员进行预防性日常和非日常维护和修理，以确使本项目长期、可靠和安全地运营。

争议解决程序：指本合同第 28 条中提及的解决争议的程序。

政府部门指：

（1）中华人民共和国国务院及其下属的部、委、局、署、行，中国的任何司法或军事当局，或具有中央政府行政管理功能的其他行政实体；

（2）省、市、区、县各级地方政府及其职能部门。

终止通知：指双方按照本合同第 26.5 款向对方发出的通知。

终止意向通知：指双方按照本合同第 26.5 款向对方发出的通知。

生效日：指本合同经____________人民政府批准后、甲乙双方盖章并由双方法定代表人或授权委托人签字之日。

工作日：指除中国法定休息日和法定节日或假日以外的、各机构普遍工作的任何日期。

终止日：指本合同提前终止的日期。

移交日期：指合作期届满之日后的第一个营业日（适用于本合同期满终止），或经双方书面同意的移交项目设施的其他日期。

前期费用即工程建设其他费：指本项目前期工作涉及到的费用，包括工程咨询费、招标代理服务费、勘察设计费、工程建设监理费、工程造价审核费、建设项目管理费、项目公司管理费及税金、保险费、项目前期报建报批相关行政费。

运营和维护：指本项目完工并经竣工验收合格后，即进入运营和维护期，运营和维护是指为保证本项目范围内的基础设施能正常运转而采取的日常维护、中小修措施。

可用性服务费：指为社会公众使用项目设施之目的，甲方依据本合同约定向乙方采购项目设施的项目可用性而支付的价款。

D10900

运维绩效服务费：在运营期内，项目公司负责所建道路、栈桥、园林绿化、照明、厕所、水体等项目设施的养护、维修、保洁以及紧急事件处置等作业活动，使之达到规定的标准、要求，甲方为购买此服务而需要向乙方支付的价款。

服务费或服务费用：指可用性服务费和运维绩效服务费的合称。

静态总投资：包括工程建设费和工程建设其他费，不含运营费用和建设期利息。

全部建设成本：包括工程建设费、工程建设其他费和建设期利息。

1.2　解释

本合同中的标题仅为阅读方便所设，不应影响条文的解释。以下的规定同样适用于对本合同进行解释，除非其上下文明确显示其不适用。

在本合同中：

（1）协议或文件包括经修订、更新、补充或替代后的该协议或文件；

（2）“元”指人民币元；

（3）条款或附件：指本合同的条款或附件；

（4）除非本合同另有明确约定，“包括”指包括但不限于；除本合同另有明确约定，“以上”“以下”“以内”或“内”均含本数，“超过”“以外”不含本数；

（5）除非本合同另有约定，提及的一方或双方或各方均为本合同的一方或双方或各方，并包括其各自合法的继任者或受让人；

（6）所指的日、月和年均指公历的日、月和年，其中一年以365天计，一个月以30天计；

（7）本合同中的标题不应视为对本合同的当然解释，本合同的各个组成部分都具有同样的法律效力及同等的重要性；

（8）本合同并不限制或以其他方式影响甲方及其他政府部门行使其法定行政职权。在本合同有效期内，如果本合同项下的有关约定届时被纳入相关法律规范属于甲方或其他政府部门的行政职权，适用该等法律规定；

（9）要求在某一非工作日付款：指该付款应在该日后的第一个工作日支付。

第 2 条 声明与承诺

2.1 甲方声明

（一）甲方作为合同签署主体具有相应法律资格及履约能力，已充分理解合同背景和目的，在本合同生效日前已获得了签订本合同所必需的授权，有权签署本合同。

（二）本合同签署时，本项目 PPP 实施方案已经____________人民政府批准。

本合同签署时，甲方确保本项目是合法存在并经过有权部门批准的。

2.2 甲方承诺

（一）甲方承诺按合同相关约定执行合同，保证诚信履约、提供持续服务和维护公共利益。

（二）完成本合同规定的前期工作。

（三）甲方或其他任何政府部门对向乙方提供的材料、信息或数据的准确性、完整性或适宜性负责。

（四）如果甲方的承诺被证明在做出时存在不实或不能兑现，则乙方有权根据本合同要求甲方赔偿，并有权根据本合同的规定终止本合同。

* 条文批注：通常情况下政府的承诺和担保。

1. 独家经营承诺，承诺在一定范围内不批准与该项目具有竞争的其他项目；

2. 特许方应协调与各级人民政府及财政、税收、规划、国土资源、价格、公安等政府相关部门的关系，必要时召开联席会议解决投资过程中的困难；

3. 付费或补助；

4. 负责或协助获取项目相关土地权利；

5. 提供相关连接设施；

6. 办理有关政府审批手续。

2.3 乙方声明

（一）乙方是依据中国法律正式成立的企业法人，具有签署和履行本合同条款和条件的法人资格、权利和能力，已充分理解合同背景和目的。

（二）乙方已取得签署本合同的必要授权。

D10900

（三）在签署本合同之前，乙方已为自身的利益进行了必要的调查及检查，包括但不限于对项目场地进行细致而全面的检查、评估，充分知悉了项目的现状和风险。

（四）在签署本合同时，乙方只是参考但并未依赖由甲方或其他任何政府部门作出或提供的任何材料、信息或数据。

2.4　乙方承诺

（一）乙方承诺按合同相关约定执行合同，保证诚信履约、提供持续服务和维护公共利益。

（二）乙方应承诺其全力完成本合同项下的融资义务，融资金额根据项目进展情况分批到位。

（三）乙方应对为本项目办理相关保险。

如果乙方的承诺被证明在做出时存在不实或不能兑现，则甲方有权要求乙方赔偿。

第 3 条　合同生效条件

3.1　合同生效条件

本合同之生效必须满足以下全部条件：

1. 本合同经甲方法人代表或授权代理人签字并加盖公章；

2. 本合同经乙方法人代表或授权代理人签字并加盖公章。

3.2　合同生效日期

本合同生效起始日期：指本合同经甲乙双方盖章并由双方法定代表人或授权代理人签字之日。

* 条文批注：合同一般无效的情形。

（1）超出立项核准机关的核准权限；

（2）外商投资未经过有权机关审批核准；

（3）国有资产投资、转让未获批准；

（4）合同中关于“外方提前回收投资或外网有限获得投资收益”的条款不符合相关法律规定；

（5）合同中关于境外机构、个人在境内“外汇收支或外汇经营活动”不符合相关法律规定；

（6）未变更过户；

（7）合同中约定“假股真债”模式；

（8）项目公司股东滥用股东权利与其他公司签订的合同。

第二章　合同主体

第 4 条　签约主体

4.1　政府主体（甲方）

单位名称：____________________

法定代表人或其委托代理人：____________________

联系地址：____________________

联系人：____________________

电话：____________________

传真：____________________

电子信箱：____________________

4.2　社会资本主体（乙方）

单位名称：____________________

法定代表人或其委托代理人：__________　　组织机构代码：__________

联系地址：____________________

联系人：____________________

电话：____________________

传真：____________________

电子信箱：____________________

D10900

第 5 条　双方基本权利和义务

5.1 甲方的基本权利和义务

（一）甲方在合作期内的基本权利

1. 对乙方投资、建设、运营、维护、移交本项目进行全程监管的权利；如发现与本合同存在不相符合的情形，有权责成乙方限期予以纠正；

2. 甲方或甲方指定机构，对乙方的投资建设、经营、管理、安全、质量、服务状况等进行定期评估，并有权将定期评估结果向社会公示，接受公众监督；

> * 条文批注：社会监督权。
>
> 在监督方面，《PPP 项目合同指南（试行）》规定了政府监督内容。为增强监督的全面性客观性，尚未正式施行的《基础设施和公共服务领域政府和社会资本合作条例》（征求意见稿）第 34 条赋予了社会公众对 PPP 项目的发起和实施进行监督的权利，指出：对社会资本方违反法律、行政法规规定的行为或者对提供公共服务的质量等问题，任何单位和个人可以向政府有关部门举报、投诉，有关部门应当及时依法处理。

3. 甲方在建设期内有对乙方的建设施工情况进行监督检查的权利，包括但不限于在建设期内甲方或甲方指定机构对项目进行专项审计检查，相应的费用由甲方负担，检查周期由甲方合理确定，审计检查范围主要包括对乙方的注册资本的到位情况、资金使用情况、项目进度情况、项目质量情况、项目实施与本合同执行情况等方面，乙方有义务对审计检查工作给予充分配合，提供必要、完整的所需查看的各种文件资料，并对提供资料的真实性负责；

4. 在项目竣工验收完成后，甲方有权委托政府审计机构或中介机构对乙方的建设费用进行审计；

5. 若本项目在合作期内获得上级政府补助资金，则甲、乙双方同意将该等补助资金作为可行性缺口补助的一部分，专项用于抵冲本项目可行性缺口补助支出。上级财政对补助资金有使用限制的，从其规定；

6. 对乙方是否遵守本合同的监督检查权及对建设、运营维护的介入权；

7. 乙方如出现下列行为之一者，甲方有权责令其限期改正，或依法采取有效措施督促其履行义务，逾期不改正的，甲方有权终止本合同，收回本项目经营权：

（1）未经甲方同意，转让、出租、质押经营权或擅自处置、抵押项目设施、设备的；

（2）擅自停业、歇业，影响社会公共利益和公共安全的；

（3）因经营管理不善，造成重大质量、重大安全责任事故，严重影响公众利益的；

（4）被相关部门依法注销、关停的；

（5）违反获得经营权时所做的承诺，情节严重的；

（6）法律法规禁止的其他行为。

（二）甲方在合作期内的基本义务

1. 协助乙方进行项目融资，为项目融资提供完整的项目合法性建设文件，提供融资所需资料及合规要件。

2. 负责本项目的建设用地的划拨手续的办理，确保项目建设用地的合法性。确保项目实施的其他方面的合法性，完成项目前期建设行政各项审批手续，并提供相关合法性的文件，确保本项目设计、投融资、建设及运营维护等工作的正常开展。

3. 负责协调将本项目所需水、电、通讯线路从施工场地外部接通至乙方指定地点；

4. 协调城市供水、排水、燃气、热力、供电、通信、消防等依附于本项目的各种管线、杆线等设施的建设计划，匹配本项目建设进度及年度计划安排等。

5. 按照本合同的约定及时、足额地向乙方支付可行性缺口补助费用；负责将应支付给乙方的可行性缺口补助纳入政府跨年度的财政预算，报人大常委会批准并由同级财政局出具对上述决议文件执行的确认函。

* 条文批注：可行性缺口补助使项目具备商业上的可行性。

可行性缺口补助是在政府付费机制与使用者付费机制之间的一种折中选择。对于使用者付费无法使社会资本获取合理收益、甚至无法完全覆盖项目的建设和运营成本的项目，可以由政府提供一定的补助，以弥补使用者付费之外的缺口部分，使项目具备商业上的可行性。但此种付费机制的基本原则是“补缺口”，而不能使项目公司因此获得超额利润。

在我国，可行性缺口补助的形式有投资补助、价格补贴、无偿划拨土地、提供优惠贷款等。

D10900

6. 积极协调政府方各参与部门的关系，为乙方建设运营提供便利条件、优惠政策和资源支持。在项目建设过程中，协助乙方协调与项目场地周边所涉及的有关单位的关系。

7. 成立专门的组织机构或委派专门人员，对项目建设进行整体统筹与安排，建立健全相关协调机制，明确具体负责人，协助项目公司办理项目所需的各种审批手续。

8. 负责协调本项目设计公司、监理公司、咨询公司、招标代理服务公司的业务关系，且不能因以上公司的业务滞后而使乙方受损。

9. 在合同约定工期内，非乙方原因，已完工的工程，甲方应进行竣工验收。

5.2 乙方的基本权利和义务

（一）乙方在合作期内的基本权利

1. 享有投资、建设、运营和维护本项目的权利；

2. 在合作期内对项目资产享有所有权（不包括土地）和使用权；

3. 要求甲方按照本合同的约定支付可行性缺口补助费用；

4. 如果因可归责于其他第三方的原因导致乙方履约不能的，则乙方有权和甲方就有关事宜进行沟通，如确属其他第三方原因，且乙方已为避免此种情形作最大努力，则甲方应酌情考虑对应绩效考核指标的达成率；

5. 乙方有权引入第三方作为项目公司股东；

6. 乙方将享受____________招商引资方面所有优惠政策。

（二）乙方在合作期内的基本义务

1. 负责本项目合作期内的投融资、建设及运营维护等的一系列工作，承担相应风险，并按照国家的相关规定履行相应的报建手续；

2. 乙方对项目设施报废等消灭所有权之处分权的行使，以不影响本项目的正常运营及本合同规定的移交之要求为前提。未经甲方提前书面同意，乙方不得对项目资产行使出售、转让、出租、抵押等转移所有权或可能转移所有权之处分权，亦不得在项目资产上设定其他权利限制；

3. 在运营期内严格按法律及本合同规定进行运营，持续、安全、稳定地提供服务，并确保项目达到本合同约定的标准；

4. 接受甲方及其依法聘请的专业第三方机构在建设期的监督管理，并有义务配合建设期监管的相关事宜，由此产生的专业第三方机构的监管服务费用由甲方承担；

5. 按本合同规定支付前期工作费用及其他除本合同明确约定应由政府承担之外的所有费用；

6. 按照本合同约定提交乙方履约保函；

7. 乙方应尽最大努力申请并及时获得从事建设工程所需要的政府部门的各种批准；

8. 在不可预见的自然灾害等极端环境下，积极配合甲方做好项目范围内及相关范围的防灾减灾等相关工作，不得以本项目对抗关乎公共利益或公共安全的事项（该种情形下配合如影响乙方绩效考核的，则甲方应比照乙方已履行完毕对应的绩效指标来对待，且不应视为乙方违约）。

第三章　合作内容与项目经营权

第 6 条　合作内容与经营权

6.1　项目范围

（一）项目建设地点和规划指标

项目建设地点：

本项目共分______期建设，项目总占地面积______亩，其中建筑面积______万平方米。

（二）项目估算静态投资

项目估算静态总投资合计为______万元，其中工程建设费______万元，工程建设其他费用______万元，不含建设期利息和运营费用。本项目总投资以__________财政部门审计认定的投资额为准。详见附表：

D10900

序号	工程或费用名称	建安费	其他费	合计
一	工程费用投资			
	小计			
二	基本预备费			
三	静态总投资			
四	工程静态总投资			

6.2 经营权的授予

（一）本项目经营权包括：在合作期内融资、建设、运营、管理和维护本项目设施；根据本合同体系的约定获取可行性缺口补助；及根据适用法律和本合同规定，在本项目设施范围内直接或间接从事广告和其他商业活动并获得收益。

* 条文批注：可考虑捆绑经营盈利模式。

项目可根据实际情况，将各项权益通过有效打包、捆绑经营，整合提升收益能力，促进一体化经营，提高运营效率。

（二）甲方通过与乙方签订本合同，将本项目的经营权授予乙方。

（三）项目合作期______年（含建设期______年），自监理工程师发出开工令之日起计算。

6.3 合作期的延长

（一）如发生下列事件，项目合作期可适当延长：

1. 因本合同约定的可归责于甲方的原因导致的完工延误情形出现的；

2. 由于法律变更或政府行为导致乙方在项目合作期内受到影响并使乙方遭受实质

性损失的。

（二）乙方在第 6.3 条第（一）款描述的事件发生之后，希望延长项目合作期的，应在事件发生后 30 天内向甲方递交要求延长合作期的详细申请，以便甲方可以及时对该申请的情况进行核查；否则甲方不同意延长乙方的项目合作期。

（三）延长项目合作期需经双方书面确认。

（四）满足上述第 6.3 条第（一）款描述的事件导致合作期的延长不影响可行性缺口补助的按期执行。

6.4　经营权的担保及转让

（一）经甲方事先书面同意，出于本项目融资的目的，乙方可将本合同项下的预期收益作为本项目的融资质押等担保，乙方设置该担保权益不应损害甲方的权利或利益；若未来项目公司不能顺利完成项目融资的，乙方应采取股东贷款、补充提供担保等方式以确保项目公司的融资足额到位；

（二）除本项目的融资外，乙方不得为其他目的对本项目的资产、设施和设备以及收费权进行转让或设置担保权益；

（三）除本合同另有规定外，未经甲方同意，乙方在项目合作期内不得将本项目经营权出租或以任何形式转让、承包给第三人。

6.5　项目合作期满后的处理

（一）本项目合作期限届满时，甲方有权依照届时有效的法律法规选择经营者，如乙方在上述合作期限内履约记录良好，则在同等条件下享有优先权。

（二）合作期满时，且在符合届时法律法规规定前提下，则各方可就项目经营事宜与政府或政府指定的其他机构协商，如未能达成新的协议，或如需采取竞争性程序而乙方未获中选资格的，乙方应将项目资产无偿移交甲方。

（三）乙方应保证在合作期满时清偿其所有债务，解除在项目相关权益上设置的任何担保，在合作期满后无论是否继续经营本项目，其债权债务均由乙方享有和承担，与甲方无关。

D10900

第四章　前期工作及履约保函

第 7 条　前期工作和履约保函

7.1　前期工作

在开工日或先于开工日，下列各项前期工程约定如下：

1. 甲方完成项目场地必需的（非全部项目场地）征地征收、安置补偿工作；

2. 甲方协助乙方完成项目建设所必需的、到达项目场地规划红线的道路、通水、通电等配套基础设施；

3. 甲方负责完成其他前期工作，包括但不限于规划选址、环境影响评价及报批、立项及可研报批、勘测、初步设计及审查、施工图审查。

＊条文批注：项目需通过审批。

立项核准文件由政府发展改革部门出具，是投资建设项目获得政府许可的唯一合法依据，是项目单位依法办理土地使用、城市规划、企业设立、施工建设、银行贷款以及税收政策等手续的依据。在项目的立项和审批阶段，首先需要取得发展改革、规划、土地、环境保护部门对项目的审批。

7.2　前期工作费用

本条前述前期费用均纳入本项目投资总额。甲方先行垫付的前期费用包括：工程咨询费、勘察设计费、工程建设监理费、招标代理服务费；乙方应在项目公司成立后，经双方协商向甲方支付由其先行垫付的前期费用，具体金额以双方均认可的实际发生额为准。

7.3　履约保函

（一）乙方可根据项目合作期中建设期阶段、维护期阶段和移交阶段分别提交履约保证金或保函，其中建设期阶段乙方应于本合同生效日后______个工作日内，向甲方提交符合下列要求的履约保函，作为其履行在本合同下的建设、维护和移交义务和其他违约赔偿义务的担保：

1. 符合本合同附件《履约保函》规定的格式或甲方同意的其他格式；

2. 由甲方可接受的一家金融机构出具；

3. 金额为人民币______元整（小写：￥______）。

（二）乙方履约保函应在本项目合作期各阶段（建设期阶段、维护期阶段和移交阶段）到期日到期，甲方应在各阶段到期日后______个工作日内解除该阶段履约保函，同时提交下阶段履约保函。

7.4　恢复履约保函的数额

（一）如果甲方在项目合作期内根据本合同的有关规定提取了乙方的履约保函，则乙方应确保在履约保函提取后的______个工作日内，将履约保函的数额恢复到本合同前款约定的数额，且应向甲方提供履约保函已足额恢复的证据。甲方提取乙方履约保函的权利不影响甲方在本合同项下的其他权利，并且不应解除乙方不履行本项目义务而对甲方所负的任何进一步的责任和义务。

（二）乙方未在前述期限内补足或恢复履约保函相应金额的，甲方有权发出催告，乙方应在______日内予以补足；乙方在前述期限内仍未补足的，则甲方有权提取乙方履约保函项下的余额，并有权提前终止本合同。

7.5　不支付前期工作费用和 / 或提供履约保函

如乙方未按 7.2 款支付前期工作费用和 / 或未按 7.3 款提交履约保函，则构成乙方违约，甲方有权终止本合同。

第五章　投资计划及融资方案

第 8 条　项目投资计划及融资方案

8.1　项目总投资

（一）项目静态总投资______万元（不含运营费用和建设期利息）。

（二）项目总成本费用包括养护成本、财务费用、管理费用、折旧摊销等。

（三）项目资本金占总投资的 25%，其中甲方指定出资人出资占比______%，乙方出资占比______%。

8.2　融资方案

乙方根据项目实际情况，制定详细的融资方案。

D10900

＊条文批注：融资方享有一定的介入权。

《政府和社会资本合作模式操作指南（试行）》（财金〔2014〕113号）规定：“当项目出现重大经营或财务风险，威胁或侵害债权人利益时，债权人可依据与政府、社会资本或项目公司签订的直接介入协议或条款，要求社会资本或项目公司改善管理等。在直接介入协议或条款约定期限内，重大风险已解除的，债权人应停止介入。”

8.3　政府提供的其他融资支持

按本合同相关条款执行。

8.4　投融资监管

项目资金根据实际用途进入乙方基本账户或建设共管专户，确保资金专项用于项目公司运营及建设。基本账户、建设共管专户资金专项用于项目建设用途。

第六章　双方的一般责任

第9条　甲方的一般责任

9.1　法律变更

（一）重要的法律变更

1. 除本合同另有明确约定外，在项目建设期内，由于一项或多项法律变更使乙方对项目的固定资产投资增加或减少，则应调整项目总投资，调整后乙方的权利及投资回收适用本合同第9.1款第（三）项的规定。

2. 除本合同另有明确约定外，在项目运营期内任何一年期间，由于一项或多项法律变更使乙方对于项目的运营维护费用的累计增加或减少数额等于或超过项目总投资的______%，并且上述增加或减少未因对乙方有利的其他法律变更或政府购买服务费调价而得到补偿，则本合同第9.1款第（三）项的规定可适用。

（二）通知和减少影响

如果乙方希望获得本合同第9.1款第（三）项规定的补偿，乙方应在知道第9.1款第（一）项规定的法律变更后书面通知甲方。

乙方应在作出投资或发生开支之前给予甲方合理机会减少法律变更对其造成的影响。

（三）取得补偿的权利

在第 9.1 款第（一）项所描述的情况下，乙方有权要求甲方给予补偿，以使其达到未发生这些法律变更的情况下基本相同的经济状况。

（四）法律变更影响履约

如果因法律变更使乙方无法履行其本合同项下的义务，包括因法律变更使乙方履行其在本合同项下的重要义务按照适用法律成为不合规，乙方应有权按本合同规定的程序终止履行其在本合同项下的义务。

9.2　获得和保持批准

（一）在乙方提出请求后，甲方应协助乙方从其他政府部门获得、保持和延续项目建设和运营所需的相关批准。

（二）甲方按照本条的规定给予协助不应免除乙方在本合同项下应当获得所需批准的义务。

9.3　不当提取保函

如果甲方提取乙方提交的履约保函的相应金额之后，甲方属不当提取，甲方应及时向乙方退还提取的款项，并支付该款项自提取之日至退还之日的利息，利息按央行公布的同期金融机构人民币贷款基准利率计算。

*条文批注：提取保函的运行机制。

在签署 PPP 项目合同时（甚至之前），政府方要求项目公司就履行前提条件提供一份履约保函。如果项目公司未能按照约定的时间和要求达成前提条件，且政府方未同意豁免该前提条件时，政府方有权提取保函项下的金额。

9.4 工期延迟

若由甲方或者其他政府部门的原因导致的工期延迟将相应顺延项目合作期。

第 10 条　乙方的一般责任

10.1　股东和股权转让的限制

（一）项目公司注册资本金及股东出资

乙方应在本合同生效后______日内与甲方指定出资人在____________注

D10900

册成立有限责任公司性质的项目公司，项目公司的初始股东为乙方和甲方指定的公司，其中乙方出资额为______元（小写______元），持股比例为90%；甲方出资额为______元（小写______元），持股比例为10%。出资方式皆为货币，各方应根据适用法律及当地有关部门的规定依法缴纳注册资本金。各方股东可以同步同比例分期分批出资，但出资时间及次数以满足本项目的实际建设、运营需要以及法律规定为原则。非经甲方书面同意，项目公司的经营范围不得超出本合同约定的内容。

（二）股权转让对于乙方的限制

1. 乙方承诺其在本项目竣工验收完成后______年内不转让其持有的项目公司的全部或部分股权，除非：

（1）转让为法律所要求，由司法机关裁定和执行（如上述行为的起因涉及乙方过错，则认定为乙方违约，甲方有权视情形提取履约保函项下的违约金额，直至提前终止本合同）。

（2）因项目公司融资需要，但必须经____________同意。

2. 自竣工验收完成后______年之后，经______书面同意，乙方可以转让其在项目公司中的全部或部分股权，但受让方应满足本合同约定的技术能力、财务信用、运营经验等基本条件，并已经以书面形式明示，在其成为项目公司股东后，督促并确保项目公司继续承担本合同项下的义务。

3. 项目公司章程依据本合同对乙方股权转让作出适当的规定，以确保乙方的所有股权证明上具有适当的文字说明，使预期的购买人了解这些权益的转让存在限制性条件，且使有关部门对那些不符合上述限制的股权转让不予受理和登记。项目公司章程的确定和修改应报甲方认可。

（三）股权转让对于甲方的限制

____________公司可以将其持有的项目公司股权在建设期完成后转让给本级人民政府管理下的政府机构、国有企业、国有事业单位，乙方应无条件同意。本级人民政府有权以划拨或有偿转让方式将____________公司持有的项目公司股权转移至本级人民政府管理下的政府机构、国有企业、国有事业单位，乙方应无条件同意。

甲方将其持有的项目公司在建设期完成后股权转让给除 10.1（三）1 项以外的他人，则应按照《中华人民共和国公司法》的规定征得乙方同意，乙方享有优先购买权。

10.2　遵守适用法律

乙方应始终遵守所有适用法律，应及时获取所有适用于本项目已颁布实施的法律，乙方应被视为始终了解这些法律。

10.3　法律变更

（一）重要的法律变更

1. 除非本合同另有明确约定，在项目合作期内，一项或多项法律变更，使乙方对项目的固定资产投资的累计数额减少，则应扣减项目总投资。

2. 除非本合同另有明确规定，在项目合作期内的任何一年内，一项或多项法律变更，使乙方的经常性支出的累计减少数额等于或超过项目总投资的______%，并且上述减少未因其他法律变更而相应抵销，甲方可以书面形式通知乙方要求根据第 10.3 款第（二）项对本合同项下的计费依据进行调整。

（二）重要法律变更的调整

第 10.3 款第（一）项第 2 点提及的调整应采用降低运营维护费或减少届时应付的任何费用的形式，其结果应使乙方保持如没有发生法律变更的情况下基本相同的经济状况。

10.4　安全保障

乙方应遵守法律及本合同技术规范和要求及国家规定的所有健康和安全标准，建立、健全和完善安全生产制度及安全运行保障体系，确保项目设施安全运行，防止责任事故的发生。在合作期内，乙方应对其自身原因导致的安全事故承担全部责任，并应当在出现安全责任事故______小时内按照有关规定向____________和负有安全监督管理职责的有关部门报告。

乙方应针对自然灾害、重特大事故、环境公害及人为破坏等突发情况建立相应的应急预案和相应的组织、指挥、设备等保障体系，并保证在出现重大意外事件时其保障体系能够正常启动。

乙方制定的应急预案应征求甲方的意见并报经甲方同意后实施。

D10900

10.5 环境保护

（一）乙方不应因项目设施的建设或运营维护而造成环境污染。

（二）乙方在项目设施的建设、运营维护期间应根据本合同技术要求及国家的有关规定，采取一切合理措施来避免或尽量减少对项目周围设施、建筑物和居民区的干扰。

乙方应采取节能型工艺和设备。

10.6 批准

乙方应尽最大努力自费取得和保持项目建设、运营维护所要求的所有批准，并应促使每一建设承包商和运营维护承包商（如适用）取得并保持需要的一切此类批准。

10.7 项目文件的协调

乙方应使融资文件、项目公司章程、本合同项下的保险单以及其他由乙方签订的与项目有关的任何其他协议符合本合同的规定。

10.8 税收

（一）乙方享受甲方关于招商引资及外来投资企业所得税收优惠政策，甲方应协助乙方办理相关涉税事项；

（二）执行第10.8款第（一）项的基础上，乙方应依照法律缴纳相应税金。

（三）在项目设施的交付和投资建设综合成本及投资收益环节可能发生的不动产交易税等流转税均按照国家相关法律规定办理，乙方或项目公司只承担本项目的建安工程增值税及其附加、所得税。

10.9 保险

乙方在充分评估本项目投资和运营风险后，应根据中国的保险法律和行政法规的规定，并结合本项目的实际情况，购买项目建设和运营期间的保险险种。在合理的商业条件下，应遵照可保风险均应投保的原则进行投保。其购买保险后，应将保险合同复印件交甲方备案。

（一）乙方所投险种包括但不限于：

建设期应投保险种：（1）建筑安装工程一切险；（2）第三者责任险。

运营期应投保险种：（1）财产一切险；（2）第三者责任险；除本条所述强制险种外，

乙方应根据谨慎运营惯例购买相应的险种。

> * 条文批注：常见的保险种类。
> 1. 货物运输保险；
> 2. 建筑工程一切险；
> 3. 安装工程一切险；
> 4. 第三者责任险；
> 5. 施工机具综合保险；
> 6. 雇主责任险。

（二）在合作期内，乙方应自费购买上述约定的保险，并始终使保险单保持有效。未经甲方书面同意，乙方投保的险种和数额不得随意变更。如果并非乙方的疏忽或故意行为，而无法投保某种特别险种，不视为乙方违约。

（三）在法律许可和承保人能提供的服务范围内，乙方有权在和保险公司之间签署的保险合同中，将贷款方列为第一受益人。

保险单的附加条款中必须规定：未提前______天书面通知甲方，保险人不得取消、延展或对保险单作重大变更。

乙方应责成保险人向甲方提供保险证明书以证实其已获得上述所列保险单及附加条款。如果乙方未购买或维持上述保险始终有效，则甲方有权根据本合同从对乙方应付款项中扣除其应付的保险金（或者直接提取乙方履约保函项下的相应金额）。

（四）乙方应向甲方及时通报保险人的报告通知（如危险整改通知）并提交相应的副本，如果乙方未及时提供通知而造成保险单失效应承担违约责任。

（五）上述保险费计入项目总投资，运营期的保险费计入项目公司运营成本。

> * 条文批注：项目公司的一般保险义务。
> 购买和维持保险义务；保单要求；保险条款变更。

10.10　对承包商的责任

（一）乙方的承包商

乙方依法选择承包商，包括但不限于建设承包商、设备供应商和运营

D10900

维护承包商。乙方选择承包商，不应解除乙方在本合同项下的任何义务。乙方对于其承包商或其聘用的人员的任何作为或不作为对甲方承担全部的责任。本项目的建设工程可由乙方中具有相关资质的单位直接与项目公司签订建设施工合同进行建设，无须再行招标。

乙方选择的建设承包商应符合国家规定的关于施工资质的要求。

乙方选择的运营维护承包商应具有与本项目运营维护内容相同或相似的运营维护经验。

（二）与承包商的合同

乙方应确保与承包商签订的合同符合本合同的规定，承包合同和设备供应合同应按照本合同约定提交甲方及相关主管部门备案。

1. 监理及相关

本项目建设监理机构由甲方依照相关适用法律的规定选择，费用经双方确认后由项目公司支付，不计入项目公司运营成本。

2. 财务报表

乙方每年均应委托经甲方认可的会计师事务所对其进行年度财务审计，审计应在年度结束后的______个月内完成，乙方应在审计完成后______个工作日内向甲方提交经注册会计师审核签字的审计报告。

3. 融资文件必须具备的条款

乙方应确保贷款协议中包含有贷款人承诺的下述条款：

（一）只要本合同（含附件）有效，贷款人不得采取任何行动影响、干扰、损害或终止甲方在本合同项下的权利；或以其他方式对本合同造成不利影响。

（二）当乙方违反贷款协议或乙方出现重大经营或财务风险，威胁或侵害债权人利益时，贷款方可以代位行使经营管理权利，要求项目公司改善管理、增加投入，或请求甲方认可的合格机构接管本项目。

1. 贷款人通过书面方式将乙方在贷款协议下的违约通知甲方；

2. 给予甲方在收到上述违约通知后______天内纠正乙方此类违约的权利；

3. 在上述纠正期间不行使贷款人对违约的任何权利或补救；

4. 纠正期满时，乙方违约事件持续的，贷款人行使权利应以不妨碍和损害甲方在本合同下的权利和项目的正常运营为前提。如在纠正期内，触发贷款方直接介入的重大风险解除，或者乙方提供贷款方能接受的补充担保措施后，贷款方应停止介入。

10.11　培训

在甲方保证严格履行本合同规定的保密义务的情况下，乙方对甲方在监督与评估乙方时需要掌握的或者在项目移交后运营与维护本项目所需要掌握的工艺原理、技术诀窍和其他技术信息资料，应给予提供，并对甲方的有关管理人员每年组织必要的免费培训。

第七章　项目建设

第 11 条　建设要求

11.1　建设责任

乙方应自行承担项目建设的所有费用和风险，按以下要求完成所有建设工程：

（一）计价方式

1. 计价依据：《建设工程量清单计价规范》（GB 50500—2013）、《____________建设工程工程量清单综合单价》《________建设工程量清单计价实施细则》、及________省有关造价文件、补充定额全费用取费不上浮、下浮。

2. 在业主审定结果基础上（不含规费和税金）下浮______% 作为工程让利（最终让利以合同为准）。规费、税金、安全文明施工增加费属于不可竞争费用，按____________现行的综合基价及其计价办法的规定执行，不参与让利。

3. 人工费单价按照____________省当期指导价执行。

4. 工程材料单价按照施工同期（____________建设工程造价信息）发布价或指导价计取，缺项的材料价格参考市场价，由合同双方共同协商解决。

5. 税金执行增值税。具体实施细则执行______建筑业“营改增”后计价依据调整办法。

6. 项目竣工决算须由政府审计部门或其委托的审计机构进行审计，以此确定项目最终投资额。

D10900

（二）乙方必须申请并及时获得从事建设工程所需要的政府部门的各种批准，并使其保持有效，所有获得上述批准所需要的费用和支出纳入项目前期费用。

（三）在开工日或之前开始建设工程。

（四）根据下列规定实施建设工程：

1. 符合我国法律法规及本项目工程质量验收规范的要求，政府相关部门有权对工程质量进行监督管理；乙方应当按照本项目约定的工期进行施工并定期提交工程进度报告；本项目工程施工按预算、结算方式执行，适用现行的____________省计价定额及配套文件；最终工程量及结算以政府部门审计结果为准；经有关政府部门批准的初步设计和施工图设计。

> ＊条文批注：项目规划设计。
>
> 设计通常分为可行性研究、初步设计（或初始设计）和施工图设计（或施工设计）三个阶段。其中可行性研究报告、项目产出说明由政府或社会资本方完成；初步设计和施工图设计由项目公司完成。对于复杂的基础设施项目，通常还要在上述初步设计和施工图设计阶段之间增加一个扩初设计（或技术设计）阶段。

2. 本合同下对项目建设的其他所有要求。

（五）乙方及乙方委托的承包人应当在本项目建设期与运营期内对项目现场人员、项目工程设施、场地及项目场地周边范围提供必要的安全保护与环保措施；甲方应当协助乙方维持项目场地范围内的周边治安。

（六）在施工期间采取一切合理措施减少对公众、居民和商业的干扰和不便。

11.2　建设期限

（一）本项目主要进度日期如下：

不迟于______年______月______日开工建设（实际开工时间以本项目监理工程师发出的开工令为准）；竣工验收日：自本款前述实际开工时间起______年内。

（二）工程进度如果因下列情况受阻，本项目合作期可相应顺延：

1. 不可抗力事件；

2. 因甲方原因导致的延期；

3. 法律规定或其他政府部门的原因导致的延误；

4. 本合同规定的其他事项。

（三）当第 11.2 款第（二）项的事件发生后，乙方要求延长合作期，应在前述事件发生后______个工作日内向甲方提出书面报告，报告应包括以下内容：

1. 事件的种类；

2. 预计延误的日期；

3. 乙方采取的减少延误的合理措施；

4. 乙方要求延长的日期。

甲方应在收到乙方的书面报告后______个工作日内予以回复，逾期未提出书面意见的，视为同意乙方的延期要求。

（四）乙方在建设期内应向甲方提交月度建设工程进度报告，该报告应合理、详细地说明已完成的和进行中的建设工程情况以及甲方合理要求的其他相关事项。

11.3　质量保证与质量控制

（一）乙方工程的施工、监理、质量管理、安全管理、竣工验收等应符合相关法律和强制性标准，且应符合本合同规定的所有要求。

（二）乙方应按第 10.10 款第（一）项的规定选择和确定本项目主体工程的承包商，并确保依法合规。

（三）乙方在开始建设工程之前，须建立一套完整的质量保证和质量控制方案交甲方审查确认后执行，并作为验收依据之一。甲方在收到该质量保证与质量控制方案后的______个工作日内，应提出审查意见；甲方在收到乙方的方案后的______个工作日内没有提出审查意见则视为认可该方案。如甲方的审查意见要求乙方进行修改的，则乙方应当在收到甲方通知后的______个工作日内修正该方案并将其重新提交给甲方审查确认后方可执行。

（四）乙方承担本项目因自身原因导致的超工期、超预算及施工质量风险，乙方不得将本项目进行转包或违法分包。

D10900

（五）在不影响乙方履行本合同项下义务的情况下，甲方有权在工作时间内对乙方或承包商履约情况进行检查，以保证乙方工程的任何部分均符合本合同的要求。乙方须对此项检查予以协助。

（六）若甲方有足够的证据证明乙方建设工程或其他任何部分与本合同所规定的或其他相关部门所规定的质量或安全要求严重不符，甲方有权立即通知乙方，乙方应按照要求进行整改。若乙方在收到甲方通知后______个工作日内未进行整改，则甲方有权自己进行或委托第三方进行必要的纠正，一切风险与费用由乙方承担。在这种情况下，乙方须允许甲方或其委托的承包商为此目的而出入项目场地。若乙方拒绝甲方或其委托的第三方进入项目场地进行纠正工作，或未能按照甲方的要求偿还甲方为此而付出的成本与费用，则甲方有权从建设履约保函项下提取相应金额。

（七）除本合同另有规定外，对乙方提交的质量保证与质量控制方案，甲方的任何作为或不作为，均不会：

1. 减轻或影响乙方遵守本合同或法律所要求的与质量保证有关的义务或责任；

2. 被视为甲方应对质量保证与质量控制方案承担任何责任。

（八）甲方认为需要对项目建设进行变更的，应当书面通知乙方。甲方应协助乙方办理变更所需的审批、许可手续。乙方认为需要对项目建设进行变更的，应当书面通知甲方，甲方同意变更的，甲方应协助乙方办理变更所需的审批、许可手续；甲方不同意变更的，乙方不得私自变更。因甲方不同意变更而引起的项目缺陷，其责任由甲方承担。

11.4　设备与材料采购

乙方应负责依法购置本项目工程建设所需要的一切临时性或永久性的设备、材料及其他物品，本项目工程建设所需的一切设备、材料的采购、供应、进口应当按照法律实施并符合国家的规范和标准及本合同的约定。

第 12 条　土地使用

12.1　场地范围

甲方应依法提供本项目工程区红线范围图，并以政府有关部门批准的测量数据为准。

12.2　土地使用

本项目建设用地在乙方正式开工建设前，甲方应确保已完成所需建设用地的拆迁、补偿和安置、土地平整（“三通一平”）等工作（费用经乙方确认后计入本项目建设成本），保证该等项目用地不存在抵押、查封或存在权属争议等情况。

12.3　土地使用权的限制

未经甲方书面同意，乙方不得将项目所用土地和地上物用于本项目之外的任何目的。

12.4　甲方对项目场地的出入权

甲方以及有关政府部门有权：

1. 经合理通知而出入项目场地；

2. 有权为了解建设进度或检查乙方履行本合同项下的其他义务的目的行使此项出入权；

3. 本合同规定的其他出入的权利。

第 13 条　设计优化

13.1　设计优化

乙方应本着审慎的原则对甲方提供的设计文件进行审查。在不改变规划主要要素的情况下，如果乙方认为变更设计将加快建设速度、降低建设或维护成本、提高项目的质量和环保标准，可以对设计进行优化，但应遵守本合同第十三条的规定，报经甲方认可后实施。

13.2　乙方的责任

乙方应对本项目优化设计中出现的任何缺陷负全部责任。甲方未对优化设计文件或技术规范或其任何改动提出异议不应视为甲方放弃其本合同项下的权利。

第 14 条　建设

14.1　工程质量

乙方应保证土建工程和设备安装工程质量达到适用法律及本合同约定的设计要求。

D10900

在工程开始施工后，乙方应严格执行各项质量保证和质量控制计划。甲方有权参加或检查乙方以及分包商的质量控制过程及方法，以确保工程的质量要求。

14.2 工程进度

乙方应严格按照本合同所规定的时间进行施工，于每月______日前向甲方提交工程进度报告，详细说明如下事项：

1. 工程进度实际完成的百分比与计划完成的百分比的比较；

2. 工程投资完成情况；

3. 存在的问题及处理意见，包含与进度计划的差异、原因分析及正在采取的纠正措施。

14.3 工程延误

（一）如果乙方合理预计工程不能达到本合同所要求的进度日期，应立即通知甲方，并就延误的原因、预计的可能超出进度日期的天数和其他可合理预见的对建设工程的不利影响、已采取或建议采取的解决或减少延误及影响的措施等内容向甲方进行合理详细的描述。

（二）乙方发出上述通知并不能免除其在本合同的任何义务。如果乙方提出或实施的补救措施不能解决的逾期延误，甲方可要求乙方采取甲方认为必要的其他措施以达到进度计划的要求。

14.4 甲方对工程的监督检查

（一）甲方有权随时检查乙方的建设是否符合本合同的要求。

（二）若发现任何部分不符合要求，甲方有权通知乙方，指出缺陷或不符合规定之处。

（三）若乙方对甲方根据上述第（二）款所发出的通知有异议，则须于接到甲方通知后的五个工作日内将其异议通知甲方，否则应提出整改方案和措施报甲方批准后对工程进行整改。甲方与乙方须尽合理努力以求解决此项事宜。若在此后______个工作日内，该事宜不能得到解决，则依据争议解决程序就该事宜作出裁决。

甲方是否监督、检验本项目建设工程均不能减免乙方在本合同下的任何义务、责任。

14.5　工程安全与环境保护

在本项目建设与运营期间，乙方和乙方委托的建设承包方、运营方应当遵守国家有关安全、保卫与环境保护相关规定，采取相关安全保卫、环保措施，避免因本项目的建设与运营对公众造成人身损害、财产损害及环境破坏。甲方有义务协调相关政府部门保障项目工程建设及运营期内的周边治安。

第 15 条　甲方要求的变动

15.1　甲方的变动通知

甲方认为需要对项目建设进行变动，应书面通知乙方。

15.2　乙方对变动的回复

乙方在收到甲方要求变动的通知后的______个工作日(或甲方同意的延长期限)内，须就变动向甲方作出书面答复。如果乙方未按规定的时间回复，则视为乙方已接受了变动。

15.3　甲方的答复

在收到乙方对变动的回复后______个工作日内，甲方须：

1. 以书面方式确认乙方对变动的回复中所包含的事项，在此情况下，第 15.5 款将适用；

2. 以书面形式表明不同意乙方对变动的回复，并列明不同意的具体事由，在此情况下，该变动将依照争议解决程序的规定进行裁决。

15.4　甲方对变动通知的确认

依照争议解决程序对变动的争议事项作出裁决后的______个工作日内，甲方须依据裁决内容以书面方式：

1. 要求乙方执行变动；

2. 撤回变动通知。

15.5　变动的实施

在变动被确认之后：

1. 本合同被视为在确认当日作出了修改，且甲方与乙方须遵守各自在修改后的本合同项下所应承担的义务；

D10900

2. 乙方须按甲方变动通知所要求的方式或裁决结果，实施该项变动；

3. 除本合同另有明确约定外，甲方的变动引起的成本变化，作为调整项目总投资的依据。

15.6 批准

（一）乙方应根据勤勉尽责的原则准备并向政府部门（或其他有关机构）提交适当的申请及其他相关文件，尽力获得实施变动所必需的任何批准；

（二）如果乙方遵守了其在上述第（一）项下的义务，但乙方的申请被政府有关部门拒绝，甲方要求变动的通知应视为已被放弃。

15.7 减轻损失的义务

（一）双方应始终尽一切合理的努力，以减轻或降低因变动而花费的支出和发生的损失。

（二）因变动所致的延误。因甲方要求的变动而导致项目工期的迟延，依本合同第18.1款第（三）项处理。

第16条 乙方要求的变动

16.1 乙方的变动通知

乙方在开工日后，认为需要对项目建设进行变动（但乙方提出的工程变动要求，必须是出于优化方案、节省开支等合理或经济性考虑），应书面通知甲方并经其同意后方可实施，否则不得变动。

16.2 甲方的回复

甲方在收到乙方要求变动的通知后的______个工作日内，须就变动向乙方作出书面回复，否则视为同意。

16.3 批准

根据法律规定，变动应经过批准的，乙方应负责办理报批手续并自行承担所有的相关费用。

16.4 乙方要求的变动的实施

（一）当甲方书面同意乙方要求的变动时，本合同应视为在甲方同意当日作出了修改，双方须遵守其各自在修改后的本合同项下的义务；

（二）乙方要求的变动（含优化设计）引起成本增加的，则由乙方自行承担，如该变动属修正前期设计缺陷而引起成本增加的，计入项目总投资；如乙方要求的变动使得本项目总成本降低的，则该等降低所带来的直接成本减少及对应产生的收益部分，甲方有权和乙方按照____________的比例分享收益。

第 17 条　验收

17.1　竣工验收

乙方应按照适用法律及本合同的要求组织本项目竣工验收以及在竣工验收合格后完成竣工验收备案。

乙方提供竣工验收备案的申请，甲方应在______日内作出响应。

在合同约定工期内，非乙方原因，已完工的工程，甲方应进行竣工验收。

17.2　项目运营日

乙方完成竣工验收备案之次日为项目运营日，本项目自此进入项目运营期。

自项目运营日起，甲方按照本合同及附件的约定及时、足额支付可行性缺口补助费用。

第 18 条　建设的延迟、放弃和甲方介入

18.1　延迟

延迟是指乙方违约、甲方违约、不可抗力、法律变更或变动等事件导致建设工程不能如期开工或完工。

（一）乙方在获悉可能导致项目在开工日前不能开工的任何事件发生时，应于______个工作日内以书面方式向甲方发出延迟通知，通知内容包括但不限于：

1. 延迟事件发生的原因、时间、过程；

2. 延迟或延迟事件的责任者；

3. 预计延迟时间；

4. 对本合同的任何违约或预期违约；

5. 乙方关于减轻和纠正延迟或延迟事件影响的计划。

（二）乙方在发出延迟通知后，应定期（至少应每星期）就相关情况向甲方提供事件的最新进展报告。

D10900

（三）非乙方原因导致的延迟将相应顺延项目合作期。

18.2 放弃

乙方以书面形式表示放弃本项目建设或运营。

18.3 视为放弃

除不可抗力或甲方违约的情况外，如果乙方出现下列情况，则本项目的建设应视为已被放弃：

（一）书面通知甲方其已终止任一建设工程，且不打算重新开始施工；

（二）由于乙方原因未能在开工日期之后______天内开始项目的建设；

（三）由于乙方原因未能在任何不可抗力事件结束后______天内恢复建设工程施工；

（四）乙方出于任何其他原因在商业运营日前停止工程建设，直接或通过分包商撤走场地全部或大部分的工作人员。

18.4 甲方介入完成建设

（一）甲方介入的条件

乙方出现下列情况之一的，则甲方有权在提前书面通知乙方后指定第三方取代乙方承担项目的任何必要的建设，以便实现完工。

1. 书面表示放弃项目；

2. 被视为放弃项目建设。

（二）甲方介入建设后，乙方应与甲方及其指定第三方合作，向其提供所有合理的协助，并让贷款人在其融资文件中作出具有相同效果的承诺，以确保项目的建设和完工。

（三）甲方介入项目的建设，不应被视为根据本合同承担了乙方的义务。

（四）除本合同另有规定外，甲方及其指定第三方介入建设所产生的一切费用和风险由乙方承担。甲方有权在向乙方提供详细的费用和支出记录后，从建设履约保函项下提取该部分款项。

（五）如果乙方已采取了切实可行的措施或提供了有效担保，甲方应撤出项目的建设。乙方应在此时恢复承担全部责任，直至任何一方发出终止通知为止。

第八章　项目的运营和维护

第 19 条　运营和维护要求

19.1　乙方的主要责任

（一）在整个合作期内，乙方应自行承担费用和风险，管理、运营和维护项目设施。

（二）在商业运营日前，应建立运营和维护质量保证和质量控制的具体措施和制度交甲方确认后执行。

（三）乙方应确保在整个合作期内，始终根据下列规定运营并维护项目设施：

1. 适用法律和规范性文件；

2. 本合同附件的规定；

3. 维护手册以及与项目设施有关的设备的制造商提供的一切有关手册、指导和建议；

4. 谨慎工程和运营惯例。

（四）乙方应确保项目设施始终处于良好营运状态并能够以安全、连续和稳定的方式提供符合适用法律和本合同要求的服务。

（五）乙方应按照甲方要求，每月提交运营成本资料以及甲方可合理要求提供的有关乙方财务状况的其他资料。

（六）乙方根据本项目范围内各项基础设施正常运转要求，每年初制定年度运营和维护计划，经甲方确认，按确认后的运营和维护计划执行。

> * 条文批注：通常情况下，项目公司负有维护义务。
>
> 在 PPP 项目中，通常由项目公司负责根据合同约定及维护方案和手册的要求对项目设施进行维护和修理，该责任不因项目公司将部分或全部维护事务分包给其他运营维护商实施而豁免或解除。

19.2　运营、维护和修理记录

乙方应确保：

（一）对运营、维护和修理项目的情况进行详细记录；

（二）准许甲方在给予合理通知后于正常工作时间对其运营维护情况进

D10900

行检查并查阅和复制上述记录。

甲方承诺若乙方的上述记录可能包含商业秘密的，其应尽合理努力予以保密。

19.3 监督与检查

（一）甲方有权派出监督员或者指定任何代表在任何时候进入项目场地，以监察项目设施的运营和维护。但是，甲方监督员或其指定代表进入项目场地或乙方的办公场所不应不适当地干涉乙方对项目的正常运营和维护工作。

（二）应甲方的要求，乙方应在______日内提供：

1. 自商业运营日起，在每个季度结束后的______个工作日内提交的一份关于项目运营和维护的报告；

2. 甲方认为必要的任何其他运营和维护资料和信息。

19.4 临时接管

乙方在本项目建设期或运营期内有下列行为之一的，甲方有权责令其限期改正，逾期不改的，甲方有权对本项目实施临时接管：

（一）擅自停业、歇业，严重影响社会公共利益和公共安全的；

（二）擅自处分项目资产，导致本项目不能正常运营的；

（三）因乙方自身管理不善发生重大质量、生产安全事故，导致本项目不能正常运营的；

（四）因乙方自身经营管理不善等原因，造成财务状况严重恶化，导致本项目不能正常运营的；

（五）乙方法人主体资格终止或撤销。

自本合同生效后，乙方在经营期内有适用法律规定的导致临时接管并适用合同终止情形的，政府方有权依法终止本合同，取消其经营权。

乙方应无条件服从甲方或甲方指定机构接收或接管本项目的所有指令、命令，且乙方应当在甲方或甲方指定机构临时接管前善意履行看守职责，并应保证在甲方或甲方指定机构对本项目实施临时接管期间向甲方提供正常运营本项目所需的资料。

19.5　项目设施的重置

（一）合作期间，项目设施的重置由乙方自行承担费用并负责实施，重置资产所有权在合作期内归属乙方拥有，报废资产归属乙方所有，重置资产的投资应计入甲方应付的可行性缺口补助。未经甲方提前书面同意，除合理资产报废事项外，乙方不得对重置资产行使出售、转让、出租、抵押等转移所有权或可能转移所有权之处分权，亦不得在重置资产上设定其他权利限制。

（二）乙方为该等重置所采购的设备应符合本项目对届时产出标准要求。

乙方在实施该等重置前，应提前 30 日将拟采购设备的规格、型号、价格和性能等情况报甲方备案。

重置后，乙方应对相应的技术文件进行存档并妥善保管。

19.6　技术改造与扩建

（一）若未来非因乙方原因导致本项目适用法律中对新标准的执行或依据甲方要求而需要对项目设施进行的必要技术改造或者扩建，届时甲、乙双方将根据乙方的投资额以及运营成本的变动协商调整政府需支付的可用性服务费与运维绩效服务费，或由甲方通过乙方认可的其他形式予以补贴。

（二）本合同第 19.6 款第（一）项约定需技术改造与扩建之情形下，乙方应根据经相关审批机构审核的初步设计及施工图设计负责技术改造的投资、建设及后续运营，乙方具体投资额以双方共同聘请的审计机构对技术改造工程审计后的竣工决算金额为准。

（三）本合同第 19.6 款第（一）项所述改造方案确定的改造或扩建期限内，甲方应按改造前产出执行标准对乙方予以考核以及支付相应的可用性服务费与运维绩效服务费。乙方应尽最大努力确保改造期间对相应服务的影响降到最低。

依据本合同第 19.6 款第（一）项的约定实施技术改造或扩建后形成的资产，在本项目合作期内其所有权归属乙方所有，对该等资产的使用受本合同第 5.1 款第（一）项的约束。

19.7　运营维护承包商

（一）乙方如需选择第三方运营维护承包商负责项目的运营维护的，应按照经甲方事先书面认可的遴选方式、资格条件、业绩要求等，依法选择一家具有相应经验的专业运营商，并应将有关结果报甲方备案。

（二）乙方对甲方的责任

1. 运营为甲方选择的第三方运营维护承包商时，应由甲方承担相关责任。

2. 运营维护合同应包含使运营维护承包商能够履行本合同项下的义务所必需的条款或规定。

（三）乙方直接负责本项目的运营与维护，并自行承担项目的所有费用和风险。乙方应保证在合作期内完全有能力按谨慎工程和运营惯例运营本项目，使本项目处于良好的运营状态并能够安全稳定地进行运营维护。

* 条文批注：社会资本方不可通过对赌协议将运维风险转移给政府方。

对赌协议是投资方与融资方之间的约定，投资方承担一定的风险和成本（投资成本和机会成本），融资方基于投资获取现金资源。在实践中，如果社会资本方与政府签订对赌协议，约定未来项目不能确保盈利或达到盈利目标，政府无偿把项目公司部分股权转让给社会资本方的条款，那么该条款是不适当的。PPP 项目中，社会资本方不仅与政府同时作为项目公司的股东，更可通过政府授予其的特许经营权对项目进行运营维护、获得收益，大部分模式下，政府对项目仅具有监管和控制的职能。本着“风险共担”的原则，社会资本方通过签订对赌协议的方式将风险转移给政府方是不合理的。

第 20 条　运营和维护保函

运营和维护保函合并至乙方履约保函中。

第九章　项目绩效指标及付费

第 21 条　产出说明

乙方应保证所提供的服务符合行业和地方政府规定的标准。项目产出的绩效考核见附件。

第 22 条　政府可用性付费

政府支付的服务费含政府可用性付费和运营维护绩效服务费。

22.1 年度政府可用性付费的组成计算公式如下：

$$政府可用性费用=\frac{项目全部建设成本\times(1+合理利润率)\times(1+年度折现率)^{n年}}{财政付费补贴周期(年)}$$

（1）年度折现率采用综合年化收益率计算，取______%；

（2）合理利润率______%；

（3）工程全部建设成本 = 项目建设资金成本 + 建安工程费 + 项目公司承担的工程建设其他费。

①项目建设资金成本 = 第一年项目建设资金成本 + 第二年项目建设资金成本其中：第一年项目建设资金成本 =（前期费用 + 建安工程费）×50%× 资金综合年化收益率。

第二年项目建设资金成本 = [（前期费用 + 建安工程费）×50%+ 第一年项目建设资金成本)] × 资金综合年化收益率 + 第一年项目建设资金成本。

②建安工程费按当地最新定额标准及现行造价文件、补充定额全费用取费不上浮、下浮，在审定结果的基础上下浮______% 作为工程让利。具体结算办法见第 22.8 款计价依据的确定和调整。

③工程建设其他费为固定费用______万元，包含项目前期工程咨询费、勘察设计费、工程建设监理费、招标代理服务费、工程造价审核费、建设项目管理费、项目公司管理费及税金等，以上费用在报价时不做下浮。

22.2 年运维绩效服务费

为维持本项目的可用性，项目公司提供符合合同规定绩效标准的运营维护服务，并因此而获得的服务收入即为运维绩效服务费。

运营维护费指乙方在本项目运营维护过程中所发生的费用，包括电费、人员工资福利费、大修费、日常维修检查费、保险费、管理费、税费等运营维护过程中涉及的所有费用。

计算公式如下：

年度运维绩效服务费 = 年度运营成本 ×（1+ 合理利润率）

（1）合理利润率______%；

（2）年度运营成本包括电费、人员工资福利费、大修费、日常维修检

D10900

查费、保险费、管理费、税费等运营维护过程中涉及的所有费用。

22.3　服务费支付时点

政府可用性付费和运维绩效服务费按年予以支付。第一个支付时点为自项目运营日起满______日后支付，第二次支付时点为运营日起______个月后的______个工作日内支付，以此类推。运营期限最后1年的可用性付费和运营维护绩效服务费应在乙方按照规定办理完移交手续且完成缺陷修复工作（如有）后的______个工作日内支付。

（1）本项目乙方成交资金综合年化收益率为______%/年；乙方成交建安费用下浮率为______%。

（2）政府授予乙方一定的可经营性资源，如广告经营等。

（3）政策性补助支持

政策支持指政府依据相关政策，向上级有关部门申请项目专项补贴用于项目。本项目相关政策性补助由甲方负责配合项目公司向上级有关部门申请，获得项目专项补贴用于本项目。

22.4　调价

政府购买服务费的调价根据甲、乙方协商确定的结果确认：

（一）可用性服务费调价机制：根据中国人民银行公布的基准利率，自次月起调整融资利率。

（二）运维绩效服务费调价机制：根据____________CPI上涨幅度自次年初起同比例上调运维绩效服务费。

22.5　计价依据的确定和调整

（一）计价依据《__________省建设工程工程量清单综合单价（2008）》《______省建设工程量清单计价实施细则》《____________省仿古建筑工程计价综合单价（2009）》及省____________有关造价文件、补充定额全费用取费不上浮、下浮。（上述定额缺项时，结合本工程的情况参考相关定额执行）。

（二）在审定结果基础上（不含规费和税金）下浮22.4______%作为工程让利。规费、税金、安全文明施工增加费属于不可竞争费用，按____________省现行的综合基价及其计价办法的规定执行，不参与让利。

（三）人工费单价按照____________省当期指导价执行。

（四）计量规范：《建设工程工程量清单计价规范》（GB 50500—2013）。

（五）工料机价格：工程材料单价按照施工同期（____________建设工程造价信息）发布价或指导价计取，缺项的材料价格参考市场价，由合同双方共同协商解决。

（六）税金执行增值税。具体实施细则执行____________省建筑业“营改增”后计价依据调整办法。

22.6　逾期付款

如甲方逾期未付服务费用等款项，乙方给予甲方善意宽限期 15 天，不计罚息；

甲方逾期未付服务费用等款项，逾期超过______天，应从应付之日起至收款方实际收到款项之日止，按银行______年以上同期贷款利率计息；

任何有争议的款项，经双方达成一致意见，实属到期应付的，甲方应支付给乙方，并从原到期应付之日起按违约利率计息；不属到期应付的，如已由甲方支付，则乙方应立即归还给甲方，或由甲方选择从应支付的款项中扣除，并应从甲方支付之日到返还或扣除差额之日止按违约利率计息。

第十章　项目移交

第 23 条　项目移交

23.1　移交范围

在移交日期，甲方已付清所有可行性缺口补助费用后，乙方应向接收人无偿移交：

（一）项目设施或项目资产的所有权利和利益；

（二）本项目______个月内正常需要的消耗性备件和事故修理备品备件。

（三）甲方可以合理要求的且此前乙方未曾按照本合同规定交付的运营、维护、修理记录、移交记录和其他资料，以使其能够直接或通过其指定机构继续本项目的运营。

向接收人移交项目设施或项目资产时，应解除和清偿完毕乙方设置的

D10900

所有债务、抵押、质押、留置、担保物权，以及源自本项目的建设、运营和维护的由乙方引起的环境污染及其他性质的请求权。

* 条文批注：移交产生的税务问题。

国内通行做法：在特许经营期满后，固定资产无偿转让给政府，也存在政府为此一次性支付一笔金额的情况；若属此种情形，则当前的惯例是资产依剩余价值或账面价值转让（依项目公司审计账簿内记载的资产价值转让），而不对资产进行评估。但也有约定按照届时评估价值进行移交的情况，但此种方式会使将来的移交成本产生不确定性，对政府方风险较大。

无论采取无偿转让还是一次性支付转让金，由于会产生两次征税，关键的法律问题在于不动产的转让及转让涉及的税款。双方当事人在签订项目协议时，都要对转让资产的价值作出规定，同时要考虑经营期满资产转让引起的交易成本。因为即使资产无偿转让，转让给特许权人带来的税务仍然会被定价并通过提供服务或收取固定费用的方式转移给政府，因此政府必须仔细考虑固定资产的转让架构以达到经济上的最优。

23.2　移交验收

在移交日期，乙方应保证项目：

（1）处于良好的运营状况，得到良好维护，正常损耗除外；

（2）符合本合同所规定的安全和环境标准；

（3）符合本合同中所规定的移交标准。

23.3　移交程序

（一）移交委员会应在移交日期______个月前会谈并商定移交项目资产清单（包括备品备件的详细清单）和移交程序。

（二）乙方应提供移交必要的文件、记录、报告等数据，作为移交时双方的参考。

（三）除本合同另有规定外，双方在完成项目资产移交程序前，均应继续履行其本合同项下的义务。

23.4　移交维修保函

本项目移交维护保函合并至乙方履约保函。

23.5 保险和承包商保证的转让

在移交时，乙方应将所有承包商和供应商提供的尚未期满的担保及保证无偿转让给接收人，并且将所有保险单、暂保单和保险单批单转让给接收人。接收人应支付或退还上述移交之后保险期间的保险费。

23.6 技术转让

乙方应在移交日期将届时使用的运营和维护本项目所必须的乙方享有所有权的所有技术和技术诀窍，无偿移交给甲方或其指定的接收人，并确保甲方或其指定的接收人不因此遭受损失。如果该等技术和技术诀窍为第三方所有的，则乙方应当协助甲方或其指定的接收人按照实际使用费用取得这些技术和技术诀窍的使用权。

23.7 人员及培训

合作期结束的______个月之前，乙方应提交一份当时乙方员工名单，包括每位员工的资格、职位和收入的细节。甲方有权选择在移交日之后优先继续聘用全部或部分员工。

甲方或其指定机构需要在移交日之前派驻人员到项目设施所在地进行培训或学习的，应在移交日______个月之前向乙方说明情况及拟派驻人员名单，乙方免费负责为上述人员提供培训，使之达到熟练操作和管理要求。作为移交的一部分，甲方和乙方应联合考试，以确定被指定人员经过培训合格，可以接管本项目的独立运营和维护。移交后，乙方有义务免费提供不低于______个月的技术支持。

23.8 合同期限及相关

乙方在与第三方签订运营维护合同、设备采购合同及其他合同时，应努力使该等合同的有效期届满日不超过本项目合作期限届满日。

如在移交日前，乙方需签订运营维护合同、设备采购合同及其他合同，且该等合同在本项目合作期届满后仍为有效的，则乙方应在该等合同签订前报经甲方同意。未经甲方同意的，由乙方承担相应责任。

23.9 移走乙方相关的物品

除非双方另有协议，乙方应于移交日期之后______天内，自费从场地移走仅限于乙方员工的个人用品以及与本项目运营和维护无关的物品，不包括移交清单所列的项目设备、备品备件、技术资料或者项目设施营运和维护的必需物品。

如果乙方在上述时间内没有移走这些物品，甲方在通知乙方之后，可以移走并将物品转运至适当的地点以便安全保管。乙方应承担搬移、运输和保管的合理费用和风险。

23.10 风险转移

乙方应承担移交日期前项目设施的全部或部分损失或损坏的风险，除非损失或损坏是由甲方的违约或不可抗力所致。

23.11 移交费用和批准

双方应负责各自的因向接收人移交和转让发生的费用和支出。甲方应自费获得所有的批准或使之生效，并采取其他可能为移交和转让所必需的行动，并且应支付与移交和转让有关的所有印花税、税收、收费和类似的费用。如果乙方未按第 23 条规定的范围和内容进行移交，甲方为此发生支出或遭受损失，甲方有权从乙方履约保函中扣除。

23.12 移交委员会和移交程序

合作期届满______个月前，甲方和乙方应成立移交委员会，由乙方______名代表和甲方______名代表（包括至少一名接收人的代表）组成。移交委员会应定期会谈，必要时经双方同意可随时会谈，以便于商定项目设施移交的详尽程序及最后恢复性维修、最后恢复性维修后的验收和将移交的建筑、设备、设施、物品和备品备件的详细清单等。

在会谈中，乙方应提交负责移交的代表名单，甲方应告知乙方其负责接收移交的代表名单。移交委员会应在移交之前的第______个月开会以准备移交仪式。

23.13 本合同移交后的效力

自移交日期开始，乙方在本合同项下的权利和义务即应终止，本合同另有规定的除外，并且双方于移交日之前发生及未付的债务除外。接收人应接管项目的运营及本合同明示或默示的，因本合同产生的，于协议终止后仍然有效的任何其他权利和义务。

＊条文批注：项目公司股权处置事项。

特许经营期满，如果政府选择发放一个新的特许经营权，通常，项目公司的认购人会在签订项目协议的同时就与政府签署一个协议，规定以后的特许权人如何通过股权购买协议购买项目公司的股份。如果项目最初就确定将出售股份作为将来移交的方式，那么在最初建立财务模型的时候，就应考虑将来处置股权的成本。与出售不动产和固定资产类似，应考虑出售股份的交易费用、地方税及登记程序。此外如果出售过程涉及国际特许权人，还应考虑将利润汇出国外的费用。

第十一章　违约和终止

第 24 条　不可抗力

24.1　不可抗力引起的终止履行

（一）不可抗力事件

任何一方由于出现不可抗力事件使该方无法全部或部分履行其本合同项下的义务时，该方应有权终止履行本合同项下的义务。

不可抗力应包括但不限于下列事件：

1. 雷电、干旱、火灾、地震、火山爆发、山崩、滑坡、水灾、暴风雨、海啸、台风或龙卷风；

2. 流行病、饥荒或瘟疫；

3. 战争行为（无论是否宣战）、入侵、武装冲突或外敌行为、封锁或军事力量的使用、禁运、暴乱或民众骚乱、恐怖行为、军事演习或政变。

24.2　化学或放射性污染或核辐射

＊条文批注：应注意列举不可抗力事件的范围。

在特许经营协议中，应注意明确列举不可抗力事件的范围，并对不可抗力的通知、处理进行约定。尤其要区分政治不可抗力和自然不可抗力，对风险分配加以说明。

D10900

（二）适用于乙方的例外情况

乙方无权将下述情况视作不可抗力事件而终止履行本合同或不完全履行本合同项下义务：

1. 乙方的承包商或其他与乙方建立合同关系的第三方在履行合同方面发生延误；

2. 项目设施的故障或正常磨损。

（三）适用于甲方的例外情况甲方无权将下述情况视作不可抗力事件而终止履行或不完全履行本合同项下义务：

甲方对项目设施或其任何部分实行的没收、充公或国有化。

（四）通知

声称受到不可抗力影响的一方应在知道不可抗力之后______个工作日内书面通知另一方，详细描述不可抗力的发生情况和可能导致的后果，并根据对方要求提供证明。

（五）损失承担原则

发生不可抗力时，双方应按规定各自承担由于不可抗力对其造成的损失。

（六）减少损失的责任和协商受到不可抗力影响的一方应努力减少不可抗力的影响。双方应协商采取合理的补救措施尽量减少不可抗力给各方带来的损失。

声称不可抗力的一方在不可抗力消除之后应尽快恢复履行本合同项下的义务。

（七）不可抗力造成的终止

当不可抗力事件阻止一方履行其义务的时间持续______天以上时，双方应协商决定继续履行本合同的条件或者终止本合同。如果自不可抗力发生后______天之内双方不能就继续履行的条件或终止本合同达成一致意见，任何一方有权给予另一方书面通知后立即终止本合同。

第 25 条　违约及赔偿

除本合同已有规定外，双方的违约及赔偿按以下规定执行：

25.1 甲方违约及赔偿

（一）延迟开工

由于甲方原因导致的开工延迟将相应顺延项目合作期，并由甲方给予乙方一定补偿，届时由双方协商补偿办法或金额。

（二）可行性缺口补助支付的违约

甲方未按照本合同的有关规定，向乙方支付相应的服务费，则乙方有权向甲方发出催告，如甲方在催告通知出具后的 30 日内仍未能支付的，则甲方除应支付应付未付服务费外，还应每日按照应付未付金额的______% 另行向乙方支付滞纳金。

25.2　乙方违约及赔偿

（一）延迟开工

乙方不能在本合同规定的开工日或之前开工的，每逾期一日，乙方应向甲方支付______元的违约赔偿金，如因乙方原因拖期超过______日，则甲方有权提出提前终止合同。但不可抗力和甲方的责任造成的延迟除外。

（二）延迟完工

乙方不能在本合同约定的建设期限内完工的，每逾期一日，乙方应向甲方支付______元的违约赔偿金，如因乙方原因拖期超过______日，则甲方有权提出提前终止合同并提取建设期履约保函。但不可抗力和甲方的责任造成的延迟除外。

（三）运营维护与移交

甲方除有权根据附件约定的绩效指标支付相应的服务费外，如因乙方的原因，致使项目在运营维护期或移交时项目出现质量瑕疵、安全事故、运营事故等情形的，甲方有权提取运营维护保函及移交维修保函，并要求乙方赔偿其给甲方或其他第三方造成的损失。

25.3　不减免和影响的事项

违约方对违约责任的承担并不能减免其在本合同下的其他任何义务。

双方获得上述违约赔偿的权利不影响其在本合同项下的终止权。

25.4　减轻损失的措施

由于另一方违约而遭受损失或可能会遭受损失的一方应采取合理措施防止损失扩大或减少损失。如果一方未能采取此类措施，违约方可以请求从赔偿金额中扣除应能减少的损失金额。受损害的一方应有权从另一方获得因试图减轻和减少损失而发生的任何费用。

D10900

25.5　部分由于受损害方造成的损失

如果损失部分是由于受损害方的作为或不作为造成的，或部分损失应由受损害方承担的，赔偿的数额中应扣除该部分损失。

第 26 条　终止和终止补偿

26.1　甲方发出的终止

下述任一事件发生时，甲方有权立即发出终止意向通知：

（一）乙方在本合同第 2 条的承诺被证明在做出时存在虚假或未兑现，严重影响其履约能力；

（二）乙方未能根据本合同约定提交建设履约保函、运营维护保函或移交维修保函并经催告仍未保持其有效的；

（三）乙方出现本合同第 18.2 款及第 18.3 款约定的放弃建设或视为放弃建设情形的；或者因乙方出现第 25.2 款第（一）项约定的导致提前终止情形的；

（四）乙方被依法吊销营业执照、责令停业、清算或破产；

（五）贷款人开始行使其担保协议项下的担保权利并可能造成项目无法正常运营；

（六）除报经甲方同意的计划内维修外，未经甲方事先书面同意，乙方擅自停止对项目的运营的（如属紧急情况的除外，但应在发生的同时口头告知甲方，并应在发生后______天内书面报告甲方）；

（七）未经甲方同意，乙方擅自出租、质押、转让项目经营权或擅自进行股权转让的等。

26.2　乙方发出的终止

下述任一事件发生时，乙方有权立即发出终止意向通知：

（一）甲方在本合同第 3 条的承诺及其他任何声明和保证被证明是虚假的或未兑现，使乙方履行本合同的能力受到严重不利影响；

（二）甲方无正当理由在逾期______个月（自应付日起算）后仍未支付服务费。

26.3　法律变更或政府行为

如果在本合同生效后，因法律变更及政府行为导致乙方部分或全部不能履行本合同项下主要义务，而这种变化和影响又不以甲方的意志为转移，甲、乙双方应尽力就继续履行本合同进行协商，若不能达成一致，则一方可向另一方发出终止意向通知。

＊条文批注：守法义务。

在 PPP 项目合同中，通常会规定项目公司在实施 PPP 项目的过程中有义务遵守上述广义“法律”的规定。需要特别强调的是，PPP 项目合同中应体现政府采购（包括投资人选择和合同谈判）过程中依据政府采购相关法律已确定的各项要求，如采购本国货物和服务、保护环境、扶持不发达地区和少数民族地区、促进中小企业发展、技术引进和本地化转移等要求。

＊条文批注：政府方可控的法律变更的后果。

在 PPP 项目中，某些法律变更事件可能是由作为 PPP 项目合同签约主体的政府方直接实施或者在政府方职权范围内发生的，如由该政府方、或其内设政府部门、或其下级政府所颁行的法律。对于此类法律变更，可认定为政府方可控的法律变更，具体后果可能包括：

在建设期间，如果因发生政府方可控的法律变更导致项目发生额外费用或工期延误，项目公司有权向政府方索赔额外费用或要求延长工期（如果是采用政府付费机制的项目，还可以要求认定“视为已开始运营”）；

在运营期间，如果因发生政府方可控的法律变更导致项目公司运营成本费用增加，项目公司有权向政府方索赔额外费用或申请延长项目合作期限；

如果因发生政府方可控的法律变更导致合同无法继续履行，则构成“政府违约事件”，项目公司可以通过违约条款及提前终止机制等进行救济。

26.4　协商一致终止

在合作期内，由各方协商一致可提前终止本合同，此种情形下的终止及对应终止补偿金的计算问题等，由各方届时协商一致。

D10900

* 条文批注：提前终止一般情形。

在 PPP 项目合同中，通常会明确约定可能导致合同终止的违约事件。根据《政府和社会资本合作模式操作指南（试行）》（财金〔2014〕113 号）的规定："项目实施机构、社会资本或项目公司未履行项目合同约定义务的，应承担相应违约责任，包括停止侵害、消除影响、支付违约金、赔偿损失以及解除项目合同等。" 项目各方应明确项目的中止、延展和终止的具体情形。

作为补充，尚未正式施行的《基础设施和公共服务领域政府和社会资本合作条例》（征求意见稿）第 27 条规定：出现合作项目协议约定的提前终止协议情形，或者有下列情形之一的，可以提前终止合作项目协议：

1. 因不可抗力导致合作项目协议无法继续履行；
2. 因社会资本方严重违约，危害公共利益；
3. 依法征收、征用合作项目财产。

因依法征收、征用合作项目财产导致合作项目提前终止的，应当按照国家有关规定给予社会资本方合理补偿。

26.5　终止意向通知和终止通知

（一）终止意向通知

按照第 26.1 款或第 26.2 款或第 26.3 款发出的任何终止意向通知均应同时向贷款人发出一份复印件。在终止意向通知发出之后，双方应在______天内协商避免本合同终止的措施。

如果乙方和甲方就将要采取的措施达成一致意见，或者乙方或甲方（视情况而定）在相应的协商期或双方可能同意的更长的时间内纠正了违约事件，终止意向通知即自动失效。

（二）终止通知

在协商期届满之时，如果

1. 双方未达成一致；
2. 导致发出终止意向通知的违约事件未得到纠正。

则发出终止意向通知的一方可以向另一方和贷款人就此发出终止通知，本合同在终止通知送达对方之日终止。

26.6　甲方的权利

（一）对设施的运营权利

1. 在项目合作期内，如果乙方发生第 26.1 款所述事件，甲方发出终止意向通知之后，甲方或其指定机构有权，但在任何情况下无义务替代乙方接管项目设施的运营，以使项目设施继续运营或完成任何必要的修理以保证项目设施继续运营。乙方保证与甲方或其指定机构合作，并应让贷款人在融资文件中作出具有同样内容的承诺。

2. 任何情况下，甲方选择运营项目设施不应被视为所有权的转让或承担乙方作为项目设施所有权人的义务。

3. 在甲方或其指定机构运营项目设施期间，乙方无义务支付在甲方及其指定机构接管项目设施的运营之日以后发生的运营费用。甲方无义务向乙方支付任何服务费，直至乙方按照本合同接替或承担项目设施的运营。

4. 甲方应有权在任何时候退出项目设施的运营，在此情况下乙方应全面负责项目设施运营，直到任何一方发出终止通知。

（二）终止本合同的权利

如果在第 25.1 款所述事件发生之后，甲方已发出终止意向通知，并且乙方违约事件在协商期期满之日前未得以补救，则甲方应有权在上述日期之后的任何时间发出终止通知终止本合同。

26.7　终止的后果

本合同终止后，双方在本合同项下不再有进一步的义务，但到期应付的款项除外；本合同的终止不影响本合同中争议解决条款和任何在本合同终止后仍然有效的其他条款的效力。

26.8　建设期终止补偿

在项目建设期本合同提前终止的情形下，双方应在合同终止之日起______日内依据本合同、投资文件、财务文件、施工文件等资料共同确定前期手续、工程设备、材料、投资人的设备和工程实物的价值，以及到终止合同日期为止乙方应得到的所有款项，甲方同意在终止之日起______日内将上述款项结算完毕，乙方办理项目清场手续，退出施工现场。

D10900

如因甲方违约导致合同终止，除应考虑项目公司的成本及相关费用、投资收益等因素外，还应包括由于项目公司提前终止采购、施工和劳动合同等增加的费用。

如因乙方违约导致终止合同，项目公司应得到的款项仅包括其在本项目中投入的甲方尚未支付的投资、成本及相关费用的______%。

26.9　运营期终止补偿

在项目运营期本合同提前终止的情形下，甲方当且仅在如下情形时支付项目公司合理补偿金，补偿金具体按下表确定：

提前终止补偿情形及补偿表

项次	本合同提前终止之情形	终止补偿金
一	政府方违约事件导致的终止	A+B+E
二	乙方违约事件导致的终止	A–B+E
三	不可抗力事件导致的终止	A’+1/2（A–A’–C–D）+E
四	法律变更或政府行为导致的终止	A+35%B+E

提前终止时甲方对于乙方的补偿须以项目公司还清其届时之所有负债为前提。其中：

A= 本项目经审计的投资总额 × 剩余运营年限 / 本项目运营期限。

A’= 发生不可抗力事件后对项目设施的评估值。

B= 人民币______元整。

C= 发生不可抗力情形时，根据项目协议及相关保险合同，项目公司实际获得的保险赔款。

D= 发生不可抗力情形时，因项目公司投保不足，导致所获保险赔款无法使项目设施恢复到出险前的正常状态和价值的恢复性建设费用缺额部分（如有）。

E= 终止后项目公司应向甲方或其他机构移交运营维护所需的零部件、备品备件和化学品的合理评估值。

需要说明的是：若因项目公司违约导致本项目提前终止，按照对应公式计算终止补偿金即“A-B+E”的值为负数，则项目公司应向甲方支付本条所述负数的绝对值。

26.10　继续有效

第二十六条的规定在本合同终止后应仍然有效。

第十二章　协调和争议的解决

第 27 条　项目协调委员会

27.1　项目协调委员会

生效日后______天之内，双方应成立一个由______名乙方代表和______名甲方代表组成的项目协调委员会。任何一方均可在通知另一方后更换项目协调委员会成员。该委员会的所有决定均应得到委员会全体成员的一致通过。

27.2　协调事项

项目协调委员会应负责按照第 27.1 款的规定解决本合同下或与本合同引起的终止履行有关的争议。协调事项包括但不限于：

（一）协调双方在项目设施的建设及运营方面的计划和程序；

（二）在发生不可抗力影响项目运营时讨论应采取的步骤；

（三）影响项目设施安全的事项；

（四）为解决本合同项下的争议任命财务专家和专家小组；

（五）其他双方同意的事项。

第 28 条　争议的解决

28.1　协商

因解释或履行本合同过程中产生的任何争议由项目协调委员会进行协商解决。项目协调委员会的一致决议对双方均有约束力。项目协调委员会在______天内无法协商解决，则应适用第 28.2 款的规定。

28.2　争议解决

如果争议未能根据第 28.1 款解决，双方均有权将争议提交项目所在地人民法院解决。

D10900

争议解决期间的继续履行在争议提交项目协调委员会或法院解决期

间，各方应继续履行其在本合同项下的各项义务并继续享有其在本合同项下的所有权利，而不影响以后根据上述裁决进行最终调整。

28.3　继续有效

第 28 条规定的争议解决条款在本合同终止后继续有效。

第十三章　合同的转让和相关合同

第 29 条　合同的转让

29.1　甲方的转让

（一）甲方可将本合同下的全部或部分权利或义务转让给____________人民政府指定的政府机构或部门。

（二）除第 29.1 款第（一）项外，未经乙方事先书面同意，甲方不得转让其本合同项下全部或部分的权利或义务。

29.2　乙方的转让

除第 29.2 款第（二）项规定外，未经甲方事先书面同意，乙方不得转让、出租、质押或提供其他担保：

1. 其在本合同或与本项目有关的其他协议项下的权利和权益；

2. 乙方用于项目的项目设施或资产。

（二）项目融资行为导致的转让。为项目融资目的，乙方应有权：

1. 按本合同的规定，以融资为目的，在项目相关权益设置质押或其他担保权。

2. 根据融资文件的规定将其在本合同和与项目有关的其他协议项下的权利和权益转让给贷款人。

3. 以融资为目的，所进行的股权转让。

＊条文批注：股权变更限制。

基于公用事业的公共服务特性，政府必须考虑如果将公用事业企业的全部国有股权转让出去，是否可能出现政府失控的局面。所以，为了避免项目实质主体发生重大变化，往往由政府方对项目公司股权变更设置限制性条件。例如，在 PPP 项目合同中规定，在一定的期间内，项目公司的股权变更及其各级控股母公司的控股股权变更均须经过政府的事前书面批准。

第十四章　其　　他

第 30 条　解释规则

30.1　合同文件构成及优先顺序

本合同包括附件 1 至附件 7，每一份附件都应被视为本合同的一部分。

（一）本合同构成双方对项目的完全理解，取代双方以前所有的有关项目的书面和口头陈述、协议或安排。

（二）双方约定协议文件的地位和优先顺序如下：本合同及附件；谈判备忘录；成交供应商的响应文件；招标文件（含补充文件及澄清答疑文件）等。

30.2　修改

（一）未经双方书面同意，不对本合同进行重大修改或变更。

（二）本合同任何修改、补充或变更必须经双方协商一致并签字盖章后方具有法律约束力。如果根据届时有效的相关法律或法规的规定而需要政府有关部门审查批准的，则自政府有关部门审查批准之日起对甲乙双方产生约束力。

（三）本合同履行期间，双方可根据届时有效的相关法律或法规的规定，对本合同的某一部分进行修改、补充或变更；双方确认的对本合同的有效的修改、补充或变更的书面文件或书面材料，均与本合同具有同等法律效力。如其内容与本合同存在冲突或矛盾的部分，以修改、补充或变更的内容为准。

（四）如果本合同的任何条款不合法、无效或不能执行，则

1. 并不影响其他条款的效力和执行；

2. 双方应商定对不合法、无效或不能执行的条款进行修改，使之合法、

D10900

有效并可执行；修改或更改应尽可能平衡双方之间的利益。

第 31 条　文件权利及保密

31.1　对文件的权利

（一）甲方的文件

由甲方向乙方提供的文件和计算机程序及其他一切文件，或者主要在这些文件和计算机程序的基础上制作的文件和程序，应属于甲方的财产。这一规定适用于上述文件和计算机的程序的所有复制件。这些文件、计算机程序或其复制件只能由乙方用于项目之目的。除非甲方和乙方另有协议，否则这类文件、计算机程序或复制件应在项目合作期结束之际归还甲方。

（二）乙方的文件

由乙方向甲方提供的文件和计算机程序及其他文件，应属于乙方的财产。这些文件、计算机程序或其复制件只能由甲方用于项目之目的。

（三）遵守规定

双方应确保各自接触到这些文件、计算机程序及其复制件的有关人员遵守相关保密规定。

31.2　保密

任何一方或其员工、承包商、顾问获得的所有资料和文件（无论是财务、技术或其他方面），未经另一方事先书面同意，在项目合作期最后一天之后的______年期间不得向第三方透露或公开，但是法律要求的除外。

第 32 条　其他条款

32.1　日常事务代表

（一）在本项目合作期内，双方应各自指派一名日常事务代表，代表各方与对方进行日常事务的联系和沟通。

（二）各方应将自己的日常事务代表书面通知对方，若需变更，则应提前天将继任人书面通知对方，否则视为未变更。

32.2　通知

（一）本合同项下的通知应以中文简体书写，并通过特快专递、邮寄或传真方式按下述地址送至或发至各方：

甲方：______

地址：______

联系人：______

邮编：______

传真：______

乙方：______

地址：______

邮编：______

收件人：______

传真：______

（二）下述情况应视为已送达：

若采用专人递交或邮寄方式（挂号、要求回执），在送寄至上述地址时；

如采用传真形式，在准确发送至上述传真号码，并收到对方的确认函时。如果一方的地址或收件人更改时，应在新地址或新收件人启用______日前以上述通知方式通知另一方，否则应仍以原地址和收件人为准。

32.3　适用法律

本合同适用中国法律。

32.4　合同文字

本合同以中文简体书就协议正本一式______份，各执______份，其余______份交予有关部门登记备案。各份合同书具有同等法律效力。

本合同由双方各自法定代表人或正式授权的代表在其签名下注明的日期签署。双方愿受本合同的法律约束。

32.5　其他

本合同未尽事宜经双方协商可另行签订补充协议。

D10900

甲方：（盖章）____________________

法定代表人或授权代表（签字）：____________________

签订日期：______ 年 ______ 月 ______ 日

乙方：____________________

法定代表人或授权代表（签字）：____________________

签订日期：______ 年 ______ 月 ______ 日

见证方：____________________

法定代表人或授权代表（签字）：____________________

签订日期：______ 年 ______ 月 ______ 日

图书在版编目(CIP)数据

中国合同库.政府和社会资本合作(PPP):全2册/卓识,贾向明,王金平主编.--北京:法律出版社,2017

ISBN 978-7-5197-1738-4

Ⅰ.①中… Ⅱ.①卓…②贾…③王… Ⅲ.①合同法-中国②政府投资-合作-社会资本-合同法-中国 Ⅳ.①D923.6

中国版本图书馆CIP数据核字(2017)第297348号

中国合同库:政府和社会资本合作(PPP)
ZHONGGUO HETONGKU: ZHENGFU HE SHEHUI ZIBEN HEZUO(PPP)

卓 识
贾向明 主编
王金平

策划编辑 朱海波 蒋 橙
责任编辑 朱海波 蒋 橙
营销编辑 徐 印
装帧设计 宇宙尘埃工作室 鲍龙卉

出版 法律出版社
总发行 中国法律图书有限公司
经销 新华书店
印刷 天津嘉恒印务有限公司
责任印制 吕亚莉

编辑统筹 法律应用·大众出版第二分社
开本 787毫米×1092毫米 1/16
印张 76 **字数** 1388千
版本 2018年1月第1版
印次 2018年1月第1次印刷

法律出版社/北京市丰台区莲花池西里7号(100073)
网址/www.lawpress.com.cn
投稿邮箱/info@lawpress.com.cn
举报维权邮箱/jbwq@lawpress.com.cn
销售热线/010-63939792
咨询电话/010-63939796

中国法律图书有限公司/北京市丰台区莲花池西里7号(100073)
全国各地中法图分、子公司销售电话:
统一销售客服/400-660-6393
第一法律书店/010-63939781/9782
西安分公司/029-85330678
重庆分公司/023-67453036
上海分公司/021-62071639/1636
深圳分公司/0755-83072995

书号:ISBN 978-7-5197-1738-4
定价:238.00元(上下册)

中国合同库出版计划第二期
征稿启事

中国合同库出版计划，是法天使与法律出版社共同发起的出版计划，共分为四期。旨在出版系列线上线下一体书，聚合和共享法律智慧，建设一个“全面可信赖”的中国合同库，让法律行业乃至全社会受益，同时为作者塑造影响力。

第一期已于 2017 年正式出版发行，包括：A 轮融资协议、股权激励、私募基金、劳动人事、影视娱乐、房屋买卖租赁、建设工程施工合同、企业债券、商业保理、证券期货、政府和社会资本合作 (PPP)，共 11 个专题，本书为第一期 11 个专题之一。

现在，我们面向优秀律师、法务及相关法律人，郑重征稿，具体要求如下：

1. 提交基础信息

姓名，年龄，个人微信和电话，工作单位，专业领域，有无出书经历，拟选定的写作方向。

2. 选定写作方向

(1) 提交该方向的：合同模板目录，以及 1 份代表性合同模板，对该模板进行使用说明和要点批注。

(2) 个人简介，包含在该领域处理过的有影响力的案例或发表、出版过的文章、图书或获得过的荣誉以及其他一切可以体现您在这一领域专业实力的材料。

3. 选题评审

根据上述信息，由法律出版社和法天使组织专家进行评审，一经纳入出版计划我们将与您联系，商定交稿时间和出版细节。

4. 出版政策

作者无须任何出版补贴，并依照出版合同获得稿酬。稿酬等事项见届时签署的出版合同。

5. 写作体例

参照本书体例。

6. 征稿联系人

常金光　联系电话 / 微信：13810853236/cjg@fatianshi.cn

7. 特别提示

登陆法天使官方网站：www.fatianshi.cn，可随时分享单份或成套合同模板，获得收益。

关注以下二维码，在底部菜单查看“参与出版计划”，即可了解更多详情。

法天使
fatianshi.cn

中国合同库

政府和社会资本合作(PPP)·下

优质文本·条文批注·风险提示

卓　识　贾向明　王金平　主编

电子版合同入口
随书赠送88元充值卡

法律出版社
LAW PRESS · CHINA

卓　识

中国财政科学研究院 PPP 研究所科研转化中心主任

国家发改委中产委 PPP 咨询与研究中心专家

中国财政学会公私合作（PPP）研究专业委员会专家委员

中国 PPP 项目金牌咨询工程师（2015 年度、2016 年度）

北京市、河南省等多省市专家库专家及评审组长

北京延庆、河南汝州、山东滕州、中建三局、中能建、汉能集团等政府和企事业单位的 PPP 常年专项顾问。先后受邀为黑龙江省住建厅、湖南省财政厅、陕西省委组织部、西安市财政局、中国注册会计师协会、北大光华管理学院、浙江大学管理学院、新疆建设兵团农七师、中铁投资集团、华澳信托、浙江建工集团、四川路桥集团、北京市延庆区政府、禹州市人民政府、周口市川汇区财政局等 170 余个政府及企事业单位进行过专题的培训或讲座、并受邀出席国家发改委培训中心、住建部（管廊征求意见稿）、全国城建培训中心、国家行政学院、中国公路学会、人民大学土地与特色小镇研究、湖南省水利厅、北京市财政局等数十家政府和单位举办的座谈或调研工作。先后为 100 余个政府及 BT/BOT/ROT/TOT/PPP 项目提供咨询或顾问服务。

贾向明

北京市中咨律师事务所高级合伙人

在PPP领域经验丰富，于2016年、2017年连续两年荣获PPP项目金牌律师称号，其所承办的濮阳县城区集中供暖项目、濮阳县新高中项目、濮阳县人民医院新院区建设项目、潢川县城市污水处理项目入选财政部第二批 PPP 示范项目名单。

贾律师擅长解决PPP项目前期投融资安排、运营风险控制、投资回报保障、整体交易结构设计、商业谈判等核心问题，因在资本市场领域积累了丰富经验（正在服务的上市公司有上海电力、吉电股份、东方能源、露天煤业、远达环保、钢研高纳、安泰科技），亦可为PPP项目提供与资本市场有关的专业服务。曾多次前往各地政府机关、部门、社会资本方处培训、授课，与政府机关，尤其是国务院国资委、发改委、财政部、住建部保持着良好的沟通、合作关系。

王金平

北京大成（南昌）律师事务所高级合伙人

大成南昌 PPP 法律研究中心执行主任，江西省财政厅 PPP 中心法律专家，其在 PPP 领域具有丰富的实战经验，王律师擅长 PPP 项目股权架构、项目土地合理开发利用、PPP 全生命周期法律风险防范等问题。为江西省国土资源厅、中建五局江西分公司、江西省特色小镇运营有限公司、江西省共青城私募基金园、南昌市科技局等公司常年法律顾问，同时在资本市场为前程能源、掌中无限、鸿景高新、中赣新能、赣通通信等企业提供专业服务。主持和参与特色小镇、轨道交通、园区开发等多个重 PPP 项目。

胡锦光
中国人民大学法学院副院长、教授、博士生导师，中国人民大学宪政与行政法治研究中心主任

徐孟洲
中国人民大学金融法研究所副所长、教授、博导

杨立新
中国人民大学法学院教授、博士生导师，中国人民大学民商事法律科学研究中心主任

姚　红
原全国人大法工委民法室主任

余凌云
清华大学法学院副院长、教授、博士生导师，清华大学法学院公法研究中心主任

财税类专家顾问（按姓氏拼音排序）

罗建钢
财政部财政科学研究院研究员、经济学博士，财科院政府与社会资本合作（PPP）研究所副所长

罗永泰
天津财经大学管理学首席教授，博士生导师，管理学博士，天津财经大学工商管理研究中心主任，天津市政府参政

彭　程
财政部财政科学研究院政府与社会资本合作（PPP）研究所所长

彭　沙
财政部驻湖南省财政监察专员办事处副处长

王淑荣
财政部预算评审中心（退休）

吴亚平
国家发改委投资研究所体制政策室主任、研究员

徐保满
南开大学金融系房地产金融研究中心主任、博士

鄢晓发
财政部财政科学研究院副研究员、经济学博士

张　鹏
财政部财政科学研究院研究员、经济学博士

赵艳华
天津财经大学副教授、工商管理研究中心副主任

咨询类专家顾问（按姓氏拼音排序）

毕志清
北京大岳咨询有限责任公司高级合伙人、财政部和发改委双库专家

范群英
天职工程咨询股份有限公司总裁助理、发改委专家库专家

郑敬波
北京金准咨询有限责任公司副总经理、财政部和发改委双库专家

总序一

法治社会离不开合同。

英国历史学家梅因的《古代法》中有一句法律人耳熟能详的名言：我们可以说，所有进步社会的运动，到此处为止，是一个“从身份到契约”的运动。确实，在现代社会中，方方面面都离不开契约与契约精神。除市场交易外，大到国家治理、国际条约，小到婚姻家庭、交通出行各个领域，无所不在契约或契约精神的笼罩之下。可以说，一个现代人，无时无刻能与合同脱离干系。

在具体生活层面，我们也不难发现合同与社会经济之间的密切关系。从普通人很少见到正式合同，到越来越多的签订书面合同，到合同越来越厚、条款越来越多，与之相应地，是经济交易越来越活跃、交易金额越来越大，经济越来越发达。如果作这么一个判断：“合同的质量与数量，与一个社会的经济水平成正比”，这应该是基本成立的。

希望中国合同库成为标准。

合同需要标准。国际贸易术语（Trade Terms of International trade），就可以理解为是一套合同条款的标准术语。有了这套术语，交易各方在谈判以及拟定条款时，就可以大大节省时间，减少争议。

经济生活中的大量交易，完全可以使用比较标准的、完备的合同范本。这些合同范本符合一般交易惯例，条款相对完善、规范，能减少不必要的合同纠纷。

当然，交易往往都有自己的特殊性。即使如此，以标准合同为基础，合同各方在彼此关心的重点条款上谈判、修订，而对一般性问题采纳标准合同的条款，这也能大大节省合同各方的精力。

在运输领域，集装箱标准的推出，大大提升了运输效率、降低了物流成本，整个社会都为之受益。而如果在社会各行各业的交易、合作中，都能大力推行标准合同，无疑也将大大降低交易成本，促进交易的进行，减少争议。这其中的社会意义是巨大的。这也是工商等政府部门不断推出政府示范文本的目的。而现在，“中国合同库”这一项目，更是利用互联网技术，将合同示范文本这一工作往前推进了一大步。

标准之所以能成为标准，既需要社会各界的推动与接受，也需要标准本身能不断完善、符合需求。我在此希望中国合同库的主办方能持之以恒的推动合同库的建设、完善与推广，使之成为名副其实的“中国合同库”。

此为序。

梁慧星

中国社会科学院学部委员、教授、博士生导师在互联网、大数据时代，应思考法律服务如何与技术结合，推动法律智慧的融合与共享。在倡导律师专业化建设、倡导律师“工匠精神”的同时，应注重用技术手段，帮助律师提升法律服务的效率。

《中国合同库》系列图书，可以看作这方面的有益尝试。不同于一般的合同范本书，它充分利用了互联网开放、迭代、互动的特色：每个合同范本，对应一个二维码，读者扫描识别二维码，就可以获得合同范本的电子版；而合同范本的作者，可以实时更新电子版，以确保内容的与时俱进。如此一来，这套书不再是一般意义的纸质读物，而是与电子数据协同互动的新型出版形态。

一直以来，高品质的合同范本和法律文书，是一种有价值但流通不畅的资源。律师与律师之间，团队与团队之间，律所与律所之间，缺乏知识资源的互通和共享。另外，高质量的文件模板几乎可以说是律师的核心竞争力之一，甚至是行业壁垒之一，每一份好的文件模板都倾注了律师的智慧和心血。《中国合同库》聚合各领域专业法律人，把这些优质的模板进行逐字逐句地修改、整合，进而分享，真正体现了互联网时代的共享精神。

不久前，中华全国律师协会刚刚与法律出版社签署战略合作协议，现在欣喜地看到法律出版社偕同法天使推出这项具有创新精神的出版计划，在此表示由衷祝贺！

是为序。

中华全国律师协会会长

金杜律师事务所管委会主席

2017年7月21日，国务院法制办公室、国家发展和改革委员会、财政部联合起草的《基础设施和公共服务领域政府和社会资本合作条例》（征求意见稿）对外发布，在我国政府和社会资本合作（PPP）领域掀起促进合作更加规范化、高效化、法制化的新浪潮。携近百起PPP项目服务的宝贵经验，法云咨询集团和中咨律所，在法云集团联合法律出版社及法天使的组织安排下，与其他富有PPP实践经验的法律专家合作完成了本书的编撰工作。

“按合同办事”是PPP模式的精神实质。PPP项目参与方陆续签订PPP项目合同、股东协议和一系列配套合同，正确表达意愿、合理分配风险、依约履行义务、有效主张权利。其中，PPP项目合同是整个PPP项目合同体系的基础和核心。规范PPP模式的运行，提高公共服务供给的质量和效率，保障公共利益和社会资本方的合法权益，少不了PPP项目合同的“身影”。因此，我们产生了编著本书的想法，希望借此为相关从业人员提供PPP项目合同运用方面的工具。

本书收录范围广泛，编排结构合理，呈现内容专业：在梳理中咨律所和法云咨询集团多年PPP实践经验的基础上，为读者提供二十种基础设施和公共服务领域的PPP项目合同，每种合同均没有使用场景说明法律要点提示以及关键条款批注；同时组织专家评审，将专家评审意见融入本书的修改完善中。相信本书不仅是PPP项目从业人员的得力工具，而且也有助于学习研究PPP项目，推动PPP模式更加规范、科学地发展。

目　录
CONTENTS

第十二章　旅游开发PPP项目合同

使用场景：

我国旅游业长期以来主要依赖政府投资、银行贷款等传统融资模式，难以满足旅游项目建设与旅游产品结构转型的巨额融资需求。2014 年国务院发布《国务院关于促进旅游业改革发展的若干意见》（国发〔2014〕31 号），对旅游业的改革发展进行了总体部署，提出到 2020 年旅游业增加值占国内生产总值的比重超过 5% 的目标，并推动旅游市场向社会资本全面开放。2016 年发改委、国家旅游局联合发布《关于实施旅游休闲重大工程的通知》（发改社会〔2016〕2550 号），决定实施旅游休闲重大工程，积极引导社会资本投资旅游业，不断完善旅游基础设施和公共服务体系。同时国务院及其相关部委已出台多项政策，在旅游类项目中推广运用 PPP 模式，为旅游项目的建设和运营提供了全新的选择。实践中，旅游景区的类型复杂多样，包括特色小镇、风景名胜区、文物保护单位、世界文化遗产、自然保护区、国家森林公园等，而且一个旅游景区可能同时涉及上述多种情况。

本项目合同适用于政府和社会资本合作即采用 PPP 模式建设旅游类特色小镇的情形，其主要内容包括以下核心条款：引言、定义和解释；项目的范围和期限；前提条件；项目的融资；项目用地；项目的建设；项目的运营；项目的维护；股权变更限制；付费机制；履约担保；政府承诺；保险；守法义务及法律变更；不可抗力；政府方的监督和介入；违约、提前终止及终止后处理机制；项目的移交；适用法律及争议解决；合同附件等等。除上述核心条款外，通常还会包括其他一般合同中的常见条款，如著作权和知识产权、环境保护、声明与保证、通知、合同可分割、合同修订等。

下面，以《文化旅游特色小镇建设 PPP 项目合同》为例，对合同中的关键条款，根据现有的法律法规及政策的规定，结合实践中积累的经验进行解读，供读者审阅参考。

法律要点：

1. 旅游景区开发 PPP 项目实施机构如何确定？

PPP 项目的实施机构是负责 PPP 项目的准备、采购、监管和移交等工作的主体，而且是 PPP 项目合同中代表政府的签约方。对于能够作为 PPP

D10901

项目实施机构的主体范围，财政部与发改委发布的相关政策规定存在一定差异。财政部的文件中规定，“政府或其指定的有关职能部门或事业单位可作为项目实施机构”，并未明确企业可以作为项目实施机构。根据国家发改委发布的文件，“行业管理部门、事业单位、行业运营公司或其他相关机构”可以作为政府授权的项目实施机构。因此，如果政府希望由政府部门或事业单位之外的主体作为PPP项目的实施机构，应当选择适用国家发改委发布的文件。旅游景区及运营PPP项目往往涉及风景名胜区管理、文物保护、交通、土地等多方面的内容，一般而言，只有市、县政府具有相应的职权，某个政府部门、景区管理机构或政府平台公司都不具有相应的职权处理上述各方面的问题。因此，由市、县政府作为项目的实施机构并签署PPP项目合同，才能保障项目的顺利实施，才能有效的保障社会资本的利益。PPP项目实施机构是项目合同的签约主体，但不一定是与社会资本共同成立项目公司的主体，应当注意区分。旅游景区PPP项目中，市、县政府作为项目实施机构与社会资本签署PPP项目合同，可以另行指定政府平台公司等主体与社会资本成立项目公司。

2. 旅游景区开发项目对特殊景区的建设有限制吗？

对于文物保护单位、自然保护区等特定类型的旅游景区，为保护相关的资源，法律、法规中对于一定范围内的开发建设进行了限制，并要求取得主管部门的批准。以文物保护区为例，根据《文物保护法》，文物保护单位的保护范围内不得进行其他建设工程或者爆破、钻探、挖掘等作业。但是，因特殊情况需要进行建设的，须经核定公布该文物保护单位的人民政府批准，在批准前应当征得上一级人民政府文物行政部门同意。全国重点文物保护单位须经省、自治区、直辖市人民政府批准，在批准前应当征得国务院文物行政部门同意。自然保护区、风景名胜区相关法规中也有此类对建设开发、观光游览、土地出让等行为进行限制的规定。社会资本在对特殊类型的旅游景区进行开发时，应注意相关法律、法规对于开发建设的限制，并符合相关规划的要求。

文本正文：http://www.fatianshi.cn/D10901

文化旅游特色小镇建设PPP项目

合　同　书

本项目合同书由以下各方签订：

甲方（项目实施机构）：____________镇人民政府

法定代表人：________________________________

住址：________________________________

乙方（政府方指定出资代表）：____________旅游投资有限公司

法定代表人：________________________________

住址：________________________________

社会资本方：

丙方：____________有限公司

法定代表人：________________________________

住址：________________________________

联系电话：________________________________

传真：________________________________

丁方：____________有限公司

法定代表人：________________________________

住址：________________________________

联系电话：________________________________

传真：________________________________

目　　录

D10901

D10901

第一章　PPP项目合同概述

第 1 条　合同主体

1.1　实施机构：（下称甲方）

1.1.1　主体资格

甲方：____________人民政府

地址：____

法定代表人或授权代表：______________________________________

D10901

＊条文批注：《基础设施和公用事业特许经营管理办法》第 14 条规定："县级以上人民政府应当授权有关部门或单位作为实施机构负责特许经营项目有关实施工作，并明确具体授权范围。"

1.2　政府方指定出资代表（下称乙方）

1.2.1　主体资格

乙方：____________有限公司

地址：____

法定代表人或授权代表：____

＊条文批注：《财政部关于印发政府和社会资本合作模式操作指南（试行）的通知》（财金〔2014〕113 号）和《关于在公共服务领域推广政府和社会资本合作模式的指导意见》（国办发〔2015〕42 号）有关规定，如果平台公司以"社会资本"身份参与 PPP 项目，则须满足：

1. 已经建立现代企业制度、实现市场化运营；

2. 其承担的地方政府债务已纳入政府财政预算、得到妥善处置并明确公告今后不再承担地方政府举债融资职能；

3. 同时，还应遵守以下两项限制：（1）为避免影响社会资本采购的公平性，本级政府所属融资平台公司及其他控股国有企业不得参与本级政府所属 PPP 项目。（2）严禁融资平台公司通过保底承诺等方式参与政府和社会资本合作项目，进行变相融资。

1.3　社会资本方

1.3.1　主体资格

丙方：____________有限公司

地址：____

法定代表人或授权代表：____

丁方：____________有限公司

地址：____

法定代表人或授权代表：____

* 条文批注：1. 根据《PPP 项目合同指南（试行）》（财金〔2014〕156 号）的规定："社会资本是指依法设立且有效存续的具有法人资格的企业，包括民营企业、国有企业、外国企业和外商投资企业"。

2. 根据《政府和社会资本合作模式操作指南（试行）》（财金〔2014〕113 号）第二条的规定，本级政府控股的国有企业不能担任社会资本方，换言之，如果不是本级政府的 PPP 项目，国有企业可以担任社会资本方。

甲方系____________人民政府（下称区政府）的下级政府，根据区政府授权，决定实施本项目的识别、准备、采购、执行、移交等工作，由社会资本方（丙方与丁方）和政府方指定出资代表（乙方）按照中国法律和《合作合同》《公司章程》的约定决定在____________区设立____________有限公司，共同完成本项目的投融资、建设、运营和移交等事务，并独立承担本项目费用、责任和风险。

* 条文批注：本项目中，甲方系本项目实施机构，丙方、丁方作为联合体与政府方出资代表乙方共同设立项目公司。

第 2 条　本合同主要内容和条款

根据本项目行业的付费机制、运作方式等情况，本合同主要包含以下主要内容：引言、定义和解释；项目的范围和期限；前提条件；项目的融资；项目用地；项目的建设；项目的运营；项目养护绩效考核；股权变更限制；付费（回报）机制；履约担保；政府承诺；保险；守法义务及法律变更；不可抗力；政府方的监督和介入；违约、提前终止及终止后处理机制；项目的移交；适用法律及争议解决等。

第 3 条　风险分配

3.1　风险分配原则

根据《财政部关于推广运用政府和社会资本合作模式有关问题的通知》（财金〔2014〕76 号）精神，风险由最适宜的一方来承担。PPP 项目的风险分配是否合理是影响 PPP 项目成功的关键因素之一，政府和社会资本方应本着"利益共享、风险分担"的对等原则就项目风险进行合理分配，并在本合同中进行约定。如果风险最终发生，承担风险的一方不应将由此产生的费用和损失转移给

D10901

合同相对方。

＊条文批注：1. 所谓项目风险，是指可能导致项目损失的不确定性，包括成本的不确定性和收益的不确定性。

2.PPP 项目的风险分配原则“由对风险最有控制力的一方承担相应的风险”“承担的风险程度与所得回报相匹配”以及“承担的风险要有上限”。一方对某一风险最有控制力意味在他处在最有利的位置，能减少风险发生的概率和风险发生时的损失，从而保证了控制风险的一方用于控制风险所花费的成本是最小的，同时由于风险在某一方的控制力之内，使其有动力为管理风险而努力。在实践中，政府方和社会资本方应当对可能涉及的风险进行充分协商和讨论由哪一方承担最为合适，并在合同中进行明确约定。合理的风险分配可以提高效率和降低成本。

3.2　风险类别

风险类别包括政治风险、法律风险、金融风险、自然风险、建设风险、市场风险、运营风险。

3.2.1　政治风险

目前我国政策稳定，且在较长的时间范围内都会保持这种稳定状况。政策方面，PPP 项目是我国目前推动经济发展的重点方向，正在走向规范化和细致化。政府信用一直是我们社会信用的一柄标杆，在这个项目中政府将需要提供相应流程或法律法规需要的文件及其他材料。政府做好项目的立项、科研、土地报批等项目审批的基础工作，并做好物有所值评价、财政承受能力论证等风险识别、提供 PPP 项目立项报告、做好征地拆迁等前期工作，就项目资金提供财政支付方案和人大跨年度财政预算决议。总体来看上述政治风险发生的概率非常低，当发生上述政治风险时，属于国家层面且本合同政府方无法控制的政治风险由政府方与社会资本方共同承担；属于本合同政府方可控的政治风险由政府方承担。

* 条文批注：1. 政治风险是因投资者所在国与东道国政治环境发生变化、东道国政局不稳定、政策法规发生变化给投资企业带来经济损失的可能性。政治风险通常包括战争、内乱、征收、征用、没收、国有化、汇兑等发生的风险。

2. 在特色小镇 PPP 项目中，土地审批、征地拆迁等都是重要的政治风险。对于此类风险，政府方明显处于更有利的位置，而且属于政府可控政治风险的范畴，应当由政府承担。

3.2.2　法律风险

法律风险主要是指由于颁布、修订、重新诠释法律或规定而导致项目的合法性、市场需求、产品、服务收费、合同协议的有效性等元素发生变化，从而对项目的正常建设和运营带来损害，甚至直接导致项目的终止和失败的风险。PPP 项目涉及的法律法规比较多，加之我国 PPP 项目还处在起步阶段，相应的法律法规不够健全，在不断地实践过程中逐渐发现各种问题，法律变化的可能性也较大。法律风险由政府方与社会资本方共同承担。

* 条文批注：由于 PPP 项目在我国尚在起步阶段，法律法规都不够健全，甚至可能出现相互冲突的规范，对待这些问题，需要根据 PPP 项目的类型去识别可能需要适用的法律。例如，在特色小镇 PPP 项目建设中，土地使用权的获得面临很大的法律风险。由于项目时间长，工程大，很难在合同签订的时候完全预测可能存在的法律风险，所以需要之后遇到的法律问题按照风险分配原则去公平划分责任。

3.2.3　金融风险

（1）融资风险。是指由融资结构不合理、金融市场不健全、融资的可及性等因素引起的风险，其中最主要的表现形式是资金筹措困难。本项目总投资为______万元，其中项目资本金为______亿元，乙方出资占股比例______，丙方出资占股比例为______，丁方出资占股比例为______，实际投资总额与项目公司注册资本金之间的差额由项目公司负责融资，若项目公司不能顺利完成项目融资，则由社会资本方通过股东贷款、补充提供担保等方式解决，以确保项目公

D10901

司的融资足额及时到位。因此，该类风险由项目公司和社会资本方承担。

（2）融资成本变动。在项目的建设和运营期内，融资费率（贷款利率）的波动会直接或间接影响到融资成本和项目的价值，使项目面临收益损失的风险。融资成本变动风险由项目公司和社会资本方承担。

* 条文批注：PPP 项目融资金融的风险识别 PPP 模式作为一种公私合作的模式，与一般的投资项目不同，PPP 项目具有投资巨大、杠杆融资高、建设投资期长、融资成本较高等特点，项目发起人还需要建立一个专门的项目公司与政府部门、贷款银行、供应商、承包商、用户等进行法律、融资等各个方面问题的讨论。在这种投资过程中存在着汇率风险、利率风险、通货膨胀风险等。形成 PPP 项目金融风险一方面是受到了 PPP 项目融资特点的影响，另一方面则是由于利率市场化、汇率的自由浮动管理制度等因素所带来的影响。一般情况下，此类的风险由社会资本方承担，投资方应当对项目融资的风险进行定性和定量的评估，尽可能的减少金融风险。

3.2.4　自然风险

（1）不可抗力风险。合同一方无法控制，在签订合同前无法合理防范，情况发生时，又无法回避和克服。具体包括施工和运营期间由地震或洪水等引起的崩塌、山体滑坡、泥石流、地面沉降等地质灾害，恶劣的气候环境、战争、疾病、社会暴乱等不可控制的导致施工与运营无法正常进行的因素，不可抗力的风险应当由政府方、社会资本方与项目公司共同承担。如社会资本方在知道或应当知道此情况发生时，未及时采取相应的应急措施防止风险增大、损失增加的，增大的风险和增加的损失由社会资本方承担。

* 条文批注：实践中，合同中有时会约定只有不可抗力事件发生且其效果持续一定期间以上足以影响合同的正常履行，才构成合同约定的不可抗力。在 PPP 项目合同中，不可抗力一般分为政治不可抗力和自然不可抗力。如果是政治不可抗力，政府方作为签约一方的主体，其控制风险和防范的能力明显强于一般社会主体，一般由政府方承担此类风险；如果是自然不可抗力风险，一般由双方共同承担。

（2）地质条件风险。包括地形复杂、前期勘测疏漏、准备不充分、加重项目建设难度、增加项目投资等，出现该风险由政府承担。如社会资本方在知道或应当知道此情况发生时，未及时提出报告，直接采取相应办法导致风险增大损失增加时，增大的风险和增加的损失由社会资本方全部承担。

＊条文批注：工程地质条件是指与工程建设有关的地质条件，包括地形地貌、地层岩性、地质构造、水文地质条件、不良地质作用和天然建筑材料。在工程建设前，政府方负有勘测并出具报告的义务，因为政府在此项技术上掌握更有利的资源，所以对工程所处之处的地质条件应当履行告知义务，社会资本方需要对政府提供的报告综合评估是否具备建设的条件。此类的风险按照各自的职责承担相应的义务。

3.2.5 建设风险

主要指项目建设实施中面临的风险，按照项目实施时序，所面临的主要风险包括

（1）土地拆迁及补偿风险。征地拆迁资金由区财政承担，征地具体工作由政府部门配合并组织实施，因此该项风险由政府方承担。

＊条文批注：1. 按期取得合适的建设土地是 PPP 项目顺利实施的一个最基本的前提。受制于土地制度和征地行为的行政属性，土地征收属于行政行为，而征地的落实具有非常大的难度。因此，这项风险一般由政府方承担。

2. 征地拆迁不可避免的进行补偿，对补偿费用的支出，可以根据约定由哪一方承担。一般情况下，由政府方划拨提供土地使用权的，由政府承担拆迁补偿费用。

（2）招投标风险。依据相关法律法规等规定，由政府方选择具有相应资质的中介机构按规定开展招标工作，若招投标过程中发生招投标费用高，招标程序不公正、不公平、不透明，招标项目信息不充分等情况，致使没能选择合适的中标人，由于投资者资金实力、诚信、项目投资经验、项目运营能力等的要求，致使符合招标条件的投资者少，导致高价夺标等情形。该项风险由政府方承担。

D10901

＊条文批注：财政部《政府和社会资本合作模式操作指南（试行）》（财金〔2014〕113号）中规定“项目采购应根据《中华人民共和国政府采购法》及相关规章制度执行，采购方式包括公开招标、竞争性谈判、邀请招标、竞争性磋商和单一来源采购。”但是在招投标过程中，如果政府方不按照法律规定的方式进行，导致社会资本方承担了以不正常价格夺标等情形，此类风险应当由政府方承担。

（3）设计风险。

a. 设计风险。设计文件内容和深度不符合项目特定的要求，或存在错误、表述不清楚造成不符合技术规范和技术标准等导致项目功能和质量存在不确定性。本项目的设计工作由政府方负责，设计风险应由政府方承担。

b. 设计变更风险。设计变更会造成返工或额外的工程，会导致PPP项目建设工期延迟、项目直接成本超支，也可能破坏建造工程的进展情况，由此增加项目实施的风险。因社会资本方或者项目公司在建设、运营期施工不当、未及时采取补救措施把风险降至最低，引起设计变更，增加工程造价的和造成损失的，此部分风险责任由社会资本或者项目公司承担。

＊条文批注：在有的PPP项目建设中，政府方对项目有明确的设计，作为社会资本方需要按照政府方提高的设计进行建设。所以存在两种情况，一种是政府方提供的设计存在错误或者缺陷，从而导致项目的存在质量等问题；另一种是社会资本方擅自变更设计导致建设工期延迟、超支等问题。在归责上，应该根据过错原则进行划分，各自承担相应的风险。

（4）技术风险。施工技术不合格、不成熟而产生的项目风险。项目采用的技术对项目的可操作性影响极大。此项风险由负责项目工程具体实施工作的社会资本方承担。

（5）工期延误风险。主要指因原材料、能源、施工配套设施的供应短缺、供应不及时、工程质量不过关、或自身管理等投资方（施工方）问题造成的工期延误影响，此项风险由社会资本方承担。

（6）工程质量风险。是指由于承包商把关不严、偷工减料、不按技术规范施工、施工方案缺乏可行性论证、供应商提供材料有质量问题等原因引发的各种工程质量不符合标准或要求，项目无法投入使用或使用功能受限的风险。此项风险由负责项目工程具体实施工作的社会资本方承担。

（7）建设投资风险。由于材料价格上涨、人工工资上涨、预算数量的偏差等造成施工费用增加而导致的项目风险增加。此项风险由负责项目工程具体实施工作的社会资本方承担。

3.2.6 市场风险

（1）通货膨胀风险。由于国家宏观经济政策的变化，引起货币贬值，使工资和物价水平大幅上涨、建设运营成本上升，从而使投资者在特许权协议确定的项目财政支付标准下无法按期收回预期投资所带来的风险。该项风险属于市场经济大背景下难以预测和防控的风险，应当由政府方、社会资本方、项目公司共同承担。

3.2.7 运营风险

（1）管理风险。项目公司由于缺乏项目运行、管理维护方面实际经验，导致项目在管理和维护中存在缺失，对项目安全、稳定通行等造成的影响。此项风险由项目公司或者社会资本方承担。

（2）财务风险。该项风险大小与债务偿付能力直接相关。财务风险是指项目的现金收入不足以支付债务和利息，从而可能造成债权人求诸法律，造成 PPP 模式运行失败的风险。此项风险由项目公司承担。

> * 条文批注：运营风险管理所谓运营风险是指企业在运营过程中，由于外部环境的复杂性和变动性以及主体对环境的认知能力和适应能力的有限性，而导致的运营失败或使运营活动达不到预期的目标的可能性及其损失。在特色小镇 PPP 项目中主要体现在管理和财务上。

3.2.8 项目移交风险。

本项目采用建设—运营—移交（BOT）模式运行，项目的移交风险是指特许经营期满移交时相关设备存在损坏等情况影响了正常使用，对移交政府后的经营管理造成影响或损失的风险。该风险由社会资本方承担。

D10901

关注法天使

* 条文批注：PPP 项目移交是指在特许经营期届满后，将项目全部固定资产包括后期项目工程中的建设设施，按照正常运行的技术状态无条件的移交给政府方，移交时资产状况不得附加于资产有关的担保、租赁等债权债务关系。在移交时，社会资本方应当按照合同的约定提供完整的资料和技术，确保相关的设备等都能够正常运行，社会资本方承担此项风险。

3.3 风险分配框架

根据项目的风险种类、风险分配原则以及项目运作方式等情况，本项目的各项风险的分配按照下表进行：

项目具体风险分配表

		政府承担	社会资本方承担	项目公司承担
政治风险	政局稳定性	√	√	√
	政策稳定性	√	√	√
	政府决策风险	√		
	政府信用	√		
	政治反对风险	√		
	前期审批风险	√		
法律风险	法律变更	√	√	
	法律及监管体系	√	√	
金融风险	融资风险		√	√
	融资成本变动		√	√
自然风险	不可抗自然风险	√	√	√

续表

		政府承担	社会资本方承担	项目公司承担
建设风险	土地拆迁及补偿风险	√		
	招投标风险	√		
	设计风险	√		
	技术风险		√	
	工期延误		√	√
	工程质量		√	
	建设投资		√	
	安全事故风险		√	√
市场风险	市场需求变化	√	√	√
	税收政策变化	√	√	√
	通货膨胀风险	√	√	√
经营风险	管理风险		√	√
	财务风险		√	√
移交风险	项目移交风险		√	

第 4 条　法律适用

本合同条款的分析和解释均以我国现行法律作为适用依据。

第二章　引言、定义和解释

第 5 条　引言

5.1　签署时间及主要信息

本合同于 ______ 年 ______ 月 ______ 日在____________签订。

项目名称：____________文化旅游特色小镇建设项目。

项目地点：____

D10901

合同价款：本项目全部建设成本中标价约为______元人民币（最终以____________区财政审计为结算依据）。

本合同以中文书写。正本一式______份，各执______份，各份合同具有同等法律效力。

本合同由各方法定代表人或正式授权的代表在其签名下注明的日期签署。各方愿受本合同的法律约束。

本合同自双方签字盖章并在第四章规定的前提条件达成后正式生效。

甲方：____________人民政府
地址：
法定代表人或授权代表：
日期：
乙方：____________有限公司
地址：
法定代表人或授权代表：
日期：
丙方：____________有限公司
地址：
法定代表人或授权代表：
日期：
丁方：____________有限公司
地址：
法定代表人或授权代表：
日期：

5.2 签约背景及签约目的

5.2.1 根据《关于市政公用领域开展政府和社会资本合作项目推介工作的通知》（财建〔2015〕29 号）文件的要求，____________人民政府决定采用 PPP 模式建设____________文化旅游特色小镇建设项目（以下简称本项目），并授权甲方作为本项目的实施机构，指定乙方作为本项目的政府出资代表及实施单位。

5.2.2 政府方通过公开招标的方式选择丙方与丁方作为本项目社会资本方。待乙丙丁三方按照《合作合同》《公司章程》（详见附件）的约定在____________区出资设立项目公司后，由项目公司与甲、乙、丙、丁四方签订承继合同或重新签署 PPP 项目合同（合同内容不变），项目公司全面承继丙方与丁方在本合同项下的权利和义务。

5.2.3 本项目实行投资、建设、运营、移交一体化的运作方式。项目公司是乙丙丁三方为实施投资、融资、建设、运营、管理、移交以及项目而依法设立的企业法人，组织形式为有限责任公司。

5.2.4 为此，各方达成本合同。

第 6 条 定义

* 条文批注：对项目涉及的关键词进行定义，能够避免对核心词语或术语的理解产生歧义，所以合同双方应当尽可能的对容易产生歧义的地方进行定义。

以下定义适用于本合同：

本合同	指由甲、乙、丙、丁四方签署的项目合同，包括全部附件，以及日后可能签署的任何项目合同之补充修改合同和附件，每一部分都应视为本合同的组成部分
本项目	指位于____________的____________文化旅游特色小镇建设项目，具体包括投资、融资、建设、管理、运营及移交
甲方	指本项目政府方授权的实施机构____________人民政府
乙方	指本项目政府方指定的出资代表____________有限公司

续表

丙方	指政府方通过公开招标方式选定的中标社会资本 1____________有限公司
丁方	指政府方通过公开招标方式选定的中标社会资本 2____________有限公司
社会资本方	在本项目中指丙方和丁方
项目公司	指乙、丙、丁三方为实施投资、融资、建设、管理、运营、移交本项目而按照本合同约定出资设立的企业法人
全部建设成本	指项目公司为本项目建设符合适用法律及本合同规定的竣工验收标准的公共资产之目的投入的资本性总支出，包括项目建设投资和建设期收益
建设期收益	指丙方与丁方为本项目建设符合适用法律及本合同规定的竣工验收标准的公共资产之目的投入的资本性总支出而需要获得的服务收入，主要包括项目建设投资成本、融资成本及必要的合理回报。建设期收益根据本合同的约定按年支付，付费金额按照本合同约定计算
绩效运维服务费用	指项目公司为建设本项目并提供符合本合同规定的考核标准的运营管理服务而需要获得的收入，主要包括运营管理费用及必要的合理回报。服务费用根据本合同的约定按年支付，付费金额按照本合同约定计算
合作期	自本合同签订生效之日起，至合同终止之日止
项目文件	指包括但不限于下列文件： （a）本合同及附件； （b）融资文件； （c）与项目有关的其他文件
项目设施	指与本项目建设和运营管理相关的设施
中国	指中华人民共和国，仅为本合同之目的，不包括香港特别行政区、澳门特别行政区和台湾地区

续表

法律	指所有适用的中华人民共和国法律、法规、规章、地方性法规、司法解释、政府部门颁布的标准、规范或其他适用的强制性要求、有法律约束力的规范性文件等
法律变更	指在生效日后颁布、修订、废止或重新解释的任何适用法律导致政府方和丙方与丁方及在本合同项下的权利义务发生实质性变化
政府行为	指甲方的任何上级政府部门（市级及以上）的国有化、征收及征用等行为
批准	指为了使合同各方能够履行其在本合同项下的义务和行使其在本合同项下的权利，乙、丙、丁三方必须或希望从政府机关依法获得的为乙丙丁三方的投资、建设、管理养护和移交所需要的任何许可、执照、同意、授权、免除或批准
贷款人	指融资文件中的贷款人或项目资金提供人
融资文件	指与项目或其任何一部分的建设和运营管理相关的贷款协议、担保协议、保函和其他文件，但不包括股东作出的出资承诺或出资、建设履约保函及运营维护保函
建设履约保函	指丙方与丁方按照《政府和社会资本合作项目政府采购管理办法》（财库〔2014〕215 号）等规定以及本合同的约定提供的、为担保其履行在本合同项下的建设等义务的担保函
运营维护保函	指丙方与丁方按照本合同的规定提交的、为担保其履行在本合同项下的运营管理等义务的担保函
建设期	指自监理工程师发出开工令之日起至竣工验收通过之日止的期间
开工日	指项目工程开始施工之日，具体日期见本合同第 24 条
运营日	指本合同第八章约定的日期
运营期	自运营日起的______年内

续表

争议解决程序	指本合同第二十章中提及的解决争议的程序
政府部门	指中华人民共和国国务院及其下属的部、委、局、署、行，中国的任何司法或军事当局，或具有中央政府行政管理功能的其他行政实体；省、市、区、县各级地方政府及其职能部门
终止通知	指合同各方按照本合同第 78 条向其他方发出的通知
终止意向通知	指合同各方按照本合同第 78 条向其他方发出的通知
生效日	指满足本合同第四章后，本合同甲乙丙丁四方盖章并由四方法定代表人或授权代表人签字之日
工作日	指除中国法定休息日和法定节日或假日以外的、各机构普遍工作的任何日期
终止日	指本合同提前终止的日期
移交日期	指合作期届满之日（适用于本合同期满终止），或经合同各方书面同意的移交项目设施的其他日期

第 7 条　解释

本合同中的标题仅为阅读方便所设，不应影响条文的解释。以下的规定同样适用于对本合同进行解释，除非其上下文明确显示其不适用。

（一）与本合同相关的解释

（1）前期工作：指由甲方具体负责完成的工作，包括但不限于：

项目投资建设的各项行政许可办理，包括项目立项及工程可行性研究批复、采用 PPP 建设模式实施方案的批复、招标、项目建设用地规划许可、项目建设工程规划许可、项目环境影响评价批复、项目国有建设用地使用证、项目临时占地许可、初步设计及概算的批复、施工图审查及施工图预算审核；项目建设用地取得、项目建设用地范围内的居民与单位的动迁及安置、旧房拆除、补偿等；项目监理单位的确认及委托。本合同约定丙方与丁方负责内容之外的配套设施的建设、项目建设用地、临时占地、交通疏解、管线迁改、施工所需的通电、通水、进出通道、施工场地移交及协助消防报批等施工与相关部门的协调及手续办理等；甲方协调____________人民政府完成为实施本合同进行的投资保障等方面工作。上述前期工作所需的全部费用由甲方承担，不计社会资本投资回报，但纳入建设成本，计入项目审计决算总金额。如有其他未尽事项，根据相关法律法规的规定予以办理，政府方与社会资本方应当另行签订补充协议予以约定。

（2）竣工验收合格：在本合同中以下几种情形均予以适用：

①丙方与丁方投资范围内的项目工程（但乙、丙、丁三方同意的甩项工程除外，以下同）完工后，丙方与丁方提交竣工验收申请报告并经乙方、勘察单位、设计单位、监理单位、总承包单位及政府方等竣工验收合格；②因非丙方或丁方原因导致项目公司投资范围内的项目工程虽已完工但影响竣工验收的，则本项目在社会资本方通知甲方完工后满 60 日视为工程竣工验收合格；③工程未竣工，乙方（或甲方）使用项目工程的，则乙方（或甲方）使用项目工程之日视为实际竣工验收合格；

（3）协议或文件包括经修订、更新、补充或替代后的该协议或文件；

（4）“元”指人民币元；

（5）条款或附件：指本合同的条款或附件；

（6）“政府方”指____________区人民政府及其各职能部门、区政府授权的实施机构以及区政府授权的出资代表方；

（7）一方、各方：指本合同的一方或双方或联合体各方，并且包括经允许的替代该方的人或该方的受让人；

（8）除非本合同另有明确约定，“包括”指包括但不限于；除本合同另有明确约定，“以上”“以下”“以内”或“内”均含本数，“超过”“以外”不含本数；

（9）本合同并不限制或以其他方式影响甲方、乙方及其他政府部门行使其法定行政职权。在本合同有效期内，如果本合同项下的有关约定届时被纳入相关法律规范属于甲方、乙方或其他政府部门的行政职权，适用该

D10901

法律规定；

（10）要求在某一非工作日付款：指该付款应在该日后的第一个工作日支付；

（11）本合同中的标题不应视为对本合同的当然解释，本合同的各个组成部分都具有同样的法律效力及同等的重要性。

* 条文批注："当事人订立合同均为达到一定目的，合同的各项条款及其用语均是达到该目的的手段。因此，确定合同用语的含义乃至整个合同内容自然须适合于合同目的"（《合同法》第125条第1款）。

（二）解释原则

1. 本合同条款若出现歧义，应首先采用文义解释方法，采用文义方法时，需注意以下几点：

（1）合同正式文本优先于辅助资料。在合同订立至履行完毕过程中，合同各方可能存在多种与合同有关的交流文件，如电报、信函、合同草案、通知书等，所以解释合同原则上应以正式文本为基础，辅助资料只起证明正式文本内容的作用，一般不得以辅助资料否定正式文本的内容；

（2）补充合同及变更合同优先于原合同。补充或变更合同作为合同履行过程不可避免的修改，是合同双方依共同意愿改变原合同的重要依据；

（3）对列举事项的解释（指包括但不限于条款）除非当事人明示排除其他可能时，否则不得作为限制概括规定的理解；

（4）文义解释必须合乎当事人的缔约目的，否则，不予适用。

2. 若文义解释方法仍不能解决歧义，则应采用公平合理的方法。采用公平合理的方法需注意以下几点：

（1）解释合同时应综合所有资料予以判断，以尽可能准确地确定合同双方真意。这些情况包括：当事人之间最初接触情况、已确定的习惯性做法、订约后当事人的行为、合同性质和目的、通常所赋予合同条款或陈述的含义、交易惯例等；

（2）解释合同时应符合社会经验。社会经验是为大多数人所肯定或视为当然的事项，解释合同也必须符合社会经验，凡与社会经验不相符合的判断不能成立；

（3）解释合同时应依公平合理的要求。

第三章　项目的范围和期限

第 8 条　项目合作范围

本项目的合作范围为：____________人民政府授予 PPP 项目公司在合作期限内投资、融资、建设、运营和维护____________文化旅游特色小镇建设项目。

* 条文批注：通常合作范围是排他的，即政府在项目合作期限内不会就该 PPP 项目合同项下的全部或部分内容与其他任何一方合作。

8.1　本项目建设期为______年，建设部分含五个功能设计，包括：____________等。具体详见下表：

序号	项目	规划用地面积	建筑面积	单位
1				㎡
2				㎡
3				㎡
4				㎡
5				㎡

以上数据均为前期估算值，最终内容以政府方审计的数据为准。

8.2　本项目运营期为______年，项目公司在运营期期间对项目进行管理和维护，保证项目资产的完好，本项目运营养护内容包括：____________等。政府方于运营期开始后，每年根据运营绩效考核结果向项目公司支付运营绩效服务费，本项目中涉及商业运营的部分产生的经营收益均归政府方所有。

第 9 条　项目工作内容

9.1　甲方与乙方的工作内容（具体工作由乙方负责实施，如涉及到政府部门审批的事项，以____________政府最终批复为准）。

D10901

（1）办理项目环评、可研、规划等审批手续，协助丙方与丁方办理工程建设审批相关手续。

（2）确定项目勘察、设计、监理，并对勘察、设计工作进行管理。

（3）协调推进项目征地征拆补偿及安置工作。

（4）向项目公司提供满足开工条件的净地。

（5）负责或协调将本项目所需水、电、通信线路从施工场地外部接通至项目公司指定地点。

（6）制定项目的建设标准（包括建设内容、取费标准、验收标准），并在建设期内，根据需要或法律变更情况对已确定的工程建设标准进行修改和变更。

（7）协助项目公司取得中国法律规定的可适用于项目公司的各项减、免税和优惠政策，并协助项目公司取得政府有关部门承诺的与履行 PPP 项目合同相关的其他优惠政策。

（8）对社会资本方二次招标工作进行监督，协助社会资本方报送相关评审材料。

（9）对丙方与丁方履约情况实施监督，有权要求项目公司报告项目投融资、建设、运营养护以及移交的相关信息。

（10）当项目公司发生违约时，有权要求项目公司纠正违约，采取向项目公司收取违约金、提前终止等其他措施。

（11）组织设计、监理单位控制工程建设的规模、标准和投资，对工程设计变更和现场签证进行审核认定。

（12）合作期内，项目公司发生严重违约或紧急事件时，政府有权介入，按照调整衔接约定条款进行应急处理和临时接管。

（13）有权对项目公司的运营状况进行监督和检查，并制定运营绩效考核标准，以及制定费用的调整机制。

（14）参与工程竣工验收。

（15）配合市财政部门进行工程结算评审。

（16）组织丙方与丁方报送工程结算评审资料并进行初审。

（17）根据绩效考核情况及合同约定按期核算养护费绩效考核系数。

（18）按本合同约定向项目公司支付可用性服务费和运营绩效服务费。

（19）合作期满，配合国资等部门办理资产移交。

（20）本合同约定的其他权利与义务。

9.2 丙方与丁方负责的工作内容。

（1）若本项目需要融资（融资交割是指丙方或丁方已为项目建设融资的目的签署并向融资方提交所有融资文件，并且融资文件要求的就本项目获得资金的所有前提条件得到满足或被豁免）。在本合同草签完成后一个月内丙方与丁方应负责完成融资交割。

（2）根据 PPP 项目合同的约定，完成本项目的投融资、建设、运营维护和移交工作，并承担相关费用、责任和风险；丙方与丁方有义务确保项目资金与银行贷款及时、足额到位，相关财务费用与政府无关。

（3）丙方与丁方及项目公司因本项目融资产生的银行贷款利息的高低，由丙方与丁方自行负责，与政府无关。

（4）按照政府方的建设标准，按进度计划组织管理工程建设，并承担相关的一切费用、责任和风险，并按照适用法律和 PPP 项目合同的规定在本项目的建设期购买工程一切险和第三者责任险，运营期购买财产一切险和第三者责任险（上述保险费用计入工程造价中）。

（5）执行因政府方要求或法律变更导致的工程建设标准的变更。

（6）保障项目按工程进度计划顺利完成，确保投入资金满足工程实施的需要。

（7）接受政府方根据适用法律和 PPP 项目合同的规定对工程建设、运营养护进行的监督和检查，项目公司必须主动配合政府方做好相关监督和检查工作。

（8）在运营期内，项目公司必须遵守国家和省、市、区政府的各项法规政策，依法经营，认真履行经营管理责任。经营期内未经政府方同意，项目公司不得擅自决定中断项目设施运营维护、解散、歇业等。

（9）接受政府方依照适用法律进行临时接管和其他管制措施。

（10）未经政府方同意，不得将项目资产、特许经营权等权益转让给第三方。在特许经营期结束后，按移交要求将项目设施无偿移交给政府方，

D10901

且保证全部项目设施上均未设有任何抵押、质押等担保权益或产权约束，亦不存在任何种类和性质的索赔权。

（11）根据投标文件中的承诺，将市政基础设施建安工程总价的费率下浮____________，房建建筑工程总价费率不下浮。

（12）本合同约定的其他权利与义务。

* 条文批注：1. 对于政府方而言，明确政府为合作项目提供的主要条件或支持措施，如授予社会资本主体相关权利、提供项目配套条件及投融资支持等。涉及政府向社会资本主体授予特许经营权等特定权利的，应明确社会资本主体获得该项权利的方式和条件，是否需要缴纳费用，以及费用计算方法、支付时间、支付方式及程序等事项，并明确社会资本主体对政府授予权利的使用方式及限制性条款，如不得擅自转让、出租特许经营权等。

2. 对于社会资本 / 项目公司而言，应当明确社会资本主体应承担的主要工作，如涉及投资的，应明确投资标的物的范围；涉及工程建设的，应明确项目建设内容；涉及提供服务的，应明确服务对象及内容；涉及合作到期需要移交的，应明确移交的范围及标准等。

第 10 条　项目的合作期限

10.1　项目合作期限

本项目合作期限为______年（其中建设期______年，运营维护期为______年）。

10.2　合作期的延长

本项目的工程进度如果因下列情况受阻，上述合作期可相应顺延：

（1）不可抗力事件；

（2）因可归责于政府方的原因导致工期延误的；

（3）法律规定或其他政府部门的原因导致的延误；

（4）因预算的调整，使相应的支付能力受到影响；

（5）项目公司在经营期内履约记录良好，在符合届时适用法律规定的前提下，双方协商一致同意延期的；

（6）本合同规定的其他事项。

本项目在合作期满后，经双方协商一致认为应当延长本合同期限的，在报经区政府同意后，可以延长。

10.3　期限的结束

项目合作出现下列两种情形项目合作期限结束。（关于期限结束后的处理，请见第十八章和第十九章）

（1）项目合作期限届满。

（2）项目提前终止。

＊条文批注：1. 根据财金函〔2016〕47 号文《关于组织开展第三批政府和社会资本合作示范项目申报筛选工作的通知》规定，PPP 示范项目的合作期限原则上不低于 10 年。 同时根据《特许经营管理办法》规定，合同期限最长不超过 30 年；对于投资规模大、回报周期长的项目，可以根据项目实际情况、约定超过前期规定的特许经营期限。

2. 政府和项目公司通常会在合同谈判时商定可以延期的事由，基本的原则是：在法律允许的范围内，在项目合作期限内发生非项目公司应当承担的风险而导致项目公司损失的情形下，项目公司可以请求延长项目合作期限。常见的延期事由包括：

（1）因政府方违约导致项目公司延误履行其义务；

（2）因发生政府方应承担的风险导致项目公司延误履行其义务；

（3）经双方合意且在合同中约定的其他事由。例如项目因一般不可抗力发生延期，则项目公司有权根据该不可抗力的影响期间申请延长建设期或运营期。

第四章　前 提 条 件

第 11 条　本合同生效的前提条件

11.1　丙方与丁方提交建设期履约保函。

11.2　本合同由区政府审核同意。

第 12 条　未满足前提条件的后果

12.1　合同终止

如果上条所述任一前提条件在规定的时间内未满足，则乙方有权终止

D10901

项目合同。

由于未满足前提条件而导致合同终止，除合同中明确规定的在合同终止后仍属有效的条款外，其他权利义务将终止。

12.2 提取保函

如果丙方与丁方未能按照约定的时间和要求达成前提条件，且乙方未同意豁免该前提条件时，乙方有权提取投标保函项下的金额。

*条文批注：前提条件，是指PPP项目合同的某些条款生效所必须满足的特定条件。一般情况下，PPP项目合同条款并不会在合同签署时全部生效，其中部分条款的生效会有一定的前提条件。只有这些前提条件被满足或者被豁免的情况下，PPP项目合同的全部条款才会生效。如果某一前提条件未能满足且未被豁免，PPP项目合同的有关条款将无法生效，并有可能进一步导致合同终止，未能满足该前提条件的一方将承担合同终止的后果。

第五章 项目的融资

第13条 项目融资

13.1 项目投资结构

（1）本项目总投资暂定为______万元（仅包括建设费用，且最终总投资以经审计后的竣工结算为准），根据《国务院关于调整和完善固定资产投资项目资本金制度的通知》（国发〔2015〕51号）的要求结合项目特点，项目资本金为______元。

（2）政府授权乙方与丙方与丁方共同出资组成项目公司，其中乙方出资占项目公司股权比例为______，丙方出资占项目公司股权比例为______，丁方出资占项目公司股权比例为______。

（3）项目总投资与项目公司注册资本金之间的差额由项目公司负责。股东各方在项目公司成立（以项目公司营业执照记载的成立日为准）后应当根据公司章程将注册资本金总额注入完毕。股东缴纳注册资本金必须满足项目建设进度的需求和融资机构的要求。

＊条文批注：资本金和注册资本金一直是非常容易混淆的两个概念：

1. 根据《国务院关于固定资产投资项目试行资本金制度的通知》（国发〔1996〕35 号）的规定，资本金是指在投资项目总投资中由投资人认缴的出资额，对投资项目来说是非债务性资金，项目法人不承担这部分资金的任何利息和债务；且根据行业和项目经济效益规定了各行业资本金占总投资的最低比例。现根据最新的《国务院关于调整和完善固定资产投资项目资本金制度的通知》（国发〔2015〕51 号），各行业固定资产投资项目的最低资本金比例普遍在 20%~30% 之间。也就是说，一个固定资产投资项目总投资中至少有 20%~30% 的资金必须是由投资人认缴的非债务性资金，这部分非债务性资金就是资本金。

2. 注册资本属于《公司法》的范畴，是根据《公司法》所设立的公司（包括有限责任公司和股份公司）在其登记机关登记的认缴出资额或股本总额。

13.2　融资安排

项目公司可以为本项目融资之目的，将其在 PPP 项目协议项下的各项权益设置抵押、质押或以其他方式设置担保权益。如果项目公司不能顺利完成项目融资，则由社会资本方通过股东贷款、补充提供担保等方式解决，以确保项目公司的融资足额及时到位，且丙方与丁方及项目公司融资产生的贷款利息的高低由丙方与丁方自行负责，与政府方无关。

＊条文批注：PPP 项目中社会资本方一个重要的责任就是解决项目融资问题，确保项目资金稳定顺利实施。因此在 PPP 项目中，通常约定中标社会资本方本身具有一定的资金实力，并且要协助项目公司获得项目建设所需要的资金，在项目公司融资困难的情况下为项目融资提供担保或自行补足资金不足的部分。

13.3　资金用途

项目公司的投资和融资方的融资只能用于本项目的工程建设、养护支出和其他相关服务费支出，未经政府方批准不得进行任何方式的资金转移。

第 14 条　资金管理

14.1　乙、丙、丁三方进行建设期和使用期的资金使用和财务核算。

D10901

14.2 本合同生效日后7日内，社会资本方应在当地银行设立项目资金专户，社会资本方、__________公司按股比投入的注册资金以及项目公司融资资金全部归集在该账户统一管理，所有资金只能用于本项目建设、运营及其他服务类工作中。由区政府进行资金监管，监督项目公司对项目资金专款专用。归集在该专户的资金，未经批准不得转用，融资银行按照监管要求操作。乙方有权查看账户资金情况，丙方与丁方应予以配合。

14.3 丙方与丁方应根据本合同规定的工程进度计划按时向工程建设资金专户拨付项目建设资金，该资金不得用于与本工程无关的经济活动。

14.4 丙方与丁方对工程相关单位的工程进度款支付，须按相关工程合同的约定执行。对支付情况，乙方有权核实，对不按时支付的，乙方将从其建设履约保函中代为支付，不足之处将从购买价款中扣除，情节严重的，政府方有权终止与丙方与丁方的合作合同。

14.5 丙方与丁方应保证在建设过程中，严格按照合同约定及时支付工程费用和农民工工资，承担所建工程的维稳、信访责任，并对此内容向乙方提交承诺函。

> *条文批注：在PPP项目合同中通常仅规定首笔资金的到位时间，其余资金则根据项目建设进度的需要逐笔到位，且银行一般也是根据资本金到位的比例相应匹配融资资金。

第六章 项目用地

> *条文批注：实践中，根据PPP项目的签约主体和具体情况不同，土地使用权的取得通常有以下两种选择：
>
> （1）由政府方负责提供土地使用权，政府方以土地划拨或出让等方式向项目公司提供项目建设用地的土地使用权及相关进入场地的道路使用权，并根据项目建设需要为项目公司提供临时用地。项目的用地预审手续和土地使用权证均由政府方办理，项目公司主要予以配合。
>
> （2）由政府方协助项目公司获得土地使用权。

第 15 条　征地拆迁补偿及安置工作

15.1　项目所在地的区政府作为征拆主体，组织推进前期征拆摸底调查、测算征拆投资、办理征拆审批及负责具体征拆工作，向项目公司提供满足开工条件的净地。

15.2　由于项目征拆具有较大的不确定性，社会资本方应充分考虑此项风险，根据项目整体的征拆情况，对具备进场条件的工程及时安排资金，做好资金调度，保证工程进度；对不具备进场条件的工程，以乙方的进场通知为准，建设期相应顺延，政府不予额外补偿。

* 条文批注：在取得土地使用权或其他相关权利的过程中可能会涉及的费用包括：土地出让金、征地补偿费用 (具体可能包括土地补偿费、安置补助费、地上附着物和青苗补偿费等)、土地恢复平整费用以及临时使用土地补偿费等。

第 16 条　土地使用权

本项目的土地使用权归属于政府方，在合作期满终止时，项目公司应按照协议的约定将所有资产（含项目资料、文件及知识产权等无形资产等）移交给政府方指定的机构。

第 17 条　土地使用的限制

17.1　项目场地是丙方与丁方为本项目建设之用，未经政府方书面同意，丙方与丁方不得将项目所用土地用于本项目之外的任何目的。

17.2　如因丙方与丁方违反适用法律和 / 或本合同和 / 或其他有关法律文件的要求使用土地给国家、公共利益或第三人造成损害，丙方与丁方应当赔偿因此造成的全部损失。

* 条文批注 1：未经政府批准，项目公司不得将项目用地变更土地用途、对外转让、出租、出借、抵押及在其上设置任何他方权利，也不得将其用于该项目以外的其他用途。 除 PPP 项目合同中的限制外，项目公司的土地使用权还要受土地使用权出让合同或者土地使用权划拨批准文件的约束，并且要遵守《土地管理法》等相关法律法规的规定。

D10901

*条文批注2：根据我国《土地管理法》规定，出让国有土地使用权可以依法转让、出租、抵押和继承；划拨国有土地使用权在依法报批并补缴土地使用权出让金后，可以转让、出租、抵押。

第18条　政府方对项目场地的出入权

甲方、乙方以及政府有关部门有权：

（1）经合理通知而出入项目场地；

（2）为了解建设进度或检查丙方与丁方履行本合同项下的其他义务的目的行使此项出入权；

（3）本合同规定的其他出入的权利。

*条文批注：为了保证政府对项目的开展拥有足够的监督权，在PPP项目合同中，通常会规定政府方拥有出入项目设施场地的权利。但政府方行使上述出入权需要有一定的条件和限制，包括：

（1）仅在特定目的（双方可在PPP项目合同中就“特定目的”的具体范围予以明确约定）下才有权进入场地，例如检查建设进度、监督项目公司履行PPP项目合同项下义务等；

（2）履行双方约定的合理通知义务后才可入场；

（3）需要遵守一般的安全保卫规定，并不得影响项目的正常建设和运营。需要特别说明的是，上述条件和限制仅是对政府方合同权利的约束，政府方及其他政府部门为依法行使其行政监管职权而采取的行政措施不受上述合同条款的限制。

第七章　项目的建设

*条文批注：明确约定合作项目工程建设地点、条件、进度、质量、安全要求、期限、变更管理，实际投资认定，工程验收，工程保险及违约责任等事项。同时，在PPP项目合同中，要合理划分政府方与项目公司在建设期间的权利义务，更好地平衡双方的不同诉求，确保项目的顺利实施。

第 19 条　项目建设地点

项目建设地点位于____。

第 20 条　建设规模及项目产出

____

第 21 条　项目投资估算

本项目总投资金额约为______万元（最终以经审计后的竣工决算金额为准）。

第 22 条　项目建安费

＊条文批注：建筑安装工程费用由分部分项费用、措施项目费用、其他项目费用、规费和税金组成，参考《关于印发建筑安装工程费用项目组成的通知》（建标〔2013〕44 号）规定。

本项目 PPP 建安费采用工程量清单格式计价，工程量按政府方确定的计量方式确定。本项目 PPP 建安合同价暂定为______元人民币（大写：______）。本工程建安费用最终以区财政部门审计金额为准。

人工、材料基期价格以此部分 PPP 建安费编制期信息价计入。PPP 建安费计价规则及依据及建安费调差机制如下：

1. 工程建安费计算方法：以经认可的实际完成工程量，套用合同约定的工程计价方式、取费标准等，经建设单位、监理单位及__________政府财政部门最终审核确认的工程结算总价（含签证、变更、价差调整、核价主材等）为基数，其中市政道路按照结算总价下浮__________，其余工程不下浮。

2. 工程建安费的计价依据：

（1）因本项目属于仿古园林及市政道路工程，按照______计价，该定额中未包含的子目及本工程其他施工内容则套用__________省现行其他专业定额，套用顺序为__________。如在建设期内，__________省出台新的计价定额和计价文件，则仍按本约定执行。

（2）工程取费执行现行__________省建设工程费用定额，按工程类别的标准分别按__________，并按__________省及__________市工

D10901

程审核相关文件规定执行。税金根据________________进行计算。人工费按照____________进行调整，并执行省造价站关于人工费用的政策性调整。信息价上没有的材料按市场价调整。

（3）工程所用苗木及其他材料价格执行同期____________相应价格。为方便结算编制，双方约定：如某材料分期进场的，其所有进场月份所对应的当期造价信息中价格的加权平均值作为该材料的结算价，进场月份以材料进场验收单为依据。造价信息不含的苗木及其他材料，在采购前按市场实际价格由乙方、项目公司、监理、共同认质认价，并出具书面认价单作为工程结算依据。其中苗木费用应包含苗木材料费、运输费、损耗费、措施费、一年的养护费等。

（4）施工专项措施如施工便道、临时设施、支架、模板等，需由丙方与丁方在施工前将专项方案和专项措施费预算报经监理和建设单位审批通过后，方可实施和计价。

（5）以上（1）、（2）、（3）、（4）项标准应视为工程预算依据，最终决算应以财政审计为准。

第 23 条　PPP 建安费的确认

每月 25 日前由项目公司、乙方、监理单位、跟踪审计单位（如有）及总承包单位在项目施工现场进行当月形象进度会签，形象进度区间为上月 26 日至本月 25 日。总承包单位根据以上各方确认的月形象进度编制《工程验工月报》

以确定当月投资额（计量区间同形象进度，为上月 26 日至本月 25 日）并报送项目公司，项目公司完成审核后报送跟踪审计单位审核，无跟踪审计单位的报送乙方审核。此过程在 7 日内完成。

跟踪审计单位（如有）在收到《工程验工月报》后 7 日内完成审核，结果报送乙方。

乙方在收到验工月报后 7 日内完成工程投资额初步确认。若乙方在此期间未确认，则视为乙方确认跟踪审计单位上报送的审计结果。

乙方收到全套审计资料后 3 个月内完成初步审计。初步审计完成后，将项目结算的初步审计结果报____________财政局审计，审计结果经财政局、乙方、丙方与丁方等单位确认后作为本项目的最终审计造价。

* 条文批注：1. 根据《关于印发政府投资项目审计规定的通知》第二条：审计机关对政府投资和以政府投资为主的项目实施的审计和专项审计调查适用本规定。第五条：审计机关对政府重点投资项目以及涉及公共利益和民生的城市基础设施、保障性住房、学校、医院等工程，应当有重点地对其建设和管理情况实施跟踪审计。

2. 在 PPP 项目合同中通常会约定：本项目的总投资由审计机关根据本合同确定的原则在项目竣工验收后经审计确定。

第 24 条　建设要求

24.1　在开工日或先于开工日，政府方负责完成的其他前期工作，包括规划选址、环境影响评价及报批、立项及可研报批、设计及审查、咨询、监理等。

上述前期工作费用，计入项目公司支出并另行结算，列入政府购买服务的范围内。

* 条文批注：根据《建设工程监理范围和规模标准规定》的有关规定，总投资额在 3000 万元以上的市政工程、公用事业以及关系社会公共利益、公众安全的基础设施工程项目必须实行监理。《建设工程质量管理条例》规定“工程监理单位应当依照法律、法规以及有关技术标准、设计文件和建设工程承包合同，代表建设单位对施工质量实施监理，并对施工质量承担监理责任。”因此，在 PPP 项目中应用项目公司（建设单位）与通过招标方式选定的监理单位签订委托监理合同，监理单位对工程建设实施进行监督管理。

24.2　丙方与丁方应自行承担项目全部建设费用和相关的建设风险，按以下要求完成所有建设工程：

（1）本项目建设投资由丙方与丁方承担；

（2）项目公司应尽最大努力申请并及时获得从事建设工程所需要的政府部门的各种批准，并使其保持有效，承担所有获得上述批准所需要的费用和支出；

（3）系统动迁项目按政府方审定内容及施工图组织实施；

（4）根据下列规定实施建设工程：

a. 适用法律；

b. 政府方提供的本项目相关设计文件；

D10901

c. 本合同下对项目建设的其他所有要求。

（5）在施工过程中注意安全以保护生命、健康、财产和环境，避免安全事故；

（6）建设期内，项目公司必须自费购买和维持适用法律所要求的保险，并将乙方及丙方与丁方均列为保险单上的被保险人；

（7）在施工期间采取一切合理措施减少对公众、居民和商业的干扰和不便；

（8）丙方与丁方应及时组织竣工验收，竣工验收合格后，方可交付使用。

24.3　为了细化工程建设组织执行条款，将建设部《建设工程施工合同（示范文本）》（GF-2017-0201）中的“通用条款”列为本合同组成文件，“通用条款”中的技术、经济条款视为本合同的补充说明，意思表述以本合同为准。“通用条款”中的发包人对应本合同中的项目公司，承包人对应本合同中的施工方。

第 25 条　建设期限

25.1　本项目主要进度日期如下：

本项目开工时间：不迟于______年______月______日开工建设（实际开工时间以本项目监理工程师发出的开工令为准）；

本项目竣工验收日：自本款前述实际开工时间起算______年内。

25.2　工程进度如果因下列情况受阻，上述进度日期可相应顺延：

（1）不可抗力事件；

（2）因政府方原因导致的延期；

（3）法律规定或其他政府部门的原因导致的延误；

（4）本合同规定的其他事项。

25.3　当上述事件发生后，丙方与丁方要求延长进度日期，应在前述事件发生后 5 个工作日内向政府方提出书面报告，报告应包括以下内容：

（1）事件的种类；

（2）预计延误的日期；

（3）丙方与丁方采取的减少延误的合理措施；

（4）丙方与丁方要求延长的日期。

政府方应在收到丙方与丁方的书面报告后 15 个工作日内予以回复，逾期未提出书面意见的，视为同意丙方与丁方的延期要求。

根据上述条款建设期限得到延长的，运营期限不变，合作期限相应顺延。

25.4　丙方与丁方在建设期内应向政府方提交每月建设工程进度报告，该报告应合理、详细的说明已完成的和进行中的建设工程情况以及政府方合理要求的其他相关事项。

> *条文批注：关于建设工期，则是明确具体的工期。根据项目情况可分为总工期、各子项目工期，作为评判项目公司是否按约竣工的依据。为保证工期，通常 PPP 项目合同中会要求项目公司根据政府方的工期要求提交建设进度计划，并且定期就进度计划的实施情况进行汇报。

第 26 条　工程进度

26.1　项目开工之前，丙方与丁方应向政府方提交施工进度计划，其中关键性节点和工期目标应满足合同工期要求。

26.2　丙方与丁方应制定工期保证措施。

26.3　丙方与丁方应设专人对工程建设的实际进度进行检查，当出现进度偏差时应分析原因，适时采取有效措施以保证项目工期。

26.4　如果出现下述情况，有关进度日期的最后期限将延长或修改，但不涉及费用调整：

（1）不可抗力事件；

（2）本项目建设过程中，在建设用地范围内发现有古墓、古建筑或化石等具有考古、地质研究价值的物品；

（3）由于区政府各部门负责的征拆进度影响工期，导致建设期延长。

26.5　在本项目实施过程中，如因政府方加快工程进度需要，丙方与丁方发生的赶工费根据工程实际进度由双方协商解决。

26.6　丙方与丁方应在每月的 10 日前向政府方和监理单位提交上个月工程的进度报告。进度报告应持续至项目完工日止。

D10901

*条文批注：通常在以下情况发生时，项目公司有权要求延长工期：

（1）不可抗力事件；

（2）因甲方原因导致的延误；

（3）法律变更或其他政府部门的原因导致的延误；

（4）其他非项目公司（含施工总承包商、分包商、材料供应商等）原因导致的延误。

第 27 条　工程延误

27.1　如果丙方与丁方合理预计工程不能达到本合同所要求的进度日期，应立即通知政府方，并就延误的原因、预计的可能超出进度日期的天数和其他可合理预见的对建设工程不利的影响、已采取或建议采取的解决或减少延误及其影响的措施等内容向政府方进行合理详细的描述。

27.2　丙方与丁方发出上述通知并不能免除其在本合同中的任何义务。如果丙方与丁方提出或实施的补救措施不能解决逾期的延误，政府方可要求丙方与丁方采取政府方认为必要的其他措施以达到进度计划的要求。

*条文批注：项目公司有义务采取赶工措施并尽量避免工期延误，赶工措施费及可能发生的窝工费、机械设备闲置费计入项目总投资。若工期延误系由于项目公司原因（含施工总承包商、分包商、材料供应商等）导致，则项目公司同样有义务采取赶工措施并尽量避免工期延误，赶工措施费及可能发生的窝工费、机械设备闲置费不计入项目总投资，由项目公司自行承担。

第 28 条　项目新增改扩建需求

28.1　项目建设工程量增加

28.1.1　因前期勘察设计不足、政府方提出的设计变更、其他项目实施导致的工程量增加等非丙方与丁方施工原因造成的，可进行工程量增加申请。因丙方与丁方施工管理不足、违反操作规定、擅自决定等自身原因导致的工程量增加，实施单位不予增加工程量；

28.1.2　增加工程量由社会资本方全额追加出资，增加出资部分的社会资本投资回报按中标时的投资回报率计算，所有费用纳入工程决算；

28.1.3　增加工程量的单价按照招标中标单价确定；

28.1.4　增加工程量由施工方先行提出，再由监理报项目公司和乙方共同确认，最终按相关法律法规和地方性文件的规定执行。

28.2　项目建设工程内容增加

28.2.1　因前期勘察设计不足、实施单位提出的设计变更、其他项目实施、基于有利于工程建设的由丙方与丁方提出的设计变更等情况下工程内容增加的，可进行工程内容增加申请。因丙方与丁方施工管理不足、违反操作规定、擅自决定等自身原因导致的工程内容增加，乙方不予增加并可按照合同要求追究丙方与丁方责任或相关责任人责任；

28.2.2　增加工程内容可由项目公司、监理机构、乙方等单位提出，再按相关法律法规和地方性文件执行；

28.2.3　增加工程内容的费用由社会资本方全额出资，增加出资部分的社会资本投资回报按中标时的投资回报率计算，所有费用纳入工程决算；

28.2.4　增加工程内容的预算有单价的按原中标单价计取，无单价的按定额计取并按原中标方式下浮。

> * 条文批注：1.PPP 项目合同中可约定：政府方因规划调整、征地拆迁情况等可提出对本项目的设计、建设范围等进行变更。由于这类变更与当地规划调整、政策性要求以及征地拆迁的实际情况相关，项目公司通常必须接受这类变更，但应以相关政府部门批准为前提，且这种变更不得实质性扩大或增加 PPP 项目的合作范围。
>
> 2. 项目公司均应就变更所导致的建设范围、内容以及总投资的变化情况以书面形式提交给政府方审核，经政府方确认的变更方案项目公司方可实施。

第 29 条　工程质量

29.1　丙方与丁方应保证工程质量达到适用法律及本合同约定的设计要求；

D10901

29.2　在工程开始施工后，丙方与丁方应严格执行各项质量保证和质量控制计划。政府方有权参加或检查社会资本方以及分包商的质量控制过程及方法，以确保工程的质量要求；

29.3 丙方与丁方工程的施工、质量管理、安全管理、竣工验收等应符合相关法律和强制性标准，且应符合本合同规定的所有要求；

29.4 丙方与丁方应依法选择或确定自己具有本项目专业工程的承包资质；

29.5 丙方与丁方在开始建设工程之前，须建立一套完整的质量保证和质量控制方案交监理单位及政府方审查确认后执行；

29.6 在不影响丙方与丁方履行本合同项下义务的情况下，政府方有权在工作时间内对丙方与丁方或承包商履约情况进行检查，以保证丙方与丁方工程的任何部分均符合本合同的要求，丙方与丁方须对此项检查予以配合；

29.7 若政府方有足够的证据证明丙方与丁方建设工程或其他任何部分与本合同所规定的或其他相关部门所规定的质量或安全要求严重不符，政府方有权立即通知丙方与丁方，丙方与丁方应按照要求进行整改。若丙方与丁方在收到政府方通知后5个工作日内未进行整改，则政府方有权自己进行或委托第三方进行必要的纠正，一切风险与费用由丙方与丁方承担。在这种情况下，丙方与丁方须允许政府方或其委托的承包商为此目的而出入项目场地。若丙方与丁方拒绝政府方或其委托的第三方进入项目场地进行纠正工作，或未能按照政府方的要求偿还政府方为此而付出的费用，则政府方有权从建设履约保函项下提取相应金额。

* 条文批注：项目实施过程中，加强工程质量、运营标准的全称监督，确保公共产品和服务的质量、效率和延续性，鼓励推进第三方评估，评价结果向社会公示，作为合同调整的重要参考依据，并将此作为价费标准、财政补贴等的支付依据。

第30条 安全和文明施工管理

30.1 丙方与丁方应始终遵守相关法律法规及本合同的规定，保证施工过程的安全和文明施工。

30.2 社会资本方在工程建设期应采取一切合理措施来避免或尽量减少对周围建

筑物和居民区的干扰。

30.3　在施工期间，社会资本方应有效控制现场的气体散发、地面排水及排污。

30.4　施工现场建筑垃圾、生活垃圾应分类存放并及时清运，不能清运的应及时苫盖。

30.5　水泥和其他易飞细颗粒建筑材料应采取覆盖等措施存放。

30.6　社会资本方应采取必要的措施保证社会人员与车辆经过现场区域的交通疏解。

第 31 条　设备与材料采购

社会资本方应负责依法购置本项目建设所需要的一切临时性或永久性的设备、材料及其他物品，本项目建设所需的一切设备、材料的采购、供应、进口应当按照法律实施并符合国家规范标准、质量要求及本合同的相关约定。

第 32 条　工程造价的控制与监管

32.1　政府方负责对发生的工程设计变更、现场签证等进行审核认定，并承担相应签字认定责任。

32.2　区财政部门对项目招标、协议签署等环节进行全面造价控制。

32.3　对主体和配套等各项工程的招标控制价进行事前评审。

32.4　对系统动迁工程预算、土地和房屋征收工作包保协议条款进行财政评审。

32.5 对全部工程结算进行评审，核定项目服务费用。

第 33 条　工程变更与索赔

33.1　变更条件

（1）工程变更是指在建设过程中对合同中约定的工程进度、范围和标准的变更。

（2）政府方可以发布工程变更令的方式要求丙方与丁方进行工程变更。

（3）在建设期内，以下列条件之一为前提，丙方与丁方可以向监理机构以递交建议书的方式提出工程变更申请，并应同时提供相应的证明材料：

a. 加快工程进度；

b. 提高工程标准；

c. 节约建设投资。

D10901

d. 在建设期内，若发生法律变更需要对项目工程进行工程变更，则丙方与丁方应在得知法律变更事项后 5 个工作日内向监理机构提出工程变更申请。

33.2 变更程序

（1）变更程序应履行《建设工程施工合同（示范文本）》（GF-2017-0201）中的“通用条款”的相关规定。

（2）任何涉及工程进度、范围及标准的变更必须报监理机构和乙方同意后实施。

33.3 签证程序

签证程序必须遵循“先审批，后实施”的原则。如发生现场签证，丙方与丁方需提出申请报监理单位，经监理单位审核后报乙方，由乙方确认签字后实施。

33.4 设计优化

由丙方与丁方提出的设计优化方案且构成变更时，应得到乙方的同意后方可实施。

33.5 丙方与丁方的索赔

（1）如果丙方与丁方认为，根据本合同任何条款或与本合同相关的其他文件，丙方与丁方有权得到工期的延长或增加建设投资，就此丙方与丁方应向政府方发出通知，说明引起索赔的事件或情况。该通知应在该事件或情况发生后 28 日内发出。

（2）如果丙方与丁方未能在上述 28 日内发出索赔通知，则工期不能延长，丙方与丁方也无权获得追加付款，而政府方应免除有关该索赔的全部责任。如果丙方与丁方按期发出索赔通知，丙方与丁方还应提交所有有关该事件或情况的、合同要求的任何其他通知，以及支持索赔的详细资料。

（3）在该索赔的事件或情况发生后 42 日内，或在丙方与丁方可能建议并经政府方认可的其他期限内，丙方与丁方应政府方递交一份充分详细的索赔报告，包括索赔的依据、要求延长的时间和（或）追加的付款的全部详细资料。

（4）政府方在收到索赔报告或对过去索赔的任何进一步证明资料后 42 日内，或在政府方可能建议并经丙方与丁方认可的其他期限内，作出回应，表示批准或不批准并附具体意见。

*条文批注：在确保工程质量标准、工程安全的前提下，对在降低项目建设造价、节省项目用地、加快施工进度等方面具有显著效益的，项目公司可向政府方提出变更申请并应同时提供相应的证明材料。经政府方批准的变更方案方可实施。

第 34 条　竣工验收

34.1　项目全部完工后，按照住建部《房屋建筑工程和市政基础设施工程竣工验收规定》的要求，在政府方及行业主管部门等政府相关部门的监督下，由丙方与丁方负责组织实施竣工验收工作。行业质量监督部门对丙方与丁方组织的工程竣工验收进行监督。但下列情形并不影响本项目的竣工验收：

（1）非丙方或丁方原因，致使部分工程无法施工，其他工程已完成。

（2）甲乙丙丁四方同意部分工程甩项，甩项部分在竣工验收后继续完善、缓建或者停建。

（3）工程推进中，如遇特大拆迁障碍，且短时间无法解决，已实施工程部分具备验收条件，双方可协商甩项验收。

34.2　竣工验收合格后，区财政部门对建设投资进行评审，其中项目前期费、征拆费，区财政部门按照当地相关规定据实评审；主体工程、配套专业工程、系统动迁工程，按本合同第 22 条约定的工程定额及相应的计价规定，结合施工期工程造价信息等进行结算评审。最终投资额以区财政部门评审结果为准，据此计算政府需支付的服务费。

*条文批注：不同的建设项目适用不同的竣工验收程序。如房屋建筑和市政基础设施工程直接由建设单位组织竣工验收并备案，港口工程则需要经过交工验收、试运行、竣工验收、备案等程序。因此，PPP 项目合同通常需要根据具体的建设项目种类对交（竣）工条款进行约定。

第 35 条　建设的延迟、放弃和政府方介入

35.1　延迟

（1）若由于政府方的原因造成工程实际进度落后于经政府方认可的进

D10901

度计划时，则视为政府方工程延误，工期予以顺延。

（2）若由于丙方与丁方的原因造成工程实际进度落后于经政府方认可的进度计划时，则视为丙方与丁方工程延误。丙方与丁方应及时修订施工进度计划，并采取措施加快施工进度，以确保实际进度同工作进度计划相一致。

35.2 放弃

丙方与丁方以书面形式表示放弃本项目建设。

35.3 视为放弃

除不可抗力或政府方违约的情况外，如果丙方与丁方出现下列情况，则本项目的建设应视为已被放弃：

（1）书面通知政府方其已终止任一建设工程，且不打算重新开始施工；

（2）由于丙方与丁方原因未能在开工日期之后30天内开始项目的建设；

（3）由于丙方与丁方原因未能在任何不可抗力事件结束后30天内恢复建设工程施工；

（4）丙方与丁方出于任何其他原因在使用日前停止工程建设（含测试），直接或通过分包商撤走场地全部或大部分的工作人员。

35.4 政府方介入完成建设

（1）政府方介入的条件

丙方与丁方出现下列情况之一的，则政府方有权指定第三方取代丙方与丁方承担项目的任何必要的建设，以便实现完工。

a. 书面表示放弃项目；

b. 被视为放弃项目建设。

（2）政府方介入建设后，丙方与丁方应与政府方及其指定第三方合作，向其提供所有合理的协助，并让贷款人在其融资文件中作出具有相同效果的承诺，以确保项目的建设和完工。

（3）政府方介入项目的建设，不应被视为根据本合同受让了项目资产或承担了丙方与丁方的义务。

除本合同另有规定外，政府方及其指定第三方介入建设所产生的一切费用和风险由丙方与丁方承担。政府方有权在向丙方与丁方提供详细的费用和支出记录后，从建设履约保函项下提取该部分款项。如果丙方与丁方已采取了切实可行的措施或提供了有效担保，政府方应撤出介入项目的建设。丙方与丁方应在此时恢复承担全部责任，直至任何一方发出终止通知为止。

* 条文批注：1. 为了能够及时了解项目建设情况，确保项目能够按时开始运营并满足合同约定的全部要求，政府方往往希望对项目建设进行必要的监督和介入，但是政府方的参与必须有一定的限度，过度的干预不仅会影响项目公司正常的经营管理以及项目的建设和投运，而且还可能将本已交由项目公司承担的风险和管理角色又揽回政府身上，从而违背 PPP 项目的初衷。

2. 政府对项目建设的监督和介入权利主要包括：

（1）定期获取有关项目计划和进度报告及其他相关资料；

（2）在不影响项目正常施工的前提条件下进场检查和测试；

（3）对建设承包商的选择进行有限的监控；

（4）在特定的情形下，介入项目的建设工作。

第 36 条　建设期行业监管

建设期行业监管由政府相关职能部门（住建局、环保局、财政局、发改委、审计局、人事劳动局等）根据国家相关法律法规和地方性文件规定对本项目进行监督管理。重点监管工程施工质量、安全生产、财务状况、环境保护和劳动者权益等，对项目公司的违法违规行为有权依法作出处理或处罚，对危及公共安全和重大公共利益的，可向区政府提请终止合同建议，造成的经济损失和法律责任的由责任方承担。

第八章　项目的运营

* 条文批注：《政府和社会资本合作项目通用合同指南（2014 年版）》（以下简称通用合同指南）第八章规定“PPP 项目合同应约定运营的外部条件、运营服务标准和要求、更新改造及追加投资、服务计量、运营期保险、政府监管、运营支出及违约责任等事项”。

D10901

第 37 条　运营日

37.1　社会资本方取得竣工验收合格日的次日为运营日，本项目自此进入运营期。

37.2　自运营日起，区财政部门按照绩效合同约定及时、足额支付运维服务费。

* 条文批注：1.PPP 项目合同应明确约定运营开始日，以此作为政府方向社会资本方付费或社会资本方向使用者收费的起始日期。运营开始日应结合项目所处的行业和项目特点，并依据相关法律规定合理设置，包括：

（1）常见的运营开始日为工程竣工验收合格后的次日；

（2）对于港口、公路和航道的 PPP 项目，因其具有完工验收的环节，运营开始日则可为工程完工验收合格后的次日；

（3）对于可能造成重大或轻度环境影响的 PPP 项目，因其具有竣工环保验收的环节，运营开始日则可为环保验收合格后的次日；

（4）对于要求取得特别运营许可的 PPP 项目，运营开始日则可为取得运营许可的当日。

2. 运营期与建设期的分界导致整个 PPP 项目周期事实上被分为了两大块，与建设期相比，由于运营期与特许服务的提供直接相关、所占时间周期长。

第 38 条　运营养护内容

本项目运营养护内容主要为：各项设施的清洁、道路养护、绿化养护、建筑及各项设施的维护等。

项目公司可将本项目运营维护事项委托给政府方指定的专业机构，由该专业机构负责运营期内的运营维护工作。项目公司在收到运营绩效维护费后，根据运营绩效考核结果，支付该专业机构的运营维护费。运营风险与责任最终由项目公司承担。运营期结束，项目公司收回运营维护权并将其移交给政府或其指定机构。

* 条文批注：由社会资本方负责运营的内容也应在 PPP 项目合同中予以明确约定，而运营的内容应根据项目的性质而合理确定，由社会资本方负责运营的内容通常包括运营和维护保养。对于配置经营性资源的项目或有经营性收入的项目，运营的内容还包括经营。

第 39 条　项目运营、养护记录

丙方与丁方应确保：

39.1　对运营、养护项目的情况进行详细记录；

39.2　准许政府方在给予合理通知后于正常工作时间对其管理养护情况进行检查并查阅和复制上述记录。

第 40 条　因社会资本方原因导致无法按期开始运营的后果

如果社会资本方因自身原因没有按照合同约定的时间和要求开始运营，将可能承担如下后果：

（1）一般的后果：无法按时获得付费、运营期缩短。

（2）其他后果：

a. 提取履约保函；

b. 项目终止。

第 41 条　因不可抗力导致无法按期开始运营的后果

因不可抗力事件导致项目不能按期运营的，受到该不可抗力影响的一方或双方均可以免除违约责任，也可以根据该不可抗力的影响期间申请延迟开始运营日。

第 42 条　政府方介入项目的运营、养护

如果政府方认为社会资本方未能按照本合同的规定运营、养护项目，且社会资本方在收到政府方通知后的 30 个工作日或各方另行商定的合理期限内未能就上述情况进行补救的，则政府方有权自行或者委托第三方介入项目维养工作，费用和风险均由社会资本方承担。政府方有权在向社会资本方提供详细的费用和支出记录后，从运营维护保函项下提取该款项。

D10901

* 条文批注：对于运营标准的变更，其主要是指政府方要求的和因法律变更引起的运营标准的提高。PPP 项目合同通常会要求双方迅速协商并做出必要的调整，同时约定因运营标准变更导致运营成本和资本性支出增加的责任承担和相关补偿原则和方式、经双方协商未能就调整方案达成一致的后果。

第 43 条　运营期行业监管

运营期行业监管由政府相关的职能管理部门根据国家相关法律法规和地方性文件规定对运营情况进行监督，可做出整改、处罚、评定等决定，对有重大影响危害的可向区政府提请终止合同的建议，监督意见作为绩效考核的重要指标依据。

* 条文批注：1. 在 PPP 模式下，政府的角色由公共产品和公共服务的直接提供者转变为与社会资本的合作者和 PPP 项目的监管者。因此，PPP 项目合同通常会明确约定政府方除履行法定的行政监管职责外，还应履行对社会资本方在运营期间履约情况的监督和检查、绩效考核和中期评估等职责。

2.《国务院办公厅转发财政部发展改革委人民银行关于在公共服务领域推广政府和社会资本合作模式指导意见的通知》（国办发〔2015〕42 号）明确要求："建立事前设定绩效目标、事中进行绩效跟踪、事后进行绩效评价的全生命周期绩效管理机制，将政府付费、使用者付费与绩效评价挂钩，并将绩效评价结果作为调价的重要依据，确保实现公共利益最大化"。PPP 项目合同通常包括绩效考核协议，明确项目运营的绩效考核标准、绩效监测方案以及未达到绩效考核的后果。

第 44 条　公众监督

社会资本方方应接受用户投诉，政府主管部门接受用户对社会资本方的投诉。

* 条文批注：1. 为保障公众的知情权，接受社会监督，PPP 项目合同中通常还会明确约定项目公司依法公开披露相关信息的义务。

2. 关于信息披露和公开的范围，一般的原则是，除法律明文规定可以不予公开的信息外，其他的信息均可依据项目公司和政府方的合同约定予以公开披露。实践中，项目公司在运营期间需要公开披露的信息主要包括项目产出标准、收费价格、运营绩效等。

第九章　项目养护绩效考核

第 45 条　本项目养护采取绩效考核

社会资本方对项目设施的养护管理应符合国家相关管理规范和标准。设施行业主管部门（市区城管、建设、园林绿化、交管、水务、路灯管理等）制定相应设施管理养护标准、绩效考核打分办法（详见附件），进行日常监管考核，按季度将考核结果报送政府方。本合同中所附考核标准在项目实施过程中，行业主管部门可根据实际情况及其合理性进行适当修正及调整。

* 条文批注：在 PPP 项目中，科学完善的绩效考核制度，是政府方维护公众利益、监督社会资本方切实履行相关职责和义务的必要且有效的手段。

第 46 条　项目养护绩效服务费的计算及支付

46.1　本项目实行政府付费与项目运营维护绩效考核挂钩办法。

政府方负责根据绩效考核结果按期计算绩效考核系数，区财政部门进行核定。

46.2　本项目周期为______年，其中建设期______年，运营绩效服务费在______年运营期内支付。运营绩效服务费将根据绩效考核情况进行支付。

46.3　本项目运营绩效服务费主要包括工资福利、清洁费用、道路养护费用、绿化养护、建筑维护费用以及不可预见费用等。

46.4　运维绩效考核办法

46.4.1　项目运营期前，由各相关行业部门联合制定运营绩效考核办法，在项目的运营期内，乙方有权组织各相关行业部门对项目公司的运营维养工作进行绩效考核，并且依绩效考核结果向项目公司支付运维服务费用。

第十章　股权变更限制

* 条文批注：广义 PPP 项目股权变更的方式包括股权转让、并购、增发等等，而法定或约定的限制类型则大致分为四种：变更期限限制、变更股权比例限制、变更条件限制、变更程序限制。

D10901

第 47 条　锁定期

47.1　项目公司的股东在本项目运营满三年之前（含第三年），丙方、丁方不得转让其在项目公司中的全部或部分股权。此后，经区政府事先书面同意，丙方、丁方可以转让其在项目公司中的全部或部分股权，但受让方应满足本合同约定的技术能力、财务信用、管理养护经验等基本条件，并以书面形式明确承继丙方、丁方在本项目项下的权利及义务。

47.2　任何一方如向第三者转让其在项目公司的全部或部分股权，需另一方的书面同意，并报审批机构批准，向登记管理机构办理变更登记手续。

＊条文批注：1. 锁定期，是指限制社会资本转让其所直接或间接持有的项目公司股权的期间。通常在 PPP 项目合同中会直接规定：在一定期间内，未经政府批准，项目公司及其母公司不得发生上文定义的任何股权变更的情形。这也是股权变更限制的最主要机制。

2. 锁定期的期限需要根据项目的具体情况进行设定，常见的锁定期是自合同生效日起，至项目开始运营日后的一定期限（例如 2 年，通常至少直至项目缺陷责任期届满）。这一规定的目的是确保在社会资本履行完其全部出资义务之前不得轻易退出项目。

3. 在锁定期内，如果发生以下特殊的情形，可以允许发生股权变更：

(1) 项目贷款人为履行本项目融资项下的担保而涉及的股权结构变更；

(2) 将项目公司及其母公司的股权转让给社会资本的关联公司；

(3) 如果政府参股了项目公司，则政府转让其在项目公司股权的不受上述股权变更限制。

第 48 条　违反股权变更限制的后果

一旦发生违反股权变更限制的情形，将直接认定为丙方、丁方的违约行为，情节严重的，政府方将有权因该违约而提前终止项目合同。

第十一章 项目付费机制

*条文批注：常见的付费机制主要包括三类：

一是政府付费（Government Payment），是指政府直接付费购买公共产品和服务。在政府付费机制下，政府可以依据项目设施的可用性、产品或服务的使用量以及质量向项目公司付费。政府付费是公用设施类和公共服务类项目中较为常用的付费机制，在一些公共交通项目中也会采用这种机制。

二是使用者付费（User Charges），是指由最终消费用户直接付费购买公共产品和服务。项目公司直接从最终用户处收取费用，以回收项目的建设和运营成本并获得合理收益。高速公路、桥梁、地铁等公共交通项目以及供水、供热等公用设施项目通常可以采用使用者付费机制。

三是可行性缺口补助（Viability GapFunding，VGF），是指使用者付费不足以满足项目公司成本回收和合理回报时，由政府给予项目公司一定的经济补助，以弥补使用者付费之外的缺口部分。可行性缺口补助是在政府付费机制与使用者付费机制之外的一种折中选择。在我国实践中，可行性缺口补助的形式多种多样，包括土地划拨、投资入股、投资补助、优惠贷款、贷款贴息、放弃分红权、授予项目相关开发收益权等其中的一种或多种。

第 49 条 付费机制

本项目采用政府购买服务方式付费，政府根据项目的可用性以及运营养护服务的质量（运营绩效考核结果）进行付费。

*条文批注：绩效付费是指政府依据项目公司所提供的公共产品或服务的质量付费，通常会与可用性付费或者使用量付费搭配使用。在按绩效付费的项目中，政府与项目公司通常会明确约定项目的绩效标准，并将政府付费与项目公司的绩效表现挂钩，如果项目公司未能达到约定的绩效标准，则会扣减相应的付费。

可用性服务费与运营绩效服务费具体计算及支付方式如下：

49.1 可用性服务费

可用性服务费具体支付比例详见下表：

D10901

可用性服务费分年支付比例表

年份										
支付比例										

1. 项目总投资额以及项目建安费总金额最终以经审计后的竣工结算为准，根据招投标文件，中标时丙方与丁方承诺市政基础设施建安工程总价下浮费率为____________，房建建筑工程总价不下浮。

2. 可用性服务费：丙方与丁方为本项目建设并达到验收标准，投入的资本性支出而需获得的服务收入，主要包括建安工程费和投资回报。投资回报率按____________（中标人中标报价）计取。计算方式如下：

建安费分年支付金额 = 项目建安费总金额 × 分年支付比例

每年期末余额 = 每年期初余额 – 分年支付金额

每年期初余额 = 上一年度期末余额（第一年为建安费总金额）

每年社会资本投资回报 = 每年期初余额 × 社会资本投资回报率

分年支付可用性服务费 = 分年支付金额 + 每年社会资本投资回报

例如，建安费总金额 a1，合作期第一年支付比例为 x1，第 1 次应支付的金额为 d1=a1×x1。第 1 次社会资本投资回报为 D1=a1×y。则第一年应支付可用性服务费为 N1=d1 ＋ D1；

第 1 次支付后，期初余额为 a2=a1–d1，合作期第二年支付比例为 x2，第 2 次应支付的金额为 d2=a1×x2。第 2 次社会资本投资回报为 D2=a2×y。则第 2 次应支付购买服务费为 N2=d2 ＋ D2。

政府方出资部分应为对本项目的前期补贴，在政府第一次付费时，该部分费用应作相应抵扣。

具体分年支付的比例 x1-x10　详见表 8-2。

49.2　运营绩效服务费

本项目周期为______年，其中建设期______年，运营绩效服务费自运营期开始后在运营期______年内支付。运营绩效服务费将根据绩效考核情况进行支付，运营绩效服务费自项目公司运营期开始与政府支付项目可用性服务费同步进行。

本项目运营绩效服务费主要包括本项目的运营维护成本、税费及必要的合理回报。运营维养成本的范围包括工资福利、清洁费用、道路养护费用、绿化养护、建筑维护费用等。

49.3　政府分年付费的时间：项目合作期第______年开始计算可用性服务费支付第______年度（每年度按照 365 天计算），每一可用性服务费付费年度结束前的 30 日内，由项目公司向政府方提交付费申请报告，政府方在收到申请报告后 45 天内组织财政部门进行财审；财审结束后政府方根据项目可用性或绩效考核办法组织绩效考核，绩效考核结束后 30 日内财政局以财审确定的工程造价为基数按绩效考核结果支付分年费用（可用性服务费支付条件：工程应达到合同约定的工程建设标准、进度要求及可用性；可用性服务费的支付以竣工验收合格为前提，运营绩效考核不影响可用性服务费的支付。运营绩效服务费：按照运维期绩效考核标准支付。）

＊条文批注：设定绩效标准，政府和项目公司应当根据项目的特点和实际情况在 PPP 项目合同中明确约定适当的绩效标准。设定绩效标准时，通常需要考虑以下因素：

(1) 绩效标准是否客观，即该标准是否符合项目的实际情况和特点，是否可以测量和监控等。这是绩效付费能否有效实施的关键要素。

(2) 绩效标准是否合理，即该标准是否超出项目公司的能力范围，是否为实施本项目所必需等。这是项目融资方的核心关之一。

第 50 条　支付保障

政府方为推进项目融资、建设、运营顺利进行，可以根据项目的实际情况出具下列支付保障：

（1）区政府出具同意项目以 PPP 模式实施的会议纪要或决议文件；

（2）区政府出具对实施主体机构作为项目实施主体的授权文件；

（3）区人大出具同意将项目付费款列入中期财政规划和年度财政预算的决议文件；

（4）区财政局出具以财政资金支付的确认函。

D10901

* 条文批注：为了对项目公司形成有效约束，PPP 项目合同中通常会明确约定未达到绩效标准的后果，具体包括：

（1）扣减政府付费。PPP 项目合同中通常会根据设施或服务在整个项目中的重要程度以及未达到绩效标准的情形和影响程度分别设路相应的政府付费扣减比例。此外，实践中还有一种“递进式”的扣款机制：即对于首次未达到绩效标准的情形，仅进行警告或少量扣款，但如果该情形在某段时期内多次发生，则会逐渐增加对于该情形的扣款比例，以促使项目公司及时采取补救措施。

（2）如果长期或者多次无法达到绩效标准，或者未达到绩效标准的情形非常严重，还有可能构成严重违约从而导致合同终止。

第十二章　履 约 担 保

* 条文批注：《财政部关于印发政府和社会资本合作模式操作指南（试行）的通知》（财金〔2014〕113 号）规定履约保障边界条件是项目边界条件（项目合同的核心内容）之一，并认为“履约保障边界主要明确强制保险方案以及由投资竞争保函、建设履约保函、运营维护保函和移交维修保函组成的履约保函体系”。

第 51 条　建设期履约保函

51.1　建设履约保函的提供。社会资本方最晚应于本合同签订之日后 5 个工作日内且在投标保函退还之前，向政府方提供符合下列要求的建设履约保函，作为其履行在本合同下的建设义务和其他违约赔偿义务的担保：

符合本合同附件《建设履约保函》规定的格式或政府方同意的其他格式；

由政府方可接受的一家金融机构出具金额为______万元（建设投资额的______）的建设期履约保函。

51.2　建设履约保函的解除。建设履约保函在社会资本方提交运营维护保函之日到期，政府方应在到期日后 5 个工作日内退还建设履约保函。

* 条文批注：建设期履约保函是比较常见的一种保函，主要用于担保项目公司在建设期能够按照合同约定的标准进行建设，并且能够按时完工。该保函的有效期一般是从项目合同全部生效之日起到建设期结束。

第 52 条 恢复建设履约保函的数额

如果政府方在项目合作期内根据本合同的有关规定提取建设履约保函项下的款项，社会资本方应确保在政府方提取后的 10 个工作日内，将建设履约保函的数额恢复到本合同约定的数额，且应向政府方提供建设履约保函已足额恢复的证据。政府方提取建设履约保函的权利不影响政府方在本合同项下的其他权利，并且不应解除丙方与丁方不履行维护本项目义务而对政府方所负的任何进一步的责任和义务。

社会资本方未在前述期限内补足或恢复建设履约保函相应金额的，政府方有权发出催告，社会资本方应在 30 日内予以补足；社会资本方在前述期限内仍未补足的，则政府方有权提取建设履约保函项下的余额，并有权提前终止本合同。

如社会资本方未提交建设履约保函，则构成社会资本方违约，政府方有权终止本合同。

第 53 条 运营维护保函

社会资本方应在项目运营使用日起 5 个工作日内向政府方出具运营维护保函，其格式应为附件《运营维护保函》规定的见索即付的银行保函或为政府方接受的其他格式的银行保函，作为其履行整个使用期义务的保证。金额为人民币______万元，担保期至合作期满。

* 条文批注：运营维护期的履约保函，也称维护保函，主要用以担保项目公司在运营维护期内按照项目合同的约定履行运营维护义务。该保函的有效期通常视具体项目而定，可以一直到项目期限终止。在项目期限内，项目公司有义务保证该保函项下的金额一直保持在一个规定的金额，一旦低于该金额，项目公司应当及时将该保函恢复至该规定金额。

D10901

关注法天使

第54条 恢复运营维护保函的数额

如果政府方在项目使用期内根据本合同的有关规定提取运营维护保函项下的款项，社会资本方应确保在政府方提取后的10个工作日内，将运营维护保函的数额恢复约定的数额，且应向政府方提供运营维护保函已足额恢复的证据。政府方提取运营维护保函的权利不影响政府方在本合同项下的其他权利，并且不应解除社会资本方不履行维护本项目义务而对政府方所负的任何进一步的责任和义务。

*条文批注：对于履约保证金的数额，在项目合同中需要关注以下约定：

1. 明确被扣除的担保金额应由担保提供方及时补足恢复至规定金额。为了维持履约担保的效力，PPP项目合同中通常约定在政府方提取履约保证金以后，项目公司限期补足履约担保金额的义务，否则政府方有权从政府付费中予以扣除。

2. 根据项目自身特点，设置根据项目进度相应降低担保金额的机制。

3. 明确提取条件和退还时间、方式。首先，PPP项目合同中关于履约保证提取的约定应注意，导致履约保证规定的提取条件成就时能够保障政府方及时、便捷地进行提取。其次，当社会资本依照合同规定，履行了合同义务，履约担保期间结束后，政府方应当及时将履约保证金退还给社会资本。PPP项目合同对履约担保的退还通常设置如下前提条件：（1）所担保的履约期限届满；（2）下一阶段的履约保函提交后的一定期限内（移交维修保函除外）。实践中，若以现金形式提交履约保证金的，如需提供后续履约担保，通常在PPP项目合同中约定不需要退还而是直接转为下一阶段的履约保证金。

第十三章 政府承诺

*条文批注：所谓“政府承诺”，是指为了确保PPP项目的顺利实施，在PPP项目合同中设置地涉及政府承诺的相关内容，用以明确约定政府在PPP项目实施过程中的主要义务。PPP项目的特点和合作内容的不同，需要政府承担的义务也有可能完全不同，因此，“政府承诺”条款通常要按照项目特点进行个性化设定。在不同PPP合同中，“政府承诺”条款也并没有固定的格式，它有

可能集中规定在同一条款项下，也有可能散见于不同条款中。一般来讲，政府承诺需要同时具备以下两个前提：一是如果没有该政府承诺，会导致项目的效率降低、成本增加甚至无法实施；二是政府有能力控制和承担该义务。

第 55 条　协助获取相关土地权利

第 56 条　协助办理有关政府审批程序

第十四章　保　　险

* 条文批注：项目风险的合理分配及转移是 PPP 项目合同的主线，而 PPP 项目中购买保险并维持其效力是转移风险的重要一环。PPP 项目合作期内各方对购买并维持保险的责任分工、各方在保险中所占的角色分配、应购买的合理保险种类、保险覆盖的项目范围、保险获得的风险等问题都是与保险最终与项目风险密切相关的问题。

第 57 条　购买和维持保险的义务

社会资本方需承担购买和维持保险的义务，具体包括：

57.1　在整个合作期限内，社会资本方应按照适用法律和 PPP 项目合同的规定在本项目的建设期购买工程一切险和第三者责任险，运营期购买财产一切险和第三者责任险（上述保险费用计入工程造价中）。保险金额应达到项目设施的全部重置价值。

57.2　督促保险人或保险人的代理人在投保或续保后尽快向政府方提供保险凭证，以证明社会资本方已按合同规定取得保单并支付保费；

57.3　如果社会资本方没有购买或维持合同约定的某项保险，则政府方可以投保该项保险，并从履约保函项下扣抵其所支付的保费或要求社会资本方偿还该项保费；

57.4　向保险人或保险代理人提供完整、真实的项目可披露信息；

57.5　在任何时候不得做出或允许任何其他人作出任何可能导致保险全部或部分失效、可撤销、中止或受损害的行为；

D10901

57.6　当发生任何可能影响保险或其项下的任何权利主张的情况或事件时，社会资本方应立即书面通知政府方。

＊条文批注：1. 建设期保险费

根据《建筑安装工程费用项目组成》的规定，社会保险费（含工伤保险费）含在建筑安装工程费用中，属于建筑安装工程费用中的规费。根据《市政工程设计概算编制办法》，建设工程其他费中包括工程保险费。根据《建设工程施工合同（示范文本）》（GF-2013-0201）（以下简称施工合同示范文本）的规定，工程保险费包括建筑工程一切险、安装工程一切险及专用合同条款中约定的险种。

2. 运营期保险费的承担与项目付费机制密切相关，如为固定运营费的项目，保险费已包含在中选社会资本所投保的固定运营费中，社会资本应在测算报价时提前考虑；除此之外，双方应注意在 PPP 项目合同中约定运营期的保险费是否包括在运营成本中。

3. 通常，项目公司购买的保险合同应当覆盖 PPP 项目的整个合作期间，不得随意缩短保险期间、变更保险种类、保险范围等核心条款，投保的保险金额应根据 PPP 项目规模合理确定。当发生保险事故时，及时协助受益人进行索赔。

第 58 条　保单要求

58.1　社会资本方应当以政府方及政府方指定的机构作为被保险人进行投保；

58.2　在取消保单、不续展保单或对保单做重大修改等事项发生时提前向政府方发出书面通知。

第十五章　守法义务及法律变更

＊条文批注：由于执行、颁布、修订、法律解释、政策改变等导致项目的合法性、市场需求、收费、合同的有效性等发生变化，从而危害到项目的正常建设和运行，甚至导致项目终止或失败。

第 59 条　守法义务

丙方与丁方在实施本项目的过程中有义务遵守现行法律法规。

第 60 条　法律变更导致的后果

60.1　政府方可控的法律变更的后果。

在建设期间，如果因发生政府方可控的法律变更导致项目发生额外费用或工期延误，丙方与丁方有权向政府方索赔额外费用或要求延长工期。

在使用期间，如果因发生政府方可控的法律变更导致丙方与丁方管理养护费用增加，丙方与丁方有权向政府方索赔额外费用或申请延长项目合作期限。

60.2 政府不可控的法律变更的后果。

对于超出政府方可控范围的法律变更，如由国家或上级政府统一颁行的法律、法规、地方性文件等，应视为不可抗力，按照不可抗力的机制进行处理。

* 条文批注：法律变更分为两种：

1. 一种是项目实施机构可控的，另一种是项目实施机构不可控的，对于前者（实施机构可控的法律变更），一般来说，一旦发生，需要判断其后果，如果仅是对项目公司对项目的建设、运营产生不利影响，则应由实施机构予以补偿（可通过一般补偿或者其他补偿方式），如果对项目公司产生严重不利影响，甚至导致项目公司无法继续按照原有条件继续履行 PPP 项目合同，则可以视同发生实施机构的违约，允许项目公司提前解除 PPP 项目合同。

2. 对于实施机构不可控制的法律变更，通常有两种处理方式，一种是将其归于不可抗力事件或参照不可抗力事件处理，另一种是视为特殊事件予以特殊处理。

第十六章 不可抗力

* 条文批注：不可抗力是指不能预见、不能避免并不能克服的客观情况。不可抗力可分为几类：自然事件（天灾）、社会事件（例如全国性的罢工、瘟疫传播）、政治事件（例如战争、宣战、禁运、征收征用等）。

第 61 条 不可抗力事件

61.1 任何一方由于出现不可抗力事件使该方无法全部或部分履行其本合同项下的义务时，该方应有权中止履行本合同项下的义务。

不可抗力应包括但不限于下列事件：

（1）雷电、干旱、火灾、地震、火山爆发、山崩、滑坡、水灾、暴风雨、海啸、台风或龙卷风；

D10901

（2）流行病、饥荒或瘟疫；

（3）战争行为（无论是否宣战）、入侵、武装冲突或外敌行为、封锁或军事力量的使用、禁运、暴乱或民众骚乱、恐怖行为、军事演习或政变；

（4）不能合理预见的重大交通阻滞或停运；

（5）化学或放射性污染或核辐射。

不可抗力发生后，在项目建设或运营期内，出现不可抗力或紧急事件时，各方应当尽其所能采取应急处理措施和原则。各方应收集证明不可抗力发生及不可抗力造成损失的证据，并及时认真统计所造成的损失。合同当事人对是否属于不可抗力或其损失意见不一致的，由监理人按协商原则处理。发生争议时，按争议解决方式处理。

61.2　适用于社会资本方的例外情况

社会资本方无权将下述情况视作不可抗力事件而终止履行本合同或不完全履行本合同项下义务：

（1）社会资本方的承包商或其他与社会资本方建立合同关系的第三方在履行合同方面发生延误；

（2）项目设施的故障或正常磨损。

61.3　适用于政府方的例外情况

政府方无权将下述情况视作不可抗力事件而终止履行或不完全履行本合同项下义务：

（1）人民政府对项目设施或其任何部分实行的没收、充公或国有化；

（2）在项目使用范围内修建地铁等，导致设施无法正常使用。

* 条文批注：1. 项目合同应约定不可抗力事件的类型和范围，根据不可抗力事件对合同履行造成的影响程度，分别约定不可抗力事件的处理。

2. 对于特殊项目，应根据项目实际情况约定不可抗力事件的认定标准。

第 62 条　不可抗力事件发生期间各方权利和义务

（1）遇到不可抗力事件，使丙方与丁方履行合同义务受到阻碍时，丙方与丁方应立即通知乙方和监理人，书面说明不可抗力和受阻碍的详细情况，并提供必要的证明。

（2）不可抗力持续发生的，丙方与丁方应及时向乙方和监理人提交中间报告，说明不可抗力和履行合同受阻的情况，并于不可抗力事件结束后 14 天内提交最终报告及有关资料。

（3）不可抗力发生后，甲、乙、丙、丁四方均应采取措施尽量避免和减少损失的扩大，任何一方当事人能够采取但没有采取有效措施导致损失扩大的，应对扩大的损失承担责任。

（4）因合同一方迟延履行合同义务，在迟延履行期间遭遇不可抗力的，不免除其违约责任。

* 条文批注：项目合同应约定不可抗力事件发生后的各方权利和义务，如及时通知、积极补救等，以维护公共利益，减少损失。

第 63 条　损失承担原则

不可抗力引起的后果及造成的损失由合同当事人按照法律规定及合同约定各自承担。

不可抗力导致的人员伤亡、财产损失、费用增加和（或）工期延误等后果，由合同当事人按以下原则承担：

（1）政府方和丙方与丁方承担各自人员伤亡和财产的损失；

（2）因不可抗力影响承包人履行合同约定的义务，已经引起或者将引起的工程延误的，应当顺延工期；

（3）丙方与丁方在停工期间按照乙方要求照管、清理和修复工程的费用由各方合理分担。

第 64 条　减少损失的责任和协商

受到不可抗力影响的一方应努力减少不可抗力的影响。各方应协商采取合理的补救措施尽量减少不可抗力给各方带来的损失。

声称不可抗力的一方在不可抗力消除之后应尽快恢复履行本合同项下的义务。

D10901

* 条文批注：因不可抗力发生的损失，首先应通过保险覆盖，无法解决的，区分不同的情况，依据“风险共担”的原则由双方分担。

第 65 条　不可抗力事件的处理

当不可抗力事件阻止一方履行其义务的时间持续 90 天以上时，双方应协商决定继续履行本合同的条件或者终止本合同。如果自不可抗力发生后 180 天之内双方不能就继续履行的条件或终止本合同达成一致意见，任何一方有权给予另一方书面通知后立即终止本合同。

* 条文批注：项目合同应根据不可抗力事件对合同履行造成的影响程度，分别约定不可抗力事件的处理。造成合同部分不能履行，可协商变更或解除项目合同；造成合同履行中断，可继续履行合同并就中断期间的损失承担做出约定；造成合同履行不能，应约定解除合同。

第十七章　政府方的监督和介入

第 66 条　政府方的监督权

在项目从建设到运营使用的各个实施阶段，为了能够更好地了解项目进展、确保项目能够按照合同约定履行，政府方会按合同规定行使监督权利。政府方的监督权须在不影响项目正常实施的前提下行使。

第 67 条　政府方的介入权

除了上述的一般监督权，政府方会在特定情形下（如紧急情况发生或者丙方与丁方违约）直接介入项目实施的权利。政府方的介入权通常在发生短期严重的问题且该问题需要被快速解决而政府方在解决该问题上更有优势和便利的情形。

＊条文批注：1. 政府方对 PPP 项目融资的监管有行政监管和协议监管两种基本方式。

2.《财政部关于规范政府和社会资本合作合同管理工作的通知》（财金〔2014〕156 号）指出：“PPP 项目合同中除应规定社会资本方的绩效监测和质量控制等义务外，还应保证政府方合理的监督权和介入权，以加强对社会资本的履约管理。”

3. 政府方的介入必须有一定的限度，过度的干预不仅会影响项目公司正常的经营管理以及项目的建设和投运，而且还可能将本已交由项目公司承担的风险和管理角色又揽回到政府身上，从而违背 PPP 项目的初衷。

第十八章　违约、提前终止及终止后处理机制

政府方或社会资本方未履行本合同约定义务的，应承担相应违约责任，包括停止侵害、消除影响、支付违约金、赔偿损失以及解除项目合同等。除本合同已有规定外，各方的违约及赔偿按以下规定执行：

第 68 条　政府方违约及赔偿

68.1　服务费支付的违约

政府方未按照本合同的有关规定，向项目公司支付相应的服务费，则社会资本方有权向区财政部门发出催告，如区财政部门在催告通知收到后的 60 日内仍未能支付的，则区财政部门除应支付应付未付的服务费外，还应每日支付逾期未付金额的____________，但不可抗力和社会资本方原因造成政府方延期付款的除外。

因政府方违约导致无法实现合同目的的，社会资本方有权按照合同约定进行索赔并终止本合同。

＊条文批注：2016 年 11 月 28 日中共中央国务院发布了《关于完善产权保护制度依法保护产权的意见》（以下简称《意见》）。《意见》提出完善政府守信践诺机制，认真履行在招商引资、政府与社会资本合作等活动中与投资主体依法签订的各类合同，不得以政府换届、领导人员更替等理由违约毁约，因违约毁约侵犯合法权益的，要承担法律和经济责任。

D10901

第 69 条　社会资本方违约及赔偿

社会资本方的违约事项及违约责任包括但不限于以下内容：

69.1　延迟开工、竣工

（1）社会资本方因自身原因，在建立下达开工令之日后未开工的；

（2）社会资本方因自身原因，未在合同约定竣工验收日前完工的。

上述期限每逾期一日，社会资本方应向政府方支付______元的违约赔偿金，延期期间建设期利息社会资本方自行承担，如因社会资本方原因拖期超过 30 日，则政府方有权提出提前终止合同，但不可抗力和政府方原因造成的延迟除外。

69.2　社会资本方擅自停工

社会资本方施工过程中因自身原因停工达 45 天及以上，并经政府方协调无果的。

违约处罚：政府方有权解除合同并提取丙方与丁方建设履约保函，丙方与丁方无条件退场。对已完成部分的合格工程，政府方待整个工程竣工验收完成后，按经审计的丙方与丁方已完成部分的合格工程价款，扣除政府方因此遭受的损失后结算，政府方不再承担任何的融资成本和投资回报的支付责任，不合格工程不支付任何费用，由此造成的损失由丙方与丁方承担。

后续处理：政府方可指定合格机构实施临时接管。

69.3　绩效考核分数低于 60 分

政府方除有权根据约定运营管理绩效考核分数支付相应的服务费外，如社会资本方在运营期内绩效考核分数低于 60 分，且未在政府方规定的时间内改正或改正的效果未能达到本合同约定的标准的，则政府方有权自行或者委托第三方介入项目管理运营工作，并提取运营维护保函项下的相应金额。

69.4　丙方与丁方未能根据规定提交履约保函或未能补充履约保函金额并保持有效。

69.5　未经政府批准，丙方与丁方私自出租、转让、抵押或质押本项目的设施。

因社会资本方违约导致无法实现合同目的的，丙方与丁方有权按照合同约定进行索赔并终止本合同。

*条文批注：1. 在发生自然不可抗力的情况下，一般采取政府方和社会资本方共同分摊风险。

2. 根据《政府和社会资本合作项目财政管理暂行办法》（财金〔2016〕92 号）第 26 条规定："社会资本方违反 PPP 项目合同约定，导致项目运行状况恶化，危及国家安全和重大公共利益，或严重影响公共产品和服务持续稳定供给的，本级人民政府有权指定项目实施机构或其他机构临时接管项目，直至项目恢复正常经营或提前终止。临时接管项目所产生的一切费用，根据合作协议约定，由违约方单独承担或由各责任方分担。"

第 70 条　应急预案和临时接管预案

70.1　应急预案

项目公司应针对自然灾害、重特大事故、环境公害及人为破坏等各类可能发生的事故和所有危险源制定应急预案和现场处置方案，明确事前、事中、事后的各个过程中相关部门和有关人员的职责。项目公司制定的应急预案应征求政府方的意见并报经政府同意后实施。

70.2　临时接管

自项目协议生效后，项目公司在经营期内有适用法律规定的导致临时接管情形的，政府方有权依法终止项目协议，取消其经营权。

临时接管期间，项目公司须无条件服从政府方或其指定机构接收或接管本项目的所有指令、命令，项目公司应当在政府方接管前善意履行看守职责，并继续履行项目协议项下的义务。

70.3　合同变更

出现以下情形时，合同各方可以协商对项目协议进行修订：

（1）适用法律的变化，影响任一方主要权利义务的；

（2）国家、行业及地方有关道路建设、维养方面的标准提高；

（3）因不可抗力或非因合同任一方的原因，导致合同部分条款无法履行；

（4）一方当事人丧失履约能力；

D10901

（5）因情况发生变化，当事人双方协商一致同意。

第 71 条　不减免和影响的事项

违约方对违约责任的承担并不能减免其在本合同下的其他任何义务。

各方获得上述违约赔偿的权利不影响其在本合同项下的终止权。

第 72 条　减轻损失的措施

由于另一方违约而遭受损失或可能会遭受损失的一方应采取合理措施防止损失扩大或减少损失。如果一方未能采取此类措施，违约方可以请求从赔偿金额中扣除应能减少的损失金额。受损害的一方应有权从另一方获得因试图减轻和减少损失而发生的任何费用。

第 73 条　部分由于受损害方造成的损失

如果损失部分是由于受损害方的作为或不作为造成的，或部分损失应由受损害方承担的，赔偿的数额中应扣除该部分损失。

* 条文批注：1.《合同法》第 113 条规定，当事人一方不履行合同义务或者履行合同义务不符合约定的，给对方造成损失的，损失赔偿应当相当于因违约所造成的损失，包括合同履行后可获得利益，但不得超过违反合同一方订立合同时预见到或者应当预见到的因违反合同可能造成的损失。

2.《合同法》第 119 条规定，当事人一方违约后，对方应当采取适当措施防止损失的扩大；没有采取适当措施致使损失扩大的，不得就扩大的损失要求赔偿。当事人因防止损失扩大而支出的合理费用，由违约方承担。

3.《合同法》第 120 条规定，当事人双方都违反合同的，应当各自承担相应的责任。

第 74 条　政府方发出的终止

下述任一事件发生时，政府方有权立即发出终止意向通知：

74.1　丙方与丁方未能根据本合同约定提交建设履约保函或运营维护保函并保持其有效的；

74.2　丙方或丁方出现本合同约定的放弃建设或视为放弃建设情形的，或者因丙方或丁方出现约定的导致提前终止情形的；

74.3　丙方或丁方被依法吊销营业执照、责令停业、清算或破产；

74.4　贷款人开始行使其担保协议项下的担保权利并可能造成项目无法正常使用；

74.5　除报经政府方同意的计划内维修外，未经政府方事先书面同意，社会资本方擅自停止对项目全部或部分设施的管理养护（如属紧急情况的除外，但应在发生的同时口头告知政府方，并应在发生后 1 天内书面报告政府方）；

74.6　在项目使用期内，社会资本方季度考核分数连续三次或累计五次低于 50 分；

74.7　未经政府方同意，社会资本方擅自出租、质押、转让项目产权或擅自进行股权转让的等。

＊条文批注：1. 上述事件发生时，政府方在项目期限内可主张终止 PPP 项目合同。

2. 由于 PPP 项目涉及公共产品或服务供给，关系社会公共利益，因此政府方享有在特定情形下（如 PPP 项目所提供的公共产品或服务已经不合适或者不再需要，或者可能影响公共安全和公共利益）单方面决定终止项目的权利。但在 PPP 项目实践中，政府方的此项权利应当予以明确限定，以免被政府方滥用，打击社会资本方参与 PPP 项目的积极性。

3. 对于政府基于行政优益权享有的单方解除权，社会资本方可以对合同解除提出异议，采取合理措施，保障自身合法权益。根据《合同法》第 96 条的规定，若社会投资人对政府方合同解除行为有异议，可以请求人民法院或者仲裁机构确认解除合同的效力。

第 75 条　丙方与丁方发出的终止

下述任一事件发生时，社会资本方有权立即发出终止意向通知：

区财政部门无正当理由在逾期 6 个月（自应付日起算）后仍未支付服务费。

＊条文批注：发生政府方违约，政府方在一定期限内未能补救的，PPP 项目合同相对方（社会资本方或项目公司）可根据合同约定主张终止 PPP 项目合同。

第 76 条　法律变更或政府行为

如果在本合同生效后，因法律变更及政府行为导致丙方与丁方部分或

D10901

全部不能履行本合同项下主要义务，而这种变化和影响又不以政府方的意志为转移，政府方与丙方与丁方应尽力就继续履行本合同进行协商，若不能达成一致，则一方可向另一方发出终止意向通知。

第 77 条　协商一致终止

在合作期内，由各方协商一致可提前终止本合同，此种情形下的终止及对应终止补偿金的计算问题等，由各方届时协商一致。

*条文批注：《政府和社会资本合作项目通用合同指南》第 65 条“合同解除的事由”规定：“项目合同应约定各种可能导致合同解除的事由，包括：（1）发生不可抗力事件，导致合同履行不能或各方不能就合同变更达成一致。（2）发生法律变更，各方不能就合同变更达成一致。（3）合同一方严重违约，导致合同目的无法实现。（4）社会资本主体破产清算或类似情形。（5）合同各方协商一致。（6）法律规定或合同各方约定的其他事由。”

第 78 条　终止意向通知和终止通知

78.1　终止意向通知

按照上述终止事由发出的任何终止意向通知均应同时向贷款人发出一份复印件。在终止意向通知发出之后，双方应在 30 天内协商避免本合同终止的措施。

如果社会资本方和政府方就将要采取的措施达成一致意见，或者社会资本方或政府方（视情况而定）在相应的协商期或双方可能同意的更长的时间内纠正了违约事件，终止意向通知即自动失效。

78.2　终止通知

在协商期届满之时，如果出现下列情形之一，则有意终止合同的一方可以向另一方和贷款人就此发出终止通知，本合同在终止通知送达对方之日终止。

（1）双方未达成一致；

（2）导致发出终止意向通知的违约事件未得到纠正。

第 79 条　项目终止后政府方的权利

79.1　对设施的管理养护权利

（1）在项目合作期内，如果丙方或丁方发生上条所述的终止事件，政府方发出终止意向通知之后，政府方或其指定机构有权，但在任何情况下无义务替代丙方与丁方接管项目设施的管理养护，以使项目设施继续使用或完成任何必要的修理以保证项目设施继续使用。丙方与丁方保证与政府方或其指定机构合作，并应让贷款人在融资文件中作出具有同样内容的承诺。

（2）任何情况下，政府方选择管理养护项目设施不应被视为所有权的转让或承担丙方与丁方作为项目设施所有权人的义务。

（3）在政府方或其指定机构管理项目设施期间，丙方与丁方无义务支付在政府方及其指定机构接管项目设施以后发生的管理养护费用。区财政部门无义务向丙方与丁方支付任何服务费，直至丙方与丁方按照本合同接替或承担项目设施的管理养护。

（4）政府方应有权在任何时候退出项目设施的管理养护，在此情况下丙方与丁方应全面负责项目设施管理养护，直到任何一方发出终止通知。

第 80 条　终止的后果

本合同终止后，双方在本合同项下不再有进一步的义务，但到期应付的款项除外；本合同的终止不影响本合同中争议解决条款和任何在本合同终止后仍然有效的其他条款的效力。

* 条文批注：1. 发生合同提前终止，项目公司需要进行项目设施移交，政府方要根据事先约定的金额，向项目公司支付提前终止补偿金额。

2. 需要注意，从提前终止事件发生到合同实际提前终止（一般以合同约定的“终止日”为准），往往还有一段时间（如双方对提前终止事件的发生进行通知，对争议进行协商，对提前终止补偿金额进行计算等），截至提前终止日，PPP 项目合同依然是有效的，双方仍应履行合同项下的义务。

D10901

3. 即使是在终止日之后，PPP 项目合同已经终止，双方仅是不负有继续履行合同的义务，对于终止日之前，由于双方的履约行为已经实际产生的合同义务，仍应该继续履行（如按照约定支付服务费）。此外，由于提前终止后将伴随着资产的清点、移交等，因此，项目公司在项目设施移交完毕之前，应尽到“谨慎管理人”的义务，合理的对项目设施进行照管。

4. 即使发生 PPP 项目合同的提前终止，并不意味着全部合同条款的终止，在 PPP 项目合同中约定的一些通用条款，例如争议解决程序、适用法、合同文件的组成和效力等，均应继续保持有效。

第十九章　项 目 移 交

第 81 条　一般要求

81.1　项目合作期满，丙方与丁方应按照合同约定将项目设施（含为项目设施正常使用所必须的各类项目设施、设备、土地使用权、各信息系统、维护手册在用的各类管理章程和运营手册以及生产及维护档案、技术档案、文秘档案、图书资料、设计图纸、文件等使本项目建筑设施能平稳正常的继续运营的资料或文件）无偿移交给政府方或其指定机构。

81.2　丙方与丁方应确保移交的项目设施不存在任何抵押、质押等担保权益或所有权约束，亦不得存在任何种类和性质的索赔权。

81.3　区政府成立由国资、财政、建设、行业管理部门及丙方与丁方等组成的移交委员会，办理资产移交，将项目设施及内业资料移交给相关行业主管部门接收管理。

81.4 项目公司在未正式完成交接前，应善意履行看守职责，保障正常生产和服务。

* 条文批注：1. 移交的范围通常包括：项目设施；项目土地使用权及项目用地相关的其他权利；与项目设施相关的设备、机器、装備、零部件、备品备件以及其他动产；项目实施相关人员；运营维护项目设施所要求的技术和技术信息；与项目设施有关的手册、图纸、文件和资料（书面文件和电子文档）；移交项目所需的其他文件。

2. 项目移交通常是指在项目合作期限结束或者项目合同提前终止后，项目公司将全部项目设施及相关权益以合同约定的条件和程序移交给政府或者政府指定的其他机构。PPP 项目特许经营期满后，项目公司便需要将项目的经营权（或所有权与经营权同时）向政府移交。项目移交的过程主要分为移交准备、项目资产评估、项目性能和功能测试、资产交割、项目绩效评价五个阶段。

3. 项目移交的基本原则是，项目公司必须确保项目符合政府回收项目的基本要求。项目合作期限届满或项目合同提前终止后，政府需要对项目进行重新采购或自行运营的，项目公司必须尽可能减少移交对公共产品或服务供给的影响，确保项目持续运营。

第 82 条　移交标准

丙方与丁方应确保最后一次养护绩效考核指标达到正常使用移交标准。

1. 在移交日之前不早于 12 个月，项目公司对本项目建构筑物进行恢复性大修，此大修必须在移交日前的 2 个月完成。

2. 通过恢复性大修，项目公司确保本项目建构筑物不存在重大破损。

如发现存在缺陷的，未能达到移交标准的，则丙方与丁方应及时修复。如丙方与丁方拒不修复，则扣除当季全部服务费用及提取运营维护保函保函所有费用。如任一方对是否达到移交标准有异议的，则由移交委员会聘请第三方机构进行评定。如果评定结果达到移交标准，聘请费用由政府方承担；如果评定结果未达到移交标准，则聘请费用由丙方与丁方承担。

* 条文批注：1. 权利方面的条件和标准：项目设施、土地及所涉及的任何资产不存在权利瑕疵，其上未设路任何担保及其他第三人的权利。但在提前终止导致移交的情形下，如移交时尚有未清偿的项目贷款，就该未清偿贷款所设路的担保除外。

2. 技术方面的条件和标准：项目设施应符合双方约定的技术、安全和环保标准，并处于良好的运营状况。在一些 PPP 项目合同中，会对“良好运营状况”的标准做进一步明确，例如在不再维修情况下，项目可以正常运营3年等。

D10901

3. 在 PPP 项目公司移交项目的价值评估工作中，由于所涉及的基础设施建设项目的规模较大、专业性较强，因此应按最初协议的规定由项目公司或所在国政府出面聘用、双方均认同的第三方完成所移交项目的价值评估工作。

第 83 条　移交委员会

合作期届满 12 个月前，区政府成立由国资、财政、建设、行业管理部门及丙方与丁方等组成的移交委员会。移交委员会应定期会谈，必要时经双方同意可随时会谈，以便于商定项目设施移交的详尽程序及将移交的设施、物品和备品备件的详细清单等。

在会谈中，丙方与丁方应提交负责移交的代表名单，政府方应告知丙方与丁方其负责接收移交的代表名单。移交委员会应在移交之前的第 3 个月开会以准备移交仪式。

* 条文批注：移交工作委员将在移交期间主要行使下列职权：

1. 清理项目公司全部财产、编制设施设备固定和流动资产的清单，制定移交方案和计划。

2. 公告未知债权人并书面通知已知债权人。

3. 制定各类设施、设备的技术资料清单。

第 84 条　移交程序

84.1　移交委员会应在移交日期 12 个月前会谈并商定移交项目资产清单（包括备品备件的详细清单）和移交程序。

84.2　丙方与丁方应提供移交必要的文件、记录、报告等数据，作为移交时双方的参考。

84.3　除本合同另有规定外，各方在完成项目资产移交程序前，均应继续履行其本合同项下的义务。

第 85 条　移交保证

在移交日期，丙方与丁方应保证本项目处于良好的使用状况，得到良好管理养护。

第 86 条　保险的转让

在移交时，丙方与丁方应将所有保险单、暂保单和保险单批单转让给接收人。接收人应支付或退还上述移交之后保险期间的保险费。

> ＊条文批注：保险的转让，是指投保人或被保险人将保险合同中的权利和义务转让给他人的法律行为。其实质是合同主体的变更，将丙、丁方合同主体变更为接收人，保险合同的转让通常是由保险标的所有权的转移或出售所引起。

第 87 条　技术转让

丙方与丁方应在移交日期将届时使用的管理养护本项目所必须的丙方与丁方享有所有权的所有技术和技术诀窍，无偿移交给指定的接收人，并确保指定的接收人不因此遭受损失。

> ＊条文批注：1. 在一些对于项目实施专业性要求较高的 PPP 项目中，可能需要使用第三方的技术（包括通过技术转让或技术许可的方式从第三方取得的技术）。在此情况下，政府需要确保在项目移交之后不会因为继续使用这些技术而被任何第三方进行侵权索赔。
>
> 2. 若这些技术的使用权在移交日前已期满，项目公司有义务协助政府取得这些技术的使用权。

第 88 条　配套合同期限及相关事项

丙方与丁方在与第三方签订委托管理合同、设备合同及其他合同时，应努力使得该等合同的有效期届满日不超过本项目合作期限届满日。

如在移交日前，丙方与丁方需签订委托管理合同、设备合同及其他合同的，且该等合同在本项目合作期届满后仍为有效的，则丙方与丁方应在该等合同签订前报经政府方同意。未经政府方同意的，由丙方与丁方承担相应责任。

第 89 条　移走丙方与丁方相关的物品

除非双方另有协议，丙方与丁方应于移交日期之后 60 天内，自费移走仅限于丙方与丁方员工的个人用品以及与本项目运营管理无关的物品，不

D10901

包括移交清单所列的项目设备、备品备件、技术资料或者项目设施营运和维护的必需物品。如果丙方与丁方在上述时间内没有移走这些物品，政府方在通知丙方与丁方之后，可以移走并将物品转运至适当的地点以便安全保管。丙方与丁方应承担搬移、运输和保管的合理费用和风险。

第 90 条　风险转移

丙方与丁方应承担移交日期前项目设施的全部或部分损失或损坏的风险，除非损失或损坏是由政府方的违约或不可抗力所致。

＊条文批注：《合同法》第 142 条规定："标的物毁损、灭失的风险，在标的物交付之前由出卖人承担，交付之后由买受人承担，但法律另有规定或者当事人另有约定的除外"。

第 91 条　本合同移交后的效力

自移交日期开始，丙方与丁方在本合同项下的权利和义务即应终止，本合同另有规定的除外，并且双方于移交日之前发生及未付的债务除外。

第 92 条　移交行业监管

移交清算期，行业监管由移交清算小组和各行业职能主管部门按规定共同进行监管，直至移交清算结束，项目公司解散为止。

项目实施机构配合职能部门开展行业监管工作并可依据行业部门的处理或处罚意见，执行项目合同约定的条款。

＊条文批注：项目实施机构或政府指定的其他机构应组建项目移交清算小组，制定资产评估和性能测试方案。项目移交工作组应委托具有相关资质的资产评估机构，按照项目合同约定的评估方式，对移交资产进行资产评估，作为确定补偿金额的依据。

第二十章　适用法律及争议解决

第 93 条　适用法律

本合同适用中国法律。

* 条文批注：1. 本合同的订立、效力、解释、履行、争议的解决均适用于中华人民共和国法律。

2.PPP 项目属于基础设施和公共服务领域，涉及社会公共利益，同时法律的选择上坚持属地原则。

第 94 条　争议解决

94.1　协商

因解释或履行本合同过程中产生的任何争议由甲、乙、丙三方进行协商解决。

94.2　争议解决

若协商不成，将通过____________仲裁委员会仲裁解决。仲裁裁决为终局裁决，对各方均有约束力。

94.3　争议解决期间的继续履行

在争议提交解决期间，各方应继续履行其在本合同项下的各项义务并继续享有其在本合同项下的所有权利，而不影响以后根据上述裁决进行最终调整。

* 条文批注：1. 项目合同应当约定争议期间的合同履行，除法律规定或另有约定外，任何一方不得以发生争议为由，停止项目运营服务、停止项目运营支持服务或采取其他影响公共利益的措施。

2.《政府和社会资本合作模式操作指南（试行）》（财金〔2014〕113 号文）中规定：在项目实施过程中，按照项目合同约定，项目实施机构、社会资本或项目公司可就发生争议且无法协商达成一致的事项，依法申请仲裁或提起民事诉讼；《政府和社会资本合作项目政府采购管理办法》（财库〔2014〕215 号文）第 22 条规定：项目实施机构和中标、成交社会资本在 PPP 项目合同履行中发生争议且无法协商一致的，可以依法申请仲裁或者提起民事诉讼；发改委发布的《政府和社会资本合作项目通用合同指南》也规定：

D10901

协商或调解不能解决的争议，合同各方可约定采用仲裁或诉讼方式解决。

3. 政府在签订 PPP 项目合同过程中，应考虑到法律、法规以及合同范本间关系，不能拘泥于合同范本，在争议解决条款中，应选择公平、更有利于保护双方合法利益的解决方式，尽量避免选择无效的解决方式。

（以下无正文）。

* 条文批注：目的是维护合同的完整性，防止伪造合同内容或在合同空白页上单方面添加其他条款，避免争议的产生。

甲方：____________人民政府（盖章）

法定代表人（签字）：____

乙方：____________有限公司（盖章）

法定代表人（签字）：____

丙方：____________有限公司（盖章）

法定代表人（签字）：____

丁方：____________有限公司（盖章）

法定代表人（签字）：____

* 条文批注：1. 注意盖章应当与订立合同的主体相符，分公司可以以自己名义订立合同，但是公司的内设机构则不尽然。

2. 签字人单位的法定代表人、负责人，或经授权的部门机构的负责人、代理人。对于后者，建议由签字人出具法人书面授权书。

3. 根据我国《合同法》第 32 条规定，当事人采用合同书形式订立合同的，自双方当事人签字或者盖章时合同成立。

第十三章　医疗设施建设PPP项目

使用场景：

国务院印发的《关于进一步激发社会领域投资活力的意见》（国办发〔2017〕21号）明确提出：引导社会资本以政府和社会资本合作（PPP）模式参与医疗机构、养老服务机构、教育机构、文化设施、体育设施建设运营，开展PPP项目示范。鼓励社会力量进入医疗领域，也早已是政府明确的政策导向。目前PPP在医疗行业的应用，逐渐步入主流，医改政策也在继续鼓励这种极具挑战性的改革方式。而社会资本，尤其是实力雄厚的医疗集团，在这一领域展现出了足够的毅力和持续的热情。虽然这些探索在全国医疗卫生的庞大领域内仍显零星琐碎，但在整个医院制度改革领域，却正逐渐汇聚成一种强劲的发展新趋势。

本项目合同适用于政府和社会资本合作即采用PPP模式建设医疗卫生类项目的情形。其主要内容包括以下核心条款：总则；合同主体；合作关系；项目的范围和期限；投资计划及融资方案；项目前期工作；工程建设；运营和服务；社会资本主体移交项目；收入和回报；不可抗力和法律变更；合同解除；违约处理；争议解决等。除上述核心条款外，通常还会包括其他一般合同中的常见条款，例如著作权和知识产权、声明与保证、通知、合同可分割、合同修订等。

下面，以《____________市中医院迁扩建PPP项目合同》为例，对合同中的关键条款，根据现有的法律法规及政策的规定，结合实践中积累的经验进行解读，供读者审阅参考。

法律要点：

1.PPP项目建设工程是否一定需要招投标？设备是否政府采购？

根据《招标投标法实施条例》第9条规定，如果已通过招标方式选定的特许经营项目投资人依法能够自行建设、生产或提供的，可以不进行招标。按照本规定，如果特许经营项目投资人是通过招标方式选定的，且其具备相应的施工总承包资质，且能够提供相应的工程、设备或服务的，可以不进行招标，而是由项目公司和投资人直接签署工程建设合同、设备采购合同等。

如果不满足上述条件的，则根据《工程建设项目招标范围和规模标准

D10902

规定》及各地方规定，关系公共利益及公众安全的基础设施及公用事业的PPP项目，达到招标线的，需通过招标方式选择工程承包单位及设备供应商。如果达到招标线，拟采取非招标方式进行采购的，则需遵照《政府采购非招标采购方式管理办法》（财政部令第74号）的规定，并履行相应的审批流程，方为合法合规。

2.PPP项目土地是否需要招拍挂？

根据《中华人民共和国土地管理法》第54条，"建设单位使用国有土地，应当以出让等有偿使用方式取得；但是，下列建设用地，经县级以上人民政府依法批准，可以以划拨方式取得；（二）城市基础设施用地和公益事业用地；……"实际操作中，如果符合《划拨用地目录》的，则经建设单位提出申请，经有批准权的人民政府批准，可以划拨方式提供土地使用权。如果是经营性用地，则根据《物权法》及《招标拍卖挂牌出让国有土地使用权规定》的规定，必须以招标、拍卖或者挂牌方式出让；如采取协议出让的，则需符合《协议出让国有土地使用权规定》。关于公益事业用地，亦区分是营利性和非营利性，如营利性医院则不属于划拨用地目录范围，需要通过出让方式获取。

文本正文：http://www.fatianshi.cn/D10902

＿＿＿＿＿＿市中医院迁扩建PPP项目
合　同　书

＿＿＿＿＿＿市卫生和计划生育委员会

日期：＿＿＿年＿＿＿月＿＿＿日

目　　录

第 4 条　合同生效条件
第 5 条　合同构成及优先次序

第二章　合同主体

第 6 条　政府主体
第 7 条　社会资本主体
第 8 条　主体权利和义务
第 9 条　项目公司组建

第三章　合作关系

第 10 条　合作内容
第 11 条　合作期限
第 12 条　排他性约定

第四章　投资计划及融资方案

第 13 条　项目总投资
第 14 条　投资控制责任
第 15 条　融资方案
第 16 条　政府提供的其他投融资支持
第 17 条　投融资监管

第五章　项目前期工作

第 18 条　前期工作内容及要求
第 19 条　前期工作任务分担
第 20 条　前期工作费用
第 21 条　政府提供的前期工作支持

第六章　工程建设

第 22 条　进度、质量、安全及管理要求
第 23 条　建设期的审查和审批事项
第 24 条　工程变更管理
第 25 条　工程总投资的认定
第 26 条　征地、拆迁和安置
第 27 条　项目验收
第 28 条　工程建设保险

D10902

D10902

第一章　总　　则

＊条文批注：1. 总则部分应具体包括合同相关术语的定义和解释、合同签订的背景和目的、声明和保证、合同生效条件、合同体系构成等。

2. 作为经过国外医院领域和国内市政公用事业领域实践检验的富有成效的一种公私合作方式，PPP 为政府和社会资本合作办医提供了良好的契机。对于地方政府而言，公立医院大多存在医疗设备陈旧，医疗环境欠佳，医院以药养医，医疗收入入不敷出等问题，迫切需要通过设备更新、迁址别建、改善管理运作等方式提升地方医疗服务水平，因而对社会资本参与公立医院服务有强烈的需求。对于社会资本而言，医院和医疗服务属于垄断资源，社会资本原本无法渗透。然而随着老龄化社会问题日益显著，健康问题将越发成为社会大众关注的焦点，收入的增加以及生活质量的提高使得越来越多的的人愿意、也有能力花更多的钱在自己的身体健康上。由于公立医院的公益性质、税收优惠、良好的品牌效应，社会资本看好医院、尤其是公立医院的发展前景，也非常希望参与到公立医院的投资运营中。

本 PPP 项目合同（以下简称本合同），由下列各方于__________省__________市签署：

甲方：___________市卫生和计划生育委员会（实施机构）

乙方：___________（社会资本方）

为实施___________市中医院迁扩建 PPP 项目（以下简称本项目），经依法公开招投标，乙方作为中选社会资本，投资建设并特许经营本项目。乙方与___________市人民政府指定的政府出资人代表依法并依照招投标文件所规定的条件，共同组建项目公司。项目公司负责该项目的投资、建设及运营管理。项目公司成立前由乙方与甲方签订本合同并按照本合同履行权利义务。项目公司成立后由项目公司与甲方签订本合同并承继本合同项下乙方的权利义务。本合同各方同意项目公司概括受让本合同项下乙方的权利义务。项目公司概括受让本合同并不必然豁免社会资本方投标所承诺的相关条件、义务和责任。

＊条文批注：在合同主体的确定上，有以下问题需要关注。

一是 PPP 项目的政府支付义务应当纳入预算，以确保政府支付责任的落实，保护项目公司的权益。因此，社会资本应与相应的市、县、区政府签订合同，以避免出现政府支付义务由于无同级人大通过、支付责任落空的被动局面。

二是某些项目可能需要多个部门的批准，此时需要考虑相应的部门是否应作为项目的实施方，合同主体的政府方如果有多个政府部门作为主体，则各主体均需要获取当地政府的明确授权。

为明确各方的权利义务，遵循平等、自愿、公平和诚实信用的原则，各方达成约定如下：

第 1 条　协议背景和目的

依照《中华人民共和国合同法》、《中华人民共和国招标投标法》、《中华人民共和国政府采购法》以及国家颁布的政府和社会资本合作模式（PPP）的相关法律、法规、规章、规范性文件，____________市人民政府决定以 PPP 模式实施____________市中医院迁扩建 PPP 项目（以下简称本项目），为此____________市人民政府授权____________市卫生和计划生育委员会作为本项目实施机构。

甲方代表____________市人民政府与本项目中选社会资本方进行协议谈判、签署特许经营协议，行使约定的权利、履行约定的义务，负责工程建设及运营期间的指导、监督、管理和相关协调工作。

甲方作为本项目实施机构通过公开程序选择乙方为本项目社会资本方，在本合同签署后乙方与____________市经济技术开发区建设投资公司共同出资成立项目公司，项目公司在特许运营期内负责本项目工程投资、建设、运营以及维护工作。甲方授予项目公司特许经营的权利，并依照本合同的约定，全面履行政府付费义务。运营期满后，项目公司根据本合同约定将全部资产移交给甲方或其指定机构。

＊条文批注：重点明确项目合同各主体资格，并概括性地约定各主体的主要权利和义务。

D10902

第 2 条　定义

除本合同另有特别约定或声明以外，下列缩略语应具有如下含义：

1.“本项目”系指依据本合同，____________市人民政府批准由政府出资代表与社会资本方合资成立的项目公司投资建设、政府并授权项目公司特许经营权的____________市中医院迁扩建 PPP 项目。

2.“本项目工程”系指本项目建设内容，属新建项目，地址位于____________。

3.“本合同”系指甲方与乙方之间签订的本《____________市中医院迁扩建 PPP 项目合同》，包括所有附件，以及日后可能签署的任何本合同之补充修改协议和附件，每一部分都应视为本合同的组成部分。

4.“项目公司”系指乙方与政府出资代表按《中华人民共和国公司法》及其他相关法律和政策规定，以及依据招投标文件所规定的条件，为本项目组建并在____________市注册的公司。项目公司设立后，将承继乙方在本合同中的权利义务，但本合同项下必须由乙方享有与承担的权利和义务除外。

5.“项目总投资”由工程总投资、融资成本、PPP 相关工作费用（含第三方咨询机构费用）、税费、必要的合理回报构成。本项目投资估算的工程总投资控制价为 2.6 亿元人民币。

6.“建设期”系指政府方批准监理单位发出开工令之日起，至工程建设竣工验收之日止的期间。

“运营期”系指甲方授予项目公司项目运营、维护本项目的期限，本项目运营期限为 12 年。

7.“特许经营权”系指甲方授予项目公司建设、运营、维护本项目的特许权利，包括本合同及补充协议等赋予项目公司有关的具体特许经营的权利，如基于本合同所形成的资产而赋予的有关的特许经营权利。

8.“正式运营日”系指完成本项目工程建设，开始进行运营的日期。

9.“生效日”系指甲乙双方在本合同中约定的本合同生效条件成就的日期。

10.“甲方”系指____________市卫生和计划生育委员会。

11.“乙方”系指中标社会资本方。

12.“政府”系指＿＿＿＿＿＿市人民政府。

13.“政府出资代表”系指＿＿＿＿＿＿建设投资公司（以下简称“建投公司”）。

14.“工期”系指开工令发出之日起至竣工验收之日止的期间。

15.“缺陷责任期”系指乙方按照本合同约定对工程承担保修责任的期限，且甲方预留质量保证金的期限，自项目工程竣工验收日期起计算，缺陷责任期不少于法律规定的期限，法律没有规定的，则为 24 个月。

16.“开工日期”系指项目立项完成并经监理单位发出的开工通知中载明的开工日期。

17.“不可抗力”系指在签订本合同时不能合理预见的、不能克服和不能避免的事件或情形。

18.“违约”指本合同签约任何一方未能履行其在本合同项下的任何义务，而且这种违约不能归咎于另一方违反本合同的作为或不作为或不可抗力等。

19.“工作日”指中国法定节假日和公休日以外的公历日。

20.“运营年”指本项目特许运营期内任意一个实际运营完整年度期间。

21.“运营月”指本项目特许经营期内任意一个公历月度期间。第一个运营月从运营开始日起至当月结束，最后一个运营月为经营期最后一个运营日所在月份。

22.“PPP 模式”系指 Public（公共）Private（私人）Partnership（合作关系）的缩写。本合同项下项目采取的 PPP 具体模式和运行机制为 BOT（建设—运营—移交）模式。

23.“批准”系指根据本合同的规定为乙方或为项目进行融资、建设、运营、维护、移交而需从政府部门获得的许可、执照、同意、授权或批准。

24.“移交日”指运营期结束后的第一个工作日，或经双方书面同意的移交项目的其他日期。

25.“可行性缺口补助”系指本项目运营期间因使用者付费不足以覆盖项目支出成本及合理回报而由政府进行补贴所支付的款项。

D10902

第3条　声明和保证

3.1　甲方声明和保证

甲方在此向乙方声明，在本合同生效日：

（1）甲方具有签订和履行本合同的法人资格和权利；

（2）本合同一经签订并生效，即对甲方具有完全的法律约束力，签订和履行本合同的条款、条件、义务不会导致甲方违反法律、法规、规章、行政决定、生效判决以及仲裁裁决的强制性规定，不会违反其与第三方协议的条款、条件和承诺，也不会引起任何利益冲突。

3.2　乙方声明和保证

乙方在此向甲方声明，在本合同生效日：

（1）乙方具有签署和履行本合同的法人资格和能力；乙方已经为本合同的履行准备了必要条件，将从财务、设备以及技术力量等一切可能与本合同的履行有关的方面确保本合同项下各项义务的履行；乙方已经在投标文件履行了明确具体的相关承诺；

（2）乙方依法取得与签署和履行本合同有关的内部决议和外部审批，本合同一经签署，即对乙方具有完全的法律约束力，签署和履行本合同的条款、条件和义务不会导致乙方违反法律、法规、规章、行政决定、生效判决以及仲裁裁决的强制性规定，不会违反其与第三方协议的条款、条件和承诺，也不会引起任何利益冲突。

第4条　合同生效条件

本合同自甲、乙双方法定代表人或授权代表签字盖章并经____________市人民政府批准同意之日正式生效。

> * 条文批注：根据有关法律法规及相关约定，涉及项目合同生效条件的，应予明确。例如，一般要求为双方盖章并签字确认合同生效。签字可以为法定代表人或法定代表人授权代表。

第5条　合同构成及优先次序

5.1　本合同的文件构成包括合同正文、合同附件、补充协议、变更协议等，都是对正文的完善与补充，具有同等法律效力。

5.2　构成本合同的文件应是互为说明和相互补充的，如果合同文件之间出现歧义、矛盾或明显错误时，其优先解释顺序如下：

（1）本合同；

（2）中标通知书；

（3）投标文件及投标文件附录；

（4）投标文件的澄清；

（5）本合同履行过程中，甲、乙双方出具的与项目有关的保函、担保、确认书、承诺书、图纸以及甲乙双方签署的与项目有关的洽商、变更、协议、纪要、信函、备忘录等亦构成本项目合同的组成部分。

5.3　合同文件的优先解释顺序进一步规定如下：

（1）对于同一类合同文件，以其最新版本或最新颁发者为准；

（2）本合同履行过程中，甲乙双方签署的与项目有关的洽商、变更、协议、纪要、信函、备忘录等，其优先解释顺序应视内容与其他合同文件的相互关系而定。原则上应以最新签署的为准。

第二章　合同主体

第 6 条　政府主体

6.1　____________市人民政府授权____________市卫生和计划生育委员会签署本合同，并授予乙方及后续成立的项目公司特许经营权。____________市卫生和计划生育委员会具体负责协调、监督、接受移交等职责。

6.2　甲方的基本情况如下：

（1）名称：____________市卫生和计划生育委员会

（2）住所____；

（3）法定代表人：____

（4）负责人及联系方式：____

第 7 条　社会资本主体

7.1　乙方是____________市人民政府依法定程序选定的中选社会资本方。

D10902

乙方基本情况如下：

（1）名称：____________________

（2）住所：____________________

（3）法定代表人：____________________

（4）注册资金：____________________

（5）负责人及联系方式：____________________

7.2　项目公司____________________

按照本合同约定，中选社会资本方与政府出资代表在__________市共同出资设立项目公司，项目公司按照本合同约定实施本项目。

> *条文批注：一般包括政府主体、社会资本主体，对其主要是通过主体资格、权利界定以及义务界定等予以合理界定。

第 8 条　主体权利和义务

8.1　甲方主体权利和义务

（1）经__________市人民政府授权，授予项目公司特许经营权。

（2）按照有关法律法规和政府管理的相关职能规定，行使政府监督管理的权力。对本项目投资、建设、运营以及维护进行监管。

（3）为本项目建设、融资、运营提供相应的支持和协助。

（4）确保项目公司独立的特许经营权。

（5）负责项目公司与政府部门有关的协调工作。

（6）本合同项下涉及国家秘密、商业秘密的内容，不得对外泄露。

（7）完成政府可行性缺口补助的相应法律程序，政府方一次承诺、分期支付；并将政府付费支出纳入年度和中长期的__________市财政预算，取得财政部门同意以及__________市人大的决议，该人大决议文件将于签署本合同之前或同时提供给乙方。__________市政府每次发布年度财政预算时，在同级政府网站、财政部门官方网站以及财政部 PPP 中心官方网站，每年定期披露本项目的项目信息和财政支出责任情况。

（8）甲方负责跟踪审计、建设矛盾协调、质量安全监督、协调工作等，及时配合完成相关行政监管工作。

（9）甲方有权对本项目的进度、现场等进行抽查、检验、检查、了解、监督等活动，乙方应积极配合甲方的前述活动。甲方应有权随时监测建设工程的实施并在不干扰工程进展的情况下进行适当的检验。

（10）甲方有权要求乙方提交投资控制计划、工期、质量控制措施等工作范围内的专项报告。

（11）甲方有权定期检查乙方的质量控制情况，以证实本工程的质量控制符合要求。乙方应协助进行此种定期检查。甲方定期对质量控制的检查标准是按中华人民共和国国家和地方政府颁布的相关工程质量标准的规范文件。

（12）甲方有义务接受乙方书面请求的关于本项目工程的质量控制是否符合要求进行的核查，包括工程量、隐蔽工程等专项工程。并对乙方汇报的工程量等专项请求在合理时间内作出书面答复。

（13）有权监督、检查工程在保修期内的维修。

（14）有权根据适用法律和本合同的约定，对本项目运营及服务进行监管。甲方本着尊重社会公众的知情权，鼓励公众参与监督的原则，有权及时将产品和服务质量检查、监测、评估结果和整改情况以适当的方式向社会公布。在社会公布之前，有关事实和依据应当取得乙方的无异议确认。

（15）确保本项目建设及实施过程的合法性，完善前期基本建设行政审批手续，并配合乙方办理相关的合法性文件（包括且不限于项目立项、可研文件和批文、国有土地使用权证、建设用地规划许可证、建设工程规划许可证、建设工程施工许可证、环保、消防等）。

（16）符合相关政策和法律规定的前提下，给予乙方有关政府与社会资本合作（PPP）、招商引资等的财政税费的优惠政策。

（17）本项目中，双方负责确定本项目的审计单位。

（18）按本合同约定向乙方支付本合同约定的费用。

（19）甲方的任何变更（包括但不限于行政隶属变更、整合等原因）并不构成甲方合同义务的减少或消失，甲方职能变更后，甲方全部的合同权

D10902

利和义务由继承者完全享有和承担。

（20）法律、法规和本合同规定的其他权利和义务。

8.2　乙方主体权利和义务

（1）依照本合同及相关约定，及时完成出资义务。

（2）依照本合同及相关约定，行使出资人的权利。

（3）依照本合同及相关约定，对本项目的特许经营提供相应的支持和协助。

（4）甲方和乙方共同出资设立的项目公司拥有本合同授予的特许经营权、出租权（项目资产经营权）及项目移交前的资产所有权等。

（5）在项目建设期和运营期内，项目公司有权建设、管理、经营本项目。乙方为本项目总承包方，负责项目工程的施工及管理，其自身具备相应资质和能力的，由其自行实施；不具有相应资质和能力的，则按照省市有关公立医院规定对相关项目进行分包。

（6）乙方作为本项目土建工程的总承包方，应按照投标文件中提供的项目负责人及项目管理团队对本项目进行施工、建设、管理，如需变动，必须经甲方书面同意，非不可抗力因素，一年期内乙方不得更换项目建设管理团队，否则，甲方或项目公司有权追究乙方的违约责任。

（7）依法公开确定符合本项目需要的独立第三方监理单位，将监理单位报甲方批准。监理单位根据监理合同及相应的规范负责对工程质量、进度、安全、环保、投资、合同等方面工作进行监理，保证每月及时计量，确保工程顺利进行，监理单位的费用由项目公司承担，计入项目投资。

（8）乙方享受合同投资权利所形成的投资收益；对甲方违约行为，有权取得甲方赔偿及补助补贴等。

（9）乙方按国家现行的法律法规以及有关规定、规范在政府部门监管下负责工程建设与运营，负责涉及公共安全和环境安全的管理责任，并建立工程建设运营期间各种规章制度以及应急管理机制。接受政府依法组织工程各环节监督检查以及审计等行政管理行为。

（10）在本项目的建设工程竣工验收合格之日起运营期满一年，甲方应按 PPP 项目合同约定支付可行性缺口补助。项目公司有权按照本合同约定收取政府支付的可行性缺口补助，在项目公司收到甲方所支付首期可行性缺口补助之前，本项目所产生的融资成本，由项目公司支付，计入首期可行性缺口补助。

（11）项目公司日常经营管理支出的营业成本，包括但不限于：项目公司筹备设立费用、管理费用、财务费用、相关税费，纳入项目总投资，作为可行性缺口补助计算范围。

本合同项下，相关的前期工作费用和项目公司日常经营管理支出的营业成本控制比例为不超过工程总投资的____________。

（12）乙方负责本项目建设资金的投资，包括资金筹集融资，享受本合同约定的合理投资收益，并承担本项目可能产生的投资风险。

（13）乙方应根据项目工程进度编制项目实施计划表及项目公司融资计划及方案，并将其报甲方书面同意后才能予以实施；本项目内装、设计、变更及增加工程成本等，需经甲方审核同意。

（14）乙方为本项目签订的工程文件、融资文件等所有法律文件必须符合国家有关的法律、法规。

（15）乙方在项目建设期、特许运营期内应依法纳税。

（16）乙方应于收到本项目中标通知书之日起______日内，向甲方交付____________万元履约保证金。

（17）乙方应于项目公司成立之日起______日内，向项目公司出具建设履约保证金，保证金金额为______万元。

（18）法律、法规和本合同规定的其他权利和义务。

第 9 条　项目公司组建

* 条文批注：并非政府方和社会资本方必须要合资设立 SPV 公司（特殊目的公司），《国务院关于加强地方政府性债务管理的意见》（国发〔2014〕43号）明确，投资者按约定规则独资或与政府共同成立特别目的公司建设和运营合作项目。

D10902

双方于本合同签订生效之日起三十日内组建项目公司，完成项目公司的工商登记手续。

9.1　注册资本规模

项目公司注册资本金为人民币______万元，甲方出资比例为______，乙方出资比例为______，甲、乙双方以现金方式一次性足额实缴出资。根据工程建设需要，可以以现金方式增资，具体增资事宜由项目公司股东会决议确定。

9.2　股权结构

项目公司由乙方与政府出资代表____________建设投资公司共同出资组建，其中乙方以现金形式出资人民币______万元，占有______股份，____________市经济技术开发区建设投资公司以现金形式出资人民币______万元，占有______股份。有关项目公司的组建由乙方另行与政府指定的出资代表____________建设投资公司签署股东出资协议、项目公司章程予以具体约定。

9.3　项目公司人员构成

项目公司的管理层由政府方与社会资本方作为股东方分别委派，建立优势互补、相互监督的经营机制。其中，甲方向项目公司派驻董事长及董事，乙方向公司派驻董事、财务负责人。

9.4　项目公司治理结构

项目公司设立股东会、董事会、监事会，分别按照公司法的规定组建，履行各自职责和职能。股东会是公司的最高权力机构；董事会由5名董事组成，其中甲方指派2名董事，其中一名任董事长，乙方委派3名董事；监事会由3名监事组成，甲方、乙方各委派1名监事，职工监事1名；涉及公共安全、修改章程、公司合并、分立、解散、清算、运营方式等股东会议议题，以及涉及资产安全、对外担保抵押、突发事件、重大事项建设、运营方式变更等董事会议题，甲方及其委派的董事拥有一票否决权。

9.5　项目公司工作内容

全面负责本项目的整体实施运作；拟定、实施本项目的投资方案、融资方案、规划设计方案；开展项目立项、报建、工程质检备案等工作；负责工程质量、成本控制以及后期经营、管理、维护等工作；负责工程的建设、运营及移交。

9.6　股权转让限制

＊条文批注：设置股权转让的锁定期。一般情况下，如果是新建项目，常规的锁定期约定为 PPP 项目合同签署生效后至项目建成后 2~3 年，也即项目过了高风险的建设期，进入平稳运营期之前，在此期间，项目公司的股东不得向第三方转让股权，股东之间也不得转让股权。

（1）项目公司的股东在本合同生效之日起至竣工验收完成后二年之内（含），不得转让其在项目公司中的全部或部分股权；但以下情况下各方可以转让其所持有的项目公司股权：a. 项目公司股东之间的股权转让；b. 司法机关根据法律规定裁定和执行而进行的股权转让。

（2）甲乙双方不能质押项目公司的股权。

（3）全部项目竣工验收完成满 2 年之后，项目公司的股东可以转让其在项目公司中的全部或部分股权，但受让方应满足本合同约定的技术能力、财务信用、运营经验等基本条件，并以书面形式向甲方确认承继原股东方在本项目项下的权利及义务。

9.7　特别股权和项目公司遵循的原则

项目公司治理和股东权利义务事项，如在表决权、特别表决事项、优先权、反稀释权、公司治理特别事项和特别职权等，各方签订股东出资协议和公司章程予以约定。

项目公司应当遵守公司法等法律法规的规定、PPP 相关政策的规定，以及应当遵守 PPP 招标投标文件等所规定的权力限制和经营能力限制。

第三章　合 作 关 系

第 10 条　合作内容

10.1　项目范围

____________市中医院迁建项目一期用地面积______平方米，建设门急诊医技病房楼，______张床位，主楼地上______层，裙楼______层、地下______层。建筑面积______平方米，其中地上建筑______平方米，地下建筑______平方米，购置医疗设备及其他辅助设备。

D10902

本项目投资估算为______万元（最终以政府审定金额为准）。

* 条文批注：项目的范围条款，用以明确约定在项目合作期限内政府与项目公司的合作范围和主要合作内容。

10.2 合作内容

本项目通过公开招标的方式选择具备相应工程施工总承包资质和具有满足本项目投资融资能力的社会资本方。政府方与社会资本方共同成立项目公司，由项目公司负责本项目的投资、融资、建设、维护及运营。中标社会资本方具备施工相应资质的，项目公司与中标社会资本方直接签署工程施工总承包合同，无须再进行工程施工总承包的招标。该项目工程的内装设计及医疗设备必须符合公立医院的标准，符合政府采购的要求。医疗等设备的采购必须按照国家、地方及____________政府有关的规定的要求。如果乙方不具有相关技术、设备资质条件的，因医院项目属于关系公共利益及公众安全，则项目公司应根据《工程建设项目招标范围和规模标准规定》及____________省、____________市的规定，按照公立医院的采购相关规定进行招标。

10.3 甲方提供的条件

（1）依据本合同，自本合同生效之日起，甲方授予依据本合同所设立的项目公司享有本项目的特许经营权。

（2）甲方应对乙方为本项目顺利实施而进行的融资行为提供相应的协助和支持。

（3）符合相关政策和法律规定的前提下，甲方给予乙方有关政府与社会资本合作（PPP）、招商引资等的财政税费的优惠政策，并协助项目公司取得有关政府部门承诺的与履行本合同相关的其他优惠。

甲方确认本项目按照BOT模式实施，政府支付的可行性缺口补助全额计入项目公司收入，依法纳税；若未来国家法律或政策发生变化，导致项目公司税收成本增加的，增加部分计入可行性缺口补助付费总额中，由政府承担该税务风险；若未来国家法律或政策变化导致项目税收减少的，双方另行商定。

10.4 社会资本主体承担的任务

在特许经营期内，负责本项目工程投资、建设、运营以及维护工作，根据PPP合同的规定完成项目移交。

10.5 政府购买服务方式

政府方以支付可行性缺口补助的方式向社会资本方支付投资回报。社会资本方收取的投资回报主要由以下两部分构成，一部分为本项目特许经营期间的使用者付费收入或委托运营收入；另一部分为政府方支付的可行性缺口补助。

* 条文批注：明确社会资本主体在合作期间获得回报的具体途径。根据项目性质和特点，项目收入来源主要包括使用者付费、使用者付费与政府补贴相结合、政府付费购买服务等方式。

10.6 项目资产权属

（1）本项目建设期内投资建设形成的项目资产，以及本项目运营期内因更新重置或升级改造投资形成的项目资产，均为本项目资产。完成移交前，本项目资产的所有权、使用权、收益权归属项目公司所有。

（2）特许经营期满，本项目资产权属在政府支付完毕可行性缺口补助前归项目公司所有，政府支付完毕前述费用后则归政府所有。该资产折旧或摊销计入项目公司成本，由项目公司负责管理、运营以及维护。

10.7 土地获取和使用权利

甲方向项目公司提供没有设定他项权利、满足开工条件的净地作为项目用地，并根据项目建设需要为项目公司提供临时用地。项目用地手续和土地使用权证由甲方办理。

上述土地如涉及征地、拆迁、安置的，由甲方负责完成该土地的征收补偿、拆迁、人员安置工作并承担相关拆迁费用。

第 11 条 合作期限

11.1 本鉴于本项目投资规模大、回报周期长，按照国家发改委等六部委联合发布的《基础设施和共用事业特许经营管理办法》（2015 年第 25 号令）以及其他法律法规和政策的相关规定，双方约定本项目运营期为 12 年，自正式运营日起算。

D10902

11.2 本项目建设期3年，自本项目工程的监理单位发出开工令之日起算。但甲方应负责在本合同生效后90天内办妥本项目工程的全部建设批准手续。

* 条文批注：项目合同期限规定有两种方式：自合同生效之日起一个固定的期限；分别设置独立的设计建设期间和运营期间，并规定运营期间为自项目开始运营之日起的一个固定期限。这里面最容易产生纠纷的地方在于在采用分别设置设计建设期间和运营期间的情况下，当出现工期延误，需要判断是否属于合意约定的延长期限情形，采用这种方式规定合同期限，应同时约定属于延长期限的情形。

第12条 排他性约定

在本合同有效期内，甲方不得再与任何第三方就本项目整体或部分内容签订特许经营协议及其他有直接和间接利益关联的协议。

第四章 投资计划及融资方案

第13条 项目总投资

13.1 投资规模

本项目根据投资估算的工程总投资为______万元，包括但不限于配套工程建安费、工程建设其他费用、设备购置等。

本项目工程总投资最终以____________市审计局审计后的竣工决算为准。

13.2 项目投资计划

除工期依据双方另行协议书面确认外，结合项目进度计划要求，具体投资计划由项目公司制定方案。

第14条 投资控制责任

在确保工程质量、进度以及安全前提下，项目公司应优化建设施工方案，严格规范工程变更签证程序，合理控制工程造价。因甲方原因造成预算超支，则纳入项目总投资；因地质条件、征迁补偿等原因造成的超支由甲方负责解决，因此导致工期延误项目公司不承担责任；因项目公司管理不善造成的超支由项目公司负责。因乙方延误工期等原因造成项目超支，则由乙方负责，不纳入项目总投资。

* 条文批注：明确政府方、项目公司对于项目总投资所承担的投资控制责任。

第 15 条　融资方案

15.1　项目公司注册资本及出资方式

项目公司注册资本为人民币______万元，甲乙双方分别按照自身在项目公司的出资比例以现金方式一次性全部足额缴纳出资。

15.2　债务资金筹措项目公司在编制融资方案时，应向多个金融机构进行询价，择优选择。

15.3　项目公司负责项目债务资金的筹措工作，并保证债务资金及时、足额到位，股东对项目公司债务资金筹措给予相应支持。

第 16 条　政府提供的其他投融资支持

16.1　为确保本项目融资及时到位，甲方为项目公司进行项目融资工作提供必要的支持。

16.2　如果该项目符合国家、____________省及____________市投资补助、贷款贴息、PPP 项目资金支持等方面优惠政策，甲方协助项目公司办理申请政策优惠的相关手续，项目公司取得相关优惠或补助资金，应冲抵政府可行性缺口补助。

16.3　本项目属于"政府采购付费"的项目，甲方以政府支付可行性缺口补助的方式进行采购。具体包括：

（1）甲方按照《政府和社会资本合作项目政府采购办法》相关规定购买服务；

（2）甲方履行本合同已经按照《政府和社会资本合作项目财政承受能力论证指引的通知》，取得____________市财政部门对本项目财政可承受能力论证的批复同意；

（3）甲方依据本合同约定将项目财政支出责任纳入____________市人民政府当年财政预算和中长期财政规划，并取得____________市人大的书面同意。

16.4　甲方应承诺保证政府对本项目的可行性缺口补助支出符合财政部《政府和社会资本合作项目财政可承受能力论证指引》第 25 条的要求；

D10902

16.5 甲方政府财政部门应当按照《政府和社会资本合作项目财政承受能力论证指引》第31条的要求，通过财政部门官方网站和报刊媒体，每年定期披露本项目的项目信息和财政支出责任情况。

第17条　投融资监管

甲方授权项目公司股东中的政府出资代表对本项目的投融资进行监管。确保项目公司融资行为合法合规，资金及时足额到位，专项用于本项目建设。

第五章　项目前期工作

* 条文批注：重点约定合作项目前期工作内容、任务分工、经费承担及违约责任等事项。

第18条　前期工作内容及要求

为保证本项目工程建设的顺利开展，甲方负责协助乙方完成的前期工作包含但不限于：项目建议书、项目可行性研究报告、初步设计及图纸设计等编制和报批，负责项目选址、环境影响评价、节能评价、土地预审、规划条件、PPP流程工程等文件编制及审批，确保本项目建设符合法定程序与规定要求。

第19条　前期工作任务分担

项目推进工作中遇到的其他前期工作如属于必须双方共同完成的，由甲方及乙方共同完成。属于必须由甲方完成的，甲方可委托或确定相应主体实施。属于由乙方承担的前期任务，由乙方负责实施完成。

* 条文批注：社会资本需要关注项目前期工作的开展情况，政府方授权的实施机构及政府出资方分别都是哪家单位，项目的实施方案、物有所值分析、财政可承受能力论证是否都已完成并获得批准，当地政府实施的PPP项目的财政支出是否超过其年度一般性预算支出的10%以确保在各个政府付费年度政府方能够有相应的预算资金按期支付项目的服务费。

第20条　前期工作费用

项目前期工作费用包含但不限于：立项费用、科研报告、初步设计、施工图设计及项目选址、环境影响评价、节能评价、土地预审、土地复耕方案、物有所值论证、财政可承受能力评估、PPP 实施方案、项目策划费用、法律服务等。前期工作费用不高于国家现行有效的计费政策文件规定标准计费；没有国家计费政策文件规定标准的，按照服务方案优选的原则，通过招投标、竞争性谈判、竞争性磋商的方式择优选择，按照公平合理、等价有偿的原则确定服务费用。前期工作费用，以实际发生金额为准，经甲方确认后由项目公司承担，纳入项目总投资。

签订本合同前期已经产生的工作费用或其计费标准，由项目公司按照相应付费约定直接支付或向垫付单位清偿。

> * 条文批注：1. 在中选社会资本确定前已产生的前期工作费用：可由政府方自行承担或在采购文件中明确由社会资本承担，通常政府方根据自身财力情况及社会资本的意愿进行考量是否由社会资本承担，如由社会资本承担，则可在 PPP 项目合同中明确前期费用的支付方式。
>
> 2. 在中选社会资本确定后所产生的前期工作费用通常由社会资本承担，计入项目总投资。实践中不乏政府方提出将其已承担的前期工作费作为政府方对项目公司的出资的情形，根据《公司法》关于出资应为“货币出资”或“可以用货币估价并可以依法转让的非货币财产作价出资”的规定，此种操作显然是不可行的。

第 21 条　政府提供的前期工作支持

21.1　协调相关部门和利益主体提供必要的资料和文件。

21.2　对乙方的合理诉求提供支持。

21.3　成立工作领导协调小组，全面代表政府负责与乙方合作推进项目实施，组织召开项目协调会，并完成相应的前期工作。

D10902

第六章　工程建设

＊条文批注：重点约定合作项目工程建设条件，进度、质量、安全要求，变更管理，实际投资认定，工程验收，工程保险及违约责任等事项。

第22条　进度、质量、安全及管理要求

22.1　进度日期的延长

（1）当不可抗力事件（如地震）发生后，一方应在实际发生延误的7个工作日之内，向另一方提出书面的延期要求，并说明该延期是已采取所有合理的措施后所无法回避的延期。

（2）项目公司合理地预见因重大原因无法完成计划进度时，应立即通知甲方，对下述方面作出详细的说明：

a. 预计不能如期达到的某一重大日期；

b. 延误或预计延误的原因，包括说明任何据称的不可抗力情况；

c. 预计的延误天数以及任何其他可适当预见到的对建设工程产生的不利影响；

d. 项目公司为克服或减少延误及其影响而已经采取或建议采取的措施。

上述通知的发出如是项目公司原因造成的延误，不应解除项目公司根据本合同承担的义务。如甲方原因造成的延误，工期应顺延，因此造成成本费用增加计入工程投资总额。

收到延期要求的一方应积极同提出要求的一方就延期事项进行协商，并达成书面意见。如提出书面要求的一方在7个工作日之内没有收到另一方对延期表示异议的书面意见，将被视为另一方对延期的要求已表示同意。

22.2　由于甲方的原因导致竣工日期的延误

由于甲方的违约造成竣工日期的任何延误，甲方按照本合同约定承担违约责任。乙方应：

（1）提出本合同约定的进度计划日期以作适当延长。

（2）有权获得延误的经济补偿，使乙方基本上恢复到该延误没有发生时相同的经

济状况。

（3）有权获得延长特许运营期，相应延长的特许运营期应不少于被延误的运营期。

22.3 乙方导致的竣工日期延误

如果因乙方的原因导致的竣工日期延误，则乙方应就发生的任何延误按本合同约定向甲方支付违约金。

22.4 进度报告

乙方每月应向甲方提交工程建设进度月报，该月报应反映已完成的和在建的建设工作工程进度和质量、预计完成工程的时间，如果进度和质量发生问题，应提出挽回的措施和计划。

22.5 项目达标投产标准

项目建设质量标准、使用寿命、安全等级不得低于国家及地方现行规范规定的标准。

22.6 项目建设标准

（1）根据适用法律法规和基本建设程序、批准的初步设计和施工图设计、所有适用的施工规范标准和本合同的其他要求进行项目施工建设。

（2）本项目严格执行《建设工程质量管理条例》等国家及地方规定的相关法律法规文件，施工质量标准达到“有权单位验收合格”标准。

22.7 安全管理目标

加强安全生产管理，安全管理目标为：安全事故等级为一般事故。安全生产责任由施工方全部承担。

22.8 安全管理体系

（1）乙方严格执行《中华人民共和国安全生产法》《建设工程安全生产管理条例》等法律、法规的规定。

（2）乙方应按合同约定履行建设单位安全职责。

（3）监理人根据国家有关安全的法律、法规、强制性标准以及部门规章，对项目公司委托的施工方的安全责任履行情况进行监督和检查。监理人的监督检查不减轻乙方应负的安全责任。

D10902

（4）乙方应对其雇佣的全部人员的工伤事故承担责任，对其分包商及供应商所雇佣的人员的工伤事故及人身财产损害承担连带责任。

（5）乙方应赔偿在施工场地及其毗邻地带造成的第三者人身伤亡和财产损失。

（6）乙方按照相关规定向施工方支付安全作业环境及安全施工措施所需费用。

（7）乙方负责组织工程参建单位编制保证安全生产的措施方案。工程开工前，就落实保证安全生产的措施进行全面系统的布置，进一步明确施工方的安全生产责任。

（8）乙方应按照相关规定在危险作业事项（如拆除工程和爆破工程）施工 14 天前向有关部门或机构报送相关备案资料。

22.9　安全事故责任

乙方是本项目安全责任主体，承担安全事故责任。

22.10　工程建设管理要求

（1）二次招投标

乙方具有本项目建设所需的工程施工、货物生产或服务提供资格和能力的，项目公司不再进行招标，由乙方直接承担相应工程总承包建设施工工作；乙方不具备本项目建设所需的工程施工、货物生产或提供的资格和能力的，由项目公司作为招标人按照相关法律法规委托招标代理机构组织公开招标的方式依法招标；对于本项目中所需医疗设备等采购，由项目公司按照国家及地方等关于非盈利性公立医院的招标相关规定进行公开招标。

（2）监理单位的选择

项目公司依照法律、法规相关规定选择监理人，并与监理人签订监理合同，督促监理人按合同约定完成相关工作。

* 条文批注：项目合同应约定明确项目建设的进度、质量、安全及管理要求。详细内容可在合同附件中描述。

（1）项目控制性进度计划，包括项目建设期各阶段的建设任务、工期等要求。

（2）项目达标投产标准，包括生产能力、技术性能、产品标准等。
（3）项目建设标准，包括技术标准、工艺路线、质量要求等。
（4）项目安全要求，包括安全管理目标、安全管理体系、安全事故责任等。

第 23 条　建设期的审查和审批事项

23.1　审查和审批事项

（1）开工报告的审批；

（2）竣工验收审批；

（3）国家、行业及地方法律、法规规定的其他审查和审批事项。

23.2　责任和义务

项目公司负责准备审查和审批所需的资料，并办理审查和审批事项，承担所需费用。甲方予以配合。

第 24 条　工程变更管理

24.1　合同履行过程中发生以下情形的，应按照变更处理：

（1）改变合同中任何重大原则性的质量标准或其他特性；

（2）改变工程的基线、标高、位置和尺寸；

（3）改变工程的时间安排或实施顺序。

24.2　变更权

甲方和监理人均可以提出变更。

变更指示均通过监理人发出，监理人发出变更指示前应征得甲方同意。乙方收到经甲方签认的变更指示后，方可实施变更。

未经甲方许可，乙方不享有变更权，但可以向甲方书面提出变更申请，由甲方按照变更程序确定是否同意变更。

24.3　变更程序

（1）甲方提出变更

甲方提出变更的，应通过监理人向乙方发出变更指示，变更指示应说明计划变更的工程范围和变更的内容。

D10902

（2）监理人提出变更建议

监理人提出变更建议的，需要向甲方以书面形式提出变更计划，说明计划变更工程范围和变更的内容、理由，以及实施该变更对合同价格和工期的影响。甲方同意变更的，由监理人向乙方发出变更指示。甲方不同意变更的，监理人无权擅自发出变更指示。

24.4　变更执行

乙方收到监理人下达的变更指示后，应当书面说明实施该变更指示对合同价格和工期的影响，且甲乙双方应当按照变更估计原则确定变更估价。工程量增加或减少导致的成本及收益费用计入工程总投资，并相应调整政府支付资产可用性付费的金额。

24.5　变更估价

变更估价按照本合同第 25 条约定计量计价。

第 25 条　工程总投资的认定

25.1　工程总投资认定方法：

本项目按定额计价据实结算，最终以____________市审计局审计后的竣工决算确定工程总投资。

25.2　合同价约定的工程量计算原则、计价原则：

（1）项目规划、勘察、设计费用按照国家发展计划委员会和建设部制定的 2002 年版《工程勘察设计收费标准》计价。

（2）房屋建筑与装饰工程、通用安装工程造价依据实际施工图计算工程量，按现行的《建设工程工程量清单计价规范》（GB50500-2013）、《____________省建设工程工程量清单计价规范》，工程定额适用《全国统一建筑工程基础定额____________省综合估价表》（2000 年）确定。

25.3　结算方式：

本项目工程进行竣工验收后，政府审计部门应在收到结算资料后 3 个月内完成结算审计。工程竣工图及工程现场变更、签证单等做为编制竣工决算的依据。

25.4　工程变更、签证结算依照以下原则执行：

（1）合同中已有适用于变更工程的价格，按合同已有的价格变更协议价款；

（2）合同中如有类似于变更工程的价格，可以参照类似价格变更协议价款；

（3）合同中没有适用和类似于变更工程的价格，由施工方提出适当的变更价格，经甲方、相关行政主管部门、乙方、施工方共同协商后据实执行。

25.5　竣工决算

竣工验收完成后，项目公司应及时编制工程竣工结算，报送甲方，由甲方送审计部门进行决算审计。项目公司报送的竣工结算资料必须完整齐全，甲方验收签字后，审计部门在完整的竣工结算资料提交后的九十日内完成竣工决算审计。

在竣工结算中，如发现项目公司报送资料不完整、缺项等，甲方应及时书面告知项目公司进行补充完善。

若甲方未按期完成竣工决算审计，则视为甲方认同项目公司提供的竣工结算数据。若因项目公司原因致使甲方没有按时完成竣工决算审计，责任应由项目公司承担。

项目工程结算结束后，项目公司应及时编制基本建设项目竣工财务决算，基本建设项目竣工财务决算须报区政府审批。

第 26 条　征地、拆迁和安置

本项目如果涉及相应征地、拆迁、安置的实施责任主体及费用承担为甲方。

第 27 条　项目验收

工程项目验收严格按照相关规范、标准、合同、竣工图以及与该工程相关的法律法规等政策执行。

> * 条文批注：项目验收应遵照国家及地方主管部门关于基本建设项目验收管理的规定执行。项目验收通常包括专项验收和竣工验收。项目合同可以明确约定项目验收的计划、标准、费用和工作机制等要求。

第 28 条　工程建设保险

28.1　建设期需要投保的相关险种均由项目公司或其委托的施工方负责投保并承担所需的费用。具体保险险种、费率、受益分配等按现行相关规定执行。

28.2　建设期保险期限与项目运营期的保险无缝衔接。

28.3　保险内容应包括但不限于以下内容：

D10902

（1）在整个 PPP 项目合作期限内，购买并维持项目合同约定的保险，确保其有效且达到合同约定的最低保险金额；

（2）督促保险人或保险人的代理人在投保或续保后尽快向政府提供保险凭证，以证明项目公司已按合同规定取得保单并支付保费；

（3）如果项目公司没有购买或维持合同约定的某项保险，则政府可以投保该项保险，并从履约保函项下扣抵其所支付的保费或要求项目公司偿还该项保费；

（4）向保险人或保险代理人提供完整、真实的项目可披露信息；

（5）任何时候不得作出或允许任何其他人作出任何可能导致保险全部或部分失效、可撤销、中止或受损害的行为；

（6）当发生任何可能影响保险或其项下的任何权利主张的情况或事件时，项目公司应立即书面通知政府方；

（7）尽一切合理努力协助政府或其他被保险人及时就保险提出索赔或理赔；

28.4　险种应包含但不限于以下 6 种：

（1）货物运输保险；（2）建筑工程一切险；（3）安装工程一切险；（4）第三者责任险；（5）施工机具综合保险；（6）雇主责任险。

第 29 条　工程保修

29.1　保修期限和范围：

保修期按国家标准执行，保修范围为项目全部。

29.2　保修期内的保修责任和义务：

按《建筑工程质量管理条例》相关规定执行。其中规定的保修责任和义务由乙方承担。

29.3　工程质保金的设置、使用和退还：

项目公司按照国家现行规定和合同约定收取、使用和退还施工方的工程质保证金，不得违规截留、挪用。

第 30 条　建设期监管

30.1　招标采购监管

乙方不具备建设所需的工程施工、货物生产提供的资格和能力的，应选择满足要求的承包商提供服务，属于依法必须招标的范围并达到规定的规模标准，项目公司需按照国家招投标有关规定，依法进行招标，选择满足要求的承包商。上述招标的招标文件、招标结果和承包（供货）合同均应报甲方备案。二次招标及由此产生的相关费用由项目公司支付。

30.2 工程质量监管

监理单位、质量监测机构对工程全过程监督、检测。

30.3 工程进度监管

甲方根据本合同附件规定的进度计划对工程进度进行监督管理，但不免除乙方承担工程进度延误的责任。

30.4 工程建设档案资料监管

乙方须按国家、地方及行业规定建立档案资料管理制度，规范档案管理工作。

* 条文批注：PPP 项目从开工建设到完工的整个过程，综合性独立监管机构的职责是对合同执行情况的监管：对勘察、设计、施工单位的监管；施工图预算的审批监管；对成本、质量和进度进行控制；对项目公司违法分包、转包行为的监管；组织竣工验收时的监管，包括竣工结算、决算和备案等。

第 31 条 建设期违约和处理

31.1 甲方违约

在合同履行过程中发生的下列情形，属于甲方违约：

（1）未能按时提供应协助的事项；

（2）未能按时完成拆迁安置工作造成工期延误。

甲方发生违约情况时，乙方可向甲方发出通知，要求甲方采取有效措施纠正违约行为。

31.2 甲方违约的责任

甲方应承担因其违约给乙方造成的工期延误损失，准予工期顺延。乙方暂停施工满 28 天后，甲方仍不纠正其违约行为的，每迟延一日，甲方应按照该项目工程总投资的万分之一向乙方支付违约金，违约金上限为 1000

D10902

万元。

甲方违约不影响应当向乙方承担以下范围的支付责任：

（1）违约之日止已完工部分的价款；

（2）按照合同约定的应支付的违约金：

（3）按照合同约定应当支付给乙方的其他款项：

（4）因违约给乙方造成的损失。

31.3　乙方违约

在合同履行过程中发生的下列情形，属于乙方违约：

（1）乙方违反合同约定擅自更换项目建设管理团队；

（2）乙方违反合同约定进行转包或违法分包的；

（3）乙方违反合同约定采购和使用不合格的材料和工程设备的；

（4）因乙方原因导致工程质量不符合合同要求的；

（5）乙方未能按施工进度计划及时完成合同约定的工作，造成工期延误的；

（6）乙方明确表示或者以其行为表明不履行合同主要义务的；

（7）乙方未能按照合同约定履行其他义务的。

发生违约情况时，甲方或政府主管部门可向乙方发出整改通知，要求其在指定的期限内改正。

31.4　乙方违约的责任

乙方若违约上述中的第（1）、（2）条款，乙方须向甲方赔付违约金，金额为该项目工程总投资金额的10%。

乙方应承担上述其违约行为而增加的费用和（或）延误的工期损失。

乙方原因造成工期延误的，每迟延一日，违约金金额为该项目工程总投资金额的万分之一，甲方可以从建设履约保证金中扣取，直至建设履约保证金全部扣取完。

31.5　第三人造成的违约

在履行合同过程中，一方当事人因第三人的原因造成违约的，应当向对方当事人承担违约责任。一方当事人和第三人之间的纠纷，依照法律规定或者按照约定解决。

第七章　运营和服务

第 32 条　政府提供的外部条件

甲方承诺对项目建设、设备、采购、运营中提供优质的政务环境。

第 33 条　试运营和正式运营

无试运营，本项目工程竣工验收合格后经双方确认的日期即进入正式运营期。

第 34 条　运营服务标准

运营服务标准：按国家非营利性公立医院相应标准执行。

第 35 条　运营维护与修理

35.1　在开始运营之前，项目公司应编制运行与维护手册。该手册应包括日常维护、设备设施检修内容、程序和频率等，并在开始运营日之前报送甲方备查。

项目公司应建立定期检修保养制度，对各项设施的运行资料进行收集、归类和整理，完善公用设施信息化管理系统，保持设施处于良好使用状态，并在甲方的要求下将设施运行情况报告给甲方。

运营维护与维修所需费用由项目公司承担，以项目公司取得的政府运营维护绩效服务费支付。

35.2　项目公司可以将本项目运营服务委托给甲方认可的第三方主体。项目公司参照____________市有关公立医院医疗服务与质量管理绩效考核、____________市公立医院国有资产运营绩效考核等公立医院运营绩效考核标准，对委托运营方进行绩效考核。

第 36 条　更新改造和追加投资

在运营期内，工程非质量原因需要更新改造的，由甲乙双方另行签订协议。

第 37 条　运营期政府监管

37.1　甲方在项目公司派驻常设代表参与、监督运营管理。

37.2　财政部门负责工程 PPP 投融资效果评估。

37.3　其他职能部门负责对项目运营进行相应的职能监督检查。

D10902

＊条文批注：1. 根据 PPP 合同或特许经营合同的规定，监管部门负责督促项目公司在此阶段做好设施的养护和维修工作，避免对基础设施进行超负荷运转，保证项目在移交时处于良好的状态。

2. 由于社会资本主要依靠 PPP 项目自身收益获得投资回报，难免因利益驱使而提高产品或服务服务收费价格、降低产品或服务质量，此阶段要加强质量监管和价格监管。

3. 对于准经营项目和公益性项目，由于政府在项目运营过程中有支付行为，需要对项目公司进行公平、合理的绩效监管，并根据考核结果进行支付。

4. 为避免项目公司侵害股东利益，以及防止项目公司抽逃资本金和未经股东同意抵 / 质押项目资产进行不合法融资，还需要对项目公司资产进行动态监控和财务监管。

第 38 条　运营支出

运营期内，项目设施运营维护发生的所有费用由项目公司承担。

第 39 条　运营期违约事项和处理

39.1　甲方的终止权

下述事件如果不是由于甲方违约或由于不可抗力所致，即构成乙方违约事件，如果在被允许的时期内未得到改正，甲方有权终止运营：

（1）乙方在项目合同存续期内将政府承诺投入的资金及形成的资产进行出售和转让。

（2）乙方擅自转让、出租特许经营权。

（3）因乙方管理不善，发生重大质量、生产、安全事故。

（4）因乙方原因擅自终止运营或干扰项目正常经营，严重影响到社会公共利益的。

（5）乙方不完全履行合同义务，且在甲方就此发出通知后的规定期限内仍未对违约采取补救措施。

39.2　乙方的终止权

甲方不完全履行合同义务，且在乙方就此发出通知后的 3 个月仍未对违约采取补救措施，乙方有权终止运营。

39.3　终止后的补偿

甲乙双方均有权获得由于违约方未遵守相关全部或部分约定终止合作而使其遭受

的损失、支出和费用的补偿，该补偿由违约方支付。

甲方、乙方按照本合同约定选择终止运营的，不影响甲方按照本合同约定向乙方支付已发生年度的可行性缺口补助。

第八章　社会资本主体移交项目

第 40 条　项目移交前过渡期

40.1　项目移交过渡期：运营期结束前 6 个月为移交过渡期。

40.2　过渡期工作内容和进度安排：

（1）移交过渡期开始，乙方应在双方同意的时间举行会谈并商定项目移交的详尽程序和将移交的详尽程序和将移交的建筑、设备、设施、物品和零备件的详细清单，以及移交的方式。

（2）在特许运营期满至少一个月前，乙方应向甲方提交项目的详细移交安排（包括但不限于设备、设施和项目的详细清单）。

40.3　在移交过渡期，乙方须采取措施确保项目各项设施完好运行，原始记录、统计报表、档案资料等齐备。

第 41 条　项目资产移交

* 条文批注：1. 关于项目资产权属，在财政部《PPP 项目合同指南（试行）》中对此没有明确的概念描述。在国家发展改革委《PPP 项目指导意见和通用合同指南》中出现在第八条第 5 项：“项目资产权属是指明确合作各阶段项目有形及无形资产的所有权、使用权、收益权、处置权的归属。项目资产主要包括土地和土地上的附着物、设施设备等”。

2. 公立医院 PPP 项目用地一般都是划拨土地，但不管是划拨还是出让，为防止国有资产的滥用，协议应明确未经政府批准，项目公司不得将该项目涉及的土地使用权转让给第三方或用于该项目以外的其他用途。同时，协议还应明确项目土地附着物、建（构）筑物、污水处理设施及设备等产权（所有权）属于政府方，在特许经营期内由项目公司使用，期满后应由项目公司无偿移交给政府或政府指定的单位。此外，协议对项目经营期间获得的各类医疗知识产权等无形资产应明确其权属，避免项目移交时发生争议。

D10902

41.1　移交方式

（1）设施移交

项目公司于运营期满后，在甲方支付可行性缺口补助后______日内向甲方指定的机构移交项目建筑、设施、与项目设施相关使用的所有构件、设备、零配件和配件、项目设施相关的附属配套设施及相关物品。

（2）运营期满的资料移交

（a）项目公司应同时向甲方移交本项目完整的竣工档案（含电子文件、软件、代码、密码）、技术资料、设备维修操作手册（该手册应能满足甲方操作、维修、拆卸、重新组装、调整和修复设备的需要）和其他资料，以使甲方指定机构能够继续项目设施的维护和运营。

（b）若甲方提出要求，项目公司应在移交过渡期先期向甲方移交设备设施的维修操作手册，该手册应能满足甲方操作、维修、拆卸、重新组装、调整和修复设备的需要。

（3）权利移交

乙方同意对于项目公司除甲方之外的其他合同相对人之间合同中约定的与项目公司移交甲方的工作成果有关的、且在本工程移交给甲方时该合同相对人尚未履行完毕的合同义务，项目公司应将该义务相对应的合同权利（如乙方对其采购合同项下设备享有的保修权利等）转移给甲方，确保甲方有权直接要求乙方的合同相对人履行相关义务。

（4）技术移交

（a）为保证甲方能在本工程移交后可以正常、稳定、持续、合法占有、使用、收益和处分，项目公司应同时向甲方移交须附带、包含或隐含其中的知识产权或其合法被许可使用权，并且项目公司应确保甲方不应为此向乙方或任何其他人另外支付本合同约定的合同价款之外的额外费用。

（b）乙方同意项目公司应在移交日将运营和维护项目设施所需要的所有技术（包括以许可或其他合法方式取得的），无偿移交给甲方，如甲方提出或者乙方根据自己的经验认为有必要，乙方应对甲方人员进行工程操作和维修培训，在培训结束且甲方人员培训合格之前，不应视为乙方对工程移交的义务已完全履行。

（c）若甲方提出要求，乙方同意项目公司应在移交过渡期内向甲方移交运营和维护项目设施所需要的所有技术并对甲方人员进行操作和维修培训。

41.2　移交范围

（1）项目公司对项目设施的所有权利和利益，包括：

（a）项目设施的建筑物和构筑物；

（b）与项目设施使用相关的所有机械和设备；

（c）其他动产；

（d）运营和维护项目设施所要求的所有技术和技术诀窍、知识产权等无形资产（包括以许可方式取得的）。

（2）备品备件

（a）在移交日，乙方同意项目公司向甲方无偿移交按技术规范或标准要求的在 12 个月期间项目设施正常运行需要的消耗性备件和事故抢修的零备件，并提交备件的详细清单。

（b）乙方同意项目公司向甲方提交生产经营项目设施所需全部备品备件的厂商名单。

（3）在用的各类管理章程和运营手册包括专有技术、生产档案、技术档案、文秘档案、图书资料、设计图纸、文件和其他资料，以使项目能平稳地正常地继续运营；

（4）土地使用权、房屋所有权及与项目场地有关的其他权利；

这些资产在向甲方移交时应不存在任何留置权、债权、抵押权、担保物权或任何种类的其他请求权。项目场地在移交日应不存在任何环境问题和环境遗留问题。

甲与项目公司双方在办理移交工作的同时，应明确特许运营期结束后妥善安置原项目公司雇员的办法。

D10902

* 条文批注：项目公司在运营期末需移交的资产主要是满足项目运营所需的各种有形及无形资产（包括技术、文件等），但并不包括项目公司的现金（包括银行存款等现金等价物）余额。原因正是运营所需资产是由项目公司的股权及债权投资人在项目前期的投入（包括资本金和贷款）而形成的，而在后续运营期间，由政府或第三方使用者以补贴或付费的形式，使相关投资人收回投入并获得合理的回报。

41.3　移交验收程序

（1）最后恢复性大修

在移交日之前不早于 6 个月，项目公司应对项目设施进行一次大修，但此大修应不迟于移交日 1 个月之前完成。大修的具体时间和内容由项目公司核准。最后恢复性大修应包括：

（a）技术规范和要求所列事项；

（b）项目设施的设备制造厂商的说明、手册和维护计划所列事项；

（c）消除实际存在的缺陷；

（d）苗木、灯具、休闲设施及易损耗件更换等；

（e）政府合理要求的其他检修项目。项目公司有义务将甲方合理提出的检修项目列入其最后回复性大修计划。

如果项目公司不能根据以上约定（最后恢复性大修）进行最后恢复性大修，甲方可以自行进行大修。由项目公司承担费用和风险。甲方有权提取维护保函，以补偿最后恢复性大修的费用。在此情况下，应向项目公司提供所发生的详细记录。

（2）性能测试

最后恢复性大修后并在移交日之前，项目公司应进行项目设施的性能测试。乙方有责任使测试所得各项性能参数都能符合技术规范或标准的要求。如果所测参数仍有差距，甲方有权从维护函中支取相应费用以修正上述缺陷。如果保函金额不足使用的，甲方承担费用以后有权向乙方追偿。

41.4　移交标准

（1）项目设施须满足资产可用性相关的技术规范和标准的要求。

（2）项目所有资产在向甲方移交时应不存在任何留置权、债权、抵押权、担保物权和任何种类的其他请求权。

41.5　移交责任和费用

特许运营期满后的移交和转让，项目公司及甲方应负责各自为移交而发生的成本和费用。

如果项目公司未按本合同规定进行移交，则项目公司应赔偿甲方因此发生的支出或损失。

41.6　移交的批准和完成确认

乙方同意项目公司完成合同规定的移交工作并经甲方确认后 14 天内，甲方签发接收证书。

41.7　移交效力

乙方同意项目公司在本合同项下的权利和义务随移交的完成而终止，甲方应接管项目的运营及享有项目的一切权利和义务。

41.8　风险转移

甲方承担移交日后项目的全部或部分损失或损坏的风险，除非损失或损坏的是由乙方或项目公司的过错或违约所致。

41.9　其他移交方式

项目公司在运营期间届满时，本合同双方可选择以内部移交方式完成项目资产的移交，即项目公司股东中社会资本方可以零对价方式向政府方出资代表转让其所持有的全部股权，所涉及的税费按届时法律规定由相应主体承担，具体事宜届时各方可另行签署专门协议。

第 42 条　移交质量保证

42.1　保证期

乙方同意项目公司在移交日后 3 个月的保证期内，承担全部设备设施质量缺陷的保修责任（因接收移交的单位使用不当造成的损坏除外），在收

D10902

到该通知后，应尽快自费进行保修。

42.2　承包商保证的转让

在移交时，乙方及项目公司有义务将所有施工方、制造商和供应商提供的尚未期满的担保及保证在可转让的范围内分别无偿转让给甲方，并促成供应商以过去同样的优惠价格供应设备，在移交时，应当通知所有的承包商、制造商和供应商与甲方确认尚未期满的义务的履行，甲方有权选择是否接收合同延续和承担由此发生的一切责任。

第 43 条　项目移交违约及处理

43.1　乙方同意项目公司发生下列情况视为违约：

除因不可抗力或甲方的原因外，乙方及项目公司的移交日期较确定移交范围和内容的基准日推迟。

43.2　乙方同意项目公司按以下方式承担违约责任：

项目公司违约不超过 60 日，自违约之日起算。项目公司的违约超过 60 日，甲方有权要求乙方及项目公司赔偿所有损失，并无条件将本工程移交甲方处理。

第 44 条　协议取消和转让

移交日，若存在与应当移交项目设施有关的但尚未取消的、仍然有效的设备协议、供货协议或所有其他协议，项目公司有义务予以取消。若该等协议对项目设施的运营和维护是必需的，项目公司应向甲方或其指定的第三方无偿转让上述协议的权利和义务。

第九章　收入和回报

*条文批注：由于公立医院项目的投资回报多取决于公立医院改制后的经济效益和社会效益，因此有关投资回报金额的确定方式上不宜太复杂，而应该尽可能具体明确，特别是对经济效益和社会效益的衡量指标要可量化可操作。对此，使用者付费、可行性缺口补助和政府付费 3 种传统的方式应在公立医院 PPP 项目中做出相应的变通。

第 45 条　项目运营收入

45.1　项目运营收入

本项目在运营期内产生运营收入归属于项目公司。运营收入包含但不限于：

项目公司提供公共卫生服务的收入；

基本医疗服务等县级公立医院允许开展的其他公共服务的收入。

物业对外租赁等非卫生医疗类收入；

政府支付的可行性缺口补助。可行性缺口补助的计算方法为

$$B=Z+R-(S-D)$$

其中，

B 值为：每年政府可行性缺口补助；

Z 值为：每年社会资本方出资项目资本金部分回报 + 本金支出之和，计算公式为：

$Z=A\alpha(1+\alpha)n/[(1+\alpha)n-1]$（A 为社会资本方出资项目资本金部分，$\alpha$ 为回报率，n 为运营期限）；

R 值为：每年项目公司融资部分本金和利息支出之和；

S 值为：每年使用者付费收入；

D 值为：每年项目公司运营成本；

45.2　可行性缺口补助的期限及回报获取

甲方保障项目公司获取的政府可行性缺口补助收入、使用者付费收入净值（S-D）为税后收入。Z 值自运营年开始至运营期结束，各年等额获取回报。R 值依据实际发生情况为准。

45.3　政策调整的收益分配

该项目在建设及运营期间，争取的各级政府政策性补助，优先冲抵政府可行性缺口补助，超出当年可行性缺可补助部分，归甲方所有。

第 46 条　政府可行性缺口补助的支付方式及分红机制

46.1　甲方应依照本合同约定向项目公司支付可行性缺口补助，项目公司所获得的可行性缺口补助的具体支付金额，由甲方根据项目公司实际融资及还贷进度，项目运营的实际情况进行计算，并报其主管部门确定。

D10902

46.2 项目运营期间，当使用者付费净值大于当年项目资本金本、利及融资本息之和即（S-D）＞Z+R 时，优先弥补甲方为乙方获得税后收入支付的税金。项目公司结余红利，按《公司法》相关规定进行分红。

* 条文批注：一般来说，出于公共利益最大化以及公私双方能力的考量，公立医院的 PPP 项目很少采用政府支付和使用者付费的方式，往往都是采用可行性缺口补助的方式。广义上的可行性缺口补助既包括政府方负责的土地征迁支出，也包括政府方以货币方式对项目公司的财政补贴。从政府方角度，为平滑财政支付曲线，在补贴额一定的情况下，一般希望补贴的年份越长越好，这在采购阶段的评分标准中有所体现；而从社会资本角度，为减轻其融资压力以及避免地方政府的信用风险，其往往希望在项目开工前即能全部补贴到位。因此，在公私双方协议过程中对回报机制条款的制定应在确保项目能正常运行的前提下，平衡好双方的需求。

第 47 条　投资总额

47.1 项目工程竣工验收后，____________市审计局对本项目按定额计价据实结算进行审计，其审计结果作为本项目工程总投资以及计取融资回报的依据。

第 48 条　财务监管

48.1 乙方及项目公司对在项目建设、运营和维护项目设施所需的资金获得应负全部的责任。

48.2 出资

甲乙方应确保其出资及时按要求如数到位。

48.3 财务报表

项目公司应按适用法律和合理的财务和商业标准及惯例认真而有效地处理其业务与事务，并应准备和向甲方提交全面反映其经营情况各个方面的下列财务报表：

（1）按国家会计税收等相关法规编报财务报表，财务报表由聘请的会计事务所负责年度报表审计；

（2）项目公司应严格遵守法律法规及本合同，甲方有权要求项目公司提供其财务状况等资料；

48.4 甲方为执行检查，应通知项目公司限期提出账簿、表册、财务报表及其他相关文件供甲方查核。甲方对于财务报表内容及相关财务问题的查询，项目公司应予以配合且不得拒绝。

第 49 条 违约事项及其处理

49.1 甲方违约

甲方未按合同约定补足与支付承诺的可行性缺口补助或补贴资金，乙方有权要求甲方限期足额支付或协商其他方式支付，并由甲方承担违约产生的相关损失。

49.2 乙方违约

（1）乙方未按合同约定投入注册资本或承诺的建设资金的，甲方有权终止合同，对乙方的履约保证金不予以退还。

（2）乙方未投入其承诺的项目运营维护资金的，甲方有权要求乙方限期整改，并由乙方承担违约产生的相关损失。

（3）项目公司非因不可抗力原因拒绝甲方的财务监督的，甲方有权要求乙方限期整改。

第 50 条 支付保障

（1）____________市人民政府授权____________市财政局为本项目出具支付承诺函；

（2）____________市财政局将应支付资金列入应支付年度的财政预算；

（3）若本项目约定的相关款项甲方不能及时、足额支付，则____________市人民政府应以相应有效资产进行支付担保。

第十章 不可抗力和法律变更

*条文批注：项目合同应根据不可抗力事件对合同履行造成的影响程度，分别约定不可抗力事件的处理。造成合同部分不能履行，可协商变更或解除项目合同；造成合同履行中断，可继续履行合同并就中断期间的损失承担做出约定；造成合同履行不能，应约定解除合同。

D10902

第 51 条　不可抗力事件

不可抗力是指合同当事人在签订合同时不可预见，在合同履行过程中不可避免且不能克服的自然灾害和社会性突发事件。

第 52 条　不可抗力事件的认定和评估

不可抗力发生后，甲方和乙方应收集证明不可抗力发生及不可抗力造成损失的证据，并及时认真统计所造成的损失。合同当事人对是否属于不可抗力或其损失的意见不一致的按本合同的约定处理。

第 53 条　不可抗力事件发生期间各方权利和义务

合同一方当事人遇到不可抗力事件，使其履行合同义务受到阻碍时，应立即通知合同另一方当事人，书面说明不可抗力和受阻碍的详细情况，并提供必要的证明。

不可抗力持续发生，合同一方当事人应及时向合同另一方当事人提交中间报告，说明不可抗力和履行合同受阻的情况，并于不可抗力事件结束后 28 天内提交最终报告及有关资料。

第 54 条　不可抗力事件的处理

因不可抗力事件导致的费用及延误的工期由双方按以下方法分别承担：

（1）工程本身的损害、因工程损害导致第三人人员伤亡和财产损失以及运至施工场地用于施工的材料和待安装的设备的损害，由乙方承担；

（2）人员伤亡由责任单位负责，并承担相应费用；

（3）施工方机械设备损坏及停工损失，由施工方承担；

（4）停工期间，施工方应业主或监理方的要求留在施工场地的必要的管理人员及保卫人员的费用由项目公司承担；

（5）工程所需清理、修复费用，由项目公司承担；

（6）延误的工期相应顺延。

（7）如果不可抗力使项目公司履行本合同项下义务的能力受到实质性的损害，并且该项损坏无法通过保险得到赔偿，或者保险赔款额低于损坏修复总支出的 70%，或者根据保险条件本项目或其项下的任何单项工程或分项分部工程被宣告为全部损失，则项目公司无义务完成工程建设、修复或正常运营，直至双方达成一致，以使项目公司基本保持和发生该不可抗力之前同等的经济地位，除非前述无法通过保险得到赔偿的原因是由于项目公司未根据本合同约定保险。

第 55 条　法律变更

因国家和省有关征地拆除补偿政策调整造成征地补偿投资增加的，增加投资由甲方承担。

本合同有效期间，若发布新的法律、法规或对法律、法规进行修订，导致严重影响项目建设、运营时，甲乙双方及项目公司根据具体情况予以协商处理。

* 条文批注：1. 在通常情况下，法律变更分为两种：一种是项目实施机构可控，一种是项目实施机构不可控。对于前者（实施机构可控的法律变更），一般来说，一旦发生，需要判断其后果，如果仅是对项目公司对项目的建设、运营产生不利影响，则应由实施机构予以补偿（可通过一般补偿或者其他补偿方式），如果对项目公司产生严重不利影响，甚至导致项目公司无法继续按照原有条件继续履行 PPP 项目合同，则可以视同发生实施机构的违约，允许项目公司提前解除 PPP 项目合同。

2. 对于实施机构不可控制的法律变更，通常有两种处理方式，一种是将其归于不可抗力事件或参照不可抗力事件处理，另一种是视为特殊事件予以特殊处理。鉴于不可抗力条款中的通知、协商机制（通常协商期不少于 90 天）、损失共担原则，并不完全适用于法律变更的情形，对其予以特别约定可能是更为妥当的处理方式。

第十一章　合同解除

第 56 条　合同解除的事由

56.1　甲方解除合同

下述事件如果在被允许的时期内未得到改正，甲方有权发出通知终止合作。

（1）乙方未按约定投入资金。

（2）乙方未提交建设期履约保函。

（3）乙方在项目合同存续期内将政府承诺投入的资金及形成的资产进行出售和转让。

D10902

（4）乙方擅自转让、出租特许经营权。

（5）因乙方原因擅自终止运营或干扰项目公司正常经营，严重影响到社会公共利益的。

56.2　乙方解除合同

下述事件如果在三个月内未得到改正，乙方有权发出终止合作通知。

（1）甲方的资金不能按时到位。

（2）甲方不履行协议义务或不按协议约定履行义务，且在乙方就此发出通知后规定的期限内仍未对违约采取补救措施。

第 57 条　合同解除程序

57.1　终止意向通知

一方提出解除本合同的，需提前三十日向对方发出终止意向通知，终止意向通知应表述违约事件的详细情况并给出必要的协商期。

在终止意向通知发出之后，双方应在协商期内为避免本合同解除采取措施，如果双方就将要采取的措施达成一致意见，并且在相应的协商期内纠正了违约事件，终止意向通知应立即自动失效。

57.2　终止通知

在协商期届满之时，除非：

（1）双方另外达成一致；

（2）导致发出终止意向通知的违约事件得到纠正。

发出终止意向通知的一方有权发出终止通知。

57.3 终止的一般后果

如果本合同提前终止，则自任何一方发出终止通知起，至双方商定的提前终止日止，双方应继续履行本合同下的权利和义务。

本合同终止后，双方在本合同项下不再有进一步的义务，但根据合同约定到期应付的任何款项，以及本合同到期或终止之前发生的而在本合同到期或终止之日尚未支付的付款义务除外。本合同的终止不影响本合同中争议解决条款和任何在本合同终止后仍然有效的其他条款。

第 58 条 合同解除后的项目移交

双方根据本章约定解除合同后，按本合同约定的范围和程序办理项目移交。

58.1 移交应在有关终止生效后的 60 天内完成，除非双方另有约定；

58.2 发生移交时，若涉及甲方对乙方做出补偿的，该移交应于甲方向乙方完成补偿后生效。

第 59 条 合同解除的其他约定

59.1 减轻损失的措施

由于另一方违约而遭受损失的一方应采取合理行动减轻损失。如果一方未能采取此类措施，违约方可以请求从赔偿金额中扣除应能够减轻或减少的损失金额。

59.2 由于受损害方造成的损失的扣除

如果造成损失的部分原因是由于受损害方的作为或不作为造成的，赔偿的数额应扣除这些因素导致的损失金额。

59.3 对间接损失不负责任

除非本合同另有规定，各方均不应对由于或根据本合同产生的或与其相关的任何索赔为对方的任何间接、特殊、利润损失或附带损失或惩罚性损害赔偿负责。

> * 条文批注：由于 PPP 项目运营周期长、投资规模大，因此与普通的商事合同相比，一般的违约行为不会触发合同的解除和中止，而是需要针对不同的情况设计替代性机制。如果替代机制仍不能保证项目的继续运行，则需要对合同解除事由、解除程序以及合同解除后的结算、项目移交等事项详细规定以保障各方的利益。

第十二章 建设处理

第 60 条 违约行为认定

除不可抗力以外，甲乙任何一方未履行本合同约定义务的，均视为违约行为。

违约行为及违约责任承担方式适用本合同相关约定；除本合同另有约定外，违约金均由违约方承担，不列入本项目总投资。

D10902

第十三章　争议解决

第 61 条　争议解决方式

61.1　双方友好协商解决

若双方对本合同条款的解释或执行（包括关于其存在、有效或终止的任何问题）产生任何争议、分歧或索赔，则应尽力友好协商解决该争议、分歧或索赔。若在 30 个工作日内该争议未能彻底得到解决，则甲乙双方均可将争议向项目所在地的人民法院通过诉讼方式解决。

61.2　本章规定的争议解决条款在本合同终止后继续有效。

> * 条文批注：对不涉及特许经营的 PPP 项目，合同双方可自由约定将争议提交诉讼或仲裁解决。鉴于法院容易受到地方保护主义的影响，建议投资方尽可能争取在合同中约定通过仲裁方式解决争议。实践中，财政部发布的《PPP 项目合同指南（试行）》第 20 节和国家发改委发布的《政府和社会资本合作项目通用合同指南》（2014 年版）第 73 条，均提出将相关争议可提交仲裁或诉讼的示范条款。

第 62 条　争议期间的合同履行

在争议、分歧或索赔做出最终裁决前，各方应继续履行其在本合同项下的所有义务并继续享有其在本合同项下的所有权利，任何一方不得以发生争议为由，停止项目建设或运营服务、停止项目运营支持服务或采取其他影响公共利益的措施，在最终裁决做出后按裁决进行最终调整。

第十四章　其他约定

第 63 条　合同变更与修订

由于政府机构改革造成 PPP 项目实施机构的变更，新的 PPP 项目实施机构应具有承担原 PPP 项目实施机构对项目的所有权利、义务和责任的能力，并重新得到政府方的授权，接受并完全承担原 PPP 项目实施机构在合同中约定义务的履行。

第 64 条 合同的转让

在项目建设及运营期限内，除本合同有明确规定或双方另有约定外，乙方不得转让其就本项目约定的全部或部分权利或义务。

第 65 条 保密

65.1 机密信息

（1）本合同一方为履行本合同而向另一方提供或允许另一方接触、查阅的所有有关资料和信息均属于该方的机密信息（除非该方做出相反表述）；

（2）本合同一方向社会公开的信息和资料，从公开之日起即不再

属于机密信息。

65.2 保守秘密

（1）本合同一方应对其知悉的另一方的机密信息严格保守秘密。非经另一方书面同意，不得将另一方的机密信息泄露给第三方；

（2）本合同各方应负责使其雇员同样遵守上述保密义务。

65.3 保密期限

本条规定的保密义务在本合同期满或提前终止后五年内，仍继续有效。

＊条文批注：项目合同应约定保密信息范围、保密措施、保密期限。保密信息通常包括项目涉及国家安全、商业秘密或合同各方约定的其他信息。

第 66 条 信息披露

一方在下列情形下披露或使用另一方的机密信息不应被视为违反本条规定的保密义务：

（1）为履行本合同的义务所需；

（2）国家法律强制性规定需披露的；

（3）经另一方允许向第三方披露的。

双方拟定合同文本后，应在省级以上人民政府财政部门采购信息发布媒体上进行公示，公示期限不少于 5 个工作日。合同签订后应在省级以上人民政府财政部门采购信息发布媒体上进行公告。

D10902

第 67 条　廉政和反腐

合同各方有恪守廉洁从政廉洁从业的防范腐败的责任。另行签订廉洁协议作为本合同附件。

第 68 条　不弃权

合同应声明任何一方均不被视为放弃本合同中的任何条款，除非该方以书面形式作出放弃。任何一方未坚持要求对方严格履行本合同中的任何条款，或未行使其在本合同中规定的任何权利，均不应被视为对任何上述条款的放弃或对今后行使任何上述权利的放弃。

第 69 条　通知

本合同项下的任何通知、请求或其他函电均应以书面形式表达或提出，通知、请求或其他函电可以专人递送、航空邮递、传真、公认的特快专递或电传方式送达各方下列地址或日后不时通知其他各方的其他地址。双方发出或提出的任何通知、请求或其他函电在对方收到时，或，如采用专人递送或公认的特快专递方式，该通知、请求或函电在正常工作时间内送达对方而对方拒绝接收时生效。

甲方：________________________________

地址：________________________________

电话：________________________________

传真：________________________________

接收人：______________________________

乙方：________________________________

地址：________________________________

电话：________________________________

传真：________________________________

接收人：______________________________

如果一方的地址或联系人更改时，应在新地址或新联系人启用前以书面形式通知另一方，否则一切后果由未通知方负责。

第 70 条　合同适用法律

合同适用中华人民共和国法律。

第 71 条　适用语言

除专业术语外，本合同使用的语言文字为中文。必要时专用术语应附有中文注释。

第 72 条　适用货币

本合同适用货币为人民币。

第 73 条　合同份数

本合同一式______份。其中：

正本______份，甲方执______份，乙方执______份，项目公司执______份；

副本______份，甲方执______份，乙方执______份，项目公司执______份。

合同正本和副本具有同等法律效力。

甲方（公章）：____

______年______月______日

乙方（公章）：____

______年______月______日

* 条文批注：1. 注意盖章应当与订立合同的主体相符，分公司可以以自己名义订立合同，但是公司的内设机构则不尽然。

2. 签字人单位的法定代表人、负责人，或经授权的部门机构的负责人、代理人。对于后者，建议由签字人出具法人书面授权书。

3. 根据我国《中华人民共和国合同法》第 32 条规定，当事人采用合同书形式订立合同的，自双方当事人签字或者盖章时合同成立。

D10902

第十四章　教育设施建设PPP项目

使用场景：

随着PPP模式在公共服务领域的大力推广，教育行业PPP项目也是逐渐增多。但教育行业PPP的比重仍有很大的提升空间，教育行业PPP项目的市场规模可以进一步扩大。从内容上来看，教育行业PPP并未真正触及教育核心，政府购买的实际是教学设施设备、学校后勤保障设施的供应。

探索推进政府购买服务和PPP模式，教育部将不断优化公共教育服务供需对接，创新公共教育服务提供方式，深化公办中小学办学体制改革，在确保公办学校公益性质的前提下，鼓励在薄弱学校率先启动办学体制改革，委托社会专业机构管理薄弱学校，积极推进中小学办学自主权改革，建立现代学校制度。在积极扩大购买服务范围、探索实施PPP机制的同时，关注其中公益性公共服务和营利性社会资本难以调和、学校所有权、国有资产归属等问题，在确保教育公益性基础上，激发学校办学活力，扩大优质教育资源。

本项目合同适用于政府和社会资本合作即采用PPP模式建设教育设施的情形。其主要内容包括以下核心条款：定义和释义；特许经营权和特许经营期；声明和保证；双方的权利和义务；项目前期工作和融资交割；土地使用；项目建设；项目运营维护管理；保险；购买服务费；开票和付款；项目协议期满时项目设施的移交；不可抗力；提前终止；转让和担保；补偿和违约赔偿；争议的解决等。除上述核心条款外，通常还会包括其他一般合同中的常见条款，例如保密条款、声明与保证、通知、合同附件、合同修订等。

下面，以《____________学校新校区建设PPP项目》为例，对合同中的关键条款，根据现有的法律法规及政策的规定，结合实践中积累的经验进行解读，供读者审阅参考。

D10903

法律要点：

1. 教育设施建设 PPP 项目是否能营利?

2016 年 11 月 7 日《民办教育促进法》的修订，进一步确认了民办学校的举办者可以自主选择设立非营利性或营利性的民办学校，更为民办营利性教育提供了法律政策的依据和支持。修改后的民办教育促进法允许兴办营利性民办学校，但在义务教育阶段禁止“营利民办”。这次修订民办教育促进法中一项重要内容是对民办教育实行分类管理，将民办学校分为营利性和非营利性两类。修改后的民办教育促进法明确规定，对于新建、扩建非营利性民办学校，人民政府应按照与公办学校同等原则，以划拨等方式给予用地优惠；而营利性学校则是按照国家规定供给土地。民办学校在税收方面也将享受国家规定的优惠政策，其中，非营利性民办学校享受与公办学校同等税收优惠。此外，县级以上各级人民政府可采取购买服务、助学贷款、奖助学金和出租、转让闲置的国有资产等措施对民办学校予以扶持。对非营利性学校还可采取政府补贴、基金奖励、捐资激励等扶持措施。

2.PPP 项目价格确定及调整机制相关问题

盈利但不暴利是 PPP 项目成功的前提，也是 PPP 项目的特点和性质所决定的，是一个 PPP 项目成功运行的内在要求。这其中，无论是使用者付费、政府购买服务或者政府可行性缺口补助，价格无疑是其中最重要、最牵动各方神经的影响因素。因此，适时调整 PPP 项目中的价格，防止社会资本暴利或过度亏损就成为一个重要问题。

根据《基础设施和公共事业特许经营管理办法》第 18 条：特许经营协议应当主要包括以下内容：“（八）收益取得方式，价格和收费标准的确定方法以及调整程序”。《价格法》第 18 条：“下列商品和服务价格，政府在必要时可以实行政府指导价或者政府定价：（一）与国民经济发展和人民生活关系重大的极少数商品价；（二）资源稀缺的少数商品价格；（三）自然垄断经营的商品价格；（四）重要的公用事业价格；（五）重要的公益性服务价格。”第 23 条：“制定关系群众切身利益的公用事业价格、公益性服务价格、自然垄断经营的商品价格等政府指导价、政府定价，应当建立听证会制度，由政府价格主管部门主持，征求消费者、经营者和有关方面的意见，论证其必要性、可行性。作为双方都极其关系的核心条款，PPP 授权协议自然会约定价格的确定、调整机制问题，以增加协议的可预期性，确保项目后续执行；但同时，PPP 项目涉及的商品或服务的价格调整落实，多需要经过听证程序才能明确，听证是调价的必经程序。”

文本正文：http://www.fatianshi.cn/D10903

____________学校新校区建设PPP项目合同书

目　录

D10903

第 9 条　保险

9.1　保险内容

9.2　有关保险的总体要求

9.3　未维持保险

第 10 条　购买服务费

10.1　购买服务费的构成

10.2　可行性缺口补助

10.3　校园物业维护费

10.4　违约金的支付

第 11 条　开票和付款

11.1　付款和开票

11.2　逾期付款

11.3　货币

第 12 条　项目协议期满时项目设施的移交

12.1　移交日

12.2　移交范围

12.3　移交委员会和移交程序

12.4　最后恢复性大修

12.5　保证、保险和技术的转让

12.6　合同的取消和转让

12.7　人员和人员培训

12.8　移交标准与缺陷修复

12.9　风险转移

12.10　移交费用

12.11　移交效力

12.12　移走乙方的其他无关物品

第 13 条　不可抗力

13.1　不可抗力事件

13.2　免于履行

13.3　适用于乙方的例外情况

D10903

本协议由下列双方于______年______月______日在____________签署：

甲方：____________（实施机构）

乙方：____________（社会资本方）

鉴于：

1.1 为了推进____________教育设施的建设，整体提升地域教育环境，筹集教育设施建设资金，推动地市高等教育服务设施开发建设市场化，创新机制，多渠道争取资金，提高项目工程建设和运营维护效率，____________人民政府决定采用PPP（政府与社会资本合作）模式实施____________学校新校区建设项目，并授权____________学校为本项目的实施机构。

> *条文批注：国家发改委2014年12月2日发布的《国家发改委关于开展政府和社会资本合作的指导意见》（发改投资〔2014〕2724号）规定："按照地方政府的相关要求，明确相应的行业管理部门、事业单位、行业运营公司或其他相关机构，作为政府授权的项目实施机构，在授权范围内负责PPP项目的前期评估论证、实施方案编制、合作伙伴选择、项目合同签订、项目组织实施以及合作期满移交等工作。"据此规定，有四类主体可以作为PPP项目实施机构：一是行业管理部门；二是事业单位；三是行业运营公司；四是其他相关机构。

1.2 根据______年______月______日____________人民政府第印发《____________校区建设PPP项目有关问题的批复》，____________人民政府同意实施________校区建设PPP项目（以下简称本项目），并通过了本项目实施方案。

1.3 甲方于______年______月______日发布本项目资格预审公告，

D10903

并于_____年_____月_____日组织了资格预审评审。_____年_____月_____日发布了本项目招标公告；甲方根据《招标须知》中规定的程序和方法，组织评审小组对提交的投标文件进行评审，最终确定___________有限公司和___________组成的联合体为中标联合体，中标价人民币______万元（RMB______），乙方报价的组成部分为可行性缺口补助，最终结算价以审计部门审计为准，并经市财政认可。

1.4　甲方通过___________的方式选择乙方作为本项目中标社会资本方，并通过与乙方签署本协议的方式授予其在本项目项下的特许经营权，按照___________模式承担本项目的投资、建设、运营和维护。待甲、乙方按照本协议的约定在___________投资设立项目公司后，由项目公司通过补签协议，全面承继乙方在本协议项下的权利和义务。

1.5　甲方与乙方特此订立本协议，以规定乙方投资、建设、运营和维护本协议有关的项目设施，并在项目协议期满后根据本协议的规定将项目设施完好无偿移交给___________人民政府或其指定的机构。

为此，双方达成如下协议，共同遵守执行：

第 1 条　定义和释义

1.1　定义

在本协议中，下述术语具有如下含义：

1.1.1　本协议：____。

1.1.2　本项目 / 项目 / 项目工程：____。

1.1.3　项目公司：指依据本合同设立，并在特许经营期内投资、建设、运营、管理和维护本项目的有限责任公司。

1.1.4　补偿事件：指项目公司按本协议有权获得补偿的任一事件。

1.1.5　不可抗力：指具有本协议第______条所规定的含义。

1.1.6　购买服务费：指运营维护期内甲方支付给乙方的可行性缺口补助以及校园物业维护费。其中可行性缺口补助为乙方完成项目工程建设达到可使用状态以及项目工程完工后进入运营维护期后因乙方提供运营维护而支付的费用；校园物业维护费为乙方对学校的基础设施建设和教学设施配备提供包括运营、维护在内的相关服务，确保各项设施的正常使用后甲方所支付的费用。

1.1.7　法律变更：指在生效日后，中国任何政府部门颁布、修改、废除或重新解释任何适用法律，导致：

（a）适用于乙方或由乙方承担的税收或关税发生变化；

（b）项目融资、建设、维护和移交要求发生变化使得乙方的资本性支出或运营成本增加；

（c）环境保护法律发生变化，并因此增加项目公司的资本性支出或运营成本。

适用上述法律变更的结果导致增加乙方的资本性支出或运营成本，而严重损害其预期利益的情况。

1.1.8　工作日：指中国法定节假日及双休日以外的公历日。

1.1.9　甲方的要求：指本协议中包括的对工程范围、技术标准、质量、进度、投资、安全和文明施工的要求和说明以及根据本协议对其所作的任何变更和修正。

1.1.10　建设期：指开工日起至项目工程通过竣工验收之日止的期间。

1.1.11　可行性缺口补助：指乙方因校园第三方业务收入不足，而为本项目建设符合适用法律及协议规定的竣工验收标准的公共资产之目的投入的资本性总支出而需要获得的服务收入，主要包括项目建设总投资（含工程建设其他费用）及必要的合理回报。可行性缺口补助将依据本协议第______条的规定进行计算。

1.1.12　开工日：指项目工程开始施工之日，具体日期以项目监理工程师发出的开工令为准。

1.1.13　临时工程：指各类为了实施和完成本项目以及修补任何缺陷所需要的全部临时性工程（乙方的设备除外）。

1.1.14　履约保函：指乙方按照第______条款规定向甲方提供的保函。

1.1.15　批准：指根据本协议的规定为乙方或为乙方将要进行的任何有关本项目融资、建设、养护和移交而需从政府部门获得的书面许可、执照、同意或授权。

1.1.16　认定保险赔款：指乙方被要求获得并维持的保险所承保的事件

D10903

发生时，如果乙方遵守其在本协议项下获得并维持该等保险的义务就有权获得的，但因乙方未遵守该等义务而无权获得的保险赔款。

1.1.17 融资文件：指与项目建设的融资相关的贷款协议、担保协议、保函、外汇套期保值协议和其他文件，但不包括

（a）股权投资者的认股书或股权出资相关的任何文件；

（b）与提供履约保函相关的文件。

1.1.18 融资交割：当下述条件具备时，视为完成融资交割：

（a）乙方按照《招标须知》和融资文件的要求完成对项目公司的出资，并经有资质的会计师事务所出具乙方的验资报告；

（b）乙方与贷款人已签署并递交所有融资文件，且融资文件要求的获得首笔资金的每一前提条件已得到满足或被贷款人放弃。

1.1.19 适用法律：指所有适用的中国法律、法规、规章和政府部门颁布的所有技术标准、技术规范以及所有其他适用的强制性要求。

1.1.20 生效日：指甲方和乙方正式签署本协议（以签字盖章为准）并经__________人民政府批准本合同之日期，如果双方签署日期不一致以较晚日期为准。

1.1.21 运营日：指本项目通过竣工验收之日的次日。

1.1.22 《招标须知》：指本项目投标文件的《__________校区建设 PPP 项目招标须知》。

1.1.23 投标文件：指__________有限公司在______年______月______日向甲方提交的______________校区建设 PPP 项目投标文件。

1.1.24 投标保证金：指__________限公司依据《招标须知》第______条的要求与投标文件同时提交的保证金。

1.1.25 特许经营权：指具有本协议第______条款规定的含义。

1.1.26 特许经营期：指具有本协议第______条款规定的含义。

1.1.27 提前终止通知：指根据本协议第______条款发出的通知。

1.1.28 违约：指本协议签约任何一方未能履行其在本协议项下的任何义务，而且这种违约不能归咎于另一方违反本协议的作为或不作为或不可抗力等。

1.1.29　违约利率：____。

1.1.30　现场：指由甲方提供的用于实施项目工程以及工程设备和材料运达、存放的场所，以及在本协议中可能明确指定作为现场组成部分的任何场所。

1.1.31　项目设施：指在本项目红线范围内与本项目相关的建筑、道路、给排水设施、燃气、电力电信设施、绿化、交通设施、照明设施等。

1.1.32　项目投资：指计入本项目的投资金额。本项目工程估算投资为______亿元。项目投资最终结算价以审计部门审计为准，并经市财政认可。

1.1.33　一般补偿事件：指乙方按本协议第______条款规定有权获得补偿的任一事件。

1.1.34　移交日：指项目特许经营期结束后的第一个工作日，或经双方书面同意的乙方将项目设施移交给甲方或本级人民政府指定机构的其他日期。

1.1.35　运营维护服务：指有关本项目涉及的学校运营、保洁、绿化养护、设施维护等运营维护工作。

1.1.36　运营期：指自工程竣工验收投入使用开始正式运营日起至项目协议期最后一日止的期间。

1.1.37　运营年：指运营期内任一年度期间，但第一个运营年应从项目开始运行日至当年公历年度末；最后一个运营年应从项目协议期最后一个公历年初至项目协议期的最后一日。

1.1.38　运营月：指运营期内任一个月期间，但第一个运营月应在项目开始运营日至当月公历月末；最后一个运营月应在项目协议期最后一个公历月初至项目协议期的最后一日。

1.1.39　运营日：指每日从 00：00 时开始至同日 24：00 时结束的二十四（24）小时。

1.1.40　永久工程：指按照本协议投资、建设的本项目永久性工程。

1.1.41　政府部门：指中国国务院及其下属的部、委、局、署，中国的任何司法或军事当局，或具有中央政府行政管理功能的其他行政实体；____________人民政府及其下辖政府职能部门；____________人民政府及其下辖政府职能部门。

D10903

1.2 释义

在本协议中，除非另有明确规定，下述词语的释义如下：

1.2.1 “日”“月”“年”均指公历的日、月、年。

1.2.2 “一方”按适用情况分别指甲方或乙方，包括其继承人和允许的被让与人或受让人；“双方”指甲方和乙方，包括其继承人和允许的被让与人或受让人。

1.2.3 除非上下文另有所指，“元”指人民币元。

1.2.4 “包括”指包括但不限于。

1.2.5 若规定支付任何款项或提交任何书面材料之日不是工作日，则应在该等日期后的第一个工作日支付或提交。

任何条款、段、附表或附件指本协议的条款、段、附表或附件。

第 2 条 特许经营权和特许经营期

2.1 特许经营权

2.11 甲方授权乙方在项目特许经营期内自行承担费用、责任和风险，负责本项目的投资和建设，提供运营维护服务，从而获得非教学业务收入、校园物业维护费以及可行性缺口补助。项目特许经营期满时将项目设施无偿完好移交给甲方或本级人民政府指定机构。

2.12 在项目特许经营期内，若乙方根据适用法律及本协议的规定拟采用项目设施开展的非《招标须知》中规定的经营性业务，必须事先报经甲方书面同意。届时双方应签订补充协议明确经营方式和收益分享机制等内容。乙方必须保证此等经营性业务不得影响本项目的实施，也不得有任何影响公共利益或公共安全的行为，否则甲方有权兑取履约保函或维护保函。未经甲方事先书面同意的，乙方不得开展前述经营性业务，否则甲方有权兑取履约保函或维护保函。

2.13 如本项目涉及管线 / 管廊铺设等第三方实施机构之间有关事务的，则乙方应事先报经甲方同意，并有权向相关的实施主体收取费用。届时双方应就收益分享机制等内容进行协商。

2.14 乙方的特许经营权在整个特许经营期内始终保持有效。

2.15 未经甲方事先书面同意，乙方不得将特许经营权转让、出租和质押。

> *条文批注：特许经营是一种行政许可，根据《行政许可法》第 12 条第 2 项规定，有限自然资源开发利用、公共资源配置以及直接关系公共利益的特定行业的市场准入等，需要赋予特定权利的事项可以设定行政许可。该规定是特许经营的基础法源。《基础设施和公用事业特许经营管理办法》(2015 六部委 25 号文，以下简称“六部委 25 号文”)第 2 条、第 3 条的规定响应了该项内容。

2.2　特许经营期

除依本协议第______条提前终止或第______条款、第______条款、第______条款和第________条款延长，特许经营期为从工程竣工验收之日起______年，不包含建设期______年。

> *条文批注：按照特许期的确定性形式来划分，PPP 项目特许期可以划分为固定特许期与弹性特许期。固定特许期是指将特许期的长度在合同中事先加以限定，如无特殊情况，一般不予调整。与固定特许期相对应的项目评标方法一般为最短运营年限中标法 (如果其他条件相同)。

2.3　项目建设范围

第 3 条　声明和保证

3.1　甲方的声明

甲方在此向乙方声明，在生效日：

（1）甲方为依据中华人民共和国法律成立的政府机构授权的本项目实施机构，具有签署和履行本协议的法人资格和权利；

（2）如果甲方在本协议第______条款下所作的声明被证明在作出之时在实质方面不属实，乙方有权终止本协议。

3.2　乙方的声明

乙方在此向甲方声明，在生效日：

（1）乙方依据中国法律正式成立并注册，具有签署和履行本协议的主体资格和融资法定条件的法人资格；项目公司的经营范围适应本项目学校

D10903

建设、运营、维护和商业开发的需要。

（2）乙方已经依法取得了与签署和履行本协议有关的一切内部、外部的授权和许可，本协议一经签署，即对乙方具有完全的法律约束力，签署和履行本协议的义务、条款和条件不会导致乙方违反法律法规、行政决定、生效判决和仲裁裁决的强制性规定，违反其与第三方合同的条款、条件和承诺，也不会引致任何利益冲突；

（3）乙方已完成了本项目的尽职调查，了解了本项目的进展情况，同意无条件接受本项目已完成的技术资料、已签署的合同及相关文件；

（4）乙方已经为本协议的履行准备了足够的资金、配备了相应技术、管理人员和先进的设备，将从财务、设备、技术力量等一切可能与本协议的履行有关的方面确保本协议项下各项义务的履行；

（5）如果乙方在本协议第______条款下所作的声明被证明与实质方面不符，甲方有权终止本协议。

3.3　不限制甲方的权利

甲方有权根据适用法律和本协议的约定对本协议项下的项目投资、融资、建设、运营和维护进行监管。

3.4　履约保函

* 条文批注：根据《财政部关于印发政府和社会资本合作模式操作指南（试行）的通知》（以下简称“财金〔2014〕113”）规定，履约保障边界条件是项目边界条件（项目合同的核心内容）之一，并认为“履约保障边界主要明确强制保险方案以及由投资竞争保函、建设履约保函、运营维护保函和移交维修保函组成的履约保函体系”。

3.4.1　自本协议生效日起______个工作日内，乙方应向甲方提交按照附件一的格式出具的甲方作为受益人的履约保函，以保证乙方按照本协议的条款和条件履行本协议项下有关项目投资、建设的各项义务。履约保函应由甲方可接受的金融机构出具，并经甲方认可。金额应至少维持在人民币______万元（RMB______）。

3.4.2　履约保函有效期

乙方应保证所提供的履约保函在自保函开立日起至根据第______条款的规定解除之日止的期间内持续有效。

乙方可以开立多份生效日首尾相连的履约保函，但每份保函的有效期不得低于______个月。每份履约保函（以下简称旧履约保函有效期届满前至少______日乙方应向甲方提交一份金额符合第______条款规定的用以替换旧履约保函的履约保函（以下简称新履约保函），新履约保函自旧履约保函有效期届满日次日起生效。

最后一份履约保函的有效期应至预计本协议规定的乙方提交维护保函之日。如果乙方未按照上述规定及时更换保函或者延长最后一份履约保函的有效期，经一次催告后仍未更换保函或者延长最后一份保函的有效期的，甲方有权全额兑取旧履约保函或最后一份履约保函的全部金额。

3.4.3　履约保函的兑取

除非本协议另有特殊约定，如果发生因乙方未全部或部分履行其在本协议项下项目工程建设的义务，且在甲方要求的期限内未予补正，或未按本协议的约定承担违约责任，甲方有权兑取履约保函的全部或部分金额。

如果乙方未按照第______条款的规定按时补充履约保函的金额，甲方有权兑取履约保函届时所剩余的全部金额。

如果乙方未按照第______条款的规定在每份履约保函到期日至少______日之前向甲方提交用以替换的履约保函，甲方有权兑取履约保函的金额。

甲方在兑取履约保函任何金额之前，应向乙方发出书面通知并告知甲方兑取的理由和拟兑取的金额。除非乙方在收到该等通知后______个工作日内向甲方全额支付上述拟兑取的金额或在收到该等通知后______个工作日内按第______条款的规定提交替换旧履约保函的新履约保函，否则，甲方即有权立即从履约保函中兑取该等金额。

3.4.4　恢复履约保函的金额若甲方在项目协议期内根据本协议的规定兑取履约保函项下的金额，乙方应在履约保函被兑取之日起的______日内将履约保函补充至第______条款中规定的金额，并向甲方出示其已经恢复履约保函金额的证明。

D10903

3.4.5　履约保函的解除条件

a. 甲方在收到乙方按照第______条款提交的维护保函后______个工作日内；

b. 甲方应在兑取完由该份履约保函担保的所有款项；

c. 甲方清偿完该份履约保函有效期届满之日前乙方根据本协议的规定应支付的所有款项之后，甲方解除届时未兑取的履约保函的余额。如果在解除履约保函前，本协议提前终止，则履约保函应在本协议提前终止后的______日内保持有效。

3.4.6　甲方行使兑取履约保函的权利不损害甲方在本协议项下的其他权利，并且不应解除乙方履行本协议项下的义务。项目公司成立后，第______条约定的履约保函的开具、恢复等由项目公司负责。

第 4 条　双方的权利和义务

> * 条文批注：对于双方权利与义务条款，合同中予以细化为具体条款明确双方的权利义务关系。在设计条款时，各方要充分考虑项目实际情况，以确保条款的合理性及可操作性。

4.1　甲方的一般权利

4.1.1　在遵守、符合适用法律要求的前提下，甲方有权对乙方履行本协议项下的义务进行监督和检查，但甲方并不因其承担有关监督、检查工作而承担任何责任，且并不解除或减轻乙方应承担的任何义务或责任。

4.1.2　建设期内，甲方在符合工程质量安全标准的情况下，有权对本协议中约定的工程进度、范围和标准进行变更，但不得违反所适用法律、法规之规定，并给乙方延长必要的建设期限。

4.1.3　甲方有权要求乙方报告项目建设、运营相关信息。

4.1.4　甲方有权按照本协议的约定终止本协议并接管项目。

4.1.5　甲方有权定期对项目公司的财务状况、经营成果进行审计。

4.1.6　在发生本协议约定的乙方严重违约或发生紧急事件时，甲方有权利（但不得被要求）介入，暂代项目公司运营和维护项目设施。

4.1.7　甲方有权根据法律规定和本协议对乙方提供的服务进行行业监管。

4.1.8　在乙方违反本协议有关规定的情况下，甲方有权根据本协议要求乙方纠正违约、向乙方收取违约金、提前终止或采取本协议规定的其他措施。

4.1.9　甲方有权享有本协议和适用法律规定的其他权利。

4.1.10　项目特许经营期满，甲方无偿取得第 12.2 条规定移交范围内的资产的所有权。

4.2　甲方的一般义务

4.2.1　甲方应始终遵守所有的适用法律和本协议的规定。

4.2.2　除适用法律或本协议有特殊规定外，甲方应保持乙方的权利在整个项目特许经营期内始终有效，维护运营维护权的完整性和独占性，项目特许经营期内不以任何方式将特许经营权授予第三者或终止，或者以任何方式减少特许经营权的内容或妨碍特许经营权的行使。

4.2.3　甲方应确保项目前期工作（包括立项、可行性研究、规划、环评、征地拆迁、地质勘察、初步设计、施工图设计以及工程施工所需的配套服务）及相关审批手续按本协议规定的时间完成，并按照征地拆迁实施计划向乙方提供项目工程建设用地。

4.2.4　甲方应尽最大努力协助乙方取得中国适用法律规定的可适用于项目公司的各项减、免税和优惠政策，并协助乙方取得政府有关部门承诺的与履行本协议相关的其他优惠。

4.2.5　甲方负责制定学生安全管理规定及安全责任边界，负责学生安全保卫工作。

4.2.6　在乙方提出适当的要求的前提下，甲方应尽最大努力协助乙方从有关政府部门获得、保持和续延本项目所需的应由乙方办理的一切许可、执照和批准。

4.2.7　甲方应按本协议第______条规定确认购买服务费，并支付购买服务费。

4.2.8　在本协议约定的提前终止条件成立后，甲方应按第______条的约定向乙方支付提前终止补偿金。

4.2.9　甲方应积极配合乙方协调与工程相关各方以及当地群众的关系，为工程建设创造良好的外部环境。

4.2.10　甲方应根据本协议约定接收项目及相关资料。

D10903

4.3　乙方的一般权利

4.3.1　乙方有权利依照本协议的约定在特许经营期内投资、建设、运营及维护学校的基础设施和教学设施设备以及经营学校，具体包括但不限于食堂、学生公寓、澡堂、广告及商铺出租、物业和校园维护，并收取购买服务费和学校经营收入的权利。

4.3.2　在征得甲方同意的情况下，有权为项目融资目的将项目收益权进行抵押或质押。

4.3.3　在甲方违反本协议有关规定的情况下，乙方有权根据本协议约定获得赔偿。

4.3.4　乙方有权享受适用法律规定的可适用于乙方的各项减、免税和优惠政策。

4.3.5　特许经营期满后，如甲方继续采用PPP方式选择经营者，项目公司享有在同等条件下的优先权。

4.3.6　项目特许经营内，如产生其他非教学经营类活动，经甲方同意后，乙方拥有优先经营的权利。

4.3.7　项目运营期内，乙方有权按国家和商丘市相关部门对于学生公寓住宿费的规定标准，经双方协商一致后收取。

4.4　乙方的一般义务

4.4.1　乙方自行负责进行本项目全部投资、建设、运营和维护，自行承担相关费用、责任和风险。

4.4.2　乙方应按照适用法律以及经相关政府部门审批的本项目初步设计文件、施工图设计文件的要求，按进度计划组织管理工程建设，并承担相关的一切费用、责任和风险。

4.4.3　乙方执行因甲方要求或法律变更导致的工程建设标准的变更。

4.4.4　在运营期内，乙方必须遵守国家和省、市政府的各项法规政策，依法经营，认真履行运营管理责任。项目期限内未经甲方同意，乙方不得擅自决定中断项目设施的运营和维护、解散、歇业。

4.4.5　非经甲方同意，乙方不得将项目资产、收费权转让给第三方。

4.4.6　乙方应承担施工现场场地的准备工作。

4.4.7　乙方应从有关政府部门获得、保持和续延本项目所必需的应由乙方办理的许可、执照和批准，相关费用由乙方支付，计入项目投资。

4.4.8　乙方应负责筹措项目工程建设投资资金，按工程进度计划投资建设，并确保投入资金能够满足本项目实施的需要。

4.4.9　由乙方完成的项目工程应完全符合本协议中规定的预期目标。工程应包括为满足甲方的要求或本协议隐含或由乙方的任何义务而产生的任何工作，以及本协议中虽未提及但推论对工程的稳定、完整或安全、可靠及有效运行所必须的全部工作。

4.4.10　乙方应在约定完工日前实施和完成项目工程，包括提供施工文件。乙方应为项目工程的实施、竣工以及修补缺陷而提供所需要的工程管理、工程技术、监督、乙方的设备、劳务、工程设备和材料、临时工程以及所有其他内容。项目工程实施之前，乙方应完全理解甲方的需求。乙方应将甲方的要求或参照项中出现的任何错误、失误或缺陷通知甲方。甲方在收到此类通知后应作出是否采用的决定并相应地通知乙方。

4.4.11　不管甲方是否给予了批准或同意，乙方应对全部现场作业、所有施工方法以及全部工程的完备性、稳定性和安全性承担全部责任。

4.4.12　项目协议期内，乙方应按适用法律和谨慎运营原则购买和维持本项目有关的保险。

4.4.13　乙方应在建设期和运营期向甲方或本级人民政府授权部门提交不可撤销且随时可以支付的履约保函和维护保函。

4.4.14　乙方应按本协议规定配合项目工程竣工验收，负责解决验收中工程质量问题。

4.4.15　乙方应接受甲方依照适用法律进行的临时接管和其他管制措施。

4.4.16　乙方应保证为本项目签订的工程文件、融资文件符合适用法律，并与本协议不相抵触。

4.4.17　乙方应______市有关档案管理的规定，负责编制项目档案，提供给甲方。

4.4.18　工程实施过程的重大问题应及时向甲方及有关部门汇报。

D10903

4.4.19　乙方应当保证学校及其设施符合消防、卫生、安全、环保等要求，配备安全保护设施和人员，学校设施安全正常使用。应当完善安全管理制度，健全应急救护措施和突发公共事件预防预警及应急处置预案，定期开展安全检查、培训和演习。

4.4.20　乙方应接受甲方和相关政府部门根据适用法律和本协议的规定对工程建设、运营和维护进行的监督和检查，并提供相应的工作条件，并应根据本协议以及甲方和相关政府部门的要求，及时向其报送有关资料。

4.4.21　未经甲方同意，继承乙方权利义务的项目公司在项目特许经营期内不得对外投资、担保或从事其经营范围以外的活动。

4.4.22　在项目特许经营期内，乙方与第三人发生经济纠纷，应承担法律责任。

4.4.23　乙方应行使法律、法规、当地政府的政策和文件及项目 PPP 协议赋予的其他权利并履行规定的其他义务。

第 5 条　项目前期工作和融资交割

5.1　前期工作及前期费用

> * 条文批注：《政府和社会资本合作项目通用合同指南（2014 年版）》（以下简称“通用合同指南”）将“项目前期工作”作为 PPP 项目合同的必备篇章，并认为该章应“重点约定合作项目前期工作内容、任务分工、经费承担及违约责任等事项”。《PPP 项目合同指南（试行）》（以下简称“项目合同指南”）亦在“项目的设计”等章节阐述了项目前期工作相关内容。

5.1.1　为保证本协议项下项目工程建设的顺利开展，甲方负责完成项目工程场地的征地、所有地上物拆迁、规划、立项、勘察设计、可研、环评报告、初步设计、施工图设计的工作。

5.1.2　在本协议签署日前，甲方已委托相关单位完成的前期工作，需计入本项目总投资费用。包括上述前期费用，将在项目竣工后的审计决算中计入本项目建设总投资额。

5.1.3　除第______条款规定之外的项目工作由乙方自行负责，并支付相应费用，甲方可提供必要的协助。

5.1.4　学校主体工程的配套基础设施和前期工作，包括不限于：

（1）连接项目设施场地与现有的公共道路的永久性道路；

（2）项目建设所必需的、到达项目设施场地规划红线的临时电力、天然气、供水、排水、通信以及道路设施。项目建设所需的临时热源由项目公司自行负责解决。

（3）根据工程进度，乙方应根据国家有关规定，进行地质灾害评估、矿产压覆咨询、地质勘探。

5.2　项目前期工作完成期限的延长

5.2.1　若任何一方合理地预计该方负责的项目前期工作不能在本协议约定的期限内完成，则该方应及时通知另一方并详细说明以下情况：

（1）不能按本协议约定期限完成的原因；

（2）所预计的可能超出预期日期的天数和其他可合理预见的对项目不利的影响；

（3）该方已经采取或建议采取的解决或减少延误及其影响的措施。

5.2.2　双方应在明确责任后对完成项目前期工作的最后期限商定延长或修改，并予以书面确认。

5.3　投融资和融资交割

> *条文批注：融资交割是指项目公司已与融资方签订融资协议，并且满足融资协议中放款的所有条件，融资方可以放款。融资交割是 PPP 项目合同中最重要的前提条件，只有确保融资款到位才能为项目的顺利实施提供保障。

5.3.1　本项目属于新建项目，总投资______亿元，全部由项目公司投资。项目资本金______亿元，不低于本项目总投资的______，剩余资金______亿元由乙方和项目公司负责筹集，项目投资最终结算价以审计部门审计为准，并经市财政认可。

5.3.2　乙方和项目公司向金融机构融资时，应乙方和项目公司要求，甲方应提供相应的帮助和必要的协调。

5.3.3　生效日后______个工作日内，乙方应完成融资交割。

5.3.4　乙方在完成融资交割后______个工作日内，应向甲方书面确认

D10903

融资交割完成，并提交所有已签署的融资文件的复印件，以及甲方合理要求的证明融资交割已实现的任何其他文件。

5.3.5 若乙方未能在生效日后______个工作日内完成融资交割，或在完成融资交割后______个工作日内不能向甲方证明其融资交割完成，且在甲方提出要求后______日内仍未完成，则甲方有权兑取履约保函或没收投标保证金。

5.4 项目公司

5.4.1 本项目由____________政府授权____________有限公司代表甲方和乙方共同出资设立项目公司，投资、建设、运营、管理和维护本项目。

5.4.2 项目公司的组织形式为有限责任公司。各出资方以各自认缴的出资额对项目公司承担责任。

5.4.3 项目公司依法独立享有甲方授予的特许经营权，并在特许经营期内对本项目进行投资、建设、运营、管理和维护。

5.4.4 在项目公司成立后，乙方在本合同项下的权利和义务由项目公司承继，具体由甲、乙、项目公司另行补充签订进行约定。

第 6 条 土地使用

6.1 土地使用

6.1.1 乙方有权为本项目之目的合法的使用本项目所涉及的土地和合法出入项目工程场地。

6.1.2 ____________人民政府将项目土地划拨给甲方，由甲方同意乙方在项目特许经营期内无偿使用项目土地用于工程建设、运营、管理、以及获得本协议约定事项内的收益权。

> *条文批注： 因本项目建设学校基础设施，属于公益基础事业用地，根据我国《土地管理法》第 54 条规定：建设单位使用国有土地，应当以出让等有偿使用方式取得；但是，下列建设用地，经县级以上人民政府依法批准，可以以划拨方式取得：
>
> （一）国家机关用地和军事用地；

（二）城市基础设施用地和公益事业用地；
（三）国家重点扶持的能源、交通、水利等基础设施用地；
（四）法律、行政法规规定的其他用地。

6.1.3　经甲方同意，乙方有权为本项目之目的无偿、合法、独占性地使用和合法出入项目场地，除非本协议提前终止，乙方依据本协议对项目场地的无偿、合法、独占性使用在整个特许经营期内持续有效。

6.1.4　如特许经营期根据本协议的约定延长，则经双方友好协商一致后，本项目乙方无偿使用该建设用地的土地的权利期限应相应延长。

6.1.5　项目特许经营期满后，本协议项下的乙方无偿使用该建设用地的权利由甲方或____________市人民政府指定机构无偿收回。

6.1.6　未经甲方同意，乙方无权将本项目工程用地变更土地用途、对外转让、出租、出借、抵押及在其上设置任何他方权利，也不得用于工程建设之外的任何目的。

6.1.7　乙方应当根据适用法律的要求，合理使用本协议项下无偿使用土地的权利，如因乙方违反适用法律、本协议和其他有关法律文件的要求使用土地给第三人造成损失的，乙方应当赔偿给第三人造成的损失。

6.1.8　甲方应为乙方提供本项目建设所必需的临时用地。

6.2　土地的适用性和土地的状况

6.2.1　乙方被视为已察看并检查了学校场地及本项目的相关资料，并已对该项目建设用地规划红线内的状况，包括地下土壤状况、通道和设施关联物等表示充分了解和接受。

6.2.2　对于上述任何土地的状况，甲方不对乙方做出任何声明和保证。乙方已接受该项目建设用地规划红线内的现状（包括地下土层条件），甲方无须为此承担任何责任和义务。

第 7 条　项目建设

7.1　设计和监理机构

7.1.1　本项目的规划设计、勘察设计和施工图设计工作，由甲方负责。

D10903

7.1.2 在本协议生效后，由项目公司负责完成本项目工程的后续设计工作。乙方应按照甲方提供的施工图设计文件和适用法律组织实施项目工程建设。

7.1.3 未经甲方事先书面批准，乙方不得对已批准的建筑设计方案、施工内容、技术要求和相关工程图纸进行任何改动。

7.1.4 由甲方选择有相应资质的工程监理机构，相应的监理费用由项目公司支付，并作为工程前期费用计入工程总投资。监理机构须按照适用法律对工程的质量、安全、文明施工、变更等方面进行监理。

* 条文批注：PPP 项目中，基于政府方兼具民事主体与行政监管主体的双重身份，若政府方完全不参股项目公司，可在政府采购文件中明确要求项目公司在选择监理单位时，应采取公开招标方式，且政府方在监理工作方面具有监督的权利，监理结果也需报相关政府部门。

7.2 工程协调和管理

7.2.1 甲方在建设期内协调乙方与相关政府部门的联系，并对项目建设全过程进行监督，包括学校建设总承包工程、分包工程的进度控制、质量控制、安全管理、合同管理、资料管理、合同付款、变更洽商等各类项目管理事项。

7.2.2 乙方应全面负责本项目的协调和管理工作，包括为项目工程服务的、甲方已确定的设计、勘察及关联合同单位等。同时乙方应与项目工程范围内各有关单位及有关政府部门进行协调，必要时应提请甲方协助，以保证项目工程顺利实施。

7.3 关联合同

7.3.1 任何其他合同，其履行与本协议有关者，或本协议之履行与该合同有关者，均应由甲方明确该合同为“关联合同”。乙方应按合同相关规定及甲方的要求进行相关工作协调并为关联合同提供服务。关联合同的承包商名称在生效日可能仍未确定，乙方不得以此为理由而对以后指定的关联合同承包商有异议，但关联合同违反所适用法律、法规及相关规定的除外。

7.3.2 乙方应于合同规定的时间，或甲方要求的其他时间，协调其与关联合同承包商的工作。乙方应提供关联合同承包商一切合理机会并参与协调管理，使其能开展工作。

7.4　进度管理

7.4.1　预计的进度计划

除非双方另有约定，双方应在下列有关进度日期当日或之前履行其在本协议项下的义务：

重大事项	预计进度日期
项目建设用地交付日	
未开工工程开工建设	
已开工工程的资产移交到项目公司	
项目主体完工	
配套工程完工	
具备投用条件	
正式开始运营	

乙方应向甲方提交详细的施工进度计划，其中应列出计划实施工程的程序、关键性时间节点、工期目标、工期保障措施等。施工进度计划经甲方同意后执行。若工程实际进度与进度计划不符，甲方可要求乙方以实现如期完工为前提合理安排施工计划并修改进度计划。

7.4.2　进度报告

乙方应负责编制和上报进度报告（包括月、季、年），并提交______式______份书面报告给甲方。第一份报告所包含的期间应从开工日起至开工日所在月、季、年的最后一天止，此后每月、季、年均应在该月、季、年最后一天之后的 10 日内提交月、季、年度进度报告。进度报告应持续至完工日止。进度报告需满足以下要求：

（1）本月计划完成情况，以及下月进度计划；

（2）工程的实际完成情况与计划情况对比；

（3）是否存在进度滞后情况，若有，需对进度滞后的原因进行分析，并制定赶工措施；

（4）现场人力、机械情况。

D10903

7.4.3　如果出现下述情况，除非依据本协议的约定提前终止或解除本协议，在明确责任后，双方应对有关进度日期的最后期限商定延长或修改，并予以书面确认：

* 条文批注：政府和项目公司通常会在合同谈判时商定可以延期的事由，基本的原则是：在法律允许的范围内，对于项目合作期限内发生非项目公司应当承担的风险而导致项目公司损失的情形下，项目公司可以请求延长项目合作期限。常见的延期事由包括：

1. 因政府方违约导致项目公司延误履行其义务；
2. 因发生政府方应承担的风险导致项目公司延误履行其义务；
3. 经双方合意且在合同中约定的其他事由。例如项目因一般不可抗力发生延期，则项目公司有权根据该不可抗力的影响期间申请延长建设期。

（1）不可抗力事件；

（2）建设场地范围内发现有古墓、古建筑或化石等具有考古、地质研究价值的物品；

（3）由于政府部门在受理乙方或甲方报批申请后违反适用法律的规定审批迟延而造成延误；

（4）适用法律规定或相关政府部门的原因导致的延误；

（5）由于任何一方违约而造成延误。

7.4.4　如同时满足了以下前提，一方可以在第______款的事件发生后，要求延长进度日期：

（1）该方（下称“第一方”）在实际发生延误的______个工作日内向另一方（下称“第二方”）提出书面的延期要求，说明对相应的进度日期可能造成的影响；

（2）计划日期的实现已经被延误；

（3）第一方已采取所有合理的措施减少延误。

如果一方未向另一方发出上述通知，该方应承担因其未发出此通知而导致另一方可能直接发生的任何费用。如果第二方在收到书面要求后______个工作日内对要求的延期未书面表示异议，则第二方将被视为对要求的延期已表示同意。第二方对延期要求的同意不解除第一方违约情况下其根据本协议第______条款应当承担的违约责任。

7.4.5 关于延期的描述，需满足以下要求：

（1）预计无法达到的进度日期；

（2）延误或预计延误的原因，包括对任何申明为不可抗力的情况的描述；

（3）所预计的可能超出进度日期的日数和其他可合理预见的对项目不利的影响；

（4）该方已经采取或建议采取的解决或减少延误及其影响的措施。

7.4.6 如果建设进度因第______条款延长，则第______条款约定的建设期应顺延。

7.5 质量管理

7.5.1 乙方保证工程质量达到如下标准：工程质量合格，各项施工符合国家验收规范，关键项目参照国际标准。

7.5.2 工程的设计、采购、施工过程的质量管理应严格执行中国和河南省强制性标准。项目公司工程可以适用企业标准、国际标准，但企业标准、国际标准的技术要求和指标应高于中国和河南省标准，并且项目公司应将适用的企业标准、国际标准报____________备案

7.5.3 在开工日之前，乙方应制定工程建设质量保证措施和质量控制计划，并将其报提交给甲方审阅和提出意见。在收到该质量保证措施与质量控制计划后的______个工作日内，甲方应当确认其对该方案没有意见，或向乙方通知其认为该方案不符合要求。乙方应当在收到甲方通知后的______个工作日内修正该方案并将其重新提交给甲方。如果甲方对该方案没有提出意见或者当任何有关该方案的争议已被解决时，乙方应当在实施工程建设的全过程中，贯彻实施该方案。乙方须将工程已经完工的重要事件或在建的重要事件的质量管理结果的完整记录，持续提交给甲方。

7.5.4 对项目公司提交的质量保证与质量控制方案，甲方的任何审阅、协商、评论或不予审阅、不予协商、不予评论，或甲方对此所作出的其他作为或不作为，均不会减轻或影响项目公司遵守本协议或法律所要求的与质量保证有关的义务或责任；或被视为甲方已对质量保证与质量控制方案承担任何责任。

7.5.5 甲方对质量控制的监督和检查

甲方有权在不影响建设进度的前提下对项目工程的建设情况进行监督和检查，该等监督和检查应在乙方代表参加的情况下进行。甲方应合理地

D10903

提前通知乙方有关监督和检查的事宜，若通知后，乙方未能派代表参加，不影响上述监督和检查的效力。

乙方应当提供甲方进入工程场地的便利条件，并对甲方就实施本协议项下监督和检查有关的合理要求予以必要协助。

甲方对工程建设的监督和检查不影响也不能替代其他政府部门依法对工程建设的监督和检查。

甲方应当自行承担进入工程建设场地进行监督和检查的全部费用。

7.5.6 有关检查的资料

乙方应当提供甲方进行检查所需的、与特定的检查目的相关的所有方案、设计、文件和资料的复印件。

7.5.7 不符合质量和 / 或安全要求

自开工日起至项目工程通过竣工验收后______年内，如果项目工程或其任何部分严重不符合有关的质量和 / 或安全要求，甲方可以就此给予乙方书面通知，要求其在合理时间纠正缺陷；乙方应遵照执行，尽快采取补救措施，并对由此引起的任何费用的增加和延误负责。

如果乙方在收到甲方上述通知后______天内不能或拒绝纠正缺陷，甲方有权自行或委托第三方纠正上述缺陷。在这种情况下，乙方应为此向甲方支付合理且必要的修理费用。如乙方拒绝甲方或本级人民政府委托的第三方进入项目场地进行纠正工作，或者未能按照甲方的要求支付相应的修理费用，甲方有权兑取履约保函或维护保函相应款项。如履约保函或维护保函不足以支付前述修复费用的，甲方有权从应付给乙方的购买服务费中扣除相应费用。

7.6 HSE 管理

* 条文批注：HSE 管理体系指的是健康（Health）、安全（Safety）和环境 (Environment）三位一体的管理体系。领导和承诺是 HSE 管理体系的核心。HSE 管理体系是将组织实施健康、安全与环境管理的组织机构、职责、做法、程序、过程和资源等要素有机构成的整体，这些要素通过先进、科学、系统的运行模式有机地融合在一起，相互关联、相互作用，形成动态管理体系。

7.6.1　乙方应明确如下 HSE 管理目标：重大人员伤亡事故控制为零；重大安全生产事故为零；重大环境污染事故为零；职业病发生率为零；伤害频率控制在______以内。

7.6.2　在开工日之前，乙方应制订项目的 HSE 计划，并将其报提交给甲方审阅和提出意见。在收到该 HSE 计划后的______个工作日内，甲方应当确认其对该方案没有意见，或向乙方通知其认为该 HSE 计划不符合要求。乙方应当在收到甲方通知后的______个工作日内修正该 HSE 计划并将其重新提交给甲方。如果甲方对该 HSE 计划没有提出意见或者当任何有关该 HSE 计划的争议已被解决时，乙方应当在实施工程建设的全过程中，贯彻实施该 HSE 计划。

（1）HSE 计划的内容应包括：项目 HSE 方针目标；项目 HSE 管理组织机构、职责；项目 HSE 教育和培训；项目 HSE 会议管理；项目 HSE 管理文件和资料管理；资格审核；危害辨识与控制；汇报制度；检查与监督；HSE 考核；现场 HSE 管理；施工作业的 HSE 管理。

（2）乙方应确保承包商所有施工人员必须经过项目规定的 HSE 培训教育，应要求承包商按三级安全教育程序在本单位进行安全教育培训，并有书面记录。

（3）乙方应采取一切合理步骤，保护现场内外的环境，并避免由其施工作业引起的污染、噪声以及其他后果对公众和财产造成的损害和妨碍。乙方应保证在施工期间，现场的气体散发、地面排水及排污不能超过适用法律规定的标准。

（4）乙方应确保所有的作业现场应实施有效的 HSE 标识管理，提供施工环境潜在危险警示和控制，确保施工作业安全，预防事故发生。

（5）乙方应确保不适合现场施工的人员不得进入施工现场。对参加施工的员工进行健康管理，控制影响员工健康的因素，创造良好的健康环境，确保员工的身体健康。

（6）乙方应确保施工范围内的劳动保护用品主要包括工作服、安全帽、防护鞋、防护手套、护目镜、耳塞和过滤面具或滤毒器等专项防护用品。确保员工防护到位。

（7）乙方负责制定事故报告制度，各参建单位负责组织所有人员进行培训并严格遵守。事故发生后，事故当事人或事故发现者应按照事故报告制度及时进行报告。

D10903

（8）乙方应确保在施工现场树立六牌一图（工程概况、组织结构、安全纪律、质量方针与目标、消防须知、安全生产无重大事故累计时间、施工平面布置图），设置安全生产、文明施工内容的宣传栏或标语，建立环境卫生及文明施工的各项管理制度。

7.6.3　甲方对 HSE 管理的监督和检查

甲方有权在不影响建设进度的前提下对项目 HSE 管理情况进行监督和检查，乙方应当提供甲方进入工程场地的便利条件，并对甲方就实施本协议项下监督和检查有关的合理要求予以必要协助。

甲方对工程建设的监督和检查不影响也不能替代其他政府部门依法对工程建设的监督和检查。

7.7　施工现场管理

7.7.1　乙方应遵守现场作业过程中所涉及的所有适用法律。从开工日起至完工日止，乙方应提供：

（1）工程的围栏、照明、防护及看守；

（2）为邻近地市的所有者和占有者、公众和其他人员，提供便利和保护所必须的临时道路、人行道、防护及围栏。

7.7.2　乙方应负责项目工程现场内的治安工作，负责阻止与项目工程无关的人员进入现场。

7.7.3　乙方应将其作业限制在工程用地范围内，应采取一切必要的预防措施以保证施工人员与设备处在现场和此类附加市域之内。

7.7.4　在建设期内，乙方应使现场避免出现一切不必要的障碍物，存放并妥善处置乙方的任何设备、材料等。乙方应及时从现场清除、运走任何残物、垃圾或不再需要的临时工程。

7.7.5　在签发完工证书前，乙方应立即从现场与工程中清除并运走乙方的所有设备、剩余材料、残物、垃圾和临时工程。乙方应保证现场与工程处于甲方满意的清洁和安全状态。

7.7.6　乙方应采取必要措施保障社会车辆和人员经过施工现场的交通疏解。

7.7.7　在建设期内，在工程现场发现所有化石、硬币、有价值的物品或文物、建筑结构以及具有地质或考古价值的其他遗迹或物品，乙方应采取合理的预防措施，防止其职员、劳工或其他人员移动或损坏任何此类物品，并及时通知甲方及其他相关单位，由此发生的费用由甲方按照第 16.1 条款规定进行一般补偿。

7.8　工程变更与造价控制

＊条文批注：工程造价的控制越早越好，科研阶段总投资估算的金额客观、实施方案阶段的财务测算精准、设计阶段总投资的优化、建设阶段的过程成本控制均非常重要，而不是单纯着眼于过程成本控制，且在整个工程中，每一阶段的控制不能脱节。

7.8.1　工程设计变更会引起合同工程量的增减，从而引起工程费用的增减。为了有效地控制工程设计变更，使工程费用严格地控制在预算之内，应明确"除影响安全、生产的可以变更外，坚决杜绝不必要的增项设计变更"。设计变更提出时，必须附有设计变更引起的费用预算乙方提出的工程变更应提前一周将变更申请报甲方，甲方在______个工作日内给予明确答复。

7.8.2　乙方新签定合同所有工程造价按____________市现行标准执行。（1）编制工程量清单及招标控制价按照商丘市财政局财政投资评审文件汇编执行，根据审定的施工图纸，依据《建设工程工程量清单计价规范（GB50500-2008）及《____________省建设工程工程量清单计价规则》及相关规定编制工程量清单及招标控制价。

7.8.3　根据工程项目性质确定执行定额（《____________建设工程工程量清单综合单价》的相应定额）。材料价格参照《____________信息发布价》，《____________信息发布价》没有的则参照同期《____________省工程造价信息》执行相关标准；人工、机械费按照相关取费文件进行调整。

7.8.4　工程变更及决算审计的依据。参照上述____________的规定执行。

7.8.5　已出具招标控制价的部分公布预算金额，未完成招标控制价的部分按估算数对外公布。

D10903

7.9　竣工验收

*条文批注：项目验收应遵照国家及地方主管部门关于基本建设项目验收管理的规定执行，通常包括专项验收和竣工验收。项目合同应约定项目验收的计划、标准、费用和工作机制等要求。如有必要，应针对特定环节做出专项安排。

7.9.1　项目公司工程满足下列条件方可进行竣工验收：

（1）满足甲方对学校建设的技术标准和使用功能要求。

（2）完成设计文件和工程合同规定的各项内容。

（3）承包商提交工程竣工报告。

（4）监理机构提交工程质量评估报告。

（5）勘察、设计机构提交工程质量检查报告。

（6）为项目公司工程建立了完整的技术档案和施工管理资料。

（7）工程使用的重要建筑材料、建筑构配件和设备均经过进场试验并备有试验报告。

（8）项目公司已按工程合同的规定支付工程款项。

（9）承包商签署的工程质量保修书。

7.9.2　____________规划行政主管部门已对工程是否符合规划设计要求进行检查，并出具认可文件。

7.9.3　具有公安、消防和环境保护等部门出具的认可文件或准许使用文件。

7.9.4　质量监督等部门要求改正的问题全部处理完毕。

7.9.5　具有____________市政基础设施的有关质量检测和功能性试验资料以及房屋建筑工程的室内空气质量检测合格报告。

7.9.6　竣工验收的程序

（1）在乙方完成工程竣工验收手续后的______个工作日内，应书面通知甲方完成竣工验收手续的时间并提交有关竣工验收的文件。

（2）在甲方收到上述通知后的______个工作日内，将会同相关政府部门对项目公司工程进行工程验收。

（3）在工程验收后的______个工作日内，甲方可向乙方发出书面通知，详细列明需要纠正的项目公司工程中建设工程、材料或设备的所有缺陷。甲方可对缺陷通知中所列的缺陷再次进行工程验收。

7.9.7　在考虑竣工验收结果时，甲方代表应考虑甲方对工程的任何使用而对工程的性能或其他特性所产生的影响。一旦工程通过了竣工验收，乙方应按适用法律规定负责准备有关档案验收的资料。

7.9.8　如因乙方原因导致工程存在某一方面的瑕疵致使工程未通过竣工验收，乙方应当根据有关验收部门的意见及时采取措施予以整改或完善，并再次申请进行相关验收，直到通过该等验收为止，相关费用由乙方自行承担，不得计入项目投资。

7.9.9　如果甲方满意工程验收结果，应在工程验收日后的第______个工作日内签发验收证书，证明学校建设实际完工已经实现，并标明实现的日期；如果甲方未能按规定签发验收证书，则验收证书应视为于工程验收日后的第______个工作日结束时已经签发。

7.9.10　即使甲方验收并接受了乙方工程中的全部或任何部分的建设工程、材料、设备；签发了验收证书，乙方对工程中的设计和建设缺陷或延迟所承担的义务或责任不得解除。

7.9.11　项目工程验收合格后，乙方应及时向甲方和相关决算审计部门提供完整的工程结算及相关档案。乙方应配合决算审计部门尽快完成审计，并出具审计报告。

7.10　竣工决算

7.10.1　项目特许经营期内，乙方应依法接受审计机关的审计，并在开始正式运营后______日内，完成工程竣工决算，并向甲方以及市财政部门及审计部门提交竣工及验收文件（包括竣工决算资料）。

7.10.2　学校建设工程的实际总投资金额以审计部门的竣工决算为准，并作为财政部门确定购买服务费中可用性服务费的计算依据。

D10903

7.11　文件管理

7.11.1　施工文件

乙方应编制足够详细的施工文件，以满足所有适用法律的要求，为供应商和施工人员实施项目工程提供足够的指导，并对已竣工的工程运行进行描述。如果施工文件中存在任何错误、遗漏、模糊、矛盾、欠缺及其他缺陷，乙方应自费进行修正。

7.11.2　投资及财务统计报表

乙方负责施工进度计划执行情况、统计报表的编制工作及项目汇报材料的编写工作，按规定负责上报相关部门，并抄报甲方。如需甲方上报的报表，由乙方报甲方汇总并表后一并上报。

7.11.3　竣工图纸

乙方应对照有关规范和数据表制定一整套工程实施的竣工记录。该记录应表明所实施工作的确切的竣工位置、尺寸及设备的参数、技术指标、功能的详细说明。这些记录应保存在现场并完全用于本项目之目的，在竣工验收之前应提交______套副本给甲方。

全部项目工程实施完毕后，乙方应按适用法律要求绘制项目工程的竣工图纸。该图纸应取得勘察设计单位和监理机构的认可。

在完工日后______日内，乙方应按适用法律要求向甲方提交竣工图纸及相关的影像文件、电子文档资料。

7.11.4　知识产权

乙方应保证项目工程的必要知识和经验均不会侵犯任何第三方的权利。

在项目工程建设过程中，乙方用到某一专利时而乙方不是此知识产权的所有人时，乙方应保证甲方有权使用该专利。

乙方应保障并保持甲方免受由于乙方的项目工程施工或实施、设备的使用以及项目工程的正确使用时产生与之有关的任何索赔引起的损害。

7.12 职员与劳工

7.12.1 乙方人员的变动

乙方的主要管理人员应按本协议签订时所报人员到位，原则上不得变动，特殊情况下需变动时，应提前______日事先获得甲方的批准和对替代人员的认可。

若乙方的主要管理人员不能满足履行本协议条件的要求，应甲方的要求乙方应及时更换或增加人员。

7.12.2 工资标准与劳动条件

乙方应按照适用法律要求雇佣职员和劳工，所付的工资标准及遵守的劳动条件应不低于其从事工作的地市同行业标准和条件。

7.12.3 劳动法

乙方应遵守适用法律规定，按时向职员和劳工合理支付报酬，以及保障他们享有适用法律规定的所有权利，并应要求其全体雇员遵守与安全工作有关的所有适用法律。

7.12.4 为员工提供必要的设施

乙方应为其（及其分包商的）职员和劳工提供并维护所有必需的食宿及福利设施，乙方不允许其任何职员和劳工在构成工程部分的建筑物、构筑物内保留任何临时或永久的居住场所。

7.12.5 健康与安全

乙方应采取预防措施以保证其职员和劳工的健康与安全，与卫生部门合作并按其要求，自始至终在住地和现场确保配备医务人员、急救设施以及救护服务。还应作出适当安排，提供所有必要的福利及卫生条件，并防止传染病的发生，并应在现场指派一名职员负责现场上所有人员的安全并防止事故的发生。该人员应能胜任此项工作，并有权发布指示及采取预防安全事故发生的保护措施。

7.12.6 工作时间

乙方应遵守劳动法有关职工工作时间的规定。

7.12.7 拖欠农民工工资

乙方应及时足额支付农民工工资，若未按时支付造成群体上访，甲方有权兑取履约保函直接支付农民工资。

D10903

7.13　开工、延误、暂停和复工

7.13.1　开工

乙方应在工程进度计划中规定的开工日或之前开工。此后，乙方应迅速按经甲方审定的工程进度计划的要求不拖延地开始实施项目工程直至竣工。

7.13.2　延误

（1）若在任何时候，由于非乙方原因造成项目工程实际进度落后于经甲方认可的工程进度计划时，则视为甲方工程延误，工期予以顺延。如为甲方原因，由此增加的相关费用经双方确认后计入项目投资。如为不可抗力原因造成工程延误参照本协议第______条执行。

（2）若在任何时候，由于乙方的原因造成工程实际进度落后于经甲方认可的工程进度计划时，则视为乙方工程延误。乙方应及时修订施工进度计划，并采取措施加快施工进度，以确保实际进度同工程进度计划相一致。因任何一方导致完工日迟于约定完工日时，每延误一日，违约方应向另一方支付______元（RMB______）违约赔偿金。以上延误违约赔偿金总金额累计不超过施工图建筑安装工程费用总价的______；如为不可抗力原因造成工程延误参照本协议第______条执行。

7.13.3　暂停

甲方可随时指示乙方暂停进行部分或全部工程。在暂停期间，乙方应保护、保管以及保障该部分或全部工程免遭任何损蚀、损失或损害。若此类暂时停工是由于非乙方原因造成的，则工期予以顺延，同时甲方应支付乙方由此而产生的全部费用。若暂时停工是由于乙方原因造成的，则工期不予顺延，同时乙方应向甲方支付相应的违约赔偿金。

7.13.4　复工

在收到继续施工的许可或指示后，乙方应修复在暂停期间发生在工程或程设备或材料中的任何损蚀、损失或损害。若此类暂时停工是由于非乙方原因造成的，此种修复的费用由甲方承担。若暂时停工是由于乙方原因造成的，此种修复的费用由乙方承担。

7.14 建设的放弃和甲方介入

＊条文批注：1. 为了能够及时了解项目建设情况，确保项目能够按时开始运营并满足合同约定的全部要求，政府方往往希望对项目建设进行必要的监督和介入，但是政府方的参与必须有一定的限度，过度的干预不仅会影响项目公司正常的经营管理以及项目的建设和投运，而且还可能将本已交由项目公司承担的风险和管理角色又揽回政府身上，从而违背 PPP 项目的初衷。

2. 政府对项目建设的监督和介入权利主要包括：

（1）定期获取有关项目计划和进度报告及其他相关资料；

（2）在不影响项目正常施工的前提条件下进场检查和测试；

（3）对建设承包商的选择进行有限的监控；

（4）在特定的情形下，介入项目的建设工作。

7.14.1 放弃

乙方以书面形式表示放弃本项目建设。

7.14.2 视为放弃

除不可抗力或甲方违约的情况外，如果乙方出现下列情况，则本项目的建设应视为已被放弃：

书面通知甲方其已终止任一部分项目工程，且不打算重新开始施工；

由于乙方原因未能在开工日期之后______天内开始项目的建设；

由于乙方原因未能在任何不可抗力事件结束后______天内恢复项目工程施工；

乙方出于任何其他原因在完工日前停止工程建设，直接或通过分包商撤走场地全部或大部分的工作人员。

7.14.3 甲方介入完成建设

（1）甲方介入的条件：乙方出现下列情况之一的，则甲方有权指定第三方取代乙方承担项目工程的任何必要的建设，以便实现完工：

（a）书面表示放弃本项目；

（b）被视为放弃项目建设。

（2）甲方介入建设后，乙方应与甲方及其指定第三方合作，向其提供

D10903

所有合理的协助，并让贷款人在其融资文件中作出具有相同效果的承诺，以确保项目的建设和完工。

（3）甲方介入本项目的建设，不应被视为根据本协议受让了项目资产或承担了乙方的义务。

（4）除本协议另有规定外，甲方及其指定第三方介入建设所产生的一切费用和风险由乙方承担。甲方有权在向乙方提供详细的费用和支出记录后，从履约保函项下兑取该部分款项。如果乙方已采取了切实可行的措施或提供了有效担保，甲方应撤出项目工程的建设。乙方应在此时恢复承担全部责任，直至任何一方发出终止通知为止。

第 8 条　项目运营维护管理

> ＊条文批注：重点约定合作项目运营的外部条件、运营服务标准和要求、更新改造及追加投资、服务计量、产出说明、履约保证、政府监管、政府支付方式、运营支出及社会资本方公共责任等事项。

8.1　运营维护管理

在经营期内，乙方应按照国家有关技术规范、行业标准的规定和谨慎运营惯例，对学校的基础设施建设和教学设施配备提供包括运营、维护在内的相关服务，确保各项设施的正常使用。

8.1.1　服务范围乙方提供的服务包括：学生宿舍以及食堂的经营维护、保洁服务、绿化养护服务、设施维护（后勤）服务等。

8.1.2　宿舍以及食堂经营维护宿舍以及食堂经营维护的范围主要包括学生宿舍的住宿费用收取、食堂运营以及相关场地设备的维护服务。

8.1.3　保洁服务

清扫保洁的范围主要包括楼道、路面等公共区域的清扫保洁。

8.1.4　绿化养护服务绿化养护内容主要包括各类花草的修剪、洒水管护以及各类花草树木的缺株及补填等工作。

8.1.5　设施维护（后勤）服务设施维护（后勤）服务主要包括照明设施、供配电设施、给排水设施、供热设施的维护。

8.1.6　应急处理如遇塌方、水毁、冰雪灾害、交通事故等情况，配合政府部门做好应急处理工作。

8.2　维护服务的基本要求

8.2.1　自运营日起，本项目进入运营维护期。

8.2.2　在整个运营维护期内，乙方负责管理和维护项目设施，应保证维护质量承担责任和风险，并使项目设施处于良好的使用状态。乙方应建立健全流程制度管理体系，从制度体系上保障管理维护质量。

8.2.3　乙方应确保在整个运营维护期内，始终根据下列规定和要求提供运营维护服务：

（1）适用法律；

（2）维护手册以及与项目设施有关的设备制造商提供的一切有关手册、指导和建议；

（3）本协议的约定；

（4）谨慎运营维护惯例。

8.2.4　乙方应按照下述规定的时间和要求向甲方提交相应的资料：

（1）乙方应于每月______日前向甲方提交上月的运营维护记录。

（2）提交全面反映其经营情况各个方面的下列财务报表和其他报表：

①每年______月______日之前，提交上一年度按适用法律和普遍认可的中国会计准则、制度和惯例编制的经审计的年度财务报表，包括资产负债表、损益表和现金流量表；

②每季度之后的______日之前，提交上一季度本项目的运营成本表；

③甲方为监督乙方遵守适用法律和本协议，合理要求的有关乙方财务状况的其他资料。

8.2.5　协议期内，如因乙方维护工作不到位引发安全事故的，由乙方承担相应责任。

8.2.6　甲方有权指定任何代表在任何时候进入项目设施，以检查项目设施的运营维护情况，但甲方应尽量减少各种检查对项目设施养护可能产生的干扰。甲方指定的代表有权检查乙方的维护记录和项目设施检测记录。乙方应对甲方指定的代表提出的问题作出合理解答。

8.3　维护保函

* 条文批注：运营维护期的履约保函，也称维护保函，主要用以担保项目公司在运营维护期内按照项目合同的约定履行运营维护义务。该保函的有效期通常视具体项目而定，可以一直到项目期限终止。在项目期限内，项目公司有义务保证该保函项下的金额一直保持在一个规定的金额，一旦低于该金额，项目公司应当及时将该保函恢复至该规定金额。

8.3.1　商业运营日后______个工作日内，乙方应向甲方提交按照附件一的格式出具的维护保函，以保证乙方履行本协议项下管理和维护项目设施的义务。维护保函应由甲方可接受的中国境内的金融机构出具。

8.3.2　维护保函的有效期为自运营日起至根据第______条款的规定解除之时止。运营日起至项目协议期届满前一年，维护保函金额至少应维持在______万元（RMB______）；项目协议期最后一年至移交日后______个月内，乙方应将维护保函的金额维持在不低于______万元（RMB______）。

8.3.3　恢复维护保函的数额

若甲方在项目协议期内根据本协议的规定兑取维护保函项下的金额，乙方应在______个工作日之内将维护保函补充至第______条款规定的金额，并向甲方出示其已经恢复维护保函金额的证据。

若乙方需要通过另一份维护保函使这份保函得以延续或更换，应提前______个工作日通知甲方，并在遵守第______条款规定的数额的前提下，始终保持维护保函自商业运营日起至根据第______条款的规定解除之时止有效。

8.3.4　维护保函的兑取

甲方有权按照第______条款的规定兑取维护保函中的款项；

（1）如果乙方未向甲方按期支付第______条款和第______条款项下到期应付违约

金，则甲方有权从维护保函中兑取相应金额；

（2）如果乙方没有遵守第______条款的规定，并且乙方在收到甲方要求其遵守的书面通知后______日内仍没有纠正，甲方有权兑取维护保函的剩余金额（如有），并有权在以后应支付给乙方的购买服务费和后勤服务费中扣除相应款项（以下简称扣留款），直至乙方履行第______条款的义务或直至所扣留款项与维护保函中的剩余款项（如有）之和满足第______条款中关于维护保函数额的要求；

（3）扣留款用于担保维护保函所担保的相同义务。如果乙方在甲方第一次取得扣留款后______日内履行第______条款所规定的义务，则在此后______日内，甲方应在以扣留款弥补其因乙方该等迟延履约行为所致之直接损失后，将剩余款项交予乙方。

8.3.5　维护保函的解除

甲方应在移交日起第______个月届满后的______日内，或本协议提前移交日起第______个月届满后______日内，在甲方兑取完由其按第______条款扣留的款项（如有）及维护保函担保的所有款项，及乙方清偿完维护保函有效期届满之日前根据本协议的规定应支付的所有款项后，解除届时未兑取的维护保函的余额，并将由其按第______条款扣留的款项之余额（如有）交予乙方。

8.3.6　维护的责任

甲方行使第______条款项下之扣款及兑取维护保函的权利不损害甲方在本协议项下的其他权利，并且不应解除乙方管理和维护项目设施的义务。

8.4　维护手册

8.4.1　维护手册的编制

在学校的实际完工日前的第______工作日之前，乙方应根据适用法律和谨慎运营维护惯例编制项目设施的维护手册，并经甲方同意后遵照执行。

维护手册在运营维护期内应根据运营维护的实际情况随时进行修改、补充和完善，并经甲方同意后遵照执行。

8.4.2　维护手册的内容

维护手册应包括对项目设施进行定期和年度检查、日常运行维护的程序和计划，以及调整和改进检验及维护安排的程序和计划，并制定应对突

D10903

发事件的应急服务预案。

维护手册应列明运营维护服务所需的消耗性备品备件和事故抢修的备品备件。

8.4.3 甲方就维护手册或任何草案作出的审阅、意见、通知或采取的任何其他作为或不作为均不会减轻或以其他方式影响：

项目公司在本协议项下或按照法律的规定应承担的责任或义务；

甲方依据本协议或法律规定对项目公司所享有的权利。

8.5 维护质量标准

乙方对项目设施进行管理和维护的工作内容及标准按照附件二中的要求；如有增加部分由双方友好协商确定。

8.6 检查及日常评估

8.6.1 甲方应按照第______条款规定的标准对乙方的管理和维护情况进行考核，并将评估的情况记录进本协议附件三维护服务质量日常考核表中，乙方应全力配合甲方的考核工作。

8.6.2 每一季度结束后，甲方应将该季度所有的维护服务质量日常考核表进行汇总，计算乙方各评分项的季度平均得分，该得分为季度分。

8.7 维护服务不达标的违约金

对每一自然年度内各季度分进行算术平均后的得分为该年度养护服务考核得分，以______分为及格分，得分低于______分时，按每低______分处以______万元（RMB______）的违约金。

8.8 未履行维护义务

8.8.1 对乙方未能按照适用法律和本协议履行养护义务，造成养护质量下降或发生安全事故，甲方有权向乙方发出整改通知，责令乙方在限定期限内采取必要措施有效纠正未履行养护义务的行为。

8.8.2 如果乙方未在甲方依上款规定发出的整改通知确定的期限内采取必要的措施纠正违约行为或未能在合理的时间内有效纠正违约行为，则甲方可以但无义务自行或委托第三方采取必要的纠正措施，乙方应对此予以配合，并承担因此而发生的全部费用。

8.8.3　就为采取上述纠正措施而发生的费用，甲方应向乙方开具账单和所发生费用的详细清单，如果乙方在收到该账单后______个工作日内未能全额支付账单所列金额，则甲方有权从维护保函中兑取相应款项以支付账单。

8.9　临时接管

8.9.1　项目协议期内，如乙方出现以下违约行为，甲方有权实施临时接管：

（1）因管理不善，发生重大质量、生产安全事故的；

（2）严重影响到社会公共利益和安全的；

（3）法律、法规禁止的其他行为。

8.9.2　临时接管所产生的一切费用，将根据本协议约定，由违约方单独承担或由各责任方分担。

> * 条文批注：由于本项目是涉及公共利益的特殊项目，从履行公共管理职能的角度出发，政府需要对项目执行的情况和质量进行必要的监控，甚至在特定情形下，政府有可能临时接管项目。

8.10　中期评估

在养护期内，主管部门应当组织专家对乙方对项目设施的养护情况进行中期评估。原则上每______年评估一次，特殊情况下（如项目实际情况与投标时估计情况存在较大偏差）可以实施年度评估，对问题予以处理或纠正。

第 9 条　保险

9.1　保险内容

项目协议期内，乙方应根据适用法律和谨慎运营维护惯例，购买和维持附件四规定的保险。乙方所投保险种包括但不限于建筑安装工程一切险、财产险（设备、设施及附属建筑物）、第三责任险等。

9.2　有关保险的总体要求

9.2.1　乙方必须促使其保险公司或代理人向甲方提供保险证明，以证实其已获得保险单据及批单。

9.2.2　乙方必须使所有保险单均注明保险商在取消保险或对之进行重

D10903

大改变之前至少______日书面通知甲方。

9.2.3 未经甲方书面同意，乙方不得变更该等保险单据。

9.3 未维持保险

9.3.1 乙方未能按第______条款和第______条款的要求投保，不得减轻或以其他方式影响乙方在本协议项下的义务和责任。

9.3.2 如果乙方不购买或维持第______条款所要求的保险，甲方首先应书面要求乙方购买上述保险，在乙方接到上述书面通知______日内仍未购买该保险，则甲方有权根据本协议自行购买上述保险，并有权从履约保函或维护保函中兑取款项以支付保险费用或从应付乙方的服务费中直接扣除。

> * 条文批注：1. 保险协议依据不同的项目会有不同的内容，一般包括货物运输保险、建筑工程一切险、安装工程一切险、第三者责任险、施工机具综合保险、雇主责任险及项目的社会责任险等。
>
> 2. 在 PPP 项目中，政府方一般会对保险协议进行相应的要求：主要包括社会资本需要持续进行投保且需将保险凭证提交政府；被保险人应为政府或其指定机构；保险人需要同意放弃一些关键性权利，包括代位权、抵扣权等；保险合同的变更，政府方需要事先同意等。

第 10 条　购买服务费

10.1 购买服务费的构成

____

10.2 可行性缺口补助

____

10.3 校园物业维护费

____

10.4 违约金的支付

____

第 11 条　开票和付款

11.1 付款和开票

11.1.1 乙方应在______以项目公司名义开设专为收取可用性服务费的银行账户，

并于生效日后______日内告知甲方该银行账户。

11.1.2　甲方按照第______条规定的付款进度向乙方支付可用性服务费。

11.1.3　乙方应在收到甲方的每次付款______个工作日内开具票据，确认收款。

11.1.4　乙方如需改变账户，应提前至少______个工作日通知对方。

11.2　逾期付款

11.2.1　第______条下任何逾期未付款项，应从到期应付之日起至收款方实际收到款项之日止，按违约利率计息。

11.2.2　任何有争议的款项，经双方达成一致意见或根据第______条作出终局判决，实属到期应付的，甲方应支付给乙方，并从原到期应付之日起按违约利率计息；不属到期应付的，如已由甲方支付，则乙方应立即归还给甲方，或由甲方选择从应支付的服务费中扣除，并应从甲方支付之日起到返还差额之日止按违约利率计息。

11.3　货币

本协议下的任何应付款项，一律以人民币支付。

第 12 条　项目协议期满时项目设施的移交

＊条文批注：项目移交的基本原则是，项目公司必须确保项目符合政府回收项目的基本要求。项目合作期限届满或项目合同提前终止后，政府需要对项目进行重新采购或自行运营的，项目公司必须尽可能减少移交对公共产品或服务供给的影响，确保项目持续运营。

12.1　移交日

移交日为项目协议期结束后的第______个工作日。

12.2　移交范围

12.2.1　项目公司以运营维护权进行学校的运营维护和商业管理。特许经营期期满后，项目公司应在移交日向甲方或市人民政府指定机构在无偿、完好、能正常运营、无债务、无设定抵押担保的条件下移交项目设施的所有权和所有权益，包括：

（1）使用项目设施所占有土地的权利；

（2）乙方对项目设施的所有权益，包括：

D10903

①项目设施；

②与项目设施相关的所有设备及备品备件等；

③与项目设施相关的所有尚未到期的保证、保险和其他协议的利益。

（3）管理和运营维护项目设施所必需的技术文件，以及所有的运营维护手册、记录、设计图纸、工程档案、质量保修书等有关资料，以使其能够直接或经由其指定机构继续管理和运营维护项目设施；

（4）为移交项目设施的所有权所需的文件；

（5）所有项目设施资产清册；

（6）甲方合理要求的其他物品与资料。

12.2.2 上述移交不应附带任何负债或违约、侵权责任，不应设有任何抵押、质押等担保权益或产权约束，亦不得存在任何种类和性质的索赔权。所有与移交的设施、权益、文件等有关的负债、违约、侵权责任、抵押、质押等担保权益、产权约束或索赔权，应由乙方全部清偿、赔偿或解除完毕。但本协议提前终止导致移交的情况下除外。

12.3 移交委员会和移交程序

项目协议期届满______个月前，甲方和乙方应成立移交委员会，移委员会由甲方______名授权代表和乙方______名授权代表组成。移交委员会应在双方同意的时间举行会谈并商定项目设施移交的详尽程序、缺陷修改计划以及按照第______条款规定的移交范围的详细清单。

12.4 最后恢复性大修

12.4.1 在项目移交日前的______个月内，乙方应按以下要求对项目设施进行最后恢复性大修：

（1）最后恢复性大修的具体内容和标准，由移交委员会根据国家法律，技术规范、规程、标准的规定和届时设施、设备的实际性状决定；

（2）项目公司按照本协议的约定和要求，编制最后恢复性大修方案，并予以实施；

（3）最后恢复性大修后，应当委托由双方认可的、具有资质的机构对本项目的设施、设备进行检验。检验应当符合本协议约定的要求；

（4）最后恢复性大修经相关行政主管部门和测试机构确认合格后，由双方授权代表书面签字予以确认；

12.4.2　甲方有权通过移交委员会（可由政府相关部门组建或指派）对最后恢复性大修的全过程进行监督。

12.4.3　如果乙方不能或不愿根据第______条款进行最后恢复性大修，视作项目公司违约，甲方有权提取履约保函并提前终止本协议。

12.5　保证、保险和技术的转让

12.5.1　移交时，乙方应将所有项目设施的承包商、制造商和供应商提供的尚未期满的担保及保证，全部无偿转让给甲方或本级人民政府指定机构。

12.5.2　在移交时，乙方应将所有保险单、暂保单和保险单批单转让给甲方或本级人民政府指定机构。甲方或本级人民政府指定机构应支付或退还上述移交之后保险期间的保险费。

12.5.3　乙方应在移交日将届时使用的管理和维护项目设施所需要的所有技术和技术诀窍（包括以任何许可方式取得的），全部无偿移交给甲方或本级人民政府指定机构，并确保甲方或本级人民政府指定机构不会因使用这些技术或技术诀窍而遭受侵权索赔。如果上述技术和技术诀窍的使用权到移交日已期满，乙方有义务协助甲方以不高于乙方取得此等技术和技术诀窍时所付出的代价取得这些技术和技术诀窍的使用权。

* 条文批注：社会资本或项目公司应将项目资产、知识产权和技术法律文件，连同资产清单移交项目实施机构或政府指定的其他机构，办妥法律过户和管理权移交手续。社会资本或项目公司应配合做好项目运营平稳过渡相关工作。PPP 项目的资产交割主要包括项目相关合同的转让和技术转让两大部分。

12.6　合同的取消和转让

如果甲方合理要求，项目公司应取消其签订的、于移交时仍有效的设备合同、供货合同和任何其他合同。甲方对于取消合同所发生的任何费用不负责任。若该等合同对学校的运营和维护是必需的，经甲方或本级人民政府指定机构认可，乙方应向甲方或本级人民政府指定机构无偿转让上述合同的

D10903

权利。

12.7　人员和人员培训

12.7.1　不迟于移交日前______个月，乙方将向甲方或本级人民政府指定机构提交一份当时乙方雇佣的雇员名单，包括每个雇员的资格、职位、收入和福利等的详细资料。乙方同时将说明在移交日之后哪些雇员将可供甲方或本级人民政府指定机构聘用。

12.7.2　甲方或本级人民政府指定机构需要在移交日之前派驻人员到乙方所在地进行培训或学习的，应不迟于移交日前______个月向乙方说明情况及拟派驻人员名单并提供详细简历。乙方免费负责为上述人员提供培训。移交日之前，甲方或本级人民政府指定机构和乙方将组织对上述人员进行考核，以确定乙方的培训目标是否完成。

12.8　移交标准与缺陷修复

12.8.1　在移交日，乙方应保证本项目处于良好的管理和维护状况（正常损耗除外）、处于正常使用状态、符合适用法律和本协议所规定的安全、质量和环境等有关标准。

12.8.2　在移交日之前，甲方应在乙方代表在场时对本项目进行移交验收。如发现存在缺陷、未能达到移交标准的，则乙方应及时修复。如乙方拒绝修复，则甲方有权不予支付项目协议期最后一年的购买服务费用并全额兑取维护保函。如任一方对是否达到移交标准有异议的，则由移交委员会聘请第三方机构进行评定。如果评定结果达到移交标准，聘请费用由甲方承担；如果评定结果未达到移交标准，则聘请费用由乙方承担。

12.8.3　如果未能达到验收标准（含异议情形下，经第三方机构认定未能达到验收标准的），且乙方不能自前次验收日起______日或双方同意的更长时间内修复任何上述缺陷，则甲方可以自行修正，由乙方承担风险和费用。甲方应有权兑取维护保函以补偿修复上述缺陷的支出，但是需将发生的详细支出记录提交给乙方。如维护保函不足以支付前述修复缺陷支出的，甲方有权从移交保证金和应付给乙方的购买服务费中扣除相应费用。

12.9　风险转移

乙方承担移交日前项目设施的全部或部分损失或损坏的风险，除非损失或损坏是由甲方或本级人民政府指定机构或其人员的过错或违约所致。

12.10　移交费用

乙方及甲方或本级人民政府指定机构负责各自的因为移交发生的费用和支出。甲方或本级人民政府指定机构应自费获得所有的批准并使之生效，并采取其他可能为移交所必需的措施。

12.11　移交效力

自移交日起，乙方在本协议项下的权利即行终止，乙方无权取得自移交日起的服务费。

自移交日起，项目设施的所有权和其他相关权益均转移给甲方或本级人民政府指定的机构。

自移交日起，由甲方或本级人民政府指定的机构全面负责项目设施的管理和养护。

双方在本协议项下未履行完毕的其他权利和义务应当继续履行。

双方于移交日之前发生及未付的债务不得移交。

12.12　移走乙方的其他无关物品

除非双方另有协议，乙方应于移交日起______日内，自费从项目场地移走乙方雇员的个人用品以及与项目设施的养护和管理无关的物品。若乙方在上述时间内未能移走这些物品，甲方在通知乙方后，有权将该物品予以提存，乙承担搬移、运输和保管的合理费用和风险。

第 13 条　不可抗力

13.1　不可抗力事件

13.1.1　不可抗力是指：在生效日时不能合理预见的；并且声称遭受不可抗力影响的一方对该事件及其后果不能克服和不能避免。

13.1.2　如果每一事件符合第______条款所规定的条件，则视为不可抗力事件。不可抗力事件应包括下列事件：

（1）雷电、干旱、地震、火山爆发、滑坡、水灾、暴风雨、海啸、洪水、台风、龙卷风或任何其他天灾；

（2）大规模流行病、饥荒或瘟疫；

D10903

（3）战争行为（无论是宣战的或未宣战的）、入侵、武装冲突或敌对行为、封锁、暴乱、恐怖行为或军事力量的使用；

（4）全国性、地市性或行业性罢工；

（5）市级及以上任何政府部门对项目设施或其任何部分实行的没收、征用、国有化；

（6）重大法律变更。

* 条文批注：由于不可抗力将触发对PPP项目合同的修改和提前终止，因此应严格限定不可抗力事件的范围，对于可通过其他途径追究相关责任方、但对项目本身存在不利影响的事件（如付款延误、供应商责任等），不应列为不可抗力事件。

13.2　免于履行

当生效日起发生的不可抗力事件全部地或部分地阻碍一方履行其在本协议的义务时，可在不可抗力影响的范围内，全部或部分免除该方在本协议项下的相应义务。

13.3　适用于乙方的例外情况

在下述情况下，乙方不得声称遭受不可抗力影响而中止履行本协议或作为其不履行本协议项下义务的理由：项目设施的设备和机器的交付发生延误，除非并限于该延误是由于符合第______条款规定的某一事件导致；

（1）项目设施的材料、设备、机器或零配件存在任何明显或潜在的缺陷或存在故障或正常磨损；

（2）乙方的工人或雇员或其承包商的工人或雇员的劳工骚乱、劳资纠纷或其他劳资行为。

13.4　不可抗力发生后的处理程序

13.4.1　声称受到不可抗力影响的一方应在发生不可抗力或知道发生不可抗力之后及时书面通知另一方并详细描述不可抗力的发生情况和可能导致的后果，包括该不可抗力发生的时间和预计停止的时间，以及对该方履行在本协议项下义务的影响，并在另一方合理要求时提供证明。

13.4.2　发生不可抗力事件后，双方应本着诚信平等的原则，立即就此等不可抗力事件进行协商。

13.5　费用及时间表的修改

13.5.1　除本协议或双方另有约定外，发生不可抗力时，双方应各自承担由于不可抗力对其造成的损失。

13.5.2　如果声称遭受不可抗力影响的一方已履行了通知程序，并且在不可抗力事件影响项目进展的情况下，已履行了请求延长进度日期的程序，则本协议中规定的履行某项义务的任何期限，经受到影响的一方请求，应根据不可抗力对履行该项义务产生影响的相同时间相应顺延。

13.6　减少损失的责任和协商

13.6.1　受到不可抗力影响的一方应尽合理的努力减少不可抗力对其造成的影响，包括根据该等措施为可能产生的结果支付合理的金额。双方应协商制定并实施补救计划及合理的替代措施以消除不可抗力的影响，并决定为尽量减少不可抗力给每一方带来的损失应采取的合理的手段。

13.6.2　声称受到不可抗力影响的一方在不可抗力的影响消除之后应尽快恢复履行本协议项下的义务。

13.7　不可抗力造成的终止

13.7.1　如果任何不可抗力事件阻止一方履行其义务且经过努力仍不可克服，自该不可抗力发生或知道发生之日起连续超过______日，双方应协商决定继续履行本协议的条件或者同意按照第______条的规定终止本协议。

13.7.2　如果自该不可抗力发生或知道发生之日起______日之内双方不能就继续履行的条件或终止本协议达成一致意见，则任何一方有权根据本协议第______条的规定向另一方发出终止意向通知。

13.8　法律变更

如发生法律变更，导致双方履行本协议项下义务的实质性条件发生变化时，双方可根据变更后的适用法律，共同协商对本协议进行修改。

D10903

13.9 风险因素

项目合作周期较长，受政策性变化、招生规模等因素影响较大时，双方应协商解决。

第 14 条　提前终止

> ＊条文批注：通常在 PPP 项目合同中约定的提前终止的情形包括：
> （1）政府方重大违约；
> （2）项目公司（中选社会资本方）重大违约；
> （3）法律变更或政府行为；
> （4）其他情形。

14.1　由甲方提出的提前终止

下述每一条款所述事件，如果不是由于不可抗力或甲方违约所致，如果有允许的纠正期限而在该期限内未能纠正，甲方有权立即发出提前终止意向通知：

（1）乙方在第______条款中的任何声明被证明实质不属实，使乙方履行本协议的能力受到严重的不利影响；

（2）项目公司未能根据本协议完成融资交割且实际影响了项目工程进度；

（3）乙方未能根据本协议约定提交履约保函或维护保函并保持其有效的；

（4）乙方出现本协议第______条款约定的放弃建设或视为放弃建设情形的；

（5）乙方根据适用法律进行清算或不能清偿到期债务；

（6）乙方被吊销企业法人营业执照；

（7）乙方擅自转让、出租运营维护权的；

（8）乙方擅自将所经营的财产进行处置或者抵押的；

（9）未经甲方事先书面同意，乙方对项目设施的全部或部分擅自停止运营维护服务（如属紧急情况的除外，但应在发生的同时口头告知甲方，并应在发生后______日内书面报告甲方）；

（10）运营期内，乙方运营维护服务季度考核连续______次或累计______次不合格的；

（11）项目公司擅自以质押、抵押担保等方式处置本协议和运营维护权；

（12）项目公司根据中国法律被吊销营业执照、责令停业、清算或破产；

（13）项目公司擅自转让、出租本项目土地、建筑物和生产性设备；

（14）项目公司抽逃注册资本或注册资本未到位的；

（15）乙方因经营管理不善，发生重大质量、生产安全事故的；

（16）乙方未履行本协议项下的义务构成对本协议的实质性违约（上述第______条款至第______条款所述情形除外），并且在收到甲方说明其违约并要求补救的书面通知后______日内仍未能补救该实质性违约。

（17）甲方根据政府工作要求提前终止。

＊条文批注：就“项目公司（中选社会资本方）重大违约”而言，通常将项目公司重大违约情形中可能严重影响项目可用性的情形作为合同提前终止的情形在 PPP 项目合同中进行约定，如：(1）声明与保证条款中出现严重失实；（2）未能完成项目融资；(3）建设工程质量、进度不符合要求；(4）运营期内绩效考核严重不达标；(5）违反股权变更的限制等。

14.2　由乙方提出的提前终止

下述每一条款所述事件，如果不是由于不可抗力或乙方的违约所致，如果有允许的纠正期限而在该期限内未能纠正，乙方有权立即发出提前终止意向通知：

（1）甲方在第______条款中的任何声明被证明在做出时在实质方面不属实，使甲方履行本协议的能力受到严重的不利影响；

（2）甲方未按规定支付购买服务费，且在乙方书面通知______日内仍未足额支付；

（3）就第______条项下的任何补偿和赔偿，在乙方提交符合要求的文件并且双方达成一致后报政府部门审批，政府部门在报批后的______日内不予批准，但甲方另行给予补偿的除外；

（4）甲方未能有效维护乙方经营维护权的独占性，对乙方的经营维护权造成严重妨碍；

（5）甲方未履行本协议项下的义务构成对本协议的实质性违约（上述

D10903

第______条款至第______条款所述情形除外），并且在收到乙方说明其违约并要求补救的书面通知后______日内仍未能补救该实质性违约。

14.3　不可抗力导致的提前终止

不可抗力导致的提前终止任何一方有权根据本协议第______条款有关不可抗力的规定向另一方发出提前终止通知。

14.4　提前终止意向通知和提前终止通知

14.4.1　提前终止意向通知

按照第______条款或第______条款发出的任何提前终止意向通知应表述引起发出该通知的乙方违约事件或甲方违约事件的合理详细的情况，在提前终止意向通知发出之后，双方应在______个工作日之内或双方同意的更长时间内（以下简称协商期协商避免本协议终止的措施。

如果甲方和乙方就将要采取的措施达成一致意见，并且 / 或者甲方或乙方（视情况而定）在协商期纠正了甲方违约事件或乙方违约事件，提前终止意向通知应立即自动失效。

14.4.2　提前终止通知在协商期之后，除非：

（1）双方另外达成一致；或

（2）导致发出提前终止意向通知的甲方违约事件或乙方违约事件得到纠正。发出提前终止意向通知的一方有权发出提前终止通知，另一方收到提前终止通知后的次日即为提前移交日（以下简称提前移交日）

14.5　提前终止的一般后果

14.5.1　自任何一方发出提前终止意向通知起，至提前移交日前______日，双方应继续履行本协议项下的权利和义务。

14.5.2　自提前移交日起，甲方应立即自行承担费用负责项目设施的运行、维护和管理，并按照第______条款与乙方进行提前移交。

14.5.3　自提前移交日起，双方在本协议项下未履行完毕的其他权利和义务应当继续履行，包括根据第______条款可能到期应付的任何款项；本协议的提前终止不影响本协议中争议解决条款和任何在本协议终止后仍然有效的其他条款的效力。

14.6　提前终止后的提前移交

14.6.1　移交范围

（1）本协议任何一方根据第______条款或第______条款的规定发出提前终止通知后，乙方应根据第______条款规定的程序向甲方提前移交按照第______条款要求的的项目设施、相关文件资料和与项目设施相关的所有权利和权益。

（2）如根据第______条款因不可抗力导致本协议提前终止，则第______条款中所列的各项应按照在提前终止通知发出时的状态被移交。

14.6.2　移交程序

自提前移交日，乙方对项目设施的所有权和所有权益全部转移给甲方，甲方收回乙方的经营维护权。

双方于______日内按第______条款确定终止补偿金额，甲方应在确定终止补偿金额后______日内或办理完毕全部产权过户手续以及其他法定手续的次日（取二者中较早者）支付全部终止补偿金。

14.6.3　移交的一般约定

乙方按照本协议的约定履行本项目移交的义务。但移交所需的时间和程序及相关的事宜，届时双方商定。

在项目移交过程中，乙方应当按照甲方的要求，保证本项目的正常运营。

双方应当及时会同贷款人就本协议终止后的善后处理事宜进行协商。

除非双方根据本协议另有约定，本协议提前终止后，双方在协议有效期内的未尽的义务继续有效。

14.7　提前终止后的补偿

若本协议根据第______条提前终止，则除非本协议另有约定，甲方将按照如下标准向乙方支付终止补偿金：

D10903

序号	条款	补偿金额
1	第 14.1 条款	建设期内提前终止时，为 A1–5B
		运营维护期内提前终止时，为 A2–B
2	第 14.2 条款	建设期内提前终止时，为 A1+5B
		运营维护期内提前终止时，为 A2+B
3	第 13.1.2（1）条款 第 13.1.2（2）条款 第 13.1.2（3）条款 第 13.1.2（4）条款	（A3–C）/2–D
4	第 13.1.2（5）条款 第 13.1.2（6）条款	建设期内提前终止时，为 A1+0.3B
		运营维护期内提前终止时，为 A2+0.3B

其中：

A1　为经审计的乙方实际发生的有关本项目的投资支出；

A2　为乙方尚未收回的可用性服务费在提前终止当年的现值；

A3　为经审计的乙方关于本项目的账面资产净值；

B　为按项目投资额的______计算，在建设期内提前终止时，项目投资额按市财政局评审的预算投资额计算，为______万元（RMB______）；在运营维护期内提前终止时，项目投资额按市审计部门出具的项目投资审计金额计算）；

C　为发生不可抗力事件时，根据本协议及相关保险合同约定，乙方（含贷款方）实际获得的保险赔款；

D　为发生不可抗力事件时，因乙方投保不足，导致所获保险赔款无法使项目设施恢复到出险前的正常状态和价值的恢复性建设费用缺额部分（如有）；若属第______条款规定的提前终止事件之一的，按照本条款对应公式计算得出的终止补偿金即“A1-5B”或者“A2-B”的值为负数；或者不可抗力情形下终止补偿金“（A3-C）/2-D”计算为负值的，则乙方应向甲方支付所述负数的绝对值。

14.8　提前终止

发生第 14 条项下事件，在以下事件全部履行完毕后，本协议自动提前终止：

（1）本协议项下的债务（若有）支付完毕；

（2）办理完毕全部产权过户手续以及其他法定手续；

（3）甲方向乙方支付全部终止补偿金额。

14.9　履约保函的到期

在本协议因第 14.1 条款和 / 或第 14.3 条款的规定而被提前终止的情况下，乙方应通过按第 3.4.2 条款的规定向甲方提交一份有效期至提前终止日后______个月届满的新履约保函，以确保履约保函在提前终止日后______月内继续保持有效。在此期间，第 12.6 条款项下有关乙方履行修复缺陷或损坏（不包括不可抗力事件造成的缺陷或损坏）义务以及甲方或本级人民政府指定机构相关权利的规定应适用。甲方应在提前终止日后______个月届满后的第______个工作日解除履约保函并退还履约保函的剩余金额。

14.10　责任限制

本协议依据本第 14 条提前终止后，除向乙方支付终止补偿金额外，甲方不应就上述终止或导致上述终止的任何事件向乙方承担任何义务，但甲方明确承担的或由于甲方违约引致的责任除外。

第 15 条　转让和担保

＊条文批注：项目合同应约定合同权利义务是否允许转让；如允许转让，应约定需满足的条件和程序。

15.1　甲方的转让

15.1.1　未经乙方事先书面同意，甲方不得转让其本协议项下全部或部分的权利或义务。

15.1.2　第 15.1.1 条款的规定并不妨碍甲方与中国其他的政府部门或机构或具有行政管理职能的机构合并、分立或职能转移，条件是合并、分立或职能转移后的政府部门或机构：

具有承担甲方在本协议项下所承担的所有权利、义务和责任的能力和

D10903

授权；

15.1.3　接受并完全承担甲方在本协议项下义务的履行。

15.2　乙方的转让

15.2.1　自生效日起未经甲方事先书面同意，项目公司的股权结构不得发生变化；

15.2.2　未经甲方事先书面同意，乙方在生效日起______年内任何情况下不得转让或以其他方式转移本协议下的权利和义务；

15.2.3　自生效日起______年后，经甲方事先书面同意并与受转让方之间按本协议原则性条款及条件不变的条件下签署新的协议，乙方可以向具备以下条件的受转让方转让本协议项下的权利和义务：

（1）受让股东财务状况应优于项目公司在生效日时的状况；

（2）转让后的控股股东应具备本项目所需的运营维护经验，以确保转让后本项目的运营管理水平不降低。

（3）股权受让方应出具书面声明，表明其已经完全理解并接受本协议全部条款规定的内容，特别需要完善处理和安排原股东在本项目下相关融资贷款合同、相关债务以及本项目下一切责任义务的法律变更、交接和延续。

15.2.3　在本条约定的项目公司股东变动发生之前，项目公司须事先向甲方提出书面申请，并在该书面申请中详述项目公司股东计划变动的情况及可能给项目公司履行本协议造成的影响。

15.2.4　乙方资产的转让和担保

乙方在项目协议期内未经甲方事先书面同意，不得转让项目设施或任何其他重要资产（按照本协议移交给甲方或本级人民政府指定机构的资产除外）。

乙方在经营维护期内未经甲方事先书面同意，不得以任何理由将项目设施进行融资抵押。

乙方为本项目融资的目的，经甲方事先书面同意，可以将经营维护权和 / 或收益权进行质押，但这种质押只能用于本项目且融资期限最长不应超过本项目项目特许经营期限。上述质押应事先征得甲方的书面同意，相应的融资文件应将得到甲方的批准，且这种质押不能影响学校的正常运营维护。

在融资文件项下项目公司为学校建设之目的而取得的贷款偿还完毕后，项目公司经甲方书面同意后可以将项目设施或其他重要资产用于抵押，但不得将项目设施或其他重要资产用于担保。

第 16 条　补偿和违约赔偿

16.1　一般补偿

16.1.1　获得一般补偿的权利

项目协议期内，如发生下述事件（以下简称一般补偿事件），双方经谈判达成一致后，甲方应依照第 16 条的规定对乙方进行补偿：

由于法律变更，乙方为符合新的法律要求进行工况调整和设备改造从而导致乙方资本性支出或运营费用增加；

发生第 13.1 条款项下不可抗力事件，导致乙方运营维护成本或项目投资增加，但双方仍希望继续履行本协议。

> * 条文批注：1. 对因政府方违约、法律变更或政府行为、或政府选择终止所导致的 PPP 项目合同提前终止的，一般的补偿原则是确保项目公司不会因项目提前终止而受损或获得额外利益（项目公司获得的补偿等于假设该 PPP 项目按原计划继续实施的情形下项目公司能够获得的经济收益）。
>
> 2. 对于因项目公司违约事件导致项目合同提前终止的，通常补偿方式包括市场价值法和账面价值法。无论是采用哪一种计算方法，一般原则是尽可能避免政府不当得利并且能够吸引融资方的项目融资。
>
> 3. 由于自然不可抗力属于双方均无过错的事件，一般原则是由双方共同分摊风险，通常来讲补偿范围包括：尚未偿还融资方的贷款、项目公司股东在项目终止前投入项目的资金以及欠付承包商的款项。补偿金一般会扣除保险理赔金额且不包括预期利润损失。

16.1.2　补偿形式补偿可采用以下三种方式，甲方可自行选择采用哪一种补偿方式：

（1）一次性现金补偿；

（2）调整购买服务费；

D10903

（3）延长项目协议期限。

16.1.3　以其他方式已补偿的损失

就乙方因一般补偿事件而发生的损失、损害或责任（包括增加的运营成本或资本性支出），甲方没有义务对乙方已从下列途径另行获取补偿或抵销的损失部分提供补偿：

（1）乙方有权获得的保险赔款（包括认定保险赔款）；

（2）乙方已从其他途径（通过其股东投资或股东提供其他融资的除外）获得补偿；

（3）甲方按照本协议其他规定或以其他方式提供补偿；

（4）在生效日后，中国立法机关或任何政府部门颁布、修改、废除或重新解释任何适用法律使乙方的资本性支出或运营成本减少或以其他方式补偿了乙方。

16.1.4　补偿事件的通知

当按照上述第16.1.1条款规定而使乙方有权获得补偿时，乙方应书面通知甲方一般补偿事件的发生及其可能之影响，包括有关损失的性质和估计数额（以下简称补偿通知）。

16.1.5　谈判期

甲方收到补偿通知后，双方应本着公平公正的原则诚意进行谈判，尽其最大努力就补偿的形式、数额及时间达成一致；

若在补偿通知发出后______日内双方未能就补偿达成一致，则按照本协议第17条的规定解决。

谈判期间，乙方不应中止项目设施的正常运营（项目设施客观上已不能正常运营的除外），甲方亦应根据本协议的约定向项目公司支付购买服务费。

16.1.6　对责任的限制

乙方同意，如果甲方按照本第16条的规定提供补偿，甲方对乙方不再承担有关补偿事件的任何其他责任，但本协议另有约定的除外。

16.2　违约赔偿

16.2.1　赔偿

受限于本协议的其他规定，每一方应有权获得因违约方违约而使该方遭受的任何损失、支出和费用的赔偿，该项赔偿由违约方支付。该项赔偿不应超过违约方在签订本协议时已经预见或应当预见到的因违反本协议可能造成的损失。

16.2.2　免责

如果一方证明其未履行义务是由于不可抗力造成的，则该方可根据第 13 条规定免责。

16.2.3　减轻损失的措施

由于另一方违约而遭受损失或可能会遭受损失的一方应采取合理行动减轻或最大程度地减少另一方违约引起的损失。

如果一方未能采取此类措施，违约方可以请求从赔偿金额中扣除本应能够减轻或减少的损失金额。

受损害的一方有权从另一方获得其因试图减轻和减少损失而合理发生的任何费用。

部分由于受损害方造成的损失如果损失的一部分是由于受损害方的作为或不作为造成的，或产生于应由受损害方承担风险的另一事件，赔偿的数额应扣除这些因素造成的损失。

16.2.4　对间接损失不负责任

除非本协议另有规定，各方均不应对由于或根据本协议产生的或与其相关的任何索赔为对方的任何间接、特殊或附带损失或惩罚性损害赔偿负责。

第 17 条　争议的解决

17.1　友好协商

17.1.1　若双方对于由于本协议条款或与本协议有关的条款的解释，包括关于其存在、有效或终止的任何问题产生任何争议、分歧或索赔，则应尽力通过协商友好解决。

17.1.2　除本协议另有规定，若在尝试友好协商解决后______日内该争议未能根据第 17.1 条款得到解决，则应适用第 17.2 条款的规定。

17.2　仲裁

若双方未能根据第 17.1 条款解决争议、分歧或索赔，则任何一方有权向____________市仲裁委员会申请仲裁。仲裁的裁决是终局的，对双方均有约束力。

D10903

* 条文批注：《中华人民共和国仲裁法》第 16 条规定，"仲裁协议包括合同中订立的仲裁条款和以其他书面方式在纠纷发生前或者纠纷发生后达成的请求仲裁的协议。仲裁协议应当具有下列内容：（一）请求仲裁的意思表示；（二）仲裁事项；（三）选定的仲裁委员会。"这是认定仲裁协议（效力）的最重要法律规定。不符合该规定的仲裁协议（条款）均不能约束当事人。

第 18 条　其他条款

18.1　协议的解释规则

18.1.1　协议文件

本协议每一份附件都应被视作本协议的一部分。

18.1.2　完整的协议

本协议构成双方对项目的完全的理解，取代双方以前所有的有关项目的书面和口头陈述、协议或安排。

18.1.3　修改

本协议任何修改、补充或变更只有以书面形式并由双方法定代表人或授权代表签字方可生效并具约束力。

18.1.4　可分割性

如果本协议中任何条款不合法、无效或不能执行，或者被任何有管辖权的仲裁庭或法院宣布为不合法、无效或不能执行，则其他条款仍然有效和可执行；并且双方应商定对不合法、无效或不能执行的条款进行修改或更换，使之合法、有效并可执行，并且这些修改或更改应尽可能恰如其分地平衡双方之间的利益、权利和义务。

18.2　保密

18.2.1　双方对本协议及相关文件均负有保密责任，但甲方为充分满足公共监督要求的情况除外。

18.2.2　甲方不得将乙方提供的财务报表和技术资料等内容向第三方公布，但为满足公共监督要求而必须公布的信息除外。

18.3　税费

18.3.1　乙方应按照适用法律缴纳所有税金、关税和收费。

18.3.2　乙方依法享有国家相关法律法规及政策规定的适用于本项目的相关税收优惠。

18.3.3　行政事业性收费的优惠标准在不违反相关法律法规及政策文件规定的前提下，可采取一事一议的方式报市政府另行研究确定。

18.3.4　乙方应自行办理相关税费优惠的申请手续，甲方予以积极协助。

18.4　合作义务和预先警告通知

双方应相互合作以达到本协议的目的，并应善意地行使和履行其在本协议项下的权利和义务。在此前提下，双方同意：

（1）当一方要求取得另一方的同意或批准时，被要求方不可以无理拒绝或迟延给予该等同意或批准；

（2）如果任何一方获悉任何以下事件或情形：

①合理地预计该事件或情形将对任何一方履行其本协议项下的义务或

实施本项目的能力造成重大不利影响；

②合理地预计另一方不能获悉该事件或情形；

该方应尽快将该事件或情形通知另一方。

18.5　通知

18.5.1　地址

本协议项下的通知、同意或其他通讯联系必须以中文书写，并通过专人递交、公认的国际快递、挂号或传真按下述地址，或各方通知的其他地址或传真号码。

项目协议期内，双方应各自指定一名日常事务代表，代表各方与对方进行日常事务的联系和沟通。双方的联系方式如下：

	甲方	乙方
地址		
收件人		
电话		
传真		

18.5.2 地址改变的及时通知

如果甲方或乙方更改第 18.4.1 条款所述的任何具体内容，更改方必须在新的内容启用前以书面形式通知对方。

18.6 协议文字和文本

本协议以中文订立，正本一式______份。甲乙双方各执______份。

18.7 修正

18.7.1 本协议的任何修改、补充或变更，须经双方法定代表人或其授权代表书面签署并加盖公章后方能生效。

18.7.2 如果本协议的任何条款无效或不能执行，则：并不影响其他条款的效力和执行；双方应对无效或不能执行的条款进行修改，使之有效并可执行。

18.8 合同解释顺序

本协议包括附件 1 至附件 5 及双方根据本协议的约定对本协议及其附件进行的修改及补充。本协议的每一个附件都应被视为本协议的组成部分。本协议的正文与附件之间如有歧义，应以本协议正文为准。

18.9 生效

本协议自双方法定代表人或各自正式授权的代表正式签署并加盖公章，

且经____________人民政府审核批准后开始生效。

> * 条文批注：一般情况下，PPP 项目合同条款并不会在合同签署时全部生效，其中部分特定条款的生效会有一定的前提条件。只有这些前提条件被满足或被豁免的情况下，PPP 项目合同的全部条款才会生效。

甲方（公章）

法定代表人 / 授权代表（签名）______________________________________

签署日期____

乙方（公章）

法定代表人 / 授权代表（签名）________________________________

签署日期________________________________

*条文批注：1. 注意盖章应当与订立合同的主体相符，分公司可以以自己名义订立合同，但是公司的内设机构则不尽然。

2. 签字人单位的法定代表人、负责人，或经授权的部门机构的负责人、代理人。对于后者，建议由签字人出具法人书面授权书。

3. 根据我国《中华人民共和国合同法》第 32 条规定，当事人采用合同书形式订立合同的，自双方当事人签字或者盖章时合同成立。

D10903

第十五章　公共文化建设PPP项目

使用场景：

2015 年 5 月，国务院办公厅转发了《关于在公共服务领域推广政府与社会资本合作模式的指导意见》，首次将文化领域纳入 PPP（政府和社会资本合作）模式的推广范围，有利于引导和鼓励社会力量、社会资本投入文化领域，拓宽文化领域建设资金来源，把政府的政策导向和民间资本的管理运营优势结合，提高文化产品和服务的供给质量，满足人民群众多样化的文化需求。

文化领域的 PPP 项目实践大多为文化馆、公园等基础建设项目。PPP 模式的引进对于文化领域特别是公共文化建设具有积极的意义，通过推广 PPP 模式，将政府公共利益和企业经济利益绑定，通过投资周期的延长将项目经营的短期风险“熨平”，变短期逐利为长期获利；把政府的高信用优势与社会资本、民营资本管理运行的高效率结合，降低民营企业的融资成本，提高文化项目的融资效率。

本项目合同适用于政府和社会资本合作即采用 PPP 模式建设文化设施的情形。其主要内容包括以下核心条款：总则；项目概况、合作方式及期限；融资及资金监督管理；项目用地；项目建设；验收及保修；项目的运营；股权变更限制；付费机制；项目移交；履约担保；政府承诺及双方权利义务；保险；法律变更；不可抗力；政府方的监督和介入；违约、提前终止及终止后处理机制；适用法律及争议解决等。除上述核心条款外，通常还会包括其他一般合同中的常见条款，如保密条款、通知、合同生效、合同附件、合同修订等。

下面，以《文化园 PPP 项目合同》为例，对合同中的关键条款，根据现有的法律法规及政策的规定，结合实践中积累的经验进行解读，供读者审阅参考。

法律要点：

1. 付费机制中政府出具承诺函的形式是否可行？

很多情况下都是政府出具承诺函的形式通过政府来推动项目，而因此发生的政府信用违约也时有发生。科学合理的方式就是通过财政承受能力论证，将钱列入预算，而不是由政府出承诺函，政府出具的承诺函也不具有法律意义上的保护作用。2015 年 4 月 7 日，财政部发布《关于印发〈政府和社会资

D10904

本合作项目财政承受能力论证指引〉的通知》（财金〔2015〕21 号）：……财政承受能力论证的结论分为“通过论证”和“未通过论证”。“未通过论证”的项目，则不宜采用 ppp 模式……每一年度全部 ppp 项目需要从预算中安排的支出责任，占一般公共预算支出比例应当不超过 10%。须注意的是，保底承诺及回购安排也是被明确禁止的：2015 年 6 月 25 日，财政部发布《关于进一步做好政府和社会资本合作项目示范工作的通知》（财金〔2015〕57 号）：……项目采购要严格执行《政府采购法》《政府和社会资本合作项目政府采购管理办法》（财库〔2014〕215 号）等规定，充分引入竞争机制，保证项目实施质量……严禁通过保底承诺、回购安排、明股实债等方式进行变相融资，将项目包装成 PPP 项目。

2. 政府融资平台公司及其他控股国有企业是否可以作为社会资本方？

PPP 项目合同包括两方主体，政府及社会资本方，其中政府包括政府及政府授权机构；社会资本指具有法人资格的企业，包括民营企业、国有企业、外国企业等，但本级政府下属的政府融资平台公司及其控股的其他国有企业（上市公司除外）不得成为社会资本方。这里须注意的是，平台公司可作为政府授权的出资机构参与项目公司运作，但不得作为政府代表。2014 年 11 月 29 日，财政部发布《关于印发政府和社会资本合作模式操作指南（试行）的通知》（财金〔2014〕113 号）规定：本指南所称社会资本是指已建立现代企业制度的境内外企业法人，但不包括本级政府所属融资平台公司及其他控股国有企业。2015 年 1 月 19 日财政部发布《关于规范政府和社会资本合作合同管理工作的通知》（财金〔2014〕156 号）规定：政府指政府或政府授权机构，社会资本是指依法设立且有效存续的具有法人资格的企业，包括民营企业、国有企业、外国企业和外商投资企业。但本级人民政府下属的政府融资平台公司及其控股的其他国有企业（上市公司除外）不得作为社会资本方参与本级政府辖区内的 PPP 项目。

文本正文：http://www.fatianshi.cn/D10904

文化园PPP项目合同

目　录

D10904

第八章 股权变更限制

第 48 条 禁止退出

第 49 条 股权转让前提

第 50 条 政府出资代表的股权转让

第 51 条 中标社会资本方股权转让限制的乙方公司章程明示

第 52 条 特许经营权转让限制

第九章 付费机制

第 53 条 付费机制

第 54 条 项目建设投资额的审定

第 55 条 项目决（结）算

第 56 条 建设期利息计算

第 57 条 可行性缺口补助

第 58 条 投资回收的弥补

第十章 项目移交

第 59 条 运营期结束的移交

第 60 条 移交标准

第 61 条 移交委员会和移交程序

第 62 条 移交范围

第 63 条 质量保证期

第 64 条 人员及培训

第 65 条 合同期限及相关合同

第 66 条 移走乙方及中标社会资本方相关的物品

第 67 条 风险转移

第 68 条 移交费用和批准

第 69 条 本合同移交后的效力

第十一章 履约担保

第 70 条 建设期履约保函

第 71 条 运营维护保函

第 72 条 移交维修保函

第 73 条 履约保函格式

D10904

引　言

本合同于______年______月______日由以下双方签署

甲方：____________（实施机构）

住所：____

负责人：____

乙方：____________（项目公司）

住所：____

法定代表人：____

鉴于：

1. 甲方已就____________项目（以下简称本项目）采用 PPP 模式建设方案取得____________人民政府同意实施批复；

2.____________人民政府已授权甲方作为本项目实施机构，与乙方签订本项目 PPP 合同；

3. 甲方通过政府采购的竞争性磋商方式确定本项目中标社会资本方，授予其本合同项下投资建设运营本项目的特许经营权；

D10904

4. 乙方系中标社会资本方为具体实施本项目的投资、融资、建设、管理、运营、维护、移交等而与政府方出资代表（____________）依法共同设立的项目公司；

5.____________财政局（PPP 管理办公室）会同有关部门开展本 PPP 项目物有所值评价，同时____________财政局开展本项目财政承受能力论证，都已通过论证及验证。____________人大同意将本合同下应支付的政府付费金额列入各年度______财政支出预算，该政府付费即本合同中的可行性缺口补助。

* 条文批注：根据财政部印发《政府和社会资本合作项目财政管理暂行办法》：

第 18 条规定："行业主管部门应当根据预算管理要求，将 PPP 项目合同中约定的政府跨年度财政支出责任纳入中期财政规划，经财政部门审核汇总后，报本级人民政府审核，保障政府在项目全生命周期内的履约能力"。

第 19 条规定："本级人民政府同意纳入中期财政规划的 PPP 项目，由行业主管部门按照预算编制程序和要求，将合同中符合预算管理要求的下一年度财政资金收支纳入预算管理，报请财政部门审核后纳入预算草案，经本级政府同意后报本级人民代表大会审议"。

双方为明确各自在本项目下的权利和义务，达成如下合同：

第一章　总　　则

第 1 条　定义和解释

1.1　定义

在本合同中如使用本条所定义的词语，应具有本条所赋予的含义。

1.1.1　本合同：指由双方为本项目签署的 PPP 项目合同，包括全部附件，以及日后可能签署的任何项目合同之补充修改合同和附件，每一部分都应视为本合同的一部分。

1.1.2　本项目：____

1.1.3　本工程：____

1.1.4　政府和社会资本合作：指政府为增强公共产品和服务供给能力、提高供给效率，通过特许经营、购买服务、股权合作等方式，与社会资本建立的利益共享、风险分担及长期合作关系，即 Public-Private-Partnership，也称 PPP。

1.1.5　特许经营权：指政府授予项目公司在一定时间和范围内对某项公用产品或服务进行排他性经营的权利。

1.1.6　可行性缺口补助：指因使用者付费无法覆盖乙方投资、运营成本及合理回报时，则由甲方在项目运营期内按照本合同的约定支付补贴。

1.1.7　甲方系指经____________人民政府批准，为本项目的发起人及项目实施机构，在____________人民政府授权下，代表____________人民政府以自己名义与本项目的乙方（即乙方）签订 PPP 合同的合法代表。

1.1.8　乙方系本项目中标社会资本方，为实施本项目的投资、融资、建设、管理、运营、维护、移交等而在奉化市行政区域内依法与政府方合作设立并存续的有限责任公司。

1.1.9　中标社会资本方系指其投标已被甲方所接受，作为项目投资、融资主体的单位。

1.1.10　承包人系指与乙方签订施工合同承担本项目全部或部分工程施工任务的施工单位。

1.1.11　施工合同系指乙方为建设本项目而同承包人签订的合同。

1.1.12　项目文件：指包括但不限于下列文件：

（1）本合同及附件；

（2）融资文件；

（3）与项目有关的其他文件。

1.1.13　项目资产：指与项目有关的所有资产，包括但不限于：

（1）本项目建设范围内工程形成的建筑物、构筑物，及与工程配套使用的所有设施等；

（2）与本项目有关的经营权等所有权益；

（3）所有文件资料；

D10904

（4）本项目建设用地划拨土地使用权。

1.1.14　政府行为：指甲方的任何上级政府部门的国有化、征收及征用等行为。

1.1.15　融资文件：指与项目或其任何一部分的建设和运营相关的贷款合同、担保合同和其他文件，但不包括股东作出的出资承诺或履约保函。

1.1.16　交工日：本项目所涉建设工程通过交工验收的日期。

1.1.17　竣工验收日：项目通过竣工验收的日期或甲方书面认可的其他日期。

1.1.18　运营年：自正式运营日起，每365天为一个运营年。

1.1.19　移交日：指合作期届满之日后的第一日（适用于本合同期满终止），或经双方书面同意的移交项目资产的其他日期。

1.1.20　生效日期系指按照本合同的规定，甲方和乙方正式签署本合同并发生法律效力的日期。

1.1.21　运营期投资回报率：即乙方中标投资回报率，如届时中国人民银行发布的五年期以上贷款基准利率发生调整，则为：调整后的中国人民银行发布的五年期以上贷款基准利率＋中标投资回报率－投标期中国人民银行发布的五年期以上贷款基准利率。

1.1.22　日投资回报率：日投资回报率＝运营期投资回报率 ÷365

1.1.23　工程费用下浮率：乙方在投标文件中报出的工程建安造价下浮率，即____________。

1.1.24　超额收益：项目实际经营性净收益与预测经营性净收益的差额。

1.1.25　已完成投资：根据已完成的合格工程量与合同约定计价口径计算的工程费用（按工程费用下浮率下浮）以及已支付的项目前期费和其他费用。

1.1.26　设计变更系指在本合同项下的某单项工程在实际施工过程中出现了与签订该单项工程合同时的预计条件不一致的情况，而需要改变原定施工范围内的某些工作内容。如工程量、合同价款、工期、质量要求、位置、标高尺寸及施工方法等方面的变化，且此变化控制在一定的变量范围之内。

1.2　解释

本合同中的标题仅为阅读方便所设，不应影响条文的解释。以下的规定适用于对本合同进行解释，除非其上下文明确显示其不适用。

在本合同中：

（1）合同或文件包括经修订、更新、补充或替代后的该合同或文件；

（2）“元”指人民币元；

（3）条款或附件：指本合同的条款或附件；

（4）一方、双方：指本合同的一方或双方，并且包括经允许的替代该方的人或该方的受让人；

（5）除非本合同另有明确约定，“包括”指包括但不限于；除本合同另有明确约定，“以上”“以下”“以内”或“内”均含本数，“超过”“以外”不含本数；

（6）除非本合同另有约定，提及的一方或双方均为本合同的一方或双方，并包括其各自合法的继任者或受让人；

（7）本合同中的标题不应视为对本合同的当然解释，本合同的各个组成部分都具有同样的法律效力及同等的重要性；

（8）本合同并不限制或以其他方式影响甲方及其他政府部门行使其法定行政职权。在本合同有效期内，如果本合同项下的有关约定届时被纳入相关法律规范属于甲方或其他政府部门的行政职权，适用该等法律规定；

（9）要求在某一非工作日付款：指该付款应在该日后的第一个工作日支付。

第 2 条　双方关系

2.1　本合同双方系平等民事主体之间的合同关系，甲方应当维护和支持乙方的合法经营活动。本合同并不限制或以其他方式影响甲方行使其他法定权力，但是基于本合同的民事性质，甲方行使任何权力不得直接或间接影响或干预乙方的合同权利和市场行为。

2.2　甲方和乙方声明如下：

（1）任何一方均有权签署本合同并按本合同履行义务。

本合同构成甲方和乙方的有效、合法、有约束力的权利和义务，对双

D10904

方均具有强制法律约束力；

（2）双方均应当保证在本合同签署之前和本项目履行过程中，依法各自取得所有的政府批准、许可、执照、证书并保持其合法有效；

（3）并不构成甲方和乙方之间的合营或合伙关系，也不能免除各方依法或依本合同应履行的职责和义务；

（4）甲方是本项目发起人，根据____________人民政府的授权和法律、法规规定及本合同的约定，负责本项目的前期立项审批、土地征迁的工作，并按合同约定履行承担可行性补助，接受合格项目等权利义务；

（5）乙方根据法律规定和本合同的约定，行使本项目的投资、融资、建设、管理、运营、维护、移交等职责并承担法律法规规定的责任。

第二章　项目概况、合作方式及期限

第3条　项目概况

3.1　项目名称：____________PPP项目。

3.2　项目建设内容及范围：甲方授予乙方____________PPP项目特许经营权，具体包括本项目约定范围的投资、融资、建设、管理、运营、维护、移交。

3.3　投资额：____。

第4条　合作方式

4.1　本项目将采取____________方式运作，甲方拥有项目土地使用权和资产所有权，乙方享有本项目特许经营权负责项目范围内运营。运营期内，乙方排他性地享有项目范围内____________的经营性收益。当该使用者付费不足以弥补乙方运营成本、投资成本及合理回报时，由甲方____________按本合同规定方式给予相应可行性缺口补助。合作期满乙方将项目无偿移交给甲方，并保证项目设施完好、运营状况良好。同时中标社会资本方将其在乙方的股权无偿转让给甲方指定机构。

4.2　本合同中建设、运营内容已有特殊约定的，按约定。

* 条文批注：根据《财政部关于印发政府和社会资本合作模式操作指南（试行）的通知》（财金〔2014〕113 号），项目运作方式主要包括：委托运营（O&M）、管理合同（MC）、建设—运营—移交（BOT）、建设—拥有—运营（BOO）、转让—运营—移交（TOT）、改建—运营—移交（ROT）等。

第 5 条　合作期限

第 6 条　前提条件

乙方应在签订 PPP 合同后 30 日内，向甲方提交银行开具的建设期履约保函，保函金额为______万元。甲方在约定期间内收到保函后，本合同生效。

第三章　项目的融资及资金监督管理

第 7 条　融资责任

由乙方承担本项目所需资金的对外融资责任，所得资金全部用于本项目建设，并承担偿债责任。

* 条文批注：在 PPP 项目中，通常项目公司有权并且有义务获得项目的融资。为此，PPP 项目合同中通常会明确约定项目全生命周期内相关资产和权益的归属，以确定项目公司是否有权通过在相关资产和权益上设定抵质押担保等方式获得项目融资，以及是否有权通过转让项目公司股份以及处置项目相关资产或权益的方式实现投资的退出。

第 8 条　融资质押

为本项目融资之目的，经甲方同意，乙方可以将其在本项目合同项下的各项权益用于质押。

第 9 条　融资文件的备案

9.1　乙方应于融资文件生效日期或之前向甲方提交融资文件，并向甲方备案。未经甲方事先书面批准，乙方不得在任何方面修改或补充、或终止、替换已经向甲方依据本合同备案的融资文件。

D10904

9.2　甲方对融资文件备案或融资文件的修改或变更的批准并不免除乙

方在本合同项下的任何义务或责任。

第 10 条　融资的政府文件

乙方以 PPP 合同及相关资料向金融机构进行融资时。根据乙方的融资需要，甲方出具实施本项目的合法性、合规性等证明材料，主要有本项目立项批复、PPP 融资建设方案批复、____________财政局对项目实施方案所做的物有所值和财政承受能力评估报告及____________人大同意将本合同下应支付的政府付费金额列入各年度____________财政支出预算的决定。该政府付费即本合同中的可行性缺口补助。

第 11 条　融资计划

乙方应在公司成立后____________内向甲方提交本项目融资方案及资金安排计划。本项目资本金及其余建设资金应按计划分期足额到位，乙方应在每期项目建设资金到位后______内将有关财务凭证报甲方或甲方指定机构审查。乙方应采取有效措施防止资金筹措不力，造成项目建设资金链中断。上述情况发生后______天内，乙方应积极采取行动予以纠正。

第 12 条　资金专户

乙方应设立项目资金专户，与银行签订资金监管协议，确保资金专款专用。所得资金必须全部用于本项目建设，不得挪用、挤占。乙方不得拖欠各参建方工程款，由此造成的损失和责任由乙方承担。

第 13 条　资金监督

甲方有权对资金到位进度、使用流向等进行核查、监督。

第 14 条　财务管理的一般要求

14.1　乙方应建立健全财务管理制度，严格执行国家规定的各项财务开支范围和标准，如实反映企业财务状况，依法缴纳税费，并接受有关机关的检查监督，保证中标社会资本方权益不受侵犯。

14.2　乙方应与资金监管银行签订资金管理协议，严格按照资金管理协议的约定管理、使用建设资金，接受监管银行资金监管，确保项目资金专款专用。

14.3　乙方应定期向甲方提交下列文件：

（1）年度基本建设支出预算、财务结算等财务报告；

（2）在各季度第 1 个月结束之前提交上一个季度的乙方现金收支季度总结报表；

（3）在每年 4 月 15 日之前提交上一年度的企业财务报表（包括财务报表说明、资产负债表、现金流量表、利润及利润分配表、会计报表附注及其他财务资料）及由独立于乙方的有资格的会计事务所出具的年度审计报告。

14.4　乙方还应按甲方的要求随时提交关于乙方财务状况的信息资料。

第四章　项目用地

第 15 条　建设用地取得方式

甲方以划拨方式提供本项目建设用地。项目使用权证登记在甲方或甲方指定单位名下。在 PPP 合同约定期限内，乙方有权按照本合同在该建设用地上进行建设、运营。

> * 条文批注：PPP 项目主体或其他社会资本，除通过规范的土地市场取得合法土地权益外，不得违规取得未供应的土地使用权或变相取得土地收益，不得作为项目主体参与土地收储和前期开发等工作。

第 16 条　征迁工作

甲方负责项目用地的土地征收补偿、拆迁、人员安置等工作，负责处理因征地拆迁、安置补偿等发生的纠纷，项目红线范围内三线迁改及三通一平。上述相关费用由乙方按本合同约定承担。

第 17 条　土地抵押融资限制

乙方未经甲方同意，不得将该等项目土地用于融资。

第 18 条　土地审批问题约定

第五章　项目建设

第 19 条　建设责任

19.1　乙方承担项目工程所需所有投资并应当要求施工承包人依照项目设计文件的要求，并严格遵守建筑法、环境保护法、产品质量法等相关

D10904

法律法规规定以及国家、地方及行业强制性标准的要求，组织本项目的建设，并承担工程建设中应承担的费用和风险。

19.2　在本项目建设范围内，中标社会资本方本身具备施工资质的，乙方可直接发包给中标社会资本方进行施工建设，中标社会资本方无资质的工程部分应分包给有资质的施工企业进行施工建设。乙方应接受政府行业管理部门的监督管理。

19.3　乙方应按国家和地方有关技术规范和技术要求以及适用的法律、法规和规范委托实施项目工程的初步设计和施工详图设计，并按照规定组织施工工作。所有项目的设计及施工图均须经政府方确认。

第 20 条　建设标准

本项目工程施工须严格按照国家、省、部委颁发的施工、验收标准及设计文件要求组织实施，使整个项目全部工程达到一次性验收合格标准。

第 21 条　项目监理

监理招标方案经甲方审核后，由乙方以招标方式确定。监理单位应依照法律法规及监理单位招投标文件规定完成本项目的监理工作，监理费用由乙方承担。甲方审核确认监理合同后，由乙方按合同执行。

第 22 条　项目跟踪审计

22.1　甲方依法委托跟踪审计单位对项目工程进行跟踪审计、结算审价及竣工财务决算审计，乙方应予以配合。相关审计费用由乙方承担。

22.2　本项目最终的建设投资金额由审计机关审定为准。

第 23 条　项目手续

乙方负责办理项目施工许可证等各项行政审批、证照，甲方应提供必要的协助。

第 24 条　建设期限

24.1　本项目总建设期不超过______年，自开工之日起至项目交工验收合格日止。具体开工日期以本项目工程监理签发的开工令或甲方的开工通知日期为准。乙方应于项目开工前制订提交项目总进度计划、年度计划，每年年末再提交下一年年度计划，并于每月______日向甲方提交工程建设进度报告。

＊条文批注：关于合作期限中的“建设期”与“运营期”的设置，项目合同指南规定：“常见的项目合作期限规定方式包括以下两种：（1）自合同生效之日起一个固定期限；（2）分别设置独立的设计建设期间与运营期间，并规定运营期间为自项目开始运营之日起的一个固定期限。

乙方保证工程进度符合以下各子项工期：

序号	项目名称	建设周期	运营期	备注
1				
2				
3				

24.2　如出现下列情况，上述工程施工工期将顺延：

（1）发生不可抗力事件；

（2）施工中发现地下文物使工程建设延误；

（3）因甲方原因造成工程建设延误；

（4）甲方提供的设计文件延迟致使开工前应达到的施工条件不具备而造成的开工日期延误；

（5）经设计调整、财政审核后相应调整预算的工程。

24.3　工程节点延迟

工程节点延迟是指除上述情况外的其他事件导致建设工程不能如期满足工程节点要求的。

24.4　工期延长申请

当发生会导致工程节点顺延或延迟的事件时，乙方应按以下程序向甲方提出延期申请：

（1）乙方应在知道或应当知道延期事件发生后 28 天内，向甲方递交延期意向通知书，并说明发生延期事件的事由；乙方未在前述 28 天内发出延期意向通知书的，丧失要求追加延长工期的权利；

D10904

（2）乙方应在发出延长意向通知书后 28 天内，向甲方正式递交延期报告；延期报告应详细说明延期理由和延长的工期，以及并附必要的记录和证明材料；

（3）延期事件具有持续影响的，乙方应按合理时间间隔继续递交延期通知，说明持续影响的实际情况和记录，列出累计的追加付款金额和（或）工期延长天数；

（4）在延期事件影响结束后 28 天内，乙方应向甲方递交最终延期报告，说明最终要求延长的工期，以及乙方已采取或建议采取的解决或减少延迟及其影响的措施并附必要的记录和证明材料。

24.5 甲方应按照以下程序答复工期延长申请

甲方应在收到最终延期报告或有关延期的进一步证明材料后的 28 天内向乙方出具延期处理结果。甲方逾期答复的，则视为认可乙方的延期申请。甲方不同意延期的，双方可按照本合同第 64 条约定处理。

24.6 乙方应在项目开工前向甲方报批按投标时所承诺的目标编写的项目施工计划安排。该计划应包括详细的实施方案与计划、施工计划安排以及预计的工期，要有明确的阶段性目标控制点及相应的保证措施。

* 条文批注：通常在以下情况发生时，项目公司有权要求延长工期：

(1) 不可抗力事件；

(2) 因甲方原因导致的延误；

(3) 法律变更或其他政府部门的原因导致的延误；

(4) 其他非项目公司（含施工总承包商、分包商、材料供应商等）原因导致的延误。

第 25 条 质量控制及安全生产

25.1 乙方在开始建设工程之前，须建立一套完整的质量控制方案交甲方备案后执行，并作为甲方监督管理和验收依据之一。

25.2　施工的一般要求

（1）乙方必须在本合同规定的时间内完成项目的施工。

（2）乙方应为项目施工建立健全质量保证体系、安全保证体系。必须确保工程质量符合批准的施工图设计文件、国家现行的工程施工技术规范和技术标准，必须确保施工安全、杜绝重大责任事故。

（3）乙方应按照经政府相关部门审查和批准的项目的建设规模、设计标准、施工规范、施工图、施工计划完成施工，并承担费用和风险。

（4）乙方应积极配合政府各相关部门对项目的工程建设进行监督检查。

（5）未经甲方同意，乙方不得泄露、公布、发布、转让与项目有关的技术秘密或商业秘密。

25.3　文明施工和安全生产

在本项目施工期间，乙方应当采取有效措施文明施工，同时严格执行国家有关安全生产的法律、法规及规章制度，并履行以下义务：

（1）防治因施工产生的环境破坏和污染；

（2）落实施工区域内的安全措施及消防安全措施；

（3）按规定处置建筑垃圾和工程渣土；

（4）保护施工区域内的各种管线；

（5）处理因本项目工程施工引起的其他问题。

25.4　乙方对承包人的责任

（1）乙方应按照工程进度，及时向承包人支付工程款，严禁承包人垫资施工；按照规定的期限及时退还保证金、办理工程结算。

（2）乙方应加强对承包人工程款使用情况的监督检查管理，督促承包人不得拖欠分包人的工程款和农民工工资。

（3）乙方应加强对承包人使用农民工的管理，对不签订劳动合同、非法使用农民工、拖延和克扣农民工工资，以及其他违反国家对农民工相应保障规定的，应予以纠正。承包人拒不纠正的，应及时将有关情况报有关部门调查处理。

（4）乙方雇佣承包人不应解除乙方对本合同项下的任何义务，乙方应

D10904

对承包人及其雇员的行为或过失而造成的本合同项下损失承担责任，并承担由于承包人及其雇员的行为或过失所造成的本合同项下的一切损失和赔偿。

（5）乙方与承包人签订合同应符合本合同的规定，且包含使乙方能够履行本合同项下义务所必需的本合同的条款或具有同等效力的规定。

第 26 条　工程变更

26.1　工程变更：在本项目建设期间，因下述原因引起的工程项目的增减属于工程变更，包括但不限于：

（1）工程项目的增减；

（2）项目范围的变更；

（3）设计变更及因设计深度不够引起的工程项目或工程量的变更；

（4）环境、文物保护的影响；

（5）现场表面下遇见到的隐蔽状况；

（6）其他合理的原因。

26.2　除非甲方提出设计变更要求，乙方不应对已批准的工程施工图、招标图设计、技术标准等进行任何更改或修改。但是当乙方在遵守关于变更设计规定的前提下，在各单项工程建设期内的任何时候，乙方发现某些变更可以：

（1）在不降低原设计的质量要求的前提下，将加快建设速度；

（2）在不降低原设计的质量要求的前提下，能降低该单项工程的建设、维护成本；

（3）提高该单项工程的质量。

26.3　工程变更须经甲方、设计单位、监理单位共同签复（有盖章和签字手续），方可作为工程变更依据，否则不作为工程变更结算依据。

26.4　工程变更费用的计价标准与合同计算口径保持一致，经审计后按照工程费用下浮率下浮计算确定。计算因不可抗力引起的工程变更投资额时应当扣除保险赔偿款。最终以奉化市财政局或审计局审定为准。

26.5　工程变更的程序

发生上述 26.1、26.2 条所述事项后，任何一方要求工程变更的，须经过第 26.3 条规定的手续后，按照____________政府投资项目工程变更程序规定执行。

* 条文批注：PPP 项目合同中可约定：（1）在确保工程质量标准、工程安全的前提下，对在降低项目建设造价、节省项目用地、加快施工进度等方面具有显著效益的，项目公司可向政府方提出变更申请并应同时提供相应的证明材料。经政府方批准的变更方案方可实施。除上述原因以外，项目公司不得提出变更，应根据经批准的设计文件进行建设。（2）因项目公司提出的变更节省项目建设造价的，就节省的部分政府方和项目公司可以按比例进行分成。（3）项目公司应对变更导致的任何缺陷负全部责任。政府方不因进行审批而对项目的工程建设质量或工程进度承担任何责任。

第 27 条　主材调价

建设期内，材料以各子项目合同工期前______月份内各期信息价算术平均值作为结算标准，人工、机械费用以各子项目合同工期内各期信息价（指数）算术平均值作为结算标准，其金额应按照乙方在投标文件中报出的工程费用下浮率计算确定。

第 28 条　设备、材料采购

乙方负责项目设备、材料的采购及供应商的选择。乙方采购的材料等须符合设计和相关标准、规范的要求。所有任何材料的进场都需提交质保单和检验报告，并经甲方质量管理代表和监理工程师按规范要求抽样复验合格后方能使用。无信息价的材料或重要材料等，乙方应报甲方书面同意后再进行采购，甲方派人全过程监督参与。必要时，重要设备采购应当邀请市政府有关部门共同参与。

第六章　验收及保修

第 29 条　建设标准

本项目建设标准应按照施工图设计要求执行，全部建设工程应一次性验收合格。

D10904

第 30 条　验收阶段

本项目分交工验收和竣工验收两个阶段。项目工程完工后，由甲、乙方和勘察、设计、监理工程师先进行交工验收，工程质量初步评价符合规范要求的即为交工验收通过，交工验收通过后进入运营期。乙方继续竣工验收准备工作，在具备竣工条件时，申请组织竣工验收。

第 31 条　竣工验收标准

本合同项目竣工验收标准包括但不限于：

（1）竣工验收应根据国家、省、市区颁布的法律法规、规范、标准、条例以及设计文件、本合同、工程承包合同所约定的规范、标准、条件、程序的规定进行，并取得施工、监理、设计、勘察的评估报告以及有关政府部门签发的专项工程竣工验收合格证明文件。

（2）与项目相关的资料或文件齐备。乙方应按照适用法律的规定，在组织项目工程竣工验收时，工程资料具备报送甲方及相关部门归档的条件。每种资料至少向应提交的单位提交______份纸质文件（至少一份原件）和一份电子文件（原件扫描件）。

第 32 条　验收程序

（1）本项目按照施工图全部内容和设计变更的要求施工完工，且乙方编制好相关图表及施工资料，并组织预验。

（2）在项目具备竣工验收的条件后，乙方向甲方提出竣工验收申请。

（3）如部分工程因受不可抗力影响或非乙方原因暂未能完成，且该未完成的部分工程不影响项目主体工程的正常使用、运作，在承包人可提供承诺在保修期内完成该部分工程的书面保证的前提下，如具备竣工验收条件，甲方可考虑对已完工的工程进行验收。

（4）甲方应于收到竣工验收申请后的______日内作出书面意见并派员参与竣工验收工作，逾期未提出书面意见、派员验收，视为竣工验收合格。如甲方认为项目不具备竣工验收条件，应当说明理由，否则视为同意竣工验收申请。

（5）竣工验收由乙方组织，竣工验收小组由甲方、乙方、设计人、勘察人、监理人及施工单位组成，竣工验收在______工程质量相关监督机构监督下进行。组织竣工验收通过并签署竣工验收证明文件之日为竣工验收合格日。

第 33 条　重新验收

竣工验收过程中，甲方认为工程存在缺陷的可书面通知乙方予以纠正，乙方应当采取所有必要的改正措施予以补救，但由此发生的费用由乙方自行承担不计入总投资，并应至少提前 7 日向甲方发出书面通知，对未能通过验收部分再次组织竣工验收，直至该部分工程获得验收通过。乙方拒绝采取改正措施的，甲方可以委托第三方采取措施予以补救，产生的费用从履约担保提取，履约担保不足的由乙方承担。连续两次验收不合格且竣工拖期已超过合同约定的竣工节点 180 天的，甲方有权提前终止本合同。

第 34 条　检验争端

如甲方与乙方之间对本章约定的检验结果产生争议，应本着友好协商的原则依照国家颁布的统一标准或浙江省的有关规定解决此种争议。

双方经协商，对检验的结果仍存有争议的，共同委托一个具有相应资质的检测机构进行检测。经检测鉴定后，按下述约定处理：

（1）责任方为乙方时，所需的鉴定费用及因此增加的费用由乙方承担，竣工日期不予延长；

（2）责任方为甲方时，所需的鉴定费用及因此增加的费用由甲方承担，竣工日期相应顺延；

（3）双方均有责任时，根据责任大小协商分担费用，并按竣工验收计划的延误情况协商确定竣工日期的延迟时间。

如双方对检测机构的鉴定结果有争议，按照本合同第 96 条的约定解决。

第 35 条　竣工验收备案

项目竣工验收合格后，甲方应协助乙方于竣工验收合格之日起 15 内办理工程竣工验收备案手续以满足《房屋建筑和市政基础设施工程竣工验收规定》（建质〔2013〕171 号）等适用法律对项目工程申请竣工验收备案的要求。

第 36 条　保修期

36.1 本项目工程的保修期自工程竣工验收通过日次日起开始，按国家法律法规、行业标准等规定执行。

D10904

36.2 在保修期内，对项目工程出现的质量问题由乙方承担保修责任(因第三方责任造成的除外)，并对造成的甲方损失承担赔偿责任。

36.3 在甲方通知后______日内未修复的，甲方可另行委托第三方修复，修复费用由乙方承担。

* 条文批注：国务院的《建设工程质量管理条例》第 32 条规定：施工单位对施工中出现质量问题的建设工程或者竣工验收不合格的建设工程，应当负责返修。

1. 基础设施工程、房屋建筑的地基基础工程和主体结构工程，为设计文件规定的该工程的合理使用年限；

2. 屋面防水工程、有防水要求的卫生间、房间和外墙面的防渗漏，为 5 年；

3. 供热与供冷系统，为 2 个采暖期、供冷期；

4. 电气管线、给排水管道、设备安装和装修工程，为 2 年。

国务院的《建设工程质量管理条例》第 41 条规定：建设工程在保修范围和保修期限内发生质量问题的，施工单位应当履行保修义务，并对造成的损失承担赔偿责任。

第七章　项目的运营

第 37 条　运营期起始及期限

本项目自交工验收合格次日起进入运营期。

第 38 条　运营范围

第 39 条　运营服务一般要求

39.1　运营期内，乙方应严格按法律法规、国家和地方规范性文件及本合同约定的运营维护标准进行运营，确保项目设施始终处于良好营运状态并能够以安全、连续和稳定的方式提供符合本项目要求的服务；

39.2　乙方应按照中标社会资本方投标文件中的方案；

39.3　乙方应按照甲方要求，提交运营成本资料；

39.4　甲方可合理要求提供的有关乙方财务状况的其他资料；

39.5　乙方应对运营、维护项目的情况进行详细记录，甲方有权对其运营维护情况进行检查并查阅和复制上述记录，并承诺予以保密；

39.6　甲方有权派出监督员或者指定代表进入项目场地，以监督项目设施的运营和维护。

第 40 条　甲方介入运营或维护

如果甲方认为乙方未能按照本合同的约定运营或维护项目，且乙方在收到甲方通知后的______日或双方另行商定的合理期限内未能就上述情况进行补救的，则甲方有权自行或者委托第三方介入项目运营和维护工作，费用和风险均由乙方承担。甲方有权在向乙方提供详细的费用和支出记录后，从履约保函项下提取该款项。

> *条文批注：在项目公司未违约情形下，通常仅在以下特定的情形下，政府方或其指定的机构才有权行使介入权：
>
> 1. 存在危及人身健康或安全、财产安全或环境安全的风险；
>
> 2. 发生紧急情况且政府方合理认为该紧急情况将会导致人员伤亡、严重财产损失或造成环境污染，并且会影响项目的正常建设和运营。
>
> 但政府方或其指定的机构在行使介入权前必须履行提前通知义务，并且应当遵守合同中关于行使介入权的要求。在行使介入权期间，PPP 项目合同通常会约定项目公司应服从政府方或其指定的机构接收或接管本项目的所有指令，并给予必要的协助。
>
> 对于政府方在行使介入权期间相关的费用，PPP 项目合同通常会约定项目公司仍享有政府付费、可行性缺口补助或向使用者收费的权利。而对于政府方行使介入权而发生的必要且合理的费用，PPP 项目合同会约定，在项目公司违约情形下由项目公司承担，在项目公司未违约情形下则由政府方承担。

第 41 条　运营维护承包商

乙方可将本项目委托给其他第三方进行运营维护，但应事先报经甲方同意。

乙方应保证所选择的运营维护承包商在合作期内完全有能力按本合同约定及谨慎运营惯例运营本项目，使本项目处于良好的运营状态并能够安全稳定地提供服务。

第 42 条　委托甲方指定机构运营维护

乙方可委托甲方指定机构负责项目的日常管理和维护，并支付相关费

D10904

用。运营维护费用____________，并按此计算运营期运营成本。运营维护费将根据运营维护期间的通货膨胀情况（主要是指人工、自来水、维修费、电费、税费等），设定相应的调价周期及触发机制。

第 43 条　公共部分物业维护

____

第 44 条　运营维护

____

第 45 条　配套服务用房的管理

项目范围内配套的管理用房未经甲方同意不得出租经营。

第 46 条　广告经营

运营期内，乙方对项目用地范围内的广告经营权须经甲方和政府有关部门审批同意，其获得经营收益可作为项目公司收益。

第 47 条　项目设备设施的维护和更新

47.1　在整个合作期内，乙方应根据本合同的规定，自行承担费用和风险，对项目设施进行维修、维护和更新。乙方应确保在整个合作期内，根据下列规定维修、维护和更新项目设施：

（1）适用法律和有关批准文件；

（2）乙方根据本合同制订的的质量控制计划；

（3）维护和更新手册；

（4）行业谨慎运营惯例，除非另有规定。

乙方有权将项目设施维护的辅助工作委托第三方。

47.2　维护和更新手册

在工程竣工验收之前，乙方应准备一份项目设施的维护和更新手册（“手册”）。该手册应包括进行定期和年度检验、日常维护、年度维护的内容、程序、频率计划，调整和改进维护安排的程序和计划以及设备更新方案等内容。

该手册必须事先向甲方备案。

维护和更新手册的修改。

在整个合作期内，根据实际运营状况，乙方可以对手册进行修改。

乙方对手册的修改应及时报甲方备案。

47.3　更新资金安排

为保证本项目正常运营和合作期结束时，乙方能够根据本合同向甲方移交能够正常运营的项目设施，乙方应根据手册，对更新资金的来源进行合理安排。

47.4　未履行维护和更新义务的处理

（1）乙方的纠正性维护

如果乙方未履行第 47 条项下的维修、维护和更新义务，甲方可就该违约向乙方发出书面通知。乙方在接到上述书面通知后应按照手册对项目设施进行必要的维修、维护和更新，或者可以通知甲方其对通知内容有异议。当发生争议时，应按照第 64 条的规定解决争议。

（2）甲方指定机构的纠正性维护

如果在根据第 96 条解决争议的过程中，乙方未能按照第 47 条要求维修、维护和更新项目设施，并且在其决定中规定的期限内乙方未进行补救，甲方可以进行维修、维护和更新。

在该种情况下，乙方应允许甲方的雇员、代理人或承包商为此目的进入项目场地对项目设施进行必要的维护和更新。甲方应确保其执行此项工作的人员尽量减少对本项目运营可能产生的干扰，并按照谨慎运营惯例完成工作。

甲方有权在向乙方提供详细的费用和支出记录后，从履约保函项下提取该款项。

第八章　股权变更限制

第 48 条　禁止退出

本项目通过竣工验收且乙方付清项目工程款前，中标社会资本方不得采用任何方式退出，除非转让为法律所要求，由司法机关裁定和执行（如上述行为的起因涉及中标社会资本方过错，则认定为乙方或中标社会资本方违约，甲方有权提前终止本合同）。

D10904

* 条文批注：1. 在 PPP 合同中，以锁定期为主，并视为“股权变更限制的最主要机制”。另外附之于特定主体禁入机制，以达到股权变更限制的目的。

2. 具体参见本书文化旅游特色小镇建设 PPP 项目合同第十章“股权变更限制”关于本条的批注。

第 49 条　股权转让前提

本项目通过竣工验收且乙方付清项目工程款后，经甲方事先书面同意，中标社会资本方可转让其在乙方中的全部或部分股权。中标社会资本方应当事先向甲方和乙方发出书面通知，合理叙述拟进行的股权转让细节，包括但不限于拟转让股权的数额、受让方拟支付的对价以及受让方基本信息。受让方须接受本合同的全部约定。

第 50 条　政府出资代表的股权转让

若因政策需要，乙方中的政府出资代表方向其他国有企业转让其持有的乙方全部或部分股权的，中标社会资本方应同意并确认放弃相应的优先购买权。

第 51 条　中标社会资本方股权转让限制的乙方公司章程明示

乙方章程中应作出适当规定，以确保中标社会资本方的所有股权证明上具有适当的文字说明，使预期的受让方了解这些权益的转让存在限制性条件。乙方章程的确定和修改应获得全体股东一致同意。

第 52 条　特许经营权转让限制

中标社会资本方或乙方均不得以转让本项目或本合同项下权利义务等形式，

转让其因本合同所取得的本项目特许经营权。经甲方同意的为本项目融资而作质押和收益权转让除外。中标社会资本方未经甲方同意，不得将其股权质押给他人。

第九章　付 费 机 制

第 53 条　付费机制

____

第 54 条　项目建设投资额的审定

54.1　____________项目前期支出包干确定为______万元。

54.2　工程费用确定

（1）以项目开工前______个月工程所在地有效的预算定额、费用定额及其计价标准为依据进行工程结算，定额缺失项目由甲方签证确定计入建安造价。

专业预算定额的选用以设计采用的设计规范为依据确定，如无法确定，则以相关管理权限的造价部门作出的解释为准。

（2）材料信息价采用标准：按子项目合同工期前______月份的信息价［信息价确定：《__________建设工程造价信息（综合版）》，如前者信息价缺失的，则按《________造价信息》］的算术平均值作为材料结算价格标准，以上信息价中均没有的材料价格，由承包人于采购前______日提出申报，经甲方或其授权单位或代表市场询价确认后签证确定；《____________建设工程造价信息》和《价格信息》等不作为材料价格计取的依据。

（3）人工市场信息价、机械价格指数采用合同工期《____________建设工程造价信息（综合版）》价格及指数算术平均值确定。

（4）各费用项目费率以____________相关规定为标准。

（5）____________关于政府投资项目工程结算相关的政策文件规定。

在根据上述原则确定的建安造价基础上，执行【投标下浮率】确定最终建安造价，其中无价材料签证价不作下浮。

54.3　项目所涉征地拆迁费、设备费、其他费用等由____________审计局或财政局按合同或实际发生审定为准。

54.4　项目投资费用最终以____________财政局或审计局审核结果为准。

第 55 条　项目决（结）算

项目竣工验收合格后，乙方须在______个月内向____________政府有关部门报送完整决（结）算资料，____________政府有关部门将在收到乙方完整的竣工决（结）算资料后按程序进行决（结）算审核。

第 56 条　建设期利息计算

56.1　本项目投资计息的“建设期”指合同生效后，项目开工日至交工日止。具体开工日以甲方或项目监理公司开具的开工令为准，交工日以交工工验收报告日期为准，若交工验收报告日前实际交付甲方的，则交工

D10904

日以实际交付甲方之日为准。合同中另有约定的，按约定。

＊条文批注：建设期利息：建设期利息主要是指工程项目在建设期间内发生并计入固定资产的利息，主要是建设期发生的支付银行贷款、出口信贷、债券等的借款利息和融资费用。

56.2　前期发生费用的“建设期利息”：

根据项目前期工作实际完成情况，项目前期发生费用确定为______亿元，在合同签订后______内分批下款，以项目合同签订后满____________的次日为运营期的起始日。

当年建设期利息 = ∑每笔下款资金 × 建设期利率 × 该笔资金当年占用时间天数 ÷365

财政部门从项目合同签订后第二年起，于每年底进行贴息，贴息期为二年，具体贴息金额按下列公式计算：

当年建设期贴息 = 上年度建设期利息 × 建设期利率

建设期利率即【中标社会资本年回报率】

56.3　新建项目投资的建设期利息：

新建项目工程从开工至交工验收为该项目的建设期。新建项目工程交工验收并符合运营条件后即进入运营期。

新建项目投资的年建设期利息 = ∑各子项年利息计算基数 × 建设期利率。其中：

（1）各项目利息计算基数：各项目上年度（1 月 1 日至 12 月 31 日）内累计完成合格工程部分对应投资的 100%（当年度完成投资不计息），当累计完成合格工程部分对应投资费用达到 90% 后，剩余投资不计入计息基数。

（2）利息计算时长：至交工验收合格。

（3）建设期利率按照社会资本方中标投资年回报利率计算。

项目交工后进入运营期，按照合格工程部分对应投资费用作为第 57 条可行性缺口补助的计算基础。最终以政府部门审计确认的投资额按实调整可行性缺口补助。

第 57 条　可行性缺口补助

＊条文批注：根据《关于规范政府和社会资本合作合同管理工作的通知》（财金〔2014〕156 号）我国实践中，可行性缺口补助的形式多种多样，具体包括：（1）投资补助，在项目建设投资较大，无法通过使用者付费完全覆盖时，政府可无偿提供部分项目建设资金，以缓解项目公司的前期资金压力，降低整体融资成本。（2）价格补贴，在涉及民生的公共产品或服务领域，为平抑公共产品或服务的价格水平，保障民众的基本社会福利，政府通常会对特定产品或服务实行政府定价或政府指导价。（3）此外，政府还可通过无偿划拨土地，提供优惠贷款、贷款贴息，投资入股，放弃项目公司中政府股东的分红权，以及授予项目周边的土地、商业等开发收益权等方式，有效降低项目的建设、运营成本，提高项目公司的整体收益水平，确保项目的商业可行性。

57.1　本项目总投资约______万元，合作期限______年（总建设期不超过______年），项目交工验收并符合运营条件后，次日即为运营期开始。政府从进入运营期开始，根据乙方经营收益决定是否对乙方进行可行性缺口补助。

57.2　可行性缺口补助＝∑［（经审计的项目建设投资＋项目建设期利息）×当年投资回收比例＋（经审计的项目建设投资＋项目建设期利息）×（1－已投资回收比例）×投资回报率］－政府股权投资×投资回报率－运营收益。

经审计的项建设投资为工程计价下浮后的建设投资。

在项目建设投资未审定前，项目以上建设投资暂按第 56 条建设期累计完成合格工程部分对应投资费用，按中标下浮率下浮后计算。因该投资费用与政府审定价差额导致的可行性缺口补助差额部分款项，在该审定年度结算可行性缺口补助。

57.3　为测算财政可行性缺口补助，按项目投资在运营期回收及按约定回报率获得合理回报进行测算。

设定投资回报的运营期各年投资回报比例及期限：

57.4　投资回收比例仅为测算建设投资额在运营期的投资成本回收及合理回报设定。该投资回报为税后（除所得税以外的税金）回报。“营改增”等税改后带来影响的，应根据实际情况进行调整。

D10904

57.5　建设投资费用经政府相关部门审核确认为准。

57.6　本项目运营期当年度投资回报率＝中标投资回报率＋（运营期上一年度最后一次调整五年以上央行基准贷款利率－投标期五年以上央行基准贷款利率4.9）。

57.7　若未来中国人民银行不再发布五年期以上贷款基准利率，运营期投资回报率则按照届时国家对该等投资回报率出台的相关规定或类似标准确定（或按工、农、中、建四大银行五年期以上贷款基准利率平均利率确定）。

57.8　投资回收及或有政府可行性缺口补助的支付时间为项目运营期开始后的满一年的对应日。（第一期为满一年的对应日，第二期为满二年的对应日，以此类推，至运营期结束）

第58条　投资回收的弥补

58.1　当运营期任一年度运营收益可以弥补按本合同第57条测定的当年投资回收比例的额度及投资收益时，甲方无须向乙方支付可行性缺口补助。

58.2　运营期任一年度运营收益超过按本合同第57条测定的当年投资回收比例及收益的收益部分，乙方不得向中标社会资本方分配，应将该部分超额收益首先偿还以上所有年度财政可行性补助，如有结余计入下一个年度运营收益，并按实计算下一年度的运营收益，及可行性缺口补助。乙方运营期累计超过社会投资方的投资额及按投资回报率计算的投资收益的超额收益部分，全部归政府方。

第十章　项目移交

＊条文批注：1.移交的范围通常包括：项目设施；项目土地使用权及项目用地相关的其他权利；与项目设施相关的设备、机器、装路、零部件、备品备件以及其他动产；项目实施相关人员；运营维护项目设施所要求的技术和技术信息；与项目设施有关的手册、图纸、文件和资料（书面文件和电子文档）；移交项目所需的其他文件。

2. 项目移交通常是指在项目合作期限结束或者项目合同提前终止后，项目公司将全部项目设施及相关权益以合同约定的条件和程序移交给政府或者政府指定的其他机构。PPP 项目特许经营期满后，项目公司便需要将项目的经营权（或所有权与经营权同时）向政府移交。项目移交的过程主要分为移交准备、项目资产评估、项目性能和功能测试、资产交割、项目绩效评价五个阶段。

3. 项目移交的基本原则是，项目公司必须确保项目符合政府回收项目的基本要求。项目合作期限届满或项目合同提前终止后，政府需要对项目进行重新采购或自行运营的，项目公司必须尽可能减少移交对公共产品或服务供给的影响，确保项目持续运营。

第 59 条　运营期结束的移交

59.1　运营期结束，乙方应无条件无偿向甲方移交项目所有资产、资料、权益等，项目合作期满时，甲方有权依照届时有效的法律法规选择经营者，如乙方在上述合作期限内履约记录良好，则在符合届时法律的条件下享有同等条件优先权。如乙方未中选，乙方应将项目资产、项目特许经营权等无偿移交甲方。移交应在运营期结束后______天内移交完毕。

59.2　乙方应保证在合作期满时清偿其所有债务，解除在项目相关权益上设置的任何担保。在合作期满后，合作期内产生的债权债务均由乙方享有和承担。

59.3　中标社会资本方同时将其在乙方的全部股权无偿转让给甲方指定机构，在移交日后的______个工作日内办理股权变更登记手续。

第 60 条　移交标准

60.1　本项目运营期满，乙方应将本项目无偿移交给甲方，并保证本项目的设备、设施完好，并处于良好的运行状况。

60.2　项目场地在移交时应不存在任何环境问题和环境遗留问题。本项目设施在向甲方移交时应不存在任何留置权、债权、抵押、担保物权或任何种类的其他请求权，否则，甲方有权拒绝接受项目移交，并向乙方追究违约责任的权利。

第 61 条　移交委员会和移交程序

61.1　合作期届满______个月前，甲方和乙方应成立移交委员会，由

D10904

乙方______名代表和甲方______名代表组成。移交委员会应定期会谈，必要时经双方同意可随时会谈，以便于商定项目设施移交的详尽程序及将移交的建筑、设备、设施、物品和备品备件的详细清单等。

61.2 在移交日，甲方应在甲方和乙方代表在场时对本项目进行移交验收。如果本项目移交时存在因工程施工导致的缺陷以致影响本项目功能性使用的，则甲方有权通知乙方自费进行整改。如果乙方在收到甲方通知后______日内不能或拒绝修正缺陷，甲方有权自己或请第三方修正上述缺陷。在这种情况下，甲方有权在向乙方提供详细的费用和支出记录后，从履约保函项下提取该款项。

61.3 除本合同另有规定外，双方在完成项目移交程序前，均应继续履行其本合同项下的义务。

第 62 条　移交范围

62.1 本合同中的移交是指本项目运营期结束后，乙方向甲方的移交。包括：

（1）项目工程的建筑物和构筑物及使用权；

（2）与该工程配套使用的所有设施；

（3）项目特许经营权；

（4）______个月内正常需要的消耗性备件和事故修理备品备件；

（5）本项目相关所有工程实体及设施的资料（含工程竣工资料等全部的养护资料和检测、评定资料、投融资资料、资产清册、维修操作手册、质量保修书等有关资料等）。

62.2 乙方向甲方移交项目特许经营权时，应确保移交的特许经营权不存在任何担保权益，亦不得存在任何种类和性质的索赔权。

62.3 其他权益的转让

62.3.1 移交时，乙方应将所有承包商和供应商提供的尚未期满的质量保证无偿转让给甲方，并且将所有保险单、暂保单和保险单批单无偿转让给甲方并配合完成转让手续。

62.3.2 乙方应允许甲方无偿使用本项目运营维护所必须的乙方享有知识产权的技术和技术诀窍。如果该等技术和技术诀窍为第三方所有的，则乙方应当协助甲方按照实际使用费用取得这些技术和技术诀窍的使用权。但甲方应对该等技术和技术诀窍保密。

第 63 条　质量保证期

63.1　乙方保证在移交日后______个月届满日期间，免费修复由原材料、工艺以及乙方施工、运营或管理缺陷或合作期内乙方的任何违约造成的项目设施任何部分出现的任何缺陷或损坏（正常损耗除外）。

63.2　移交后或乙方解散以后，由中标社会资本方承担设计文件要求的主体结构合理使用年限内的建设单位责任。

第 64 条　人员及培训

64.1　合作期结束的______个月之前，乙方应提交一份当时乙方员工名单，包括每位员工的资格、职位和收入的细节。甲方有权自行决定是否聘用全部或部分员工。

64.2　甲方或其指定机构需要在移交日之前派驻人员到项目设施所在地进行培训或学习的，应在合作期结束的______个月之前向乙方说明情况及拟派驻人员名单，乙方免费负责为上述人员提供培训，使之达到熟练操作和管理要求。移交后，乙方有义务免费提供不低于______个月的技术支持。

第 65 条　合同期限及相关合同

65.1　乙方在与第三方签订运营维护合同、设备合同及其他合同时，应努力使得该等合同的有效期届满日不超过本项目合作期限届满日。

65.2　如在移交日前，乙方需签订运营维护合同、设备合同及其他合同，且该等合同在本项目合作期届满后仍为有效的，则乙方应在该等合同签订前报经甲方书面同意。未经甲方同意的，由乙方承担全部责任。

第 66 条　移走乙方及中标社会资本方相关的物品

除非双方另有合同，乙方应于移交日之后______天内，自费从场地移走仅限于乙方员工（包括中标社会资本方）的个人用品以及与本项目运营和维护无关的物品，不包括移交清单所列的项目设备、备品备件、技术资料或者项目设施营运和维护的必需物品。超过______天，甲方可自行处置不承担任何责任。

D10904

关注法天使

第 67 条　风险转移

项目移交后所有的经营与运营维护风险均由甲方承担，但乙方应承担移交日前项目设施的全部或部分损失或损坏的风险，除非损失或损坏是由甲方的违约或不可抗力所致。

第 68 条　移交费用和批准

乙方及甲方应负责各自的因向甲方移交和转让发生的费用和支出。甲方应自费获得所有的批准或使之生效，并采取其他可能为移交和转让所必需的行动。如果乙方未按第 63 条规定的范围和内容进行移交，甲方为此发生支出或遭受损失，甲方有权在向乙方提供详细的费用和支出记录后，有权提取履约保函项下的相应金额。

第 69 条　本合同移交后的效力

项目移交后乙方在本合同项下的权利和义务即应终止，双方于移交日之前发生及未付的债务以及本合同另有规定的除外。甲方应接管项目的运营及本合同明示或默示的，因本合同产生的，于合同终止后仍然有效的其他权利和义务。

第十一章　履 约 担 保

* 条文批注：《财政部关于印发政府和社会资本合作模式操作指南（试行）的通知》（以下简称“财金〔2014〕113”）规定履约保障边界条件是项目边界条件（项目合同的核心内容）之一，并认为“履约保障边界主要明确强制保险方案以及由投资竞争保函、建设履约保函、运营维护保函和移交维修保函组成的履约保函体系”。

第 70 条　建设期履约保函

70.1　乙方应于本合同后签订后______日内向甲方提交银行开具的本项目建设期履约保函，作为其履行整个建设期义务的保证。建设期履约保函金额为人民币______万元整（RMB）（项目合计值），担保期至项目全部完成竣工验收之日。社会资本方投标保证金在乙方保函提交后退还。

70.2　在乙方未有违反本合同、承担违约赔偿的情况下，该保函在工程竣工验收通过后退还或失效。

70.3　中标社会资本方按上述约定提交银行保函的，视同乙方履行本条义务。

第 71 条　运营维护保函

71.1　乙方应于建设期履约保函担保期届满______日前向甲方递交银行开具的本项目的运营维护保函，运营维护保函的金额为人民币______万元整（RMB），担保期至乙方提交移交维修保函时止。

71.2　乙方可以根据其意愿提供一份期限少于上述提及的整个期限的运营维护保函。在这种情况下，在运营维护保函到期前的______日之前，乙方应使这份运营维护保函通过另一份运营维护保函得以延续或更换。

第 72 条　移交维修保函

72.1　乙方应于政府方向其支付最后一笔可行性缺口补助______个月之前，向甲方提供金额为人民币______万元整（RMB）的移交维修保函，作为其履行在本合同下的义务和其他违约赔偿义务的担保。

72.2　甲方在质量保证期届满之日起______日内退还移交维修保函。

第 73 条　履约保函格式

履约保函的格式由乙方自行拟定，但应为不可撤销、见索即付的银行保函，且递交的时点、保函金额等应符合本条所述相关约定。保函收益人应为甲方。

第 74 条　提交履约保函

74.1　如果乙方未按照本合同的约定递交建设期履约保函并保持其有效的，甲方有权提取投标保函中的金额，并有权解除本合同。

74.2　如果乙方未按照本合同的约定递交运营维护保函或移交维修保函并保持其有效的，甲方有权扣留应支付的可行性缺口补助的相应金额，直至乙方按照本合同的约定递交保函或达到本合同约定的保函最高额为止，并有权提前终止本合同。

第 75 条　恢复履约保函的金额

75.1　乙方违反本合同约定的义务承担违约、赔偿责任时，甲方有权在履约保函额度内先行扣除，本合同继续履行的，乙方应及时补充履约保函额度。合本同因乙方违约而解除的，甲方有权就履约保函不足部分继续向乙方追索。

75.2　如果甲方在项目合作期内根据本合同的有关规定提取履约保函

项下的款项，乙方应确保在甲方提取后的______个工作日内，将履约保函的数额恢复到本合同约定的数额，且应向甲方提供履约保函已足额恢复的证据。甲方提取履约保函的权利不影响甲方在本合同项下的其他权利，并且不应解除乙方不履行本项目义务而对甲方所负的任何进一步的责任和义务。

75.3 未在前述期限内补足或恢复履约保函相应金额的，甲方有权发出催告，乙方应在催告发出之日______日内予以补足；乙方在前述期限内仍未补足的，则甲方有权提取履约保函项下的余额或扣留应支付的可行性缺口补助的相应金额，直至乙方完全补足或恢复保函金额或达到本合同约定的保函最高额为止，并有权提前终止本合同。

第 76 条 不当提取保函

如果甲方提取乙方提交的履约保函中的相应金额之后确定甲方属不当提取，甲方应及时向乙方退还提取的款项，并支付该款项自提取之日至退还之日的利息，利息按中国人民银行公布的同期金融机构人民币贷款基准利率计算。

第十二章 政府承诺及双方权利义务

第 77 条 政府承诺

77.1 甲方是依据中国法律正式成立的政府法人，具有签署和履行本合同条款和条件的法人资格、权利和能力，已获得市政府的批准代表市政府签署本 PPP 合同。

77.2 在本合同生效日前代表甲方签署本合同的个人已获得了签订本合同所必需的授权，有权签署本合同。

77.3 完成本合同约定的前期工作。

77.4 甲方将可行性缺口补助纳入中期财政规划。

＊条文批注：不受法律保护的三种政府承诺方式：

1. 政府“协助解决”“力争解决”等的承诺，不构成法律意义上的保证。在政府仅承诺“协助解决”“力争解决”“尽量协调”等时，没有明确的代为清偿、代为履行的意思表示的，不构成法律意义上的“保证”。

2. 政府“税收免征”“先征后返”的承诺不受法律保护。《税收征收管理法》规定，税收的开征及减免应依照法律规定执行，任何机关、单位和个人不得违反法律规定擅自作出税收开征及减免决定。《关于纠正地方自行制定税收先征后返政策的通知》（国务院国发〔2000〕2 号）规定，地方政府不得以先征后返或其他减免税手段吸引投资，不得以各种方式变通税法和税收政策；先征后返政策作为减免税收的一种形式，审批权限属于国务院，地方政府不得自行制定税收先征后返政策。

3. 政府红头文件或领导讲话内容未写进合同的，不能据此追究政府违约责任。合同内容应通过当事人协商一致的合同条款体现，政府领导讲话和政府红头文件，是宏观指导性的文件，并不当然构成合同的一部分。

第 78 条　甲方权利义务

78.1　甲方负责本项目的项目选址、立项、可行性研究等有关本合同项下项目批复工作，确定本项目建设规模、建设内容、建设标准等。

78.2　甲方应及时向乙方提供地质勘测资料、施工设计图纸及与本工程项目有关的其他文件资料。

78.3　在本项目合同签署之前，负责提供____________财政局为本项目出具的财政可承受能力评估报告，______人大出具相关决议认可____________财政局所出具的上述文件的有效性。

78.4　协助乙方为符合条件的施工企业办理本项目建设施工许可证等相关手续。负责项目接口管理的协调工作。

78.5　协助乙方组织落实相关部门及时办理本项目的竣工验收工作。

78.6　按本合同约定接受本项目。

78.7　甲方负责本项目的动拆迁等前期工作以及公用管线的搬迁工作等，及时向乙方交付工程建设用地，协助处理解决乙方在工程建设中有关

D10904

困难与问题，保证工程顺利利进行。甲方负责因项目前期工作所引起的任何纠纷、诉讼、赔偿以及事后的行政管理及其他有关事务。

78.8 本工程项目施工前，由甲方负责召集水、电、煤等公用管线单位对各公用管线位置、保护措施等进行交底及办理相关交底手续。在项目建设过程中，协助乙方协调与项目设施场地周边所涉及的有关单位的关系。

78.9 为保障本项目的顺利实施，甲方有权定期或不定期地检查乙方的财务情况，乙方应积极配合，接受甲方因为检查而提出的意见，并立即纠正，将纠正结果报甲方备案。

78.10 按本合同约定支付可行性缺口补助。

78.11 如果乙方严重违反相关协议、合同约定的融资、建设义务，甲方有权解除合同，提前介入。乙方应给予充分配合并移交与项目建设管理有关的所有资产、资料。

78.12 本合同约定的其他权利和义务。

第 79 条 乙方的权利义务

79.1 乙方具有本合同约定的本项目投资、融资、建设、管理、运营权。乙方在投融资、建设、运营管理中享有注册地提供的优惠政策。

79.2 乙方负责实施本项目投资、融资、建设、运营，由乙方与甲方签订本合同，并享有按合同规定的方式、期限获得得可行性缺口补助的权利。

79.3 乙方应配备足够数量的具有建设、管理、和施工经验的管理人员和技术人员，负责工程建设全过程管理、组织、协调，以确保工程质量符合国家和____________省、____________的有关技术标准和要求，对工程进度、质量、投资、安全和文明施工负责。

79.4 乙方应严格按计划工期要求对项目建设进度实施控制，确保工程施工按期完成。

79.5 乙方负责承担保修期内工程质量保修责任。

79.6 乙方应遵守与项目建设有关的法律及法规以及有关健康和安全法规。

79.7 乙方应接受甲方对本项目的投资、融资、招标投标活动和建设施工各方面的监督和检查。

79.8　乙方应接受甲方按有关法律及法规规定对本项目进行的审计。

79.9　乙方应按照合同的规定筹措项目建设所必需的项目资本金外的全部资金。乙方应当按照本合同及相关规定管理和使用项目建设资金，做到专款专用，专户储存；按照工程进度，及时支付工程款；按照规定的期限及时退还保证金、办理工程结算；不得拖欠工程款和挤占挪用建设资金，包括施工企业农民工工资，如有拖欠，承担全部经济、法律责任。

79.10　乙方应当对项目的工程质量和财产、人员安全负责。乙方应按照国家有关规定落实质量和安全生产责任制，施工中应加强对承包人的监督和管理，确保项目的工程质量和财产、人员安全。并承担全部经济法律责任。

79.11　乙方应采取措施保护在项目施工过程中可能发掘出的文物、古迹等，相应费用由甲方承担。

79.12　乙方应严格执行有关环境保护和土地管理的规定，采取有效措施保护环境和节约用地。在实施本项目的过程中因环境污染和水土流失而造成人身伤亡、财产损失、罚款、经济赔偿、诉讼及其他一切责任，均由乙方负责。

79.13　乙方应按有关法律、法规的规定交纳一切税费。

79.14　乙方应为项目的施工管理的需要，向保险公司投保各种必须的保险，包括但不限于具体险种包括但不限于建筑工程一切险，第三者责任险、雇主责任险等，并自行承担保险费。上述保险的保险单副本应报甲方核备。未办理保险所造成的损失由乙方自行承担。

79.15　乙方应依法通过招投标方式选择重要设备、材料供应单位，并与中标人签订合同，不得附加不合理、不公正条款，不得签订虚假合同。

79.16　本项目完成后，乙方负责申请本项目的竣工验收。

79.17　享受和履行本合同、协议所确认的其他权利义务。

第十三章　保　　险

第 80 条　投保及险种

乙方在项目合作期内，应足额投保以下险种并保持保单有效：

D10904

（1）建设期：建筑安装工程一切险附加第三者责任险。

（2）运营期：财产险一切险、第三者责任险、机器损坏险。

* 条文批注：在 PPP 项目合同中，政府方可能会要求保单满足以下要求：

1. 项目公司应当以政府方及政府方指定的机构作为被保险人进行投保；

2. 保险人同意放弃对政府方行使一些关键性权利，比如代位权（保险人代替被保险人向政府及其工作人员主张权利）、抵扣权（根据《保险法》第 60 条第 2 款规定：前款规定的保险事故发生后，被保险人已经从第三者取得损害赔偿的，保险人赔偿保险金时，可以相应扣减被保险人从第三者已取得的赔偿金额）以及多家保险公司共同分摊保险赔偿的权利，等等。

3. 在取消保单、不续展保单或对保单做重大修改等事项发生时提前向政府方发出书面通知。当然，实践中政府方需要根据项目实际情况以及保险人的意愿确定具体的保单要求。

第 81 条　投保报备

乙方购买保险后，应当向甲方提供保险单副本、保单支付单据复印件和保险单生效的证明。乙方投保的险种和数额的变更应向甲方备案。如果乙方未足额购买或维持上述保险始终有效，则甲方有权直接提取履约保函用于购买保险。

第 82 条　保险理赔

乙方收到的保险理赔款项，应用于保单约定的损失、损害的修复、购置、重建和赔偿。

第十四章　法 律 变 更

第 83 条　法律变更定义

本合同所指的“法律变更”是指生效日期之后实施新的适用法律、行政法规、部门规章，对在生效日期之前的适用法律、行政法规、部门规章进行任何修改、废除或重新解释。

第 84 条　法律变更的影响和对策

84.1　在发生法律变更使乙方不能全部或部分履行其本合同项下的义务时，乙方应对该影响或情况进行评估，并向甲方提出报告（报告应列明该等法律变更对乙方履行本合同项下义务（包括建设期和运营期）产生的影响），甲方应对该报告出具审核意见（该意见不得被不合理拒绝或延迟给予，如果拒绝则应提供合理理由），经甲方审核同意后，乙方可在法律变更对该项义务的履行产生影响的期间内根据甲方合理做出的审核意见中止或免除履行受法律变更影响而不能履行的相关义务，并执行审核意见中确定的其他内容。

84.2 在发生法律变更使甲方不能全部或部分履行其本合同项下的义务时，由甲方和乙方对法律变更的影响进行协商，经双方协商一致后，甲方可在法律变更对其义务的履行产生影响的期间内根据双方协商一致的意见中止或免除履行受法律变更影响而不能履行的相关义务，并执行双方协商一致的意见中所确定的其他内容。

84.3 在合作期内，因法律变更导致乙方建设成本或运营成本增加的，甲方应对乙方进行一般补偿，应能使乙方恢复至法律变更未发生时乙方所应保持或达到的实质性相同或相近的经济地位（实质性相同或相近的经济地位应从乙方的收益、成本、所受到的损失、损害和责任方面予以考虑）。

* 条文批注：政府方不可控的法律变更的后果：对于超出政府方可控范围的法律变更，如由国家或上级政府统一颁行的法律等，应视为不可抗力，按照不可抗力的机制进行处理。在某些 PPP 项目合同中，也有可能将此类法律变更直接定义为政治不可抗力，并约定由政府方承担该项风险。

第十五章 不可抗力

第 85 条 不可抗力事件

85.1 不可抗力是指甲方和乙方在订立合同时不可预见，在合作期内不可避免发生并不能克服的自然灾害和社会性突发事件。

85.2 不可抗力应包括下列事件：

（1）地震、海啸、火山爆发、泥石流、龙卷风；

（2）战争、入侵、武装冲突或外敌行为、封锁、暴乱、恐怖行为；

D10904

（3）流行病、饥荒或瘟疫；

（4）双方认可的不可抗力的其他情形。

第 86 条　不可抗力事件的认定和评估

不可抗力事件发生后，甲方和乙方应及时认真统计所造成的损失，收集不可抗力的证据。甲方和乙方对是否属于不可抗力及其损失意见达成一致，由甲方和乙方商定确定损失金额。发生争议时，应按照本合同解决争议方式执行。

第 87 条　不可抗力事件发生期间各方权利和义务

87.1　合同一方当事人遇到不可抗力件，使其履行义务受阻碍时应立即通知合同另一方当事人，书面说明不可抗力受阻碍的详细情况并提供必要的证明，且应在力所能及的条件下迅速采取措施，尽力减少损失；另一方全力协助并采取措施。

87.2　如不可抗力持续发生，合同一方当事人应及时向合同另一方当事人提交中间报告，说明不可抗力和履行合同受阻的情况，并于不可抗力事件结束后 30 日内提交最终报告及有关资料。

第 88 条　损失承担原则

88.1 发生不可抗力时，双方应各自承担由于不可抗力对其造成的损失。

88.2　延迟履行期间发生的不可抗力

合同一方当事人延迟履行，在延迟履行期间发生不可抗力，不免除其责任。

88.3　避免和减少不可抗力损失

不可抗力发生后，甲方和乙方均应采取措施尽量避免和减少损失的扩大，任何一方没有采取有效措施导致损失扩大的，应对扩大的损失承担责任。

88.4　不可抗力造成的终止

当不可抗力事件阻止一方履行其义务的时间持续______天以上时，双方应协商决定继续履行本合同的条件或者终止本合同。如果自不可抗力发生后______天之内双方不能就继续履行的条件或终止本合同达成一致意见，任何一方有权给予另一方书面通知后立即终止本合同。

不可抗力一经结束，尽快恢复履行义务。

88.5　因不可抗力导致工程或基础设施损坏的风险责任，双方另行协商。

*条文批注：项目合同应约定不可抗力事件发生后的各方权利和义务，如及时通知、积极补救等，以维护公共利益，减少损失。

第十六章　政府方的监督和介入

第 89 条　监督

89.1　政府质监、安监、审计等部门的监督

（1）政府质监、审计部门有权随时对项目的施工质量、施工管理和资金使用进行监督和检查。

（2）政府质监、审计部门监督和检查的相关费用应由甲方按照有关规定负责承担。

（3）为开展相应的对项目施工情况的监督和检查，乙方应按要求为政府质监、审计部门的代表提供协助和必要的设备（包括临时的办公设备）。

（4）政府质监、审计部门未对施工工程的任何部分进行监督或抽检，并不意味着甲方放弃了本合同项下的权利，同时也不意味着乙方可以解除合同项下的任何义务。

89.2　甲方有权按照本合同的约定对项目实施予以监督检查。

*条文批注：不同项目、不同阶段下的政府监督权的内容均有可能不同，常见的政府方监督权包括：

1. 项目实施期间的知情权：（1）建设期—审阅项目计划和进度报告；（2）运营维护期—审阅运营维护手册和有关项目运营情况的报告

2. 进场检查和测试，在特定情形和一定限制条件下，政府方有权进入项目现场进行检查和测试；

3. 在建设承包商或者运营维护分包商的选择上进行一定程度的把控。

第 90 条　甲方的介入

90.1　在乙方未违约情形下，项目实施过程中出现以下情形的，甲方拥有介入项目的权利：

（1）存在危及人身健康安全、财产安全或环境安全的风险；

（2）发生紧急情况，且政府合理认为该紧急情况将会导致人员伤亡、

D10904

严重财产损失或造成环境污染，并且会影响项目的正常实施。

90.2　在乙方违约情形下的介入

（1）乙方出现放弃或视为放弃情形的，则甲方有权指定第三方取代乙方承担项目建设，以便实现完工。

（2）甲方介入建设后，乙方应与甲方及其指定第三方合作，向其提供所有合理的协助，以确保项目的建设和完工。

（3）甲方介入项目的建设，不应被视为根据本合同承担了乙方的义务。

（4）乙方须允许甲方或其委托的第三方为此目的而出入项目场地。

90.3　因乙方违约情形下的甲方介入，所发生的费用由乙方承担。如甲方的介入依然无法补救乙方的违约，甲方有权提前终止合同。

* 条文批注：在一些 PPP 项目合同中，会赋予政府方在特定情形下（如紧急情况发生或者项目公司违约）直接介入项目实施的权利。但与融资方享有的介入权不同，政府方的介入权通常适用于发生短期严重的问题且该问题需要被快速解决，而政府方在解决该问题上更有优势和便利的情形。

第十七章　违约、提前终止及终止后处理机制

第 91 条　违约责任

91.1　本合同签订后，各方均应严格按约履行义务，如有违反，应承担违约责任，并赔偿守约方由此造成的经济损失。

91.2　甲方责任：

（1）甲方未按照本合同的有关规定，向乙方支付相应的可行性缺口补助或建设期贴息，则乙方有权向甲方发出催告，如甲方在催告通知出具后的______日内仍未能支付的，则甲方除应支付应付未付的可行性缺口补助或建设期贴息外，还应每日按照应付未付金额的____________另行向乙方支付滞纳金，滞纳金累计不超过项目总投资的2。

（2）非因乙方或中标社会资本方原因造成本项目不能在建设期内完工的，乙方不

承担违约责任。如逾期不足一年，建设期相应顺延，计算建设期利息时必须计入逾期时间。非因乙方或中标社会资本方原因造成工期延误超过＿＿＿＿＿＿的，由甲方和乙方届时协商可行性缺口补助的支付及延误补偿。

91.3　乙方责任：

（1）乙方逾期提交履约保函超过＿＿＿日的，应承担违约金＿＿＿万元，本合同自动解除。

（2）监理人签发开工令后，因乙方原因延期开工在＿＿＿日以内的，乙方承担甲方由此产生的损失；延期开工超过＿＿＿日的，乙方须承担违约金＿＿＿万元，同时甲方可以提前解除本合同。

（3）因乙方未及时支付施工企业工程款、材料款，包括农民工工资等，造成甲方损失的，应全额赔偿。甲方亦可在履约保证金中先行扣除。

（4）竣工验收通过时，乙方有延误工期的，应承担工期延误违约金，工期延误违约金的计算按合同建安造价的＿＿＿＿＿＿按实计算，且累计不超过合同建安造价的＿＿＿＿＿＿。

（5）本项目竣工验收确定的工程质量未达到本合同约定的质量标准，乙方应按合同建安造价的＿＿＿＿＿＿承担违约金。超过＿＿＿日仍未整改达到合格标准，乙方应承担甲方由此产生的损失和工程的整改费用直至工程达到合格标准。

（6）乙方未按时移交工程或未在合同解除后＿＿＿日内撤离项目施工现场的，按合同建安造价的＿＿＿＿＿＿计算违约金（按实计算至日）。

（7）因乙方原因，合同提前解除的，乙方承担甲方由此产生的损失。

（8）如果乙方发生以下任一行为，则视为其放弃了项目的施工，甲方有权解除合同：

①书面通知甲方已经终止项目的施工，并且不再重新开始施工；

②在开工日后＿＿＿天内不能在场地内开始工程施工；

③在不可抗力结束后＿＿＿天内不能重新开始施工；

④在完工日前，乙方擅自停止工程施工，或指示承包人从场地上撤走全部或关键的人员和设备。

D10904

但如果上述延误或停工是由于不可抗力的发生或甲方违反本协议所致，则不能视为乙方放弃施工。

91.4 甲方有权按本合同约定的违约金计算方式提取履约保函项下金额。

第 92 条 提前终止

* 条文批注：发生政府方违约，政府方在一定期限内未能补救的，PPP 项目合同相对方（社会资本方或项目公司）可根据合同约定主张终止 PPP 项目合同。

92.1 在合作期内，由双方协商一致可提前终止本合同，此种情形下的终止及对应终止补偿金的计算问题等，由双方届时协商一致解决。

92.2 因甲方或乙方任一方违反本合同约定义务，构成根本性违约，守约方有权按照本合同约定，提前终止合同，并追究违约方违约责任。

92.3 甲方出现以下情形之一时，乙方有权终止合同：

（1）项目开工后，因甲方原因，累计延误工期超过______日（含______日）的；

（2）甲方逾期支付可行性缺口补助或前期费用子项目建设期贴息累计超过______日的；

（3）合同签订后，因甲方原因______日内未开工）；

（4）本项目资产被市级及以上政府部门没收、征收、征用或国有化，且乙方认为并合理证明其正常经营受到不利影响，乙方有权发出终止意向通知。

92.4 乙方出现以下情形之一的，甲方有权提前终止本合同：

（1）乙方未按期提交履约保函，超过______日；

（2）乙方逾期向甲方支付佛学院一期前期费用超过在______日以上（含______日）的；

（3）监理人签发开工令后，乙方延期开工在______日以上（含______日）的；

（4）开工后，在工程建设中有以下情形之一的；

①工程实际进度比计划落后______个月及以上的；

②开工后未按期到位建设资金，并且拖欠款累计达______万元及以上的；

③质量明显达不到要求的，经催告累计达到______次又不改正的；

④出现放弃施工情形的；

（5）乙方被依法吊销营业执照、责令停业、清算或破产；

（6）乙方违反本合同约定出租、质押、转让项目特许经营权或擅自进行股权转让的等；

（7）乙方未履行本合同项下的其他重要义务构成对本合同的实质性违约，并且在收到甲方说明其违约并要求补救的书面通知后______天内仍未能补救该实质性违约。

92.5　甲方或乙方依合同约定提前解除合同后，乙方必须于______日内撤离现场。逾期撤离的，按合同建安造价的____________计算违约金（按实计算至日）。

92.6　因法律变更导致项目可行性受到严重不利影响的提前终止

如果因法律变更导致本合同履行的可行性受到严重不利影响，双方应就如何继续履行本合同进行协商。如果双方无法在______天内或双方同意的更长时间内就如何继续履行本合同达成一致意见，乙方有权就该等不利影响进行评估，并向甲方提交评估报告。甲方应于收到乙方的评估报告之日起______日内或双方同意的更长时间内给予同意或提出反对意见，未作答复或不予同意但未提出合理理由的，视为甲方同意。

在甲方同意或视为同意提前终止的情况下，乙方有权发出终止通知，终止合作期，发出终止通知之日即为提前终止日。合作期终止后，双方应按照第八章约定的程序完成移交。

第 93 条　终止意向通知和终止通知

93.1　终止意向通知

发出的任何终止意向通知应表述引起发出该通知的事件的详细的情况。在终止意向通知发出之后，双方应在______日或双方同意的更长的期间内协商采取避免本项目合作期终止的措施。在协商期内，双方应继续履行各自在本合同项下的除争议事项外的义务。

如果双方就将要采取的措施达成一致意见，并且 / 或者双方在协商期或双方同意的更长时间内纠正了违约事件，终止意向通知即自动失效。

D10904

93.2 终止通知

在协商期届满或双方同意的更长时间内之时，如果

（1）双方未达成一致；或

（2）导致发出终止意向通知的违约事件未得到纠正。

则发出终止意向通知的一方可以向另一方就此发出终止通知，本合同在终止通知送达对方之日终止。

第 94 条 临时接管

94.1 在本合同所述乙方严重违约事件发生并持续时，乙方应继续履行本合同的规定，若乙方不继续履行本合同或该等事项对乙方根据本合同建设、运营和维护项目设施的能力产生严重不利影响，则甲方有权，但在任何情况下无义务临时接管本项目，替代乙方接管项目设施的建设和运营。在此情况下，乙方应承诺与甲方或其指定机构合作。

94.2 在甲方或其指定机构接管期间，甲方及其指定机构临时接管所产生的一切费用和风险由乙方承担。甲方有权在向乙方提供详细的费用和支出记录后，从履约保函项下提取该款项。甲方无义务向乙方支付任何服务费，直至乙方按照本合同接替或承担项目设施的运营。

94.3 甲方有权在任何时候退出项目设施的运营，在此情况下乙方应全面负责项目设施运营，直到任何一方发出终止通知。

第 95 条 提前终止的后果

95.1 本合同终止后，双方在本合同项下不再有进一步的义务；本合同的终止不影响本合同中争议解决条款和任何在本合同终止后仍然有效的其他条款的效力。

95.2 终止后的补偿

（1）提前终止的情形：

①双方协商一致的提前终止；

②法律变更或政府行为导致的提前终止；

③不可抗力导致的提前终止；

④一方违约导致的提前终止。

（2）提前终止的回购方式

若项目合同提前终止，则除非合同另有约定，政府方仅在如下情形时支付乙方合理补偿金（提前终止时政府方对于乙方的补偿须以乙方还清其届时之所有负债为前提）。因乙方违约，甲方提出终止合同的，已完工工程属合格工程的，在乙方承担合同约定违约金及甲方损失后，经____________财政局或审计局审定乙方实际投资后，按合同设定的年度投资回收比例、期限支付乙方，并不计投资回报收益。已完工工程不合格的又没有在一个月内改正的，则应即刻将工程移交给甲方，由甲方另行选定施工单位修复该工程，修复费用及修复期间的损失由乙方承担（修复费用按____________财政局或审计局审定）。审定扣减修复费用、合同约定违约金及甲方损失后按本合同约定年度投资回收比例、期限支付乙方，并不计投资回报收益。

因甲方违约，乙方解除合同的，甲方按乙方实际工程投资额（经____________财政局或审计局审核为准）支付价款，该款在审核报告出具后的______日内支付，并按合同规定承担违约金。

补偿金可参考下表确定：

条款号	本合同提前终止之情形	终止补偿金
1	甲方发出的终止（乙方违约）	______建设期终止时，为 A1-B+E
		______运营期终止时，为 A2-B+E
2	乙方发出的终止（甲方违约）	______建设期终止时，为 A1+B+E
		______运营期终止时，为 A3+B+E
3	法律变更或政府行为	______建设期终止时，为 A1+B+E
		______运营期终止时，为 A3+B+E
4	不可抗力	______（A4-C-D）/2（协商解决）

A1　为经______财政局或审计局审定的乙方实际投资；

A2　为审计价减已回收投资部分；

A3　为审计价减已回收投资部分；

A4　为经审计的乙方账面资产净值；

D10904

B　为合同约定违约金、守约方损失；

C　为发生不可抗力情形时，根据本协议及相关保险合同约定，乙方（含贷款方）实际获得的保险赔款；

D　为发生不可抗力情形时，因乙方投保不足，导致所获保险赔款无法使项目设施恢复到出险前的正常状态和价值的恢复性建设费用缺额部分（如有）；

E　为终止后根据本合同的约定，乙方应向甲方移交运营维护所需的零部件、备品备件和其他物品的合理评估值。

若属甲方发出的终止情形之一的，按照对应公式计算终止补偿金即“A1-B+E”或者“A2-B+E”的值为负数；或者不可抗力情形下补偿金计算为负值的，则乙方应向甲方支付本条所述负数的绝对值。

（3）补偿支付方式

补偿支付方式有：一次性全额支付，分期支付两种。按本合同 95.2.（2）执行。

95.3　提前终止后的退出

提前终止后，乙方应在______日内与甲方或甲方指定的主体完成工程建设或运营交接。因违约导致的终止产生的接管费用由违约方支付；若双方均无过错，提前终止产生的接管费用由双方各自承担。

第十八章　适用法律及争议解决

第 96 条　争议解决

因履行本合同所产生的争议适用中华人民共和国法律。双方应尽可能通过友好协商解决争议。协商不成，任何一方均可向项目所在地有管辖权的人民法院提起诉讼，通过法律途径解决争议。

第 97 条　无争议部分继续履行

发生争议期间，各方对合同无争议部分应当继续履行，除法律规定或另有约定外，任何一方不得以发生争议为由，停止项目运营。

* 条文批注：政府在签订 PPP 项目合同过程中，应考虑到法律、法规以及合同范本间关系，不能拘泥于合同范本，在争议解决条款中，应选择公平、更有利于保护双方合法利益的解决方式，尽量避免选择无效的解决方式。

第十九章　保　　密

第 98 条　保密义务

双方当事人应当就本合同的内容、双方之间的协商及从对方取得的文件资料、知悉的商业信息等（以下简称保密信息）保密，除非本合同明示许可，双方当事人不得为除本项目所必需以外的目的使用或各任何实体或第三方批露上述保密信息的任何部分，但为了获得相关的政府许可或执照和已经获得预告书面许可的情况除外；双方当事人应采取一切必要措施防止第三方获得信息或以任何方式使用保密信息。

第 99 条　资料运用

从对方取得的文件资料只用于执行本合同的目的，并将其按保密件处理，交第三方使用或向第三方批露也仅系执行本合同需要。

第 100 条　保密期限及人员

本保密条款在本合同终止后五年内仍然有效，双方应当把相应的保密责任贯彻至雇员及第三方，只要他们与执行本项目有关。

第二十章　合 同 生 效

第 101 条　合同生效

本合同自双方代表签字、盖公章后成立，符合本合同第 6 条约定后生效。未尽事项，双方另行协商。

D10904

* 条文批注：前提条件并不是 PPP 合同的必须条款一般情况下，未约定前提条件的 PPP 合同生效时间为合同签署日，约定前提条件的 PPP 合同在合同签署时，其合同条款不会全部生效，仅有一小部分条款（前提条件条款）会立即生效，而其余条款均要在前提条件条款被满足或被豁免的情况下才会生效。也就是说，前提条件不是整个 PPP 合同生效的条件，但 PPP 合同生效以前提条件成就为必要条件。

第二十一章　其　　他

第 102 条　有效性

本合同任何条款的无效不影响其他条款的有效性。

第 103 条　通知

对本合同履行过程中的通知、申请等应以书面形式作出。派人送达的，应当有签收人签名或单位签章；用挂号信、特快专递、电报传真、电子邮件方式送达的，按照下列地址送达：

甲方：________________

联系人：________________

地址：________________

邮编：________________

传真：________________

Email：________________

乙方：________________

联系人：________________

地址：________________

邮编：________________

传真：________________

Email：________________

一方若须改变上述地址和联系方式的，应于变更后______日内书面通知对方。未通知的，视为未变更。

第 104 条　份数

合同一式______份，甲乙双方各执______份。

第 105 条　附件

本合同的附件与本合同具有同等法律效力，如附件与本合同正文之间的条款出现矛盾冲突，以本合同约定的内容为准。

1. 立项批复

2. 初步设计的批复

3.____________人民政府同意本项目采用 PPP 模式建设的批复

4. 物有所值评估报告

5. 财政承受能力评估报告

6. 实施方案

7. 项目政府采购磋商文件

8. 中标社会资本方响应文件

9. 施工图

10. 履约保函

甲方（公章）：____

______年______月______日

乙方（公章）：____

______年______月______日

D10904

第十六章　体育设施建设PPP项目

使用场景：

2016年，国家发展改革委发改委联合体育总局印发《“十三五”公共体育普及工程实施方案的通知》，鼓励社会资本采用PPP、公建民营等方式建设全民健身中心项目。体育项目采取PPP模式运作是推进体育产业健康发展的一种强大力量，尤其在体育场馆建设运营方面。PPP模式应用到体育设施的建设、运营和管理中，是公共文化体育共性改革的体现，一方面可以增加在这个领域中的投资，缓解政府财政的压力，迅速满足人们日益旺盛的体育文化需求；另一方面也是引入了一种竞争机制，有效提升文化体育事业的效率。

本项目合同适用于政府和社会资本合作即采用PPP模式建设医疗卫生类项目的情形。其主要内容包括以下核心条款：总则；引言、定义和解释；项目的范围和期限；前提条件；项目的融资；项目用地；项目的建设；项目的运营；项目运营维护绩效考核；股权变更限制；付费机制；履约担保；政府承诺；保险；守法义务及法律变更；不可抗力；监督和介入；违约、提前终止及终止后处理机制；项目移交；法律及争议解决等。除上述核心条款外，通常还会包括其他一般合同中的常见条款，如声明与保证、通知、合同可分割、合同修订等。

下面，以《文博体综合场馆PPP项目合同》为例，对合同中的关键条款，根据现有的法律法规及政策的规定，结合实践中积累的经验进行解读，供读者审阅参考。

法律要点：

1.PPP项目建设一定需要按照招标程序选择项目施工主体吗？

项目实施机构一般通过招标等竞争性方式选择社会资本，PPP项目若涉及项目建设的，对PPP项目的施工，若达到《中华人民共和国招标投标法》第3条规定的条件，应根据《中华人民共和国招标投标法》的规定按照招标程序选择项目施工主体，但《中华人民共和国招标投标法实施条例》第9条规定：“除《招标投标法》第六十六条规定的可以不进行招标的特殊情况外，有下列情形之一的，可以不进行招标：……（三）已通过招标方式选定的特许经营项目投资人依法能够自行建设、生产或者提供。”即在特许经营项目中，如果已经通过招标方式选定

D10905

了社会资本，该社会资本依法能够自行建设、生产或者提供的，该工程的承包商、生产商或者提供商可以不进行招标选择，而由项目实施机构选定的社会资本自行承担，俗称“两招”变“一招”。

2.PPP 项目用地禁止性红线有哪些?

（1）不得违规取得未供应的土地使用权。

《关于联合公布第三批政府和社会资本合作示范项目加快推动示范项目建设的通知》(财金〔2016〕91 号)要求地方政府严格按照土地管理法规定，依法依规地供应土地，不得借 PPP 的热潮，破坏土地出让制度，未批先建，未征先用，在未划拨或出让之前违规使用土地，扰乱土地市场秩序。

（2）PPP 项目不得作为项目主体参与土地收储和前期开发等工作。

根据《土地储备管理办法》规定，土地储备工作的具体实施由土地储备机构承担。土地储备机构对储备土地进行前期开发时，涉及道路、供水、供电、供气、排水、通讯、照明、绿化、土地平整等基础设施建设的，应该通过公开招标方式选择工程实施单位。《关于规范土地储备和资金管理等相关问题的通知》明确土地储备机构承担依法取得土地、进行前期开发、储存以备供应土地等工作，该工作主要是为政府部门行使职能提供支持保障，不能或不宜由市场配置资源。地方国土资源主管部门应当积极探索政府购买、土地征收、收购、收回涉及的拆迁安置补偿服务。土地储备机构应当积极探索通过政府采购，实施储备土地的前期开发，包括与储备宗地相关的道路、供水、供电、供气、排水、通信、照明、绿化、土地平整等基础设施建设。

（3）不得借未供应的土地进行融资。

PPP 项目主体或其他社会资本只有通过规范的土地市场，取得合法的土地使用权，才能用土地进行融资。PPP 项目主体不能在签订 PPP 协议之后，利用未供应的土地进行市场化融资。

（4）PPP 项目的资金来源与未来收益及清偿责任，不得与土地出让收入挂钩

财金〔2016〕91 号文件一方面明确提出“PPP 项目的资金来源与未来收益及清偿责任，不得与土地出让收入挂钩”。

文本正文：http://www.fatianshi.cn/D10905

目　录

D10905

文博体综合场馆PPP项目合同

第一章 总 则

1.1 合同主体

项目实施机构：

社会资本方：

（以下简称甲方），系____________人民政府（以下简称____________政府）职能部门，经____________人民政府授权与乙方按照中国法律的规定设立____________项目公司。

* 条文批注：财政部于 2014 年颁布的《政府和社会资本合作项目政府采购管理办法》（财库〔2014〕215 号）第 19 条明确规定："项目实施机构应当在中标、成交通知书发出后 30 日内，与中标、成交社会资本签订经本级人民政府审核同意的 PPP 项目合同。需要为 PPP 项目设立专门项目公司的，待项目公司成立后，由项目公司与项目实施机构重新签署 PPP 项目合同，或者签署关于继承 PPP 项目合同的补充合同"。

1.2 合同主要内容和条款

引言、定义和解释；项目的范围和期限；前提条件；项目的融资；项目用地；项目的建设；项目的使用；项目运营维护绩效考核；股权变更限制；付费机制；履约担保；政府承诺；保险；守法义务及法律变更；不可抗力；甲方的监督和介入；违约、提前终止及终止后处理机制；项目的移交；适用法律及争议解决；合同附件；等等。

1.3 风险分配

按照风险分配优化、风险收益对等和风险可控等原则，项目投资、建设和运营维护等商业风险由乙方承担；

法律、政策等风险由甲乙双方承担；

项目审批手续办理、不可抗力等风险由甲乙双方合理共担。

1.4 法律适用

本合同条款的分析和解释均以我国现行法律作为适用依据。

第二章　引言、定义和解释

2.1　引言

2.1.1　签署时间及主要信息

本合同于 ______ 年 ____ 月 ____ 日在____________签订。

项目名称：____________PPP 项目

项目地点：

项目总投资：本项目 A 部分建设投资估算为人民币：______万元，本项目 B 部分建设投资估算为人民币：______万元，总建设投资估算为：______万元，以乙方竞争性磋商响应文件的报价为基数。

本合同以中文书就。正本一式______份，各执______份，各份合同具有同等法律效力。

本合同由各方法定代表人或正式授权的代表在其签名下注明的日期签署。各方愿受本合同的法律约束。

本合同自双方签字盖章并第四节规定的前提条件达成后正式生效。

> ＊条文批注：前提条件条款并非 PPP 合同必需的合同要件，如果双方约定的上述任一前提条件在规定的时间内未满足，并且另一合同方也未同意豁免或延长期限，则该合同方有权终止项目合同。

甲方：____

地址：____

法定代表人或授权代表：____________________________

日期：____

乙方：____

地址：______________________________________

法定代表人或授权代表：________________________

日期：______________________________________

D10905

2.1.2　签约背景及签约目的

（a）根据《____________关于推广运用政府和社会资本合作的意见》（____________文件的要求，____________人民政府决定采用 PPP 的方式建设____________项目（以下简称本项目），并授权甲方作为本项目实施机构。

（b）甲方通过____________的方式选择社会资本方（含联合体，如适用，以下同），与甲方签署本合同，待社会资本方按照本合同的约定在____________出资设立项目公司后______日内，由项目公司与甲方签署关于继承本合同的补充合同。

（c）本项目实行投融资、建设、运营维护一体化的运作方式。项目公司是乙方为实施投融资、建设、运营维护、移交项目而依法设立的企业法人。

（d）为此，各方达成如下合同：

2.2　定义

以下定义适用于本合同：

2.2.1　本合同：指由甲方与乙方签署的 PPP 项目合同，包括全部附件，以及日后可能签署的任何 PPP 项目合同之补充修改合同和附件，每一部分都应视为本合同的一部分。

2.2.2　本项目：____

2.2.3　甲方：____

2.2.4　乙方：____

2.2.5　项目公司：指乙方为实施投融资、建设、运营维护、移交本项目而按照本合同约定设立的企业法人。

2.2.6　全部建设：指项目公司为本项目建设符合适用法律及本成本合同规定的竣工验收标准的公共资产之目的投入的资本性总支出，包括项目建设投资和建设期利息。

2.2.7　合作期：自本合同签订生效之日起，至合同终止之日止。

2.2.8　项目文件：指包括但不限于下列文件：

（a）本合同及附件；

（b）融资文件；

（c）与项目有关的其他文件。

2.2.9　项目设施：指与本项目建设和运营维护相关的设施。

2.2.10　项目资产：指与项目有关的所有资产，包括但不限于：

2.2.11　中国：指中华人民共和国，仅为本合同之目的，不包括香港特别行政区、澳门特别行政区和台湾地区。

2.2.12　法律：指所有适用的中华人民共和国法律，法规，规章，地方性法规，司法解释，政府部门颁布的标准、规范或其他适用的强制性要求，有法律约束力的规范性文件等。

2.2.13　法律变更：指在生效日后颁布、修订、废止或重新解释的任何适用法律导致甲方或乙方在本合同项下的权利义务发生实质性变化。

2.2.14　政府行为：指甲方的任何上级政府部门（县级及以上）的国有化、征收及征用等行为。

2.2.15　批准：指为了使乙方能够履行其在本合同项下的义务和行使其在本合同项下的权利，乙方必须或希望从政府机关依法获得的为乙方的投融资、建设、运营维护和移交所需要的任何许可、执照、同意、授权、免除或批准。

2.2.16　贷款人：指融资文件中的贷款人或项目资金提供人。

2.2.17　融资文件：指与项目或其任何一部分的建设和管理养护相关的贷款协议、担保协议、保函和其他文件，但不包括股东作出的出资承诺或出资、建设履约保函及运营维护承诺书。

2.2.18　建设履约保：指乙方按照第 12.1 条的规定提供的、为担保函其履行在本合同项下的建设等义务的担保函。

2.2.19　运营维护承诺书：指乙方按照第 12.3 条的规定提交的、为担保其履行在本合同项下的运营维护等义务的担保。

2.2.20　建设期：指自监理工程师发出开工令之日起至竣工验收通过之日止的期间。

2.2.21　开工日：指项目工程开始施工之日，具体日期见本合同第 7.2 条。

2.2.22　运营日：指协议第 8.1 条约定的日期。

2.2.23　运营期：为自运营日起的______年内。

2.2.24　争议解决程序：指协议第 20.2 条中提及的解决争议的程序。

D10905

2.2.25 政府部门：指：

（1）中国国务院及其下属的部、委、局、署、行，中国的任何司法或军事当局，或具有中央政府行政管理功能的其他行政实体；

（2）省、市、区、县各级地方政府及其职能部门。

2.2.26 终止通知：指双方按照本合同第 18.11 条向对方发出的通知。终止意向通指双方按照本合同第 18.11 条向对方发出的通知。

2.2.27 生效日：指满足本合同第四节后，本合同甲乙双方盖章并由双方法定代表人或授权代表人签字之日。如引进的社会资本方为外资的，则本合同在报经相应的商务部门审批后生效。

2.2.28 工作日：指除中国法定休息日和法定节日或假日以外的、各机构普遍工作的任何日期。

2.2.29 终止日：指本合同提前终止的日期。

2.2.30 移交日期：指合作期届满之日（适用于本合同期满终止），或经双方书面同意的移交项目设施的其他日期。

2.3 解释

本合同中的标题仅为阅读方便所设，不应影响条文的解释。以下的规定同样适用于对本合同进行解释，除非其上下文明确显示其不适用。

在本合同中：

（1）合同或文件包括经修订、更新、补充或替代后的该协议或文件；

（2）“元”指人民币元；

（3）条款或附件：指本合同的条款或附件；

（4）一方、各方：指本合同的一方或双方或各方，并且包括经允许的替代该方的人或该方的受让人；

（5）除非本合同另有明确约定，“包括”指包括但不限于；除本合同另有明确约定，“以上”“以下”“以内”或“内”均含本数，“超过”“以外”不含本数；

（6）本合同并不限制或以其他方式影响甲方及其他政府部门行使其法定行政职权。在本合同有效期内，如果本合同项下的有关约定届时被纳入相关法律规范属于甲方或其他政府部门的行政职权，适用该法律规定；

（7）要求在某一非工作日付款：指该付款应在该日后的第一个工作日支付；

（8）本合同中的标题不应视为对本合同的当然解释，本合同的各个组成部分都具有同样的法律效力及同等的重要性。

第三章　项目的范围和期限

3.1　项目的范围

在合作期内，甲方与乙方的合作范围和主要合作内容如下：

3.1.1　项目的范围

> ＊条文批注：重点约定合作项目双方工作内容、任务分工、经费承担等事项，便于顺利实施项目。

3.1.2　甲方负责的工作内容

办理项目环评、可研、规划等审批手续；

组织项目竞争性磋商工作，确定勘察、设计、监理单位，并对勘察、设计及监理单位工作进行管理；

推进完成项目征地征拆工作；

协助乙方办理工程建设审批手续变更；

协助乙方报送相关评审材料；

对乙方履约情况实施监督；

组织设计、监理单位、质量监督机构控制工程建设的规模、标准、工程质量、投资，对工程设计变更和现场签证进行审核认定；组织质量监督机构对建设全过程进行强制性监督；

组织乙方报送工程结算评审资料并进行初审；

配合县财政部门进行工程决算评审；

组织工程竣工验收；

根据绩效考核情况及合同约定按期核算运营效绩服务绩效考核系数；

D10905

合作期满，配合国资等部门办理资产移交。

3.1.3　乙方负责的工作内容

乙方必须保证在甲方正式发布中标通知之日起______个工作日内在____________境内设立项目公司完毕，获得企业法人营业执照，并达到可以对外营业的法定条件。

乙方负责本项目投融资、建设及运营维护工作，确保项目资金及时到位，独立进行项目财务核算和资金管理使用。

负责进行前期已办理项目审批手续的变更及办理后续各项审批手续，负责项目总承包建设组织管理，完成合同约定的全部建设内容，确保工程进度、质量、安全与文明施工符合相应标准和规范要求，承担与工程建设、运营维护有关的一切风险和责任。

按照本合同要求和经批复的设计文件，自行承担费用、责任和风险，负责本项目的投融资、建设。

承诺严格按照合同约定及时支付工程费用和农民工工资，承担所建工程的维稳、信访责任。

在甲方、相关行业主管部门的监督下，协助甲方组织工程竣工验收。

工程竣工验收合格、具备正常使用条件后，告知甲方及相关行业主管部门，及时投入使用。承担本项目的日常运营维护工作，接受设施主管部门的监管和日常考核。

为切实保障设施的正常使用和为社会提供持续服务，运营期内发生一切设施损坏，需由乙方进行维修，维修费用由乙方自行负责。

及时组织提报工程结算报审资料，按合同约定获取服务费用。

合作期满，将项目资产的运营维护无偿移交给政府指定部门。

在合作期内接受政府有关部门及政府方根据合同实施的监督。按照适用法律缴纳所有税金及行政性收费。

3.2　项目的合作期限

3.2.1　合作期的确定

本项目采用____________模式建设运营，项目合作期为______年，其中建设期为______年，有效建设工期为______年，即以______年为有效建设工期测算建设期利息及投资回报），运营期为______年。

3.2.2 合作期的延长

工程进度如果因下列情况受阻，上述合作期可相应顺延，但不得超过土地使用权年限：

①不可抗力事件；

②因甲方原因导致的延期；

③法律规定或其他政府部门的原因导致的延误；

④本合同规定的其他事项。

（2）期限的结束导致项目合作期限结束有两种情形：项目合作期限届满或者项目提前终止（关于期限结束后的处理，请见本章第十八节和第十九节）。

＊条文批注：1. 根据《关于组织开展第三批政府和社会资本合作示范项目申报筛选工作的通知》（财金函〔2016〕47 号）规定，PPP 示范项目的合作期限原则上不低于 10 年。

2. 根据《基础设施和公用事业特许经营管理办法》合同期限最长不超过 30 年，对于投资规模大、回报周期长的项目，可以根据项目实际情况，约定超过前期规定的特许经营期限。

第四章 前提条件

4.1 本合同生效的前提条件

4.1.1 项目需要融资的，应完成融资交割（融资交割是指乙方已为项目建设融资的目的签署并向融资方提交所有融资文件，并且融资文件要求的就本项目获得资金的所有前提条件得到满足或被豁免）。在本合同签署之日后______日内，乙方应完成融资交割。

4.1.2 乙方提交建设期履约保函。

4.1.3 本合同由县政府审核同意。

4.2 未满足前提条件的后果

4.2.1 合同终止。

D10905

如果上述任一前提条件在规定的时间内未满足，则甲方有权终止本合同。由于未满足前提条件而导致合同终止，除合同中明确规定的在合同终止后仍属有效的条款外，其他权利义务将终止。

4.2.2　提取保证金。

如果乙方未能按照约定的时间和要求达成前提条件，且甲方未同意豁免该前提条件时，甲方有权提取竞争性磋商保证金项下的金额。

第五章　项目的融资

5.1　项目融资

乙方应承诺在项目融资过程中，可以利用自有资金或通过企业融资筹集工程建设所需资金；

除非得到甲方的书面同意，乙方不得在本项目部门所涉的任何资产上设立任何形式的担保，亦不得对本项目所涉的任何资产进行任何形式的处置。

乙方对于项目融资所获得资金，只能用于履行本合同的需要，除此之外不得用于其他任何用途。

> * 条文批注：PPP 项目的融资方式约定中通常会约定资本金部分的出资方式和总投资与资本金差额部分的募集方式两部分的内容。

5.2　资金管理

乙方独立进行建设期和运营期的资金使用和财务核算；

项目公司的注册资本金专门用于本项目的投融资、建设及运营维护等；

本合同生效日后______日内，乙方应在当地银行设立工程建设资金专户，甲方有权查看账户资金情况，乙方应给予配合；

乙方对工程相关合同规定的工程进度计划按时向工程建设资金专户拨付项目建设资金，该资金不得用于与本工程无关的经济活动；

乙方应根据本单位的工程进度款支付，须按相关工程合同的约定执行，不得违约拖欠。对支付情况，甲方有权核实，对不按时支付的，甲方将从其建设履约保函中代为支付，不足之处将从购买价款中扣除，情节严重的将终止与乙方的合作合同；

乙方应保证在建设过程中，严格按照合同约定及时支付工程费用和农民工工资，承担所建工程的维稳、信访责任，并对此内容向甲方提交一份承诺函；

项目资金结构：

第六章　项 目 用 地

6.1　土地使用权

根据 2014 年 9 月起实施的中华人民共和国国土资源部令第 61 号《节约集约利用土地规定》（国土〔2014〕61 号）的规定，本项目建设用地属于公益事业用地，采用划拨方式供项目公司在合作期内按照本项目产出要求无偿使用。

6.2　土地使用的限制

（1）场地是乙方为本项目建设之用，未经甲方书面同意，乙方不得将项目所用土地用于本项目之外的任何目的；

（2）如因乙方违反适用法律和 / 或本合同和 / 或其他有关法律文件的要求使用土地给国家利益、公共利益或第三人利益造成损害，乙方应当赔偿因此造成的损失。

> *条文批注：1. 由于土地是为专门实施特定的 PPP 项目而划拨或出让给项目公司的，因此在 PPP 项目合同中通常还会明确规定，未经政府批准，项目公司不得将项目用地变更土地用途、对外转让、出租、出借、抵押及在其上设置任何他方权利，也不得用于该项目以外的其他用途。
>
> 2. 除 PPP 项目合同中的限制外，项目公司的土地使用权还要受土地使用权出让合同或者土地使用权划拨批准文件的约束，并且要遵守《中华人民共和国土地管理法》等相关法律法规的规定。

6.3　甲方对项目场地的出入权

甲方以及有关政府部门有权：

（1）经合理通知而出入项目场地；

（2）有权为了解建设进度或检查乙方履行本合同项下的其他义务的目的行使此项出入权；

D10905

本合同规定的其他出入的权利。

第七章　项目的建设

7.1　建设要求

7.1.1　在开工日或先于开工日，甲方负责完成的其他前期工作，包括项目建议书、可行性研究报告、环境影响评价报告、节能评估报告、劳动安全评价的相关批复，甲方可委托具有相应资质的单位负责完成。

7.1.2　对于项目前期工作，由甲方和服务单位共同签订服务合同即在项目投资人竞争性磋商前，甲方已与服务单位签订服务合同并支付费用的，财政部门据实评审，计入建设投资。

7.1.3　项目公司成立前，为本项目垫付的已签订合同的前期费用（包含但不限于项目全过程咨询费、可研编制费、绘图费、施工图编制费等），须由乙方返还给政府方。尚未支付的部分按已签订合同完成支付。

7.1.4　乙方应自行承担项目全部建设费用和有关的建设风险，按以下要求完成所有建设工程：

（1）本项目建设投资由乙方承担，建设投资包括项目前期费（见附件六）、审图费、征拆费、系统动迁费、主体工程费和设施配套费等。

（2）乙方应尽最大努力申请并及时获得从事建设工程所需要的政府部门的各种批准，并使其保持有效，承担所有获得上述批准所需要的费用和支出。

（3）系统动迁项目按甲方审定内容及施工图组织实施。

（4）根据下列规定实施建设工程：

①适用法律；

②甲方提供的设计文件；

③本合同下对项目建设的其他所有要求。

（5）在施工过程中注意安全以保护生命、健康、财产和环境，避免安全事故；

（6）建设期内，乙方必须自费购买和维持适用法律所要求的保险（包含工程一切险、第三者责任保险等），并将甲方和乙方均列为保险单上的被保险人；

（7）在施工期间采取一切合理措施减少对公众、居民和商业的干扰和不便；

（8）乙方应及时通知甲方组织竣工验收，竣工验收合格后，方可交付使用。

7.2　建设期限

7.2.1　本项目主要进度日期如下：

开工时间：不迟于______年______月______日开工建设（实际开工时间以本项目监理工程师发出的开工令为准）；

竣工验收日：自本款前述实际开工时间起算实际工期______年内。

7.2.2　工程进度如果因下列情况受阻，上述进度日期可相应顺延：

（1）不可抗力事件；

（2）因甲方原因导致的延期；

（3）法律规定或其他政府部门的原因导致的延误；

（4）本合同规定的其他事项。

7.2.3　当 7.2.2 款的事件发生后，乙方要求延长进度日期，应在前述事件发生后______个工作日内向甲方提出书面报告，报告应包括以下内容：

（1）事件的种类；

（2）预计延误的日期；

（3）乙方采取的减少延误的合理措施；

（4）乙方要求延长的日期。

7.2.4　甲方应在收到乙方的书面报告后______个工作日内予以回复，逾期未提交书面意见的，视为同意乙方的延期要求。

7.2.5　乙方在建设期内应向甲方提交每月建设工程进度报告，该报告应合理、详细地说明已完成的和进行中的建设工程情况以及甲方合理要求的其他相关事项。

7.3　工程进度

7.3.1　项目开工之前，乙方应向甲方提交施工进度计划，其中关键性节点和工期目标应满足合同工期要求。

7.3.2　乙方应制定工期保证措施。

7.3.3　乙方应设专人对工程建设的实际进度进行检查，当出现进度偏

D10905

差时应分析原因，适时采取有效措施以保证项目工期。

7.3.4 如果出现下述情况，有关进度日期的最后期限将延长或修改，但不涉及费用调整：

（1）不可抗力事件；

（2）本项目建设过程中，在建设用地范围内发现有古墓、古建筑或化石等具有考古、地质研究价值的物品。

7.3.5 在本项目实施过程中，如因甲方加快工程进度需要，乙方发生的赶工费根据工程实际进度由双方协商解决；

7.3.6 乙方应在每月的______日前向甲方和监理单位提交上个月工程的进度报告。进度报告应持续至项目完工日止。

7.4 工程延误

7.4.1 如果乙方合理预计工程不能达到本合同所要求的进度日期，应立即通知甲方，并就延误的原因、预计的可能超出进度日期的天数和其他可合理预见的对建设工程不利的影响、已采取或建议采取的解决或减少延误及其影响的措施等内容向甲方进行合理详细的描述。

7.4.2 乙方发出上述通知并不能免除其在本合同中的任何义务。如果乙方提出或实施的补救措施不能解决逾期的延误，甲方可要求乙方采取甲方认为必要的其他措施以达到进度计划的要求。

7.5 工程质量

7.5.1 乙方应保证工程质量达到适用法律及本合同约定的设计要求。

7.5.2 在工程开始施工后，乙方应严格执行各项质量保证和质量控制计划。甲方有权参加或检查乙方的质量控制过程及方法，以确保工程的质量要求。

7.5.3 乙方工程的施工、质量管理、安全管理、竣工验收等应符合相关法律和强制性标准，且应符合本合同规定的所有要求。

7.5.4 乙方在开始建设工程之前，须建立一套完整的质量保证和质量控制方案交监理单位____________质量监督机构审查确认后执行。

7.5.5 在不影响乙方履行本合同项下义务的情况下，甲方有权在工作时间内对乙方履约情况进行检查，以保证乙方工程的任何部分均符合本合同的要求。乙方须对此项检查予以协助。

7.5.6　若甲方有足够的证据证明乙方建设工程或其他任何部分与本合同所规定的或其他相关部门所规定的质量或安全要求严重不符，甲方有权立即通知乙方，乙方应按照要求进行整改。若乙方在收到甲方通知后______个工作日内未进行整改，则甲方有权自己进行或委托第三方进行必要的纠正，一切风险与费用由乙方承担。在这种情况下，乙方须允许甲方或其委托的承包商为此目的而出入项目场地。若乙方拒绝甲方或其委托的第三方进入项目场地进行纠正工作，或未能按照甲方的要求偿还甲方为此而付出的费用，则甲方有权从建设履约保函项下提取相应金额。

7.6　安全和文明施工管理

7.6.1　乙方应始终遵守相关法律法规及本合同的规定，保证施工过程的安全和文明施工。

7.6.2　乙方在工程建设期应采取一切合理措施来避免或尽量减少对周围建筑物和居民区的干扰。

7.6.3　在施工期间，乙方应有效控制现场的气体散发、地面排水及排污。

7.6.4　施工现场建筑垃圾、生活垃圾应分类存放并及时清运，不能清运的应及时苫盖。

7.6.5　水泥和其他易飞细颗粒建筑材料应采取覆盖等措施存放。

7.6.6　乙方应采取必要的措施保证社会人员与车辆经过现场区域的交通疏解。

> * 条文批注：项目实施过程中，加强工程质量、运营标准的全称监督，确保公共产品和服务的质量、效率和延续性，鼓励推进第三方评估，评价结果向社会公示，作为合同调整的重要参考依据，并据此作为价费标准、财政补贴等的支付依据。

7.7　设备与材料采购

乙方应负责依法购置本项目建设所需要的一切临时性或永久性的设备、材料及其他物品，本项目建设所需的一切设备，材料的采购、供应、进口

D10905

应当按照法律实施并符合国家的规范和标准及本合同的约定。

7.8 建设期利息

7.8.1 建设期利息计算原则：

在建设期间，以甲方每月核定一次的实际建设投资，扣除相应资本金部分后作为当期借款本金，借款利率为融资合同中的实际发生利率，按月以单利计息，不计复利。

7.8.2 当建设期延长时，借款利息的承担原则：

由于甲方原因导致建设期延长的，延长期间的借款利息按以上原则计算；

由于乙方原因导致建设期延长的，延长期间的借款利息由乙方自行承担；

由于项目征拆和不可抗力原因导致建设期延长的，延长期间的借款利息由甲乙双方自行承担。

7.9 工程造价的控制与监管

甲方负责对发生的工程设计变更、现场签证等进行审核认定，并承担相应签字认定责任。

财政部门对项目招标、合同签署等环节进行全面造价控制（审计发生的相关费用由乙方承担）。

对主体和配套等各项工程的招标控制价进行事前评审。

对系统动迁工程预算、土地和房屋征收工作进行财政评审。

对全部工程结算进行评审，核定项目服务费用。

实际投资的认定以审计部门或由其委托具有相应资质的第三方对本工程建设的竣工决算审计结果为准。项目的实际投资为财政审定预算数额加项目建设中政府方认定的运算中未含的变更等相关建设费用。审计发生的费用由乙方承担。

7.10 工程变更与索赔

7.10.1 变更条件

（1）工程变更是指在建设过程中对合同中约定的工程进度、范围和标准的变更。

（2）甲方可以发布工程变更令的方式要求乙方进行工程变更。

（3）在建设期内，以下列条件之一为前提，乙方可以向监理机构以递交建议书的方式提出工程变更申请，并应同时提供相应的证明材料：

①加快工程进度；

②提高工程标准；

③节约建设投资。

在建设期内，若发生法律变更需要对项目工程进行工程变更，则乙方应在得知法律变更事项后______个工作日内向监理机构提出工程变更申请。

7.10.2　变更程序

任何涉及工程进度、范围及标准的变更必须报监理机构和甲方同意后方可实施；

甲方提出变更的，应向乙方发出书面变更通知，变更通知应明确说明变更的范围和内容。

7.10.3　签证程序

签证程序必须遵循“先审批，后实施”的原则。如发生现场签证，乙方需提出申请报监理单位，经监理单位审核后报甲方，由甲方确认签字后实施。

7.10.4　设计优化

由乙方提出的设计优化方案且构成变更时，应得到甲方的同意后方可实施。

7.10.5　乙方的索赔

如果乙方认为，根据本合同任何条款或与本合同相关的其他文件，乙方有权得到工期的延长或增加建设投资，就此乙方应向甲方发出通知，说明引起索赔的事件或情况。该通知应在该事件或情况发生后______日内发出；

如果乙方未能在上述______日内发出索赔通知，则工期不能延长，乙方也无权获得追加付款，而甲方应免除有关该索赔的全部责任。如果乙方按期发出索赔通知，乙方还应提交所有有关该事件或情况的、合同要求的任何其他通知，以及支持索赔的详细资料；

在该索赔的事件或情况发生后______日内，或在乙方可能建议并经甲方认可的其他期限内，乙方应向甲方递交一份充分详细的索赔报告，包括索赔的依据、要求延长的时间和（或）追加的付款的全部详细资料；

甲方在收到索赔报告或对过去索赔的任何进一步证明资料后______日

D10905

内，或在甲方可能建议并经乙方认可的其他期限内，做出回应，表示批准或不批准并附具体意见。

7.10.6　竣工验收

项目全部完工后，按照《____________基本建设项目竣工验收暂行办法》规定，由乙方协助甲方组织工程竣工验收。实施机构对乙方在本项目施工过程中的检测、检查所发生的费用由乙方负责；

若项目因征收或不可抗力等原因导致项目无法按期完工的，可对已完工并具备验收条件的单体建筑单独验收，并将单独竣工验收合格日的次日作为该部分工程服务费用计算起始日；

竣工验收合格后，乙方应按照设计标准要求向____________备案，并将项目全部设施及内业资料移交给档案管理部门接收管理；

竣工验收合格后，审计部门对建设投资进行评审，其中项目前期费（见附件六）、征拆费，审计部门按照当地相关规定据实评审；主体工程、配套专业工程、系统动迁工程，按现行工程定额及相应的计价规定，结合施工期工程造价信息等进行结算评审。最终投资额以审计部门竣工决算评审结果为准，据此计算政府需支付的服务费；

本项目的质保期按照国家有关法律法规规定的期限执行。

* 条文批注：1. 项目合同可以约定项目验收的计划、标准、费用和工作机制等要求。如有必要，也可以针对特定环节做出专项安排。

2. 参见本书文化旅游特色小镇建设 PPP 项目合同第七章“项目的建设”第 34 条关于项目的验收的批注。

7.11　建设的延迟、放弃和甲方介入

7.11.1　延迟

（1）若由于甲方的原因造成工程实际进度落后于经甲方认可的进度计划时，则视为甲方工程延误，工期予以顺延；

（2）若由于乙方的原因造成工程实际进度落后于经甲方认可的进度计划时，则视为乙方工程延误。乙方应及时修订施工进度计划，并采取措施加快施工进度，以确保

实际进度同工作进度计划相一致。

7.11.2　放弃

乙方以书面形式表示放弃本项目建设。

7.11.3　视为放弃

除不可抗力或甲方违约的情况外，如果乙方出现下列情况，则：

（1）本项目的建设应视为已被放弃：

（2）书面通知甲方其已终止任一建设工程，且不打算重新开始施工；

由于乙方原因未能在开工日期之后______天内开始项目的建设；

由于乙方原因未能在任何不可抗力事件结束后______天内恢复建设工程施工；

乙方出于任何其他原因在运营日前停止工程建设（含测试），直接撤走场地全部或大部分的工作人员。

7.11.4　甲方介入完成建设

（1）甲方介入的条件

乙方出现下列情况之一的，则甲方有权指定第三方取代乙方承担项目的任何必要的建设，以便实现完工：

①书面表示放弃项目；

②被视为放弃项目建设。

（2）甲方介入建设后，乙方应与甲方及其指定第三方合作，向其提供所有合理的协助，并让贷款人在其融资文件中作出具有相同效果的承诺，以确保项目的建设和完工；

（3）甲方介入项目的建设，不应被视为根据本合同受让了项目资产或承担了乙方的义务。

（4）除本合同另有规定外，甲方及其指定第三方介入建设所产生的一切费用和风险由乙方承担。甲方有权在向乙方提供详细的费用和支出记录后，从建设履约保函项下提取该部分款项。如果乙方已采取了切实可行的措施或提供了有效担保，甲方应撤出项目的建设。乙方应在此时恢复承担全部责任，直至任何一方发出终止通知为止。

D10905

第八章　项目的运营

*条文批注：1. 运营包括试运营和正式运营，重点约定合作项目运营的外部条件、运营服务标准和要求、更新改造及追加投资、服务计量、运营期保险、政府监管、运营支出及违约责任等事项，适用于包含项目运营环节的合作项目。

2. 项目合同应约定项目运营维护与设施修理事项，详细内容可在合同附件中描述。

3. 项目合同应约定在运营过程中产生的主副产品的权属和处置权限，以及运营期间由于政府特殊要求造成社会资本主体支出增加、收入减少的补偿方式、补偿金额、支付程序及协商机制。

4. 参见本书文化旅游特色小镇建设 PPP 项目合同第八章“项目的运营”关于项目的具体批注。

8.1　运营日

乙方竣工验收合格日的次日为运营日，本项目自此进入运营期；

自运营日起，财政部门按照本合同约定及时、足额支付服务费。

8.2　因乙方原因导致无法按期开始运营的后果

如果乙方因自身原因没有按照合同约定的时间和要求开始运营，将可能承担如下后果：

（1）一般的后果：无法按时获得付费、运营期缩短；

（2）项目终止；

（3）提取履约保函。

8.3　因不可抗力导致无法按期开始运营的后果

因不可抗力事件导致项目不能按期运营的，受到该不可抗力影响的一方或双方均可以免除违约责任，也可以根据该不可抗力的影响期间申请延迟开始运营日。

8.4　运营维护记录

乙方应确保：

（1）对运营维护项目的情况进行详细记录；

（2）准许甲方在给予合理通知后于正常工作时间对其运营维护情况进行检查并查阅和复制上述记录。

8.5　甲方介入运营维护

如果甲方认为：乙方未能按照本合同的规定管理运营维护项目，且乙方在收到甲方通知后的______个工作日或双方另行商定合理期限内未能就上述情况进行补救的，则甲方有权自行或者委托第三方介入项目运营维护工作，费用和风险均由乙方承担。甲方有权在向乙方提供详细的费用和支出记录后，从运营维护承诺书项下提取该款项。

8.6　运营维护承包商

项目建成投入使用后，为了切实保障本项目设施的正常使用和为社会提供持续服务，乙方可委托专业的运营维护团队进行设施的日常维护管理。

8.7　暂停服务

（1）计划内的暂停服务

对项目设施进行定期的重大维护或者修复，乙方应在报送运营维护计划时提前向甲方报告，甲方应在暂停服务开始之前给予书面答复或批准，乙方应尽最大努力将暂停服务的影响降到最低。

发生计划内的暂停服务，乙方不承担不履约的违约责任。

（2）计划外的暂停服务

若发生突发的计划外暂停服务，乙方应立即通知甲方，解释其原因，尽最大可能降低暂停服务的影响并尽快恢复正常服务。对于计划外的暂停服务，责任的划分按照一般的风险分担原则处理，即：

①如因乙方原因造成，由乙方承担责任并赔偿相关损失；

②如因不可抗力原因造成，双方共同分担该风险，均不承担对对方的任何违约责任。

8.8　公众监督

乙方应接受用户投诉，政府主管部门接受用户对乙方的投诉。

D10905

第九章　项目运营维护绩效考核

9.1　本项目运营维护采取绩效考核

乙方对项目设施的运营维护应符合国家相关运营维护规范和标准。甲方制定相应设施运营维护标准、绩效考核打分办法，进行日常监管考核，按季度将考核结果报送财政部门。

9.2　本项目实行政府付费与项目绩效考核挂钩

本项目的绩效考核体系包含两个方面：

（1）建设期绩效考核

本项目可用性付费的支付前提为项目竣工验收通过，在项目质量、工期、环境保护、安全生产等指标在未达成时，甲方可根据本合同的相关约定提取项目公司提交的建设期履约保函中的相应金额。

（2）运营维护期绩效考核

在合作期内，甲方定期对本项目的运营维护工作进行考核评比，具体考核评比细则如下：

①考核评比时间和方式：____。

②考核评比计分方法：____。

第十章　股权变更限制

10.1　锁定期

在合同有效期内，乙方不得转让其在项目公司中的全部或部分股权；如遇特殊情况，经县政府事先书面同意，乙方可以转让其在项目公司中的全部或部分股权，但受让方应满足本合同约定的技术能力、财务信用、运营维护经验等基本条件，并以书面形式明确承继乙方在本项目项下的权利及义务。

＊条文批注：锁定期的期限需要根据项目的具体情况进行设定，常见的锁定期是自合同生效日起，至项目开始运营日后的一定期限（如 2 年，通常至少直至项目缺陷责任期届满）。这一规定的目的是为了确保在社会资本履行完其全部出资义务之前不得轻易退出项目。

10.2　违反股权变更限制的后果

一旦发生违反股权变更限制的情形，将直接认定为乙方的违约行为，情节严重的，甲方将有权因该违约而提前终止本合同。

第十一章　付费机制

11.1　付费类型

____

11.2　可用性服务费的计算

____

11.3　运营效绩服务费的计算

____

11.4　调价机制

____

第十二章　履约担保

12.1　建设期履约保函

12.1.1　建设履约保函的提供。乙方最晚应于本合同签订之日后______日内且在竞争性磋商保证金退还之前，向甲方提供符合下列要求的建设履约保函，作为其履行在本合同下的建设义务和其他违约赔偿义务的担保：

（1）符合本合同附件四《建设履约保函》规定的格式或甲方同意的其他格式；

（2）由甲方可接受的一家金融机构出具；

（3）金额为人民币______万元整（小写：______万元）。

12.1.2　建设履约保函的解除。建设履约保函在乙方提交运营维护承诺

D10905

书之日到期，甲方应在到期日后______个工作日内退还建设履约保函。

12.2 恢复建设履约保函的数额

如果甲方在项目合作内根据本合同的有关规定提取建设履约保函项下的款项，乙方应确保在甲方提取后的______个工作日内，将建设履约保函的数额恢复到本合同前款约定的数额，且应向甲方提供建设履约保函已足额恢复的证据。甲方提取建设履约保函的权利不影响甲方在本合同项下的其他权利，并且不应解除乙方不履行维护本项目义务而对甲方所负的任何进一步的责任和义务。

乙方未在前述期限内补足或恢复建设履约保函相应金额的，甲方有权发出催告，乙方应在______日内予以补足；乙方在前述期限内仍未补足的，则甲方有权提取建设履约保函项下的余额，并有权提前终止本合同。

如乙方未提交建设履约保函，则构成乙方违约，甲方有权终止本合同。

12.3 运营维护承诺书

乙方应在项目运营日起______个工作日内向甲方出具运营维护承诺书，作为其履行整个运营期义务的保证。金额为人民币______（小写：￥______）万元，担保期至合作期满。

* 条文批注：1. 建设期履约保函是比较常见的一种保函，主要用于担保项目公司在建设期能够按照合同约定的标准进行建设，并且能够按时完工。该保函的有效期一般是从项目合同全部生效之日起到建设期结束。

2. 运营维护期的履约保函，也称维护保函，主要用以担保项目公司在运营维护期内按照项目合同的约定履行运营维护义务。该保函的有效期通常视具体项目而定，可以一直到项目期限终止。在项目期限内，项目公司有义务保证该保函项下的金额一直保持在一个规定的金额，一旦低于该金额，项目公司应当及时将该保函恢复至该规定金额。

第十三章 政府承诺

13.1 协助获取相关土地权利

13.2 协助办理有关政府审批程序

第十四章　保　　险

14.1　购买和维持保险的义务

乙方需承担购买和维持保险的义务，具体包括：

（1）在整个合作期内，乙方应按法律规定和本行业的惯例办理和维持合理的建设和运营维护保险（包括但不限于建筑安装工程一切险、第三者责任险等）。保险金额应达到项目设施的全部重置价值；

（2）督促保险人或保险人的代理人在投保或续保后尽快向甲方提供保险凭证，以证明乙方已按合同规定取得保单并支付保费；

（3）如果乙方没有购买或维持合同约定的某项保险，则甲方可以投保该项保险，并从履约保函项下扣抵其所支付的保费或要求乙方偿还该项保费；

（4）向保险人或保险代理人提供完整、真实的项目可披露信息；

（5）在任何时候不得作出或允许任何其他人作出任何可能导致保险全部或部分失效、可撤销、中止或受损害的行为；

（6）当发生任何可能影响保险或其项下的任何权利主张的情况或事件时，乙方应立即书面通知甲方。

14.2　保单要求

乙方应当以甲方及甲方指定的机构作为被保险人进行投保。

在取消保单、不续展保单或对保单做重大修改等事项发生时提前向甲方发出书面通知。

14.3　保险条款的变更

由于保险条款的变更可能对项目风险产生影响，一般情况下，合同中会规定未经甲方同意，不得对保险合同的重要条款（包括但不限于保险范围、责任限制以及免赔范围等）做出实质性变更。

D10905

第十五章　守法义务及法律变更

15.1　守法义务

乙方在实施本项目的过程中有义务遵守现行法律法规。

15.2　法律变更导致的后果

（1）甲方可控的法律变更的后果：

在建设期间，如果因发生甲方可控的法律变更导致项目发生额外费用或工期延误，乙方有权向甲方索赔额外费用或要求延长工期；

在运营期间，如果因发生甲方可控的法律变更导致乙方管理运营效绩服务费用增加，乙方有权向甲方索赔额外费用或申请延长项目合作期限。

（2）甲方不可控的法律变更的后果：

对于超出甲方可控范围的法律变更，如由国家或上级政府统一颁行的法律等，应视为不可抗力，按照不可抗力的机制进行处理。

> ＊条文批注：如果因发生政府方可控的法律变更导致合同无法继续履行，则构成“政府违约事件”，项目公司可以通过违约条款及提前终止机制等进行救济。

第十六章　不 可 抗 力

16.1　不可抗力事件

任何一方由于出现不可抗力事件使该方无法全部或部分履行其本合同项下的义务时，该方应有权中止履行本合同项下的义务。

不可抗力应包括但不限于下列事件：

（1）雷电、干旱、火灾、地震、火山爆发、山崩、滑坡、水灾、暴风雨、海啸、台风或龙卷风；流行病、饥荒或瘟疫；战争行为（无论是否宣战）、入侵、武装冲突或外敌行为、封锁或军事力量的使用、禁运、暴乱或民众骚乱、恐怖行为、军事演习或政变；

（2）不能合理预见的重大交通阻滞或停运；化学或放射性污染或核辐射。

16.2　适用于乙方的例外情况

乙方无权将下述情况视作不可抗力事件而终止履行本合同或不完全履行本合同项下义务：

（1）乙方的承包商或其他与乙方建立合同关系的第三方在履行合同方面发生延误；

（2）项目设施的故障或正常磨损。

16.3　适用于甲方的例外情况

甲方无权将下述情况视作不可抗力事件而终止履行或不完全履行本合同项下义务：

人民政府对项目设施或其任何部分实行的没收、充公或国有化；在项目使用范围内修建地铁等，导致设施无法正常使用。

16.4　通知

声称受到不可抗力影响的一方应在知道不可抗力之后______个工作日内书面通知另一方，详细描述不可抗力的发生情况和可能导致的后果，并根据对方要求提供证明。

16.5　损失承担原则

发生不可抗力时，双方应各自承担由于不可抗力对其造成的损失。

16.6　减少损失的责任和协商

受到不可抗力影响的一方应努力减少不可抗力的影响。双方应协商采取合理的补救措施尽量减少不可抗力给各方带来的损失。

声称不可抗力的一方在不可抗力消除之后应尽快恢复履行本合同项下的义务。

16.7　不可抗力造成的终止

当不可抗力事件阻止一方履行其义务的时间持续______天以上时，双方应协商决定继续履行本合同的条件或者终止本合同。如果自不可抗力发生后______天之内双方不能就继续履行的条件或终止本合同达成一致意见，任何一方有权给予另一方书面通知后立即终止本合同。

第十七章　甲方的监督和介入

17.1　甲方的监督权

在项目从建设到使用的各个实施阶段，为了能够更好地了解项目进展、

D10905

确保项目能够按照合同约定履行，甲方会按合同规定行使监督权利。甲方的监督权须在不影响项目正常实施的前提下行使。

17.2　甲方的介入权

除了上述的一般监督权，甲方会在特定情形下（如紧急情况发生或者乙方违约）直接介入项目实施的权利。甲方的介入权通常在发生短期严重的问题且该问题需要被快速解决、而甲方在解决该问题上更有优势和便利的情形。

* 条文批注：1. 政府方对 PPP 项目融资监管有行政监管和协议监管两种基本方式。

2.《财政部关于规范政府和社会资本合作合同管理工作的通知》（财金〔2014〕156 号）指出，“PPP 项目合同中除应规定社会资本方的绩效监测和质量控制等义务外，还应保证政府方合理的监督权和介入权，以加强对社会资本的履约管理。”

3. 政府方的介入必须有一定的限度，过度的干预不仅会影响项目公司正常的经营管理以及项目的建设和投运，而且还可能将本已交由项目公司承担的风险和管理角色又揽回到政府身上，从而违背 PPP 项目的初衷。

第十八章　违约、提前终止及终止后处理机制

甲方或乙方未履行本合同约定义务的，应承担相应违约责任，包括停止侵害、消除影响、支付违约金、赔偿损失以及解除项目合同等。除本合同已有规定外，双方的违约及赔偿按以下规定执行。

18.1　甲方违约及赔偿

甲方未按照本合同的有关规定，向乙方支付相应的服务费，则乙方有权向县财政部门发出催告，如县财政部门在催告通知收到后的______日内仍未能支付的，则县财政部门除应支付应付未付的服务费外，还应每日按照应付未付金额的______另行向乙方支付滞纳金。

18.2　乙方违约及赔偿

（1）延迟开工、竣工

因乙方原因不能在本合同规定的开工日或之前开工、竣工验收日前完工的，乙方应支付工期延误的违约金，按日支付人民币______万元。

延期期间建设期利息乙方自行承担，如因乙方原因拖期超过______日，则甲方有权提出提前终止合同。但不可抗力和甲方原因造成的延迟除外；

（2）项目建设不达标的

甲方有权根据本合同约定的建设标准组织监督考核，如项目公司的建设不达标，甲方有权要求限期改正，未在规定的时间内改正或改正的效果未能达到本合同约定的标准的，则甲方有权自行或者委托第三方介入项目工作，并提取建设履约保函项下的相应金额；

（3）项目运营维护不达标

甲方除有权根据约定运营维护绩效考核结果支付相应的服务费外，如乙方未在规定的时间内改正或改正的效果未能达到本合同约定的标准的，则甲方有权自行或者委托第三方介入项目运营维护工作，并要求提交运营维护承诺书项下的相应金额；

（4）乙方未能根据规定提交履约保函或未能补充履约保函金额并保持有效；

（5）未经政府批准，乙方私自出租、转让、抵押或质押本项目设施。

18.3　应急预案和临时接管预案

合作期内，如乙方出现以下违约行为，甲方有权实施临时接管：

（1）未经甲方允许将本项目设施进行处置或者抵押的；

（2）因管理不善，发生重大质量、生产安全事故的；

（3）严重影响到社会公共利益和安全的；

（4）法律、法规禁止的其他行为。

临时接管项目所产生的一切费用，将根据本合同约定，由违约方单独承担或由各责任方分担。

18.4　不减免和影响的事项

违约方对违约责任的承担并不能减免其在本合同下的其他任何义务。

D10905

双方获得上述违约赔偿的权利不影响其在本合同项下的终止权。

18.5 减轻损失的措施

由于另一方违约而遭受损失或可能会遭受损失的一方应采取合理措施防止损失扩大或减少损失。如果一方未能采取此类措施，违约方可以请求从赔偿金额中扣除应能减少的损失金额。受损害的一方应有权从另一方获得因试图减轻和减少损失而发生的任何费用。

18.6 部分由于受损害方造成的损失

如果损失部分是由于受损害方的作为或不作为造成的，或部分损失应由受损害方承担的，赔偿的数额中应扣除该部分损失。

18.7 甲方发出的终止

下述任一事件发生时，甲方有权立即发出终止意向通知：

（1）乙方未能根据本合同约定提交建设履约保函或运营维护承诺书并保持其有效的；

（2）乙方出现本合同第 7.12.2 条及第 7.12.3 条约定的放弃建设或视为放弃建设情形的；或者因乙方出现 18.2 约定的导致提前终止情形的；

（3）乙方被依法吊销营业执照、责令停业、清算或破产；

（4）贷款人开始行使其担保协议项下的担保权利并可能造成项目无法正常使用；

（5）除报经甲方同意的计划内维修外，未经甲方事先书面同意，乙方擅自停止对项目 A 部分全部或部分设施的运营维护（如属紧急情况的除外，但应在发生的同时口头告知甲方，并应在发生后 1 日内书面报告甲方）；

（6）在项目运营期内，乙方季度考核分数连续三次不合格；

（7）未经甲方同意，乙方擅自出租、质押、转让本项目 A 部分产权或擅自进行股权转让的等。

18.8 乙方发出的终止

县财政部门无正当理由在逾期 6 个月（自应付日起算）后仍未支付服务费，乙方有权立即发出终止意向通知。

18.9 法律变更或政府行为

如果在本合同生效后，因法律变更及政府行为导致乙方部分或全部不能履行本合同项下主要义务，而这种变化和影响又不以甲方的意志为转移，甲乙双方应尽力就继续履行本合同进行协商，若不能达成一致，则一方可向另一方发出终止意向通知。

18.10　协商一致终止

在合作期内，由各方协商一致可提前终止本合同，此种情形下的终止及对应终止补偿金的计算问题等，由各方届时协商一致。

18.11　终止意向通知和终止通知

按照第 18.7 或 18.8 或 18.9 条发出的任何终止意向通知均应同时向贷款人发出一份复印件。在终止意向通知发出之后，双方应在 30 天内协商避免本合同终止的措施。

如果乙方和甲方就将要采取的措施达成一致意见，或者乙方或甲方（视情况而定）在相应的协商期或双方可能同意的更长的时间内纠正了违约事件，终止意向通知即自动失效；

终止通知在协商期届满之时，如果双方未达成一致；或导致发出终止意向通知的违约事件未得到纠正。

则发出终止意向通知的一方可以向另一方和贷款人就此发出终止通知，本合同在终止通知送达对方之日终止。

> * 条文批注：在 PPP 项目合同中，基于不同事由导致的终止，在终止后的处理上有所不同。一般来讲，通常会涉及回购和回购补偿两方面的事项。通常只有在项目公司违约导致项目终止的情形下，政府才不负有回购的义务而是享有回购的选择权，即政府可以选择是否回购该项目。

18.12　甲方的权利

18.12.1　对设施的运营维护权利：

在项目合作内，如果乙方发生 18.7 所述事件，甲方发出终止意向通知之后，甲方或其指定机构有权，但在任何情况下无义务替代乙方接管项目设施的运营维护，以使项目设施继续使用或完成任何必要的修理以保证项目设施继续使用。

任何情况下，甲方选择运营维护项目设施不应被视为所有权的转让或承担乙方作为项目设施所有权人的义务。

在甲方或其指定机构管理项目设施期间，乙方无义务支付在甲方及其

D10905

指定机构接管项目设施以后发生的运营效绩服务费用。县财政部门无义务向乙方支付任何服务费，直至乙方按照本合同接替或承担项目设施的运营维护。

甲方应有权在任何时候退出项目设施的运营维护，在此情况下乙方应全面负责项目设施运营维护，直到任何一方发出终止通知。

18.12.2　终止本合同的权利：

如果在 18.7 所述事件发生之后，甲方已发出终止意向通知，并且乙方违约事件在协商期期满之日前未得以补救，则甲方应有权在上述日期之后的任何时间发出终止通知终止本合同。

18.13　终止的后果

本合同终止后，双方在本合同项下不再有进一步的义务，但到期应付的款项除外；本合同的终止不影响本合同中争议解决条款和任何在本合同终止后仍然有效的其他条款的效力。

18.14　终止后的补偿

若本合同提前终止，则除非本合同另有约定，甲方将按照如下标准向乙方支付补偿金（提前终止时，甲方对于乙方的补偿须以乙方还清其届时之所有负债为前提）：

提前终止补偿情形及补偿表

条款号	本合同提前终止之情形	终止补偿金
1	18.7　甲方发出的终止	建设期终止时，为 A1–B
		运营期终止时，为 A2–B
2	18.8　乙方发出的终止	建设期终止时，为 A1+B
		运营期终止时，为 A3+B
3	18.9　法律变更或政府行为	建设期终止时，为 A1+35B
		运营期终止时，为 A3+35B
4	第十六节不可抗力	（A4–C–D）/2

A1　为乙方尚未收回的投资（以经评审的为准）；

A2　为项目全部建设成本评审价乙方尚未收回的建设部分服务费比例；

A3　为乙方尚未收回的建设部分服务费的在运营终止年的现值（按中标折现率），说明：A3=______，其中 m 为协议终止时项目运营年数；

A4　为经评审的乙方账面资产净值

B 取值为人民币______万元；（按项目建设投资的 2 计算）

如属乙方违约，甲方发出的终止情形的，则甲方有权自本项目提前终止日起算______年内（如剩余合作期短于______年的，则本处指余下的合作期）分期分批次向乙方支付补偿金，具体分批次的支付比例及时间进度安排由甲方确定。

为发生不可抗力情形时，根据本合同及相关保险合同约定，乙方（含贷款方）实际获得的保险赔款；

为发生不可抗力情形时，因乙方投保不足，导致所获保险赔款无法使项目设施恢复到出险前的正常状态和价值的恢复性建设费用缺额部分（如有）；

若属甲方发出的终止情形之一的，按照对应公式计算终止补偿金即“A1-B”或者“A2-B”的值为负数；或者不可抗力情形下补偿金计算为负值的，则乙方应向甲方支付本条所述负数的绝对值。

继续有效的规定在本合同终止后应仍然有效。

第十九章　项 目 移 交

* 条文批注：1. 项目移交通常是指在项目合作期限结束或者项目合同提前终止后，项目公司将全部项目设施及相关权益以合同约定的条件和程序移交给政府或者政府指定的其他机构。

2. 项目移交的基本原则是，项目公司必须确保项目符合政府回收项目的基本要求。项目合作期限届满或项目合同提前终止后，政府需要对项目进行重新采购或自行运营的，项目公司必须尽可能减少移交对公共产品或服务供给的影响，确保项目持续运营。

D10905

19.1　一般要求

19.1.1　项目合作期满，乙方应按照合同约定将项目设施的运营维护无偿移交给县政府或其指定机构。

19.1.2　乙方应确保移交的项目设施不存在任何抵押、质押等担保权益或所有权约束，亦不得存在任何种类和性质的索赔权。

19.1.3　县政府成立由甲方及乙方等组成的移交委员会，办理资产移交。将项目运营维护及内业资料移交给相关行业主管部门接收管理。

19.1.4　乙方应确保最后一次运营维护绩效考核指标达到正常使用移交标准。如发现存在缺陷的，未能达到移交标准的，则乙方应及时修复。如乙方拒不修复，则扣除当季全部服务费用及要求提交运营维护承诺书项下所有费用。

19.1.5　项目公司应编制移交检验报告，并提____________政府指定的专家委员会评审。项目公司应根据专家委员会的评审意见进行相关修改、修正及其他未完成的事项，直至____________政府向项目公司发出书面通知确认项目公司可以进行移交。

19.1.6　项目公司及县政府应负责各自的因移交和转让发生的成本和费用。____________政府应自费获得所有的批准并使之生效，并采取其他可能为移交和转让所必需的行动，并且应支付移交和转让有关的所有税费。

19.2　移交程序

19.2.1　移交委员会应在移交日期______个月前会谈并商定移交项目资产清单（包括备品备件的详细清单）和移交程序。

19.2.2　乙方应提供移交必要的文件、记录、报告等数据，作为移交时双方的参考。

19.2.3　除本合同另有规定外，双方在完成项目资产移交程序前，均应继续履行其本合同项下的义务。

19.2.4　移交保证

在移交日期，乙方应保证本项目处于良好的使用状况，得到良好运营维护。

19.2.5　保险的转让

在移交时，乙方应将本项目所有保险单、暂保单和保险单批单转让给接收人。接收人应支付或退还上述移交之后保险期间的保险费。

19.2.6　合同期限及相关

乙方在与第三方签订运营维护合同、设备合同及其他合同时，应努力使该等合同的有效期届满日不超过本项目合作期限届满日。

如在移交日前，乙方需签订运营维护合同、设备合同及其他合同的，且该等合同在本项目合作期届满后仍为有效的，则乙方应在该等合同签订前报经甲方同意。未经甲方同意的，由乙方承担相应责任。

19.2.7　移走乙方相关的物品

除非双方另有约定，乙方应于移交日期之后______天内，自费移走仅限于乙方员工的个人用品以及与本项目运营维护无关的物品，不包括移交清单所列的项目设备、备品备件、技术资料或者项目设施营运维护的必需物品。如果乙方在上述时间内没有移走这些物品，甲方在通知乙方之后，可以移走并将物品转运至适当的地点以便安全保管。乙方应承担搬移、运输和保管的合理费用和风险。

19.2.8　风险转移

乙方应承担移交日期前本项目设施的全部或部分损失或损坏的风险，除非损失或损坏是由甲方的违约或不可抗力所致。

19.2.9　移交委员会

合作期届满______个月前，县政府成立由甲方及乙方等组成的移交委员会。移交委员会应定期会谈，必要时经双方同意可随时会谈，以便于商定本项目运营维护移交的详尽程序。

在会谈中，乙方应提交负责移交的代表名单，甲方应告知乙方其负责接收移交的代表名单。移交委员会应在移交之前的第______个月开会以准备移交仪式。

19.2.10　本合同移交后的效力

自移交日期开始，乙方在本合同项下的权利和义务即应终止，本合同另有规定的除外，并且双方于移交日之前发生及未付的债务除外。

D10905

第二十章　适用法律及争议解决

20.1　适用法律

本合同适用中国法律。

20.2　争议解决

因解释或履行本合同过程中产生的任何争议由甲、乙双方进行协商解决。争议解决若协商不成，将通过项目所在地的有管辖权的法院解决。

20.3　争议解决期间的继续履行

在争议提交解决期间，各方应继续履行其在本合同项下的各项义务并继续享有其在本合同项下的所有权利，而不影响以后根据上述裁决进行最终调整。

20.4　继续有效

第二十节规定的争议解决条款在本合同终止后继续有效。

第二十一章　合同附件（略）

甲方（公章）

法定代表人 / 授权代表（签名）________________________________

签署日期________________________________

乙方（公章）

法定代表人 / 授权代表（签名）________________________________

签署日期________________________________

* 条文批注：1. 注意盖章应当与订立合同的主体相符，分公司可以以自己名义订立合同，但是公司的内设机构则不尽然。

2. 签字人单位的法定代表人、负责人，或经授权的部门机构的负责人、代理人。对于后者，建议由签字人出具法人书面授权书。

第十七章　海绵城市PPP项目

使用场景：

海绵城市，是新一代城市雨洪管理概念，是指城市在适应环境变化和应对雨水带来的自然灾害等方面具有良好的"弹性"，也可称为"水弹性城市"。国务院办公厅出台《关于推进海绵城市建设的指导意见》指出，采用"渗、滞、蓄、净、用、排"等措施，将70%的降雨就地消纳和利用，提升城市生态系统功能和减少城市洪涝灾害的发生。建设海绵城市，统筹发挥自然生态功能和人工干预功能，有效控制雨水径流，实现自然积存、自然渗透、自然净化的城市发展方式，有利于修复城市水生态、涵养水资源，增强城市防涝能力，扩大公共产品有效投资，提高新型城镇化质量，促进人与自然和谐发展。

本项目合同适用于政府和社会资本合作即采用PPP模式建设文化设施的情形。其主要内容包括以下核心条款：定义和释义；经营权和合作期；声明和保证；双方的一般权利和义务；项目前期工作和融资交割；项目用地；项目建设；运营和维护；保险；绩效考核和服务费；项目设施的移交；不可抗力及法律变更；提前终止；转让和担保；违约赔偿；争议的解决等。除上述核心条款外，通常还会包括其他一般合同中的常见条款，如保密条款、通知、合同生效、合同附件、合同修订等。

下面，以《海绵城市PPP项目合同》为例，对合同中的关键条款，根据现有的法律法规及政策的规定，结合实践中积累的经验进行解读，供读者审阅参考。

法律要点：

1. 在海绵城市中社会资本组成联合体参与项目是否具有优势?

由于海绵城市建设涉及的工程体量相当大且技术要求也很高，需要项目投资人和承包商统筹自然降水、地表水和地下水的系统性，协调给水、排水等水循环利用各环节，并提前全面考虑项目的复杂性和长期性。实践中，往往需要多个具备专业技术的设计和施工单位一同参与，以顺利完成项目目的具体规划要求。因此，国务院《关于推进海绵城市建设的指导意见》（国办发〔2015〕75号）就明确鼓励有实力的科研设计单位、施工企业、制造企业与金融资本相结合，组建具备综合业务能力的企业集团或联合体，采用总承包等方式统筹组织实施海绵城市建设相关项目，发挥供体效益。另外，国内投资人还可以联合国际知名

D10906

建设、管理机构为PPP项目实施带来先进的建设、管理经验，在保障公共服务有效提供的同时提高公共服务的质量。

2.PPP项目前期工作的单位后期可以参与项目投标吗？

根据《工程建设项目施工招标投标办法（国家发展计划委员会、建设部、铁道部、交通部、信息产业部、水利部、民用航空总局令第30号）》第35条规定，投标人是响应招标、参加投标竞争的法人或者其他组织。招标人的任何不具独立法人资格的附属机构（单位），或者为招标项目的前期准备或者监理工作提供设计、咨询服务的任何法人及其任何附属机构（单位），都无资格参加该招标项目的投标。即为招标项目的前期准备或者监理工作提供设计、咨询服务的单位后续无资格参与PPP招标项目的投标。

文本正文：http://www.fatianshi.cn/D10906

海绵城市PPP项目合同

目　　录

第 5 条　项目前期工作和融资交割

5.1　前期工作

5.2　前期费用

5.3　融资交割

第 6 条　项目用地

6.1　征地拆迁

6.2　土地使用

6.3　对土地使用的限制

第 7 条　项目建设

7.1　地质勘察

7.2　设计

7.3　施工

7.4　采购

7.5　免于二次招标

7.6　监理

7.7　甲方建设部分工程协调

7.8　工程进度

7.9　质量控制

7.10　现场数据

7.11　进场路线

7.12　文明施工和文物保护

7.13　资金管理

7.14　工程变更

7.15　职员与劳工

7.16　验收和运营

7.17　审计

7.18　建设的放弃

7.19　甲方介入

7.20　建设履约保函

第 8 条　运营和维护

D10906

12.2　移交标准

12.3　保证、保险和技术的转让

12.4　合同的取消和转让

12.5　人员和人员培训

12.6　移交履约保函

12.7　缺陷责任期

12.8　移交费用

12.9　移交效力

12.10　移走乙方的其他无关物品

第 13 条　不可抗力及法律变更

13.1　不可抗力事件

13.2　适用于乙方的例外情况

13.3　不可抗力发生后的处理程序

13.4　不可抗力发生的后果

13.5　不可抗力造成的终止

13.6　法律变更

第 14 条　提前终止

14.1　由甲方提出的提前终止

14.2　由乙方提出的提前终止

14.3　不可抗力导致的提前终止

14.4　提前终止意向通知和提前终止通知

14.5　提前终止的一般后果

14.6　提前终止后的提前移交

14.7　提前终止后的补偿

14.8　提前终止

14.9　责任限制

第 15 条　转让和担保

15.1　甲方的转让

15.2　乙方的转让

D10906

附件六　项目实施机构授权文件

本合同由下列双方于______年______月______日在____________签署：

甲方：____

乙方：____

第 1 条　定义和释义

* 条文批注：引言、定义和解释是所有 PPP 项目合同中均包含的内容，一般会放在 PPP 项目合同的初始部分，用以说明该合同的签署时间、签署主体、签署背景，以及该合同中涉及的关键词语的定义和条款的解释方法等。

1.1　定义

在本合同中，下述术语具有如下含义：

本合同：指甲方与乙方之间签订的（下称《PPP 项目合同》）（包括以及日后可能签订的任何本合同之补充修改协议和附件，上述每一文件均被视为本合同的一部分）。

本项目：____。

项目范围：____。

经营权：指甲方授予乙方在合作期内设计、融资、投资、建设本项目设施，并对本项目设施提供为维持本项目可用性所需的运营维护服务，同时按照本合同的约定获取政府购买服务费的权利。

占有权：指对本项目形成的资产和相关设施的控制权。

甲方建设部分：____。

子项目：____。

不可抗力：指具有本合同第 13 条所规定的含义。

政府购买服务费：指甲方在合作期内向乙方购买本项目可用性（符合验收标准的公共产品）以及为维持本项目可用性所需的运营维护服务（符合绩效要求的公共服务）而支付给乙方的服务费，包括可用性服务费和运营维护服务费。

法律变更：指在生效日后，中国任何政府部门颁布、修改、废除或重

D10906

新解释任何适用法律，导致：

（a）适用于乙方或由乙方承担的税收和税收优惠发生变化；

（b）项目设计、融资、投资、建设、运营、维护和移交要求发生变化。

适用上述法律变更的结果导致乙方增加资本性支出或运营维护成本，而严重损害其预期利益的情况。

市政府以上层面的法律变更：指生效日之后，颁布、实施新的法律、国务院颁布的行政法规、国务院部门规章、地方性法规、人民政府颁布的地方政府规章、政府部门颁布的强制性规范文件，或对生效日之前的上述法律、行政法规、部门规章、地方性法规及地方政府规章、强制性规范文件的任何修改、废除或重新解释。

市政府层面的法律变更：指生效日之后，颁布、实施新的人民代表大会或其常务委员会颁布的地方性法规、市政府颁布的地方政府规章及市政府主管部门颁布的其他强制性规范文件，或对生效日之前的上述地方性法规、地方政府规章及强制性规范文件的任何修改、废除或重新解释（不包括根据中央层面的法律变更____________人民代表大会或其常务委员会颁布的地方性法规、市政府颁布的地方政府规章及市政府主管部门颁布的其他强制性规范文件，或对生效日之前的上述地方性法规、地方政府规章及强制性规范文件的任何修改、废除或重新解释。）

工作日：指中国法定节假日和公休日以外的公历日。

股东协议：指甲方与乙方签署的《股东协议》。

乙方章程：甲方与乙方签署的【乙方公司名称章程】。

建设期：指自生效日起，至本项目通过竣工验收备案第 7.16.3（c）项向乙方发出书面确认之日止。

预计开工日：指对每一个子项目而言，指根据其进度计划预计开工的日期。

预计完工日：指本项目下所有子项目根据其进度计划预计完成工程建设的日期。

正式运营日：指甲方向乙方发出书面确认之日的次日。

谨慎运营惯例：指根据适用法律规定应遵守的运营惯例和国内的湿地公园、黑臭水体整治、海绵城市低影响开发雨水工程等类似项目的运营者为运营维护同类项目设施所通常采用或接受的惯例、方法和做法以及国际通行的惯例和方法。

项目设施：指为了实施和完成本项目，乙方要进行设计、建设、运营、维护及移交的本项目永久性工程（其中甲方建设部分由甲方负责安排设计、建设后移交乙方运营维护），包括与其运行有关的各种零部件、备品备件、装置等。

建设履约保函：指乙方就其在本项目下建设有关的义务和责任向甲方提供的保函。

运营履约保函：指乙方就其在本项目下运营和维护有关的义务和责任向甲方提供的保函。

移交履约保函：指乙方就其在本协议项下移交和缺陷责任期内有关的义务和责任向甲方提供的保函。

批准：指根据本合同的规定为乙方或为乙方将要进行的任何与本项目进行设计、融资、投资、建设、运营、维护和移交而需从政府部门获得的书面许可、执照、同意或授权。

认定保险赔款：指乙方被要求获得并维持的保险所承保的事件发生时，如果乙方遵守其在本合同项下获得并维持该等保险的义务就有权获得的，但因乙方未遵守该等义务而无权获得的保险赔款。

融资文件：指与项目相关的贷款协议、担保协议和其他文件，但不包括与提供建设履约保函、运营履约保函、移交履约保函相关的文件。

融资交割：乙方与贷款人已签署并递交所有融资文件，且融资文件放款所要求的每一前提条件已得到满足或被贷款人放弃。

适用法律：指所有适用的中国法律、法规、规章　地方法规和政府门颁布的所有适用的技术标准、技术规范以及所有其他适用于本项目的强制性要求。

生效日：指甲方和乙方正式签署本合同之日。

合作期：____。

运营期：指从正式运营日起算的期间。

缺陷责任期：____________________________________。

提前终止通知：__________________________________。

乙方严重违约事件：______________________________。

D10906

甲方严重违约事件：____。

违约利率：指在违约行为发生时适用的中国人民银行颁布的一年期贷款基准利率加______个百分点的利率，并按一年365天折算为日利率。如果违约行为持续发生，且在该持续期间中国人民银行颁布的一年期贷款基准利率发生变动，则守约方有权选择变动期间最高的基准利率。违约利息按单利计算。

一般补偿事件：____。

关键工期：____。

移交日：指本项目合作期结束后的第一个工作日，或经双方书面同意的乙方将有关本项目的项目设施移交给甲方或其指定的其他机构的其他日期。

运营年：指本项目运营期内任一年度期间，但第一个运营年应自本项目正式运营日开始，至该年度的12月31日结束；最后一个运营年应在该年度的1月1日开始，至本项目合作期结束之日止。

运营月：指本项目运营期内任一个公历月期间，但第一个运营月应自正式运营日至当月公历月末；最后一个运营月应在合作期最后一个公历月的第一日至合作期的最后一日。

运营日：指本项目运营期内每日从00：00开始至同日24：00结束的24小时。

政府部门：

（a）国务院及其下属的部、委、局、署，或具有中央政府行政管理功能的其他行政实体；

（b）人民政府及其组成部门；

（c）人民政府及其下辖政府职能部门。

1.2 释义

1.2.1 在本合同中，除非另有明确规定，下述词语的释义如下：

（a）“日”“月”“年”均指公历的日、月、年；

（b）“一方”按适用情况分别指甲方或乙方，包括其继承人和允许的被让与人或受让人；“双方”指甲方和乙方，包括其继承人和允许的被让与人或受让人；

（c）除非上下文另有所指，“元”指人民币元；

（d）“包括”指包括但不限于；

（e）若规定支付任何款项或提交任何书面材料之日不是工作日，则应在该等日期后的第一个工作日支付或提交；

1.2.2　任何条款、段、附表或附件指本合同的条款、段、附表或附件。

1.2.3　标题仅为方便之用，不影响解释。

第 2 条　经营权和合作期

2.1　经营权

2.1.1　甲方授予乙方经营权，在合作期内设计、融资、投资、建设本项目设施中甲方建设部分以外的其他部分；根据适用法律和本合同规定，对本项目设施提供为维持本项目可用性所需的运营维护服务，并按照本合同的约定获取政府购买服务费。

2.1.2　距本项目合作期正常终止______个月之前，如果甲方决定继续采用 PPP 方式进行本项目的运营和维护，则乙方可向甲方发出书面申请，在同等条件下，乙方具有与甲方就本项目经营权订立新的 PPP 项目协议的优先权。

2.1.3　除本合同特别约定外，乙方在合作期内不得对外投资或从事与本合同 2.1.1 项规定的经营权范围之外的其他经营活动。

2.1.4　未经甲方事先书面同意，乙方不得将本项目的经营权全部或部分转让、出租、质押或在其上设置任何第三方担保权益。

2.2　合作期

2.2.1　自项目合同生效之日起至合作期限届满之日止。

2.2.2　项目合同提前终止的，合作期限相应提前终止。

2.2.3　合作期限届满或合作期限提前终止的，项目公司按照项目合同约定将剩余未交付的项目资产移交给甲方或甲方指定的其他机构。

第 3 条　声明和保证

3.1　甲方的声明

甲方在此向乙方声明，在生效日本项目已经__________市政府同意实施。

D10906

3.1.1　甲方已获得市政府的授权和批准签署并履行本合同，本合同一经签订，即对甲方具有完全的法律约束力。签订和履行本合同的条款、条件、义务不会导致甲方违反法律法规、规章、行政决定、生效判决和仲裁裁决的强制性规定，违反其与第三方合同的条款、条件和承诺，也不会引致任何利益冲突；

3.1.2　如果甲方在上述 3.1.1 项下所作的声明被证明在作出之时在实质方面不属实，乙方有权根据第 14.2 款的规定终止本合同。

3.2　乙方的声明

乙方在此向甲方声明，在生效日：

3.2.1　乙方已经依据中国法律正式成立并注册，具有签署和履行本合同的资格和能力；

3.2.2　乙方已经为本合同的履行准备了足够的资金、人员和设备，将从财务、设备和技术力量等一切可能与本合同的履行有关的方面确保该等合同项下各项义务的履行；

3.2.3　乙方已经取得了与签署和履行本合同有关的一切内部、外部的授权和许可，本合同一经签署，即对乙方具有完全的法律约束力，签署和履行本合同的条款、条件、义务不会导致乙方违反法律法规、规章、行政决定、生效判决和仲裁裁决的强制性规定，违反其与第三方合同的条款、条件和承诺，也不会引致任何利益冲突；

3.2.4　如果乙方在上述 3.2.1 项或 3.2.2 项下所作的声明被证明在作出之时在实质方面不属实，甲方有权根据 14.1 款的规定终止本合同。

3.3　不限制甲方的权利

本合同不限制甲方作为行政主管部门的法定权利，甲方有权根据适用法律对乙方进行监管。

第 4 条　双方的一般权利和义务

4.1　甲方的一般权利

4.1.1　甲方会同相关政府部门参照现行有效的项目管理办法、项目预算管理办法、项目设计变更及工程量现场签证监督实施细则等对本项目的审批、建设、监督、预算等进行管理，并参照现行有效的项目审计监督办法等对本项目进行全过程跟踪审计和竣工决算审计。

4.1.2 甲方有权依法对乙方履行本合同项下的义务进行监督和检查，但甲方并不因其开展有关监督、检查工作而承担任何责任，且并不解除或减轻乙方应承担的任何义务或责任。

4.1.3 建设期内，甲方有权对合同中约定的工程进度和标准进行变更。

4.1.4 甲方有权按照本合同的约定全部或部分终止本合同，并直接或指定有关机构接管本项目。

4.1.5 甲方有权定期对乙方的财务状况、经营状况进行审计。

4.1.6 在乙方违反本合同有关规定的情况下，甲方有权根据本合同约定获得赔偿。

4.1.7 乙方在建设期内投资建设形成的项目设施，以及运营期内因更新重置形成的项目设施的所有权属于甲方。

4.1.8 甲方有权享有本合同和适用法律规定的其他权利。

4.2 甲方的一般义务

4.2.1 甲方应始终遵守所有的适用法律和本合同的规定。

4.2.2 除依据本合同的约定提前终止外，甲方应保持乙方对本项目经营权在合作期内始终有效。

4.2.3 甲方应按照本项目的工程进度计划向乙方提供本项目工程建设用地。

4.2.4 甲方应根据本合同的约定向乙方移交甲方建设部分。

4.2.5 协调有关部门，协助乙方办理本项目的前期工作、审批、工程报建和竣工验收手续。

4.2.6 在乙方提出适当的要求的前提下，甲方应尽最大努力协助乙方从有关政府部门获得、保持和续延本项目所需的应由乙方办理的批准。

4.2.7 在本合同约定的提前终止条件成立后，甲方应按 14.7 款的约定向乙方支付提前终止补偿金。

4.2.8 甲方应积极配合乙方协调与相关各方以及当地群众的关系，为本项目建设创造良好的外部环境。

D10906

4.3 乙方的一般权利

4.3.1 乙方依照本合同的约定享有本项目的经营权，并收取政府购买服务费。

4.3.2 在甲方违反本合同规定的情况下，乙方有权根据本合同的约定获得赔偿。

4.3.3 乙方有权享受适用法律规定的可适用于乙方的各项减、免税和优惠政策。

4.4 乙方的一般义务

4.4.1 办理本项目的前期工作、审批和工程报建手续，包括申请并获得项目的建设用地规划许可证（联合甲方）、建设工程规划许可证（联合甲方）和建设工程施工许可证（联合甲方）等，并承担相应费用。

4.4.2 从有关政府部门获得、保持和续延本项目所必需的应由乙方办理的批准，相关费用由乙方支付，计入本项目总投资。乙方应按照有关法律规定建立规范的财务报表制度。

4.4.3 乙方应负责筹措本项目建设投资资金，按工程进度计划投资建设，并确保投入资金满足本项目实施的需要。

4.4.4 由乙方完成的本项目工程应完全符合本合同规定的预期目标。本项目工程应包括为满足甲方的要求或本合同隐含或由乙方的任何义务而产生的任何工作，以及本合同中虽未提及但推论对工程的稳定、完整或安全、可靠及有效运行所必须的全部工作。

4.4.5 乙方应根据本合同的约定实施和完成本项目工程。本项目工程实施之前，乙方应完全理解甲方的需求，并应将甲方的要求中出现的任何错误、失误或缺陷通知甲方。

4.4.6 不管甲方是否给予了批准或同意，乙方应对本项目现场作业、所有施工方法以及全部工程的完备性、稳定性和安全性承担全部责任。

4.4.7 乙方应遵守有关公共卫生和安全的适用法律，履行公共安全和保护环境的责任。

4.4.8 合作期内，乙方应按适用法律、本合同约定和谨慎运营惯例对本项目工程、财产和人员进行投保。保险类别详见附件三。

4.4.9　乙方应按本合同规定在甲方的组织下完成本项目竣工验收，负责解决验收中的工程质量问题。

4.4.10　乙方应保证为本项目签订的工程合同、融资文件符合适用法律，并与本合同不相抵触。

4.4.11　乙方应按____________市有关档案管理的规定，负责编制项目档案。

4.4.12　乙方应将本项目工程实施过程中出现的重大问题及时向甲方及有关政府部门汇报，并按甲方及有关政府部门的要求组织整改。

4.4.13　乙方应按适用法律和本合同规定运营和维护项目设施，持续、安全、稳定地提供服务，并确保本项目运营达到本合同约定的标准。

4.4.14　乙方应依法缴纳相关税费。在合作期内，所得税、增值税或营业税政策变化导致乙方运营成本增加的，则由甲方与乙方协商解决；若所得税、增值税或营业税政策变化导致运营成本减少的，则乙方与甲方协商，核减购买服务费。

4.4.15　乙方应接受甲方和相关政府部门根据适用法律和本合同的规定对乙方建设、管理和运营本项目的监督管理，并提供相应的工作条件，并应根据本合同以及甲方和相关政府部门的要求，及时向其报送有关资料。

第 5 条　项目前期工作和融资交割

5.1　前期工作

甲方负责完成如下前期工作：

5.1.1　负责本项目涉及的总体规划和各专项规划（包括排涝规划、园林绿地规划、水系规划、污水规划）的修编。

5.1.2　负责本项目相关的可行性研究报告的编制。

5.1.3　负责项目场地的征地拆迁工作。

5.1.4　完成本项目建设所必需的、到达项目场地规划红线的道路、通水、通电等配套基础设施。

D10906

＊条文批注：1. 根据住房和城乡建设部于出台的《海绵城市专项规划编制暂行规定》（以下简称《规定》）指出：城市人民政府城乡规划主管部门作为责任主体，会同建设、市政、园林、水务等部门，以“保护优先，生态为本，自然循环、因地制宜、统筹推进”为原则，在充分考虑“水生态、水环境、水资源、水安全、水文化”的基础上，区分对待新城区、各类园区、成片开发区海绵城市建设规划、老城区海绵城市规划，将规划与城市道路、排水防涝、绿地、水系统等相关规划相衔接，从水资源、水安全、水环境、水生态、水文化几个方面，落实“渗滞蓄净用排”的海绵城市建设方针，并在评估各类场地建设和改造可行性基础上，对居住区、道路与广场、公园与绿地，以及内涝积水和水体黑臭治理、河湖水系生态修复等基础设施提出海绵城市建设任务，并对项目建立组织保障、制度保障、资金保障、能力建设等保障体系。

2. 海绵城市专项规划与其他规划的交集多、难度大，做好海绵城市专项规划，有利于社会资本方了解项目基本情况；完善、周全的海绵城市专项规划也是海绵城市 PPP 项目落地、项目执行的前提。

5.2 前期费用

5.2.1 甲方为聘请专业机构进行商务咨询、征地拆迁、跟踪审计费用、监理费用等前期工作而发生的费用，不计入项目总投资，所需费用由甲方自行支付。

5.2.2 乙方设立之前，因工程可行性研究、地质勘察而发生的费用由甲方承担。

5.2.3 甲方依据磋商文件应向成交社会资本之外递交最终响应文件的其他社会资本给予的现金补偿由乙方承担。

5.2.4 上述 5.2.3 项规定的费用应由乙方在其取得营业执照后______日内支付至甲方指定账户。

5.3 融资交割

5.3.1 生效日后______个月内，乙方应完成融资交割。

5.3.2 乙方在完成融资交割后______个工作日内，应向甲方书面确认融资交割完成，并提交所有已签署的融资文件的复印件，以及甲方合理要求的证明融资交割已实现的任何其他文件。

5.3.3 除非因政府部门不合理的延迟或者发生不可抗力事件，如乙方未能按时完成融资交割，或在完成融资交割后______个工作日内不能向甲方证明其融资交割完成，则甲方有权提前终止本合同，并兑取建设履约保函或磋商保证金（如尚未退还）。

第 6 条 项目用地

* 条文批注：实践中，根据 PPP 项目的签约主体和具体情况不同，土地使用权的取得通常有以下两种选择：

（1）由政府方负责提供土地使用权，政府方以土地划拨或出让等方式向项目公司提供项目建设用地的土地使用权及相关进入场地的道路使用权，并根据项目建设需要为项目公司提供临时用地。项目的用地预审手续和土地使用权证均由政府方办理，项目公司主要予以配合。

（2）由政府方协助项目公司获得土地使用权。

6.1 征地拆迁

6.1.1 甲方协调乙方负责本项目用地的征地拆迁工作。

6.1.2 甲方协调乙方确保每一个子项目的征地拆迁工作不迟于有关子项目的预计开工日完成。

6.2 土地使用

市政府负责向乙方提供本项目建设所需的用地。

6.3 对土地使用的限制

6.3.1 乙方仅能将本项目的土地用于本项目的运营，不得将该等土地全部或部分用于本项目运营之外的其他任何目的和用途。

6.3.2 未经甲方书面同意，乙方不得将本项目用地变更土地用途、转让、出租、抵押及在其上设置任何他项权利，也不得用于本项目之外的任何目的。

6.3.3 乙方应当根据适用法律的要求和与甲方以及有关政府部门签订的与本合同项下土地使用有关的法律文件的要求，合理使用本合同项下的土地。如因乙方违反适用法律、本合同和其他有关法律文件的要求使用土地给第三人造成损失的，乙方应承担相应法律责任，并对第三人所遭受的损失进行赔偿。

D10906

第 7 条　项目建设

7.1　地质勘察

对于甲方完成的本项目的地质勘察，甲方按照 5.2.2 项承担相应费用，勘察费用不计入项目总投资。自生效日后，如因本项目建设需要乙方进行后续地质勘察的，乙方应自行完成。甲方向乙方提供的地质勘察文件供乙方使用，如乙方认为有必要进行补充地质勘察，则此补充勘察的费用经甲方确认后计入工程总投资。勘察费用不得超过国家规定的取费标准。

7.2　设计

7.2.1　乙方应按照竞磋响应文件委托有相应资质的设计单位按照适用法律进行本项目的【方案设计、初步设计、施工图设计及所有的专项设计】，并承担相应费用。设计费用不得超过国家规定的取费标准，设计费用计入项目总投资。设计文件应符合国家规范及行业标准，并满足甲方磋商文件中其他要求。

7.2.2　乙方应在生效日后______日内向甲方提交【项目整体设计方案】，且在每个子项目正式开始施工之前向甲方提交该子项目的【所有设计文件】。

7.2.3　乙方应参照政府投资项目的规定完成设计工作的报批和评审。所有设计文件经甲方确认后方可使用。

7.2.4　乙方应对项目的技术可行性、运行能力和可靠性负全部责任，任何政府部门对乙方设计的审批不应被视为以任何方式解除乙方在本合同项下的义务。

7.2.5　在设计和建设期内，乙方或其承包商应指派其公司在职人员（须与乙方在其资格预审申请文件中拟派人员一致）担任设计负责人。设计负责人每月驻场办公时间不得少于______日。设计负责人需离开现场时应事先取得甲方同意，并指定一名有足够经验的人员临时代行其职责。

* 条文批注：根据《PPP 项目合同指南》第七节“设计的范围 根据项目的规模和复杂程度，一般来讲设计可以分为三个或四个阶段。对于土建项目，设计通常分为可行性研究、初步设计（或初始设计）和施工图设计（或施工设计）三个阶段；对于工业项目（包括公益装置设置）以及复杂的基础设施项目，通

常还要在上述初步设计和施工图设计阶段之间增加一个扩初设计（或技术设计）阶段”。可见广义的设计通常包含可行性研究、初步设计、施工图设计。但根据PPP相关法律政策规定，政府方或社会投资方（视哪一方为PPP项目发起方而定）应根据经批准的可行性研究报告编制及确定实施方案（对于一般性政府投资项目，可在可行性研究报告中包括PPP项目实施专章），因此在进入采购阶段以前可行性研究报告通常是必须完成的。当然这仅是针对单体项目而言，如若是片区开发项目则不可能也不必要完成所有基础设施和公共服务项目建设的可行性研究报告。因此，通常单体PPP项目的设计范围可以包含：初步设计、施工图设计。

7.3　施工

7.3.1　乙方应完成工程设计全部内容的施工，并确保工程的质量、进度和安全，工程建设质量符合国家规范及行业标准，并满足磋商文件中其他要求。

7.3.2　项目工程的建设应采用施工总承包或设计施工总承包（EPC）的形式进行。

7.3.3　项目承包商不得转包或违法或违反本合同分包。

7.3.4　乙方应确保其承包商遵守以下规定，并将该等要求纳入乙方与承包商签署的《施工总承包合同》或《设计施工总承包合同》之中：

（1）承包商不得以任何方式将工程建设任务进行转包，也不得将全部工程或主体工程对外分包，需要对外分包的专业工程须根据适用法律的规定，在甲方监督下选择分包商；

（2）承包商不得以明显低于成本的价格对外分包。

7.3.5　在建设期内，承包商应指派其公司在职人员（须与乙方在其资格预审申请文件中拟派人员一致）担任项目负责人，授权其直接负责本项目工程施工过程中的各项责任。项目负责人每月驻场办公时间不得少于______日。项目负责人确需离开现场时应事前取得甲方同意，并指定一名有足够经验的人员临时代行其职责。

7.3.6　乙方的施工文件应足够详细，满足所有适用法律的要求，为供应商和施工人员实施项目工程提供足够的指导，并对已竣工的工程运行进行描述。如果施工文件中存在任何错误、遗漏、模糊、矛盾、欠缺及其他

D10906

缺陷，乙方应自费进行修正，由此而导致的进度迟延及支出，乙方自行承担。

7.4 采购

7.4.1 乙方应负责依法购置本项目建设所需要的一切临时性或永久性的设备、材料及其他物品。

7.4.2 乙方应选择有资质的机构为本项目的设备及材料供应商。乙方应该根据适用法律的规定，选择信誉好、质量有保障的设备供应商，并将设备供应商的公司证明文件、供应设备清单提交甲方备案。如【成交社会资本名称】具有生产某种设备的能力，经甲方和有关政府部门审批同意，乙方可以直接向【成交社会资本名称】采购该种设备。

7.4.3 乙方所采购的全部工程设备和材料，均应按照本合同规定的方法制造、加工。如果本合同未规定制造的方法，则该项工作应按照公认的良好行业惯例，使用适当装备的设施以及安全的材料，以恰当、熟练和谨慎的方式实施。乙方应负责采购、运输、接收、支付、装卸以及安全储存为完成本项目工程所需的全部工程设备、材料及其他物品。

7.4.4 甲方在项目所需设备及材料的制造、加工、安装、实施期间，有权对所使用的原料与工艺进行检查、审核与检验，并对制造进度进行审查。如果从检查、审核或检验的结果看，任何工程设备、材料或工艺存在缺陷或不符合本合同规定，乙方应立即通过修理、更换或其他任何必要的整改措施以修复上述缺陷并保证使该工程设备、材料或工艺符合本合同规定。

7.5 免于二次招标

如【成交社会资本名称】具有相应资质，乙方可委托【成交社会资本名称】或其绝对控股的子公司进行本项目后续地质勘察、设计、施工，不再进行招标。如甲乙双方无法就有关价格达成一致，则采用询价或招标方式采购。

7.6 监理

甲方应根据适用法律的规定，选择有相应资质的工程监理单位。监理单位的招标，由甲方负责。监理费用由甲方承担，不计入项目总投资。监理单位须按照适用法律对工程的进度、质量、安全、文明施工、变更等方面进行监理。

7.7　甲方建设部分工程协调

生效日后，甲方协调乙方对于甲方建设部分的施工享有必要的知情权和监管权。

7.8　工程进度

7.8.1　预计的进度计划

（a）生效日后【10】日内，乙方应向甲方提交本项目详细的【建设进度计划】，其中应列出本项目设计、施工的时间、程序、关键工期、工期目标、工期保障措施等。【建设进度计划】经甲方同意后执行。

里程碑事件	预计进度
方案设计	生效日后______日
专项设计	生效日后______日
初步设计	生效日后______日
施工图设计	生效日后______日
开工日	生效日后______日
完工验收	生效日后______日
试运营	生效日后______日
竣工验收	生效日后______日
开始运营日	生效日后______日
移交	生效日后______日

（b）乙方应在本项目【建设进度计划】规定的预计开工日或之前开工。此后，乙方应迅速按经甲方审定的【建设进度计划】的要求不拖延地开始建设工作直至竣工。

7.8.2　预计工期延误的通知

（a）在任何时候，如果乙方合理预计 7.8.1 项所规定的任何一个关键工期将被延误，乙方应及时通知甲方并详细描述以下情况：

（i）预计无法达到的关键工期；

（ii）预计进度延误的原因，包括对任何声明为不可抗力的情况的描述；所预计的可能超出关键工期的日数和其他可合理预见的对本项目不利

D10906

的影响；及其已经采取或建议采取的解决或减少延误及其影响的措施。

（b）如果乙方未发出上述通知，其应承担因此而可能发生的任何费用。发出上述通知不应解除其在本合同项下的任何义务和责任。

（c）如果乙方提出或实施的任何措施不足以解决预计的延误，并且如果延误不是由于7.8.3项原因造成的，乙方应自行承担费用，并采取必要的其他措施以满足原工期的要求。执行该等措施不能解除乙方在本合同项下的任何义务和责任。

7.8.3　如果出现下述情况，有关建设进度可根据7.8.5项的规定被顺延或修改：

（a）不可抗力事件；

（b）项目建设过程中，在建设场地范围内发现有古墓、古建筑或化石等具有考古、地质研究价值的物品；

（c）征地拆迁工作未能按期完成；

（d）由于政府部门在受理乙方报批申请后违反适用法律的规定审批迟延而造成延误；

（e）由于甲方违约（包括甲方建设部分未能按约定工期计划实施）而造成延误；

（f）甲方认可的其他情况。

7.8.4　如已满足以下前提条件，乙方可以在7.8.3项规定的事件发生后，向甲方提出书面申请，申请调整关键工期，对于乙方的申请，经甲方合理确认属实，则甲方应同意对关键工期及进度计划进行调整：

（a）乙方在实际发生延误的______个工作日内向甲方提出书面的延期要求，说明对以后的关键工期可能造成的影响；和

（b）关键工期正在或实际已经被延误；和

（c）乙方已采取所有合理的措施减少延误。

7.8.5　延误

*条文批注：项目公司有义务采取赶工措施并尽量避免工期延误，赶工措施费及可能发生的窝工费、机械设备闲置费计入项目总投资。若工期延误系由于项目公司原因（含施工总承包商、分包商、材料供应商等）导致，则项目公司同样有义务采取赶工措施并尽量避免工期延误，赶工措施费及可能发生的窝工费、机械设备闲置费不计入项目总投资，由项目公司自行承担。

受限于本合同其他条款，包括 7.8.4 项，

（a）若由于 7.8.3（b）、7.8.3（c）、7.8.3（d）、7.8.3（e）项的原因造成本项目实际进度落后于经甲方认可的进度计划时，则本项目的建设期予以顺延，且由此增加的相关费用经双方确认后计入项目总投资。

（b）若由于 7.8.3（a）项原因造成延误按照本合同第 13 条执行。

7.8.6　暂停

（a）为维护公共利益之目的，甲方可随时指示乙方暂停进行部分或全部工程。在暂停期间，乙方应保护、保管以及保障该部分或全部工程免遭任何损蚀、损失或损害。若此类暂时停工是由于非乙方原因造成的，则建设期予以顺延，同时甲方应支付乙方由此而产生的全部费用。若暂时停工是由于乙方原因造成的，则建设期不予顺延，且乙方应自行承担因此发生的费用。

（b）在收到甲方继续工程建设的许可或指示后，乙方应修复在暂停期间发生在工程或工程设备或材料中的任何损蚀、损失或损害。此类暂时停工导致的修复费用（如有）首先应从乙方如按本合同规定购买保险即应获得的相应保险赔款中列支。保险不能覆盖的修复费用，则应视具体情况处理。若此类暂时停工是由于非乙方原因造成的，则由甲方承担；若暂时停工是由于乙方原因造成的，则由乙方承担。

7.8.7　进度报告

就本项目建设进度，乙方应负责编制和上报进度报告（包括月、季、年），并提交该等报告给甲方。第一份报告所包含的期间应自开工日起至开工日所在月、季、年的最后一天止，此后每月、季、年均应在该月、季、

D10906

年最后一天之后的______日内提交月、季、年度进度报告。进度报告应持续至本项目正式运营日止。

7.9 质量控制

7.9.1 质量保证和质量控制

在本项目开工日之前，乙方应要求其承包商制定本项目的工程建设质量保证措施和质量控制计划，并将其报甲方备案。乙方应在整个建设期执行该质量保证措施和质量控制计划。本项目验收要求产出目标（本合同第 10.1 款的项目产出目标和《PPP 项目绩效考核办法》中的产出指标）全部达标，质量要求一次性验收合格。

7.9.2 甲方对质量控制的监督和检查

（a）甲方或其指定的其他机构有权在不影响本项目建设进度的前提下对本项目工程的建设情况进行监督和检查，该监督和检查应在乙方代表参加的情况下进行。甲方或其指定的其他机构应提前______小时通知乙方有关监督和检查的事宜，若通知后，乙方未能派代表参加，不影响上述监督和检查的效力。

（b）甲方或其指定机构可以随时对本项目工程进行巡查，如发现任何问题，乙方应根据甲方的要求进行整改并自行承担费用。

（c）乙方应当提供或责成其承包商提供甲方或其指定的其他机构进入工程建设场地的便利条件，并对甲方或其指定的其他机构与实施本合同项下监督、检查和巡查有关的合理要求予以必要协助。

（d）甲方或其指定的其他机构对工程建设的监督、检查和巡查不影响也不能替代其他政府部门依法对工程建设的监督和检查。

（e）甲方或其指定的其他机构应当自行承担进入工程建设场地进行监督、检查和巡查的全部费用。

7.9.3 有关检查的资料

（a）乙方应当提供或责成其承包商提供甲方或其指定的其他机构进行检查所需的、与特定的检查目的相关的所有方案、设计、文件和资料的原件或复印件。

（b）对保密或专有资料的任何检查应遵照 19.2 款的保密规定。

7.9.4　不符合质量和 / 或安全要求

（a）如果本项目工程或其任何部分严重不符合有关的质量和 / 或安全要求，甲方可以就此书面通知乙方，要求其在合理时间纠正缺陷；乙方应遵照执行，尽快采取补救措施，并对由此引起的任何费用的增加和延误负责。

（b）如果乙方在收到甲方上述通知后______日内不能或拒绝纠正缺陷，甲方有权要求工程暂停，或自行或聘请第三方纠正上述缺陷。在这种情况下，工程暂停的全部损失应由乙方负责，并由乙方向甲方支付合理且必要的修理费用。如乙方拒绝甲方或其委托的第三方进入项目场地进行纠正工作，或者未能按照甲方的要求支付相应的损失赔偿和 / 或修理费用，甲方有权兑取建设履约保函相应款项。

7.10　现场数据

7.10.1　甲方提供数据

（a）甲方应将其已取得的现场地质和水文条件及环境方面的所有有关资料，提交给乙方。此外，甲方在生效日后得到的所有此类资料，也应及时提交给乙方。

（b）乙方应负责核实所有此类资料，乙方在收到该文件资料______日内，针对该文件资料的完整性进行核实，甲方对其提供的资料的准确性、充分性和完整性不承担责任。

7.10.2　不可预见的地表以下条件

除依照 7.10.1 项规定外，乙方应认真调查地表以下条件，充分考虑由此产生的对关键工期、费用的风险。

7.11　进场路线

7.11.1　进场路线

（a）乙方应被认为已知悉其选用的进场路线的适宜性与可用性，甲方不保证特定进场通路的适宜性和可用性。乙方应负责进场路线的维护。

（b）因进场路线对乙方的使用要求不宜或不能持续使用而发生的费用及风险应由乙方自行承担。

（c）甲方不对由于任何进场路线的采用或其他原因引起的索赔承担责任。

D10906

（d）甲方不对在修筑此类路线期间不宜或不能持续使用进场路线而引起的任何索赔承担责任。

7.11.2　道路通行权与设施

乙方应为自己进入现场所需的特殊或暂时的道路通行权承担全部费用和开支，乙方还应提供为项目工程目的其自身所需的现场以外的任何附加设施。上述费用计入项目总投资。

7.12　文明施工和文物保护

7.12.1　乙方应确保其承包商遵守现场作业过程中所涉及的所有有关文明施工和环境保护的适用法律，并将该等要求纳入乙方与承包商签署的《施工总承包合同》之中：

（a）承包商应采取一切合理措施，保护项目现场内外的环境，并避免由其施工作业引起的污染、噪声、扬尘以及其他后果对公众和财产造成的损害和妨碍。在施工期间，应保证现场的施工扬尘、气体散发、地面排水及排污不能超过适用法律规定的数值，文明施工的标准应达到全国文明城市的要求；

（b）在建设期内，应使现场避免出现一切不必要的障碍物，存放并妥善处置乙方的任何设备、材料等。乙方应及时从现场清除、运走任何残物、垃圾或不再需要的临时工程；

（c）在签发完工证书前，应立即从现场与工程中清除并运走所有设备、剩余材料、残物、垃圾和临时工程。保证现场与工程处于甲方满意的清洁和安全状态。

7.12.2　在建设期内，在工程现场发现所有化石、硬币、有价值的物品或文物、建筑结构以及具有地质或考古价值的其他遗迹或物品，应采取合理的预防措施，防止其职员、劳工或其他人员移动或损坏任何此类物品，并及时通知甲方及其他相关单位，由此发生的费用中不能从其依法可以获得的国家补偿金额中得到全额弥补的部分，经确认后计入项目总投资。

7.13　资金管理

7.13.1　本项目资本金比例为______，以现金形式出资，金额暂定为______万元，注册资本金在项目公司成立时一次到位。项目总投资的投资进度为：建设期第一年为______，第二年为______。

7.13.2　乙方独立进行建设期和运营期的资金使用和财务核算。

7.13.3　乙方的注册资本金和融资所得资金专门用于本项目的投资、建设及维护等。

7.13.4　生效日后______日内，乙方应设立工程建设资金专户，甲方有权查看账户资金金额及使用情况，乙方应给予配合。

7.13.5　乙方应根据本合同规定的工程进度计划按时向工程建设资金专户拨付项目建设资金，该资金不得用于与本项目无关的支出。

7.13.6　乙方对工程相关单位的工程进度款支付，须按相关工程合同的约定执行，不得违约拖欠。对支付情况，甲方有权核实；对不按时支付的，甲方有权从其建设履约保函中扣款以代为支付，情节严重的，甲方有权终止本合同。

7.14　工程变更

7.14.1　工程变更是指对施工图设计变更和在建设过程中本项目所约定的工程进度、范围和标准的变更。如果施工组织方案和施工设计方案不符合有关设计文件，乙方对此进行的矫正不应构成工程变更。

建设期内，以下列条件之一为前提，乙方可以向甲方提出工程变更申请，并应同时提供相应的证明材料：

（a）缩短工程进度；

（b）提高工程标准；

（c）节约建设工程费用。

7.14.2　针对变更的评估

在收到甲方的工程变更令______日内，或者乙方向甲方申请工程变更同时，乙方应向甲方提交与该等变更相关的评估意见，内容应包括：

（a）变更的理由（仅在乙方申请的变更适用）、变更的内容、变更与原施工图设计文件的差异等；

（b）变更对关键工期的影响以及调整要求；

（c）变更对建设成本的影响；

（d）变更后的设计图纸及相关文件。

D10906

乙方应对甲方针对其提交的评估意见所提出的疑问进行合理的澄清和解释。

7.14.3 甲方应在收到乙方提交的评估意见后，根据____________市政府投资项目的管理规定履行审批手续，并在______个工作日内给予乙方书面回复，说明是否确认该等变更。如果甲方书面回复乙方确认相关变更，则因此增加的资本性支出或建设成本应计入本项目总投资。任何变更未经甲方确认不得执行。本合同中未明确规定的，双方参照执行现行有效的____________市政府性投资项目设计变更、签证相关规定。

7.14.4 建设期顺延

如因工程变更导致施工进度延迟，则与该等变更相关的任何子项目工期可以顺延，但本项目建设期原则上不予顺延，除非经甲方事先书面同意。

*条文批注：工期延误的原因通常是多重的，可分为政府方原因（如政府方要求的设计变更）、项目公司原因（如因为管理不善导致拖期）、第三方原因（如由于土地拆迁进度缓慢）、不可控的其他原因（如施工现场有考古发现、出现不可抗力等）。对于不同类型的工期延误，应有不同类型的处理方式，对于项目公司不可控制的原因导致的拖期，一般来说，政府方应对工期延误的事实予以认可，对于因此发生的额外支出也应予认可；对于由于项目公司过错导致的拖期，则应适用相应的罚则。

7.14.5 投资及财务统计报表

乙方负责投资计划执行情况、统计报表的编制工作及项目汇报材料的编写工作，按规定负责报送甲方和政府相关部门。

7.14.6 知识产权

（a）乙方应保证本项目建设工程所使用的专有技术、知识和经验均不会侵犯任何第三方的权利。

（b）在工程建设过程中，当乙方用到某项非其所有的专利时，乙方应保证甲方有权合法使用该专利。

（c）乙方应保障并保持甲方免受由于乙方的工程施工或实施、设备的使用以及工程的正确使用时产生与之有关的任何索赔引起的损害。

7.15　职员与劳工

7.15.1　乙方应要求其承包商按照适用法律要求雇佣职员和劳工，按时向职员和劳工支付合理报酬，不得拖欠农民工工资，不得造成群体上访事件。否则乙方应向甲方支付本合同 7.16.5 项规定的违约金。

7.15.2　乙方应要求其承包商采取预防措施以保证其职员和劳工的健康与安全，并应要求其全体雇员遵守与安全工作有关的所有适用法律。

7.16　验收和运营

7.16.1　完工验收

（a）乙方应在本项目建设完成后，提前______个工作日通知甲方进行完工验收，通知中应说明完工验收的具体日期。甲方收到通知后，应于指定日期派员参加乙方组织的完工验收。乙方应根据适用法律的规定及完工验收标准组织并实施完工验收，该完工验收标准在本项目设计工作完成后由甲乙双方协商确定，并补充作为本合同的附件。本项目通过完工验收的，甲方应在验收合格后______个工作日内向乙方确认通过完工验收。

（b）如本项目完工验收结果未能满足约定的标准，乙方应自担费用纠正所有缺陷，且建设期不予顺延。

7.16.2　试运行

> * 条文批注：试运营期：项目经备案进入试运营期后，项目法人应编制完成竣工决算报告，并经竣工决算审计后交主管部门认定；完成环保等单项验收，办理土地使用手续等。

（a）甲方书面确认完工验收通过后，乙方应向甲方提出试运行申请。

（b）甲方应自收到乙方试运行申请后 7 个工作日内答复。如甲方收到乙方通知之后，未能在 7 个工作日内答复且未说明合理理由的，则前述期限届满之日，视为甲方同意本项目进入试运行。

（c）自本项目试运行之日起，甲方和乙方应共同委托具有资质的监测机构对本项目进行监测。如果自试运行之日起连续 6 个月，本项目监测数

D10906

据均符合试运行监测标准，则本项目通过试运行。该监测标准以项目产出目标（本合同10.1款的项目产出目标和《____________市海绵城市建设清溪河流域水环境综合整治PPP项目绩效考核办法》中的产出指标）为依据，由甲乙双方协商确定，并补充作为本合同的附件。

（d）如本项目试运行监测结果未能满足约定的标准，乙方应自担费用纠正所有缺陷，且建设期不予顺延。

（e）试运行期内，自甲方建设部分移交至乙方之日起，乙方负责本项目整体（包括甲方建设部分及其他部分）的试运行。

（f）委托监测机构的费用由乙方承担。

7.16.3 竣工验收

（a）本项目通过试运行后，甲方会同相关政府部门及乙方应按适用法律的规定和竣工验收标准、项目产出目标（本合同10.1款的项目产出目标和《PPP项目绩效考核办法》中的产出指标）要求组织并实施竣工验收，并在竣工验收合格后完成竣工验收备案，该竣工验收标准由甲乙双方协商确定，并补充作为本合同的附件。

（b）甲方或其他任何政府部门对完工验收、试运行或竣工验收的批准或给予同意并不解除乙方对项目工程的设计、建设缺陷所承担的义务或责任。

（c）本项目通过竣工验收备案后______个工作日内，甲方应向乙方发出书面通知，确认本项目建设完成可进入运营期，甲方发出书面通知的次日为正式运营日。如甲方未能在______个工作日内确认本项目可进入运营期，则前述期限届满之日，视为甲方同意本项目进入运营期。

（d）自正式运营日（含当日）起，乙方有义务提供运营服务，并向甲方收取相应政府购买服务费。

（e）如本项目未能通过竣工验收，乙方应自担费用纠正所有缺陷，且建设期不予顺延。

（f）本项目任何一个子项目完工之后，乙方应尽谨慎管理义务直至正式运营日。

7.16.4 竣工文件

（a）乙方均应对照有关规范和数据表制定一整套工程实施的竣工记录。该记录应表明所实施工作的确切的竣工位置、尺寸及设备的参数、技术指标、功能的详细说明，在本项目通过竣工验收后______日内提交______套副本给甲方。

（b）本项目竣工验收前，乙方应按适用法律要求绘制本项目的“竣工图纸”。该图纸应取得设计单位和监理单位的认可。在通过竣工验收后的______日内，乙方应向甲方提交“竣工图纸”及相关的影像文件、电子文档资料。

（c）乙方应按适用法律向甲方提交竣工文件。

7.16.5　建设期违约责任

（a）除本合同另有约定外，本项目未能在预计完工日完工，每逾期 1 日，乙方应向甲方支付违约金______万元。

（b）乙方未履行本合同 7.15.1 项的义务造成群体上访事件的，如因拖欠工资导致，应向甲方缴纳所拖欠工资金额的__________，如因其他原因导致，应向甲方支付违约金______万元。

7.16.6　甲方建设部分移交的前提条件

甲方建设部分已经按照【《EPC 合同》项下的】质量要求通过竣工验收。

7.16.7　甲方建设部分移交范围

（a）甲方建设部分资产的占有权、使用权及运营维护权；

（b）与甲方建设部分有关的建设、服务、维修、保养、采购等合同；甲方建设部分的所有竣工图纸、记录、相关数据；相关供应商根据有关合同的规定应当提供的设备安装、调试、软件系统使用许可文件；及未达到验收标准和未完成工作的清单（以及前述各项的电子版本）；

（c）乙方为运营甲方建设部分所必需的其他资料。

7.16.8　甲方建设部分移交程序

（a）在本规定的甲方建设部分移交前提条件满足的情况下，甲方应提前______个工作日通知乙方进行移交，通知中应说明要求进行甲方建设部分的移交，并要求成立移交小组。移交小组由双方派出专业人员组成，并各有一名负责人负责对接。

（b）乙方收到通知后，应及时与甲方成立移交小组，就下述事项进行协商、采取必要行动并达成一致：

（i）就甲方或负责甲方建设部分建设的实体已经与第三方签订的与甲方建设部分有关的建设、服务、维修、保养、采购等合同进行整理，并做好合同转移的准备工作；

（ii）制定向乙方交付甲方建设部分的详细安排，包括但不限于向乙方交付的甲方建设部分的详细清单、交付的详细时间表；

（iii）为甲方建设部分交付所必要的其他准备及协商工作。

（c）双方应在移交小组确认的日期进行甲方建设部分的移交，并出具由双方负责人共同签署的移交报告，移交报告签署日为甲方建设部分移交完成之日。

（d）双方应尽最大努力确保甲方建设部分不迟于本项目试运行期届满前______个月移交给乙方。

（e）甲方建设部分的投资由乙方按照甲方要求偿付给甲方指定账户。

7.16.9　甲方建设部分移交后责任

自甲方建设部分移交至乙方之日，乙方负责甲方建设部分的试运行、运营和维护。

7.17　审计

7.17.1　甲方会同审计部门有权对本项目实施全过程跟踪审计，乙方应予以配合。审计费用由甲方承担，不计入总投资。甲方协调审计部门对符合审计条件的项目及时进行竣工决算审计，并在审计部门接收乙方竣工财务决算及相关资料起一年内完成，最终审计结果需甲乙双方共同认定。

7.17.2　乙方完成施工图设计，需要经甲方组织评审同意，并完成施工图审查。乙方在此基础上按《建设工程工程量清单计价规范》编制工程预算，材料价格按照发布的信息价执行，如涉及信息价没有的材料，参照周边城市信息价协商确定。工程类别按规定套取，取费按中值取值。工程预算按规定报有关部门审查同意。经有关部门审查同意的工程预算按照竞争性磋商中成交供应商投报的施工预算下浮率下浮后作为最终工程决算的依据。

7.17.3　根据《本级政府性投资项目审计监督办法》，审计决算报告对工程价款核减率在____________及以下的，审计费用由甲方承担；审计决算报告对工程价款核减率在____________以上、____________及以下的，____________以下部分的审计费用由甲方承担，超过____________部分的审计费用由乙方承担；审计决算报告对工程价款核减率在____________以上的，所有审计费用由乙方承担；由乙方承担的审计费用从应付工程款中扣除。

在项目全部工程通过竣工验收且市审计局出具本项目审计报告后 15 个工作日内，双方应计算可用性服务费，并经____________市财政局核定后作为支付依据。

7.18　建设的放弃

7.18.1　如果非因甲方原因出现下列情况，视为乙方放弃本项目的建设：

（a）乙方书面形式通知甲方其已终止本项目的建设，且并不打算重新开始施工；

（b）本项目未能在预计开工日后______日内开工；

（c）导致本项目暂停的原因结束后，在其仍然具备继续施工的条件下，乙方未能在此后______日内复工；

（d）乙方出于任何其他原因在本项目预计完工日前停止工程建设，直接或通过施工承包商撤走场地全部或大部分的工作人员；

（e）乙方未能根据本合同完成融资交割，且在甲方提出要求后______日内仍未完成；

（f）乙方未能根据本合同支付前期费用，且在甲方提出要求后______日内仍未支付。

7.18.2　如果乙方被视为放弃本项目的建设，甲方有权全额兑取乙方提交的建设履约保函，且有权决定提前终止本合同。由此造成的损失，乙方自行承担，并赔偿可能给甲方造成的损失。

7.19　甲方介入

如因乙方原因导致建设期迟延超过______日，或者发生乙方放弃本项目建设的情形，不限于本合同规定的其他救济手段，甲方或其指定第三方可介入本项目的建设，因甲方介入所产生的一切费用和风险均由乙方承担，且甲方有权兑取乙方提交的建设履约保函。

D10906

* 条文批注：政府方的监督和介入权把握要点

为及时了解项目建设情况，政府方往往希望对项目建设进行必要的监督或介入，政府方的监督和介入权应该有多大，也是项目建设条款的核心问题。需要强调的是，PPP 项目与传统的建设采购项目完全不同，政府方的参与必须有一定的限度，过度的干预不仅会影响项目公司正常的经营管理以及项目的建设和投运，而且还可能将本已交由项目公司承担的风险和管理角色又揽回到政府身上，从而违背PPP项目的初衷。

（1）定期获取有关项目计划和进度报告及其他相关资料；

（2）在不影响项目正常施工的前提下进场检查和测试；

（3）对建设承包商的选择进行有限的监控（如设定资质要求等）；

（4）在特定情形下，介入项目的建设工作。

7.20　建设履约保函

7.20.1　建设履约保函的签发

（a）乙方应于本合同生效日向甲方提交按照附件【建设履约保函格式】格式出具的甲方作为受益人的建设履约保函，以保证乙方按照本合同的条款和条件履行建设相关的各项义务（包括但不限于建设资金到位、施工进度、工程质量或安全、运营履约保函提交等）。建设履约保函应由甲方可接受的商业银行出具，金额为______元（RMB）人民币。

（b）甲方在收到乙方提交的建设履约保函后______日内，退还磋商保证金。

7.20.2　建设履约保函有效期

（a）乙方应保证所提供的建设履约保函在自保函开立日起至乙方向甲方根据本合同第 8.2.1 项的规定提交运营履约保函之日止的期间内持续有效。

（b）乙方可以开立多份生效日首尾相连的建设履约保函，但每份保函的有效期不得低于______个月。每份建设履约保函（以下简称“旧建设履约保函”）有效期届满前至少______日乙方应向甲方提交一份金额符合 7.20.1（a）项规定的用以替换旧建设履约保函的建设履约保函（以下简称“新建设履约保函”），新建设履约保函自旧建设履约保函有效期届满日次日起生效。最后一份建设履约保函的有效期应至本项目开始运营期且乙方递交运营履约保函之日止。

（c）如果乙方未按照上述规定及时更换保函或者延长最后一份建设履约保函的有效期，甲方有权全额兑取旧建设履约保函或最后一份建设履约保函的全部金额。

7.20.3　建设履约保函的兑取

（a）如果发生因乙方未全部或部分履行其在本合同项下项目工程建设的义务，且在甲方要求的期限内未予补正，或未按本合同的约定承担违约责任，甲方有权兑取建设履约保函的全部或部分金额。

（b）如果乙方未按照第 7.20.4 项的规定按时补充建设履约保函的金额，甲方有权兑取保函届时所剩余的全部金额。

（c）如果乙方未按照第 7.20.2 项的规定在每份旧建设履约保函到期日至少 30 日之前向甲方提交用以替换的新建设履约保函，甲方有权兑取旧建设履约保函的金额。

（d）甲方在根据本条款兑取建设履约保函任何金额之前，应向乙方发出书面通知并告知甲方兑取的理由和拟兑取的建设履约保函金额。除非乙方在收到该等通知后______个工作日内向甲方全额支付上述拟兑取的建设履约保函金额或纠正其违约行为，甲方有权立即从建设履约保函中兑取该等金额。但乙方纠正其违约行为不影响甲方要求其承担本合同约定的违约责任。

7.20.4　恢复建设履约保函的金额

若甲方在合作期内根据本合同的规定兑取了建设履约保函项下的金额，乙方应在建设履约保函被兑取之日起的______日内将建设履约保函补充至第 7.20.1（b）项规定的金额，并向甲方出示其已经恢复建设履约保函金额的证明。

7.20.5　建设履约保函的解除

本项目进入运营期且乙方递交运营履约保函之日，甲方应将建设履约保函返还乙方。

7.20.6　甲方行使兑取建设履约保函的权利不影响甲方在本合同项下的其他权利，并且不应解除乙方履行本合同项下的义务。

D10906

第 8 条　运营和维护

＊条文批注：在 PPP 项目合同中，通常会规定项目公司在合同生效后、开始运营日之前编制项目运营维护方案并提交政府方审核，政府方有权对该方案提出意见。在双方共同确定运营维护方案后，项目公司作出重大变更，均须提交政府方。但运营维护方案的实施是否以取得政府方同意为前提，则需要视维护的技术难度要求、政府方参与维护的程度、政府方希望对维护控制的程度等具体情况而定。维护方案中通常包括生产运营、日常维护以及设备检修的内容、程序等，项目运营期间计划内的维护、修理和更换的时间和频率以及费用以及上述维护、修理和更换可能对项目运营产生的影响等内容。

对于某些 PPP 项目、特别是技术难度较大的项目，除维护方案外，有时还需要编制详细的维护手册，进一步明确日常维护和设备检修的内容、程序及频率等。运营维护方案、手册以及具体运营标准通常会作为 PPP 项目合同的附件。

8.1　基本要求

8.1.1　乙方应按照本合同规定的范围提供运营维护服务，实现本合同所规定的项目产出目标（本合同第 10.1 款的项目产出目标和《PPP 项目绩效考核办法》中的产出指标）。乙方运营服务内容包括但不限于：湿地植物维护、道路维护、闸门等维护管理；植物养护、植物收割、运输及处理处置、湿地监测，输水、工程运行设备维护、曝气设备运行、漂浮物打捞处理，水质保持、水体清淤等。

8.1.2　在整个运营期内，乙方应自行承担费用、责任和风险，确保项目设施始终处于良好营运状态并能够以安全、连续和稳定的方式提供符合适用法律和本合同要求的服务。

8.1.3　乙方应在正式运营日前制定运营和维护质量保证及质量控制的具体措施和制度，经甲方确认后执行。

8.1.4　乙方应确保在整个运营期内，始终根据下列规定和要求运营并维护项目设施：

（a）适用法律；

（b）本合同约定；

（c）项目产出目标（本合同第 10.1 款的项目产出目标和《PPP 项目绩效考核办法》

中的产出指标）要求；

（d）《PPP 项目绩效考核办法》；

（e）运营维护手册以及与项目设施有关的设备制造商提供的一切有关手册、指导和建议；

谨慎运营惯例。

8.1.5　乙方应按照下述规定的时间和要求向甲方提交相应的资料：

（a）乙方应于每月______日前向甲方提交上月的运行记录、维护记录、监测记录。

（b）提交全面反映其经营情况各个方面的下列财务报表和其他报表：

（c）每年______月______日之前，提交上一年度按适用法律和普遍认可的中国会计准则、制度和惯例编制的经审计的年度财务报表，包括资产负债表、损益表和现金流量表等；

（d）每月结束后的______日内，提交上月本项目的运营维护成本表；以及甲方为监督乙方遵守适用法律和本合同而合理要求的有关乙方财务状况的其他资料。

（e）乙方应于每年______月______日之前提交下一运营年运营维护计划，将其下一年度的重大运营维护计划书面通知甲方。

8.1.6　如出现下列情形，乙方应当事先取得甲方同意：

（a）乙方总经理、财务经理、财务副经理、技术负责人等高级管理人员的确定或变更。

（b）乙方签署的可能对其履行本合同有重大影响的合同、协议或意向书。

（c）其他对乙方履行本合同有重大或实质性影响的事项。

8.1.7　甲方有权指定任何代表在任何时候进入项目设施，以检查项目设施的运营和维护情况，但甲方应尽量减少该等检查对项目设施运营和维护可能产生的干扰。甲方指定的代表有权检查乙方运营维护记录和项目设施检测记录。乙方应对甲方指定的代表提出的问题作出合理解答。甲方检查乙方是否按规范建立了运营维护管理体系，包括管理制度、业务流程、作业规范、考核管理办法等；甲方检查监督乙方是否按运营维护手册配备了相应的人员、装备、备品备件及材料等；

8.2　运营履约保函

8.2.1　乙方应于本项目正式运营日向甲方提交按照【运营履约保函格式】格式出具的甲方作为受益人的运营履约保函，以保证乙方按照本合同的条款和条件履行运营和维护相关的各项义务。运营履约保函应由甲方可接受的中国境内的商业银行出具，金额为______万元（RMB）。

8.2.2　运营履约保函有效期

（a）乙方应保证所提供的运营履约保函在自保函开立日起至甲方根据本合同 12.6 款的规定递交移交履约保函之日止的期间内持续有效。

（b）乙方可以开立多份生效日首尾相连的运营履约保函，但每份保函的有效期不得低于______个月。每份运营履约保函（以下简称旧运营履约保函）有效期届满前至少______日乙方应向甲方提交一份金额符合第 8.2.1 项规定的用以替换旧运营履约保函的运营履约保函（以下简称新运营履约保函），新运营履约保函自旧运营履约保函有效期届满日次日起生效。最后一份运营履约保函的有效期应至乙方递交移交履约保函之日止。

（c）如果乙方未按照上述规定及时更换保函或者延长最后一份运营履约保函的有效期，甲方有权全额兑取旧运营履约保函或最后一份运营履约保函的全部金额。

8.2.3　运营履约保函的兑取

（a）如果发生因乙方未全部或部分履行其在本合同项下运营和维护的义务，且在甲方要求的期限内未予补正，或未按本合同的约定承担违约责任，甲方有权兑取运营履约保函的全部或部分金额。

（b）如果乙方未按照第 8.2.4 项的规定按时补充运营履约保函的金额，甲方有权兑取保函届时所剩余的全部金额。

（c）如果乙方未按照第 8.2.2 项的规定在每份旧运营履约保函到期日至少 30 日之前向甲方提交用以替换的新运营履约保函，甲方有权兑取旧运营履约保函的金额。

（d）甲方在根据本条款兑取运营履约保函任何金额之前，应向乙方发出书面通知并告知甲方兑取的理由和拟兑取的运营履约保函金额。除非乙方在收到该等通知后______个工作日内向甲方全额支付上述拟兑取的运营履约保函金额或纠正其违约行为，甲方有权立即从运营履约保函中兑取该等金额。但乙方纠正其违约行为不影响甲方要求其承担本合同约定的违约责任。

（e）甲方有权在以后应支付给乙方的政府购买服务费中扣除相应款项，直至乙方纠正其违约或扣除款与运营履约保函中的剩余款项（如有）之和满足 8.2.1 项规定的运营履约保函金额。

（f）扣除款用于担保运营履约保函所担保的相同义务。在乙方纠正其违约的______日内，甲方应在以扣除款弥补其因乙方该等违约行为所致之直接损失及应付违约金后，将剩余款项交予乙方。

8.2.4　恢复运营履约保函的数额

若甲方在运营期内根据本合同的规定兑取运营履约保函项下的金额，乙方应在甲方兑取款项后______个工作日之内将运营履约保函补充至第 8.2.1 项规定的金额，并向甲方出示其已经恢复运营履约保函金额的证据。

运营履约保函的解除乙方递交移交履约保函之日，甲方应将运营履约保函返还乙方。

8.2.5　维护的责任

甲方行使兑取运营履约保函的权利不影响甲方在本合同项下的其他权利，并且不应解除乙方履行本合同项下的义务。

8.3　运营维护手册

8.3.1　运营维护手册的编制

（a）在正式运营日之前，乙方应根据适用法律和谨慎运营惯例编制本项目的运营维护手册，该手册并符合《运营维护手册导则》的规定，并经甲方同意后遵照执行。

（b）运营维护手册在运营期内应根据运营和维护的实际情况随时进行修改、补充和完善，并经甲方同意后遵照执行。

8.3.2　运营维护手册的内容

（a）运营维护手册应包括项目工程进行定期和年度检查、日常运行维护、大修维护的程序和计划，并制定应对突发事件的应急服务预案。

（b）运营维护手册应列明运营维护服务所需的消耗性备品备件和事故

抢修的备品备件。

8.4　维护质量标准

乙方对项目设施进行管理和维护的工作内容及质量标准应符合适用法律和国家行业规范、标准的每一项规定。

乙方在磋商响应文件技术方案中承诺对于项目设施的维护管理质量标准高于适用法律和国家行业规范、标准的，执行承诺标准。

国家或者地方已经颁布实施的和未来不时颁布实施的有关道路（含附属设施）、桥梁、园林、LID设施等维护管理等相关的法律法规、规章与标准的规定以及承诺标准中若有与现行标准不一致之处时应适用相对较为严格的标准。

8.5　未履行维护义务

如乙方未能按照适用法律和本合同履行本项目的维护义务，造成维护质量下降，甲方有权向乙方发出整改通知，责令乙方在限定期限内采取必要措施有效纠正未适当履行维护义务的行为。

如果乙方未在甲方依上款规定发出的整改通知确定的期限内采取必要的措施纠正违约行为或未能在合理的时间内有效纠正违约行为，则甲方可以但无义务自行或委托第三方采取必要的纠正措施，乙方应对此予以配合，并承担因此而发生的全部费用。

因采取上述纠正措施而发生的费用，甲方应向乙方开具账单和所发生费用的详细清单，如果乙方在收到该账单后______个工作日内未能全额支付账单所列金额，则甲方有权从运营履约保函中兑取相应款项以支付账单。

8.6　临时接管

运营期内，如乙方出现以下违约行为，甲方有权临时接管本项目：

（a）擅自转让本合同；

（b）擅自转让、出租或质押本项目经营权或相关收益权的；

（c）擅自将项目设施以及本项目用地进行处置或抵押的；

（d）因管理不善，发生重大质量、生产安全事故的；

（e）擅自停业、歇业，严重影响到社会公共利益和公共安全的；

（f）适用法律禁止的其他行为。

甲方有权在决定临时接管之日起临时接管本项目，并有权指定第三方临时提供运营维护服务。临时接管期间乙方无权获得本项目的运营维护服务费，并且此期间发生的一切费用均由乙方承担。

在乙方完全纠正引致临时接管的违约行为后，经乙方书面申请，甲方应当终止临时接管，恢复乙方的经营权。

临时接管持续超过______日，甲方有权提前终止本合同。

8.7　应急管理

合作期内，乙方应按照适用法律制定应急管理预案，配合甲方及有关政府部门进行突发紧急事件的演练等工作。运营中发生突发紧急事件时，乙方应当依据应急管理预案和有关政府部门要求进行处理，并按照适用法律规定及时向甲方和有关政府部门报告。

8.8　中期评估

在运营期内，甲方应当组织专家或第三方机构对乙方项目设施的运营、管理、安全、服务情况等进行定期评估，并有权将评估结果向社会公示，接受公众监督。第一次中期评估应在本项目正式运营日后两年内实施并完成。第一次中期评估后，中期评估每四年进行一次，如果最后一次应进行的中期评估时间距离合作期届满不足四年的，则最后一次中期评估不再进行。对于中期评估发现的问题，乙方应予以处理或纠正；若有必要，甲方提供协助。

8.9　公众监督

社会公众有权对本项目进行监督，向有关监管部门投诉，或者向乙方提出意见。乙方应按照适用法律要求，建立公众监督机制，依法公开披露相关信息，接受公众监督。

第 9 条　保险

9.1　保险内容

合作期内，乙方应根据适用法律和谨慎运营惯例，自费购买和维持附件三【乙方购买保险】规定的保险，保险费计入项目总投资或项

D10906

目运营维护成本。乙方所投保险种包括但不限于建筑安装工程一切险、财产一切险（设备、设施及附属建筑物）、第三者责任险、机械故障损坏险等。

9.2　乙方必须：

（a）将甲方列入保险单上的受益人之一；

（b）使所有保险单均注明保险商在取消保险或对之进行重大改变之前至少______日书面通知甲方；

（c）未经甲方书面同意，乙方不得变更该等保险单据。

9.3　购买保险证明

乙方须向甲方提供保险证明，以证实其已获得保险单据及批单。

乙方若未向甲方提交上述保险的有效证明文件，则甲方有权代乙方办理与此项相关的保险。此种情况下，相关保险费不计入项目总投资或项目运营维护成本。

9.4　未维持保险

乙方未能按第9.1款的要求购买或维持保险，不得减轻或以其他方式影响乙方在本合同项下的义务和责任。

如果乙方不购买或维持第9.1款所要求的保险，甲方首先应书面要求乙方购买或维持上述保险，在乙方接到上述书面通知30日内仍未购买或维持该保险，则甲方有权根据本合同自行购买上述保险，并有权兑取乙方提交的建设履约保函、运营履约保函或移交履约保函以支付保险费用。

* 条文批注：由于保险条款的变更可能对项目风险产生影响，一般情况下，合同中会规定未经政府方同意，不得对保险合同的重要条款做出实质性变更（包括但不限于保险范围、责任限制以及免赔范围等等）。政府方在审议保险条款变更事项时，需要结合当时的市场情况，分析保险条款变更是否会对项目整体保险方案产生影响以及影响的程度等。

第 10 条　绩效考核和服务费

10.1　产出目标

10.1.1　总体产出目标：水体不黑不臭，无黑苔，无富营养化及大规模蓝绿藻爆发，提高水体透明度；构建健康、完善的水生态系统，提高水体自净能力，使其长久保持稳定水质；提升水体景观质量，改善水体周边景观环境，水质指标达到地表水 IV 类水标准；达到住建部发布《城市黑臭水体整治工作指南》要求。

10.1.2　海绵城市建设目标：建设项目符合《海绵城市专项规划》和海绵城市建设绩效考核控制指标要求，并满足《海绵城市试点建设一三年实施计划（2015-2017）》建设要求，本次改造目标包括但不限于：

____________流域水环境PPP项目海绵城市控制指标

指标类型	单位	目标值
单位面积控制容积	m^3/ha	200
绿色屋顶率		1
排涝标准	年一遇	30
排涝达标率	—	100
雨水管渠排放标准	年一遇	一般地段：3
		重点地段：5
		下立交、地道：20
地表水环境质量	—	地表水 IV 类水质标准
水域面积率	—	现状
生态护岸改造比例	—	10
雨水资源化利用率	—	3

10.2　绩效考核

10.2.1　绩效考核包括对乙方运营服务质量、设施运营维护情况的考核，由甲方会同相关政府部门进行。

D10906

10.2.2　运营绩效考核的结果将作为本项目政府购买服务费（包括可用性服务费和运营维护服务费）的支付依据。

10.2.3　绩效考核办法见本合同附件【《PPP 项目绩效考核办法》（试行）】。如因国家相关政策、法规、标准变化，或因经批准的工艺工况运营等需要，甲方有权对本绩效考核办法进行调整。

10.2.4　乙方应于甲方支付首次购买服务费前设立专项维修基金账户，乙方在收到的每年度第一次支付的购买服务费的______个工作日内划转______万元至专项维修基金账户。本项目发生的单笔大额维修（金额超过______万元），乙方可使用该基金。此基金应专项用于大型维修和更新的费用，以及抢修、抢险，不得挪作其他用途。专项基金在使用时应先由乙方提交书面申请，经甲方审核同意后核付使用，并应于每年末向甲方书面汇报专项资金使用情况。若每个运营年最后一日专项维修基金仍有剩余，应结转并累计到下一年使用。合作期结束时若专项维修基金尚有剩余，剩余资金归市政府所有。

10.3　项目设施扩建与维护

由于城市发展等原因，政府部门需对项目设施进行改扩建等行为，乙方应予以服从。对改扩建后变化的维护内容和数量部分，以第 10.7 条款约定的运营维护服务费单价为基础调整运营维护服务费，经双方协商确定后作为支付依据。

10.4　考核及抽查

10.4.1　甲方应按照绩效考核办法规定的质量标准对乙方的管理和维护情况进行定期考核（季度考核和年度考核）和不定期抽查，乙方应全力配合甲方的考核工作。

10.4.2　每年前两个运营季度结束后，甲方应将该期间内所有的绩效考核表进行汇总，计算乙方的季度考核得分，并以该年前两季度的平均分作为乙方上半年度考核得分。

10.4.3　每个运营年结束后，甲方应将该期间内所有的绩效考核表进行汇总，计算乙方的季度考核得分，并以该年四个季度的平均分作为乙方全年考核得分。

10.5　未履行运营维护义务

10.5.1　对乙方未能按照适用法律和本协议履行本项目运营维护义务，造成运营维护服务质量下降，甲方有权向乙方发出整改通知，责令乙方在限定期限内采取必要措施有效纠正未适当履行运营维护义务的行为。

10.5.2　如果且乙方未在甲方依上款规定发出的整改通知确定的期限内采取必要的措施纠正违约行为或未能在合理的时间内有效纠正违约行为，则甲方可以但无义务自行采取必要的纠正措施，乙方应对此予以配合，并承担因此而发生的全部费用。

10.5.3　就为采取上述纠正措施而发生的费用，甲方应向乙方开具账单和所发生费用的详细清单，如果乙方在收到该账单后 7 个工作日内未能全额支付账单所列金额，则甲方有权从运营维护履约保函中兑取相应款项以支付账单。

10.6　服务费

10.6.1　财政局将本项目的政府购买服务费纳入财政预算，并在中长期财政规划中予以统筹考虑。

10.6.2　可用性服务费

（a）本项目根据审计部门的审计结果确定可用性服务费金额，自审计部门出具本项目竣工决算审计报告后______个工作日内，双方应按以下公式计算可用性服务费，并经财政部门核定后作为支付依据。在计算可用性服务费时，全部建设成本不可以超过控制总价______万元。

（b）可用性服务费 =【本项目全部建设成本】×（1+ 合理利润率）×（1+ 年度折现率）n/ 运营期年限（年）

其中：

【本项目全部建设成本】为审计部门竣工决算审计所确定的本项目的投资额，投资额包括审计确定的工程建设费用、工程建设其他费用（包含前期费用）、预备费用、审计确定的建设期利息、甲方建设部分等。在本项目竣工决算审计报告出具前，以有关部门审查同意的预算金额作为【本项目全部建设成本】的暂定价，用以计算可用性服务费；在本项目竣工决算审计报告出具后，已付可用性服务费与应付可用性服务费的差额按照“多退少补”的原则随下一支付期清算（无息）；

合理利润率为成交社会资本所投报的合理利润率，即____________；

年度折现率为成交社会资本所投报的年度折现率，即____________；

D10906

n 为运营期第 n 年。

10.6.3 运营维护服务费

除非另有规定，甲方向乙方支付的运营维护服务费为______万元。

运营维护服务费 = 年度运营维护成本 ×（1+ 合理利润率）× 绩效考核系数

其中：

年度运营维护成本为成交社会资本所投报的金额，即____________；

合理利润率为成交社会资本所投报的合理利润率，即____________；

10.7 服务费的调整

10.7.1 可用性服务费的调整

（a）乙方的融资方案须经甲方确认同意，并将融资成本同步核算到当期政府购买服务费中。

（b）在本项目运营期内，如乙方连续两次绩效考核结果得分低于______分，甲方有权依下列公式支付当期及以后各期的可用性服务费，直至绩效考核结果得分不低于______分：

可用性服务费支付金额 = 根据第 10.6.2 项计算的当年可用性服务费金额 ×90

（c）子项的出水水质必须满足《PPP 项目绩效考核办法》相应的出水水质标准。若上述子项水质不达标，则甲方有权依下列公式支付当年及以后年份的可用性服务费：

当年可用性服务费支付金额 = 根据第 10.6.2 项计算的当年可用性服务费金额 ×（1–n×5）

其中，n ＝水质不达标子项数量（n=0–9）

10.7.2 运营维护服务费的调整

（a）运营维护服务费应根据运营期内的通货膨胀情况进行调整，调价周期为三年。

（b）调价公式为：P3n+1=P3n–2×CPI3n–2×CPI3n–1×CPI3n×10–6（n=1，2，3）

其中，

P1 为初始运营维护服务费；

P3n+1 和 P3n–2 分别指第 3n+1 年和第 3n–2 年起适用的运营维护服务费；

CPI3n–2、CPI3n–1、CPI3n 分别为第 3n–2 年、第 3n–1 年和第 3n 年由________市统计局公布的第 3n–2 年、第 3n–1 年和第 3n 年的____________市居民消费物价指数。

（c）如果甲方核定乙方在竞争性磋商文件中投报的运营维护服务费低于运营成本，无法保证正常运营，甲方有权在全部项目建设成本不变的情况下下调可用性服务费，用于补充运营维护服务费。

10.8　违约金的支付

10.8.1　甲方在向乙方支付政府购买服务费时，应扣除根据本合同相关约定计算的违约金金额。若某次支付的政府购买服务费不足以抵扣违约金，则乙方应在甲方要求的时间内予以补足，否则甲方有权从运营履约保函或移交履约保函中兑取不足部分。

10.8.2　本合同第 13 条规定的不可抗力期间，甲方应免除乙方的违约金。甲方应协调相关政府部门免除乙方在第 13 条规定的不可抗力期间的相应处罚。

第 11 条　开票和付款

11.1　政府购买服务费的支付

本项目政府购买服务费自正式运营期开始支付，原则上每半年支付一次服务费，上半年计费截止日为______月______日，下半年计费截止日为______月______日。计费期不满半年的，按当期实际运营日的天数折算。

若首次支付期不足一个季度，则该期支付款项结转至第二个支付期一起支付（无息）。

若末个支付期不足一个季度，则倒数第二次支付款项和末次支付款项一并支付（无息）。

* 条文批注：政府付费（Government Payment）是指政府直接付费购买公共产品和服务。其与使用者付费的最大区别在于付费主体是政府、而非项目的最终使用者。适用条件为不具有向公众或终端用户收费的功能。

11.2　付款和开票

11.2.1　乙方应在____________市开设银行账户，并于正式运营日后______日内告知甲方该银行账户。如需改变账户，应提前至少______个工

D10906

作日书面通知甲方。

11.2.2　每次付费前______个月，乙方应向甲方发出本项目可用性服务费及运营维护服务费账单（以下简称付款通知），同时应提供所有相应的证明记录和资料以便甲方或相关政府部门能够核实上述计算。

11.2.3　甲方如对付款通知持有任何异议，应在收到 11.2.2 项的付款通知后______个工作日内书面通知乙方，否则即视为认可该等付款通知。乙方应在收到甲方提出异议的通知后及时给予解答，积极配合甲方重新核定计算，双方应在______日内为解决争议进行协商。

11.2.4　甲方将本项目经审核后无异议的政府购买服务费金额汇总，并通知乙方和财政局。

11.2.5　乙方应在收到第 11.2.4 项规定的通知后及时向____________开具发票。

11.3　逾期付款

按照 11.2 款规定的逾期未付款项，甲方可以同乙方协商延长付款期，但最长不能超过______日；如果超过______日，甲方应向乙方支付延期付款利息。延期付款利息按违约利率计算，计息期间应从到期应付之日起至收款方实际收到款项之日止。

11.4　货币

本合同下的任何应付款项，一律以人民币支付。

第 12 条　合作期满时项目设施的移交

> *条文批注：项目移交的基本原则是，项目公司必须确保项目符合政府回收项目的基本要求。项目合作期限届满或项目合同提前终止后，政府需要对项目进行重新采购或自行运营的，项目公司必须尽可能减少移交对公共产品或服务供给的影响，确保项目持续运营。

12.1　移交范围

12.1.1　在移交日，乙方应向甲方或其指定的其他机构完好无偿移交项目设施，包括：

（a）项目设施所占用土地；

（b）项目设施（包括与项目设施相关的所有设备、机器、装置、零部件及备品备件等）；

（c）与项目设施相关的所有尚未到期的保证、保险和其他协议的利益（如可以转让）。

（d）运营和维护项目设施所必需的技术文件和技术诀窍，以及所有的运营维护手册、运营记录、移交记录、设计图纸、工程档案、投融资资料、设备、资产清册、质量保修书等有关资料，以使其能够直接或经由其指定机构继续运营和维护项目设施；

（e）为移交项目设施的占有权所需的文件；

（f）项目公司的资产；

（g）有关本项目甲方或其指定的其他机构合理要求的其他物品与资料。

12.1.2　上述移交不应附带任何负债或违约、侵权责任以及源自本项目的建设、运营和维护的由乙方引起的环境污染及其他性质的请求权。所有与移交的设施、权益、文件等有关的负债或违约、侵权责任，应由乙方全部清偿或赔偿完毕。

12.1.3　移交开始之前，乙方应按照甲方或其指定的其他机构的要求提交所有资产清册，资产清册应包括该项目所有资产明细。

12.2　移交标准

乙方应确保移交时本项目符合移交标准的规定，包括但不限于水质标准、雨水排放、景观状态良好和设施运转正常等设计标准。该移交标准由移交委员会制定。

12.2.1　运营期届满______个月前，甲方或其指定的其他机构和乙方应成立移交委员会，移交委员会由甲方或其指定的其他机构的______名授权代表和乙方______名授权代表组成。移交委员会应举行会谈并商定项目设施性能评估、移交的详尽程序、详细的移交标准、最后恢复性大修计划以及移交范围的详细清单。

12.2.2　移交前，移交委员会将对本项目的资产状况进行评估并对本项目状况能否达到本合同约定的移交条件和标准进行测试。如果经评估和测试，本项目状况不符合约定的移交条件和标准的，政府方有权提取移交履

D10906

约保函，并要求乙方对项目设施进行相应的恢复性修理，以确保本项目在移交时满足约定的要求。如保函金额不足的，甲方有权继续向乙方追偿。

12.2.3　乙方应根据移交委员会的要求进行恢复性大修，确保项目设施在移交后可以持续保持良好的运营状况。

12.3　保证、保险和技术的转让

12.3.1　移交时，乙方应将所有项目设施的承包商、制造商和供应商提供的尚未期满的担保及保证，全部无偿转让给甲方或其指定的其他机构。

12.3.2　在移交时，乙方应将所有保险单、暂保单和保险单批单转让给甲方或其指定的其他机构。

12.3.3　乙方应在移交日将届时使用的运营和维护项目设施所需要的所有技术和技术诀窍（包括以任何许可方式取得的），全部无偿移交给甲方或其指定的其他机构，并确保甲方或其指定的其他机构不会因使用这些技术或技术诀窍而遭受侵权索赔。如果上述技术和技术诀窍的使用权到移交日已期满，乙方有义务协助甲方或其指定的其他机构以不高于乙方取得此等技术和技术诀窍时所付出的代价取得这些技术和技术诀窍的使用权。

12.4　合同的取消和转让

经甲方或其指定的其他机构合理要求，乙方应取消其签订的、于移交时仍有效的维护合同（如有）、设备合同、供货合同和任何其他合同。甲方或其指定的其他机构对于取消合同所发生的任何费用不负责任，同时乙方应尽全部合理义务保护甲方或其指定的其他机构免受任何此类损害。若该等合同对项目的运营和维护是必需的，经甲方或其指定的其他机构要求，乙方应向甲方或其指定的其他机构无偿转让上述合同的权利和义务。

12.5　人员和人员培训

12.5.1　不迟于移交日前______个月，乙方将向甲方提交一份当时乙方雇佣的雇员名单，包括每个雇员的资格、职位、收入和福利等的详细资料。乙方同时将说明在移交日之后哪些雇员将可供甲方或其指定的其他机构聘用。

12.5.2　甲方或其指定的其他机构需要在移交日之前派驻人员到乙方所在地进

行培训或学习的，应不迟于移交日前______个月向乙方说明情况及拟派驻人员名单并提供详细简历。乙方免费负责为上述人员提供培训。移交日之前，有甲方或其指定的其他机构和乙方将组织对上述人员进行考核，以确定乙方的培训目标是否完成。

12.6 移交履约保函

12.6.1 乙方应于【合作期满前______个月】，向甲方提交按照附件【移交履约保函格式】格式出具的甲方作为受益人的移交履约保函，以保证乙方按照本合同的条款和条件履行移交相关的各项义务（包括但不限于项目设施恢复性大修、项目设施存在隐蔽性缺陷等）。移交履约保函应由甲方可接受的商业银行出具，金额为______元（RMB）。

12.6.2 移交履约保函的有效期

（a）乙方应保证所提供的移交履约保函在自保函开立日起至本合同 12.7 款规定的缺陷责任期届满之日持续有效。

（b）乙方可以开立多份生效日首尾相连的移交履约保函，但每份保函的有效期不得低于______个月。每份移交履约保函（以下简称旧移交履约保函）有效期届满前至少______日乙方应向甲方提交一份金额符合第 12.6.1 项规定的用以替换旧移交履约保函的移交履约保函（以下简称新移交履约保函），新移交履约保函自旧移交履约保函有效期届满日次日起生效。最后一份移交履约保函的有效期应至乙方递交移交履约保函之日止。

（c）如果乙方未按照上述规定及时更换保函或者延长最后一份移交履约保函的有效期，甲方有权全额兑取旧移交履约保函或最后一份移交履约保函的全部金额。

12.6.3 移交履约保函的兑取

（a）如果发生因乙方未全部或部分履行其在本合同项下关于移交及缺陷责任的义务，且在甲方要求的期限内未予补正，或未按本合同的约定承担违约责任，甲方有权兑取移交履约保函的全部或部分金额。

（b）如果乙方未按照第 12.6.4 项的规定按时补充移交履约保函的金额，甲方有权兑取保函届时所剩余的全部金额。

D10906

（c）如果乙方未按照第 12.6.2 项的规定在每份旧移交履约保函到期日至少______日之前向甲方提交用以替换的新移交履约保函，甲方有权兑取旧移交履约保函的金额。

（d）甲方在根据本条款兑取移交履约保函任何金额之前，应向乙方发出书面通知并告知甲方兑取的理由和拟兑取的移交履约保函金额。除非乙方在收到该等通知后______个工作日内向甲方全额支付上述拟兑取的移交履约保函金额或纠正其违约行为，甲方有权立即从移交履约保函中兑取该等金额。但乙方纠正其违约行为不影响甲方要求其承担本合同约定的违约责任。

（e）甲方有权在以后应支付给乙方的政府购买服务费中扣除相应款项，直至乙方纠正其违约或扣除款与移交履约保函中的剩余款项（如有）之和满足第 12.6.1 项规定的移交履约保函金额。

扣除款用于担保移交履约保函所担保的相同义务。在乙方纠正其违约的______日内，甲方应在以扣除款弥补其因乙方该等违约行为所致之直接损失及应付违约金后，将剩余款项交予乙方。

12.6.4 恢复移交履约保函的数额

若甲方在运营期内根据本合同的规定兑取移交履约保函项下的金额，乙方应在甲方兑取款项后______个工作日之内将移交履约保函补充至第 12.6.1 项规定的金额，并向甲方出示其已经恢复移交履约保函金额的证据。

12.7 缺陷责任期

* 条文批注：缺陷责任期是指承包人按照合同约定承担缺陷修复义务，且发包人预留质量保证金的期限，自工程实际竣工日期起计算。缺陷责任期一般为 6 个月、12 个月或 24 个月。缺陷责任期是一种当工程保修期（国际上称为缺陷责任期）内出现质量缺陷时，承包商应当负责维修的担保形式。维修保证可以包含在履约保证之内，这时履约保证有效期要相应地延长到承包商完成了所有的缺陷修复。

12.7.1　本项目设施缺陷责任期为移交日后______个月。缺陷责任期内，乙方须按国家规定履行保修义务（因接受移交的单位使用不当造成的损坏除外），修复项目设施的任何部分在合作期内出现的任何缺陷或损坏，并提供满足正常生产需要的技术咨询服务。

12.7.2　甲方或其指定的其他机构发现任何上述缺陷或损坏后应及时通知乙方。在任何情况下，甲方或其指定的其他机构必须最迟于缺陷责任期结束前通知乙方。收到该通知后，乙方应尽快自费修正缺陷或损坏。

12.7.3　如果乙方在收到甲方或其指定的其他机构上述通知后合理的时间内不能或拒绝修正缺陷，甲方或其指定的其他机构有权自行或请第三方修正上述缺陷。在这种情况下，乙方应为此向甲方支付合理且必要的修理费用，否则甲方有权从移交履约保函中兑取相应金额以补偿该等修理费用，不足部分应由乙方承担。

12.8　移交费用

乙方及甲方或其指定的其他机构负责各自的因为移交发生的费用和支出。甲方或其指定的其他机构应自费获得所有的批准并使之生效，并采取其他可能为移交所必需的措施。

12.9　移交效力

12.9.1　自移交日起，乙方在本合同项下的经营权即行终止，乙方无权取得自移交日起的政府购买服务费。

12.9.2　自移交日起，项目设施的占有、使用及其他相关权益均转移给甲方或其指定的其他机构。

12.9.3　自移交日起，甲方或其指定的其他机构全面负责项目设施的运营和维护。

12.9.4　双方在本合同项下未履行完毕的其他权利和义务应当继续履行。

12.10　移走乙方的其他无关物品

除非双方另有协议，乙方应于移交日起______日内，自费从项目场地移走乙方雇员的个人用品以及与项目设施的运营和维护无关的物品。若乙方在上述时间内未能移走这些物品，甲方或其指定的其他机构在通知乙方后，有权将该物品予以提存，乙方承担搬移、运输和保管的合理费用和风险。

D10906

第 13 条　不可抗力及法律变更

13.1　不可抗力事件

13.1.1　不可抗力是指在生效日时不能合理预见的、并且声称遭受不可抗力影响的一方对该事件及其后果不能克服和不能避免。不可抗力事件应包括下列事件：

（a）雷电、干旱、地震、火山爆发、滑坡、水灾、暴风雨、海啸、洪水、台风、龙卷风或任何其他自然灾害；

（b）大规模流行病、饥荒或瘟疫；

（c）战争行为（无论是宣战的或未宣战的）、入侵、武装冲突或敌对行为、封锁、暴乱、恐怖行为或军事力量的使用；

（d）全国性、地区性或行业性罢工。

13.1.2　免于履行

因不可抗力事件全部或部分地阻碍一方履行其在本合同项下的义务时，在不可抗力事件影响的范围内，该方可全部或部分免除该方在本合同项下的相应义务。

13.2　适用于乙方的例外情况

在下述情况下，乙方不得声称遭受不可抗力事件而中止履行本合同或作为其不履行本合同项下义务的理由：

13.2.1　项目设施的设备和机器的交付发生延误，除非并限于该延误是由于符合 13.1.1 项规定的某一事件导致；

13.2.2　项目设施的材料、设备、机器或零配件存在任何明显或潜在的缺陷或存在故障或正常磨损；

13.2.3　乙方的工人或雇员或其承包商的工人或雇员的劳工骚乱、劳资纠纷或其他劳资行为。

13.3　不可抗力发生后的处理程序

13.3.1　声称受到不可抗力事件影响的一方应在发生不可抗力事件或知道发生不可抗力事件之后及时书面通知另一方并详细描述不可抗力事件的发生情况和可能导致的

后果，包括该不可抗力事件发生的时间和预计停止的时间，以及对该方履行在本合同项下义务的影响，并在另一方合理要求时提供证明。

13.3.2　发生不可抗力事件后，双方应本着诚信平等的原则，立即就此等不可抗力事件进行协商，制订并实施补救计划及合理的替代措施以消除不可抗力的影响，并决定为尽量减少不可抗力事件给任何一方带来的损失应采取的合理手段。

13.3.3　受到不可抗力事件影响的一方应尽合理的努力减少不可抗力对其造成的影响，包括根据该等措施为可能产生的结果支付合理的金额。

13.4　不可抗力发生的后果

13.4.1　除本合同另有规定或双方另有约定外，发生不可抗力时，双方应各自承担由于不可抗力对其造成的损失。

13.4.2　如果声称遭受不可抗力事件影响的一方已履行了通知程序，并且在不可抗力事件影响项目进展的情况下，已履行了请求延长进度日期的程序，则本合同中规定的履行某项义务的任何期限，经受到影响的一方请求，应根据不可抗力事件对履行该项义务产生影响的相同时间相应顺延。

13.4.3　声称受到不可抗力事件影响的一方在不可抗力事件的影响消除之后应尽快恢复履行本合同项下的义务。

13.5　不可抗力造成的终止

13.5.1　如果任何不可抗力事件阻止一方履行其义务且经过努力仍不可克服，自该不可抗力事件发生或知道发生之日起连续超过 90 日，双方应协商决定继续履行本合同的条件或者同意按照本合同第 14 条的规定终止本合同。

13.5.2　如果自该不可抗力事件发生或知道发生之日起______日之内双方不能就继续履行的条件或终止本合同达成一致意见，则任何一方有权根据本合同第 14 条的规定向另一方发出提前终止意向通知。

13.6　法律变更

13.6.1　如果建设期内出现法律变更的，按第 7.14.3 项执行；如果在运营期出现法律变更导致乙方发生额外费用，乙方有权依据第 16.1 款的规定获得一般补偿。

D10906

13.6.2 如果因市政府层面的法律变更（仅针对本项目）导致本合同无法继续履行，则视为甲方严重违约事件，乙方有权依据第 14.2 条提前终止本合同。

* 条文批注：因不可抗力发生的损失，首先应通过保险覆盖，无法解决的，区分不同的情况，依据“风险共担”的原则由双方分担。

第 14 条 提前终止

14.1 由甲方提出的提前终止

下述每一条款所述事件，如果不是由于不可抗力或甲方违约所致，如果有允许的纠正期限而在该期限内未能纠正，即构成乙方严重违约事件，甲方有权立即发出提前终止本合同的意向通知。

（a）乙方在第 3.2 条中的任何声明被证明在做出时在实质方面不属实，使乙方履行本合同的能力受到严重的不利影响；

（b）乙方未能根据本合同约定提交建设履约保函、运营履约保函、移交履约保函并保持其有效的；

（c）乙方根据中国法律进行清算或不能清偿到期债务；

（d）乙方被吊销企业法人营业执照；

（e）乙方擅自转让本合同；

（f）乙方擅自转让、出租本项目下全部或部分经营权或相关权益的；

（g）根据 7.18.1 项乙方被视为放弃本项目建设；

（h）未经甲方事先书面同意，乙方全部或部分擅自停止维护服务（如属紧急情况的除外，但应在发生的同时口头告知甲方，并应在发生后 1 日内书面报告甲方）；

（i）运营期内，乙方的连续______次年度绩效考核分数低于______分；

（j）运营期内，连续______年子项出水水质不满足《PPP 项目绩效考核办法》相应的水质标准；

（k）因经营管理不善，乙方本合同履行过程中发生重大质量、生产安全事故的；

（l）本合同第 8.6 款规定的临时接管持续超过______日；

（m）在工程考核中，乙方通过修复本项目还不能达到可用性标准的；

（n）乙方未实质性履行本合同项下的其他义务，并且在收到甲方说明其违约并要求补救的书面通知后______日内仍未能补救该实质性违约。

14.2　由乙方提出的提前终止

下述每一条款所述事件，如果不是由于不可抗力或乙方违约所致，如果有允许的纠正期限而在该期限内未能纠正，即构成或视为构成甲方严重违约事件，乙方有权立即发出提前终止意向通知：

（a）甲方在第 3.1 条中的任何声明被证明在做出时在实质方面不属实，使甲方履行本合同的能力受到严重的不利影响；

（b）甲方未按本合同的规定支付政府购买服务费，且在乙方书面通知______日内仍未足额支付；

（c）就第 16.1 款规定的任何补偿和赔偿，在乙方提交符合要求的文件并且双方达成一致后______日内仍未足额支付；

（d）甲方未能有效维护乙方全部或部分经营权的独占性，对乙方的经营权造成严重妨碍；

（e）甲方对建设用地的不合理处置或无法确保将相关土地免费、持续用于本项目；

（f）发生市政府层面的法律变更导致本合同无法继续履行；

（g）甲方未实质性履行本合同项下的其他义务，并且在收到乙方说明其违约并要求补救的书面通知后______日内仍未能补救该实质性违约。

> * 条文批注：因政府方违约导致合同终止时，补偿公式应考虑项目公司未收回的投资成本和预期利润；因项目公司违约时，则政府方应给予的补偿是项目公司未收回的投资成本并扣减违约金后的款项。

14.3　不可抗力导致的提前终止

任何一方有权根据本合同第 13.6 款有关不可抗力的规定向另一方发出

D10906

提前终止通知。

14.4　提前终止意向通知和提前终止通知

14.4.1　提前终止意向通知

按照第 14.1 款或第 14.2 款发出的任何提前终止意向通知应列明引起发出该通知的乙方严重违约事件或甲方严重违约事件的合理详情，按照第 14.3 款发出的提前终止通知应说明终止的原因：

（a）在提前终止意向通知发出之后，双方应在______个工作日之内或双方同意的更长时间内（以下简称协商期）协商避免本合同终止的措施。

（b）如果甲方和乙方就将要采取的措施达成一致意见，并且 / 或者甲方或乙方（视情况而定）在协商期纠正了甲方严重违约事件或乙方严重违约事件，提前终止意向通知应立即自动失效。

> * 条文批注：PPP 项目因不可抗力发生导致合同终止时，不可抗力发生起至合同终止期间，诸如资金成本损失（主要是贷款利息）、正常经营利润损失、以及向第三方的违约赔偿，因实务中一般得不到保险赔付而又缺乏弥补的渠道，此类损失可通过合同约定或平均分摊解决；或双方继续履行合同，特许经营期限相应顺延。

14.4.2　提前终止通知

以第 14.5 款为前提，在协商期之后，除非：

（a）双方另外达成一致；或

（b）导致发出提前终止意向通知的甲方严重违约事件或乙方严重违约事件得到纠正，发出提前终止意向通知的一方有权发出提前终止通知，另一方收到提前终止通知后的次日即为提前移交日（以下简称提前移交日）。

14.5　提前终止的一般后果

14.5.1　自任何一方发出提前终止意向通知起，至提前移交日前一日，双方应继续履行本合同项下的权利和义务。

14.5.2　自提前移交日起，双方应按照第 14.6 款的规定进行提前移交。

14.5.3　自提前移交日起，双方在本合同项下未履行完毕的其他权利和义务应当继续履行。

14.6　提前终止后的提前移交

14.6.1　移交范围

（a）自提前移交日，乙方应根据第 14.6.2 项规定的程序向甲方或其指定的其他机构提前移交按照本合同第 12.1 款列明的项目设施、相关文件资料和与项目设施相关的所有权利和权益。

（b）如因不可抗力事件导致本合同提前终止，则第 12.1 款列明的各项应按照在提前终止通知发出时的状态被移交。

14.6.2　移交程序

（a）自提前移交日，乙方对项目设施的所有权益全部转移给有关甲方，甲方收回乙方的经营权。

（b）双方于提前移交日后______日内按第 14.7 款的规定确定终止补偿金额，甲方应在确定终止补偿金额后、且移交工作办理完毕后的次日支付全部终止补偿金。

（c）终止补偿金应支付至双方在指定银行开立的监管账户中，并应优先用于偿还融资文件项下尚未清偿完毕的贷款。在该等贷款未能足额清偿完毕之前，乙方不得提取终止补偿金额的任何款项。

14.7　提前终止后的补偿

14.7.1　若本合同被提前终止，则除非本合同或双方另有约定，甲方将按照如下标准向乙方支付补偿金：

D10906

本协议提前终止之情形	终止补偿金
甲方违约事件导致的终止	建设期：A1+B+E
	运营期：A2+B+E
乙方违约事件导致的终止	建设期：80A1–B+E
	运营期：80A2–B+E
不可抗力事件导致的终止	建设期：1/2（A1–A3–C–D）+E
	运营期：1/2（A2–A3–C–D）+E
市政府以上层面的法律变更或政府征收、征用导致的终止	建设期：A1+50B+E
	运营期：A2+50B+E

A1= 提前移交日本项目资产账面净值（包括未转成固定资产的在建工程）。

A2= 本项目经审计的项目总投资 × 剩余运营年限 ÷ 本项目运营期限。

A3= 发生不可抗力事件后对项目设施的评估值。

B= 人民币______元整。

C= 发生不可抗力情形时，根据本合同及相关保险合同，乙方实际获得的保险赔款。

D= 发生不可抗力事件时，因乙方投保不足，导致所获保险赔款无法使项目设施恢复到出险前的正常状态和价值的恢复性建设费用缺额部分（如有）。

E= 终止后乙方应向甲方或其他机构移交运营维护所需的零部件、备品备件和化学品的合理评估值。

若因乙方违约导致本项目提前终止，按照对应公式计算终止补偿金为负数，则乙方应向甲方支付所述负数的绝对值。

14.8 提前终止

14.8.1 在以下事件全部履行完毕后，本合同自动提前终止，本合同的提前终止不影响本合同中争议解决条款和任何在本合同终止后仍然有效的其他条款的效力：

（a）本合同项下的债务（若有）支付完毕；

（b）办理完毕全部移交手续以及其他法定手续；

（c）甲方向乙方支付相应终止补偿金额。

14.9　责任限制

本合同提前终止后，除向乙方支付第 14.7 款规定的补偿金额外，甲方不应就上述终止或导致上述终止的任何事件向乙方承担任何义务，但甲方明确承担的或由于甲方违约引致的责任除外。

第 15 条　转让和担保

15.1　甲方的转让

15.1.1　未经乙方事先书面同意，甲方不得转让其本合同项下全部或部分的权利或义务。

15.1.2　本合同第 15 条的规定并不妨碍甲方与中国其他的政府部门或机构或具有行政管理职能的机构合并、分立或职能转移，条件是合并、分立或职能转移后的政府部门或机构：

（a）具有承担甲方在本合同项下所承担的所有权利、义务和责任的能力和授权；以及

（b）接受并完全承担甲方在本合同项下义务的履行。

15.2　乙方的转让

15.2.1　对协议权利义务的转让

未经甲方事先书面同意，乙方不得转让或以其他方式转移本合同项下的权利和义务。

15.2.2　乙方资产的转让和担保

（a）未经甲方事先书面同意，乙方在合作期内不得转让其用于项目的土地、项目设施或任何其他重要资产（按照本合同移交给甲方的资产除外）。

（b）乙方为筹措项目工程建设资金，可以将政府购买服务费收费权进行质押，但该抵押或质押只能用于本项目。上述抵押或质押应事先征得甲方的书面同意，相应的融资文件应当得到甲方的批准。

15.2.3　乙方股权的转让

（a）合作期内，未经甲方同意，乙方股东不得转让乙方股权；

（b）合作期内，未经甲方同意，乙方股东内部股权比例不得调整。

15.2.4　乙方股权的处置

未经甲方及另一方股东事先书面同意，任何一方股东均不得在其持有的乙方全部或部分股权或其他任何权益上设置任何抵押、质押或其他第三方权利，或以任何其他形式处置其持有乙方全部或者部分股权或任何其他权益。

*条文批注：一旦发生违反股权变更限制的情形，将直接认定为项目公司的违约行为，情节严重的，政府方将有权因该违约而提前终止项目合同。

第 16 条　补偿

16.1　获得一般补偿的权利

合作期内，如发生下述事件（以下简称一般补偿事件）导致本项目运营维护成本或资本性支出增加超过______，但双方仍希望继续履行本合同，经谈判达成一致后，甲方应依照本条的规定对乙方进行一般补偿：

16.1.1　不可抗力事件；

16.1.2　法律变更导致的标准调整。

*条文批注：1. 因不可抗力导致合同提前终止时，政府方应按项目资产残值向项目公司支付折价款，补偿性款项则并无金额限定。但是，基于社会资本方与政府方风险共担的合作原则，结合可行性研究报告、实施方案等项目前期文件中有关不可抗力风险分担的规定，政府方原则上应当与项目公司平均分摊因不可抗力造成的损失，充分补偿项目公司。

2. 因政府方原因导致违约时，政府方一方面应将仍由其保有的项目资产的折价款返还予项目公司，另一方面亦应赔偿项目公司因此遭受的额外损害。因此，“补偿金”数额应大于政府方所获得项目资产所对应的折价款。因项目公司违约导致合同提前终止时，尽管政府方在支付“补偿金”时可以自行抵销项目公司应向其支付的赔偿性违约金，但该等违约金不应过分高于政府方实际受到的损害。根据《最高人民法院关于适用〈中华人民共和国合同法〉若干问题的解释（二）》第 29 条第 2 款，该等违约金一般不应超出政府方实际损失的30%。

16.2 补偿形式

补偿可采用以下方式，甲方可自行选择采用哪一种补偿方式：

（a）一次性现金补偿；

（b）调整政府购买服务费金额；

（c）延长运营期。

16.3 一次性补偿

如生效日后发生第 13.1.1 项下的不可抗力事件，乙方根据适用法律及本合同规定足额投保即可获得的保险赔偿金额，应与乙方因此等不可抗力事件增加的运营维护成本或资本性支出（如有）相互抵扣，若抵扣的余额未达到第 16.1 款规定的标准，乙方应自行承担增加部分，甲方不予补偿。

16.4 以其他方式已补偿的损失

就乙方因一般补偿事件而发生的损失、损害或责任（包括增加的运营维护成本或资本性支出），甲方没有义务对乙方已从下列途径另行获取补偿或抵销的损失部分提供补偿：

（a）乙方根据适用法律和本合同规定足额投保即有权获得的保险赔款（包括认定保险赔款）；

（b）乙方已从其他途径（通过其股东投资或股东提供其他融资的除外）获得补偿；

（c）甲方按照本合同其他规定或以其他方式提供补偿；

（d）法律变更使乙方的资本性支出或运营维护成本减少或以其他方式补偿了乙方。

16.5 补偿事件的通知

当按照上述第 16.1 款规定而使乙方有权获得补偿时，乙方应书面通知甲方补偿事件的发生及其可能之影响，包括有关损失的性质和估计数额（以下简称补偿通知）。

16.6 谈判期

甲方收到补偿通知后______个工作日内，各方应诚意进行谈判，尽其最大努力就补偿的形式、数额及时间达成一致；

若在补偿通知发出后______日内各方未能就补偿达成一致，则按照本合同第 18 条的规定解决；

D10906

谈判期间及争议解决期间，乙方不应中止项目设施的正常运营维护。

16.7 对责任的限制

甲方就一般补偿事件对乙方所应承担的全部责任仅限于本合同第 16 条的规定。

第 17 条 违约赔偿

17.1 赔偿

受限于本合同的其他规定，每一方应有权获得因违约方违约而使该方遭受的任何损失、支出和费用的赔偿，该项赔偿由违约方支付。该项赔偿不应超过违约方在签订本合同时已经预见或应当预见到的因违反本合同可能造成的损失。

17.2 免责

如果一方证明其未履行义务是由于不可抗力造成的，则该方可根据第 13 条的规定免责。

17.3 减轻损失的措施

17.3.1 由于另一方违约而遭受损失或可能会遭受损失的一方应采取合理行动减轻或最大程度地减少另一方违约引起的损失。

17.3.2 如果一方未能采取此类措施，违约方可以请求从赔偿金额中扣除本应能够减轻或减少的损失金额。

17.3.3 受损害的一方有权从另一方获得其因试图减轻和减少损失而合理发生的任何费用。

17.4 部分由于受损害方造成的损失

如果损失的一部分是由于受损害方的作为或不作为造成的，或产生于应由受损害方承担风险的另一事件，赔偿的数额应扣除这些因素造成的损失。

17.5 对间接损失不负责任

除非本合同另有规定，各方均不应对由于或根据本合同产生的或与其相关的任何索赔为对方的任何间接、特殊或附带损失或惩罚性损害赔偿负责。

17.6 补救之累积

本第 17 条不得阻止任何一方行使本合同或适用法律提供的任何其他补救措施。一方因多项补救措施所获得的利益，不得高于其实际受到的损失。

第 18 条　争议的解决

18.1　协商解决

18.1.1　若双方对于由于本合同条款或与本合同有关的条款的解释，包括关于其存在、有效或终止的任何问题产生任何争议、分歧或索赔，则应尽力通过协商友好解决该争议、分歧或索赔。

18.1.2　除本合同另有规定，若在尝试友好协商解决后______日内该争议未能根据 18.1.1 项得到解决，则应适用第 18.2 款的规定。

18.2　仲裁

若双方未能根据第 18.1 款解决争议、分歧或索赔，则任何一方有权向______仲裁委员会申请仲裁。

第 19 条　其他条款

19.1　协议的解释规则

19.1.1　合同构成及优先顺序

本合同包括：

（a）双方于本项目建设期、运营期、缺陷责任期内以书面形式签署的补充和修正文件等书面协议或文件。

（b）本合同正文及以下附件：

（i）附件一：《股东协议》（《含公司章程》）；

（ii）附件二：【建设履约保函、运营履约保函、移交履约保函格式】

（iii）附件三：【乙方购买保险】

（iv）附件四：【《PPP 项目绩效考核办法》】

（c）本项目资格预审文件及成交社会资本资格预审申请文件。

（d）磋商文件（含磋商文件补充文件，如有）中与本项目有关的内容（本合同及其附件除外）。

（e）成交社会资本提交的磋商响应文件中与本项目有关并被甲方书面确认作为本合同组成部分的内容。

D10906

（f）双方约定的构成本协议组成部分的其他文件。

上述组成本协议的文件互相补充，若有不明确或不一致之处，以所列次序在先者为准。同一顺序中的文件有不同约定的，以日期在后的文件为准。但甲、乙双方另有约定的除外。

19.1.2　完整的协议

本合同构成双方对项目的完全的理解，取代双方以前所有的有关项目的书面和口头陈述、协议或安排。

19.1.3　合同修改

本合同任何修改、补充或变更只有以书面形式并由双方法定代表人或授权代表签字方可生效并具约束力。

19.1.4　合同展期

本项目合作期届满后，确有必要延长的，按照有关规定经充分评估论证，双方协商一致，且经市政府批准后，可以延长。

19.1.5　可分割性

如果本合同中任何条款不合法、无效或不能执行，或者被任何有管辖权的仲裁庭或法院宣布为不合法、无效或不能执行，则其他条款仍然有效和可执行；并且双方应商定对不合法、无效或不能执行的条款进行修改或更换，使之合法、有效并可执行，并且这些修改或更改应尽可能恰如其分地平衡双方之间的利益、权利和义务。

19.2　保密

19.2.1　各方对本合同及相关文件均负有保密责任，但甲方为充分满足公共监督要求的情况除外。

19.2.2　甲方不得将乙方提供的财务报表和技术资料等内容向第三方公布，但为满足公共监督要求而必须公布的信息除外。

19.3　合作义务和预先警告通知

双方应相互合作以达到本合同的目的，并应善意地行使和履行其在本合同项下的权利和义务。在此前提下，双方同意：

19.3.1　当一方要求取得另一方的同意或批准时，被要求方不可以无理拒绝或迟延给予该等同意或批准；并且

19.3.2　如果任何一方获悉任何以下事件或情形：

（a）合理地预计该事件或情形将对任何一方履行其本合同项下的义务或实施项目的能力造成重大不利影响；并且

（b）合理地预计另一方不能获悉该事件或情形；

该方应尽快将该事件或情形通知另一方。

19.4　通知

19.4.1　地址

本合同项下的通知、同意或其他通讯联系必须以中文书写，并通过专人递交、公认的国际快递、挂号或传真按下述地址，或各方通知的其他地址或传真号码。

	甲方	乙方
地址		
收件人		
电话		
传真		

19.4.2　地址改变的及时通知

如果甲方或乙方更改 19.4.1 项所述的任何具体内容，更改方必须在新的内容启用前以书面形式通知对方。

19.5　协议文字和文本

本合同以中文订立，正本一式______份。甲乙双方各执______份。

19.6　生效

本合同自双方法定代表人或各自正式授权的代表正式签署并加盖公章之日起成立，自生效日生效。

D10906

甲方（公章）

法定代表人 / 授权代表（签名）________________________

签署日期：________________________________

乙方（公章）

法定代表人 / 授权代表（签名）________________________________

签署日期：____

* 条文批注：1. 注意盖章应当与订立合同的主体相符，分公司可以以自己名义订立合同，但是公司的内设机构则不尽然。

2. 签字人单位的法定代表人、负责人，或经授权的部门机构的负责人、代理人。对于后者，建议由签字人出具法人书面授权书。

3. 根据我国《合同法》第 32 条规定，当事人采用合同书形式订立合同的，自双方当事人签字或者盖章时合同成立。

附件一

《股东协议》（含《公司章程》）（略）

附件二

保函格式

致：____________（以下简称甲方）

地址：____

邮编：____

根据甲方与【项目公司名称】（以下简称乙方）于______年______月______日签订的《PPP 项目合同》（以下简称《PPP 项目合同》），甲方授予乙方经营权，在合作期内设计、融资、投资、建设、运营维护本项目设施；根据适用法律和本合同规定，提供水环境治理服务，并按照本合同的约定获取政府购买服务费。

应乙方的要求，我们【银行 / 金融机构名称】作为担保人，兹开立以甲方为受益人，金额为______的第______号不可撤销的担保函，以不可撤销及无条件的担保乙方将根据《PPP 项目合同》的条款和条件，履行其在《PPP 项目合同》项下的______义务。如乙方未根据《PPP 项目合同》的条款和条件履行《PPP 项目合同》项下关于______的全部或部分义务，担保人将履行在本保函项下的支付义务。

担保人保证在收到甲方在本保函有效期内出具的见索即付的书面要求后的第______个营业日内，即向甲方支付甲方要求的不超过上述金额的款项，而无须要求甲方确证该支付要求满足本保函项下的支付要求，甲方只需在其书面要求中说明其要求支付的款项是由于乙方未履行《PPP 项目合同》项下的某一项或某几项义务。我们在此放弃要求甲方在向我方提出付款要求之前首先向乙方提出付款要求或对乙方提起诉讼或仲裁的要求。

我们同意，甲方与乙方之间可能对《PPP 项目合同》或任何其他文件的条款所作的任何更改或补充或任何其他修改，不免除我方在本担保项下应承担的责任，我们在此放弃对此类更改、补充或修改给予通知的要求。

本保函有效期自______年______月______日起，至本保函生效之日后______个月结束之日，即______年______月______日止。

本保函中使用的所有术语具有《PPP 项目合同》中规定的含义（我们确认已收到《PPP 项目合同》的一份复印件）。

担保人特此声明：

1. 担保人具有签署及履行本保函的权利和行为能力，并且担保人已经获得充分有效的授权以签署和履行本保函。

2. 本保函对担保人的受让人和承继人均有约束力。

3. 与本保函有关的各项通知和 / 或信函，包括但不限于索偿通知等经传真或信件等形式发往担保人的如下地址，即应视为担保人已经收到该等通知和 / 或信函。

收件人：______________________________

地址：______________________________

传真：______________________________

电话：______________________________

本保函一经担保人法定代表人或负责人或授权代表签字并加盖担保人

D10906

公章即行生效。

担保人在本保函项下的义务是独立的。

本保函应适用中国法律并根据中国法律解释。

银行 / 金融机构盖章：________________________________

银行 / 金融机构名称：________________________________

银行 / 金融机构地址：________________________________

签字：________________________________

姓名：________________________________

职务：________________________________

日期：________________________________

附件三

保　　险

在整个合作期内，乙方应按本合同 9.1 款的规定购买和维持合理的建设和维护保险。

1. 建设期间的保险

乙方应在一期工程和二期工程建设期间内自费投保并保持下列险种的保险。但是，如果从保险公司处无法获得，或无法以合理的商业条件获得该等保险，则乙方没有义务获得该等保险，除上述规定外，这种情况不解除或限制乙方在本合同项下的义务。

1.1　货物运输险

责任范围：对于所有材料、设备、机器、零备件和其他物品（施工设备除外）从投保货物离开承包商、分包商或供货商在世界上任一地点的场所之时开始，至到达并卸至本项目施工场地的运输途中的所有一般及惯常的可保风险。

保险金额：对任一次运输或任一地点，相当于投保财产购买价的______，但不低于投保财产的全部重置价值，包括运费和保险费。

保险形式：本保险应以统保的合同为基础进行，并将不签发单独的保险单。

被保险人：乙方、建设承包商、分包商、供货商和乙方可能选择的其他方（条件是该其他方拥有或可获得在此保险项下的可保利益）。

1.2　（货物运输之）完工延迟险

责任范围：在所保延迟期间（保障期______个月），由货物运输险项下可获赔偿的损失或损坏所造成的完工延迟而发生的利息、附加利息和规定的常规费用。

保险金额：等于______个月保障期内发生的利息、附加利息和规定的常规费用的总额。

保险期间：与货物运输险一致。

被保险人：乙方及乙方可能选择的其他方（条件是该其他方拥有或可获得此保险项下的可保利益）。

1.3　建筑安装工程一切险

责任范围：在本项目建设、安装、运营测试及试运行期间及其后的 12 个月期间，就工程、临时工程、材料及其他将包括在项目设施内的物品的灭失或损坏的所有一般及惯常的可保风险，（包括但不限于火灾、雷电、爆炸、暴雨、风暴、台风、水害、水灾、旱灾、倒塌、滑坡、地震、其他事故损失、故意破坏、设计缺陷、工艺缺陷及材料缺陷）。

保险金额：工程重置价全额（但不少于建设合同价值）。

保险期间：从建设开始之日至最终完工日及其后的______个月。

被保险人：乙方、建设承包商、分包商、供应商、顾问（仅限于场地风险）、甲方及甲方或乙方选定的其他方（条件是该其他方拥有或可获得此保险项下的可保利益）。

1.4　（建筑安装工程一切险之）完工延迟险

责任范围：在所保延迟期间（保障期______个月），由建筑安装工程一切险项下可获赔偿的损失或损坏所造成的完工延迟而发生的利息、附加利息和规定的常规费用。

保险金额：等于______个月保障期发生的利息、附加利息、计划的本金付款和规定的常规费用的总额。

保险期间：自建设开始之日至最终完工日。

被保险人：乙方及乙方选择的其他方（条件是该其他方拥有或可获得

此保险项下的可保利益）。

1.5　第三者责任险

责任范围：对在中国境内发生的与建设工程有关的第三者人身伤害或财产损失所应承担的法律责任的保险（但不包括第三者汽车保险）。

保险金额：每次事故责任限额______万元，保险事故次数不限。

保险期间：从建设开始之日至最终完工日以及之后的______个月。

被保险人：乙方、建设承包商、分包商、供货商和顾问（仅限于场地风险）、甲方及甲方或乙方选定的其他方（条件是该其他方拥有或可获得此保险项下的可保利益）。

1.6　其他险种

其他通常的、合理的或者遵循贷款人及适用法律要求所必需的保险。

2. 运营期间的保险

乙方应在开始商业运营日或该日之前自费投保并在整个运营期内保持下列险种的保险。但是，如果从保险公司处无法获得，或无法以合理的商业条件获得该等保险，则乙方没有义务获得该等保险，除上述规定外，这种情况不解除或限制乙方在本合同项下的义务。

2.1　财产一切险

责任范围：对构成项目设施组成部分的、正在使用的所有建筑物、构筑物、厂房、设备、机器、化学品、零备件和其他材料和 / 或不动产所有灭失或损坏的所有一般及惯常的可保风险（包括但不限于火灾、雷电、爆炸、自燃、风暴、暴雨、台风、洪水、水害、旱灾、恶意破坏、撞击、地震、沉降和倒塌）。

保险金额：项目设施的全部重置价值。

保险期间：以年为单位，可续延。

被保险人：乙方、甲方以及甲方或乙方选定的其他方（条件是该其他方拥有或可获得此保险项下的可保利益）。

2.2　（财产一切险之）业务中断险

责任范围：在______个月的保障期内（投保的中断期间），因财产一切险保险单项下所承保的可保风险造成的业务中断或受到干扰而产生的利息、附加利息及规定的常规费用的损失。

保险金额：等于______个月保障期发生的利息、附加利息、计划的本金付款和规定的常规费用的全部金额。

保险期间：以年为单位，可续延。

被保险人：乙方及乙方选定的其他方（条件是该其他方拥有或可获得此保险项下的可保利益）。

2.3　机器故障损坏险

责任范围：对构成项目设施组成部分的任何机器、厂房、辅助设备的突然和不可预见的有形损失或损坏的保险。

保险金额：所有厂房、机器、设备等的全部重置价值。

保险期间：以年为单位，可续延。

被保险人：乙方、甲方以及甲方或乙方选择的其他方（条件是该其他方拥有或可获得此保险项下的可保利益）。

2.4　（机器故障损坏险之）业务中断险

责任范围：在______个月的保障期间（投保的中断期间），由于机器故障损坏险项下所承保的可保风险的损失或损坏所造成的业务中断或受影响而引致的应支付的利息、附加利息和规定的常规费用。

保险金额：等于______个月的保障期内发生的利息、附加利息、计划的本金付款和规定的常规费用的全部金额。

保险期间：以年为单位，可续延。

被保险人：乙方及乙方选择的其他方（条件是该其他方拥有或可获得此项保险项下的可保利益）。

2.5　第三者责任险

责任范围：因运营和维护项目设施造成的对第三者的人身伤害或财产损失或损坏所应承担的法律责任。

保险金额：每次事故责任限额______万元，保险事故次数不限。

保险期间：以年为单位，可续延。

D10906

被保险人：乙方、甲方及甲方或乙方选择的其他方（条件是该其他方拥有或可获得此保险项下的可保利益）。

2.6　其他险别

其他通常的、合理的或为遵循贷款人要求或适用法律要求所必需的保险。

3. 联名保险及赔偿

甲方应为本附件中所有适当注明的保险项下的被保险人（或被保险人之一）。乙方应促使保险商放弃在本附件中规定的全部保险项下其可能拥有或获得的对甲方的任何及全部代位追偿权，无论甲方是否为该等保险项下的被保险人。

3.1　保险商及保险单据

乙方应在获准在中国经营保险业务的、具有良好信誉并经甲方同意的保险商处保持完全有效的保险，并向甲方提供所有的保险证书，证明乙方已按照甲方要求获得了保险单据，同时向甲方提供全部保险单据的复印件及保险费已付凭据的复印件。乙方一旦收到续保证书和保险批单凭据应及时提交给甲方。

保险单应包括保险商就以下各项作出的确认：

保险商已经获得充分的信息以便在假设该等信息不存在实质性误导的前提下评估对保单项下所有风险进行承保的风险；

就其同意为甲方提供共同保险的决定而言，保险商并未依赖或要求任何信息；

甲方没有授权任何人，就甲方成为或作为共同被保险人代其作出任何声明。

3.2　未能获得和保持保险

如果乙方未取得或拒绝取得本附件三所述的保险或未向甲方提供上述第 4 条所述的保险单、保险费付款凭据、续保证明及保险批单凭据等的复印件，则甲方应有权购买这类保险，费用由乙方承担。在这种情况下，经甲方要求，乙方应及时支付给甲方其为购买该类保险支付的款项。乙方未取得或拒绝取得上述保险并不解除或限制其在本合同项下规定的任何义务和责任。

3.3　索赔及协助通知

乙方和甲方应遵守对其适用的保险单的条款及条件，并应遵循与保险商订立的索赔管理程序。该索赔管理程序应符合同类项目的合理的和惯常使用的条款。在准备文件及就索赔进行谈判方面，各方均同意向对方提供合理的协助。当本附件中任何保险单项下的任何索赔可能超过 200 万元时，乙方应通知甲方并不时向甲方提供其合理要求的有关保险单项下索赔的任何信息。

3.4　修复及修理，索赔款项

在建筑安装工程一切险、财产一切险及机器故障损坏险项下乙方可获得的索赔款项应用于对保险标的的灭失或损害进行恢复及修理。延迟完工或业务中断险项下获得的赔款用于偿还贷款及乙方的规定常规费用。第三者责任险的赔偿款项应支付给有权获得赔偿的个人或组织。未经甲方书面同意（甲方不得无理拒绝同意），乙方及保险商不得就超过______万元的任何索赔达成妥协。

4. 通知甲方

就根据本附件三投保的所有保险，乙方应促使保险商在保险条件中规定，在任何保险责任的取消、终止、期满或中止和 / 或保险的任何重大改变或保险金额的任何减少或责任限额的任何降低生效之前至少______日通知甲方。

附件四

运营期绩效考核办法

《PPP 项目绩效考核办法》（试行）（略）

附件五

适用法律和行业规范、标准

《海绵城市试点建设三年实施计划（2015—2017）》

《海绵城市建设试点（示范区）考核监测方案大纲（修改）》

《城市绿化条例》

《中华人民共和国建筑法》

D10906

《中华人民共和国招标投标法》

《中华人民共和国合同法》

《中华人民共和国民法通则》

《中华人民共和国劳动法》

《中华人民共和国文物保护法》

《中华人民共和国环境保护法》

《建设工程质量管理条例》

《建设工程安全生产管理条例》

《建设工程勘察设计管理条例》

《工程建设监理规定》

《本级政府性投资项目管理办法》

《本级政府性投资预算管理办法》

《政府性投资项目设计变更及工程量现场签证监督实施细则（试行）》

《本级政府性投资项目审计监督办法》

《城镇园林绿化工程施工验收标准》

第十八章　养老服务PPP项目

使用场景：

人口老龄化是我国面临的趋势，养老也成为国家和个人面对的现实问题。在我国，养老设施尚不足以满足人口老龄化的日益需求。养老项目作为一种公共物品，具有准公共物品和准经营性特征。养老类 PPP 项目就是指政府在建设养老项目中引入社会资本参与，减轻政府财政压力，从而实现风险共担、利益共享的一种合作模式。养老服务 PPP 项目合同是政府与社会资本方就养老项目建设合作中涉及双方的权利义务、交易条件、履约保障和调整衔接等边界通过书面形式确立下来的合同文本，是整个养老服务 PPP 项目的合同中的基础和核心。

本项目合同适用于政府和社会资本合作即采用 PPP 模式建设养老项目的情形。其主要内容包括以下核心条款：引言、定义和解释；项目的范围和期限；前提条件；项目的融资；项目用地；项目的建设；项目的运营；项目的维护；股权变更限制；付费机制；履约担保；政府承诺；保险；守法义务及法律变更；不可抗力；政府方的监督和介入；违约、提前终止及终止后处理机制；项目的移交；适用法律及争议解决；合同附件；等等。除上述核心条款外，通常还会包括其他一般合同中的常见条款，如著作权和知识产权、环境保护、声明与保证、通知、合同可分割、合同修订等。

养老产业包括生产性和服务性产业，一般包括五个领域：老年用产品领域、老年照料和生活服务领域、老年住宅和养老设施领域、老年金融、保险服务领域和老年教育、文化、休闲领域。目前，养老项目中采用 PPP 模式的主要以医养结合和养老公寓项目为主。下面以《养老服务 PPP 项目合同书》为例，对合同中的关键条款，根据现有的法律法规及政策的规定，结合实践中积累的经验进行解读，供读者审阅参考。

法律要点：

1. 养老服务 PPP 项目的产权结构如何设计？

（1）公建民营、公办民营等 PPP 合作项目。该类合作项目中，养老服务设施的投资人、设立人均为国家或集体，因此国家或集体应享有设施的所有权；私人部门则承担着运营、维护、管理等义务，享有经营权和管理权。承包、租赁等方式的合作项目，项目运营过程中的收益均归属于运营方。而托管

D10908

方式下的合作项目，项目运营的收益均归属于委托方所有。合同期限届满后，运营方需将项目的管理权转移给项目所有权方。

（2）合资建设类的PPP项目。在政府与社会资本合资建设养老服务项目的PPP合作中，各方根据其出资额设立特殊目的的公司，负责建设、运营该养老服务设施。这种属于典型的BOT项目。为保证项目实施的公益性，BOT项目的设施所有权仍然归属于国家，只是将设施的运营管理权交给项目公司，或者由项目公司委托给其他专业性的运营商。在特许经营期限内，项目公司享有设施的收益权。在特许经营期限届满后，项目公司仍需将设施的管理权转移给公共部门。

（3）民办公助类PPP项目。在民办公助类养老服务PPP项目中，由于项目建设的资金主要由私人资本投资，因此项目的所有权应归属于建设该项目的民办机构。当然，在我国目前养老服务市场中，民办养老机构分为营利性和非营利性两种。营利性的养老机构财产归属根据其登记为个人独资企业、合伙企业或是公司制企业而不同。而对于非营利性养老机构，因为该机构本身的非营利属性，按照我国《民办非企业单位登记管理暂行条例》的规定，其养老服务设施的财产属于社会公共财产，不能用于分红。

（4）收益模式。收益是所有PPP项目的原生动力，当然，私人资本主要侧重于经济收益，而政府则关注社会收益多一些。养老服务领域的公私合作项目应根据项目实施的具体情况，选择合理的收益模式。一般而言，养老服务对象主要分为政府福利保障的老年人和社会家庭托养的老年人两种。前者主要采取政府付费方式，而后者则主要采取私人付费的方式。但是，由于我国老年人消费观念、消费能力所限，单纯依靠使用者付费，难以给予私人企业足够的回报。因此，在养老服务领域，常常需要采取混合式的收益模式。具体而言，养老服务PPP项目的收益模式主要分为政府付费模式、使用者付费模式和缺口补助模式三种。

2. 项目公司土地使用权有哪些限制?

由于土地是为专门实施特定的PPP项目而划拨或出让给项目公司的，因此在PPP项目合同中通常还会明确规定，未经政府批准，项目公司不得将该项目涉及的土地使用权转让给第三方或用于该项目以外的其他用途。除PPP项目合同中的限制外，项目公司的土地使用权还要受土地使用权出让合同或者土地使用权划拨批准文件的约束，并且要遵守《土地管理法》等相关法律法规的规定。

文本正文：http://www.fatianshi.cn/D10908

养老服务PPP项目合同书

合同签署主体

实施机构（甲方）：

地址：________________________________

电话：________________________________

中标社会资本方（乙方）：

法定代表人：____________________________

地址：________________________________

电话：________________________________

目　录

D10908

第一章　引言、定义和解释

第一条　引言

1.1　本合同签署时间及主体

（1）本 PPP 项目合同（以下称“本合同”）于______年______月______日在______签订。

（2）本合同的签订人

甲方：____________（以下简称甲方）

住所地：____

法定代表人：____

乙方：____________（以下简称乙方）

住所地：____

法定代表人：____

（3）本合同由各方法定代表人或授权的代表签字后，各方受本合同的约束。

（4）本合同自双方签字盖章并在本合同约定的前提条件达成后正式生效。

为实施本项目，以及明确后续的运营管理相关事项，各方本着平等、自愿和互利的原则，根据《中华人民共和国合同法》《关于推广运用政府和社会资本合作模式有关问题的通知》（财金〔2014〕76 号）以及《关于印发政府和社会资本合作模式操作指南（试行）的通知》（财金 2014〕113 号）等相关法律法规的规定，经共同协商一致，订立本合同，以兹共同信守。

1.2　签约背景及签约目的

（1）____________人民政府经物有所值论证及财政可承受能力评估，决定采用 PPP 方式（Public-Private-Partnership）建设____________项目（以下简称本项目）（见附件

1)，__________作为本项目的实施机构，__________人民政府授权__________作为本项目的政府方出资代表人。

（2）__________人民政府决定以 PPP 模式引进社会资本与政府进行合作，参与本项目的融资、投资、建设运营与维护管理等。

（3）__________人民政府于_____年_____月_____日至_____年_____月_____日期间对该 PPP 项目遵循公开、公平、公正和公共利益优先的原则，采用__________方式确定中标人，并由中标人与政府方出资代表人即_____组建项目公司。

（4）项目公司于_____年_____月_____日在__________成立，注册资金_____万元，其中甲方出资_____万元，占股权的_____%；乙方出资_____万元对项目进行建设及设备采购，所投建设及设备采购资金，占股权的_____%。各方股东按照各自职责及所占股份比例风险共担、利益共享。

（5）项目公司是甲方的出资人代表与社会资本方为实施投资、融资、建设、运营及维护管理项目而依法设立的企业法人，在合作期间，项目公司负责项目的运营及维护管理，项目公司获取甲方依照本合同及相关约定支付的基础医疗和基础养老服务费和其他相关收益，项目资产归项目公司所有。合作期满后，双方权利义务终止，政府方出资人代表依约退出项目公司，项目公司依法委托的资产评估中介机构对项目公司资产进行评估，甲方依法将其拥有的股权转让给其他股东。

（6）甲方通过与乙方签署本合同的方式授其在本项目项下的相关权利。

（7）根据《__________人民政府关于__________PPP 项目实施方案的批复》，本项目总投资约_____万元，含甲方投资_____万元，社会资本方投资_____万元，项目公司拟向银行贷款方式融资_____万元。其中，本项目的一期投资_____万元，甲方投资_____万元，社会资本方投资_____万元，项目公司拟向银行贷款方式融资_____万元。项目的一期建设期为_____年，项目全部完成为_____年。

（8）本项目前期工作（含拆迁补偿等）已经__________完成，尚未进行价格评估，本合同自生效之日起_____日内乙方须委托有资质的第三方评估机构或政府授权的单位对_____前期投入进行评估，经甲方确认后，前期工作的资金投入可作为社会资本方的资本金。

D10908

（9）乙方已经为本合同的履行做好充足准备，有能力以注册资本、项目融资或其他方式获得的资金履行项目合同，对该资金具有完全的控制权和支配权，确保本项目建设资金按照本项目建设进度以及融资匹配资金的要求，足额、及时到位，保证用于履行本合同项下义务的资金来源均为合法。

（10）乙方及其股东不存在针对或影响项目公司的、可能对履行和完成其在本合同中约定义务的能力产生不利影响的未决诉讼或仲裁。

（11）利用项目公司所争取到的商业信贷资金，只能用于本项目的前期费用、建设及运营维修。

（12）甲、乙双方签订本合同后利用本项目争取到的各级政府项目专项资金只能用于本项目的建设及运营维护。

* 条文批注：对签约背景和目的进行约定，明确合同的指向性。

第二条　定义和解释

2.1　术语定义以下定义适用于本合同：

本合同：指由甲方与乙方签署的项目合同，包括全部附件，以及日后可能签署的任何项目合同之补充修改合同和附件，每一部分都应视为本合同的一部分。

本项目：指____________PPP 项目。

甲方：____

乙方：____

社会资本方：指甲方通过____________的方式确定成交的社会资本方。

出资人代表：指____________，代表____________人民政府履行对项目公司的出资义务，在项目合作期满后依约退出项目公司。

经营权：指政府授予项目公司在一定时间和范围内对某项公用产品或服务进行经营的权利。本合同所指经营权是指投资、融资、建设、运营、维护管理本项目资产的权利以及获取由此产生的收益的权利。

合作期：指政府方与社会资本方的合作期限为______年（不含建设期），即政府购买服务期为______年。

项目文件：指包括但不限于下列文件：

（1）本合同及附件；

（2）融资文件；

（3）与项目有关的其他文件。

项目设施：指项目公司投资建设所形成的所有设施。

项目资产：指与本项目有关的所有资产，包括但不限于：

（1）为实施医疗养老服务所需的包括但不限于建筑物、构筑物；医疗、养老设备、设施；道路；管网、大门、围墙、绿化、景观配套等；

（2）本项目项下乙方拥有所有权的知识产权、无形资产；

（3）项目文件项下的合同性权利；

（4）运营和维护记录、质量保证计划等文件。

中国：指中华人民共和国，仅为本合同之目的，不包括香港特别行政区、澳门特别行政区和台湾地区。

法律：指所有适用的中华人民共和国法律、法规、规章、地方性法规、司法解释、政府部门颁布的标准、规范或其他适用的强制性要求、有法律约束力的规范性文件等。

法律变更：指在生效日后颁布、修订、废止或重新解释的任何适用法律导致甲方或乙方在本合同项下的权利义务发生实质性变化。

政府行为：指甲方的任何上级政府部门的国有化、征收及征用等行为。

批准：指为了使乙方能够履行其在本合同项下的义务和行使其在本合同项下的权利乙方必须或希望从政府机关依法获得的为项目公司的投资、融资、建设、租赁、维修、移交项目所需要的任何许可、执照、同意、授权、免除或批准。

贷款人：指融资文件中的贷款人或项目资金提供人。

融资文件：指与项目或其任何一部分的建设和运营相关的贷款合同、担保合同、保函和其他文件，但不包括股东作出的出资承诺或出资、建设履约保函、运营维修保函等。

融资交割：指项目公司已为项目建设融资的目的签署并向融资方提交所有融资文件，并且融资文件要求的就本项目获得资金的所有前提条件得

D10908

到满足或被豁免。

建设履约保函：指乙方按照第 24.1 款的规定提供的、为担保其履行在本合同项下的建设等义务的担保函。

运营维护保函：指乙方按照 25.1 款的规定提交的、为担保其履行在本合同项下的运营维护等义务的担保函。

建设期：指自本合同生效日起至竣工验收通过之日止的期间。

开工日：指项目工程开始施工之日，具体日期见本合同第 11.1 款第（1）项。

运营日：指本合同第 16.1 款第（1）项约定的日期。

谨慎工程和运营惯例：指可以合理期望的对同一项业务在相同或类似情况下熟练和有经验的承包商或操作者的技能、勤勉、谨慎和预见能力的惯例标准。就本项目而言，谨慎工程和运营惯例应包括但不限于采取合理的步骤，以确使：

（1）在满足正常条件下及合理预测的非正常条件下项目拥有所需要的充足材料、资源和供应品；

（2）拥有足够数量、充足经验并经过适当培训的工作人员，以恰当有效地按照相应的手册和技术规范运营本项目并能够处理紧急情况；

（3）由有知识并受过培训和有经验的人员进行预防性日常和非日常维修和修理，以确使本项目长期、可靠和安全地运营。

争议解决程序，指本合同第 41 条中提及的解决争议的程序。

政府部门，指：

（1）中国国务院及其下属的部、委、局、署、行，中国的任何司法或军事当局，或具有中央政府行政管理功能的其他行政实体；

（2）省、市、区、县各级地方政府及其职能部门。

终止意向通知：指双方按照本合同第 37.1 款向对方发出的通知。

终止通知：指双方按照本合同第 37.2 款向对方发出的通知。

工作日：指除中国法定休息日和法定节日或假日以外的、各机构普遍工作的任何日期。

终止日：指本合同届满日或本合同提前终止的日期。

2.2　解释

本合同中的标题仅为阅读方便所设，不应影响条文的解释。以下的规定同样适用于对本合同进行解释，除非其上下文明确显示其不适用。在本合同中：

（1）合同或文件包括经修订、更新、补充或替代后的该合同或文件；

（2）“元”指人民币元；

（3）条款或附件：指本合同的条款或附件；

（4）除非本合同另有明确约定，“包括”指包括但不限于；除本合同另有明确约定，“以上”“以下”“以内”或“内”均含本数，“超过”“以外”不含本数；

（5）除非本合同另有约定，提及的一方或双方或各方均为本合同的一方或双方或各方，并包括其各自合法的继任者或受让人；

（6）所指的日、月和年均指公历的日、月和年，其中一年以 365 天计，一个月以 30 天计；

（7）本合同中的标题不应视为对本合同的当然解释，本合同的各个组成部分都具有同样的法律效力及同等的重要性；

（8）本合同并不限制或以其他方式影响甲方及其他政府部门行使其法定行政职权。在本合同有效期内，如果本合同项下的有关约定届时被纳入相关法律规范属于甲方或其他政府部门的行政职权，适用该等法律规定；

（9）要求在某一非工作日付款：指该付款应在该日后的第一个工作日支付。

* 条文批注：“当事人订立合同均为达到一定目的，合同的各项条款及其用语均是达到该目的的手段。因此，确定合同用语的含义乃至整个合同内容自然须适合于合同目的”（《中华人民共和国合同法》第 125 条第 1 款）。

第二章　项目的范围和期限

第三条　项目的范围

3.1　项目范围

项目公司负责项目的设计、融资、建设、运营、管理和维护本项目设

D10908

施；根据适用法律和本协议规定，在本项目设施范围内提供医疗、养老服务，直接或间接从事住宿、餐饮、体检、康复、养生、护理及养老服务用品商业街的出租等非门诊、住院业务，并获得收益；同时根据适用法律和本合同规定，承担部分基本医疗卫生服务和部分基础养老服务业务，并按照本项目合同体系的约定获取政府付费。

* 条文批注：根据项目运作方式和具体情况的不同，政府与项目公司的合作范围也不尽相同。通常，PPP 项目合作范围是排他的，政府在项目合作期限内不会就该 PPP 项目合同项下的全部或部分内容与其他任何一方合作。

3.2 甲方提供的条件

（1）甲方通过与乙方签订本合同，将本项目的资产所有权与经营权授予乙方。

（2）有限公司作为政府方出资代表在项目公司设立时出资______万元，在项目建设过程中根据建设进度进行投资，政府方对本项目计划总投资______万元（甲方的出资计划见附件）。

3.3 乙方应承担的任务

（1）负责本项目合作期内的投资、融资、建设及运营及维护管理等一系列工作，承担相应风险，并按照国家、____________省及所在市县的相关规定履行相应的报建手续。

（2）在运营期内严格按法律及本合同规定持续、安全、稳定地提供服务，并确保项目达到本合同约定的标准。

（3）按本合同规定及其他除本合同明确约定应由政府承担之外的所有费用。

（4）乙方应尽最大努力申请并及时获得从事建设工程所需要的政府部门的各种批准。

（5）在不可预见的自然灾害等极端环境下，积极配合甲方做好项目范围内及相关范围的防灾减灾等相关工作，不得以本项目对抗关乎公共利益或公共安全的事项；如该种情形下配合影响到乙方相关权益的，则甲方应按照乙方已履行完毕对应的合同义务来对待，且不应视为乙方违约。

第四条　项目的合作期限

4.1　项目合作期______年（不含建设期），自项目竣工验收合格之日并交付之日起计算。

4.2　如发生下列事件，项目合作期可适当延长：

（1）因本合同约定的可归责于甲方的原因导致乙方在项目合作期内受到影响并使乙方遭受实质性的损失的。

（2）由于法律变更或政府行为导致乙方在项目合作期内受到影响并使乙方遭受实质性的损失的。

（3）不可抗力事件。

（4）本合同规定的其他事项。

4.3　乙方在____________描述的事件发生之后，希望延长项目合作期的，应在事件发生后______天内向甲方递交要求延长合作期的详细申请，以便甲方可以及时对该申请的情况进行核查；否则甲方可不同意延长乙方的项目合作期。

4.4　延长项目合作期需经双方书面确认。

4.5　合作期的结束项目合作期限届满或本合同规定的提前终止情形发生。

4.6　本项目合作期限届满时，且在符合届时法律法规规定前提下，则各方可就项目经营事宜与政府或政府指定的其他机构协商，如未能达成新的合同，本项目中双方的权利义务终止，政府方出资人代表退出项目公司，项目公司继续运营管理本项目。

*条文批注：1. 根据财金函〔2016〕47 号文规定，PPP 示范项目的合作期限原则上不低于 10 年。同时根据《特许经营管理办法》规定，合同期限最长不超过 30 年；对于投资规模大、回报周期长的项目，可以根据项目实际情况、约定超过前期规定的特许经营期限。

2. 政府和项目公司通常会在合同谈判时商定可以延期的事由，基本的原则是：在法律允许的范围内，对于项目合作期限内发生非项目公司应当承担的风险而导致项目公司损失的情形下，项目公司可以请求延长项目合作期限。常见的延期事由包括：

D10908

（1）因政府方违约导致项目公司延误履行其义务；

（2）因发生政府方应承担的风险导致项目公司延误履行其义务；

（3）经双方合意且在合同中约定的其他事由。例如项目因一般不可抗力发生延期，则项目公司有权根据该不可抗力的影响期间申请延长建设期或运营期。

第三章　前提条件

第五条　本合同生效的前提条件

5.1　项目需要融资的，乙方应在本合同签订之日起______工作日内完成项目一期的融资交割，在完成融资交割后______个工作日内向甲方书面确认融资完成，并交付所有签署的融资文件的复印件，以及甲方可能合理要求的表明融资完成已实现的其他证明文件。

5.2　乙方应于本合同签订后的______日内向甲方交纳______万元人民币（不计息）作为履行本合同的履约保证金（可采用履约保函形式）。以保证乙方履行本合同项下有关建设的义务。

5.3　本合同经政府审核同意。

第六条　未满足前提条件的后果

6.1　合同终止

（1）如果第 5 条约定的任一前提条件在规定的时间内未满足，甲方有权终止本项目合同。

（2）由于未满足前提条件而导致合同终止的，除合同中明确规定的在合同终止后仍属有效条款外，其他权利义务将终止。

6.2　提取履约保证金

除 5.3 条款外，如果乙方未能按照约定的时间和要求完成前提条件，且甲方未同意豁免该前提条件的，甲方有权按照每日______的标准提取乙方缴纳的履约保证金。如乙方如约履行本合同，本项目正式开工之日起______日内，甲方退还全部履约保证金

（不计利息）。

* 条文批注：前提条件，是指 PPP 项目合同的某些条款生效所必须满足的特定条件。一般情况下，PPP 项目合同条款并不会在合同签署时全部生效，其中部分条款的生效会有一定的前提条件。只有这些前提条件被满足或者被豁免的情况下，PPP 项目合同的全部条款才会生效。如果某一前提条件未能满足且未被豁免，PPP 项目合同的有关条款将无法生效，并有可能进一步导致合同终止，未能满足该前提条件的一方将承担合同终止的后果。

第四章　项目的融资

第七条　项目融资

7.1　乙方承诺在项目融资过程中，可以利用自有资金或通过企业融资筹集项目建设所需资金。

7.2　融资限制

（1）项目公司可以以本项目的经营权对外进行质押融资，除此之外，项目公司（包括公司股东）不得以任何目的将本项目的资产、土地使用权对外进行抵押、质押。

（2）乙方设置该担保权益不应损害甲方的权利或利益；若未来乙方不能顺利完成项目融资的，应采取由股东贷款、补充提供担保等方式以确保项目公司的融资足额到位。

（3）乙方对于项目所融资金，只能用于履行本合同的需要，不得用于其他任何用途。

（4）除合同另有规定外，未经甲方同意，乙方在项目合作期内不得将本项目经营权出租或以任何形式转让、承包给第三人。

7.3　融资机构权利的限制

（1）如融资机构对项目公司包括账户在内的任何资产采取任何形式的限制或保全措施，乙方应提前______日书面通知甲方，并在融资机构实施前再次书面通知甲方；

（2）融资机构对于乙方在履行融资合同中的任何缺失或违约责任，均应告知甲方。

（3）乙方利用本项目的经营权对外进行融资时，甲方应当给予协助并

D10908

提供相关文件。

7.4　融资文件必须具备的条款

乙方应确保贷款合同中包含有贷款人承诺的下述条款：

（1）只要本合同（含附件）有效，融资机构人不得采取任何行动影响、干扰、损害或终止甲方在本合同项下的权利，或以其他方式对本合同造成不利影响。

（2）当乙方违反贷款合同或乙方出现重大经营或财务风险，威胁或侵害债权人利益时，融资机构可以代位行使项目公司股东权利和经营管理权利，要求项目公司改善管理、增加投入，或请求甲方认可的合格机构接管本项目。但必须遵守以下条件：

①融资机构通过书面方式将乙方在融资合同下的违约通知甲方。

②给予甲方在收到上述违约通知后______日内纠正乙方此类违约的权利。

③在上述纠正期间不行使贷款人对违约的任何权利或补救。

④纠正期满时，乙方违约事件持续的，融资机构行使权利应以不妨碍和损害甲方在本合同下的权利和项目的正常运营为前提。如在纠正期内，触发融资机构直接介入的重大风险解除的或者融资机构能接受的补充担保措施后，融资机构应停止介入。

（3）不得未经甲方同意处分影响项目运营的关键设施。

7.5　甲方不能作为乙方融资活动的担保人，不能为乙方的融资活动承担任何风险和责任。

* 条文批注：PPP 项目中社会资本方一个重要的责任就是解决项目融资问题，确保项目资金稳定顺利实施。因此在 PPP 项目中，通常约定中标社会资本方本身具有一定的资金实力，并且要协助项目公司获得项目建设所需要的资金，在项目公司融资困难的情况下为项目融资提供担保或自行补足资金不足的部分。另外，对政府方中对融资条件的限制，社会资本方应当秉着诚实的义务告知融资主体。

第五章　项 目 用 地

第八条　土地权利的取得

8.1　甲方应协助乙方取得项目用地的土地使用权。项目用地基本情况见附件。

8.2　乙方负责办理项目建设用地的国有土地使用权证等相关手续。

8.3　本项目建设用地在正式开工建设前，甲方协助乙方完成项目所需建设用地的拆迁、补偿和安置等工作，保证该等项目用地不存在抵押、查封或存在权属争议等情况。

8.4　乙方享有本项目土地使用权，土地出让金以及办理土地使用证及相关手续所涉的费用全部由乙方承担。

8.5　项目用地是乙方为本项目建设之用，任何一方不得将项目所用土地用于本项目之外的任何目的。

8.6　乙方对有关项目场地或其周围的状况的文件、材料或任何其他资料中可能含有的任何错误、不正确、遗漏均已充分知悉，甲方对此不承担任何责任或义务。

第九条　甲方对项目场地的出入权

甲方以及有关政府部门享有以下出入权：

（1）经合法通知而出入项目场地；

（2）有权为了解建设进度或检查乙方履行本合同项目下的其他义务的目的；

（3）本合同规定的其他出入的权利。

*条文批注：实践中，根据 PPP 项目的签约主体和具体情况不同，土地使用权的取得通常有以下两种选择：

（1）由政府方负责提供土地使用权，政府方以土地划拨或出让等方式向项目公司提供项目建设用地的土地使用权及相关进入场地的道路使用权，并根据项目建设需要为项目公司提供临时用地。项目的用地预审手续和土地使用权证均由政府方办理，项目公司主要予以配合。

（2）由政府方协助项目公司获得土地使用权。此种情况下，项目公司有能力按照正常的程序可以得到土地使用权，不会增加社会资本方的负担。

（3）对甲方项目场地的出入权进行限制项目合同的约束，政府方及其他行政部门为依法行使其行政监管职权而采取的行政措施不受上述合同条款的限制。

D10908

第六章　项目的建设

第十条　项目的设计

10.1　设计工作

乙方负责完成项目初步设计、施工图设计及审查，应依法选择具备相应资质及经验的设计单位负责本项目的初步设计、施工图设计以及所有的专项设计和技术论证（见附件）。

10.2　设计文件的变更

在不改变本合同体系约定的产出说明的原则下，乙方可以对设计文件提出变更，但应遵守本合同的规定报经审核和批准。

10.3　设计变更文件的审核和批准

乙方应向甲方和其他政府主管部门提交其设计变更的所有必要的支持和证明文件，从而使甲方能够合理地出具书面意见。在未得到本合同规定的甲方同意及适用法律要求的对设计文件的变更文件的批准前，乙方不得将此变更文件用于本项目施工。

10.4　根据适用法律的批准

除本合同另有约定外，乙方应根据适用法律的规定将设计文件提交人民政府主管部门审核、审批和备案。在政府主管部门审阅设计文件期间，乙方应对政府主管部门提出的疑问进行澄清和解释。政府主管部门应在适用法律规定的期限内（如适用法律无相关规定，则甲方应促使主管部门在合理期限内）完成上述审核、审批和备案。经政府主管部门批复的初步设计不可变更（工程地质原因和政府方原因需要的变更除外）。

10.5　设计责任

乙方应对本项目设计工作承担全部责任，包括对设计文件中的任何缺陷负全部责任。

＊条文批注：在 PPP 合同中，一般对项目设计的范围、设计工作的分工、设计要求、设计审查和设计责任进行约定，明确双方的责任。

第十一条　项目的建设

11.1　建设期限

（1）本项目主要进度日期如下：

开工时间：乙方不迟于______年______月______日开工建设（实际开工时间以本项目监理工程师发出的开工令为准）

（2）乙方应向甲方提交施工进度计划，经甲方审核同意后严格按照施工进度计划施工（见附件）。

（3）在建设期内应向甲方提交每月建设工程进度报告，该报告应合理、详细地说明已完成的和进行中的建设工程情况以及甲方合理要求的其他相关事项。

> * 条文批注：关于建设工期，则是明确具体的工期。根据项目情况可分为总工期、各子项目工期，作为评判项目公司是否按约竣工的依据。为保证工期，通常 PPP 项目合同中会要求项目公司根据政府方的工期要求提交建设进度计划，并且定期就进度计划的实施情况进行汇报。

11.2　质量保证与质量控制

（1）乙方对工程的施工、监理、质量管理、安全管理、竣工验收等应符合相关法律和强制性标准，且应符合本合同规定的所有要求；

（2）乙方应依法选择和确定本项目主体工程的承包商。

（3）乙方在开始建设工程之前，须建立一套完整的质量保证和质量控制方案（见附件 7）交甲方审查确认后执行，并作为验收依据之一。甲方在收到该质量保证与质量控制方案后的______个工作日内，应提出审查意见；甲方在收到乙方的方案后的______个工作日内没有提出审查意见则视为认可该方案。如甲方的审查意见要求乙方进行修改的，则乙方应当在收到甲方通知后的______个工作日内修正该方案并将其重新提交给甲方审查确认后方可执行；

（4）在不影响乙方履行本合同项下义务的情况下，甲方有权在工作时间内对乙方或承包商履约情况进行检查，以保证乙方工程的任何部分均符合本合同的要求。乙方须对此项检查予以协助；

D10908

（5）若甲方有足够的证据证明乙方建设工程或其他任何部分与本合同所规定的或其他相关部门所规定的质量或安全要求严重不符，甲方有权立即通知乙方，乙方应按照要求进行整改。若乙方在收到甲方通知后______个工作日内未进行整改，则甲方有权自己进行或委托第三方进行必要的纠正，一切风险与费用由乙方承担。在此情况下，乙方须允许甲方或其委托的承包商为此目的而出入项目场地。若乙方拒绝甲方或其委托的第三方进入项目场地进行纠正工作，或未能按照甲方的要求偿还甲方为此而付出的成本与费用，则甲方有权从建设履约保函项下提取相应金额；

（6）除本合同另有规定外，对乙方提交的质量保证与质量控制方案，甲方的任何作为或不作为，均不会减轻或影响乙方遵守本合同或法律所要求的与质量保证有关的义务或责任；或被视为甲方应对质量保证与质量控制方案承担任何责任。

11.3 设备与材料采购

乙方应负责依法购置本项目工程建设所需要的一切临时性或永久性的设备、材料及其他物品，本项目工程建设所需的一切设备、材料的采购、供应、进口应当按照法律实施并符合国家的规范和标准及本合同的约定。

> * 条文批注：由于大部分 PPP 项目属于关系社会公共利益和公共安全的基础设施和公用事业项目，因此项目公司应根据招标投标法的相关规定通过招标方式选择施工承包商和设备供应商。然而，在 PPP 项目中经常被使用的《中华人民共和国招标投标法实施条例》第 9 条的规定，“已通过招标方式选定的特许经营项目投资人依法能够自行建设、生产或者提供”可以不进行招标。

11.4 建设费用的增加

甲方不承担本合同项下由于设计变更所造成增加的建设费用（含设计费用），该部分费用由乙方承担。但由于甲方单方提出提高项目实际和建设标准的除外。

11.5 建设期间甲方的主要义务

（1）负责协调政府部门审批本项目的项目建议书、工程可行性研究报告、土地使用、环境保护等相关文件，确保本项目设计、投融资、建设等工作的正常开展；

（2）给予项目建设所需的属于甲方批准权限内的批准并保持批准有效，并协助乙方办理有关政府部门所要求的批准和保持批准有效；

（3）确保乙方在建设期内能够为了建设项目工程的目的合理使用区域内的工程土地；

（4）负责协调将本项目所需水、电、暖、通信线路等从施工场地外部接通至乙方指定地点，费用由项目公司承担；

（5）协调城市供水、排水、燃气、热力、供电、通信、消防等依附于本项目的各种管线、杆线等设施的建设计划，匹配本项目建设进度及年度计划安排等；

（6）负责协调政府部门开展本项目范围的征地拆迁和补偿工作，保证项目正常开工；

（7）在项目建设过程中，协助乙方协调与项目场地周边所涉及的有关单位的关系；

（8）按照合作协议的约定保证出资代表及时、足额履行出资义务。

11.6　建设期间乙方的主要义务

（1）除第 26 条约定的前期工作以外，乙方应依照适用法律法规、建设程序以及设计文件和本合同的要求，负责完成本项目和配套设施的所有建设，并承担与建设相关的全部费用；

（2）在本合同规定的开工日期或之前，开始工程建设，按照约定的施工进度进行施工，在本合同规定的竣工日期或之前竣工；

（3）进行施工前准备，及时提供所有必要的施工设施；

（4）根据适用法律法规和基本建设程序、批准的初步设计和施工图设计、所有适用的施工标准和规范及本合同的其他要求，自行承担或依法选择有相应资质的承包商进行项目施工建设。

（5）在项目建设过程中，乙方在签署、取得或完成各种合同、审批等文件后，应于______个工作日内将相应的有关项目建设的文件之复印件报甲方备案。

（6）在工程建设完成后，按照本合同规定交付有关竣工图纸和技术资料。

（7）在建设过程中，采取一切合理措施减少对公众、当地居民和商业

D10908

的干扰；在其施工方法和过程中充分考虑保护生命、健康、财产和环境。

11.7　乙方的承包商

（1）乙方依法选择承包商，包括但不限于建设承包商、设备供应商和运营维修承包商，按照适用法律法规选择有相应资质的监理公司进行项目建设施工的全过程监理，乙方在任何情况下均不能解除其在本合同项下的任何义务。

（2）乙方应确保与承包商签订的合同符合本合同的约定，承包合同和设备供应合同应按照本合同约定提交甲方备案。

（3）乙方对于其承包商或其聘用的人员的任何作为或不作为对甲方承担全部的责任。

11.8　安全保障

（1）乙方应遵守法律及本项目有关的技术规范和要求及国家规定的所有安全标准，建立、健全和完善安全生产制度及安全运行保障体系，确保项目设施安全运行，防止责任事故的发生。

（2）在合作期内，乙方应对其自身原因导致的安全事故承担全部责任，并应当在出现安全责任事故______小时内按照有关规定向____________人民政府安全生产监督管理部门和负有安全监督管理职责的有关部门报告。乙方应针对自然灾害、重特大事故、环境公害及人为破坏等突发情况建立相应的应急预案和相应的组织、指挥、设备等保障体系，并保证在出现重大意外事件时其保障体系能够正常启动。

（3）乙方制定的应急预案应征求甲方的意见并报经____________政府同意后实施。

> ＊条文批注：明确约定合作项目工程建设地点、条件、进度、质量、安全要求、期限、变更管理，实际投资认定，工程验收，工程保险及违约责任等事项。同时，在 PPP 项目合同中，要合理划分政府方与项目公司在建设期间的权利义务，更好地平衡双方的不同诉求，确保项目的顺利实施。

第十二条　甲方要求的变更

12.1　甲方的变更通知甲方认为需要对项目建设进行变更，书面通知乙方。

12.2　乙方对变更的回复

乙方在收到甲方要求变更的通知后的______个工作日（或甲方同意的延长期限）内，须就变更向甲方作出书面答复。如果乙方未按规定的时间回复，则视为乙方已接受了变更。

12.3　甲方的答复

在收到乙方对变更的回复后______个工作日内，甲方须：（1）以书面方式确认乙方对变更的回复中所包含的事项，在此情况下，12.5 款将适用；（2）以书面形式表明不同意乙方对变更的回复，并列明不同意的具体事由，在此情况下，该变更将依照争议解决程序的规定进行裁决。

12.4　甲方对变更通知的确认

依照争议解决程序对变更的争议事项作出裁决后的______个工作日内，甲须依据裁决内容以书面方式要求乙方执行变更或撤回变更通知。

12.5　变更的实施在变更被确认之后：

（1）本合同被视为在当日作出了修改，且甲方与乙方须遵守它们在修改后的本合同项下所应承担的权利和义务；

（2）乙方须按甲方变更通知所要求的方式或裁决结果，实施该项变更；

（3）除本合同另有明确约定外，甲方的变更引起的成本变化，由双方另行商定。

12.6　批准

（1）乙方应根据勤勉尽责的原则准备、并向政府部门（或其他有关机构）提交适当的申请及其他相关文件，尽力获得实施变更所必需的任何批准；

（2）如果乙方遵守了其在上述第（1）项下的义务，但乙方的申请被政府有关部门拒绝，甲方要求变更的通知应视为已被放弃。

12.7　减轻损失的义务

（1）双方应始终尽一切合理的努力，以减轻或降低因变更而花费的支出和发生的损失。

（2）因甲方要求的变更而导致项目工期的迟延，依本合同 15.1 款第（3）项处理。

＊条文批注：PPP 项目合同中可约定：政府方因规划调整、征地拆迁情况等可提出对本项目的设计、建设范围等进行变更。由于这类变更与当地规划调整、政策性要求以及征地拆迁的实际情况相关，项目公司通常必须接受这类变更，但应以相关政府部门批准为前提，且这种变更不得实质性扩大或增加 PPP 项目的合作范围。

第十三条　乙方要求的变更

13.1　乙方的变更通知

乙方在开工日后，认为需要对项目建设进行变更，应书面通知甲方并经其同意后方可实施，否则不得变更。

13.2　甲方的回复

甲方在收到乙方要求变更的通知后的______个工作日内，须就变更向乙方作出书面回复，否则视为同意。

13.3　批准

根据法律规定，变更应经过批准的，乙方应负责办理报批手续并自行承担所有的相关费用。

13.4　乙方要求的变更的实施

（1）当甲方书面同意乙方要求的变更时，本合同应视为在当日作出了修改，双方须遵守其各自在修改后的本合同项下的权利和义务；

（2）除本合同另有明确约定外，经甲方同意的变更引起的成本变化，由双方另行商定。

＊条文批注：1. 在确保工程质量标准、工程安全的前提下，对在降低项目建设造价、节省项目用地、加快施工进度等方面具有显著效益的，项目公司可向政府方提出变更申请并应同时提供相应的证明材料。经政府方批准的变更方案方可实施。除上述原因以外，项目公司不得提出变更，应根据经批准的设计文件进行建设。

2. 因项目公司提出的变更节省项目建设造价的，就节省的部分政府方和项目公司可以按比例进行分成。

3. 项目公司应对变更导致的任何缺陷负全部责任。政府方不因进行审批而对项目的工程建设质量或工程进度承担任何责任。

第十四条　验收

乙方应按照适用法律及本合同的要求组织本项目竣工验收以及在竣工验收合格后完成竣工验收备案。

* 条文批注：不同的建设项目适用不同的竣工验收程序。如房屋建筑和市政基础设施工程直接由建设单位组织竣工验收并备案，港口工程则需要经过交工验收、试运行、竣工验收、备案等程序。因此，PPP 项目合同通常需要根据具体的建设项目种类对交（竣）工条款进行约定。

第十五条　建设的延迟、放弃

15.1　延迟

延迟是指乙方违约、甲方违约、不可抗力、变更或法律变更等事件导致建设工程不能如期开工或完工。

（1）乙方在获悉可能导致项目在开工日前不能开工的任何事件发生时，应于 3 个工作日内以书面方式向甲方发出延迟通知，通知内容包括但不限于：

①延迟事件发生的原因、时间、过程；

②延迟或延迟事件的责任者；

③预计延迟时间；

④对本合同的任何违约或预期违约；

⑤乙方关于减轻和纠正延迟或延迟事件影响的计划。

（2）乙方在发出延迟通知后，应定期按月就相关情况向甲方提供事件的最新进展报告。

（3）乙方发出上述通知不能免除其在本合同中的任何义务。如果乙方提出或实施的补救措施不能解决逾期的延误，甲方可要求乙方采取甲方认

D10908

为必要的其他措施以达到进度计划的要求。

（4）若延误由甲方或其他政府部门造成则甲方还应给予乙方一定补偿，届时由双方协商补偿办法或金额。

15.2　放弃乙方以书面形式表示放弃本项目建设或运营。

15.3　视为放弃除不可抗力或甲方违约的情况外，如果乙方出现下列情况，则本项目的建设应视为已被放弃：

（1）书面通知甲方其已终止任一建设工程，且不打算重新开始施工；

（2）由于乙方原因未能在开工日期之后______天内开始项目的建设；

（3）由于乙方原因未能在任何不可抗力事件结束后______天内恢复建设工程施工。

*条文批注：1. 为了能够及时了解项目建设情况，确保项目能够按时开始运营并满足合同约定的全部要求，政府方往往希望对项目建设进行必要的监督和介入，但是政府方的参与必须有一定的限度，过度的干预不仅会影响项目公司正常的经营管理以及项目的建设和投运，而且还可能将本已交由项目公司承担的风险和管理角色又揽回政府身上，从而违背 PPP 项目的初衷。

2. 政府对项目建设的监督和介入权利主要包括：

（1）定期获取有关项目计划和进度报告及其他相关资料；

（2）在不影响项目正常施工的前提条件下进场检查和测试；

（3）对建设承包商的选择进行有限的监控；

（4）在特定的情形下，介入项目的建设工作。

第七章　项目的运营和维护

第十六条　项目的运营

16.1　开始运营

（1）乙方在分别取得医疗卫生、养老机构等相关行政许可后，本项目可分别进入医疗、养老相应的运营期。

（2）自运营日起，甲方按照附件______的约定及时、足额支付协议约定的基本医疗、基础养老服务费。甲方支付基本医疗和基础养老服务费可分别根据医疗卫生和养老机构的实际运营期开始计算。

（3）如果乙方因自身原因没有按照合同约定的时间和要求进入运营日，将可能承担如下后果：

①一般的后果：无法按时获得付费，运营期缩短。

②终止合同。

③提取履约保函。

（4）因甲方原因导致乙方没有按照本项目预定的时间和要求进入运营日，乙方有权主张延迟开始运营日，并可视为已开始运营，乙方可根据预期收益向甲方索赔额外费用。

16.2　甲方的主要责任

（1）在运营期内，甲方应督促乙方认真执行国家和地方现行医疗、养老的有关法律法规、行业标准和规范以及本项目有关批准文件的要求运营本项目。

（2）甲方应保证政府财政部门将本项目政府购买的服务费纳入年度的财政预算，并按照本协议的约定及时支付政府购买服务费。

（3）______人民政府授权的出资代表在项目合作期满依照约定退出项目公司。

（4）甲方有义务协助乙方办理在提供基本医疗、基础养老服务时需要的配套服务。

16.3　乙方的主要责任

（1）在运营期内，乙方应根据国家和地方现行医疗、养老的有关法律法规、行业标准和规范以及本项目有关批准文件的要求运营本项目，自行承担本项目运营费用（包括税费）和风险。

（2）在运营日前，乙方应建立完善的项目运营措施和制度交甲方确认后执行。该运营措施和制度应符合本项目合同体系要求的质量保证、质量控制和安全运营的要求。

（3）乙方应确保在整个合作期内，始终根据下列规定运营项目：

①适用法律和规范性文件；

②本协议附件______的规定；

③谨慎工程和运营惯例。

（4）乙方应确保项目始终处于良好营运状态并能够以安全、连续和稳定的方式提供符合适用法律和本合同要求的服务。

D10908

（5）乙方在日常运营中，应充分考虑环境影响，维护生态环境。

（6）乙方应建立完善的安全运营支付和意外事故的应急机制，制定应急预案报甲方备案，并保证运营稳定和安全，防止事故发生。如出现事故发生，应及时通报甲方，并尽量挽救损失，尽快恢复运营，减少事故对公众的影响。

（7）乙方按照甲方要求提交运营成本资料以及甲方可合理要求提供的有关乙方财务状况的其他资料。

（8）乙方对项目设施报废等消灭所有权之处分权的行使，以不影响本项目的正常运营要求为前提。未经甲方提前书面同意，乙方不得对影响项目正常运营的资产行使出售、转让、出租、抵押等转移所有权或可能转移所有权之处分权，亦不得在项目资产上设定其他权利限制；

（9）在不可预见的自然灾害等极端环境下，积极配合甲方做好项目范围内及相关范围的防灾减灾等相关工作，不得以本项目对抗关乎公共利益或公共安全的事项；当然该种情形下配合如影响到乙方绩效考核的，则甲方应按照乙方已履行完毕对应的绩效指标来对待，且不应视为乙方违约；

＊条文批注：PPP 项目合同应明确约定由社会资本方承担项目的运营责任。从转移风险的角度考虑并为确保社会资本方切实履行运营责任，PPP 项目合同中不仅会约定要求社会资本方强制购买运营期保险和提供运营期履约担保，编制应急预案、运营维护计划、中长期经营计划和年度经营计划、年度运营情况报告并报政府方备案，而且通常还会约定由社会资本方编制运营维护手册并报政府方审查，甚至将运营维护手册作为 PPP 项目合同的附件。

第十七条　项目维护

17.1　项目维护责任。

（1）在运营期内，乙方承担本项目所有设施、设备的维护责任，并承担设施、设备运行的费用和风险。该责任不因乙方将部分或全部维护责任分包给其他运营维护商实施而豁免或解除。

（2）在开始运营日前，编制项目维护方案并提交甲方审核。

（3）在运营期内，乙方应确保始终根据维护方案和设施维护手册以及与项目设施有关的设备的制造商提供的一切有关手册、指导和建议对项目进行维护，确保项目的正常运营，达到项目正常运营的标准和要求。

* 条文批注：由社会资本方负责运营的内容也应在 PPP 项目合同中予以明确约定，而运营的内容应根据项目的性质而合理确定，由社会资本方负责运营的内容通常包括运营和维护保养。对于配置经营性资源的项目或有经营性收入的项目，运营的内容还包括经营。

第八章　股权变更限制

第十八条　项目公司股权结构

项目公司注册资本为______万元，股权结构为：____________有限公司出资______万元，占股权的______%；乙方出资______万元，占股权的______%。

* 条文批注：资本金和注册资本金一直是非常容易混淆的两个概念：

1. 根据《国务院关于固定资产投资项目试行资本金制度的通知》（国发〔1996〕35 号）的规定，资本金是指在投资项目总投资中由投资人认缴的出资额，对投资项目来说是非债务性资金，项目法人不承担这部分资金的任何利息和债务；且根据行业和项目经济效益规定了各行业资本金占总投资的最低比例。现根据最新的《国务院关于调整和完善固定资产投资项目资本金制度的通知》（国发〔2015〕51 号），各行业固定资产投资项目的最低资本金比例普遍在 20%~30% 之间。也就是说，一个固定资产投资项目总投资中至少有 20%~30% 的资金必须是由投资人认缴的非债务性资金，这部分非债务性资金就是资本金。

2. 注册资本属于《中华人民共和国公司法》的范畴，是根据《中华人民共和国公司法》所设立的公司（包括有限责任公司和股份公司）在其登记机关登记的认缴出资额或股本总额。

第十九条　股权变更

19.1　甲方股权的变更

在合作期内，经双方协商一致同意，甲方可将项目公司股权依法转让，

D10908

股权转让的方式是______，乙方依法享有优先受让权：

（1）政府方出资人代表在项目建设期结束即退出项目公司，项目公司依法委托资产评估中介机构对项目公司的资产进行评估，甲方可以将其拥有的股权依法转让与其他股东或其他受让人。乙方按照甲方在项目建设期累计投资资本金为基数的银行一年期贷款基准利率的利息额补偿甲方。

（2）在合作期内（不含项目建设期），政府对乙方采用奖励形式进补偿，奖励资金可按照不超过乙方累计出资额为基数的银行一年期贷款基准利率______倍的利息额。合作期满，政府方出资人代表依约退出项目公司，项目公司依法委托的资产评估中介机构对项目公司资产进行评估，甲方依法将其拥有的股权转让给其他股东。

* 条文批注：对政府方而言，股权变更限制是实现其监管职能的重要抓手，通过股权转让限制避免不合适的主体被引入到项目的实施过程中，确保实施项目的社会资本符合项目采购阶段对社会资本融资能力、技术能力、管理能力的要求，或至少应具备项目建设、运营维护相应阶段的相应能力。

19.2　乙方股权的转让

（1）乙方承诺其在本项目验收完成后合作期内______内不得准许其股东及股权结构发生变更，除非因法律要求且因司法机关裁决或执行。

（2）自本项目竣工验收完成，合作______终止之后，经____________人民政府书面同意，乙方可以转让全部或部分股权，但受让方应满足本合同约定的技术能力、财务信用、运营经验等基本条件，并已经以书面形式明示，在其成为项目公司股东后，确保项目公司继续承担本合同项下的义务。

19.3　公司章程的规定。

项目公司应在其章程中作出适当的规定，以确保项目公司的所有股权证明上具有适当的文字说明，使预期的购买人了解这些权益的转让存在限制性条件，且使有关部门对那些不符合上述限制的股权转让不予受理和登记。项目公司章程的确定和修改应报甲方认可。

> ＊条文批注：对社会资本而言，其对股权变更条款的诉求主要出于以下两种考虑：融资与退出。社会资本希望减少对股权变更的限制，以实现一定程度上灵活转让股权，由此社会资本可通过转让项目公司股权的方式，引入财务投资人并获取股权转让对价，以获得低成本融资的同时实现项目资本的流动性。融资与退出密切相关，除上述主要融资原因外，便于退出也一直是社会资本最为原始朴素的诉求。

第二十条　违反股权变更限制的后果

双方一旦发生违反股权变更限制的规定，可直接认定违约，情节严重影响合同履行的，守约方有权因该违约而提前终止本合同。

第九章　付费机制

第二十一条　项目运营收入

21.1　乙方可在本项目设施范围内收取：

21.2　收费的依据和标准，乙方应根据____________物价部门核准的标准收取，甲方应协助乙方在项目运营收费之前取得相关收费的行政许可。

21.3　收费标准的调整乙方可在本项目运营后根据物价上涨等非经营性因素影响提出收费标准调整意见，报____________政府价格主管部门审批。

第二十二条　政府付费

22.1　乙方可根据适用法律和本合同规定，承担____________部分基本医疗卫生服务和基础养老服务业务，并按照本项目协议体系的约定获取政府付费。

22.2　政府购买服务费

（1）基本医疗服务服务费的组成

基本医疗服务服务费费用总额 =（年度门急诊人次 × 门诊补助标准 + 年度住院床日数 × 住院补助标准）× 质量（满意度）系数 × 附加系数

①工作数量，含年度门急诊人次和年付总床日数，以上数据由项目公司统计后报____________卫生行政管理机构，由该机构审核确定后的统计数据为准。

D10908

②基本医疗服务费用标准

服务费用标准 = 标准工作量补助 × 专科系数 × 发展系数

③其他系数

质量（满意度）系数。由__________卫生行政管理部门根据相关规定对基本医疗服务制定年度综合目标管理责任制度，对项目医疗机构进行绩效评估，确定质量系数。

（2）基础养老服务费的组成

基础养老服务费总额 =（年度养老床日数 × 补助标准）× 质量（满意度）系数 × 附加系数

工作数量指项目公司当年提供基础养老总量，由项目公司统计后报__________民政局，由__________民政局审核确定后的统计数据为准。

服务费用标准 = 标准工作量 × 发展系数

其他系数指质量（满意度）系数，由__________民政部门对基础养老服务制定年度综合目标责任制度，对项目养老服务情况进行评估，确定质量系数。

22.3　购买服务费的组成、标准以及相关系数等的具体规定见附件__________。

* 条文批注：需要注意的是，在实践中很多 PPP 项目的可用性付费仅与项目竣工验收合格进行绩效考核挂钩，而未对运营期内的可用性进行评价和考核。然而，从“政府付费”的本意来看，该种思路还存在有一些偏差。按照财政部发布的《PPP 项目合同指南》规定来看，可用性体现的是项目全生命周期的可用性，非仅是建设期的可用性。目前的很多 PPP 项目均采用建设期的可用性加上运营期的绩效付费，其中可用性付费以项目竣工验收合格以及其他可用性绩效指标为标准，自项目商业运营日起向项目公司全额支付可用性付费。绩效付费依据约定的运营维护绩效考核标准及考核程序，根据考核结果进行支付。

第二十三条　甲方的付费义务

23.1　甲方应协助乙方在项目运营收费之前取得相关收费的行政许可。

23.2　甲方应提交由__________财政局出具的承诺书（见附件），承诺自本项目运营日起按__________向乙方支付政府购买服务费。乙方应在每个付款期末结束前______个工作日内按照计算的服务费金额向甲方开具账单或付款通知，甲方在收到上述文件后______个工作日内按照本合同约定办法予以考核，核定当期应向乙方支付的服务费金额。

23.3　本合同项下如发生甲方逾期未付服务费，则甲方应按照第 35.1 款第（2）项之约定向乙方计算支付违约金。

23.4　乙方应按季度向甲方开具与甲方当季度实际支付的服务费金额等额的发票。

第十章　履约担保

第二十四条　建设期履约保函

24.1　建设履约保函的提供

乙方应于本合同生效、按期开工后______日内，向甲方提供符合下列要求的建设履约保函，作为其履行在本合同下的建设义务和其他违约赔偿义务的担保：

（1）符合甲方同意格式的《建设履约保函》（见附件______）；

（2）由市级及以上的商业银行出具；

（3）金额为人民币______万元。

24.2　建设履约保函的解除

建设履约保函在乙方根据本合同第 25 条提交运营维护保函之日到期，甲方应在到期日后______个工作日内解除建设履约保函。

24.3　建设履约保函的提取

乙方未能在项目约定的建设期间完成竣工验收，甲方有权按照每日保函额度的______元 × 迟延天数提取履约保函。

24.4　恢复建设履约保函的数额

（1）如果甲方在项目合作期内根据本合同的有关规定提取了建设履约保函，乙方应确保在甲方提取后的______个工作日内，将建设履约保函的数额恢复到本合同前款约定的数额，且应向甲方提供建设履约保函已足额恢复的证据。

（2）甲方提取建设履约保函的权利不影响甲方在本合同项下的其他权利，并且不应解除乙方不履行本项目义务而对甲方所负的任何进一步的责

D10908

任和义务。

（3）乙方未在前述期限内补足或恢复建设履约保函相应金额的，甲方有权发出催告，乙方应在______日内予以补足；乙方在前述期限内仍未补足的，则甲方有权提取建设履约保函项下的余额，并有权提前终止本合同。

24.5 不支付提供建设履约保函

如乙方未按第24.1款提交建设履约保函及未按第24.4款的约定恢复建设履约保函的数额，则构成乙方违约，甲方有权终止本合同。

第二十五条 运营维护保函

25.1 乙方应在项目运营日开始之日起______日内向甲方出具运营维护保函，其格式应为附件______《运营维护保函》规定的见索即付的银行保函或为甲方接受的其他格式的保函，作为其履行整个维修期义务的保证。运营维护保函金额为人民币______万元，担保期至项目合作期满日止。

25.2 提取运营维护保函在项目运营期间，因乙方原因造成项目运营停止，且给甲方造成不可挽回的影响，甲方有权按照保函额度的每日______元提取运营维护保函，直至恢复运营或合同解除。

25.3 恢复运营维护保函的数额如果甲方在项目合作期内根据本合同的关规定提取运营维护保函项下的款项，乙方应确保在甲方提取后的______个工作日内，将运营维护保函的数额恢复到本合同第25.1款规定的数额，且应向甲方提供运营维护保函已足额恢复的证据。甲方提取运营维护保函的权利不影响甲方在本合同项下的其他权利，并且不应解除乙方不履行本项目义务而对甲方所负的任何进一步的责任和义务。

25.4 如果乙方没有遵守第25.3款的规定，并且乙方在收到甲方要求其履行义务的书面通知后______个工作日内未予以纠正，甲方有权：

（1）提取届时有效的运营维护保函下的全部款项；

（2）扣留在本合同下由甲方或其指定机构应支付给乙方的任何款项，直至乙方完全履行其在第25.3款下的义务或直至所扣留的金额和在25.4（1）项下提取的数额总共达到本合同25.1款规定的保函最高额为止。

25.5 甲方应保证按第25.4款提取或扣留的所有款项，用于承担运营维护保函担保的相同义务，并且应在下述两个日期中的较早的一个日期将该款项未使用的余额交予乙方：

25.6　乙方完全履行其在第 25.3 款下的义务之日；

26.7　如果本合同提前终止，则在终止日后的第______个月届满之日。

＊条文批注：1. 作为当前履约担保最为广泛的运用形式的“保函”，法律属性上并不属于我国《担保法》列举的传统担保形式，而属于独立保证的一种，其与传统担保的主要区别在于虽然其产生于基础法律关系，但一旦产生其运行则独立于基础法律关系。这一法律属性的主要依据为《最高人民法院关于审理独立保函纠纷案件若干问题的规定》（以下简称法释〔2016〕24 号）。

2. 根据法释〔2016〕24 号，独立保函“指银行或非银行金融机构作为开立人，以书面形式向受益人出具的，同意在受益人请求付款并提交符合保函要求的单据时，向其支付特定款项或在保函最高金额内付款的承诺”，对应 PPP 项目中的履约保函，即应社会资本请求，由银行或其他担保机构向政府方（通常为项目实施机构）开具的书面承诺，承诺在发生一定事项后根据政府方请求在约定的最高金额范围内付款。应注意的是，正是基于保函的这一属性，政府方向保函开立方申请付款并不依据 PPP 项目本身的相关法律关系，而仅根据保函载明的审单标准进行单据的表面相符审查即可。

第十一章　政府承诺

第二十六条　甲方的承诺

26.1　在本合同生效日前已获得了____________人民政府或相关政府方对签订本合同所必需的授权和必要的批准，有权签署本合同，并可以履行本合同项下的各项义务；

26.2　甲方在项目公司设立日后出资______万元作为资本金设立项目公司，对本项目总投资______万元，占总投资的______%，保证按照合同约定及时支付项目投资款。

26.3　在开工日或先于开工日，各项前期工程约定如下：

（1）　甲方协助乙方完成项目场地必需的（非全部项目场地）征地拆迁工作；

（2）　甲方协助乙方完成项目建设所必需的、到达项目场地规划红线的

D10908

道路、通水、通电等配套基础设施；

（3）甲方协助乙方负责完成其他前期工作，包括但不限于规划选址、环境影响评价及报批、立项及可研报批、测勘、初步设计审查、施工图审查。

（4）本条前述前期费用均纳入本项目投资总额。

26.4　甲方应保证政府财政部门将本项目政府购买的服务费纳入年度的财政预算，并按照本合同的约定及时支付政府购买服务费。

26.5　其他协调、协助义务

（1）协助乙方进行用于且仅限于本项目的融资活动；

（2）负责协调政府部门审批本项目的项目建议书、工程可行性研究报告、土地使用、环境保护等相关文件，确保本项目设计、投融资、建设及运营维修等工作的正常开展；

（3）负责协调将本项目所需水、电、暖、通信线路等从施工场地外部接通至乙方指定地点；

（4）协调城市供水、排水、燃气、热力、供电、通信、消防等依附于本项目的各种管线、杆线等设施的建设计划，匹配本项目建设进度及年度计划安排等；

（5）负责协调政府部门开展本项目范围的征地拆迁和补偿工作，保证项目正常开工；

（6）按照合作合同的约定保证出资代表人及时、足额履行出资义务；

（7）在项目建设过程中，协助乙方协调与项目场地周边所涉及的有关单位的关系；

（8）协调项目公司在运营期间享受与公立医疗、养老机构同等政策待遇。

第二十七条　甲方不兑现承诺的违约责任

如果甲方的承诺被证明在做出时存在不实或不能兑现，则乙方有权根据第 21.1 款要求甲方赔偿或根据第 22.2 款的规定发出终止意向通知。

*条文批注：所谓“政府承诺”，是指为了确保 PPP 项目的顺利实施，在 PPP 项目合同中设置的涉及政府承诺的相关内容，用以明确约定政府在 PPP 项目实施过程中的主要义务。PPP 项目的特点和合作内容的不同，需要政府承担的义务也有可能完全不同，因此“政府承诺”条款通常要按照项目特点进行个性化设定。在不同 PPP 合同中，“政府承诺”条款也并没有固定的格式，它有可能集中规定在同一条款项下，也有可能散见于不同条款中。一般来讲，政府承诺需要同时具备以下两个前提：一是如果没有该政府承诺，会导致项目的效率降低、成本增加甚至无法实施；二是政府有能力控制和承担该义务。

第十二章　保　　险

第二十八条　购买保险的义务

28.1　乙方在充分评估本项目投资和运营风险后，应根据中国的保险法等相关法律和行政法规的规定，并结合本项目的实际情况，购买项目建设和运营期间的保险险种。在合理的商业条件下，应遵照可保风险均应投保的原则进行投保。

28.2　其购买保险后，应将保险合同复印件交甲方备案。

28.3　乙方所投险种包括但不限于：

（1）建筑安装工程一切险；

（2）财产险（建筑物、设备、设施及附属建筑物）；

（3）第三者责任险（运营期间）。

以上各种险种的保险均必须足额投保。

28.4　在合作期内，乙方应自费购买上述约定的保险，并始终使保险单保持有效。未经甲方书面同意，乙方投保的险种和数额不得随意变更。如果并非乙方的疏忽或故意行为，而无法投保某种特别险种，不视为乙方违约。

第二十九条　保单要求

29.1　在法律许可和承保人能提供的服务范围内，乙方有权在和保险公司之间签署的保险合同中，将融资机构列为第一受益人。

29.2　保险单的附加条款中必须规定：未提前______日书面通知甲方，

D10908

保险人不得取消、延展或对保险单作重大变更。

29.3　乙方应责成保险人向甲方提供保险证明书以证实其已获得上述所列保险单及附加条款。如果乙方未购买或维持上述保险始终有效，则甲方有权根据本合同从对乙方应付款项中扣除其应付的保险金（或者直接提取建设履约保函或维修保函下的相应金额）。

29.4　乙方应向甲方及时通报保险人的报告通知（如危险整改通知）并提交相应的副本，如果乙方未及时提供通知而造成保险单失效应承担违约责任。

＊条文批注：PPP 项目中通常购买的保险根据项目阶段的不同而有区别。为转移风险，PPP 项目合同中通常设置强制保险方案。项目实践中应注意避免同一阶段所购买保险投保范围重合。

1. 建设期主要保险类型。PPP 项目合同中约定的建设期应购买的保险指的是由投保人（通常为项目公司）为项目建设所购买的保险。施工合同示范文本规定，项目公司作为发包人应当购买的保险包括工程保险，具体指建筑工程一切险或安装工程一切险；工伤保险。此外，项目公司和承包人可以为其施工现场的全部人员购买意外伤害保险，承包人应为其施工设备等办理财产保险。

2. 运营期主要保险类型。不同类型项目在运营期内有不同的保险要求，这种区别在运营型项目与轻运营类项目差别尤其明显。对于运营型项目，如污水处理项目、自来水项目而言，对项目设备的保险尤为重要。通常 PPP 项目合同中要求购买的保险包括财产一切险、环境责任险、第三者责任险。

第十三章　守法义务及法律变更

第三十条　遵守适用法律

乙方应始终遵守所有适用法律，应经常及时获取所有适用于本项目已颁布实施的法律，乙方应被视为始终了解这些法律。

第三十一条　法律变更

31.1　重要的法律变更。除本合同另有明确约定外，在项目合作期内的任何连续 3 年期间，由于一项或多项法律变更使乙方对项目的固定资产投资累计增加等于或超过合同总额的 0.1‰______；或在项目合作期内任何一年期间，一项或多项法律变更造成乙方经常性支出的累计增加数额等于或超过合同总额的 0.1‰______元，并且上述增加未因对乙方有利的其他法律变更或基本医疗和基础养老服务费调价而得到补偿，则乙方有取得补偿的权利。

31.2　取得补偿的权利。在第 31.1 款所描述的情况下，乙方有权要求甲方给予补偿，以使其达到未发生这些法律变更的情况下基本相同的经济状况。

31.3　通知和减少影响。如果乙方希望获得 31.2 款规定的补偿，乙方应在知道第 31.1 款规定的法律变更后书面通知甲方。乙方应在作出投资或发生开支之前给予甲方合理机会减少法律变更对其造成的影响。

31.4　法律变更影响履约。如果因法律变更使乙方无法履行其本合同项下的义务，包括因法律变更使乙方履行其在本合同项下的重要义务按照适用法律成为不合规，乙方应有权按 22.3 款规定的程序终止履行其在本合同项下的义务。

31.5　除非本合同另有明确约定，在项目合作期内的任何一个连续______年期间，一项或多项法律变更，使乙方对项目的固定资产投资的累计减少数额等于或超过合同总额的______元或在项目合作期内的任何一年内，一项或多项法律变更，使乙方的经常性支出的累计减少数额等于或超过合同总额的______元，并且上述减少未因其他法律变更而相应抵消，甲方可以书面形式通知乙方要求根据第 31.6 款对本合同项下的计费依据进行调整。

31.6　第 31.5 款提及的调整应采用降低相对应服务费或减少届时应付的任何费用的形式，其结果应使乙方保持如没有发生法律变更的情况下基本相同的经济状况。

31.7　如果在本合同生效后，因法律变更及政府行为导致乙方部分或全部不能履行本合同项下主要义务，而这种变化和影响又不以甲方的意志为转移，甲乙双方应尽力就继续履行本合同进行协商，若不能达成一致，则一方可向另一方发出终止意向通知。

* 条文批注：在我国法律中，对于“法律变更”并没有明文的规定。在 PPP 项目合同中，法律变更通常会被定义为在 PPP 项目合同生效日之后颁布的各级人民代表大会或其常务委员会或有关政府部门对任何法律的施行、修订、废止或对其解释或执行的任何变动。

D10908

第十四章　不 可 抗 力

第三十二条　不可抗力引起的终止履行

32.1　不可抗力事件任何一方由于出现不可抗力事件使该方无法全部或部分履行其本合同项下的义务时，该方应有权终止履行本合同项下的义务。

不可抗力应包括但不限于下列事件：

（1）雷电、干旱、火灾、地震、火山爆发、山崩、滑坡、水灾、暴风雨、海啸、台风或龙卷风；

（2）流行病、饥荒或瘟疫；

（3）战争行为（无论是否宣战）、入侵、武装冲突或外敌行为、封锁或军事力量的使用、禁运、暴乱或民众骚乱、恐怖行为、军事演习或政变；

（4）化学或放射性污染或核辐射。

32.2　适用于乙方的例外情况乙方无权将下述情况视作不可抗力事件而终止履行本合同或不完全履行本合同项下义务：

（1）乙方的承包商或其他与乙方建立合同关系的第三方在履行合同方面发生延误；

（2）项目设施的故障或正常磨损。

32.3　适用于甲方的例外情况

甲方无权将下述情况视作不可抗力事件而终止履行或不完全履行本合同项下义务：____________人民政府对项目设施或其任何部分实行的没收、充公或国有化。

32.4　通知

声称受到不可抗力影响的一方应在知道不可抗力之后______个工作日内书面通知另一方，详细描述不可抗力的发生情况和可能导致的后果，并根据对方要求提供证明。

32.5　损失承担原则发生不可抗力时，双方应各自承担由于不可抗力对其造成的损失。

32.6　减少损失的责任和协商受到不可抗力影响的一方应努力减少不可抗力的影响。双方应协商采取合理的补救措施尽量减少不可抗力给各方带来的损失。声称不可抗力的一方在不可抗力消除之后应尽快恢复履行本合同项下的义务。

32.7　不可抗力造成的终止

当不可抗力事件阻止一方履行其义务的时间持续 90 天以上时，双方应协商决定继续履行本合同的条件或者终止本合同。如果自不可抗力发生后 180 天之内双方不能就继续履行的条件或终止本合同达成一致意见，任何一方有权给予另一方书面通知后立即终止本合同。

* 条文批注：《中华人民共和国合同法》第 117 条规定，“不可抗力是指不能预见、不能避免并不能克服的客观情况”。实践中，合同中有时会约定只有不可抗力事件发生且其效果持续一定期间以上足以影响合同的正常履行，才构成合同约定的不可抗力。常见的不可抗力界定方式包括概括式、列举式和概括加列举式三种。鉴于 PPP 项目合同的签约主体一方为政府，其所控制风险的范围和能力与一般的签约主体不同，因此实践中一些 PPP 项目合同会将不可抗力事件分为政治不可抗力和自然不可抗力，并对不同类型不可抗力事件的法律后果进行区别处理。

第十五章　甲方的监督和介入

第三十三条　监督权

33.1　对乙方投资、建设、运营、维护本项目进行全程实时监管的权利；如发现与本合同存在不相符合的，有权责成乙方限期予以纠正；

（1）按本合同约定提取建设履约保函或运营维护保函项下的款项的权利；

（2）组织委托中介机构，对乙方的投资、建设、经营、管理、安全、质量、服务状况等进行定期评估，并有权定期将评估结果向社会公示，接受公众监督；

（3）甲方在建设期内有对乙方的建设施工情况进行监督检查的权利，包括但不限于在建设期内甲方可以聘请中介机构对项目进行专项审计检查，相应的费用由甲方负担，检查周期由甲方合理确定，审计检查范围主要包括对乙方的注册资本的到位情况、融资、资金使用情况、项目进度情况、项目质量情况、项目实施与本合同执行情况等方面；

（4）在项目竣工验收完成后，甲方有权委托政府审计机构或中介机构

D10908

对乙方的建设费用进行审计的权利，甲方自行承担相关费用。

33.2 甲方对项目建设期间的监督

（1）在不影响乙方履行本合同项下义务的情况下，甲方有权在工作时间内对乙方或承包商履约情况进行检查，以保证乙方工程的任何部分均符合本合同的要求。乙方须对此项检查予以协助。

（2）若发现任何部分不符合要求，甲方有权通知乙方，指出缺陷或不符合规定之处。

（3）若乙方对甲方发出的通知有异议，则须于接到甲方通知后的______个工作日内将其异议通知甲方，否则应提出整改方案和措施报甲方批准后对工程进行整改。甲方与乙方须尽合理努力以求解决此项事宜。若在此后______个工作日内，该事宜不能得到解决，则依据争议解决程序就该事宜作出裁决。

（4）甲方是否监督、检验本项目建设工程均不能减免乙方在本合同下的任何义务、责任。

33.3 甲方对项目运营维护的监督检查甲方有权派出监督员或者指定任何代表在任何时候进入项目场地，以监察项目维修情况。

> *条文批注：在 PPP 项目实施的全生命周期中，政府方除了履行法定的行政监管职责（如设立行政许可、行政监督和行政处罚）、指派出资代表在参股项目公司时享有股东的权利外，还作为 PPP 项目合同的相对方进行履约监管。PPP 项目合同中通常会约定政府方在履约监管时所享有的主要权利，包括：批准权、知情权、现场检查权、介入权、绩效考核权和中期评估权。

第三十四条　介入权

34.1 甲方介入完成建设

（1）甲方介入的条件

乙方出现下列情况之一的，则甲方有权指定第三方取代乙方承担项目的任何必要的建设，以便实现完工：

①书面表示放弃项目；

②被视为放弃项目建设。

（2）甲方介入建设后，乙方应与甲方及其指定第三方合作，向其提供所有合理的协助，并让贷款人在其融资文件中作出具有相同效果的承诺，以确保项目的建设和完工。

（3）甲方介入项目的建设，不应被视为根据本合同承担了乙方的义务。

（4）除本合同另有规定外，甲方及其指定第三方介入建设所产生的一切费用和风险由乙方承担。甲方有权在向乙方提供详细的费用和支出记录后，从建设履约保函项下提取该部分款项。

（5）如果乙方已采取了切实可行的措施或提供了有效担保，甲方应撤出项目的建设。乙方应在此时恢复承担全部责任，直至任何一方发出终止通知为止。

34.2　临时接管

乙方在本项目建设期或运营维修期内有下列行为之一的，甲方有权责令其限期改正，逾期不改的，甲方有权对本项目实施临时接管：

（1）擅自停工，严重影响社会公共利益和公共安全的；

（2）擅自处分项目资产的，导致本项目不能正常使用的；

（3）因乙方自身管理不善发生重大质量、生产安全事故的，导致本项目建设资产不能正常使用的；

（4）因乙方自身经营管理不善等原因，造成财务状况严重恶化，导致本项目建设不能正常使用的；

（5）乙方主体资格终止或撤销。乙方应无条件服从甲方或甲方指定机构接收或接管本项目的所有指令、命令，且乙方应当在甲方或甲方指定机构临时接管前善意履行看守职责，并应保证在甲方或甲方指定机构对本项目实施临时接管期间向甲方提供正常运营本项目所需的资料。

＊条文批注：PPP 项目合同会约定政府方在特定情形下直接介入项目建设和运营的权利，通常适用于发生短期严重的问题且该问题需要被尽快解决，而政府方在解决该问题上更有优势和便利的情形，主要包括项目公司违约和项目公司未违约但发生紧急情况两种情形。

D10908

1. 在项目公司违约情形下：一般在行使介入权前应按照 PPP 项目合同约定书面通知项目公司并给予其一定期限的纠正和自行补救，如果项目公司在约定的期限内仍无法纠正和补救，政府方或其指定的机构才有权行使介入权。如果政府方的介入仍然无法补救项目公司的违约时，则政府方有权根据提前终止机制终止项目合同。

2. 在项目公司未违约情形下，通常仅在以下特定的情形下，政府方或其指定的机构才有权行使介入权：

（1）存在危及人身健康或安全、财产安全或环境安全的风险；

（2）发生紧急情况且政府方合理认为该紧急情况将会导致人员伤亡、严重财产损失或造成环境污染，并且会影响项目的正常建设和运营。

第十六章　违约、提前终止及终止后处理机制

第三十五条　违约及赔偿

除本合同已有规定外，双方的违约及赔偿按以下规定执行：

35.1　甲方违约及赔偿

（1）延迟开工

由于甲方原因导致的开工延迟，包括甲方怠于履行协调协助义务造成的开工迟延和延误工期，由甲方给予乙方一定补偿，如发生由双方协商补偿办法或金额。

（2）服务费支付的违约

甲方未按照本合同的有关规定向乙方支付相应的服务费，则乙方有权向甲方发出催告，如甲方在催告通知出具后的______日内仍未能支付的，则甲方除应支付应付未付的服务费外，还应每日按照应付未付金额的______另行向乙方支付滞纳金。

（3）如果甲方提取乙方提交的建设履约保函、运营维护保函中的相应金额之后确定甲方属不当提取，甲方应及时向乙方退还提取的款项，并支付该款项自提取之日至退还之日的利息及造成的损失，利息按央行公布的同期金融机构人民币贷款基准利率计算。

35.2　乙方违约及赔偿

（1）延迟开工或逾期完工

乙方不能在本合同规定的开工日或之前开工的，每逾期 1 日，乙方应向甲方支付单体项目合同总额的______元的违约赔偿金；如因乙方原因逾期超过______日，则甲方有权提出提前终止合同，乙方除支付违约赔偿金外，还应承担因此给甲方造成的其他损失。但不可抗力和甲方的责任造成的延迟除外。

（2）乙方未按合同约定的条件对本项目进行运营维护或在规定的时间内以及未能达到本合同约定的标准的，则甲方有权视情形提取运营保函项下的相应金额。

35.3　不减免和影响的事项

违约方对违约责任的承担并不能减免其在本合同下的其他任何义务。双方获得上述违约赔偿的权利不影响其在本合同项下的终止权。

35.4　减轻损失的措施

由于另一方违约而遭受损失或可能会遭受损失的一方应采取合理措施防止损失扩大或减少损失。如果一方未能采取此类措施，违约方可以请求从赔偿金额中扣除应能减少的损失金额。受损害的一方应有权从另一方获得因试图减轻和减少损失而发生的任何费用。

35.5　部分由于受损害方造成的损失如果损失部分是由于受损害方的作为或不作为造成的，或部分损失应由受损害方承担的，赔偿的数额中应扣除该部分损失。

＊条文批注：1. 根据《中华人民共和国合同法》的规定，违约责任的承担方式有如下几种：

第 107 条："当事人一方不履行合同义务或者履行合同义务不符合约定的，应当承担继续履行、采取补救措施或者赔偿损失等违约责任。"

第 112 条："当事人一方不履行合同义务或者履行合同义务不符合约定的，在履行义务或者采取补救措施后，对方还有其他损失的，应当赔偿损失。"

第 113 条："当事人一方不履行合同义务或者履行合同义务不符合约定，给对方造成损失的，损失赔偿额应当相当于因违约所造成的损失，包括合同履行后可以获得的利益，但不得超过违反合同一方订立合同时预见到或者应当预见到的因违反合同可能造成的损失。"

D10908

2. 对违约金数额的规定。《合同法中华人民共和国》第 114 条："当事人可以约定一方违约时应当根据违约情况向对方支付一定数额的违约金，也可以约定因违约产生的损失赔偿额的计算方法。约定的违约金低于造成的损失的，当事人可以请求人民法院或者仲裁机构予以增加；约定的违约金过分高于造成的损失的，当事人可以请求人民法院或者仲裁机构予以适当减少。"

第三十六条　终止和终止补偿

36.1　甲方发出的终止下述任一事件发生时，甲方有权立即发出终止意向通知：

（1）乙方在本合同中作出的承诺被证明在做出时存在虚假或未兑现，严重影响其履约能力：

（2）乙方未能根据本合同约定提交建设履约保函、维修保函并保持其有效的；

（3）乙方出现放弃建设或视为放弃建设情形的；或者因乙方出现 35.2（1）款约定的导致提前终止情形的；

（4）乙方被依法吊销营业执照、责令停业、清算或破产；

（5）贷款人开始行使其担保合同项下的担保权利并可能造成项目无法正常运营；

（6）未经甲方同意，乙方擅自出租、质押、转让项目经营权或擅自进行股权转让的等。

36.2　乙方发出的终止下述任一事件发生时，乙方有权立即发出终止意向通知：

（1）甲方在本合同第十一章作出的承诺及其他任何声明和保证被证明是虚假的或未兑现，使乙方履行本合同的能力受到严重不利影响；

（2）甲方无正当理由在逾期______个月（自应付日起算）后仍未支付服务费。

36.3　协商一致终止

在合作期内，由各方协商一致可提前终止本合同，此种情形下的终止及对应终止补偿金的计算问题等，由各方届时协商一致。

第三十七条　终止意向通知和终止通知

37.1　终止意向通知

按照第 36.1 款或第 36.2 款发出的任何终止意向通知均应同时向贷款人发出一份复

印件。在终止意向通知发出之后，双方应在______天内协商避免本合同终止的措施。如果乙方和甲方就将要采取的措施达成一致意见，或者乙方或甲方在相应的协商期或双方可能同意的更长的时间内纠正了违约事件，终止意向通知即自动失效。

37.2 终止通知

在协商期届满之时，如果双方未达成一致或导致发出终止意向通知的违约事件未得到纠正，则发出终止意向通知的一方可以向另一方和贷款人就此发出终止通知，本合同在终止通知送达对方之日终止。

第三十八条 合同终止后的处理

38.1 甲方的权利

（1）对设施的运营权利

①在项目合作期内，如果乙方发生 36.1 款所述事件，甲方发出终止意向通知之后，乙方保证与甲方或其指定机构合作，并应让贷款人在融资文件中作出具有同样内容的承诺，保证项目设施继续运营。

②在甲方或其指定机构运营项目设施期间，乙方无义务支付在甲方及其指定机构接管项目设施的运营之日以后发生的运营费用。甲方无义务向乙方支付任何服务费，直至乙方按照本合同接替或承担项目设施的运营。

③甲方应有权在任何时候退出项目设施的运营，在此情况下乙方应全面负责项目设施运营，直到任何一方发出终止通知。

（2）终止本合同的权利：

如果在 36.1 款所述事件发生之后，甲方已发出终止意向通知，并且乙方违约事件在协商期期满之日前未得以补救，则甲方应有权在上述日期之后的任何时间发出终止通知终止本合同。

38.2 终止的后果

（1）本合同终止后，双方在本合同项下不再有进一步的义务，但到期应付的款项除外；

（2）本合同的终止不影响本合同中争议解决条款和任何在本合同终止后仍然有效的其他条款的效力。

D10908

38.3 建设期终止补偿

（1）在项目建设期本合同提前终止的情形下，双方应在合同终止之日起______日内依据投资文件、财务文件、施工文件等资料共同确定前期手续、工程设备、材料、投资人的设备和工程实物的价值，以及到终止合同日期为止乙方应得到的所有款项，甲方同意在终止之日起______日内将上述款项结算完毕，乙方办理项目清场手续，退出施工现场。

（2）如因甲方违约导致终止合同，除应考虑项目公司的成本及相关费用、投资收益等因素外，还应包括由于项目公司提前终止采购、施工和劳动合同等增加的费用。如因乙方违约导致终止合同，项目公司应得到的款项仅包括其在本项目中投入的甲方尚未支付的成本及相关费用的__________________。

38.4 运营期终止补偿

在项目运营期本合同提前终止的情形下，甲方应当且仅在如下情形时支付项目公司合理补偿金，补偿金具体按下表确定：

提前终止补偿情形及补偿表

项次	本合同提前终止之情形	终止补偿金
一	政府方违约事件导致的终止	合同总额的 0.1‰
二	乙方违约事件导致的终止	合同总额的 0.1‰
三	不可抗力事件导致的终止	合同总额的 0.1‰
四	法律变更或支付行为导致的终止	合同总额的 0.1‰

*条文批注：1. 通常在 PPP 项目合同中约定的提前终止的情形包括：（1）政府方重大违约；（2）项目公司（中选社会资本方）重大违约；（3）法律变更或政府行为；（4）其他情形。

2. 提前终止补偿是 PPP 项目合同提前终止后，由政府方向项目公司支付用于补偿其一定投资和收益的费用，根据提前终止情形的不同其补偿原则和计算方式有所不同。其原则是：（1）因政府方原因终止的，一般的补偿原则是确保项目公司不会因项目提前终止而受损或获得额外利益；（2）因项目公司违约而终止的，一般采用市场价值法或账面价值法进行计算，无论是采用哪一种计算方法，一般原则是尽可能避免政府不当得利并且能够吸引融资方的项目融资；（3）因不可抗力原因终止的，一般原则是由双方共同分摊风险，通常来讲补偿范围包括：尚未偿还融资方的贷款、项目公司股东在项目终止前投入项目的资金以及欠付承包商的款项。补偿金一般会扣除保险理赔金额且不包括预期利润损失。

第十七章　适用法律及争议解决

第三十九条　法律适用

本合同适用中国法律。如有争议，按照我国法律进行解释。

第四十条　争议解决

40.1　项目协调委员会

本合同生效后______天之内，双方应成立一个由______名乙方代表和______名甲方代表组成的项目协调委员会。任何一方均可在通知另一方后更换项目协调委员会成员。该委员会的所有决定均应得到委员会全体成员的一致通过。

40.2　协调事项

项目协调委员会应负责按照第 41.1 款的规定解决本合同下或与本合同

引起的终止履行有关的争议。协调事项包括但不限于：

（1）协调双方在项目设施的建设及运营方面的计划和程序；

（2）在发生不可抗力影响项目运营时讨论应采取的步骤；

（3）影响项目设施安全的事项；

（4）为解决本合同项下的争议任命财务专家和专家小组；

（5）其他双方同意的事项。

第四十一条　争议的解决

41.1　协商

因解释或履行本合同过程中产生的任何争议由项目协调委员会进行协商解决。项目协调委员会的一致决议对双方均有约束力。项目协调委员会

D10908

在二十天内无法协商解决则应适用第 41.2 款的规定。

41.2　争议解决

如果争议未能根据第 41.1 款解决，双方均有权将争议提交项目所在地人民法院解决。

41.3　争议解决期间的继续履行

在争议提交项目协调委员会或法院解决期间，各方应继续履行其在本合同项下的各项义务并继续享有其在本合同项下的所有权利，而不影响以后根据上述裁决进行最终调整。

41.4　继续有效

第十七章规定的争议解决条款在本合同终止后继续有效。

* 条文批注：1. 项目合同应当约定争议期间的合同履行，除法律规定或另有约定外，任何一方不得以发生争议为由，停止项目运营服务、停止项目运营支持服务或采取其他影响公共利益的措施。

2. 财金〔2014〕113 号文《政府和社会资本合作模式操作指南（试行）》中规定：在项目实施过程中，按照项目合同约定，项目实施机构、社会资本或项目公司可就发生争议且无法协商达成一致的事项，依法申请仲裁或提起民事诉讼；财库〔2014〕215 号文《政府和社会资本合作项目政府采购管理办法》第 22 条规定：项目实施机构和中标、成交社会资本在 PPP 项目合同履行中发生争议且无法协商一致的，可以依法申请仲裁或者提起民事诉讼；国家发展改革委发布的《政府和社会资本合作项目通用合同指南》也规定：协商或调解不能解决的争议，合同各方可约定采用仲裁或诉讼方式解决。

3. 政府在签订 PPP 项目合同过程中，应考虑到法律、法规以及合同范本间关系，不能拘泥于合同范本，在争议解决条款中，应选择公平、更有利于保护双方合法利益的解决方式，尽量避免选择无效的解决方式。

第十八章　其　他

第四十二条　解释规则

42.1　合同文件构成及优先顺序

本合同包括附件______至附件______，每一份附件都应被视为本合同的一部分。本合同构成双方对项目的完全理解，取代双方以前所有的有关项目的书面和口头陈述、合同或安排。

双方约定合同文件的地位和优先顺序如下：

（1）本合同及附件；

（2）谈判备忘录；

（3）中选人的响应文件等；

（4）招标文件（含补充文件及澄清答疑文件）。

42.2　修改

未经双方书面同意，不对本合同进行重大修改或变更。

本合同任何修改、补充或变更必须经双方协商一致并签字盖章后方具有法律约束力。如果根据届时有效的相关法律或法规的规定而需要政府有关部门审查批准的，则自政府有关部门审查批准之日起对甲乙双方产生约束力。

本合同履行期间，双方可根据届时有效的相关法律或法规的规定，对本合同的某一部分进行修改、补充或变更；双方确认的对本合同的有效的修改、补充或变更的书面文件或书面材料，均与本合同具有同等法律效力。如其内容与本合同存在冲突或矛盾的部分，以修改、补充或变更的内容为准。

如果本合同的任何条款不合法、无效或不能执行，则并不影响其他条款的效力和执行；双方应商定对不合法、无效或不能执行的条款进行修改，使之合法、有效并可执行；修改或更改应尽可能平衡双方之间的利益。

D10908

第四十三条　文件权利及保密

43.1　对文件的权利

（1）甲方的文件

由甲方向乙方提供的一切文件，或者主要在这些文件基础上制作的文件应属于甲方的财产，只能由乙方用于项目之目的。

（2）乙方的文件

由乙方向甲方提供的一切文件，应属于乙方的财产。这些文件只能由甲方用于项目之目的。

（3）遵守规定

双方应确保各自接触到这些文件及其复制件的有关人员遵守本合同第 27.1 款的规定和 43.2 款的保密规定。

43.2　保密

任何一方或其员工、承包商获得的所有资料和文件（不论是财务、技术或其他方面），未经另一方事先书面同意，在项目合作期最后一天之后的______年期间不得向第三方透露或公开，但是法律要求的除外。

第四十四条　其他条款

44.1　日常事务代表

（1）在本项目合作期内，双方应各自指派一名日常事务代表，代表各方与对方进行日常事务的联系和沟通。

（2）各方应将自己的日常事务代表书面通知对方，若需变更则应提前______日将继任人书面通知对方，否则视为未变更。

44.2　通知

（1）本合同项下的通知应以中文书写，并通过特快专递、邮寄或传真方式按下述地址送至或发至各方：

甲方：______________________________

地址：______________________________

邮编：______________________________

收件人：____________________

传真：____________________

乙方：____________________

地址：____________________

邮编：____________________

收件人：____________________

传真：____________________

签署页

* 条文批注：1. 注意盖章应当与订立合同的主体相符，分公司可以以自己名义订立合同，但是公司的内设机构则不尽然。

2. 签字人单位的法定代表人、负责人，或经授权的部门机构的负责人、代理人。对于后者，建议由签字人出具法人书面授权书。

3. 根据《中华人民共和国合同法》第 32 条规定，当事人采用合同书形式订立合同的，自双方当事人签字或者盖章时合同成立。

D10908

第十九章　政府基础设施建设PPP项目

使用场景：

基础设施建设是一个庞大的民生系统工程，投资规模大，建设周期长，筹措资金难，因此也是一个长期困扰政府且亟须破解的难题。随着我国新型城镇化建设的快速发展，城市规模不断扩大，基础设施建设也必将迅速推进，而地方政府则面临着基础设施建设资金筹集的巨大压力。显然，城市基础设施建设单靠政府出资是远远不够的。党的十八届三中全会指出：允许社会资本通过特许经营等方式参与城市基础设施投资和运营，这为地方政府开辟了城市基础设施建设新的投融资渠道。2015 年 5 月，财政部、国家发展改革委、中国人民银行联合出台了《关于在公共服务领域推广政府和社会资本合作模式的指导意见》，为地方政府运用 PPP 模式推进基础设施建设提供了政策依据。

本项目合同适用于政府和社会资本合作即采用 PPP 模式建设基础设施的情形。其主要内容包括以下核心条款：术语定义和解释；合同主体；项目的范围和期限；前提条件；项目的融资；项目用地；项目的建设；项目的运营；项目的维护；股权变更限制；付费机制；履约担保；政府承诺；保险；守法义务及法律变更；不可抗力；政府方的监督和介入；违约、提前终止及终止后处理机制；项目的移交；适用法律及争议解决；合同附件；等等。除上述核心条款外，通常还会包括其他一般合同中的常见条款，如著作权和知识产权、环境保护、声明与保证、通知、合同可分割、合同修订等。

基础设施主要包括交通运输、机场、港口、桥梁、通讯、水利及城市供排水、供气、供电设施和提供无形产品或服务于科教文卫等部门所需的固定资产，它是一切企业单位和居民生产经营工作和生活的共同的物质基础，是城市主体设施正常运行的保证，既是物质生产的重要条件也是劳动力再生产的重要条件。基础设施建设采用 PPP 模式，既可以解决政府资金不足，又能够提高社会资本的参与度。

能够采用 PPP 模式进行基础设施建设的项目，其核心条款大体相同，下面以《路桥 PPP 项目合作协议》为例，对合同中的关键条款，根据现有的法律法规及政策的规定，结合实践中积累的经验进行解读，供读者审阅参考。

D10910

法律要点：

1. 各级人民政府是否可以作为政府主体签署 PPP 项目合同？

虽然《关于开展政府和社会资本合作的指导意见》（发改投资〔2014〕2724 号）《政府和社会资本合作模式操作指南（试行）》（财金〔2014〕113 号）《基础设施和公用事业特许经营管理办法》均规定应由实施机构作为政府主体签订 PPP 项目合同，但无论 PPP 项目的实施机构是否直接为当地人民政府，鉴于项目合同指南和通用合同指南均在政府方的签约主体中明确包括了“政府”，且实施机构的权利来源也是人民政府，因此当地人民政府理应可以作为政府主体直接签订 PPP 项目合同。在某些 PPP 项目中，由当地人民政府直接作为政府主体签订 PPP 项目合同也会增强社会资本和金融机构参与的信心。但值得注意的是，由于政府本身没有足够的能力、资源和精力监管和实施具体的 PPP 项目，因此即便由政府直接签订 PPP 项目合同，也会在合同中授权具体的职能部门或事业单位代位履行相关职权。另外，根据法律规定，PPP 项目合作中的政府须为县级及以上人民政府，也就是说，乡镇一级人民政府不能成为 PPP 项目合作中的政府主体。

2. 地方融资平台公司可否作为社会资本参与 PPP 项目？

出于体现 PPP 项目“公私合作”的本意、实现“公私合作”的价值，也为了确保 PPP 项目的竞争性，财政部 2014 年发布的相关文件均明确要求实施 PPP 项目的本级政府所属融资平台公司及其控股的国有企业不能以社会资本的身份参与本级政府辖区内的 PPP 项目。而《国务院办公厅转发财政部、发展改革委、人民银行关于在公共服务领域推广政府和社会资本合作模式指导意见的通知》（国办发〔2015〕42 号）中规定：“大力推动融资平台公司与政府脱钩，进行市场化改制，健全完善公司治理结构，对已经建立现代企业制度、实现市场化运营的，在其承担的地方政府债务已纳入政府财政预算、得到妥善处置并明确公告今后不再承担地方政府举债融资职能的前提下，可作为社会资本参与当地政府和社会资本合作项目，通过与政府签订合同方式，明确责权利关系。严禁融资平台公司通过保底承诺等方式参与政府和社会资本合作项目，进行变相融资。”对于当地融资平台公司作为社会资本方参与 PPP 项目给予了适度的开口，但对于其他国有控股企业是否类比开口还并未明确。

文本正文：http://www.fatianshi.cn/D10910

路桥PPP项目合作协议

目　　录

D10910

第七章　工程建设

第 19 条　进度、质量、安全及管理要求

第 20 条　工程变更管理

第 21 条　项目验收

第 22 条　工程保修

第 23 条　工程建设保险

第 24 条　建设期违约及处理

第八章　运营维护

第 25 条　运营

第 26 条　运营内容

第 27 条　运营服务标准

第 28 条　运营维护期保险

第 29 条　运营维护期的特别补偿

第 30 条　运营维护期违约及处理

第九章　社会资本主体移交项目

第 31 条　项目移交

第 32 条　保修期

第十章　履约担保

第 33 条　建设期的履约担保

第 34 条　运营维护期的履约担保

第 35 条　移交担保

第十一章　政府监管

第 36 条　后期评价

第 37 条　资金监管

第 38 条　建设期监管

第 39 条　运营维护期监管

第十二章　不可抗力和法律变更

第 40 条　不可抗力事件

第 41 条　不可抗力事件的认定和评估

第 42 条　不可抗力事件发生期间各方权利和义务

第 43 条　不可抗力事件的处理

第 44 条　法律及政策变更

第十三章　违约和处理

第 45 条　违约行为处理

第十四章　PPP 协议的解除

第 46 条　解除的情形

第 47 条　PPP 协议的解除程序

第 48 条　PPP 协议解除或宣告无效后的清算、付款和结清

第 49 条　PPP 协议解除后的项目移交

第 50 条　其他约定

第十五章　争议解决

第 51 条　争议解决方式

第 52 条　争议期间的合同履行

第十六章　其他约定

第 53 条　合同变更与修订

第 54 条　合同的转让

第 55 条　保密

第 56 条　廉政

第 57 条　权利放弃

第十七章　工程建设通用和专用合同条款

第 58 条

第 59 条

第 60 条

第十八章　通知及其他

第 61 条　通知

第 62 条　合同适用法律

第 63 条　适用语言

第 64 条　适用货币

第 65 条　合同生效及有效期

D10910

陈述：

根据《中华人民共和国合同法》《中华人民共和国政府采购法》《中华人民共和国招标投标法》等相关法律规定，本着利益共享、风险分担的原则，甲乙双方在平等自愿的基础上，就__________项目（以下简称 PPP 项目）的投融资、建设、运营、维护、移交等内容采用“PPP 模式”有关事宜，双方达成本协议，并于_____年_____月_____日在中华人民共和国__________签署。

本协议甲方：指__________市人民政府（以下简称市政府）授权指定实施__________项目的采购人即协议签约人，即__________。授权文件附后。

本协议乙方：指__________依照中华人民共和国法律设立和存续的有限公司或共同组成的企业联合体，具有相应的法律主体资格和履约能力，即成交的社会资本方。

* 条文批注：《基础设施和公用事业特许经营管理办法》第 14 条规定：“县级以上人民政府应当授权有关部门或单位作为实施机构负责特许经营项目有关实施工作，并明确具体授权范围。”

本项目已经__________市政府的批准，实施方案已得到市政府的审批同意，资金来源和支付主体已由市政府确定。

本项目由甲方通过竞争性磋商方式确定乙方为__________项目的社会资本方，按照 PPP 模式进行实施。甲方已于_____年_____月_____日向乙方发出《成交通知书》。

*条文批注：根据《政府采购竞争性磋商采购方式管理暂行办法》第 3 条的规定："符合下列情形的项目，可以采用竞争性磋商方式开展采购：

（一）政府购买服务项目；

（二）技术复杂或者性质特殊，不能确定详细规格或者具体要求的；

（三）因艺术品采购、专利、专有技术或者服务的时间、数量事先不能确定等原因不能事先计算出价格总额的；

（四）市场竞争不充分的科研项目，以及需要扶持的科技成果转化项目；

（五）按照招标投标法及其实施条例必须进行招标的工程建设项目以外的工程建设项目。"

采用竞争性磋商方式，需满足以上的条件。

本合同鉴于以下法律、法规、政策订立：

1.《中华人民共和国采购法》；

2.《中华人民共和国招标投标法》；

3.《国务院关于创新重点领域投融资机制鼓励社会投资的指导意见》（国发〔2014〕60 号）；

4.《关于开展政府和社会资本合作的指导意见》（发改投资〔2014〕2724 号）；

5.《关于规范政府和社会资本合作模式操作指南（试行）》（财金〔2014〕113 号）；

6.《财政部关于印发〈政府和社会资本合作项目政府采购管理办法〉的通知》（财库〔2014〕215 号）；

7.《财政部关于印发〈政府采购竞争性磋商采购方式管理暂行办法〉的通知》（财库〔2014〕214 号）；

8.《财政部关于规范政府和社会资本合作合同管理工作的通知》（财金〔2014〕156 号）；

9.《财政部关于推广运用政府和社会资本合作模式有关问题的通知》（财金〔2014〕76 号）；

10.《国务院关于加强地方政府性债务管理的意见》（国发〔2014〕43 号）；

11.《中华人民共和国政府采购法实施条例》（国务院令〔2015〕658 号）；

12.《某某省人民政府关于深化投融资体制改革的指导意见》（如有）；

13.《某某市人民政府关于深化投融资体制改革的指导意见》（如有）。

第一章　总　　则

第 1 条　术语定义和解释

> * 条文批注：1. 对项目涉及的关键词进行定义，能够避免对核心词语或术语的理解产生歧义，所以合同双方应当尽可能的对容易产生歧义的地方进行定义。
>
> 2. 当事人订立合同均为达到一定目的，合同的各项条款及其用语均是达到该目的的手段。因此，确定合同用语的含义乃至整个合同内容自然须适合于合同目的。

1.1　定义

市政府：指____________市人民政府。

PPP 项目：指____________PPP 项目。

PPP 协议：指甲方与乙方之间签订的《____________PPP 合作协议》，此后为实施 PPP 项目与乙方、项目公司等签订的所有一系列的协议、合同、文件、附件等作为补充协议。

项目公司：指市政府指定的____________有限责任公司与乙方共同投资组建的项目公司，是 PPP 协议所指的 PPP 项目的执行公司。

本工程范围：指经甲方批准实施的设计施工图及工程量清单所示范围和采购文件所示内容。

准备期：指从本协议生效之日起至开工日止的期间。

建设期：指自开工日起至项目通车基准日止的期间。

运营维护期：指自从通车基准日起至运营维护期届满日止的期间。

运营维护年：指运营维护期内任一公历年度期间，但第一个运营维护年的开始应从开始运营维护日开始，最后一个运营维护年的结束应在运营维护期的最后一日结束。

运营维护月：指运营维护期内任一公历月期间，但第一个运营维护月的开始应从开始运营维护日开始，最后一个运营维护月的结束应在运营维护期的最后一日结束。

运营维护日：指运营维护期内每日从 00：00 开始至同日 24：00 结束的二十四小时期间。

开工日：指监理工程师签发开工令载明的开工日期。

全面验收备案基准日：指本 PPP 项目全面验收备案完毕并取得备案证书之日。

工程档案移交基准日：指本 PPP 项目全部的工程档案移交完毕之日。

通车基准日：指工程交工（竣工）验收合格并达到通车条件之日。

移交日：指运营维护期结束后的第一个工作日，或经双方书面同意的其他日期。

工程相关单位：指本 PPP 项目的工程咨询、勘察、设计、施工、监理、材料供应等单位。

融资文件：指乙方或项目公司为完成工程项目而与金融机构签订的或由金融机构出具的任何贷款合同、担保合同、票据、保函及其他文书，但不包括：

（1）与股权投资人的认购书或股权出资相关的任何文件；

（2）与提供履约保函、维护保函、移交保函等相关的文件。

投资收益：指根据协议确定的项目公司应得到的投资回报。

可用性付费：项目公司根据合同的约定和相关的技术标准完成项目建设后，政府方以项目最终审计的结算价格为基准，根据签订的合同约定支付给项目公司的可用性付费（本项目可用性付费主要指建安工程费及投资收益、征拆费用及投资收益、运营维护费、项目管理费、经双方确认的工程一切险保险费用等）。可用性付费均以静态方式计算，不计复利。可用性付费投资额的确认程序具体如下：

项目实施过程中项目公司每月______日后______日前，向甲方申报当月投资额确认资料，甲方需在______个工作日内完成月度投资额审核。甲方审核过程中需引入中介机构进行跟踪审计，跟踪审计结果作为项目最终审计的参考依据。

建设项目各单项工程交工（验收）后，项目公司应在______个月内完成完整的项目投资资料（包括投资结算资料）的编制并报政府审核，审计机构应在收到项目公司申报的单项工程完工投资确认资料完整之日起______个月最长不超过______个月完成项目投资额确认审核，出具单项工程投资额确认报

D10910

告。项目完工审计应以项目过程审计结论为参考依据，按照本协议计量计价原则进行。政府及完工审计机构逾期未完成完工（竣工）审计的，视为同意接受项目公司申报的投资额。确认程序详细条款在补充协议中完善。

运营维护费：项目公司为维持本项目可用性之目的，提供的符合规定和标准的运营维护服务而需要获得的服务收入。本项目的运营维护责任由项目公司负责。费用按____________市上一年执行的市政维护、清扫保洁维护和路灯维护等事项的管理维护标准进行测算，项目公司可委托____________市政部门实施运营维护工作，运营维护费用以市政部门报市财政审定为准。

法律适用：指适用所有的中华人民共和国的法律、法规、规章、地方性法规、司法解释、政府部门颁布的标准、规范或其他适用的强制性要求、有法律约束力的规范性文件。

不可抗力：指合同一方无法预见、且经合理努力仍无法避免或克服的、导致其无法履行合同项下义务的客观情形。

法律变更：指在 PPP 协议签署之后，适用的法律被修改、废除或重新解释以及新颁布的任何法律；或者某某市政府及以上政府部门在 PPP 协议签署之日后修改、批准的重要条件或增加任何重要的额外条件，并且上述任何一种情况导致：适用于乙方、项目公司或由乙方、项目公司承担的税收、税收优惠或关税发生任何变化；或对项目的投融资、建设、经营维护或移交的要求发生的任何变化。

相关资产权属关系：在政府方未按合同约定履行政府付费义务前，相关资产的权属由项目公司享有；政府方完全履行付费义务后，相关资产的权属归政府方所有。

1.2　解释规则

在本协议中，除上下文另有要求外，下列词语的含义指：

1.“元”指“人民币元”，为中华人民共和国法定货币；

2.“一方”或“各方”应为本协议的一方或各方；本协议或融资文件的各方均包括其他各自的继任者和获准的受让人；

3. 日、星期、月和年均指公历的日、星期、月和年；

4. 协议、合同是指与本项目有关的所有合同和合同附件，并且在任何情况下均包括对该合同或附件所作的补充或修改；

5.“批准”包括审批、审查、许可、登记、核准、备案等，其具体含义由市政府或甲方根据法律法规的规定予以解释和应用。

第 2 条　声明和保证

2.1 甲方声明与保证

（1）已通过合法程序获得市政府的授权，并有能力履行本协议；

（2）已取得本协议生效和履行的相关批准；

（3）保证已充分理解本协议并承诺按本协议相关约定执行；

（4）保证本协议的签署人具有完全民事行为能力并得到了合法授权；

（5）保证按照本协议约定向项目公司支付可用性付费。

2.2 乙方声明与保证

（1）在签署本协议及相关协议时，乙方已对本项目进行了必要的调查，充分知悉了本项目的现状和可能出现的风险；

（2）知晓甲方或其他政府部门对向乙方提供的工程地质、水文等有关的材料、资料、信息或数据的准确性、完整性或适宜性未做出任何承诺或保证，且乙方只是参考而非依赖上述材料、资料、信息或数据而签订本协议；

（3）保证具有合法的法律主体资格；

（4）已充分理解本协议并承诺按本协议相关约定执行；

（5）保证本协议签署人具有完全民事行为能力并已获得协议签署资格授权；

（6）保证诚信履约、提供持续服务和维护公共利益；

（7）保证具有履行本协议的能力和资本，并具有可实现的融资条件和渠道；

（8）保证按照本协议的约定签订为履行本协议所需的一切协议（合同）、法律文书、会议纪要等全部法律文件；

（9）保证以上所声明的内容的真实性、准确性、完整性。

D10910

＊条文批注：声明和保证不得违反《中华人民共和国合同法》的强制性规定。

1. 第 52 条："有下列情形之一的，合同无效：（一）一方以欺诈、胁迫的手段订立合同，损害国家利益；（二）恶意串通，损害国家、集体或者第三人利益；（三）以合法形式掩盖非法目的；（四）损害社会公共利益；（五）违反法律、行政法规的强制性规定。"

2. 第 53 条："合同中的下列免责条款无效：（一）造成对方人身伤害的；（二）因故意或者重大过失造成对方财产损失的。"

3. 第 54 条："下列合同，当事人一方有权请求人民法院或者仲裁机构变更或者撤销：（一）因重大误解订立的；（二）在订立合同时显失公平的。一方以欺诈、胁迫的手段或者乘人之危，使对方在违背真实意思的情况下订立的合同，受损害方有权请求人民法院或者仲裁机构变更或者撤销。"

第 3 条　协议生效条件

以下条件同时具备本协议方可生效：

（1）本协议经双方签字、盖章；

（2）经____________市人民政府批准；

（3）本项目的第一笔征拆资金人民币______元整通过项目公司划到采购人指定账户；

（4）政府方提供指定的国有建设用地土地出让收益优先用于支付本项目付费的文件。

第 4 条　协议构成及优先次序

4.1　双方签署的本协议、往来公函、有关确认书、合同附件等为本协议的不可分割的组成部分。

4.2　以上文件应为相互解释，相互说明，除另有约定外，在发生冲突时，组成本协议的文件及优先解释顺序如下：

（1）本协议；

（2）双方签订的补充协议和有关确认书；

（3）谈判中的澄清文件和会议纪要；

（4）成交通知书；

（5）补遗、答疑文件；

（6）竞争性磋商文件；

（7）审定的设计文件、标准、规范及有关技术文件；

（8）资格审查文件、竞争性磋商响应文件及附录（含乙方在评审期间递交和确认并经市政府或甲方同意的对有关问题的补充资料等）；

（9）构成本协议组成部分的其他文件。

第二章　甲乙双方基本权利义务

第 5 条　甲方的权利义务

甲方：____

住所：____

法定代表人：__________________________________

5.1　甲方权利

甲方有权按照有关法律法规和政府管理的相关职能规定，行使下列权利，包括但不限于：

（1）对 PPP 项目的投融资、进度、工程质量、安全、运营维护、移交等进行检验、检查、监督等活动，乙方及项目公司应积极配合甲方的前述活动。

（2）对涉及工程投资、标准、变更、建设与运营、工程质量、安全等重大事项变更的审批权。

（3）有权要求乙方及项目公司提交融资计划、投资控制计划、工期进度计划、质量控制措施等专项报告。

（4）有权将项目监管情况向社会公布，有权受理、核实和处理公众对乙方及项目公司的投诉。

（5）有权根据 PPP 协议及关联协议的约定兑付、提取或没收乙方或项目公司的建设期、运营维护期、移交期内的保证金或银行保函项下的款项。

（6）在项目竣工验收后，甲方有权委托政府审计机构或中介机构对乙

D10910

方的建设费用进行审计。

（7）若本项目危及公共安全或公共利益的，甲方有临时接管权，乙方或项目公司应无条件配合。

（8）乙方如出现下列行为之一者，甲方有权责令其改正，或依法采取有效措施督促其履行义务；逾期不改正的，有权终止 PPP 协议，收回本项目所有权利：

①擅自停业、歇业，影响到社会公共利益和公共安全的；

②因经营管理不善，造成重大质量、安全责任事故，严重影响公共利益的；

③被相关部门依法吊销、关停的；

④违反获得本合同权利时所做的承诺，情节严重的；

⑤法律法规禁止的其他行为。

（9）享有 PPP 协议及关联协议所约定的其他权利。

＊条文批注：甲方作为政府方，作为 PPP 合同的相对主体，与社会资本方具有同等的民事主体地位；作为社会公共利益的监管主体，又具有行政主体地位。在 PPP 项目中，政府方既是民事主体，也是行政主体。政府应当处理好两种角色的转换。在合同中，应当对政府方的权利范围进行明确规定。总体来讲，在 PPP 项目中，政府需要同时扮演以下两种角色：

（1）作为公共事务的管理者，政府负有向公众提供优质且价格合理的公共产品和服务的义务，承担 PPP 项目的规划、采购、管理、监督等行政管理职能，并在行使上述行政管理职能时形成与项目公司（或社会资本）之间的行政法律关系；

（2）作为公共产品或服务的购买者（或者购买者的代理人），政府基于 PPP 项目合同形成与项目公司（或社会资本）之间的平等民事主体关系，按照 PPP 项目合同的约定行使权利、履行义务。

5.2 甲方义务

（1）遵守并执行 PPP 协议的义务。甲方按法律法规和政府管理的相关职能规定行使重大事项变更的审批权，应在收到乙方及项目公司以书面形式上报事项报告或请示的______个工作日内完成审议批复。否则，视为甲方已同意、批准或接受了乙方及项目公司申报事项或请求。

（2）负责____________市城市建设投资有限责任公司注册资本的出资事宜。

（3）依法批准或协调相关部门批准乙方或项目公司递交的项目建设、运营维护及管理所必需的申请文件。

（4）负责支付可用性付费。

（5）征地、拆迁义务。

（6）负责将本项目纳入综合信息平台 PPP 项目库，并向乙方提供将本项目列入____________省 PPP 项目清单的相关文件（如可查询的网址）。

（7）本项目政府付费资金纳入____________市级跨年度公共预算支出及中期财政规划，出具财政付费承诺及____________市人大决议。

（8）政府方出具指定地块的国有建设用地土地出让收益优先用于支付本项目付费的文件等。____________市出具可覆盖本项目投资的国有建设用地土地地块的全部可支配土地出让收入作为付费来源的承诺书，并提供以下资料：①相应地块信息；②规划指标或出让指标；③土地出让计划；④土地评估价。

（9）本项目的政府指定地块的土地出让收益，在甲乙双方认可的设在____________的专户封闭运行，并接受乙方监管。

（10）为项目融资提供必要的帮助，上述文件材料在 PPP 合作协议正式签订的______个月以内提供给乙方。

第 6 条　乙方的权利义务

乙方：____

住所：____

法定代表人：____

6.1　乙方权利：

（1）按约定获得政府支持的权利。

（2）按 PPP 协议约定通过项目公司获得投资收益的权利。

（3）乙方可以在成立项目公司时引进产业基金或其他财务投资人，但需得到甲方事先批准，且乙方须承担主体责任。

（4）若本项目在 PPP 合作协议正式签订 6 个月内不能纳入综合信息平

D10910

台 PPP 项目库，届时乙方有权中止履行本协议义务。

6.2　乙方义务：

（1）乙方遵守并执行 PPP 协议的义务。

（2）乙方应按照 PPP 协议的规定履行出资、融资义务并提供相应的融资文件，并在 PPP 协议生效后 15 日内签署《股东协议》《公司章程》等法律文书。

（3）乙方依约提供注册资本金、项目资本金、征拆资金、工程建设资金、履约保证金、银行履约保函等。

（4）依法履行出资和组建项目公司的义务。

（5）在本项目全部移交前，未经甲方同意，乙方（包含乙方引入的产业基金或其他财务投资人）不得将其所持有的项目公司的股权进行转让或设定其他债务等可能使项目公司股权结构发生或可能发生实质性变化的行为。

（6）督促项目公司在成立后 30 日内与甲方签订项目合同（特许经营协议）及履行关联协议。

（7）乙方应在其因本项目与第三方签订的协议 / 合同中明确约定，若 PPP 协议或关联协议被解除或终止，乙方与第三方的协议 / 合同自动解除或终止。

（8）乙方为项目公司的责任和行为向甲方承担连带责任保证。若项目公司未按照本合同全面履行义务的，视为乙方违约，须承担违约责任。

（9）依法纳税：乙方及项目公司按有关法律规定纳税。营业税及附加缴纳执行税收法律法规政策及相关规定。项目公司不再重复缴纳政府方支付可用性付费中的工程建筑安装费、运营维护费、征拆资金本金部分的营业税及附加。若项目移交时股权转让（乙方及其财务投资人将股权转让给市城投公司）或项目资产移交所产生的税费，由甲方承担。

第三章　合 作 项 目

第 7 条　合作项目内容

7.1　本项目合同估算金额约______万元整，第一部份____________工程预计投资约______亿元，建安工程费以实际施工建设并经计量、确认的金额为准，征地拆迁资金以实际到账使用金额为准。

本项目包括但不限于以下项目，具体项目名称及主要建设内容和规模如下：

序号	项目内容	主要建设规模及标准

7.2 具体范围和标准最终以通过行政审批的设计文件为准。

7.3 在投资额度和合作期限内，双方确定的建设范围、建设规模原则上不调整。特殊情况，甲乙双方共同协商调整项目的数量、规模、建设周期，涉及变更事项规定见工程建设通用和专用条款。

* 条文批注：1. 对于政府方而言，明确政府为合作项目提供的主要条件或支持措施，如授予社会资本主体相关权利、提供项目配套条件及投融资支持等。涉及政府向社会资本主体授予特许经营权等特定权利的，应明确社会资本主体获得该项权利的方式和条件，是否需要缴纳费用，以及费用计算方法、支付时间、支付方式及程序等事项，并明确社会资本主体对政府授予权利的使用方式及限制性条款，如不得擅自转让、出租特许经营权等。

2. 对于社会资本 / 项目公司而言，应当明确社会资本主体应承担的主要工作，如涉及投资的，应明确投资标的物的范围；涉及工程建设的，应明确项目建设内容；涉及提供服务的，应明确服务对象及内容；涉及合作到期需要移交的，应明确移交的范围及标准等。

第 8 条 合作方式

8.1 乙方（包含乙方引入的产业基金或其他财务投资人）与甲方指定的____________设立项目公司作为本项目的实施主体。

D10910

8.2 在政府方未按合同约定履行政府付费义务前，相关资产的权属由项目公司享有。

第 9 条　合作期限

项目合作期限为______年，其中：

9.1　准备期从 PPP 协议签订生效之日起至开工日止；

9.2　建设期______年，从开工日起至交工（竣工）验收并达到通车条件之日止；

9.3　运营维护期为______年，从项目交工（竣工）验收合格日起至本项目运营维护期最后一日止的期间。合同另有约定的按约定。

> * 条文批注：政府和社会资本合作（PPP）项目的合作期限往往是 10~30 年不等，根据《基础设施和公共事业特许经营管理办法》第 6 条的规定，PPP 合作期限最长不得超过 30 年。

第四章　项 目 公 司

第 10 条　项目公司组建

10.1　项目公司由乙方和____________市城投公司共同出资设立，组织形式为有限责任公司。

10.2　项目公司名称：____

10.3　注册资本（实收资本）：人民币______元人民币（大写：______元整）

10.4　住所地：____

10.5　注册资本出资方式与股权比例

____________市城投公司：现金出资额为人民币______元，股权比例为______%；

乙方：现金出资额为人民币______元，股权比例为______%。

不论投资总额如何发生变化，甲乙双方的股权比例和项目公司的注册资本不再进行调整，各方同意的情况除外。

若项目公司增减注册资本，须全体股东一致同意，并征得甲方的同意和书面认可。

10.6　项目资本金的出资

本项目的项目资本金（含注册资本）原则上为总投资的______%，即______元。

具体比例按国家相关规定不低于国家标准。

项目资本金的到位时间为：________________________________

乙方第一笔项目资本金在项目公司成立后______日内按 10.8（2）约定到位，其余项目资本金根据甲方和项目建设的要求到位。

10.7　项目公司的设立

乙方在收到成交通知书后______个日历天内，按照《中华人民共和国公司法》及相关法律、法规、规章规定在____________市范围内设立有独立法人资格的项目公司，在报请甲方核准后在工商部门进行注册登记。项目公司未经甲方或市城投公司的许可不得从事与本项目无关的经济活动。

* 条文批注：资本金和注册资本金一直是非常容易混淆的两个概念：

1. 根据《国务院关于固定资产投资项目试行资本金制度的通知》（国发〔1996〕35 号）的规定，投资项目资本金是指在投资项目总投资中由投资人认缴的出资额，对投资项目来说是非债务性资金，项目法人不承担这部分资金的任何利息和债务；且根据行业和项目经济效益规定了各行业资本金占总投资的最低比例。现根据最新的《国务院关于调整和完善固定资产投资项目资本金制度的通知》（国发〔2015〕51 号），各行业固定资产投资项目的最低资本金比例普遍在 20%~30%。也就是说，一个固定资产投资项目总投资中至少有 20%~30% 的资金必须是由投资人认缴的非债务性资金，这部分非债务性资金就是资本金。

2. 注册资本属于《中华人民共和国公司法》的范畴，是根据《中华人民共和国公司法》所设立的公司（包括有限责任公司和股份公司）在其登记机关登记的认缴出资额或股本总额。

10.8　融资

（1）甲方及市城投公司不承担项目公司融资义务，但需按“5.2　甲方义务”款约定及时提供必要文件。乙方对项目投资承担合同明示的融资义务和违约责任。乙方可以以项目公司进行融资，但项目公司如不能完成融资任务，由乙方提供融资资金；因甲方不履行“5.2　甲方义务”款约定，导致项目公司及乙方不能融资的责任和损失由甲方承担。所有资金必须进入项目公司专用账户，

D10910

并且均须用于本项目，不得挪用。任何一方挪用资金，需按挪用资金金额的______%向另一方承担违约责任。

（2）乙方及项目公司按照甲方所要求的项目进度提供资金，所提供的资金必须能够满足工程建设和征拆工作的需要。征拆资金的到位时间、金额，由甲方以书面方式提前______天通知乙方。其中，首期征拆费用（项目资本金可作为第一笔征拆资金使用）人民币______元整（如不能一次性纳入综合信息平台 PPP 项目库，则按实际纳入综合信息平台 PPP 项目库的工程规模占投资总额比例分期到达项目公司账户）。甲方使用征拆费用时向乙方和项目公司提交征拆资金的需求计划和清单，项目公司根据需求计划和清单，乙方对征拆资金使用计划的合法性进行审查后，将征拆资金划到甲方指定的征拆账户，并对征拆资金进行监督检查，确保专款专用；若甲方在资金到达项目公司账户______日内未能提供征拆资金需求计划和清单或者实际需求小于______亿元，乙方和项目公司可以自行处置剩余部分资金。

> *条文批注：PPP 项目中社会资本方一个重要的责任就是解决项目融资问题，确保项目资金稳定顺利实施。因此在 PPP 项目中，通常约定中标社会资本方本身具有一定的资金实力，并且要协助项目公司获得项目建设所需要的资金，在项目公司融资困难的情况下为项目融资提供担保或自行补足资金不足的部分。

第 11 条　项目公司治理结构

11.1　董事会、监事

（1）董事会由______人组成，政府方指派______人，乙方指派______人。董事会实行一人一票，由董事会拟定或决定的事项经过全体董事半数（包括本数）以上董事同意通过即生效。甲方委派的董事对影响公共利益、公共安全和对政府方利益造成损害的重要事项（具体事项在补充协议中明确）享有一票否决权。由乙方派出人员出任董事长、总经理，其中董事长为项目公司法定代表人。乙方经资格预审合格的项目建设管理负责人须担任项目公司常务副总经理及以上职位。

（2）项目公司不设监事会，由市财政局派驻监事 1 名。

（3）项目公司的日常财务管理由乙方负责，甲方有权对财务进行监督。若甲方发现乙方以项目公司名义从事与本项目无关的经济活动，甲方有权终止合同，并按相关规定处理。

11.2　项目公司股权、实际控制人、重要人事发生变化应取得甲方的同意和书面认可。

11.3　项目公司应建立完善的人事制度、决策机制、财务制度，并接受甲方的监督和检查。

* 条文批注：公司的治理机构除了应遵循《中华人民共和国公司法》等法律的相关规定外，尤其需要注意《最高人民法院关于适用〈中华人民共和国公司法〉若干问题的规定（四）》的相关规定。一是项目公司需在公司章程中增加防范决议不成立的条款；二是项目公司投资人需审查 PPP 交易文件中无效决议的保护条款；三是项目公司董事、高管需积极履行公司文件制作保存义务；四是 PPP 项目投资人在交易文件中约定股东利润分配制度；五是项目公司需衔接股东优先购买权制度与 PPP 股权转让限制制度；六是 PPP 投资人充分利用股东代表诉讼保护自身合法权益。

第 12 条　项目公司股东的权利义务

12.1　本项目公司股东为市城投公司和乙方。

（1）市城投公司不负责项目公司的具体经营管理，根据公司章程对公司重大事项进行表决，并对项目公司变更经营范围、减少注册资本及项目公司合并、分立、解散、破产等事项拥有一票否决权。

（2）本项目公司的具体事务由乙方负责执行，若因乙方的原因导致甲方、项目公司对第三人出现违约、被索赔等情形，甲方、项目公司有权向乙方行使追偿权；若因甲方的原因导致乙方、项目公司对第三人出现违约、被索赔等情形，乙方、项目公司有权向甲方及城投公司行使追偿权。

12.2　市城投公司不承担 PPP 项目公司经营成本及盈亏责任，但需承担 PPP 股东协议及公司章程所约定责任与义务。

（1）股东有权对公司的经营行为进行监督，提出建议或者质询；

D10910

（2）股东有权查阅公司会计账簿，查阅、复制公司章程、股东会会议记录、董事会会议决议、监事报告和财务会计报告；

（3）本项目公司股东依约履行 PPP 协议及关联协议等规定的义务，在公司成立后，股东不得抽逃出资。

12.3 在建设期及缺陷责任期内，未经甲方批准，乙方及经甲方认可的财务投资人不得向除市城投公司以外的第三方转让其持有的项目公司的股权。缺陷责任期满后的运营维护期内，乙方及经甲方认可的财务投资人向除市城投公司以外的第三方转让其持有的项目公司股权的，受让方须具备相应的履约能力及资格，并须得到甲方的事前批准。

12.4 在合作期内，乙方持有项目公司的股权未经甲方书面同意不得质押；若乙方为本项目的融资需要而质押股权的，须经甲方书面同意，但融得的资金须存入项目公司账户并全部用于本项目建设。否则：

（1）视为乙方违约；

（2）甲方有权根据损失情况相应兑付履约保函或没收保证金；

（3）乙方同时须负责在甲方指定的时间内解除质押、清偿相关债务；

（4）若乙方不能履行第（3）项的义务，甲方有权解除协议；

项目公司应保证在其履行对政府方的所有责任、义务完毕之前，不会分立或与其他公司合并。乙方（含乙方引入的产业基金或其他财务投资人）对项目公司的直接持股比例在本项目移交前不得低于______%；且不得与项目公司直接或间接发生与本合同规定事项以外的交易，不得抽逃项目公司注册资本金。项目全部移交前，乙方不得将其所持有的股权进行转让或设定其他债务等使项目公司股权结构发生或可能发生实质性变化。

12.5 因合作期届满或其他原因导致项目公司无存续之必要时，双方股东需对项目公司进行清算。

*条文批注：现行公司法对于有限责任公司、一人公司、股份有限公司的设立，并无法定最低注册资本的要求，而是由公司股东或者发起人自行确定公司注册资本的数额，同时，注册资本缴纳制度为认缴制而非实缴制。PPP 项目公司的设立相较于一般意义上的公司设立，在注册资本数额及比例、缴付方式、出资时间安排等方面，均有较大的区别。

1. 根据《国务院关于调整和完善固定资产投资项目资本金制度的通知》（国发〔2015〕51 号）的规定，不同行业股东资产投资项目的最大资本金比例不同，一般情况下，PPP 项目公司设立需要注册资本金，且要求实缴。

2. 在进行 PPP 项目公司股权结构设计时，需要注意出资比例限制问题，政府在项目公司中的持股比例应当低于 50%，且不具有实际控制力及管理权。

3. 实际操作中，在设计股东表决权时，要求特别重大事项需要全体股东一致通过，涉及公共利益的重大事项（包括股权变更、投资事项、增加或减少注册资本和重大融资资金使用等）决策时政府股东享有一票否决权。

第 13 条　项目公司的权利

项目公司依法获得包括可用性付费及其他应得收入的项目收益权。

第 14 条　项目公司义务

14.1　项目公司负责 PPP 协议所指 PPP 项目的实际执行，包括但不限于投融资、项目建设、材料采购、质量控制、工程结算、工程款支付、项目维护、项目移交等工作。

14.2　项目应接受政府审计部门、质量监督部门按有关法律及法规规定对项目进行审计、监督、检查；接受甲方派出的监督机构按有关法律及法规规定对项目进行监督检查。

14.3　项目公司应按照经某某市有关部门审查和批准的项目的建设规模、设计标准、施工图、实施计划完成建设，并承担费用和风险。

14.4　项目公司在项目建设过程中应严格执行国家和某某市有关规定，防止出现违规分包、转包和拖欠农民工工资现象。

14.5　项目公司应对项目的工程质量和财产、人员安全负责；应按照国家和某某市有关规定建立健全质量和安全保证体系，落实质量和安全生产

D10910

责任制。

14.6 项目公司在项目的建设、运营和养护过程中，应按有关规定做好桥梁工程维护、立交工程维护、道路工程维护、绿化工程维护、环境保护、水土保持和土地管理等工作，达到质量、环卫、环保、水保、土地管理等部门的要求和标准。

14.7 项目公司应服从政府及行业管理部门的有关规定，承担项目范围内的监控系统、通信系统、服务设施和安全设施等的新建、改建费用，产生的费用纳入投资总额。

14.8 项目公司应按照有关技术规范要求，定期或经常性地对项目运行状况进行检测、检查和维护，使项目及其附属设施经常处于良好状态。

14.9 项目公司在运营维护期内，应保证国家重要战略物资、设备运输及军事行动、抢险救灾等特殊情况下对项目的使用，保证安全畅通，产生的费用纳入投资总额。

14.10 根据国家法律和有关规定，在项目建设期内双方确认需为项目投保的，由项目公司办理投保手续，投保保费纳入投资总额。

14.11 应按照甲方及建设、运营管理部门的相关要求，及时上报项目投资、建设、运营、养护过程中的相关报表、文件。

14.12 项目后评价工作由甲方负责，费用由甲方承担，乙方及项目公司积极配合。

14.13 对于PPP协议所约定的项目公司应承担的义务以及股东协议、PPP项目合同（特许经营协议）等相关法律文书，对乙方有约束力，乙方必须同意并承诺配合和执行，否则视为乙方违约，甲方有权解除PPP协议及相关协议，按本合同约定根据损失情况相应兑付银行保函。

14.14 依法完成应由项目公司申请的行政审批事项。

14.15 负责质量监督、安全监督部门的报监手续。

14.16 乙方及项目公司应按照征拆工作的进度要求，依照国家和某某市有关规定，按约定的时间、金额等足额承担征拆费用。

14.17 本项目用地范围内的通信、广播电视、供水、排水、电力、燃气等管线

（缆）和其他物品，需要迁移的，费用经审计后按时结算列入征拆费用，甲方协调相关单位协助办理相关手续。

*条文批注：在特许经营期间，项目公司应根据项目合同的约定，自行承担费用、责任和风险，负责基础设施红线范围内项目设施的建设、运营、维护，保证按照适用法律、项目合同和谨慎运营惯例经营项目设施，使其处于良好的运营环境并能在运营参数范围内安全稳定地提供服务，并在特许经营期满时将项目设施移交给政府或其指定机构。此外，1. 未经政府同意，整个特许经营期内注册资本金不得减少，项目公司不得转让和解散；2. 根据适用法律和项目合同的规定接受政府对项目公司的监督和检查，并为政府履行上述监督权利提供相应的工作条件，但该等监督不得干涉项目公司根据适用法律和本协议履行其在 PPP 项目合同下的权利和义务；3. 应按照法律法规及相关政策缴纳有关税费；4. 除经政府书面同意，项目公司可将收益权进行质押外，项目公司不得将其财产和 PPP 项目合同项下的任何权利义务、所有权和权益设定任何抵押、质押或者任何其他形式的担保；5. 通常情况下履约保函体系需覆盖整个政府与社会资本合作期间。

第五章　项目前期工作

第 15 条　甲方的前期工作

15.1　项目立项、专项审查、施工图设计、预算、评审等工作由甲方负责，费用甲方支付。

15.2　甲方依法选择本项目的工程监理单位并支付监理费。

第 16 条　乙方的前期工作

16.1　乙方及项目公司应按照基本建设程序办理本项目的前期手续。

16.2　依约向甲方提供见索即付的银行履约保函，保函金额按____________文件的要求。

16.3　完成其他因履行 PPP 协议及相关协议所需之工作。

D10910

第六章 项目投资及费用

第 17 条 投资控制责任

甲方、乙方和项目公司对本项目的总投资承担投资控制责任。因甲方原因造成超过投资规模的，超出部分则由甲方及市城投公司承担；因乙方原因造成超过投资规模的，超出部分则由乙方承担；非甲乙双方的原因造成超过投资规模的，由甲乙双方依法承担或协商解决。

第 18 条 与费用相关的约定

18.1 本项目政府可用性付费购买价款由建安工程费总额、建安工程费的投资回报收益、征拆费用及投资回报收益、运营维护费、项目管理费、经双方确认的工程一切险等保险费用等指标构成。本项目以静态方式计算资金，不予考虑银行利率变化对本项目收益的影响，建安工程费投资回报率及征拆费用回报率实行固定费率包干，不再另行计算投资人在建设期内的利息，已计入建安工程费的总承包管理费、税费（应由项目公司承担的）等不再另行计算。

18.2 政府支付可用性付费的主要方式：

18.2.1 工程建设期内当年（以每年 12 月 31 日为时间节点）结算建安工程费投资收益部分和征拆费用投资回报部分，每年支付一次。

18.2.2 项目工程交工（竣工）验收后，即在开工后第______年年底支付总投资______% 的本金和第______年应付投资收益；第______年年底支付总投资______% 的本金和第______年应付的投资收益；第______年年底支付总投资______% 的本金和第______年应付的投资收益；第______年年底支付总投资______% 的本金和第______年应付的投资收益；第______年年底支付总投资______% 的本金和第______年应付的投资收益；第______年年底支付总投资______% 的本金和第______年应付的投资收益；第______年年底支付总投资剩余部分本金和第______年应付的投资收益。（注：年底指当年 12 月 31 日前，总投资是指审计部门出具的工程财务决算报告中的项目总投资）

18.2.3 征拆费用从划入第一笔征拆费用开始，第______年年底支付征拆费用总额______% 的本金和第______年应付的投资收益；第______年年底支付征拆费用总

额______% 的本金和第______年应付的投资收益；第______年年底支付征拆费用总额______% 的本金和第______年应付的投资收益；第______年年底支付征拆费用总额______% 的本金和第______年应得的投资收益；第______年年底支付征拆费用总额______% 的本金和第______年应付的投资收益；第______年年底支付征拆费用总额______% 的本金和第______年应付的投资收益；第______年年底支付征拆费用总额______% 本金和第______年应付的投资收益。（注：年底指当年 12 月 31 日前）

18.2.4　政府方可根据实际情况提前支付相关费用，提前支付的要约主动权归甲方。如提前支付，提前支付的费用按实际占用时间计算投资收益（以单利计算）。

18.3　政府支付可用性付费的计算方法：

（1）建安工程费：依据《工程建设通用和专用条款》确定的计量规范和有合同约束力的技术经济资料审核确认的工程量，按市财政投资评审中心评审后的建筑安装工程预算造价 ×（1– 建筑安装工程预算造价下浮率）（成交下浮率）计算，由甲方组织、乙方参与，由财政、审计部门最终确定。

（2）建安工程费投资回报的计算：

①施工期建安工程费投资回报：当年结算的投资回报以双方确认的月工程费（如与审计确认的不一致，暂按审计确认的月工程费为准）的______% 作为计息基数，按年投资回报率______%（以成交费率按单利方式计算）；工程竣工结算经审计后，支付到施工期建安工程费总额______% 的投资回报，对最终审计金额的______% 与中间计量总金额的______% 之间的差额，按施工期计量比例相应增加支付或扣减投资回报。计算时间从计量计价当月______日起至当年______月______日（以每月______日作为计量日）。若由于乙方原因导致项目工期延误，延误的工期不计施工期投资回报；若乙方未按期完成工程建设并交（竣）工验收或验收不合格的，按违约责任处理，不计工程投资回报并追究违约责任。

施工期建安工程费投资回报 =∑［双方确认的月工程费 ×______%× 成交费率______%/ 年 ×（计量计价当月______日至结算日之间的时间（按天计）÷365）］。上年 12 月 31 日已计算的建安工程费基数，在次年 12 月 31 日结算时直接按______%/ 年（以成交费率计，单利）计算投资回报。

D10910

②运营期建安工程费投资回报：从工程交工（竣工）验收之日次日起，至合同约定的支付日止，以工程费总额余额的______%（二年质保期满后按 100% 计算运营期工程费投资回报）为基数，按年投资回报率______%计（以成交费率按单利方式计算）。

运营期建安工程费投资回报 = 当期未支付的工程费总额余额 ×______%× 成交费率______% / 年 ×（对应的工程交工（竣工）验收日的次日起至每年 12 月 31 日止的天数（按天计）/365）。

本项目提前付费的要约主动权归甲方。在工程竣工满一年后，甲方每年可以提出一次提前购买要约，乙方不得拒绝。提前购买要约可以是部分购买，也可以是全部购买。

（3）建安工程费的支付：本项目建设期______年，工程交工（竣工）验收后，从进入运营维护期第 1 年开始每年支付一次建安工程费本金，分______次支付完毕，年支付比例为：______%：______%：______%：______%：______%：______%：______%，乙方须于每一年满后______日内向政府方提出拨款申请。市政府根据应付资金进度提前安排土地出让事项，并及时安排资金支付项目投资及回报。运营维护期的计算见第 1 条第 1.1 款第 9 项和 16 项。

（4）征地拆迁资金的计算：经双方共同确认的金额 100% 为基数，年固定回报率______%（以成交的费率按单利方式计算）；计算时间以该类费用拨付到采购人指定银行账户的实际到账日起计取。

①施工期征拆费用投资回报：从每一笔征地拆迁资金对应的拨付到政府方账户的实际到账日当日起至当年 12 月 31 日止，按年投资回报率______%（以成交费率按单利方式计算），当年结算。若乙方未按期提供征拆资金的，按违约责任处理，不计投资回报并追究违约责任。

施工期征拆费用投资回报 =∑［每一笔双方确认的征拆费用 ×100%× 成交费率______% / 年 ×（拨付到政府方账户的实际到账日至结算日之间的时间（按天计）/365）］

②运营期征拆费用投资回报：从工程交工（竣工）验收之日次日起，至合同约定的

支付日止，以应付未付的征拆费用余额的 100% 为基数，按年投资回报率______% 计（以成交费率按单利方式计算）。

运营期征拆费用投资回报 = 当期未支付的征拆费用总额余额 ×100%× 成交费率______% / 年 ×（工程交工（竣工）验收日的次日起至每年 12 月 31 日止的天数（按天计）/365）。

③征地拆迁费的支付：本项目建设期______年，工程交工（竣工）验收后，从进入运营维护期第 1 年开始每年支付一次征地拆迁费本金，分______次支付完毕，年支付比例为：______%：______%：______%：______%：______%：______%：______%，乙方须于每一年满后______日内向政府方提出拨款申请。市政府根据应付资金进度提前安排土地出让事项，并及时安排资金支付征拆费用本金及回报。运营维护期的计算见第 1 条第 1.1 款第 9 项和 16 项。

④本项目提前付费的要约主动权归甲方。在单笔征地拆迁费占用满一年后，政府方每年可以提出一次提前购买要约，社会资本方不得拒绝。提前购买要约可以是部分购买，也可以是全部购买。

（5）运营维护费的计算：本项目的运营维护责任由项目公司负责。费用按照____________市上一年执行的市政维护、清扫保洁维护和路灯维护等事项的管理维护标准进行测算，项目公司可委托____________市政部门实施运营维护工作，运营维护费用以市政部门报市财政审定为准。

（6）大修费用：合作期限内除工程缺陷责任期（质量保修期）以外的大修费用，须由甲方提出维修范围、期限、造价，并按市政维修项目规定程序报批后依法组织施工，费用由甲方承担。

（7）项目管理费及经双方确认的工程一切险等保险费用按相关规定计算，须报市财政部审定。项目管理费的分配在补充协议中完善。

（8）质保金（建安工程费的______%）在质保期内不计资金回报。

（9）支付时间：以每年 12 月 31 日为支付节点，每一年满后______个工作日内，项目公司向甲方提出支付申请，甲方在______个工作日内进行审核，并在双方确定审核无误后______个工作日内向市财政局提出支付申

D10910

请并予以支付。项目公司提出申请时，需附：支付申请书；由甲方选定的第三方中介机构出具本项目维护、保养正常或合格的意见等，否则，甲方有权拒绝审核和支付可用性付费。

（10）乙方为项目公司融资所产生的所有费用均由乙方承担。

18.4　政府购买可用性付费资金来源：

本项目以____________城内的国有建设用地土地出让收益作为项目资金支付来源，市财政将该项目付费资金列入跨年度预算，不足部分由市级财政资金补足安排。

* 条文批注：1. 建筑安装工程费用由分部分项费用、措施项目费用、其他项目费用、规费和税金组成，参考建标〔2013〕44 号关于印发《建筑安装工程费用项目组成》的通知规定。

2. 政府付费应当按照《中华人民共和国预算法》的程序和方式进行。另外，《政府和社会资本合作项目财政承受能力论证指引》（财金〔2015〕21 号）明确，每一个区域内各年度全部 PPP 项目需要从预算中安排的支出责任，包括政府股权投资、运营补贴、风险承担、配套投入等，占一般公共预算支出的比例应当不超过 10%。

第七章　工 程 建 设

（见工程建设通用合同和专用合同条款）

第 19 条　进度、质量、安全及管理要求

见本项目工程建设通用合同和专用合同条款

第 20 条　工程变更管理

见本项目工程建设通用合同和专用合同条款

第 21 条　项目验收

见本项目工程建设通用合同和专用合同条款

第 22 条　工程保修

见本项目工程建设通用合同和专用合同条款

第 23 条　工程建设保险

见本项目工程建设通用合同和专用合同条款

第 24 条　建设期违约及处理

见违约和处理条款及本项目工程建设通用合同和专用合同条款。

第八章　运 营 维 护

第 25 条　运营

25.1　在乙方和项目公司遵守 PPP 协议及对其规定的义务和其他条款的前提下，甲方授予项目公司独占的、排他性的运营权，该权利在整个运营维护期内有效。

25.2　在准备期、建设期、运营维护期内，未经甲方批准，项目公司无权将运营权及其他权利进行转让，否则视为乙方或项目公司不再具有执行 PPP 协议的能力，乙方和项目公司须无条件放弃执行 PPP 协议的权利，同时甲方根据损失情况相应兑付银行保函，项目公司须无条件撤场，乙方并将其持有项目公司的股权过户转让给甲方指定主体。

25.3　自通车基准日起并经市政府或甲方批准，项目公司负责运营。本项目的运营维护责任由项目公司负责。费用按照＿＿＿＿＿＿市上一年执行的市政维护、清扫保洁维护和路灯维护等事项的管理维护标准进行测算，项目公司可委托某某市政部门实施运营维护工作，运营维护费用以市政部门报市财政审定为准。

第 26 条　运营内容

26.1　项目的养护和管理，包括但不限于本项目主体结构、路面、灯饰、绿化、景观以及根据《＿＿＿＿＿＿市市政设施管理条例》等相关规定要求的内容。

26.2　经市政府批准的其他经营项目。

第 27 条　运营服务标准

27.1　运营维护的目标

项目的运营维护目标：符合《城市桥梁和养护维修管理办法》《城市桥梁养护技术规范》《公路养护技术规范》及其他国家和＿＿＿＿＿＿省、＿＿＿＿＿＿市及行业主管部门有关运营维护标准，若在运营维护期内有新的规范、标准

D10910

时，以新的规范、标准为准。

27.2　运营维护和维修要求

项目公司应按照政府及行业管理标准和要求进行运营维护和维修，保证项目保持良好的技术状态，为通行车辆和人员提供安全、畅通、便捷的服务，并按甲方或有关部门的要求提交各种报表、记录和报告。

27.3　安全及紧急事件

从运营之日起，项目公司应：

（1）为项目制定和提供全部必要的防灾体制与安全措施；

（2）经与甲方协商后，制定关于项目的紧急事件应对措施；

（3）因恶劣天气、自然灾害、重大事故或其他紧急情况导致项目交通受到严重影响时，乙方及项目公司应当服从政府、公安交通部门和甲方的指挥，采取紧急措施，疏导或恢复交通。

27.4　道路的临时关闭

（1）出于安全考虑，或为了预定的或紧急的养护及清洁等目的，在不损害项目公司在PPP协议项下的其他权利和义务的情况下，项目公司可以向甲方申请暂时关闭道路的相关部分，未经甲方批准不得自行关闭。

（2）政府和甲方出于公共安全的原因，或在紧急状态下，可以在任何时候要求项目公司临时关闭项目，项目公司应当执行。

27.5　路政、交通管理

项目的路政、交通管理按照某某市政府有关规定执行。甲方应协调项目公司与市政管理机构和公安交通管理部门在运营中搞好路政和交通管理，乙方及项目公司应提供一切必要的便利条件和协助，保障项目运营安全畅通。

＊条文批注：1. 为评估社会资本方提供公共产品和公共服务的质量和效率，PPP项目合同通常会根据项目所处行业的特点、项目的性质、项目的预期目标和回报机制等因素设置明确的运营维护标准。通常包括：服务范围和服务内容；生产规模或服务能力；运营技术标准或规范；产品或服务质量要求；安全生产要求；环境保护要求；等等。

2.《中华人民共和国行政许可法》第 67 条规定："取得直接关系公共利益的特定行业的市场准入行政许可的被许可人，应当按照国家规定的服务标准、资费标准和行政机关依法规定的条件，向用户提供安全、方便、稳定和价格合理的服务，并履行普遍服务的义务。"

3.《基础设施和公用事业特许经营管理办法》第 46 条规定："特许经营者应当对特许经营协议约定服务区域内所有用户普遍地、无歧视地提供公共产品或公共服务，不得对新增用户实行差别待遇。"

第 28 条　运营维护期保险

按政府方要求执行。若政府方要求运营维护期购买保险的，项目公司按要求购买运营维护期保险，产生费用纳入投资总额。

第 29 条　运营维护期的特别补偿

在运营维护期间若出现由于市政府或甲方特殊要求造成项目公司支出增加、收入减少的情形，项目公司应及时以书面形式向甲方报告，并载明因何种原因导致项目公司支出增加或收入减少、支出增加或收入减少的金额、计算标准等内容，甲方在收到报告后，会同有关部门进行审查评估，并制定出初步的补偿方案，报市政府批准后执行。

第 30 条　运营维护期违约及处理

见违约和处理条款。

第九章　社会资本主体移交项目

第 31 条　项目移交

31.1　正常移交

（1）移交标准

在距运营维护期满前______个月，甲方对项目进行鉴定和验收。经鉴定和验收，符合取得该项目权益时核定的技术等级和标准的，乙方及项目公司按照国家有关规定向甲方办理项目移交手续。若不符合，乙方及项目公司应当在甲方确定的期限内进行整改维修，达到要求后，方可按照规定办理移交手

D10910

续。未在甲方确定的期限内完成维修工作或维修工作未达到目的标准的，甲方可直接委托或通过招标形式选择相关单位对项目进行养护和维修，养护及维修的费用经结算后由乙方及项目公司承担，甲方可直接从移交担保金中扣除该部分工程的______倍费用。

（2）移交范围

在运营维护期满后，乙方及项目公司应向甲方办理移交手续：

①项目及其附属设施（含相关权利凭证）；

②与项目的建设、运营、管理和维护有关文件、手册和记录；

③与项目运营和维护必须的技术和知识产权；

④所有与项目及其资产有关的项目公司的其他手续、材料等。

* 条文批注：为了确保回收的项目符合政府预期，PPP 项目移交时必须具备项目移交的条件和标准，特别是在项目移交后政府还将自行或另行选择第三方继续运营该项目的情形下，移交的条件和标准更为重要，总的来说，主要有以下几点：

1. 权利方面的条件和标准：项目设施、土地及所涉及的资产不存在权利瑕疵，其上未设置任何担保及其他第三人的权利。

2. 技术方面的条件和标准：项目设施应符合双方约定的技术、安全和环保标准，并处于良好的运营状况。为了保证移交项目的质量，接收方也可让项目公司提供移交质量保证和一定期限的技术支持。接收方可根据项目的实际情况，要求提供质量保函，约定质量保证期间、保证范围及缴纳一定的保证金。

（3）移交程序

①在运营维护期届满前______年内，有关项目的重大运营决定应由甲方和项目公司共同商定；

②在运营维护期届满______个月前，甲方应按《中华人民共和国审计法》等有关法律法规的规定对项目公司进行全面审计；

③在运营维护期届满______个月前，甲方和乙方及项目公司应联合对项目进行检查；

④在运营维护期届满______个月前，甲方和乙方及项目公司应共同达成协议，明确乙方及项目公司向甲方移交项目和其他相关资产的详细安排，以及向甲方移交项目、设备、设施的详细清单；

⑤在运营维护期届满______个月前，乙方及项目公司应当清理债权、债务，做好向甲方移交项目的必要准备。甲方不承担项目公司在项目建设期及经营期内形成的任何债务、担保以及向任何第三方承担的责任；

⑥在运营维护期届满前______个月内，乙方及项目公司应协助甲方完成接管人员的培训工作；在距离运营维护期满______个月前，甲方接管人员开始参与由项目公司安排的运营养护和维修工作，以利于正常移交。

（4）移交费用

甲方和乙方及项目公司应各自承担本身为移交而支出的费用，如一方违反合同规定致使不能正常移交或移交时间延长、次数增加的，则违约方承担对方为此而支出的费用。

（5）合作期满，甲方按约向项目公司付清所有应付款项后（任何一笔政府方向项目公司支付的政府付费均作为内部股权转让价款的组成部分），乙方将其持有的项目公司股权变更至市城投公司名下，双方签署《项目移交确认书》，项目公司予以注销，乙方实现退出，但乙方应作为保洁人。

31.2　非正常移交

因 PPP 协议约定的解除条件而导致 PPP 协议提前终止的，双方应遵守下列规定：

（1）乙方及项目公司应当将与项目有关的全部资料包括但不限于勘察设计文件、前期工作报告、项目经营权或收益权质押登记文件、财务凭证等移交甲方；

（2）项目公司应自 PPP 协议终止之日起______日内成立清算组，依法履行清算及注销项目公司的职责；

（3）项目公司、乙方应采取清偿债务、替换担保物等方式，结清及解除附着在项目已形成的固定资产上的或依托在项目上的任何种类或性质的债务、担保物权等第三人权利；

（4）在甲方接管前以项目公司名义所发生的一切债务由乙方承担；

（5）甲方接管权利前项目公司就项目对外签订的一切合同，对甲方无约束力，但原施工、监理、勘察设计维护单位要求继续履行合同的，甲方有权与之协商一致后对原合同有关条款予以变更，变更后的施工、监理、勘察设计、材料供应维护等合同可继续履行。对原合同有关条款的变更不能达成一致的，甲方有权要求其退场，因此发生的一切后果由乙方和项目公司共同承担；

（6）其他未尽事宜，在《合同解除协议》中完善。

*条文批注：项目移交的过程主要分为移交准备、项目资产评估、项目性能测试、资产交割、项目绩效评价五个阶段。

1. 移交准备。项目实施机构或政府指定的其他机构应组建项目移交工作组，根据项目合同约定与社会资本或项目公司确认移交情形和补偿方式，制定资产评估和性能测试方案。

2. 项目资产评估。在PPP项目移交前，需要对项目资产进行评估，由于项目规模较大、专业性较强，资产评估工作一般由移交工作组负责，委托第三方资产评估机构，公平、公正地对项目在移交时的价值做出公允合理的评估结论。

3. 项目性能测试。在PPP项目移交前，通常需要对项目的资产状况进行评估并对项目状况能否达到合同约定的移交条件和标准进行测试。

4. 资产交割。一方面是项目资产在实际移交时按照何种程序移交，另一方面是资产移交在法律上应完成何种程序，才能从事实和法律上确保资产的完全移交。

5. 项目绩效评价。项目移交完成后，财政部门应组织有关部门对项目产出、成本效益、监管成效、可持续性、PPP模式应用等进行绩效评价，并按相关规定公开评价结果。

第32条　保修期

32.1　本项目移交保修期为移交日至其后的______个月期间。在移交保修期内，乙方及项目公司应承担属于乙方及项目公司运行维护保修期的质量保修责任及相关费用（因接受移交单位维护或使用不当造成的损坏除外）。乙方及项目公司应在收到维修通知______小时内维修。未能按时按标准维修的，甲方可使用移交保证金（或根据损失情况相应兑付移交保函）进行维修，并将维修费用告知乙方及项目公司，由乙方及项目公司承担。

＊条文批注：根据《建设工程质量管理条例》第 39 条规定："建设工程实行质量保修制度；建设工程承包单位在向建设单位提交工程竣工验收报告时，应当向建设单位出具质量保修书。质量保修书中应当明确建设工程的保修范围、保修期限和保修责任等。"第 40 条："在正常使用条件下，建设工程的最低保修期限为：（一）基础设施工程、房屋建筑的地基基础工程和主体结构工程，为设计文件规定的该工程的合理使用年限……"第 41 条："建设工程在保修范围和保修期限内发生质量问题的，施工单位应当履行保修义务，并对造成的损失承担赔偿责任。"

第十章　履约担保

第 33 条　建设期的履约担保

33.1　乙方提供的担保方式为银行保函担保

（1）建设期履约担保

乙方在合同签订后______日内，向甲方提交纳入综合信息平台 PPP 项目库合同金额 10% 的履约保函（保函须为规定的格式，并由乙方基本账户开户行出具）。履约保函金额根据项目资金到位情况按比例递减。

（2）若乙方或项目公司违反本合同约定，甲方有权按照造成的损失相应兑付乙方已提供的履约保证金；若合同继续履行，则乙方需重新提供相同性质、金额的银行保函，否则甲方有权解除合同，同时项目公司须无条件撤场，乙方并将其持有项目公司的股权过户给甲方指定公司。

33.2　银行保函应由相应担保额度的乙方基本账户开户行开具，并使用采购文件中提供的履约保函格式或甲方同意的其他格式。

33.3　PPP 协议要求的所有银行保函均按本约定执行。

D10910

第 34 条　运营维护期的履约担保

在运营维护期间，项目公司以其所获每年购买服务费的______%、运营期累计履约担保总额不超过______万元作为履约保证金，该保证金由政府方在应支付的购买服务费中直接扣除。

担保期限：本项目运营维护期。

退还时间：待项目完全移交______日内退还，期间不计息。

第 35 条　移交担保

经营期届满当年的前______个月，乙方应提供所获每年购买服务费的______%、经营期累计移交担保总额不超过______万元同等金额见索即付银行保函作为移交担保，担保期限为______个月。

乙方如未按期提供前述保函，政府有权直接扣除运营期届满当年最后______个月可用性付费收入（或______万元）作为移交保证金。移交保证金自双方移交完毕后一个月内，由政府退还移交保证金的______%给乙方。剩余的保证金如在移交后______个月内未发生费用，则全额退还。

> * 条文批注：运营维护期的履约保函，也称维护保函，主要用以担保项目公司在运营维护期内按照项目合同的约定履行运营维护义务。该保函的有效期通常视具体项目而定，可以一直到项目期限终止。在项目期限内，项目公司有义务保证该保函项下的金额一直保持在一个规定的金额，一旦低于该金额，项目公司应当及时将该保函恢复至该规定金额。

第十一章　政 府 监 管

第 36 条　后期评价

在建设、运营维护期内，甲方指定第三方中介机构建立项目的跟踪管理系统和定期检查制度，并按照规定逐步完善各阶段的管理机制，自签订 PPP 协议起即开始填写项目管理卡，并建立设计、施工、运营各阶段的技术经济档案，为项目后期评估工作积累完整的技术经济资料和数据。

第 37 条　资金监管

项目公司或乙方以项目公司的名义进行融资的资金必须进入以项目公司名义开设的专用账户，所有款项须用于本工程的建设，不得挪用。

甲方、项目公司应与项目所在地的银行签订资金三方监管协议，确保专款专用。

第 38 条　建设期监管

38.1　甲方选择第三方中介机构进行全程监管，乙方和项目公司应服从和配合。

38.2　甲方应对项目具有知情权和监督权和介入权，乙方和项目公司应定期向甲方提供项目实施的报告和信息，包括但不限于：

（1）项目建设招标采购的知情权和监督权和介入权；

（2）工程款（进度款）的知情权和监督权和介入权；

（3）投保的知情权；

（4）融资渠道和融资交割计划；

（5）审阅项目计划和进度报告；

（6）其他根据法律法规规定及影响本项目建设的重大事项的知情权。

第 39 条　运营维护期监管

政府有关部门依据自身行政职能对项目运营维护实施监管，乙方和项目公司应当予以配合。

甲方委托监管机构对本 PPP 项目的运营情况开展中期评估和后期评价，监管机构监测审计项目公司对合同的执行情况，并定期公开发布绩效评估报告。

＊条文批注：《财府部关于印发〈政府和社会资本合作项目财政管理暂行办法〉的通知》（财金〔2016〕92 号）对政府方的行为有明确规定：1. 严禁政府以 PPP 项目名义举借债务；2. 项目实施不得采用建设—移交方式；3. 不得将当期政府购买服务支出代替 PPP 项目中长期的支付责任；4. 政府与社会资本合资设立项目公司的，不得在股东协议中约定由政府股东或政府指定的其他机构对社会资本方股东的股权进行回购安排；5. 严禁不规范操作，保证公平、公正，及时向社会公开PPP项目相关信息。

D10910

第十二章　不可抗力和法律变更

第 40 条　不可抗力事件

不可抗力指政治不可抗力和自然不可抗力。

第 41 条　不可抗力事件的认定和评估

出现不可抗力事件后，根据国家法律法规，由双方共同对不可抗力事件进行认定，如有异议的，按本合同“第十五章　争议解决”条款解决。

第 42 条　不可抗力事件发生期间各方权利和义务

发生不可抗力事件后，PPP 协议的相关方包括甲方、乙方、项目公司应及时向其他方通知，并积极采取补救措施，不得擅自停工，以维护公共利益、减少损失或避免损失的扩大。

第 43 条　不可抗力事件的处理

43.1　征收、征用、法律变更、未获审批的政治不可抗力导致 PPP 协议暂时无法履行或履行难度、成本增加的，乙方及项目公司有权延长工期，造成的损失由甲方承担。

43.2　在本项目的建设期若发生台风、地震等自然灾害和战争、武装冲突等社会异常事件等自然不可抗力事件导致合同无法履行的，可以免于履行、解除合同，所造成的损失通过项目产权主体申请保险理赔处理；在本工程的建设期若发生前述自然不可抗力事件导致合同部分或全部暂时难以履行，待不可抗力事件消除后继续履行的，甲乙双方以____________处理。项目公司可以根据不可抗力对工程造成的影响要求延长建设期，甲方审核评估后确认。

43.3　第十七章 21.3.1 条确定的不可抗力中应由发包人分担的计入政府可用性付费资产损失责任由甲方承担。

43.4　在 PPP 协议履行期间发生不可抗力事件属于投保范围的，由保险公司进行理赔，甲方或市政府不予赔偿或补偿。建设期未投保时，由投保义务人乙方承担相应责任。

＊条文批注：项目合同应根据不可抗力事件对合同履行造成影响的程度，分别约定不可抗力事件的处理。造成合同部分不能履行，可协商变更或解除项目合同；造成合同履行中断，可继续履行合同并就中断期间的损失承担做出约定；造成合同履行不能，应约定解除合同。

第 44 条　法律及政策变更

44.1　市政府可控的法律及政策变更的处理

（1）在建设期间，若因发生市政府可控的法律及政策变更导致本 PPP 项目产生额外费用的，项目公司有权要求甲方补偿；若导致工期延误的，工期顺延。

（2）在运营维护期间，若发生市政府可控的法律及政策变更导致本 PPP 项目产生额外费用的，项目公司有权要求甲方补偿。

若发生市政府可控的法律及政策变更导致本 PPP 项目合同无法履行的，甲方按照乙方及项目公司实际投入及收益（经审计、财政部门确认）进行回购（不计复利），并不再承担其他违约责任。

44.2　市政府不可控的法律及政策变更的处理

若出现市政府不可控的法律及政策变更的情形，PPP 协议各方按照 PPP 协议第 43 条约定的方式进行回购，但各方均不对此承担违约责任。

第十三章　违约和处理

第 45 条　违约行为处理

双方应按本合同约定的条款履行。若任何一方未履行或未完全履行其在本合同项下的任何义务，而且这种未履行不能归咎于另一方违反本合同的作为或不作为或不可抗力，则该一方应视为违约。违约方应承担违约责任并向其他方偿付违约金，若因其违约已给其他方造成的损失超过违约金，则还应进行赔偿。违约金和赔偿金的计算按本合同约定和国家法律法规规定。若属双方的过错，则根据实际情况，由本合同双方分别承担各自应负的违约责任。守约方应有权获得因违约方违约而使守约方遭受的损失、支出和费用的赔偿。守约方应采取合理行动减

D10910

轻或最大程度地减少违约方违约引起的损失。如果守约方未能采取此类措施，违约方可以请求从赔偿金额中扣除应能减轻或减少的损失金额。守约方应有权从违约方获得因试图减轻和减少损失而产生的任何费用。如果损失是由于受损方作为或不作为造成的，或部分地产生于应由受损方承担风险的另一事件，赔偿的数额应扣除这些因素造成的损失。任何一方违约，在承担违约责任支付违约金后，不免除该违约方在本合同项下的各项义务。

45.1 甲方的违约责任

45.1.1 甲方违约的情形

在履行合同过程中发生的下列情形，属甲方违约：

（1）由于甲方下列原因造成停工的：

①若由于甲方不履行或不能完全履行本合同项目下甲方应承担的前期工作或征拆工作或工程用地移交工作导致乙方无法开工或停工的；

②甲方提供的勘察报告或施工图延误或施工图存在差错缺陷影响施工或导致工程返工，但乙方很明显可发现的图纸问题而未发现并未提前向甲方通知的除外；

③工程变更通知未及时下达导致乙方停工或工期延误的；

④甲方原因导致乙方停工或工期延误的；

⑤监理单位无正当理由没有在约定期限内发出复工指示，导致乙方无法复工的；

⑥甲方未能按合同约定，无故拖延、拒绝批准确认子合同工程施工进度计划及工程进度月报的。

（2）未按时到位注册资本金；

（3）甲方未经乙方同意转让本合同权利义务，造成乙方损失的；

（4）在收到乙方竣工申请报告后没有及时组织竣工验收的；

（5）甲方未能落实可用性付费和运营维护费未按本合同约定的期限、金额支付的。

45.1.2 甲方违约的处理：因甲方违约造成停工或者工期延误的，除顺延工期外，还应视情况承担违约赔偿责任。

（1）甲方发生第45.1.1（1）①项违约情况时，乙方可向甲方发出通知，要求甲方采取有效措施纠正违约行为。甲方收到乙方通知后的30天内无正当理由仍不履行合同义务，乙方有权向甲方提出索赔，甲方应承担由此增加的费用和（或）工期延误。前述赔偿责任，项目公司无权在建设期间内要求甲方承担。

（2）甲方发生第 45.1.1（1）④项违约情况时，双方协商调整计算项目可用性付费的支付起点。

（3）甲方发生第 45.1.1（2）项违约情况时：①若到位延迟在______日以内（含________日），每日应以欠付资本金额为基数，按日息______%向乙方承担违约责任；②若延迟超过______日以上的，除按实际延误天数日息___________承担违约责任外，乙方有权要求甲方必须在宽限期（______日）内补足，若在______日内仍未补足的，相对方有权解除 PPP 协议，并要求赔偿损失。

（4）甲方发生第 45.1.1（3）项违约情况时，追究甲方违约责任；造成乙方损失的，甲方应赔偿乙方损失。

（5）甲方发生第 45.1.1（4）项违约情况时，追究甲方违约责任；造成乙方损失的，甲方应赔偿乙方损失。

（6）甲方发生第 45.1.1（5）项违约情况时，除乙方有权要求甲方继续履行外，甲方应承担违约责任，并向乙方支付违约金。乙方要求甲方继续履行时，给予甲方______日的宽限期（乙方向甲方发出逾期宽限的通知书），从宽限期满后开始计算违约金。以应履约而未履约的金额为基数，按日息______向乙方承担违约责任。

45.2　乙方的违约责任

45.2.1　乙方违约的情形

在履行合同过程中发生的下列情形，属乙方违约：

（1）资金方面违约：乙方未按时到位项目资本金（含注册资本金）；或者乙方未按照甲方要求的征拆资金进度和项目建设进度到位资金；

（2）进度方面违约：无正当理由，不按时开工、竣工的；因乙方原因造成工期延误的；

（3）质量方面违约：质量未达到一次性验收合格标准的；施工总承包人自费修复后仍不能达到验收合格标准的；

（4）乙方未经甲方同意转让本合同权利义务，或者违法转包、未经甲

D10910

方同意的违法分包的；

（5）乙方在缺陷责任期内，未能对工程接收证书所列的缺陷清单的内容或缺陷责任期内发生的缺陷进行修复，而又拒绝按监理单位指示再进行修补的；

（6）因乙方的原因导致本合同无效或终止的、乙方实质上已停止履行合同或者无法继续履行及明确表示不履行的；

（7）管理方面违约：乙方未按承诺或工程进度要求及时配备称职的主要管理人员、技术人员，或未按规定撤换不称职的管理人员，经监理工程师催告拒不到位的；经监理单位和甲方检查，发现乙方有严重安全问题或有严重违反安全管理规章制度的情况拒不整改的；因乙方原因引起的单个子合同工程连续停工______天及以上的；本项目的在建工程经政府指定的有关部门或经甲乙双方共同委托的第三方机构认定出现重大质量或重大安全问题时，经催告后乙方未能在合理期限内改善的，且继续施工违反工程施工规范，则甲方有权要求乙方停工整改直至符合要求，若乙方未能遵从的；

（8）因乙方的原因未按合同约定时间组建项目公司的；

（9）在项目公司运营维护期间，若项目公司出现保修、保养、维护不当或怠于履行相关义务等情况，而影响本项目的通行和使用的；

（10）因乙方或项目公司的原因未按时移交的。

45.2.2　对乙方违约的处理

（1）乙方发生 45.2.1 违约情形时：

①若乙方发生 45.2.1（1）项违约情形时：（ⅰ）若到位延迟在________日以内（含______日），每日应以欠付资本金额为基数，按日息______向甲方承担违约责任；（ⅱ）若延迟超过______日以上的，除按实际延误天数日息______承担违约责任外，甲方有权要求乙方必须在宽限期（______日）内补足，若在______日内仍未补足的，相对方有权解除 PPP 协议，并要求赔偿损失。

②乙方发生 45.2.1（2）违约情形时：造成工期延误的，按工程建设专章中工期延误计算违约金。由乙方承担因违约引起的费用增加和工期延误，以及由此造成投资回报增加的费用。若造成甲方损失的，乙方承担赔偿责任。

③乙方发生 45.2.1（3）违约情形时：甲方有权安排第三方承担修复任务，费用从乙方的质量保证金中直接扣除；若造成甲方损失的，乙方承担赔偿责任。

④乙方发生 45.2.1（4）违约情形时：责令其纠正，处以因违约涉及转包、未经甲方同意的违法分包合同金额______% 的违约金。造成甲方损失的，乙方应赔偿甲方损失。

⑤乙方发生 45.2.1（5）违约情形时：甲方有权安排第三方承担修复任务，费用从乙方的质量保证金中直接扣除；若造成甲方损失的，乙方承担赔偿责任。

⑥乙方发生 45.2.1（6）违约情形时：甲方可以解除合同，追究乙方违约责任；若造成甲方损失的，乙方还应承担赔偿责任。

⑦乙方发生 45.2.1（7）违约情形时：甲方有权根据相关法律法规规定追究乙方责任；政府执法机构及监理有权按照相关管理规定对乙方处以相应处罚。

⑧乙方发生 45.2.1（8）违约情形时：甲方有权要求乙方进行履行，造成甲方损失的，乙方承担赔偿责任。

⑨乙方发生 45.2.1（9）违约情形时：甲方有权安排第三方承担修复任务，费用从乙方的履约保证金中扣除。若履约保证金不足以完成修复任务的，乙方或项目公司以其他资金补足。

⑩乙方发生 45.2.1（10）违约情形时：甲方有权根据违约造成的损失相应兑现移交保函，若造成甲方损失的，乙方承担赔偿责任。

（2）紧急情况下无能力或不愿进行抢救

在工程实施期间或缺陷责任期内发生危及工程安全的事件，监理单位通知乙方进行抢救，乙方声明无能力或不愿立即执行的，甲方有权雇佣其他人员抢救。此类抢救若按合同约定属于乙方义务的，由此产生的金额和（或）工期延误由乙方承担。

45.3　第三人造成的违约

在履行合同过程中，一方当事人因第三人的原因造成违约的，应当向对方当事人承担违约责任。一方当事人和第三人之间的纠纷，依照法律规定或者按照约定解决。

45.4　违约未尽事宜，按照国家法律法规规定执行。

D10910

*条文批注：1.2016 年 11 月 28 日中共中央国务院发布的《关于完善产权保护制度依法保护产权的意见》（以下简称《意见》）。《意见》提出完善政府守信践诺机制，认真履行在招商引资、政府与社会资本合作等活动中与投资主体依法签订的各类合同，不得以政府换届、领导人员更替等理由违约毁约，因违约毁约侵犯合法权益的，要承担法律和经济责任。

2. 根据《政府和社会资本合作项目财政管理暂行办法》（财金〔2016〕92 号）第 26 条规定："社会资本方违反 PPP 项目合同约定，导致项目运行状况恶化，危及国家安全和重大公共利益，或严重影响公共产品和服务持续稳定供给的，本级人民政府有权指定项目实施机构或其他机构临时接管项目，直至项目恢复正常经营或提前终止。临时接管项目所产生的一切费用，根据合作协议约定，由违约方单独承担或由各责任方分担。"

第十四章　PPP协议的解除

第 46 条　解除的情形

46.1　出现下列情形，甲方有权解除协议：

（1）未经甲方同意，乙方发生股权变更、分立、合并、破产清算等影响其主体资格、履约能力等行为；

（2）乙方未履行管理职责严重影响合同履行的；

（3）乙方或项目公司投资不到位，严重影响工程建设的；

（4）项目公司在建设期内严重延误工期的；

（5）项目公司施工建设存在严重的质量问题或者因质量问题造成不良社会影响的；

（6）项目公司在运营维护期间内不履行维护、保修、保养义务的；

（7）其他违反协议约定或法律规定的行为。

发生上述情形，PPP 协议及相关协议有约定的，按约定执行；无约定的，甲方有权解除合同、追究违约方责任，并按照违约所造成的损失金额相应兑付银行保函或者没收保证金，乙方和项目公司应撤场并办理全面移交工作，甲方可要求乙方将其为实施合同而签订的材料和设备的订货协议或任何服务协议利益转让给甲方，并在解除合同或合同宣告无效后的______天内，依法办理转让手续。

46.2　出现下列情形，乙方有权解除协议：

（1）市政府指定的市城投公司不履行股东出资且严重影响合同履行的；

（2）由于甲方的原因，致使 PPP 协议无法继续履行或 PPP 协议目的无法实现，且乙方提供了充足的证据证明两者之间的因果联系；

（3）甲方违反 PPP 协议规定的其他义务，且在收到乙方发出要求甲方纠正其违约行为的书面通知书后______日内未改正此行为。

46.3　出现 PPP 协议不能继续履行或继续履行将损害公众利益的情形，双方可协商一致解除 PPP 协议。

第 47 条　PPP 协议的解除程序

出现 PPP 协议约定或法律规定的解除情形，一方可以要求相对方在______日内纠正，若未予纠正，一方可行使解除权，但应以书面形式提前______日通知相对方。

第 48 条　PPP 协议解除或宣告无效后的清算、付款和结清

48.1　合同解除或宣告无效后，本合同项目可用性付费按照本合同约定和相关法律法规进行清算。具体清算程序、移交手续、投资及回报资金、违约金等的计算方式在补充协议中完善。

48.2　若因不可抗力导致合同解除或终止的，按照 PPP 协议的第 43 条约定处理。

48.3　若因乙方或项目公司的原因导致解除的，甲方有权根据损失情况相应兑付银行保函或没收保证金、追究违约方责任，乙方或项目公司应无条件撤场，并办理移交，包括但不限于工程资料、施工场地、乙方股权按程序转让给甲方指定主体，否则无论任何一项延迟，每延迟一日，承担______万元的违约金。

48.4　双方协商解除的，根据双方协商的一致意见进行处理。

第 49 条　PPP 协议解除后的项目移交

无论因何种原因导致合同解除，乙方和项目公司必须配合甲方办理项目移交，包括但不限于工程及相关资料、项目公司账簿、债权债务资料的移交、乙方在项目公司的股权过户等。

D10910

第 50 条　其他约定

如果乙方或项目公司出现违约事由，为维护公共利益的需要，甲方有权临时接管本项目，乙方和项目公司必须配合，否则甲方有权采取一切措施。

* 条文批注：《中华人民共和国合同法》第 94 条规定合同法定解除情形主要有：一是合同履行中发生不可抗力。一般在合同中将不可抗力约定为当事人共担的风险，在不可抗力致使合同不能继续履行的情况下，任何一方当事人均可行使合同解除权。二是明示毁约，即在履行期限届满前，当事人一方明确表示或者以自己的行为表明不履行主要债务。三是当事人有正当理由认为对方丧失继续履约的诚意，即当事人一方迟延履行主要债务，经催告后在合理期限内仍未履行。四是当事人一方迟延履行债务或者有其他违约行为致使不能实现合同目的。

第十五章　争 议 解 决

第 51 条　争议解决方式

PPP 协议的各方履行合同发生的一切争议，双方应通过友好协商解决。如在 28 天内协商不成，通过诉讼方式解决，并依法选择诉讼地点。

第 52 条　争议期间的合同履行

除法律规定或另有约定外，任何一方不得以发生争议为由，停止项目建设或运营维护服务，否则应承担违约责任并赔偿损失，违约责任按 PPP 协议第十四章及相关约定执行，包括但不限于解除协议，根据损失情况相应兑付银行保函或没收保证金等。

* 条文批注：1. 项目合同应当约定争议期间的合同履行，除法律规定或另有约定外，任何一方不得以发生争议为由，停止项目运营服务、停止项目运营支持服务或采取其他影响公共利益的措施。

2.《财政部关于印发〈政府和社会资本合作模式操作指南（试行）的通知》（财金〔2014〕113 号）规定：在项目实施过程中，按照项目合同约定，项目实施机构、社会资本或项目公司可就发生争议且无法协商达成一致的事项，依法申请仲裁或提起民事诉讼；财库〔2014〕215 号文《政府和社会资本合作项目政府采购管理办法》第22条规定：项目实施机构和中标、成交社会资本在PPP项目合同履行中发生争议且无法协商一致的，可以依法申请仲裁或者提起民事诉讼；国家发展改革委发布的《政府和社会资本合作项目通用合同指南》也规定：协商或调解不能解决的争议，合同各方可约定采用仲裁或诉讼方式解决。

3. 政府在签订 PPP 项目合同过程中，应考虑到法律、法规以及合同范本间关系，不能拘泥于合同范本，在争议解决条款中，应选择公平、更有利于保护双方合法利益的解决方式，尽量避免选择无效的解决方式。

第十六章　其 他 约 定

第 53 条　合同变更与修订

PPP 协议的各方若变更或修订合同，应采取书面形式。

第 54 条　合同的转让

除合同各方同意或法律的强制性规定外，本项目合同项下的权利义务禁止转让。

第 55 条　保密

55.1　双方应当对 PPP 协议的内容、因履行 PPP 协议或在 PPP 协议期间获得或收到的对方的商务、财务、技术、产品的信息、用户资料或其他标明保密的文件或信息的内容（简称保密资料）保守秘密，未经信息披露方书面事先同意，不得向 PPP 协议以外的任何第三方披露。资料接受方可仅为 PPP 协议目的向其确有知悉必要的雇员披露对方提供的保密资料，但同时须指示其雇员遵守本条规定的保密及不披露义务。双方应仅为 PPP 协议目的复制和使用保密资料。

55.2　除非得到另一方的书面许可，甲乙双方均不得将 PPP 协议中的内容及在 PPP 协议执行过程中获得的对方的商业信息向任何第三方泄露。

55.3　本保密义务应在 PPP 协议期满、解除或终止后仍然有效。

55.4　为维护公共利益、促进依法行政、提高项目透明度，合同各方有义务按照法律法规和项目合同约定，向对方或社会披露相关信息。

D10910

* 条文批注：鉴于 PPP 项目的公益性、复杂性、专业性，框架协议一般还会约定社会资本和投资公司对对方涉及的商业等信息如尚未公布即应保密，未经另一方事先书面同意，在双方约定的期限内不得向任何第三方透漏或公开。

第 56 条　廉政

56.1　甲方不得接受乙方请吃、请玩；不得接受乙方赠送的礼品礼金和各种有价证券、信用卡及其他支付凭证；不得接受乙方任何好处费及工程回扣；不得要求乙方报销任何应由甲方支付的费用；不得借用、租用乙方的交通、通信工具等物品；不得参加乙方举行的任何祝贺庆典活动。

56.2　甲方工作人员的配偶、子女，不得承包或从事与工程有关的材料供应、工程分包、工程监理、工程装潢和装修、组织提供劳务等活动；不得向施工方推荐分包单位；不得要求施工方购买规定外的材料和设备。

56.3　甲方人员向乙方索贿，经乙方或其他线索检举被纪检监察机关立案查处认定的，由此产生的办案费用由甲方（索贿方单位或个人）承担。

56.4　乙方不得以任何形式邀请甲方人员吃、玩或向甲方赠送礼品、礼金、各种有价证券、信用卡及其他支付凭证或物品。若违反，且查证属实，每次甲方对乙方进行______万元处罚。对乙方决策人和经办人以及甲方接受人员给予批评教育、党纪政纪处分，依法追究责任。

56.5　乙方在项目合作期间贿赂甲方人员、中介方人员，被纪检监察机关或司法机关立案查处，严重损害甲方利益的，甲方有权终止 PPP 协议。由此给甲方造成的损失以及发生的一切费用均由乙方承担，并按照 PPP 协议的违约条款主张违约责任及行使相关权利。

56.6　双方人员不得有赠送、贿赂、接受或索要钱物的行为，如果一方发生，另一方当事人应立即主动报告本单位领导和纪检监察机关或向检察机关举报。对不主动报告情况的有关人员，一经查出，必须视情节轻重给予批评教育、党纪政纪处分、依法追究责任。

56.7　甲乙双方单位法定代表人和分管领导、有关人员要严格遵守 PPP 协议，履行廉政条款，相互监督、自查自纠，甲乙双方分别要向本单位的纪检监察部门作报告。纪检监察机关、部门可视情况进行定期不定期的检查。如有违反，对法定代表人和分管领导从严追究责任。

第 57 条　权利放弃

除非该方以书面形式作出放弃外，任何一方均不被视为放弃 PPP 协议中的任何条款。任何一方未坚持要求对方严格履行 PPP 协议中的任何条款，或未行使其在 PPP 协议中规定的任何权利，均不应被视为对任何上述条款的放弃或对今后行使任何上述权利的放弃。

第十七章　工程建设通用和专用合同条款

第 58 条　经甲乙双方约定，组建项目公司以后，项目公司和承包企业须接受政府方按照某某市政府投资建设工程管理模式（规定）进行管理。

第 59 条　由甲方组成现场管理机构负责项目现场管理。项目公司和承包企业须接受政府方选定的监理单位和跟踪审计单位的管理。

第 60 条　项目公司和承包企业须执行以下通用和专用合同条款。

通用合同条款：

通用合同条款直接引用中国计划出版社出版的《中华人民共和国标准施工招标文件（2007 年版）》第一卷第四章第一节“通用合同条款”。

专用合同条款：

本专用合同条款是对通用合同条款的特别约定，因此，在专用合同条款中未标明的条款号依照中国计划出版社出版的《中华人民共和国标准施工招标文件(2007 年版)》第一卷第四章第一节“通用合同条款”的约定执行。

第十八章　通知及其他

第 61 条　通知

甲方：____

D10910

地址：______________________________

联系人：______________________________

电话：______________________________

乙方：______________________________

地址：______________________________

联系人：______________________________

电话：______________________________

双方确认前述所留地址为送达地址，如地址发生变化，应当于______日前书面通知合同相对方当事人，该地址为包括并不限于合同履行过程中的通知文书、催收文书、仲裁文书、诉讼文书等文书的送达地址，如该地址送达不能或被退回即视为送达。

第 62 条　合同适用法律

本协议适用中华人民共和国法律。

第 63 条　适用语言

本协议采用中文语言。

第 64 条　适用货币

本协议采用人民币作为支付和结算货币。

第 65 条　合同生效及有效期

本协议生效见第 3 条约定。合同有效期至合作期届满且项目公司完成移交义务一年后终止。

第 66 条　合同份数

本协议一式______份，双方各执______份，具有同等法律效力。

第 67 条　合同附件

1. 市政府的授权委托书；　2. 社会资本主体资格、履约能力证明文件、承诺书；

3. 竞争性磋商文件；　4. 响应文件；　5. 成交通知书；

6. 质量保修书；　7. 银行保函。　8. 其他

甲方：______________________________

地址：______________________________

法定代表人或授权委托人（签字）：________________________

乙方：________________________

地址：________________________

法定代表人或授权委托人（签字）：________________________

D10910

第二十章　地下综合管廊PPP项目

使用场景：

综合管廊，也就是地下城市管道综合走廊，即在城市地下建造一个隧道空间，将电力、通信、燃气、供热、给排水等各种工程管线集于一体，设有专门的检修口、吊装口和监测系统，实施统一规划、统一设计、统一建设和管理，是保障城市运行的重要基础设施和“生命线”，它是实施统一规划、设计、施工维护，建于城市地下用于铺设市政公用管线的市政公用设施。

综合管廊可分为干线综合管廊、支线综合管廊及缆线管廊。干线综合管廊：用于容纳城市主干工程、管线采用独立分舱方式建设的综合管廊。支线综合管廊：用于容纳城市配给工程、管线采用单舱或双舱方式建设的综合管廊。缆线综合管廊：采用浅理沟道方式建设，设有可开启盖板但其内部空间不能满足人员正常通行要求，用于容纳电力电缆和通信线缆的管廊。

本项目合同适用于政府和社会资本合作即采用 PPP 模式城市综合管廊的情形。其主要内容包括以下核心条款：引言、定义和解释；项目的范围和期限；前提条件；项目的融资；项目用地；项目的建设；项目的运营；项目的维护；股权变更限制；付费机制；履约担保；政府承诺；保险；守法义务及法律变更；不可抗力；政府方的监督和介入；违约、提前终止及终止后处理机制；项目的移交；适用法律及争议解决；合同附件；等等。除上述核心条款外，通常还会包括其他一般合同中的常见条款，例如，著作权和知识产权、环境保护、声明与保证、通知、合同可分割、合同修订等。

下面，以《__________地下综合管廊工程 PPP 项目合同》为例，对合同中的关键条款，根据现有的法律法规及政策的规定，结合实践中积累的经验进行解读，供读者审阅参考。

法律要点：

1. 综合管廊试点城市专项财政补助在 PPP 项目中的补贴方式是如何约定的?

财政专项补助是城市综合管廊建设中国家给予的财力支持，对这一部分资金的用途，相关的法律法规予以明确的规定，未有规定的，在 PPP 项目合同中，应当约定清楚。

D10909

文件名称	内容规定
《财政部住房城乡建设部关于开展中央财政支持地下综合管廊试点工作的通知》（财建〔2014〕839号）	中央财政对地下综合管廊试点城市给予专项资金补助，一定三年，具体补助数额按城市规模分档确定，直辖市每年5亿元，省会城市每年4亿元，其他城市每年3亿元。
《财政部关于在公共服务领域深入推进政府和社会资本合作工作的通知》（财金〔2016〕90号）	鼓励各级财政部门因地制宜、主动作为，探索财政资金撬动社会资金和金融资本参与PPP项目的有效方式，通过前期费用补助、以奖代补等手段，为项目规范实施营造良好的政策环境。
《PPP项目合同指南（试行）》	在我国实践中，可行性缺口补助的形式多种多样，具体可能包括土地划拨、投资入股、投资补助、优惠贷款、贷款贴息、放弃分红权、授予项目相关开发收益权等其中的一种或多种。

2. 关于可用性付费，付费周期是否必须与运营期一致？

在大部分基础设施和公共服务类项目中，由于固定资产的折旧年限通常在10~20年，且在运营期内通常无需进行大范围的更新，为了激励项目公司提供优质服务的持续性，政府方会在运营期内分期支付费用。

但是在科技类项目如信息化、智慧城市等项目中，由于项目设施的折旧年限通常都比较低（3~5年），且在至少10年的合作期内项目公司需要就初始投资进行一定比例的更新以保证项目的可用性。在这种情况下，一般认为就初始投资部分的付费期可以短于项目的运营期，一方面是为了匹配固定资产的折旧年限，降低过长付费期给政府财政造成的负担；另一方面由于项目公司需要进行二次更新，政府方仍旧可以就更新部分的投资付费在后续的经营期内继续进行绩效考核，以维持项目的可用性。

文本正文：http://www.fatianshi.cn/D10909

地下综合管廊PPP项目合同

目　录

D10909

D10909

15.7　合同份数

地下综合管廊PPP项目合同

甲方：____

乙方：____

甲乙双方经协商一致，订立本合同：________________________

*条文批注：1.《基础设施和公用事业特许经营管理办法》规定："县级以上人民政府应当授权有关部门或单位作为实施机构负责特许经营项目有关实施工作，并明确具体授权范围。

2.《基础设施和公用事业特许经营管理办法》则规定县级以上政府可以授权有关部门或单位作为实施机构。

第一章　总　　则

政府和社会资本合作项目合同（以下称"项目合同"），是指政府主体和社会资本主体依据《中华人民共和国合同法》及其他法律法规就政府和社会资本合作项目的实施所订立的合同文件。

本节就项目合同全局性事项进行说明和约定，具体包括合同相关术语的定义和解释、合同签订的背景和目的、声明和保证、合同生效条件、法律适用。

1.1　术语定义和解释

1.1.1　定义

凡经定义的术语，在项目合同文本中的内涵和外延应与其定义保持一致。

需要定义和解释的术语通常包括但不限于：

本合同：指由甲方与乙方签署的PPP项目合同，包括全部附件、乙方的磋商响应文件、甲方的竞争性磋商文件以及日后可能签署的任何补充修改合同和附件，每一部分都应视为本合同的一部分。

本项目：指__________中心城区一期地下综合管廊工程PPP项目，具体包括项目投资、融资、建设及运营维护等涉及的全部工作内容，包括但不限于本项目的主体工程、项目相关的迁移工程、交通、绿化、亮化、道路恢复工程、管理中心及其他附属工程等，以及其他与本项目有关的、市政府指定的部门要求项目公司承担的维养工作。

甲方：________________________________

乙方：________________________________

项目公司：指甲、乙双方为实施投资、融资、建设及运营维护、移交本项目而按照本合同约定设立的企业法人。

建设运营期政府补贴总累计值：指乙方为本项目投资、建设、运营、移交目的提供符合本合同标准而获得的收入，主要包括项目全部建设成本、管理运营成本及合理回报等。金额按照本合同公式计算。

项目全部建设成本：指项目公司为本项目建设符合法律及本合同约定的竣工验收标准的公共资产所投入的资本性总支出，包括项目前期勘察、设计、监理等相关费用以及为完成本工程所发生的主体及配套费等直至工程竣工验收合格，达到使用所发生的所有开支、费用、税金等。

年度运营成本：指项目公司按照相关行业规范、标准及本合同约定的管理运营本项目而投入的经营性支出及中修、大修、检测支出、日常维护管理及清扫保洁等服务费用。

合作期：自本合同生效之日起，至合同终止之日止。

项目文件：指包括但不限于下列文件：

（1）本合同及附件、补充协议；

（2）乙方的响应文件；

（3）甲方的竞争性磋商文件；

（4）与项目有关的其他文件。

项目资产：指项目公司投资形成的资产及相关设施，包括但不限于：

（1）本项目的主体工程、项目相关的迁移工程、交通、绿化、亮化、道路恢复工程、管理中心及其他附属工程等；

D10909

（2）项目文件项下的合同性权利；

（3）管理养护记录、质量保证计划等文件。

项目设施：包括但不限于：本项目的主体工程、项目相关的迁移工程、交通、绿化、亮化、道路恢复工程、管理中心及其他附属工程等。

法律：指所有适用的中华人民共和国法律、法规、规章、地方性法规、司法解释、政府部门颁布的标准、规范或其他适用的强制性要求、有法律约束力的规范性文件等。

法律变更：指在本合同生效后颁布、修订、废止或重新解释的任何适用法律导致甲方或乙方在本合同项下的权利义务发生实质性变化。

批准：指为了使乙方能够履行其在本合同项下的义务和行使其在本合同项下的权利，乙方必须或希望从政府机关依法获得的为乙方的投资、建设、运营维护和移交所需要的任何许可、执照、同意、授权、免除或批准。

监理工程师：取得《监理工程师资格证书》并经注册登记的工程建设监理人员。

监理工程师的权利和义务按监理合同约定。

建设履约保函：指乙方按照本合同约定提交的，为担保其履行在本合同项下的项目投资、融资、建设、竣工验收、重大工程质量事故或安全责任事故、运营维护保函提交等义务的担保函。

运营维护保函：指乙方按照本合同约定提交的，为担保其履行在本合同项下的项目运营绩效、服务质量标准达标情况、安全保障、移交保函提交等义务的担保函。

移交保函：指乙方按照本合同约定提交的，为担保其履行在本合同项下的移交等义务的担保函。

建设期：指自监理工程师发出开工令之日起至竣工验收合格之日止的期间。

开工日：指项目工程开始施工之日，即监理工程师发出开工令之日。

使用日：指竣工验收合格之日的次日。

运营期：______________________________

争议解决程序：指本合同约定的解决争议的程序。

终止通知：指双方按照本合同约定向对方发出的通知。

终止意向通知：指双方按照本合同约定向对方发出的通知。

生效日：指甲乙双方盖章并由双方法定代表人或授权代表人签字，且满足本合同约定的生效条件之日。

工作日：指除中国法定休息日和法定节日或假日以外的、各机构普遍工作的任何日期。

终止日：指本合同约定的期限届满或本合同提前终止的日期。

移交日期：指合作期届满之日（适用于本合同期满终止），或经双方约定的移交项目资产的其他日期。

经济损失：指造成的直接损失、间接损失（包括但不限于直接经济损失，支付给第三方的费用、赔偿金、违约金等，主张权利支付的诉讼费、仲裁费、保全费、执行费、律师服务费、鉴定费、差旅费、必要的交通费等），除非合同条款中另有所指。

1.1.2 解释

本合同中的标题仅为阅读方便所设，不应影响条文的解释。以下的规定同样适用于对本合同进行解释，除非其上下文明确显示其不适用。

在本合同中：

协议或文件包括经修订、更新、补充或替代后的该协议或文件；

“元”指人民币元；

条款或附件：指本合同的条款或附件；

一方、各方：指本合同的一方或双方或各方，并且包括经允许的替代该方人或该方的受让人；

除非本合同另有明确约定，“包括”指包括但不限于；除本合同另有明确约定，“以上”、“以下”、“以内”或“内”均含本数，“超过”、“以外”不含本数；

本合同并不限制或以其他方式影响甲方及其他政府部门行使其法定职权。在本合同有效期内，如果本合同项下的有关约定届时被纳入相关法律规范属于甲方或其他政府部门的职权，适用该等法律规定；

要求在某一非工作日付款：指该付款应在该日后的第一个工作日支付；

本合同中的标题不应视为对本合同的当然解释，本合同的各个组成部分都具有同样的法律效力及同等的重要性。

D10909

＊条文批注：1. 对项目涉及的关键词进行定义，能够避免对核心词语或术语的理解产生歧义，所以合同双方应当尽可能的对容易产生歧义的地方进行定义。

2. 当事人订立合同均为达到一定目的，合同的各项条款及其用语均是达到该目的的手段。因此，确定合同用语的含义乃至整个合同内容自然须适合于合同目的。

1.2 签约背景及签约目的

1.2.1 依据《国务院办公厅关于加强城市地下管线建设管理的指导意见》（国办发〔2014〕27 号）、《国务院办公厅关于推进城市地下综合管廊建设的指导意见》（国办发〔2015〕61 号）及《国务院办公厅转发财政部、发展改革委、人民银行三部门关于在公共服务领域推广政府和社会资本合作模式指导意见的通知》（国办发〔2015〕42 号）等政策文件规定，积极创新____________市公共服务领域投融资模式，拓宽城市基础设施建设筹资渠道，探索采取 PPP 方式吸引社会资本参与城市地下综合管廊的投资建设及运营维护，承担合作期限内项目经营管理。

1.2.2 为能够在最大限度内选择社会资本方，提高竞争性、择优率，同时也可以在较大程度上避免社会资本方遴选过程中的寻租行为。经市政府批准，____________有限公司组织了公开、公平、公正的 PPP 竞争性磋商采购，经综合评审，乙方成为本项目的成交供应商。待乙方按照合资协议（详见第四部分）的约定在____________出资设立项目公司后，乙方在本合同项下的有关权利义务由项目公司承继。项目公司承继乙方的权利义务后，并不免除乙方在本合同中的义务。项目公司成立后，乙方保证项目公司向甲方出具承受本合同项下应由乙方和项目公司承担权利义务的书面确认函。

1.2.3 本项目实行____________的运作方式。市政府授予甲乙双方共同设立的项目公司，享有投资、建设和运营本项目的权利，并承担相应义务。甲乙双方共同设立的项目公司是为实施本项目投资、融资、建设、运营维护、移交项目而依法设立的企业法人。

1.3 声明和保证

本合同各方需就订立合同的主体资格及履行合同的相关事项加以声明和保证，并明确项目合同各方因违反声明和保证应承担相应责任。主要内容包括：

（1）关于已充分理解合同背景和目的，并承诺按合同相关约定执行合同的声明。

（2）关于合同签署主体具有相应法律资格及履约能力的声明。

（3）关于合同签署人已获得合同签署资格授权的声明。

（4）关于对所声明内容真实性、准确性、完整性的保证或承诺。

（5）关于诚信履约、提供持续服务和维护公共利益的保证。

（6）其他声明或保证。

＊条文批注：声明和保证不得违反《中华人民共和国合同法》第 52、53、54 条的规定：

1. 第 52 条：有下列情形之一的，合同无效：(一) 一方以欺诈、胁迫的手段订立合同，损害国家利益；(二) 恶意串通，损害国家、集体或者第三人利益；(三) 以合法形式掩盖非法目的；(四) 损害社会公共利益；(五) 违反法律、行政法规的强制性规定。

2. 第 53 条：合同中的下列免责条款无效：(一) 造成对方人身伤害的；(二) 因故意或者重大过失造成对方财产损失的。

3. 第 54 条：下列合同，当事人一方有权请求人民法院或者仲裁机构变更或者撤销：(一) 因重大误解订立的；(二) 在订立合同时显失公平的。一方以欺诈、胁迫的手段或者乘人之危，使对方在违背真实意思的情况下订立的合同，受损害方有权请求人民法院或者仲裁机构变更或者撤销。

1.4　合同生效条件

1.4.1　本合同生效的前提条件：

乙方提交建设履约保函。

本合同由____________人民政府审核同意。

1.4.2　未满足前提条件的后果

合同未生效，违约方承担缔约过失责任。

提取磋商保证金。

如果乙方未能按照约定的时间和要求达成前提条件，且甲方未书面同意豁免该前提条件时，甲方有权提取磋商保证金。

D10909

1.5　法律适用

本合同条款均以我国现行有效的法律、法规、规章作为适用依据。

第二章　合同主体

2.1　政府主体

2.1.1　主体资格

本合同甲方为____________城市建设投资集团有限公司和____________住房和城乡建设局。

城市建设投资集团有限公司系市政府授权的本项目的实施机构及政府方出资人，具体负责本项目的实施；____________住房和城乡建设局系本项目的监督管理单位，监督管理本项目的实施。

2.1.2　甲方的权利义务

（1）协助实施项目谋划、咨询、论证，科学确定工程建设规模、标准；

（2）协助项目公司办理本项目环评、可研、规划、施工等审批手续，申请省乃至国家部委试点项目等；

（3）负责或协调将本项目所需水、电、通信线路从施工场地外部接通至项目公司指定地点；协调城市供水、排水、燃气、热力、供电、通信、消防等依附于本项目的各种管线、杆线等设施的建设计划，匹配本项目建设进度及年度计划安排等；

（4）协助组织设计、监理单位控制工程建设的规模、标准和投资，对工程设计优化、变更和暂列金使用进行审核实施，参与工程竣工验收；

（5）协助项目公司报送工程结算评审资料，配合市审计部门进行工程复审审计；

（6）负责或协助其他政府行业主管部门对设施运营及维护进行管理和监督；协助监督项目公司履约情况；

（7）监管或协助其他政府行业主管部门对项目公司日常管理维护行为进行考核、评分；

（8）及时支付合同价款。

*条文批注：1. 财政部和国家发展改革委对 PPP 项目合同政府方的规定不一致。《政府和社会资本合作模式操作指南（试行）》（财金〔2014〕113 号）规定，政府或其指定的有关职能部门或事业单位可作为项目实施机构，负责项目准备、采购、监管和移交等工作；《国家发展改革委关于开展政府和社会资本合作的指导意见》（发改投资〔2014〕2724 号）则规定，按照地方政府的相关要求，明确相应的行业管理部门、事业单位、行业运营公司或其他相关机构，作为政府授权的项目实施机构。对国有企业和融资平台公司能否作为项目实施机构，应当根据具体情况进行确定，且必须得到有权单位的批准。

2. 根据法律的规定，政府方必须是县级及以上人民政府，乡镇政府并非 PPP 项目的实施主体。

2.2　社会资本主体

2.2.1　主体资格

本合同乙方为____________公司，系本项目经采购程序确定的成交供应商。

2.2.2　乙方的权利义务

（1）依据国家有关规定与城投集团共同投资设立本项目的项目公司；

（2）在合同期限内严格按法律规定及本合同约定，负责本项目投资、融资、建设及运营维护管理，确保项目达到本合同约定的标准，确保项目资金及时、足额到位，并确保资金合法性；

（3）保障其负责本项目的工作人员为响应文件确定的管理人员，未经甲方书面同意，不得随意变更；

（4）承担所建工程的维稳、信访责任；

（5）负责督促工程建设各责任主体履行质量保修责任，对不履行或无法履行质量保修责任的，承担其保修责任；

（6）接受政府方及各职能部门依法进行的监督与管理，配合政府方及有关部门完成有关工作。但此项监督和管理不免除乙方应尽的合同义务和法律责任；

（7）以施工总承包方式对项目进行建设，并能够满足本合同相关要求。

D10909

＊条文批注：目前各部委文件在社会资本方的范围表述上存在比较大的差异，而国家发展改革委发布的法律文件中对社会资本范围的规定相对更为宽泛。存在的不一致的地方主要有：

1.“其他组织”可否作为社会资本参与PPP项目。根据《最高人民法院关于适用〈中华人民共和国民事诉讼法〉的解释》第52条：民事诉讼法第48条规定的其他组织是指合法成立、有一定的组织机构和财产，但又不具备法人资格的组织，包括依法登记领取营业执照的个人独资企业、依法登记领取营业执照的合伙企业，依法设立并领取营业执照的商业银行、政策性银行和非银行金融机构的分支机构等等。可知“其他组织”并无法人资格，实践中，应当在PPP招标文件中对社会资本的资格进行明确。

2. 地方融资平台公司可否作为社会资本参与PPP项目。目前，业内大部分专家对融资平台公司和当地国企作为社会资本参与PPP项目持相对负面观点。但出于中国国情及优质融资平台公司和地方国有企业发展空间需求的考虑，在充分竞争的前提下，给予优质且完全商业化运营的融资平台公司和地方国有企业一定的发展空间也不失为因势利导。当然对于如何定义“优质”和“商业化”、如何避免对其他社会资本形成壁垒效应还需进一步细化考虑。

2.3 对项目公司的约定

2.3.1 项目公司设立

甲乙双方以设立项目公司的方式实施合作项目，并签订合资协议。

2.3.2 项目公司的权利义务

（1）在合同期限内严格按法律规定及本合同约定，负责本项目投资、融资、建设及运营维护管理，确保项目达到本合同约定的标准；并确保项目资金及时到位，独立进行项目财务核算和资金管理使用；

（2）负责办理后续各项审批手续，完成本合同约定全部建设内容，确保工程进度、质量、安全与文明施工等符合相应标准和规范要求，承担与工程建设、运营维护管理等有关的一切风险和责任；

（3）按照本合同约定和设计文件，自行承担建设期、运营维护期内费用、责任和风险；

（4）及时支付工程费用和农民工工资，本项目所涉及的劳务工资等，均纳入甲方的财务监管内容，项目公司在甲方监督下直接向最终劳务提供者发放；

（5）按照住房城乡建设部《房屋建筑和市政基础设施工程竣工验收规定》（建质〔2013〕171 号）与《城市综合管廊工程技术规范》（GB50838-2015）等相关规定，在甲方、相关行业主管部门和____________安全与质量监督管理处的监督下，组织工程竣工验收；

（6）承担本项目日常维护管理及清扫保洁责任，接受政府主管部门的监管和日常考核；

（7）及时组织提报工程结算报审资料，配合结算审计及结算复审，按合同约定获取服务费用；

（8）经各行业主管部门正常批准的占、挖道路及绿地等行为，如对本项目产生影响，批准部门或施工单位应征得项目公司同意；

（9）由于城市发展等原因，政府需在本项目涉及范围内进行改扩建等行为，项目公司应予以配合；

（10）如甲方需进行项目申报或申请国家、省、市专项资金的，乙方及项目公司有义务提供协助；

（11）应积极利用本项目申报国家相关课题及质量、文明施工等奖项，对所获的物质奖励部分，作为项目公司的收益；

（12）在本合同运营期内，日常运营管理应该能够满足正常使用需要，对运营期内发生的一切设施损坏进行维修并承担维修费用；

（13）根据相关规定对入廊单位进行管理，并积极配合管线入廊单位的相关工作；

（14）按相关配套收费文件规定收取一次性入廊费或分期租金、运营维护费等相关费用；

（15）运营期满或经双方约定的其他移交日期到期，将项目资产无偿移交给市政府或市政府指定部门。

2.3.3　股权变更限制

（1）锁定期

项目公司的股东应确保在本协议生效之日起至竣工验收合格之日起

D10909

______年之内（含），任何原始股东都不应转让（包括向项目公司其他股东和/或任何股东的关联公司和/或任何第三方）其在项目公司中的全部或部分股权，除非应法律要求或报经市政府预先批准。

自竣工验收合格之日起______年之后，经项目公司其他股东同意和市政府事先书面同意，项目公司的股东可以转让其在项目公司中的全部或部分股权，但受让方应满足本协议约定的技术能力、财务信用、运营经验等基本条件，并以书面形式明确承继原股东方在项目公司项下的权利及义务。

（2）违反股权变更限制的后果

一旦发生违反股权变更限制的情形，将直接认定为乙方的违约行为，情节严重的，甲方有权解除本合同。

* 条文批注：1.PPP 项目公司是依法设立的自主运营、自负盈亏的具有独立法人资格的经营实体，作为 PPP 项目合同及项目其他相关合同的签约主体，负责项目的具体实施。项目投资人通过股东协议明确项目公司的设立和融资、经营范围、股东权利、股东承诺、股东的商业计划、股权转让等事宜。

2. 政府方不一定要参股项目公司，可由社会资本单独设立项目公司。实践中政府方是否参股项目公司，取决于：（1）政府方是否希望通过参股的方式更直接地参与项目的重大决策、掌握项目实施情况。若政府方不参股项目公司，则只能通过 PPP 项目合同的约定间接对项目公司的决策和履行情况享有知情权；（2）政府参股可以增强社会资本及金融机构对项目的信心，利于项目的开展；（3）政府方股东可以对涉及重大公共利益的事项实行一票否决权。

3. 一般情况下，在项目公司成立后，通常由项目公司独立承担与政府签订的 PPP 协议中的相关融资、投资、建设、运营、移交等一系列责任，而社会资本仅对项目公司承担相应的股东责任并在出资范围内对项目公司债权债务承担责任。

第三章 合作关系

3.1 合作内容

3.1.1 项目名称

项目名称：____________市中心城区一期地下综合管廊工程 PPP 项目

3.1.2　项目地点

项目地点：____________市____________区。

3.1.3　项目范围

指____________市中心城区一期地下综合管廊工程 PPP 项目，具体包括项目投资、融资、建设及运营维护等涉及的全部工作内容，包括但不限于本项目的主体工程、项目相关的迁移工程、交通、绿化、亮化、道路恢复工程、管理中心及其他附属工程等，以及前述工程的环卫保洁工作和其他与本项目有关的、市政府指定的部门要求项目公司承担的维养工作。

3.1.4　特许经营权

经____________市政府批准，授予项目公司在合作期限内享有本项目的特许经营权，项目公司有权根据法律规定和本合同约定对本项目进行投资、融资、建设、运营和移交。双方可另行签订特许经营协议。

* 条文批注：通常合作范围是排他的，即政府在项目合作期限内不会就该 PPP 项目合同项下的全部或部分内容与其他任何一方合作。

3.2　项目的合作期限

3.2.1　合作期的确定

本项目合作期暂定______年（包括建设期、运营期和移交期）。

3.2.2　合作期的顺延

建设期合理顺延的，上述合作期可相应顺延。

3.2.3　合作期限的结束

导致项目合作期限结束有两种情形：项目合作期限届满或者项目提前终止。

* 条文批注：1. 根据财金函〔2016〕47 号文规定，PPP 示范项目的合作期限原则上不低于 10 年。同时根据《特许经营管理办法》规定，合同期限最长不超过30年；对于投资规模大、回报周期长的项目，可以根据项目实际情况、约定超过前期规定的特许经营期限。

D10909

* 条文批注：2. 政府和项目公司通常会在合同谈判时商定可以延期的事由，基本的原则是：在法律允许的范围内，对于项目合作期限内发生非项目公司应当承担的风险而导致项目公司损失的情形下，项目公司可以请求延长项目合作期限。常见的延期事由包括：

（1）因政府方违约导致项目公司延误履行其义务；

（2）因发生政府方应承担的风险导致项目公司延误履行其义务；

（3）经双方合意且在合同中约定的其他事由。例如，项目因一般不可抗力发生延期，则项目公司有权根据该不可抗力的影响期间申请延长建设期或运营期。

3.3 合同价款

政府补贴十年总累计值：______元；

上述报价中包括：

（1）项目全部建设成本：______万元；

（2）年度运营成本：______元；

（3）合理利润率调整系数：____________；

（4）年度折现率：____________。

合作期内，合理利润率调整系数和年度折现率不得调整，合理利润率最高不超过______%。

3.4 付费机制

3.4.1 付费类型

采取 PPP 合作模式的政府补贴测算。根据财政部《政府和社会资本合作项目财政承受能力论证指引》(财金〔2015〕21 号)的相关规定，本项目采取可行性缺口补助模式，政府承担部分运营支出责任，设定政府每年直接补贴付费数额的计算公式为：

政府补贴的计算：____

根据财金〔2015〕21 号文要求，对政府付费模式的项目，在项目运营补贴期间，政府承担全部直接付费责任。计算公式为：________________________________

3.4.2　付费方式

本项目采用可行性缺口补助模式。自项目竣工验收合格之日起，每______个月支付一次，列入市财政年度预算。

进入运营期后，本项目将采取绩效考核。由市住建局或政府行业主管部门制定相应设施维护标准、绩效考核打分办法，进行日常监管考核，并根据绩效考核情况及合同约定按期核算绩效考核评分。根据如下公式计算，并按季支付。

上述公式中的运营维护费收入，也包含分年度的入廊费等其他收入。

本合同暂定年度运营维护费收入______万元，待相关配套文件出台后，再作相应调整，若今后实际收取收入大于______万元，大于部分抵顶年度财政补贴；若实际收取收入小于______万元，缺口部分由市政府通过年度财政补贴补足。

争取的用于本项目的上级奖励或补贴，及相关配套文件出台后收取的一次性入廊费用或分期租金，予以冲抵建设投入或财政补贴。

若乙方不能按相关配套文件及实际情况收取一次性入廊费用或分期租金、运营维护费等相关收入，应收未收部分不予支付财政补贴。

* 条文批注：1. 根据财政部《政府和社会资本合作模式操作指南（试行）》的要求，PPP 项目回报机制主要包括使用者付费、可行性缺口补助和政府付费等支付方式。

2. 根据《国务院办公厅关于推进城市地下综合管廊建设的指导意见》和财政部下发的《关于开展中央财政支持地下综合管廊试点工作的通知》的规定，城市综合管廊建设享受国家专项资金补助。

3.5　项目资产权属及风险转移

3.5.1　资产权属

在项目资产移交前，项目资产的所有权归项目公司，使用权归市政府。

3.5.2　风险分配原则

（1）最优风险分配原则。在受制于法律约束和公共利益考虑的前提下，风险应分配给能够以最小成本（对政府而言）、最有效管理它的一方承担。

（2）风险收益对等原则。既关注社会资本对于风险管理成本和风险损

D10909

失的承担，又尊重其获得与承担风险相匹配的收益水平的权利。

（3）风险可控原则。应按项目参与方的财务实力、技术能力、管理能力等因素设定风险损失承担上限，不宜由任何一方承担超过其承受能力的风险，以保证双方合作关系的长期持续稳定。

3.5.3 政府与社会资本间的风险分配机制

按照风险分配的上述基本原则，本项目的核心风险分配框架如下：

（1）融资、设计、建设、运营管理等风险主要由乙方承担；

（2）政策、法律变更风险等主要由甲方承担；

（3）不可抗力风险等由双方合理共担。

政府与社会资本分险分担框架表

风险分类	风险内容	甲方承担	乙方承担	双方共担
政策风险	特许权收回、政府干预、用地	√		
法律风险	重要法律变更、税收法律调整	√		
配套及支持风险	前期动迁、道路、市政配套等	√		
支付风险	政府付费或补贴履行	√		
出资风险	按协议约定足额出资		√	
融资风险	按约定及时融资到位		√	
成本超支风险	建设成本或运营成本超出预期		√	
财经风险	通货膨胀、利率变化、外汇风险等		√	
设计建设完工风险	设计变更、建设风险、质量风险、第三方违约风险、安全风险、技术风险、完工风险等		√	
运营管理移交风险	运营风险、安全管理风险、第三方违约风险、维护风险、移交风险等		√	
市场风险	竞争、管理水平等		√	

续表

风险分类	风险内容	甲方承担	乙方承担	双方共担
合同协议风险	合同、协议不完善或约定不明			√
环保风险	对环境的影响		√	
审批风险	决策审批延误			√
自然灾害风险	台风、地震、洪水等			√
社会异常事件风险	罢工、骚乱			√
其他不可抗力风险	不可预见、不可避免、不可控制			√
应急风险	出于社会或公益或安全需要			√
剩余风险	双方未考虑到的未知风险			√

3.5.4 风险转移

项目公司承担移交日期前项目资产的全部或部分损失或损坏的风险，除非损失或损坏是由政府方的违约或不可抗力所致。

3.5.5 其他

该项目所涉及的政府补贴是否缴纳营业税金及附加的相应税收风险，由于目前国家未出台有关文件，暂按不缴纳来考虑。此风险属于应由甲方承担的税收法律、法规风险调整范围。

＊条文批注：1. 所谓项目风险，是指可能导致项目损失的不确定性，包括成本的不确定性和收益的不确定性。

2.PPP 项目的风险分配原则："由对风险最有控制力的一方承担相应的风险"、"承担的风险程度与所得回报相匹配"，以及"承担的风险要有上限"。一方对某一风险最有控制力意味在他处在最有利的位置，能减少风险发生的概率和风险发生时的损失，从而保证了控制风险的一方用于控制

D10909

风险所花费的成本是最小的，同时由于风险在某一方的控制力之内，使其有动力为管理风险而努力。在实践中，政府方和社会资本方应当对可能涉及的风险进行充分协商并讨论由哪一方承担最为合适，并在合同中进行明确约定。合理的风险分配可以提高效率和降低成本。

3.6　项目用地

本项目暂不涉及土地拆迁补偿、征地等费用。

3.7　合作履约担保

3.7.1　建设履约保函

（a）建设履约保函的提供

乙方应于本合同签订前且在磋商保证金退还之前，向甲方提供甲方可接受的金融机构出具的建设履约保函，其格式应为甲方同意的其他格式，作为其履行在本合同下为担保其履行在本合同项下的建设义务和其他违约赔偿义务的担保。金额为人民币________万元（小写：________）。

（b）建设履约保函的解除

建设履约保函在竣工验收合格且乙方提交运营维护保函之日到期，乙方无尚未履行完毕的建设期内的相关义务的，甲方应在到期日起______个工作日内退还建设履约保函。

（c）恢复建设履约保函的数额

如果甲方在项目合作期内根据本合同的有关规定提取建设履约保函项下的款项，乙方应确保在甲方提取后的______个工作日内，将建设履约保函的数额恢复到本合同约定的数额，且应向甲方提供建设履约保函已足额恢复的证据。甲方提取建设履约保函的权利不影响甲方在本合同项下的其他权利，并且不免除乙方不履行本项目义务而对甲方所负的责任和义务。

乙方未在前述期限内补足或恢复建设履约保函相应金额的，甲方有权发出催告，乙方应在催告之日起______日内予以补足；乙方在前述期限内仍未补足的，则甲方有权提取建设履约保函项下的余额，并有权解除本合同。

（d）如乙方未提交建设履约保函，则本合同不生效，乙方应承担缔约过失责任，采购人有权取消乙方的成交资格。

3.7.2　运营维护保函

（a）运营维护保函的提供

乙方应在项目使用日之日起______个工作日内向甲方提供运营维护保函，其格式应为甲方接受的其他格式的银行保函，作为其履行整个运营期义务的保证。金额为人民币 ________ 万元（小写：________）。

（b）运营维护保函的解除

运营维护保函在合作期限届满之日到期，乙方无尚未履行完毕的项目运营期内的相关义务的，甲方应在到期日起______个工作日内退还运营维护保函。

（c）恢复运营维护保函的数额

如果甲方在项目运营期内根据本合同的有关约定提取运营维护保函项下的款项，乙方应确保在甲方提取后的______个工作日内，将运营维护保函的数额恢复到本合同约定的数额，且应向甲方提供运营维护保函已足额恢复的证据。甲方提取运营维护保函的权利不影响甲方在本合同项下的其他权利，并且不免除乙方不履行维护本项目义务而对甲方所负的责任和义务。

3.7.3　移交保函

（a）移交保函的提供

乙方应在运营期结束前______日内向甲方出具移交保函，担保事项为：乙方按照约定时间完成移交、项目设施恢复性大修、项目设施不存在隐蔽性缺陷等。其格式应为甲方接受的其他格式的银行保函，作为其履行移交义务的保证。金额为人民币________ 万元（小写：________）。

（b）移交保函的解除

移交保函在移交结束之日到期，乙方无尚未履行完毕的移交的相关义务的，甲方应在到期日起五个工作日内退还移交保函。

（c）恢复移交保函的数额

如果甲方在项目移交完成前根据本合同的有关规定提取移交保函项下的款项，乙方应确保在甲方提取后的______个工作日内，将移交保函的数

D10909

额恢复到本合同约定的数额，且应向甲方提供移交保函已足额恢复的证据。甲方提取移交保函的权利不影响甲方在本合同项下的其他权利，并且不应免除乙方不履行移交本项目义务而对甲方所负的责任和义务。

* 条文批注：《财政部关于印发政府和社会资本合作模式操作指南（试行）的通知》（以下简称财金〔2014〕113）规定履约保障边界条件是项目边界条件（项目合同的核心内容）之一，并认为"履约保障边界主要明确强制保险方案以及由投资竞争保函、建设履约保函、运营维护保函和移交维修保函组成的履约保函体系"。

第四章　投资及融资方案

4.1　项目总投资

4.1.1　投资规模

以本项目工程建设总投资的最终审计认定价款为准。

4.1.2　投资计划

______年完成投资______万元；

______年完成投资______万元。

4.1.3　投资控制责任

乙方对本项目总投资承担投资控制责任，并承担全部超支责任。

4.2　融资方案

4.2.1　项目公司注册资金（项目资本金）及出资方式

项目公司注册资本为人民币______元，全部为货币出资。其中：

甲方出资额为______万元，占注册资本的____________；

乙方出资额为______万元，占注册资本的____________。

4.2.2　债务资金的资金来源及融资安排

投资总额和注册资本的差额由项目公司通过银行贷款等方式予以解决，如项目公司不能顺利完成项目融资的，则由乙方提供借款、补充提供担保等方式解决，以确保项目公司的融资足额及时到位。项目公司可以将其在项目合同项下的各项权益及拥有的资产设置抵押、质押或以其他方式设置担保权益。因上述融资产生的风险及支出责任由项目公司和乙方承担，与甲方无关。

4.2.3　资金到位计划

注册资本到位：根据本项目建设进度，甲乙双方按照出资比例进行同步出资，并于公司成立后______个月内将出资足额及时到位。

融资到位计划：本合同生效之日起______个月内到位______万元；______个月内到位______万元；______个月内到位______万元；______个月内到位______万元；______个月内到位______万元。

4.3　资金管理

项目公司独立进行建设期和运营期的资金使用和财务核算。

项目公司的注册资本及融资资金只能用于履行本合同的需要，不得用于其他任何用途。

本合同生效日起______日内，乙方和项目公司应在当地银行设立资金专户，甲方有权查看账户资金使用情况，乙方和项目公司应给予配合。

乙方对工程相关单位的工程进度款支付，须按相关工程合同的约定执行，不得违约拖欠。对支付情况，甲方有权核实，对不按时支付的，甲方将从其建设履约保函中代为支付，金额不足部分将从政府补贴中扣除，情节严重的将解除本合同。

* 条文批注：1. 关于资本金。《国务院关于调整和完善固定资产投资项目资本金制度的通知》（国发〔2015〕51 号），各行业固定资产投资项目的最低资本金比例普遍在 20%~30%。也就是说，一个固定资产投资项目总投资中至少有 20%~30% 的资金必须是由投资人认缴的非债务性资金，这部分非债务性资金就是资本金。

2. 关于注册资本金。注册资本属于《中华人民共和国公司法》的范畴，是根据《中华人民共和国公司法》所设立的公司（包括有限责任公司和股份公司）在其登记机关登记的认缴出资额或股本总额。因此，在项目实操中，注册资本金的比例可小于或等于资本金的金额，注册资本金和资本金之间的差额则通常是以资本公积金的形式注入项目公司。

D10909

3. 在 PPP 项目合同中通常约定，由社会资本方负责总投资与资本金差额部分的融资。PPP 项目中社会资本方一个重要的责任就是解决项目融资问题，确保项目资金稳定顺利实施。因此在 PPP 项目中，通常约定中标社会资本方本身具有一定的资金实力，并且要协助项目公司获得项目建设所需要的资金，在项目公司融资困难的情况下为项目融资提供担保或自行补足资金不足的部分。

4.4 直接介入权

为保障社会公共利益，当项目出现融资未到位等财务风险，威胁或侵害社会公共利益时，甲方可要求乙方和项目公司改善管理、增加投入，或市政府指定的合格机构依据本合同中的直接介入条款接管项目代位行使乙方权利。

但在任何情况下，甲方行使介入权均不应被视为项目设施所有权的转移或甲方以其行为承担或承诺承担本归属于乙方的项目设施所有权人的义务，同时亦不免除乙方在本合同项下的任何 / 全部义务。

* 条文批注：1. 政府方对 PPP 项目融资监管有行政监管和协议监管两种基本方式。

2.《财政部关于规范政府和社会资本合作合同管理工作的通知》（财金〔2014〕156 号）指出，“PPP 项目合同中除应规定社会资本方的绩效监测和质量控制等义务外，还应保证政府方合理的监督权和介入权，以加强对社会资本的履约管理。”

3、政府方的介入必须有一定的限度，过度的干预不仅会影响项目公司正常的经营管理以及项目的建设和投运，而且还可能将本已交由项目公司承担的风险和管理角色又揽回到政府身上，从而违背 PPP 项目的初衷。

第五章　项目的建设

5.1 建设要求

5.1.1 前期工作

在开工日或先于开工日，本项目已完成的前期工作，包括规划选址、环境影响评价及报批、立项及可研编制、测勘、初步设计及审查、施工图设计及审查、工程量清单控制价编制、工程监理等，已垫付的费用，项目公司设立完成后______个工作日内由项目公司予以偿还；对于未支付完毕的费用，由项目公司向服务单位支付剩余费用。

5.1.2 建设内容

乙方和项目公司应自行承担项目全部建设费用和有关的建设风险。本项目工程建设范围包括但不限于：本项目的主体工程、项目相关的迁移工程、交通、绿化、亮化、道路恢复工程、管理中心及其他附属工程等，具体以施工图纸及工程量清单为准。

5.1.3 乙方及项目公司应按以下要求完成所有建设工程：

（1）本项目建设投资由乙方承担，建设投资包括项目前期勘察、设计、监理费等相关工作费用以及为完成本工程所产生的主体及配套费直至工程竣工验收合格，达到使用所产生的所有开支、费用、税金等；

（2）乙方应申请并及时获得从事建设工程所需要的政府部门的各种批准，并使其保持有效，承担所有获得上述批准所需要的费用和支出；

（3）根据下列规定实施建设工程：

（a）适用法律；

（b）甲方提供的设计文件；

（c）本合同对项目建设的其他所有要求。

（4）在施工过程中须遵守安全生产和环境保护的相关规定，以保护生命、健康、财产和环境，避免安全事故；

（5）建设期内，乙方必须自费投保适用法律所要求的保险，并将甲方和乙方均列为保险单上的被保险人；

（6）在施工期间采取一切合理措施减少对公众、居民和商业的干扰和不便；

（7）乙方应及时组织竣工验收，竣工验收合格后，方可交付使用。

D10909

* 条文批注：根据《PPP 项目合同指南（试行）》第七节“根据项目的规模和复杂程度，一般来讲设计可以分为三个或四个阶段。对于土建项目，设计通常分为可行性研究、初步设计（或初始设计）和施工图设计（或施工设计）三个阶段；对于工业项目（包括工艺装至各设施）以及复杂的基础设施项目，通常还要在上述初步设计和施工图设计阶段之间增加一个扩初设计（或技术设计）阶段”。可见广义的设计通常包含可行性研究、初步设计、施工图设计。但根据 PPP 相关法律政策规定，政府方或社会投资方（视哪一方为 PPP 项目发起方而定）应根据经批准的可行性研究报告编制及确定实施方案（对于一般性政府投资项目，可在可行性研究报告中包括 PPP 项目实施专章），因此在进入采购阶段以前可行性研究报告通常是必须完成的。当然这仅是针对单体项目而言，如若是片区开发项目则不可能也不必要完成所有基础设施和公共服务项目建设的可行性研究报告。因此，通常单体 PPP 项目的设计范围可以包含：初步设计、施工图设计。

5.2 建设期限

5.2.1 进度日期

具备开工条件的工程工期______年，不具备开工条件的工程工期自具备开工条件之日起______年。

（a）开工日：不迟于______年______月______日开工建设（实际开工日以本项目监理工程师发出的开工令为准）；

（b）若因征收或不可抗力等原因导致项目内部分工程无法开工的，可根据是否具备开工条件等实际情况对该部分工程另行确定开工日。

5.2.2 工程顺延

工程进度如果因下列情况受阻，工程进度日期可相应顺延，但不涉及费用调整：

（a）不可抗力事件；

（b）因甲方原因导致的延期；

（c）法律规定或其他政府部门的原因导致的延误；

（d）本项目建设过程中，在建设用地范围内发现有古墓、古建筑或化石等具有考古、地质研究价值的物品；

（e）本合同规定的其他事项。

* 条文批注：于建设工期而言，则是指明确具体的工期。根据项目情况可分为总工期、各子项目工期，作为评判项目公司是否按约竣工的依据。为保证工期，通常 PPP 项目合同中会要求项目公司根据政府方的工期要求提交建设进度计划，并且定期就进度计划的实施情况进行汇报。通常在以下情况发生时，项目公司有权要求延长工期：（1）不可抗力事件；（2）因甲方原因导致的延误；（3）法律变更或其他政府部门的原因导致的延误；（4）其他非项目公司（含施工总承包商、分包商、材料供应商等）原因导致的延误。

5.3　工程进度保障

（a）项目开工之前，乙方应向甲方提交施工进度计划，其中关键性节点和工期目标应满足合同工期要求。

（b）乙方应制定工期保证措施，并出具按期完工承诺函。

（c）乙方应设专人对工程建设的实际进度进行检查，当出现进度偏差时应分析原因，适时采取有效措施以保证项目工期。

（d）乙方应在每月的十日前向甲方和监理单位提交上个月工程的进度报告，该报告应合理、详细地说明已完成的和进行中的建设工程情况以及甲方合理要求的其他相关事项。进度报告应持续至项目完工日止。

5.4　工程延误

（a）若由于甲方的原因造成工程实际进度落后于经甲方认可的进度计划时，建设期予以顺延。

（b）若由于乙方的原因造成工程实际进度落后于经甲方认可的进度计划时，则视为乙方工程延误。乙方应及时修订施工进度计划，并采取措施加快施工进度，以确保实际进度同工作进度计划相一致。

（c）如果乙方合理预计工程不能达到本合同所要求的进度日期，应立即书面通知甲方，并就延误的原因、预计的可能超出进度日期的天数和其他可合理预见的对建设工程不利的影响、已采取或建议采取的解决或减少

D10909

延误及其影响的措施等内容向甲方进行合理详细的描述。

（d）乙方发出上述通知并不能免除其在本合同中的其他义务。如果乙方提出或实施的补救措施不能解决工期的延误，甲方可要求乙方采取甲方认为必要的其他措施以达到进度计划的要求。

* 条文批注：尽管发生意外情况项目公司可以申请延期，但项目公司仍有义务采取赶工措施并尽量避免工期延误，赶工措施费及可能产生的窝工费、机械设备闲置费计入项目总投资。若工期延误系由于项目公司原因（含施工总承包商、分包商、材料供应商等）导致，则项目公司同样有义务采取赶工措施并尽量避免工期延误，赶工措施费及可能产生的窝工费、机械设备闲置费不计入项目总投资，由项目公司自行承担。

5.5　工程质量

（a）乙方应保证工程质量达到适用法律及本合同约定的设计要求，乙方应出具工程质量保证书；

（b）在工程开始施工后，乙方应严格执行各项质量保证和质量控制计划。甲方有权参加或检查乙方以及分包商的质量控制过程及方法，以确保工程的质量要求；

（c）乙方工程的施工、质量管理、安全管理、竣工验收等应符合相关法律和强制性标准，且应符合本合同规定的所有要求；

（d）乙方和项目公司应依法选择和确定本项目专业工程的承包商；

（e）乙方在开始建设工程之前，须建立一套完整的质量保证和质量控制方案交监理单位审查确认后执行；

（f）在不影响乙方履行本合同项下义务的情况下，甲方有权对乙方或承包商履约情况进行监督和检查，乙方须予以协助；

（g）若甲方有足够的证据证明乙方建设工程或其他任何部分与本合同所规定的或其他相关部门所规定的质量或安全要求不符，甲方有权立即通知乙方，乙方应按照要求进行整改。若乙方在收到甲方通知后______个工作日内未进行整改，则甲方有权自己进行或委托第三方进行必要的纠正，一切风险与费用由乙方承担。在这种情况下，乙方须允许甲方或其委托的承包商为此目的而出入项目场地。若乙方拒绝甲方或其委托的第三方进入项目场地进行纠正工作，或未能按照甲方的要求偿还甲方为此而付出的费用，则甲方有权从建设履约保函项下提取相应金额，不足部分，由乙方予以偿还。

*条文批注：项目实施过程中，加强工程质量、运营标准的全程监督，确保公共产品和服务的质量、效率和延续性，鼓励推进第三方评估，评价结果向社会公示，作为合同调整的重要参考依据，并据此作为价费标准、财政补贴等的支付依据。

5.6　安全和文明施工管理

（a）乙方应始终遵守相关法律法规及本合同的约定，保证施工过程的安全和文明施工。

（b）乙方在工程建设期应采取一切合理措施避免或尽量减少对周围建筑物和居民区的干扰。

（c）在施工期间，乙方应有效控制现场的气体散发、地面排水及排污。

（d）施工现场建筑垃圾、生活垃圾应分类存放并及时清运，不能清运的应及时苫盖。

（e）水泥和其他易飞细颗粒建筑材料应采取覆盖等措施存放。

（f）乙方应采取必要的措施保证社会人员与车辆经过现场区域的交通疏解。

5.7　设备与材料采购

乙方应负责依法购置本项目建设所需要的一切临时性或永久性的设备、材料及其他物品，本项目建设所需的一切设备、材料的采购、供应、进口应当按照法律实施并符合国家的规范和标准及本合同的约定。

5.8　工程造价的控制与监管

5.8.1　工程造价的控制

对于施工图和工程量清单可能存在的错误或漏项，乙方需认真核对施工图及工程量清单，不得以此为由要求调整合同价款。

工程竣工结算完成后，乙方应及时将相关资料提交____________市审

D10909

计局审计认定。

5.8.2 工程造价的监管

甲方有权对本项目的工程及工程款进行跟踪审计。甲方有权监管项目公司向供应商拨付的工程款、材料款、劳务费用、暂列金等所有款项。

5.9 工程变更与设计优化

5.9.1 鉴于市政工程涉及项目征拆、系统动迁和专业配套等多项内容，不确定因素多，对现场发生的建设内容和工程量变化，需通过甲方、乙方、监理公司、造价公司等所有相关单位认定后作为后期工程结算的依据。

对本项目因工程变更，导致工程量增加或减少的或新增工作，工程数量由项目公司提出，经监理工程师初审，报经甲方审核通过后，由项目公司负责实施。

工程变更计算办法，执行磋商响应报价时相应的人、材、机及费用标准。响应文件中无项目综合单价的，由甲乙双方共同确认。

5.9.2 项目公司提出的工程优化，在报经甲方审核通过后实施。

5.9.3 工程竣工决算后，由市审计部门进行审计认定，如果“审计认定后的项目全部建设成本”超出“本合同约定的全部建设成本”，则运营期财政补贴按“本合同约定的项目全部建设成本”计算执行。如果“审计认定后的项目全部建设成本”低于“本合同约定的项目全部建设成本”，则运营期财政补贴按“审计认定后的项目全部建设成本”执行。

* 条文批注：在确保工程质量标准、工程安全的前提下，对在降低项目建设造价、节省项目用地、加快施工进度等方面具有显著效益的，项目公司可向政府方提出变更申请并应同时提供相应的证明材料。经政府方批准的变更方案方可实施。

5.10 竣工验收

（a）项目全部完工后，按照住房和城乡建设部《房屋建筑和市政基础设施工程竣工验收规定》（建质〔2013〕171 号）与《城市综合管廊工程技术规范》（GB50838-2015）的要求，在甲方及行业主管部门等政府相关部门的监督下，由乙方负责组织实施竣工验收工作。行业质量监督部门对乙方组织的工程竣工验收进行监督。

（b）若本项目因征收或不可抗力等原因导致部分工程无法按期完工的，可对已完工并具备验收条件的工程单独验收，并将单独竣工验收合格日的次日作为该部分政府补贴计算起始日。

（c）竣工验收合格后，乙方应按照住房和城乡建设部《房屋建筑工程和市政基础设施工程竣工验收备案管理暂行办法》要求向市住建局备案，并将项目全部设施及内业资料移交给档案管理部门接收管理。其中关于竣工档案的整理收集及移交等工作要符合____________文件的要求。

* 条文批注：在综合管廊 PPP 项目合同中通常需要对以下内容进行约定：

1. 交工验收：由项目法人在项目完工以后组织各单位对工程进行交工验收并颁发交工验收证书；

2. 备案：项目交工验收完成以后，项目法人应及时完成交工验收报告并向交通主管部门备案，未经备案的不得进入试运营期；

3. 试运营期：项目经备案进入试运营期后，项目法人应编制完成竣工决算报告，并经竣工决算审计后交主管部门认定；完成环保等单项验收，办理土地使用手续；

4. 竣工验收：符合竣工验收各项条件后，项目法人应向有管理权限的交通运输主管部门提出验收申请；交通运输主管部门组织相关单位进行竣工验收以后，颁发竣工验收鉴定书。

5.11　建设的放弃和甲方介入

5.11.1　放弃

乙方以书面形式表示放弃本项目建设。

5.11.2　视为放弃

除不可抗力或甲方违约的情况外，如果乙方出现下列情况，则视为乙方放弃本项目的建设：

（a）书面通知甲方其已终止任一建设工程，且不打算重新开始施工；

（b）由于乙方原因未能在开工日起三十天内开始项目的建设；

（c）由于乙方原因未能在任何不可抗力事件结束后三十天内恢复建设

D10909

工程施工；

（d）乙方出于任何其他原因在使用日前停止工程建设，直接或通过分包商撤走场地全部或大部分的工作人员；

（e）乙方未能按照经项目总监理工程师签署的施工组织方案确定的工期进度完成作业，迟延累计达到30日。

5.11.3　甲方介入完成建设

（a）甲方介入的条件

乙方放弃或被视为放弃项目建设的，甲方有权指定第三方取代乙方承担项目的任何必要的建设，以便按时完工。

（b）甲方介入建设后，乙方应与甲方或甲方指定的第三方合作，向其提供所有必要的协助，以确保项目的建设和完工。

（c）甲方介入项目的建设，不被视为根据本合同受让了项目资产或承担了乙方的义务。

除本合同另有约定外，甲方或其指定第三方介入建设所产生的一切费用和风险由乙方承担。甲方有权在向乙方提供详细的费用和支出记录后，从建设履约保函项下提取该部分款项。如果乙方已采取切实可行的措施或提供有效担保，甲方应撤出项目的建设。乙方应继续项目建设，直至合同期满或合同解除为止。

* 条文批注：1. 为了能够及时了解项目建设情况，确保项目能够按时开始运营并满足合同约定的全部要求，政府方往往希望对项目建设进行必要的监督和介入，但是政府方的参与必须有一定的限度，过度的干预不仅会影响项目公司正常的经营管理以及项目的建设和投运，而且还可能将本已交由项目公司承担的风险和管理角色又揽回政府身上，从而违背PPP项目的初衷。

2. 政府对项目建设的监督和介入权利主要包括：

（1）定期获取有关项目计划和进度报告及其他相关资料；

（2）在不影响项目正常施工的前提条件下进场检查和测试；

（3）对建设承包商的选择进行有限的监控；

（4）在特定的情形下，介入项目的建设工作。

第六章　项目的运营

6.1　使用日

竣工验收合格之日的次日为使用日，本项目自此进入运营期。

自使用日起，政府指定部门按照本合同约定支付政府补贴。

＊条文批注：1.PPP 项目合同应明确约定运营开始日，以此作为政府方向社会资本方付费或社会资本方向使用者收费的起始日期。运营开始日应结合项目所处的行业和项目特点，并依据相关法律规定合理设置，包括：

（1）常见的运营开始日为工程竣工验收合格后的次日；

（2）对于港口、公路和航道的 PPP 项目，因其具有完工验收的环节，运营开始日则可为工程完工验收合格后的次日；

（3）对于可能造成重大或轻度环境影响的 PPP 项目，因其具有竣工环保验收的环节，运营开始日则可为环保验收合格后的次日；

（4）对于要求取得特别运营许可的 PPP 项目，运营开始日则可为取得运营许可的当日。

2. 运营期与建设期的分界导致整个 PPP 项目周期事实上被分为了两大块儿，与建设期相比，由于运营期与特许服务的提供直接相关，所占时间周期长。

6.2　无法按期开始运营的后果

（1）因乙方自身原因未按照合同约定的时间和要求开始运营本项目，将承担如下后果：

（a）甲方有权解除本合同；

（b）乙方应赔偿因此给甲方造成的全部经济损失；

（c）向甲方支付违约金；

（d）甲方提取建设履约保函项下的资金。

（2）因不可抗力事件导致项目不能按期运营的，受到该不可抗力影响的一方或双方互不承担违约责任，乙方可以根据该不可抗力的影响期间申请延迟开始使用日。

D10909

＊条文批注：对于运营标准的变更，其主要是指政府方要求的和因法律变更引起的运营标准的提高。PPP 项目合同通常会要求双方迅速协商并做出必要的调整，同时约定因运营标准变更导致运营成本和资本性支出增加的责任承担和相关补偿原则和方式、经双方协商未能就调整方案达成一致的后果。

6.3 管理运营维护记录

乙方应确保：

（a）对管理运营维护项目的情况进行详细记录；

（b）准许甲方对其管理运营维护情况进行检查并查阅和复制上述记录。

6.4 甲方介入管理运营

6.4.1 基于乙方违约的甲方介入

乙方未能按照本合同的约定管理运营维护项目，且乙方在收到甲方通知后的______日内或双方另行商定的合理期限内未能就上述情况进行补救的，则甲方有权自行或者委托第三方介入项目管理运营维护工作，费用和风险均由乙方承担。甲方有权在向乙方提供详细的费用和支出记录后，从运营维护保函项下提取该款项，不足部分由乙方予以偿还。

6.4.2 基于公共利益导致的甲方介入

发生紧急公共事件或基于合理判断判定可能发生紧急公共事件（无论乙方是否已采取应急措施），甲方有权自行或者委托第三方介入项目管理运营维护工作，但应按照本合同约定标准向乙方支付可用性服务费。甲方行使直接介入权期间无需向乙方支付运维绩效服务费。

“紧急公共事件”指：如果甲方不采取介入的方式，则将危机公共利益、公共安全或项目安全运行的情势，包括社会动荡（请愿、罢工、游行示威、暴乱、武装入侵、战争）、重大事故（火灾、爆炸、有毒有害气体泄漏、电力中断）、自然灾害（地震、洪水、旱灾、台风、大雾或其他极端天气状况）或任何其他使项目公司不能或可能不能按照本合同约定标准运营本项目的客观情况。

6.5　暂停服务

6.5.1　计划内的暂停服务

对项目设施进行定期的重大运营维护或者修复，乙方应在报送管理运营维护计划时提前向甲方报告，经甲方书面答复或批准后可暂停服务，乙方应尽最大努力将暂停服务的影响降到最低。

6.5.2　计划外的暂停服务

若发生突发的计划外暂停服务，乙方应立即通知甲方，解释其原因，并及时采取有效措施，尽最大可能降低暂停服务的影响并尽快恢复正常服务。对于计划外的暂停服务，责任的划分按照一般的风险分担原则处理，即：

（a）如因乙方原因造成，由乙方承担责任并赔偿相关损失；

（b）如因不可抗力原因造成，双方共同分担该风险，双方互不承担违约责任。

*条文批注：在政府方行使介入权期间，是否应当继续向私人部门支付其服务费用，或者是否应当扣减相应的服务费用，有以下几种情形应当考虑：

（1）行使介入权时，如果项目服务全部暂停，则暂停服务期间的费用是否支付，或者该笔当期支付的服务费用是否应当扣减；

（2）行使介入权时，如果项目公司服务并未全部暂停，则是否应当支付私人部门提供的服务，或者是部分服务费用，如何确定支付比例；

（3）由于私人部门违约导致行使介入权，在这种情况下该笔服务费用是否应当支付，或者是否应当扣减；

（4）不论是何种原因导致行使介入权，如果在此期间，有部分服务是由公共部门另外提供，则这种情形是否影响服务费用的支付，是否应当减少私人部门的服务费用。

6.6　公众监督

乙方应接受用户投诉，政府主管部门接受用户对乙方的投诉。乙方须在接到投诉之日起 7 日内进行处理，并将处理意见和处理结果书面反馈给政府主管部门。

D10909

＊条文批注：在公众监督方面，简单的信息披露可能并不足以发挥实质性作用。要想让公众监督落到实处，就需要为社会公众搭建切实可用的监督平台，以及与之配套的工作机制，包括信息对称（打通公众获取项目信息的渠道）、隐私保护（屏蔽干扰）、举证责任倒置（降低监督成本）、整改过程与结果公示（避免形式主义）等。这不仅仅有利于保护公众的知情权，维护公共利益，对于项目实施各方而言，通过公众监督程序，也可以及时获得相关反馈信息，避免因为信息不对称而导致后期项目整改成本过高，甚至于不得不放弃项目。

6.7 优化运营服务

在征得甲方同意前提下，乙方应努力开展创新型经营活动，相关创新型经营活动所产生的收益与甲方分享，甲乙双方的分享比例为 5 : 5，甲方收益作为财政补贴的抵减项。

第七章 项目移交

7.1 移交总体要求

1.PPP 合同期满或经双方约定的其他移交日期到期，项目公司应按照合同约定将项目资产（含①本项目；②为项目设施正常运营所必须的各类项目设施、设备及至少满足项目正常运营六个月所需要的备品、备件；③与项目的建设、运营、管理和维护有关的图纸、文件、维护手册和记录；④各信息系统；⑤与项目有关的所有未到期的担保、保证和保险的受益；⑥所有与项目及其资产有关的依附的其他权利和利益等）无偿移交给市政府或其指定机构。

2. 项目公司应确保移交的项目资产不存在任何抵押、质押等担保权益或所有权约束，亦不得存在任何种类和性质的债务，否则，甲方有权提取移交保函项下的资金，直至乙方解除上述有关约束。

＊条文批注：1. 移交的范围通常包括：项目设施；项目土地使用权及项目用地相关的其他权利；与项目设施相关的设备、机器、装臵、零部件、备品备件以及其他动产；项目实施相关人员；运营维护项目设施所要求的技术和技术信息；与项目设施有关的手册、图纸、文件和资料（书面文件和电子文档）；项目所需的其他文件。

2. 项目移交通常是指在项目合作期限结束或者项目合同提前终止后，项目公司将全部项目设施及相关权益以合同约定的条件和程序移交给政府或者政府指定的其他机构。PPP 项目特许经营期满后，项目公司便需要将项目的经营权（或所有权与经营权同时）向政府移交。项目移交的过程主要分为移交准备、项目资产评估、项目性能和功能测试、资产交割、项目绩效评价五个阶段。

3. 项目移交的基本原则是：项目公司必须确保项目符合政府回收项目的基本要求。项目合作期限届满或项目合同提前终止后，政府需要对项目进行重新采购或自行运营的，项目公司必须尽可能减少移交对公共产品或服务供给的影响，确保项目持续运营。

7.2　移交程序

（1）道路工程竣工验收合格一个月内办理资产移交，本项目其他工程在运营期届满或双方约定的其他移交日期移交。项目移交时，项目公司应将该资产及项目资料移交给市政府或其指定机构。

（2）运营期届满______个月前，市政府成立由财政、建设、城投集团、城管局等行业管理部门及项目公司等组成的移交委员会。移交委员会商定移交项目资产清单（包括备品、备件的详细清单）、移交资产标准和移交程序。移交委员会定期召开会议，必要时可召开临时会议，以便于商定项目资产移交的详尽程序及移交资产的详细清单等。

（3）项目公司应提供移交必要的文件、记录、报告等数据，作为移交时双方的参考。

（4）移交结束后，项目公司予以清算。

（5）项目公司清算时，如有亏损，甲方出资部分不承担亏损，亏损部分全部由乙方承担。

D10909

* 条文批注：1. 移交工作委员会将在移交期间主要行使下列职权：

（1）清理项目公司全部财产、编织设施设备固定和流动资产的清单，制定移交方案和计划；

（2）公告未知债权人并书面通知已知债权人；

（3）制定各类设施、设备的技术资料清单。

2. 移交的一般程序：

（1）评估和测试。在 PPP 项目移交前，通常需要对项目的资产状况进行评估并对项目状况能否达到合同约定的移交条件和标准进行测试。实践中，上述评估和测试工作通常由政府方委托的独立专家或者由政府方和项目公司共同组成的移交工作组负责。经评估和测试，项目状况不符合约定的移交条件和标准的，政府方有权提取移交维修保函，并要求项目公司对项目设施进行相应的恢复性修理、更新重路，以确保项目在移交时满足约定要求；

（2）移交手续办理。移交相关的资产过户和合同转让等手续由哪一方负责办理主要取决于合同的约定，多数情况下由项目公司负责；

（3）移交费用（含税费）承担。关于移交相关费用的承担，通常取决于双方的谈判结果，常见的做法包括：1）由项目公司承担移交手续的相关费用（这是比较常见的一种安排，而且办理移交手续的相关费用也会在项目的财务安排中预先予以考虑）。2）由政府方和项目公司共同承担移交手续的相关费用。3）如果因为一方违约事件导致项目终止而需要提前移交，可以约定由违约方来承担移交费用。

7.3　移交保证

（1）在移交日期前，项目公司应保证本项目处于良好的使用状况，得到良好运营维护。

（2）项目公司应确保最后一次维护绩效考核指标达到正常使用移交标准。如发现存在缺陷，未能达到移交标准的，则项目公司应及时修复。如项目公司拒不修复，则扣除当季全部财政运行补贴及提取维护保函所有费用。如任一方对是否达到移交标准有异议的，则由移交委员会聘请第三方机构进行评定。如果评定结果达到移交标准，聘请费用由移交委员会承担；如果评定结果未达到移交标准，则聘请费用由项目公司承担。

7.4　技术转让

项目公司应在移交日期将届时使用的运营维护本项目所必须的项目公司享有所有

权的所有技术和技术诀窍，无偿移交给市政府或其指定机构，并确保市政府或其指定机构不因此遭受损失。

＊条文批注：PPP 项目合同中通常会约定，项目公司应在移交时将项目运营和维护所需要的所有技术，全部移交给政府或政府指定的其他机构，并确保政府或政府指定的其他机构不会因使用这些技术而遭受任何侵权索赔。如果有关技术为第三方所有，项目公司应在与第三方签署技术授权合同时即与第三方明确约定，同意项目公司在项目移交时将技术授权合同转让给政府或政府指定的其他机构。此外，PPP 项目合同中通常还会约定，如果这些技术的使用权在移交日前已期满，项目公司有义务协助政府取得这些技术的使用权。

第八章 项目运营维护绩效考核

8.1 建设绩效标准

建设期绩效考核指标

指标类别	指标要求
质量	需符合《城镇道路工程施工与质量验收规范》CJJ1–2008《园林绿化工程施工及验收规范》CJJ82–2012《城市道路照明工程施工及验收规程》CJJ89–2012《给水排水管道工程施工及验收规范》GB50268–2008《房屋建筑和市政基础设施工程竣工验收规定》（建质〔2013〕171 号）《城市综合管廊工程技术规范》（GB50838–2015）《人防工程施工及验收规范》（GBH34–90）《地下防水工程质量验收规范》（GB50207–2002）《建筑工程施工质量验收统一标准》（GB50300–2001）《建筑给排水及采取暖工程施工质量验收规范》（GB-50242–2002）《通风与空调工程施工质量验收规范》（GB–50243–2002）《建筑电气安装工程施工质量验收规范》（GB50303–2002）《自动喷水灭火系统施工及验收规范》（GB50261–96）《火灾自动报警系统施工及验收规范》（GB50166–92）《气体灭火系统施工及验收规范》（GB50263–97）等，并做到一次性验收合格。
环境保护	参照《公路建设项目环境影响评价规范》JTGB03–2006 等。
安全生产	参照《建筑施工安全检查标准》JGJ59–2011 和《公路工程安全施工技术规程》JTJ076–95 等。

注：若国家、省、市出台具体考核办法或新的相关规定，则上表中与之不一致的或未作约定的或约定不明的，以国家、省、市出台标准为准进行调整并执行。

8.2 运营维护绩效标准

8.2.1 本项目运营维护采取绩效考核。乙方对项目设施的管理运营维护应符合国家相关管理养护规范和标准。

设施行业主管部门制定相应设施管理养护标准、绩效考核办法，进行日常监管考核，按季度将考核结果报送甲方。本合同中所附考核标准在项目实施过程中，行业主管部门可根据实际情况及其合理性进行适当修正及调整。

8.2.2 实行政府补贴与项目运营维护绩效考核挂钩。行业主管部门负责根据绩效考核结果按期计算绩效考核系数，市财政部门进行核定。

8.2.3 绩效考核系数计算。首先计算考核分数，考核分数等于各行业主管部门绩效考核分数的算术平均值。考核分数与绩效考核系数对应关系如下：

考核分数						
绩效考核系数						

8.3 移交绩效标准

本项目移交时，需满足由财政、建设、城投集团、城管局等行业管理部门及项目公司等组成的移交委员会所制定的移交绩效标准，方能移交。

8.4 运营维护绩效考核办法

为进一步加强____________市地下综合管廊运营维护管理工作，确保地下综合管廊安全有序运营，根据《____________市地下综合管廊建设管理办法》，结合____________市实际，制定本办法。

8.4.1 指导思想

严格执行地下综合管廊运营维护管理标准，落实长效管理措施，推动新技术的运行，促进地下综合管廊运营维护技术进步，推进地下综合管廊的高效能管理。

8.4.2 考核原则

坚持公开、公平、公正和量化数据考核为主的原则，坚持日常考核和定期考核相结合的原则，坚持考核与评议相结合的原则，坚持奖罚并重的原则。

8.4.3　考核对象及内容

考核对象：负责地下综合管廊运营维护的项目公司。

考核内容：地下综合管廊本体及附属设施的维护、运行、应急保障措施及客户满意度等。

8.4.4　考核组织

市城市管理主管部门负责考核工作。

8.4.5　考核方式、方法

采取日常考核与定期考核相结合的方式，通过检查内业资料、拍摄照片、影像资料和现场检查打分等形式进行考核。

（1）日常监督考核。每日进行巡查，对照考核细则标准，发现问题，现场拍照、记录，按标准扣分，并下达限期督办整改通知，未按时限整改的加倍扣分，扣分结果列入当月考核成绩。

（2）定期联合考核。每个季度组织入廊管线单位相关人员，集中进行联合互检互查考核，随机抽查管线，对检查发现的问题现场打分，按标准扣分，并对检查问题进行通报。

（3）社会监督考核。对新闻媒体曝光以及社会反映的问题纳入日常考核工作，按标准扣分，经核实造成影响的______倍扣分，对重大问题、造成不良后果的______倍扣分。

（4）基础工作考核。按照考核细则的内容进行检查，年终进行一次，考核结果列入年度考核成绩。

8.4.6　考核结果运用

考核采取满分百分制：项目设施维护考核______分、项目设施运行考核______分、应急保障措施考核______分及客户满意度考核______分。考核评分结果用作市财政部门核定运营维护费可行性缺口补贴的依据。

D10909

____________市地下综合管廊运行维护工作考核评分实施细则

序号	考核项目	考核内容	计分标准	得分	备注
1	项目设施维护考核(_____分)	主要考核项目设施是否按照标准进行维修养护，保证设施的正常运行。市政府监管部门每月定期抽查，对设施完好情况进行季度考评。	项目设施定期维护（　　　分）		
			项目主体设施日常巡检(　　　分)		
			项目设施升级改造（　　　分）		
			非雨季清理疏通不应少于 2 次（　　　分）		
			巡视人员是否采取防护措施，并配备防护装备（　　　分）		
			附属工程（排水、通风、照明等）设施定期维护及日常巡检（　　　分）		

续表

序号	考核项目	考核内容	计分标准	得分	备注
2	项目设施运行考核(_____分)	主要考核项目设施是否按照标准进行运行，设施的运行水平是否达到入廊单位正常使用要求，为入廊管线的维修维护和更新改造提供保障。市政府监管部门每月对运行记录抽查，对设施运行情况进行季度考评。	项目设施及附属工程年安全运行时间（　　　分）		
			项目设施及附属工程故障频率（　　　分）		
			项目设施及附属工程排障效率（　　　分）		
			项目设施及附属工程清洁情况（　　　分）		
3	应急保障措施考核(_____分)	主要考核项目公司是否对潜在的突发事件保持足够的应对措施，是否建立突发事件预警和联络机制，是否配备紧急维修人员、维修设备和备品备件，是否能够及时处置突发事件等。	突发事件处置预警与演练（　　　分）		
			突发事件临时待救设施养护及物资更新（　　　分）		
			突发事件处置备品维护(　　　分)		
			突发事件处置效率及影响（　　　分）		

续表

序号	考核项目	考核内容	计分标准	得分	备注
4	客户满意度考考核(_____分)	市政府监管部门每月定期向入廊管线单位发送管廊公司服务满意度调查表，调查表主要包括项目公司维持设施可用、及时告知管线破漏、巡查管线设施、阻止管线设施被破坏、协助管线维护等。	项目设施维持可用（　　　分）		
			管线故障通告效率（　　　分）		
			有效阻止恶意破坏（　　　分）		
			协助管线日常维护（　　　分）		
			用户投诉（　　　分）		

* 条文批注：《国家发展改革委、住房和城乡建设部关于城市地下综合管廊实行有偿使用制度的指导意见》（发改价格〔2015〕2754 号）规定，城市地下综合管廊有偿使用费标准原则上应由管廊建设运营单位与入廊管线单位协商确定。对暂不具备供需双方协商定价条件的城市地下综合管廊，有偿使用费标准可实行政府定价或政府指导价。实行政府定价或政府指导价的管廊有偿使用费应列入地方定价目录，明确价格管理形式、定价部门。

第九章　保　　险

9.1　购买和维持保险的义务

乙方需承担购买和维持保险的义务，具体包括：

在整个合作期限内，乙方应按本行业的惯例办理和维持合理的建设和管理运营维护保险（其中，必须购买并维持重大安全事故保险和重大灾害事故保险）。保险金额应达到项目设施的全部重置价值。保险期限应包括整个项目合作期（建设期、运营期和移交期）；

督促保险人或保险人的代理人在投保或续保后尽快向甲方提供保险凭证，以证明乙方已按合同规定取得保单并支付保费；

如果乙方没有购买或维持合同约定的某项保险，则甲方可以投保该项保险，并从相应阶段的履约保函项下扣抵其所支付的保费或要求乙方偿还该项保费；

向保险人或保险代理人提供完整、真实的项目可披露信息；

在任何时候不得作出或允许任何其他人作出任何可能导致保险全部或部分失效、可撤销、中止或受损害的行为；

当发生任何可能影响保险或其项下的任何权利主张的情况或事件时，乙方应立即书面通知甲方。

9.2 保单要求

乙方应当以甲方及甲方指定的机构作为被保险人进行投保；

在取消保单、不续展保单或对保单做重大修改等事项发生时提前向甲方发出书面通知。

9.3 保险条款的变更

由于保险条款的变更可能对项目风险产生影响，未经甲方同意，不得对保险合同的重要条款（包括但不限于保险范围、责任限制以及免赔范围等）做出实质性变更。

* 条文批注：1. 移交的范围通常包括：项目设施；项目土地使用权及项目用地相关的其他权利；与项目设施相关的设备、机器、装路、零部件、备品备件以及其他动产；项目实施相关人员；运营维护项目设施所要求的技术和技术信息；与项目设施有关的手册、图纸、文件和资料（书面文件和电子文档）；项目所需的其他文件。

D10909

2. 项目移交通常是指在项目合作期限结束或者项目合同提前终止后，项目公司将全部项目设施及相关权益以合同约定的条件和程序移交给政府或者政府指定的其他机构。PPP 项目特许经营期满后，项目公司便需要将项目的经营权（或所有权与经营权同时）向政府移交。项目移交的过程主要分为移交准备、项目资产评估、项目性能和功能测试、资产交割、项目绩效评价五个阶段。

3. 项目移交的基本原则是：项目公司必须确保项目符合政府回收项目的基本要求。项目合作期限届满或项目合同提前终止后，政府需要对项目进行重新采购或自行运营的，项目公司必须尽可能减少移交对公共产品或服务供给的影响，确保项目持续运营。

第十章　不可抗力和法律变更

10.1　不可抗力

10.1.1 不可抗力事件

任何一方由于出现不可抗力事件使该方无法全部或部分履行其本合同项下的义务时，该方有权中止履行本合同项下的部分或全部义务并无需就此承担违约责任，直至不可抗力消失。不可抗力一旦结束，或意识到不可抗力即将结束时，声明受到不可抗力影响的一方应尽快以书面形式通知对方，并立即恢复履行本合同项下的义务，除非本合同依约定解除。

不可抗力应包括但不限于下列事件：

（a）雷电、干旱、火灾、地震、火山爆发、山崩、滑坡、水灾、暴风雨、海啸、台风或龙卷风；

（b）流行病、饥荒或瘟疫；

（c）战争行为（无论是否宣战）、入侵、武装冲突或外敌行为、封锁或军事力量的使用、禁运、暴乱或民众骚乱、恐怖行为、军事演习或政变；

（d）不能合理预见的重大交通阻滞或停运；

（e）化学或放射性污染或核辐射。

10.1.2 适用于乙方的例外情况

乙方无权将下述情况视作不可抗力事件而终止履行本合同或不完全履行本合同项下义务：

（a）乙方的承包商或其他与乙方建立合同关系的第三方在履行合同方面发生延误；

（b）项目设施的故障或正常磨损。

10.1.3 适用于甲方的例外情况

甲方无权将下述情况视作不可抗力事件而终止履行或不完全履行本合同项下义务：

市政府对项目设施或其任何部分实行的没收、充公或国有化；在项目使用范围内修建地铁等，导致设施无法正常使用。

10.1.4　通知

声称受到不可抗力影响的一方应在知道不可抗力之后最短时间内口头通知另一方，并在十个工作日内书面通知另一方，详细描述不可抗力的发生情况和可能导致的后果，并根据对方要求提供证明。

10.1.5　损失承担原则

发生不可抗力时，双方应各自承担由于不可抗力对其造成的损失。

10.1.6　减少损失的责任和协商

受到不可抗力影响的一方应努力减少不可抗力的影响。双方应协商采取合理的补救措施尽量减少不可抗力给各方带来的损失。

声称不可抗力的一方在不可抗力消除之后应尽快恢复履行本合同项下的义务。

10.1.7　不可抗力造成的合同解除

当不可抗力事件阻止一方履行其义务的时间持续______天以上时，双方应协商决定继续履行本合同的条件或者解除本合同。如果自不可抗力发生后______天之内双方不能就继续履行的条件或解除本合同达成一致意见，任何一方有权给予另一方书面通知后立即解除本合同。

D10909

＊条文批注：1. 在地下综合管廊 PPP 实践中，考虑到政府方作为 PPP 项目合同的签约主体，对于政治不可抗力事件具有一定的影响能力，因此一些 PPP 项目合同中，将此类政治不可抗力事件归为政府方应承担的风险。

2. 项目合同应根据不可抗力事件对合同履行造成的影响程度，分别约定不可抗力事件的处理。造成合同部分不能履行，可协商变更或解除项目合同；造成合同履行中断，可继续履行合同并就中断期间的损失承担做出约定；造成合同履行不能，应约定解除合同。

10.2 法律变更

对于本合同签订后因国家或上级政府统一颁行的法律等原因造成的变更，应视为不可抗力，按照不可抗力的机制进行处理。

第十一章 合同解除

11.1 协商一致解除

在合作期内，由各方协商一致可提前解除本合同，此种情形下的解除及对应解除补偿金的计算问题等，由各方届时协商。

11.2 解除意向通知和解除通知

11.2.1 解除意向通知

如果乙方和甲方就将要采取的措施达成一致意见，或者乙方或甲方（视情况而定）在相应的协商期或双方可能同意的更长的时间内纠正了违约事件，解除意向通知即自动失效。

11.2.2 解除通知

在协商期届满之时，如果双方未达成一致，或导致发出解除意向通知的违约事件未得到纠正，则发出解除意向通知的一方可以向另一方就此发出解除通知，本合同在解除通知送达对方之日解除。

因一方违约另一方解除本合同的，若违约方对解除合同有异议，应自收到解除合同通知之日起______天内向对方提出。

11.3 甲方发出的解除意向通知

发生下列情形之一的，甲方有权立即发出解除意向通知：

（a）乙方未能根据本合同约定提交建设履约保函、运营维护保函或移交保函并保持其有效的；

（b）乙方出现本合同约定的放弃建设或视为放弃建设情形的；或者因乙方违约导致本合同解除的；

（c）乙方或项目公司被依法吊销营业执照、责令停业、清算或破产；

（d）除报经甲方书面同意的计划内维修外，未经甲方事先书面同意，乙方擅自停止对项目全部或部分设施的管理运营维护（如属紧急情况的除外，但应在发生的同时口头告知甲方，并应在发生后______天内书面报告甲方）；

（e）在项目运营期内，乙方季度考核分数连续______次或累计______次低于 60 分；

（f）未经甲方书面同意，乙方擅自出租、转让项目产权或擅自进行股权转让等。

如果在前述事件发生之后，甲方已发出解除意向通知，并且乙方违约事件在协商期期满前未得以补救，则甲方有权发出解除通知，解除本合同。

11.4　乙方发出的解除意向通知

市财政部门无正当理由在逾期______个月（自应付日起算）后仍未支付服务费的，乙方有权发出解除意向通知。

11.5　法律变更或政府行为

如果在本合同生效后，因法律变更或政府行为导致乙方部分或全部不能履行本合同项下主要义务，而这种变化和影响又不以甲方的意志为转移，甲乙双方应尽力就继续履行本合同进行协商，若不能达成一致，则一方可向另一方发出解除意向通知。

＊条文批注：根据《政府和社会资本合作项目通用合同指南》第 65 条“合同解除的事由”规定：“项目合同应约定各种可能导致合同解除的事由，包括：（1）发生不可抗力事件，导致合同履行不能或各方不能就合同变更达成一致。（2）发生法律变更，各方不能就合同变更达成一致。（3）合同一方严重违约，导致合同目的无法实现。（4）社会资本主体破产清算或类似情形。（5）合同各方协商一致。（6）法律规定或合同各方约定的其他事由”。

D10909

11.6　合同解除后的补偿

11.6.1　提前解除的情形

（a）双方协商一致的提前解除；

（b）法律变更或政府行为导致的提前解除；

（c）不可抗力导致的提前解除；

（d）一方违约导致的提前解除。

11.6.2　提前解除的造价审核

本合同提前解除的，甲乙双方应对本项目公司进行清算。同时，由财政评审中心指定造价审核机构对本工程进行审核，乙方应积极配合，将相关资料交造价审核机构。如乙方不配合造价审核，由甲方邀请财政评审中心、建设行政主管部门，会同造价审核机构自行取证，做出的审核结论对乙方当然有效。造价审核产生的费用由乙方承担。

11.6.3　提前解除的回购方式

本合同提前解除，除本合同另有约定外，甲方仅在以下情形支付项目公司合理补偿金（提前解除时甲方对于项目公司的补偿须以项目公司还清其届时之所有负债为前提），补偿金具体按下表确定：

提前解除补偿情形及补偿表

条款号	本协议提前解除之情形	解除合同补偿金
1	甲方发出的解除（乙方违约）	建设期解除时，为 A_1-B+E
		运营期解除时，为 A_2-B+E
2	乙方发出解除（甲方违约）	建设期解除时，为 A_1+B+E
		运营期解除时，为 A_3+B+E
3	法律变更或政府行为	建设期解除时，为 $A_1+35\%B+E$
		运营期解除时，为 $A_3+35\%B+E$
4	不可抗力	（A_4-C-D）/2

A_1 为乙方实际完成的投资（以经审计的为准）；

A_2 为审计价 × 乙方尚未收回的可用性付费比例；

A_3 为乙方尚未收回的可用性服务费的现值（按社会资本方报价时的折现率）；

A_4 为经审计的乙方账面资产净值；

B 取值为人民币______万元；

因乙方违约，甲方发出解除通知情形的，则甲方有权在剩余合作期内主要以年金形式分期分批次向乙方支付补偿金。发生其他情形需要支付补偿金的，参考平衡支出等因素合理确定支付形式，期限不超过剩余合作期。

C 为发生不可抗力情形时，在乙方完全履行本协议约定的投标义务条件下，乙方（含贷款方）应当获得的保险赔款；

D 为发生不可抗力情形时，因乙方投保不足，导致所获保险赔款无法使项目设施恢复到出险前的正常状态和价值的恢复性建设费用缺额部分（如有）；

E 为解除后根据本合同的约定，乙方应向甲方移交运营维护所需的零部件、备品备件和化学品的合理评估值。

若属甲方发出的解除合同情形之一的，按照对应公式计算解除合同补偿金即“A_1-B+E”或者“A_2-B+E”的值为负数；或者不可抗力情形下补偿金计算为负值的，则乙方应向甲方支付本条所述负数的绝对值。

因乙方违约导致本合同提前解除的，甲方向乙方支付的补偿金按以上计算公式计算后，按补偿金总额的______%向乙方返还。其余______%作为乙方违约的违约金。如因乙方的违约行为给甲方造成经济损失的，还应赔偿甲方的全部经济损失。

* 条文批注：1. 发生合同提前终止，项目公司需要进行项目设施移交，政府方要根据事先约定的金额，向项目公司支付提前终止补偿金额。

2. 需要注意，从提前终止事件发生到合同实际提前终止（一般以合同约定的“终止日”为准），往往还有一段时间（例如，双方对提前终止事件的发生进行通知，对争议进行协商，对提前终止补偿金额进行计算等），截至提前终止日，PPP 项目合同依然是有效的，双方仍应履行合同项下的义务。

3. 即使是在终止日之后，PPP 项目合同已经终止，双方仅是不负有继续履行合同的义务，对于终止日之前，由于双方的履约行为已经实际产生的合同义务，仍应该继续履行（例如，按照约定支付服务费）。此外，由于提前终止后将伴随着资产的清点、移交等，因此，

D10909

关注法天使

项目公司在项目设施移交完毕之前，应尽到“谨慎管理人”的义务，合理地对项目设施进行照管。

4. 即使发生 PPP 项目合同的提前终止，并不意味着全部合同条款的终止，在 PPP 项目合同中约定的一些通用条款，例如争议解决程序、适用法、合同文件的组成和效力等，均应继续保持有效。

第十二章 违约责任

甲方或乙方未履行本合同约定义务的，应承担相应违约责任，包括停止侵害、消除影响、支付违约金、赔偿损失以及解除项目合同等。除本合同已有规定外，双方的违约及赔偿按以下规定执行：

12.1 甲方违约及赔偿

甲方未按照本合同的有关约定，向乙方支付相应的服务费，则乙方有权向甲方发出催告，如甲方在催告通知收到后的______日内仍未能支付的，则甲方除应支付应付未付的服务费外，还应每日按照应付未付金额的____________另行向乙方支付滞纳金。

12.2 乙方违约及赔偿

（1）延迟开工、竣工

因乙方原因不能在本合同约定的开工日或之前开工、竣工验收日前完工的，每逾期一日，乙方应向甲方支付____________的违约金，如因乙方原因延期超过______日，则甲方有权提出解除合同。

（2）违法转包或分包

乙方应当按照合同约定履行义务，完成本项目。除磋商文件中确定的分包范围外，乙方应严格按照其提交的响应文件中拟分包计划表分包，乙方不得将本项目各项工程转让给他人，或者将本项目肢解后分别转让给他人，或者将本项目的部分主体、关键性工作分包给他人，或者允许分包人再次分包。出现上述任一情形的，转让、分包无效，乙方应在接到甲方的改正通知规定的期限内立即解除违法转包或分包、恢复其对本合同的履行，并向甲方支付转让、分包项目金额 10% 的违约金。若乙方接到甲方关于纠正前述违法分包或转包的通知后，未能按照甲方的要求完成纠正义务，甲方有权解除合同并要求乙方按本合同约定承担违约责任。

（3）欠付劳务费（工资）

因乙方原因造成本工程不能按时足额支付劳务费（工资），导致农民工上访，每发生一次应支付______万元违约金，上访次数超过三次的，甲方有权解除本合同，且乙方应按第十一章的约定承担违约责任。

（4）无法按期开始或擅自中止运营

因乙方原因未能将项目按照本合同约定投入运营或运营期内擅自中止（包括计划外暂停服务的情形）项目运营的，乙方应当赔偿因此给甲方造成的经济损失，并按照______万元 / 日的标准向甲方支付违约金，不足一日的，按照一日计算。

（5）未及时履行维修、维护义务

乙方未及时履行维修、维护义务的，甲方有权委托第三方进行维修、维护，所产生的费用由乙方承担；造成人身、财产损害等侵权责任的，由乙方承担全部责任。上述所有费用，甲方有权从运营维护保函中提取，不足部分从应付的政府补贴中扣除。

（6）绩效考核分数低于六十分

甲方除有权根据约定运营维护绩效考核分数支付相应的服务费外，如乙方未在规定的时间内改正或改正的效果未能达到本合同约定的标准的，则甲方有权自行或者委托第三方介入项目管理运营维护工作，并提取运营维护保函项下的相应金额。

（7）履约担保不符合合同约定

乙方未能根据合同约定提交履约保函或未能补充履约保函金额使之保持有效的，每逾期一日，须支付履约保函金额____________的违约金。乙方逾期______日未提交的，甲方有权解除合同。因此造成甲方经济损失的，乙方应予以赔偿。

（8）私自出租、转让项目资产

未经甲方书面批准，乙方私自出租、转让项目资产的，出租、转让行为无效。乙方应立即自行承担费用追回被出租、转让的项目资产并向甲方支付转让、出租资产价值____________的违约金，并赔偿因此给甲方造成的经济损失。

D10909

（9）逾期移交

乙方应在约定期限内，向市政府或其指定机构履行项目移交义务。乙方逾期移交的，每逾期一日，应向甲方支付______万元违约金并赔偿甲方因此造成的经济损失。甲方有权从移交保函中提取，不足部分，由乙方予以支付和赔偿。

（10）连带责任

乙方对项目公司发生的违约行为而对甲方所造成的损失承担连带责任。

＊条文批注：1. 根据《中华人民共和国合同法》（以下简称《合同法》）的规定，违约责任的承担方式有如下几种：

（1）第107条："当事人一方不履行合同义务或者履行合同义务不符合约定的，应当承担继续履行、采取补救措施或者赔偿损失等违约责任。"

（2）第112条："当事人一方不履行合同义务或者履行合同义务不符合约定的，在履行义务或者采取补救措施后，对方还有其他损失的，应当赔偿损失。"

（3）第113条："当事人一方不履行合同义务或者履行合同义务不符合约定，给对方造成损失的，损失赔偿额应当相当于因违约所造成的损失，包括合同履行后可以获得的利益，但不得超过违反合同一方订立合同时预见到或者应当预见到的因违反合同可能造成的损失。"

2. 通常PPP项目合同中也会相应地约定非违约方的减损义务：非违约方必须采取合理措施减轻或最大程度地减少违约方违反本合同引起的损失，并有权从违约方获得为谋求减轻和减少损失而产生的任何合理费用。如果非违约方未能采取前述措施，违约方可以请求从赔偿金额中扣除本应能够减轻或减少的损失金额。

第十三章　甲方的监督、介入和应急接管

13.1　甲方的监督权

在项目从建设、使用到移交的各个实施阶段，为了能够更好地了解项目进展、确保项目能够按照合同约定履行，甲方及政府行业主管部门有权按合同约定行使监督权。甲方的监督权须在不影响项目正常实施的前提下行使。

* 条文批注：PPP 项目合同中通常会约定政府方在履约监管时所享有的主要权利，包括：批准权、知情权、现场检查权、介入权、绩效考核权和中期评估权。

13.2　甲方的介入权

除上述的一般监督权，甲方享有在特定情形下（如紧急情况发生或者乙方违约）直接介入项目实施的权利。甲方的介入权通常在发生短期严重的问题且该问题需要被快速解决、而甲方在解决该问题上更有优势和便利的情形下行使。

* 条文批注：PPP 项目合同会约定政府方在特定情形下直接介入项目建设和运营的权利，通常适用于发生短期严重的问题且该问题需要被尽快解决，而政府方在解决该问题上更有优势和便利的情形，主要包括项目公司违约和项目公司未违约但发生紧急情况两种情形：

1. 在项目公司违约情形下：一般在行使介入权前应按照 PPP 项目合同约定书面通知项目公司并给予其一定期限进行纠正和自行补救，如果项目公司在约定的期限内仍无法纠正和补救，政府方或其指定的机构才有权行使介入权。如果政府方的介入仍然无法补救项目公司的违约，则政府方有权根据提前终止机制终止项目合同。

2. 在项目公司未违约情形下，通常仅在以下特定的情形下，政府方或其指定的机构才有权行使介入权：

（1）存在危及人身健康或安全、财产安全或环境安全的风险；

（2）发生紧急情况且政府方合理认为该紧急情况将会导致人员伤亡、严重财产损失或造成环境污染，并且会影响项目的正常建设和运营。

13.3　应急预案和临时接管预案

（1）合作期内，如乙方出现以下违约行为，甲方有权实施临时接管：

（i）因管理不善，发生重大质量、生产安全事故的；

（ii）绩效考核连续______次低于 60 分；

（iii）严重影响到社会公共利益和安全的；

（iv）法律、法规禁止的其他行为。

D10909

（2）甲方对设施的管理运营维护接管

（i）在项目合作期内，若因乙方违约致甲方发出解除意向通知，甲方或其指定机构有权接管项目设施的管理运营维护，但不因此免除乙方的义务，以使项目设施继续使用或完成任何必要的修理以保证项目设施继续使用。乙方保证与甲方或其指定机构合作。

（ii）任何情况下，甲方接管项目资产不应被视为所有权的转让或承担乙方作为项目资产所有权人的义务。

（iii）在甲方或其指定机构管理项目设施期间，乙方无权收取管理运营维护费用，直至乙方按照本合同继续履行项目设施的管理运营维护义务为止。

（iv）甲方有权在任何时候退出项目设施的管理运营维护，乙方应全面负责项目设施管理运营维护。

（3）临时接管项目所产生的一切费用，将根据本合同约定，由违约方单独承担或由各责任方分担。

13.4　不减免和影响的事项

违约方对违约责任的承担并不能减免其在本合同项下的其他任何义务。

双方获得上述违约赔偿的权利不影响其在本合同项下的解除权。

13.5　减轻损失的措施

由于另一方违约而遭受损失或可能会遭受损失的一方应采取合理措施防止损失扩大或减少损失。如果一方未能采取此类措施，违约方可以请求从赔偿金额中扣除应能减少的损失金额。受损害的一方应有权从另一方获得因试图减轻和减少损失而产生的任何费用。

* 条文批注：1.《中华人民共和国合同法》第 113 条规定：当事人一方不履行合同义务或者履行合同义务不符合约定，给对方造成损失的，损失赔偿应当相当于因违约所造成的损失，包括合同履行后可获得利益，但不得超过违反合同一方订立合同时预见到或者应当预见到的因违反合同可能造成的损失。

2.《中华人民共和国合同法》第 119 条规定：当事人一方违约后，对方应当采取适当措施防止损失的扩大；没有采取适当措施致使损失扩大的，不得就扩大的损失要求赔偿。当事人因防止损失扩大而支出的合理费用，由违约方承担。

3.《中华人民共和国合同法》第 120 条规定：当事人双方都违反合同的，应当各自承担相应的责任。

第十四章　争议解决方式

14.1　争议解决方式

双方因本合同发生争议，按以下方式解决：

（1）协商

与本合同有关的任何争议由甲、乙双方进行协商解决，双方协商一致，另行订立补充协议，补充协议具有和本合同同等效力。

（2）争议解决

上述争议协商不成的，双方同意将争议交由＿＿＿＿＿＿仲裁委员会仲裁。

各方同意，在合同履行过程中，如双方就某一细节问题，或者不涉及标的额，或者涉及的标的额不超过＿＿＿万元的争议，均可提交＿＿＿＿＿＿仲裁委员会，由仲裁委主任指定一位仲裁员担任独任仲裁员适用简易程序对争议事项作出快速裁决。

仲裁裁决为终局裁决，对各方均有约束力。

14.2　争议解决期间的继续履行

在争议提交解决期间，各方应继续履行其在本合同项下的各项义务并继续享有其在本合同项下的所有权利，而不影响以后根据上述裁决进行最终调整。

＊条文批注：1. 项目合同应当约定争议期间的合同履行，除法律规定或另有约定外，任何一方不得以发生争议为由，停止项目运营服务、停止项目运营支持服务或采取其他影响公共利益的措施。

D10909

2. 财金〔2014〕113 号文《政府和社会资本合作模式操作指南（试行）》中规定：在项目实施过程中，按照项目合同约定，项目实施机构、社会资本方或项目公司可就发生争议且无法协商达成一致的事项，依法申请仲裁或提起民事诉讼；财库〔2014〕215 号文《政府和社会资本合作项目政府采购管理办法》第22条规定：项目实施机构和中标、成交社会资本在PPP项目合同履行中发生争议且无法协商一致的，可以依法申请仲裁或者提起民事诉讼；发改委发布的《政府和社会资本合作项目通用合同指南》也规定：协商或调解不能解决的争议，合同各方可约定采用仲裁或诉讼方式解决。

3. 政府在签订 PPP 项目合同过程中，应考虑到法律、法规以及合同范本间关系，不能拘泥于合同范本，在争议解决条款中，应选择公平、更有利于保护双方合法利益的解决方式，尽量避免选择无效的解决方式。

第十五章　其　　他

15.1　不弃权

任何一方均不被视为放弃本合同中的任何条款，除非该方以书面形式作出放弃。任何一方未坚持要求对方严格履行本合同中的任何条款，或未行使其在本合同中规定的任何权利，均不应被视为对任何上述条款的放弃或对今后行使上述权利的放弃。

15.2　通知

合同所列双方地址为双方联系地址，送达该地址视为送达。项目公司设立后项目公司住所地也视为乙方的通信地址。如一方改变通信地址，应向对方发出书面通知。无书面通知改变送达原地址视为送达。

15.3　守法义务

双方在本项目合作期间有义务遵守现行法律法规。

15.4　继续有效

本合同有关违约责任和争议解决方式的约定在本合同终止后应仍然有效。

15.5　适用文字

本合同以中文书就。

15.6　本合同各文件解释顺序

（a）PPP 项目合同及附件、补充协议；

（b）乙方的响应文件；

（c）甲方的竞争性磋商文件。

15.7　合同份数

正本一式______份，甲方执______份，乙方执______份；副本一式______份，甲方执______份，乙方执______份，合同正副本具有同等法律效力。

本协议由以下双方在中华人民共和国____________省____________市共同签署，以资证明。

甲方（公章）：____

法定代表人 / 或授权代表：____

联系地址：____

签约地点：____

______年______月______日

乙方（公章）：____

法定代表人 / 或授权代表：____

联系地址：____

______年______月______日

合同附件

附件一、甲方签约授权书

附件二、乙方签约授权书

附件三、本项目工程范围

附件四、地下综合管廊 PPP 项目竞争性磋商预成交公示

D10909

附件一

甲方签约授权书

为【__________城市建设投资集团有限公司】法定代表人，现授权【姓名】【身份证号】为代理人，负责__________市中心城区一期地下综合管廊工程 PPP 项目合同签订。

单位全称（公章）：__________城市建设投资集团有限公司

法定代表人（签字）：______________________________

日期：_____年_____月_____日

[证件影印页，以下无正文]

1. 法人代表身份证

2. 被授权人身份证

附件二

乙方签约授权书

为【社会资本方】法定代表人，现授权【姓名】【身份证号】为代理人，负责__________市中心城区一期地下综合管廊工程 PPP 项目合同签订。

单位全称（公章）：【社会资本方】

法定代表人（签字）：__________

日期：_____年_____月_____日

[证件影印页，以下无正文]

1. 法人代表身份证

2. 被授权人身份证

附件三

本项目工程范围

本项目包括＿＿＿＿＿＿道路及地下综合管廊、＿＿＿＿＿＿地下综合管廊，项目总长度约＿＿＿公里，其中＿＿＿＿＿＿道路及地下综合管廊长约＿＿＿公里，＿＿＿＿＿＿地下综合管廊长约＿＿＿公里。

具体如下：

序号	项目名称	工程规模（长度 KM）
1	＿＿＿＿＿＿管廊	
2	＿＿＿＿＿＿道路	
3	＿＿＿＿＿＿管廊	

附件四

地下综合管廊PPP项目竞争性磋商预成交公示

公司受＿＿＿＿＿＿城市建设投资集团有限公司的委托，对＿＿＿＿＿＿市中心城区一期地下综合管廊 PPP 项目进行竞争性磋商采购，磋商会议于＿＿＿＿＿＿＿召开，经磋商小组评审后，推荐有排序的候选成交供应商。

经过采购结果确认谈判，确定＿＿＿＿＿＿公司（联合体牵头方）、＿＿＿＿＿＿＿公司（联合体成员）为预成交单位，现将预成交结果公示如下：

一、采购项目名称：＿＿＿＿＿＿地下综合管廊 PPP 项目

二、采购项目编号：＿＿＿＿＿＿＿＿＿＿＿＿＿＿＿＿＿＿＿＿＿

三、采购公告发布日期：＿＿＿＿＿＿＿＿＿＿＿＿＿＿＿＿＿＿＿

四、响应文件开启时间：＿＿＿＿＿＿＿＿＿＿＿＿＿＿＿＿＿＿＿

五、预成交公示日期：＿＿＿＿＿＿＿＿＿＿＿＿＿＿＿＿

六、采购方式：＿＿＿＿＿＿＿＿＿＿＿＿＿＿＿＿＿＿

七、预成交情况：＿＿＿＿＿＿＿＿＿＿＿＿＿＿＿＿＿

D10909

包号	采购内容	供应商名称	地址	成交金额
1	________地下综合管廊 PPP 项目	________公司（联合体牵头方）/ ________公司（联合体参与方）	________市	政府补贴十年总累计值：______元； 项目全部建设成本：______元； 年度运营成本（元/年）：______； 合理利润率调整系数：______； 年度折现率：______。

八、联系方式

1. 采购人：

地址：________________________________

联系人：________________________________

联系方式：________________________________

2. 代理机构：

地址：____________省____________市____________区

联系人：________________________________

联系方式：________________________________

第二十一章　智慧城市工程PPP项目

使用场景：

智慧城市就是运用信息和通信技术手段感测、分析、整合城市运行核心系统的各项关键信息，从而对包括民生、环保、公共安全、城市服务、工商业活动在内的各种需求做出智能响应。其实质是利用先进的信息技术，实现城市智慧式管理和运行，进而为城市中的人创造更美好的生活，促进城市的和谐、可持续发展。智慧城市的建设需要大量的资金支持，政府迫于财政的压力无法提供充足的资金进行建设。PPP模式作为一种政府和社会资本合作的模式，可以有效缓解政府的财政压力，同时也拓展了社会资本方获利的途径。智慧城市工程PPP项目合同是政府与社会资本方就智慧城市建设合作项目中涉及双方的权利义务、交易条件、履约保障和调整衔接等边界通过书面形式确立下来的合同文本，是整个智慧城市PPP项目合同中的基础和核心。

智慧城市按照应用领域的不同，可以分为智慧公共服务、智慧城市综合体、智慧政务城市综合管理运营平台、智慧安居服务、智慧教育文化服务、智慧服务应用、智慧健康保障体系建设和智慧交通等项目。

智慧城市工程PPP项目是政府与社会资本方就智慧城市某一领域的项目进行公私合作的项目，项目合同对智慧城市建设中政府方和社会资本方的权利义务进行明确约定，是双方合作的基础。项目合同的主要条款包括：合同主体；引言、定义和解释；项目的范围和期限；项目的融资；项目的建设；项目的运营；项目的维护；股权变更限制；付费机制；履约担保；保险；守法义务及法律变更；不可抗力；政府方的监督和介入；违约、提前终止及终止后处理机制；项目的移交；适用法律及争议解决；等等。除上述核心条款外，通常还会包括其他一般合同中的常见条款，例如，著作权和知识产权、环境保护、声明与保证、通知、合同可分割、合同修订等。

下面，以《智慧城市工程PPP项目合同》为例，对合同中的关键条款，根据现有的法律法规及政策的规定，结合实践中积累的经验进行解读，供读者审阅参考。

D10911

法律要点：

1.PPP 项目中，政府方的履约监督权是如何表现的？

在 PPP 项目实施的全生命周期中，政府方除了履行法定的行政监管职责（如设立行政许可、行政监督和行政处罚）、指派出资代表在参股项目公司时享有股东的权利外，还作为 PPP 项目合同的相对方进行履约监管。通常，在 PPP 合同当中，对政府方的履约监督权会进行明确约定，以确定双方的权利义务。政府方的履约监督权通常包括：批准权、知情权、现场检查权、介入权、绩效考核权和中期评估权等。

《PPP 项目合同指南（试行）》的相关规定对政府方履约监督权的行使作了相应的指向性说明。例如，现场检查权，PPP 项目合同通常会约定政府方或其指定代表有出入项目公司场地的权利，包括在项目建设期间和运营期间进场检查项目建设进度、施工过程中的安全生产管理、文明施工情况和项目设施的运营和维护情况；但政府方行使现场检查权不得影响项目的正常建设和运营，需按照合同约定履行合理的通知义务并遵守现场管理的规定。

2.PPP 项目合同中对违约承担方式应如何规定？

违约责任是 PPP 项目合同中必不可少的条款，可以有效约束双方主体遵守诚实信用的原则，积极履行合同规定义务。PPP 项目合同中对违约方式的规定，应当遵循法律的规定和双方自愿一致的合意。一般承担违约责任的方式有两种：

（1）违约责任的一般承担方式

首先，PPP 合同会按照《中华人民共和国合同法》的规定对双方的违约责任作原则性的规定。违约承担的方式主要有以下几种：第 107 条："当事人一方不履行合同义务或者履行合同义务不符合约定的，应当承担继续履行、采取补救措施或者赔偿损失等违约责任。"第 112 条："当事人一方不履行合同义务或者履行合同义务不符合约定的，在履行义务或者采取补救措施后，对方还有其他损失的，应当赔偿损失。"第 113 条："当事人一方不履行合同义务或者履行合同义务不符合约定，给对方造成损失的，损失赔偿额应当相当于因违约所造成的损失，包括合同履行后可以获得的利益，但不得超过违反合同一方订立合同时预见到或者应当预见到的因违反合同可能造成的损失。"另外，通常 PPP 项目合同中也会相应的约定非违约方的减损义务：非违约方必须采取合理措施减轻或最大程度地减少违约方违反本合同引起的损失，并有权从违约方获得为谋求减轻和减少损失而产生的任何合理费用。如果非违约方未能采取前述措施，违约方可以请求从赔偿金额中扣除本应能够减轻或减少的损失金额。

（2）重大违约情形及违约责任承担方式

如上述第（1）条所说，PPP 项目合同会对重大违约情形进行列举，同时明确该种违约行为的违约责任承担方式。通常在 PPP 项目合同中，重大违约情形的违约责任承担方式为违约金和延长合作期限等方式。在约定违约金金额时，需要注意根据《中华人民共和国合同法》第 114 条："当事人可以约定一方违约时应当根据违约情况向对方支付一定数额的违约金，也可以约定因违约产生的损失赔偿额的计算方法。约定的违约金低于造成的损失的，当事人可以请求人民法院或者仲裁机构予以增加；约定的违约金过分高于造成的损失的，当事人可以请求人民法院或者仲裁机构予以适当减少。"另外，在 PPP 项目合同中通常会约定在项目公司（中选社会资本）产生违约赔偿责任时，政府方可通过扣除履约保函中相应金额的方式快速实现。但为保护项目公司（中选社会资本）的利益，同样在 PPP 项目合同中还应明确项目公司（中选社会资本）的异议确认途径，如项目公司（中选社会资本）对政府方扣除履约保函中保函金额存有异议，允许其在约定时间协商或通过第三方途径予以解决。

文本正文：http://www.fatianshi.cn/D10911

智慧城市工程PPP项目合同

目　　录

D10911

7.4　开票和账户

第八章　项目移交

8.1　移交范围

8.2　移交验收

8.3　备品备件

8.4　移交委员会及移交程序

8.5　质量保证期

8.6　移交维修保函

8.7　保险和承包商保证的转让

8.8　技术转让

8.9　人员及培训

8.10　相关合同期限

8.11　移走乙方相关的物品

8.12　风险转移

8.13　移交费用

第九章　终止和赔偿

9.1　不可抗力

9.2　违约及赔偿

9.3　甲方的介入权及法律后果

9.4　终止和终止后的处理

第十章　保险

10.1　建设期保险

10.2　运维期保险

10.3　联名保险及赔偿

10.4　保险商及保险单据

10.5　未能获得和保持保险

10.6　索赔及协助通知

10.7　修复及修理，索赔款项

10.8　通知甲方

D10911

引　　言

人民政府经过物有所值论证及财政可承受力评估，决定采用政府与社会资本合作方式（Public-Private-Partnership，PPP）建设__________智慧城市工程PPP项目（以下简称本项目），并通过__________人民政府授权__________（以下简称甲方）作为本项目实施机构，同时授权__________建设投资有限责任公司（以下简称乙^{1}方）作为实施本项目设立的项目公司的政府方出资代表（以上授权文件详见附件一）。

甲方通过__________的方式选择__________（以下简称乙^{2}方）（含__________联合体，如适用，以下同）作为本项目成交社会资本方，并与乙^{1}方、乙^{2}方草签本协议。待乙^{1}方、乙^{2}按照合资经营合同和公司章程（详见竞争性磋商文件第三卷合资公司合资经营合同和公司章程）的约定在__________依法设立项目公司后，由甲方和项目公司正式签署本协议。

智慧城市工程 PPP 项目 PPP 项目协议（以下简称本协议）于_____年____月___日由甲乙双方共同订立。

* 条文批注：草签是合同缔结过程中可以经过的一个程序，草签协议可以对正式签订合同所应具备的条件进行明确的约定，对双方在草签协议中约定的权利义务应当遵守并执行。

第一章 总 则

1.1 定义和解释

1.1.1 定义

本协议：指由甲方与乙方签署的 PPP 项目协议，包括全部附件，以及日后可能签署的任何项目补充协议和附件，都应视为本协议的一部分。

本项目：指____________智慧城市工程 PPP 项目。

甲方：指政府授权的项目实施机构，就本协议而言指________________________。

乙^{1}方：指政府授权的实施本项目设立项目公司政府方出资代表。

乙^{2}方：指甲方通过竞争性磋商方式选定的本项目 PPP 运作的社会资本方。

乙方或项目公司：指乙方为实施本项目设计、投资、建设、运营维护、移交按照本协议约定设立的企业法人。

经营权：指甲方授予项目公司合作期内对本项目设计、投资、融资、建设、运营维护及移交项目资产的权利以及获取由此产生的收益的权利。

合作期：____。

建设期：指自开工日起至竣工验收通过之日止。

运维期：指自竣工验收通过次日起满______年。

开工日：指自甲方发出开工令之日。

运营维护日：指本协议第______条约定的日期。

移交日期：指合作期届满之日后的第一个工作日，或经双方书面同意的移交项目设施的其他日期。

D10911

建设履约保函：指乙方按照本协议第______条的规定提供的、为担保其履行在本协议项下的建设等义务的银行保函。

运营维护保函：指乙方按照本协议第______条的规定提交的，为担保其履行在本协议项下的运营维护等义务的银行保函。

移交维修保函：指乙[2]方按照本协议第______条的规定提交的，为担保其履行在本协议项下移交、质量保证等义务的银行保函。

政府购买服务费：指项目公司向社会公众提供符合规范的公共服务，由甲方购买此公共服务而向项目公司支付的费用，为可用性服务费和运维绩效服务费之和。

可用性服务费：指项目公司为本项目建成的符合中国法律强制性规定前提下、达到本协议规定的竣工验收标准的全面服务可用的项目设施所投入的资本性总支出，主要包括项目工程建安费、前期费用、融资成本、税费及必要的合理回报。

运维绩效服务费：项目公司为维持本项目可用性之目的提供的符合本协议规定的绩效标准的运营维护服务而需要获得的服务收入，主要包括本项目范围内的运营维护成本、税费。

工程建设其他费用：指包括但不限于项目立项、可行性研究报告编制及专家评审、工程量清单控制价编制、前期工作咨询费等其他费用。

项目设施：指项目公司为本项目建成的达到本协议规定验收标准的设施。

项目资产：指与项目有关的所有资产，包括项目设施、本项目项下乙方拥有所有权的知识产权、项目文件项下的合同性权利；运维和维护记录、质量保证等文件。

融资文件：指与项目建设的融资相关贷款协议、担保协议、保函、外汇套期保值协议和其他文件，但不包括：

（a）与乙方注册资本出资相关的任何文件；

（b）履约保函。

融资交割：当下述条件均具备时，视为完成融资交割：

（a）乙方的股东已依法缴纳对乙方的出资，并经有资质的会计师事务所出具乙方的验资报告；

（b）乙方已为项目融资的目的与贷款人签署所有融资文件，并且融资文件要求的获得首笔资金的每一前提条件均被满足或被贷款人放弃。

违约：指本协议签约任何一方未能全部或部分履行其在本协议项下的任何义务。

违约利率：指在违约当时适用的中国人民银行规定的一年期贷款基准利率加上______个百分点的利率，并按一年 365 日折算为日利率。如果违约行为持续发生，且在该持续期间中国人民银行颁布的一年期贷款基准利率发生变动，则适用违约行为结束时的基准利率。

中国：指中华人民共和国，仅为本协议之目的，不包括香港特别行政区、澳门特别行政区和我国台湾地区。

法律：指所有适用的中华人民共和国法律、法规、规章、地方性法规、司法解释、政府部门颁布的标准、规范或其他适用的强制性要求、有法律约束力的规范性文件等。

法律变更：指在生效日后，中国立法机关或省级及以上政府部门颁布、修改、废除或重新解释任何适用法律，导致：

（a）适用于乙方或由乙方承担的税收（除所得税外）或关税发生变化；

（b）本项目融资、建设、运营维护和移交的要求发生变化使得乙方的资本性支出或运营维护成本增加；

（c）环境保护、劳动安全及其他有关法律的变化使得乙方的资本性支出或运营维护成本增加。

政府部门：指中国国务院及其下属部委，中国司法或军事当局，中央政府行政管理部门，省、市、区、县各级政府及其职能部门。就本项目而言，指__________人民政府。

政府行为：指甲方及__________人民政府的任何上级政府部门（省级及以上）的国有化、征收及征用等行为。

书面形式：指合同书、信件和数据电文等可以有形地表现所载内容的形式。数据电文包括：电传、传真、电子数据交换和电子邮件。

技术文件：指乙方在进行本项目建设、运维过程中形成的所有规划、设计、施工、验收、运维方案、运维手册等文件，包括但不限于技术资料、计算机程序和其他软件、手册、模型等。

D10911

批准：指乙方为履行本协议需从政府部门依法获得的为项目公司的投资、顶层设计、建设、运维和移交所需要的许可、执照、同意、授权、免除或批准。

标准和规范：指适用本项目建设、运营维护的国家标准、行业标准、工程所在地的地方性标准，以及相应的规范、规程等，及国外标准、规范（如确需）。

谨慎运维惯例：指熟练和有经验的承包商在运维类似本工程的项目中所采用的或接受的惯例、方法和做法以及国际惯例和方法。

1.1.2　释义

生效日：指本协议经甲乙双方盖章并由双方法定代表人或授权代表人签字之日。如乙[2]方含外资，则需相应的商务部门审批后生效。

终止日：指本协议提前终止的日期。

终止通知：指双方按照本协议第______条向对方发出的书面通知。

终止意向通知：指双方按照本协议第______条向对方发出的书面通知。

日、月和年：均指公历的日、月和年。

元：指人民币元。

本协议中“以下”、“以内”均含本数，“以上”、“超过”、“以外”均不含本数。

*条文批注：合同解释是指阐明合同条款的含义，从而确定当事人在合同中的权利、义务的活动。对条文中涉及的关键词语进行解释，可以有效避免争议，规范合同双方的权利义务。

1.2　双方的风险分配

1.2.1　甲方承担的风险

（a）项目审批风险（有甲方承担项时）；

（b）政治风险；

（c）不可抗力。

1.2.2　乙方承担的风险

（a）项目投资风险；

（b）项目审批风险（有乙方承担项时）；

（c）项目设计、投资、融资、建设、运营维护及移交相关风险；

（d）相关保险风险；

（e）不可抗力。

＊条文批注：合同风险应该按照效率原则和公平原则进行分配，从项目整体效益出发，最大限度发挥双方的积极性，尽可能做到：

1. 哪一方最有效地（有能力和经验）预测、防止和控制风险，或能有效地降低风险损失，或能将风险转移给其他方面，则应由那一方承担相应的风险责任；

2. 承担者控制相关风险是经济的，即能够以最低的成本来承担风险损失，同时管理风险的成本、自我防范；做到市场保险费用最低，同时又是有效、方便、可行的；

3. 通过风险分配，加强责任，发挥双方管理和技术革新的积极性等。

1.3　承诺和确认

1.3.1　甲方的承诺

（a）在本协议生效日前已获得了签订本协议所必需的授权，有权签署本协议；

（b）完成本协议规定的前期工作。

1.3.2　乙方的承诺

（a）乙方是依据中国法律正式成立的企业法人，具有签署和履行本协议条款的法人资格、权利和能力。

（b）乙方应确保本项目建设资金按照本项目建设进度要求，足额、及时到位。

1.3.3　确认

（a）在签署本协议时，乙方只是参考但并未依赖由甲方或其他任何政府部门作出或提供的任何材料、信息或数据。甲方或其他任何政府部门对向乙方提供的材料、信息或数据的准确性、完整性或适宜性，未作出任何承诺和保证，不对乙方据此作出的判断和决策负责。

（b）在签署本协议之前，乙方已为自身的利益进行了必要的调查及检

D10911

查，包括但不限于对项目场地、市场环境进行细致而全面的调查、评估，充分知悉了项目的现状和风险。

1.4 合同构成及优先次序

1.4.1 组成本项目合同的文件如下：

（a）合同（包括第一部分《____________智慧城市工程 PPP 项目协议》、第二部分《____________合资经营合同及公司章程》，以及附件）；

（b）成交通知书；

（c）供应商____________商响应文件及其澄清、承诺书；

（d）____________文件、资格预审文件及其补充通知、答疑、澄清；

（e）甲方或甲方指定单位提供的技术规范及有关技术资料；

（f）甲方提供的设计文件；

（g）甲、乙双方约定的组成本项目合同的其他文件。

第二章 合同主体

2.1 政府主体

2.1.1 甲方主体资格

（a）甲方代表____________人民政府全面负责本项目合作范围内的投资、建设及运维工作的监督、管理并履行相关职能。

（b）除因政府机构调整的原因外，未经乙方事先书面同意，甲方不得转让其在本协议项下的全部或任何部分的权利和义务。

（c）如出现政府机构调整的情况，则甲方在本协议项下全部权利和义务应由____________人民政府指定的其他部门或机构承继。

* 条文批注：1.《财政部关于印发政府和社会资本合作模式操作指南（试行）的通知》（财金〔2014〕113 号）第 10 条规定：“县级（含）以上地方人民政府可建立专门协调机制，主要负责项目评审、组织协调和检查督导等工作，实现简化审批流程、提高工作效率的目的。政府或其指定的有关职能部门或事业单位可作为项目实施机构，负责项目准备、采购、监管和移交等工作。”因此，能够作为 PPP 项目政府方主体的只能是县级及以上人民政府。

2.《基础设施和公用事业特许经营管理办法》规定：“县级以上人民政府应当授权有关部门或单位作为实施机构负责特许经营项目有关实施工作，并明确具体授权范围。

2.1.2　甲方的主要权利

甲方有权根据法律规定、____________人民政府的授权、本协议的约定和政府管理的相关职能规定，对乙方提供的本项目的投资、建设、运营维护服务进行监管，包括：

（a）根据法律、法规、行政规章和本协议的规定，自行或委托具有相应资质的第三方机构对乙方的投资建设过程和运维服务进行监管，包括融资进度、项目投资进度、工程建设进度、工程变更、建设质量、运营维护服务质量等。

（b）根据法律、法规、行政规章和本协议的规定，对乙方的经营管理状况进行监管。

（c）根据法律、法规、行政规章的规定依法查处乙方的违规行为。根据本协议的约定，追究乙方的违约责任。

（d）在乙方严重违反本协议并严重影响公众利益的情况下，有权依法对项目区域内的设施进行临时接管。

（e）法律、法规授予甲方的其他权利。

（f）本协议约定的其他甲方权利。

2.1.3　甲方的主要义务

（a）除适用法律另有规定的情况外，甲方应保持乙方的投资、建设、运营维护的权利在整个合作期内始终有效，维护上述权利的完整性和独占性，项目合作期内不妨碍上述权利的行使；

D10911

（b）合作期内，如遇国家法律、法规及相关政策发生重大变化，对本协议的履行造成实质性影响，甲方应积极与乙方协商解决，并采取合理措施避免各方的损失扩大；

（c）甲方进行监管时应当遵守《中华人民共和国行政许可法》和其他法律、法规，以及本协议的规定；

（d）协助乙方办理本项目建设所需的行政许可和审批手续；

（e）负责项目相关部门的协调工作；

（f）负责按照本协议的规定按时支付政府购买服务费；

（g）法律、法规规定的与本协议项下的其他义务。

2.2 乙方主体

2.2.1 乙方的主体资格

（a）乙方为乙^{1}方与乙^{2}方共同出资组建的项目公司，根据本协议全面负责本项目的投资、设计、建设和运维及移交工作。项目合作期内，乙方应始终维持其主体资格。

（b）乙^{1}方是____________投资有限责任公司，住所____________，法定代表人是____________。乙^{1}方负责现金出资人民币______万元整（小写：______），持有乙方百分之______（%）的股权，与乙方其他股东享有同等的权益。在项目合作期内，乙^{1}方应始终维持其主体资格，并保证按照《合资经营合同及公司章程》的约定在享有权利的同时履行其相应的义务。

（c）本项目乙^{2}方为甲方依法依规选择的社会投资人，是符合本项目资格要求的有限责任公司，具备投资本项目的能力和实力。乙^{2}方的名称是____________，住所是____________，法定代表人是____________。乙^{2}方负责现金出资人民币______万元整（小写：______），持有乙方百分之______（______%）的股权，与乙方其他股东享有同等的权益。乙^{2}方保证在项目合作期间始终维持其主体资格和应维持的资格条件。

＊条文批注：《基础设施和公用事业特许经营管理办法》第 3 条：“本办法所称基础设施和公用事业特许经营，是指政府采用竞争方式依法授权中华人民共和国境内外的法人或者其他组织，通过协议明确权利义务和风险分担，约定其在一定期限和范围内投资建设运营基础设施和公用事业并获得收益，提供公共产品或者公共服务。”而《政府和社会资本合作模式操作指南（试行）》第 2 条规定：“本指南所称社会资本是指已建立现代企业制度的境内外企业法人，但不包括本级政府所属融资平台公司及其他控股国有企业。”从两个规定可以看出，其他组织是否可以成为 PPP 项目中的社会资本方应当事先与政府方进行沟通。

2.2.2　乙方的主要权利

乙方的主要权利包括：

（a）在合作期内，乙方享有本项目独家的投资、设计、建设和运营维护的权利；

（b）在乙方履行本协议项下的投资、设计、建设、运营维护义务后，获得政府购买服务费的权利；

（c）法律、法规规定以及本协议约定的其他权利。

2.2.3　乙方的主要义务

（a）按照本协议约定的进度、质量标准完成本项目的建设，自行承担设计、建设、运维及移交相关的一切费用、责任和相应风险，并购买建设期和运维期保险；

（b）在合作期内自觉遵守国家相关法律法规，负责本项目建设和运维期间的质量、安全、进度和成本等控制管理；

（c）接受甲方及其他部门对本项目的检查、抽查和考核；

（d）将高级管理人员的确定或变更，以及对本项目有重大影响的事项出现后 5 个工作日内向甲方报告；

（e）合作期内，如遇国家法律、法规及相关政策发生重大变化，对本协议的履行造成实质性影响，乙方应积极与甲方协商解决，并采取合理措施避免各方的损失扩大；

（f）项目合作期满后，项目公司应将＿＿＿＿＿＿市智慧城市工程

D10911

PPP 项目的项目设施完好地无偿移交给甲方或甲方指定机构；

（g）法律、法规规定以及本协议约定的其他义务。

第三章　项目经营权

3.1　经营权的范围

3.1.1　甲方通过与乙方签订本协议，在合作期内将本项目投资、设计、建设及运营维护的权利授予乙方。

3.1.2　如未来乙方拟利用本项目资产或项目设施开展经营性业务（包括广告经营权等），必须事先报经甲方或____________人民政府书面同意，此项收益分享等有关事宜由甲乙双方届时协商确定，且乙方必须保证此等经营性业务不得影响本协议的履行，也不得有任何影响公共利益或公共安全的行为，否则甲方有权全额提取建设履约保函或运营维护保函或移交维修保函项下的全部金额。

3.1.3　合作期内如本项目涉及到第三方实施主体之间有关事务的，则乙方应事先报经甲方同意，并有权向对应的实施主体收取相应的费用，该等收益可在甲方和乙方之间分享，具体收益分享机制等由甲乙双方届时协商确定。

> * 条文批注：我国法律、法规并未将特许经营权界定为排他性经营权，排他性特许经营权的获得需要在合同中明确予以规定。PPP 项目作为特许经营的一种模式，应当在合同中对其是否为排他性经营权进行明确界定，否则容易引起纠纷。

3.2　项目合作期

3.2.1　本项目合作期______年______个月（合作期包含建设期和运维期，建设期为______年）；

3.2.2　因本协议约定的可归责于甲方的原因导致的完工延误情形出现时，双方进行协商达成一致后项目合作期可适当延长；

3.2.3　由于法律变更或政府行为导致乙方在项目合作期内受到影响并使乙方遭受实质性损失的，双方进行协商达成一致后项目合作期可适当延长；

3.2.4　乙方在本协议 3.2.2、3.2.3 条描述的事件发生之后，希望延长项目合作期的，应在事件发生后______日内向甲方递交要求延长合作期的详细申请，以便甲方可以及时对该申请的情况进行核查，否则甲方不同意延长乙方的项目合作期；

3.2.5　延长项目合作期需经双方书面确认。

* 条文批注：1. 根据法律的规定，合作期限原则上是不低于 10 年、不高于 30 年。根据《财政部关于进一步做好政府和社会资本合作项目示范工作的通知》（财金〔2015〕57 号）第 2 条第 6 款的规定，“政府和社会资本合作期限原则上不低于 10 年”;《基础设施和公用事业特许经营管理办法》中第 6 条规定：“基础设施和公用事业特许经营期限应当根据行业特点、所提供公共产品或服务需求、项目生命周期、投资回收期等综合因素确定，最长不超过 30 年。对于投资规模大、回报周期长的基础设施和公用事业特许经营项目可以由政府或者其授权部门与特许经营者根据项目实际情况，约定超过前款规定的特许经营期限。”对于 10 年、30 年的界限，法律只是做原则性的规定，在实践中应当遵循。如果实际情况需要突破规定，应当谨慎论证。

2. 对具体期限的合理性规定，根据财政部于 2014 年 12 月 30 日印发的《财政部关于规范政府和社会资本合作合同管理工作的通知》（财金〔2014〕156 号）中的规定:“期限的确定。1. 项目合作期限通常应在项目前期论证阶段进行评估，评估时，需要综合考虑以下因素:（1）政府所需要的公共产品或服务的供给期间;（2）项目资产的经济生命周期以及重要的整修时点;（3）项目资产的技术生命周期;（4）项目的投资回收期;（5）项目设计和建设期间的长短;（6）财政承受能力;（7）现行法律法规关于项目合作期限的规定。

3.3　经营权的担保及转让

3.3.1　经甲方事先书面同意，出于本项目融资的目的，乙方可根据《国务院关于创新重点领域投融资机制鼓励社会投资的指导意见》（国发〔2014〕60 号）的规定将本协议项下的预期收益等作为本项目的融资质押等担保，乙方设置该担保权益不应损害甲方的权利或利益；若未来项目公司因乙[2]方的原因不能顺利完成项目融资的，乙[2]方应采取股东贷款、补充提供担保等方式以确保项目公司的融资足额到位；

3.3.2　除为本项目的融资外，乙方不得为其他目的对本项目的资产、设施和设备以及收费权进行转让或设置担保权益；

D10911

3.3.3 除本协议另有规定外，未经甲方同意，乙方在项目合作期内不得将本项目经营权出租或以任何形式转让、承包给第三方。

＊条文批注：根据《国务院关于创新重点领域投融资机制鼓励社会投资的指导意见》（国发〔2014〕60号）明确提出要创新信贷服务，支持开展排污权、收费权、集体林权、特许经营权、购买服务协议预期收益、集体土地承包经营权质押贷款等担保创新类贷款业务。另外，农业银行率先印发《关于做好政府和社会资本合作项目（PPP）信用业务的意见》中提出，考虑到PPP项目大多涉及公益性资产不能用于抵押，创新担保方式，以特许经营权、购买服务协议预期收益等设定质押。

3.4 项目合作期满后的处理

3.4.1 项目合作期满时，乙方应将项目资产无偿移交给甲方或其指定机构。

3.4.2 本项目合作期限届满时，甲方有权依照届时有效的法律法规选择项目运营维护商，如乙方在上述合作期限内履约记录良好，则在同等条件下享有优先权。

3.4.3 乙方应保证在合作期满时清偿其所有债务，解除在项目资产及相关权益上设置的任何担保，在合作期满后不论是否继续经营本项目，其债权债务均由乙方享有和承担，与甲方无关。

第四章 投融资方案

4.1 项目总投资

4.1.1 投资规模

项目总投资为人民币______元整（小写：______）。

其中，__________市智慧城管建设项目投资概算人民币______元整（小写：______），智慧__________顶层设计项目投资概算为人民币______元整（小写：______），前期费用为人民币______元整（小写：______）。

＊条文批注：资本金和注册资本金一直是非常容易混淆的两个概念：

1. 根据《国务院关于固定资产投资项目试行资本金制度的通知》（国发〔1996〕35 号）的规定，资本金是指在投资项目总投资中由投资人认缴的出资额，对投资项目来说是非债务性资金，项目法人不承担这部分资金的任何利息和债务；且根据行业和项目经济效益规定了各行业资本金占总投资的最低比例。现根据最新的《国务院关于调整和完善固定资产投资项目资本金制度的通知》（国发〔2015〕51 号），各行业固定资产投资项目的最低资本金比例普遍在 20~30。也就是说，一个固定资产投资项目总投资中至少有 20~30 的资金必须是由投资人认缴的非债务性资金，这部分非债务性资金就是资本金。

2. 注册资本属于《中华人民共和国公司法》的范畴，是根据《中华人民共和国公司法》所设立的公司（包括有限责任公司和股份公司）在其登记机关登记的认缴出资额或股本总额。

4.2 融资方案

4.2.1 项目公司注册资本金为人民币______元（小写：______）。其中，乙[1]方出资人民币______元（小写：______），乙[2]方出资人民币______元（小写：______）。

4.2.2 乙方负责筹集项目债务资金并承担项目融资成本和融资风险。甲方应为乙方债务融资提供必要的支持。

4.2.3 为本项目融资之目的，乙方在不违反法律法规及本协议约定的原则下，经甲方书面同意，可利用本项目的相关权益进行融资性抵押、质押，所融资金必须用于本项目。

4.3 政府提供的融资支持

4.3.1 甲方应在本协议签订之前向乙方提供就本项目政府购买服务费纳入市财政预算的文件及相关纪要，详见附件七。

4.3.2 若甲方就本项目申请获得政策性银行贷款、专项债券等，甲乙双方应协商将该等资金用于本项目。

4.3.3 若乙方协助甲方为本项目申请获得相关扶持资金，扶持资金按国家最新出台的相关政策（如有）执行规定使用；若无相关政策，则与政府有关部门协商解决处理。

D10911

4.4 融资交割

4.4.1 乙方应在生效日后______个工作日内，完成融资交割。乙方应在完成融资交割之日起______个工作日内，向甲方书面确认融资交割完成并提交有资质的会计师事务所出具的能够证明乙方股东已完成自有资金出资的合法证明、乙方所有已签署的融资文件的复印件，以及甲方合理要求的证明融资交割已完成的任何其他文件。

4.4.2 如融资交割未能按期实现，乙方可以向甲方申请宽限期，该宽限期以经甲方书面同意的时间为准。

4.4.3 甲方同意融资交割的宽限期，并不解除乙方其他本协议项下义务。

4.4.4 若乙方仍然未能在前款所述的宽限期内完成融资交割，或在完成融资交割后的______个工作日内不能向甲方证明其融资交割完成，则甲方有权兑取建设履约保函。

4.5 对融资文件的要求

4.5.1 乙方应确保贷款协议中包含有贷款人承诺的下述内容：

（a）只要本协议有效，贷款人不得采取任何行动影响、干扰、损害或终止甲方在本协议项下的权利；

（b）当乙方违反贷款协议或乙方出现重大经营或财务风险，威胁或侵害债权人利益时，贷款人应书面形式将乙方贷款协议下的违约通知甲方，给予甲方在收到上述通知后______日内纠正乙方此类违约的权利。纠正期满，乙方违约时间继续，贷款人在不妨碍和损害甲方在本协议下的权利和项目正常运维前提下，贷款人可以代位行使项目公司股东权利和经营管理权利，或请求甲方认可的合格机构接管本项目。

第五章 项目建设

5.1 前期工作

5.1.1 甲方负责的前期工作

为保证本协议项下项目工程的顺利开展，甲方会同有关部门完成以下前期工作，负责及时向乙方交接相关成果文件。

（a）聘请咨询机构。

（b）在开工日或先于开工日，甲方负责完成可行性研究报告专家论证、工程量清单控制价编制等前期工作，并承担前期工作的相关费用。

（c）按照国家相关规定完成本项目所需的申报文件和申报事项。

甲方应在完成前款所述前期工作后及时将相关工作成果移交给项目公司，上述成果文件应符合本项目相关的技术标准和规范要求。

5.1.2　乙方负责的前期工作

负责完成满足项目施工条件的临时用电等，由此产生的费用由乙方承担。

5.1.3　前期费用

（a）乙方承担甲方为完成本协议规定的前期工作所产生的全部费用，暂定人民币______元（小写：______），最终以实际发生额为准（不高于人民币______元整），由项目公司按照本协议的约定支付给甲方或甲方指定的主体。

（b）在本协议生效日后______日内，乙方应将本协议第 5.1.3 （a）条所述的前期费用一次性支付给甲方或其指定主体。

（c）本协议第 5.1.3 条下任何逾期未付款项，应从到期应付之日起至收款方实际收到款项之日止，按违约利率计息。

（d）如乙方未能或拒绝按时支付该笔费用，则甲方有权将该笔费用从乙方递交的建设履约保函中兑取。

＊条文批注：1. 存量项目前期工作，包括建立项目资料库、社会资本尽职调查和核实与确认等工作；

2. 新建项目前期工作，包括规划、立项和设计等；

3. 前期工作费用承担，在中选社会资本方确定前已产生的前期工作费用：可由政府方自行承担或在采购文件中明确由社会资本方承担，通常政府方根据自身财力情况及社会资本方的意愿进行考量是否由社会资本方承担，如由社会资本方承担，则可在 PPP 项目合同中明确前期费用的支付方式；在中选社会资本方确定后所产生的前期工作费用通常由社会资本方承担，计入项目总投资。

D10911

5.2　建设履约保函

（a）乙方最晚应于其注册资本到位日后______日内向甲方提交建设履约保函，作为其履行在本协议下的建设义务和其他违约赔偿义务的担保；

（b）本项目建设履约保函金额为人民币______万元整（小写：______）；建设履约保函在工程建设竣工验收合格后并且乙方提交运维期履约保函之日到期，甲方应在到期日后______个工作日内退还建设履约保函；

（c）如果甲方在项目合作期内根据本协议的有关规定提取建设履约保函项下的款项，乙方应确保在甲方提取后的______个工作日内，将建设履约保函的数额恢复到本协议前款约定的数额，且应向甲方提供建设履约保函已足额恢复的证据。甲方提取建设履约保函的权利不影响甲方在本协议项下的其他权利，并且不应解除乙方不履行维护本项目义务而对甲方所负的任何进一步的责任和义务。

* 条文批注：建设期履约保函是比较常见的一种保函，主要用于担保项目公司在建设期能够按照合同约定的标准进行建设，并且能够按时完工。该保函的有效期一般是从项目合同全部生效之日起到建设期结束。《政府和社会资本合作项目政府采购管理办法》（财库〔2014〕215 号）第 21 条规定："履约保证金的数额不得超过 PPP 项目初始投资总额或者资产评估值的 10%，无固定资产投资或者投资额不大的服务型 PPP 项目，履约保证金的数额不得超过平均 6 个月服务收入额。"

5.3　设计

（a）甲方应在本协议生效日后______日内向乙方提供施工设计文件；

（b）乙方在收到甲方提供的设计文件后，如发现任何设计缺陷或设计不符，应及时向甲方提出书面修正建议，甲方应在接到乙方提出的书面修正建议后______个工作日内给予答复，否则乙方可以按照原设计文件进行施工，由此导致的一切后果由甲方承担；

（c）乙方应本着审慎的原则对甲方提供的设计文件进行审查。在不改变规划主要要素的情况下，如果乙方认为变更设计将加快建设速度、降低建设或维护成本、提高项目的质量和环保标准，可以对设计进行优化，但需报经甲方认可后实施；

（d）乙方应对本项目优化设计中出现的任何缺陷负全部责任。甲方未对优化设计文件或技术规范或其任何改动提出异议不应视为甲方放弃其本协议项下的权利。甲方不因进行审查而对本项目的工程建设质量或建设工期承担任何责任。

* 条文批注：在有的 PPP 项目建设中，政府方对项目有明确的设计，作为社会资本方需要按照政府方提供的设计进行建设。所以存在两种情况，一种是政府方提供的设计存在错误或者缺陷，从而导致项目存在质量等问题；一种是社会资本方擅自变更设计导致建设工期延迟、超支等问题。在归责上，应该根据过错原则进行划分，各自承担相应的风险。

5.4 工程建设

5.4.1 项目工程建设内容

（a）结合“智慧城市”建设任务和实际，制订＿＿＿＿＿＿“智慧城市”整体规划和顶层设计及配套的年度实施计划，并落实资金组织实施。

（b）构建覆盖中心城区约＿＿＿平方公里范围，含＿＿＿＿＿＿的智慧城管系统建设，包括相应流程、数据库、软硬件环境、业务系统、机制建设。

5.4.2 项目工程建设费用

本项目工程建安费（不含工程建设其他费用）以工程量清单计价方式计价，工程量清单报价为人民币＿＿＿元整（小写：＿＿＿）。

（b）本项目工程建设费包含工程建安费、项目前期费用、建设期利息，总价合计人民币＿＿＿元整（小写：＿＿＿），包括乙方为获得从事建设工程所需要的政府部门的各种批准所需要的费用和支出。

* 条文批注：《建筑安装工程费用项目组成》（建标〔2013〕44 号）中规定，建筑安装工程费用由分部分项费用、措施项目费用、其他项目费用、规费和税金组成。

5.4.3 项目工程建设期限及进度

（a）本项目建设期不超过＿＿＿个月，开工时间：不迟于＿＿＿年

D10911

______月______日开工建设（实际开工时间以本项目开工日为准）。

（b）工程进度如果因下列情况受阻，上述进度日期可相应顺延：

①不可抗力事件；

②因甲方原因导致的延期；

③法律规定或其他政府部门的原因导致的延误；

④本协议规定的其他事项。

（c）乙方要求延长进度日期，应在前述事件发生后______个工作日内向甲方提出书面报告，报告应包括以下内容：

①事件的种类；

②预计延误的日期；

③乙方采取的减少延误的合理措施；

④乙方要求延长的日期。

（d）甲方应在收到乙方的书面报告后______个工作日内予以回复，逾期未提出书面意见的，视为同意乙方的延期要求。

（e）乙方在开工日期前______日，向甲方提交详细的施工进度计划，施工进度计划的编制应当符合国家法律规定和一般工程实践惯例，施工进度计划经甲方批准后实施，甲方的批准时间为______日，如届满甲方未完成批准，则开工日相应顺延。施工进度计划是控制工程进度的依据，甲方有权按照施工进度计划检查工程进度情况；

（f）乙方在建设期内应于每月第______个工作日前向甲方提交上月建设工程进度报告，该报告应合理、详细，应包含已完成量、累计完成量、下月计划完成量，说明存在的问题及处理意见，以及甲方合理要求的其他相关事项。

5.4.4　项目工程建设质量

（a）本项目工程建设质量必须符合现行国家工程施工质量验收规范和标准的要求，质量标准为合格。

（b）乙方应依法选择和确定本项目主体工程施工的承包商。

（c）乙方应经甲方同意依法选择和确定本项目的设备制造商及设备选型。

（d）乙方在开始建设工程之前，须提交工程质量保证体系及措施文件，建立完善的质量检查、检验制度，经甲方审查确认后执行。甲方在收到该质量保证体系及措施文件后的______个工作日内，应提出审查意见；甲方在收到该文件后的______个工作日内没有提出审查意见则视为认可该文件。如甲方的审查意见要求乙方进行修改的，则乙方应当在收到甲方通知后的______个工作日内修正该文件并将其重新提交给甲方审查确认后方可执行。

（e）在不影响乙方履行本协议的情况下，甲方有权在工作时间内对乙方或承包商履约情况进行检查，以保证乙方工程的任何部分均符合本协议的要求，乙方须对此项检查予以协助。

（f）若甲方有足够的证据证明乙方建设工程或其他任何部分与本协议所规定的或其他相关部门所规定的质量或安全要求严重不符，甲方有权立即通知乙方，乙方应按照要求进行整改。若乙方在收到甲方通知后______个工作日内未进行整改，则甲方有权自己进行或委托第三方进行必要的纠正，一切风险与费用由乙方承担。在这种情况下，乙方须允许甲方或其委托的承包商为此目的而出入项目场地。若乙方拒绝甲方或其委托的第三方进入项目场地进行纠正工作，或未能按照甲方的要求偿还甲方为此而付出的成本与费用，则甲方有权从建设履约保函项下提取相应金额。

（g）本项目工程建设所需要的一切临时性或永久性的设备、材料及其他物品均由乙方自行采购，乙方应按照法律实施并符合国家的规范和标准及本协议的约定。

（h）双方对某项工程质量有争议的，由双方协商确定的工程质量检测机构鉴定，由此产生的费用及造成的损失，由责任方承担。

（i）乙方应确保与承包商和材料设备供应商签订的合同符合本协议的规定，承包合同和设备材料供应合同提交甲方备案。

（j）乙方应按照本协议规定的工期完成工程建设。该责任不因项目公司已部分或全部由项目公司分包给施工单位或承包商实施而豁免或解除。

（k）乙方应接受甲方和有关部门对项目工程进度、质量的监督和检查。

（l）除本协议另有规定外，对乙方提交的质量保证体系及措施文件，甲方的任何作为或不作为，均不会减轻或影响乙方遵守本协议或法律所要求的与质量保证有关的义务或责任，也不会对质量保证体系及措施文件承

D10911

担任何责任。

5.4.5　项目施工

（a）乙方依据国家相关法律、法规及行业惯例，负责项目工程进度、质量和安全管理，监督施工单位依照项目设计文件的要求进行施工，并严格遵守国家相关法律法规的规定以及国家、地方及行业强制性标准的要求。

（b）本项目工程施工过程中发生的，或因项目施工所导致的任何依据适用法律应由施工单位承担的责任，均应由乙方承担。

（c）经甲方书面同意，乙方可将本项目的施工任务直接委托给乙[2]方或乙[2]方联合体成员并签订《施工承包合同》，前提是乙[2]方或乙[2]方联合体成员具有相应的施工资质，且在____________响应文件中附上有关资质、业绩、能力等的证明及项目实施分工详细的说明。建设履约保函由乙[2]方或乙[2]方联合体成员提供。

（d）本项目在项目施工过程中不得出现转包或违法分包的情况，否则甲方有权利兑取履约保函或提出提前解除本协议。

（e）乙方应建立健全资金拨付和财务管理制度，并报甲方备案。在确保工程进度的前提下，乙方应坚持按计划、按程序、按工程进度支付资金。

（f）由于乙方和施工单位之间的任何纠纷给甲方造成损失的，相应的损失乙方应予以赔偿。对社会稳定和公众利益产生严重影响的，甲方可以临时接管或提出提前解除本协议。

5.4.6　安全文明施工

（a）乙方应当遵守国家和工程所在地有关安全生产的要求，编制安全技术措施或者专项施工方案，建立安全生产责任制度、治安保卫制度及安全生产教育培训制度，并按安全生产法律规定履行安全职责，如实编制工程安全生产的有关记录，接受甲方及政府安全监督部门的检查与监督；

（b）乙方在施工过程中，如遇到突发的地质变动、事先未知的地下施工障碍等影响施工安全的紧急情况，应及下令停工并通知甲方，甲方应当及时报政府有关行政管理部门采取应急措施；

（c）对危险性较大的分部分项专项工程，乙方应按照相关规定及要求单独编制专项工程施工方案并组织专家论证；

（d）乙方应按照法律规定保障现场施工人员的劳动安全和健康，提供劳动保护和必要的生活环境，并应按国家有关劳动保护的规定，采取有效的防止粉尘、降低噪声、控制有害气体和保障高温、高寒、高空作业安全等劳动保护措施。

5.5　工程变更

5.5.1　变更的范围

除本协议另有约定外，本协议履行过程中发生以下情形的，应按照本条约定进行变更：

（a）增加或减少项目工程中任何工作，或追加额外的工作；

（b）取消项目工程中任何工作，但转由他人实施的工作除外；

（c）改变项目工程中任何工作的质量标准或其他特性；

（d）改变项目工程的关键设备的规格参数；

（e）改变项目工程的时间安排或实施顺序。

5.5.2　变更权

（a）甲方认为需要对项目建设进行变更，应书面通知乙方；

（b）涉及设计变更的，应由设计人提供变更后的图纸和说明。如变更超过原设计标准或批准的建设规模时，甲方应及时协助乙方办理规划、设计变更等审批手续；

（c）乙方在开工日后，认为需要对项目建设进行变更（但乙方提出的工程变更要求必须是出于优化方案、节省开支等合理或经济性考虑），应书面通知甲方，经甲方书面同意后方可实施；

（d）甲乙双方在收到对方要求变更的通知后的______个工作日内，须就变更向对方作出书面答复。如果未按规定的时间回复，则视为已接受了对方提出的变更；

（e）甲乙双方提出的变更如被政府有关部门拒绝，则该项变更视为已放弃。

5.5.3　变更估价

（a）除协议另有约定外，变更估价按照以下约定处理：

①已标价工程量清单或预算书有相同项目的，按照相同项目单价认定；

②已标价工程量清单或预算书中无相同项目，但有类似项目的，参照

类似项目的单价认定；

③变更导致实际完成的变更工程量与已标价工程量清单或预算书中列明的该项目工程量的变化幅度超过______%，或已标价工程量清单或预算书中无相同项目及类似项目单价的，按照合理的成本与利润构成的原则，由甲乙双方共同商定；

（b）甲方应在收到乙方变更估价（工期）申请后的______个工作日内，须就变更向乙方作出书面答复。如对申请有异议，通知乙方修改后重新提交，甲方如果未按规定的时间回复，则视为已认可乙方提出的变更估价申请；

5.6 竣工验收

5.6.1 乙方应按照现行法律及本协议的要求组织本项目建设工程竣工验收以及在竣工验收合格后完成竣工验收备案；

5.6.2 乙方向甲方提交竣工验收申请报告，甲方应在______日内作出响应，审查后向乙方提出还需完成的工作内容，乙方在完成全部工作内容后再次提交竣工验收申请报告，甲方在______日内组织相关单位完成竣工验收工作；

5.6.3 竣工验收不合格的，乙方应对不合格工程返工、修复或采取其他补救措施，由此增加的费用和延误的工期由乙方承担。乙方对不合格工程返工、修复或采取其他补救措施后，按照上述条款重新提交竣工验收申请报告，重新进行验收。

5.6.4 如果上述设施缺陷或损害及环境污染责任的修复无法实施或者修复后也无法达到标准要求，则甲方有权因本项目的性能指标降低而获得赔偿。

5.6.5 乙方取得竣工验收批复日为实际竣工日，如工程未经竣工验收，甲方擅自使用的，则以占有工程之日为实际竣工日。

5.6.6 工程竣工后，项目公司应向甲方申请项目工程竣工验收，竣工验收合格之日起______日内，项目公司将竣工验收报告等相关资料报甲方备案。

5.6.7 甲方和相关部门按照国家规定标准验收，没有国家标准的按行业标准验收，无行业标准的按地方或企业标准验收。本项目如需经第三方检测，检测通过后再进行终验。涉及安全、消防、环保等需要由质检或行业主管部门验收的，须请相关部门和专家参加项目验收，由此产生的相关费用由乙方承担。

5.6.8　本项目货物在验收时，供应商应提供发票、制造厂家出具的产品合格证书、装箱清单等，涉及进口的产品、部件、配件等须提供中国海关进口货物报关单、完税证明及商检证明等材料；提供有关设备的操作规程和使用说明书，维护手册、保养修理所需的各种随机工具及相关设计、制造、检验、安装、技术性指导等文件和应由供应商提供的必要条件。

5.6.9　甲方对本项目货物进行全面的验收，对验收中暴露出来的问题，乙方应及时进行整改，最终验收合格后______个工作日内，甲方向乙方签发最终验收证明，如甲方未能在上述期限内签发最终验收证明，则视为乙方已通过竣工验收。

5.6.10　项目公司在竣工验收合格后即进入商业运维期，甲方应按照 PPP 项目协议的约定向项目公司支付可用性服务费和运维绩效服务费。

* 条文批注：1. 法律对工程建设有明确的规定，在项目建设过程中，应当遵循法律法规的相关要求。

（1）《中华人民共和国建筑法》第 61 条规定："交付竣工验收的建筑工程，必须符合规定的建筑工程质量标准，有完整的工程技术经济资料和经签署的工程保修书，并具备国家规定的其他竣工条件。建筑工程竣工经验收合格后，方可交付使用；未经验收或者验收不合格的，不得交付使用。"

（2）《建设工程质量管理条例》第 28 及第 9 条规定："施工单位必须按照工程设计要求、施工技术标准和合同约定，对建筑材料、建筑构配件、设备和商品混凝土进行检验，检验应当有书面记录和专人签字；未经检验或者检验不合格的，不得使用。施工单位在施工中发现设计文件和图纸有差错的，应当及时提出意见和建议。"

（3）《中华人民共和国合同法》第 281 条规定："因施工人的原因致使建设工程质量不符合约定的，发包人有权要求施工人在合理期限内无偿修理或者返工、改建。经过修理或者返工、改建后，造成逾期交付的，施工人应当承担违约责任。"

2. 在施工过程中，应当根据《中华人民共和国安全生产法》《建设工程安全生产管理条例》和《中华人民共和国劳动法》等法律法规的规定，确保生产区间的安全，确保施工人员的安全。

D10911

第六章　项目的运营维护

6.1　运营维护服务内容

本项目建设范围内的设备检测及维修处理、各类终端租赁及使用、网络数据流量的租用与维护、链路、监控链路、电费、短彩信费用等。

6.2　运营维护责任

6.2.1　乙方取得实际竣工验收合格日的次日为运营维护日，本项目自此进入运维期。

6.2.2　在整个运维期内，乙方应负责本项目的管理、运营维护工作，自行承担费用和风险。

6.2.3　在运营维护日前，乙方应向甲方提交项目运营维护方案，经甲方确认后执行。

6.2.4　乙方应确保在整个合作期内，始终根据下列规定运营并维护项目设施：

现行法律、规范性文件及地方相关规定；

运营维护手册以及与项目设施有关的设备制造商提供的一切有关操作维护手册、指导和建议；

经确认的运营维护方案；

谨慎运维惯例。

6.2.5　乙方应确保项目设施始终处于良好营运状态并能够以安全、连续和稳定的方式提供符合本协议要求的服务。

6.2.6　乙方应按照甲方要求，每季度提交运营维护成本资料以及甲方合理要求提供的有关乙方财务状况的其他资料。

6.2.7　运营维护和修理记录

（a）乙方应确保在整个合作期内对运营维护和设备修理情况进行详细记录；

（b）准许甲方在给予通知后于正常工作时间对其运营维护情况进行检查并查阅和复制上述记录。甲方承诺若乙方的上述记录可能包含商业秘密的，其应有义务予以保密。

6.3　监督与检查

6.3.1　甲方或政府部门有权在不影响项目正常运营维护的情况下入场检查；

6.3.2　甲方有权定期获得有关项目运营维护情况的报告及其他相关资料（例如，运营维护计划、经审计的财务报告、设备故障报告等）；

6.3.3　甲方有权审阅项目公司拟定的运营维护方案并提出意见；

6.3.4　甲方应按季度对项目运营维护情况进行绩效考评，考评结果作为政府购买服务费支付的依据；

6.3.5　项目运营维护接受社会监督。

* 条文批注：1. 为了更好地保障项目的运营和维护质量，在 PPP 项目合同中，通常会规定项目公司在合同生效后、开始运营日之前编制项目运营维护方案并提交政府方审核，政府方有权对该方案提出意见。在双方共同确定运营维护方案后，若项目公司作出重大变更，均须提交政府方。但运营维护方案的实施是否以取得政府方同意为前提，则需要视维护的技术难度要求、政府方参与维护的程度、政府方希望对维护控制的程度等具体情况而定。维护方案中通常包括生产运营、日常维护以及设备检修的内容、程序等，项目运营期间计划内的维护、修理和更换的时间和频率以及费用以及上述维护、修理和更换可能对项目运营产生的影响等内容。

2. 对于某些 PPP 项目，特别是技术难度较大的项目，除维护方案外，有时还需要编制详细的维护手册，进一步明确日常维护和设备检修的内容、程序及频率等。运营维护方案、手册以及具体运营标准通常会作为 PPP 项目合同的附件。

6.4　运维期履约保证

6.4.1　出具运营维护保函

乙方应在项目进入运营维护日起______个工作日内向甲方提交运营维护保函，运营维护保函金额为人民币______元整（小写：______），运营维护保函担保期至提交移交维修保函日止。在运维期内，若项目公司未按照本协议的约定完成运营维护服务责任，甲方有权提取运营维护保函的相应金额。

D10911

6.4.2　恢复运营维护保函的数额

如果甲方在项目合作期内根据本协议的有关规定提取运营维护保函项下的款项，乙方应确保在甲方提取后的______个工作日内，将运营维护保函的数额恢复到本协议第 6.4.1 条规定的数额，且应向甲方提供运营维护保函已足额恢复的证据。甲方提取运营维护保函的权利不影响甲方在本协议项下的其他权利，并且不应解除乙方不履行维护本项目义务而对甲方所负的任何进一步的责任和义务。

* 条文批注：运营维护期的履约保函，也称维护保函，主要用以担保项目公司在运营维护期内按照项目合同的约定履行运营维护义务 。该保函的有效期通常视具体项目而定，可以一直到项目期限终止。在项目期限内，项目公司有义务保证该保函项下的金额一直保持在一个规定的金额，一旦低于该金额，项目公司应当及时将该保函恢复至该规定金额。

第七章　项目绩效考核及付费

7.1　政府购买服务费

7.1.1　政府购买服务费

由政府向项目公司购买本项目可用性（符合验收标准的公共产品）以及为维持本项目可用性所需的运营维护服务（符合绩效要求的公共服务），即政府根据绩效考核情况向社会资本方支付政府购买服务费。

7.1.2　政府购买服务费总额的构成政府购买服务费总额由可用性服务费和运维绩效服务费构成。

7.1.3　政府购买服务费定价 Fn______=〔项目全部建设总成本 ×（1+ 合理利润率）×（1+ 年度折现率）n〕÷ 财政运营补贴周期（年）+ 当年运维绩效服务费

7.2　可用性服务费支付

7.2.1　可用性服务费支付

（a）进入运维期每满______个月后，乙方应在______日内，同时向甲方及市财政主管部门书面提交本项目可用性服务费付款申请书，市财政主管部门会同甲方在收到申请书后的______日内进行审核，并在审核后______日内完成支付。

（b）如果甲方对可用性服务费付款申请书有异议，乙方应当对甲方提出的异议给予合理解答，双方应为解决异议进行协商，协商期自甲方提出异议之日起______个工作日或按双方约定的更长期间。甲方应按本协议约定时间支付无争议的金额。

（c）甲方如未按时支付可用性服务费，乙方可向甲方发出催告付款通知书。甲方收到乙方通知书后______个工作日内仍不能按要求付款的，可与乙方协商签订延期付款协议，经乙方同意后可延期支付，但甲方应为此支付逾期违约金。

7.3　运维绩效考核及付费

7.3.1　运维绩效考核

运维期考核指标：考评采取每季度固定抽查与日常监管检查相结合的方式，对本项目进行监督考核，具体考核项目及标准详见附件六《____________智慧城管项目考核办法》《____________平安城市考核办法》《____________智慧 ×× 规划设计考核办法》。

7.3.2　运维绩效服务费的支付

（a）本项目基准运维绩效服务费为人民币______元（小写：______）。

（b）基准运维绩效付费金额为乙方在竞争性磋商响应文件中关于年运维绩效服务费的报价，为人民币______元（小写：______），实际运维绩效服务费支付金额＝基准运维绩效服务费 × 年度考核系数，年度考核系数为当年季度考核系数之和的算术平均值。

（c）运维绩效服务费每年支付______次，自本项目运营维护日起算每______个月届满后的______个工作日内支付，依次类推。乙方同时向甲方及市财政主管部门书面提交本项目运维绩效服务费付款申请书，市财政主管部门会同甲方在收到申请书后的______日内进行审核，并在审核后______日内完成支付。

（d）如果甲方对运维绩效服务费付款申请书有异议，乙方应当对甲方提出的异议给予合理解答，双方应为解决异议进行协商，协商期自甲方提出异议之日起______个工作日或按双方约定的更长期间。甲方应按本协议约定时间支付无争议的金额。

D10911

（e）甲方如未按时支付运维绩效服务费，乙方可向甲方发出催告付款通知书。甲方收到乙方通知书后______个工作日内仍不能按要求付款的，可与乙方协商签订延期付款协议，经乙方同意后可延期支付，但甲方应为此支付逾期违约金。

7.3.3　运维绩效服务费的调整

基准运维绩效服务费在运维期间不进行调整。

7.4　开票和账户

7.4.1　开票

项目公司按本协议第 7.2 条、第 7.3 条向甲方及市财政主管部门提交本项目政府购买服务费付款申请书，在市财政主管部门及甲方审核结束后______个工作日内将本次服务费发票送至甲方。

7.4.2　付款账户

（a）一方根据本协议向另一方支付的所有款项，应汇入对方为此而通知指定的机构或银行账户。如果产生银行手续费，则该费用由双方各自承担。

（b）项目公司和甲方应在生效日后______个工作日内告知对方收取政府购买服务费或本协议项下其他款项的银行账号。一方如需改变账户，应提前至少______个工作日通知对方。

＊条文批注：1. 根据《政府购买服务管理办法（暂行）》（财综〔2014〕96 号）和财政部《政府和社会资本合作模式操作指南（试行）》（财金〔2014〕113 号）的规定，政府购买服务费和政府付费有着明确的规定。政府付费是 PPP 项目回报机制的一种，与使用者付费、可行性缺口补助并列，且政府每年支持 PPP 项目的财力不得超过上年一般财政收入的 10%；而政府购买服务则适用另外一种管理办法，并不受 10% 财政红线制约。在实践中，应当区分政府付费和政府购买服务费的差别。

2.PPP 项目的绩效考核应当与运营维护标准一脉相承，绩效考核通常包括产品质量、运营服务质量、运营成本、综合运营管理情况、项目设施状况、安全生产、综合治理、公众满意度等。对于政府付费类和可行性缺口补助类项目，

PPP项目合同可明确约定绩效考核结果与政府付费挂钩。而对于使用者付费的项目，PPP项目合同可约定绩效考核结果与服务价格的调整和相关优惠政策的落实挂钩，因为项目公司一方面有通过提升服务的质量和效率以吸引更多的使用者、降低运营成本的内在动力，另一方面有提高服务价格的现实需求。在片区开发项目中，绩效考核还会体现产业招商项目的数量和质量的目标，如产业项目产生的税收、实际利用外资总额、服务业增加值占地区生产总值的比重、科研创新强度和人口导入等指标。

第八章　项目移交

8.1　移交范围

在移交日期，乙方应向甲方或其指定机构无偿移交：

（a）本项目的项目设施或项目资产的所有权利、所有权和利益；

（b）与项目设施有关的设备、机械、零部件、备品备件以及其他动产；

（c）项目运营维护实施相关人员；

（d）甲方可以合理要求的且此前乙方未曾按照本协议规定交付的运营、维护、修理记录、移交记录和其他资料，以使其能够直接或通过其指定机构继续本项目的运维；

（e）与项目设施有关的手册、图纸、文件及资料。

＊条文批注：1. 移交的范围通常包括：项目设施；项目土地使用权及项目用地相关的其他权利；与项目设施相关的设备、机器、装臵、零部件、备品备件以及其他动产；项目实施相关人员；运营维护项目设施所要求的技术和技术信息；与项目设施有关的手册、图纸、文件和资料（书面文件和电子文档）；项目所需的其他文件。

2. 项目移交通常是指在项目合作期限结束或者项目合同提前终止后，项目公司将全部项目设施及相关权益以合同约定的条件和程序移交给政府或者政府指定的其他机构。PPP 项目特许经营期满后，项目公司便需要将项目的经营权（或所有权与经营权同时）向政府移交。项目移交的过程主要分为移交准备、项目资产评估、项目性能和功能测试、资产交割、项目绩效评价五个阶段。

D10911

3. 项目移交的基本原则：项目公司必须确保项目符合政府回收项目的基本要求。项目合作期限届满或项目合同提前终止后，政府需要对项目进行重新采购或自行运营的，项目公司必须尽可能减少移交对公共产品或服务供给的影响，确保项目持续运营。

8.2 移交验收

在移交日期之前，甲方或其指定机构和乙方代表在场时对本项目进行移交验收。

（a）向甲方或其指定机构移交项目设施的权利时，应解除和清偿完毕乙方在此资产上设置的所有债务、抵押、质押、留置、担保物权，以及源自本项目的建设、运营维护的由乙方引起的环境污染及其他性质的请求权。

（b）乙方应确保最后一次运维绩效考核指标合格，其中设备完好率不低于______%，此为乙方通过移交验收的标准。如发现存在缺陷，未能达到本款所述移交标准的，则乙方应及时修复，以满足本款所述的运维绩效考核合格的要求。如任一方对是否达到移交标准有异议，则由移交委员会（本协议第8.4条所规定）聘请第三方机构进行评定。

（c）乙方应确保项目设施符合国家相关规范和标准，并处于良好运维状态，即项目设施在不需大修或更新情况下可以正常运维______年。如果未能达到验收标准（含异议情形下，经第三方机构认定未能达到验收标准的），且乙方不能自前次验收日起______日内或双方同意的更长时间内修正任何上述缺陷，则甲方可以自行修正，由乙方承担风险和费用。甲方应有权从移交维修保函中支取费用以补偿修正上述缺陷的支出，但是需将发生的支出详细记录提交给乙方。

* 条文批注：1. 权利方面的条件和标准。

项目设施、土地及所涉及的任何资产不存在权利瑕疵，其上未设置任何担保及其他第三人的权利。但在提前终止导致移交的情形下，如移交时尚有未清偿的项目贷款，就该未清偿贷款所设置的担保除外。

2. 技术方面的条件和标准。

项目设施应符合双方约定的技术、安全和环保标准，并处于良好的运营状况。在一些 PPP 项目合同中，会对“良好运营状况”的标准做进一步明确，例如，在不再维修的情况下，项目可以正常运营 3 年等。

8.3　备品备件

在移交日期，乙方应向甲方或其指定机构无偿移交______个月内正常需要的消耗性备件和事故修理备品备件。

8.4　移交委员会及移交程序

8.4.1　移交委员会组成

项目合作期届满前______个月，甲方或其指定机构的代表和乙方共同成立移交委员会，其中甲方或其指定机构的代表______人，乙方代表______人。

8.4.2　移交程序

（a）移交委员会应在移交日期______个月前会谈并商定移交项目资产清单（包括备品备件的详细清单）和移交程序。

（b）乙方应提供移交必要的文件、记录、报告等数据，作为移交时双方的参考。

（c）除本协议另有规定外，双方在完成项目资产移交程序前，均应继续履行其本协议项下的义务。

8.5　质量保证期

8.5.1　乙方进一步保证在移交日期后______个月届满日期间，修复由设施、设备、软件、施工、运维或管理缺陷或合作期内乙方的任何违约造成的项目设施任何部分出现的任何缺陷或损坏（正常磨损除外），以及安全、环境污染责任。

8.5.2　甲方发现任何上述缺陷或损坏及环境污染责任后应及时通知乙方，收到该通知后，乙方应尽快自费修正缺陷。如果乙方在收到甲方通知后______日内不能或拒绝修正缺陷，甲方有权自己或请第三方修正上述缺陷。在这种情况下，乙方应支付合理且必要的修理费用，而且甲方有权提取移交维修保函中相应金额以补偿此项费用。

8.5.3　如果上述设施缺陷或损害及环境污染的修复无法实施或者修复

D10911

后也无法达到标准要求，则甲方有权因本项目的性能指标降低而获得补偿。甲方有权提取移交维修保函获得上述赔偿。

8.6 移交维修保函

8.6.1 移交维修保函的提供移交维修保函金额为人民币______元整（小写：______）；

移交维修保函在质量保证期结束之日起 10 个工作日内退还。

8.6.2 恢复移交维修保函的数额

（a）如果甲方在移交维修保函担保期限内根据本协议的有关规定提取移交维修保函项下的款项，乙方应确保在甲方提取后的______日内，将移交维修保函的数额恢复到本协议前款约定的数额，且应向甲方提供移交维修保函已足额恢复的证据。甲方提取移交维修保函的权利不影响甲方在本协议项下的其他权利，并且不应解除乙方不履行维护本项目义务而对甲方所负的任何进一步的责任和义务。

（b）乙方未在前述期限内补足或恢复移交维修保函相应金额的，甲方有权发出催告，乙方应在______日内予以补足；乙方在前述期限内仍未补足的，则甲方有权提取移交维修保函项下的余额，并有权提前终止本协议，收回本协议项下的经营权。移交维修保函由项目公司在合作期满前______个月内提交，合作期满移交______个月后______日内办理退还手续。

8.7 保险和承包商保证的转让

在移交时，乙方应将所有承包商和供应商提供的尚未期满的担保及保证无偿转让给接收人，并且将所有保险单、暂保单等转让给接收人。接收人应支付或退还上述移交之后保险期间的保险费。

8.8 技术转让

8.8.1 乙方应在移交日期前将运营维护本项目所必须的、乙方享有所有权的所有技术和技术诀窍，无偿移交给甲方或其指定的机构，并确保甲方或其指定的机构不因此遭受损失。如果该技术和技术诀窍为第三方所有的，则乙方应当协助甲方或其指定的机构按照实际使用费用取得这些技术的使用权。

> ＊条文批注：PPP 项目合同中通常会约定，项目公司应在移交时将项目运营和维护所需要的所有技术，全部移交给政府或政府指定的其他机构，并确保政府或政府指定的其他机构不会因使用这些技术而遭受任何侵权索赔。如果有关技术为第三方所有，项目公司应在与第三方签署技术授权合同时即与第三方明确约定，同意项目公司在项目移交时将技术授权合同转让给政府或政府指定的其他机构。此外，PPP 项目合同中通常还会约定，如果这些技术的使用权在移交日前已期满，项目公司有义务协助政府取得这些技术的使用权。

8.9　人员及培训

8.9.1　合作期满的______个月之前，乙方应提交一份当时乙方运营维护员工名单，包括每位员工的资格、职位、收入和福利的详细资料。甲方有权选择在移交日之后优先继续聘用全部或部分员工。

8.9.2　甲方或其指定机构需要在移交日之前派驻人员到项目设施所在地进行培训或学习的，应在移交日______个月之前向乙方说明情况及拟派驻人员名单，乙方免费负责为上述人员提供培训，使之达到熟练操作和管理要求。

8.9.3　作为移交的一部分，甲方和乙方应联合考试，以确定被指定人员经过培训合格，可以接管本项目的独立运维和维护。移交后，乙方有义务免费提供不低于______个月的技术支持。

8.10　相关合同期限

8.10.1　乙方在与第三方签订运营维护合同、设备合同及其他合同时，应使该合同的有效期届满日不超过本项目合作期限届满日。

8.10.2　如在移交日前，乙方签订的运营维护合同、设备合同及其他合同在本项目合作期届满后仍为有效的，则乙方应在该合同签订前报经甲方同意。未经甲方同意的，由乙方承担相应责任。

8.11　移走乙方相关的物品

8.11.1　除非双方另有协议，乙方应于移交日期之后______日内，自费从场地移走与本项目运营维护无关的物品，不包括移交清单所列的项目设备、备品备件、技术资料或者项目设施营运和维护的必需物品。

D10911

8.11.2　如果乙方在上述时间内没有移走这些物品，甲方在通知乙方之后，可以移走并将物品转运至适当的地点以便安全保管。乙方应承担搬移、运输和保管的合理费用和风险。

8.12　风险转移

乙方应承担移交日期前项目设施的全部风险，除非损失或损坏是由甲方的违约造成。自移交日期开始，甲方应承担与项目资产有关的所有风险。

> * 条文批注：《中华人民共和国合同法》第 142 条："标的物毁损、灭失的风险，在标的物交付之前由出卖人承担，交付之后由买受人承担，但法律另有规定或者当事人另有约定的除外。"

8.13　移交费用

8.13.1　乙方及甲方应负责各自因移交和转让产生的费用和支出。

8.13.2　甲方应自费获得所有的批准或使之生效，并采取其他可能为移交和转让所必需的行动，并且应支付与移交和转让有关的所有印花税、税收、收费和类似的费用。

8.13.3　如果乙方未按第 8.1 条规定的范围和内容进行移交，甲方为此产生支出或遭受损失，甲方有权从运营维护保函或移交维修保函中扣除。

第九章　终止和赔偿

9.1　不可抗力

9.1.1　不可抗力事件

本协议所称的不可抗力，是指合同一方无法预见、控制，且经过努力仍无法避免或克服的导致其无法履行协议项下义务的情形，包括但不限于下列事件：

（a）台风、洪水、地震等自然灾害；

（b）流行病、饥荒或瘟疫、化学或放射性污染或核辐射；

（c）战争行为、暴乱或民众骚乱、恐怖行为、军事演习或政变；

（d）全国性、地区性或行业性罢工；

（e）在本项目正在使用的任何土地上发现考古文物、化石、古墓及遗址、艺术历史遗物及具有考古学、地质学和历史意义的任何其他物品。

9.1.2　不可抗力的法律后果

（a）当不可抗力事件致使任何一方无法全部或部分履行其协议项下的义务时，该方有权中止履行本协议项下的义务；

（b）当不可抗力事件阻止一方履行其义务的时间持续______日以上时，双方应协商决定继续履行本协议的条件或者终止本协议。如果自不可抗力发生后______日之内双方不能就继续履行的条件或终止本协议达成一致意见，任何一方有权给予另一方书面通知后立即终止本协议。声称受到不可抗力影响的一方应在不可抗力发生之后______日内书面通知另一方，详细描述不可抗力的发生情况和可能导致的后果，并根据对方要求提供证明。

（c）发生不可抗力时，双方应各自承担由于不可抗力对其造成的损失。

（d）受到不可抗力影响的一方应努力减少不可抗力的影响。双方应协商采取合理的补救措施尽量减少不可抗力给各方带来的损失。

（e）受到不可抗力影响的一方在不可抗力消除之后应尽快恢复履行本协议项下的义务。

9.1.3　法律变更影响及后果

由于法律变更或不在甲方控制下的政府征收征用发生时，导致项目产生额外费用或工期延误，除本协议另有约定外，按照以下约定执行：

（a）在项目合作期内，由于一项或多项法律变更致使乙方对项目的工程建设总成本累计增加或减少额超过本协议签订的工程建设总成本______% 时，或在项目运维期内任何一年期间，一项或多项法律变更造成乙方运营维护费支出累计增加或减少额超过本协议签订的基准运维绩效服务费数额______% 时，对变动额超过______% 的部分甲方应按照本协议项下的计费依据与乙方协商予以调整；上述调整甲乙双方应提交相应支持文件、数据后以书面通知予以确认。

D10911

* 条文批注：1.《中华人民共和国合同法》第 117 条规定："不可抗力是指不能预见、不能避免并不能克服的客观情况。"实践中，合同中有时会约定只有不可抗力事件发生且其效果持续一定期间以上足以影响合同的正常履行，才构成合同约定的不可抗力。

2. 鉴于 PPP 项目合同的签约主体一方为政府，其所控制风险的范围和能力与一般的签约主体不同，因此实践中一些 PPP 项目合同会将不可抗力事件分为政治不可抗力和自然不可抗力，并对不同类型不可抗力事件的法律后果进行区别处理。

9.2　违约及赔偿

9.2.1　甲方违约及赔偿

（a）甲方未按照本协议约定向乙方支付相应的服务费，则乙方有权向甲方发出催告，如甲方在催告通知出具后的______个工作日内仍未能支付的，则甲方除应支付应付未付的可用性服务费或运维绩效服务费外，还应支付违约利息，违约利息应为自催告通知到期之日起至收款方实际收到款项之日止按违约利率计算出的金额；

（b）甲方擅自取消本协议工作内容转由其他人实施时，属甲方违约，乙方有权要求甲方赔偿乙方为该项工作内容已产生的全部成本及应得利润；

（c）除本协议另有约定外，因甲方或政府部门原因造成乙方工期延误的，乙方有权要求甲方延期并应自动免除该项工期延误责任；

（d）甲方提取乙方提交的建设履约保函、运维期履约保函以及移交维修保函中的相应金额之后确定甲方属不当提取的，甲方应及时向乙方退还提取的款项，并支付该款项自提取之日至退还之日的利息，利息按央行公布的同期金融机构人民币贷款基准利率计算。

* 条文批注：根据国务院发布的《关于完善产权保护制度依法保护产权的意见》规定，提出完善政府守信践诺机制，认真履行在招商引资、政府与社会资本合作等活动中与投资主体依法签订的各类合同，不得以政府换届、领导人员更替等理由违约毁约，因违约毁约侵犯合法权益的，要承担法律和经济责任。

9.2.2　乙方违约及赔偿

（a）乙方不能在本协议规定的开工日或之前开工、在建设期满之日完工的，则甲方有权向乙方发出催告，如乙方在催告通知出具后的 10 个工作日内仍未能开工或完工的，自甲方发出催告通知之日起，每逾期一日，乙方应向甲方支付人民币______元整（______）元 / 日的违约赔偿金，如因乙方原因工期延误超过______日，则甲方有权提出提前终止协议。但因不可抗力、法律变更、国有化、征收、征用或甲方的原因造成的延迟除外。

（b）乙方项目竣工验收不合格或修复后无法达到标准要求，则甲方有权因本项目的性能指标降低而获得补偿。甲方将根据独立第三方对视项目设施的可用性程度的评估结果，相应降低可用性服务费支付总额并提取建设履约保函获得上述赔偿。

（c）乙方项目运营维护未能达到本协议约定的标准的，甲方除有权根据考核办法约定扣减相应的运维绩效服务费外，如乙方未在规定的时间内改正或改正的效果未能达到本协议约定的标准的，则甲方有权视情形提取运营维护保函或移交维修保函项下的相应金额；

（d）乙方在建设、运维期间如出现拖欠分包商人工工资或设备材料供应商货款等情形，造成较大影响的，甲方将有权提取建设履约保函或运营维护保函或移交维修保函项下的相应金额；

（e）乙方未按本协议约定购买相关保险并保持保险始终有效，甲方有权根据本协议从乙方应付款项中扣除其应付的保险金或直接提取建设履约保函或运营维护保函或移交维修保函项下的相应金额。

9.2.3　不减免和影响的事项

（a）违约方对违约责任的承担并不能减免其在本协议下的其他任何义务。

（b）双方获得上述违约赔偿的权利不影响其在本协议项下的终止权。

9.2.4　减轻损失的措施

由于另一方违约而遭受损失或可能会遭受损失的一方应采取合理措施防止损失扩大或减少损失。如果一方未能采取此类措施，违约方可以请求从赔偿金额中扣除应能减少的损

D10911

失金额。受损害的一方应有权从另一方获得因试图减轻和减少损失而产生的任何费用。

9.2.5 部分由于受损害方造成的损失

如果损失部分是由于受损害方的作为或不作为造成的，或部分损失应由受损害方承担的，赔偿的数额中应扣除该部分损失。

* 条文批注：1. 根据法律的规定承担违约责任。《中华人民共和国合同法》第 107 条的规定，当事人一方不履行合同义务或者履行合同义务不符合约定的，应当承担继续履行、采取补救措施或者赔偿损失等违约责任；第 108 条，当事人一方明确表示或者以自己的行为表明不履行合同义务的，对方可以在履行期限届满之前要求其承担违约责任。

2.《政府和社会资本合作项目财政管理暂行办法》（财金〔2016〕92 号）第 26 条规定："社会资本方违反 PPP 项目合同约定，导致项目运行状况恶化，危及国家安全和重大公共利益，或严重影响公共产品和服务持续稳定供给的，本级人民政府有权指定项目实施机构或其他机构临时接管项目，直至项目恢复正常经营或提前终止。临时接管项目所产生的一切费用，根据合作协议约定，由违约方单独承担或由各责任方分担。"

9.3 甲方的介入权及法律后果

甲方在特定情形下（如紧急情况发生或乙方严重违约）有直接介入项目实施的权利。介入权是甲方一项可以选择的权利，而非必须履行的义务。

9.3.1 乙方未违约情形下的介入

（a）在下述特定情形下，甲方有权介入项目实施：

①存在危及人身健康或安全、财产安全或环境安全的风险；

②介入项目以解除或行使政府的法定责任；

③发生紧急情况，且政府合理认为该紧急情况将会导致人员伤亡、严重财产损失或造成环境污染，并且会影响项目的正常实施。

（b）甲方在介入项目之前应提前向乙方发出书面介入通知；

（c）在甲方介入的范围内，如果乙方的任何义务或工作无法履行，这些义务或工作将被豁免；

（d）因政府方介入引发的所有额外费用均由政府承担。

9.3.2　乙方严重违约情形下的介入

（a）如果乙方发生严重违约，而且在收到甲方通知后______日内仍然拒绝整改的，甲方有权自行或指定第三方将代替乙方履行其违约所涉及的部分义务；

（b）在乙方为上述介入事项提供必要协助的前提下，在甲方介入的期间内，甲方仍应当按照合同约定就不受违约影响部分的服务或产品支付费用或提供补助；

（c）任何因甲方介入产生的合理的额外费用均由乙方承担，该部分费用可从甲方付费中扣减或者由乙方另行支付；

（d）如果甲方的介入仍然无法补救乙方的违约，甲方仍有权根据提前终止机制终止项目合同。

9.4　终止和终止后的处理

9.4.1　甲方发出的终止

下述任一事件发生时，甲方有权立即发出终止意向通知：

（a）乙方在本协议第 1.3 条的承诺被证明在做出时存在虚假或未兑现，严重影响其履约能力；

（b）乙方未能根据本协议约定提交建设履约保函、运维期履约保函或移交维修保函并保持其有效的；

（c）乙方以书面形式表示放弃本项目建设，或已终止任一建设工程且不打算重新开始施工；

（d）乙方项目建设质量、安全生产、运营维护经检查考核不合格，拒绝整改或整改不达标；

（e）由于乙方原因未能在开工日期之后______日内开始项目建设；

（f）由于乙方原因未能在不可抗力事件结束之后______日内恢复项目建设；

（g）除甲方和不可抗力原因造成延期外，乙方建设拖期超过______日；

（h）乙方被依法吊销营业执照、责令停业、清算或破产；

（i）贷款人开始行使其担保协议项下的担保权利并可能造成项目无法

正常运维；

（j）除报经甲方同意的计划内维修外，未经甲方事先书面同意，乙方擅自停止对项目的运维的（如属紧急情况的除外，但应在发生的同时口头告知甲方，并应在发生后______日内书面报告甲方）；

（k）未经甲方同意，乙方擅自出租、质押、转让项目经营权或擅自进行股权转让等。

* 条文批注：1. 由于 PPP 项目涉及公共产品或服务供给，关系社会公共利益，因此政府方享有在特定情形下（如 PPP 项目所提供的公共产品或服务已经不合适或者不再需要，或者可能影响公共安全和公共利益）单方面决定终止项目的权利。但在 PPP 项目实践中，政府方的此项权利应当予以明确限定，以免被政府方滥用，打击社会资本方参与 PPP 项目的积极性。

2. 对于政府基于行政优益权享有的单方解除权，社会资本方可以对合同解除提出异议，采取合理措施，保障自身合法权益。根据《中华人民共和国合同法》第 96 条的规定，若社会投资方对政府方合同解除行为有异议，可以请求人民法院或者仲裁机构确认解除合同的效力。

9.4.2　乙方发出的终止

下述任一事件发生时，乙方有权立即发出终止意向通知：

（a）甲方在本协议第 1.3 条的承诺及其他任何声明和保证被证明是虚假的或未兑现，严重影响其履约能力；

（b）甲方无正当理由在逾期______个月（自应付日起算）后仍未支付可用性服务费或运维绩效服务费。

* 条文批注：发生政府方违约，政府方在一定期限内未能补救的，PPP 项目合同相对方（社会资本方或项目公司）可根据合同约定主张终止 PPP 项目合同。

9.4.3　法律变更或政府行为

如果在本协议生效后，因法律变更及政府行为导致乙方部分或全部不能履行本协议项下主要义务，而这种变化和影响又不以甲方的意志为转移，甲乙双方应尽力就继续履行本协议进行协商，若不能达成一致，则一方可向另一方发出终止意向通知。

9.4.4　协商一致终止

在合作期内，由各方协商一致可提前终止本协议，此种情形下的终止及对应终止补偿金的计算问题等，由各方届时协商。

> *条文批注：根据《政府和社会资本合作项目通用合同指南》第 65 条“合同解除的事由”规定：“项目合同应约定各种可能导致合同解除的事由，包括：（1）发生不可抗力事件，导致合同履行不能或各方不能就合同变更达成一致。（2）发生法律变更，各方不能就合同变更达成一致。（3）合同一方严重违约，导致合同目的无法实现。（4）社会资本主体破产清算或类似情形。（5）合同各方协商一致。（6）法律规定或合同各方约定的其他事由”。

9.4.5　终止意向通知和终止通知

（a）按照第 9.4.1 条或第 9.4.2 条或第 9.4.3 条发出的任何终止意向通知均应同时向贷款人发出一份复印件。在终止意向通知发出之后，双方应在______日内协商避免本协议终止的措施。

（b）如果乙方和甲方就将要采取的措施达成一致意见，或者双方中任一方在相应的协商期或双方同意的更长的时间内纠正了违约事件，终止意向通知即自动失效。

（c）在协商期届满之时，如果双方未达成一致或发出终止意向通知的违约事件未得到纠正，则发出终止意向通知的一方可以向另一方和贷款人就此发出终止通知，本协议在终止通知送达对方之日终止。

9.4.6　终止后的处理

若本协议提前终止，除本协议另有约定，甲方将按照如下标准向乙方支付补偿金：

D10911

提前终止情形及补偿表

条款号	本协议提前终止之情形	终止补偿金
1	按 9.4.1 条甲方发出的终止	建设期终止时，为 A1–F+E
		运维期终止时，为 A2+B–F+E
2	按 9.4.2 条乙方发出的终止	建设期终止时，为 A1+F+E
		运维期终止时，为 A3+B+F+E
3	法律变更或政府行为	建设期终止时，为 A1+30%F+E
		运维期终止时，为 A3+B+30%F+E
4	不可抗力	（A4–C）/2–D

注：A1　为乙方尚未收回的投资（验收合格的建设投资及其他，已经审计的准）；

A2　为项目建设总成本的审计价 * 乙方尚未收回的可用性服务费付费比例；

A3　为乙方尚未收回的可用性服务费的现值（按______% 折现率）；

A4　为不可抗力发生之前经审计的乙方账面资产净值；

B 为乙方尚未收到的运维绩效服务费；

C 为……

D 为发生不可抗力情形时，根据本协议及相关保险合同约定，乙方（含贷款方）实际获得的保险赔款；为发生不可抗力情形时，因乙方投保不足，导致所获保险赔款无法使项目设施恢复到出险前的正常状态和价值的恢复性建设费用缺额部分（如有）；

E 为终止后根据本协议的约定，乙方应向甲方移交运营维护所需的零部件、备品备件和化学品的合理评估值；

F 补偿金取值为人民币______元整（小写：______）。

若属甲方发出的终止情形之一的，按照对应公式计算终止补偿金即“A1–F+E”或者“A2+B–F+E”的值为负数；或者不可抗力情形下补偿金计算为负值的，则乙方应向甲方支付本条所述负数的绝对值。

9.4.7　终止的后果

（a）本协议终止后，双方在本协议项下不再有进一步的义务，但本协议第 9.4.6 款除外；

（b）本协议终止，不影响本协议中争议条款的效力。

* 条文批注：1. 发生合同提前终止时，项目公司需要进行项目设施移交，政府方要根据事先约定的金额，向项目公司支付提前终止补偿金额。

2. 需要注意，从提前终止事件发生到合同实际提前终止（一般以合同约定的“终止日”为准），往往还有一段时间（例如，双方对提前终止事件的发生进行通知，对争议进行协商，对提前终止补偿金额进行计算等），截至提前终止日，PPP 项目合同依然是有效的，双方仍应履行合同项下的义务。

3. 即使是在终止日之后，PPP 项目合同已经终止，双方仅是不负有继续履行合同的义务，对于终止日之前，由于双方的履约行为已经实际产生的合同义务，仍应该继续履行（如按照约定支付服务费）。此外，由于提前终止后将伴随着资产的清点、移交等，因此，项目公司在项目设施移交完毕之前，应尽到“谨慎管理人”的义务，合理的对项目设施进行照管。

4. 即使发生 PPP 项目合同的提前终止，并不意味着全部合同条款的终止，在 PPP 项目合同中约定的一些通用条款，例如争议解决程序、适用法、合同文件的组成和效力等，均应继续保持有效。

第十章　保　　险

在整个合作期，乙方应按本行业的惯例办理和维持合理的建设期和运维期保险。

10.1　建设期保险

乙方应在整个建设期内自费投保并保持下列险种的保险。但是，如果从保险公司处无法获得，或无法以合理的商业条件获得该等保险，则乙方没有义务获得该等保险，除上述规定外，这种情况不解除或限制乙方在本协议项下的义务。

10.1.1　货物运输险

（a）责任范围：对于所有材料、设备、机器、零备件和其他物品（施工设备除外）从投保货物离开分包商或供货商在世界上任一地点的场所之

D10911

时开始，至到达并卸至市政道路场地的运输途中的所有一般及惯常的可保风险。

（b）保险金额：对任一次运输或任一地点，相当于投保财产购买价的110%，但不低于投保财产的全部重置价值，包括运费和保险费。

（c）保险形式：本保险应以统保的合同为基础进行，并将不签发单独的保险单。

（d）被保险人：乙方、供货商和乙方可能选择的其他方（条件是该其他方拥有或可获得在此保险项下的可保利益）。

10.1.2　建筑安装工程一切险

（a）责任范围：在项目工程建设、安装及运维期间及其后的______个月期间，就工程、临时工程、设备、材料及其他将包括在项目设施内的物品的灭失或损坏的所有一般及惯常的可保风险（包括但不限于火灾、雷电、爆炸、暴雨、风暴、台风、水害、水灾、旱灾、倒塌、滑坡、地震、其他事故损失、故意破坏、设计缺陷、工艺缺陷及材料缺陷）。

（b）保险金额：工程重置价全额（但不少于施工合同价值）。

（c）保险期间：从建设开始之日至施工验收合格日及其后的______个月。

（d）被保险人：乙方、建设承包商、分包商、供应商、顾问（仅限于场地风险）、甲方及甲方或乙方选定的其他方（条件是该其他方拥有或可获得此保险项下的可保利益）。

10.1.3　第三者责任险

（a）责任范围：对在中国境内发生的与建设工程有关的第三者人身伤害或财产损失所应承担的法律责任的保险（但不包括第三者汽车保险）。

（b）保险金额：每次事故责任限额______万元（小写：______），保险事故次数不限；

（c）保险期间：从建设开始之日至施工验收合格日以及之后的______个月。

（d）被保险人：乙方、建设承包商、分包商、供货商和顾问（仅限于场地风险）、甲方及甲方或乙方选定的其他方（条件是该其他方拥有或可获得此保险项下的可保利益）。

10.1.4　其他险种

其他通常的、合理的或者遵循贷款人及适用法律要求所必需的保险。

10.2　运维期保险

乙方应在项目施工验收合格日之前自费投保并在整个养护期内保持下列险种的保险。但是，如果从保险公司处无法获得，或无法以合理的商业条件获得该等保险，则乙方没有义务获得该等保险，除上述规定外，这种情况不解除或限制乙方在本协议项下的义务。

10.2.1　财产一切险

（a）责任范围：对构成项目设施组成部分的、正在使用的并位于中湖治理场地范围内的所有建筑物、构筑物、设备仪器和其他材料和 / 或不动产所有灭失或损坏的所有一般及惯常的可保风险（包括但不限于火灾、雷电、爆炸、自燃、风暴、暴雨、台风、洪水、水害、旱灾、恶意破坏、撞击、地震、沉降和倒塌）。

（b）保险金额：项目设施的全部重置价值。

（c）保险期间：以年为单位，可续延。

（d）被保险人：乙方、甲方以及甲方或乙方选定的其他方（条件是该其他方拥有或可获得此保险项下的可保利益）。

10.2.2　第三者责任险

（a）责任范围：因养护项目设施造成的对第三者的人身伤害或财产损失或损坏所应承担的法律责任。

（b）保险金额：每次事故责任限额______万元（小写：______），保险事故次数不限。

（c）保险期间：以年为单位，可续延。

（d）被保险人：乙方、甲方及甲方或乙方选择的其他方（条件是该其他方拥有或可获得此保险项下的可保利益）。

10.2.3　其他险别

其他通常的、合理的或为遵循贷款人要求或适用法律要求所必需的保险。

D10911

10.3 联名保险及赔偿

甲方应为本附件中所有适当注明的保险项下的被保险人（或被保险人之一）。乙方应促使保险商放弃在本附件中规定的全部保险项下其可能拥有或获得的对甲方的任何及全部代位追偿权，无论甲方是否为该等保险项下的被保险人。

10.4 保险商及保险单据

10.4.1 乙方应在获准在中国经营保险业务的、具有良好信誉并经甲方同意的保险商处购买保险，并向甲方提供全部的有效保险证书，证明乙方已按照甲方要求获得了保险单据，同时向甲方提供全部保险单据的复印件及保险费已付凭据的复印件。乙方一旦收到续保证书和保险批单凭据应及时提交给甲方。

10.4.2 保险单应包括保险商就以下各项作出的确认：

（a）保险商已经获得充分的信息以便在假设该等信息不存在实质性误导的前提下评估对保单项下所有风险进行承保的风险；

（b）就其同意为甲方提供共同保险的决定而言，保险商并未依赖或要求任何信息；

（c）甲方没有授权任何人，就甲方成为或作为共同被保险人代其作出任何声明。

10.5 未能获得和保持保险

如果乙方未取得或拒绝取得上述保险或未向甲方提供上述保险单、保险费付款凭据、续保证明及保险批单凭据等的复印件，则甲方应有权购买这类保险，费用由乙方承担。在这种情况下，经甲方要求，乙方应及时支付给甲方其为购买该类保险支付的款项。乙方未取得或拒绝取得上述保险并不解除或限制其在本协议项下规定的任何义务和责任。

10.6 索赔及协助通知

乙方和甲方应遵守对其适用的保险单的条款及条件，并应遵循与保险商订立的索赔管理程序。该索赔管理程序应符合同类项目的合理的和惯常使用的条款。在准备文件及就索赔进行谈判方面，各方均同意向对方提供合理的协助。当上述任何保险单项下的任何索赔可能超过______万元（小写：______）时，乙方应通知甲方并不时向甲方提供其合理要求的有关保险单项下索赔的任何信息。

10.7　修复及修理，索赔款项

在建筑安装工程一切险、财产一切险险项下乙方可获得的索赔款项应用于对保险标的的灭失或损害进行恢复及修理。第三者责任险的赔偿款项应支付给有权获得赔偿的个人或组织。未经甲方书面同意（甲方不得无理拒绝同意），乙方及保险商不得就超过______万元（小写：______）的任何索赔达成妥协。

10.8　通知甲方

就根据本协议投保的所有保险，乙方应促使保险商在保险条件中规定，在任何保险责任的取消、终止、期满或中止和 / 或保险的任何重大改变或保险金额的任何减少或责任限额的任何降低生效之前至少______日通知甲方。

* 条文批注：1. 项目公司承担购买和维持保险的相关义务，具体包括：（1）购买保险并确保其有效且达到合同约定的最低保险金额；（2）督促保险人或保险人的代理人向政府提供保险凭证；（3）向保险人或保险代理人提供项目可披露信息；（4）不得作出或允许任何其他人作出任何可能导致保险全部或部分失效、可撤销、中止或受损害的行为；（5）项目公司立即书面通知政府方可能影响保险或其项下的任何权利主张的情况或事件；（6）协助政府或其他被保险人提出索赔或理赔；等等。货物运输保险是以运输途中的货物作为保险标的、保险人对由自然灾害和意外事故造成的货物损失负责赔偿责任的保险。

2. 保单要求。（1）以政府方及政府方指定的机构作为被保险人进行投保；（2）保险人同意放弃对政府方行使如代位权、抵扣权及多家保险公司共同分摊保险赔偿的权利等；（3）对保单做重大修改等时提前向政府方发出书面通知。

3. 保险条款变更。项目合同中规定未经政府方同意，不得对保险合同重要条款 做出实质性变更。

4. 常见的保险种类。货物运输保险；建筑工程一切险；安装工程一切险；第三者责任险；施工机具综合保险；雇主责任险。

第十一章　争 议 解 决

11.1　友好协商

本协议履行过程中产生的任何争议甲乙双方应进行协商解决，无法协商解决的，则应适用第 11.2 条的规定。

D10911

11.2　仲裁

如果甲乙双方未能根据第11.1条的规定解决有关争议、分歧或索赔或与本协议有关的任何相关问题，则任何一方均可将相关争议提交____________仲裁委员会，按照申请仲裁时该会现行有效的仲裁规则在××市进行仲裁。仲裁的裁决是终局的，对双方均有约束力。除仲裁裁决另有裁定外，仲裁费用由败诉的一方承担。

11.3　争议解决期间的合同履行

11.3.1　在争议协商期间，各方应继续履行其在本协议项下的各项义务并继续享有其在本协议项下的所有权利，而不影响以后根据上述裁决进行最终调整。

11.3.2　本协议有关争议解决条款独立存在，在本协议终止后继续有效。

> * 条文批注：1. 解决争议的方式在法律上存在一定分歧：（1）《政府和社会资本合作模式操作指南（试行）》中规定，在项目实施过程中，按照项目合同约定，项目实施机构、社会资本或项目公司可就发生争议且无法协商达成一致的事项，依法申请仲裁或提起民事诉讼；（2）《最高人民法院关于适用〈中华人民共和国行政诉讼法〉若干问题的解释》（法释〔2015〕9号）第11条第2款规定，“公民、法人或者其他组织就下列行政协议提起行政诉讼的，人民法院应当依法受理：（一）政府特许经营协议……”
>
> 2. 应区分纠纷本身的性质，考虑法律关系的范畴。仅涉及行政机关在特许经营行政行为中的具体行政行为的纠纷属于行政诉讼范畴，如果纠纷本身不涉及具体行政行为，则不属于行政诉讼范畴。

第十二章　其　　他

12.1　协议的修改

12.1.1　本协议任何修改、补充或变更必须经双方协商一致并签字盖章后方具有法律约束力。如果根据届时有效的相关法律或法规的规定而需要政府有关部门审查批准的，则自政府有关部门审查批准之日起对甲乙双方产生约束力。

12.1.2　本协议履行期间，双方可根据届时有效的相关法律或法规的规定，对本协议的某一部分进行修改、补充或变更；双方确认对本协议有效的修改、补充或变更的书面文件或书面材料，均与本协议具有同等法律效力。如其内容与本协议存在冲突或矛盾的部分，以修改、补充或变更的内容为准。

12.1.3　如果本协议的任何条款不合法、无效或不能执行，并不影响其他条款的效力和执行。双方应商定对不合法、无效或不能执行的条款进行修改，使之合法、有效并可执行；修改或更改应尽可能平衡双方之间的利益。

12.2　保密

12.2.1　甲乙双方相互提供的文件和计算机程序及其他一切文件，只能用于本项目之目的。除非甲方和乙方另有协议，否则这类文件、计算机程序或复制件应在项目合作期结束之际归还对方。任何一方或其员工、承包商获得的所有资料和文件（不论是财务、技术或其他方面），未经另一方事先书面同意，在项目合作期最后一日之后的______年期间不得向第三方透露或公开，但是法律要求的除外。

12.3　日常事务代表

12.3.1　在本项目合作期内，甲方任命__________为项目代表，乙方任命__________为项目代表，代表各方与对方进行日常事务的联系和沟通。

12.3.2　日常事务代表若需变更，则应提前______日将继任人书面通知对方，否则视为未变更。

12.4　通知

12.4.1　本协议项下的通知应以中文书写，并通过专人递交、特快专递、邮寄或传真方式发至各方。

12.4.2　下述情况应视为已送达：

（a）若采用专人递交或邮寄方式在送至后要求回执；

（b）如采用传真形式，在准确发送至上述传真号码，并收到对方的确认函时。

（c）如果一方的地址或收件人更改时，应在新地址或新收件人启用______个工作日前以上述通知方式通知另一方，否则应仍以原地址和收件人为准。

12.5　协议文字及份数

12.5.1　本协议以中文书写。协议正本一式______份，各执______份，各份协议书具有同等法律效力。

D10911

12.5.2　本协议由双方各自法定代表人或正式授权的代表在其签名下注明的日期签署。双方愿受本协议的法律约束。

12.6　协议生效

本协议自各方法定代表人或授权代表签字或签章并加盖公章或合同章之日起正式生效。

附件一　____________市人民政府批复文件（略）

附件二　联合体协议（略）

如联合体参与竞争性磋商适用，为联合体各方之间达成的作为竞争性磋商响应文件组成部分的符合资格预审文件、竞争性磋商文件（含补充通知及澄清答复文件）规定要求的协议书。

附件三　建设履约保函格式

建设履约保函格式

不可撤销的银行保函编号：____________

日期：______________________________

受益人：____________（以下简称甲方）

地址：____

邮政编码：____

申请人：____________（以下简称乙方）

地址：____

邮政编码：____

鉴于申请人____________（以下简称乙方）与甲方于______年______月______日签订了关于智慧城市工程PPP项目（以下简称项目）的《PPP项目协议》及其附件。根据该协议之规定，乙方负责成立项目公司并按照受益人要求投资建设本项目，乙方应向甲方提供由其认可的银行保函，以担保项目公司在建设期内全面、正确地履行项目投资和建设等义务。

我行同意为项目公司出具上述担保函，并特此确认：若因乙方违反《PPP 项目协议》及其附件中所确定的义务，我们作为担保人并代表项目公司向甲方负责，担保金额为人民币______（小写：______）。我行无条件地、不可撤销地承诺，在收到甲方首次书面要求即付的______个营业日内，我行将无条件地代乙方向甲方支付上述金额限度内的任何一笔或数笔款项，并且甲方无须出具证明或陈述要求支付款项的原因或理由。我行放弃要求甲方在向我方提出付款要求之前首先向乙方提出付款等所有事项的抗辩权利。

我行承诺并保证，甲方与乙方之间可能对《PPP 项目协议》及其附件或任何其他文件的条款所作的任何更改或补充，都不免除我方在本担保项下应承担的担保责任。我行在此放弃对此类更改、补充或修改要求给予通知的权利。

本保函自签署之日______年______月______日起至______年______月______日（乙方提交第一阶段运营维护保函之日）止始终有效。如果本协议提前终止，建设履约保函应在终止日后______个月内保持有效。我行承诺为出具本担保函而须办理的有关法律手续已经齐备，我行放弃以其他任何理由主张该担保函无效的抗辩权利。

本保函中使用的所有术语具有《PPP 项目协议》中规定的含义。

银行 / 金融机构名称：____________________________________

银行 / 金融机构盖章____________________________________

法定代表人或负责人签字：____________________________________

日期：____________________________________

D10911

附件四　运营维护保函格式

运营维护保函格式

不可撤销的银行保函编号：____________

日期：______________________________

受益人：__________（以下简称甲方）

地址：____

邮政编码：____

申请人：__________（以下简称乙方）

地址：____

鉴于申请人__________（以下简称乙方）与甲方于_____年_____月_____日签订了关于__________智慧城市工程PPP项目（以下简称项目）《PPP项目协议》及其附件并承诺履行其中的责任和义务。根据该协议之规定，乙方应提供经甲方认可的银行保函，以保函所述金额担保乙方履行《PPP项目协议》项下运营维护本项目的义务。

我行同意为乙方出具上述担保函，并特此确认，若因项目公司违反《PPP项目协议》及其附件中所确定的义务，我们作为担保人并代表项目公司向甲方负责，运营维护保函金额为人民币_____（小写：_____）元，应在本项目竣工验收通过之日递交，担保期至_____移交保函提交日。我行无条件、不可撤销地承诺，在收到甲方首次书面要求即付的_____个工作日内，我行将无条件地按甲方书面通知中载明的金额及账号支付上述金额限度内任何一笔或数笔款项款项，并且甲方无须出具证明或陈述要求支付款项的原因或理由。我行放弃要求甲方在向我方提出付款要求之前首先向乙方提出付款等所有事项的抗辩权利。我行承诺并保证，甲方与乙方之间可能对《PPP项目协议》或任何其他文件的条款所作的任何更改或补充，都不免除我行在本担保项下应承担的担保责任。我行在此放弃对此类更改、补充或修改要求给予通知的权利。

本保函自_____年_____月_____日起至_____年_____月_____日（乙方提交

移交维修保函之日）为止始终有效。如果本协议提前终止，运营维护保函应在终止日后______个月内保持有效。

如果在本保函到期的______天前，我行或乙方未向甲方提供一份替换的维护保函，则甲方届时有权支取本保函项下的全部余额。

我行保证为出具本担保函而须办理的有关法律手续已经齐备，我行放弃以其他任何理由主张该担保函无效的抗辩权利。

本保函中使用的所有术语具有《PPP 项目协议》及其附件中规定的含义。

银行 / 金融机构名称：________________________

银行 / 金融机构盖章________________________

法定代表人或负责人签字：________________________

日期：________________________

附件五　移交维修保函格式

移交维修保函格式

不可撤销的银行保函编号：__________

日期：________________

受益人：×× 市信息中心（以下简称甲方）

地址：________________________

邮政编码：________________________

申请人：__________（以下简称乙方）

地址：________________________

鉴于申请人__________（以下简称乙方）与甲方于______年______月______日签订了关于__________智慧城市工程 PPP 项目（以下简称本项目）《PPP 项目协议》及其附件并承诺履行其中的责任和义务。根据该协议之规定，乙方应提供经甲方认可的银行保函，以保函所述金额担保乙方履行《PPP 项

D10911

目协议》项下运营维护本项目的义务。

我行同意为乙方出具上述担保函，并特此确认，若因项目公司违反《PPP 项目协议》及其附件中所确定的义务，我们作为担保人并代表项目公司向甲方负责，移交期内（含质量保证期）的担保金额为人民币______（小写：______），乙方应于经营期限届满日______月之前提供。我行无条件、不可撤销地承诺，在收到甲方首次书面要求即付的______个营业日内，我行将无条件地按甲方书面通知中载明的金额及账号支付上述金额限度内的任何一笔或数笔款项，并且甲方无须出具证明或陈述要求支付款项的原因或理由。

我行放弃要求甲方在向我方提出付款要求之前首先向乙方提出付款等所有事项的抗辩权利。

我行承诺并保证，甲方与乙方之间可能对《PPP 项目协议》或任何其他文件的条款所作的任何更改或补充，都不免除我行在本担保项下应承担的担保责任。我行在此放弃对此类更改、补充或修改要求给予通知的权利。

本保函自______年______月______日起至______年______月______日（经营期期满后的______个月届满之日）为止始终有效。如果本协议提前终止，移交维修保函应在终止日后______个月内保持有效。

如果在本保函到期的______天前，我行或乙方未向甲方提供一份替换的维护保函，则甲方届时有权支取本保函下的全部余额。

我行承诺为出具本担保函而须办理的有关法律手续已经齐备，我行放弃以其他任何理由主张该担保函无效的抗辩权利。

本保函中使用的所有术语具有《PPP 项目协议》及其附件中规定的含义。

银行 / 金融机构名称：______________________________

银行 / 金融机构盖章______________________________

法定代表人或负责人签字：______________________________

日期：______________________________

附件六　项目考核办法

____________市智慧城管项目考核办法

“智慧城管”的总体建设目标是整合____________城市管理资源，引入先进城市管理技术，实现体制、机制、手段和技术创新，建立科学化、精细化的城市管理新模式，为____________城市管理提供集城市管理、协同处置、执法监督、应急调度、决策指挥、公众互动为一体的智慧化管理大平台。

为保证____________智慧城管项目建设科学性、完整性、前瞻性、可持续性，特制定如下考评办法。____________市智慧城管项目建设周期______个月，运维期______年。

一、考评工作的组织领导

考评工作采取甲方组织评估、乙方自查自评和专家评议相结合的方法，综合日常工作开展情况及和任务完成情况，进行整体的绩效评价。

1. 甲方组织评估：根据本协议要求，由 ×× 市信息中心组织人员负责对方案评估验收。

2. 乙方自查自评：乙方按照统一要求，对照智慧____________建设重点工作，自行检查任务完成程度，对实现的绩效进行全面回顾和总结。

专家综合评议：汇总甲方、乙方提交评估报告相关指标数据，结合必要的现场考察，进行综合分析和评价；对考核中的重点、难点和疑点问题，组织专家评审；综合各方面意见及有关专项工作考核结果，形成综合评议结果。

二、考评方法及内容

1. 项目建设单位应根据国家部委及省市有关标准规范和指导性文件，结合 ×× 市的实际情况，科学建设智慧城管项目：

1.1　相关规划与计划

1.2　技术标准和规范国家住建部行业标准

D10911

三、奖惩激励机制

1. 为鼓励建设单位在规定时间内依据上述标准完成项目建设，对乙方予以加分奖励，并最终根据甲方、乙方和专家的综合评估方法进行评定。

2. 对于建设单位在建设进度、建设内容方面，在项目推进过程中某环节出现问题时，予以警示或者减分处罚，并最终根据甲方、乙方和专家的综合评估方法进行评定。

3. 对于建设单位出现的减分项目，建设单位自身发现并主动修正的，可以从轻、减轻处罚，或者免于处罚。

4. 如项目因不可抵抗力导致交付变更的，具体奖惩措施由双方协商解决。

5. 建设单位在项目规定时间内依据上述标准提前______日完成项目建设并通过签字验收，甲方根据____________智慧城管项目工程建安费的____________给予一次性现金奖励。

6. 建设单位在规定时间内没能按期实现项目上线，或项目上线后未能通过项目评审小组的签字验收，甲方根据____________智慧城管项目工程建安费的____________予以处罚。

本协议由以下双方在____________共同签署，以资证明。

甲方：____________________

（公章）

法定代表人或授权代表：____________________

姓名：____________________

职务：____________________

日期：____________________

乙[1]方：____________________

（公章）

法定代表人或授权代表：____________________

姓名：________________

职务：________________

日期：________________

乙[2]方：________________

（公章）

法定代表人或授权代表：________________

姓名：________________

职务：________________

日期：________________

D10911

附件：基础设施和公共服务领域政府和社会资本合作条例（征求意见稿）

关注法天使

国务院法制办、国家发展改革委、财政部联合起草的《基础设施和公共服务领域政府和社会资本合作条例》（征求意见稿）公开征求意见的起止时间为 2017 年 7 月 21 日至 2017 年 8 月 22 日。

基础设施和公共服务领域政府和社会资本合作条例（征求意见稿）

第一章　总　　则

第一条　为了规范基础设施和公共服务领域政府和社会资本合作，提高公共服务供给的质量和效率，保障公共利益和社会资本方的合法权益，促进经济社会持续健康发展，制定本条例。

第二条　本条例所称基础设施和公共服务领域政府和社会资本合作（以下简称政府和社会资本合作），是指政府采用竞争性方式选择社会资本方，双方订立协议明确各自的权利和义务，由社会资本方负责基础设施和公共服务项目的投资、建设、运营，并通过使用者付费、政府付费、政府提供补助等方式获得合理收益的活动。

本条例所称社会资本方，是指依法设立，具有投资、建设、运营能力的企业。

第三条　符合下列条件的基础设施和公共服务项目，可以采用政府和社会资本合作模式：

（一）政府负有提供责任；

（二）需求长期稳定；

（三）适宜由社会资本方承担。

国务院有关部门根据前款规定的条件，制定可以采用政府和社会资本合作模式的基础设施和公共服务项目指导目录，并适时调整。

第四条　国家制定和完善与政府和社会资本合作模式相适应的投资、价格、财政、税收、金融、土地管理、国有资产管理等方面的政策措施，支持符合条件的基础设施和公共服务项目采用政府和社会资本合作模式。

第五条 基础设施和公共服务项目采用政府和社会资本合作模式，应当积极稳妥、依法合规，遵循平等协商、诚实守信、长期合作、公开透明的原则，坚持公共利益优先。

第六条 国家保障各种所有制形式的社会资本方依法平等参与采用政府和社会资本合作模式的基础设施和公共服务项目（以下简称合作项目）。

任何单位和个人不得排斥或者限制非公有制社会资本方依法参与合作项目。

第七条 国务院有关部门在各自的职责范围内，负责政府和社会资本合作的指导和监督。

政府和社会资本合作的综合性管理措施，由国务院有关部门共同制定。

国务院建立政府和社会资本合作工作协调机制，及时协调、解决政府和社会资本合作工作中的重大问题。

第八条 县级以上地方人民政府应当加强对本地区政府和社会资本合作工作的组织领导和统筹协调。

县级以上地方人民政府有关部门依照本条例和本级政府确定的职责分工，负责本地区合作项目的组织实施和监督管理。

第二章 合作项目的发起

第九条 县级以上人民政府有关主管部门（以下简称有关主管部门）根据经济社会发展需要、社会公众对公共服务的需求、相关发展建设规划以及本条例第三条的规定，在组织开展前期论证的基础上，可以提出拟采用政府和社会资本合作模式的基础设施和公共服务项目。

公民、法人和其他组织可以就基础设施和公共服务项目采用政府和社会资本合作模式向有关主管部门提出建议。

第十条 对拟采用政府和社会资本合作模式的基础设施和公共服务项目，有关主管部门应当拟订合作项目实施方案。合作项目实施方案应当包括下列内容：

（一）合作项目的名称、地点以及建设规模、投资总额等基本情况；

（二）合作项目建设运营内容及标准、运作方式、预期产出；

（三）合作项目期限；

（四）社会资本方回报机制；

（五）政府和社会资本方的风险分担；

（六）合作项目期限届满后项目资产的处置；

（七）有关主管部门认为应当明确的其他事项。

有关主管部门拟订合作项目实施方案，应当征求潜在社会资本方的意见。

第十一条 有关主管部门拟订合作项目实施方案，应当会同同级发展改革、财政等有关部门，从经济效益、社会效益等方面对采用政府和社会资本合作模式的必要性、合理性组织开展评估；涉及政府付费、政府提供补助或者补偿以及政府分担风险等财政支出事项的，应当提请同级财政部门进行财政承受能力评估。评估应当形成明确结论。

有关主管部门应当根据前款规定形成的评估结论，对合作项目实施方案进行修改完善，或者作出不采用政府和社会资本合作模式的决定。

第十二条 合作项目实施方案应当经本级人民政府审核同意。本级人民政府应当组织有关部门对合作项目实施方案进行联合评审。

经本级人民政府审核同意的合作项目实施方案，由有关主管部门向社会公布。

本级人民政府审核同意合作项目实施方案的，应当确定相关部门、单位作为政府实施机构，负责合作项目实施的相关工作。

第三章 合作项目的实施

第十三条 政府实施机构应当根据经审核同意的合作项目实施方案，通过招标、竞争性谈判等竞争性方式选择社会资本方，并将选定的社会资本方向社会公示。法律、行政法规对特定基础设施和公共服务项目选择社会资本方的方式有规定的，依照其规定。

政府实施机构应当根据合作项目的特点和建设运营需要，按照保证各种所有制形式的社会资本方平等参与、有利于合作项目长期稳定运营和质量效率提升的原则，合理设置社会资本方的资质、条件以及招标、竞争性谈判等的评审标准。

第十四条 政府实施机构与其选定的社会资本方应当在协商一致的基础上签订合作项目协议；设立专门负责实施合作项目的公司（以下简称项目公司）的，合作项目协议由政府实施机构与项目公司签订。

项目公司不得从事与合作项目实施无关的经营活动。

第十五条 合作项目协议应当符合招投标、竞争性谈判等文件，载明下列事项：

（一）合作项目的名称、内容；

（二）合作项目的运作方式、范围；

（三）投融资期限和方式；

（四）合作项目期限；

（五）社会资本方取得收益的方式、标准；

（六）风险分担；

（七）服务质量的标准或者要求；

（八）政府承诺和保障；

（九）应急预案和临时接管预案；

（十）合作项目期限届满后项目及资产的移交；

（十一）合作项目协议变更、提前终止及其补偿；

（十二）违约责任；

（十三）争议解决方式；

（十四）法律、行政法规规定应当载明的其他事项。

设立项目公司的，合作项目协议应当载明项目公司的注册资本、股权结构、股权变更限制以及社会资本方对项目协议履行的担保责任等事项。

第十六条 合作项目期限根据行业特点、项目生命周期、公共服务需求、投资回收期等因素确定，一般不低于10年，最长不超过30年；法律、行政法规另有规定的，依照其规定。

第十七条 合作项目协议中应当约定，社会资本方的收益根据合作项目运营的绩效进行相应调整。

由使用者付费或者政府提供补助的合作项目，合作项目协议应当载明价格的确定和调整机制；依法实行政府定价或者政府指导价的项目，按照政府定价或者政府指导价执行。

第十八条 合作项目协议中不得约定由政府回购社会资本方投资本金或者承担社会资本方投资本金的损失，不得约定社会资本方的最低收益以及由政府为合作项目融资提供担保。

第十九条 合作项目的设施、设备以及土地使用权、项目收益权和融资款项不得用于实施合作项目以外的用途。

禁止以前款规定的资产为他人债务提供担保。

第二十条 政府和社会资本方应当守信践诺，全面履行合作项目协议约定的义务。

合作项目协议的履行，不受行政区划调整、政府换届、政府有关部门机构或者职能调整以及负责人变更的影响。

第二十一条 对合作项目协议中约定的财政支出事项，应当足额纳入年度预算，按照规定程序批准后，及时支付资金。

第二十二条 政府有关部门应当按照各自职责范围，履行合作项目协议中的相关政府承诺和保障，并为社会资本方实施合作项目提供便利。

对实施合作项目依法需要办理的行政审批等相关手续，有关部门应当及时办理；对参与合作项目实施方案联合评审时已经出具审查意见的事项，不再重复审查。

第二十三条 社会资本方应当按照有关法律、行政法规、规章、强制性标准、技术规范的规定以及合作项目协议约定实施合作项目，提供持续、安全的公共服务。

第二十四条 实施合作项目所需的建设工程、设备和原材料等货物以及相关服务，社会资本方依法能够自行建设、生产或者提供，且在选择社会资本方时已经作为评审因素予以充分考虑的，可以由社会资本方自行建设、生产或者提供。

第二十五条 在项目合作期限内，不得随意变更合作项目协议内容；确需变更的，应当由协议双方协商一致，并公示变更事由及内容，经本级人民政府批准后签订补充协议；变更内容涉及财政支出事项变动、价格调整的，应当先经相关部门审核同意并履行规定程序。

第二十六条 在合作项目建设期内，社会资本方不得转让其持有的项目公司股权。

合作项目运营期内，在不影响公共服务提供的稳定性和持续性的前提下，经政府实施机构报本级人民政府同意，社会资本方可以转让其持有的项目公司股权。

第二十七条 出现合作项目协议约定的提前终止协议情形，或者有下列情形之一的，可以提前终止合作项目协议：

（一）因不可抗力导致合作项目协议无法继续履行；

（二）因社会资本方严重违约，危害公共利益；

（三）依法征收、征用合作项目财产。

因依法征收、征用合作项目财产导致合作项目提前终止的，应当按照国家有关规定给予社会资本方合理补偿。

第二十八条 合作项目期限届满按照约定需要进行项目资产移交的，政府实施机构应当根据法律、行政法规和合作项目协议约定，对设施、设备和其他财产的状况进行检查评估。

因社会资本方原因致使设施、设备和其他财产的价值非正常减损或者使用寿命减少的，应当根据合作项目协议约定，相应扣减社会资本方的收益或者由社会资本方以其他方式补偿。

第二十九条 合作项目期限届满或者合作项目协议提前终止，对该项目继续采用政府和社会资本合作模式的，应当依照本条例的规定重新选择社会资本方；因合作项目期限届满重新选择社会资本方的，在同等条件下应当优先选择原社会资本方。

第四章 监督管理

第三十条 县级以上人民政府有关部门应当依据各自职责，加强对合作项目实施中执行有关法律、行政法规、规章、强制性标准、技术规范情况的监督检查。有关部门实施监督检查，有权采取下列措施：

（一）进入合作项目现场进行检查、检验、监测；

（二）查阅、复制有关文件、资料；

（三）要求有关人员就有关问题作出说明。

监督检查应当符合法定的程序和要求，不得影响合作项目的正常实施。社会资本方对监督检查应当予以配合。

第三十一条 县级以上人民政府有关部门应当定期对合作项目建设、运营等情况进行监测分析和绩效评价，建立根据绩效评价结果对价格或者财政补助进行调整的机制。

社会资本方应当按照规定向政府有关部门提供有关合作项目投资、建设、运营方面的数据、资料等信息。

第三十二条 政府有关部门应当建立合作项目档案，将合作项目发起、实施以及监督检查等方面的文件、材料存档备查。

社会资本方应当妥善保管合作项目投资、建设、运营等方面的有关资料，并在合作项目期限届满或者提前终止时向政府有关部门移交。

第三十三条 除涉及国家秘密、商业秘密外，政府有关部门应当依法公开合作项目发起、社会资本方选择、合作项目协议订立、绩效监测报告、中期评估报告、合作项目重大变更或者终止情况以及监督检查情况和结果等信息。

第三十四条 社会公众有权对合作项目的发起和实施进行监督。

对社会资本方违反法律、行政法规规定的行为或者对提供公共服务的质量等问题，任何单位和个人可以向政府有关部门举报、投诉，有关部门应当及时依法处理。

第三十五条 政府有关部门应当根据社会信用体系建设的有关要求，记录社会资本方、中介机构、项目公司及其从业人员的失信行为，并纳入全国统一的信用信息共享交换平台。

第三十六条 政府有关部门、社会资本方应当按照有关规定，制定合作项目突发事件应急预案；突发事件发生后，立即启动应急预案，采取相应的防护措施，组织抢修。

第三十七条 合作项目协议提前终止的，政府有关部门应当采取有效措施，保证公共服务的正常提供；必要时，经本级人民政府同意，可以临时接管合作项目。社会资本方应当予以必要的配合。

第五章 争议解决

第三十八条 因合作项目协议履行发生争议的，协议双方应当协商解决；协商达成一致的，应当签订补充协议。

第三十九条 因合作项目协议中的专业技术问题发生争议的，协议双方可以共同聘请有关专家或者专业技术机构提出专业意见。

第四十条 因合作项目协议履行发生的争议，可以依法申请仲裁或者向人民法院提起诉讼。

第四十一条 对政府有关部门作出的与合作项目的实施和监督管理有关的具体行政行为，社会资本方认为侵犯其合法权益的，有陈述、申辩的权利，并可以依法提起行政复议或者行政诉讼。

第四十二条 合作项目争议解决期间，协议双方应当继续履行合作项目协议约定的义务，不得擅自中断公共服务的提供。

第六章 法律责任

第四十三条 政府及其有关部门排斥或者限制非公有制社会资本方依法参与政府和社会资本合作的，由上一级机关责令改正；情节严重的，对负有责任的领导人员和其他直接责任人员依法给予处分。

第四十四条 有关主管部门、政府实施机构违反本条例规定，有下列情形之一的，由本级政府责令限期改正；情节严重的，对负有责任的领导人员和直接责任人员依法给予处分：

（一）拟订合作项目实施方案未征求潜在社会资本方意见；

（二）未对采用政府和社会资本合作模式的必要性、合理性组织开展评估或者未提请同级财政部门进行财政承受能力评估；

（三）未向社会公布合作项目实施方案；

（四）未通过竞争性方式选择社会资本方或者未向社会公示其选定的社会资本方；

（五）未按照规定与选定的社会资本方签订合作项目协议；

（六）在项目合作协议中约定由政府回购社会资本方投资本金或者承担社会资本方投资本金的损失，或者约定保证社会资本方的最低收益以及由政府为合作项目融资提供担保；

（七）未按照规定对社会资本方移交的设施、设备和其他财产状况进行检查评估。

第四十五条 政府及其有关部门有下列情形之一的，由其上一级机关责令改正；情节严重的，对负有责任的领导人员和直接责任人员依法给予处分：

（一）不履行合作协议中的相关政府承诺和保障；

（二）未将合作项目协议中约定的财政支出事项足额纳入年度预算，或者未按照合作项目协议约定及时支付资金；

（三）未定期对合作项目建设、运营等情况进行监测分析和绩效评价；

（四）未按照规定建立合作项目档案；

（五）未按照本条例的规定公开合作项目相关信息。

第四十六条　政府有关部门工作人员在政府和社会资本合作工作中不依法履行职责，玩忽职守、滥用职权、徇私舞弊的，对负有责任的领导人员和直接责任人员依法给予处分；构成犯罪的，依法追究刑事责任。

第四十七条　社会资本方或者项目公司有下列情形之一的，由政府有关部门责令限期改正，处20万元以上50万元以下的罚款；有违法所得的，没收违法所得；构成犯罪的，依法追究刑事责任：

（一）项目公司从事与实施合作项目无关的经营活动；

（二）在合作项目实施中违反法律、行政法规、规章、技术规范、强制性标准；

（三）将合作项目的设施、土地使用权、项目收益权和融资款项用于实施合作项目以外的用途，或者以上述资产为他人债务提供担保；

（四）合作项目争议解决期间，擅自中断公共服务的提供；

（五）未妥善保管合作项目投资、建设、运营等方面的有关资料或者未按照规定向政府有关部门移交有关资料。

对前款规定的情形，有关法律、行政法规对其行政处罚另有规定的，依照其规定。

第四十八条　违反本条例规定，给他人造成损失的，依法承担赔偿责任。

第七章　附　　则

第四十九条　采用政府和社会资本合作模式运营已有基础设施和公共服务项目的，适用本条例的有关规定。

第五十条　本条例自______年______月______日起施行。

图书在版编目(CIP)数据

中国合同库.政府和社会资本合作(PPP):全2册 / 卓识,贾向明,王金平主编. --北京:法律出版社,2017
ISBN 978-7-5197-1738-4

Ⅰ.①中… Ⅱ.①卓…②贾…③王… Ⅲ.①合同法-中国②政府投资-合作-社会资本-合同法-中国 Ⅳ.①D923.6

中国版本图书馆CIP数据核字(2017)第297348号

中国合同库:政府和社会资本合作(PPP)
ZHONGGUO HETONGKU: ZHENGFU HE SHEHUI ZIBEN HEZUO(PPP)

卓　识
贾向明 主编
王金平

策划编辑 朱海波　蒋　橙
责任编辑 朱海波　蒋　橙
营销编辑 徐　印
装帧设计 宇宙尘埃工作室　鲍龙卉

出版 法律出版社
总发行 中国法律图书有限公司
经销 新华书店
印刷 天津嘉恒印务有限公司
责任印制 吕亚莉

编辑统筹 法律应用·大众出版第二分社
开本 787毫米×1092毫米　1/16
印张 76　**字数** 1388千
版本 2018年1月第1版
印次 2018年1月第1次印刷

法律出版社/北京市丰台区莲花池西里7号(100073)
网址/www.lawpress.com.cn
投稿邮箱/info@lawpress.com.cn
举报维权邮箱/jbwq@lawpress.com.cn
销售热线/010-63939792
咨询电话/010-63939796

中国法律图书有限公司/北京市丰台区莲花池西里7号(100073)
全国各地中法图分、子公司销售电话:
统一销售客服/400-660-6393
第一法律书店/010-63939781/9782　西安分公司/029-85330678　重庆分公司/023-67453036
上海分公司/021-62071639/1636　深圳分公司/0755-83072995

书号:ISBN 978-7-5197-1738-4　**定价:**238.00元(上下册)
(如有缺页或倒装,中国法律图书有限公司负责退换)

中国合同库出版计划第二期
征稿启事

中国合同库出版计划，是法天使与法律出版社共同发起的出版计划，共分为四期。旨在出版系列线上线下一体书，聚合和共享法律智慧，建设一个“全面可信赖”的中国合同库，让法律行业乃至全社会受益，同时为作者塑造影响力。

第一期已于 2017 年正式出版发行，包括：A 轮融资协议、股权激励、私募基金、劳动人事、影视娱乐、房屋买卖租赁、建设工程施工合同、企业债券、商业保理、证券期货、政府和社会资本合作(PPP)，共 11 个专题，本书为第一期 11 个专题之一。

现在，我们面向优秀律师、法务及相关法律人，郑重征稿，具体要求如下：

1. 提交基础信息

姓名，年龄，个人微信和电话，工作单位，专业领域，有无出书经历，拟选定的写作方向。

2. 选定写作方向

(1) 提交该方向的：合同模板目录，以及 1 份代表性合同模板，对该模板进行使用说明和要点批注。

(2) 个人简介，包含在该领域处理过的有影响力的案例或发表、出版过的文章、图书或获得过的荣誉以及其他一切可以体现您在这一领域专业实力的材料。

3. 选题评审

根据上述信息，由法律出版社和法天使组织专家进行评审，一经纳入出版计划我们将与您联系，商定交稿时间和出版细节。

4. 出版政策

作者无须任何出版补贴，并依照出版合同获得稿酬。稿酬等事项见届时签署的出版合同。

5. 写作体例

参照本书体例。

6. 征稿联系人

常金光　联系电话 / 微信：13810853236/cjg@fatianshi.cn

7. 特别提示

登陆法天使官方网站：www.fatianshi.cn，可随时分享单份或成套合同模板，获得收益。

关注以下二维码，在底部菜单查看“参与出版计划”，即可了解更多详情。